2

한국의 자생 풍수

2

한국의 명당 자료집

최창조

민음사

책머리에

　이 책의 지명 배열 순서는 한글학회에서 펴내고 보진재에서 인쇄한 『한국지명총람』(총 18권, 첫 권은 1966년 출간, 마지막 18권은 1986년 출간)을 저본으로 하였고, 그간에 변경된 행정 구역은 내무부에서 발간한 『行政區域 및 人口現況』(1995. 4. 20. 현재)을 참고하였다.
　본문 내용은 참고 문헌을 바탕으로 현지 답사를 원칙으로 확인, 정리하는 절차를 밟았으나 상당 부분은 답사가 제대로 이루어지지 못했다. 따라서 내용 중에는 필자의 견해와 다른 곳이 상당 부분 있을 수 있다. 필자의 의도는 우리나라 사람들이 자기들이 살고 있는 삶터와 일터와 주변 산천을 풍수적으로 어떻게 인식하고 있었느냐를 망라하는 데 두었을 뿐이며 그 전체적인 再解釋을 염두에 두었던 것은 아니다.
　각 도별로 편을 구성하였으나 도시 건설로 인한 풍수상의 파괴가 심각한 서울과 부산은 이번 정리에서 제외하였다. 한 가지 아쉬운 것은 자생 풍수의 흔적이 가장 많이 남아 있는 제주도를 제외할 수밖에 없었던 점이다. 제주도에 관한 풍수 자료는 워낙 방대하여 그것만으로도 이번 분량을 능가하기 때문에 부득이 다음 기회로 미루었다. 다만 제주도 관련 참고 문헌을 여기 같이 수록하여 필요한 독자들의 요구에 부응하려고 노력하였다. 뿐만 아니라 이 책에서 참고한 풍수 시가 아니리 하더라도 현대에 출판된 風水典籍은 단행본과 논문을 막론하고 풍수를 학문적으로 연구하고자 하는 학자들을 위하여 가급적 모두 수록하도록 노력하였다. 참고 문헌은 다음과 같다(가나다順).

너무 오랜 세월 동안 너무 많은 자료를 조금씩조금씩 다루다 보니 참고하고도 여기에 수록하지 못한 문헌들이 많이 있을 것이다. 이 점은 앞으로 수정 보완할 것을 약속하면서, 그저 독자 여러분들의 惠諒해 주심을 빌 뿐이다.

참고 문헌

加平郡誌編纂委員會,『加平郡誌』, 加平郡, 1991.
加平文化院,『加平郡鄕土誌』, 加平文化院, 1986.
姜吉夫,「風水地理說의 現代的 意味」, ≪정신문화≫, 1983년 봄호, 한국정신문화연구원.
姜舞鶴,『韓國人의 뿌리를 찾아서』, 學一出版社, 1984.
康炳基 외,「立地經營의 觀點에서 考察해 본 韓國傳統景觀硏究 —— 曲을 中心으로」, ≪國土計劃≫, 제24권 제3호 1989, 大韓國土計劃學會.
康炳基 외,「都城 主要施設의 立地·坐向에 있어 山의 導入에 대한 視覺的 特性解釋의 試論」, ≪國土計劃≫, 제30권 제4호 1995.
康炳基 외,「傳統空間思想에 관한 硏究(1) —— 易과 陰陽·五行思想에 근거한 傳統的 空間槪念의 形成」, ≪國土計劃≫, 제30권 제6호 1995.
康炳基 외,「傳統空間思想에 관한 硏究(2) —— 우리나라 地域條件과 結合된 傳統的 空間造營圖式으로서의 變用」, ≪國土計劃≫, 제31권 제1호 1996.
강석경,『인도기행』, 민음사, 1990.
姜善仲,「韓國 傳統마을의 空間構成 方法에 대한 硏究」, 명지대 건축공학석사학위논문, 1984.

江原鄕土史硏究會,『寧越郡誌』, 寧越郡, 1992.
姜中卓,「風水說의 國文學的 受用樣相 硏究」, 중앙대 문학박사학위논문, 1987.
강진문화원,『康津의 地誌類 모음』, 강진문화원, 1991.
＿＿＿,『康津의 文化財圖錄』, 강진문화원, 1992.
＿＿＿,『康津의 고인돌』, 강진문화원, 1994.
강화문화원,『江都志』, 1991(韓國精神文化硏究院의 國譯本을 複製發行함).
거창군 문화공보실,『거창역사』, 거창군, 1991.
京畿道 文化公報擔當官室,『地名由來集』, 京畿道, 1987.
高麗風水地理學會編,『陽宅三要訣』, 陰陽脈診出版社, 1981.
高岩編著,『韓半島의 上古史』, 一心一仙政會, 1990.
高銀,『절을 찾아서』, 책세상, 1993.
곽재구,『내가 사랑한 사람 내가 사랑한 세상』, 한양출판, 1993.
槐山郡誌編纂委員會,『增補 槐山郡誌』, 槐山郡, 1990.
槐山郡 文化公報室,『槐山의 文化財』, 槐山文化院, 1993.
權善政,「聚落立地에 대한 風水的 解釋 —— 九萬里마을의 風水的 解釋을 媒介로」, 서울대 문학석사학위논문, 1991.
琴秉大,「風水地理說의 科學性」, ≪土地開發≫, 통권 118호, 韓國土地開發公社, 1989.
錦山郡誌編纂委員會,『錦山郡誌』, 錦山郡, 1987.
金慶英,「韓國人의 景觀認識에 관한 硏究」, ≪環境硏究≫, 제2권, 서울대 환경대학원, 1981.
金光日,『韓國傳統文化의 精神分析』, 경희대 민속학연구소, 1984.
김두규,『한국 풍수의 허와 실』, 동학사, 1995.
金明濟,『八十八向眞訣』, 三信書籍, 1982.
Kim Sung-Kyun, *Winding River Village —— Poetics of a Korean*

Landscape, University of Pennsylvania, Degree of Ph.D., A Dissertation in City and Regional Planning, 1988.

金晟均,「傳統마을 한밤(大栗)景觀의 意味解釋」, 서울시립대 조경학석사학위논문, 1990.

金成俊,『韓國地理叢論』, 育志社, 1982.

김성한,『길따라 발따라』, 사회발전연구소, 1983.

金蓮玉,『韓國의 氣候와 文化』, 이화여자대학교출판부, 1989.

金榮昭,『風水地理 萬山圖』, 明文堂, 1982.

_____,『陰宅明鑑 地理十訣』, 明文堂, 1989.

_____,『陰宅明鑑 靑松地理便覽』, 明文堂, 1992.

金容九,「道詵 이전 —— 그의 쓰지 않은 사상」,『道詵國師와 韓國』, 大韓傳統佛敎硏究院, 1996.

金容珏,「聚落 景觀 解釋에 관한 硏究 —— 龜尾里마을 景觀解釋을 통한 意味脈絡의 把握을 中心으로」, 서울대 조경학석사학위논문, 1990.

金長好,『나는 아무래도 山으로 가야겠다』, 평화출판사, 1989.

金在洙,『歲時風俗(江華編)』, 江華文化院, 1990.

_____,『開國의 聖域 江華』, 江華文化院, 1992.

金井昊,『왕인과 도선의 마을, 鳩林』, 향토문화진흥원, 1992.

_____,「道詵實錄과 道詵의 誤解」,『道詵國師와 韓國』.

金鍾喆,『明堂要訣』, 龍進文化社, 1990.

金知見,「沙門道詵像 素描」,『先覺國師 道詵의 新硏究』, 靈岩郡, 1988.

_____,「道詵의 沙門像」,『道詵國師와 韓國』.

김지하,『타는 목마름에서 생명의 바다로』, 동광출판사, 1991.

김진영,『長水文化』, 長水文化院, 1994.

金泉文化院,『鄕土史』, 金泉市 金陵郡, 1969.

金哲洙,「韓國 城郭都市의 形成·發展過程과 空間構成에 관한 硏究」, 홍익대 도시공학박사학위논문, 1989.
金恒執,「傳統마을의 形成要因과 그 패턴에 관한 硏究」, 한양대 도시공학석사학위논문, 1989.
김호년,『한국의 明堂』, 동학사, 1989.
김홍기,『반딧골문화』, 무주문화원, 1990.
_____,『茂州人物考』, 茂州文化院, 1991.
金鴻植,「마을 空間構成方法에 대한 韓國傳統建築思想 硏究」,《建築》, 제19권 제64호 1975, 大韓建築學會.
_____,「韓國民家의 類型別 分類」,《建築士》, 大韓建築士協會, 1980.
_____,「朝鮮末期 陽宅書에 나타난 民宅의 간잡이 方法論에 대한 硏究」, 한양대 건축공학박사학위논문, 1988.
김희균,「도천 큰스님」,《월간 대중불교》, 1997년 1월호.
羅州郡,『마을 由來誌』, 羅州郡, 1987.
南原誌編纂委員會,『南原誌』, 南原郡, 1992.
論山郡 文化公報室,『文化財便覽』, 論山郡, 1992.
論山文化院,『論山의 民俗』, 1992.
丹陽郡誌編纂委員會,『丹陽郡誌』, 丹陽郡, 1990.
東谷,『地理學全書』, 易書普及社, 1979.
류인학,『우리 명산 답산기 1, 2』, 자유문학사, 1995.
木浦大學校博物館,『靈岩 長川里 住居址』, 全羅南道 靈岩郡, 1986.
무주군,『내고장 傳說集』, 茂州郡, 1992.
茂州郡誌編纂委員會,『茂州郡誌』, 茂州郡, 1990.
박서호,「사회와 공간간의 관계에 대한 연구 ─ 조선시대 문중마을을 중심으로」, 서울대 행정학박사학위논문, 1993.
朴成壽·李離和 외,『한국인의 원형을 찾아서』, 一念, 1987.

朴時翼,「風水地理說과 建築計劃과의 關係에 관한 硏究」, 고려대 공학석사학위논문, 1978.

_____,「風水地理說 發生背景에 關한 分析硏究 ─ 建築에의 合理的인 適用을 위하여」, 고려대 공학박사학위논문, 1987.

_____,『風水와 陽宅』, 이상건축, 1993.

박용수해설,『산경표』, 푸른산, 1990.

朴漢卨,「高麗建國과 道詵國師」,『先覺國師 道詵의 新硏究』, 靈岩郡, 1988.

朴沆植,「湖南秘訣考究」,『圓光大學校 論文集』, 1977.

裵宗鎬,「風水地理略說」,≪人文科學≫ 제22집, 연세대 인문과학연구소, 1969.

_____,『韓國儒學의 課題와 展開(1)』, 汎學, 1979.

白珖編著,『易術全書』, 玄文社, 1977.

白蘭影,「伽倻山 海印寺의 立地性에 관한 硏究」, 동국대 조경학석사학위논문, 1994.

白雲,「道詵國師 硏究 ─ 崔惟淸本碑를 중심으로」,『道詵國師와 韓國』.

백형모,『호남의 풍수』, 동학사, 1995.

부안군청,『邊山의 얼』, 扶安郡, 1982.

山淸文化院,『鄕土文化遺蹟』, 1973.

三陟郡誌編纂委員會,『三陟郡誌』, 三陟郡, 1982.

서울대 國土問題硏究所,『井州市 長期綜合發展計劃』, 井州市, 1990.

_____,『井邑郡 長期綜合發展計劃』, 井邑郡, 1991.

서울특별시 문화재위원회,『서울 民俗大觀, 11. 風水編』, 서울특별시, 1992,.

徐閏吉,「道詵國師의 生涯와 思想」,『先覺國師 道詵의 新硏究』.

涉谷鎭明,「李朝 邑集落にみる 風水地理說の影響」,≪人文地理≫, 제43권 제1호 1991.

成東桓,「風水 地氣論에 대한 文獻考證學的 硏究」, 서울대 석사학위논문, 1992.

星州郡 文化公報室,『내고장 星州』, 星州郡, 1982.

成春慶,「道詵國師와 관련한 遺物・遺蹟」,『先覺國師 道詵의 新硏究』.

_____,「道詵國師와 관련한 文化遺蹟」,『道詵國師와 韓國』.

孫禎睦,「風水地理說이 都市形成에 미친 影響에 관한 硏究」,≪都市問題≫, 1978년 11월호.

_____,「都市風水와 國土風水」, 月刊 ≪國土와 建設≫, 1985년 8월호.

송명호,『新계룡산』, 남광, 1986.

순창군 문화공보실,『玉川의 얼』, 순창군, 1983.

順天大學校博物館,『光陽 玉龍寺址 1 —— 精密地表調査』, 光陽市, 1995.

辛佽柱,『明堂學講論』, 韓國自然地理學會, 1982.

신영훈,『절로 가는 마음』, 책만드는집, 1994.

安春根,『鄭鑑錄集成』, 亞細亞文化社, 1981.

梁銀容,「道詵國師 裨補寺塔說의 硏究」,『先覺國師 道詵의 新硏究』.

_____,「道詵國師와 韓國佛敎」,『道詵國師와 韓國』.

楊平郡誌編纂委員會,『楊平郡誌』, 楊平郡, 1991.

양혜석,『鄕脈』, 楊平文化院, 1992.

延豊誌編纂委員會,『延豊誌』, 回想社, 1994.

영남대 民族文化硏究所,『金陵民俗誌』, 金陵郡, 1991.

永同郡誌編纂委員會,『永同郡誌』, 永同郡, 1991.

영암문화원,『마을 由來誌』, 靈岩郡, 1988.
_____,『靈岩文化財圖錄』, 靈岩文化院, 1993.
_____,『영암의 전설집』, 영암문화원, 1994.
≪영주문화≫, 1993년 겨울호, 영주문화연구회.
영주시 문화공보실,『내고장 전통』, 영주시, 1992.
芮庚熙,『淸州의 歷史的 發展過程』, 청주대 중국문화연구소, 1980.
沃川郡誌編纂委員會,『沃川郡誌』, 沃川郡, 1994.
沃川文化院,『沃川民俗誌』, 1986.
완도군 마을유래지 편찬위원회,『마을 由來誌』, 莞島郡, 1987.
莞島郡誌編纂委員會,『莞島郡誌』, 莞島郡, 1992.
완주군청,『傳統의 고장 完州』, 完州郡, 1982.
王仁文化硏究所,『靈岩王仁遺蹟의 現況』, 全羅南道 靈岩郡, 1986.
우성조,『내고향 태백』, 太白文化院, 1994.
柳炳德,『韓國新興宗敎』, 시인사, 1986.
兪在賢,「穴과 明堂의 관계를 통하여 본 韓國傳統建築空間의 中心 槪念에 관한 硏究」,『蔚山工科大學 硏究論文集』, 제10권 제2호 1979.
兪在賢,「民宅三要를 通하여 본 韓國傳統住宅의 配置計劃論」,『蔚山工科大學 硏究論文集』제10권 제2호 1979.
유홍준,『나의 문화유산 답사기 1』, 창작과 비평사, 1993.
_____,『나의 문화유산 답사기 2』, 창작과 비평사, 1994.
尹準皓,「傳統定住地域의 空間構造形成에 관한 硏究」, 한양대 도시공학석사학위논문, 1990.
음성군 문화공보실,『음성군 트리비아』, 음성군, 1995.
李康五,「第二部 湖南地方의 墓地風水」,『韓國民俗綜合調査報告書(墓地風水編)』, 文化財管理局, 1989.
李光濬,「道詵國師와 道詵寺」,『道詵國師와 韓國』.

李圭泰,『歷史散策』, 新太陽社, 1991.
李揆穆,「都市象徵性의 歷史的 變遷에 관한 硏究」, 서울대 토목공학박사학위논문, 1986.
이규태,『이규태의 600년 서울』, 朝鮮日報社, 1993.
李岱烱,「傳統的 建築地域의 場所性에 관한 硏究 —— 서울 鐘路區 北村地域을 中心으로」, 국민대 건축학석사학위논문, 1994.
李夢日,『韓國風水思想史硏究』, 日馹社, 1991.
李丙燾,『高麗時代의 硏究』, 亞細亞文化社, 1980.
李相球,「朝鮮後期 都市立地形態의 硏究」, 서울대 도시공학박사학위논문, 1993.
이상문·김동률·양권모,『창작의 고향 —— 한국 현대문학 화제작의 현장을 찾아서』, 문이당, 1993.
李永閔,「廣州治所의 移轉과 고골지역 村落變化에 관한 硏究」, 서울대 교육학석사학위논문, 1991.
李泳澤,『韓國의 地名』, 太平洋, 1986.
李龍範,「道詵의 地理說과 唐僧 一行禪師」,『先覺國師 道詵의 新硏究』.
李元敎,「傳統建築의 配置에 대한 地理體系的 解釋에 관한 硏究」, 서울대 건축학박사학위논문, 1993.
李廷根,「韓國自然部落의 形態空間論 —— 慶北 月城郡 강동면 양동부락을 중심으로」,『蔚山工科大學 硏究論文集』, 제9권 제2호 1978.
이종항,「풍수지리설」, ≪정신문화≫, 1983년 봄호.
李準坤,「道詵傳說의 變異와 形成」,『先覺國師 道詵의 新硏究』.
이형권,『국토는 향기롭다』, 미래사, 1995.
이호신,『길에서 쓴 그림일기』, 현암사, 1996.
李熙德,「風水地理」,『韓國思想의 源泉』, 博英文庫 80, 1976.

李禧淑,「마을 共同體의 移住와 適應過程 硏究」, 안동대 문학석사 학위논문, 1991.

林東日,「朝鮮時代 官衙의 立地와 坐向을 통해 본 都·邑의 造營 論理 硏究」, 한양대 박사학위논문, 1996.

林應承,『수맥과 풍수』, 샛별, 1986.

林忠伸,「母空間의 原型: 山과 天」,『蔚山工科大學 硏究論文輯』, 제8권 제2호, 1977.

_____,「母空間의 原型: 물과 向天的 흐름』, ≪建築≫, 제25권 제103호 1981.

임학섭,『사찰풍수 1, 2』, 밀알, 1995.

張保雄,「韓國 통시(뒷간)文化의 地域的 硏究」, ≪대한지리학회지≫, 제30권 제3호 1995.

張聖浚,「風水地理局面이 갖는 建築的 想像力에 관한 硏究」, ≪建築≫, 제22권 제85호 1978.

장영훈,『영남의 풍수』, 동학사, 1995.

張龍得,『明堂論全書』, 南榮文化社, 1982.

_____,「풍수지리설의 실제」, ≪정신문화≫, 1983년 봄호.

張益鎬,『遊山錄』, 鍾文社, 1978.

張正龍,『삼척지방의 마을신앙』, 삼척군, 1993.

_____,『三陟郡 地名由來誌』, 三陟郡, 1994.

張哲秀,「第三部 嶺東, 嶺南地方의 墓地風水」,『韓國民俗綜合調査 報告書(墓地風水編)』, 文化財管理局, 1989.

전경수,『똥이 資源이다 —— 인류학자의 환경론』, 통나무, 1992.

全圭泰,『동서문학산책』, 시간과 공간사, 1991.

전주시사편찬위원회,『全州市史』, 全州市, 1986.

전주시청,『우리고장 全州』, 全州市, 1982.

全泰樹,『家相學入門』, 明文堂, 1978.

_____,『方位學入門』, 明文堂, 1978.
정다운,『小說 鄭鑑錄』, 밀알, 1986.
_____,『鄭鑑錄 원본해설』, 밀알, 1992.
鄭瞳午,『한국의 정원』, 민음사, 1986.
정선군 문화공보실,『旌善의 鄕史』, 旌善郡, 1991.
鄭性本,「先覺國師 道詵硏究 — 崔惟淸의 道詵碑文 再考察」,『道詵國師와 韓國』.
鄭英喆,「濟州道 傳統民家의 空間的 特徵 및 意味에 關한 硏究 — 民間信仰을 中心으로」, 한양대 건축학박사학위논문, 1992.
정읍군청 공보실,『내고장 傳統文化』, 井邑郡, 1983.
제주도 교육연구원,『耽羅文獻集』, 제주도 교육위원회, 1976.
堤川文化院,『堤川·堤原史』, 堤川郡, 1988.
조석필,『산경표를 위하여』, 산악문화, 1994.
朱南哲,「朝鮮時代 住宅建築의 空間特性論 硏究」,《建築》, 제22권 제80호 1978.
朱南哲,「官衙建築에 관한 硏究」,《建築》, 제28권 제116호 1984.
朱鍾元,「邑城으로부터 발달한 地方中小都市의 空間構造의 特性과 그 適用에 관한 硏究」,《國土計劃》, 제23권 제1호 1988.
朱鍾元 외,「古代東洋의 理想的 國土計劃原理에 관한 연구」,《國土計劃》, 제23권 제3호 1988.
智勝,『피야피야 三神피야』, 전예원, 1985.
池昌龍,『韓國地理總覽 — 明堂찾아 三千里』, 明文堂, 1982.
秦榮孝,「傳統 都市景觀에서 골목의 特性과 意味」, 서울시립대 조경학석사학위논문, 1994.
千璣政,『朝鮮王朝實錄中 耽羅錄』, 濟州文化放送, 1986.
村山智順,『朝鮮の風水』, 朝鮮總督府, 1931.
崔康賢,『韓國紀行文學硏究』, 一志社, 1982.

최명우,「풍수연재」,≪月刊 山≫, 1995년 6월호, 조선일보사.
崔炳瑄,「韓國古都邑의 空間構造에 관한 硏究」, 서울대 행정학석사 학위논문, 1973.
崔柄憲,「道詵의 生涯와 羅末麗初의 風水地理說 —— 禪宗과 風水地理說의 關係를 中心으로 하여」,≪韓國史硏究≫ 제11호, 韓國史硏究會, 1973.
_____,「道詵의 生涯와 風水地理說」,『先覺國師 道詵의 新硏究』.
_____,「道詵의 風水地理說과 高麗의 建國理念」,『道詵國師와 韓國』.
崔臣海,『국보찾아 10만리』, 正音文化社, 1985.
崔於中,「風水에 관한 連載」,≪月刊 山≫, 1988.
崔燊周,『新한국風水』, 동학사, 1987.
崔永俊,『嶺南大路 —— 韓國古道路의 歷史地理的 硏究』, 고려대 민족문화연구소, 1990.
崔元碩,「風水의 입장에서 본 한민족의 山觀念 —— 天山, 龍山 그리고 人間化』, 서울대 석사학위논문, 1992.
_____,「道詵風水의 본질에 관한 몇가지 論究」,≪應用地理≫ 제17호, 성신여자대학교 한국지리연구소, 1994.
崔鍾斗,『風水地理學原論』, 佛敎出版社, 1983.
崔辰星,「全羅道 天主敎聚落의 特性에 關한 硏究」, 전북대 교육학 석사학위논문, 1991.
崔昌祚 외,「風水에 대한 地理學的 解釋」,≪地理學≫ 제17호, 大韓地理學會, 1978.
崔昌祚,「風水에 대한 地理學的 解釋 —— 陽基風水를 中心으로」,≪地理學論叢≫ 제5호, 서울대 地理學科, 1978.
_____,「圖讖書類上의 土地觀에 대한 地理學的 解釋」,≪地理學論叢≫ 제7호, 1980.

_____, 「朝鮮朝 邑聚落의 立地類型과 立地要因에 관한 硏究」, ≪師大論文集≫ 제8집, 전북대 사범대학, 1982.

_____, 「風水說 坐向論上의 吉凶判斷에 관한 緯學的 解釋」, ≪地理學≫ 제26호, 1982.

_____, 「정감록의 힘과 꿈, 그 과학적 해부」, ≪월간 마당≫, 1983년 1월호.

_____, 「風水地理說의 現代的 解釋」, ≪政經文化≫, 1983년 2월호, 京鄕新聞社.

_____, 「陽的風水와 陰陽五行思想」, ≪靑林≫ 제27호, 한남대, 1984.

_____, 『韓國의 風水思想』, 민음사, 1984.

_____, 「風水, 迷信인가 經驗科學인가 —— 墓地와 住宅風水를 중심으로」, ≪月刊 國土와 建設≫, 1985.

_____, 「月岳山 彌勒寺址 明堂의 風水解釋」, ≪都市 및 環境研究≫, 제1집, 全北大附設 都市 및 環境研究所, 1986.

_____, 「한국의 전통적 자연과 인간관 —— 풍수지리사상을 중심으로」, ≪季刊京鄕 思想과 政策≫, 京鄕新聞社, 1986.

_____, 「風水地名의 類型分類와 그 解釋」, 『古州 盧隆熙博士 華甲記念論文集: 國家發展과 公共行政』, 博英社, 1987.

_____, 「道詵國師의 風水地理思想 解釋」, 『先覺國師 道詵의 新研究』.

_____, 「風水思想에서 본 統一韓半島의 首都立地選定」, ≪國土研究≫, 제11권, 國土開發研究院, 1989.

_____, 「風水理論과 王陵風水」, 『韓國民俗綜合調查報告書, 墓地風水篇』, 文化公報部 文化財管理局, 1989.

_____, 「都邑風水와 信仰風水」, 『韓國民俗綜合調查報告書, 都邑・信仰・生活風水篇』, 文化公報部 文化財管理局, 1990.

_____, 「陰宅風水에서의 發蔭과 그 批判에 대한 考察」, 『韓國喪葬禮』, 국립민속박물관, 1990.

_____, 「조선후기 實學者들의 風水思想」, ≪韓國文化≫, 서울대 한국문화연구소, 1990.

_____, 『좋은 땅이란 어디를 말함인가』, 서해문집, 1990.

_____, 「풍수사상과 반공해운동」, ≪월간 말≫, 1991년 4월호.

_____, 「韓國 風水思想의 歷史와 地理學」, ≪정신문화연구≫, 제14권, 제1호, 한국정신문화연구원, 1991.

_____, 『땅의 논리 인간의 논리』, 민음사, 1992.

최창조 편역, 『터잡기의 예술』(1995년에 <서양인이 본 생활풍수>로 제목이 바뀌었음), 민음사, 1992.

최창조, 『한국의 풍수지리』, 민음사, 1993.

최창조 역주, 1993, 『靑烏經・錦囊經 —— 風水地理學의 最古經典』, 민음사, 1993.

최창조 외, 『풍수, 그 삶의 지리 생명의 지리』, 푸른나무, 1993.

최창조, 「풍수기행 斷想」, ≪경제정의≫, 1995년 여름호, 통권 26호, 경제정의실천시민연합.

_____, 「韓國風水地理說의 構造와 原理 —— 道詵風水를 중심으로」, 『道詵國師와 韓國』.

秋萬鎬, 「羅末麗初의 桐裏山門」, 『先覺國師 道詵의 新硏究』.

統營郡史編纂委員會, 『統營郡史』, 統營郡, 1985.

坡州郡史編纂委員會, 『坡州郡史』, 坡州郡, 1984.

河東仁編著, 『백두산족 단학지침』, 정신세계사, 1985.

韓東煥, 「朝鮮前期 漢陽禁山의 範圍와 機能에 關한 硏究」, 서울대 석사학위논문, 1992.

한동환 외, 『자연을 읽는 지혜 —— 우리땅 풍수기행』, 푸른나무, 1994.

韓明洙, 『瑞山郡誌』, 忠淸鄕土文化社, 1975.

韓三建, 『慶州邑城の空間構造に關する硏究 —— 李朝末期における 都市施設の復元お中心に』, 京都大修士過程建築學第二專攻論文, 1991.

韓重洙,『風水地理 大明堂寶鑑』, 韓林院, 1987.

함안군 문화공보실,『咸安의 地名由來』, 咸安郡, 1990.

咸陽郡誌編纂委員會,『咸陽郡誌』, 咸陽郡, 1981.

海南文化院,『마을 由來誌』, 海南郡, 1987.

_____,『鳴梁大捷의 再照明』, 海南郡, 1987.

許文康,「風水說考」, ≪정신문화≫, 1981년 겨울호.

許興植,「高麗中期 四聖과 先覺國師碑의 意義」,『道詵國師와 韓國』.

玄斗鎔,「韓國建築의 陽宅論에 관한 考察」, ≪建築≫, 제22권, 제80호, 1978.

洪在賢,『江都人物考』, 江華文化院, 1986.

_____,『江都의 발자취』, 江華文化院, 1990.

_____,『江都地名考』, 江華文化院, 1992.

홍천군 문화공보실,『우리고장 홍천』, 홍천군, 1992.

洪川郡誌編纂委員會,『洪川郡誌』, 洪川郡, 1989.

黃壽永,「玉龍寺 道詵國師碑」,『先覺國師 道詵의 新硏究』.

차례

책머리에 • 5

京畿道篇 • 23

江原道篇 • 145

忠淸北道篇 • 219

忠淸南道篇 • 269

全羅北道篇 • 335

全羅南道篇 • 461

慶尙北道篇 • 591

慶尙南道篇 • 689

京畿道篇

加平郡 加平邑

▶開谷里(嘉逸): 옛말에서는 開가 〈가〉로, 谷이 〈일〉로 발음되므로 본지명은 가일이었을 것임.

능모루(陵隅洞): 가일 서쪽에 있는 마을로 능이 있었다 함. 하지만 이는 낭설일 것이며 본래 늪이 많아 늪우리로 불리다가 와전되어 능모루가 되었을 것임.

달개지(鷄冠村): 마을 위 산이 닭 모양을 하고 있으며 이 산에는 명당이 많다고 함. 닭은 알을 많이 낳는 가축으로 자손 번창을 상징함.

▶鏡盤里: 경반폭포가 있으므로 붙은 지명.

물떨어지기(水落瀑布, 경반폭포): 회목동 남쪽에 있는 폭포로 거울처럼 맑은 물이 반석 위로 떨어짐.

분자골: 겨울에도 바람이 불지 않아 나무하기에 좋다는 골찌기.

▶金垈里: 쇠터로도 부름. 예전에 쇠(金)를 캔 터가 있으므로 붙은 지명.

秘靈垈: 원댕이 남쪽에 있는 마을. 먼 옛날 신령이 하늘 나라에서 내려와 은인자중하던 곳이라 하여 비령대라 함. 집터가 좋아 마을이 이룩되었다 하며 주민들이 명당이라 하여 다투어 垈地를 빌려 집을 지어서 빌어터라고도 불림. 무슨 이유인지는 모르나 이 마을 주민이 타향으로 이주하면 반드시 걸식을 하게 되고, 타향에서 이 마을로 이주해 오면 반드시 부유하게 된다 함.

▶達田里: 安盤地, 靑龍洞, 장승고개 등의 지명으로 미루어 달전이 명당이 아닐지.

▶垈谷里(터일, 대일)

새말: 新開村 서쪽에 새로 된 마을로 6·25 뒤에 생겼음.

▶杜密里

三巨里: 샛두밀 동북쪽에 있는 마을. 두 물이 합쳐진 곳에 세 갈림길이 있음. 물과 길은 둘 다 흐름이므로 풍수에서 물이 없을 때는 길이 물을 대신할 수 있다. 따라서 二水와 三路가 만나는 지점은 나름대로의 명당을 만드는 경우가 많다.

▶馬場里: 말을 놓아 먹이던 곳이므로 붙은 지명.

각담말(상마장): 마장 위쪽에 있는 마을. 각 집마다 돌담을 쌓았음.
매봉재: 송정 서북쪽에 있는 산. 151미터. 매처럼 생겼음.
물암산: 당무개 뒤에 있는 산. 물이 안고 돎. 山水回抱處는 대개 명당으로 친다.
▶福長里: 조선 후기, 마을 주민 모두가 잘살게 되자 후세에까지 마을에 복이 지속되기를 기원했다는 데서 붙은 지명.
▶山柳里
가지봉: 유동 서쪽에 있는 산으로 가지 모양을 함. 가지는 남성의 생식기를 뜻하므로 번식의 의미가 따름.
分子골: 옛날 근처 사람들이 자식을 혼례시키면 살기 좋은 이 마을로 분가시켰다는 데서 붙은 지명.
▶上色里
胎封: 개모둠 남쪽에 있는 마을. 정종 때 근처의 산에 임금의 태를 묻었다 함.
▶升安里(승안산)
계량내(桂良川): 승안리에서 으뜸가는 마을. 앞 냇물이 맑아 보름달이 뜨면 계수나무가 비친다고 함. 도인의 풍모가 보이는 명당.
龍湫溪谷미륵바위: 단군에게는 중국의 천자로 있는 친형과 龍女, 熊女라는 두 부인이 있었다. 천자가 우리 땅을 넘보자 용녀가 홍수로 혼을 내어 다시는 이 땅을 넘보지 못하도록 하였는데 그 홍수 때문에 단군과 용녀도 돌로 만든 배를 타고 평양을 떠나 춘천으로 피난을 왔다. 그런데 신하들이 하나 둘 병과 굶주림으로 죽어 가는 것이 아닌가. 그래 다시 피난을 온 곳이 승안리인데 비는 비로소 그쳤지만 그 바람에 단군과 그 가족도 모두 죽고 말았다. 그 돌배에 싣고 왔던 12支神의 짐승들이 석상으로 변했는데, 단군이 묻힌 이곳이 바로 한반도의 중심이라고 한다. 박옥자라는 여인이 이곳 용추계곡에서 천일 기도를 드리고 석상을 찾아냈으나 공사중의 불찰로 지금은 미륵바위, 쥐(子)바위, 소(丑)바위 세 개만 남아 있다고 한다.
조록절(照玉洞): 우무동 북쪽에 있는 마을. 냇물이 맑아 돌들이 옥처럼 빛난다 함. 맑은 물, 옥 같은 돌은 귀한 땅의 조건임.
▶邑內里
寶納山: 중촌 동남쪽에 있는 산. 중종 때 한석봉의 글씨를 보배로 여겨 석함 속에 넣어 이 산에 감추었다 함.
新開村(피란촌): 자리목 서남쪽에 있는 마을. 6·25 때 이북 피란민이 모여 이룩되었음. 최근 그 이름이 좋지 않다 하여 새마을촌으로 바꿈.

자라목(柄峴洞): 신개촌 동북쪽에 있는 마을. 뒷산이 자라목 모양. 자라의 목 부분은 잘록한 것이 특징이다. 잘록하다는 것은 소위 節脈이며 이런 마디를 통해 山脈의 氣는 더욱 강하게 흐를 수 있다.

鄕校里(향촌말): 새말 북쪽에 있는 마을. 가평 향교가 있음.

▶梨花里

鹽倉: 양지말 북쪽에 있는 마을. 옛날 북한강 水路邊으로 소금을 쌓아 둔 창고가 있었음. 이런 倉, 津, 浦는 전통 풍수에서는 어그러진 지세인 것이 보통임. 왜냐하면 전통 풍수에서는 큰 물 바로 곁은 피하기 때문이다.

▶下色里

大金寺: 갱골 서쪽에 있는 절.

於于堂山所: 갱골 서쪽에 있는 선조 때의 文臣 어우당 柳夢寅의 산소. 조선 중기 설화 문학의 대가로『於于野談』을 남김. 인조 때 이괄의 난에 연루되어 아들과 함께 사형됨. 그후 그의 자손 중 三代에서 정승이 나와 이상히 여긴 조정에서 그의 묘를 파헤쳐 보니 시체가 용이 다 되었고 다만 발톱만이 변하지 않았다고 한다. 그래서 조정은 묘지의 穴을 끊기 위해 펄펄 끓는 쇳물을 그 묘에 부어 유씨 가문의 번창을 가로막았다 한다. 그래서 쇠메기로 불림.

李芳實將軍墓: 하색리 산 81번지. 고려 때 홍건적을 격파한 이방실(1298-1362)의 무덤. 간신 金鏞의 흉계에 휘말려 억울하게 목숨을 잃었으나 공양왕 때 忠烈公이란 시호를 받으며 복권됨. 경기도 기념물 제52호.

中宗大王胎封: 하색리 산 110번지. 1982년에 山主가 장례를 치루다가 돌항아리를 발견함으로써 이곳에 재건됨.

加平郡 北面

▶道大里

동리: 옛날 난리를 피해 온 사람들이 많이 살았다. 비결에 이르기를〈永和之間 和氣融融〉이라 하였는데 그것이 이유인 듯함(『加平郡誌』).

▶沐洞里(목골): 물이 좋아서 선녀가 내려와 목욕을 하였다 하므로 붙은 지명.

▶栢屯里: 明智山을 女山이라 부르고 백둔리 남쪽에 위치한 산을 男山이라 부르는데 이 두 산의 合水處에서 남산의 물이 여산, 즉 명지산 쪽의 물보다 많이 내려와야 비가 그친다는 얘기가 있다.

▶所法里(소일, 소골, 손일)

등지거리: 손일 북쪽에 있는 마을. 玉燈掛壁形의 명당이 있다 함.

▶梨谷里(배일, 바일)

明堂고개: 등무터에서 가평읍 마장리 각 단말로 넘어가는 고개. 명당이 있다 함.
▶赤木里: 적목, 즉 이깔나무가 많으므로 붙은 지명.
텃골: 강씨봉마을 북쪽에 있는 마을. 후고구려 궁예의 왕후 강씨의 집터가 있었다 함.

加平郡 上面

▶連下里(아래연동)
삼정골: 연하리에 있는 골짜기. 삼정승이 날 명당이 있다 함.
▶栗吉里
帳幕洞(장막거리): 옛날 어느 유명한 풍수학인이 묫자리를 보던 중 이곳은 軍人이 陣을 치고 있을 곳이라 하여 자리를 보아 주지 않았다고 한다. 지금도 이곳에는 묘를 쓰지 않으며 산 능선은 진동이라 부르고 마을 터는 군인이 막을 칠 곳이라 하여 장막동이라 함.
▶胎封里: 중종의 태를 봉하였다는 태봉산 아래 있는 마을이기에 붙은 지명. 근래 광해군에게 살해당한 영창대군의 胎碑가 발견된 곳이기도 하다.
반계동 李天輔墓: 영조 때 영의정으로 사도세자의 일을 제대로 수습지 못함을 한탄하여 자결한 이천보의 묘. 본래 경기도 부천시에 있었으나 그의 생가인 이곳 반계동으로 1975년 이장함 (『加平郡鄕土誌』).
元興마을: 옛날 元興寺라는 절이 있었는데 이 절터에 가서 요양하면 병이 치료되는 신기한 힘이 있어 사람들이 몰려들었다 함.
능안산: 옛날에 세조의 광릉을 능안산으로 옮기려 하다가 한양에서 1백 리가 넘는 먼 거리라 하여 포기하고 그후 月沙 李廷龜(선조, 인조 때의 정승인데 천하 문장으로 유명)가 묻혔다 함.
▶杏峴里
祝靈山: 전에는 용이 하늘을 향해 날아오르는 형국을 띠었다 하여 飛龍山이라 하였다. 옛날 세조가 사냥을 왔을 때 이 산은 女山이므로 산돼지를 사냥할 수 없으나 당신은 왕이므로 허락은 하되 다른 곳으로 몰고 나가 잡으라고 했다 한다. 그후 세조가 산신령께 축문을 써서 제사를 모신 뒤 축령산으로 바뀜.

加平郡 雪岳面

▶가평 설악 일대 답사
양평에서 가평군 설악면으로 넘어가는 선어치고개 마루에는 중미산 자연 휴양림이 개장되어 있다. 이곳은 1988년에 지정된 가일리의 유명산 국유림으로 892헥

타르에 이르는 자연 휴양림이다. 주차장, 체력 단련장, 수영장, 캠프장, 표고버섯 재배장, 대피소 등의 시설이 있음.

이곳에도 역시 골프장이 건설되고 있는데 다른 골프장 건설지와는 달리 이곳 주민들은 골프장 건설 회사인 상영개발(대표 남귀혁)에 대하여 거부감이나 위화감을 드러내지 않음. 주민들은 그 이유를 남귀혁 씨가 이 고장 출신이기 때문에 서로 상부상조한다는 뜻으로 반대하지 않는다고 말함. 아마도 이 회사가 주민들에게 덕을 쌓은 결과가 아닌가 추측됨. 골프장 건설지에서 약간 떨어진 묵안리 주민들도 골프장 건설에 반대가 없었음. 이상한 현상임.

『정감록』에 이르기를 楊根致北四十里에 있는 小雪(지금의 설악면 설곡리)은 十勝之地의 하나로 꼽힌다고 했음.

설악면 선촌리에 있는 蔚業山 神仙峰은 지금도 꽃피고 안개 끼는 날이면 신선들이 내려와 노닐다 가는 듯 瑞氣가 맴돎.

방일리 의령 남씨 別廟 앞 느티나무는 수령 5백 년으로 마을의 守護樹. 이 부근에는 본래 호랑이 피해가 많았는데 바위에 〈大明山川〉이란 글자를 새겨 놓은 후부터 虎患이 끊겼다 함.

방일리에서 묵암리로 가는 길에는 물을 막아 주었다 해서 障水岩이라 부르는 바위가 있는데, 거기에 〈墨岩洞天三淸日月〉이라 새겨져 있음. 이 말에서 묵암리란 지명이 생겼는데, 이 마을 뒷골과 종자리 사이에는 4, 5백 년 묵은 老松이 한 그루 있어 虎令山 소나무라 부른다. 이 나무 밑에는 호랑이가 물고 간 남편의 시체를 찾아내어 여기에 묻은 아내의 정성을 기려 그 호랑이가 그 집안 농사일을 3년간 대신해 주었다는 전설이 전한다.

설곡리와 엄소리 사이 구정벼루라는 계곡가에는 〈當代發福九代政丞之穴〉의 명당이 있다는 소문이 있으나 아직 누구도 찾지 못하였다고 한다. 이곳은 거지가 죽으면 가까운 길가에 묻던 습관이 있는데, 바로 그 〈乞人之葬處〉에 해당되므로 〈地各有主〉 원칙을 따르고 있는 곳으로 보아야 한다.

설곡리 용마바위는 신선이 천상에서 내려와 놀 때 龍馬의 고삐를 매어 두던 바위였다. 全氏가 그 바위 위쪽에 묘를 썼는데, 용마가 놀다 간 명당의 發蔭으로 그 산소의 六代孫인 全禮鎔 前건설부장관이 났다고 한다.

설곡리 양짓말 위쪽을 오르면 무성한 오리나무 숲이 있고 그 산 옆에 큰 바위가 있는데, 이 바위 밑에서 온천 약수가 나와 藥水岩이라 하였다. 조선 중엽까지 뜨거운 약수가 나와 풍병과 피부병 환자에게 특효로 알려져 전국의 중병 환자들이 몰려들었다. 이에 이 마을에 病者마을이란 호칭이 붙게 되고 그에 불만을 품은 마을 사람들(경주최씨 성을 가진 사람이란 설도 있음. 이 일이 있은 뒤 최씨의 꿈에 溫水神이 나타나〈네가 너로 인하여 不淨을 탔으니 이제 溫陽으로 내려갔다가 5백 년 후에나 다시 이곳으로 오겠노라〉하였다는 설화도 전함)이 약수터에서는 금기인 개를 끌고 다니며 피를 흘리게 하니, 그 뒤로 온천수가 냉수로 변하고 말았다. 개를 끌고 다닌 마을 사람들은 패가망신하고 온천은 끝장이 났으나 지금도 이 약물은 옻 오른 데 신효하다고 한다.

이 부근의 看龍法上地勢는 漢北正脈(廣州山脈)의 중앙부가 東西南으로 왕터산-長樂山-鳳尾山-有名山-소구니산-仲美山-三台峯-通方山-禾也山 연맥에 의하여 병풍처럼 가려져 있다. 중종 때 신천리에 전주이씨 효령대군파 중 德興君 후손들이 중종반정을 피하여 풍수에 따라 이곳에 세거한 班村이 형성되어 있음.

가일리 윗가정 동남쪽에 위치한〈大逸〉이란 곳은 숨어 살기에 좋은 외딴 곳이라 하여 붙인 지명.

선촌 2리에는 옛날 한 진사가 한양에 갈 수 없어 대신 한양을 향하여 매일 절을 올렸다는〈한양부고개〉가 있다. 이 한양재 부근에 묘가 있었는데, 이 묘는 거지가 묻혔던 곳으로 그 거지 집안이 날로 번창하자 高氏라는 사람이 탐을 내어 이곳에 자기 묘를 썼는데, 그 형국이 쪽박같다 하여〈쪽박묘〉라 한다.

설곡리에는 龍門山 꼬리 부분이라 하여〈龍尾山〉이란 지명이 붙은 산이 있다. 또한 묘를 쓰면 삼정승이 나온다는〈진삼밭〉이 있다.

창의리 獨山 밑에는 독산리라는 마을이 있고, 이 마을 서쪽에는 큰 샘이 있어 집터로 좋으며 半月形의 앞산과 천연물이 많은 三宜마을이 있다.

회곡리 보랍산, 울업산, 곡달산에 얽힌 얘기는 다음과 같다. 옛날 이곳이 도읍지가 되리라는 소식이 천하에 퍼졌다. 근방에 있던 세 산이 이 터 구경을 왔다. 첫번째 산이 와서 보니 도읍지로 부적절하여 돌아가기도 피곤해서 그냥 그 자리에 주저앉아 버렸다. 사람들은 이 산을〈도읍지를 보러 왔던 산〉이라 하여〈보랍산〉이라 부르게 되었다. 두번째 산이 왔으나 그 역시 마음에 차지를 않았다. 그래서〈울면서 돌아누워 버렸다〉고 하여〈울업산〉이라 불렀다. 세번째 산도 마땅치 않게 여겨〈곡을 하며 눌러앉았다〉고 한다. 그래서〈곡달산〉이 되었.

도읍지의 후보에 오를 만큼 산세가 온화하고 유장하다. 그러나 그 明堂規局이 너무 좁고 道里가 均正을 잃은 곳이라 수도로서는 적절치 않음을 빗댄 설화로 판단됨.

景賢壇(迷源書院터)은 선촌리 70번지에 위치해 있다. 조선 현종 2년(1661)에 창건, 순조 25년(1825)에 賜額, 고종 8년(1871)에 대원군에 의하여 철폐됨. 현재 일부가 복원.

군 계획에 의하면 이 부근에는 계곡 휴양 기능을 가진 〈유명산지구〉에 숙박 시설, 야영장, 심신 단련장 등을, 수상 관광 기능을 가진 〈청평회곡지구〉에 호텔, 주차장, 야영장을 설치할 것이라 함.

▶ 有名山: 양평 龍門山(1,157m)의 두 龍脈이 나란히 뻗어 내려 하나는 선어치를 넘어 仲美山(834m)으로 이어지고, 다른 하나는 가일리 앞에서 節脈을 이룬다. 이 두 개의 능선 가운데 이루어진 계곡이 입구지계곡 혹은 유명산계곡이다. 그 溪流는 수입나루터에서 북한강에 합류한다.

두 개의 능선 중 위쪽(북쪽) 능선 끝에 솟은 827미터 고지를 魚飛山이라 하고, 그 서쪽 건너편에 마주 보고 있는 866미터 고지는 유명산이라 한다. 유명산이란 산 이름은 1973년 엠포르山岳會가 국토 子午線縱走를 하던 중 이곳을 통과하면서 그 산세의 수려함에 탄복하여 당시 대원 중 홍일점인 진유명 씨의 이름을 따서 붙였다는 설이 있다. 본래는 정상 일대 고원 지대에서 말이 뛰놀았다 하여 馬遊山이란 이름이 있었다는 주장도 있다.

▶ 설악면 답사

나는 언제나 내가 무엇 때문에 지리학을 전공하게 되었는지 알고 싶었다. 이상하게 들릴지 모르지만 그것은 사실이다. 남들이 물으면 건성으로 대답하기는 하지만 반드시 그 대답만이 이유라고 생각하지는 않았다. 또한 그 대답이 절실한 것도 아니었다. 나 자신이 우리의 전통 지리 사상을 이토록 깊이 빠져서 공부하리라고는 생각지 못했기 때문이다. 그저 막연히 땅에 대한 사랑, 혹은 모르는 산 너머 마을에 대한 모호한 신비감이 나를 지리학으로 내 몬 것이 아닐까 하고 짐작해 왔을 뿐이다. 그런데 이번에 어떤 인연의 이끎이었는지 확연하게 그 이유를 알 수 있는 기회가 있었다.

그것은 옛 시간으로의 회귀였다. 얼마전 家兄께서 어떤 사정으로 근 30년 동안 몸담아 왔던 교직을 떠나게 된 일이 있었다. 작년 막내인 필자가 학교를 그만두었는데 이제 상남인 가형마저 학교를 떠나게 되니 어머님의 심려가 대단하였을 것이라는 짐작이 들었다. 그래서 형님과 함께 어머님을 위로해 드리려고 몇 곳을 여행하게 되었는데, 그런 중에 오래전 추억이 서린 마을을 들를 기회를 맞았던 것이다. 나는 그곳에서 나의 땅에 대한 생각의 원형을 찾을 수 있었으니 사람의 인연이란 이런 것인지.

경기도 가평군 설악면 위곡리. 원래 迷原縣 땅이었으나 지금은 가평에 속해 있는, 경기도에서는 깊은 산골 마을이라 할 수 있는 곳이다. 내가 이곳을 처음 알게 된 것은 1956년, 나이 일곱 살 때였다. 당시 우리 집은 피란에서 돌아와 그때로서는 서울의 변두리라 할 수 있는 청량리 부근 용두동에 살고 있었다. 집 앞은 망우리를 넘어 양평, 가평으로 가는 국도가 지나가고 있었고 전차 길도 있었지만 실제 지나다니는 자동차는 매우 드물어서 동네 꼬마들이 차를 보고 손을 흔드는 형편이었다. 게다가 집 뒤로는 논밭이 펼쳐져 있었고 넓은 미나리꽝이 자리 잡고 있어서 말이 서울이지 지금의 시골과 다를 바가 없었다. 그래서 나는 서울에서 자랐지만 의식의 바닥에는 村鄙가 틀을 잡고 있었음에 틀림없다.

당시 서울 사람들은 난방용으로는 장작을, 취사용으로는 주로 숯을 쓰고 있었다. 아버님은 시골에서 장작을 사서 제무시 GMC라 불리던 트럭에 싣고 서울로 와서 파는 일종의 연료 장사를 하고 계셨다. 이 장사는 얼마 되지 않아 아버님께서 교통 사고를 당하시고 끝이 났지만, 그후에 집안의 생업이 된 농사와는 너무나 대조적인 일이었던지라 지금도 그때 일은 기억에 생생하다. 그때 장작을 사러 가장 흔히 드나들던 곳이 가평군 설악면 일대였다. 트럭은 군대서 불하받은 낡은 것이라 고장이 잦았고 운전수 외에 반드시 조수를 데리고 다니는 것이 관례였던 때였다. 그 조수로 우리 형제들은 번갈아 또는 함께 그 트럭을 타고 설악을 다녔다. 필자의 땅에 대한 남다른 애착은 바로 그런 상황에서 생겨난 것이라는 게 이번 어머님과 형님과의 동행에서 분명히 알게 된 사실이었다.

청량리역을 지나면 떡전거리라는 옛 서울 문리대 이학부의 붉은 벽돌집을 지나게 된다(지금은 아파트촌으로 변함). 조금 더 가면 중량교 다리, 다리를 건너면 그곳부터는 벌써 비포장이다. 사실 그곳부터 경기도 땅이었다. 서울의 경계가 거기까지였으니까. 망우리 고개를 넘으면 이미 깊은 산골의 냄새를 짙게 풍겼다. 서울의 동쪽은 漢北正脈의 산줄기가 검푸른 산 색깔을 내며 지금도 도회의 저속을 밀어내고 있는 땅이니, 30년도 훨씬 더 저쪽의 세월에서는 말해 무엇하랴.

한나절쯤을 달려서야 차는 청평댐에 닿는다. 청평댐은 참으로 장관이었다. 비가 많이 내려 수문을 열어 놓은 경우는 어린 마음에 깊이 모를 경외감을 심어 주기에 충분한 물줄기가 쏟아져 내렸다. 댐을 건너 오금이 저리는 강변 길을 따라 한참을 가다가 이윽고 내륙으로 접어들고 거기서 설악면 소재지를 지나 또 얼마를 가다

보면 만나는 마을이 바로 위곡리였다. 나는 그곳에서 우리 땅, 우리 마을의 한 전형이라 할 수 있는 공간 구조를 머리 속에 깊이 새기게 된다. 그것은 철든 사람의 의식 아래서의 새김질이 아니었다. 어디까지나 무의식 속에서 땅이 내 머리 속에 그려 놓은 이미지였다.

훗날 풍수를 배우고 풍수가 가르친 땅에 대한 느낌을 내 것으로 만들었을 때, 필자는 그 무의식에 그려진 공간의 전형적 이미지를 고향으로 그려 본 적이 있었다. 또한 그 그림은 결국 풍수가 말하는 이상적인 명당, 길지의 표본이 된다는 것도 깨달았다. 그런데도 나는 그 理想이 설악면 위곡리의 이미지가 지시한 구조라는 것을 이번 여행이 있기까지 깨닫지 못하고 있었던 것이다. 형님의 불운과 어머님의 심려가, 막혀 있던 사고의 돌파구 역할을 해준 것이라 생각하면서도 세상사의 오묘한 인연 고리에 두려움을 감출 수 없었다. 그 理想의 마을 생김새, 다시 말해서 풍수의 이상향, 고향의 모습은 이렇게 묘사되고 있었다. 좀 중복되고 장황한 감은 있으나 인용해 보기로 한다.

〈마을 뒤로는 겨울의 모진 바람, 눈보라를 막아 주는 수리한 산이 우뚝 솟아 있다(主山 또는 鎭山으로 불리는 玄武砂). 그러나 그 산은 결코 위압감을 주지 않는 부드러움을 간직하고 있다. 그 산기슭,

경사가 급하다가 완만하게 바뀌는 곳에는 조상들의 산소를 모셨다. 조상들은 자기 자손들이 사는 마을을 언제나 굽어보고 있다. 마을 좌우로는 고만고만한 봉우리의 산들이 병풍처럼 둘러싸고 있어 온화하기 이를 데 없다(靑龍과 白虎). 조상들의 산소가 있는 마을 뒷산은 성역이라 함부로 하지 못하지만 그 옆산들은 나무하러, 소 먹이러, 꼴 베러 매일처럼 오르내렸다. 계집아이들은 봄이면 나물 캐러 그곳에 간다. 사내아이들과 어울려 놀다 보면 나중에야 그 안에 신랑감이 있었다는 것도 알게 된다. 사내아이들이 산딸기를 따 주면 계집아이들은 꽃목걸이 꽃팔찌를 만들어 준다.

마을 앞 텃밭(명당)을 지나면 질펀한 논이 펼쳐지고 그 가운데 동동산이라고 부르는 장난감 같은 동산이 있다(案山). 어느 해 홍수에 떠내려가다가 이 마을이 좋아 눌러 앉았다는 전설이 전해지는 이 동산에는 꽃이 많이 핀다. 그 동산 양지녘에는 함지박만한 애기 무덤이 있다. 그곳은 오히려 마을 아이들의 놀이터가 된다. 그 동산을 휘돌아 시내가 흐른다(內水 혹은 明堂水). 시냇가 자갈을 들추면 가재가 웅크리고 있고 다슬기가 지천으로 깔려 있다. 물은 맑고 가뭄에도 그치는 법이 없다. 동동산에 올라 그 시내를 보면 들판을 굽이굽이 돌아 마을을 쓰다듬

듯 흘러 가는 모양이 손에 잡힐 듯하다. 마을 앞쪽 멀리로 비단 장막을 펼친 듯 빼어난 산(朝山)이 가물거리고 그 산 아래로는 큰 강(外水 혹은 客水)이 흐른다고 한다. 어른들은 한 해에도 몇 차례씩 그곳으로 천렵을 나가고 겨울철에는 멧돼지 따위 산짐승을 잡아 오기도 한다. 삶의 터전과 죽음의 공간이 혼합되어 이루어진 이 풍경은 전통적인 우리들 마을의 전형이자 풍수가의 이상향이다. 이상향이란 게 별것이겠는가. 현실의 정수를 뽑아 보면 그것이 바로 이상향인 것이다.

동구 밖 마을 길은 이리 굽고 저리 휘어 지루하지 않고, 정자나무는 동동산에 가려 몸채를 드러내는 천박함이 없어서 좋다. 이 길을 걷노라면 노랫가락 흥타령이 절로 난다. 이것은 조금도 이상한 일이 아니다. 그 노래 그 가락이 어디서 나온 것인가. 바로 이 마을 이 강산이 만들어 놓은 것이 아닌가. 강원도 굽이굽이 산길을 접어들면 휘돌아 감돌아 정선 아리랑 떠오르고, 전라도 넓은 들 가도가도 황톳길 휘이휘이 걸어갈 때 남도창 한 마디 아니 나올 수 없다.

모든 문화의 원천이 바로 고향 땅 산천의 조화이니 그림, 노래, 마을 꾸밈새, 마을 사람들의 사고 방식, 사상, 관습, 어느 것 하나 거기서 나오지 않은 것이 없다. 땅으로 말미암아 모든 문화 현상이 잉태되고 출산되고 양육되고 성장된다. 사람의 삶도 마찬가지로 그런 테두리를 벗어나지 않는다. 자연과 사람이 합일된 상태인 것이다. 그것이 바로 풍수적 삶이리라.)

지금 청평댐을 건너 설악으로 들어가는 길은 물론 옛날의 그 길은 아니다. 여기도 反풍수적 생존의 자취가 너무도 역력하다. 청아하기 그지없던 강변의 가파른 흙먼지 길은 위험한 아스팔트 포장길로 바뀌었고, 길가에는 온갖 타락의 흔적들이 펼쳐져 있다. 먹고 마시고 떠들다가 정신을 잃게 되는 집들. 강 위에는 굉음을 울리며 지나가는 수상 스키와 모터 보트의 행렬이 줄을 잇고 있다. 꽃다지 계집아이의 꿈과 소 몰던 사내아이의 이상은 이제 더 이상 존재하지 않는다.

마을 입구에 버티고 서 있던 느티나무는 지금도 변함없이 자리를 지키고 있건만 그 밑에 한담하는 노인들의 마음까지 같을 수는 없을 것이다. 길은 포장이 되어 타령이 절로 나던 걷기의 흥취는 씻은 듯 사라지고 오직 여행의 피로만이 남을 뿐이다. 갈 때마다 달걀을 쪄내 주던 魚氏 댁은 담장을 헐고 가게를 들여 시외 버스표를 파는 곳이 되었다. 나를 데리고 소 몰이 가던 마을 소년들은, 아 지금은 어딜 갔나.

마을 앞 개울에는 철망으로 덮은 둑이 쌓여 옛 모습을 찾기 힘들고 물은 뿌옇게 흐려져 가재는커녕 붕어조차 구경할 수 없게 되고 말았다. 나란히 늘어서 있던 마을은 없어지고 진달래 붉게 피던 동동산은 아카시아 숲이 되고 말았다. 애기 무덤이 있던 자리를 찾을 엄두도 나지 않았다. 어떤 것이라도 좋으니 옛 기억을 되찾고 싶어서 한참을 생각하니 놀미고개가 떠오른다. 위곡리 돗골에서 강원도 홍천군 서면 동막리로 넘어가는 고개다. 어찌나 험했는지 트럭이 애를 먹던 그곳은 그러나 지금은 매끈하게 포장이 끝나 있었다. 산은 토막이 나고 그 험했던 풍광은 그저 밋밋하고 평범한 고갯길로 바뀌었을 뿐이었다.

이미 되찾기에는 너무나 늦어 버린 풍수적 삶에 대한 추억이여.

▶ 可逸里

大逸: 윗가정 동남쪽에 위치하고 있으며 숨어 살기 좋은 외딴 곳이라 함.

▶ 墨安里

國水(菊水)마을: 묵안 1리. 국화꽃이 물위에 뜬 형국이라 하여, 혹은 골짜기 물이 나라 안에서 제일 좋다고 하여 붙은 지명.

묵안리 276번지: 『난장이가 쏘아올린 작은 공』의 작가 조세희의 고향.

▶ 雪谷里

白白教 本所와 最後處: 백백교는 가평군 북면 적목리에 근거지를 두고 1926년 2월 敎祖는 全延藝, 敎主는 그의 2男인 全龍海로 창교된 사이비 종교였다. 신도들을 현혹하여 재산을 빼앗고 여신도를 犯奸하였으며 더욱이 2백명에 가까운 신도들을 살인한 엽기적 범죄 집단이었다. 당시 갈미봉(혹은 신선봉) 산 중턱에 남향으로 난 삼태기형의 분지가 있었는데 여기서 농사를 지었다. 억새풀로 4가구를 지어 놓고 그곳에 많은 신도들을 유인하여 살해하였으며 약 30여 구의 시체가 발견되었다. 백백교가 최후를 맞은 곳도 설곡리였다(『加平郡誌』). 지금도 그곳에는 대단히 음산한 기운이 떠돈다. 이곳은 본래 『정감록』에서 楊根致北四十里雪谷이라 하여 十勝之地의 하나로 꼽히던 곳이다(양평군 단월면 참조).

진삼밭: 묘를 쓰면 삼정승이 난다 함.

구정벼루: 이곳에 산소를 쓰면 九代政丞이 나온다고 함.

▶ 檜谷里

개화 운동의 선구자 譯官 吳慶錫의 墓: 회곡리 밤가시골에 있는데 표지판 하나 없이 쓸쓸히 서 있다. 오경석은 박규수의 재동 사랑방에서 김옥균, 박영효, 서광범, 유길준 등에게 개화 사상을 가르침. 태극기를 처음 제작. 그의 아들 오세창은 33인의 한 사람인 독립운동가로 그의 묘소는 서울 망우리 공동 묘지에 있음.

加平郡 外西面

▶ 高城里(고재)

개좆봉: 고성리에 있는 산. 개의 좆처럼 생겼음. 생식기는 풍수에서 다산과 번영의 상징으로 쓰임.

별아홉산: 말래골 마을에서 산 위를 보면 항상 북두칠성과 두 개의 밝은 별이 반짝이고 있다 하여 붙은 산 이름. 이를 九曜라 하는데 五星과 九曜는 술법 풍수에서 중요함.

고재(古玄): 별아홉산에서 내려다본 산의 형세가 玄 자를 닮았다 하여 붙은 마을 이름.

▶ 大成里(대생이): 남이 장군이 이곳에서 났으므로 붙은 지명.

소돌(牛石): 머내 동북쪽에 있는 바위. 소처럼 생겼는데 머리가 향한 마을은 가난해진다 하여 근처 마을 사람들이 몰래 쇠머리를 남의 마을로 돌려놓기를 되풀이함. 소가 먹이를 먹어치우기 때문에 그 방향에는 食祿이 붙을 수가 없다는 것이 이유. 현재는 도로 복개 공사 때문에 땅속에 묻혀 버렸음.

▶ 三會里

쇄골(壽谷): 약수터가 있어 그 약수를 마시면 모든 병이 치유되던 신기한 곳인데 그 위에 묘를 써서 효험이 사라졌다고 함.

▶ 上泉里

장자터: 지금 양수발전소가 들어서 있는 곳. 옛날 부자들이 많이 모여 살았다고 하는데 웬지 마을이 쇠해져 지금은 폐동이 되었음.

九巳谷: 지세가 산등성이를 개구리로 삼았을 때 아홉 마리의 뱀이 개구리를 잔뜩 노려보고 있는 형국과 비슷하다 하여 붙은 이름.

加平郡 下面

▶ 大報里(대보단)

多富山마을: 옛날 부자가 많이 살았다 함.

세금모르기(稅員不知谷): 인개 북쪽에 있는 골짜기. 하도 후미지고 가난해서 세금을 매기지 못하였다 함.

荷谷: 버섭구지 서쪽에 있는 마을. 연꽃이 물에 뜨는 蓮荷(花)浮水形의 명당이 있다 함.

▶ 上板里(웃너르막골)

상판리 답사 메모: 풍수적 삶이 이루어지는 곳이란 어디인가. 그곳은 바로 우리들 모두의 가슴속에 있는 그리운 고향, 그곳이다. 자연이 살아 있고 인간미가 살아 있는 곳. 그곳에서 인간

다운 삶이 이루어지는 곳, 고향. 그곳이 바로 풍수가 바라는 삶의 터전이다.

▶ 新上里

신상 3리: 풀을 묶어 놓은 것 같은 束草峯, 그 뒤에는 臥牛山, 그 앞에는 각각 쥐봉과 괭이(고양이)봉이 있다.

▶ 판미동 답사

사람들은 동서고금을 막론하고 사는 자리를 가려 왔다. 공자도 〈마을이 어질다는 것은 아름다운 것이다. 스스로 골라 그런 곳에 살지 않는다면 어찌 지혜롭다 하겠는가(里仁爲美 擇不處仁 焉得知.『논어』, 「里仁」편)〉라고 하였다. 이 말이 마을을 가려 사는 일(擇里)을 중시하기보다는 仁을 강조한 얘기이기는 하지만 택리의 중요성에 대해서도 충분히 그 논점을 지적한 것이라고 볼 수 있다. 맹자는 〈인이란 사람들이 편히 살 곳〉이라 하여 특히 安宅을 강조한 바 있다. 어느 시대 어느 나라나 다 그렇거니와 지식층일수록 삶터를 가려 살기가 더욱 어렵다. 그들은 배운 바 지식의 고뇌 때문에 땅에 뿌리를 내리지 못하고 떠돌게 될 뿐만이 아니라 그 선택 역시 응분의 책임과 그의 지향성을 암시해 줄 수밖에 없으므로 더 큰 어려움을 겪게 되는 것이다. 조선 후기 실학자들이 이런 택리의 고뇌에 관한 한 전형을 보여 준다.

오죽하면 青華山人 李重煥 같은 사람은 〈하늘 아래에서 한번 士大夫라는 명칭을 얻으면 갈 곳이 없다〉고까지 했겠는가. 서울서 살다가 벼슬 자리에 오르면 언제 士禍에 몰려 죽을지 모르고, 산림에 묻히고자 하면 성격이 괴팍하다느니 역적질을 도모한다느니 하여 사람을 가만두지 않더라는 것이다.

이미 필자가 『땅의 논리 인간의 논리』를 통하여 실학자들의 풍수관을 간략하게나마 소개한 바 있는데 여기서는 우선 사람이 살 수 없는 곳에 관한 星湖 李瀷의 견해를 정리해 보기로 한다. 〈대저 衣食이 모자라는 곳은 살지 못할 곳이고, 武力이 勝한 곳은 살지 못할 곳이며, 사치하는 풍습이 많으면 살지 못할 곳이고, 시기와 혐의가 많은 곳도 살 수 없는 곳이다. 이런 몇 가지를 가리면 취하고 버릴 곳을 알게 된다.〉

쉬운 듯하면서도 정말 힘든 선택 조건들이다. 그렇기 때문에 대부분의 사람들은 대충 타협하면서 살아가게 마련이다. 그런데 실제로 그런 이상적인 택리의 조건들을 살펴 가려 뽑은 마을에서 일종의 이상향을 건설하고 살았던 사람들이 있었다. 이름하여 板尾洞故事이다(이하 판미동에 관한 자료는 黃元九 교수의 논문 「韓國에서의 유토피아의 한 試圖」에 주로 의지하였다).

서울에서 경춘가도를 달리다가 청평을

지나 조금 더 북동쪽으로 올라가다 보면 검문소를 만난다. 거기서 왼쪽으로 꺾어 37번 국도를 따라가면 현리가 나오고 현리에서 우회전하여 북쪽으로 5킬로미터쯤 가면 雲岳山(일명 懸燈山)으로 들어가는 下板里를 만나게 되는데, 거기서부터가 말하자면 판미동이다. 현리서부터는 계속 朝宗川을 옆에 끼고 가게 되는데 하판에서 십리 길을 더 올라가면 上板里가 나온다. 판미동은 아마도 지금의 하판리와 상판리에서 고루 쓰이고 있는 板幕洞(너르막골)의 옛 지명이었던 것으로 짐작된다. 핵심지는 하판리 행랑말 터였을 것이라는 게 이웃석거리(碑石거리의 준말임)에 사는 정일식 씨(1992년 답사 당시 65세)의 증언이었다. 몇 년 전 이곳에 처음 왔을 때 필자는 들이 넓은 석거리가 원래의 핵심지였을 것으로 추정한 바 있으나, 그것은 피란지 마을의 특성을 무시했던 실수였을 뿐이다. 판미동 入鄕祖는 농촌적 입지 조건보다는 도참에서 말하는 勝地的 입지 조건을 먼저 고려했음에 틀림없다.

안변 아래 철령 부근에서 백두대간의 기맥을 전해받은 漢北正脈은 해발 1천 미터가 넘는 풍류산, 백암산, 적근산, 대성산을 거쳐 강원도와 경기도의 접경을 바로 넘으며 일대의 鎭山인 華岳山(1,468m)을 일으킨다. 화악산의 풍수적 명성은 경기, 강원 일대에서 이름이 높으나 이에 관한 것은 다음 기회로 미루기로 한다. 거기서 서울로 방향을 잡아 그대로 節脈을 이룬 것이 경기의 명산이라는 明智山(1,267m)이고, 판미동은 바로 이 명지산 줄기인 月出山을 主峯으로 하여 그에 의지처를 삼아 이룩된 마을이다. 朝案(朝山과 案山 방향, 즉 마을 앞쪽을 말함)으로는 역시 어디에 내놓아도 손색이 없을 명산인 雲岳山이 앞을 받쳐 주고 있다. 山紫水明하다더니 바로 이 마을이 그러하다.

마을 곁을 흐르고 있는 조종천 가에는 작년(1991) 여름까지도 반딧불이 보이던 맑은 계곡이 펼쳐져 있다. 이제는 명지산이나 청계산, 강씨봉으로 등산을 가는 관광객을 상대로 하는 민박집들이 들어서서, 그 명미로움이 얼마나 버텨 줄지는 미지수다. 그러나 아직은 산첩첩하고 물중중한 중에 들판 또한 넓어서 우리 전통 마을의 전범적인 입지를 냄새 맡을 수 있는 곳이다.

판미동은 원래 朝宗縣에 속하던 곳이었으나 숙종 연간에 가평이 군으로 승격되면서 가평군에 귀속되고 말았다. 숙종 즉위년(1674) 고령신씨 신석에 의해서였다. 이곳은 궁벽진 곳이기는 했지만 해적들이 쳐들어온다는 소문이 돌았을 때 서울 사대부들이 피란을 올 정도로 이미 勝地로서 소문이 나 있던 곳이기는 했다. 그러나 항구적으로 사는 사람들은 거의 없었고 사냥꾼 집들이 한두 채 있었을 뿐이었다. 그는 신숙주의 후예로 원래는 지금의 의정부인 양주 땅 구성말에서 살다가 포천 감악으로 옮겨 살던 外從 파평윤씨 尹世雄을 통해서 이곳을 알게 되었다. 용인이씨 소유의 땅이었으나 백금 80냥을 주고 조종천 일대의 전답과 산지를 사들인 그는 가족은 물론 연척까지 거느리고 이곳에 뿌리를 내리게 된다. 말하자면 入鄕祖가 된 셈이다.

그는 여기서 朱子의 社倉法을 모방하여 일종의 향약이랄 수 있는 판미동 洞憲을 만들었다. 朱子曾損呂氏鄕約을 모체로 하고 율곡의 海州鄕約을 참고한 것이었다. 따라서 당시 국가의 행정 체계 안에 예속되는 향촌의 단위 질서일 따름이었지, 결코 심산유곡에 숨어서 이룩한 결사 집단은 아니었다.

물론 후기 향약이 대부분 그랬던 것처럼 여씨향약과 같은 설득조가 아니라 벌칙이 많은 다분히 강제적인 동헌이었다. 그들이 이곳에서 이상향을 건설하는 데 난관이 없었던 것은 아니다. 자연적인 악조건들은 논외로 하더라도 조정과의 관계에서 어려움에 봉착한 적이 한두 번이 아니었다. 앞서 이중환의 토로에서도 짐작한 바이지만 在京 사대부들로부터 성격의 괴벽됨을 지적받을 수도 있었고 까딱 잘못하면 역적 모의의 누명을 뒤집어쓸 가능성 또한 없지는 않았을 것이다. 그러나 그는 당시 조정의 요로에 줄을 대고 있었고 연척이나 학연에 의한 보호막이 만만치 않아 그런 오해는 불식시킬 수 있었다고 보인다. 하지만 위험한 고비가 없지 않았으니, 숙종 17년 윤씨 부인이 별세하여 월출산 허리에 산소를 썼는데 마침 그 해에 飛靈山과 이에 연결되는 여러 산지가 徽陵(인조의 繼妃 趙氏의 능으로 경기도 구리시 東九陵에 있음)의 香炭山으로 설정됨에 따라서 판미동 신씨 소유의 임야도 陵官의 求炭 대상이 된 것이다.

향탄산이란 왕실의 陵, 園, 墓所用 땔감을 공급하는 산림이었기 때문에 여간한 권세가의 도움이 없고서는 모면하기가 어려운 일이었다. 본래 香炭之法은 소유주가 없는 無主空山에 설정되는 것인 만큼 매매 문서가 있는 신씨 문중 소유의 윤부인 묘역은 물론 행랑말 일대가 해당될 수 없었다. 그러나 당시 이미 문란하기 그지없던 삼정이었던지라 세도가의 보살핌이 없었다면 모면하기 어려운 일이었다.

그리하여 명실상부한 판미동 이상촌을 건설하고 입향조는 일흔다섯을 일기로 세상을 떠났다. 그 뒤 삼대 백년에 걸친 판미동의 성세는 이어지지만 세속의 말대로 權不十年이요 花無十日紅인가. 그의 후손 申尙權이 정조 2년(1778) 하야한 몸으로 있으면서 지난날 판미동의 이상향을 그리워하는 글을 남겨 놓은 것을 보면 이미 그때는 말 그대로의 이상향은 아니었던 모양이다. 그렇지만 이곳은 오랫동안 申門의 同姓村으로 이어져 왔다. 오늘날에도 몇 집이 살고 있을 뿐 아니라 마을 주위에 위치하고 있는 수십 기의 묘소들이 판미동 고사를 증언하고 있다. 입향조의 산소는 지금도 행랑말 뒷산에 자리하고 있다.

그러나 판미동 이상촌은 몇 가지 풍수적 문제점을 가지고 있는 것이 사실이다. 그 후손들에게는 지극히 미안한 얘기지만 우선 그곳은 승지의 개념에는 맞을지언정, 吉地나 심지어는 可居地의 개념에는 많이 미치지 못하는 곳임을 지적하지 않을 수 없다. 勝地란 『정감록』과 같은 도참적인 사고의 땅으로 소위 避亂保身의 소극적인 땅일 뿐이다. 그저 나와 내 가족이 전란과 흉년과 병액을 피하여 간신히 명맥을 유지하는 것으로 만족할 수밖에 없는 땅이란 뜻이다. 『정감록』에는 이런 대표적인 마을 열 군데를 늘어놓고 있는데 소위 十勝地라는 것들이다. 십승지는 도참적 適地는 될지 모르나 풍수적 명당 길지는 될 수 없는 땅이다. 사람이 어찌 어려움을 피하여 도망 다닐 생각만 하면서 살 수 있겠는가. 또한 어찌 그리 이기적인 생각만 하면서 배웠다는 지식층임을 자부할 수 있으랴.

물론 이 마을에는 타성받이들도 많았다. 흥성할 때 백여 호가 되었다고 하는데 그 중 반 이상이 다른 성씨였으니 그런 반론이 있을 법도 하다. 그러나 당시 양반 계층이 제대로 된 노동력을 제공할 수 있었겠는가. 타성받이 중 대부분은 봉양하기 위한 노동 계층들이었으리란 짐작이 간다. 그렇게 본다면 그들의 행태가 이기적임을 부인할 수 없지 않은가.

행랑말 뒤 꽃동네에는 5개년 계획으로 4천 명을 수용할 수 있는 무의탁 노인 수용 시설 건립이 추진되고 있다고 한다(1996년 완공). 운악산 자락에는 골프장 허가가 이미 났다는 소문이 돌아 뒤숭숭하기 이를 데 없다. 수용소와 골프장과 판미동 이상향. 세월의 무심함이 이런 지경에 이르고 말았다.

(1994년 답사 기록) 사과나무집 주인 이방연 씨(당시 63세). 현재 꽃마을에는 7백 명 수용. 마을은 行舟形. 돛대는 숭문중고등학교 생활관 입구의 전나무 세 그루. 하나는 落雷로 죽음. 전형적인 농촌 마을이었던 이곳도 부러진 돛대와 함께 석양을 거니는가. 이제 신씨들의 자취는 거의 찾을 수 없다.

▶下板里

懸燈寺: 신라 법흥왕 때(514) 印度僧 摩羅阿彌를 위하여 산 이름을 雲岳이라 하였으나 절 이름은 未詳. 그러나 신라가 이 지역을 장악한 것은 그로부터 2백 년 뒤이므로 이 절이 그 당시 창건되었다는 것은 믿기 어렵다. 그러나 신라 말 불탄 것을 도선국사가 중창하였다는 것은 사실임. 이후 지금까지 다섯 번의 중창 불사가 있었음. 이 절터 역시 도선국사의 풍수 사상대로 운악산의 급경사면 바로 아래 위험한 지대에 자리 잡았음. 그의 국토 사랑을 느낄 수 있는 사찰 중의 하나로 평가됨.

懸燈寺普照國師地鎭塔: 문화재 자료 제17호. 지진탑이라는 명칭에서도 알 수 있듯이 탑의 건립 목적이 寺刹境域의 地氣를 鎭壓하기 위하여 세운 것이므로 山의 一脈이 흘러 내려와 있는 지금의 탑 자리가 본래의 사찰 자리이었을 가능성도 있다. 풍수적 입장에서 보아서는 도선국사와의 관련성을 생각해 볼 수 있으나 탑의 모양이 고려 중기 양식인 것으로 미루어 학계에서는 보조국사 知訥(1158-1210)이 세웠다고 본다.

▶ 縣里

능봉이(永陽): 석사울 동쪽에 있는 마을. 옛날에 능터를 잡았다 함.

江華郡 江華邑

현재 강화군은 인천광역시에 소속되어 있음.

▶ 강화도와 마니산: 강화도는 크게 보아 한강의 北辰(수구에서 명당의 기가 빠져 나가는 것을 막아 주는 산)이다. 한강과 임진강이 만나 서해로 들어가는 관문에 위치해 한강의 수류를 조절해 줌은 물론 바닷물이 서울로 유입되는 것 역시 조절해 주고 있다. 그런 점에서 서울의 위병 역할을 맡고 있다.

전통적으로 풍수에서는 한반도 전체의 형국을 두고 仙人練鍛形이라고 부른다는 설이 있다. 신선들이 즐겨 사용하는 솥(鼎) 위에 놓여 있다는 뜻이다. 이때 솥의 세 발 역할을 하는 것이 바로 제주도와 울릉도 그리고 강화도이다. 三鼎足의 하나로서 강화도의 위치가 매겨진다 (최영주).

▶ 甲串里(갑고지나루)

禁標: 비선거리 곧 갑곶리 1013번지에 있는 비. 앞에 〈禁標〉 두 자가 세로로 크게 새겨져 있고 바로 밑에 잔글씨로 〈放牧者杖一百臺〉, 〈棄灰者杖八十臺〉라고 두 줄로 새겨져 있다. 본래 조선 숙종 29년(1703)에 강화 유수부에서 동헌의 뒷동산에 주민들이 방목이나 재를 버리지 못하도록 하는 푯돌을 세웠던 것인데, 1969년 곳곳에 흩어진 비를 이곳에 모아 세웠음. 뒷산에 방목과 쓰레기 버리는 일을 금지하는 것은 풍수에서 主山 섬기기 풍습에 해당됨.

알미(造山): 갑구지 서남쪽에 있는 작은 산. 알처럼 생겼음. 고려 제23대 고종 때 몽고난을 피하여 도읍을 강화로 옮기고 동문 밖이 허함을 막기 위하여 이 산을 쌓았음.

알미: 강화읍에는 南山과 北山이 마주 하였고 동쪽에는 조산벌(造山坪)이 있어 남산에서 엎디어 보아 抱卵之形이라 하여 마을 이름이 알미가 되었다.

▶ 官廳里

康安殿터: 연경궁터 동북쪽 언덕에 있는 강안전의 터. 고려 제23대 고종 19년(1232) 6월에 몽고의 난을 피하여 도읍을 강화로 옮긴 뒤 궁전을 세우고 옛 도읍 송경(개성)의 제도를 본떠서 강안전이라 하였는데, 같은 31년(1244)에 고쳐 세웠음. 고종 46년(1259) 3월 임금은 적장 車羅大와 사신 溫陽加大들을 이 궁전으로 불러 잔치를 베풀고 그들과 회담하여 그들의 요구대로 태자 전(원종)을 4월에 몽고로 보내기로 약속하고 몽고군은 물러가기로 하였다. 이듬해 4월 몽고에서 귀국한 태자가 이곳에서 고종의 뒤를 이어 왕위에 올라 같은 11년(1270) 환도할 때까지 궁전으로 썼는데 그 뒤 오래되어 헐어졌음.

▶ 菊花里

弘陵(陵誌에는 洪陵이라 기록되어 있음): 고려 제23대 고종의 능. 본래 강화읍 대산리 蓮花峯에 있던 것을 이곳으로 이장함.

▶ 玉林里

鶴尾山: 산이 학의 꼬리처럼 생겨 학미산이라 하였으나 와전되어 지금은 할미산이라 통칭함.

▶ 龍井里

용구물: 용정리 동쪽 해안에 자리하였는데 마을 산세가 용궁과 흡사하다 하여 용궁물이었으나 와전되어 용구물이라 함.

▶ 月串里

黃嗣永生家: 辛酉邪獄 때 순교한, 帛書事件으로 유명한 황사영의 생가 터가 대묘동에 있었다 함. 그는 다산 정약용의 맏형 丁若鉉의 사위이다. 모친은 거제도로, 처는 제주도로, 아들은 추자도로 귀양을 가게 되었는데 처가 아들의 옷섶에 창원황씨 사영의 아들 某라 새겨 넣어 그 후예는 계속되었으며 지금 많은 권속들이 추자도에 살고 있다고 한다(『江都의 발자취』).

홍록골(홍릉골): 고려 고종의 홍릉이 있었는데 국화리로 이장했음.

江華郡 喬桐面

▶ 古龜里

공알바우: 북다지 서남쪽 화개산에 있는 바위. 공알(음핵)처럼 생겼음.

燕山谷(연산골): 고읍리에 있는 골짜기. 조선 제10대 연산군이 이곳에서 귀양살이하다가 죽었음. 연산군의 산소는 서울 방학동에 있음.

▶ 邑內里(월곶진)

府君堂: 북문안 읍내리 251번지에 있는 신당. 조선 제10대 연산군이 중종반정 12년(1506) 9월 교동으로 추방되어 왔다가 같은 해 12월에 돌림병으로 죽었다. 이곳은 그가 있다가 병들어 죽은 집터라 하여 근읍 주민들이 연산군의 화상을 모셔 놓고 원혼을 위로하는 제사를 지냈음. 연산군이 유배되어 살다 죽은 집터는 고구리와 이곳 부군당 외에 汪鳳山(鳳韶里) 골짜기 新谷洞이란 설도 있음.

江華郡 吉祥面

강화도의 동남쪽 끄트머리. 동쪽은 바다 건너 김포군 대곶면. 남쪽은 바다 멀리 옹진군 영종도가 보임. 고려 고종 19년(1232) 몽고군의 침입으로 39년간 강화로 遷都.

▶ 吉祥山: 길상면 선두리와 장흥리에 걸쳐 있는 산. 336.1미터. 남부에 길상산이 높게 솟았을 뿐 그 외 지역은 대체로 평지. 북반부에는 경작지가 엷게 전개됨. 배추의 품질이 좋기로 유명. 감은 그 수확량이 도내 제일.

▶ 吉稷里(稷山): 길상산과 직산리의 이름을 따서 길직리라 함.

귓골(鹿谷, 구잇골): 官舍말 동남쪽에 있는 마을. 뒷산이 말 귀 모양.

길마배미: 하방골 남쪽에 있는 논. 길마 모양.

燈盞山: 미라볼마을 남쪽에 있는 산. 등잔 모양.

마귀내(마그내, 馬廐村): 관사말 동남쪽에 있는 마을. 옛날 고려 때 마굿간이 있었다 함.

白雲谷(뺄벌): 효자터 북쪽에 있는 마을. 평장사 백운 李奎報가 살았음.

白雲先生墓: 뺄벌 동쪽에 있는 白雲居士 李奎報(1168-1241)의 묘. 지방 기념물 제8호. 명종 20년(1191) 進士試 합격. 최충헌에게 기용. 벼슬은 門下侍郎 平章事. 특히 민족의 영웅시인「東明王篇」을 지어 고구려인의 큰 포부와 활동을 읊다. 민족 의식 선양, 몽고 국난 극복을 목적으로「大藏經刻板君臣祈告文」을 지음. 문집에는『東國李相國集』이 있다. 묘소는 1967년 후손들이 정화하고 재실 복원. 墓碑, 〈高

麗李相國河陰伯文順公諱奎報之墓/配貞敬夫人晉壤晉氏祔).
약우물터: 까치볼에 있던 약수터. 물맞이(부녀자들이 유월 유두 또는 여름철에 약수나 폭포에 가서 물을 맞는 일. 대개 上古人들이 물에 정화력이 있다고 믿음으로써 이를 儀式的으로 종교화한 것의 遺風임. 다른 고등 종교의 행사인 灌頂, 浸禮, 洗禮 따위와 같은 원류임. 서울의 정릉, 광주 무등산의 물통폭포, 제주 한라산의 城坂岳폭포 등은 모두 물맞이의 명소임. 중국에서는 물맞이를 溪浴이라 하여 3월 3일에 행하고, 일본에서는 〈미소기〉라고 하는데 일정한 시기는 없는 듯함)를 하였음.
張村: 방죽말 서북쪽에 있는 마을. 장씨가 많이 살았음.
孝子터: 관사촌 서쪽에 있는 마을. 효자가 살았다 함. 효자 방씨의 정문이 서 있음.
▶**東檢里**(東檢島)
곶뿔당: 큰말(大村) 북쪽에 있는 당집.
금성당: 곶뿔당 위에 있는 당집.
똥그람섬: 땡겸 옆에 있는 섬. 모양이 둥그렇게 생겼음.
땡겸: 숫구재 동쪽에 있는 섬.
멍에배미: 보십배미 옆에 있는 논. 멍에 모양.

버선배미: 쟁기논 옆에 있는 논. 버선 모양.
보십배미: 버선배미 옆에 있는 논. 보습 모양.
숫구재: 뒷대 옆에 있는 부리. 숯을 구웠음.
여자미륵: 돌다리약수터 옆에 있는 미륵.
유방배미: 멍에배미 옆에 있는 논. 유방 모양.
음달말: 큰말 남쪽. 음지에 있는 마을.
쟁기논: 목대섬 옆에 있는 논. 쟁기 모양.
▶**船頭里**(배머리나루, 배머리, 船頭浦, 船頭洞): 배가 닿는 나루.
갈미봉: 무추내(茂草) 동쪽에 있는 산. 갈모 모양.
굴우물: 간뎃말에 있는 우물. 바위에 굴이 뚫렸는데, 그곳에서 물이 흘러 나옴.
길마재: 무추내 동쪽에 있는 산. 길마 모양.
吉祥寺터: 새말 북쪽 절텃골에 있는 길상사의 터.
堂山: 큰솔과 작은솔 사이에 있는 당산. 매년 봄에 동제를 지냄. 당집 있음.
돈치기등: 돌뿌리 남쪽에 있는 등성이. 편편하여 나무꾼들이 돈치기를 했음.
띄골: 동두머리 남쪽에 있는 골짜기. 잔디가 많음.
마성뚝: 선두포 남쪽에 있는 둑. 나라

의 말을 먹이던 성 자리임.
망국재: 서달 남쪽에 있는 등성이. 기우제를 지냈음.
보십배미: 동두머리 옆에 있는 논. 보습 모양.
서문턱(서문언턱): 선두포 동북쪽에 있는 등성이. 정족산성의 서문이 있었음.
鼎足山城(三郞城, 傳燈山): 길상면 온수리와 선두리 경계에 있는 산. 220미터. 세 봉우리가 솥발처럼 벌여 있다. 단군이 세 아들을 시켜 한 봉우리씩 맡아 성을 쌓게 하였다 함. 성 안에 璿源閣, 史閣, 傳燈寺가 있는데, 고종 3년(1866) 9월에 프랑스 동양 함대가 침입하여 정족산성에 웅거하며 온갖 노략질을 다하다가 천총 梁憲洙에게 패하여 쫓겨감. 보물, 서적 따위를 모두 가져 가고 불까지 질러 선원각과 사각이 소실됨. 전등사만 남음. 사적 130호로 지정됨.
船頭堡: 진터(산뒤마을 북쪽)에 있는 고적. 길이 1.2킬로미터. 숙종 때(1706) 유수 閔鎭遠이 선두포 둑을 쌓은 뒤 화도보를 없애고 이 보에 별장을 두었음. 이 보는 산성 밑에 있던 것을 유수 李章濂이 산성 위로 옮겼다 하며, 택이, 동검북, 후애의 3돈대를 관할하였음.
쇠보지물: 무추내 남쪽에 있는 우물. 암소 보지 모양이라 함.

쑥밭다리(艾田): 무추내 동쪽에 있는 마을. 전에 화약을 만들던 약쑥을 많이 길렀음.
여고개(麗峴, 여우재): 유촌말 북쪽에서 쑥밭다리로 넘어가는 고개. 고려 때 능이 있음. 여우가 살았음.
月塢池(달우지): 선두포 서북쪽에 있는 마을. 달맞이를 하였음.
황새배미: 선두포 동쪽에 있는 논. 모양이 황새 다리처럼 가늘고 길게 생겼음.
孝子門: 택이에 있는 황우범의 효자 정문.
▶**溫水里**(온수물, 원수물, 온수동, 온수곡, 온동, 온수): 최근 온천이 발견되었다고 함. 더운물이 나와서 붙은 이름.
달맞이고개: 온수동 네거리에서 전등사로 넘어가는 고개. 달맞이를 하였음.
돌사람(石人): 온수리 635번지에 있는 돌사람. 높이 200, 너비 38, 두께 30센티미터.
동문골: 온수물 남쪽에 있는 마을. 삼랑성의 동문 밑이 됨.
등잔모퉁이: 온수동 동북쪽에 있는 모퉁이. 등잔 모양.
史庫터: 온수물 남서쪽 정족산 안에 있는 史庫 터. 본래 사고가 마리산(摩尼山, 마이산, 머리산)에 있었는데 현종 원년(1660)에 이곳으로 옮기고 숙종 4년(1678)에 비로소 『조선왕조실록』

을 보관하였으며 숙종 33년(1707)에 유수 黃欽이 수리하여 翠香堂이라 하고 璿源譜를 보관하였다. 1928년 일제가 이곳을 헐고 『실록』은 서울대학교 도서관으로 옮김. 현판은 전등사에 보관하였으며 영조의 글씨라 함.
三郎城假闕터(정족산가궐터): 온수리 635번지 정족산 삼랑성 앞에 있는 가궐의 터. 고려 고종 46년(1259)에 술사 白勝賢의 말을 듣고 지었는데 원종 11년(1270) 삼별초의 난 때 소실됨.
서두머리(온서, 西頭峴): 사거리 서쪽에 있는 마을. 뒷산이 쥐 머리 모양.
璿源譜閣터: 온수리 635번지에 있는 집터. 현종 원년(1660) 유수 유심이 세워 왕실의 족보를 보관하였는데, 1900년에 日人에 의해 파괴되었으며, 현판은 전등사 대조루에 걸려 있음.
아흔아홉간집: 사거리 서쪽에 있는 집. 99간이 됨.
梁憲洙勝戰碑: 전등사 경내에 있는 양헌수의 승전비. 고종 3년(1866) 병인양요 때 천총 양헌수가 강계 포수 8백여 명을 거느리고 프랑스 동양 함대를 물리친 공적을 기려 세움.
傳燈寺(眞宗寺): 온수리 635번지로 정족산 삼랑성 안에 있는 절. 고구려 제17대 소수림왕 11년(381)에 아도화상이 창건하여 진종사라 하였는데, 고려

제25대 충렬왕의 원비 貞和宮主가 옥등을 바쳐서 전등사로 고침. 보물 대웅전(178), 약사전(179), 범종(393)을 비롯하여 명부전, 삼성각, 강설당, 적묵당, 향로전, 대조루, 극락암 등이 있음. 대웅보전의 처마 네 귀퉁이에는 재미있는 전설이 전해지는 발가벗은 여자 조각이 있음.
海浪堂(해란댕이, 海寧堂): 난자골 북쪽에 있는 마을. 해령당이 있었다 함.
▶ 壯興里
監牧官(가무간, 가무관): 어리골 북쪽에 있는 마을. 조선 시대 길상목장의 감목관이 살았음.
藥水물터: 긴골에 있는 약물터. 물에 탄산 가스가 섞여 있어 위장병, 피부병에 좋다 함.
▶ 草芝里: 草芝鎭이 있어서 붙은 지명.
장안말(長安村, 陵谷, 능골): 토젓골 서쪽에 있는 마을. 뒤에 고려 왕릉이 있음.
장구배미: 구리포들에 있는 논. 장구 모양.
초지진터: 내진 동쪽에 있는 초지진의 터. 조선 인조 22년(1644)에 유수 洪重普가 창설하고 현종 7년(1666)에 유수 徐必遠이 만 호를 두어 지키게 하고 영조 39년(1763)에 유수 鄭實이 僉節制使를 두게 하였음. 사적 제225호로 지정됨.

江華郡 内可面

▶鳩下里(구갯골): 개가 있으므로 붙은 지명. 낮은 언덕 위에 입지. 서쪽으로 난 논은 원래 바다. 마을이 위치한 언덕을 게 등이라 여김. 너르고 평평하고 단단한 게 등은 길지. 가장 좋은 곳이 집게다리 터. 원래 집값의 두 배를 받음. 이곳을 조선의 풍수에는 掛燈穴이라 했으나 잘못임(김광언, 76). 旭下里 掛燈形. 수백 년 동안 이곳 거주자 모두가 유복하였으며 벼슬을 지냄(村山).

紹陵터: 구하리 덕산 초피봉 서편에 있는 고려 왕능 터로 고려 熙宗의 왕비 任氏의 능소로 본다. 임씨는 희종이 용유도에서 죽은 지 10년 만에 돌아가셨다(『江都의 발자취』).

▶外浦里

堂山골(북당산골): 당산 밑에 있는 골짜기. 조선 제15대 광해군의 세자 지(?)와 세자빈 박씨가 이곳에 유폐되었다가 세자가 사사됨에 빈 박씨가 사흘을 울다가 자결하였음.

▶黃淸里

말바위: 말의 형국을 하고 있음. 어느 해 큰비에 바위가 뒤집혀 엉덩이 쪽이 바다를 향하게 되었다. 그로부터 말의 大小便(황금색으로 재물을 뜻함)이 바다로 나가게 되어 이 마을에 넉넉한 사람이 없고 인물도 나지 않게 되었다 (『江都地名考』).

紹陵: 황청개 동쪽에 있는 능. 고려 제21대 희종의 왕비 성평왕후 任氏의 능.

江華郡 佛恩面

▶高陵里

蓋骨洞(개골밭): 능재 밑에 있는 골짜기. 고려 제23대 고종 30년(1234) 8월에 세조와 태조의 능을 이곳에 옮겼다가 제25대 충렬왕 2년(1276) 9월에 개성 승천포로 옮겼음.

江華郡 仙源面

▶錦月里(그머러지)

高麗假闕터: 대문이 북쪽에 있는 대궐 터. 고려 제24대 원종 5년(1264)에 술사(풍수사를 말함) 白勝賢의 진언에 따라 임시 대궐로 지었음.

▶仙杏里

忠烈祠: 남산 남쪽에 위치하고 있음. 병자호란 때 순절한 충신 金尙容의 집터라 함.

江華郡 松海面

▶牽丁里

造山: 솔정리에서 가장 큰 마을인 말머리 마을 앞에 있는 산. 조산이란 인공적으로 만든 산이란 뜻인데 흔히 풍수에서 虛缺한 방향에 돌무더기를 쌓아 놓고 이를 조산이라 부름. 지방에 따라서는 造塔이라고도 함.

▶崇雷里

鄭松江집터(松江寓舍터): 송정에 있던 조선 제14대 선조 때 송강 정철의 집터.

▶陽五里

陽五里 辛成默氏집터: 仙女(혹은 玉女)奉盤形. 선녀는 예로부터 미인인 동시에 풍요와 다산을 상징함(김광언, 112). 자손 번영의 길지. 일찍이 이 집에서 왕의 侍臣이 나온 적도 있음(村山, 688).

江華郡 良道面

▶吉亭里

坤陵: 덕정산 남쪽 문고개 괴뉴골(괴룡골) 뒤에 있는 고려 제22대 강종의 원비 원덕왕후 유씨의 능.

문고개(門峴): 정하동 북쪽에 있는 마을. 고려 제23대 고종이 강화로 천도한 후 진강산(443m. 옛 진강현의 진산)에 목장을 설치하였을 때 문이 있었다 함.

碩陵: 진강산 동쪽 곤릉 남쪽에 있는 고려 제21대 희종의 능. 희종은 1204년 이래 8년간 재위하였다가 권신 최충헌의 횡포를 막으려다 실패하여 강화교동으로 유배되었다가 용유도로 옮겨져 그곳에서 승하함.

▶陵內里(능안, 능산)

嘉陵: 능내 동북쪽에 있는 고려 제24대 원종의 왕비 順敬王后 김씨의 능.

안산: 능내 서쪽 공숙 마을 앞에 있는 산. 가릉의 안산인 듯함.

▶道場里(진강장)

석릉굴약수터: 중풍에 효험이 있다 함.

진강목장터(진강장터): 도장리 진강산 아래 있는 목장 터. 길이 10, 너비 8, 둘레 20리가 되어 말을 놓아 먹였는데 인조 27년(1649)에 유수 趙啓遠이 이를 혁파하고 목장을 민간에게 내준 것을 숙종 48년(1719) 유수 沈宅賢이 이곳에 좋은 말의 씨가 있다 하여 다시 목장을 만들었음. 효종이 병자호란 때 청군에게 끌려 심양에 있다가 돌아올 때 청나라 세조가 말 한 필을 주며 〈이 말이 귀국 진강장의 말이니 함께 돌아가라〉하므로 받아서 돌아와서, 잘 기르면서 북벌할 때 쓰려고 〈벌대총〉이라 명명하였으므로 이곳에서 나는 말을 伐大총이라 함.

▶造山里(죄미)

알메산(조산): 죄미 앞에 있는 작은 산. 알처럼 생겼음. 지세의 허결을 막는 역할을 함. 게다가 공알(음핵)처럼 생겨 다산 기원의 장소로도 쓰임.
▶霞逸里
高麗古墳: 하일리 75-2번지에 있는 고려 때 무덤. 길이 2.1 너비 1.2 높이 0.6미터.
金就勵墓: 하일 북쪽에 있는 고려 장군 김취려의 묘. 고려 제23대 고종 때의 대장군으로 거란병을 크게 무찔렀음. 1969년 묘지석이 발견됨으로써 알려짐.
霞谷草堂: 하일리 동남쪽 길섶에 있었다 함. 양명학의 학통을 세운 강화 학파의 창시자인 하곡의 집이었다.

江華郡 兩寺面

▶寅火里
닭바우(鷄岩): 송산 서쪽에 있는 바위. 이름 난 지관이 金鷄抱卵形의 명당을 잡아 주면서 〈석 자 세 치를 파면 반석이 나올 터이니 그 반석을 다치지 말고 그 위에 그대로 쓰라〉고 하였는데, 그 말을 듣지 않고 그 반석을 들자 금닭이 나와서 울더니 이 바위로 화하였다 함. 이 바위에 정성을 들이면 아들을 얻는다 하여 부인들이 많이 찾아와 치성함.
▶鐵山里
玉女峯: 산봉우리가 여성의 乳房線과 흡사함. 철산리 마을엔 이 옥녀봉으로 인하여 미인이 속출한다고 전해짐.

江華郡 河岾面

▶望月里
갈마산: 다운리 동남쪽에 있는 산. 渴馬飮水形의 명당이 있다 함.
공알바우: 장사바우 위쪽에 있는 바위. 공알(음핵)처럼 생겼음.
▶富近里
시루미산(甑山): 古老들은 이 산을 연개소문의 舊墓라 함.
합소문집터(淵蓋蘇文집터): 사직골 동남쪽 시르메산 남쪽 골짜기에 있는 합(연개)소문의 집터. 연개소문이 여기서 났다 함.

江華郡 華道面

▶內里(안꼴): 마을이 모아지는 형태가 內 자와 비슷하고 뒷산 모습 또한 글자와 비유할 수 있어 내리라 하였는데 樂土로서 이상향이라는 기록이 있음(『江都地名考』).
▶興旺里
洪學士집터: 마니산 남쪽 홍왕리 중앙 산골 큰말에 있는 병자호란 때의 삼학사 중 한 사람인 洪翼漢의 집터.

高陽郡 碧蹄邑

현재 고양군은 고양시로 행정 명칭이 개편되었음.

▶ 大慈里(현재의 고양시 대자동)
崔瑩將軍墓: 대자리 산 562번지(大慈山)에 있는 최영 장군의 묘. 풀이 나지 않기로 유명했는데 1970년에 수축하고 충혼비를 세웠으며 지방 문화재 제23호로 지정됨.

高陽郡 神道邑

▶ 龍頭里(현재 고양시 삼송동)
敬陵: 순창원 서북쪽에 있는 조선 제7대 세조의 큰아들 의경세자(덕종으로 추존됨)의 능.
明陵: 용머리 동쪽에 있는 조선 제19대 숙종과 인현왕후 민씨와 인원왕후 김씨의 능.
西五陵: 용두리 산 30번지에 있는 경릉, 창릉, 익릉, 명릉, 홍릉의 5능. 사적 제198호.
順昌園: 명릉 북서쪽에 있는 명종의 장남 순회세자와 그의 비 윤씨의 능.
翼陵: 명릉 북쪽에 있는 조선 제19대 숙종의 원비 인경왕후 김씨의 능.
昌陵: 홍릉 북쪽에 있는 조선 제8대 예종의 능.
弘陵: 경릉 동북쪽에 있는 조선 제21대 영조의 원비 정성왕후 서씨의 능.

高陽郡 元堂邑

▶ 新院里(새원, 장뜰)
月山大君墓: 능골에 있는 월산대군 李婷의 묘.
▶ 元堂里(현재는 고양시 원당동임)
高陵: 원당리 본달산(見達山, 峴達山. 120m)에 있는 고려 제34대 공양왕과 順妃 盧氏의 능(울진 공양왕릉 참조).
西三陵: 원당리 산 38-4번지에 있는 희릉, 예릉, 효릉의 3릉. 사적 제200호.
昭慶園: 진터말 동남쪽에 있는 소현세자의 묘.
애기묘: 원당골에 있는 여러 왕자의 묘. 각처에 있는 왕세자 22분의 묘를 이곳으로 옮겼음.
睿陵: 효릉 아래쪽에 있는 능. 조선 제25대 철종과 왕비 철인왕후 김씨의 능.
淸陵: 원당리 산 38번지에 있는 조선 제11대 중종의 능.
胎室: 새말 남쪽에 있는 태실. 여러 곳에 있는 임금 17위와 그 밖에 대군, 세자, 공주의 태를 일제가 강제로 이곳으로 모아 놓았음.
孝陵: 태실 아래쪽에 있는 조선 제12

대 인종과 왕비 인성왕후 박씨의 능.
孝昌園: 원당골에 있는 문효세자의 무덤.
禧陵: 효릉 아래쪽에 있는 조선 중종의 계비 장경왕후 윤씨의 능.

高陽郡 一山邑

현재는 고양시 일산동으로 흔히 일산 신도시라 부름.
▶ 일산 신도시 답사
1992년 유엔 환경개발회의에서 나온 환경과 개발에 관한 리우선언에는 여러 가지가 제시되어 있는데 그중에는 이런 원칙이 있다.
〈지역의 토착민과 그들의 사회, 그리고 기타의 지역 사회는 그들의 지식과 전통적 관행으로 인하여 환경 관리와 개발에서 중요한 역할을 수행한다. 각 국가는 그들 토착민의 존재와 문화 및 이익을 인정하고 적절히 지지하여야 하며 또한 지속 가능한 개발을 성취하기 위하여 그들의 효과적인 참여가 가능하도록 하여야 한다.〉
이것은 아마도 북미와 남미의 원주민들인 인디언들의 자연에 대한 전통적 접근 방법을 존중하라는 의미에서 나온 원칙인 듯하다.
우리의 풍수 사상도 서구화된 현재의 입장에서 보자면 토착민의 전통적 관행에 해당되므로, 환경 관리와 개발에서 중요한 역할을 수행할 수 있다는 전세계의 보장일 수 있다.
1988년 캘리포니아에서 열렸던 〈大地의 精靈〉에 관한 심포지엄의 결론은 보다 직접적으로 풍수의 용도를 규정하고 있다.
〈전통적으로 성스러운 장소에는 특별한 기운이 존재한다는 공감대가 형성되어 있다. 그것이 인간과 동식물에 영향을 미칠 수 있는 미묘한 '環境的 場'이 존재한다는 현대 과학적 연구가 있다. 그 특별한 장소를 설명해 주는 '環境的 質'이 무엇이냐 하는 데 대한 '현대 과학과 전통 지혜의 합치점'은 그러나 아직 잘 이해되고 있지 못하다. 古代의 풍수적 관행이 현대의 집터와 일터 배치에 긍정적으로 결과할 수 있다는 많은 연구 예가 나와 있다. 그러나 현대 과학은 그 결과가 왜 일어나는지에 대해서는 설명하지 못하고 있다.〉
우리가 현대 도시 생활에서 철저히 무시하고 있는 풍수적 지혜들이 실은 서양에서 인정을 받고 있는 셈이다. 서울 주위에 수없이 생겨나고 있는 위성 도시, 신도시와 주택 단지 등은 당연히 풍수적 감수를 받은 바 없다. 지금 그런 대단위 지역의 풍수를 감수할 만한 풍수 대가가 없다는 것도 이유가 되겠지만 무엇보다도 사람들이 우리 것에 대해서 가지고 있는 열등감들이 그런 일을 방해하고 있는 것으로 여겨진다.

현재(1992년 현재) 수도권에는 서울특별시와 인천광역시를 제외하고도 고양시, 과천시, 광명시, 구리시, 군포시, 동두천시, 미금시, 부천시, 성남시, 송탄시, 수원시, 시흥시, 안산시, 안양시, 오산시, 의왕시, 의정부시, 평택시, 하남시 등 19개의 시가 있다. 반면 군은 17개에 지나지 않는다. 기형적인 행정 구조라 아니할 수 없다. 이중 어떤 것은 서울 때문이 아니라 자체적으로 성장한 시도 있다. 그러나 그런 것은 예외적이다.

대부분의 시는 면적도 좁다. 그중 면적이 가장 작은 산본(山本은 일본 지명에 흔히 나오는 야마모토가 아니냐고 불쾌해 하는 사람이 있으나 그렇지는 않고, 수리산을 바탕으로 이루어진 마을이라 하여 조선 시대에 山低里로 불리다가 조선 말엽에 山本里로 개칭되었다고 함) 신도시가 들어설 군포시는 20.7평방킬로미터로, 여주군이 610, 평택군이 390평방킬로미터인 데 비해서는 비교가 불가능할 정도이니 이 또한 기형이다.

각 시의 면적 중 그린벨트가 차지하는 비중도 하남시나 의왕시는 시 전체 면적의 90%가 넘는데 이 역시 전원을 억지로 도시로 바꾸었다는 뚜렷한 증거이며 기형적이다. 수도권 신도시의 대부분이 땅으로 보자면 기형이라는 결론이다.

또 이들 중 상당수는 도시지리학 용어인 베드 타운이 암시하는 것처럼 서울을 생활 근거지로 둔 사람들의 취침처 구실밖에는 못하는 경우가 많다. 그러면 서울과의 교통이라도 원활해야 할 터인데 현실은 그 정반대이다. 서울시 교통관리사업소의 조사에 따르면 서울시 경계 지점에서의 자가용 통행량은 12.8%나 되는 것으로 나타났다. 수도권의 땅들은 몸체만 기형이 아니라 이미 회복 불능의 속병을 앓고 있는 셈이다. 잘 알려져 있다시피 풍수에서 도로는 인체의 혈맥과 같은 역할을 한다. 지금 그 혈맥은 현재 심각한 고혈압에 동맥경화 상태이며 게다가 자동차의 증가는 치유 없는 혈액 유입을 의미하기 때문에 혈압의 상승은 위험 수준이다. 몇 가지 사고만 생겼다 하면 혈맥 파열이나 심장 마비는 불문가지가 아닐 수 없다.

그런데도 수도권이 생명을 유지하고 있는 것을 보면 확실히 이 땅이 축복을 받은 땅이거나 아니면 매일이 기적의 반복이라는 생각이 들 정도다. 하기는 신도시뿐만이 아니라 현재의 도시 생활 전반을 사람들이 견뎌낸다는 자체가 기적이 아닐 수 없기는 하다.

농촌은 비다시피 되었으니 온몸의 피가

머리와 가슴에 집중되어 있는 꼴인데, 어느 날 앉은 자리에서 심장 마비를 일으키지 않을까 걱정이다. 그저 이런 걱정이 풍수학인의 杞憂에 지나지 않아야 할 터인데.

서울 생활을 극구 축소하고 지방에 자주 나가 있는 나를 보고 사람들은 이상하다고 하지만, 내가 보기에는 이런 땅에 굴하지 않고 살고 있는 사람들이 더 이상하다. 떠나고 싶어도 먹고 사는 일 때문에 서울을 떠나지 못한다는 사람들이 대부분이다. 하지만 답사를 다니다 보면 정말로 먹고 사는 일만이라면 굳이 서울에 있지 않아도 되겠다는 생각이 든다. 아마도 사람들은 이런 생활에 너무나 익숙해져 이제는 그것을 빠져 나가기가 더 어렵게 되었기 때문에 그러는 모양이다. 주말에 고속 도로와 국도를 통해서 서울을 빠져 나가는 사람들이 얼마나 많은지 생각해 볼 일이다.

그렇다고 이제 모든 것을 포기하고 옛날로 돌아갈 수는 없다. 할 수 있는 한 최선을 다하며 치료를 해야 할 것이고, 그 중 한 방법으로 나온 것이 신도시 건설일 것이다. 대증요법에 지나지 않는 것이지만, 그리고 풍수 원칙적 안목으로는 그것이 오히려 병세를 더 골수에 박는 일일지는 모르지만, 손놓고 기다리기에는 너무나 불안한 것이 요즈음 아닌가.

필자는 지금을 풍수적 말세라고 주장한 바가 있는데 그 생각은 아직도 변함이 없다. 땅이 사경의 병상을 헤매는 오늘이 풍수적 말세가 아니면 무엇이 말세겠는가 하는 뜻인데, 요즈음 사회 문제가 되고 있는 종말론과는 물론 관계가 없다. 종말론 파동도 풍수적 말세의 한 증상일 뿐이다. 토지 제도가 극도로 문란해지고 민생의 피폐가 도를 넘었던 조선 후기에 풍수에 일가를 이루고 있던 홍경래나 전봉준 같은 혁명가들이 개벽을 부르짖은 것도 일종의 풍수 말세론에 대한 대응이었다고 생각된다. 그들이 실패한 뒤 요즘 종말론과 비슷한 사이비 종교 운동이 몇 건 있었다는 것도 흥미 있는 사실이지만, 그 얘기는 다른 기회에 살펴보기로 하고 이제 우리의 관심을 일산 신도시로 돌리기로 하자.

지금은 고양시의 한 동이 되었지만 과거 고양군 일산읍의 지명은 한메에서 나왔다고 한다. 경기도 지명 유래집에 의하면 현재 일산읍이 읍으로 승격되기 이전 중면 사무소가 초창기 마두 4리 개인 사랑방에서 집무를 했으나 1906년 경의선 부설 당시 중면의 중심지였던 백석 4리 구장터에서 일산역 주변으로 면사무소가 옮겨짐에 따라 현재 송포면 덕이리 한산마을의 고유 명칭인 한메를 따서 일산리라 부르게 되었다는 것이다.

이곳에서 북쪽으로 조금 올라가면 파주군 교하면이 나오는데 필자는 이 일대를 통일 뒤의 수도로 주장한 적이 있었다. 지금 이곳에는 자유로 일부 구간이 개통되어 있다. 행주산성에서 한강 하류를 따라 나 있는 이 도로는 파주군 교하면과 탄현면에 걸쳐 오두산의 낮은 둔덕이 둘러 있을 뿐 비교적 저평한 평야 지대이다. 토지의 비옥도가 떨어져 고려 시대 중기에 이르러서야 개척이 시작될 정도였다는 역사 기록이 나오는데, 이것은 도시 건설에서는 오히려 강점이 될 수 있다.

기름진 땅은 농사를 짓는 것이 땅의 성격을 맞추는 일이다. 사람도 그렇지만 적성에 맞지 않는 일을 하는 것은 땅에게도 사람에게도 이로울 것이 없다. 강 건너편으로는 김포 반도의 넓은 들이 시원하게 펼쳐져 이곳의 배후 들판 또는 휴식, 문화 공간의 기능을 얼마든지 포용할 수 있도록 해주고 있다.

뿐만 아니라 조금 더 북쪽으로 올라가면 임진강 하구를 만날 수 있으며 이를 따라 경기도 북부 내륙 지방으로의 진입이 유리하다.

지금은 국토가 동강이 나서 오두산 위쪽으로는 괴괴한 정적만이 감돌고 있지만 통일이 된다면 이곳처럼 탁 트이고 전원적 요소를 유지하면서도 도시 공간 조성에 유리한 곳은 없다고 믿는다.

임진강과 한강이 만나는 오두산 건너편 북녘에는 황해도 개풍군의 넉넉한 산야가 역시 이 일대를 포근하게 감싸 주고 있다. 황해도에서 튀어나온 관산 반도는 거대한 두 강이 합류하는 지점임에도 불구하고 물길의 성품을 부드럽게 하여 땅의 수준을 國都로 사용해도 무방하도록 품위를 높여 주고 있다.

사람의 성격이 성장하면서 바뀌는 것처럼 땅의 성격도 세월 따라 바뀌는 법이다. 앞으로의 수도는 得水局인 서울의 품성으로도 감당하기 어렵게 될 것이다. 이제 통일이 되어 7천만 민족의 수도 역할을 할 수 있는 땅은 이곳밖에 없다는 것이 필자의 변함없는 생각이다.

통일이 되어 이곳이 수도로서 건설되는 수십 년 동안은 잠정적으로 開城을 통일 수도로 쓰는 수밖에 없겠지만 언젠가는 이 땅으로 돌아오게 되리라.

일산은 그런 땅 자락에 위치해 있는 신도시로서는 실로 절묘한 입지 선정이라고 판단한다. 얼마 전 행주대교가 무너져 상심해 있을 일산 주민들은 여유 있는 마음으로 통일을 기다려 볼 일이다.

高陽郡 知道面

▶ 大壯里

南秋江墓: 대장리 산 49번지에 있는 생

육신의 한 사람인 추강 南孝溫의 묘.

果川市

▶과천 답사

서울 사당동 사거리의 길막힘은 가히 살인적이 아닐까 싶다. 다른 곳도 이보다 크게 나을 것은 없지만 사당 사거리에서 필자는 참으로 가슴 답답한 광경을 목격한 적이 있다. 차들이 신호 대기중인데 신호가 대여섯 번 바뀌었지만 사거리를 통과할 기미조차 보이지 않고 있었다. 이때 한 중년 남자가 자신이 운전하던 차에서 뛰어나와 길 가운데 드러눕는 것이 아닌가. 교통은 더욱 혼잡해졌지만 누구 하나 부축해 주는 사람도 없었다. 내게서 멀지 않은 곳이었기에 뛰쳐나가 물어 보니 가슴이 답답해 숨을 쉴 수 없다는 대답이었다. 그러면서 자신은 공황 장애 환자인데 약을 먹으면 가라앉으니 물을 좀 달라는 것이었다. 마침 갖고 있던 활명수를 따 주니 약을 먹고 나서 곧 차에 오른다. 나는 그 병이 어떤 것인지 자세히 알지는 못한다. 다만 짐작기로 복잡한 길거리에서 차가 막히면 발작이 일어날 수 있는 병이로구나 하는 생각만 들 뿐이었다. 그 사이에도 뒤차들은 경적을 울리고 난장판을 이루며 비켜 주기를 재촉하고 있었다. 동냥은커녕 쪽박을 깨는 인심이었

다. 요컨대 서울의 삶이란 것이 이런 식이 아닌가. 그런 사당사거리를 지나 남태령고개를 넘어야 갈 수 있는 곳이 바로 과천이란 곳이다.

옛날의 과천은 그림 같은 곳이었던 모양이다. 卞季良은 과천의 形勝을 〈산은 관악과 이어져 들판을 감싸 안았고, 물은 청계로 내리어 큰 내로 드는구나(山連冠岳圍平野 水下淸溪入大河)〉라고 찬탄하고 있으니 말이다. 사실 관악산은 지금 서울 시민들의 휴식처가 되어 있기는 하지만 그 산의 임자되는 땅은 서울의 관악구 일대가 아니라 과천임이 분명하다. 山龍이 어디를 감싸 안고 있느냐를 판별하는 일은 풍수에서 매우 중요하다. 그것은 결국 그 龍의 얼굴 쪽(面)과 등 쪽(背)을 구분하는 일이기도 하다. 상식적으로도 쉽게 짐작할 수 있는 일이다시피, 風水家에서는 背를 금기시하고 面을 선호하는 것이 원칙이다. 관악산의 면에 해당하는 곳이 과천이란 것을 말하고자 한 것인데, 요즈음 신문 기사들을 살펴보면 우리나라에서 가장 살기 좋은 도시로 과천을 꼽고 있는 사례가 여러 번 있었음을 상기할 일이다.

여러 옛 글에도 관악산은 과천의 鎭山임을 명백히 하여 놓고 있다. 그것을 부인하는 전적은 내가 알기로는 없다. 冠岳은 경기 五岳의 하나로 경기도의 金剛山이

란 별칭이 있을 정도의 이름 높은 산이다. 『新增東國輿地勝覽』에 보면 成侃의 다음과 같은 글귀가 인용되어 있음을 볼 수 있다. 이것은 성간이 冠岳寺를 오르며 남긴 글인데 좋은 산에 든 사람들의 마음이 어떠한지를 잘 묘사한 대목이라 여겨져 지루함을 무릅쓰고 옮겨 보기로 한다. 〈슬프다, 이 산에서 遊歷한 선비 그 얼마이며 스님들은 얼마였겠는가. 그럼에도 불구하고 이 바위를 일컬어 칭송한 이 없다는 것이 기이하구나. 이는 조물주가 나를 위하여 짐짓 감추어 둔 장소가 아닐런지. 莊周氏의 말에 큰 숲과 높은 산이 사람에게 좋은 것은 神한 者만 못하다고 하였다. 그러나 장주가 한 이 말은 반드시 잘 알고 한 말은 아닌 것 같다. 대개 사람이 세상에 처하니 밖으로는 만 가지 일이 총집하고 안으로는 백 가지 생각이 경영하여, 기운이 막히고 뜻이 통하지 않는 데까지 이르렀다가, 山林의 큼과 溪礀의 좋음을 본 뒤에는 솟은 산이 눈과 꾀하고 물소리가 귀와 꾀하면, 지난번 가슴 속의 막히고 뭉클하여 퍼지지 못하던 것이 사라지고 풀리어 남은 것이 없게 된다. 옛날 山水의 도움을 얻은 사람들이 어찌 장주의 말을 족히 믿으랴.〉

그 관악산을 의지처로 하여 鎭山을 삼고 중앙동, 별양동, 갈현동을 명당판으로 삼은 과천은 그래서 서울 인근에서는 가장 살기 좋은 도시로 꼽힐 수가 있었던 것이리라. 비단 冠岳 主山뿐만이 아니다. 주위를 둘러싸고 있는 산세 역시 은연중 脫俗의 경지를 자태로서 뽐내고 있다. 관악에 이어진 三聖山이 그러하고, 그에 朝對하여 과천에 병풍을 둘러친 淸溪山과 國思峰 連脈이 그러하며, 南泰嶺의 虛缺處를 막아 주는 牛眠山 줄기가 또한 그러하다.

국사봉에 대해서는 이번 답사 과정에서 실로 웃지 못할 사실을 하나 알게 되었는데, 경기도가 펴낸 『地名由來集』에 보면 이런 대목이 나온다. 〈國恩峰은 해발 538미터의 표고를 이루고 있다. 청계산의 한 봉우리로 이성계가 고려를 멸하고 조선을 세우자, 이색, 길재, 조윤 등 고려의 명신들이 이곳에 모여 고려가 베푼 은혜를 생각하였다 하여 원래는 國思峰이었으나 고 박정희 대통령이 충절한 신하의 지조를 기린다 하여 國恩峰이라 정한 후부터는 국은봉이라 부른다〉는 것이다. 고려의 충신들이 이 일대에 흩어져 살며 옛 왕조를 기린 사실은 여러 가지로 확인이 된다. 실제로 관악산의 정상인 戀主峯이 바로 그런 충신들의 임금(主)을 연모하는 뜻을 따라 지어진 지명이며, 안내문에 의하면 날씨가 좋은 날에는 멀리 개성이 바라보인다는 설명도 덧붙여 있다. 그렇다고 하여 이미 지어진 지명을 고친다는 것은 있을 수 없는 일이다.

땅 이름이란 그야말로 유구한 역사와 전통을 자랑하는 것으로, 지명을 조사해 보면 조상들의 사고나 역사, 사회, 경제 생활, 의식 구조의 일면을 알 수 있고, 또한 문화나 풍습의 대강을 짐작할 수 있는 지표 자료의 보물 창고라고 보는 것이 지리학의 입장이다. 그러니 그것을 대통령이 별다른 사전 조사나 여론 수렴 과정도 없이 마음대로 고친다는 것은 상상도 못할 일이라는 것이 지리학자의 생각이다. 소위 권위주의 시대에나 가능했던 한 편의 笑劇이었으리라. 나는 그런 일들이 북한에나 있는 일인 줄 알았는데, 참으로 의외의 놀라운 사실을 알게 된 셈이다.

예컨대 북한에는 김일성의 아버지 이름을 딴 김형직군이란 곳이 있고, 김정일의 생모 이름을 딴 김정숙군이란 곳도 있다. 김형직군은 함경북도 후창군이요, 김정숙군은 함경남도 신파군이다. 심지어 백두산 자락에는 김정일의 이름을 딴 정일봉이란 곳도 생겼다. 통일이 되면 당연히 없어질 이름들일 것이다. 같은 경우는 아니지만 국사봉이 국은봉이 될 수는 없는 일이다. 대통령도 대통령이지만 그런 억지를 제압하지 못하고 받아들인 대통령의 측근들이 더 한심하다는 생각이 든다. 그래서 그런 종말을 맞은 것인지.

1982년 정부제2종합청사가 들어선 이래로 도시로 변화하기 시작한 과천은 1986년에 시로 승격이 된다. 청사 위치는 상당히 잘 잡혔다는 것이 필자의 생각이다. 그 지세는 대략 관악산 연주대(629.1m)를 主山 정점으로 하여, 서울대공원 바로 남쪽에 있는 鷹峰(368m)을 案山으로, 청계산 줄기인 國思峰(538m)을 朝山으로 삼은 듯하다. 한편 중앙공무원교육원 뒤의 용문암 줄기와 우면산 일대를 左右의 龍虎로 삼은 듯한데, 그렇다면 이는 本身龍虎에 해당하는 셈이다. 본신룡호란 명당 좌우의 靑龍과 白虎가 主山에서 직접 가지를 뻗은 경우를 지칭한다. 좋은 것으로 취급하기는 하지만 본신룡호는 그 명당판이 넓지가 못하기 때문에 큰 도읍이 들어설 터로는 썩 어울리는 것은 아니다. 다만 지금 시대의 입장에서는 과천이 대도시라 할 수 있는 정도는 아니기 때문에 행정 및 주거를 중심 기능으로 삼는 도시라면 그것이 큰 흠은 되지 않는다고 믿는다.

몇 해 전 중앙공무원교육원에 특깅을 간 적이 있었다. 보통 때는 잘 들어갈 수 없는 곳이어서 좋은 기회라 여기고 세밀히 地氣의 흐름을 감지하려고 노력해 보았다. 그때의 판단으로는 지금 제2청사가 있는 자리보다는 바로 이 교육원 터가 穴場에 해당된다는 느낌을 강하게 가졌다. 땅의 모양새로도 朝山인 國思峰이 너무 가깝고 높기 때문에 穴場은 좀더 主山인 관악산 쪽에 다가서는 것이 원칙이다. 정부청사도 비교적 관악산 자락 쪽에 붙어 있기는 하지만 좀 모자란 듯한 느낌을 버릴 수가 없다. 그에 비해서 공무원교육원과 국사편찬위원회 터는 감싸안음(圍繞)이 더욱 안온하기 때문에 적지라고 보았던 것이다.

이번 이 글을 쓰기 위해서 다시 과천을 살피며 느낀 바는 또 좀 달랐다. 그것은 地氣가 아무리 교육원 터가 낫고 풍수 形勢論的 원칙으로도 제2청사보다는 교육원과 국편 자리가 낫다 하더라도 그것이 국민의 公僕인 국가 공무원의 집무처인 점을 감안한다면 오히려 지금의 청사 터가 더 적절하다는 생각이 들더라는 것이다. 왜냐하면 교육원과 국편 터는 좌우 산세의 環抱와 圍繞가 풍수 원리에 합당하여 편안하고 安穩함을 주는 것은 분명하지만, 그런 터가 항용 갖기 쉬운 時空的 단절감 때문에 잘못하면 아집과 독선, 나아가서는 권위주의적 의식을 고취할 우려가 다분하다는 점을 생각지 않을 수가 없었던 것이다. 교육과 연구는 주위로부터의 단절과 고립이 필요한 작업이다. 그러니 중앙공무원교육원과 국사편찬위원회 터로서는 적절하다고 할 수 있다. 그러나 정부청사로서는 부적절하다. 정부청사는 따라서 지금의 자리가 최적이라는 판단이다.

사실 우리나라의 전통 도읍을 제외하고 현대 도시 중에 풍수적 원칙에 이만큼 잘 들어맞는 도시는 과천 이외에는 다시 없으리라고 믿는다. 문제는 각종 오염 특히 대기 오염과 교통 문제일 것인데, 이거야 어디 과천만의 문제인가. 부디 10층 이상의 고층 빌딩이 더 이상 들어서지 않아 도시 규모가 지금의 적정 수준을 유지할 수만 있다면 바랄 나위가 없겠다. 과천 시민들은 축복받은 사람들임에 틀림없으리라.

光明市

▶老溫寺洞
　永懷園(愍懷嬪姜氏陵): 양왕이 뒤에 있는 소현세자의 빈 민회빈 강씨의 묘.
▶日直洞
　궁말: 일직 북쪽에 있는 마을. 뒷산에 梧里 李元翼의 묘가 있음.

廣州郡 東部面

현재 광주군 동부면은 없어지고 대부분 하남시에 편입되었음.
▶拜謁尾里(밸미): 밸미산 밑이 되므로. 현재는 하남시 배알미동으로 팔당유원지가 있는 곳임.
　도미나루: 아래배알미리 북동쪽에 있는

한강의 나루터. 백제 제4대 개루왕과 도미 아내의 설화가 전함.

廣州郡 實村面

▶ 新村里(새말)
넉고개(廣峴): 되때기 동남쪽에 있는 높은 고개. 임진왜란 때 충주에서 전사한 申砬 장군의 넋을 불러 모시고 오는데, 이 고개에서 넋이 멈추었으므로 이 근처에 장사 지냈다 함.

廣州郡 五浦面

▶ 高山里
三福골들: 삼복골에 있는 들. 햇볕이 잘 들고 물 좋고 터가 좋은 세 가지 복이 있다 함.

廣州郡 中部面

▶ 山城里
벌바위(벌봉): 남한산성 동북쪽에 있는 바위. 청태종이 조선 침입의 야망을 품고 미리 용골대를 보내어 도성 근처의 지도를 자세히 그리게 한 후 이 바위를 보고, 〈남한산성의 정기가 이 바위에 엉기었는데 성 밖에 있으니 되었다〉 하여, 병자호란을 일으켜 남한산성을 포위하고 이 바위를 찾았는데 땅벌이 있으므로 불을 놓고 화약으로 이 바위를 폭파하였다. 조정에서는 뒤늦게 알고 겹성을 쌓아서 이 바위를 성 안으로 넣었다 함.

▶ 南漢山城 답사
서울에서 한강을 건너 남쪽으로는 높고 낮은 산들이 서울의 남쪽 터전을 半圓狀으로 둘러싸고 있다. 그중 가장 대표적인 것이 관악산으로 서울의 朝山 노릇을 하고 있지만 그 못지않게 중요한 것이 흔히 南漢山이라 일컬어지는 黔丹山과 淸凉山 일대의 줄기이다.

고등학교를 졸업하던 해이니까 1968년이라고 기억된다. 재수를 하던 때인데, 흔히 그 나이 또래에 가질 수 있는 이유가 분명치 않은 불안과 절망에 휩싸여 이곳저곳을 떠돌 때였다. 왜 그랬는지는 모르겠으나 혼자 남한산성에 올랐다.

그곳의 핵심 자리라 할 수 있는 守禦將臺까지 갔다가 당시는 사람들이 잘 다니지 않던 西門 쪽으로 길을 잡아 내려오는 길이었다. 어떤 할아버지 한 분이 내 뒤를 따라 내려오시다가 문득 혼잣말을 하시는데 그 내용이 지금까지도 기억에 생생하다.

아마도 허연 수염을 기른, 이미 그때 벌써 보기가 쉽지 않았던 그분의 풍모가 주는 기이함에서였는지도 모르겠다. 말씀인즉,〈서울은 인왕을 주산으로 잡고 이 漢山을 조산으로 잡았어야 異端이 설치지 못하고 정통을 세울 수 있었을 것인데, 안타깝구나〉라는 것이었다.

풍수의 기본적인 것은 이해하고 있던 때이라 그 말씀이 뜻하는 바는 충분히 짐작할 수 있었다. 서울의 주산을 인왕산으로 잡으면 북악산이 청룡이 되고 남산이 백호가 되어 도시의 전개 방향은 東向이 되며 따라서 朝山은 남한산이 된다. 속설에 정도전이 북악 주산에 남향을 주장한 데 대하여 무학대사가 인왕 주산을 고집했다는 얘기가 있다. 그것이 사실은 아니지만 아마도 그런 술법과 맥을 같이하는 말씀이었을 것이다.

그렇게 되면 풍수 藏風法上으로는 主山의 살기를 완화할 수 있고 주산을 압도하는 조산의 위용을 부드럽게 고칠 수 있는 장점은 있다. 즉 북악에 비하여 인왕이 위압적인 태도가 덜하고, 관악에 비해서는 남한산이 훨씬 부드럽다는 뜻이다.

그러나 그 노인의 말씀이 그런 술법 정도에 머물렀다고 보기는 싫다. 설혹 그 정도가 그 노인이 말한 내용의 전부라 하더라도 그 이상의 의미가 담겨져 있어야만 한다고 내 기억은 고집하고 있는 것이다. 그 이유는 간단하다. 병자호란의 치욕 때문이다. 그 치욕의 내용은 되살릴수록 치욕이다.

남한산성에서 농성을 한 지 47일 만에 임금과 세자는 모든 신하를 거느리고 송파의 한강변 삼전도에서 四拜九叩頭의 예를 올려 항복을 하고 말았던 것이다.

도성을 버리고 인근의 산성에서 농성을 하는 것은 흔히 小國이 하는 전술 아닌 전술이기는 하다. 인조가 처음부터 남한산성으로 가고자 했던 것은 아니다. 강화도로 피란하려 했지만 적의 공격이 예상보다 빨라 길이 끊겨 버린 것이다. 우여곡절 끝에 남한산성에 이르렀으나 대비가 있을 수 없었다.

원래 남한산성은 백제 시조 溫祚의 도읍지로 널리 알려졌던 곳이다. 위치가 서울에서 멀지 않고 지세가 天險하여 서울 방어의 중요 요새지로서 그 전략적 가치가 크게 소홀했던 것만은 아니다. 이미 선조 때 세 차례에 걸쳐 축성, 수축을 하였고 광해군 때에도 다시 손을 본 바가 있었다. 인조 4년(1626) 개축 당시에는 守禦廳을 두었을 뿐 아니라 변란이 있을 때에 국왕이 머물 수 있도록 2백 칸이 넘는 큰 行宮을 건립할 정도였으니 그대로 내버려 둔 것은 아니라는 뜻이다. 다만 전란에 대한 대비가 너무나 소홀했던 것을 지적한 말이다.

산성은 검단산, 청량산 줄기에 의하여 서쪽이 철벽같이 차단되고, 그 한 줄기가 북쪽을 휘돌아 허리띠를 졸라맨 듯하였으니 걱정할 바가 없는 것처럼 보인다. 동쪽으로는 汗峰이 막아 주어 역시 방어에 유리하고, 남쪽도 검단산 북사면이 둘러쳐진 아래 긴 축성을 이었으니 적을 막아 버티기에 나무랄 곳이 없는 것으로 여겨진다. 그런 안쪽으로 山城里 분지가 펼쳐졌는데 자못 넓어 어느 정도 농성의 가능성을 엿보게 한다. 말하자면 풍수가 말하는 옷섶을 꼭 여미고 띠를 잡아맨 듯한 지세(襟帶地勢)를 형성한 꼴이다. 한봉이란 이름은, 그 정상이 광주군 중부면 검복리, 산성리, 엄미리 경계에 있는데, 병자호란 때 칸(汗, 즉 淸 太宗)이 주둔했었다고 해서 붙인 것이다.

그러나 정말 남한산성이 襟帶地勢의 풍수적 길지인가. 사람들이 풍수를 오해하는 또 한 가지가 이런 것이니, 아무리 地利를 얻었다 하여도 天時에 맞지 않으면 소용이 없다는 점이 바로 그런 오해를 낳게 된다. 남한산성 안쪽에 펼쳐진 산성리 분지는 아무리 그 산천의 생김새가 옷깃을 여미고 허리띠를 졸라매는 천혜의 지세라 하더라도 수만의 적군을 맞아 몇 달을 농성하여 이길 수 있는 規局이 될 수 있는 땅이 아니다.

백제의 도읍이 그곳이었는지 아니었는지는 물론 확실치 않다. 그러나 삼국 시대였다면 남한산성의 지세는 조그만 나라가 변란을 피하여 잠시 들어가 다음을 꾀해 볼 수 있는 땅이었을 것이다. 그러나 당시 조선을 쳐들어온 적들은 그런 규모가 아니었다. 대포를 지니고 기마전을 주된 전술로 삼는 정보와 통신에 상당히 선진적인 무리들이었다. 小規局의 藏風局인 襟帶地勢의 땅 기운에 의지하여 피해 볼 수 있는 적들이 아니었다는 뜻이다.

이미 당시 조선의 풍수는 개국 초기의 진취적이고 긍정적이었던 풍수지리법의 전통을 잃고 집터나 산소 자리 잡기에 얼이 빠진 어리친 개새끼 꼴이 난 지 오래이던 터였다. 조그만 풍수 이론에 얽매이고 문자가 가르치는 바에 정신을 놓아, 풍수가 가르치던 바 그 땅의 이치를 읽어 天時에 따라 융통성 있게 움직이라는 풍수가의 고결한 뜻은 사라진 지 오래였다. 그러니 남한산성의 地理로는 전란을 막을 수 없다는 생각을 하지 못했던 것이 아니었을까 하는 짐작을 해본다.

물론 藏風局의 襟帶之地가 그 이전 시대에는 군사 지리상 매우 유리했던 것은 사실이다. 漢 고조가 洛陽에 도읍을 정하려 했을 때 婁敬이 지리의 형세를 논하기를 〈산에 의지하고 물을 둘렀으니 사방이 몹시 단단하다(被山帶河 四塞以爲固)〉고 하며 關中으로 도읍을 정하기를 권한 예라든지, 『孫子兵書』의 〈명당 좌우로는 산들이 둘러싸 주고 명당 앞은 트이고 뒤로는 기댈 수 있는 높은 산이 있는 곳(左右背高 前死後生)〉이라는 구절도 결국 그런 장풍의 땅이 방어에 유리함을 말한 대목이기는 하다.

그러나 손자의 〈적을 알고 나를 안다면 싸움에 있어 위태로움이 없을 것이요, 天時를 알고 地利를 안다면 가히 모두 이길 수 있으리라(知彼知己 勝乃不殆 知天知地 勝乃可全)〉의 단계로 敵과 我가 비등한 병력으로 전술적 대치를 하는 상황이라면 그런 장풍의 땅은 확실히 유리한 바가 없지는 않다. 그러나 전략적인 측면에서는 문제가 많은 것이 그런 곳이기도 하다.

藏風局과 같은 분지 모양의 지세상에서는 기동성의 저하는 물론 손자가 말한 散地, 輕地, 爭地, 交地, 衢地, 重地, 圮地, 圍地, 死地 등 九地 중에서 圍地에 해당되어, 적이 소수의 병력으로 게릴라적인 소모전을 획책하든가, 혹은 대규모의 월등한 병력으로 침공하는 경우에는 불리할 수도 있기 때문이다. 당시 적군인 청군은 상당수의 軍馬를 거느리고 있었던 만큼 급속한 이동의 비정규전에 익숙했을 뿐만이 아니라 막강한 군사력을 휘몰아 온 대규모 정규전을 같이 사용했기 때문에 남한산성과 같은 圍地는 전혀 우리에게 유리할 것이 없는 취약 지역이라 할 수 있었다. 圍地가 地利가 될 수 없었던 天時를 알아보지 못한 것이 화근이었다.

地理가 아무리 중하다 하여도 天時만은 못한 것이라 하였지만 그 천시보다 중요한 것이 바로 사람의 일이다. 人事는 천시를 뛰어넘을 수도 있는 것이다. 김성한의 조사에 의하면 그 당시 만주족 인구는 30만이었다고 한다. 공식 기록에 의하면 이 전란이 지난 지 12년 후인 인조 26년(1648)에 우리나라 인구는 150만이 약간 넘는 숫자였다. 전쟁으로 수많은 사람들이 죽은 뒤의 인구 수이기는 하지만 대충 잡아도 그들의 5배가 넘는 인구를 가지고 그런 꼴을 당한 것이다. 뿐만이 아니다. 얼마 전 겪은 임진왜란을 통하여 조총을 만드는 기술도 익혔고 몇 가지 대포도 가지고 있었다. 그런데도 이와 같이 처절한 수모를 당한 것이 사람의 잘못이 아니고 무엇이랴. 게다가 地利를 얻는 것도 天時를 도모하는 것도 모두 사람에게 달린 일이니, 하늘의 뜻을 운위하고 땅의 이로움을 궁리하지만 중요한 것은 사람 밖에 더 있겠느냐는 결론을 얻을 수 있는 것이다.

남한산성 안에 있는 樓閣 안에는 〈無忘樓〉라는 편액이 걸려 있는데 효종이 호란의 치욕을 잊지 말자는 뜻으로 썼다고 한다. 잊지 말자는 그 말조차 잊혀진 세월이다. 산성 인근은 먹고 마시는 집들이 들어서 있고, 서북쪽으로는 골프장이 들어서 있어, 잊지 말자는 그 말을 조롱하는 듯할 뿐이다.
송파구 거여동 쪽으로 빠져 나와 다시 청량산, 검단산 줄기를 바라본다.
서울을 보호해 주고 있다기보다는 오히려 서울을 향하여 주먹을 내미는 듯한 것으로 그 산의 형세가 눈에 들어왔다는 것은 산성의 역사를 알고 있는 내 선입관 탓만은 아니었으리라 생각한다.

九里市

▶ 葛梅洞

白雲山普賢寺: 石山之下 土山而穴 土山之下 石山而穴이라는 풍수 원칙에 합당한 자리이다. 좌향은 巳坐亥向. 金星의 둥근 정상은 禽形에 비유되는데 金鷄抱卵形이다.

▶ 仁倉洞

東九陵: 동개 서북쪽에 있는 조선 왕조 최대의 집단 왕릉. 변계량이 지은 「健元陵碑陰記」(『高麗朝鮮陵誌』)에 따르면 건원릉(현재 구리시 동구릉에 있음)이 〈장백산(백두산)〉을 뿌리로 하여 2천여 리 뻗어 오다가 철령에 와서 꺾어져 서쪽으로 다시 수백 리 와서 우뚝 선 것이 경기도 포천의 백운산이다. 여기서 다시 남쪽으로 백여 리 뻗어 와서 북으로 모이면서 남으로 향한 산이 곧 儉巖山이다. 능의 좌향은 癸坐

丁向)이다. 능의 형국을 보고서는 日月相抱形, 지관들은 猛虎出林形, 수강은 將軍大坐形이라 함. 수락산에서 불암산을 거쳐 용마산과 아차산으로 이어지는 서울의 외청룡에서 왼쪽으로 한 가닥 떨어진 용이 동구릉 일대의 局을 만들고 있다. 건원릉은 불암산 허리에서 떨어져 나온 검암산을 小祖山으로 하여 一字形 土星으로 행진하다가 몸을 돌려 반달 모양의 산(太陽金星)을 형성했다. 바로 이 산에 혈을 잡았다. 크게 보면 이곳은 왼쪽에 왕숙천이 호위하고 오른쪽에는 중랑천(漢川)이 호송한다.

혈(능자리)의 청룡은 겹겹(多字形)으로 흘러 가면서 달의 형태(月星)을 보여 주고 백호는 金水星(둥근 꽃잎처럼 무리진 산의 한 형태)으로 日星임을 보여 준다. 말하자면 좌우에 해와 달이 시위하면서 비단 장막을 형성하고 있다. 여기에다 백호 쪽은 깃발과 북의 형상을 한 산들이 펼쳐져 있고 뒤에는 투구봉(불암산)이 있다. 안산은 활을 놓은 것(眼弓) 같고 조산까지는 여러 산들이 층층으로 둘러싸고 있다. 이렇게 되면 사면이 羅城을 형성, 이곳이 명당임을 입증한다. 청룡과 백호는 劍砂를 띠고 있으며 안산의 활, 뒷산(玄武)의 투구 등으로 볼 때 장군대좌형이다. 장군이 천막 안에서 쉬고 있는 형태이다.
하지만 청룡의 어깨가 일부 끊어져 있어 장손 승계가 어렵고 백호가 산란한 것은 형제간에 다툼이 있는 것은 물론 閨房이 소란하다는 뜻이다(최영주).

金浦郡 黔丹面

현재 김포군 검단면은 없어지고 주로 인천광역시 서구 지역에 편입되었음.

▶堂下里(새텃말)
족조리(足儲里, 竹節): 새터 북쪽에 있는 마을. 조리처럼 생겼다 함.

▶梧柳里(오리울)
큰말(大村, 모럼): 봉화촌 남쪽에 있는 큰 마을. 金龜沒泥形의 명당이 있다 함.

金浦郡 高村面

▶新谷里(섶굴, 석골): 섶이 많은 골짜기이므로 붙은 지명.
鏡臺峯: 장차 오른쪽에 있는 산. 옥녀봉의 경대 모양이라 함.
뜨들재(彈琴峙): 장차 남쪽에서 고촌면 사무소 뒤로 넘어가는 고개. 옥녀가 거문고를 뜯는 형국이라 함.
비녀봉: 장차 뒤에 있는 산. 옥녀봉의 비녀 모양이라 함.

玉女水(큰우물): 장차 북쪽에 있는 우물. 옥녀의 陰水에 해당된다 함.
長釵(장차, 면솟말): 신곡리에서 가장 큰 마을. 면소재지.

金浦郡 金浦邑

▶豊舞里(풀무골)
章陵: 풍무리 141번지에 있는 능. 조선 제16대 인조의 생부모인 추존 원종과 인헌왕후의 무덤. 김포 고을 터인데 옮기고 능을 썼음.

金浦郡 大串面

▶巨物垈里(검은대, 거뭇대)
엄나뭇집: 안말 뒤 엄나무가 있는 집. 광해군 때 중 性智가 지나다가 엄나무를 바라보며 〈저 터에 집을 지으면 9대 독자에 12대 부를 누릴 것〉이라 하니, 김해배씨가 그 말대로 집을 짓고 현재까지 살고 있다 함.

▶大陵里
갈매울(渴馬): 능골 동쪽에 있는 마을. 渴馬飮水形이라 함.

▶石井里(돌우물)
돌우물(골우물, 石井): 석정리 앞에 있는 큰 우물. 조선 제16대 인조 5년(1627)에 그 아버지의 능(장릉)을 북성산으로 옮길 때 장릉에 물이 많으므로 그 물의 맥이 되는 이 샘을 크게 확장하였다 하며, 샘을 이룬 바위가 용마처럼 생기고 옆에 암거북과 숫거북처럼 생긴 돌이 있어서 신기하기 짝이 없으며, 아무리 가물어도 물이 줄지 않고, 나라에 큰 변고가 생길 때에는 물이 뒤집히어 미리 알려 준다 함. 8·15 해방 때에도 사흘 전에 물이 뒤집혔고 6·25 사변 때에도 똑같이 사흘 전에 물이 뒤집혀 흙탕물이 되었다 함.

▶ 新雁里

孫乭墓: 손돌목부리, 곧 신안리 산 9번지에 있는 손돌의 무덤. 홍건적 침입때 공민왕이 피란 길에 이곳과 강화도 사이 물목인 손돌목을 지나다가 뱃길이 험하여 배가 심하게 흔들리자 뱃사공 孫乭을 의심케 되었다. 그리하여 그의 목을 베어 죽였는데 그러고도 광풍이 그치지 않고 불어 그제야 후회하며 말 머리를 잘라 놓고 손돌의 제사를 지냈다고 한다. 손돌목은 강화와 육지 사이 鹽河의 물길목으로 지금도 물살이 세다.

金浦郡 陽村面

▶ 九來里

십년토: 가우대 남쪽에 있는 산부리. 누구든지 집을 짓고 살다가 10년만 되면 떠난다 함.

▶ 大浦里(황개)

南原君山: 왼골 북쪽에 있는 산. 남원군 梁誠之의 묘가 있음. 訥齊 양성지(1415-1482)는 조선 초의 정치가 겸 학자로 특히 지리에 밝아 『高麗史』「地理志」를 썼다.

회룡골(回龍洞): 도장골 북쪽에 있는 골짜기. 回龍顧祖形의 명당이 있다 함.

▶ 麻山里(바리미, 마리미)

양무재: 소밭디 서쪽에 있는 산. 鶯巢柳枝形(꾀꼬리가 버드나무 가지에 둥지를 튼 모양)의 명당이 있다 함.

金浦郡 月串面

▶ 甫口串里(보습고지, 보스곳, 보수꼬지)

머머리섬(머머루, 巳島, 留島): 추재 북쪽 한강에 있는 섬. 옛날 홍수에 떠내려가다가 이곳에 머물렀다 함. 개가 누워 있는 모양으로 되어 머리, 몸, 네 개의 발이 분명한데, 입과 코 부분에 높고 깊은 동굴이 있어서 사람이 서서 들어갈 수 있고, 밑은 바닷물이 드나드는데 큰 이무기가 살았다 하며, 이곳에서 바라보면 여덟 곳의 바다가 우물같이 보이므로 八井之下九墓라 하여 유명함.

金浦郡 通津面

▶ 冬乙山里(들뫼)
造山: 들미 끝 서쪽 들 가운데 있는 작은 산. 마을을 보호하기 위하여 만들었다 함.

▶ 西岩里
금바위(검은바위, 黔岩): 옥개울 북서쪽에 있는 바위. 이곳에 오르면 사방이 훤히 틔어서 臥牛形의 명당이 있으나, 이 바위가 神術을 써서 아무리 名士라도 찾아내지 못한다고 한다. 마을에서는 이 바위를 동리의 수호신으로 여겨 해마다 제사를 지내며, 고민이 있는 사람은 이 바위에 정성을 드리면 소원을 이룬다 함.
西明골: 서암리에서 으뜸가는 마을. 소가 누운 형국(臥牛形)이라 함.
처녀바위(흰바위): 서암리와 귀전리 경계에 있는 바위. 마치 발가벗은 여자같이 생겼는데 이 바위가 드러나면 귀전리(김포군 통진면으로 서암리와 마주 봄)에서 음행이 자주 생기므로 귀전리 사람들이 이 바위를 깨 버리려고 도끼, 정, 망치를 들고 가면 별안간 청천벽력이 일어서 여러 번 실패한 뒤에 이 바위를 흙으로 묻었더니, 서암리에서 厄喪이 자주 났다. 서암리 사람들이 파 놓으면 귀전리 사람은 묻고 서암리 사람은 파고 하여 두 동리 사람들의 큰 시빗거리가 되었는데, 1960년 한강토지개발조합의 물길둑이 생기면서 아주 묻혀서 이제는 무사하다 함.

▶ 水站里(물참): 개(浦)가 있어서 물참이 되어야 배로 건너 다니므로 붙은 지명.
造山: 긴살미 남쪽에 있던 작은 산. 물참마을의 虛함을 막기 위하여 만들었음.

南楊州郡 渼金邑

현재 남양주군은 남양주시로 개편되었고 미금읍은 미금시로 되었다가 남양주시 금곡동, 평내동 등으로 편입되면서 미금시는 없어짐.

▶ 金谷里(쇳골)
裕陵: 홍릉 앞에 있는 조선 제27대 순종황제의 능.
洪陵: 윗말에 있는 조선 제26대 고종황제의 능. 본래 태종 때 판서 趙末生의 묘소인데 쓸 때에 〈5백 년 권조의 자리〉라 하였다 함.
陵山: 홍릉과 유릉이 있는 산. 고종 당시 능역이 시작되어 분묘 이장령이 내렸다. 이때 이전된 묘지가 660여 기. 有主塚은 그렇다 하거니와 無緣故墳墓는 그 자손들이 창황망조하여 대혼란이 일어났으니, 백골이 뒤바뀌고 시신을 상실하는 소동을 겪어 山訟과 是

非가 끊이지를 않았다. 그 民怨의 처참함이 극에 달함. 役事 도중 땅을 파다가 땅속에서 돌에 새긴 秘記가 나왔는데, 〈趙末生之墓〉, 〈李朝五百年權措之地〉라 새겨져 있었다. 조말생이 미래의 일을 너무도 귀신같이 맞추어 당시 舊邑의 화제가 되었으며, 役夫들도 천벌이 있을까 두려워 방치하고 더 이상 손을 대지 못하였다고 함.

▶ 三牌里

궁안: 역말 동쪽에 있는 마을. 조선 제21대 영조의 일곱째 딸 화협옹주와 부마 申光綏의 묘를 쓰고 수직하는 궁을 두었음.

潛谷山所(金堉의 묘): 조선조의 경세가이자 정치가 잠곡 김육의 무덤. 삼패리 산 42-2(소쿠리마을)번지에 있음. 선조 13년(1580) 출생, 효종 9년(1658) 사망. 호는 潛谷, 초호는 晦靜堂. 소현세자가 볼모로 심양에 잡혀 갈 때 수행. 그 후 謝恩使로 북경에 다녀옴. 영의정 역임. 대동법 실시. 時憲曆 시행. 수레 제작. 상평통보 주조 유통. 실학의 선구적 역할을 한 인물. 저서로는 『潛谷筆談』, 『救荒撮要』 등이 있음.

삼패리支石墓(고인돌): 삼패리 186번지에 있는 고인돌. 돌칼, 돌도끼 출토.

쇠꼬리(평구, 소코리): 역말 동쪽에 있는 마을. 소의 꼬리 모양. 평구역이 있었음.

▶ 芝錦里

정지말(芝幕, 安山): 지사 서쪽에 있는 마을. 정자나무가 있었음. 금곡리 홍능의 안산이 됨.

지금리 지석묘: 지금리 74번지에 있음.

▶ 坪內里

궁말(宮坪): 새말 동쪽에 있는 마을. 이성계의 아들 의안대군 방석의 사망 후 이곳에 궁을 세워 궁말이라 함. 의안대군 이화(이성계의 仲兄)의 궁이 있었음.

담안(墻內): 평내리에서 으뜸가는 마을. 산이 담처럼 둘러쌌음.

義安大君墓: 평내리 산 97번지 柏峯山(잣봉) 서쪽에 있는 태조 이성계의 중형 의안대군 이화의 묘가 있고, 54번지에는 옛 궁터가 있다. 무학과 사이가 좋지 않았음. 태조가 무학을 데리고 현재 동구릉 자리에 수릉을 정하니, 의안대군이 내 사리는 어디냐 하고 물었다. 무학은 태연히 백봉산 玉女散髮形의 巳坐라 답함. 과연 명당일까? 단종사화 때 그의 손자인 하령군 이하 16명이 처형되어 280년간 실전되어 오다가 숙종 때 복위됨.

▶ 好坪里

구슬막: 지새울 동북쪽에 있는 마을. 구슬을 만드는 막(공장)이 있었음.

▶閔氏墓: 망우리고개 오른쪽. 洪陵의 白虎에 해당. 天摩山에 대해서는 回龍顧祖格을 이루고 천마산의 支脈 好積山(백산)의 寶劍出匣形이 되어 있다. 閔泳綺의 13대조가 왕비와 재상이 속출할 수 있는 땅이라 하여 선정. 보검의 칼몸도 양쪽이 모두 좋기는 하지만 칼은 역시 칼끝이 제일. 더욱이 보검출갑형은 그 칼의 끝이 더욱 유력. 대원군의 부인, 명성황후 민씨, 순종 왕비 등 3명의 왕비 배출 (村山, 442).

南楊州郡 別內面

현재 남양주시 별내면.

▶德松里

德陵: 흥국사 위쪽에 있는 조선 제14대 선조의 생부 덕흥부원군의 묘. 선조는 중종의 셋째 아들 덕흥군의 아들로 처음 하성군에 봉해졌다가 후일 선조가 됨. 왕이 된 후 자기 아버지 묘를 지금의 자리로 이장함. 그때 아랫마을 德寺의 중이 그 자리에 물이 난다 하여 그 裨補策을 물으니 맞은편 산 중턱에 샘을 파서 물길을 바꾸면 된다고 함. 그렇게 하니 물이 나지 않음. 또 관을 엎어서 묻으라고도 함. 그런데 흙을 덮던 중 광중에서 관이 돌아눕는 소리가 남. 아마도 逃尸穴이었던 듯함.

이에 선조가 노승의 덕이 높다고 興德寺라 했다가 나중에는 왕의 부친 자리가 좋아 나라가 잘된다고 해서 興國寺로 고침(윤승운, ≪대중불교≫, 1996년 9월호).

順和宮: 덕릉 북동쪽에 있는 마을. 선조의 왕자 순화군의 무덤이 있음.

▶花蝶里(꽃나리)

天寶山佛岩寺: 지증국사가 창건하였고 도선국사와 무학대사가 각각 중창함.

南楊州郡 瓦阜邑

현재 남양주시 와부읍.

▶德沼里

玉壺貯水形: 석실 남서쪽에 있는 안동 金璠의 무덤. 원래 홍씨의 산인데 김씨에게 시집 간 딸이 그 시백부되는 學祖大師의 말을 들어 그 남편의 무덤을 썼는데 옥병에 물을 담은 형국이라 하여 유명함.

안동김씨는 시조를 달리하는 두 파가 있다. 흔히 세도 정치의 대명사로 꼽히는 안동김씨는 고려조 창건 공신의 한 사람인 金宣平을 시조로 하는 新安東을 말한다. 조선 후기에 이르러 정승 15명, 판서 35명, 대제학 6명, 왕비 3명을 집중적으로 배출했다. 조선 팔대명당의 하나로 꼽힘. 金尙憲의 묘도 있음.

본래 김번의 처가인 남양홍씨의 방앗간 터였는데 김번의 백부되는 학조대사가 잡음. 그가 주로 있던 곳이 양주 檜巖寺. 뒤에 今時發福할 길지임을 알고 물을 갖다 붓고 돌려달라 했지만 양보하지 않음.

마석의 천마산(태조산)에서 묘적산(주필산, 지도에는 백봉산으로 나옴. 이 산은 고종의 홍릉의 주산이기도 함)으로 이어진 용이 다시 神仙峰(少祖山)으로 와서 이곳에서 또 한 번 몸을 돌려 서쪽으로 30리 가량 달려와 두 번 작은 산을 이룬 뒤 남쪽으로 몸을 틀어 혈을 맺었다. 혈을 맺은 산은 木星이고 혈은 풍수 이론에서 말하는 四象(窩鉗乳突)이 아닌 蜂腰處에 對丈(천심십도혈의 하나. 혈이 주위 네 곳 산을 이은 十字形 중심에 위치한 것을 뜻함)으로 혈을 만들었다.

벌의 허리 모양이란 결국 술병 모양. 따라서 술병에는 반드시 마개인 樂山(혈 뒤에 솟아 있는 산)이 있어야 한다. 이런 형국을 일러 玉壺貯水形이라 한다. 혈의 위치는 술병의 힘이 모여 있는 곳, 즉 손잡이 부분, 벌의 허리께이다. 혈의 입수 방향은 북북서(亥)이고 좌향은 乾坐巽向이다. 득수는 卯得丁破이다. 청룡은 빼어나고 아름다워 재물이 풍부함을 보여 주고 있으나 백호로 형국을 이루었기 때문에 外孫이 本孫을 이기는 형세다. 백호를 자세히 보면 팔을 오므린 듯하여 기의 흐름을 막아서 모으고 있고 백호와 혈로 들어오는 낙맥처에 枝脚(받침대)이 孝順砂(八 자처럼 생긴 산의 모양)를 이뤄 기의 누설을 막고 있다. 다시 말해 술병에서 술이 쏟아져 나가는 것을 막는 형세다.

안산은 남동쪽에 있는 갑산이 흘러 와 옥대를 이뤘고 그 뒤의 조산들은 모두 혈을 향해 배알하듯 시립해 있으니 三公之地라 할 만하다. 여기에다 문제의 세도 정치를 불러온 형국은 바로 혈 앞의 넓은 공터인데 술병의 아랫부분에 해당하는 곳이다. 혈의 남은 기들이 여기에 모인데다 묘소 자리보다 한 층 높이 솟아서 풍수에서는 逆氣를 면할 수 없다고 풀이한다(최영주). 지금 이 부근에는 공장이 들어서서 몹시 불안한 지세로 변하고 말았음. 게다가 하늘에는 헬리콥터가 연속 날아다녀 醉客의 심사가 심히 불편함.

▶와부읍 월문리 말등배마을 답사

서양인들이 말하는 존재의 개념은 그 자체에 대한 증거 제시와 확인이 필수적이다. 그리고 그 방법은 데카르트에 의하여 개발된 논리적 방법에 의해서만 가능하다. 그런데 그 방법이 바로 그 존재 자체를 비인간화시키고 있다. 이것이 단적으로 드러나는 것이 스피노자가 말한 沒價値的 성격의 강조다. 이르기를 〈비웃지 말라. 슬퍼하지 말라. 저주하지 말라. 그러나 이해하라.〉

오늘의 국토 공간이 처하고 있는 도시화, 공업화, 기능화를 생각해 보자. 길바닥에서 몇 시간을 교통 체증으로 머뭇거리는 모습을 보면서 어찌 비웃지 않을 수 있으랴. 백화점의 붕괴와 한강 다리의 도괴로 많은 사람들이 생명을 잃었다는 소식에 접하여 어찌 슬픔이 없을 수 있으랴. 풍수 사상가는 그와 같은 공간 현상을 비웃고 슬퍼하며 저주한다. 이해하기도 어렵다.

칸트가 분명히했던 것처럼 과학적 논리는 일단 분석되고 나면 현상에 대한 지식만을 요구하게 되고, 더불어 윤리성, 도덕성, 그리고 직관적 의미와 관련된 신성한 범주를 관심사 밖으로 밀어내 버린다. 한국 지리학계의 학문적 성향은 분명 그와 같은 서양 지리학의 전통을 받아들였음에 틀림없다. 필자는 그 점을 아쉬워하며, 정통의 풍수가들이 외치던 살아 있는 땅을 그리워하고 있는 것이다.

〈사람 사는 마을 근처에 山水를 가히 감상할 만한 곳이 없으면 性情을 도야할 수 없다.〉『林園經濟志』의 저자 서유구의 말이다. 3, 40년 전만 하더라도 서울에서 가까운 곳에도 산수의 경승이 아름다워 몸과 마음을 쉴 수 있는 장소가 적지않았다. 요즈음은 심산유곡을 찾아가도 정적을 바랄 수 없다. 그놈의 자동차들 때문이다. 하기야 찻길이 지리산 노고단 턱 밑을 가르고 한라산 허리를 자르는 세월이다. 그것을 일컬어 개발이니 발전이니 하며 축하한 것이 우리 자신이었으니 누구를 원망하랴.

경기도 남양주군 와부읍 월문리 말등배 마을. 길만 막히지 않는다면 자동차로 청량리까지 3, 40분밖에 안 걸리는 서울의 지척이지만 그 경관의 수려함과 터잡이의 깊숙함은 작은 강원도라 일컬을 만한 곳이었다. 망우리 고개를 넘어 교문리를 지나 도롱삼거리에서 오른쪽 길을 타면 양평을 거쳐 강원도 산골로 들어가는 6번 국도를 만난다. 한강을 끼고 조금 더 가면 덕소, 이곳부터는 이미 둔중한 山體의 위압을 느끼게 된다. 그 덕소에서 왼편으로 길을 꺾어 경춘가도 변에 있는 마석을 바라고 362번 지방도를 시오리쯤 달리면 월문리에 닿는다.

내가 중학 1학년 때 시집 가신 누님의 시댁인 이곳은 당시만 하더라도 서울 코앞에 위치한 오지 중의 하나였다. 이 마을의 변화상은 대도시 주변 농촌 마을의 변화상에 대한 대표적인 예가 된다. 원래 月谷과 文谷 두 마을이 합쳐 月文이란 지명을 얻은 데서도 짐작할 수 있다시피 달처럼 아늑하고 조용한 경치에 글 읽는 낙향 선비들이 살기에 적합한 땅이다. 여기저기 흩어져 있는 集村들의 이름은 그런 분위기를 한층 더 조장한다. 글개울, 음달말, 문바위, 냉골산, 샘말, 이르내미마을 등 듣기에도 청량한 마을들이 서울 동부 산지의 첫번째 계곡을 따라 올망졸망 이어져 있다. 말등배라는 속칭은 마을 초입에 말등바위가 서 있어 생긴 이름이다. 이 이름은 이곳의 풍수 형국이 躍馬下田形이 아닌가 하는 생각을 갖게 하는데 이 점은 다음 기회에나 살펴보기로 한다.

한강 북쪽의 경기도 일대가 항용 그렇듯이 이곳도 경기도의 최고봉인 가평 華岳山(1,468m)을 鎭山으로 하여 터 닦음의 기초를 삼았다. 이곳을 으뜸봉(마루산, 즉 宗山)으로 삼은 漢北正脈의 후반부는 화악산을 기점으로 동남쪽으로 방향을 잡아 서울을 향하게 된다. 화악을 출발한 산줄기는 姜氏峰(830m)-淸溪山(849m)-雲岳山(936m)-介靑山(675m)-鑄錦山(814m)-天摩山(812m)의 머나먼 여정을 거쳐 드디어 월문리의 主山인 白峯山(590m)을 일으키게 된다. 백봉산은 흔히 妙寂山으로 불리는 산으로 이 산은 풍수상 따져 보아야 할 몇 가지 문제를 안고 있다.

묘적산은 흔히 세상에 알려진 바로는 고종과 순종의 幽宅인 洪陵과 裕陵의 主山이다. 그러나 이 두 능은 일제가 의도적으로 나쁜 자리를 골라 준 예에 속한다. 여기서 그 점을 장황하게 설명할 여유는 없으나, 요컨대 겉 모양은 매우 아름다우나 속은 텅 빈 땅이다. 좀 전문적인 용어를 쓰자면 그 藏風과 得水 그리고 形局 등 地貌는 가히 교과서적이지만 그가 지닌 바 地氣는 흔적을 찾을 수 없는 소위 가짜 꽃(虛花)에 지나지 않는 땅이다. 게다가 능 아래에는 일부러 연못을 조성하여 한국 풍수가 가장 금기시하는 沼를 파는 만행까지 서슴치 않은 陰宅인 것이다. 능 주위의 조경을 위한 나무들까지 자생 식물이 아닌 외래 침입종으로 하는 철저함 또한 잊지 않았다. 말하자면 능의 후손들이 완벽하게 망하라고 고사를 지낸 것이다.

그런데 바로 그 능의 주산이 묘적산이란 것이다. 묘적산을 홍릉과 유릉이 있는 미금시 금곡에서 바라보면 그저 밋밋한 산등성이에 지나지 않는다. 한 나라의 임금의 묫자리로는 너무나 허망한 생김새의 주산이다. 그러나 월문리에서 바라본 묘적산의 形姿는 전혀 다르다. 산체의 크기에 비해서 후덕하고 넉넉하기가 가히 인자한 어머니의 품을 연상케 한다. 그렇다면 결론은 분명하다. 묘적산이 품고자 하는 땅은 홍릉과 유릉이 아니라 바로 월문리란 것이다. 즉 홍유릉 쪽은 묘적산의 등(背)이요, 월문리는 묘적산의 품안(面)이다. 풍수는 당연히 산의 背를 피하고 面을 바란다. 사람을 꺼리어 등을 돌리고 있는 산에 억지로 기대는 법이 아니다. 그 품안에 안기는 것이 순리다. 그렇다면 어디가 명당일지는 명백하지 않은가. 월문리는 바로 묘적산 어머니의 아늑하고 깊은 품안에 해당한다.

마을 앞으로는 神仙峰을 案山으로 하여 묘적산과 朝對하고 있는 고래산-갑산-조조봉 연맥이 朝山 구실을 하고 있다. 다만 주산에 대하여 조산이 너무 높고 안산이 너무 가까워 전체적으로 답답한 감을 풍기는 것이 단점이다. 그러나 하늘 아래 귀신의 자리 아니고는 완벽한 터란 있을 수 없으므로 크게 탓할 바는 아니다. 이는 마치 사람에게 全能이 없는 것과 마찬가지이니 풍수의 뜻이란 모름지기 이와 같은 것이다. 時俗에 완전한 땅(全美之地)을 찾는 사람들이 없지 않으나, 그들은 하늘의 뜻과 땅의 이치를 제대로 이해치 못하고 감히 천지의 조화를 능멸하는 꼴이다. 심히 경계할 일이다.

능성구씨 入鄕祖가 이 마을에 들어온 것은 조선조 숙종 연간이라고 한다. 집안의 장손인 구전회 씨(당시 49세, 1996년 별세)는 서울에 직장을 갖고 있기는 하지만 이곳에서 살며 출퇴근을 한다. 그의 祖父 然壕公과 先考丈 義書公에 대한 그의 흠모의 정은 남다른 바가 있었고, 이미 세속에 찌든 필자와 같은 사람에게는 그런 그의 태도가 신선한 회고의 정을 떠오르게 해주었다. 두 분 모두 전형적인 선비의 풍모를 지녔던 분들로 선고장은 필자도 생전에 뵈온 적이 있지만 온화하면서도 위엄을 잃지 않은 기품이 지금도 깊게 각인되어 있다.

마을은 원래 전형적인 농촌이었다. 산골의 농촌이란 표현 그대로였던 이곳은 1970년대 중반 동아제약의 진입과 함께 그 유명한 조국 근대화의 대열에 편입된다. 회사는 처음 약간의 우여곡절을 겪었지만 마을과 자매 결연을 맺고 젖소들을 분양함으로써 화해의 기틀을 마련하였다. 지금은 대체로 호의적인 반응을 얻고 있는 편이다. 당시만 하더라도 2, 30호에 지나지 않던 가구 수는 1980년대 중반 목장이 쇠퇴하면서 들어서기 시작한 영세 가내공업에 의하여 인구가 늘어 지금은 7, 80호에 이른다. 이곳에 살던 원래의 주민들도 다른 농촌의 이촌 현상에 비긴다면 거의 떠난 사람이 없다. 가내 공업의 유입으로 인한 취업 기회 확대도 한몫했겠지만 무엇보다도 서울과의 거리가 가까워 떠날 필요를 느끼지 못했기 때문이 아닌가 여겨진다.

가내 공업이라고 해봐야 별 대단한 규모

는 아니다. 단추라든가 고가구, 낚시의 찌 따위를 생산해 내는 그야말로 영세하기 이를 데 없는 소규모 공장들이다.

최근에는 덕소에서 화도로 나가는 도로의 확장 포장 공사가 끝나 이 마을의 변화는 가속화될 전망이다. 특히 도로가 앞 마을과의 단절을 조장함으로써 공동체의 파괴는 섭섭하지만 각오할 수밖에 없는 지경에 처하고 말았다. 그 옛날 산짐승이 나오고 소도둑떼들이 출몰했다던 수리넘어고개는 이제는 말쑥이 치장이 되어 자가용 승용차들이 심심치 않게 수월스레 드나든다.

이 도로 공사는 그런 가시적인 마을의 변화뿐만이 아니라 매우 상징적인 하나의 사건을 새겨 놓게 되었다. 다름아닌 말등바위의 파괴가 그것이다. 도로가 넓혀지면서 말등바위는 거의 깨어져 나가고 지금은 그저 조그만 돌덩어리 하나가 되어 길가에 외로이 서 있는 신세가 되고 말았다. 서낭당은 이미 파괴된 지 오래고 義薑公께서 글을 읽고 치성을 드리던 문바위 역시 세월의 무상함을 벗어나지는 못했으니, 마을에서 묘적사로 올라가는 길을 확장하면서 결국 이마저도 그 자취를 추억 속에 묻을 수밖에 없었다.

필자의 姉兄이신 망우초등학교 구홍서 선생님(당시 58세)의 감회는 오늘날 도시화를 겪고 있는 우리들의 심회를 대변한다

고 하겠다. 〈고향의 추억이 깃든 경관이 파괴되어 나가는 것을 아무런 심회 없이 바라볼 수 있는 사람들이 어디 있겠나. 그러나 어이하랴. 세태의 변화를 능동적이고 적극적으로 대처할 수 있는 능력을 갖춘 작은 시골 마을들이 있다는 얘기를 들어 본 적이 없다. 그 힘들었던 농사에서 벗어났다는 안락과 배고픔을 한시름 덜었다는 안심과 서울로의 편입에 대한 허망하지만 기대하지 않을 수 없는 희망이 마을 사람들로 하여금 그 인간적이었던 공동체의 파괴를 잊게 해주고 있는 것은 아닐런지.〉

南楊州郡 鳥安面

현재 남양주시 조안면.

▶陵內里

막은데미: 비선골 서쪽에 있는 골짜기. 서원부원군묘를 쓸 때 砂城을 높이 하였는데, 풍수의 말이 금까마귀가 알을 품고 있는 형국인데 사성이 높아서 알이 곪는다 하여 막은 사성을 없앴다 함.

西原府院君墓: 능안 북쪽에 있는 서원부원군 韓確의 무덤. 金烏抱卵形이라 함.

▶다산 정약용 유적지 답사

도시의 젊은 사람들은 어떤 직업을 가질 것인가에 관심을 두고, 은퇴할 연배들은

어디서 살 것인가에 신경을 쓴다. 결국 그것은 도시가 평생을 의탁할 땅은 아니라는 고백이겠다. 그런데 전통 사회였던 조선 시대 사람들도 살아갈 터에 대해서는 상당한 고심을 했으니, 한편으로는 당연한 듯하기도 하지만 좀 기이한 느낌도 든다. 그때야 환경 오염도 없었을 테니 굳이 산 좋고 물 좋은 곳을 찾아 떠날 필요가 과연 있었을까 하는 짐작 때문이다. 물론 이건 어린아이 같은 생각일 뿐이다. 짐작건대 당시 일반 사람들이야 그런 일에 크게 마음 썼을 것 같지는 않고, 조정에서 벼슬을 살던 양반들에게나 해당되는 일이었을 것이다. 그중 기록이 잘 남아 있는 실학자들의 경우를 살펴보기로 한다.

실학자들이 땅을 보는 관점은 크게 두 가지로 나뉘는 듯하다. 그 하나는 삶에 있어서 사람과 땅의 조화가 情的 교감에 의하여 이루어진다는 전제 아래 그것을 이룰 장소에 관심을 두는 측면이다. 그 교감은 거의 氣論的 인식 체계에 의지하는데, 사람의 기(人氣)와 땅의 기(地氣)가 相生 관계를 유지할 때 조화를 이루게 된다고 믿는 것이다. 그런 사고는 명백히 풍수 사상이다.

인걸의 태어남은 地靈에 기인한다는 말은 원래 4세기 중국 이론 풍수의 창시자라 할 수 있는 東晉의 郭璞의 말이지만, 많은 실학자들이 그들의 문집에 그 구절을 인용하고 있다. 예컨대 담헌 홍대용은 山川이 靈氣를 모아 선량한 사람을 탄생시켰다고 말하는 식이다.

실학자들이 땅을 보는 또 하나의 관점은 먹고 살아야 한다는 전제 아래서 땅을 생산의 근원처로 간주하는 것이다. 이것이 땅과 사람과의 利的 相交로서 실학자들은 이것을 地理라고 표현한다. 즉 그 지방의 산천, 생산물, 특산품, 고적, 인물, 인구 등에 관심을 갖는 분야이다.

이렇게 하여 전자의 風水와 후자의 地理가 합쳐져서 風水地理가 된다고 생각했다. 땅은 풍수만으로도 설명이 불완전하고 지리만으로도 설명이 모자란다. 풍수와 지리 양자를 모두 살펴보아야 제대로 그 땅을 이해할 수 있다고 본 것이다.

잘 알려져 있다시피 현대에 이르러서 풍수는 전적으로 무시되고 지리만이 합리적인 땅에 관한 학문으로 인정받고 있다. 그러다 보니 사람과 땅의 利的 相交, 즉 땅을 어떻게 하면 최소의 노력으로 최대한 이용할 수 있는가 하는 경제적인 측면에만 집중적인 관심을 쏟게 되었다. 그 결과 당연히 땅과 사람의 정적 교감을 중시하는 풍수에는 등한할 수밖에 없었고, 그 결과가 공간 구조의 철저한 비인간화를 가져 오게 된 것이다. 우리가 오늘에 풍수를 되돌아보는 것은 실로 그러한 데 이유가 있다.

정을 내버린 사람들에 의하여 버림받은 정통의 풍수를 떠난 땅은 필연적으로 무정할 수밖에는 없게 된다. 먼저 무정한 것은 사람들이었으니 이제 누가 땅의 무정함을 비난할 수 있겠는가. 적어도 실학자들은 풍수의 정적 교감과 지리의 利的 相交를 모두 살필 줄 알았으니, 그들이 생각한 살 만한 터에 관한 의견은 오늘의 우리에게 시사하는 바가 크다.

실학자들은 땅을 보는 데 있어서 풍수와 지리를 분리하여 생각하기는 하였으나 그들이 그런 의식을 확연히 가지고 그랬던 것 같지는 않다. 그들은 오히려 풍수적으로 좋은 땅과 지리적으로 좋은 땅을 분리하여 판단하는 경향을 보이기까지 하였다. 예컨대 풍수적으로 좋은 땅은 吉地나 勝地 등으로 표현하고, 지리적으로 살 만한 땅은 可居地나 適地 등으로 표현하였다.

이것은 유교의 가치관과도 결부되는데, 나를 닦고 남을 다스린다(修己治人)는 명제에서 나의 수양을 위한 현실 도피적인 입지 성향이 나오는가 하면, 남을 다스린다는 현실 참여적인 입지 성향도 아울러 나타나게 되는 것이다.

이것은 오늘날에도 비슷한 현상으로 드러난다. 경제, 사회적 삶을 위한 도시 거주 선호와, 인간적 삶을 지향하는 전원 생활 취향이, 같은 사람에게서 아무런 갈등 없이 드러나는 데서 알 수 있는 사실이다.

이중환의 『택리지』「卜居總論」은 실학자들의 터잡기에 관한 사고 방식을 요약한 대표적인 경우이다. 그는 말한다. 〈무릇 집터를 잡을 때 살펴야 할 으뜸은 地理이고 다음이 生利이며 그 다음은 人心이고 그리고 또 그 다음이 山水인데 이 가운데 하나라도 빠지면 좋은 터 할 수 없다. 지리가 아무리 좋아도 사람이 살기에 적합하지 않으면 그 터는 오래 살 곳이 못 되고, 생리는 비록 좋으나 지리가 나쁘다면 역시 사람이 살 터가 아니다. 지리와 생리가 다 좋다 하더라도 인심이 고약하면 더불어 살 만한 곳이 못 되며 또한 부근에 아름다운 산수가 없어 性情을 도야할 수 없다면 다른 조건이 불비해도 그런 산수가 있는 곳에 사는 것만 못하다.〉

여기서 말하는 지리는 풍수 지리이고 생리란 생활에 필요한 경제적, 물질적 재화를 말하는 것으로서 생산성과 교역에 중점을 둔다. 한편 인심과 산수란 말 뜻 그대로이다.

오늘의 우리들도 이런 입지 조건의 터를 잡아 살기를 바라는 것은 마찬가지이다. 그러나 지리와 산수가 좋으면 생리와 인심이 문제이고 생리에 관심을 두면 지리를 따질 수 없는 것이 현실이다. 게다가 산수가 좋은 곳은 대부분 지리가 나쁘다는 것도 문제이다. 이 문제는 훗날 살펴보기로 하거니와 산수 좋은 곳은 관광지로 개발되어 인심 또한 사나워지고 말았으니 이제 실학자들이 생각한 可居地는 단지 환상에 지나지 않는 것인가.

경기도 남양주시 조안면 능내리 다산 정약용 유적지. 이곳은 물론 다산이 오래 몸담아 살았던 터는 아니다. 다만 그의 생가 터와 산소가 자리하고 있을 뿐이다. 그러나 이곳에서 우리는 당시 지식인의 삶의 터잡기의 고뇌를 살펴볼 수가 있다. 원래 와부읍에 속해 있다가 1986년 조안면으로 독립된 이곳은 서울에서 구리시를 거쳐 팔당댐을 지나 철길을 넘으면 곧 나오는 오른쪽 길로 접어들어 조금만 가면 된다.

멀리는 천마산으로부터 맥을 받아 예봉산에서 그 宗을 이루고 다시 능내 교회 뒷산에서 힘을 뭉치어 다산의 산소가 있는 마을 뒷산을 主山 의지처로 삼았다. 바로 동쪽 양수리에서 合水된 남한강과 북한강 물이 바로 앞을 광막하게 휘감아 펼쳐져 흐르고 그 앞으로는 사기막이 있는 광주군 분원리의 5백 내지 7백 미터급의 산들이 朝山의 기능을 하며 앞을 가려 주고 있다.

지금은 팔당호의 물 때문에 마을 앞 들이 좁아 보이지만 댐 건설 이전 자연 상태에서는 자급이 충분할 정도의 농토가 펼쳐져 있었을 것으로 짐작된다. 주산과 조산 사이에서 완충 작용을 해야 할 案山은 특이하게도 강 가운데 섬인 소내섬이 그 기능을 수행하고 있지만 이 섬 역시 댐 건설 이전에는 강가에 우뚝 선 둔덕이었을 것이다. 그러니까 강 건너에 안산과 조산이 자리하고 있는 셈이다.

좌우의 靑龍과 白虎도 다른 마을과 달리 매우 특이한 위치 배열을 하고 있다. 백호는 강 건너 광주군 동부읍 용담사가 있는 산줄기가 맡고 있고, 청룡은 광주군 남종면 정암산 줄기가 맡고 있다. 이렇게 본다면 다산의 마을은 청룡과 백호와 주작 쪽, 그러니까 동, 서, 남 삼 면이 모두 강으로 둘러싸인 꼴이다.

마치 거대하게 발기한 돌기물이 마을의 북쪽 양주 땅 漢北正脈으로부터 한강 건너 남쪽 광주 땅을 향하여 힘차게 불쑥 내미는 형상을 하고 있는 것이다.

물길은 명당을 향하여 들어오는 쪽은 남한강이 훤히 내다보이고, 마을을 빠져 나가는 쪽은 마을 뒤로 꼬리를 감추어 그 끝을 볼 수 없도록 배려가 되어 있다. 풍수 원칙상 명당 물길은 들어오는 방향은 보여야 하고 나가는 방향은 그 흐름을 볼 수 없어야 한다. 술법상 이것은 得破吉凶論에 해당한다.

원래 풍수가 땅을 보는 근본 사고는 자연의 흐름을 따르라는 것이다. 마음의 평정을 갖추고 天道와 地勢의 順理를 따르라는 얘기다. 착한 사람이라면 그가 지닌 상식과 양식에 의하여 판단하면 되는 것이다.

그것이 풍수이다. 공연히 복잡한 술법에 빠져 버리면 제대로 이해도 하지 못한 채 공연한 잡술에 치중하게 되어 풍수를 알지 못하느니만 못한 경우가 있을 수도 있다. 옛 풍수가는 이런 가르침을 내린 바 있다. 〈마음을 청정하게 하고 순수한 기를 양성한다면 신기를 얻으리라(虛心 養純氣 得神技)〉고.

득파길흉론은 덮어 두고 마을의 물길이 어떤 의미를 갖는지를 虛心으로 살펴보자. 들어오는 물길이 보여야 물난리를 대비할 수가 있다. 보이지 않으면 졸지에 재난을 당할 수 있기 때문이다. 이 경우 물론 정면으로 쏘는 듯 직류하며 달려들어서는 안 된다. 그 역시 재난의 위험이 있는데다가 마을 사람들의 심성을 불안케 하기 때문이다. 나가는 물이 훤히 내다보이면 눈에 보이는 것이 요요하여 마음을 허망하고 허탈케 한다. 세속을 떠날 결심을 하지 않은 바에야 요요히 허망한 마음이 무슨 쓸모가 있으랴. 그러니 나가는 물은 꼬리를 감추듯 보이지 않아야 한다고 하는 것이다.

마을은 매우 좋은 편이다. 서울서 가까우니 임금이 부르면 얼른 나가서 출세할 수도 있고, 위로 첩첩산중이요 아래로는 굽이 도는 한강물이니 숨어 살 만한 곳이라 당쟁이 격하면 낙향하여 다음 세월을 도모할 수도 있다. 좀 기회주의적인 단점이 있지만 말이다.

앞산은 졸망졸망하여 잔시름이 끊임이 없으되, 크게 보아 능선은 卓上 모양으로 평탄하니 그렁저렁 한세월 香祀 끊일 일 없는 터이다.

南楊州郡 眞乾面

현재 남양주시 진건면. 돌이 많아서 냇물이 땅속으로 흐르고 겉이 늘 말라 있으므로 乾川面이라 하다가 眞官面과 합하여 지금의 이름을 갖게 됨.

▶培養里(배암굴, 뱀굴)
  꽃내미: 아랫고재 동쪽에 있는 마을. 꽃나무가 많았다 함.
▶思陵里
  思陵: 단종 왕비 정순왕후의 능.
▶松陵里
  거지굴: 송릉에 있는 골짜기. 거지가 살았음.
  見聖庵(독정이절): 웃독정이 동쪽 天摩山(鐵馬山. 812.4m. 꼭대기에 철마가 있었음)에 있는 절. 고려 侍中 趙孟이

수도한 곳인데 그 후손이 기념으로 세웠다 하며 철종 11년(1860)에 후손 寶月慧照가 가꾸고, 고종 19년(1882)에 鳳城이 중수함. 그 옆에 조맹이 수도하였다는 修養窟이 있음.

光海君墓: 송릉리에 있는 조선 제15대 광해군의 무덤.

成陵: 송릉리에 있는 광해군의 어머니 공빈 김씨의 무덤.

臨海君墓: 적성골에 있는 광해군 형 임해군의 무덤.

▶新月里

碑石里(비석거리): 풍경내 남쪽에 있는 마을. 포천, 철원 쪽으로 가는 큰길 가인데, 선정비들이 서 있었음.

延安李氏八紅門: 솟골에 있는 연안이씨 충신, 효자, 효녀, 열녀, 절부의 팔정문.

▶龍井里

靑海祠: 아래독정이 뒤에 있는 靑海伯 李之蘭의 사당.

豊壤趙氏始祖墓: 독정이 뒤에 있는 풍양조씨 시조 趙孟의 무덤.

▶眞官里

文化村: 밤나무골 북쪽에 있는 마을. 1964년 9월 수재민을 수용하여 이룩되었음.

南楊州郡 榛接邑

본래 豊壤縣의 지역이었는데 지금은 남양주시 진접읍임.

▶金谷里(쇠파니, 쇠푸니, 금곡): 예전에 쇠를 캐었으므로 붙은 지명.

벼락소: 주릿골 남쪽에 있는 沼. 전에 신감역이라는 부자가 살았는데 어찌나 인색하든지 동냥 온 중에게 쇠똥을 퍼서 주는 것을 본 그 집 며느리가 쌀로 바꾸어 주니, 중이〈돌아보지 말고 나를 따라 오라〉하더니, 갑자기 천둥이 일며 그 터는 沼가 되고, 그 며느리는 뒤를 돌아본 까닭으로 바위가 되었다 함.

▶內閣里: 조선 태조가 함흥에서 돌아올 때 풍양궁에서 머무는데, 내각이 맞이하러 와 있었으므로 내각리라 함.

大闕터(舊闕址, 碑閣마을, 闕里): 내각리에서 으뜸가는 마을. 풍양궁이 있었음.

밤섬: 내각리 앞 왕산내에 있는 섬. 밤나무가 많고 태극정이 있어서 유원지로 개발되어 경치가 매우 아름다움.

碑閣: 대궐터에 있는 비각. 비가 둘이 있는데 그 하나는〈太祖大王在上王時舊闕遺址〉라 하여 영조 31년(1755)에 세우고, 또 하나는〈太祖高皇帝所御舊闕遺址〉라 하여 광무 9년(1905)에 세웠는데, 6·25 때 소실된 것을 1959년에 다시 세웠음.

▶ 남양주군 대궐터 답사

태조 이성계는 정말 계룡산 신도안을 새로운 왕조의 중심 터전으로 생각했던 것일까. 필자는 그렇지 않았다고 믿는다. 왕조 실록의 기록을 살피며 이러저러한 상황을 풍수의 입장에서 추리한 결과 그런 결론이 나오더라는 것이다. 그 점을 살핀 얼마 전의 논문에서 필자가 내린 결론은 다음과 같은 것이었다. 첫째로 태조가 계룡산 신도안을 천도 후보지로 내세운 것은 그곳이 무슨 대단한 길지여서가 아니라 옛 왕조의 수도인 개성을 떠나고 싶다는 자신의 마음을 다지기 위한 방편이었다는 것이다. 당시 개국 공신들은 천도를 달가워하고 있지 않았다. 그들은 혁명을 성공시키기는 하였으나, 성공한 후에는 소위 말하는 기득권에 편입이 된다. 개성에서도 얼마든지 잘살 수 있는 마당에 구태여 편한 그곳을 떠날 마음이 있을 까닭이 없는 것이다. 그러나 태조의 마음은 다르다. 그는 王氏들의 혼이 배여 있는 개성을 반드시 떠나고 싶었을 것이다. 그때까지도 태조는 천도할 곳을 전혀 정하지 못하고 있었다. 그런 상황 속에 마침 권중화에 의하여 계룡산 도읍도가 진상된 것이다. 그는 일단 그것으로 천도는 반드시 한다는 것을 기정 사실화시킨 것이다. 신도안이 가지고 있는 의미는 그 정도뿐이다.

둘째, 태조는 처음부터 서울 혹은 그 인근 지역을 자신의 수도로 점찍어 두고 있었다는 점이다. 그는 서울과 그 부근, 특히 서울 북부 지역에 대한 상세한 지식과 정보를 가지고 있었다. 셋째, 태조가 굳이 중신 대부분의 반대를 무릅쓰고 천도를 고집한 것은 풍수 및 도참 사상에 깊이 빠져 있었기 때문이다. 특히 서울을 강렬하게 희망한 것은 당시 유행하던 秘記들이 한결같이 李氏의 한양 개국설을 뒷받침하고 있는 데 영향을 받았던 것이다.

넷째, 중신들은 천도 반대의 이유를 후보 지역의 풍수적 문제점 때문인 것처럼 꾸몄지만 실제로는 자신들의 편의만 생각하여 주장을 펴 나갔다는 점이다. 처음 중신들은 계룡산 천도 반대에는 일치했는데, 이 일은 태조도 강력하게 고집하지는 않았기 때문에 뜻을 이룰 수 있었다. 그러나 그 과정에서 그들은 태조의 천도 집념이 확고하다는 것을 깊이 깨달을 수 있었다. 그 경험은 다음에 그대로 드러난다. 한양이 후보지로 떠올랐을 때, 그들은 더 이상 반대한다는 것은 태조의 뜻을 정면으로 거스르게 된다는 점을 간파하였다. 또한 한양 땅이 개성에서 멀지 않기에 상대적으로 그곳에 끌렸을 가능성도 있다. 그래서 한양이 떠올랐을 때는 별다른 반대 없이 태조의 고집을 들어준 것이다. 물론 이때에도 하륜과 같이 자신의 주장을 굽히지 않은 사람도 있었지만 그야말로 예외일 뿐이었다.

중신들이 처음 계룡산 천도를 반대하는 명분으로 끌어들인 풍수 논리는 빛 좋은 개살구에 지나지 않았다. 끝으로 중신들이 줏대 없이 임금의 눈치나 살피는 것은 큰일이 끝났을 때는 동서고금 어디서나 드러나는 현상이지만, 임금의 경우도 그 그릇의 크기에 따라 천도를 원하거나 원치 않은 사실은 시사하는 바가 크다고 할 것이다. 역성 혁명에 적극적이었고 일에 진취적이었던 태조와 태종은 한양으로의 천도를 강력하게 추진하였고 허약한 정종은 감상에 젖어 옛 왕조의 회고를 개성에서 읊조리고 있던 형편이었다.

태조는 정종에게 왕위를 양위하였고 그 뒤 정종은 여러 가지 인위적인 불상사와 天候의 異變을 빌미 삼아 개성으로의 還都를 단행한다. 개성 환도에 대한 태조와 정종의 생각은 『실록』의 기록으로도 천양지차인 것을 알 수 있다. 즉 태조는 〈처음 한양으로 천도한 것이 오직 나만의 뜻이 아니라 나라 사람들의 의논에 의한 것이었는데(初移都漢陽 非獨吾志 與國人議之)〉하며 감개무량의 눈물을 흘렸는데 반하여, 정종은 개성 壽昌宮 北苑에 올라 좌우를 둘러보며 〈고려 태조가 이곳을 도읍지로 정한 것은 그의 지혜 때문이니 어찌 우연이라 할 수 있으랴〉하

였다. 그는 그릇도 작았거니와 태조의 뜻을 알지 못했던 것이다.

풍수 사상은 그런 사람들의 뜻을 펴기 위한 혹은 감추기 위한 방편으로 이용되었을 뿐이다. 중요한 것은 땅의 이치(地理)가 아니라 사람의 뜻(人事)이란 것이 漢陽 奠都의 예에서도 잘 드러난 셈이다.

무슨 까닭인지 확실치는 않지만 태조와 태종은 서울의 북동부 지방, 그러니까 오늘날의 의정부와 남양주시 일대에 상당한 애착을 가지고 있었던 것으로 보인다. 심지어는 서울에서 개성을 가는데도 돌아가는 길에 해당되는 진접읍 방향의 도로를 사용했던 흔적까지 있다. 이 일대는 서울 북쪽이 漢北正脈(소위 廣州山脈)에 의하여 병풍처럼 차단된 데 비하여 오히려 북한산, 도봉산 연맥을 넘어 이 지방으로 들어오면 시원하게 펼쳐진 들판을 맞을 수 있는, 좀 교묘한 지세의 땅이다. 그런 교묘한 땅의 생김새가 그들을 유인한 것인지는 확실치 않으나, 여하튼 태조와 태종의 이곳으로의 경도는 좀 지나치다 싶을 정도이다. 결국 태조는 자신의 뼈도 이곳에서 아주 가까운 健元陵에 묻게 되지만.

이곳은 지금은 양주 땅이지만 원래는 廢縣이 된 豊陽縣의 옛터로, 태조의 애착을 한눈에 알아볼 수 있는 증거로서의 지명이 바로 內閣里 대궐터라는 곳이다. 풍

양현의 운명은 좀 지나친 바가 있다. 본 시는 고구려의 骨衣奴縣, 신라 경덕왕 때는 漢陽郡의 屬縣, 고려 초에 비로소 豊陽으로 독립된 현 구실을 하나, 곧 楊州, 抱川 등지의 속현이 되고 세종 때에 이르러 양주에 귀속됨으로써 끝내 폐현이 된 땅이다.

정종 2년(1400) 11월 왕위를 아우 정안군(후에 태종)에게 양위한 정종은 지금의 남양주시 진접읍 내각리 풍양궁터로 옮겨 가게 된다. 그는 양위 이유를 알리는 교서에서 이르기를,〈원래부터 風疾이 있었는데 萬機에 勞神하여 병이 더해 가니 重任을 벗고 私第로 나가서 심신을 휴양하려 한다〉고 하였다. 물론 복잡한 정치적인 이유가 있었겠으나 쉬기 위해서 어디 적당한 장소를 물색하여 휴식을 취하겠다는 그의 생각은 본심이었을 것이다. 그런 그에게 선택된 곳이 바로 풍양궁터이다.

뿐만이 아니다. 이곳은 그후 그의 아버지인 태조도 와서 머무는 장소가 되었다. 태종 2년(1402), 태조가 자신이 사랑하는 왕자 방석, 방번이 참변을 당하자 태종을 미워하여 함흥으로 갔다. 그곳에 가 있은 지 4년 만에 朴淳의 충언에 감동되어 서울로 돌아오는 길에 이곳에 머무르며 움직이지 않자 內閣들이 와서 모시고 갔으므로 內閣里라는 지명이 생기기도 한 곳이다.

이곳 대궐터의 地性은 겉보기의 온유함과는 달리 그 內性이 몹시 濕하고 혼탁하여 머무르기에 적절한 곳이 못 된다. 그런데도 태조와 태종이 이곳에 끌린 까닭을 다른 이유를 덮어두고 땅의 성격만으로 판단하자면 이런 이유가 아니었을까 하는 짐작이 든다. 즉 이곳은 사람으로 치자면 그 성품이 우유부단하면서도 정에 약하고 그러면서도 염세적인 측면이 강하다는 것이다. 그것이 세파에 시달린 사람을 끌어당긴 것이 아니겠는가 하는 짐작이 든다는 얘기다. 염세가에게는 염세가 나름대로의 매력이 있는 법이다. 땅도 사람과 마찬가지라 그 땅의 質性이 분명히 삶을 정성스럽게 보내고자 하는 사람들에게는 알맞는 것이 아니지만 끄는 힘만은 강력한 경우가 있다. 사람으로 치자면 퇴폐의 아름다움이라고나 할까. 결코 바람직스럽지는 않으나 이상하게 그곳에 끌리어 빠져 나오기 어려운 땅이 바로 이곳 풍양궁터이다.

바로 근처에 있는 세조의 능인 광릉의 터 성격 또한 그에 비슷하다는 점을 근거로 들 수도 있다. 광릉은 注葉山 아래 子坐午向의 정남향으로 자리 잡은 능이다. 그런데도 능의 土性은 매우 음습하다. 이는 당시 산역을 담당하였던 사람들의 땅을 보는 相地 수준이 낮아서가 결코 아니었다. 오히려 그 반대의 경우였다고 필자는 생각한다. 왜냐하면 세조는 유언키를, 〈내 죽으면 속히 썩어야 하니 석실과 석관을 사용하지 말라〉고 하였다. 광릉은 바로 그런 세조의 유언을 충실히 지켜 줄 수 있는 성질의 땅이다. 음습하다는 것이 바로 그런 토성을 지칭하는 말이다. 주섭산 자체가 높고 험한 산은 아니다. 그러나 토층이 깊고 토양의 含水度가 높기 때문에 시신의 肉脫에 좋은 조건을 갖춘 곳이라 할 수 있다. 물론 육탈 뒤 遺骨의 보존도가 좋으리라는 기대는 걸 수 없는 곳이기는 하지만.

망우리고개를 넘어 구리시에서 북쪽을 바라고 퇴계원을 지나 대궐터에 이르는 길은 자동차의 체증으로 혼잡의 극치를 이루고 있었다. 서울 생활에 어지간히 단련되었다고 믿었던 나도 여기에는 손을 들 수밖에 없었다. 글쎄 그 바람에 큰 사고가 나지 않을 것이라는 사실로 위안을 삼으며 살아야 하는 것인지.

지금 대궐터에는 대궐 빌라가 들어서 있다. 대궐터는 정말 대궐이 있던 자리는 아니다. 太上王과 上王이 왕위를 물러나 머물던 곳이라 붙여진 이름일 뿐이다. 그런데 참으로 기묘한 것은 바로 그곳에 빌라라는 이름의 고급 주택이 지어진 일이다. 일부러 영한 사전을 찾아본다. 빌라, 시골풍의 주택 또는 별장이란 해석이 나온다. 왕위를 물러난 사람들의 별장, 그것이 바로 대궐 빌라인가.

세태의 서양화는 그 이름의 서양화로도 우리 전통을 비웃고 있는 것이나 아닌지 모를 일이다.

奉永寺: 대궐터 북쪽에 있는 절. 신라 제26대 진평왕 21년(589)에 창건하여 奉仁庵이라 하다가 조선 제21대 영조 31년(1755)에 인빈 김씨의 묘를 園으로 승격하는 동시에 이 절의 이름을 봉영사로 고쳐서 순강원을 보호하게 하였음.

順康園: 봉영사 서쪽에 있는 조선 제14대 선조의 후궁(인조의 할머니) 인빈 김씨의 묘. 영조 31년(1755)에 원으로 승격됨.

앞동산: 앞섬(대궐터 앞에 있는 산. 섬처럼 되었음) 동남쪽에 있는 작은 산. 옛날 큰물에 가평에서 떠내려왔다 하여 가평군에서 세금을 받아 갔다 함.

澄心石: 태극정 앞에 있는 바위. 밑에 맑은 물이 흘러서 이 바위에 앉아 있으면 마음이 깨끗해진다는 뜻으로 尤庵 宋時烈이 〈澄心石〉 석 자를 새겼음.

太極亭: 앞섬에 있는 정자. 효종 때 芝村 李喜朝가 지었음. 앞에 징심석이 있고 맑은 물이 흘러서 매우 아름다움.

豊壤宮터: 대궐터에 있는 풍양궁의 터. 조선 제2대 정종 2년(1400) 11월에 왕이 왕위를 그 아우 태종에게 물려주고 이곳에 와 있었음. 태종 2년(1402)에 태조가 사랑하는 세자 방석, 방번의 참변을 당하고 태종을 미워하여 함흥에 가 있다가 4년 만에 朴淳의 충언에 감동되어 서울로 돌아오는 길에 이곳에 머무르고 움직이지 아니하므로 내각들이 와서 모시고 서울로 올라왔으므로 더욱 유명함.

▶ 內谷里(안골)

貞孝公李敏輔墓: 영서 뒤에 있음.

▶ 富平里

光陵(구릉): 능안에 있는 조선 제7대 세조와 그의 비 정희왕후 윤씨의 능. 능의 제사 지내는 집 모양이 丁字形인 것은 중국에서 보았을 때 우리나라가 正南에서 약간 벗어난 丁方이기 때문이다.

光陵林: 광릉 둘레에 있는 숲. 넓이 3천 헥타르. 침엽, 활엽수가 꽉 들어찬 한국 유일의 원시림 지대로서, 광릉물푸레나무, 광릉갈퀴나무 등 970여 종의 나무와 779종의 풀 따위가 있고 크낙새 등 772종의 진귀한 새가 있어서 별천지를 이루고 있음.

光陵藥水: 봉선사 뒤에 있는 약샘. 속병에 좋다 하여 삼짓날, 사월초파일, 단오날 때는 사람들이 더욱 많이 모여들어 성황을 이룸.

못물터: 부평리에 있는 약물터. 피부병에 좋다 함.

奉先寺: 능안 서쪽에 있는 절. 조선 제8대 예종 원년(1469)에 정희왕후의 명으로 광릉을 위하여 세움. 임진, 병자, 6·25 때 각각 불에 탐. 창건 때 만든 종(높이 2.38, 두께 23cm)은 보물 제397호. 현무는 土, 주작은 정면에서 金, 혈장은 也字形. 현무는 오른편으로 橫龍으로 들어오는데 八字眉形을 그린다.

芝村墓: 매람 뒤에 있는 지촌 이희조의 묘.

徽慶園(새능): 달마골에 있는 조선 23대 순조의 어머니 유빈 박씨의 묘.

▶ 陽地里(양지말)

望世亭터: 양지리 326번지에 있는 망세정 沈璿의 터. 심선은 세종 때 벼슬하다가 단종의 손위를 당하여 이곳에 은거하였음.

향나무: 양지리 530번지에 있는 향나무. 높이 13, 뿌리 근처 둘레 7, 둘레 3.35미터, 나이 5백 살.

▶ 長峴里

暎嬪墓: 궁안에 있는 사도세자의 어머니 영빈 이씨의 무덤.

외솔무덤(최현배묘): 한힌샘 무덤 북서쪽에 있는 한글학자 외솔 최현배 박사의 무덤.

한글산: 전골 뒤에 있는 산. 한글학회의 산으로서 주시경, 최현배의 묘가 있음.
한힌샘무덤(주시경묘): 1960년 서울 신사동 고택골에서 이곳으로 이장하였다가 1981년 국립 묘지로 다시 옮기고 비와 상석만 남았음.
▶ **八賢里**(팔안, 배라니, 배래니): 벌판 안쪽이 되므로 붙은 지명.
　掛羅里: 억바위 동쪽에 있는 마을. 『秘訣錄』으로 유명한 北窓 鄭磏, 古玉 鄭碏 형제가 살았음.
　정가터: 팔현리 산 9번지에 있는 터. 북창이 살았음.

南楊州郡 和道邑

현재 남양주시 화도읍.

▶ **琴南里**
▶ 양주컨트리클럽이란 골프장 기행

1992년 6월 초 都下 각 신문에는 전국 골프장 사업자 일동 명의의 커다란 광고가 게재된 적이 있었다. 그 내용은 요령부득이었는데, 왜 그런 광고를 그 시점에 내야 했는지를 알 수가 없었다. 여하튼 그 광고에 의하면 골프가 우리나라에 들어온 지는 1백여 년, 현재 골프 인구는 1백 5십여만 명을 넘어 대중 스포츠로 뿌리를 내리고 있다는 것이었다. 골프장에서 사용하는 농약은 농경지에서 사용하는 농약의 7분의 1 수준이고, 골프장에서 배출하는 오수는 국내 최저치 이하로 엄격히 규제하고 있다는 점을 이해해 달라는 요구도 있었다.

이 광고의 백미는 아마도 전국 골프장들이 심각한 재정난에 처해 있으니 세금, 부담금 등 각종 공과금을 개선해 달라는 건의와, 검소한 골프장 운영을 다짐하는 부분이었으리라.

나 같은 사람이 이해할 수 없는 부분은 그 광고 전체였지만, 특히 대중 스포츠, 검소, 국내 최저치 이하의 오수 처리, 재정난 등은 말장난을 해도 너무 지나치다는 느낌을 지울 수 없었다. 골프장 사업자 일동이 밝힌 골프장 개수도 의외로 많았다. 1987년 통계에 29곳에 불과했던 골프장이 어느 사이에 190여 개로 늘어났는지 모르겠다. 이들이 차지하는 면적은 여의도의 80배 정도로 전국 공장 용지 면적보다 훨씬 넓다. 만약 지난 1990년 정부가 발표한 골프장 관리 규정에서 밝힌 대로 전국 각 시도별로 임야 면적의 5%까지 골프장을 허가해 준다면 앞으로 대형 골프장만도 3천 개 이상이 들어설 수 있는 상황이라고 한다.

위 광고와는 달리 각종 민간 환경 운동 단체들이 지적하고 있는 골프장의 문제점들은 심각하기 이를 데 없다. 공해추방

운동연합(공추련)이 발표한 내용 중 극히 일부만 살펴봐도 그런 사실들을 충분히 짐작할 수 있다. 우선 골프장 건설 허가 요건에는 농지 비율이 10%를 넘지 않아야 하고, 산림 보존 지역일 경우 20년 이상 자란 나무라야 벌채할 수 있다고 되어 있지만, 현재 공추련의 추산은 농지 편입이 6백만 평은 넘어섰을 것으로 보고 있다. 1991년 7월에는 경기도 용인군 원삼면 태영골프장 공사로 인하여 일어난 산사태로 말미암아 일가족 여덟 명이 압사하는 참사까지 빚어졌다. 같은 마을에 사는 한 주민은 발파 폭음으로 죽은 젖소의 보상을 요구하다가 묵살되자 분신 자살하는 사건도 있었다고 한다.

〈자연의 친구들〉회원인 김명주 씨의 조사에 의하면 골프장으로 인한 농약 오염과 수해 및 용수 부족 등 인근 주민들에 대한 항시적인 피해는 물론이거니와 멀리 떨어져 있는 도시민들 또한 맹독성 농약으로 인한 수질 오염과 산소 공급원인 산림의 파괴로 인하여 더 심해진 대기 오염 등 간접적인 피해에서 벗어날 수 없다는 것이다. 게다가 골프장의 잔디는 병충해에 매우 약한 수입 잔디를 많이 썼기 때문에 막대한 양의 농약과 비료를 투입해야만 유지될 수가 있고, 잔디 뿌리 보호를 위하여 두더지의 서식을 막아야 하기 때문에 두더지의 식량인 지렁이와 지렁이의 먹이가 되는 토양 미생물을 없애기 위하여 땅 밑 50센티미터 이내에는 아예 생물이 살지 못하도록 맹독성 농약을 사용하지 않을 수 없다는 것이다.

골프가 들어온 지 1백 년이 넘었다고 하지만 도대체 그때 누가 골프를 쳤을 것인가. 또 1백50만 골퍼 운운하지만 실제로 집계된 골프 인구는 60만에서 80만 명 정도이고, 이 숫자도 필자로서는 놀라운 것이지만, 이중에 회원권을 가진 사람은 불과 6만 명쯤밖에 되지 않는다. 환경 운동가들의 얘기를 듣다 보면 결국 골프장은 우리 모두 같이 죽는 공멸의 길이요, 색깔만 풀빛인 푸른 사막일 뿐이라는 그들의 결론에 동감하지 않을 수 없다.

아무리 골프를 이해해 주려 하여도 인구의 1% 남짓한 사람들의 오락을 위하여 국민적 걱정거리가 방치되고 용납되는 상황을 나 같은 사람은 이해할 수가 없다. 드넓은 초원에서, 그들은 그린이라는 또 하나의 언어 공해를 만들어 쓰고 있는 모양이지만, 원대한 계획을 꿈꾸며 내일을 설계할 지도층 인사들에게는 어울리는 스포츠라고 강변할지 모르지만, 어디 이 세상이 그들만을 위한 곳인가. 대도시의 보통 주택가 어린이 놀이터를 그들은 가본 적이나 있는지 모를 일이다. 2백 평도 안 되는 텃밭에 수십 명의 어린이들이 바글거리는 모습을 어떤 눈으로 바라보게 될런지.

어떤 골프하는 사람은 홍콩에 비행기 타고 가서 골프하고 오는 것이 비용도 싸게 먹히고 남 눈치도 보지 않아서 좋다고 얘기하는 경우도 있다고 한다. 도무지 상식에도 닿지 않는 소리인데도 어떤 부류의 사람들에게는 그런 소리가 조금도 이상하게 들리지를 않는 모양이다.

사실 필자는 골프장의 환경 파괴 행위나 그것의 사회적 악영향을 얘기할 수 있는 전문가는 아니다. 그저 한 사람의 전통 지리 사상을 공부하는 지리학자로서 골프장을 본 소감을 정리해 보고자 한다. 나는 물론 골프를 해본 적이 없다. 골프장 안을 들어가 본 적도 없다. 그러나 답사를 다니면서 골프장 건설 현장이나 골프장 주변을 본 적은 많다. 내가 전공하는 풍수의 입장에서는 도저히 받아들일 수 없는 행위가 이 땅 위에서 벌어지고 있는 것이 기이해서 몇 군데를 다녀 보았다. 환경론자들의 주장은 골프장 주변 곳곳에서 사실임을 확인할 수 있었다. 그러나 여기서는 비교적 그 정도가 약한 경기도 남양주군 화도읍 금남리에 있는 양주 컨트리클럽의 예를 보기로 한다.

주민들의 반응은 용인군 원삼면이나 경남 창녕군 부곡면처럼 격렬한 것은 아니었다. 주민 중 일부의 반응은 오히려 골프장이 들어섬으로써 이익을 얻었다는 이야기까지 있을 정도였다. 그런데도 골프장은 우리 전통의 지리관으로는 도저히 용납 못할 일로 비춰졌으니 문제가 심각한 다른 골프장의 경우야 말해 무엇하겠는가.

이 마을도 건설 공사중의 발파 때문에 가옥에 금이 가고 돼지가 유산을 했으며 달걀 부화에 어려움을 겪는 따위의 일들을 당했다고 한다. 골프장측에서는 이미 마을 사람들의 동의서를 받았기 때문에 별로 마을 주민들에게 신경을 쓰는 눈치는 아니었고 상당히 주민들에게 배려를 하고 있다는 느낌을 받았다. 심지어는 골프장 주인이 검소하다는 평까지 나돌고 있는 정도였다.

산사태는 작년에는 걱정을 많이 했으나 별 사고가 없어 지금은 잊고 지내는 형편이었고 수질 오염 문제도 자신들은 잘 모르겠으나 외지인들은 물에서 무슨 약 냄새가 난다더라는 정도의 반응이었다. 무엇보다 땅 값이 평당 3만 원 내지 5만 원에서 5, 60만 원 선으로 올랐기 때문에 마을 사람들의 반감이 크게 줄어 들었다는 인상을 받았다. 그러니 이곳 골프장은 다른 골프장들에 비하여 매우 양호한 형편인 것이 분명하다.

그렇지만 골프장은 문제가 많다는 것이 풍수가의 견해임을 강조하고자 한다. 주민들은 확실히 큰돈을 만질 수는 있었다.

또 골프장에서 잔디 깎기나 잡일을 하여 소득을 조금 더 올리게 된 것도 사실이다. 그러나 문제는 그들이 그토록 오랫동안 지켜 왔던 삶의 터전이 파괴되었다는 데 있다. 유명했던 금남리 참외밭은 끝장이 나 있었고 모텔과 별장이 들어선 뒤끝의 풍경은 주민들을 삶터 자체의 주체자로서가 아니라 그저 향락객들을 위한 하나의 배경, 또는 그들의 심부름꾼으로 전락시켜 놓고 있었다.

『明堂經』에 이르기를 〈땅을 다룸에 있어서 흙과 돌을 파서 산을 흔들고 神을 놀라게 하거나 脈을 끊고 氣를 누설시켰다면 그런 곳은 사람이 의지할 곳이 못 되는 곳이니, 만약 그것을 범하였다면 사람이 상하고 재물을 날리게 되리라〉 하였다. 골프장 건설에서 흙과 돌이 무너져 내린다는 사실은 골프장 업자들조차도 부인하지 않는다. 그것은 명백히 풍수의 가르침을 저버린 행위이다. 〈그러나 땅을 파헤쳤더라도 그 손상됨이 미미하여 血脈을 다치지 않았을 때에는 보수하여 쓰더라도 無害할 것〉이라고도 하였으니, 무조건 건드리지 말라는 것은 아니다.

發揮라는 地理家가 말했듯이 〈땅은 땅을 구하는 醫地法에 구할 것이니, 사람의 피부에 난 작은 外傷은 치료될 수 있으나 心腹之患이 되면 치료할 수 없음〉과 같은 것이다. 골프장을 건설한다는 것은 몸에 작은 종기가 난 정도가 결코 아니다. 그것은 그야말로 심복지환인 것이다.

우리 모두의 고향 마을에서 이루어지던 것과 같은 인간적인 공동체적 삶터는 금남리에서도 돈 많은 소수 사람들의 놀이터 건설을 위하여 파괴되고 말았다. 보상금을 받아 쥐고, 값이 오른 땅 판 돈을 거머쥐고 도회로 나갔던 마을 사람들은 대부분 일용의 막노동자로 전락했다고 남아 있는 마을 사람들은 전한다. 그들은 서울 사람들이 마을을 버렸다고 한탄한다. 그것은 역시 그들의 삶터 파괴에 대한 그들 나름대로의 표현 방법이리라.

강 건너 문호리로 건너 가던 문호나루터는 강가에 들어선 별장 때문에 길이 막혀 폐쇄되고 말았다. 지금은 20리 길을 돌아 양수리 한강 다리를 건너 다니는 수밖에 없다. 잘 갈 수가 없게 되고 만 것이다. 바로 강 건너 이웃 마을과의 공동체적 유대도 끊어지고 만 것이다.

이 경우는 조국 근대화 때문도 아니고 잘 살기 위해서도 아니다. 그저 여유 있는 극소수 도시인들의 여가를 즐겁게 해주기 위해서 풍수적 삶터가 파괴되고 만 것일 뿐이다.

골프 못 치면 죽겠다는 사람들은 대초원의 나라로 이민을 가는 것이 어떨지. 돌아오는 길에 들린 봉천동 산동네 어린이들은 산비탈 공터에서 벌떼처럼 놀고 있었다.

▶ 鹿村里

陵園(大院君墓): 녹촌리에 있는 흥선 대원군의 무덤. 창현리로 옮겼음.

▶ 車山里(수리너미)

귀시니: 차산리에 있는 골짜기. 귀신이 있었다 함.

▶ 倉峴里

興宣大院君墓: 처음에는 고양군 공덕리에 있었다(1897). 그 뒤 광무 10년(1906) 파주군 운천면 대덕리로 천장하였다가 1966년 4월에 이곳으로 두번째 옮겼음.

興親王墓: 달길리 동남쪽에 있는 흥선대원군의 아들 흥친왕의 무덤.

東豆川市

아치노리(峨嵯洞): 송라 동북쪽에 있는 마을. 무학대사가 칠봉산맥을 타고 못자리를 찾다가 여기에서 산맥이 끊겨서 〈아차〉하고 한탄했다 함.

逍遙山自在庵: 상봉암동 산 1번지.

富川市

神道碑: 고강동 고리울 산기슭에 있는 비. 처음에는 오정리 산꼭대기에 있었는데 고강리에서 화재가 자주 발생하므로 이곳에 옮겨 세운 뒤로는 화재가 없어졌다 함.

城南市

▶ 雲中洞

한국정신문화연구원: 國師峰(혹은 국은봉)이 주산. 雲中仙鶴形. 국사봉이 관악산에서 과천의 청계산을 거쳐 수원 쪽으로 빠져 나가는 쪽에 있다. 氣가 국사봉에 모였다가 학고개(過峽處)를 통해 수원 쪽으로 강하게 내달리고 있는 듯하여 정문연에는 옆 얼굴만 비친 셈이다. 안산이 높아 정문연을 누르고 있다. 산이 모두 서쪽에서 동쪽으로 내려가 판교 쪽을 향하고 있다. 정문연에 정을 주고 있지 않다는 뜻이다. 운중천 역시 一字形으로 곧게 판교 쪽으로 빠진다. 주위의 산과 물이 모두 無情하다는 뜻이니, 氣가 모여든다고 볼 수 없다. 위치가 골짜기라 直谷風을 만나니 무서운 일이다.

본관 자리 잡기가 제대로 되었고 안산의 모양새가 〈선비가 말을 타고 다니는 모습〉을 닮았음은 장점이다. 본관의 좌향은 子坐午向이고 정문은 巽方이다. 본관은 坎(水)으로 하괘요, 정문은 巽(風)으로 상괘니, 風水渙卦라 물 위에 바람이 불어 물결이 흩어짐을 뜻한다(최영주).

▶ 盆唐 답사

지방에 갔다가 서울로 돌아올 때 경부 고속 도로 양재 톨게이트 부근에서 분당 신도시의 무지막지한 콘크리트 구조물들이 뭉쳐 서 있는 것을 볼 수 있다. 마치 공상 과학 영화의 한 장면을 보는 듯한 이 광경은 보는 사람에 따라서 차이가 있겠지만 나 같은 사람에게는 걱정 근심을 넘어서 공포의 대상임을 부인할 수가 없다. 흙, 나무, 풀, 개울 따위의 영상은 완전히 배제된 채 오직 철근과 시멘트, 그로 인해 파생되는 비인간적이고 광물질적인 이미지만 뿜어져 나올 뿐이다. 이런 것을 보고 지금도 냉랭한 아름다움 cold beauty이라고 말하는 사람은 없으리라고 믿지만, 그런 현상이 바로 국토 이용의 효율성 제고라고 생각하는 사람들은 많으리라고 본다.

실제로 사람들은 〈세상 참 좋아졌다. 저런 번듯한 아파트가 순식간에 들어서다니〉라는 말들을 한다. 사람을 흙에서 끌어내어 철근 콘크리트 위에 올려 세우는 것이 정말 좋아지는 일일까.

서유구가 그의 『林園十六志』「相宅志」에서 지적한 대로 사람은 모름지기 땅이 두텁고 물이 깊은(土厚水深) 곳에서 살아야 하는 법이다. 그래야 몸에 병이 들지 않는다고 본 것이다. 땅이 두텁다는 것은 비옥하다는 의미도 있겠으나 사람이 식물이 아닌 바에야 반드시 그것만을 지칭한 것은 아닐 터이고 요는 땅 기운이 堅潔하고 윤택이 나는 후덕한 곳을 가리킨 말이라고 보아야 할 것이다.

물이 깊다는 것도 단순한 물리적 현상만을 말한 것이 아니라 물이 맑고 맛이 아름다운 것을 표현한 말이다. 土厚水深處가 일거에 土無水無處로 변질된 분당 신도시를 바라보는 마음이 편할 까닭이 없다.

개울물이 수돗물이 되고 토담집 대청이 아파트 거실로 변하여 그 편리함은 이루 말할 수 없으나 이어서 그 편리함은 게으름으로 변하고 게으름은 사람을 사람답지 않은 사람으로 바꿔 버린다. 이것이 사람들이 소위 말하는 개발, 발전, 문명화의 실체이다.

이 글을 쓰는 중에 堂姪 아이의 죽음 소식을 들었다. 아이라고는 했지만 20대 청년이다. 어려서 부모님을 여의고 세상살이 험함을 온몸으로 경험하다가 결국 열차 사고로 生을 닫은 것이다. 땅에 기반을 둔 전통적인 생활 구조였다면 이런 결말은 결코 없었을 것이다. 그런데 나를 비롯하여 친척들 누구도 그 아이를 맡아 줄 마음가짐이 되어 있지를 않았다. 우리 친척들이 유독 남들보다 더 비정해서 이런 일이 벌어졌다고 생각하지는 않는다. 지금의 대도시 생활 구조가 제 자식 이외에는 누구도 더 받아들일 수 없도록 되어 있다는 것이 문제라고 본다. 물론 그 애의 죽음에 대한 책임을 회피할 수는 없다. 인류의 죄를 저지른 것은 사실이다. 문제는 그런 일이 언제나, 누구에게나 일어날 수 있다는 개연성이 바로 이 도시라는, 땅을 떠난 비인간적 삶의 구도에서 빚어질 수 있다는 데 있다. 게으름은 타인을 거부한다. 소위 현대화된 오늘의 방 배치나 동네 형편도 타인을 거부한다. 그런 속에서 사람들의 이기심은 도를 더해 간다. 수도권의 신도시들은 그런 땅의 비인간화를 급격히 조장하고 있다는 혐의가 짙다. 문제다. 더욱 문제인 것은 사람들이 그것을 개발이라고 생각하는 것이다. 참으로 큰 문제다.

맥루한이 지은 『大地와 더불어』라는 책에 북미 원주민 수우族 오그라라 部隊의 추장 〈서 있는 곰〉의 얘기가 인용되어 있는데 그 내용이 오늘의 우리에게 의미심장한 시사를 준다. 장황하지만 전문을 본다.

〈넓게 펼쳐진 거대한 평야, 아름답게 굽이치는 능선들, 감돌아 흐르는 시내와 그 옆에 뒤엉켜서 자라는 초목들을 우리 인디언들은 '야생 wild'이라고 생각하지 않았다. 단지 백인에게만 '자연'이 '황야'이며 이 땅이 '야생 동물'과 '야만적인 인간들'로 들끓고 있는 것으로 비쳤을 뿐이다. 우리에게 자연은 길들여진 것이었다. 대지는 너그러웠고 우리는 위대한 신비의 축복으로 둘러싸여 있었다. 동쪽으로부터 (미국의 소위 서구 문명식 개발은 동쪽에서 서부로 진행되었으므로) 털투성이의 인간들(백인들)이 와서는 잔인하고 미친 듯이 우리와 우리가 사랑하는 가족에게 부정한 짓을 수없이 자행하기 전까지는, 자연은 우리에게 야생이 아니었다. 숲속의 동물들이 백인들이 다가오는 것을 피해 달아나기 시작할 때부터 우리에게는 '황량한 서부'가 시작되었던 것이다.〉

지금 우리는 풍수적 입장에서 보자면 폐허와 다름없이 서울을 만들어 놓고 이제 그것도 모자라 수도권 지역에 신도시라는 것을 건설하며 〈황량한 서부〉를 건설하고 있다. 아니, 땅의 입장에서 보자면 철저한 파괴를 자행하고 있는 것이다. 개발이 오면 우리의 인간적이고 풍수적인 삶은 죽는다. 마치 유마族의 인디언 노인 치파로파이가 말한 것처럼 〈그렇소, 그대들이 오면 우리는 죽는다는 것을 알고 있다오.〉

많은 신도시 거주민들은 말한다. 서울의 살인적인 전셋값, 집값 폭등에 견디기 어려워 이사는 왔지만 도무지 정이 붙지를 않는다고. 그래서 그들은 노래방이란 곳에 가서 이런 한탄을 하며 심경을 달랜다. 〈타향도 정이 들면 고향〉이라고. 그래도 다음날이 되면 허망하기는 마찬가지다. 또 다른 한탄이 이어진다. 이곳은 그저 할 수 없이 사는 하숙집 같다고. 그리하여 이제 집을 줄여서라도 다시 서울로 가야겠다고.

이것은 위에 언급한 바 풍수적이고 인간적인 삶을 살 것이냐, 아니면 도시적이고 비인간적인 삶을 살 것이냐의 선택의 문제에서 비롯된 주민들의 정서도 아니다. 그들은 당연히 도시적 삶을 살기로 결정한 사람들이다. 그런데도 그들은 불평을 하고 있다. 선택 이전에 정부의 밀어붙이기식 주택 공급 정책이 빚은 당연한 결과일 것이다.

이런 밀어붙이기는 우리나라 개발 근대화 과정과 그 축을 같이 한다는 특징이 있다. 원래 농업을 주로 하던 이곳에 서울 청계천변 마장동, 용두동 일대 무허가 판자촌과 철길 가 철거민들의 강제 이주가 시작된 것이 1969년. 당시 검정다리라고 불리던 청계천 하류 유역은 농촌으로부터 밀려나기 시작한 이농 가구들이 정착하기 시작하였고, 너무나도 당연히 계획도 없고 대책도 없던 그들은 도시 빈민으로서 자리를 잡을 수밖에 없었다. 그때 용두동에 살며 대학을 다니던 나는 검정다리 주민들의 상황을 잘 볼 수 있는 입장이었다.

그곳에 살던 용두초등학교 동창들 중에 가장 성공한 경우가 변두리 극장 경비원 정도였고 대부분은 하루벌이 막노동을 하며 연명하였다. 이런 동네에서마저 전세나 월세를 얻을 돈이 없어 날세(날마다 집세를 내는 방식)를 내며 사는 사람들도 꽤 있었다. 여기서도 버텨 내지 못한 사람들은 중랑천변의 뚝방 천막촌으로 나가야만 했다. 참으로 개떡 같은 세월이었다. 풍수적인 농촌의 삶터 파괴는 연이어 그나마 조금은 공동체적 삶의 흔적이 남아 있던 서울 변두리 지역까지 좀먹어 들어오기 시작한 것이다.

앞서 언급한 내 당질의 경우도 그런 사람들 중의 하나였다. 1969년 조국 근대화에 어느 정도 자신이 붙은 정부는 농어촌과 도시 빈민의 희생 아래 國富를 늘리겠다는 개발 환상에 더욱 집착하여 소위 청계천 철거민들의 광주 대단지 강제 이주가 이루어진 것이다.

그들은 트럭을 타고가 아니라 트럭에 실려 광주로 옮겨져, 트럭에서 내리고가 아니라 트럭에서 부려졌다. 바로 그 아래 동네가 오늘의 분당이다. 원래는 성남출장소 돌마지소 관할이었으나 그후 당모루, 장터, 안골, 정골 등의 자연 촌락이 합하여 분당리로 통합 개칭된 곳이다. 전체적으로는 나즈막한 盆地狀 지형으로, 말하자면 우리나라 농촌의 입지 유형을 따르던 마을이다. 그러나 분지의 면적이

京畿道篇 89

넓지 못하기 때문에 마을(농·어촌적 취락)이 들어서는 것은 가하거니와 고을(도시적 취락)이 들어선다면 큰 부담을 땅이 질 수밖에 없는 곳이다.

구역 안에 성종의 손자 泰安君의 묘를 써서 마을 이름이 능골인 곳이 있고, 인조 때 이천 부사를 지낸 李敬仁이 병자호란을 치욕으로 여겨 탄천변에 정자를 짓고 은거하였다는 정자동이 있다.

묘와 隱居處는 모두 넓지 못한 명당의 증거가 되는 것들이다. 그런 곳에 고층 아파트와 상가와 위락 시설과 학교와 관청과 도로 같은 거대한 인공 구조물들이 들어선 것이다. 그저 자연에 어울릴 정도의 조그만 농촌 마을과 몇 개의 비석과 床石 정도를 지탱할 수 있을 정도의 땅에 그런 굉장한 무게가 실리게 된 것이니, 그 땅으로서야 이런 날벼락이 없을 것이다.

나는 그런 분당을 멀리서 바라보며 솔직히 불안한 마음을 떨칠 수 없었다. 그러나 나는 이런 것들이 결국은 선택의 문제라고 생각한다. 물론 도시를 짓기로 선택한 경우라 할지라도 그 건설 과정의 문제는 당연히 별개로 남는다. 부실 공사나 공사상의 하자를 非明堂이라는 풍수상의 문제로 책임을 돌려서는 아니 되기 때문이다. 수많은 사람들이 내 집을 갖기 위하여 서울에서 사는 것이 편리한 줄을 뻔히 알면서도 신도시로 이사를 했다.

아파트 당첨이 되지 않을까 봐 얼마나 많은 사람들이 애를 태웠을지도 안다. 우리 2층에 살던 아기네도 분당으로 이사를 했다. 우리는 내 집을 마련한 아기네에 진심으로 축하했다. 내 자식, 내 조카들이 분당에 아파트가 당첨되어 이사를 가게 되었다고 하더라도 기뻐했을 것이다. 내 집이 생겼으니까. 그리고 그들은 어차피 앞으로 당분간은 결코 도시 생활을 박차고 인간적 삶의 체취가 풍기는 풍수적 전원으로는 돌아가지 않을 것이니까.

분당을 바라보는 한 지리학도의 마음은 불안하기만 하다. 그렇지만 그 불안은 도시 생활에 잘 적응하지 못하는 한 풍수 전공자의 입장에 지나지 않을지도 모른다. 내 눈에는 분당은 이미 버릴 대로 버려진 듯하다. 그런데도 나는 내 자식들이 분당에 자기 집을 갖게 되었다면 몹시 기뻐했을 것이다. 앞뒤가 맞지 않는 것 같지만 그것이 나의 심정이다. 하지만 나는 풍수적 삶이 우리 국토 위에 다시 이루어지리라는 생각에는 절망적인 전망을 갖는다.

梅花落地: 창곡동 창말 동쪽 남한산에 있는 무덤. 한양에서 홀어머니를 모시고 살던 임청년이 양식을 구하러 광주로 가다가 날이 저물어 남한산에서 길을 잃고 헤매는데 불빛이 보이므로 찾아가 주인을 찾으니 아리따운 처녀가 나와 맞아서 그 밤을 단란하게 지내고 남은 정이 진진한데 그 처녀는 날이 밝기 전에 떠나라고 강권하여 임청년은 할 수 없이 떠났다. 그러나 청년은 끌리는 정을 어찌할 수 없어 도로 찾아가니 간밤에 있던 집은 간 데 없고 그 자리에 고목나무가 있고 그 옆에 그 처녀가 머리를 풀고 하늘을 우러러 빌다가 하는 말이 〈나는 5백 년 묵은 암구렁이인데 청년의 은혜를 입어 이제 하늘로 오르게 되었으니 그 보답으로 비늘 세 개를 떨어뜨릴 것이다. 그 비늘이 떨어지는 곳에 집을 짓고 살다가 죽거든 산에 비늘이 떨어진 곳에 묘를 쓰면 자손이 번성하고 큰 장수가 날 것이다〉 하고 하늘로 올라갔다. 과연 비늘 셋이 떨어지자 곧 매화나무로 변하므로 그 말을 좇아 들에 떨어진 곳에 집을 짓고 사니 梅着里(매자기)가 되고 남한산 매화 자리에 묘를 쓰니 임경업 장군이 났다 함.

자지봉: 운중동 뫼루니에 있는 산.

水原市

明堂谷(명당골): 곡반정동 골반정 동북쪽에 있는 마을. 명당 자리가 되어 兵禍가 들지 아니한다 함.

始興郡 秀岩面

현재 시흥시로 개편됨.

▶**陵谷里**: 문양부원군 柳自新의 묘가 있음.
▶**鳥南里**(새미)

張君재: 남왕 동쪽에 있는 마을. 조선 제17대 효종의 장인 신풍부원군 張維의 무덤이 있으므로 장군재라 함.

安山市

능산(昭陵): 목내동에 있는 산. 조선 제5대 문종의 왕비 현덕왕후 권씨의 소릉이 있었는데 세조가 꿈에 현덕왕후가 자기 아들 단종을 죽이고 왕위를 빼앗았다고 크게 꾸짖고 세조의 얼굴에 침을 뱉은 자국이 실제로 악성 부스럼이 되었다. 이에 세조가 크게 노하여 소릉을 파서 바다에 띄웠는데 이상하게도 거슬러 올라와 갯벌에 묻혀 있었다. 56년 후인 제11대 중종 8년 (1513) 4월에 벼락이 종묘에 떨어짐에 놀라 비로소 소릉을 동구릉 문종 능 왼편에 이장하고 종묘에 배향하였음.

安城郡 古三面

▶**鳳山里**

舞鳳山: 꽃뫼 서북쪽에 있는 산. 봉황이 춤을 추는 모양이라 함.

鳳凰里(무봉, 봉이): 무봉산 밑에 있는 마을.

쪽두리바위: 봉산리에 있는 바위. 쪽두리처럼 생겼음.

▶ 봉산리 일대 답사

鳳凰山과 神仙峯 일대는 결론적으로 상당한 전문가도 5년에 한 번 만날까 말까한 상당한 정도의 짜임새 있는 터임. 局勢는 크게 보아 주봉골프장 連脈과 安城 敷地連脈의 이중 구조로 이루어져 있으며, 양자는 상호 깊은 연관 속에 입지하고 있으므로 한쪽만으로는 地氣의 혜택을 기대하기 어려움.

주봉골프장 연맥은 鳳凰山 줄기가 주축을 이루는데 그 형국은 飛鳳翔舞形으로 판단되며, 특히 봉황은 雙鳳이 분명함. 안성 부지 연맥은 神仙峯 줄기를 주축으로 하여 天德山이 그 뒤를 받치는 형세이며, 그 형국은 仙人登天形으로 판단됨. 주봉과 안성 양자는 겉으로 보기에는 二東貯水池와 漢川을 잇는 用水幹線에 의하여 인공적으로 차단된 것 같으나, 其實은 連脈을 유지하고 있기 때문에 땅의 生氣에 대한 훼손은 전혀 없음이 분명함. 두 마리 봉황이 서로 마주 보며 춤을 추고 있는 가운데 신선이 하늘을 오르는 형국이니 이보다 더한 터를 구한다는 것은 욕심에 지나지 않으며, 이 터를 차지하는 주인은 그야말로 天藏地秘處를 얻은 것이니 나머지는 오직 積善積德의 결과일 뿐이라고밖에는 생각되지 않음.

게다가 봉황산 아래 위로는 두 마리 호랑이가 圍繞하고 있으니 가히 금상첨화에 다름아님. 두 마리 호랑이는 마을 지명에도 그대로 나타나 양성면 노곡리에는 범티(虎峙)마을이 있고 고삼면 신창리에는 범골(虎洞)마을이 있어 그 증거를 뚜렷이 하고 있음. 따라서 주봉골프장 터에는 陽明한 氣運 아래 觀遊之用이 합당하고, 안성 부지는 學仁之勢이니만큼 硏塾之用이 가당하다고 판단됨.

두 곳 모두 陽明한 飛翔의 터이기 때문에 특히 산등성이(稜線) 부분에는 어떠한 건축물의 배치도 삼가해야 함. 가급적 폭 10미터 정도의 自然植生帶를 稜線部에 존속시키는 것이 좋을 듯함. 위와 같은 이유 때문에 모든 시설물도 中山間 이하(대체로 7부 능선 미만)의 위치에 놓는 것이 터의 성격을 존중하는 일이 될 것임.

문제는 크게 두 가지인데, 그 하나는 이런 天下大地를 어떻게 훼손하지 않고 쓸 수 있는가 하는 것이고, 다른 하나는 토양의 基盤岩이 吸着力이 미흡하여 쉽게 풍화 침식될 수 있다는 점임. 이에 대해서는 환경 복원 연구팀이 좋은 조언을 줄

수 있을 것으로 생각됨.
▶三隱里: 鳳溪, 鶴岩, 松州의 세 선비가 살았으므로 붙은 지명.
　부채바위(병풍바위): 삼은리에 있는 바위. 부채처럼 생겼음.
▶雙芝里
　구리고개: 쌍지리에 있는 고개. 모양이 구리(베틀) 같다 함.
　바디실(奉芝谷): 절골 남쪽에 있는 마을. 베틀의 바디 형국으로 되었다 함.
　북고개: 쌍지리에 있는 고개. 모양이 베틀의 북 같다 함.
▶月香里
　다리골(月洞): 월향리에서 으뜸가는 마을. 뒷산이 달의 형국으로 되었다 함.
　삼강정문: 월향리에 있는 서흥김씨의 정문. 효자, 충신, 열녀를 기념하여 세움.
　팔자섬: 월향리에 있는 섬. 모양이 八자와 같음.

安城郡 大德面

▶明堂里: 마을 앞 高城山에 掛燈形의 명당이 있으므로 붙은 지명.
▶深東里
　왕자봉산: 보동리에 있는 산.
　평풍바위: 보동리에 있는 바위. 병풍처럼 생겼음.
▶三閑里

　한새울(閑士): 삼한리에서 으뜸가는 마을. 윤씨가 벼슬을 버리고 이곳에서 한가히 살았다 함.
▶蘇峴里
　마루개(馬峴): 소마니 북서쪽에 있는 마을. 뒷산이 말처럼 생겼다 함.
　치마바위: 소현리에 있는 바위. 치마처럼 생겼음.
▶辰峴里(미르개, 龍峴): 미르개 밑이 되므로 붙은 지명.
　능꾸리: 진현리에 있는 산. 능이 있었다 함.
　미르개(辰峴山): 진현리와 삼한리 경계에 있는 산. 모양이 용처럼 생겼다 함.
　양재미(陽蠶): 용현 서쪽에 있는 마을. 뒷산 모양이 누에 허리처럼 생겼음.

安城郡 寶盖面

▶加士里(갓터, 산밑갓터): 비봉산 밑 들가에 있으므로 붙은 지명.
　蓮花峯: 가사리에 있는 산. 연꽃 모양.
　靈泉: 가사리에 있는 약수터. 속병에 좋다 함.
▶九士里(구끼미): 뒷산이 굽(曲)이 졌으므로 붙은 지명.
　애기능: 방죽안말 북쪽에 있는 무덤. 고려 제25대 충렬왕이 공주와 함께 충청도에 가서 사냥하고 돌아오는 길에

아기를 잃어서 이곳에 묻었다 함.

줄바위: 구사리에 있는 바위. 바위가 줄지어 있음.

▶ 內芳里

약물탕 골짝이: 내방리에 있는 골짜기. 약물 샘이 있다 함.

용머리: 안골 남쪽에 있는 마을. 용의 머리처럼 생겼다 함.

▶ 東新里

배바위: 동신리에 있는 들. 배처럼 생긴 바위가 있음.

천마동네숲: 동신리에 있는 들로, 마을의 虛한 곳을 보해 주는 洞藪 개념인 듯함.

安城郡 三竹面

▶ 排台里(사기막, 배터, 배대, 배태): 초동교회 공원 묘지 답사 메모.

초동교회 공원 묘원이 있는 이곳은 七賢山(516.2m) 脈勢가 북상하여 이루어 놓은 上峯(330m)을 主山으로 玄武를 이룬 곳에 형성된 明堂坂으로 看龍上으로는 최상이라 할 수 있는 입지 조건임. 칠현산은 이를 정점으로 하여 한반도 중부의 三大龍脈인 漢南正脈, 錦北正脈, 漢南錦北正脈이 分岐하는 곳으로 이 부근 일대는 전통적으로 三相可居의 길지로 관심을 모아 오던 곳임.

주산 상봉은 그 뒤로 감투봉 - 큰봉 - 달기봉이 三台星을 이루며 鎭護해 주는 二重의 鎭山을 갖고 있기 때문에 玄武砂의 위용은 역시 일급이랄 수 있음. 그 山名도 모두 頭部를 상징하는 것으로 진산개념에 대단히 적절함. 큰봉의 맥세는 모래봉을 거쳐 주산 상봉에 이르는 道程을 가지며, 여기서 國師峰 연맥이 白虎勢를, 그리고 달기봉의 이어진 稜線이 靑龍勢 및 案山의 역할까지 수행하고 있음. 따라서 局勢는 크게 보아 左旋局에 해당됨. 산세는 청룡인 국사봉의 雄壯宏大한 기운에 비하여 백호인 달기봉의 산세가 상대적으로 미약한 것이 사실이지만, 좌선국이기 때문에 오히려 절묘한 조화를 이룬 셈임.

그러나 달기봉 능선과 상봉 사이의 계곡(특히 가현고개 쪽)이 당판 자체에 虛缺感을 주고 있는 것은 문제라 할 수 있음. 따라서 이를 裨補하기 위하여 길 쪽으로 石造의 십자가상을 세운다면 그 허결함을 막을 수 있다고 여겨짐.

한편 朝山은 그 기능을 건너편 멀리 보이는 飛鳳山(372m)이 맡고 있는데, 이는 진산과 주산의 연봉들이 모두 主人, 임금, 남편, 혹은 정승에 비견되는 산들이므로 그들이 춤추는 봉황을 바라보는 형국이라 이 또한 절묘한 玄武와 朱雀의 상징적 대비라 할 수 있음.

그러나 조산이 약간 요요한 기운을 풍기고 있기 때문에 脫俗의 문제가 없을 수 없음. 이를 비보하기 위해서는 묘소 앞쪽으로 키가 낮고 뿌리가 깊게 내리는 나무들을 植栽하는 것이 바람직하다고 판단됨. 이는 洞藪라 하는 것으로 우리 풍수에서는 일반적으로 행하는 관습이기도 함. 특히 묘소의 坐向이 乾坐巽向일 경우 八卦의 해석상 역시 세속적인 것보다는 聖性의 가능성이 보이므로, 성직자를 배출할 의도가 없다면 비보는 반드시 할 필요가 있음.

토양은 전반적으로 沙土質이기 때문에 風廉(遺骨에 바람이 들어 뼈가 검게 변색하는 일)의 혐의가 없는 것은 아니지만 대책을 마련해야 할 정도로 심각한 것은 아님. 따라서 크게 신경 쓸 문제는 아닌 것이 분명함. 이 문제는 고인의 성품과 관계되는 것일 수도 있는 만큼 오히려 이 결점에 집착하는 것은 좋은 일이 아닐 수 있음.

安城郡 安城邑

▶鳳南洞: 비봉산 남쪽이 되므로 붙은 지명.
　가장굴: 봉남동에 있는 골짜기. 화장터와 공동 묘지가 있음.
▶沙谷洞(샅골, 사골): 샅처럼 생겼으므로 붙은 지명.
　맷돌바위: 사곡동에 있는 바위. 맷돌같이 생겼다 함.
　飛鳳山: 안성읍 사곡동, 금석동, 실왕동, 당왕동, 동본동, 구포동과 보개면 기좌리, 신장리, 불현리, 가사리에 걸쳐 있는 산. 220미터. 봉황이 나는 모양이라 함.
　옻물: 사곡동에 있는 약수터. 옻 오른 데 좋다 함.
　평풍바위: 사곡동에 있는 바위. 병풍처럼 생겼음(사곡동의 지형이 샅이고 샅이란 두 다리가 갈린 사이로 흔히 사타구니라 부르는 것이니 생식기를 뜻함). 샅을 가리기 위함인 듯함.
▶城南洞
　장터(안성장, 場基里): 성남동에서 으뜸가는 마을. 안성 시장이 됨. 조선 시대에는 각처의 물산이 이곳으로 모여서 서울보다도 유기, 농구, 절구 등 세 가지가 더 많이 있다 하여 팔도의 장사꾼들이 모여들어서 아주 번성하여 물건을 사고 파는데, 각 도의 돈 계산법이 달라 떠드는 소리가 요란하므로 속담에 〈떠들기는 안성장 윗머리 같다〉 하였음. 경부선 개통으로 물산이 분산되어 지금은 그리 번성하지 못함.

安城郡 一竹面

▶ 古銀里
永昌大君墓: 은석 북쪽에 있음.

安養市

해태바위: 석수동 한우물(天池, 삼막사 북서쪽에 있는 금지산 꼭대기에 있는 못) 옆에 있는 바위. 경복궁을 향하였는데 관악산의 불기운을 막기 위하여 광화문과 이곳에 해태를 안치하여 서로 바라보게 하였다 함.

楊州郡 廣積面

1995년 4월 발간된 내무부 자료에는 光積面으로 표기되어 있음.
▶ 孝村里
자지봉: 효촌리에 있는 산. 자지처럼 생겨서라기도 하고 지치가 많기 때문이라고도 함.

楊州郡 南面

▶ 庚申里: 明堂山(입암리와 상수리 경계에 있는 산. 203미터. 무학대사가 남양홍씨의 묫자리를 잡아 주면서〈이곳에 묘를 쓰면 운수가 조선 왕조와 함께 하리라〉해서 홍씨의 이름 난 묘가 많음)의 庚申方(서남간)이 되므로 붙은 지명.
남양홍씨 洪智의 묘: 산은 인물, 물은 재물을 뜻함. 來龍은 家系와 子孫의 富貴貧賤. 穴星(묘가 있는 主山의 생김새)은 한 가문의 미래, 穴場은 한 가정의 길흉에 관계됨. 青龍이 아름답고 白虎가 그보다 못하면 직계 자손이 뛰어나고 백호가 아름답고 청룡이 부족하면 外孫이 번창한다는 것이 술법 풍수의 주장임. 龍虎가 서로 싸우는 모습이면 형제간에 다툼이 나고 불목하게 된다는 음택 풍수의 술법도 있음. 홍지는 고려 유신으로 조선의 벼슬을 거부. 그러나 그 후손들이 후환이 두려워 조선조에서 내린 벼슬 이름을 비석에 새김. 이를 보고 태종이 기뻐하여 후손의 관직 등용을 지시하고 賜牌之地를 내림. 바로 사패지로 이곳을 선정해 준 사람이 무학대사이다. 무학은 이곳과 서울 東村의 택지를 선정해 주면서〈이 두 곳은 이씨의 한양 도읍과 始終을 같이 할 것〉이라고 예언했다. 그 뒤 후손들이 홍지의 묘를 지금의 위치로 옮기고 이곳을 문중 묘지로 삼아 오늘까지 지켜 오고 있다.
이 묘는 대체로 감악산(太祖山)과 마차산의 두 기맥이 논밭을 뚫고 건너와 송산(또는 望唐山, 남양홍씨의 시조가 중국인이기 때문에 고향인 당나라를 바라본다는 뜻에서 생긴 이름. 少祖山에 해당됨)을 만들고 이 산에서 다시 작은 두 개의 산을 건너와 옥녀봉(主山)을 이뤘다.

혈로 기가 들어오는 방향은 북북서(亥入首)이고 혈의 방향은 乾坐巽向으로 자리했다. 명당 앞 물은 남서와 북서쪽 두 방향에서 흘러와 남쪽에서 모습을 감추었다(坤乾得丙破). 형국은 玉女散髮形이다. 옥녀 형국에는 여인이 화장할 때 사용하는 거울에 해당하는 앞산이 있어야 진짜 혈이 있는 법인데, 홍지의 묘에서 보면 반달형의 조산이 안산 너머 오롯이 보인다. 안산은 玉帶처럼 되어 있다. 또한 깃발, 창고, 笏 모양의 조산들이 겹겹이 둘러싸고 있으니 가히 나라를 경영할 인재를 배출할 곳이다.

그러나 주산에서 청룡으로 흘러 가는 곳의 어깨가 끊어져 있어 맏이보다 지차들에게 더 복이 가게 된다고 풀이할 수도 있음. 홍지의 묘는 옥녀가 풀어 헤친 머리의 중앙에 해당(최영주).

洪政丞墓: 洪氏 世葬處(先山)에 있는 영의정 洪瑞鳳의 무덤.

楊州郡 白石面

山城(주내면 유양리, 어둔리와 백석면 방성리 경계에 있는 산. 212.9m. 옛 성터가 있음)에 흰 돌이 있으므로 백석면이라 함.

▶**防城里**

청려골(靑黎谷): 고릉말 북동쪽에 있는 골짜기. 명아주가 많고 경치가 매우 아름다움.

▶**福池里**: 弘福과 莘池의 이름을 따서 지음.

노라바위: 복지리에 있는 바위. 마을 주민들이 이 바위 위에 모여 놀았다 함.

범울산(虎鳴山): 백석면 복지리와 주내면 어둔리 경계에 있는 산. 330미터. 바위가 많고 범이 울었음.

불룩산: 백석면 방성리와 주내면 유양리 경계에 있는 산. 430미터. 산의 모양의 여인의 젖가슴처럼 불룩함.

챌봉(차일봉): 장흥면 부곡리와 백석면 복지리 경계에 있는 산. 405미터. 마치 차일을 친 것처럼 안정감을 줌.

漢江峯: 백석면 복지리와 가업리 경계에 있는 산. 246미터. 이 산의 물이 남쪽으로 흘러 한강이 되고 북쪽으로 흘러서 임진강이 됨.

楊州郡 隱縣面

▶雲岩里
龜尾: 구수고개 서북쪽에 있는 마을. 거북 꼬리처럼 생겼다 함.
구수고개: 운암리에서 으뜸가는 마을. 거북이 머리처럼 생겼다 함.

楊州郡 長興面

▶釜谷里(가마골): 이름 난 이의 묘가 많이 있어서 날마다 성묘하러 오는 사람들의 가마가 이어졌으므로 붙은 지명. 여기서 가마는 가마솥과는 전혀 관계가 없음. 순 우리말 지명이 한자화하는 과정에서 이런 일들이 많이 벌어졌음.
▶石峴里(돌고개)
權慄將軍墓所: 석현리에 있는 권율 장군의 묘소.
日迎峯: 수리봉(챌봉 서쪽에 있는 산으로 수리처럼 생겼다 함) 동남쪽에 있는 산. 동쪽을 향해 있어 해를 바라본다 함.
칼바위: 석현리에 있는 바위. 칼처럼 뾰족함.
칼봉(刀峯): 칼바위가 있는 산.
▶日迎里
溫陵: 높은골 동쪽에 있는 중종의 元妃인 단경왕후 신씨의 능. 처음 부부인에 봉해졌다가 중종반정으로 남편이 왕위에 오르자 중종 원년(1506) 9월 2일 왕비의 자리에 올랐다가 그녀의 아버지 愼守勤이 연산군 때 좌의정으로 반정에 찬성하지 않았다 하여 그런 죄인의 딸을 왕비의 자리에 둘 수는 없다는 朴元宗, 成希顏 등 反正功臣들의 억압으로 9월 9일 폐비가 되고 만 비운의 여성이다. 영조 15년(1739)에 이르러서야 왕비로 다시 추증되었으나 이미 그때는 그녀의 유골도 남아 있지 않았으리라. 반정 이전에는 중종과의 금슬이 좋았다 하여 더욱 사람의 마음을 아프게 하는 바 있다.

楊州郡 州內面

▶古邑里: 양주읍 관아를 조선 제11대 중종 6년(1511) 유양리로 옮겼으므로 붙은 지명.
▶廣沙里
막은고개: 넉바위 서북쪽에 있는 고개. 고읍리의 앞이 되는데 길이 나며 잘려서 고읍리 사람들이 마을에 해가 된다 하여 흙으로 막았음. 일종의 地脈復舊的 裨補策이라 할 수 있음.
▶維楊里: 중종 때 고읍리에서 옮겨 온 양주 관아가 1938년 군청이란 이름으로 바뀌면서 다시 의정부로 옮겨 갔으므로

지금은 구읍이라 함.

白華庵: 객사말 북쪽에 있는 절. 고려 초에 도선국사가 창건하였다고 함. 그러나 도선국사는 고려 초 인물이 아니므로 이는 도선의 명성에 가탁한 것일 뿐이다.

楊州郡 檜泉邑

檜岩과 泉川의 이름을 딴 것임. 양주군의 동북쪽임. 동쪽은 동두천시, 포천읍, 북쪽은 동두천시에 닿음. 경원선 연변. 서쪽의 道樂山과 동쪽의 七峰山 사이에 펼쳐져 있는 이 면은 北流하는 江華川 상류를 끼고 형성된 분지를 점하고 있다. 낙농과 공업 시설이 확산되고 있음.

▶ **高岩里**

독바위산(瓮岩山): 독같이 생긴 독바위가 있는 산.

주원터(朱院洞): 엄상골 동북쪽에 있는 마을. 임금이 거둥하다가 이곳에서 머물렀다 함.

▶ **德溪里**

사그막골: 덕계리에 있는 골짜기. 사기를 굽던 막이 있었음.

▶ **德亭里**(덕쟁이): 면소재지.

은골(隱洞): 덕쟁이 동남쪽에 있는 마을. 숲이 무성해서 어느 학자가 숨어 살았다 함.

▶ **鳳陽里**

벌말(呂村말): 조휘동 서남쪽 벌판에 있는 마을. 여씨들이 많이 삶.

七峰山: 돌내 개울 동북쪽에 있는 일곱 봉우리의 산. 칠봉산 밑 사귀 동쪽에는 淸風洞이라는 골짜기가 있는데 경치가 매우 좋음.

▶ **玉井里**

마라니(馬汗洞): 우산동 남쪽에 있는 마을. 조선 태조가 도읍을 정하려고 다니는 중 이 마을에 들렀을 때 말이 땀을 많이 흘렸다 함.

牛山: 옥정리에 있는 산. 182.3미터. 臥牛形의 명당이 있다 함. 밑에 옥정리에서 으뜸가는 우산동이 있음.

▶ **檜岩里**

서재말(書齋洞): 못말 서북쪽에 있는 마을. 서당이 있었음.

檜岩寺: 회암리 동쪽에 있는 절. 경원선 덕정리 역에서 하차. 동쪽으로 20리쯤 떨어진 곳에 남북으로 뻗은 산맥이 있어 양주와 포천 땅을 가른다. 중앙부에 6백 미터 정도 되는 산이 天寶山, 이 산 남쪽에 회암사가 있음.

고려 제27대 충숙왕 15년(1328)에 인도 스님 指空이 창건하고 제32대 우왕 2년(1376)에 나옹대사가 중창하고 조선 제9대 성종 3년(1472)에 정희왕후(세조비)의 명으로 鄭顯祖가 세번째 세웠음.

조선 태조가 퇴위한 후 이 절에서 수도한 일이 있은 이래 왕실의 비호를 받음. 절 북쪽에 고려 제31대 공민왕 21년(1372)에 원나라 貴化方丈에서 죽은 지공의 유골을 大司徒 達叡가 모시고 온 것을 왕명으로 이 절에 모시고 牧隱 李穡이 지은 銘碑를 세웠으며, 제32대 우왕 2년(1376)에 나옹대사의 부도와 목은이 지은 명비를 세우고, 조선 태조 7년(1407)에 무학대사의 부도와 卞季良이 지은 명비를 세우는 등 매우 번창하였는데, 그 뒤에 폐사된 것을 조선 제23대 순조 2년(1821, 혹은 순조 21년)에 여러 스님이 모여서 3대사의 부도와 명비를 중수하고 옛터 오른쪽에 작은 절을 짓고 회암사라 함. 명종 3년(1565)에 보우대사에 의하여 無遮대회를 가지려는데 문정왕후가 서거함에 유생의 상소가 빗발치는 가운데 원인 모를 화재로 소실되고 말았다. 명종 20년 4월 초파일에 보우대사가 여기서 잡혀 가 결국 제주도에서 척살되고 절은 放火됨.

楊平郡 江上面

▶交坪里

송장산: 교평리와 화양리 경계에 있는 산. 120미터. 이 산에 묘를 쓰면 마을에 變喪이 생긴다 하여 禁葬하고 있음. 산이 들판 가운데 솟아 있어 산 주변 어느 마을에서도 산 모습이 온통 드러나 있다. 그렇기 때문에 누군가 이 산에 묘를 쓰면 주변 마을 사람들은 자나깨나 남의 산소를 바라보며 살 수밖에 없게 되어 있다. 그런 불상사를 막기 위하여 생겨난 풍수 설화가 바로 금장 풍습일 것이다.

楊平郡 江下面

▶恒今里(황금골): 고려 때 황금이 많이 났으므로 붙은 지명.

쏘다지기: 항금 남쪽에 있는 골짜기. 앵자봉 밑이 되는데 황금이 쏟아졌다 함.

楊平郡 介軍面

介軍山(220m)의 이름을 땄다. 원래 여주였으나, 1963년 양평에 편입.

▶癸田里(계밭)

무재봉: 계전리에 있는 산. 가뭄이 심할 때 무제(기우제)를 지냈음.

오룡가리(五龍洞): 계밭 남쪽에 있는 마을. 다섯 용이 구슬을 다투는 형국이라 함(五龍爭珠形).

▶貢稅里(공세울): 조선 시대 세금을 바

치는 창고가 있었으므로 붙은 이름.

  무시울(舞袖洞): 신내 남쪽에 있는 마을. 신선이 춤추는 형국이라 함(仙人舞袖形).

▶ 九尾里(후미개, 구미개, 구미포) : 한강이 후미져 있으므로 붙은 이름.

▶ 內里(안말, 내동)

  용머리: 안말 남동쪽에 있는 마을. 용의 머리 모양.

  조산: 안말 남쪽에 있는 마을. 마을의 虛缺處를 막기 위한 造山이 있었을 것으로 추측됨.

▶ 注邑里(趨邑): 주읍산(추읍산, 583m) 밑이 되므로 붙은 지명.

  곳집거리(동막골): 주읍 동쪽에 있는 골짜기. 곳집이 있음.

  신데이고개(절골고개): 가자골에서 내리의 절골로 넘어가는 고개. 신당이 있었음.

楊平郡 丹月面

▶ 德水里: 농사 짓는데 물의 덕을 많이 입는다 하여 붙은 지명.

  梁憲洙墓: 덕수리 산 59-3. 향토 유적 제13호. 병인양요 때 巡撫千摠으로 강화도 정족산에 침입한 프랑스 함대 사령관 로즈 제독의 해군을 대파한 양헌수의 무덤.

▶ 明星里

  丹月里: 분지울 서쪽의 마을로 단구월사의 略語로 보아 소리산 쪽의 밝은 달이 비춰 신선 사는 정자 마을의 뜻이 있다 하여 붙은 지명으로 추정됨.

  명성골: 소리산 위쪽 골짜기로 별빛을 제일 먼저 볼 수 있다 하여 붙은 지명.

▶ 寶龍里(면소재지)

  寶山亭: 향토 유적 제11호. 보룡리 산 33-2(『楊平郡誌』, 1071쪽). 보산정 밑에는 시퍼런 물이 고여 있었는데 일설에 의하면 무안박씨 집안의 종이 억울하게 맞아 죽은 자기 아버지 원수를 갚고자 妖僧이 되어 박씨 집안을 망하게 하려고, 집안이 잘되려면 보산정 연못에 소금을 넣어야 한다고 꼬드겼다. 이에 박씨 집안에서는 요승의 꾀에 속아 소금 3백 석을 연못에 부었더니 그 못 속에 살던 寶龍이 고통스런 소리를 지르면서 청운면 龍頭里(혹은 飛龍里. 『楊平郡誌』, 1237쪽) 쪽으로 비틀대며 넘어가면서 피를 흘렸는데, 피 흘린 자국이 마치 붉게 물든 달빛처럼 보인다 하여 丹月面이 되었다고 하나 억측일 뿐이다. 면의 대부분이 산 수풀에 둘러싸이고 밝은 달이 비추는 신선이 사는 정자 마을, 즉 丹丘月榭의 준말로 봄이 타당하다.

  才人洞(在人洞): 도룡골 남쪽 國道 옆

마을로 재주가 있는 사람이 산다 함.
▶富安里
大旺터: 富祿의 남서쪽 마을로 이 마을에 살면 크게 성공한다는 일설이 있음.
▶杏蘇里(행소리)
白白敎村(망나니교촌): 행소리 산 1012번지에 있는 터. 1923년에 백백교주 全龍海가 이곳에 구국 농장을 세우고 모범 농촌을 건설한다고 속이며 각처의 부호를 초대하여 도인장, 망원대를 세우고 수백 명의 유부녀와 처녀를 농락하고 90여 명을 살해 암장하는 등 갖은 추악을 다하다가 발각되어 1930년 (다른 기록에는 1937년 4월 7일 龍門山 道一峰에서 자살한 시체로 발견되었다고 함. 『楊平郡誌』, 863쪽)에 자살하고 폐교되었음.

楊平郡 西宗面

본래 楊根 땅의 서쪽 끝이 되므로 西終面이었던 곳.
▶蘆文里(갈문)
藁溪: 노문 남쪽에 있는 마을. 유학자 華西 李恒老가 났음.
華西先生生家: 노문리 535번지에 있는 화서 이항로가 태어난 집. 지방 문화재 제105호. 이항로는 조선 후기 衛正斥邪派의 거두.

▶明達里(명덜): 멍덕처럼 생겨서 붙은 지명.
멍덜고개(明達峴, 비행기고개): 멍덜에서 노문리 속샛으로 넘어가는 고개. 매우 높아서 비행기가 걸려 떨어졌음.
▶鼎排里(솥바위, 솥배, 쇄삐)
華西先生墓: 통점골 뒤에 있는 화서 이항로의 묘.

楊平郡 楊西面

▶木旺里
漢陰山所: 목왕리에 있는 조선 중기 한음 李德馨의 산소. 오성과 한음 이야기로 유명한 名宰相.

楊平郡 楊平邑

▶大興里
너박다위: 난간터(新興) 서북쪽 산 위에 있는 마을. 6·25 때 폐동됨. 폐동의 이유는 풍수에서 중요한 연구 사례임.
馬山: 대흥리에 있는 산. 말 모양.
主山(쥐산): 대흥리에 있는 산. 쥐 모양. 풍수에서 쥐는 부지런하고 저축을 하는 짐승이므로 좋은 상징으로 이용됨.
피란골: 황골 북쪽에 있는 골짜기. 피란을 하였다 함. 피란처는 도참에서의 勝地 개념에 부합하는 경우가 많음.

▶ 道谷里(도주울)

陵山: 죽저울(竹寺) 남쪽에 있는 산. 한양조씨의 묘가 있음.

병막골: 도곡리에 있는 골짜기. 1920년에 전염병 환자를 격리시키는 病幕이 있었음. 隔離된 병막은 풍수상 惡地이므로 地氣感應修練에 도움을 줄 수 있음.

▶ 鳳城里

말무덤 잔등: 봉성리에 있는 등성이 큰 무덤이 있는데, 원덕리 용요부리소에서 나온 龍馬가 주인을 찾다가 이곳에서 죽어 묻혔다 함. 將軍 또는 力士와 龍馬 전설은 우리나라 도처에서 발견됨. 힘이 센 장사는 역적이 될 가능성이 높다 하여 매우 꺼렸음. 장사가 태어날 땅은 그 地氣가 强氣이므로 풍수가 선호하는 땅은 아님.

▶ 新愛里

애골(愛谷): 새만이(新晩里) 서북쪽에 있는 마을. 새만이 사는 부자가 종을 분가하여 이곳에 살게 하였는데, 종은 부자가 되고 상전은 가난하게 되어 애었다(매우 애통해 하였다는 뜻) 함.

▶ 楊根里(칡미, 葛山, 칼산, 邑內)

客舍터: 양근리에 있는 양근군의 객사터. 양평 경찰서가 됨.

官門거리: 객사터 앞에 있는 마을. 옛 양근 군청이 있었음.

▶ 梧濱里(역말)

떠드랑산(浮來山): 오빈리에 있는 산. 옛날 장마에 충주에서 떠내려왔다 함.

李适아버지墓: 덕구실(덕바위 서쪽에 있는 마을) 북쪽에 있는 인조 때 將軍이며 逆臣인 李适의 아버지 묘. 地師의 말이 이 자리는 용의 형국이니 시체를 거꾸로 묻으라 한 것을 상주가 듣지 않고 바로 묻었는데, 그후 이괄이 패하여 죽은 뒤 이 묘를 파고 보니 시체가 용이 되어 산으로 파고 올라가다가 죽었다 함. 거꾸로 묻었다면 산비탈을 뚫고 나와 승천했을 것인데 아깝다는 뜻으로 하는 말임. 터는 명당인데 屍身이 거꾸로 휘돌아버리는 逃尸穴의 경우는 위와 같이 거꾸로 묻기를 권하는 경우가 있음. 壙中에서 시체가 뒤집히거나 돌아눕거나 또는 없어져 버리는 현상은 地形學에서 soil creep(土壤匍行)이라 하는 것으로 기이한 일이 아니라 흔히 있을 수 있는 일이다.

▶ 元德里

용요부리: 덤바우(德岩) 서쪽에 있는 산부리. 용처럼 생겼다 함. 옛날 이 밑에 있는 沼에서 龍馬가 나와 주인을 찾다가 본성리 말무덤잔등에서 죽었다 함.

▶ 倉垈里(창터): 조선 시대 前倉이 있었음.

원수골(온수골): 창대리에 있는 골짜기. 더운물이 나왔음.
▶ 會賢里(三賢바위): 고려의 삼은(목은, 포은, 야은)이 함께 놀던 바위가 있으므로 붙은 지명.
可巢: 축동 남쪽에 있는 마을. 마을 기운이 陽明한 것으로 보아 혹 살 만한 터, 즉 可居所를 이렇게 표현한 것은 아닌가 하는 생각이 든다.

楊平郡 玉泉面

▶ 龍川里
咸公穴(함왕혈): 절골 북동쪽 성 밑에 있는 굴. 양근함씨의 시조가 났다 함.

楊平郡 龍門面

본래는 砥平郡 지역. 융희 2년(1908)에 양평군에 편입.
▶ 廣灘里(너븐여울): 黑川(거무내, 나무내, 新川, 신내개울)의 물이 넓게 여울져 있으므로 넓은 여울이란 이름이 붙었음.
鳳凰亭(구성대): 너븐여울 동쪽에 있는 정자. 세조 6년(1460) 訥齋 梁誠之가 단월면 보룡리 보산정 밑에 있는 황룡이 봉황대 밑으로 돌아온 것을 위로하고 오래 머물도록 하기 위하여 이 정자를 지었다 함. 정조 15년(1790)에 중건하고 6·25 때 소실된 것을 1967년 양씨 종중에서 복원함.

▶ 多文里
물탕골: 다문리에 있는 골짜기. 피부병, 속병에 좋다는 약물탕이 있음.
御水(물): 벌땀 서남쪽에 있는 마을. 물맛이 좋아서 세조가 거둥할 때 마셨다 함.
옻물골: 다문리에 있는 골짜기. 옻 오른 데를 씻으면 낫는다는 샘이 있음.

▶ 新店里
龍門寺: 신점리 산 99번지에 있는 절. 穴形은 鉗穴(穴形四大格인 窩, 鉗, 乳, 突 중의 하나)로서 양다리를 길게 뻗은 형국으로 長鉗에 해당되고 穴證은 龍虎 혈증으로 人穴에 해당된다. 오성과 형국은 金水形인데 水形에 더 가깝기 때문에 龍蛇形이니 雙龍弄珠形의 형상으로 쌍룡이 굽이치며 여의주를 얻어 승천의 뜻을 이루었기에 구슬을 희롱하면서 龍氣를 왕성하게 간직한다고 볼 수 있다.

▶ 花田里
淑安公州墓: 궁말 뒤에 있는 효종의 딸 숙안공주와 그 남편 익평군 洪得箕의 무덤.

楊平郡 砥堤面

▶ 大坪里
盃盞: 대평리에서 으뜸가는 마을. 玉女獻盃形이라 함.
造山들: 배잔 서남쪽에 있는 들. 조산이 있음.

驪州郡 金沙面

▶ 梨浦里(배개나루)
三神堂(三仙堂): 서원 서쪽에 있는 신당. 천령최씨의 시조와 그의 묘소를 잡아 준 무학대사와 산신을 모셨다 함.

▶ 下品里
각시바위(새댁바위): 신랑바위 맞은편 산봉우리에 있는 바위. 주민들이 이 바위를 보면 바람이 난다 하여 둘레에 나무를 많이 심어서 보이지 않도록 함.
신랑바위: 부라우봉에 있는 바위. 마치 신랑처럼 생기고 둘레에 병풍바위가 있고 맞은편에 각시바위가 있음.

▶ 後里
徐熙將軍墓: 후리 산 53번지에 있는 고려 초의 서희 장군의 무덤.

驪州郡 陵西面

▶ 白石里
왕집봉: 백석리와 왕대리 경계에 있는 산. 76.5미터. 고려 제32대 우왕이 이 곳에서 피살되었음.

▶ 세종대왕의 英陵: 본래 세종의 영릉은 경기도 광주 땅 태종의 獻陵(현재의 서울 강남구 내곡동. 이에 대해서는 제1권 2장 헌인릉에서 일부 발표했음) 옆에 있었다. 大母山 서쪽 능선을 따라 九龍山으로 가다가 한 자락 헌릉을 향해 내려온 산이 있다. 바로 이 산 중턱에 왕비인 소헌왕후의 능을 먼저 쓰고 뒤에 석실을 달리해 합장릉으로 모셔졌다. 지금 이 자리는 국가안전기획부가 들어섰기 때문에 출입할 수 없음.
영릉의 주산은 북성산. 북성산의 맥은 영릉 쪽으로 와서 뒷편 남한강의 삿갓바위(笠岩)에 부딪혔다가 북성산을 향해 되돌아보는 回龍顧祖形이 된다. 혈이 앉은 자리는 암봉황 형국이다. 혹은 牡丹半開形이란 설도 있다. 좌우 용호는 모두 비단 장막처럼 펼쳐져 있다. 다시 말해 봉황이 양날개를 편 모습이다. 안산은 혈보다 낮아 법도에 어긋나지 않는데다가 층층이 해와 달의 모습을 띠었고 그 너머 조산인 북성산이 버티고 있다(君臣朝會格). 북성산은 조산이면서 주산의 역을 맡고 있다. 또 그 모습은 숫봉황이 날개를 펴고 내려오는 형국이다.
결국 앞뒤의 봉황, 곧 두 봉황이 서로 즐

기는 모습(兩鳳相樂形)이 영릉의 대국이다. 혈의 자리만 떼어놓고 본다면 봉황이 날개를 펴고 알을 품고 있는 형국(飛鳳抱卵形)이다.

백호가 길게 내려가 청룡을 품은 듯이 수구를 막고 있고 동쪽에서 서쪽으로 흐르는 남한강 물이 拱背水(등 뒤에서 흐르는 물)를 이루고 있다. 명당 내의 백호쪽에서 흐르는 물은 서쪽에서 동쪽으로 흐르고 또 바깥 명당 곧 안산 밑의 물도 서쪽에서 동쪽으로 흘러 남한강에 이른다. 따라서 남한강물이 명당수와 반대 방향으로 흐름으로써 명당수의 흐름을 느리게 하여 局內에 충분한 습기를 유지해 주고 있다. 坐向은 子坐午向(최영주). 세종의 영릉도 그 형세는 그림 같은 감이 있으나 土壤層과 基盤岩 사이가 濕하고 당판 아래 低濕地가 형성(지금은 성역화 한다고 아예 연못을 조성했음)되어 있어 그 地氣가 매우 혼탁한 편이다.

寧陵: 英陵 동북쪽에 있는 효종대왕과 인선왕후의 능. 본래 동구릉의 건원릉 서쪽에 있었는데 현종 14년(1673)에 이곳으로 옮겼음.

驪州郡 大神面

▶上九里(웃거북골)

公州산소: 능안산에 있는 효종의 여섯째 딸 숙경공주의 묘가 있음.

▶松村里

장고개: 송촌리에 있는 고개. 지제면 곡수리 곡수장으로 통함.

▶송촌리 아버님 산소

1993년 설날은 예년에 비하여 별로 길이 막히지를 않았다. 신문들은 이런 현상을 두고 반가운 이변이라 표현하였다. 그렇게 된 이유도 여러 가지가 제시되었다. 차량이 시간대별로, 도로별로 분산 수용되었기 때문이라든가, 방송의 교통 안내가 주효했다든가, 시골에서 서울로 거꾸로 설을 쇠러 오는 사람이 늘었다든가 하는 분석들이다. 그렇다고 하여 운행 차량 수가 줄어든 것도 아니다. 오히려 고속도로의 경우 서울을 빠져 나간 차량 대수는 작년 설 연휴 때보다 55% 늘어난 수치(京釜만은 62.4% 증가)였다고 한다.

설날 아침 우리도 아버님 산소에 성묘를 하기 위하여 집을 나섰다. 가기 전에 짐작으로는 오늘 하루 종일을 길바닥에서 보낸다는 각오를 단단히 다질 수밖에 없다는 것이었다. 그러나 막상 나가 보니 아니었다. 아버님 산소는 경기도 여주군 대신면에 있는데 그곳이 여주 땅 중에서는 남한강의 북쪽 지역이라 서울에서 갈 때는 망우리고개를 넘어 덕소-팔당-양수-양평을 지나 천서리에서 들어가게 된다. 평소에도 몹시 붐비는 도로이다. 그런데 의외로 그날은 한적했다. 하지만 오후에 돌아오는 길에 보니 그 시간에 거꾸로 시외곽으로 빠져 나가는 차량은 장사진이었다. 도대체 무슨 변일까.

그것은 많은 사람들이 고향 가기와 성묘를 포기하고 놀러 가기에 나선 까닭이란 것이 형님과 내가 내린 결론이었다. 자, 그렇다면 이것은 결코 반가운 이변이 될 수가 없다. 산소 자리 잘 써서 나 잘되어 보자는 생각은 정말 나쁜 일이다. 풍수에서 음택을 거론하는 목적은 단 한 가지, 돌아가신 부모님을 평안케 해드리자는 것뿐이다. 낳아 주고 길러 주신 은혜만으로도 가이없는 일일진대 어떻게 땅으로 돌아가 이제 영면의 휴식을 취해야 할 부모님의 蔭德까지 바라는가. 풍수의 應報說에 무엇인가가 있다 하더라도 그것은 仁子와 孝子들이 의도적으로 추구해야 할 것은 아니다. 명나라 徐氏 형제가 쓴 『人子須知』라는 地家書에 나오는 말이다. 음덕을 바라고 부모의 산소를 고르는 일은 이기심 정도의 문제가 아니라 패륜의 단계이다. 옛사람이 지적한 대로 경계하고 또 경계할 일이다. 그러나 그렇다고 해서 부모님의 산소를 소홀히 다루어도 괜찮다는 뜻은 절대로 아니다. 이 문제에 대해서는 전에 써 둔 글이 있기에 그것으로 대신하기로 한다.

〈산소는 물론 살아 있는 후손들에게 묵시적이고 잠재적으로 중요한 의미를 부여한다. 또한 설날이나 추석 그리고 한식날의 성묘는 여러 모로 의미가 깊다. 전래의 예법을 따름으로써, 우리가 단지 우리들만으로 이루어진 孤我한 존재가 아니라 다 뿌리가 있으므로 해서 생겨난 생명 순환적 실체임을 다시 한번 자각하게 된다. 아웅다웅하던 형제와 숙질들이 한 줄기에 맺혀 있는 나뭇잎들임을 깨닫고, 조상의 산소 앞에서 반성의 기회를 갖게도 된다. 시집 온 며느리들은 이제 자신들이 이 집의 일부가 되었음을 시조부모님과 시부모님의 산소를 통하여 확인하게 되는 것이다.

지옥으로까지 표현되는 명절의 교통 전쟁 속을 뚫고 돌아가신 부모님 산소 앞에 식구들이 섰을 때, 땅속의 부모님은 그러한 자식들의 자식들인 손주들에게 말없는 교훈을 던져 준 셈이다. 즉 자식이 부모를 섬김이 돌아가신 뒤에도 이러한데 하물며 살아 계실 때 있어서랴, 하는 가르침이다. 섬김이 섬김을 낳는 법이니, 여러 어려움과 귀찮음 따위를 무릅쓰고 이 자리에 설 때까지의 과정을 같이 겪은 손주들은 부모님께 대한 효의 당연함을 온몸으로 체득하는 것이다.〉

그런 미풍양속이 사라지고, 바로 그 시간적 여유를 스키 타기나 눈썰매 타기로 보내 버리는 풍조가 확산되고 있다면, 그것이 어떻게 반가운 이변이 될 수 있는가. 그것이 바로 변괴이다. 어려운 교통 사정은 당연히 해소되어야 하겠지만 그것을 빌미로 명절의 귀향과 성묘의 양속까지 없애 버린다는 것은 결코 사람된 도리가 아니다.

원래 경기도 화성군의 반월과 태안에서 과수원을 하시던 아버님은 여러 사정으로 당분간 농사일을 멈추셨다. 그러다가 돌아가시기 이태 전 다시 개간을 해보시겠다고 경기도 일대 여러 곳을 답사하셨다. 그런 중에 찾은 곳이 바로 여주군 대신면 송촌리이다. 임야 5천 평을 사신 뒤 그 중턱에 宅兆의 터와 좌향 방위까지 보아 두시고 정작 개간은 시작도 하지 못한 채 세상을 떠나고 마셨다. 말하자면 壽墓를 하신 셈인데, 흔히 생각하는 그런 식의 명당 길지를 찾으셨던 것은 아니었다. 평소 일하시던 과수원을 돌아가신 뒤에도 내려다볼 수 있는 터를 그저 虛心하게 잡으셨던 듯하다. 나는 그 터를 돌아가신 뒤 山役을 할 때에야 비로소 가본 정도였으니 세속의 타락한 풍수와는 전혀 관계 없는 相地였다.

사람의 성격은 땅의 선택에도 적용된다더니, 先考의 성품과 바로 그 송촌리 땅의 성격은 한치의 어긋남도 없이 일치하고 있었다. 어떻게 그렇게 알려지지 않은 마을을 찾으실 수 있었는지 지금도 짐작이 가지 않는다. 명색이 지리학 전공자로 답사를 밥먹듯하는 나 같은 사람도 찾기가 어려운 외진 마을인데, 이런 일은 땅에 대한 깊은 애정이 아니고는 이루어질 수 없는 일이라고 생각한다. 아무런 특색이 없는 주변의 산천 경개, 특별한 작물이 재배되는 것도 아니고 소출의 8할 정도가 쌀인 평범한 농촌, 그저 둥그스름하고 평퍼짐한 둔덕과 들판들, 여기저기 바둑판에 바둑알 놓이듯 무작위적인 것 같지만 실은 자연과 조화를 이룬 농가들의 배치. 이것이 自然이라는 한자 말 그대로의 있음 그 자체인 풍수적 농촌 경관인 것이다. 그렇다고 전혀 무성격한 것은 아니니, 멀리 용문산은 하늘 선에 걸려 있고 앞에는 기이한 모양의 오뚝한 산 하나가 마을을 굽어본다. 그러나 결코 그 모습이 배경에서 튀어나오는 모습은 아니다. 무성격 속의 성격, 아마도 우리들 전통 마을과 그 주민들의 특징이 아닐런지. 전에 사귄 정치학 교수 한 분은 기질이 날카롭고 성정이 급한 바가 있었다. 그와 산행을 하며 살펴보니 그는 꼭 주위를 압도하며 튀어나온 험준한 산등성이를 즐기는 경향이 강했다. 성격대로 땅을 선호한 셈이다. 한국 철학을 전공하는 교수 한 분은 너그러운 분이었는데 그는 또 아늑한 터를 좋아했다. 先考께서는 조선의 농촌 같은 분이셨던 모양이다. 송촌리가 바로 그런 아버님 같은 땅이다.
양평에서 여주를 향하여 南東進하다 보면 파사산성이 있는 천서리에 닿는다. 이곳에서 국도를 버리고 지제로 가는 길을 따라 5, 6리 가다 보면 송촌리가 나온다. 송촌은 모두 3구로 나뉘어 있는데 그중 아버님이 계신 곳은 큰송구터마을 뒷산이다. 산 이름은 圓通山(185m), 가을 들판에 엎드려 한가로이 되새김질을 하는 소처럼 생긴 산이다. 그 소의 가슴에 선고의 산소는 자리하고 있다. 1970년대까지만 하더라도 개간하여 과수원을 하고 싶은 생각이 간절했을 밋밋한 경사면에는 잣나무가 심겨져 있다. 산소는 거의 正北向을 하고 있는데 이것은 조금도 이상하거나 기이한 일이 아니다. 흔히 북향은 꺼리는 것으로 알고 있으나 坐向의 결정은 터의 주변 환경을 고려하여 종합적으로 이루어지는 것인 만큼 흔치는 않으나 경우에 따라서는 북향도 가하다.
무엇보다 중요한 것은 그런 좌향 방위를 잡아 새끼줄로 표시까지 해 놓으신 아버님의 뜻을 우리 형제들이 잘 짐작할 수 있었다는 점이고 그렇다면 아버님의 마음을 지키는 것이 자식된 도리가 아니겠느냐 하는 섬이다. 과수원을 돌보시다가 앞에 마주 보이는 七邑山(형식적으로 마을의 案山 역할을 한다)과 그 선을 연결하여 멀리 하늘 선에 걸려 있는 龍門山

(藏風의 원칙상 朝山에 해당함)을 쳐다보며 쉬고 싶으셨을 것이다. 날이 좋을 때 나타나는 용문산의 자태는 시집 간 누이의 어릴 때 모습을 연상시킨다. 아련한 향수 같은 감회. 그런 회고는 아버님의 피로를 잘 풀어 드릴 수 있으리라.
그런데 산소 앞쪽 들판 건너 내다보이는 七邑山(583m. 국립지리원 발행 지형도와 한글학회 편 『한국지명총람』에는 注邑山이라 표기되어 있으나 마을 주민들은 칠읍산이라 고집하고 있으며 발음은 치읍산 또는 추읍산이라 한다)은 참으로 기묘한 형상을 하고 있다. 마치 호랑이가 앞발은 뻗고 뒷발은 쭈그려 앉은 자세인데, 이것이 산소가 있는 원통산을 향하고 있는 것이 아니라 용문산 쪽을 향하고 있는 것이다. 소인 원통산의 입장에서 보자면 호랑이인 칠읍산이 자신을 향하고 있다면 불안할 수밖에 없을 것이다. 그러나 웅장한 용문산(1,157m)을 향하고 있으니 참으로 절묘한 배치라 아니할 수 없다. 용문산이 이곳에서 바라보이는 것은 원칙적으로 좋은 것은 아니다. 마을 주산인 원통산에 비하여 지나치게 산체가 크기 때문에 마을과는 전혀 조화를 이룰 수가 없다. 그러나 그런 부조화를 해소시키는 것이 바로 칠읍산 호랑이의 앉은 자세이다. 이런 형자라면 능히 용문의 剛氣를 막아 낼 수 있는 것이다. 게다가 마을은 용문산과는 풍수 금기를 범하지 않을 만큼 충분한 거리를 유지하고 있다는 점도 마을의 입지를 돋보이게 하는 요인이 된다. 풍수서는 가르치기를 來龍百里면 朝山百里요 千里來龍이면 千里朝山이라 하였다. 마을의 조산이 멀리 웅장하게 버티고 있다는 것은 마을을 이루고 있는 來龍의 흐름이 그만큼 장구하다는 것을 의미한다.

한편 卜應天이 지적한 바와 같이 〈먼 外山의 千重山이 가까운 일개 案山에 미치지 못하며 수려 장엄한 邊方山이 穴場 가까이 있는 獨峰을 따라가지 못하는 법〉이다. 칠읍산이 안산의 기능을 수행함은 卜公이 말한 바 일개 안산, 가까이 있는 독봉에 비견할 만하다. 이 아니 좋을소냐.

전에 마을 이장을 지냈던 임영철 씨(당시 55세)는 이곳이 농촌적 성격의 변화가 거의 없었기 때문에 인심과 관습이 그대로 順存하고 있다고 자랑하였다. 평범한 듯 하면서도 내실을 갖춘 경관, 기묘한 조화를 이루고 있는 朝案의 형국, 게다가 순후한 인심, 가히 군자의 可居地가 될 만한 터이다.

아버님, 이승에 남겨진 자식들에 대한 근심 걱정 일체 놓으시고 부디 永眠하소서.

▶長豊里

五龍골: 그기 북동쪽에 있는 마을. 五龍爭珠形이라 함.

驪州郡 北內面

▶稼亭里(稼亭子): 고려 때 문장 가정 李穀이 살았으므로 가정리라 함.

느티나무: 둘레 6, 높이 1.5미터, 나이 약 5백 년.

반여울(盤灘, 盤谷洞): 가정자 서쪽에 있는 마을. 가정 이곡이 원나라에 처녀 공출을 막은 죄로 이곳에 와서 귀양살이를 하면서 앞내(금당천)에 낚시를 드리우고 있는데, 조정에서 더 멀리 귀양을 보내라는 전지를 받은 관원이 여주로 와서 보니 강원도에서 장마가 져서 한강이 범람하게 되어 건너지 못하고 물이 빠지기를 기다리는데, 나라에서는 다시 가정을 등용하라는 어명을 내리어 봉명 관원은 양근을 거쳐 이곳에 이르니 반쪽은 홍수요 반쪽은 맑은 물이 되어서 무사히 서울로 가게 되었다 함.

▶內龍里: 龍頭山(행치산. 316.4m. 용의 머리 모양)의 안쪽에 되므로 붙은 지명.

▶堂隅里(당모루, 당머루): 서낭당이 있는 모룽이(모퉁이)가 되므로 붙은 지명.

▶上橋里

高達寺터: 절터골에 있음. 신라 제35대 경덕왕 23년(764)에 창건하였는데, 고려 제4대 광종 26년(975)에 세운 보물 제6호 元宗大師惠眞塔碑龜趺(碑는 경복궁으로 옮겼음), 보물 제7호 원종대사 혜진탑, 보물 제8호 석불좌대와 국보 제4호 부도가 있음.

山神堂(祖師堂): 고달사터 북쪽 징바위 밑에 있는 신당. 고려 제4대 광종 때 원종대사가 고달사에 있게 되니 전국의 승려들이 구름떼같이 모여들어 그에게 배웠다. 그중 한 사람이 여주 목사에게〈고달사의 신도 여자아이가 세 정승을 낳을 상인데 그 배필이 이미 정해져 있더라〉하고 말하니, 목사가 며느리를 삼을 욕심이 생겨서 그 방책을 강구한 끝에 중의 말을 듣고, 진잠바위(징바위)에서 난 壯士 아이 (그 여자아이의 천생배필감)를 죽였는데, 그 여자아이가 달려가 시체를 안고 함께 죽어 버렸다. 원종대사가 이 광경을 보고 크게 놀라 한탄하기를〈이 장사 아이를 잘 길러서 나라를 위하여 크게 쓰려고 하였는데 이제 허사로다〉하고, 수리바위(즘말 동쪽)에서 술을 빚고 징바위에서 징을 쳐서 장사아이의 명복을 빌고 난 뒤, 여러 승려들에게〈나는 이제 이곳을 떠날 때가 되었으니 고달사에서 해마다 이 아이의 명복을 빌어 달라〉라고 부탁하고 돌아갔다. 그후부터 절이 어지러워지더니 화적떼가 들이닥쳐 모두 약탈해 가서 승려들이 굶어 죽게 되니 한 늙은 스님이 나타나 사기골에 깊이 묻혀 있는 흰 흙을 가르쳐 주어서 잠시 허기를 면했으나 결국은 폐사가 되고 마을 사람들이 장사터(징바위) 밑에 사당을 짓고 해마다 정성을 들여 제사를 지내며, 포수가 사냥을 할 때에도 꼭 이 신당에 빌어야 한다 함.

신털이봉: 절터골 앞 들에 있는 작은 산. 고달사를 지을 때 승려들의 신에 묻은 흙을 턴 것이라 함.

▶石隅里

거지혜탕골(斗日): 북내면 석우리 담모랭이 동북쪽 골짜기에 있는 마을. 돌머리에서 보면 안에 큰 마을이 있을 것 같아 거지가 동냥하러 들어가 보면 서너 집밖에 안 되어 거지가 허탕을 친다 함.

담모랭이(墻隅洞): 선돌 북쪽에 있는 마을. 담처럼 생겼음.

돌담이(石墻洞): 선돌 남쪽에 있는 마을. 바위가 담처럼 둘러 있음.

▶新南里

九南洞(구남): 주막거리 북쪽에 있는 마을. 경주김씨가 터를 잡고 살면서 아홉 아들을 낳았다 함.

▶新接里

백로, 왜가리 서식지: 신접리 285번지에

있는 천연 기념물. 4백 년쯤 되는 은행나무가 있는데 해마다 백로, 왜가리 떼가 와서 새끼를 침.

造山: 신접리에 있는 작은 인공산. 裨補였을 것이 분명함.

▶外龍里

용머리(龍頭洞): 외룡리에서 으뜸가는 마을. 용의 머리 모양.

▶雲村里(어두운, 어득운, 어둔리, 운촌, 운천): 寶金山(367m. 금이 많이 있다 함) 서쪽 골짜기가 되어 늘 구름이 끼고 어두워서 붙은 지명.

▶長岩里

긴미(진미, 長山): 장암리에서 으뜸가는 마을. 산등성이가 길다.

▶川松里

먹골(項谷): 북내면 천송리 소지개 서쪽에 있는 마을. 소의 목 모양.

소지개(松浦洞): 천송리에서 으뜸가는 마을. 고려 때 나옹대사가 상좌를 데리고 지나가는데, 상좌가 〈저기 개가 누웠습니다〉 하니, 대사가 〈그게 개야 소지〉 하였다 함.

神勒寺(벽절, 보은사): 보물 제225호 신륵사 다층석탑, 보물 제226호 신륵사 다층전탑, 보물 제231호 신륵사 보제존자 석등, 보물 제228호 신륵사 보제존자 석종부도, 보물 제229호 신륵사 보제존자 석종비, 무학대사가 심었다는 수령 6백 년의 신륵사 향나무 등이 있음.

▶峴岩里

藪村: 독바위 서북쪽에 있는 마을. 팔대숲(八大藪, 바다숲, 파다수, 북숲, 둘레가 7리나 되어 바다 같다 하여 여주 팔경의 하나)이 있음. 풍수 비보로 조성한 洞藪임.

옻물탕: 현암리에 있는 약물탕. 옻 오른 데 신효하다 함.

驪州郡 驪州邑

▶稼業里(가업굴)

굿절(舊谷寺): 양지말 동쪽에 있는 절.

기름덩이: 가업리에 있는 골짜기.

朴判書墓: 가업리 산 7번지에 있는 판서 朴準源의 무덤.

지네혈: 여주읍 가업리에 있는 산. 지네형 명당이 있다 함.

▶校里(향교말, 생교말)

驪州鄕校: 교리 261번지에 있는 여주의 향교. 본래 상리 마암 근처에 있었는데 임진왜란 때 소실되고 숙종 11년(1685)에 홍문리 잣나무고개에 세웠다가 주민들의 요청에 따라 이곳으로 옮겼음.

철뚝거리: 옛 水驪線의 철뚝이 있었음.

▶陵峴里

明成皇后生家: 여주읍 능현리 250번지, 능말에 있음. 뒷산에 여양부원군 閔維重의 무덤이 있음.

蟾늪: 능현리 향교말 북동쪽에 있는 늪. 섬늪이 있는 마을은 섬늪(草峴里)이다. 여양부원군 閔維重의 무덤을 金蟾望月形이라 하여 늪을 파고 섬늪이라 함. 蟾은 두꺼비 섬 자이지만, 달 그림자 섬 자도 됨.

仰陵바위: 민부원군 묘 앞산에 있는 바위.

▶ 丹峴里

새재(鳥峴): 부라우(丹江, 丹岩) 남서쪽에 있는 마을. 새 모양.

▶ 梅龍里

매골(梅谷): 매룡리에서 으뜸가는 마을. 梅花落地形이라 함.

龍江골(龍耕洞): 매골 서쪽에 있는 마을. 뒷산이 龍 모양.

▶ 三橋里

牛頭山: 여주읍 삼교리에 있는 산. 소의 머리 모양.

우미기(三台里): 삼교리의 으뜸가는 마을인 논저리(우교동) 서북쪽에 있는 마을. 우묵하여 삼태미처럼 생겼음.

장구미: 삼교리에 있는 들. 長鼓처럼 생긴 산이 있음.

▶ 上巨里(웃한거리, 上大巨里)

관천약수: 뒷능에 있는 약물터. 피부병에 신효하다 함.

李浣大將墓: 여주읍 상거리 거북고개에 있는 御營大將 이완의 무덤. 그의 묘에 거북비가 있으므로 안터말 서쪽에 있는 고개가 거북고개가 됨.

▶ 上里(웃동네, 상동네)

말아우(馬岩臺, 민가바위): 영월루 아래 남한강 가에 있는 큰 바위. 물결이 치면 바위가 떴다 가라앉았다 하는 것 같고 큰 굴이 있는데 옛날에 큰 가라말이 나와서 하늘로 올라갔으므로 黃驪(여주의 옛 이름)란 고을 이름이 생겼다 함. 또는 여흥민씨의 시조가 이 굴에서 나왔다 하며 바위 면에 〈馬岩〉이라 크게 새겼음.

▶ 驪州八景(여주읍 상리 산 126번지 迎月樓): 청심루 터 위 산마루에 있는 정자. 이곳에 오르면 여주팔경이 한눈에 들어옴. 신륵사의 저문 종소리(神勒暮鐘), 마암의 고기잡이 등불(馬岩漁燈), 학골의 저문 연기(鶴洞暮烟), 제비여울의 돌아가는 돛배(燕灘歸帆), 양섬에 내리는 기러기(羊島落雁), 파사성의 지나가는 비(婆娑過雨), 두 능의 맑은 바람(二陵淸風), 북숲의 긴 수풀(北藪長林). 청심루는 1946년 겨울에 걸인의 실화로 소실되고, 강변 도로를 닦느라고 그 터까지 없어졌음.

▶ 又晩里(소만이, 牛江)

똥바위: 말똥 모양.

말바위: 말 모양.
우만이 향나무: 우만리 9번지에 있음. 높이 8, 둘레 1.6미터, 너비 40평, 나이 약 3백 년.
▶月松里(月松亭)
北城山: 414.3미터. 영릉과 여주읍의 주산.
붕어산: 월송리에 있는 산. 붕어 모양.
▶店峯里
곰울(구룸울, 熊谷, 雲谷): 성산말 북서쪽 골짜기에 있는 마을. 황학산과 연하산 사이가 됨. 곰이 살았다 함. 혹은 구름이 많이 끼인다 함.
모둘기고개: 도적이 많아서 여러 사람이 모여야 넘어 다닐 수 있었다 함.
삼태골: 점봉리에 있는 골짜기. 삼태기 모양.
애장골: 애장(어린애가 죽으면 갖다 버리듯 묻는 것)이 많았음.
▶倉里(창말): 自安堂 터, 又安堂 터, 창리 83번지. 金炳冀가 이곳에 살면서 자안당이라 하였는데, 홍선대원군이 집권하면서 이 집을 빼앗아 여주군청을 삼았으나, 김병기가 바로 그 옆에 집을 똑같이 짓고 우안당이라 하니, 대원군이 탄식하기를 〈자식을 낳거든 김병기 같은 놈을 낳아야 한다〉고 하였다 하며, 현재 여주교육청이 되었음.
解放村: 창리에 새로 된 마을. 6·25 때 북쪽에서 피란 온 사람들이 삶.
▶下里(아랫동네)
江漢祠(大老祠): 尤菴 宋時烈의 사당. 제22대 정조 9년(1785)에 왕명으로 세우고 대로사라 사액하였는데, 제26대 고종 때 강한사로 고쳤음. 효종의 寧陵을 바라볼 수 있는 자리라 함.
沙發寒水(사발안수): 아랫동네 남쪽 산 중턱에 있는 약물터. 바위틈에서 흘러 나오는데 속병, 피부병에 좋다 하며 세조가 이 물로 피부병을 치료했다 함.
삿갓바위(笠岩): 제비울 가 양섬에 있는 바위. 삿갓 모양. 태조 5년(1395) 목은 李穡이 태조의 옛 친구의 정으로 여러 번 간청함을 못 이기어 서울에 갔다가 태조를 보고 〈앉을 자리가 없다〉 하고 도로 나와 배를 타고 여주 고향 가정리로 오는 길에 신륵사 앞에 이르자 경기 감사가 보낸 어주를 태연히 받아 조릿대잎으로 막은 술병 마개를 빼어 강물에 던지면서 〈내가 평생에 사욕이나 권욕으로 살았다면 이 댓잎이 그대로 강물에 떠내려갈 것이요, 그렇지 않다면 멀지 않은 곳에 가서 뿌리를 박고 무성하게 살 것이다〉 하고 그 술을 마시고 폭사하였는데, 그 댓잎이 강물에 떠내려오다가 이 바위 근처에 뿌리를 박고 무성하게 자라서 〈삿갓바위, 대밭〉으로 유명해짐.

양섬(羊島): 아랫동네 북쪽 한강 가운데 있는 섬. 조선 시대 나라의 소와 양을 봄에 놓아 먹이어 살이 찐 뒤 가을에 상납하였음.

▶ 弘文里(홍문골)

터우물(통우물): 홍문리 여주 지방 법원 앞에 있는 우물. 여주읍이 行舟形이라 하여 우물 파는 것을 금하였다 하나 오직 이 우물만 있어서 여주읍 사람들의 유일한 식수가 되었는데, 새 문명에 따라 상수도가 생기고 여주 지방 법원을 이곳으로 옮기면서 길을 닦느라고 우물 위에 뚜껑을 덮고 포장을 해서 현재 길 한복판이 되어 버렸다. 본래는 인조 때 반기를 든 李适의 집 안에 있었다 함.

驪州郡 占東面

▶ 唐辰里

개젖바위: 개의 젖처럼 생겼음.

자빠진골: 산이 벌렁 자빠졌음.

▶ 三合里

부랄산: 불알처럼 생겼음.

驪州郡 興川面

▶ 大塘里

大旺이: 청당이 남쪽에 있는 마을. 뒷산에 고려 제32대 禑王의 능이 있음.

▶ 文章里

洪英植墓: 문장리 산 82번지에 있는 개화당의 거성 홍영식의 무덤.

▶ 上白里

淸州慶氏墓(珍山公墓): 다리실 안쪽 월곡산에 있는 청주 사람 진산 현감 慶綿의 무덤. 본래 그 장인 참판 張伯仁이 治塚한 것을 그 딸 장씨가 우물에 갔다가 동자가 이 자리를 가리키면서 명당이라 하매 대사가〈경솔하게 말하는 것이 아니라〉고 꾸짖는 소리를 듣고 그후 그 아버지 장참판이 죽어서 장사 지내려 할 때 독한 술로써 일꾼을 곯아떨어지게 하고 몰래 물을 길어다 광중에 부어서 못쓰게 하여 놓고 그 뒤 제 남편이 죽으매 얻어 써서 자손이 잘되었다 함.

▶ 外絲里

金盤形: 새터 옆에 있는 마을. 금반형 명낭이 있어 이곳에 살면 高貴富者가 될 것이라는 소문이 돌아 충남북 강원 일대에서 많은 사람들이 이주함. 본디 30여 호에 지나지 않는 작은 마을이었으나 1929년 당시 110여 호의 큰 마을로 불어남(김광언, 村山).

漣川郡 郡南面

▶ 仙谷里
仙遊골: 선곡 동쪽에 있는 마을. 선녀가 춤추는 형국(仙女舞袖形)이라 함.

▶ 玉溪里
배꼽봉(玉女峯, 옥녀봉성터): 옥계리와 중면 삼곶리 경계에 있는 산. 꼭대기에 돌성이 있는데 길이 약 2킬로미터. 모양이 배꼽처럼 생겼음. 옛날에 경치가 좋아서 옥녀가 놀았다 함. 궁예가 철원에 도읍했을 때는 서해 바닷물이 이곳까지 들어와서 해운의 요지였는데 고려 태조 왕건이 도읍을 개성으로 옮긴 뒤 바닷물이 물러갔다 함. 병자호란과 6·25 때 격전지가 되었음.

漣川郡 嵋山面

▶ 東梨里
갈매울(渴馬): 동이리에 있는 마을. 渴馬飮水形의 명당이 있다 함.

▶ 柏石里
鄭將軍墓: 백석리 산 34번지에 있는 鄭撥 장군의 무덤. 임진왜란 때 부산진 첨사로 소서행장과 싸우다 전사하였는데 말이 투구와 갑옷을 물고 와서 이곳에 장사 지냈다 함.

漣川郡 百鶴面

▶ 高浪浦里(고랑개)
敬順王陵: 고랑포에 있는 신라 마지막 임금 경순왕의 능.

▶ 蘆谷里(갈여울, 戌灘浦)
造山: 독고개 북쪽에 있는 마을. 앞에 조산이 있음.

▶ 百嶺里(역말)
열묘각씨 꽃봉: 백령리와 두일리 경계에 있는 산. 99미터. 백령리 높은골에 원님이 살았는데 그 부인이 간통하는 것을 보고 죽여 꽃봉에 묻고 무당을 불러 자리걷이를 하는데 무당의 말이 서쪽 산 위에 있는 꽃바위를 묻어야 이런 일이 없어진다고 해서 꽃바위를 흙으로 묻었다고 한다. 그런데 백령리 꽃매에 괴질이 생기고 가축이 죽으므로 무당을 불러 물으니 꽃바위를 묻어서 산신이 크게 노한 까닭이라 해서 꽃매 사람들은 꽃바위를 파고 높은골 사람은 묻고 하는 사이에 원님의 후취, 3취에서 10취까지 모두 간음한 죄로 죽어서 이 산 능선에 묻어, 묘가 열이 된다 하는데, 지금도 그 열 묘가 있고 꽃바위는 반쯤 묻혀 있음.

꽃매(花山洞): 백령 동쪽에 있는 마을. 꽃매 밑이 됨.

漣川郡 漣川邑

▶古文里(코문)

남봉고개(달래나보지, 南峰峴): 고문에서 통현리 통재로 넘어가는 고개. 오빠와 누이동생 사이의 근친상간을 경계한 설화가 있음.

▶通峴里(구리재, 팔판서마을): 강릉김씨들이 주로 사는데 八判書가 났다 함.

漣川郡 旺澄面

▶江內里

姜將軍墓: 능말에 있는 장군 姜淮伯의 무덤. 지형이 蓮花浮水形이라 하는데, 무학대사가 잡았다 함.

▶江西里

許眉叟山所: 은가당(恩居堂) 뒤에 있는 미수 許穆의 무덤.

漣川郡 靑山面

▶宮坪里(궁말)

樂善君墓: 궁말에 있는 조선 제16대 인조의 왕자 낙선군의 무덤.

甕津郡 北島面

현재 옹진군은 인천광역시로 편입되었음.

▶長峯里

장봉리: 이씨 집이 龍尾形이라 함.

甕津郡 永宗面

본래 紫燕島. 조선 제17대 효종 4년(1653) 南陽府의 永宗浦津을 이곳으로 옮겨 영종도라 함.

▶雲南里

龍宮寺: 전수 북쪽 白雲山(운남리, 운서리, 운북리에 걸쳐 있는 산. 255.5m. 산이 높아서 늘 구름이 끼여 있음)에 있는 절. 신라 때 원효가 창건하여 백운사라 하고 그 뒤 瞿曇寺로 고쳤다가 조선 고종 원년(1864)에 다시 용궁사로 고쳤다 함. 조선 제25대 철종 3년(1852)에 윤씨 부부가 현몽에 따라 중촌리 태평바위 앞바다에서 그물로 부처를 건져 내어 백운사로 옮겨 모시고 용궁에서 온 부처라는 뜻으로 용궁사로 고쳤다 함. 절의 기록에는 절의 본 이름이 白雲寺인데 조선 제26대 고종 원년에 흥선대원군이 구담사의 옛터인 이곳으로 옮기고 용궁사로 고쳤다 하며 구담사에는 군사 훈련장이 있었고 僧將 한 사람, 要望僧 세 사람과 군량미 및 요망하는 배를 두어서 바다로 들어오는 적을 막았음. 한때는 흥선대원군의 정치 모의 장소로 쓰였고 〈龍宮寺〉 현판도 대원군의 친필임.
造山(조산들): 관청말 서쪽에 있는 들. 조산이 있었음.

▶ 雲北里

杜政丞모이(墓): 禁山(錦山)에 있는 고려 명종 때 무장 杜景升의 무덤. 서경유수 조위총의 난을 평정한 공로로 평장사에 올라 문하시중과 중서령을 겸직하다가 권신 崔忠獻에 의하여 영종도로 유배되어 울분으로 피를 토하고 죽었다 함. 그 뒤 失傳되었다가 근래에 후손들이 다시 찾았음.

벌판(살무지): 동넷담 남쪽 벌판에 있는 마을. 임진왜란 때 사람이 많이 죽은 곳이라 함.

북망산: 예단포 서쪽에 있는 산. 옛 무덤이 많음.

▶ 雲西里

가막골(가마골, 釜洞): 운서리에서 가장 큰 마을. 가마솥 모양.

적우물(용우물): 넙디 동남쪽 운서초등학교 앞에 있는 우물. 우물 위쪽에 秋氏가 묘를 쓰고 장사 아이를 낳았는데 장차 역적이 될까 봐 죽이니 이곳에서 용마가 나와 사흘 동안 슬피 울다가 사라졌다 함.

▶ 中山里

꿩골: 돌팍재 북쪽 골짜기에 있는 마을. 엎드려 있는 꿩 모양(伏雉形)이라 함. 엎드려 있는 꿩 모양의 지세는 아늑하고 온화한 것이 특징.

여우릿개(진미개): 배꾸지 앞에 있는 개. 작은 산이 있는데 그 모양이 용의 여의주와 같다 함.

▶ 1996년 2월 13일 신공항건설공단측으로부터 신공항 경관 조성 방안을 듣고 난 후의 의견

1) 비행기의 이륙이 북서쪽인 경우 북한을 자극하지는 않을까.

2) 없어지거나 크게 훼손될 것이 확실시되는 산에는 마치 공사중 순직한 노동자들의 혼을 위로하기 위한 위령탑을 세우듯이 그 地靈을 위로하기 위한 산신 위령탑이 필요할 것으로 여겨짐. 이는 풍수가 말하는 裨補 개념으로, 본래 있던 산이 없어지므로써 생기는 虛缺함을 막아준다는 풍수적 목적 외에 후손들에게 어머니인 국토에 대한 사랑과 보호 의식을 심어 준다는 의미도 있을 것임.

3) 영종도에 남아 있는 매와 뱀의 설화는 풍수상 飛鷹抱卵形과 長蛇追蛙形의 결합으로 판단됨. 따라서 이곳은 뱀의 먹이가 되는 매의 품안에 있는 새끼들 위치가 핵심이므로 그곳에 전망대 혹은 시설물이 배치되는 것이 바람직함. 혹자는 매의 부리 쪽이 더 좋다고 할 수도 있으나 이는 크게 문제가 되는 것은 아님.

4) 방파제 도로에서는 바다가 바라보이는

것이 좋지 않을까 하는 생각이 듦.
5) 전망 공원에 관한 의도는 매우 좋은 것으로 받아들여짐.
6) 공항이라는 것이 기본적으로는 空間性 space이겠으나 場所性 place이 가미된 조경이 이루어진다면 이용객들에게 깊은 인상을 심어 줄 수도 있을 것 같음.
7) 轉移空間(緩衝空間, 즉 풍수에서 말하는 洞口에서 내부까지의 공간)에서 정신적, 시간적, 심리적 여유를 가질 수 있도록 배려할 수 있다면 매우 좋을 것 같음.
8) 풍수 자체의 기준과 기술적 부분까지를 그대로 적용한다는 것은 비현실적이기도 하고 불필요하기도 함. 이 점은 독립기념관의 공간 배치가 결국 실패했다는 사실이 참고가 될 것임.
9) 자생 수종이 과연 변질된 터에서 잘 자라 줄 것인지에 대한 판단이 필요함.
10) 전체적으로 수평 공간이 시야의 主管을 형성하므로 수직 공간 처리에 대한 대처가 필요하다는 지적은 적절하다고 생각되며, 이에 대해서는 우리나라 사람들이 상징적이라 하더라도 산에 의지코자 하는 심성이 반영되어야 할 것으로 생각됨. 이에 대해서는 김제, 옥구, 익산, 부안 지방의 干拓村이 어떤 실마리를 줄 수도 있다고 판단됨. 예컨대 너무 광활하게만 펼쳐진 곳에서는 심리적 불안을 느끼는 것이 우리 민족 고유의 심성이므로

숲을 조성한다든지 하는 방법의 보완책이 필요할 것임. 이를 풍수는 洞藪라고 함. 동수는 반드시 숲일 필요는 없고 경우에 따라서는 커다란 느티나무 하나로도 그 기능을 수행할 수 있음.
11) 거북바위는 명백히 金龜沒泥形일 것이며 이 거북이 낳은 알이 신불도일 것으로 여겨짐. 신불도와 거북바위를 연장한 직선은 풍수가 山之祖宗이라고까지 떠받드는 崑崙山과 만나게 되므로 큰 의미를 갖는다고 생각됨. 풍수에서 곤륜산은 모든 땅의 근본이자 세계의 중심 개념임. 호랑이인 國土, 어머니인 國土의 품안에서 雄飛하는 장소의 상징성을 지닌 영종도에서 이와 같은 풍수 설화가 있는 것은 금상첨화가 분명함. 따라서 거북바위를 살리는 것은 물론, 바로 근처에 곤륜산을 향한 거대한 龜碑를 세워 그 상징성을 명문화하는 것도 방법이라고 판단됨.
거북의 알은 부귀의 상징인 동시에 이곳이 해 지는 서쪽으로 五行上 金에 해당되기도 하고 일몰이 좋은 곳이기 때문에 이는 多産性까지를 그 發蔭으로 갖게 되는 바, 여기에 신혼 부부들을 위한 숙박시설이나 휴식 공간을 만들 수 있다면 그 전통 지리적 효과는 재언의 여지가 없을 정도임.

龍仁郡 駒城面

▶麻北里: 본래 용인 읍내였으나, 1938년 군청이 김량장으로 옮겨 간 뒤 구읍내로 불림.
閔忠正公墓所: 마부리에 있는 을사보호조약 때 순국한 민영환의 무덤.

龍仁郡 內四面

▶南谷里
隱이: 벌터 동남쪽 깊은 골짜기에 있는 마을. 140여 년 전에 천주교도들이 숨어 살았다 함.

▶陽智里
금베틀: 양지리에 있는 둔덕. 고려가 망할 때 금베틀을 묻었는데 이곳을 파면 천둥이 일고 비가 온다 하여 지금도 가뭄이 심하면 마을 사람들이 이곳을 파헤침.
김박산: 전두환 전대통령의 부인 이순자 여사의 할아버지 李鳳熙의 묘가 있다 함. 경기도 용인군 내사면 金泊山 높은 곳에 학이 날아가는 명당 터로 왕비가 날 자리다. 거기에 몰래 이장을 하고 석물은 쓰지 않았다. 그 아래로 3분 아래 거리에 할머니 묘도 있다(손석우).

龍仁郡 慕賢面

▶陵院里
圃隱墓: 능골 文秀山(222m) 밑에 있는 포은 정몽주의 무덤. 1887년 개성에서 이장할 때 銘旌이 바람에 날려 이곳에 떨어졌으므로 하늘이 내린 자리라 하여 이곳에 묘를 썼다 함.

▶吳山里
吳學士墓: 양짓말 동북쪽에 있는 삼학사의 한 사람인 吳達濟의 무덤.

▶草芙里
산솟말: 갈담리 경계에 숙종 때의 영의정 南九萬의 산소가 있음.

龍仁郡 水枝面

▶古基里
李將軍墓: 고기리 산 79번지에 있는 세종 원년(1419)에 대마도를 정벌한 三道都體察使 李從茂의 무덤.

▶上峴里
趙光祖墓: 靜庵 조광조의 무덤.

龍仁郡 外四面

▶稼倉里
男미륵: 가창리 산 72번지에 있는 남자 미륵. 맞은편 박곡리에 女보살이 있어서 음양의 조화가 잘된다 함.
▶朴谷里
女보살(오방난골부처, 오백나한골부처): 상촌 동북쪽 천덕산 밑 오방난골에 있는 돌부처. 높이 110, 너비 78센티미터. 1951년에 피란 온 정씨가 이곳에 왔다가 땅에 묻힌 돌부처를 파내어 모시고 있는데 아주 영검하여 여러 아들을 두었으며 소원을 비는 이마다 덕을 본다 한다. 맞은편 가창리에 남미륵이 있어서 음양의 조화가 잘된다 함.
▶石川里
柳磻溪墓: 실학의 선구자 반계 柳馨遠의 무덤.

龍仁郡 龍仁邑

▶驛北里
蔡樊庵墓: 번암 蔡濟恭의 무덤.

龍仁郡 遠三面

▶木新里
언청이미륵: 구봉말에 있는 미륵. 높이 160. 무릎 84, 가슴 둘레 230센티미터로 코가 없는데, 이 미륵의 코를 먹으면 애가 떨어진다 하여 아이 밴 처녀가 자주 떼어 가서 움푹하게 들어갔다 함. 해마다 음력 10월 10일에 마을에 서 서 말 서 되의 쌀떡을 만들고 술을 빚어서 정성 들여 제사를 지냄.

龍仁郡 二東面

▶墨里(먹방이)
龍德寺: 굴암 동쪽 굴암산 밑에 있는 절. 신라 말에 도선국사가 지었다 함.

議政府市

孝子峯: 신곡동과 용현동 경계에 있는 155.1미터의 산. 이 산에 성종의 아들 景明君의 묘소 이하 여러 묘가 있는데 효자인 경명군의 손자가 시묘를 살았다 함.
保閑齋山所: 고산동 능안말에 있는 보한재 申叔舟의 무덤.

利川郡 大月面

▶長錄里(장노기)
造山: 장록리에 있는 작은 산. 마을의 허한 것을 막기 위하여 작은 산을 북두칠성처럼 들 가운데 만들어 놓았음.
▶九時里
둥우리봉: 구시리에 있는 봉우리로 金鷄抱卵形이라 함.

利川郡 暮加面

▶山內里
忠成公墓: 산안 서쪽에 있는 충성공 權鈞의 무덤.

利川郡 栢沙面

▶內村里
작은산수: 큰산수 밑에 있는 김좌근의 아들 호조판서 金炳冀의 무덤.
큰산수: 내촌리에 있는 세도 재상 荷屋 金佐根의 무덤.

利川郡 夫鉢面

▶加佐里(가재울)
永安府院君墓: 가재울 뒤에 있는 영안부원군 金祖淳의 무덤.

利川郡 雪星面

▶大竹里
황새말(黃沙洞, 黃鳥洞): 무릉촌 북쪽에 있는 마을. 黃鶴抱卵形의 명당이 있다 함.

利川郡 新屯面

▶龍眠里: 용이 누워서 자는 형국이므로 붙은 지명.

利川郡 長湖院邑

▶梧南里
自點洑: 남천 남쪽에 있는 보. 길이 500, 너비 2.6미터. 인조 때 반정 공신 김자점이 그 아버지 무덤을 백족산 金盤形에 쓰고 물이 부족하다 하여 청미천을 막아 호수로 만들고 그 물로 장호원뜰의 봇물로 하였는데 그 뒤 청나라와 내통한 죄로 처참되고 그 무덤은 팠으나 이 보는 그대로 있어서 장호원 일대의 농사에 큰 도움이 됨.

坡州郡 廣灘面

▶馬場里(마장골)
馬童岩: 마장골에 있는 바위. 昭寧八景의 하나.
舞童岩: 마장골에 있는 바위. 昭寧八景의 하나.
용구비등: 마장골에 있는 능성이. 용이 굽이치는 형국.
處士灘: 마장골에 있는 여울. 昭寧八景의 하나.

▶ 發郞里(바람골, 바랑골): 바람이 많으므로 붙은 지명.

碧鏡水: 바랑골 동북쪽에 있는 소. 昭寧八景의 하나.

홀아비골: 발랑동에 있는 골짜기. 왜 이런 지명이 붙었는지 궁금하다. 아마도 궁벽진 곳이 아닌가 하는 짐작이 간다.

▶ 防築里(방죽말)

쥐산: 방축리에 있는 산. 마을의 主山이 되어 해마다 제사를 지냈음.

▶ 汾水里(원골, 분수원)

고려 때부터 焚脩院이 있어서 공민왕 10년(1361) 11월에 왕과 노국공주가 홍건적의 난리를 피하여 남쪽으로 가는 길에 이곳에 이르니, 按廉使 安崇源과 忠州牧使 朴曦가 와서 뵈었으므로 원골, 또는 분수원이라 부름.

금전구데이: 분수원 북쪽에 있는 굴. 아연을 캐다가 1962년에 폐광됨.

文肅公山所: 분수원 蟠龍山(277.4m. 용이 서린 형국이라 함) 밑에 있는 고려 제16대 예종 때 여진을 정벌하여 九城을 개척한 문숙공 尹瓘 장군의 무덤.

▶ 龍尾里

달구니: 양짓말 북쪽에 있는 마을. 닭이 우는 형국.

용미리 미륵불(立像石佛): 미륵데이에 있는 미륵. 높이 17.6미터. 천연 쑥돌로 되었는데, 고려 때의 것으로 추정됨.

▶ 倉滿里

윗두만이(오목말): 두만이 위쪽에 있는 마을. 지형이 오목함.

▶ 靈場里

普光寺: 대고령 동남쪽에 있는 절. 신라 진성여왕 8년(894) 도선국사가 세우고, 고려 제32대 우왕 14년(1388) 무학대사가 중창함.

昭寧園(큰능): 대고령 서북쪽에 있는, 조선 제21대 영조의 생모 최씨의 능.

坡州郡 交河面

▶ 交河里(읍내)

핑고재(氷峴洞): 함박골 남쪽에 있는 마을. 氷庫가 있었음.

▶ 芝山里

尹元衡墓: 중종의 계비 문정왕후의 동생이며 명종의 외숙이다. 명종 때 크게 권세를 얻어 乙巳士禍를 일으킴으로써 大尹 일파를 거세함과 함께 평소 미워하던 士類를 대량으로 살해하였다. 그는 조카 春年을 시켜 그의 형인 元老를 죽이기까지 하였다. 문정왕후가 죽은 후 탄핵을 받아 江陰으로 퇴거하여 죽었는데 자살이란 애기도 있다(『坡州郡誌』).

▶靑石里

洪娘墓: 본래 英太里에 있던 것을 1969년 군사상 이유로 이곳 청석리로 이장하였다. 최경창 묘소 바로 아래 모시게 된 것은 해주최씨 종친회에서 그녀를 정식으로 받아들였기 때문으로 다른 집안에서는 전례가 없는 아름다운 일이다. 〈묏버들 갈해 것거 보내노라 님의손대/자시는 창밧긔 심거두고 보쇼셔/밤비예 새닙곳 나거든 나린가도 너기쇼셔〉라는 시로 유명. 조선조 선조 때의 청백리 孤竹 崔慶昌(1539-1583)을 죽도록 사모하던 함경도 官妓 홍랑이 애절한 연시를 써서 보내고 그를 漢詩로 번역한 것이 바로 위의 시조다.

坡州郡 金村邑

▶金陵里(쇠재)

交河郡터: 신지평 집터에 있던 교하군의 터. 본래 탄현면 갈현리에 있었는데 영조 9년(1733) 章陵을 쓰느라고 이곳으로 옮겼다가 7년 뒤 다시 교하면으로 옮겼음.

交河鄕校: 향굣말에 있는 옛 교하군의 향교. 영조 9년에 교하 군청과 함께 이곳으로 옮겼음.

愼持平집터: 서원말 동북쪽 곧 금릉리 346번지 1호에 있는 영조 때 지평 愼後聃의 집터. 지금은 신씨 문중의 밭이 되었음.

坡州郡 汶山邑

▶內浦里

成虛白堂山所: 망석골에 있는 成侃의 아우 대제학 겸 공조판서 허백당 成俔의 묘.

▶堂洞里(당골)

꾀꼬리봉: 고너더리와 옻나무골 사이에 있는 봉우리. 지형이 꾀꼬리가 버드나무 가지에 집을 짓고 있는 柳枝鶯巢形이라 함.

망월이: 산지사텃골 서쪽에 있는 골짜기. 玉兎望月形이라 함.

▶馬井里

慶善公主墓: 조선 태조의 둘째 딸로 한씨 소생이며 청원군 심종에게 시집간 경선공주의 무덤.

慶順公主墓: 조선 태조의 셋째 딸로 강씨 소생이며 개국 공신 흥안군 이제에게 시집 간 경순공주의 무덤.

▶沙鷺里(사모기)

궁산소: 궁말 뒷산에 있는 조선 제21대 영조의 아홉째 딸 화완옹주와 그의 남편 鄭致達의 묘가 있었음.

▶仙遊里

독서울: 선율 동북쪽 골짜기 안에 있는 마을. 仙人讀書形의 명당이 있다 함.

▶雲泉里(구루물)

長陵터: 능말 동쪽 곧 운천리 산 22번지에 있는 조선 제16대 인조와 그의 원비 인열왕후 청주한씨의 능터. 제21대 영조 때 좌상 이집이 이 능터는 뱀의 穴이므로 옮겨야 한다는 주장에 따라 영조 7년(1731) 8월 30일 탄현면 갈현리로 옮겼음. 그 뒤 이 옆에 흥선대원군의 묘를 썼음.

興園: 장릉터 옆에 있는 흥선대원군과 그의 부인 민씨의 원소. 본래 서울 마포구 공덕 4동에 있었는데 융희 원년(1907) 12월에 이곳으로 옮겼음.

▶長山里

개세바위(개혀바위, 狗舌岩): 경자산(맛개 남쪽 임진강 가에 있는 산)에 있는 바위. 개가 북쪽을 향하여 혀를 빼 놓은 형상이라 함. 나라가 어지러워질 때는 언제나 임진리 관우물에서 대야 치는 소리가 나고 이 바위에서 개 짖는 소리가 났는데, 명나라 황제가 불알(睾丸)에 탈이 나서 백약이 무효하므로 도사에게 물으니 조선에 있는 개세바위의 짓이라 하여 사신을 보내서 이 바위의 혀를 자르고 그 병이 나았다 함.

坡州郡 法院邑

▶천현면 동문리를 참조.

▶파주군 법원읍 동문리 紫雲山 栗谷의 묘: 율곡 묘 아래 맏형의 묘가 있고 그 아래 신사임당과 부친을 합장한 묘가 있다. 소위 倒葬 또는 逆葬의 예이다. 원칙적으로 도장은 금기 사항이다. 다만 혈자리가 통소혈인 경우는 차한에 부재임. 통소는 엄지손가락이 밑을 막고 나머지 손가락들이 위를 막기 때문임.

형국은 흔히 寶劍藏匣形이라 함. 혈성은 孤曜星으로 金頭木脚(산 머리는 金形이고 다리는 木形인 산)이라 부른다. 여기서 목각은 곧 칼을 뜻한다. 청룡 쪽의 골이 깊어 칼의 등에 해당하고 백호 쪽은 경사가 완만해 칼날에 해당한다. 율곡의 혈은 칼이 칼집에 들어오고 나갈 때 쉽게 하기 위해 파 놓은 골에 자리하고 있다. 이런 경우에는 후손이 끊기게 된다.

주산인 자운산에서 두 마디를 지나 서쪽으로 혈이 들어오는 입수처에 마치 염소의 발처럼 쪼개진 것이 바로 칼날의 골에 해당한다. 또 청룡 쪽의 산들은 그 뿌리가 보이지 않게 여러 갈래 내려오고 있는데 이는 곧 無血孫萬孫之地(직계 후손은 없어도 후손이 수없이 많다는 뜻)이다. 이른바 無後香火之地를 뜻한다. 혈의 위치가 그러한데도 청룡 백호 안산 조산등 羅城은 극히 뛰어나게 아름답다. 율곡은 22세에 盧氏를 부인으로 맞았으나 후사가 없어 측실을 두어 두 아들과 딸 하나를 낳았다. 그 딸이 신독재의 측실.
율곡의 저서『성학집요』에, 〈신이 살피건대 지세가 좋다는 것은 오직 바람을 막을 수 있고 양지 바른 쪽이며, 흙이 두꺼워서 물이 땅속 깊이 있는 것 등이며 方位得破 등의 풍수설에 관계되는 것은 아닙니다. 지금 묫자리를 가리려는 자는 지세의 길흉을 보는 地書만을 편벽되게 믿고는 널리 그것을 찾아다니다가 채 묫자리를 정하지 못해 오랫동안 그 부모를 장례 치르지 못하는 사람이 있으니 의혹이 심합니다. 임금의 玄宮도 반드시 새로운 곳을 가려 정하는 일도 계승할 만한 도리가 아닙니다〉하며 程子를 비판함(최영주).

坡州郡 月籠面

월롱산(다랑산. 229m) 밑이 되므로 붙은 지명.
▶陵山里
거무래산(거무래봉): 이정골과 기제비 사이에 있는 산. 60미터. 거무래(고무래) 모양.
능골(陵洞里): 능산리에서 으뜸가는 마을. 뒷산에 능터를 잡았다가 파했다 함.
▶德隱里

병목안: 용짓굴 서북쪽에 있는 골짜기. 병목처럼 어귀는 좁고 안은 넓음.
삼태안: 옥돌말 서남쪽에 있는 마을. 삼태기 모양.
옥텃밭: 용삿굴 서북쪽에 있는 밭. 고구려 때 坡害平史縣(파주군)의 감옥이 있었다 함.
옻우물: 삼태안 남쪽에 있는 우물. 옻 오른 데에 특효함.
파해평사현터: 큰골 어귀에 있는 고구려 때 파해평사(파평) 고을의 터.
▶都內里(도감골, 都監洞): 도감 벼슬을 한 사람이 살았으므로 도감골.
알미: 도감골 동남쪽에 있는 산. 새알 모양.
▶葦田里(다락고개, 달앗, 樓峴)
史氏壇: 산수안 서쪽에 있는 단. 파주 사씨의 시조 사유의 신단. 한양고개 남쪽에 있는 산수안 골짜기에는 사씨의 묘가 있음.

坡州郡 積城面

▶積城縣(칠중성, 내별, 중성): 본래 고구려의 七重城 또는 乃別縣인데 신라 제35대 경덕왕 때 重城으로 거쳐서 來蘇郡(양주)의 딸린 현이 되었다가 고려 초에 적성으로 고치고 제8대 현종 9년(1018)에 長湍縣에 붙였다가 제11대 문종 17년

(1963)에 開城府에 딸리고 제16대 예종 원년(1106)에 비로소 監務를 두었는데, 조선 제3대 태종 13년(1895)에 현감으로 고치고 제26대 고종 32년(1985)에 군이 되어 縣內, 東面, 南面, 西面, 北面의 5개 면을 관할하였다. 1914년 4월 1일 군면 폐합에 따라 연천군에 편입되어 남면, 적성의 2개 면이 되었고, 1945년 11월에 남면과 적성면이 모두 파주군에 편입되었다가, 1946년 2월 5일 남면은 면민의 요청에 따라 양주군에 편입되어 현재 파주군 적성면과 양주군 남면 지역이 됨.

▶ 佳月里(가룰, 가루리, 갈올, 갈월, 가월동)

능어리: 가루리 동남쪽에 있는 마을. 근처에 능터를 잡았다가 파했다 함.

두명논: 가루리 앞에 있는 논. 두명 같은 샘이 있음.

염지봉: 으능정이 서쪽에 있는 산. 중이 염주를 목에 걸고 있는 형국.

으능정이(으는재이, 으능재이, 杏亭洞): 가루리 서남쪽에 있는 마을. 은행나무 정자가 있음.

장자못: 금성골 북쪽에 있는 못. 본래 큰 장자(부자)의 집인데 그는 너무 욕심이 많고 아주 인색하여 탁발승에게 시주는커녕 호령만 하여 쫓아 보냈는데 이 광경을 지켜보던 부인이 남편 몰래 쌀 한 바가지를 가지고 와서 중에게 주면서 남편의 잘못을 빌자 중은 쌀을 공손히 받으면서 〈당신 남편은 과연 소문과 같이 지독하여, 내일 중으로 큰 벌을 받을 것이니, 부인은 빨리 친정으로 가서 피하시오〉 하고 온 데 간 데 없으므로 그 말대로 친정에 갔다가 집 일이 궁금하여 그 이튿날 돌아와 보니 집은 못이 되어 있었다 함.

촌말: 가루리 서쪽에 있는 들. 천 호나 되는 많은 집이 있었다 함.

▶ 客峴里(선고개)

紺岳山: 적성면과 양주군 남면, 연천군 적성면 경계에 있는 산. 675미터. 『神誌秘記』에 의하면 감악산이 서울의 주산인 삼각산을 뒷받침하여 水星 곧 水德을 이루어서 서울의 땅 기운을 북돋아 주어 서울이 크게 번영하였다 함.

거무래봉: 선고개 서쪽에 있는 산. 모양이 거무래(고무래)처럼 생겼다 함.

꽃태봉: 태봉 옆에 있는 산. 진달래꽃이 많이 핌.

두리봉: 처낭내 서남쪽에 있는 산. 둥그렇게 생겼음.

딴동오리: 아랫배우니 서쪽에 있는 외딴 봉우리.

무당바위: 아랫배우니 동북쪽에 있는 바위. 무당 모양.

봉판서산소: 용에머리의 북쪽, 용운초등학교 옆에 있는 判書 奉安國의 산

소. 신도비가 있음.

삐뚤대왕비(빗돌대왕비, 紺岳祠碑, 紺岳山神碑, 紺岳神祠碑, 薛仁貴碑, 沒字碑, 封典沒字碑): 배우니 남동쪽 감악산에 있는 옛 비. 글자가 전연 없는 白碑임. 신라로부터 조선조까지 집을 짓고 中祀로 모시어 나라에서 봄 가을로 향촉과 祝을 내리어 재사를 지냈는데 매우 영검하다 하며, 또는 당나라 장수 설인귀가 육계성(주월리)에서 나아 감악산에서 말을 달려 훈련하고 당나라에 나아가 장수가 되어 모국인 고구려를 친 죄를 자책하여 죽은 후 감악산의 산신이 되어 이 나라를 도왔다 함. 고려 제8대 현종 원년(1010) 11월에 거란이 침입하여 왕이 피란하여 그 다음해 정월에 나주에까지 갔다가 2월에 돌아오는데 청주에 이르니 監察御使 安鴻運이 아뢰기를 〈글안 왕이 군사를 이끌고 장단에 이르니 비바람이 몰아치며 감악산사에서 기치 창검이 휘날리고 천병만마가 날뛰므로 크게 놀라 달아났다〉 하며, 제25대 충렬왕 15년(1289) 7월에 원나라에서 乃顔王의 반란을 치기 위하여 원군을 요청하는데 이곳에 제사를 지내니 원군이 정지되었으므로, 누구든지 지성으로 빌면 소원을 이룬다 하여 근읍 사람들이 크게 위하였다. 1953년 휴전이 되자 영국군의 통신대가 진지를 만들면서 무너뜨렸다가 그 부대장이 까닭 없이 죽으므로 다시 세우고 제사를 지냈음.

아들바위: 아랫배우니 남쪽에 있는 굴바위 아래에 있는 바위. 영검하여 아들 없는 사람이 지성으로 빌면 아들을 낳는다 함.

옻우물: 용에머리 동남쪽에 있는 우물. 옻 오른 데에 특효하다 함.

용에머리(龍頭山): 객현리와 장현리 경계에 있는 산. 187.6미터. 모양이 용의 머리처럼 생겼는데, 가뭄이 심할 때 기우제를 지냈음.

점골: 싸랫골 남쪽에 있는 골짜기. 독점이 있었음.

조롱고개: 아랫배우니에서 장현리의 담안으로 넘어가는 고개. 조롱박처럼 생겼다 함.

▶ **舊邑里**: 본래의 적성 읍내.

恭陵터: 능골에 있는 고려 제7대 목종의 공릉터. 목종은 나이 18세에 왕위에 오르니 千秋태후가 섭정하면서 그의 친척 金致陽과 간통하여 낳은 아들을 다음 임금으로 삼기 위해 후계자인 목종의 당숙 大良君(현종)을 중으로 만들어 절로 보내 놓고 몰래 목종을 죽이려는 음모를 꾸몄다. 이에 목종이 이를 알아차리고 西京都巡檢使 康兆에게 그 호위를 명했다. 강조는 임금이 붕어하여 태후 일파가 꾸민 일로 믿고 군사 5천을 이끌고 서울(개성)로 오다가 임금이 살아 있다는 사실을 알고 낙담했으나 내친 걸음이니 그대로 나아가자는 막료들의 권유로 궁궐로 들어와 대량군을 임금으로 모시고 목종을 폐위시켰다. 한편 김치양 일파를 죽이고 다시 목종을 충주로 내쫓아 목종과 태후가 그곳으로 향해 가는데 강조는 그래도 마음이 놓이지 않아 그들이 적성 고을에 이르렀을 때 사람을 시켜서 목종을 죽이게 하고 우선 문짝으로 관을 만들어 적성 관청에 두었다가 다음달에 화장하여 이곳에 묻고 공릉이라 하였다. 제8대 현종 3년(1012)에 개성으로 옮겼음.

恭川精舍터: 관골 동남쪽에 있는 공천정사의 터. 조선 제15대 광해군 때 慶有後가 폐모론을 반대하여 이곳으로 내려와 이 정사를 세우고 학문을 닦으며 남은 해를 보냈다 함.

미역골: 주축골 서쪽에 있는 골짜기. 바닷물이 드나들어서 미역을 땄다 함.

새남터: 읍내 서쪽 重城山(147.7m) 서북쪽에 있는 골짜기. 중죄인을 사형하던 곳이라 함.

肅惠堂터(적성관아터): 구읍 동쪽에 있는 적성군의 관아 숙혜당의 터. 본래는 중성산 남쪽(현재 마지리)에 있었

는데, 고려 말에 이곳에 사는 죄인 林緻의 집을 몰수하여 관아로 쓰다가 현감 韓維이 새로 짓기 시작하고 李誠明, 朴興君, 朴河信이 마쳤으나 규모가 작고 낡았으므로 세종 27년(1445)에 현감 이숙희가 나라의 돈을 얻어서 새로 크게 지었지만 1914년 폐군이 된 뒤 헐리었음.

옻우물: 관골 안에 있던 우물. 옻 오른 데 특효였음.

積城鄕校: 구읍 서남쪽에 있음.

▶畓谷里: 논이 많은 골짜기이므로 논골 혹은 답곡이라 함.

얼개자리: 한우물자리 위쪽에 있는 논. 얼개빗(얼레빗)처럼 생김.

예개울: 갈울 북쪽에 있는 논. 예전에 개울이었음.

핸들(白石洞): 갈울 북쪽에 있는 마을. 뒤에 흰 차돌이 많이 났음.

▶斗只里: 지형이 두지처럼 생겼으므로 붙은 이름.

긴느미: 한박골 서남쪽에 있는 긴 줄기의 산.

길마바위: 안장바위 아래쪽에 있는 바위. 길마 모양.

눈치바위: 길마바위 아래쪽에 있는 바위. 밑에서 눈치(누치)가 잘 잡혔음.

補土재(보투재): 한박골 북쪽에 있는 산. 류씨가 이곳에 산소를 쓰고 보토

했음.

안장바위: 두지 서쪽, 임진강 가에 있는 바위. 안장 모양.

약우물(藥井): 범바위 동남쪽에 있는 우물. 물이 좋아서 속병, 피부병에 좋다 함.

용에머리(용의머리): 두지 서쪽에 있는 산. 용의 머리 모양.

▶馬智里(마디, 馬蹄): 지형이 마디처럼 생겨서 붙은 이름이라 함.

새능(산): 퇴골 남쪽에 있는 산. 180미터. 새로 쓴 능이 있었다 함.

자지봉: 솟디 서쪽에 있는 산.

청학골(靑鶴洞): 퇴골 동남쪽 水晶峯(357m) 밑에 있는 골짜기. 크고 작은 두 골짜기로 되었는데 매우 깊숙하고 흰 돌 위에 맑은 물이 흘러 내려 위 아래에 두 폭포를 이루고 소나무가 울창하여 매우 아름다움.

할미당골(할미대이, 할미댕이): 큰골 남쪽에 있는 골짜기. 할미당이라는 신당이 있었음.

홀짝고개: 솟디 남쪽에 있는 고개. 지형이 잘록하여 넘어가기 쉬움.

▶武建里(무건이)

능안: 솥점 남쪽에 있는 골짜기. 허호의 묘가 있음.

도둑터: 감굴 서쪽에 있는 골짜기. 도둑이 살았다 함.

두껍바위: 굴아위(거르메, 즉 주막거리 북쪽에 있는 산. 200m) 서쪽에 있는 바위. 두꺼비 모양.

빈배이(빈방이, 空房洞): 거르메 동쪽 골짜기에 있는 마을.

생여봉: 감굴 서쪽에 있는 산. 368.7미터. 상여 모양.

솥점: 거르메 동북쪽에 있는 마을. 솥점이 있었음.

인바위(상여바위): 무건이 남쪽, 滿月峯(315m)에 있는 바위. 사람이 누워 있는 것처럼 생겼음. 또는 상여처럼 생겼음.

許將軍墓: 허장골에 있는 병자호란 때 금화 전투에서 전사한 장군 許轄의 무덤. 그의 마부 송씨가 장군의 의관만을 거두어 와서 이곳에 묻었음.

▶雪馬里(설마치, 설머치): 당나라 장수 薛仁貴가 칠중성에서 나와 이곳에서 말을 달려 훈련했으므로 붙은 지명.

산태골(산태굴): 사기막 동남쪽에 있는 골짜기. 사태가 잘 났음.

삼형제바위: 사기막 서북쪽에 있는 바위. 크고 작은 바위 셋이 형제처럼 나란히 있음.

설머릿골(설마릿골): 설머치 남쪽에 있는 골짜기. 감악산 밑이 되는데, 좁고 긴 골짜기가 열두 굽이로 되어 굽이마다 다리가 놓여 있고 곳곳에 층암절벽과 기암괴석이 아름다운 풍경을 이룸.
英國軍忠魂塔: 설머치 서북쪽, 설머릿골 어귀에 있는 충혼탑. 1951년 영국군이 이곳에서 큰 공을 세우고 전멸하였음. 1954년 그들의 영혼을 위로하여 세웠음.
옹장골: 사기막 서남쪽에 있는 골짜기. 어귀가 좁음.
우묵골: 사기막 동쪽에 있는 골짜기. 우묵함.
雲溪골: 사기막 서북쪽, 감악산에 있는 골짜기. 운계암, 운계폭포 등이 있음.
▶ 食峴里(밥재)
달말등(다리만등): 새말 북쪽에 있는 등성이. 대보름날에는 근처 사람들이 모여 달맞이를 했음.
도당재: 밥재 동쪽에 있는 산. 해마다 시월 초순에 도당재를 지냈음.
드린거리(드린버들, 덕인거리, 德峴, 수류지): 삼거리 서북쪽에 있는 마을. 본래는 밥재 서쪽에 있었는데 1953년 휴전 후 그곳에 부대가 주둔하여 이곳으로 옮겼음. 뒷산이 버들형으로 생겼다 함.
매봉째: 밥재 서남쪽에 있는 산. 매처럼 생겼음.
삼태안: 피란골 동북쪽에 있는 골짜기. 삼태기 모양.
투장골(투장굴): 밥재 서쪽에 있는 골짜기. 偸葬을 하였다 함.
피란골: 뱅골 동북쪽에 있는 골짜기. 피란민이 살았다 함.
▶ 魚遊池里(어여지)
달봉: 태봉 서쪽에 있는 봉우리. 정월 보름날 달맞이를 하였는데 달이 봉우리 북쪽 가까이 뜨면 북쪽 지방에 풍년이 들고, 남쪽 가까이 뜨면 남쪽 지방이 풍년이 든다 하여 그 해 농사의 풍년을 점쳤다 함.
대낭골(대낭굴, 댄양굴): 달봉 북쪽에 있는 골짜기. 단양우씨의 중시조 산소가 있음.
방아다리: 벌말 북쪽에 있는 논. 방아다리 모양.
烽火村: 뒷굴 북쪽에 있는 마을. 6·25 뒤 새로 이룩되었는데, 봉홧불처럼 잘 일어나라는 뜻으로 이런 지명을 붙였음.
삼형제바위: 태일 남쪽, 갈미봉에 있는 바위. 삼형제처럼 나란히 서 있음.
심정승산소: 벌말 남쪽에 있음.
옻우물: 태일 앞에 있는 우물. 옻 오른 데 좋다 함.
우씨시조묘: 대낭골에 있는 단양우씨의 시조, 고려 때 호장 禹玄의 무덤.
화장터(원굴): 산숫굴 동쪽에 있는 골짜기. 6·25 때 죽은 사람을 화장하였음.
황새모티이(황새모팅이): 벌말 동남쪽 모퉁이에 있는 들. 황새가 많았음.

▶ 栗浦里(밤개)

관뒤전: 쉐목 위쪽에 있는 밭. 지형이 관디(冠帶, 벼슬아치들이 입던 公服) 형국.

동나드리(독나드리): 밤개 북서쪽, 임진강 가에 있는 마을. 새우젖 독을 실은 배가 많이 드나들었음.

쉐목: 밤개 앞에 있는 들. 소의 목처럼 생겼음.

鹽倉: 모태이 서북쪽 임진강 가에 있는 마을. 소금을 굽던 염창이 있었음. 휴전 이후 수복되지 않아 들이 되었음.

콧중배이: 밤개 동북쪽에 있는 등성이. 콧잔등 모양.

▶ 紫長里(자핫골, 자자기, 紫霞里, 재재이): 자장촌 262번지는 西山, 東流가 이곳을 포위하고 흘러 生陽無窮의 땅이라고 한다. 예로부터 長壽富貴의 땅이라고 일컬어지고 있으나 지금부터 약 2백 년 전 정승 모씨가 일가를 세운 다음 대대로 부귀한 지위를 잇고 오늘에 이르고 있다 (村山, 688).

거북개: 피머리 서쪽에 있는 골짜기. 거북 모양.

꽃감바위: 재재이 동쪽에 있는 바위. 동그란 바위가 꽃감처럼 연해 있음.

말뚝봉: 큰말 북쪽에 있는 산. 말뚝 모양.

송장고개: 불근바치에서 장좌리의 칠송정으로 넘어가는 고개. 너머에 공동묘지가 있음.

피머리: 샘말 동쪽에 있는 골짜기. 큰 명당이 있다 하여 그 혈맥을 끊기 위하여 땅을 파니 피가 나왔다 함.

▶ 長佐里(장자울, 장좌울)

계암바위(掛岩): 고야위(고암동, 계암동) 앞, 임진강 가에 있는 바위. 앞 면에 〈掛岩〉이라 크게 새겨져 있는데, 숙종 때의 명신 미수 許穆의 글씨라 함.

긴등: 섶바치 동쪽에 있는 긴 등성이.

마산재: 솔말 북쪽에 있는 산. 60미터. 말 무덤이 있음. 말 모양.

말똥이: 장좌울과 헹교울(鄕校洞, 장단군의 향교가 있었다 함) 사이에 있는 작은 산. 마산재의 말의 똥이라 함.

불강아지바위: 고야위에 있는 바위. 불강아지 모양.

옻우물: 솔말 북쪽에 있는 우물. 옻 오른 데 특효하였다 함.

장좌못: 안굴 서북쪽에 있는 못. 이곳에 큰 부자가 살았는데 매우 인색하고 포악무도하여 탁발승에게 시주는커녕 오히려 호령하여 쫓아내었는데 갑자기 청천벽력이 일더니 그 집이 못으로 변했다 함.

▶ 墻峴里: 장평과 송현의 이름을 따서 지음.

가새울: 담안 동남쪽에 있는 골짜기. 가새(가위) 모양.

능골: 담안 남쪽에 있는 골짜기. 판돈령부사의 산소가 있음.
도투막골: 담안 서남쪽에 있는 골짜기. 도투마리(베틀의 부분) 모양.
산드기(산디기, 山德里): 중미 남쪽 산 사이에 있는 마을.
새능골: 배우닛골 서남쪽에 있는 골짜기. 철원최씨가 묘를 썼는데 능터가 된다 하여 파묘했다 함.
선바위(좆바위): 장들 남쪽에 있던 바위. 좆처럼 생겼는데 휴전 이후 근처에 주둔한 미군이 깨뜨려 없어졌음.
▶赤岩里(붉바위, 赤岩鄕): 뒷산에 붉바위가 있음. 고려 때 적암향이 있었음.
두리봉: 약가바위 동쪽 길가에 있는 봉우리. 둥그렇게 생겼음.
약가바위(藥岩): 붉바위 북쪽에 있는 바위. 藥果 모양.
제비바위: 약가바위 서쪽에 있는 바위. 제비 모양.
▶舟月里(한배미, 漢夜味, 한열)
白玉峯집터: 한열 서쪽에 있는 백옥봉(또는 백억봉. 44.5m) 밑에 있는 집터. 조선 인조 때 지사 李義信(交河遷都論을 폈던 李懿信일 것으로 추정됨)이 살았는데, 그의 「踏山賦」에 이르기를 〈땅을 파다가 한 비를 얻으니 곧 설가의 옛터(得一碑於開土乃薛家之遺址)라〉 하였는데 고구려 때 薛仁貴가 이곳에서 나서 당나라로 가 장수가 되어 모국을 친 죄를 자책하고 죽어서 감악산신이 되어 이 나라를 지켜준다 함.
六溪城터(육계토성터, 大闕터): 백옥봉에 있는 성터. 둘레 7,692자가 되고 안에 주춧돌이 있는데, 옛 대궐터라 하며, 또는 고구려 때 당나라 장수 설인귀가 생장한 터라 함.

坡州郡 條里面

▶弩造里
갓배기(造文洞): 고창말 북쪽 큰길 가에 있는 마을. 갯박(야생한 박)이 많았음. 문장이 많이 난 곳이라는 뜻과 조산말의 지명을 따서 조문동이라 함.
강진뱃골: 빗골 동쪽에 있는 골짜기. 강진배라는 부자가 태어나서 살던 곳이라 함.
거무래동산: 조산 동북쪽에 있는 동산. 거무래(고무래) 모양.
造山: 조산말 동남쪽에 있는 작은 산. 마을 앞이 虛해서 좋지 않다 하여 흙을 모아서 마을을 보호함.
▶登院里(등원이)
玉女峯: 등원리에 있는 산. 옥녀봉 우물도 있음. 아마도 여성의 생식기 모양일 것임.
▶奉日川里

恭陵: 동기 북쪽 보시골 곧 봉일천리 산 41번지에 있는 조선 제8대 예종의 비 장순왕후의 능.

궁갯들(궁개, 궁갯펄): 봉일천 서쪽에 있는 들. 전에는 바닥이 깊은 개펄이 었음.

동기(洞口, 松岩洞): 속골 동쪽에 있는 마을. 공릉, 순릉, 영릉의 동구가 됨. 소나무와 바위가 많았음.

삼탯굴: 동기 서쪽에 있는 골짜기. 삼태기 모양.

順陵: 공릉 동남쪽에 있는 조선 제9대 성종의 비 공혜왕후 한씨의 능.

永陵: 순릉 왼쪽에 있는 조선 제21대 영조의 세자 추존 진종과 효순왕후 조씨의 능.

용못(龍池, 용지못): 용고개 밑에 있는 터. 용이 승천했다는 못이 있었는데 지금은 메워지고 살림집이 되었음.

장잿굴(장잣굴, 장자촌): 동기 북쪽에 있는 골짜기. 큰 장자(부자)가 살 것이라 했는데, 지금은 미군 부대가 주둔하고 있음.

형제봉(노적봉): 전나뭇거리 동쪽에 있는 산. 크고 작은 두 봉우리가 형제처럼 나란히 서 있음. 노적가리 모양.

▶ 梧山里

전지미(황새말, 전지산): 연당말 남서쪽에 있는 마을. 황새 모양.

▶ 竹院里(대원리): 원래 대원리였으나 흥선대원군의 君號와 같다 하여 고종 때 죽원으로 고쳤음.

자리명당: 용의추리 남쪽에 있는 들. 앞산에 정씨의 명당이 있는데, 자라형의 명당이라 함.

▶ 獐谷里

놀미(파주놀미, 獐山里, 장산): 장곡리에서 으뜸가는 마을. 노루 모양. 파주와 고양군에 걸쳐 있으므로 파주놀미, 고양놀미로 구분해 부름.

삼태굴: 능고개 서쪽에 있는 골짜기. 삼태기 모양.

坡州郡 泉峴面

▶ 加野里

호주울(호줄, 壺酒洞): 가좌울 동쪽 골짜기에 있는 마을. 호리병처럼 생겼음.

▶ 東文里

申師任堂山所: 율곡 선생 산소 아래에 있는 어머니 사임당 평산신씨의 무덤.

栗谷先生山所: 서원말 동쪽에 있는 율곡 이이의 무덤.

이씨의 묘지: 서원말 동북쪽에 있는 덕수이씨의 묘지. 맨 위에는 율곡의 부인 노씨의 무덤, 바로 그 밑에는 율곡의 무덤, 그 밑에 율곡의 맏형의 무덤, 그 밑에 어머니 사임당 내외 무덤, 그

밑에 율곡의 아들 무덤이 내리 있고 그 좌우에는 율곡의 매부 趙健, 趙大男, 尹涉과 율곡의 손자 또는 율곡의 재취 부인 무덤이 뒤섞여 있음.

皇甫政丞무덤: 동막동 동남쪽에 있는 세종 때 고명대신 芝峯 皇甫仁의 무덤.

▶ 三防里

여텟고개(輿退峴, 대웃고개): 둔뱅이에서 대능리의 대위동으로 넘어가는 고개. 밑에 익안대군 배위 산소가 있는데 그 무덤을 쓸 때 익안대군과 합장하려고 小轝로 이 고개를 오르는데 갑자기 소여꾼들의 발이 땅에 들어붙어 움직이지 아니하므로 하는 수 없이 이곳에 묻게 되었다 함.

益安大君配位山所: 여텟고개 남쪽에 있는 조선 태조의 셋째 아들 익안대군의 배위 철원최씨의 무덤.

坡州郡 炭縣面

▶ 葛峴里(가루개)

도원터(東軒터, 官衙터): 장릉 서남쪽에 있는 교하현의 동헌 터. 영조 7년(1731)에 장릉을 옮기기 위하여 금성리(금촌읍 금릉리)로 옮겼음.

長陵: 갈현 서북쪽에 있는 조선 제16대 인조와 인열왕후 청주한씨의 능. 본래 파주군 문산읍 운천리에 있었는데 뱀이 많이 있으므로 제21대 영조 7년(1731) 8월 30일에 교하현을 금촌읍 금릉리로 옮기고 그 자리로 이장하였음.

▶ 金蠅里(쇠파리)

黃방촌山所: 절굴 곧 금승리 산 1번지에 있는 조선 초기의 명재상 방촌 黃喜의 무덤. 현재 군 부대 안이라 답사가 어려움. 문종이 친히 이 무덤을 살펴보고 局內를 지정하고 관찰사에게 명을 내려 나무를 심어 수호하도록 하였음.

▶ 大洞里

논바위: 사방 2미터 크기의 바위로 대동리와 금산리 사이에 있다. 이 바위가 쓰러져 있으면 대동리의 여자들이 음란하여 사고가 잦아지고 일어서 있으면 금산리에 과부가 많이 생겨서 대동리로 간다 하여 서로 시비가 잦았다. 50여 년 전 할 수 없이 땅을 파고 이 바위를 묻어 버렸는데 지금 이 바위는 지상에 약간만 나와 있다.

▶ 吾今里(오그미, 烏告美)

密山君山所: 능골에 있는 세조 때 공신 默齋 밀산군 朴仲孫의 무덤. 지관이 명당을 잡으려고 낙하리 낙하나루를 건너서 그 穴을 찾으려고 신선봉까지 와 보았으나 더 이상 갈 데가 없이 바다가 나오므로 자신이 혈을 잘못 짚은 것을 한탄하고 되돌아가는데, 갑자기 이곳에서 까마귀 우는 소리가 세 번 나므로 하도 괴이하여 잘 살펴보니 그야말로 그가 찾던 명당이 틀림없으므로 이곳 마을 이름을 烏告美, 명당 자리를 서서 바라본 곳을 선모루(오금리 남쪽 오롱이에 있는 들), 혈을 찾으려고 나침반을 놓고 대중해 본 곳을 대중잇들(대종잇들, 대재잇들, 오그미 서남쪽에 있는 들), 그가 잘못 보았다고 자탄하던 곳을 叱吾目(오그미 동북쪽에 있는 마을)이라 했다 함.

坡州郡 坡州邑

▶白石里

무쇠봉: 돗장골 동북쪽에 있는 산. 70미터. 왜적이 이 산의 정기로 장차 큰 인물이 날 것이라 하여 무쇳물로 혈을 질렀다 함.

▶向陽里

牛溪先生山所: 안능안마을 그의 아버지 청송묘 뒤에 있는 우계 成渾의 무덤. 우계 성혼은 율곡과의 四端七情論 논쟁으로 유명함. 뒤에는 신도비가 있음.

坡州郡 坡平面

▶金坡里

潭陽君山所: 새말 동남쪽에 있는 세종 대왕의 18번째 아들 담양군의 무덤.

대궐터: 아랫새말 서쪽에 있는 터. 신라 효공왕 때 弓裔가 스스로 임금이 되어 이곳에 대궐을 세웠다 함.

▶訥老里(늘노리): 늪이 있었으므로 붙인 지명.

윤씨못: 갯돌말 서쪽 곧 눌로리 358의 1번지에 있는 못. 고려 태조 때 한 노파가 아침 일찍 이 못에서 빨래를 하고 있는데 못 가운데서 갑자기 안개가 자욱하고 찬연한 빛이 비치면서 물위로 상자가 떠올라 열어 보니 옥동자가 있으므로 데려다가 자기의 성을 따라 尹氏라 하고 이름을 莘達이라 하여 잘 길러 벼슬이 太師에 이르렀는데 이가 곧 파평윤씨의 시조라 함. 그 뒤 후손 相健이 못가에 제단을 만들어 기념비를 세우고 윤씨 문중에서 해마다 제사를 지냄.

▶栗谷里: 율곡 이이의 아버지의 고향.

平澤郡 古德面

평택군은 전체가 평택시로 승격되었음.

▶堂峴里

德源君山所: 늠말 서쪽에 있는 조선 제7대 세조의 셋째 왕자 덕원군 李曙의 무덤.

平澤郡 振威面

▶ 鳳南里
振威鄕校: 봉남리 267번지에 있는 진위현의 향교. 터가 묘하기로 이름 남.

▶ 銀山里
鄭道傳墓: 텃골 뒤에 있는 조선 개국 공신 정도전의 무덤.

平澤郡 彭城邑

▶ 本井里
洪學士墓: 본정리 302번지 곧 꽃산에 있는 三學士의 한 사람인 洪翼漢의 무덤. 본래 함정리에 있었는데 일제가 군사 시설을 위하여 이곳으로 옮김.

▶ 鹹井里(짠우물)
洪學士墓터: 서원말 뒤에 있는 홍학사의 무덤 터. 일제가 군사 시설을 위하여 본정리 꽃산으로 옮겼음.

平澤郡 浦升面

▶ 遠井里
飛龍上天(柳處士墓): 비룡산에 있는 애국지사 三羞處士 柳鳳錫의 무덤. 용이 하늘로 올라가는 형국이라 함.
修道寺: 원정리 산 83번지 곧 봉우재에 있는 절. 신라 제28대 진덕여왕 태화 4년(650)에 원효와 의상 두 대사가 함께 불교를 연구하려고 당나라로 가는 길에 배를 기다리기 위하여 이 절에서 묵는데 원효대사가 밤중에 목이 몹시 말라 절 뒤로 가서 구멍에 있는 물을 마시니 시원하기 짝이 없더니 아침에 깨어 본즉 해골 바가지에 있는 물이라 메스꺼워 개욱질을 하다가 문득 모든 이치가 마음에 있음을 깨닫고 도로 고향으로 돌아가고 의상대사만 당나라로 갔다 함.

抱川郡 加山面

▶ 防築里
白沙의 虛墓: 방축리 산 19번지에 있는 백사 이항복의 헛무덤. 유림들이 백사 묘소에 제사를 지내는데 노론과 남인이 서로 맞지 아니하므로 일부에서 헛무덤을 만들어 놓고 제사를 지냈다 함.

抱川郡 郡內面

▶ 舊邑里: 포천 군청이 있었으므로. 1914년 신읍리로 옮겨 감.
靑城山(半月山, 城山): 구읍리와 하성북리 경계에 있는 산. 280미터. 포천 구읍의 주산이 되는데 반달처럼 생기고 앞에 三台峯이 있어서 宰相들이 떨어지지 않는다 함.
風流山: 구읍리와 용정리 경계에 있는 산. 삼태성처럼 생겨서 포천 구읍의 안산이 되므로 포천에서 재상이 많이 났다 함.

抱川郡 內村面

▶內里(안골)
능골(陵谷): 안골 동쪽에 있는 마을. 처음에 세조의 능을 이곳에 잡았다가 광릉으로 옮겼다 함.

抱川郡 蘇屹面

▶古毛里(묘앞, 고뫼앞)
光陵基地: 죽엽산 서남쪽에 있는 등성이. 광릉 자리를 잡을 때 이곳을 먼저 정했다 함.
▶二東橋里
張勉博士墓: 윗용상골 뒤에 있는 장면 박사의 무덤. 제2공화국의 국무총리를 지냈음.

抱川郡 新北面

▶加采里(歌吹): 佳郞山(400m) 밑이 되므로 붙은 이름.

僧房골(승방이): 요장골 북쪽에 있는 마을. 승방(절)이 있었음.
쉼터: 승방골 앞에 있는 들. 중이 자주 앉아 쉬었다 함(혹시 가혹한 수도를 할 절이 들어설 地氣가 아니라 편안히 쉴 수 있는 성격의 땅이라서 절이 없어진 것이나 아닌지?).
靑城祠(崔孤雲影堂): 위가채에 있는 孤雲 崔致遠의 사당.
崔勉庵祠堂: 위가채에 있는 勉庵 崔益鉉의 영정을 모신 사당.
▶葛月里(티울, 치월): 산마루터기가 되므로 티울 또는 치월이라 함.
陵山所: 능골 서북쪽에 있는 터. 능이 있었다 함.
▶溪流里(자리말, 紫霞洞): 조선 태종 때 좌명공신 獨谷 成石璘이 자리를 잡고 살았으므로 자리말, 또는 界流山(혹은 德大山. 387.2m) 밑이 되므로 자하동이라 함.
▶古日里(수루바위, 垂岩所): 산골짜기가 되므로 고일, 수루바위가 있으므로 수루바위, 고려 때 수암소가 있었으므로 수암소라 불림.
금전구댕이: 고상골(큰말 서쪽에 있는 골짜기)에 있었던 금광 터.
忠壯公墓: 아래 고상골에 있는 충장공 李重老의 무덤.
▶機池里(틀못, 틀모시, 틀무시): 산 모양이 베틀처럼 생기고 그 밑에 못이 있어

붙은 지명.

독골(獨谷, 外里): 틀무시 북쪽 바깥에 있는 마을. 禿山(219.1m. 독산 봉수가 있었음) 밑이 됨. 獨谷 成石磷이 살았다 함(이 마을이 독곡이 서울이 되기를 바랐던 서울 신촌, 서강 일대를 닮지나 않았는지?).

무락골: 공섬 동쪽에 있는 골짜기. 鶴이 춤추는 형국이라 함.

자지봉: 양촌말 남쪽에 있는 산(혹시 모양이 남성의 생식기 모양?).

造山: 양촌말 서쪽에 있는 작은 산. 풍수 裨補에서 쓰는 조산.

▶德屯里: 둔덕이 되므로 덕둔이라 함.

자주봉(자지봉): 외뚠지 북쪽에 있는 산(웬 자지가 또 나오는가?).

▶萬歲橋里(만세다리): 조선 태조가 함흥을 오가는데 이 다리(만세교리와 영중면 금주리 경계에 있음)를 지났으므로 만세교라 함.

龜尾: 함바위 동북쪽에 있는 산. 거북이 꼬리 형국이라 함.

▶新坪里(새벌, 궁말): 인평대군의 묘가 있으므로 궁말이라 함.

도둑놈골: 굴아위(사창골 남쪽에 있는 골짜기)에 있는 굴. 도둑들이 모여 살았다 함.

書院洞(서원말): 龍淵書院이 있음. 숙종 17년(1691)에 창건하여 漢陰 李德馨과 龍洲 趙絅을 배향함.

麟平大君墓: 신평리 산 431번지에 있는 인평대군(인조의 셋째 아들)의 묘.

抱川郡 永中面

▶梁文里(돌골, 독글, 돌글)

仁興君墓: 양문리 산 18번지에 있는 선조의 12번째 아들 인흥군의 무덤.

抱川郡 二東面

▶蘆谷里(갈월)

개무지(개모데, 개모디기, 포회): 벌말 서쪽에 있는 마을. 영평천과 그 밖의 모든 물이 모이는데 나가는 데가 보이지 않음. 물이 나가는 곳을 水破方이라 하는데 수파가 보이지 않으면 매우 좋은 땅으로 여김.

麝香山 金剛寺: 6·25 참전 16개국을 포함한 전몰영가 240만여 명의 고혼을 천도하기 위한 사찰.

▶都坪里

興龍寺: 도평리 38번지에 있는 절. 신라 말에 도선이 창건하여 內院寺라 하였는데, 조선 초에 무학이 중창하고, 인조 16년(1638) 無影이 중수하고, 정조 10년(1786) 泰天이 중수하여 白雲寺라 하였는데, 1922년 설하가 중수하고 흑룡사라 하였다가 홍룡사로 고쳤으며, 6·25 때 소실된 것을 1957년에 주지 수경이 다시 세웠음. 무영과 淸岩의 부도가 있음.

抱川郡 蒼水面

▶ 姑蘇城里

개좆바위: 새능에 있는 바위. 개좆처럼 생겼음.

▶ 楸洞里(가래울)

鰲城山所: 가래울에 있는 오성부원군 백사 이항복의 무덤.

抱川郡 抱川邑

▶ 仙壇里

墓所말: 선단 남쪽에 있는 마을. 철종의 생부 전계대원군의 무덤이 있음.

▶ 雪雲里(海龍)

능모퉁이: 진솔모루에서 재청말로 돌아가는 모퉁이. 약봉 徐渻의 무덤이 제청말 뒤에 있음. 藥峰 서성의 묘는 의정부시에서 포천으로 넘어가는 고개가 축석령인데 그곳에 있으며 여기서 바라보면 도봉산과 북한산 줄기가 한눈에 들어온다. 축석령에서 43번 국도를 따라 포천읍 경계를 넘어서면 곧 긴솔모루라는 동네가 나온다. 이곳에서 왼쪽으로 샛길을 따라 들어가면 군 부대가 나오고 뒤이어 제청마을에 닿는다. 海龍山이 정면에서 내려보고 있고 정상에서 뚝 떨어진 용들은 왼쪽으로 몸을 틀어 제청마을 왼쪽에서 호수에 머리를 디밀듯 마지막 자세를 취한다. 자세히 살펴보면 정상의 용은 웅장한 몸뚱이요 이곳은 그 머리에 해당한다. 渴龍入首形이다. 해룡이란 산 이름도 결국 여기서 비롯된 것. 광산김씨 사계 김장생, 연안이씨 월사 김정구와 함께 조선조 3대 명문을 이룬 달성서씨 약봉 서성이 이곳에 유택을 정한 뒤 그 후손에서 정승 9명과 6명의 대제학, 1명의 왕비를 배출했다고 함.

해룡산에서 동남방으로 떨어진 맥이 마치 청소를 하듯 주위를 깨끗하게 쓸어내면서 생동감 넘치게 뻗어와 남향으로 局을 만들었다(癸坐丁向). 안산은 태봉산이 맡고 있으니 그 모습은 봉황새를 닮았다. 丙午方의 국사봉 줄기는 문필봉을 이뤄 관모가 분명하다. 혈 좌우에는 비단 병풍을 두른 듯 청룡 백호가 감싸안고 있고 내명당으로 흘러 오는 물은 완곡하게 西出東流를 이룬다. 또한 남쪽의 외명당수는 곧장 혈을 향해 다가와 절하듯 읍하고 있다. 전체 형국을 보면 靈龜入首形인 듯싶으나, 거북이의 다리가 시원치 않아

오히려 渴龍入首形으로 봐야 옳다고
하겠다.
춤추는 봉황이 안산이 되고 보니 穴中
에 봉황과 거북과 용의 세 마리 귀한
동물이 다 구비되어 있는 좋은 땅이
된 셈이다. 남쪽의 文筆과 冠帽峯에서
문무백관이 날 것이고 煞을 벗은 주위
산들로 인해 미인은 물론 기상이 수려
한 군자가 속출할 것을 기약한다.
다만 용의 기운이 臥龍으로 완만하게
뻗어 와 남과 싸우기를 싫어하고 결단
력이 부족한, 유약한 자손 역시 간간
히 태어나리라 오른쪽 백호가 玉帶砂
를 이뤄 내외손이 모두 영달하겠지만
장손보다는 지체 집안에서 인물이 더
배출되겠다. 여기에 남쪽 문필봉 역시
같은 영향을 끼치리라(최영주).

華城郡 南陽面

▶南陽里
 苦草峯: 남양리와 신남리 경계에 있는 산. 144미터. 고추처럼 생겼다 함.
 愼嬪陵: 남양리 산 135번지에 있는 세종대왕의 후궁 김씨의 무덤.
▶北陽里
 愛山墓: 염치고개 서쪽에 있는 애국지사 겸 정치가 애산 李仁의 무덤.
▶溫石里

장수터: 온석리에 있는 마을. 산과 물이 맑아서 장수하는 사람이 많다 함.

華城郡 梅松面

▶金谷里(쇠일, 소일)
 造山: 쇠일 동쪽 들 가운데 있는 작은 산. 쇠일 마을의 虛함을 보태기 위하여 모아 만들었다 함. 조산마을은 쇠일과 도봉의 중간이 됨.

華城郡 半月面

▶棠樹里(당나무께, 당진개)
 五龍골: 당진개 남서쪽에 있는 마을. 五龍爭珠形이라 함.

華城郡 飛鳳面

▶南田里
 南怡將軍墓: 존의동 뒤에 있는 남이 장군의 무덤. 지방 기념물 13호.
▶三花里
 蓮花洞: 배꾸지 서쪽에 있는 마을. 蓮花浮水形의 명당이 있다 함.
▶柳浦里
 大將谷(대장골): 버들무지 남쪽에 있는 마을. 將軍大坐形의 명당이 있다 함.
 柳枝洞: 대장골 남쪽에 있는 마을. 鶯

巢柳枝形의 명당이 있다 함.

華城郡 西新面

▶濟扶里(젖부리): 젖꼭지처럼 생겼으므로 붙은 지명.

▶弘法里

洪政丞墓: 홍법리에 있는 영의정 默齋 洪彦弼과 그의 아들 영의정 忍齋 洪暹의 무덤. 묵재의 부인 宋氏가 영의정 宋軼의 딸인데, 정승의 딸로 정승의 아내가 되고 또 정승의 어머니가 되었으며 나이 90살이나 살아서 이런 복은 전고에 없는 일이라 하여 이름 남.

華城郡 松山面

▶天燈里

洪政丞집墓: 천등리에 있는 영의정 인재 홍섬의 조상의 무덤. 여러 묘를 잇대어 썼는데 왕씨들이 묘 사이에 밀장한 뒤 홍씨의 묘를 무너뜨려 버리고 비석을 없애어 그 흔적을 남기지 않았다. 수십 년 만에 홍섬이 그 묘를 찾으려고 천등리에 와서 물으나 아무 흔적조차 알 길이 없으므로 집으로 돌아와 있다가 추레한 옷차림으로 다시 가서 주막에 묵으면서 여러 달을 두고 수소문 하였으나 알 길이 없던 차, 하루는 뜻밖에 어린아이가 동무를 부르면서 〈홍산골로 나무 하러 가자〉하는 소리를 듣고 크게 깨달아 그 애들의 뒤를 몰래 밟아가서 자세히 살피니 흔적은 없으나 좌향이 분명하므로 남양부사에게 연락하였다. 영의정의 命인지라 남양부사가 수십 명의 군정을 데리고 와서 확인한 뒤 묘를 찾아 주어 成墳하니 왕씨의 묘가 홍씨의 묘 사이사이에 끼여 있으므로 남양부사가 왕씨의 묘를 모두 없애려고 서두르니 홍정승이 말리어 그대로 두게 하였다. 왕씨들을 찾으니 왕씨는 모두 놀라 달아났으므로 여러 방면으로 겨우 찾아서 홍정승이 이르기를 〈전에야 어떻게 되었든지 이제 산소가 한데 잇대어 있으나 현상대로 둘 터이니 우리가 성묘할 때는 왕씨의 묘를 밟고 왕씨가 성묘할 때는 또한 우리 산소를 밟고 절하여 同山所한 의를 두텁게 하자〉고 선언하니 왕씨들이 그제야 마음을 놓고 깊이 감읍하여 그 의를 지금까지 지켜 온다 함.

華城郡 楊甘面

▶大陽里: 301번지는 天宮仙女玉盤選珠形의 길지. 거주자 梁箕煥의 5대조 때에 이곳을 택지로 정하여 집을 지었던 바 그로부터 점차 재산이 불어 현재에 이르기

까지 면에서 제일가는 資産家라 함.

華城郡 雨井面

▶ 花山里

婚姻골: 매우 호젓한 골짜기라서 처녀 총각들이 어울렸다 함. 성욕을 자극하는 地氣라는 것도 있을 수 있음. 성욕도 욕심인지라 그에는 범죄 냄새가 풍길 수도 있음.

華城郡 正南面

▶ 官項里

막은골(晩隱洞): 늘밭 동남쪽에 있는 마을. 앞에 소나무를 많이 심어서 바람을 막았음. 防風林의 개념인데 풍수에서는 이것 역시 虛한 곳을 裨補하였다 하여 洞藪로 봄.

華城郡 台安面

▶ 安寧里

健陵: 안령리 산 1의 1번지 화산에 있는 조선 제22대 정조와 효의왕후 김씨의 능. 본래 현륭원 동쪽에 있었는데 순조 21년(1821) 9월 13일 이곳으로 옮겼음.

隆陵: 건릉 동쪽에 있는 사도세자의 능. 처음에 양주 배방산(혹은 배봉산이라고도 함. 지금 서울시립대 자리)에 썼다가 정조 13년(1789) 10월 이곳으로 이장하였음.

華城郡 鄕南面

▶ 杏亭里

바위배기: 서면 남쪽에 있는 마을. 바위가 박혀 있는데 점점 커지므로 이 바위를 싸서 집을 지으면 부자가 된다 하여 집을 짓고 바위를 위함.

仁川市 北區

五造山: 계산동에 있는 들. 조산 다섯이 있었음.

淑儀文氏墓: 심곡동 뒷골 동쪽에 있는 조선 제5대 문종의 후궁 숙의 문씨의 무덤. 1974년에 확장 보수하였음.

江原道篇

江陵市

▶ **大田洞**

이씨집터: 四雙金帶形. 강릉시 四柱山의 하나인 胎藏峰 부근의 이씨집터는 이율곡의 이모부인 權處均의 증조 權溥이 잡은 것이다. 눈이 많이 내리던 날 개가 짖더니 눈덩이가 집안으로 굴러들어 그 속에서 늙은 중이 나왔는데 산마루에서 술에 취해 잠이 들었다가 깨어 보니 눈이 많이 쌓였노라고 하며 쉬어 가기를 청하였다. 결국 겨울을 이 집에서 남. 봄이 되자 좋은 집터를 잡아 주겠노라고 이웃의 참亭터를 가리키며 상량 및 입주 일시까지 지정한 다음 3년 안에 집안에 일이 일어나리라 함. 그리고 자신은 10년 뒤 다시 올 것이니 그때까지 집을 더 짓거나 개축하지 말라고 함. 권씨가 입주한 날 밤 매 한 마리가 집 앞 나무에 앉아 떠나지 않아서 주인을 찾는 광고를 냄. 어러 달 뒤 나타난 매 주인이 3천 냥을 내놓자 주인은 거절, 그러나 듣지 않음. 결국 권씨는 그 돈으로 논밭을 사서 부자가 되었고 8년 뒤에는 곡식을 쌓아 둘 창고가 모자라서 집을 늘렸다. 10년 뒤 중과 약속한 날 출타했던 권씨가 집에 돌아오자 부인은 중이 사랑에서 기다린다고 하였다. 그러나 방문을 열자 아무도 없고 벽에 이런 글귀만 씌어 있을 뿐.〈앉은 산은 문을 싸고 돌고 줄기찬 물은 집터로 흘러드네. 혈은 용의 입술, 턱 옆에 있고 네 쌍의 금띠는 높고 높구나(坐山趨進擇門回 旺水隨流入局來 穴在龍脣穎不側 四雙金帶世崔邃).〉급히 중을 찾아 나선 권씨는 결국 간성의 乾鳳寺까지 따라갔다. 마당을 쓰는 이에게 물으니 대사를 뵈려면 법당으로 가라는 대답이었다. 법당에는 빙그레 웃는 모습의 부처님이 앉아 있을 뿐이었다고 한다.

▶ 강릉 **母山峰과 船橋莊**: 강릉 시내는 전형적인 行舟形이다. 화부산과 월대산 사이의 남대천을 중심으로 한 양쪽 구릉이 바로 배의 모습으로 바다를 향해 나아가고 있다. 대개 진행하는 방향으로 발전을 가져 오게 마련인데 현재 송정동 일대의 개발이나 두산 동쪽의 공단 건설도 이

런 영향이라 하겠다. 행주형의 도시에는 무릇 사람들이 오래 머물지 않고 다른 곳으로 떠나가게 마련이라 강릉도 모르긴 해도 상업에 종사하는 사람들이 돈 벌면 떠나지 않는가 싶다.

모산봉 아래 강릉최씨의 한 씨족인 평장최씨(평장이란 고려 때 정2품 문하시중 평장사의 뜻. 4대에 걸쳐 이곳에서 평장사가 나왔다고 함)들이 世居해 온 곳이다. 모산봉은 강릉 인재를 배출하는 곳으로 알려져, 중종 때 강릉 부사로 부임한 韓汲은 강릉 인재의 續出을 방지하기 위하여 모산봉을 3자나 낮추었는가 하면 경포대의 자리도 현재의 위치로 옮긴 것으로 전해 온다. 풍수에 밝았던 한 부사는 이 밖에도 명주군 일대의 주요 혈맥에 쇠말뚝을 박았다는 전설이 전해 온다.

학산 지역은 모산과 함께 일급 양택지로 꼽히는 곳. 만덕봉에서 내려온 한 맥이 칠성대를 만들고 이어 학산마을로 내려왔다. 현대에 이르러 다섯 명의 국회의원을 배출하는 등 소문이 자자한 곳이다.

효령대군 11세손인 李乃蕃(1703-1781)이 충주로부터 강릉으로 옮겨 와 현재의 선교장 터를 잡았다. 처음 경포대 근처에 자리를 잡고 가산을 일으키기 시작했다. 그러던 중 어느 날 집 앞에 한 떼의 족제비들이 나타나 무리를 지어 서북쪽으로 이동하기 시작했다. 그는 이를 이상히 여겨 따라가 보았더니 바로 현재 선교장이 있는 곳에서 사라졌다. 〈이곳이 바로 하늘이 준 명당〉이라고 생각하여 터를 닦고 집을 옮겼다.

후손인 이기서 교수(고려대)가 쓴 『강릉선교장』(열화당)에는 이곳 지형을 다음과 같이 그리고 있다. 〈시루봉(甑峰)에서 뻗어 내리는 그리 높지 않은 산줄기가 평온하게 둘러져 藏風을 하고 남으로 향해서면 어깨와도 같은 부드러운 곡선이 좌우로 뻗어, 왼쪽으로는 약동 굴신하는 生龍의 형상으로 재화가 증식할 만하고, 약진하려는 듯한 호(백호)는 오른쪽으로 내려 자손의 번식을 보이는 산형이다. 더욱 이 앞에는 얕은 내가 흐르고 그 바른편엔 안산이 있고 왼편 시내 건너엔 조산이 있어 주산에 대한 객산의 자리를 지키고 있는 훌륭한 터〉라는 것이다(이 글에서 청룡과 백호의 소응은 착오가 있음).

대관령 위쪽 곤신봉에서 내려온 맥이 오죽헌 자리를 만들고 동북쪽으로 건너가 시루봉을 이뤘다. 이곳에서 서쪽으로 돌아 서남향(艮坐坤向)으로 터를 잡으니 대관령 쪽을 바라보는 回龍顧祖格이다. 대지의 형국은 얼핏 보아 반달형을 이룬 것 같지만 자세히 보면 항구에 정박한 배(泊舟形) 모습이다. 집 앞의 물은 서쪽에서 나와 동쪽으로 빠지다가 남쪽으로 흘러 오는 외당수와 만나 동쪽으로 빠진다.

경호에 들어가는 물이 이곳에서 보면 빠질 틈 없이 막고 있어 택지로는 가히 명당이다.

선교장의 동별당이 안채의 주방보다 높고 바깥 사랑채인 열화당 등이 벌려 서 있어 일반적으로 보아 풍수에 안 맞는 것처럼 보이나 자세히 관찰해 보면 東四宅의 조건을 완벽하게 갖추고 있다. 안방이 동쪽(甲卯方), 부엌이 동남쪽(巽方), 대문이 남쪽(丙午方)에 있어 곧 동4택의 조건을 구비한 것이다.

그런데 活來亭은 단순한 정자가 아니라 내당수가 빠져 나가는 것이 허하여 裨補策으로 세운 것 같다.

母山(芧山): 유산동과 장현동 경계에 있는 산. 중종 때 부사 한급이 부임하여, 이곳 지세를 살펴보고, 인물이 많이 나겠다 하여 이 산을 깎아 내렸는데 피가 흘렀다 함. 맞은편에 父山이 있음.

갈맷골(渴馬谷): 교동에 있는데 渴馬飮水形의 못자리가 있다 함.

괴봉재(猫山): 병산동 팔망재 밑에 있는 산. 물 건너 송정동 지형이 쥐의 형국이고 병산동은 고양이 형국이라 하는데 고양이가 건너오면 농사가 잘 되지 않는다 하여 병산동과 송정동 간의 다리 가설을 송정동 사람들이 반대한다 함.

골말(金盤谷): 홍제동 골짜기에 있는 마을. 이곳에 玉女金盤形의 명당이 있다 함.

高城郡 杆城面

▶蓬壺里: 호수가 있고 그 가에 쑥이 많으므로 蓬湖라 하였는데 魚氏가 번성해 살다가 尹氏에게 몰리어 기세가 꺾이자, 윤씨측에서 어씨의 성이 고기를 상징한 것이니 호수가 있으면 다시 일어날 염려가 있다 하여 그것을 영영 막는다는 뜻으로 湖를 壺로 고쳤다 함.

高城郡 巨津面

▶冷泉里

乾鳳寺: 신라 법흥왕 7년(520)에 아도화상이 세워 圓角寺라 하였으며 신라 말에 도선국사가 중수하여 西鳳寺라 하였는데 고려 공민왕 7년(1358)에 懶翁和尙이 다시 중수하고 절 이름을 건봉사라 고쳐 현재에 이름. 6·25 때 건물의 대부분이 불탔기 때문에 현재 이 절의 본부는 간성면 신안리에 있음.

▶盤岩里

벼락바우(霹靂岩): 반바우 북쪽에 있는 바위. 예전에 어느 남매가 이 바위 밑에서 비를 피하다가, 불의의 짓을 하고 벼락을 맞았다 함.

高城郡 竹旺面

▶ 文岩里(문바우, 文岩津里)
괘나리(掛津): 문암진리 字掛津洞은 예로부터 蓮花浮水形의 길지라 모두 중류 이상의 생활을 했는데, 근래 어획물이 많아 더욱 부유해진다고 함(村山).
▶ 野村里: 앞뜰 작은 산에 魚氏의 祖墓가 있음. 金龜陷泥形으로 재산과 세력을 지님(村山).
거북산: 거북처럼 생긴 산.

溟州郡 江東面

현재 명주군은 전역이 강릉시로 편입되었음.
▶ 山城隅里
명계동(발깨리): 귀나뭇골 남쪽에 있는 마을. 뒷산에 金鷄抱卵形의 명당이 있다 함.
▶ 正東津里
燈明寺터: 등명이 뒷산, 곧 火飛嶺 북쪽 줄기 掛芳山 허리에 있던 절터. 어두운 곳을 밝게 해준다는 뜻으로 등명이라 했다 하는데, 어느 임금이 눈병이 심하므로 점쟁이에게 물으니 서울의 正東쪽에 있는 절에서 쌀을 씻어

낸 뜨물이 동해 바다를 흐리게 하여 용왕의 노염을 샀기 때문이라는 말을 듣고 사신을 보내어 원산에서부터 찾아 내려오다가 정동진 못 미처서 바닷물이 흐린 것을 보고 물줄기를 따라 등명사에 이르러 과연 쌀뜨물이 많이 흐름을 보고 절을 없앴는데, 그후부터 마을에서 인재가 나지 않는다 함. 1940년 徐學守가 그 자리에 암자를 지었음.
▶ 下詩洞里
호장골(虎藏谷): 진골 동북쪽에 있는 마을. 猛虎出林形의 묏자리가 있다 함.

溟州郡 邱井面

▶ 山北里(산뒤)
버들고개(柳峴): 산뒤 동쪽에서 제비리의 웃회산으로 가는 고개. 柳枝鶯巢形의 묏자리가 있다 함.
▶ 彦別里
단경골(丹景洞): 언별이 서남쪽에 있는 마을. 棠花落地形의 묏자리가 있다 함.
潭頂山(談定山): 단경골 안에 있는 산. 강릉읍의 案山이 되며 松潭書院의 主山임.
▶ 濟飛里(제빗골, 燕洞): 燕巢形의 명당이 있다 하여 붙은 지명.
배암골(뱀꼴): 제빗골 아래 골짜기. 뱀처럼 생겼다 함.

장때바우: 뱀꿀 맞은편 산에 높이 솟은 바위. 제빗골의 제비를 지키기 위하여 뱀꿀의 뱀을 쫓고 있는 장대와 같다 하는데, 이 바위가 비바람에 쓰러지면 마을에서 다시 잘 세워 둔다 함.

할미바우: 장때바우 옆에 있는 할머니처럼 굽어져 솟아 있는 바위. 이 바위가 장때바우를 들고서 제빗골의 제비를 잡아먹으려는 뱀꿀의 뱀을 쫓고 있어서 마을의 수호신이 된다 하여 마을에서 잘 보호하고 있음.

▶鶴山里(屈山)

설내(泄川, 石泉): 재궁골 남쪽에 있는 마을. 남쪽에서 오는 냇물이 이곳에 이르면 땅속으로 伏流가 됨. 이런 경우의 地勢에서는 질병을 일으킬 수 있는 瘴氣가 서리기 쉬움.

학바우(鶴岩): 屈山寺址浮屠塔(보물 제85호. 신라 선덕여왕 13년(644)에 梵日國師가 굴산사를 세울 때 함께 세운 탑으로, 지대석 밑에 지하실이 있어서 五百羅漢을 모셨는데 일본인들이 훔쳐갔음) 서남쪽 산기슭에 있는 큰 바위. 굴산에 사는 과년한 처녀가 우물에서 물을 긷다가 마침 아침 햇빛이 표주박 물에 비추어 유난히 빛나는 것을 보고 무심코 그 물을 마셨는데 몸이 이상하여지더니 열넉 달이 되어 뜻하지 않은 옥동자를 낳게 됨에 크게 놀라 처녀의 몸으로 아비 없는 자식을 낳은 큰 변이라 하여 그 아이를 이 바위 밑에 버리고 사흘 뒤에 다시 찾아가 보니 학이 날개로 아기를 덮어 주고 붉은 열매를 먹여 주므로 매우 신기하게 여겨 보통 애가 아니라 하여 다시 데려다 길렀는데 그가 바로 범일국사라 하며 이 바위를 학바우라 한다 함.

溟州郡 沙川面

▶石橋里

야짜꾸미: 석교 안에 있는 산. 崔福奎의 묘가 也字形이라 함. 이런 형국은 局面이 사방으로 산에 둘러싸이게 되므로 매우 아늑한 분위기가 됨.

하무나니(낮거리잔등): 웃구라미 서남쪽에 있는 골짜기. 어귀에 큰 門 같은 바위가 있어서 한문안이라 하던 것이 변하여 하무나니가 됨. 깊은 산골이므로 이곳을 지나는 여인들이 낮거리(白晝强姦)를 잘 당했다 함.

溟州郡 城山面

▶觀音里

개자리(狗食洞, 狗宿里, 可坐洞): 관음 북쪽에 있는 마을. 개가 엎디어 밥을 먹고 있는 것 같다 하며 맞은편, 곧 늘어리의 뒷산에 猛虎出林形의 명당이 있다 함. 개는 호랑이의 먹이로, 특히 호랑이 새끼는 개호주라 불릴 정도임.
딴봉: 개자리에 있는 산. 외따로 우뚝 솟아 있는데 개자리의 개가 먹을 밥그릇이라 함.

▶ 邱山里
갈맷골(渴馬洞): 구산 안에 있는 마을. 渴馬飮水形의 못자리가 있다 함.

▶ 金山里(갱금이, 건금리)
갈맷골(渴馬洞, 鷗洞): 금산 서남쪽에 있는 마을. 渴馬飮水形의 못자리가 있다 함.
玉女峯: 장안골 윗산. 玉女彈琴形의 못자리가 있다 함.
平章墓: 금산리에 있는 고려 충렬왕 때 平章事 江陵君 崔立之의 묘. 강릉지방에서는 예로부터 살아서는 母山이나 鶴山 지역이 좋고 죽어서는 성산(溟州郡 城山面)이 좋다고 한다. 강릉 김씨 시조인 명주군왕 金周元의 능은 중국식 풍수가 우리나라에 도입되기 전에 현재의 자리에 위치했기 때문에 한국적 풍수 이론의 전개를 가늠해 볼 수 있다.

대관령에서 아흔아홉 굽이가 끝나는 곳에 〈명주군왕릉소 입구〉라는 간판이 있음. 대관령 허리에서 동쪽으로 떨어진 용이 강릉 근처에서 머리를 돌려 巽坐乾向으로 局을 만들고 못자리는 甲坐庚向으로 잡았다. 물은 壬得坤破다. 얼핏 보아 주위 산들이 높게 둘러싸고 있어 天獄처럼 보이지만 자세히 보면 뒤에는 동해가 감싸고 있고 앞에는 대관령의 大幹龍이 案山이 되어 비록 높지만 높은 줄 모르게 되어 있다. 형국은 작게 보아 花形이지만 隱龍 혹은 靑鶴으로도 볼 수 있다.

少祖山이 金水形으로 半月을 이뤄 마치 병풍처럼 둘러싼 가운데 그 중간에서 맥이 떨어져 左單股(산의 모양이 마치 한쪽 다리만 있는 듯한 모습으로 왼쪽이면 좌단고, 오른쪽이면 우단고)로 국을 이뤘다. 이런 경우 풍수 이론으로 보아 指掌定穴法으로 자리를 잡게 마련인데 옛사람이 이를 버린 까닭을 알 수 없다고 수강은 말한다. 아마도 우리의 전통적 풍수, 곧 바람과 물의 폐해를 벗어나고 살아 있는 사람과 가까이 있고자 하는 뜻이 반영된 것이 아닌가 한다.

崔欣奉을 시조로 하는 강릉최씨(평장파)는 시조의 묘가 실전되어 그의 12세손인 강릉군 최립지가 중시조를 맡고 있다. 그 위치는 대관령을 내려와 구산 입구에 들어서서 金山 밑. 忠淑公 최립지의 못자리 형국이 玉女彈琴形이라 琴山이라 함. 대관령에서 7개

貪狼(文筆 모양의 木形山)이 연이어 동쪽으로 내려와 칠봉 아래서 다시 貪狼星을 이룬 후 양쪽으로 칼을 휴대한 모습의 小祖山을 만들었다. 이곳에서 동쪽으로 나아가 한 마디 아래서 다시 탐랑을 이뤄 入首하고 壬坎方으로 돌아 過峽을 놓았다. 그리고 다시 탐랑을 이뤄 서쪽으로 몸을 돌려 혈을 만들었다. 혈을 이룬 산 모양은 탐랑이 양쪽 팔을 벌리고 내려오는 모습이니 처음 보면 마치 仙人이 옷깃을 나풀거리는 모습(仙人舞袖形)이나, 다시 보면 안산이 倒地木星(목형산이 누워 있는 모습)으로 가로놓여 있으니 무수가 아니라 玉女彈琴形이 분명하다. 案山 뒤의 朝山(산 이름은 鼎峰)은 역시 탐랑 華蓋(목형산이 삼각형으로 品子 모습을 띤 것)로 귀인을 뜻한다. 이는 곧 귀인이 옥녀를 포옹하고 있음이다. 동진칠봉 저 탐랑은 태백산맥과 더불어 조산이 되어 다가오니 이 아니 좋을손가. 甲坐庚向으로 혈을 잡으니 물도 역시 법도에 따라 乾亥得丙午破하는구나. 문인재사 속출하고 대소관작 間出하리. 외당수가 앞에서 다가오니 재물인들 없을손가.

귀인과 옥녀가 마주보며 그 사이에 거문고를 놓고 즐기는 모습은 곧 인간 세상의 일과 다를 바 없다. 더구나 7백 년 풍상을 지나오면서도 한자락 흐트러짐 없이 오롯이 자리를 지키고 있음은 만질 수 없는 기의 힘이 아닐까 생각된다. 이쯤에 이르면 풍수 이론도 한갓 속세의 술수가 아닌 경험 과학으로 재인식해야 하지 않을까(최영주, 張哲秀).

▶普光里(普賢村, 보갱이)

溟州郡王陵: 삼왕동 동쪽 산에 있는 명주군왕 김주원의 능. 신라 제37대 선덕여왕이 세상을 떠났는데 대를 이을 세자가 없으므로 族子 김주원을 왕으로 모시기로 하였는데 마침 큰비가 와 냇물이 넘쳐서 맞으러 갈 수가 없게 되므로 이는 하늘의 뜻이라 하여 다시 上大等 金敬信을 맞아들여 元聖王이 되매, 주원은 화가 미칠 것을 두려워 하여 外家인 명주에 와 있었는데 원성왕 2년(786)에 명주군왕을 봉하고 명주, 익령(양양), 삼척, 근을어(평해), 울진을 식읍으로 주고 세습적으로 삼대까지 왕을 봉했음. 卯坐酉向으로 艮寅得。戌破한다. 形局은 左斷指形이며 回龍顧祖形이기도 하다(張哲秀).

▶松岩里

대침이: 송암리에 있는 산. 獅子仰天形의 명당이 있다 함.

▶於屹里(느러리)

망월이(望月洞): 느러리 남쪽에 있는

마을. 玉兎望月形의 명당이 있다 함.
▶ 謂村里
崔安麟墓: 坤坐艮向에 丁得 乙破다. 形局은 없으나 合局大地이며 강릉의 大地라 불린다. 집 뒤 느티나무를 베어 내고 쓴 자리라 함. 최준집, 최규하 씨가 후손이라 함(張哲秀).

溟州郡 連谷面

▶ 三山里
武陵溪: 소금강 어귀에 있는 골짜기. 봄철에는 복숭아꽃이 가득 피어서 무릉도원과 같다 함.
靑鶴洞: 청학산 밑에 있는 마을.
靑鶴寺터: 청학동 서쪽 청학산 기슭에 있던 청학사의 터. 현재 부도 하나만 남아 있음.

溟州郡 玉溪面

▶ 南陽里(午日)
옹구점(독점골): 음달말 서북쪽에 있는 마을. 조선 말엽에 천주교인들이 박해를 피하여 이곳에 와서 옹기점을 내고 살았다 함.
▶ 助山里: 바닷바람을 막으려고 쌓은 둔덕이 있으므로 造山이라 하였음.
▶ 川南里

밥봉(食峯): 상골터(신영골에 있는 약물터. 산골, 즉 自然銅이 많이 남) 동남쪽에 있는 산봉우리. 밥을 수북이 담아 놓은 것 같음. 環境心理學의 관점에서 마을 주민들에게 넉넉한 성품을 줄 것으로 기대됨.

溟州郡 旺山面

▶ 九切里: 마을 앞 松川의 냇물이 아홉 굽이를 이루었으므로 九切이라 함.
거문골(琴洞): 웃자개 북쪽에 있는 마을. 신선이 거문고를 타고 놀았다 함(仙人彈琴形).
二聖臺(義禪臺): 사달 서쪽 魯鄒山(1,322m, 둘레 40km. 신라 시대 설총과 조선 시대 이이가 모두 이곳에서 학문을 닦았으므로 중국 노나라와 추나라의 기풍이 있다는 뜻으로 노추산이라 함) 위에 있는 반반한 대. 신라 시대 설총이 이곳에서 공부를 했으며, 조선 시대 율곡 이이가 도를 닦은 곳.
자개바우(自開門): 자개(자개앗, 장뚜둑 서북쪽에 있는 마을)에 있는 큰 바위. 바위 위에 문처럼 네모 난 금이 그어져 있는데, 성인이 나타나면 바위가 스스로 열린다 함.
▶ 高丹里(고단이)
島眞이: 정선군과 인접한 마을. 아늑하

여 피란처가 된다 함.
비오갯재(飛峙): 다릿골에서 늘막골로 가는 고개. 飛鳥啄尸形이라 함.
새목재(鳥項峙): 다릿골에서 구절리 수레너미로 넘어가는 재. 새의 목처럼 생겼음.
七聯亭: 안고단이 어귀, 냇가에 있는 정자. 49명이 계를 짜서 8·15 해방 기념으로 세웠는데, 해방된 날짜가 음력으로 7월 7일이므로 칠연정이라 함.

▶ 南谷里

되잇골(되옛골, 升谷, 化谷): 하고사리 서북쪽에 있는 마을. 옛날의 되(升)처럼 생겼다 함.
화채봉: 앞실골에 있는 산. 상여 모양.

▶ 大基里(큰터, 한터)

老人峯: 다릿재 서쪽에 있는 산봉우리. 1,056미터. 모양이 허리 굽은 노인이 서 있는 것 같다 함. 풍수에서 허리 굽은 노인의 형상은 지혜와 안정을 상징함.
놀거리: 다릿골 동북쪽에 있는 마을. 노를 젓는 형국이라 함.
늘막골(板幕洞): 대기 남쪽, 곧 노추산과 祖顧峯(늘막골 서북쪽에 있음. 123m. 回龍顧祖形?) 아래에 있는 마을. 널집(판자집)이 많았음.
닥목령(닥목재, 鷄項峙): 계항동(닥모기)에서 왕산리로 가는 고개. 金鷄抱卵形이 못자리가 있다 함.

마지모기(牛項): 마지모기 마을 위에 있는 고개. 망아지 목 모양.
바람부리(風吹洞): 새터 서북쪽에 있는 마을. 냇가 벌판에 있어서 바람이 세게 분다 함.
배나드리(船渡里): 새터 서쪽 송천 냇가에 있는 마을. 예전에 횡계와 평창으로 가는 배가 드나들었음.
안반대기: 늘옛골 옆에 있는 골짜기. 안반처럼 반반함.

▶ 都麻里(도매)

옷밥골(이식동, 衣食洞): 도매 남쪽에 있는 마을. 넓고 좋은 들이 있어서 의식 걱정이 없다 함.

▶ 木界里(모개)

九花洞(九我洞, 구앗골): 모개 남쪽에 있는 마을. 예전 난리 때 어린아이 아홉이 이곳에서 피란했다 함.
당바우(仙人堂): 마지냇골 서남쪽 산기슭에 있는 큰 바위. 바둑판처럼 줄이 새겨져 있는데, 신선이 내려와 바둑을 두고 갔다(풍수상 神仙圍碁形이 됨) 하여 그 옆에 당을 짓고 기우제를 지냄.
守松: 모개 어귀에 있는 마을. 모개의 水口를 보호하기 위하여 이곳에 소나무를 많이 심고 수호하였음.

▶ 松峴里(소재)

명당바우: 버덩말(평촌, 본마을) 아래

에 있는 마을. 명당 터가 있다 함.
▶旺山里
帝王山: 841미터. 산세가 웅장하여 제왕의 기상이 있다 함. 아래가 되므로 붙은 이름.
眠狗洞: 왕산 남쪽에 있는 마을. 개가 잠자는 형국. 풍수상 평안함과 넉넉함을 상징함.
재리니(재래니, 紫蓮洞): 장잿벌(長財坪) 동남쪽에 있는 마을. 蓮花浮水形의 못자리가 있다 함.
丁字峯: 재리니 위쪽에 있는 화랑봉 동쪽 줄기 끝에 있는 산. 丁字形.
花暖峯(花卵峯): 왕산리와 대기리 경계에 있는 산. 1,020미터. 金鷄抱卵形의 명당이 있다 함.

溟州郡 注文津邑

현재 강릉시 주문진읍.
▶橋項里(다리목집)
줄솔: 새마을(신리, 혹은 신야동. 교항 서쪽에 있는 마을) 앞에 서 있는 소나무. 약 450여 년 전에 마을을 위하여 水口에 소나무를 많이 심었는데 여덟 그루가 남아 있음.
▶三橋里
궁궁터(弓弓洞): 살래 동쪽에 있는 마을. 앞 내가 활처럼 휘었다 함.

살괘(杏田洞): 시거리 동쪽에 있는 마을. 杏花落地形의 명당이 있다 함.

三陟郡 柯谷面

현재 삼척시 가곡면. 삼척군은 전역이 삼척시로 편입되었음.
▶湯谷里
九利山: 탕실 동쪽 면사무소 건너편 산. 풍수적으로 이 산은 아홉 가지 이로움이 있다고 함.
화산봉: 탕곡리에 있는 산. 산꼭대기에 항아리가 묻혀 있는데 그 단지에 물이 마르면 가문다고 함.

三陟郡 近德面

현재 삼척시 근덕면.
▶宮村里(궁말): 고려의 마지막 임금 恭讓王이 왕위를 이성계에게 빼앗기고 이곳에서 은거하다 죽었으므로 붙은 지명.
사랫재(殺害峙): 가래 북쪽에 있는 고개. 가래에서 동막리로 넘어가는 곳인데 고려 공양왕의 아들들을 이곳에서 살해했음.
王奭墓: 고들재에 있는 공양왕의 세자 왕석의 무덤. 이것을 공양왕릉이라 하는 이가 있으나 공양왕릉은 경기도 고양군에 있음(이 문제에 대해서는 제1

권 2장 참조).

王瑀墓: 고들재에 있는 왕석의 아우 왕우의 묘.

恭讓王陵: 추천마을 고돌치에 있음. 진인탁 교수(『실직문화 2집』, 1991)는 고돌치의 고는 先王이며 돌은 혼령의 음차로서 이에 따라 고돌치는 선왕의 혼령을 모신 곳으로 뼈(사리)를 모신 곳이라 단정함. 또는 태조 3년(1394) 공양왕 三父子를 살해한 후 시신에서 목만 베어 가지고 가서 경기도 고양에 묻고 이곳에는 목 없는 시신만 묻었다는 설도 있음.

▶金溪里: 지형이 金鷄抱卵形이어서 붙은 지명이란 설이 있음.

▶東幕里

고십등(高習嶝): 동막리(동마기) 서쪽에 있는 산. 이 산에 무덤을 써서 장군이 났다 함.

石花塚: 둔지말(양짓말 옆 높은 둔지에 있는 마을) 적은골에 있던 아름다운 화전민 딸의 무덤. 이 마을에 14대 3백여 년간 산전을 개간하고 살던 최장수란 사람에게 여동생이 태어났는데 워낙 아름다워 석화라 이름지었다. 천하절색이라 나이 서른까지 배필을 얻지 못하고 결국 자살하고 말았다. 살아 있을 때는 그녀가 웃으면 사람들이 꽃이 웃는다고 했다 함.

▶府南里(불안골, 부란골): 『진주지』에는 富蘭谷이라 하였는데 예전에는 富南으로 썼다. 마을에 八富者가 살았는데 마을에는 조그만 연못이 있다. 물이 맑아 물밑으로 청기와집이 보인다 하였으며 또한 우물을 식수로 많이 파서 쓰게 되면 마을이 망한다는 얘기가 전한다.

三陟郡 蘆谷面

현재 삼척시 노곡면.

▶古自里(늡고리, 納高里, 入古洞): 지대가 높으므로 붙은 지명. 본래 예의를 숭상하고 덕이 높은 마을이란 뜻으로 高자를 썼는데 일제가 우리 민족의 정기를 낮춘다는 뜻으로 古 자로 바꿨다고 함.

명산: 마을 앞에 있는 산으로 좋은 약수가 나오는데 得男을 기원하면 아들을 낳는다 함.

月山川: 월산리에서 내려오는 내로 고자리 남쪽에 와서는 땅속으로 흐르는데, 이 물이 근덕면 하맹방리의 蘇翰窟로 나온다 함. 옛날에 어떤 사람이 벼 한 섬을 이 냇물 상류에 뿌렸더니 그 벼가 소한굴로 나왔다 함.

▶上班川里(웃바내)

촛대바위: 마을 앞산에 있는 바위로 이 바위를 건드리면 동네 처녀들이 바람이 난다고 함. 아마도 본래 이름은 좆

대바위였을 것이나 어감이 좋지 않아 촛대바위로 바꾸어 부르게 된 듯함.
▶ 閭三里(여시미, 汝深, 汝蔘)
朴杰南將軍墓: 장군의 부모 나이 40이 넘도록 자식이 없어 근처 금태봉에서 백일 기도를 드리던 마지막 날 밤 꿈에 백발 노인이 나타나 龍泉劍을 주어, 그를 받은 후 박걸남 장군이 태어남. 태어나기 3일 전부터 금태봉이 끙끙 울었다고 함. 임진왜란 때 적장 가등청정의 말 왼쪽 다리를 베어 그가 도망 가게 한 일도 있는 천하 장사다. 7년 동안 싸우고 왜적이 물러간 후 임금 앞에 나가는데 국고에 들어가 엽전 5백 냥을 몸에 감고 마루에 오르니 마루의 널판이 부러졌다. 임금이 말하기를〈박 장군은 가진 돈만 해도 공의 대가가 되었으니 벼슬을 그만두라〉고 하니 공은 수포로 돌아간 셈이다. 그 뒤 대신들의 상신으로 병조판서에 추증되었다. 장군의 묘를 3백 년 뒤 이장할 때 백골은 황금 같고 頭骨부터 足骨까지는 換骨奪胎인데 두골을 드니 족골까지 연결되어 있었다고 함. 묘 앞에는 사당이 있음.
▶ 上麻邑里
궁터(宮基): 머구터 서쪽에 있는 마을. 고려의 마지막 세자 왕석이 이곳에 와서 있었다 함.

신서덜: 상마읍리에 있는 너설. 부근 사람들이 아주 신성하게 여겨 부정한 사람이 가면 해를 입는다 함.
▶ 下班川里
불공명산: 이 산에서 불공을 드리면 소망을 이루었다 하여 불공명산이라 하는데 주로 병이 있다거나 자식을 얻지 못한 사람들이 와서 공을 들인다 함.

三陟郡 道溪邑

현재 삼척시 도계읍.
▶ 古士里: 본래 고사리가 많이 나기 때문에 蕨里라 하다가 음을 따서 고사리가 되었다고 함. 일설에는 마을 앞의 案山이 험악하여 옛날에 사람이 많이 죽었다 하여 故殺(고살이)이라 한 데서 붙은 지명이라고도 함(김정경, 『삼척향토지』).
▶ 九士里(아홉사리)
五十川(오시내): 구사리 百屛山 밑에서 발원하여 汀上里에서 東海로 들어가는데 다리가 50곳, 굽이가 50곳이 된다 함.
▶ 大基里(한터, 大將터)
노은지(老陰村, 老陰地, 老人村): 옛부터 좋은 우물이 있어서 노인들이 장수하였다 함.
德項山(덕메기산): 대기리와 하장면 하사미리 경계에 있는 산. 1,070미터. 꼭대기에 산제당이 있어서 지성으로 빌면 크게 덕을 본다 함. 옛날부터 修道人들이 많이 들어와 살았음.

▶ 大耳里(한굴, 한귀, 한구): 幻仙窟이 있으므로 한굴. 현재는 신기면.

한성굴(환선굴, 幻成窟, 에이굴): 골말 서쪽에 있는 큰 굴.

골말(谷村): 골짜기 안에 있는 마을. 환선굴을 가자면 이곳까지 차를 타야 들어갈 수 있음. 계곡 가운데에 촛대봉. 본래는 콩알을 떼어 낸 좆대봉. 풍수가 찾는 땅은 불안과 근심이 없는 곳이다. 그런 곳은 바로 어머님의 품 속 같은 땅이다. 안온하고 안정되어 있으며 근심, 걱정이 없는 터. 어머님의 품안에서 사람들은 편안하게 살았다. 살아가면서 어머님의 품을 떠나게 되고 사람들은 불안에 빠진다. 그래서 언제나 어머님의 품속 같은 삶터를 찾아 나서는 것이다. 그것이 바로 풍수. 여기서 한 걸음 더 나아가 어머님의 뱃속, 즉 어머님의 자궁 속으로 회귀함으로써 완전한 안정을 취하려는 욕구가 나올 수 있다. 이것이 『정감록』 신봉자들이 찾아 헤매던 鑑錄村. 골말은 바로 그 어머님의 자궁 속을 상징하는 땅 구조이다. 촛대봉은 이곳이 어머님의 뱃속임을 분명히 하기 위한 확실한 증거. 즉 발기한 아버님의 생식기의 표상이다.

그 아래 백 년 넘은 굴피로 지은 물레방아간 터가 문화재로 지정되어 있음. 현재 李鍾玉 할아버지(1994년 당시 74세, 삼척시 신기면 대이리 206번지)를 비롯하여 다섯 가구가 거주함. 1958년에는 40여 가구였음. 경기도 포천에서 살다가 병자호란 때 이쪽으로 들어옴. 6·25 때도 피해가 없었다. 할아버지는 처음 『정감록』 신봉자임을 부인했으나 나중 그를 시인하고 『정감록』 필사본까지 보여 줌.

1930년경 너와 채취의 어려움으로 참나무 껍질을 벗겨 굴피집을 짓기 시작함. 處暑를 전후하여 참나무 껍질을 벗겨 건조시킨 뒤 덮음. 보통 3년을 주기로 교체, 보수함. 집안에는 고콜(벽난로), 화티(불씨를 모아 두는 곳), 두둥불(호롱불을 설치하는 곳) 등이 있다.

덕항산 품안에 대이리가 있는데 왼쪽에 지각봉, 오른쪽에 뾰족한 양태봉(제1권 2장 참조).

▶ 大坪里(큰드르)

鄭娘塚: 마을 가운데 造山 옆에 있는 조그만 무덤. 영조 때(『三陟郡誌』의 기록) 鄭恒의 娘子 묘라 함. 다른 기록에는 조선 숙종 때 양양 사람 盧重慶이 큰드르에 사는 鄭恒之의 딸과 약혼을 하였다가 파혼을 당하였는데 그후에 노중경이 과거에 급제해 가지고 이 마을을 지나는 것을 보고 정랑이 한을 품고 자살하였다고 함.

▶上德里

똘뚜깨비: 도깨비가 나타나는 산.

자무숫골: 골짜기가 으슥하고 험악해서 사람이 들어가면 저절로 무서워져서 잠긴다(까무러친다) 함.

▶新基里(새터)

六百山: 신기리와 황조리 경계에 있는 산. 1,220미터. 산이 평평하고 토질이 좋아 감자가 잘되고 조(粟) 씨앗 6백 석을 뿌릴 만하다 하여 육백산이 되었다 함.

▶新里(부새골, 부싯골, 火鐵洞): 본래 부싯골이었는데, 화재가 자주 나므로 불을 일으키는 부싯돌 지명을 바꾸어 신리로 고쳤다 함.

四金山: 노곡, 도계, 원덕의 경계에 있는 1,092미터의 산. 산꼭대기에 옛 무덤이 있고 분지로 되어 있어 잔디가 무성하며 가운데 샘물이 나오는데 눈이 내리면 이내 녹아 없어진다고 함. 奇穴이 아닌지?

▶深浦里(지풍개)

美人村: 미인이 났다 함.

美人瀑布: 옛날 이 부근에 아름다운 처녀가 살았는데 약혼만 하면 상대편 남자가 까닭 없이 죽으므로 비관하여 이 폭포에 떨어져 자살했다 함.

▶黃鳥里

가매실: 마을이 못자리로서 명당이며 그 지형이 가마와 같이 생겼다 하여 붙은 지명.

덕직계(德地基): 옛날 이 마을에 살던 학식 있고 덕망 높은 사람들이 훗날 이 마을에 가치 있고 유명한 건축물이 세워질 것이라고 예측한 데서 연유하여 지어진 이름.

황새터: 황조기마을 가운데 황소혈이란 유명한 묘지가 있고 토지도 비옥하여 황새터라 이름 지음.

三陟郡 未老面

현재 삼척시 미로면.

未老四景: 天藏地秘處로 알려진 4곳. 50여 년 전 동민 윤학명과 함종석이 다음과 같은 민요로 4경을 노래하니, 1) 미로라 좋은 곳 한 번이라도 와 보소/봄이면 구둘산(九房山) 꽃구경이 절경이라네. 2) 미로라 좋은 곳 두 번 다시 와 보소/여름이면 적벽강(赤屏江)에 뱃놀이가 흥겹다네. 3) 미로라 좋은 곳 세 번 다시 와 보소/가을이면 천은사(天恩寺)의 단풍 구경 그림 같네. 4) 미로라 좋은 곳 네 번 다시 와 보소/겨울이면 두타산(頭陀山)에 눈썰매가 멋있다네(『三陟郡誌』).

▶古川里

진대: 마을 입구 돌탑 옆에 세운 솟대. 이곳에서는 진대 또는 오릿대라 부른다. 높이 약 4미터 정도로 나무로 1기를 세웠는데 상당에는 새를 각각 동남북쪽으로 향하게 세 마리를 올렸다. 이곳에 진대를 세운 이유는 마을 주민들이 아들을 못 낳고 딸만 낳자 두타산 암자의 스님이 이것을 세우면 아들을 낳을 것이라 하여 세웠다고 한다. 마을에서는 두타산으로 〈산맥이 산신제〉를 집안 식구들이 모여 지내러 가는데 이를 조상맞이라 함.

▶內未老里

天恩寺: 고려 충렬왕 때 動安居士 李承休가 지금의 천은사 자리에 龍溪別業을 두고 『帝王韻記』를 저술하였음.

▶東山里

永慶墓: 이태조의 高祖母(목조의 비인 황비) 평산이씨의 무덤. 활기리의 준경묘와 같이 고종 광무 3년(1899)에 修築하였음.

▶武士里: 큰 沼가 있으므로 무소라 하던 것이 변하여 부새 또는 무사가 되었다고 함.

장수굴: 왜정 때 철도 공사중 폭파 과정에서 발견된 굴이다. 굴 안에 상자 1개와 해골 2기가 있었다고 함. 해골의 크기는 지금 사람들의 3배였고 팔과 다리 뼈는 모두 현재 사람들의 4배 크기였다고 함. 이 유골과 함께 같이 발굴된 돌창, 돌칼, 돌도끼 등은 당시 일본인들이 모두 가져 갔다고 한다(『三陟郡誌』).

▶士屯里

구멱골(九覓谷): 사둔 1리에서 본리의 입구까지 아홉 굽이를 돌아야 마을이 나오기 때문에 九尾谷이라 불렀는데 와전되어 구멱골이라 함. 三陟十勝地 중 하나임.

▶活耆里(활터)

능꼴(陵谷): 穆祖의 아버지 李將軍의 묘가 있음.

御製穆祖大王舊居遺址碑: 이태조의 高祖인 穆祖가 전주에서 옮겨서 이곳에 살았다는 것을 나타낸 비석. 광무 3년(1899)에 세웠음.

濬慶墓: 능골에 있는 이태조의 5대조 조부 곧 목조의 아버지 李陽茂의 무덤. 전에는 이 무덤이 어디 있는지를 몰라 각처를 찾아본 결과 세종 29년(1447)에 늙은이들이 전하는 말과 기록을 참조하여 이곳이라 단정하고 찾아다니다가 고종 광무 3년(1899)에 이르러 단서를 확정하고 수축하였음. 이 무덤을 쓸 때에 지관의 말이 소 백 마리를 잡아 開土祭를 지내고 널은 금으로 하면 자손에 임금이 날 것이라 하였는데 살림이 넉넉지 못하여 그 대신 백소(흰 소, 백 마리의 소 대신임)를 잡고 金棺 대신 황금빛 보릿짚으로 널을 싸서 묻었더니 뒤에 이태조가 났다 함. 이를 흔히 百牛金棺의 전설이라 함. 청룡, 백호가 서로 머리를 쳐들고 맞서는 형국이라 仰頭라 하는데 형제간에 다툼이 많이 난다고 함.
海東六龍의 첫째가 목조 李安社이고 그의 아버지가 李陽武, 그의 할아버지가 李璘이다. 이안사 때 강원도 삼척을 거쳐 함경도 덕원으로 이주함. 俗稱 활계릉. 활기리의 첫번째 마을에서 왼쪽으로 난 작은 길을 따라 굽이굽이 산을 올라가면 산 정상에서 황장목으로 불리는 아름드리 소나무들이 별천지를 이룬다. 경복궁 중건 때 쓰인 나무들이다. 정상에서 다시 계곡을 따라 1킬로미터 정도 올라가면 공터를 만나게 된다. 곧 준경묘의 외명당인 셈이다. 입구 양측에는 높은 산이 가로막고 뒤로는 산들이 둘러싸고 있어 바람한 점 느낄 수 없다(『三陟郡誌』).
太白大幹龍이 맥을 내리다가 강릉 대관령(駐畢山)을 이루고 다시 뻗어 내려 명주군 왕산면의 만덕봉(옛 지명은 希福峴)에서 過峽을 놓는다. 이 산에서 오른쪽으로 돌아 삼척의 두타산을 일으키고 다시 남쪽으로 달려 내려오다가 동남방으로 들어와 木星인 蘆洞山에서 혈을 만들었다. 좌향은 辛坐乙向이다. 혈 주위 산들은 천을, 태을, 천관, 지축을 온전히 구비한데다 입구의 왼쪽산은 上相(領相)이고 오른쪽은 上將이니 더없이 좋다.
그런데다 십리 밖 오십천에는 독묘산(신기역 앞에 섬처럼 떠 있는 산)이 北辰(북극성처럼 뚜렷이 혈 앞에서 물의 흐름을 느리게 하는 산으로 이런 산이 있는 곳은 반드시 대명당이 있고 그런 곳은 아무나 묘를 쓸 수 없다고 함) 형상이니 이 혈은 君王之地의 증거가 아닐 수 없다(최영주).
형국은 흔히 猛虎出林形이라 하지만 자세히 보면 仙人聚會形이다. 이곳은 소 백 마리를 잡아 開土祭를 지내야 하고 棺은 금관으로 해야 한다. 그래서 白牛를 잡고 누런 보릿짚(1995년 1월 2일 현지 답사 때 신기역 앞 음식점 주인은 보릿짚이 아니라 이 고장에서 옛날부터 많이 심던 귀릿짚이라 증언함)으로 관을 쌌다. 송강 정철이 27세 때 강원도 관찰사로 부임하여 관동지방을 순시중 준경묘와 영경묘를 참배하고 楡嶺에 올라〈三百年後鐵舟入於楡嶺 發現黑面將軍可活萬人〉이란 시를 읊었다고 함.

三陟郡 北坪邑

북평과 묵호를 합하여 현재 동해시.
▶ 九美里(현재의 동해시 구호동)
淫風井: 箭川 남쪽 북평리에서 바닷가 호해정으로 내려가는 냇가 도로변에 있던 조그마한 우물. 안구미(내구미리)의 지형이 여자의 陰門처럼 생겼으며 여기서 孝街里의 뒷산인 가름산(자지산)이 바라보이기 때문에 이 물을 마시면 여자가 바람이 난다 하여 이 우물을 메우고 다른 곳에 새로 팠음(『三陟郡誌』).
▶ 三和里(삼핫골, 새맷골): 三和寺가 있으므로 붙은 지명.
武陵溪: 삼화리 서쪽 頭陀山 안에 있는 골짜기. 명승지로 유명함.
三和寺: 본래는 세 神人이 노닐다 가던 곳이라 하여 도굴산 선문을 개산한 범일국사에 의하여 신라 때 三公庵으로 개창됨. 고려 태조 왕건의 願刹로 통일을 이룬 뒤 세 나라를 화합시켰다 하여 三和寺로 고침. 임진왜란 때와 을사조약 후 倭人들에 의하여 빙화로 소실. 그후 쌍용양회 동해 공장의 채광권 안에 들어가 결국 옛날 개국사 터로 자리를 옮김.

三陟郡 三陟邑

현재의 삼척시내.
葛夜山(伽倻山): 삼척읍 성북리에 있는 삼척읍의 鎭山. 산 중턱 삼척시 교육청 뒤에 삼척김씨의 시조인 悉直郡王 김위옹의 陵이 있다. 삼척시 사직동 국도 옆에 있는 밀양군 박씨 부인의 史直陵을 함께 가리켜 실직군왕릉이라 함.
▶ 南陽里(현재의 삼척시 남양동)
南山: 예전 삼척읍사무소 앞 大路가 오십천의 원래 水路. 이 수로는 북으로 흘러 삼척중고등학교 서남쪽 끝에서 동쪽으로 휘돌아 삼척경찰서 남쪽을 지나 동쪽 初農山 앞에서 부딪혀 다시 남쪽으로 휘돌아 산기슭을 따라 흘러 봉황산 북쪽 험살굿은 절벽에 부딪혀 다시 서남 방향으로 돌아치면서 큰 못을 이루었다. 이 못을 鳳凰池라 하고 이 험살굿은 절벽을 虎岳이라 하며, 이 호악 서쪽으로 낮은 산줄기가 뻗어 내려 절벽을 이뤘는데 이곳은 미륵바위라 한다. 미륵바위라 함은 이곳이 三陟鄕校의 案山이 되어야 하는데 너무나 험악하여 요사스런 기운이 일어난다 하여 1835년 부사 李奎憲이 미륵불 세 개를 만들어 봉황산 위에 설치하였던 것을 그후 1857년에 주민들이 이곳에 옮겨 놓았기 때문에 미륵바위라 하며 지금도 돌미륵 세 개가 나란히 앉아 시내를 바라보는 모습이 인상 깊다. 이곳은 삼척의 죄인들을 사형시키던 곳이라 함(『三陟郡誌』).

▶ 禹池里(울개, 현재의 삼척시 우지동)
　聽鼓재: 우지리의 나지막한 고개 이름임. 그 재 밑에 강릉김씨 齋室이 있으며 재실 뒤에 선조 때의 進士 金世民의 묘가 있다. 어느 날 김세민이 강가에 있는데 어떤 도사가 큰비에 강물이 불어 건너지 못하고 있자 그가 업어서 건너 드렸다. 이에 그 도사는 못자리를 잡아 주며 〈다만 下柩(下棺) 시간은 子時인데 반드시 죽은 소가 하늘에서 울거든 하라〉고 하였다. 죽은 소가 운다는 것은 북소리를 뜻한다. 북이 소 가죽으로 만들기 때문이다. 자시 끝 무렵 인근 後津 앞 바다를 지나던 상선(혹은 어선)에서 커다란 북소리가 울려 관을 모셨다. 그 이후 청고재라 불림.
　안장바위: 마을 남쪽 마달리로 넘어가는 경계선인 광대산 고개 마루에 있는 말 안장처럼 생긴 바위. 그 밑에는 龜岩이란 바위가 있는데 장정 10여 명이 밀면 머리가 돌아간다. 그 머리가 향한 동네는 불행하다는 전설이 있어 양쪽 동네 주민들이 몰래 방향을 돌려 놓으며 시비와 언쟁이 심하였다. 왜정 말엽 砂防工事를 할 때 머리가 잘려 나가 지금은 몸통만 있다.

三陟郡 新基面

▶ 大基里
　노은지(老陰村): 좋은 우물이 나와 노인들이 장수했다 함.

三陟郡 遠德邑

현재 삼척시 원덕읍.

▶ 葛南里
　薪南(갈남 2리, 섶너머)海神堂: 옛날 처녀 총각이 서로 좋아하다가 처녀가 파도에 휩쓸려 죽었다. 그후 이 마을에는 전혀 고기가 잡히지 않았다. 어떤 어부가 화가 나서 바다를 향해 오줌을 누면서 욕을 해댔더니 이상하게도 그 다음날 그물에 많은 고기가 잡혔다. 이에 마을 사람들은 이는 물에 빠져 애쓰다 죽은 처녀 때문이란 결론을 내리고 나무로 실물 크기의 男根 모양을 깎아 매달고 제사를 모셨더니 전처럼 고기가 잘 잡혔다고 한다. 이 해신당은 건물은 없으며 다만 오래 묵은 향나무에 해신당이라고 쓴 위패를 달아 놓고 정월 대보름 전날 밤 제사를 지낸다고 한다.
꽃바우(花岩): 신남 서남쪽에 있는 바위. 모양은 우리나라 지도와 비슷하며 바위에 파인 곳이 있는데 진시황과 중이 지팡이로 때린 흔적이라 함.

▶魯谷里
오당골(오뎅이골): 풍수 지리에 의거, 예로부터 명당 자리가 다섯 군데 있다는 것에서 유래함.
笠峯(삿갓봉): 산꼭대기에 항아리가 묻혀 있어 정월 대보름에 바닷물을 항아리에 가득 채워 두었다가 다음해에 열어 보아 물이 많이 남아 있으면 비가 많이 올 것이고, 물이 적게 남아 있으면 한재가 심하여 화재가 날 징조라 하여 이 항아리를 화수 단지라 하였다.

▶沃原里: 마을의 형국상 뒷산맥 다섯 갈래가 마치 기러기 다섯 마리가 날아오는 것 같아서 五雁이라 하던 것이 변하여 옥원이 됨.

▶月川里(다래): 다래가 많으므로 붙은 지명.
삼상골(三相谷): 다래 서쪽에 있는 마을. 세 聖人이 날 것이라 함.
할무개(姑浦): 달래 남쪽 해안에 있는 마을. 할머니가 손자를 안고 있는 형국이라 함.
介谷山 烽燧台: 월천 3리 갈령 동쪽 烽火山에 옛 봉수대가 있다. 지금은 城隍堂을 설치하여 음력 정월 대보름에 제사한다. 이 봉화대 돌문이는 아직 그대로 남아 있고 그 곁 땅속에 화성 단지라 하여 조그만 단지가 있다. 정월 대보름 단지 안에 바닷물을 채워 두었다가 다음해 정월 대보름에 개봉하여 물이 많이 남아 있으면 비가 풍족하고 마을에 다른 재난이 없으며, 물이 많이 없어지면 마을에 화재나 재난이 일어난다 하여 이를 화성 단지라 하는 것이다. 이웃 마을에도 소금물로 한 해의 수량을 점치고 재앙을 예조하는 占歲 풍습이 남아 있음(『三陟郡地名由來誌』).

▶理川里
鐵馬峯: 이천 1리 도촌 앞산으로 412미터. 명나라의 이여송이 명산의 맥을 끊기 위하여 쇠를 박았다 하여 철마봉이라 함.

三陟郡 長省邑

현재 태백시로 귀속되었음. 태백시편 참조.
▶銅店里(퉁점): 놋점이 있으므로 붙은 지명.
구무소(穿川): 퉁점 남서쪽 굴 밑에 있는 沼. 黃池에서 나오는 낙동강 상류가 조그만 산을 뚫고 흐르는데 이 뚫어진 구멍 밑에 있으므로 구무소 또는 천천이라 함. 옛날 경북 안동의 映湖亭을 지을 때 그 대들보감을 禾田里에서 베어 황지의 냇물에 띄워 나르는데 홍수가 일어나 대들보감이 산의 벼랑에 부딪혀 큰 벼락소리가 나면서 벼랑이 뚫려 물이 이리로 흐르게 되었다 함. 또는 옛날 이곳 동점리에 嚴宗漢이란 사람이 구무소에서 고기를 잡아 생계를 이어 왔었다. 하루는 쳐 놓은 그물이 없어져서 이것을 찾으려고 물 밑으로 들어가니 그 안에 별천지가 있는데 平沙十里의 들이 열리고 高樓巨閣들이 즐비하였다. 문 안으로 들어가 보니 자기가 잃은 그물이 거기 걸려 있는데 한 노파가 나와 온 까닭을 물으므로 사실대로 말하니 그 노파가 이르기를 자기의 어린 두 아들이 그 그물에 걸려 急流에서 죽을 뻔했기 때문에 성이 나서 그물을 걷어 왔는데 지금 그들은 사냥하러 나가서 돌아오지 않았으나 돌아와서 당신을 보면 죽일 것이니 빨리 돌아가라 하였다. 그리고 그 노파는 흰 강아지와 흰떡을 내주며 흰 강아지를 따라가다가 배가 고프거든 흰떡을 먹으라 하므로 그 말대로 좌우산천을 구경하면서 돌아오는데 잠깐 동안에 자기가 빠졌던 곳에 이르렀는데 무당의 굿소리가 나고 조문객이 오락가락하고 있으므로 그 연유를 물으니 어느덧 엄씨가 빠진 지 3년이 되어 大喪을 지내고 있는 중이라 하였다. 엄씨가 물에 올라오자 흰 강아지는 죽고 흰떡은 굳어져 돌이 되므로 강아지는 둔산에 장사 지내고 흰떡은 家寶로 길이 간직하였는데 그후로 엄씨는 큰 부자가 되었다. 3년 후에 엄씨는 죽어서 강아지 무덤 옆에 묻히고 흰떡은 엄씨의 사위인 慶北 大地에 사는 趙氏가 훔쳐서 安東 芋田地로 가져 갔다 함.

子開門: 구무소 남쪽에 있는 石門窟이다. 이 굴을 통하여 경상도 지방과 통행하였다. 울진군, 정선군, 봉화군과 같은 거리의 중심지가 되며 교차점이라 하여 子時에 開門한다는 전설이 있다. 또 구무소와 이 바위 굴의 두 구멍이 동점리에 있기 때문에 이 마을 남자들이 妾을 많이 둔다고 함(『三陟郡誌』).

암내밭: 통점 동북쪽에 있는 마을.

▶鐵岩里(쇠바우)

텃구미: 좁씻골 너머에 있는 골짜기. 옛날 집터였는데 눈사태로 없어졌다 함.

▶黃池里(현재 태백시 황지동)

거북바우: 황지초등학교 뒷산 南麓에 있는 바위. 거북처럼 생겼는데 金龜沒泥形의 명당이 있다 함. 황지팔명당 중 하나이다. 둘째는 金烏啄屍形으로

乞人을 장사하여 묻은 곳, 셋째는 金鷄抱卵形으로 지금의 화전리 鄭氏 묘가 들어서 있는 곳, 넷째는 蓮花浮水形으로 태백시편에서 소개되었고, 다섯째는 芍藥半開形으로 화전리에 있는 산인데 王侯將相이 출생한 지대, 여섯째는 將軍對坐 또는 將軍擊鼓出動形으로 황지에서 통리와 창죽리로 가는 삼각 지대 중간에 보이는 높은 봉우리인데 자손이 번창하고 위인과 영리한 사람이 배출된다고 하며, 일곱째는 서운동에 있다는 祥雲逢日形이고, 끝으로 飛鶴上天形 또는 鳳腰鶴膝形이라 하는 것인데 어디 있는지 모른다고 한다(『三陟郡誌』).

黃池: 낙동강 원류의 하나가 되는 큰 못. 옛날에 황부자가 살았는데 어느 날 마굿간을 쳐내는데 太白山의 중이 시주를 청하니 황이 곡식은 주지 않고 쇠똥을 던져 주었다. 황의 며느리가 이것을 보고 민망하게 여겨 그 시부모 모르게 쌀 한 되를 중에게 주고 사과를 하니, 중이 그 며느리더러〈이 집이 망할 것이니 그대는 나를 따라오라, 어떤 일이 있더라도 뒤를 돌아보지 말라〉고 당부하였다. 그 며느리가 얼마를 걸어서 九士里의 산꼭대기까지 왔을 때 벼락 치는 소리가 나며 천지가 진동하므로 뒤를 돌아보니 그의 살던 집이 못으로 변해 버렸으며 그 며느리는 뒤를 돌아보지 말라는 중의 말을 어겼기 때문에 그 자리에서 아기를 업은 채 돌부처가 되었다 함. 이 못 물은 수량이 굉장히 많으며 맛이 좋아서 오늘날 상수도의 水源으로 이용되고 있다. 현재 상당히 오염되었음.

三陟郡 下長面

현재 삼척시 하장면.

▶ 上士美里(웃새미)

열녀바우: 예전에는 화냥바우라 불렀다 함. 이 바위는 2개가 마주 하고 있는데 하나는 남자바우로 뾰족하고 다른 하나는 여자바우로 마치 여자의 음문처럼 생겼는데 동네 청년들이 소를 먹이러 가서 이 구멍을 막대기로 후비면 동네 처녀들이 가출을 많이 했다고 한다. 그래서 명칭을 열녀바우로 바꾸어 부르니 그 뒤부디는 그런 일이 없어졌다고 한다.

▶ 宿岩里

고개안: 고개 안쪽에 있는 마을. 태백 상수도 취수장이 있는 곳으로 광동댐 수몰 지역임. 일설에는 고개안의 산은 남자 산이고 지각산(지구령이 뒤쪽에 있는 산으로 여자의 생식기 모양)은 여자 산인데 태백으로 가는 길을 닦으며

고개의 능선이 잘린 탓에 남자의 생식기가 잘린 모양이 되어 여자들이 바람이 났다고 함(『三陟郡地名由來誌』).

▶ 易屯里

묘거리: 옛날 연일 정씨 못자리가 있던 곳으로 마을 뒤쪽 낙엽송이 있는 곳으로 올라가면 만난다. 본래 팔정승이 날 명당이었는데 유명한 지관이 자리를 잡아 주면서 〈하관을 할 때 무쇠 의관을 쓰고 가는 사람이 있으면 하고 또한 파다가 돌이 나오면 돌을 파내지 말고 돌 위에 시신을 묻으라〉고 하였다. 삼형제가 산소를 쓰다가 돌이 나와 의견 일치를 보지 못하고 있는데 갑자기 맏상주 부인이 금방 죽게 되었다는 전갈이 왔다. 이에 맏상주가 자리를 뜨니 동생들이 그대로 돌을 파내고 말았다. 그때 도롱뇽 세 마리가 돌 밑에서 빠져 나와 연기를 내뿜으며 하늘로 올라가고 말았다. 마침 웬 부인이 솥뚜껑을 이고 가는 것이 보였다. 이것이 무쇠 의관을 쓴 사람이었으나 형제들은 그것을 몰라보고 나중에 하관을 하고 말았다. 그리하여 팔정승 명당은 破山이 되고 팔정승 대신 여덟 문둥이가 나왔다고 함(『三陟郡地名由來誌』).

▶ 兎山里(돌미): 마을 서쪽에 있는 조그만 봉우리가 토끼를 닮았다 하며 여기에 玉兎望月形의 명당이 있다 함.

▶ 板門里

영감바우: 바위 모양이 노인처럼 젊잖게 생겼으며 아들을 낳고자 하는 사람은 명주실을 감아 놓고 치성을 드린다 함. 할멈바우의 상대 바위임.

할멈바우: 바위에 구멍이 나 있으며 이것을 후비면 처녀들이 바람이 난다 하여 구멍을 다 막았다고 함.

束草市

靑鶴洞: 靑草湖의 뜻을 따라 청학동이라 함.

雪嶽山 新興寺: 신흥사의 혈장은 火山인 황철봉의 강력한 화기가 아래로 내려오면서 순화된 土山을 만들고 이어서 용맥이 정지할 때에는 金山이 됨. 陰陽合水口. 靑鶴抱卵形.

繼祖庵: 뒤를 둘러싼 울산바위는 土星 중에서도 수려한 尊星이다. 계조암 바로 앞에 있는 여의주 같은 바위가 흔들바위.

新興寺: 학 둥지 모양(鶴巢形)이라는 설이 있음.

화암사: 이곳이 금강산맥과 설악산맥의 분기점이라 금강산 화암사라 한다. 飛鶴騰空形이란 설이 있음.

楊口郡 南面

▶ 佳俉作里(가오자기)
가지봉: 모양이 가지처럼 생겼다 함.
자지봉: 산 모양이 남자 생식기처럼 생겼다 함.

▶ 竹里(대울)
복개골(伏狗): 엎드린 개 형국(伏狗形)이라 함.
선바우: 두 층으로 우뚝 서 있는 바위. 선조 때 송강 정철이 이곳을 지나다가 좋은 못자리라 하여 이곳에서 인물이 나는 것을 꺼려 그 혈을 자르기 위해서 한 층을 없애 버렸다 함.

▶ 晴里(개멸)
촛대바우: 촛대처럼 생긴 바위. 좃대바우의 訛傳일 것임.

楊口郡 東面

▶ 支石里(괸돌이)
지럭골(기레골, 지례골, 雁洞): 모양이 기러기가 떨어진(落雁形) 형국이라 함. 기러기가 떨어졌다 함은 기러기가 내려앉았다는 뜻으로 그런 곳은 일반적으로 들이 넓은 곳이니, 平沙落雁이라 하여 명당으로 침.

▶ 八郎里(바랑골): 지형이 바랑처럼 생겼다 하며, 옛날 젖 네 개 달린 부인이 아들 팔형제를 낳아서 모두 郞官 벼슬을 하였으므로 바랑골 또는 팔랑동이라 한다.

楊口郡 方山面

▶ 松峴里(소재, 솔재)
들뭇골(登梅洞): 어두어니 서쪽에 있는 마을. 梅花落地形이라 함. 매화꽃 지면 매실이 달리는 법이라 명당의 상징임.
매나텃골: 梅花落地形의 명당이 있다 함.

▶ 長坪里(진두루)
뚝진머루: 덕둔지 밑에 있는 마을. 지형이 뚝지라는 고기의 대가리처럼 생겼다 함. 魚頭一味라는 말처럼 물고기 머리 모양의 지세는 명당으로 친다.

楊口郡 楊口面

▶ 東水里
용의머리: 용의 머리처럼 냇가로 쑥 나와 있는 산. 이 산에 묘를 써서 海州牧使가 났다 함.

▶ 下里(아랫말)
광대바우: 함춘리에 있는 바위. 지금은 대부분이 물에 잠겼음. 처음에는 바위가 산 중턱에 있어 동수리의 용의머리와 마주 보고 있었는데 용의 머리에 좋은 못자리가 있어서 그 묘를 쓴 사

람이 해주목을 지냈는데 못자리를 잡아 준 풍수를 푸대접하므로 그 풍수가 함춘마을 사람들에게 이 바위를 굴려 내리면 마을이 잘된다고 하여 마을 사람들이 그 바위를 굴려 내렸는데 해주목은 망하고 함춘마을은 좋아졌다 함.

襄陽郡 降峴面

▶ 前津里(앞나루)

五峰山洛山寺: 潛龍入水形이란 설이 있음.

襄陽郡 西面

▶ 葛川里(칡내, 칭내)

지방너미(지방유리): 마을 입구에 뻗어 내려온 산줄기가 문지방같이 놓여 있음.

▶ 內峴里(안고개)

風吹山: 안고개 북쪽에 있는 산. 북풍이 세게 불어옴.

▶ 論化里(논엣골)

望嶺골(망령재): 이 산에 오르면 寒溪嶺을 바라볼 수 있다 함.

女門(여무니): 지형이 소문(陰門, 여성의 생식기)과 같이 된 골짜기.

▶ 五加里

매내미(馬山洞): 백암리 서쪽에 있는 마을. 산 모양이 말처럼 생겼다 하며 또는 走馬脫鞍形의 명당이 있다 함. 달리던 말이 안장을 벗었다는 뜻이니 안락함을 상징함.

▶ 龍泉里

口歎峯: 버덩말 동쪽 앞산. 어떤 풍수가 명당 자리가 있을 것 같아서 올라가 보면 알 수 없고 내려와 보면 있을 것 같고 하여 산을 아홉 번이나 오르내리며 탄식을 했다 하여 九歎峯이라 하다가 변질되었음.

襄陽郡 巽陽面

▶ 祥雲里(역말)

성매기: 골짜기 입구에 서 있는 큰 소나무. 두 그루가 골짜기를 막고 있는 것 같음. 일종의 水口막이 역할임. 풍수에서는 수구가 열려 있는 것을 매우 꺼린다. 따라서 이 두 그루 소나무는 좋은 풍수상의 裨補策이 되는 셈이다.

▶ 水余里(무내미)

이씨집: 집 양쪽 좌우 언덕이 게의 집게발 모양이라 함. 언덕 아래 판 두 개의 우물이 게눈, 양쪽으로 낸 좁은 길이 게의 더듬이. 조선의 풍수에서는 이곳을 蟹眼形 또는 龍眼形이라 했으나 게등 터로 보는 것이 정확할 듯하다는 설도 있음(김광언, 78).

襄陽郡 襄陽面

▶甘谷里(감동꼴)

거북바우: 대산터에 있는 바위. 모양이 거북과 비슷한데 꼬리 쪽에 살면 부자가 된다 함. 거북은 꼬리 쪽으로 알을 낳기 때문임.

▶基丁里

개명당: 음지말 동쪽에 있는 산. 개의 명당이란 못자리가 있는데 김씨가 썼다 함. 개는 새끼를 많이 낳으므로 다산 기원의 명당임.

▶奈谷里(멎질): 벚나무가 많으므로 붙은 지명.

悉直君墓: 달래고개 옆에 있는 무덤. 삼척김씨 시조의 무덤이라 함.

▶林泉里(鹿門)

범왕동(석장골): 임천리 북쪽 8백 미터 小路 가에 있는 골짜기. 猛虎出林形의 명당이 있다 하며 또는 高麗葬 터가 있다 함.

▶造山里

딴봉(造山): 조산의 서북쪽에 외따로 우뚝 솟아 있는 산. 마을의 主山이 되는데 낮아서 좋지 않다 하여 높게 쌓아 올렸음.

▶浦月里

거북바우: 대산터에 있는 바위. 거북 모양으로 되었는데 꼬리 쪽에 있는 집이 잘살게 된다 함. 거북은 뒤쪽으로 알을 낳기 때문에 거북 형국의 터에서는 반드시 거북의 꼬리 쪽이 명당이 된다.

襄陽郡 縣南面

▶見佛里(즌불, 웃개매): 老僧禮佛形이라 하여 붙은 지명.

▶北盆里(뒷벌)

巳頭穴: 장자고개 북쪽 끝에 있는 산. 뱀의 머리처럼 생겼음.

▶遠浦里(머주개)

던골: 양짓말 서쪽에 있는 마을. 사방이 산으로 둘러싸여 있어 바람이 잘 통하지 않아 덥다 함.

▶亭子里

造山: 정자리 입구에 있는 둑. 마을을 수호하기 위하여 둑을 쌓고 나무를 심었음.

▶下月川里(아랫달내)

시루바우: 시루봉 위에 있는 바위. 모양이 시루와 흡사함. 강릉 쪽으로 바위가 기울어져 있어서 강릉은 발전되고 이 마을은 발전이 안 된다 함.

襄陽郡 縣北面

▶獐里(노루골)

蓮花洞: 배터골 서쪽에 있는 마을. 蓮花浮水形의 명당이 있다 함.

寧越郡 南面

▶廣川里

혈터: 광천리는 산수가 수려하고 명당이 있어 장수가 태어난다는 전설이 있음. 임진왜란 때 이여송이 그를 막기 위하여 광천리 본마을 성황당 뒷산 봉우리에다 쇠못을 박아 혈을 끊었다 함. 돌고개에 사는 엄동석 씨가 이곳에서 25-30센티미터의 쇠못을 실제로 확인하여 뽑아 냈음.

▶淵堂里

고사골(고식골): 봉불사가 있는 마을로 예로부터 많은 사람들이 고사를 지내기 위하여 몰려들었기 때문에 붙은 이름. 地靈이 神聖하기 때문으로 여겨짐.

▶北雙里

구준봉: 아랫들골(下坪)에 있는 구준봉에 구름이 자주 끼면 비가 많이 와서 그 해는 흉년이 든다는 얘기가 있음.

달봉: 아랫들골 강 건너에 있는 달봉에 보름에 밝은 달이 뜨면 그 해는 이 마을에 풍년이 든다는 얘기가 전함.

▶助田里

쉰패랭이골: 비치실 뒤에 있으며 鐵鑛에서 철을 캐던 광부 50명이 광산 사고로 모두 죽고 이들이 쓰고 있던 패랭이 모자 50개만 남았다고 하여 생긴 지명. 강원도 광산 지대에는 이 골짜기 말고도 이런 설화를 지닌 지명이 여러 곳 있음. 아마 조선 시대 혹은 왜정 때의 실제 광산 사고가 이런 식으로 구전되어 오는 것이 아닌가 생각됨.

五樂洞(어네기골): 상촌 위쪽에 위치한 다섯 개의 산줄기가 뻗어 내린 풍요롭고 경치가 좋은 마을로 이곳에 사는 사람들은 五福을 즐기며 평화롭게 살았다 함.

▶土橋里

歌唱山: 옛날 신선이 이곳에서 歌舞를 하며 놀았다 함.

거북들: 물여울(수탄동, 기동) 아래에 있는 들로 이곳에 거북 모양으로 생긴 바위가 있는데 이 바위가 노출되어 있으면 마을 처녀들이 바람이 난다 하여 묻어 놓았다 함. 거북이 머리를 내민 모습이 남성의 생식기를 닮았기 때문에 풍수에서 거북은 이런 식으로 비유되기도 함.

벌아구(蜂岩): 토교 1리의 본마을로 쌍용양회의 사택이 있음. 옛날 이곳에 벌이 꿀을 모아서 쌓아 놓은 형상의 명당 터가 있어서 이곳에 묘를 쓰면 후손이 부자가 된다는 전설이 있었다. 어느 집안에서 이 명당에 묘를 쓰게 되었는데 地官이 말하기를 묘터를 파다가 큰 돌이 나올 터인즉 그 돌을 파내지 말고 그 위에 시신을 모셔야 한다는 것이었다. 그런데 그 말을 무시하고 돌을 들어내자 수많은 벌이 나와 소리를 지르며 멀리 날아갔는데 그 후손들이 후에 가난을 면하지 못했다고 한다. 벌아구란 지명은 이 고사에서 유래한 것임.

조을치(조리재): 예전 국도가 없을 때 영월 제천 사이 토교리 청림에 있는 이 재를 넘어서 제천 가는 사람들이 이용한 고개로, 그 지형이 조리 형국으로 곡식이 많이 모여들어 큰 부자가 나는 명당 터가 있다고 전해짐.

▶ **八槐里**

八溪: 괴안리 서북쪽에 있는 마을. 여덟 골에서 물이 내려온다 함.

▶ **興月里**

興敎: 태화산 밑에 있는 마을. 불교가 흥했음.

寧越郡 北面

▶ **恭基里**: 효자, 효부가 많이 났으므로 붙은 지명.

굴앞말굴: 굴앞(窟前) 마을에 있는 굴. 이 굴을 막으면 농사가 잘 안 되고, 막지 않으면 언청이가 많이 생긴다 함.

羅山이: 들 이름. 風吹蘿帶形의 명당이 있다 함.

도롱계(도릉계): 무릉도원처럼 살기 좋은 곳이라 함.

무동실(舞童谷): 예전 지소덕에 살던 김씨가 아버지의 묘를 쓰는데 그 아버지의 유언이 〈땅을 파면 넓은 바위가 나올테니 그 위에 나를 거꾸로 묻어라〉하였는데, 그 아들들은 아무리 유언이라 하지만 아버지를 바위 위에 더구나 거꾸로 묻을 수가 없다 하여 그 바위를 파내고 있을 때 갑자기 어린아이가 집에 불이 났다고 소리소리 질러 뛰어가 보았더니 어린아이의 눈에 그렇게 보였을 뿐 실제 불이 난 것이 아니었고 파낸 바위 밑에는 세 마리의 금두꺼비가 어디로인지 사라져 버렸다고 하는데 어린아이가 불이 났다고 소리를 지르며 뛰는 모습이 춤을 추는 것처럼 보였다 함.

▶ **德上里**

배거리산(옥녀봉): 덕상리에 있는 산. 천지 개벽 때 이 산 꼭대기에 배가 걸렸다 하며, 玉女彈琴形의 좋은 명당이 있다 함. 지금은 시멘트 원석 채취장으로 산의 형태가 점점 없어져 가고 있음(『寧越郡誌』).

▶ **磨磋里**

미재골(美財谷): 마차시장 남쪽에 있

는 계곡 마을로 옛날에는 미인과 부자가 많이 살았다 함.

▶ 文谷里

두목(杜牧洞): 강구 서남쪽에 있는 마을. 사방으로 산이 막혀 있어 소를 놓아 먹이던 곳이라 함.

玉女峯: 북면과 남면 경계에 어느 산맥에도 연결되지 않은 독립 산으로 玉女散髮形이라 함.

慈善劉氏墓: 영월에서 장릉을 지나 서쪽 국도로 나가다 보면 문곡삼거리를 만난다. 거기서 다시 3백 미터쯤 나가면 능선을 잘라 큰길을 닦았고 그 왼쪽에 玉女峯이 있다. 그 오른쪽 양지바른 곳에 2기의 무덤이 있는데 이곳이 劉萬戶 父子의 墓이다. 그 묘의 서쪽이 갈골마을이고 동남쪽으로 강 건넛마을이 문개실(문성개)이다. 옛날 유씨는 갈골에 살며 너무나 가난하여 문개실에서 농사를 지었다. 어느날 부인이 참을 내가다가 餓死 직전의 老僧을 발견하고 불쌍하여 자신의 젖을 먹여 살렸다. 이어 남편도 착한지라 그의 도움으로 그 집에서 하룻밤 묵어가게까지 되었다. 마침 유씨 부부는 初喪中이었다. 노승은 은혜에 보답하기 위하여 못자리를 잡아 주기로 하고 유씨의 소원을 물으니〈우선은 가난한 것이 한이요 다음으로는 글 공부를 못 하였으나 기운은 세니 무관 계통의 벼슬이나 한번 살았으면 합니다. 그러나 벼슬 이름도 모르고 다만 萬戶라는 이름은 들어보았은즉 만호나 한번 하였으면 합니다〉고 하는 것이 아닌가. 이에 노승은〈앉으면 보이고 서면 안 보이는 큰 자리도 있어 三相六判이 날 만한 좋은 자리도 있긴 하나, 當代發福은 할 수 있을 것 같으니 이 자리(길이 나기 전에는 옥녀봉과 연결된 맥이었음)를 쓰도록 하십시오〉하였다. 그 뒤 어느 해 가을 강을 건너는데 삿대가 빠지질 않아 물 속을 살펴보니 엽전이 가득한 푸대가 다섯 개나 빠져 있었다. 관가에 신고했지만 주인이 나서지 않아 결국 그 돈은 유씨 소유가 되었고 당연히 그는 부자가 되었다. 이제 벼슬할 생각이 나서 서울 가회동 객주에서 막막히 기회를 기다리는데 어느 날 어떤 판서 댁 담을 넘는 도둑을 발견하고 때려잡았다. 마침 그 도둑은 대감을 살해하려던 정적이 보낸 자객이었고 유씨는 만호 벼슬을 무난히 얻을 수 있었다. 유씨 부부도 명당인 자기 아버지 옆에 묻혔다.

▶ 延德里

山靈月: 월전동 남동쪽에 있는 마을. 산신령이 밤중에 나타났다 함. 또는 산신령이 달맞이하던 곳. 지금은 無人

村이 되었음.

집바지: 달앗마을의 북쪽 마을로 옛날 피란처로 알려진 곳이라 함.

寧越郡 上東邑

▶九來里: 신라의 자장율사가 자신이 영원히 기거할 명당이 이곳에 있음을 알고 여러 번 찾았으나 찾지 못하고 꿈에서 칡덩굴을 따라가 보라는 계시를 받고 정선군 고한에 있는 정암사 터를 잡았다고 한다. 그런 연유로 자장율사가 아홉 번을 찾았던 곳이라 하여 구래리라 하게 되었다는 설이 있음. 또는 아홉 번 운이 돌아올 곳이라는 데서 유래되었다는 설이 있으며 실제로 상동광업소가 지금과 같은 불황으로 예전에도 몇 번인가 폐광한 적이 있었다고 함.

高頭岩(꼴두바위): 대한중석 영월광업소 현관 바로 뒤에 우뚝 솟은 기암이 고두암이다. 선조 때 강원도 관찰사 송강 정철이 이곳을 지나다 고두암을 보고 말에서 내려 절을 하며〈이 大岩으로 인하여 훗날 이곳에 많은 사람들이 살리라〉하였는데 후세에 세계적인 중석 광산이 생겼다. 1970년대 한창 광산이 잘될 때는 우스갯소리로〈대한중석 종업원이면 셋째 첩으로라도 딸을 주겠다〉는 얘기가 있었을 정도라 한다(『寧越郡誌』).

▶內德里
칠랑리골(칠랑이): 옛날 가난한 한 촌부가 이곳에서 나는 물로 자식을 길러 이 물 덕분에 모두 絶世佳人이 되어 부귀 영화를 누렸다 하여 붙은 지명.

寧越郡 西面

▶廣錢里
梅雲: 매화꽃이 구름같이 피었던 마을.
배거리산: 뱃말 뒤에 있는 산. 옛적에 이 산꼭대기에 배가 걸렸었다 함.
뱃말(舟村): 배거리산 아래 있는 마을. 지형이 배의 형국이라 하여 우물을 파지 않고 강물을 식수로 씀.
자서골(자살골): 예전에 어떤 남자가 자살하였다 함.
지랄보: 청령벌 앞에 있는 보. 길 아래에 있으므로 질아래보라 하던 것이 변하여 지랄보가 됨.

▶北雙里
멸망재: 배일치에서 옹정리 사정동으로 넘어가는 재. 예전에 두 형제가 까마귀바위(삿갓봉 밑에 있는 바위) 옆에 있는 아버지의 묘에 벌초를 하러 갔다가 까마귀바위의 주둥이를 깨뜨리고 집으로 돌아오는 길에 형은 큰멸매 마을에서 죽고 동생은 작은멸매에서

죽었다는 전설이 있어서 결혼 행차는 절대로 이 고개를 넘지 않는다 함.
浮雲洞: 돈대 북쪽에 있는 마을. 뜬 구름과 같은 형국이라 함.
▶新川里(새내): 평창강과 주천강이 만나는 사이에 있으므로 붙은 지명.
아이고바우: 관란정 밑에 있는 바위. 이 바위에서 아이고를 세 번만 외치면 물에 빠져 죽는다 함.
▶雙龍里
舞童골: 새텃말 서남쪽에 있는 마을. 뒷산 모양이 어린아이가 춤을 추는 형국이라 함.
원오금(五老琴): 새텃말 동쪽에 있는 마을. 地勢가 다섯 노인이 거문고를 타고 있는 것 같다 함.
▶後灘里
꽃밭재(십리재): 곡금에서 연정으로 넘어가는 재. 봄이면 진달래꽃이 유난히 많다 함.
오루봉(五老峯): 용동 동북쪽에 있는 산. 821미터. 다섯 봉우리가 연해 있음.
용동골(龍洞谷): 광탄 서남쪽에 있는 마을. 예전에 쌍룡리에서 용이 나서 이곳으로 왔다 함.
舟邱(뱃두둑, 뱃탁): 일곡 북쪽에 있는 마을. 배처럼 생겼다 함.
花瓶: 광탄리 동쪽에 있는 마을. 앞에 있는 절벽이 꽃병풍같이 생겼다 함.

寧越郡 水周面

▶桃源里: 선조 때 봉래 양사언(시조 작가로 유명)이 지금의 요선정에서 요선천(주천강)을 바라보던 중 상류에서 복사꽃이 떠내려오자 이곳이 무릉도원이로구나 했다 해서 붙은 지명.
▶斗山里
黃腸洞(황정골): 두산리 서쪽에 있는 마을. 현재의 황정골 뒷산에 울창한 수림이 있었으며 그 수목 가운데 고급 널(棺)로 쓰이는 황장목이 많아 조정에서 禁標碑를 세운 것에서 유래한 지명. 비는 크게 퇴색되었으나 글자는 뚜렷함.
▶武陵里
명마동: 두릉동 동남쪽에 있는 마을로 면소재지로부터 동쪽으로 약 1킬로미터 되는 지점의 길 옆으로 종유석 동굴이 하나 있다. 이 동굴은 석순의 모습이 꼭 고드름, 젖무덤처럼 생겼으며 오래전 이 동굴에서 龍馬가 울면서 주인을 찾고 있는 도중 명나라의 이여송이 산 허리의 혈을 끊어 놓은 후로부터 말 울음 소리가 들리지 않았다고 함.
설구산(盤龜山): 중방에 있는 산. 산 전체의 암석이 마치 거북이 서려 있는 것 같다 함.
邀仙亭: 무릉리에 있는 정자.

▶ 法興里

法興寺: 獅子山(1,150m)에 있는 절. 신라 신덕왕 때 자장율사가 창건하였는데 法興塔, 善德王塔, 釋迦如來舍利塔 및 明碑가 현존해 있고 큰 頭蓋石과 거북형의 塔石이 있는데, 이 두 개석이 절 안을 4일마다 순찰하고 조석으로 頭部의 위쪽을 움직이고 있었다고 한다. 선조 25년 임진왜란 때 명장 이여송이 와서 두부에 큰 구멍을 뚫어서 순회를 멈추게 했다 함.

법흥사 답사 감회: 입구인 무릉리에서 절까지 도로 확장 공사중. 그놈의 시멘트 기둥. 시멘트 기와. 절 입구 양쪽 조탑 2기. 적멸보궁 앞 조탑 1기. 보궁의 뒷산은 直聳의 木星. 계곡은 한적하고 경치는 수려하며 寺下村에는 민박 마을이 있음. 〈나는 언제까지 몇 박 몇 일의 구경꾼이어야 하는가. 아이들이 크면 서울을 떠날 수 있을까.〉 적멸보궁은 절 뒤로 10분쯤 올라가면 있다. 보궁은 특이한 형태. 건물 뒤에 石墳 (강원도 유형 문화재 109호). 1993년 조성된 梵鍾은 노태우 전대통령이 化主로 기록되어 있음. 보궁 뒷산은 雙木星. 직용의 두 봉우리. 그 쌍목성 사이의 용맥이 入首되는 형태. 보궁 뒤 石窟 입구는 方形, 羨道를 통해 들어가면 내부는 바닥이 평면, 벽면은 원형에 가깝다. 斗八天障 형식. 바닥에는 여러 장의 판석이 깔려 있고 石棺이 하나 안치되어 있음. 高僧의 수도처이다가 入寂 후 사리와 유골을 석관에 모셔 석실에 안치했던 것으로 추정. 산골 분지 마을에는 造塔이 조성된 경우가 많다. 바람에 대한 방비와 외로움 및 절망감에 대한 의지처. 〈좋은 공기와 물은 우리 삶에 당연했던 것. 지금은 극도로 오염, 위기감을 넘어 절망감이 드는 세태. 풍수란 바로 공기와 물. 풍수는 그런 자연과의 調和, 相生을 추구하던 삶의 지리, 생명의 지리학. 오늘 다시 풍수를 떠올리는 까닭은 못자리 잡기식의 잡술 풍수를 되살리자는 것이 아니라 자연과 조화, 상생하는 생명의 지리학을 다시 떠올려 당연시했던 좋은 공기와 물을 다시 찾아보자는 것.〉

〈현대 생활과 풍수 사상의 화해 또는 조화 문제(풍수적 삶이란 것)와 양자의 땅과 자연에 대한 태도는 극단적이다. 따라서 근본적 화해는 불가능하다. 그러나 현대의 물질 문명이 사람들의 삶을 파국으로 몰아가고 있다는 것은 단순한 조짐이 아니라 뚜렷한 증거로써 드러나고 있다. 따라서 우리는 점진적으로 물질에 대한 의존을 줄여 나가면서 자연과 인간이 상생하는 풍수적 삶으로 돌아가야 할 것이다. 그것은 사람들이 자연을 대하는 태도에서 이용하겠다는 이기적 사고 방식을 버리고 더불어 함께 하겠다는 의식의 변화에서 화해의 실마리를 찾을 수 있을지도 모른다. 지금의 자연 보호는 사람들의 자연에 대한 은혜 갚음에 지나지 않는다는 것에 유념해야 한다.〉
〈풍수는 어디서 시작되었나. 터를 잘 잡는다는 것은 땅과 생명이 서로의 氣를 相通시킨다는 것. 잘 잡힌 터에 뿌리를 내린 것들은 보기에도 조화와 안정감을 준다. 그런 곳에서 느끼는 평안한 심적 상태는 모든 사람들의 바람이다. 현대 도시 생활의 비인간적 잡답 속에서 사람들은 그런 평안을 추구한다. 바로 이런 곳, 산, 나무, 개울, 집, 돌, 사람까지도 서로가 제자리를 잡고 제 구실을 하는 곳에서 사람들은 평안, 안정을 바란다〉(1994. 10. 12. 답사의 心懷).

응어터(응어대): 마을 이름. 遊魚弄波形이라 함.

▶雲鶴里: 550미터의 鶴山이 학 모양이라 붙은 지명. 특히 구름이 낮게 드리워 학산 중턱을 덮을 때는 구름과 함께 학이 나는 모습처럼 보인다고 함.

瑞雲洞: 고일리 북쪽에 있는 마을. 예전에 어느 지관이 이곳을 가리켜 구름 속에서 신선이 노는 것 같다 함.

寧越郡 寧越邑

▶德浦里

약물내기藥水: 약수동에 있는 약수로 석회암 지대인 영월에서 석회 성분이 없는 유명한 약수임.

天祭窟: 옛날 가뭄이 심할 때 기우제를 지내던 곳.

▶芳節里

大王閣: 金二鳳 여인이 단종의 영혼을 모시던 사당. 청령포 동남쪽 언덕에 있음. 김 여인이 꿈에 단종의 계시를 받고 청령포 경내에서 산삼 11뿌리를 캐낸 후 처음 캐낸 것을 당시 이시영 부통령에게 보냈더니 감사 편지와 함께 치마저고릿감 한 벌을 보내와 지금도 가보로 간직한다 함(『寧越郡誌』).

돌단배기: 풍수학상 마곡(방절 1리 지역으로 마을 중앙에 있는 산의 형상이 말이 누워 있는 형태처럼 보여 붙여진 지명)이 돛단배의 지형이라 돌을 쌓아서 배가 흔들리지 않도록 했다고 함. 현재 버스 정류장 주변임.

▶三玉里: 山如玉, 水如玉, 人如玉이라, 산 좋고 물 좋고 인심 좋은 마을이란 뜻에서 붙은 지명.

▶永興里

쇠내기재(소나기재): 영흥리에서 제천군으로 넘어가는 고개. 예전에 이곳에서 쇠가 나왔다 함.
莊陵: 능말 鉢本山(675m)-冬乙支山 기슭에 있는 단종의 능.
▶ 正陽里
鷄足山: 정양, 덕포, 연하리에 걸쳐 있는 산. 형상이 닭발 모양.
▶ 八槐里
괴리(괴안리): 본래 이름은 猫足里. 발전소가 있는 정양리 지형이 金鷄抱卵形으로 닭이 알을 품은 형상인데 그 앞산 형세가 고양이가 닭을 해치려는 모습이므로 묘족리 뒷산의 아홉 언덕을 구개(九犬)라 하여 고양이를 지키게 함과 동시에 묘족리를 괴안리로 개칭함.
▶ 下松里
행정: 천연 기념물 제76호로 세계에서 가장 오래되었다는 수령 1240년의 은행나무가 있음. 나라에 큰일이 있을 때마다 가지가 부러진다고 함(『寧越郡誌』).

寧越郡 酒泉面

옛 酒泉縣의 땅. 고려 현종 때 廢縣됨. 제천과 가까워 상인들 중에 제천 사람이 많다.

▶ 金馬里(금마): 앞산이 말처럼 생겨서 금마라 함.
結雲: 바둑골 서쪽에 있는 마을. 사방이 높은 산으로 둘러싸여 있어 항상 구름이 모여 있다 함.
▶ 桃川里(되내): 주천강 물이 마을을 돌아가므로 되내 또는 도천이라 함.
벌통백이: 토종벌을 많이 기르던 곳. 산정에 일제시 혈을 찌른 쇠꼬챙이가 꽂혀 있음.
▶ 新日里
당거리: 공순원의 한 마을. 서낭당이 있음.
마수고개: 마평동에서 수주면으로 넘어가는 고개. 모양이 말의 머리 형국.
馬坪洞(마레미, 마내미): 신흥동 동쪽에 있는 마을. 조선 시대에 이곳 벌판에 역말들을 놓아 먹였다 함.
마평 서낭당: 마평동 앞에 있는 서낭당.
玉女峯: 모양이 玉女散髮形이라 함.
義虎塚: 금산 밑에 살던 今師夏란 사람이 부친 상을 당했을 때 모친마저 병이 들어 위중했다. 약을 지어 오는데 주천강에 큰물이 져서 건널 수가 없었다. 이때 호랑이가 나타나자 그에 부탁하여 호랑이 등을 타고 강을 건넜다. 부친의 시묘 3년도 그 호랑이가 동무를 하여 주었다. 1720년 숙종이 승하하자 부친 상도 벗기 전에 3년을 매일 망산에 올라 망배를 하였는데 역시 호랑이가 같이 하였다. 國喪이 끝난 3일 후 호랑이가 금효자 집 마당에서 엎드려 죽으니 부친 묘 옆에 묻어 주었다. 이후 어려운 일이 있으면 꿈에 호랑이가 나타나 해결해 주기도 하였다. 1743년 강원도 순영 중군이 비를 세워 호랑이의 의기를 기렸다. 그러나 120여 년 전 욕심 많은 강원 감사가 의호총에 내려진 賜稗田을 팔아 버린 후부터 호랑이 제사는 끊기고 말았다고 한다.

胎峰: 마평동 동북쪽에 있는 산. 고려 제11대 문종의 태를 묻었다 함(『寧越郡誌』, 877쪽에는 이곳이 톁山으로 철종의 태가 묻혀 있던 곳이라 함).

피란골: 성낙개 서쪽에 있는 골짜기. 예전 전란 때 피란하던 곳이라 함.

화산바우: 한남(예전에 漢南庵이 있었음) 마을 동남쪽에 있는 바위. 이 바위가 드러나면 한남에 화재가 난다 하여 이 바위 근처에 소나무를 많이 심어서 바위를 가렸음(화기 진압을 위한 일종의 裨補策이 아닌지? 특히 겨울철이 문제이므로 낙엽이 지지 않는 소나무를 선택한 것이 아닐까?).

▶ 龍石里

질창물 구덩이: 臥牛形 아래 있는 작은 연못인데 위치가 마치 암소가 누워 있는 엉덩이 부분이라 동네 사람들이 메우지 못하게 함.

▶ 酒泉里: 酒泉石이 있으므로 주천이라 함. 예로부터 농토가 많아 富村임.

다래산(月梧山): 고사 뒷산. 시멘트 원석을 채취하기 때문에 점차 원형을 잃어 가고 있음.

주천 2리 종합복지회관 옆의 삼층석탑: 강원도 문화재 제28호. 신라 자장율사 축조. 일본인이 출토된 동불상을 가져감(『寧越郡誌』, 866쪽).

성황당: 1970년대 새마을 운동의 일환으로 향토 신앙 유적인 성황당 등을 모두 철거하였으나 주천 4리(아침치)에 유일하게 하나가 남아 있음.

망산: 풍수상 말 머리처럼 생겼다 하여 馬首形으로 알려짐. 숙종의 태를 모셨다가 일제가 파괴하여 서울 서오릉으로 옮김.

망산샘: 장텃말 서쪽에 있는 망산 밑에 있는 샘. 전에 이 샘에서 술이 나왔는데, 양반이 가면 청주가 나오고 상놈이 가면 탁주가 나왔다 함.

사태골: 웃모팅이 뒤에 있는 골짜기. 사태가 많이 난다 함(soil creep 현상이 아닌가 여겨짐).

酒泉石: 주천리 왼쪽 길가(면사무소 서쪽 0.8킬로미터 거리에 풍수지리설에 의하면 말 머리처럼 생겨 馬首形이라 하며 조선 시대 숙종의 태를 모셨다는 망산이 있는데 이 망산의 바위 틈에서 샘이 나옴. 태는 일제 때 파감. 『寧越郡誌』, 418-419쪽 참조)에 있던 돌구유. 전에 냇가에 있었는데, 술이 한없이 나와서 그 술을 마시러 오는 사람이 하도 많으므로 고을 아전들이 피로이 여겨(귀하게 여겨서라는 설도 있음) 옮겨다가 酒泉縣에 두려고 여러 사람들이 모여 움직이려 하는데, 별안간 벼락을 쳐서 세 조각이 되어, 하나는 강물로 들어가고, 하나는 어디론지 간 데 없고, 하나는 이곳에 남아 있으며 지금도 아끼고 있음. 姜希孟, 成任 등 문장들이 시를 지어 찬양하였음.

▶板雲里(너룬)

배거리산: 너룬 동북쪽에 있는 산. 옛적에 이 산꼭대기에 배가 걸렸다 함.

신랑봉: 중선마을 동북쪽에 높이 솟은 봉우리의 모양이 새 신랑같이 생겼으며 일제 때 산의 정기를 끊기 위하여 박아 놓은 철근이 지금도 산정에 있다 함.

寧越郡 中東面

▶碌田里

桃花洞: 지형이 桃花落地形이라 함. 지세가 빼어나고 특히 복숭아나무가 많은데 2백 년 전 강릉최씨들이 터를 잡았다.

柳田洞(버들아치): 어느 날 길을 가던 도사가 마을 안이 보이지 않도록 마을 어귀에 나무를 심으라 하여 어귀는 물론이고 마을 곳곳에 버드나무를 심었더니 풍년이 계속되고 마을이 화목하였다 함.

太白影堂: 태백산의 神靈으로 모신 단종의 영당.

▶蓮上里

仙都(손돌목, 仙道隅, 孫道隅): 석항 서북쪽에 있는 마을. 경치가 좋아서 신선이 사는 것 같다 함.

선도골: 선도에 있는 골짜기. 경치가 좋아서 신선이 놀았다는 전설이 있음.

선도우: 산수가 수려하고 물이 맑은 곳으로 옛날 신선이 도읍을 정했던 곳이라 함.

▶梨木里

마네골: 임진왜란 때 이여송이 산세가 수려하여 장군이 날 것을 두려워해서 혈을 찔렀다 하며 10여 년 전까지도 흔적이 있었으나 지금은 찾아볼 수 없음.

▶稷洞里(피골): 의병들이 피를 많이 흘렸으므로 붙은 지명.

찰골: 옛날 이곳을 지나던 도사가 좌우를 계속 살피면 무엇이든 득이 될 일이 있을 것이라 하여 찰골이라 하였다 함. 또는 땅이 차져서 곡식이 잘된다 하여 찰골이라고도 함.

큰터: 찰골 서쪽에 있는 마을로 큰 집터가 있다 하며 터가 편하고 넓다 하여 큰터라 함.
花切峙(꽃꺾이재): 직동리에서 정선군 동면 사북리로 넘어가는 고개. 옛날 어떤 사람이 이곳의 꽃들이 너무나 아름다워 꽃을 꺾어 가지고 갔다 함.

▶ 禾院里

가르내(可伊川): 서낭골 북쪽에 있는 마을. 지대가 높아서 물이 두 갈래로 갈라져 수라리내(수라천)와 이목리내(이목천)를 이루었음.

寧越郡 下東面

▶ 角洞里: 산부리에 있으므로 각골 또는 마을 모양이 소 뿔 모양이라 각동이라 하였음.

두룸(두름, 두툼): 중말 남쪽에 있는 마을. 두름이란 〈물고기 스무 마리를 열 마리씩 두 줄로 엮은 것〉을 말하는데 예로부터 이 마을은 아홉 가구까지 살 때는 괜찮다가 열 가구만 넘으면 불이 나거나 병이 나서 사람이 죽어가는 일이 있어서 열 가구 이상 살면 안 된다는 뜻으로 두름이라 함.

솔고랭이(술고뎅이): 이곳의 산세가 좋아 인재가 날 것을 두려워한 일본인들이 산의 혈을 끊기 위하여 이곳에 큰 쇠를 박았다 하며 그중 하나는 지금도 남아 있음. 아마 혈을 잘못 발음해 솔(술)로 된 것으로 추정됨.

오룡골(五龍谷, 오룡골): 각동리에 있는 마을. 지형이 다섯 마리의 용이 내려오는 형국이라 함.

▶ 內里(안골): 지동여울 안쪽이 되므로 붙은 지명.

바람골: 뒷골 위에 있는 골짜기. 사철 바람이 세다 함.

시루봉: 어래산 서쪽에 있는 산. 시루 모양.

鳥堤里: 원골 남동쪽에 있는 마을. 林氏들이 많이 사는데, 성씨가 수풀 林자이므로, 수풀이 많으면 새들이 있어야 한다 하여 조제리로 지었다 함.

▶ 大野里(댓들, 竹野)

可在洞(가재골): 옛날 박씨들이 『정감록』을 믿고 이곳에 들어와 가히 살 만하다 하여 붙여진 지명. 또는 마을 끝에 나 있는 길 모양이 가재의 다리 모습과 비슷하다 하여 붙은 이름. 또는 골짜기에 가재가 많이 산다 하여 붙은 지명이란 설도 있음.

맛밭구멍바위: 맛밭에서 대야리로 가는 도로 왼쪽에 큰 바위가 하나 있는데 그 바위 가운데 구멍이 하나 뚫려 있었다. 그런데 그 구멍의 모습이 마치 여자의 음부와 같아 지나던 나그네들

이 그 구멍을 가지고 장난을 치고는 하였다. 그러고 나면 대야리 본동 某氏 성을 가진 집안의 처녀들이 바람을 피우거나 근친상간을 하는 일이 일어났다고 한다. 이에 그 문중에서 그 바위의 구멍을 막아 버리니 차후 그런 일이 일어나지 않았다고 한다. 지금도 구멍에 시멘트로 막은 흔적이 남아 있다.

모퉁이(鳶興): 모롱이에 있는 마을. 정월 대보름이면 이곳에서 연날리기 시합을 한다 함.

▶ 禮密里

밀동(밀골): 고려 때 밀주라 하였는데 여진족들이 쳐들어왔을 때 이 마을이 숨어서 적을 치기 좋은 요새지인 까닭에 현재의 예밀리에 고을을 옮긴 사실이 있고, 숨기에 좋은 지형이라 하여 밀주라 하였음.

소금실(載鹽峙): 이 산속에 소금이 묻혀 있다 함.

▶ 玉洞里(옥골, 玉谷): 예전 奈生郡일 때 이곳에 獄이 있었으므로 붙은 지명. 옥터는 지금의 옥동중학교 자리로 축대 일부가 남아 있음.

윗굴폭포: 德駕山(상여바우산) 서쪽에 있는 폭포. 높이 20미터. 달빛에 보면 그 경치가 더욱 절경이라 함.

칠금이(七錦): 마을 뒤에 철철바우가 있는데, 옛날에는 하루에 일곱 가지의 색이 났다 함.

▶ 臥石里

가랏니재(家峙): 무릉동에서 옥동으로 넘어가는 재. 집 모양.

노루목: 노루목처럼 생겼다 함. 김삿갓의 묘가 있음.

帶琴山: 대금이 뒷산. 모양이 仙人彈琴形이라 함.

묘골: 마을 앞에 큰 묘가 있는 마을. 묘가 많고 모두 명당이라 함.

三道峯: 강원, 충북, 경북의 삼도를 접하고 있는 봉우리로 이곳에 소를 풀어 놓으면 삼도의 풀을 먹고 자라기 때문에 소가 매우 살이 쪘다 함.

三神山: 무릉말 뒤에 있는 산. 이 산에 가서 치성을 드리면 아들을 낳는다 함.

선내골: 무릉말 남쪽에 있는 골짜기. 신선이 와서 놀았다 함.

오대본서구니(마당굼이): 〈높은 산 위에 넓은 터가 있다〉 하여 붙여진 이름.

獐項(노루목): 노루목처럼 생겼다 함.

▶ 外龍里

扉隅村(삽짝모링이): 직실 동쪽에 있는 마을. 삽짝(싸리문)처럼 생겼다 함.

▶ 正陽里

胎峰: 중종의 태를 묻은 태실이 있다 함.

▶ 注文里(주실)

모운동(曾雲洞): 벽골 북쪽에 있는 마을. 안개와 구름이 많이 끼는 곳.

▶ 津別里

날두둑(津邱里): 마을 앞에 두둑이 있고 그 밑에 나루가 있음. 고씨동굴 앞에 있는 마을로 마을 앞에 둔덕(두둑)이 있고 그 아래 나룻터가 있다 하여 붙여진 이름이며 옛날부터 이곳은 마을 모양이 배의 형상이라 우물을 파지 못하게 하였다 함. 다만 샘터에만 우물을 파서 그것만을 식수로 사용했으나 지금은 메워졌음.

덕산: 진구리 동북쪽에 있는 산으로 그 밑 마을 이름이기도 함. 이 산 모양이 말 형세라 하여 산등성이에 다음과 같은 이름이 붙어 있다. 즉 구말머리는 말의 머리 형상, 통두덕은 말의 먹이통 형상, 다래편은 말채찍의 형상, 말덕석(마장터)은 말을 매어 놓는 곳의 형상, 안장메기는 말의 안장 형상.

마리재: 마리골 위에 있는 재. 말 등 모양.

말재: 진별리서 옥동리로 넘어가는 고개. 말 모양.

別梨골: 골짜기가 하도 깊어서 이곳에 들어오면 배꽃같이 하얀 하늘의 별들만 보인다고 함.

옥동광산: 말재 앞에 있는 광산. 廢鑛됨.

原州郡 文幕邑

현재 원주군은 없어지고 모두 원주시로 편입되었음.

▶ 建登里

오물(五水): 심한 가뭄에도 물이 마르지 않는다는 지새물, 토물, 잔대물, 가자물, 방가물 등 건등리에 있는 5개의 우물.

▶ 桐華里

메사리(梅沙): 노루매 서쪽에 있는 마을. 梅花落地形의 명당이 있다 함.

▶ 磻溪里(반저리)

蓮花洞: 蓮花浮水形의 명당이 있다 함.

▶ 碑頭里(비두내미)

九浦洞: 비두내미 동쪽 골짜기에 있는 마을. 아홉 굽이의 내가 있다 하며, 또는 아홉 집만 잘되고 열 집만 되어도 한 집은 망한다 함.

原州郡 富論面

▶ 丹江里

부놋골(富論洞): 단강리 동북쪽에 있는 긴 골짜기. 예전에 사기를 구웠으며 이 이름을 따서 부론면이 되었음.

조구랭이(조귀농): 벌말 남쪽에 있는 마을. 조리같이 생겼다 함.

▶ 法泉里

용마산: 법천리에 있는 산. 임경업 장군의 조부 묘가 있는데 이 산의 정기를 타서 임 장군과 龍馬가 났다 함.
林慶業將軍祖父墓: 법천리 매골 앞에 이중으로 되어 있는 묘. 인조 때 임경업 장군의 아버지가 억울하게 죽게 된 지사를 살려 주고 이 자리를 얻어 쓴 후 임 장군을 낳았다 함.

▶興湖里
月峯: 홍호리에서 가장 큰 마을. 앞산이 달 모양 또는 玉兎望月形이라 함.

原州郡 所草面

▶鶴谷里
龜龍寺: 치악산에 있는 절. 靑鶴抱卵形. 구룡사는 入首龍이 庚龍이니 陰龍이 들어온다. 透地는 戊申이니 土가 되며 丑破口로 生에는 庚, 酉가 들어오니 구룡사 좌향은 酉坐卯向이다.

原州郡 神林面

▶九鶴里(二里): 九鶴山의 이름을 땀.
大理石鑛山: 석동거리 앞에 있는 광산. 대리석을 캐냄.
仙鶴洞(분토골): 방학동 동쪽에 있는 마을. 분토가 나므로 분토골이라 하였는데, 불상사가 많이 나므로 선학동으로 고쳤다 함.
祭堂: 구학리에 있는 제당. 마을의 풍년과 평안을 위하여 춘추로 제사를 지냄.

▶金倉里(一里)
江安이: 둔창 남쪽 골짜기에 있는 마을. 예전 난리 때 강씨와 안씨가 피란하였다 함.
둥지봉: 산 모양이 닭의 둥우리처럼 생겼다 함.

▶城南里(四里)
堂숲(城隍林): 성남리에 있는 숲. 높이 50미터의 전나무가 있고 그 밑에 굴피로 지붕을 한 성황당이 있으며 그 둘레에 단풍나무 등 큰 나무가 울창해서 기이한 새들이 사철 모여 살므로 천연기념물 제93호로 지정되었으며 앞에는 맑은 시내, 뒤에는 약수가 있어서 경치가 매우 아름다움.
上院寺: 성남리 북쪽 치악산에 있는 절. 약 1400년 전에 無着禪師가 건립하였다 함.
소나무(樹林地): 당숲 아래에 있는 나무. 큰 소나무 20여 주가 울창하게 서 있으므로, 천연 기념물 제92호로 지정됨. 가운데 성황당이 있고 앞에 樹林地라 새긴 작은 비가 서 있음.
珠蓮골: 회옥동 남동쪽에 있는 마을. 치악산 줄기가 주렴처럼 되어 있다 함.

▶神林里

葛公洞(갈공이): 신림 북서쪽에 있는 마을. 갈고리 모양.
능골(陵洞, 능밑, 능하동): 신림골 북쪽에 있는 마을. 조선 시대 이곳에 능터를 잡아 놓고 쓰지 않았다 함.
마짓골(麻芝洞): 신림동 남동쪽에 있는 마을. 예전에 종이를 만들었다 함.
신랑바우: 학교 앞에 있는 바위. 이 바위를 건드리면 처녀들이 바람이 난다고 함.
神林堂: 신림동에 있는 성황당. 큰 나무 숲 가운데 있는데 매우 영검하여 정성을 들여 빌면 효험이 있고 잘못하면 도깨비가 나타나서 장난한다 함.
臥龍洞(왜룽골): 신림동 남서쪽에 있는 마을. 용이 누운 모양.
▶龍岩里(三里)
蓮峯亭(水蓮): 용소막 남동쪽에 있는 마을. 蓮花浮水形의 명당이 있다 함.
▶黃屯里(五里, 황둔이)
蓮峰亭(연봉쟁이): 평촌 동쪽에 있는 마을. 蓮花浮水形의 명당이 있다 함.

原州郡 地正面

▶艮峴里
紫芝峯: 자지동 뒷산. 전부터 지초가 많았다 함.
▶新坪里

擊鼓舞地: 마을 이름. 이곳 산의 형국이 북을 두드리고 춤을 추는 형국(擊鼓舞地形)이라 함. 또한 신평리에서 호저면으로 넘어가는 고개.
▶安昌里
陵村: 창촌 뒤에 있는 마을. 선조의 장인, 즉 선조의 繼妃인 인목대비의 아버지 연흥부원군 金悌男의 묘가 있음.

原州郡 好楮面

▶加峴里
加南洞(가치래미): 가현리에서 으뜸가는 마을. 지형은 西向으로 되었으나 집은 南向으로 지어야 덕을 본다 함.
擊鼓舞地고개: 북을 치고 춤을 추는 형국이라 함.
봉쟁이(봉장): 대동거리 북서쪽에 있는 마을. 모양이 鳳巢形이라 함.
▶高山里
곤이동: 선바위 동북쪽 골짜기에 있는 마을. 본래는 덤불이 많던 곳인데 고종 때 천주교인들이 이곳으로 쫓겨 와서 개척하였음.

原州郡 興業面

▶梅芝里
매나미(매낫둔지, 梅南洞): 가는골 서

쪽 둔덕에 있는 마을. 梅花落地形의 명당이 있다 함.

미륵: 매지리 산 266번지에 있는 미륵. 화강암으로 되었는데 높이 2.5, 좌대 0.3미터. 그 연대는 알 수 없으나 240년 전에 매남동의 박시정이 현몽으로 발굴하였다 하며 그 자손들이 관리하고 있는데, 그 미륵 앞에 가옥 건축이나 묘를 쓰면 이 마을 주민이 해를 면치 못한다 함.

▶ 興業里

자지봉: 범파정 동쪽에 있는 낮은 산. 모양이 자지처럼 생겼음.

原州市

내비헐(나비허리): 단구동 갯가말 앞에 있는 마을. 나비 허리처럼 생겼다 함.

耘谷先生墓所: 행구동 돌경이에 있는 운곡 元天錫의 묘소.

麟蹄郡 麒麟面

▶ 芳東里

芳東藥水: 방꼴에 있는 약수터. 심마니의 꿈에 백발 노인이 나타나 산삼과 약물터를 알려 주어 유명해짐.

▶ 下南里

梅花里(마릿골): 용포 동쪽 넓은 들 옆에 있는 마을. 梅花落地形의 묫자리가 있다 함.

麟蹄郡 北面

▶ 龍垈里(용의터)

內雪岳百潭寺: 伏雉形. 꿩은 높은 산에 살지 않고 낮은 산기슭에 살므로 春雉自鳴이라 하여 봄 꿩은 스스로 소리를 내어 제풀에 울거나 울림을 당하니 계곡의 물소리와 더불어 유유자적의 터전이다(임학섭).

본래 내설악을 寒溪山, 외설악을 雪嶽山 혹은 雪山이라 했는데 백담사는 내설악에 있다. 백담사 주산은 복치형인데 꿩은 골짜기가 깊고 숲이 무성한 곳에서 산다. 꿩의 천적은 매와 독수리인데 백담사 주변에는 매와 독수리를 닮은 봉우리가 있다. 좌우의 龍虎도 주산에 비하여 약하다. 그러면 명당에 많은 사람이 모이기 힘들고 자손이 번창하지 못한다. 그래서 백담사에는 문중이 번성하지 못했다. 반면 案山은 주산에서 가깝기도 하지만 높기도 주산과 비등하다. 그러면 天獄으로 速成速敗의 땅이 된다. 다만 道場 앞 九曲水는 훌륭하다(류인학).

五歲庵: 관음봉이 주산. 청룡 중에는 貴人相도 있고 문필봉도 있다. 문필봉

곁에 구슬처럼 동그란 봉우리 세 개가 있으니 이를 華蓋라 하며 화개가 있는 곳은 많은 사람들로부터 사랑과 존경을 받는 인물을 배출한다.
鳳頂庵: 소청봉 중턱에 있는데 부처님 진신사리를 모신 5대 적멸보궁 중 하나이다. 설악산 전체에서 가장 빼어난 정기가 서려 있는 곳임. 송강 정철이 이곳에 왕기가 서렸음을 알고 소청봉에서 봉정암으로 내려오는 혈맥을 끊으려 했으나 벼락 때문에 포기했다는 얘기가 있음.

▶ 寒溪里

대궐터: 한계성터 위 언덕으로 된 터. 신라 경순왕이 이곳에서 머물렀다 함.

麟蹄郡 瑞和面

▶ 瑞和里

蓮花里: 큰골 동남쪽에 있는 마을. 蓮花浮水形이라 함.

▶ 西希里

雙頭洞: 서희 남쪽에 있는 마을. 雙龍擧頭形이라 함.

▶ 月山里

달산령(月山嶺): 달산에서 서희리로 가는 큰 고개. 여름과 겨울의 기온차가 심하여 여름엔 41-41.4도, 겨울에는 영하 30-35도가 된다 함.

麟蹄郡 麟蹄邑

▶ 上東里

起龍山(臥龍山): 인제읍의 鎭山. 모양이 용이 누워 있는 것 같으므로 와룡산이라 하였는데 50년 전에 용이 누워 있는 것보다 일어난 것이 낫다 하여 기룡산으로 고침.
명당마루: 상동리 앞에 있는 큰 들. 명당의 집터가 있다 함. 경지 면적 약 만 평.

旌善郡 南面

▶ 廣德里

강선터(降仙垈): 영곡 동쪽에 있는 마을. 선녀들이 내려와 놀던 곳이라 함.
鷄峯(닭의봉): 광방 뒤쪽에 있는 산. 산세가 마치 닭의 볏 모양이라 함.
廣方(너방이): 수령 남쪽 넓은 골짜기 안에 있는 마을.
廣灘(넓은 여울, 너분여울): 광덕리의 중앙에 있는 마을. 마을 앞으로 흐르는 내가 넓음.
馬發峙: 광방에서 정선읍 佳水里로 넘어가는 고개. 재가 안장을 얹은 말 등과 같이 생겼다 함.
서마루(三宗): 광탄 북쪽에 있는 마을. 이곳에 辛, 尹, 崔 三姓이 累代로 산다 함.

玉女峯: 채운 뒤쪽에 있는 산. 玉女散 髮形의 명소가 있다 함.

▶ 樂洞里

갬들(上蟻坪): 남창 남쪽에 있는 마을. 마을 연변에 기암괴석이 개미떼처럼 엉겨 있다 함.

居七賢: 남창 남쪽에 있는 마을(竹林七賢?).

旌善君墓所: 정선전씨의 중시조 全渲의 묘. 지나치게 호화로운 치장이 눈에 거슬리나 그 朝案 방향의 맵시와 풍광은 조화로움이 남한 최고라 할 만함.

학바우(鶴岩): 갬들 앞에 있는 바위. 전에 학이 많이 앉았다 함.

▶ 武陵里

먹미(墨山): 증산 동남쪽에 있는 마을. 마을 앞산에 炭脈이 있어 검다.

재고개(自古峙): 능전 남쪽에 있는 마을. 산등성이를 개간하여 이루었음.

甑山: 마을 뒷산 모양이 시루처럼 생김.

▶ 文谷里: 면소재지. 문은담과 별어곡의 이름을 딴 것임.

聞隱坦塔: 문곡 동쪽에 있는 문은단 마을 가운데에 있는 돌탑. 옛날 마고 할미가 치마폭에 돌을 싸다가 세웠다는 전설이 있음.

鱉五谷(鱉於室, 자라별): 문곡리 중앙에 있는 마을. 자라 형국.

용천바우(龍天岩): 별오곡 앞에 있는 바위. 바위 위에〈魚龍天築洑〉이라 새겨져 있다 함.

자래바우: 별오곡 뒤에 있는 바위. 자라 모양.

▶ 柳坪里

삼내약수(三川藥水): 삼내에 있는 약수터. 처음에는 다른 곳에 있었는데 어느 부정한 환자가 병을 치료하고자 이 물을 마시자 돌연 약수가 없어져서 수년간 발견되지 않아 이상하게 여겨져 왔는데, 삼내에 사는 이씨집 장례에 걸식 온 나병 환자들이 술이 취해 근처 나무 밑에서 쓰러져 자고 다음날 깨어본즉 누웠던 자리에 벌레들이 쏟아져 있고 병이 완치되었다. 이상히 여겨 그곳을 파자 물이 나므로 마셔보니 전에 없어졌던 약수가 이곳으로 이동되었음이 밝혀져 그후부터 소문이 퍼져 여러 종류의 환자들이 그칠 사이 없이 찾아오고 있다 함.

汗峙: 소마평 동쪽, 유천리 동북쪽에 있는 마을. 해발 4백 미터 이상의 고지에 있어서 이 마을에 가자면 한겨울에도 땀을 흘린다 함.

한치재: 소마평에서 한치로 넘어가는 재.

▶ 정선 기림산방과 영월 싸리골의 기행

산골의 지리학적 성격을 지리학 전공자들은 이렇게 정의 내리고 있다.〈지역 내 접근성이 낮고 대도시로부터 원격하며 경지율이 낮다. 이러한 자연 지리적 환경의 제약을 山村의 일차적 특성이라고 한다. 토지의 생산성이 낮고 인구가 희박하다. 이것이 이차적 특성이다. 중심지의 규모가 작고 도시의 산업 기반이 취약하여 주민 생활의 질이 떨어지고 주민이 떠나가 인구가 줄게 된다. 이것은 삼차적 특성)이라고 부연하고 있다.

여기서 살펴볼 강원도 영월군 하동면 와석리 싸리골과 정선군 남면 유평리 氣林山房은 이런 정의가 그야말로 무의미하기 짝이 없는 첩첩산중의 외딴 마을이다. 싸리골은 우연한 기회에 알게 되었으나 워낙 그 산세가 나에 맞는지라 자주 찾아가 놀다 쉬다 오는 마을이고, 기림산방은 주인이 친구의 처남인지라 하룻밤 머물며 그 환대에 시간 가는 줄 몰라 그후로 역시 자주 찾는 곳이다.

싸리골은 철저한 현장의 삶이 이루어지는 農家이고, 기림산방은 요즈음의 세태로 보자면 의외의 공부를 하고 있는 그야말로 山房이라는 차이가 있다. 다만 그들이 현대의 도시적 소외를 떠나 스스로 선택한 외곬의 삶을 산다는 점에서는 공통점을 갖는다.

〈대체로 사는 곳을 洞이라 일컫는 것은 野蠻의 풍속이다. 그것은 야만인이 사는 곳이 다 산 계곡의 동굴 속이기 때문에 洞이라고 일컫는 것이다.〉 영, 정조 때의 학자 玄同 鄭東愈가 그의 『晝永編』에서 한 말이다.

오죽하면 산골에서 살겠는가 하는 데서 나온 얕잡아보는 발상임에 틀림없다. 물론 산골 사람들은 야만인이 아니다. 내 보기에는 오히려 그 반대이다. 그들이 지금 세상에서는 매우 인간적인 사람들이란 것을 온몸으로 느꼈기 때문이다. 그가 누구이건 간에 사람을 그리워하는 사람들이 그들이다.

지금은 많이 달라졌지만(1995년 여름에 다시 들어가 보니 이젠 제법 갖추어진 관광 마을이 되어 입장료까지 받고 있어 실망을 감출 수 없었다) 처음 내가 싸리골을 찾았을 때만 해도 종일토록 사람 그림자를 못 보는 날이 많았다. 개도 거의 보이지를 않았다. 싸리골 김씨 댁에서 기르는 검둥개 한 마리가 있었는데, 거기서 오리쯤 떨어진 곡골 삽사리가 유일한 친구이자 애인인 듯했다. 겨울 해가 뉘엿뉘엿 질 무렵 곡골 삽사리가 검둥개를 찾아왔다. 검둥개는 뛰쳐나갔고 두 놈은 눈 쌓인 들판에서 나란히 달리며 반가움을 표시하고 있었다. 그 모습이 주던 감동은 잊을 수가 없다. 그러나 나는 아직도 그 감동의 실체가 무엇이었는지를 깨닫지 못하고 있다.

눈은 쌓였으되 날씨는 차지가 않았다. 싸리골 김씨 아저씨 말로도 겨울에 별로 추운 줄 모르고 살았다고 한다. 집 구조를 보아도 추운 지방이 아님을 알 수가 있었는데, 벽은 진흙 벽돌에 백회를 얇게 바른 것이었고 문은 조선 창호지를 홑겹으로 바른 단순한 여닫이였을 뿐이다. 겨울이 춥다면 도저히 있을 수 없는 가옥 구조였다.

산은 첩첩하고 물은 중중하여 이런 산골 또 있을까 싶은데 겨울이 춥지 않다니 이런 데가 바로 산골 명당이란 곳이다. 고을이나 마을 터를 풍수에서는 陽基라고 하는데 그 원리에서는 묘터인 陰宅 자리잡기와 다를 바가 없다.

『天元五歌』가 밝히고 있는 것처럼 〈陽基를 논할진대 水龍은 같은 것으로 전편에서 다룬 음택의 경우와 동일한 것이니 중언부언할 필요가 없다(陽居釋之 水龍同不用前篇議論重)〉고 했지만, 이어서 〈다만 양기는 호활하고 넓어야 한다(但此陽基宜闊大)〉란 단서를 붙임으로써 본질에 차이는 없으나 방법상에 상위점이 있음을 시사하고 있다.

일반적으로 양기는 국면이 넓을 것을 요구하는데, 예컨대 유려한 필체로 地家書인 『雪心賦』가 〈음택에 비하여 양기의 다른 점 중에 가장 두드러진 것이 양기의 지세는 寬平해야 하고 명당의 규국이 逼窄해서는 부적당하다(若言陽宅 何異陰宮 最要地勢寬平 不宜當局逼窄)〉는 지적을 하고 있고, 조선조 지리과 과거 시험 과목이었던 琢玉斧도 비슷하게 〈陽基之局 喜其寬泰 陰地之局 喜其聚密〉이라 표현해 두고 있다.

물론 그 규국은 탁옥부에 제시되어 있는 바와 같이 기능에 따라 달라진다. 즉 양기를 품는 용은 한 나라의 수도라면 수천 리를, 큰 고을이라면 수백 리를, 邑治 정도라면 백여 리를, 鄕村이라도 수십 리는 달려 내려와야 地氣를 낼 수 있는 것이라고 하여 결국 산골도 陽基로 가능하다는 것을 내비치고 있다.

그러나 산골이라 하더라도 넓고 평활할 것을 요구하며, 이 점은 싸리골의 경우 의심의 여지가 없이 좋다. 깊은 계곡인데도 논이 있음이 이를 잘 증명해 준다고 할 것이다.

원래 싸리골은 쌀골의 音轉으로, 계곡 내 여러 마을 중에 유일하게 쌀이 생산된다고 하여 붙여진 지명이라고 한다. 그러나 산골에서 특히 주의해야 할 것은 凹風을 가장 두려워하라는 『雪心賦』의 〈若居山谷 最怕凹風 若在平洋 先須得水〉라는 구절이다.

요풍이란 그 해석에 의하면 산의 양쪽이 높고 가운데가 낮아 마치 凹 자 모양으로 된 지세에서, 산 위쪽으로부터 계곡 아래쪽으로 바람이 세차게 내리 부는 현상(凹風者 山兩頭高 中腰低 陷如凹字一

樣 其風來最急也)을 말한다. 이는 小氣候學에서 말하는 冷氣湖 cold lake 현상을 연상하면 쉽게 이해할 수 있다. 즉 경사부의 온난부에 비하여 사면 아래쪽인 谷底나 盆地底는 찬 공기의 퇴적으로 냉기호를 형성한다는 것이다. 중부 유럽에서의 조사에 의하면 야간 기온 공간 분포가 곡저가 섭씨 영하 28.8도인데 비하여 50미터 상부는 북북동이 영하 3.7도, 서남서가 영하 1.1도이고, 100미터 정도 상부는 각각 영하 1.9도, 영상 2.3도로 급격한 기온 상승이 나타났다.

싸리골은 물리적인 지세 조건이 요풍이 나타날 충분한 여건을 갖추고 있는 곳이지만 전혀 그런 현상이 일어나지 않으니, 밝고 따뜻한 곳(명당)이 아니고 무엇이겠는가.

소나 염소나 개들도 살이 튼실하게 쪘고, 곡식도 낟알이 굵으며, 개울에는 빠가사리, 메기, 피라미, 쏘가리 따위 민물 고기가 풍부하다. 다슬기는 물에 가득하다 할 정도로 지천이다.

그런 속에서 지금 그 마을에는 다섯 집이 산다. 그중 자주 머무는 김씨 댁은 다른 집과 떨어져 들 가운데 서 있기 때문에 마치 혼자 살고 있는 듯한 느낌을 주는 곳이다.

닭은 토종인데 깃털 색깔이 곱다. 그러나 이곳이 신선들의 노름터가 아니라 삶의 현장이란 점은 잊지 말기 바란다. 개도 돈이 되면 팔고 닭도 서울 사람들이 좋다고 사 가면 모자랄 때는 읍내서 사다가 이삼 일 키운 뒤 토종닭이라고 팔기도 한다. 깊은 산골 외로운 마을이라고 해서 세속을 떠난 道人이 그저 마음만 좋아가지고 뜬구름 잡는 식으로 살아가는 사람들이 아니란 뜻이다. 그리고 그것이 뭐가 나쁜가. 도시민들의 입장에서야 추억이 무너지니 섭섭하겠지만 거기 사는 사람들이 어디 도시 사람들 추억 살려 주자고 사는 사람들인가.

정선 유평리 산방의 김씨는 無病長生을 연구하는, 말하자면 學人이다. 그렇기 때문에 삶의 양태가 싸리골 김씨와 같을 수가 없다. 병원에서 고치지 못한 병을 고쳐 보겠다는 사람들도 몇 명 같이 살고 있었다. 얼굴은 모두 맑았고 김씨의 세 살짜리(1996년 초등학교 입학) 아들은 그곳 산을 닮아 있었다. 그러나 이곳에는 세속의 삶의 냄새는 별로 없다. 계곡도 좁아 농사에 알맞지 않은 땅이다. 산방은 해발 7백 미터 고지에 위치해 있었는데 산비탈에 무 씨를 뿌려 놓은 것이 고작이었다. 그것도 주인은 다른 사람이라는 것이다. 뿌리 내린 삶의 흔적보다는 잠시 산에 얹혀 지낸다는 느낌을 강하게 주는 곳이었다.

산세는 가히 일품이나 그 땅 기운은 俗

事를 받아들일 의향이 전혀 없는 듯하여 마음은 편하나, 나같이 세속에 욕심을 두고 다니는 사람에게는 의지처가 없어 허망하다는 생각을 자주 갖게 해주었다.
싸리골의 山河가 삶의 냄새를 진하게 풍기고 있다면, 유평리 산방은 脫俗의 냄새가 진한 곳이다. 그런 땅 기운 탓인지 싸리골 계곡에는 차마 필설로 형용키 어려운 절경인데도 절이 없는데, 유평리 산방 계곡에는 절이 있었다. 스님들의 산을 보는 안목이 대강 이러하였다. 결코 아무곳에나 사찰을 건립하는 법이 아닌 것이다.
나는 처음 영월의 싸리골을 보았을 때 서울의 학교에서 선생을 하던 사람답게 保佑이란 것을 떠올렸다. 너무나 아름다운 경치와 오염되지 않은 산하를 보고 당연히 먹을 수 있는 마음이었다고 생각한다. 그러나 싸리골에 터를 내리고 사는 주민의 생각은 전혀 달랐다. 이 깊은 산중에 사람만 보면 환장하게 반가운 이런 외로운 생활을 누가 좋아서 하겠는가. 일은 또 왜 그리 많고도 고달픈지. 제발 서울 사람들 많이 들어와서 관광 개발이나 되었으면 좋겠다는 것이 그들 부부의 바람이었다. 그저 하는 소리 같지는 않았다. 서울서 월급 자리만 니오면 언제라도 떠나겠다는 그들에게, 이제 이곳은 우리나라에서 얼마 남지 않은 秘境이니 참고 지켜야 한다고 말할 수는 없었다. 당연하게도 그렇다면 당신이 들어와서 살라는 말이 돌아올테니까.

풍수적 사고는 반드시 삶터 의식을 전제로 한다. 저는 살지도 않을 것이면서 그곳을 보전해야 한다고 떠들 수는 없는 것이 풍수 사상이다. 그래서 필자는 풍수적 삶이라는 표현을 즐겨 쓰는 것이다. 그것은 도시에서 비인간적인 삶을 영위하다가 주말에 들판에 나가 바람 쏘이는 식이 아니다. 뿌리를 내려 살 터를 내게 맞게 선택하여 그곳에서 사는 일이 중요하다.
〈기림산방은 민둥산 아래. 정상 부근은 억새밭이 장관이다. 11월이 제철. 정상에 나무는 없다. 장사가 태어날 것이라는 전설. 역적에 대한 두려움. 죽임. 龍馬의 출현. 장사가 죽임을 당했음을 알고 따라서 죽음. 그 용마가 몸부림을 쳐서 정상이 민둥산이 되었음.〉
〈요즈음 사람들은 땅을 소유와 이용의 대상으로만 취급한다. 그것은 철저한 이기심의 발로이며 결과는 역시 철저한 버림이다. 그것이 현상으로 나타나면 환경오염. 전통적으로 우리 민족은 땅을 단순한 흙과 돌무더기의 집합인 물질 정도로만 보지는 않았으며 살아 있는 생명으로 인식하였다. 그것이 풍수 사상이다. 더 나아가 우리의 母胎, 어머니로 받아들였다. 땅에서 나와 땅 위에서 살다가 땅으로 돌아가는 인생. 땅은 생명의 원천, 어머니의 자궁 속, 또는 품안이다. 그러므로 땅에 대한 소유욕과 이기적 이용 심리는 어머니를 범하는 패륜이다. 누가 어머니를 소유하는가. 누가 어머니를 이용하는가.

땅은 永眠의 休息處. 젖무덤으로 돌아가고픈 마음이 무덤을 만든다. 亡者에게 어머니 품속 같은 땅을 선정해 주면 그곳이 바로 명당이며 길지이다. 그러나 이것은 소유욕이 아니다. 一世 30년이 지나면 遺骨까지도 흙으로 다시 돌아가므로(土化). 천변만화하는 산줄기. 산은 땅의 생기를 불어넣는 젖줄. 아득하고 광활하며 그러면서도 유장하고 정이 깊은 이런 광경을 보고도 땅을 생명 있는 어떤 것으로 받아들일 수 없겠는가. 땅과 (아울러 인간과) 모든 생명 있는 것들의 원천적 기운을 공급해 주는 것이 바로 地氣.

자연 상태에서, 즉 인간의 헛된 문명의 영향을 받기 이전 상태에서 모든 생물은 지기와의 조화 속에서만 생명 유지. 예컨대 짐승이나 새의 둥지, 인간의 선사 유적지, 식물의 씨 내림. 꽃은 본래 지는 아름다움이란 것도 있다. 그러나 사람이 인공으로 가꾼 꽃에서 지는 꽃잎은 쓰레기일 뿐.

문제는 이 〈땅 기운〉이란 것을 현대적 논리로 언어적 표현을 할 수 없다는 것. 그렇기 때문에 지기는 합리적 사고 과정을 거쳐 이해하고 납득해야 할 대상이 아니라 느끼고 받아들여야 할 어떤 것. 그러므로 地氣를 感할 수 있으면 풍수의 모든 것을 아는 것이 된다.

여기서 無理論(비논리가 아닌 논리 이전의)의 특성상 사이비 지관, 사기꾼 풍수쟁이의 등장 소지가 생김. 풍수학인들이 극복해야 할 과제. 그러나 풍수학계의 현실은 춥고 배고프다.

地氣를 어떻게 느낄 것인가. 虛心坦懷. 욕심과 욕망을 버리고 땅의 용도를 생각하며 땅의 소리를 듣는다. 땅과의 대화. 이것이 풍수이다. 땅의 소리를 들을 수 있는 사람, 그가 진정한 풍수학인이다. 이것은 소유와 이용욕이 아닌 땅에 대한 참다운 사랑에서만 가능한 일.〉

〈기림산방. 비가 내리고 있다. 초겨울의 비. 가을을 보내는 비. 망연한 기분으로 빗줄기를 바라본다. 산에서 보는 비는 더욱 간절한 바가 있다. 서울을 잊게 된다. 서울. 그 복잡한 세상. 삶의 고단함. 苦海. 그러나 사실, 모든 일들은 포기하면 그만인 일들이다. 욕심이 많은 일들을 그르치고 있다. 술이 그런 노릇을 했는데 이제는 욕심이 삶을 망치는구나.〉

〈서울대학교에 사표를 내고 여주에 모신 아버님 산소를 찾아 뵈었을 때의 감회는 그저 죄스러울 뿐이었다. 산소를 바라고 들판을 가로지르던 새벽, 세찬 강풍 속에 휘젓는 바람 소리는 그것이 아버님의 꾸중인지 격려인지를 분간할 수 없을 만큼 가슴속에서 소용돌이쳤다. 꽁꽁 얼어 붙은 논둑 길을 따라 아들 녀석을 앞세우고 희끄무레한 동녘 하늘을 바라보며 돌아가신 아버님으로부터 위안을 얻기 위하여 걷는 심정은 참담한 바가 있었다. 이제 永續되는 평안의 휴식 속에 계셔야 할 아버님을 번거롭게 해드릴 수는 없다고 다짐을 했지만 그것이 쉽지는 않았다. 그러면서 수없이 많은 자문을 했다. 여러 가지 어려움을 무릅쓰고 풍수 사상을 오늘의 우리 지리학이 지향해야 할 하나의 대안으로 계속해 나가야 하는 것인지를.〉
〈강원도 영월 김삿갓의 무덤이 있는 노루목에서 그의 생가가 있는 어둔이로 넘어가는 산길을 지날 때는 이미 내린 눈이 강산같이 쌓인데다가 그때까지도 눈발이 천지를 뒤덮을 듯 쏟아져 앞을 가릴 수가 없었다. 어둔이 김씨 댁에서 얻어 마신 낮술로 가슴이 더워져 풍수 사상의 앞날은 무지개를 바라보는 듯 희망차게 여겨지기도 했다〉(1991년 말 서울대에 사표를 내고 아버님 산소를 거쳐 정선과 영월 땅을 돌아다닐 때 남겼던 메모 중 일부).

旌善郡 東面

▶古汗里(현재 정선군 고한읍)

葛來: 고한리의 중앙에 있는 마을. 예전 자장율사가 水瑪瑙塔을 세울 자리를 찾아다니던 중 겨울 눈 위에 칡덩굴이 뻗어 있어 그 줄기를 따라가 보니 세 송이의 칡꽃이 피어 있으므로 三葛盤地라 하여 탑을 세웠음.

淨岩寺(갈래절): 갈래에 있는 절. 신라 선덕여왕 仁平 12년(645)에 자장율사가 창건하였다. 불상을 모시지 않은 것이 특징으로 자장율사가 석가모니의 頂骨과 舍利를 이 절에 있는 수마노에 봉안하였기 때문이라 함. 문수보살이 자장율사의 我相(교만한 마음)을 깨뜨려 주었다는 고사가 전함(『삼국유사』). 정암사 丑艮方(동북방)의 귀인처럼 생긴 봉우리가 주산. 수마노탑 자리가 가장 좋다. 수마노탑 未坤方(서남방)에는 반쯤 핀 연꽃 같은 봉우리가 있다. 귀인봉과 이 봉우리가 잘 어울린다.

▶沒雲里

광대골: 몰운 동쪽 가키재에 있는 골짜기. 전에는 이곳에 개고기나 닭고기를 먹고 들어가면 뱀이 마구 튀어나와 길을 막았다 하며, 不淨한 사람은 들어가지 못했다 함.

旌善郡 北面

▶羅田里(於羅田, 어라치)

민둥재(民屯山, 민둥산): 명주내 남쪽에 있는 산. 예전에 南坪里 五音峰 아래에 살던 都氏 집안에 壯士가 나자 집안이 망할 징조라 하여 부모들이 콩가마니로 눌러 죽였는데 이와 때를 같이 하여 남평리 나루터 북쪽에 있는 용바우 아래에서 龍馬가 나와 그의 주인이 죽은 줄 알고 이 재에 올라가 울면서 뒹구는 바람에 나무와 풀이 모두 뭉개져 민둥민둥하게 되었다 한다. 지금도 이 산꼭대기에는 초목이 없음.

▶南坪里

寒大洞: 남평 동쪽에 있는 마을. 마을 골짜기가 크고, 찬 기운이 도는 곳이라 함.

▶長悅里(長月)

바람부리: 장열 동쪽에 있는 마을. 바람을 많이 받는 곳이라 함.

얼음내기: 장열리 뒷산에 있는 골짜기. 봄, 가을, 겨울에는 얼음을 볼 수 없으며, 여름철 삼복 더위에만 얼어 있는 곳이라 함.

旌善郡 新東面

▶佳士里

磨磋: 마차재 밑에 있는 마을. 玉女散髮形의 명당이 있다 함.

▶芳堤里

梅花洞: 왼방제 북쪽에 있는 마을. 梅花落地形이라 함.

▶禮美里(義林吉): 아름다운 숲이 많이 있었으므로 붙은 지명.

▶雲峙里(구름재)

翻坪: 돈니치 북쪽에 있는 마을. 강 언덕에 있는 만큼, 지형이 엎어질 것처럼 생겼다 함.

탑서낭당이: 돈니치와 납운돌 사이에 있음. 서낭당이 있던 곳으로, 여름 특히 삼복 더위에만 얼음이 어는 특이한 곳이라 함.

旌善郡 臨溪面

▶骨只里

수리봉: 양촌 북쪽에 있는 산. 산세가 날개를 펴고 있는 수리처럼 생겼다 하는데, 이 산 아래에 있는 마을에서는 닭이 잘되지 않는다 함.

▶德岩里

鳥卵峰: 삼척군 하장면 토산리에서 이 산의 꼭대기가 보인다는데, 이 산으로 말미암아 그 마을에 화재가 자주 일어난다 하여 그 방지책으로 간수를 넣은 항아리를 이 산에 묻었다 함.

▶鳳亭里

　환고개(矜峙): 옛골에서 반천리 성북동으로 넘어가는 고개. 혼인 때 가마가 이 고개를 넘으면 홀아비가 되거나 과부가 된다는 전설이 있음.

▶臨溪里

　渴馬洞: 화천동 북쪽에 있는 마을. 渴馬飮水形이라 함.

旌善郡 旌善邑

▶廣河里

　麻田峙(비행기고개): 마전에서 평창군 미탄면 백운리로 넘어가는 고개. 재가 높아서 마치 비행기에서 내려다보는 것처럼 보인다 하여 비행고개라고도 함.

▶鳳陽里

　飛鳳山: 봉양리와 덕송리 경계에 있는 산. 828미터. 모양이 봉황이 나는 형국이라 하며 정선읍내의 鎭山임. 옛날 정선읍 터를 占定할 때 鎭山을 飛鳳山으로, 앞산과 강을 朝陽山과 朝陽江으로, 漁川을 梧村으로, 五半里를 五畔里로 北實을 竹實로 개명하였다. 이는 봉황이 竹實이 아니면 먹지를 않고 梧桐이 아니면 보금자리를 들지 않으며 朝陽에서 운다는 風水吉祥의 상징으로 그렇게 한 것이다. 또 읍의 형국을 燕巢育雛形(제비가 둥지에서 새 끼를 기르는 모양)으로 보고 東川이 巳方에서 흘러 들어오므로 이는 뱀이니 해롭다 하여 이를 除殺하기 위하여 三龜八鶴을 요소요소에 배치하여 묻어 놓았다고 한다. 거북과 학이 뱀을 잡아먹기 때문에 除殺이 된 것으로 본 것이다. 그중 북강과 동천이 합수되는 강변에서 1985년 홍수 때 1미터 크기의 돌거북이 노출된 적이 있으나 전통에 따라 즉시 다시 묻었다. 鶴은 아직 노출된 바 없다. 현재 정선 공설운동장 옆에 그를 기념하여 三龜八鶴碑를 세웠다(『旌善의 鄕史』).

鐵原郡 葛末邑

▶上絲里

　말버즘물: 송동 앞에 있는 약수터. 예전에는 여기서 쌀이 조금씩 나왔는데 어떤 사람이 많이 나오라고 물 구멍을 넓혔더니 그 다음부터는 쌀이 나오시 않고 약물이 나오는데, 그 모양이 암말의 생식기와 같음.

鐵原郡 近南面

▶蠶谷里(누에울): 마을 입구에 있는 산이 누에처럼 생겼음.

鐵原郡 東松邑

▶ 長興里
  孤石亭: 도덕동 동남쪽 한탄강 가에 우뚝 솟아 있는 바위. 신라 진평왕과 고려 충숙왕이 모두 이곳에서 놀았다 하며 또는 임꺽정(林巨丁)이 이곳에 숨어서 나라에서 잡으러 오면 꺽지라는 물고기로 변신하였다고 전함.

鐵原郡 西面

▶ 道昌里
  老峰: 이 산으로 말미암아 노인 상제가 많이 난다 함.

▶ 瓦水里
  붕어명당: 와수리에 있는 묘. 묘를 쓸 때 너무 깊이 파서 붕어가 튀어나왔기 때문에 자손이 크게 번창하지 못한다 함.

春川郡 南面

현재 춘천군은 모두 춘천시로 편입되었음.

▶ 柯亭里
  毅庵先生墓: 의병장 의암 柳麟錫의 묘.

▶ 鉢山里
  처녀바우: 촛대봉 밑에 있는 바위.
  촛대봉: 촛대처럼 생긴 바위. 본래는 좆대봉이었을 것임. 처녀바우와 음양의 조화를 이룬다고 봄.

▶ 芳谷里(방골)
  伏雉穴: 방곡리에 있는 못자리. 꿩이 엎드린 형국이라 함.

▶ 楸谷里(가래울)
  공주뫼: 중종의 다섯째 딸 숙정옹주와 그 부군 陵昌尉 具瀞의 묘소.

春川郡 史北面

▶ 古城里
  쌍아우(불알바우): 두 개가 나란히 있는 바위. 불알처럼 생겼음.

▶ 古吞里(고툰)
  괴산: 고탄리에 있는 산. 고양이처럼 생겼다 함. 그 앞에 쥐산이 있음.
  쥐산: 적두니 서쪽에 있는 작은 산. 모양이 쥐처럼 생겼다 함. 괴산을 살피는 형상이라 함.

▶ 芝村里
  弓山村(궁산말): 마을 이름. 산이 弓 자처럼 생겼다 함.

春川郡 西面

▶ 錦山里
  孤山(浮來山): 편편한 모랫벌 가운데 화강암으로 된 조그만 봉우리가 오똑하게 솟아 있는 산. 이 산이 金城郡에서 떠내려왔다 하여 옛날에 금성군의 관리가 여러 해 동안 이 산의 세금을 거두어 마을 사람들을 괴롭혔는데, 일곱 살 난 아이가 그를 보고 말하기를 〈타관의 세금을 거두는 힘으로 산을 옮겨 가라〉하니 그 관리가 할 말이 없어 가 버렸다 함.

元錦山: 면소재지.

將軍峰: 원금산 뒤에 있는 산. 187미터. 그 기상이 장군과 같다 하며, 혹은 장군이 났다 함.

장군터: 장군봉 밑에 있는 마을.

▶ **塘林里**(당숲, 당숲안): 神堂을 모신 숲이 있으므로 붙은 지명.

파일골(배일골, 白日洞): 당림 북동쪽 골짜기에 있는 마을. 옛날 마귀할미가 베틀바우에서 소변을 보는데 그 오줌 줄기에 골짜기가 패었다 함.

▶ **德斗院里**

境川瀑(登仙瀑布): 높이 15척이나 되며 부근에 기암괴석이 많음.

三岳山: 덕두원 남쪽에 있는 기암괴석이 많은 명산. 貊國 시대에 쌓았다고 하는 三岳山城의 터와 三岳寺의 터가 있음. 중턱에 通天窟이 있음.

▶ **芳洞里**(방골)

壯節公墓: 방동리에 있는 고려 개국 공신 장절공 申崇謙 장군의 묘. 君王可葬之地라 함. 신숭겸의 본이름은 能山, 光海州(춘천)人, 그러나 태어난 곳은 전남 곡성. 고려 태조 10년(927) 신라 경애왕의 구원 요청으로 대구 근교 팔공산에서 견훤과 싸우다 패퇴. 왕건을 살리기 위하여 대신 전사. 후백제군은 그의 머리를 잘라 돌아감. 그래서 태조 왕건은 金으로 그의 머리 형상을 빚어 시신에 붙이고 盜掘을 염려하여 3기의 묘소를 조성함. 제향 때는 가운데 묘를 중심 삼음. 조선팔대 명당의 하나라 함. 금화 오갑산 - 화악산에서 몸을 돌려 - 兆次山에서 主山을 이룸. 戌坐辰向. 甲得巽破. 飛龍弄珠形. 춘천 봉의산이 朝山인데, 그 조산 방향의 장군봉, 봉의산, 대룡산이 묘를 향하여 절을 올리는 듯. 용과 봉황이 서로 어울린 모습. 강원도 지방문화재 21호로 지정.

君王可葬之地란 평을 들음. 조선팔대 명당 중의 하나. 이곳은 대략 2천5백년 정도의 地氣가 보장되는 곳이라 함. 금화 오갑산에서 남쪽으로 3백 리 달려온 간룡이 화악산(1,468m)에 이르러 다시 몸을 돌려 1백여 리 동쪽으로 뻗어 와 兆次山(主山)에서 딱 멈췄다. 크게 보면 이 산맥은 동쪽에 북한강을, 서쪽에는 임진강을 끼고 왔다. 혈은 乾方에서 들어와 戌坐辰向으로 잡았다. 명당 중의 물의 흐름은 甲得巽破

다. 형국은 飛龍弄珠形으로 안산이 여의주이다. 춘천 시내 봉의산이 조산이 되니 그야말로 용과 봉황이 서로 즐기는 모습이다. 그 朝案은 우리나라 최고라는 설도 있음.
장절공산: 그 묘가 있는 산.
▶西上里
궝골: 소 먹이 통인 구유처럼 생겼다는 골짜기.
쇠메기: 소가 누운 형국의 골짜기.
안지매기고개: 비탈이 심하여 앉아서 기어 간다는 고개.
어영꼴: 외양간 모양으로 생긴 골짜기.
▶新梅里
서원터: 장절공 신숭겸을 배향했던 道浦書院의 터.
▶安保里
雁飛: 기러기 형상의 산이 있는 마을.
▶梧月里
땀띠물: 지금은 저수지가 되었다. 예전에 이 우물물이 땀띠에 잘 들었다 함.
▶月松里
복치형(伏雉形)무덤: 황씨의 무덤.

春川郡 新東面

▶鼎足里(솟바리): 솥발같이 생겼으므로 붙은 지명.
부랄바우: 불알같이 생긴 바위.

春川郡 新北面

현재 춘천시 신북읍.
▶鉢山里(바리미)
왕뒤(王臺山): 바리미에 있는 조그마한 산. 그 위에는 貊國 시대의 성터가 있고 밑에는 맥국의 터가 있음.
촛대봉: 촛대처럼 우뚝한 봉우리가 있는 산.
▶新銅里
심금솔: 구리개 앞에 있는 숲. 조선 말에 명여궁 마름이 잘살 때 마을 水口막이에 소나무를 심었음.

春川市

鳳儀山: 춘천시 중심가 북쪽에 있는 춘천시의 鎭山. 흔히 古代 貊國의 도읍 터라고 함.

太白市

삼척군 장성읍편 참조.
▶太白山(한밝달): 태백산은 백두대간과 낙동정맥이 갈라지는 산. 『정감록』 감결에서 〈곡식 종자는 삼풍에서 구하고 자식을 낳으면 양백에다 숨겨라〉는 말이 있는데 삼풍이란 경상도 영주 풍기, 전라도 무주 무풍, 충청도 괴산 연풍이고 양

백은 태백과 소백이다. 태백산 북쪽 20여리에 태백산 작약봉이 있다고 이중환은 『택리지』에 썼는데 작약은 우리말로 함박이니 작약봉이 바로 함백산이다. 지금의 태백시는 바로 함백산 발치 아래 자리잡은 도시.

태백산은 악의가 없다. 여자의 허리, 엉덩이 같은 線. 망경사에서 일박하고 1995년 1월 1일 새벽 해돋이를 위하여 천제단에 오르다. 15분 거리. 통상 해돋이는 기상대 발표 시각에서 10분을 더하면 됨. 크게 밝은 산으로 하늘에 제사 지내는 산. 1) 백두대간의 중추. 한강, 낙동강, 오십천 등 三水의 發源處. 따라서 기호, 관동, 영남 지방의 젖줄의 근원. 실제로 태백산 문수봉은 여자의 풍만한 젖가슴 모양이기 때문에 젖봉이란 이름으로도 불린다. 2) 한편 백두대간은 이곳에서 방향을 틀어 소백, 덕유, 지리산을 지나 한라산에서 맥을 닫으니, 또한 호남, 호서, 제주의 등뼈 구실도 한다. 3) 이 산은 지리산과 마찬가지로 수려하면서도 장엄하다 (亦秀亦壯). 4) 排斥이 아닌 아우르는 산, 품는 산, 생명의 산, 어머니인 산이다. 5) 靈山(名山이 아닌)이니 우리 고유의 사상이 살아 남아 있는 곳. 큰 절이 없다. 우리나라의 어떤 고을이나 마을도 그 주민들이 의지하고 존숭하는 특정의 산이 없는 곳은 없다. 이곳 태백도 주변 고을과 마을처럼 그러한 대접을 받고 있다는 점에서는 차이가 없다. 그런데도 이 산이 다른 산과 다른 특징을 갖는 까닭은 민족적 자존심의 마지막 보루 중 하나로서의 기능을 충실히 하고 있다는 점이다(1995. 1. 1. 답사에서).

화전민들의 집은 지붕의 재료에 따라 이름이 달라지는데, 저릅집(삼대), 너와집(적송), 굴피집(굴피), 새집(억새) 등이 있음. 투방집이란 나무를 얼기설기 얽어서 만든 집.

우리나라의 三靈山이란 백두산, 태백산, 한라산이다. 그렇기 때문에 백두에서 한라까지는 〈백두에서 태백을 거쳐 한라까지〉라는 구호가 정확함. 靈山과 名山은 구분되어야 한다. 靈山에는 外勢가 개입하지 못함. 그래서 백두산, 태백산, 한라산에는 가장 민족적 종교에 근접했다고 할 수 있는 불교의 寺刹까지도 大刹은 없다. 우리 민족에게는 三敎가 중요함. 밝음으로 오르는 사다리, 밝은 지리(배꼽), 밝음의 우두머리.

태백산은 어머니, 함백산은 아버지. 혹은 샘굿(자궁)이 있어야 하는데 황지가 있으므로 함백산이 어머니라는 주장도 있음. 桃源池가 자궁이므로 함백산이 어머니라는 주장도 있다. 젖 먹이는 어머니를 아버지인 태백산이 기웃이 내려다보는 모습. 태백산에서 보면 연화봉이 연꽃 봉오리처럼 보인다. 청옥산-백병산-태백산. 함백산-백병산-청옥산의 이중 보호 구조. 혹은 거느린 가족이 쌍으로 많다(黃池). 태백산과 소백산은 한몸체이다라는 시각을 가져야 한다(연화봉).
(태백의 분신이란 별칭을 듣는 사진 작가 이석필 씨 제보) 많은 관광지가 돈 쳐들여 쓰레기장 만든 꼴. 廢鑛村의 문제는 〈떠날 사람 떠나고 옛 건물을 복원하고 이곳을 외부로부터 차단하고 이곳에서 소비하는 물건은 모두 이곳 토종을 쓰라〉는 원칙에 입각하여 우리식 관광 단지를 조성하면 어떨지.
市內는 해발 660미터, 버스 종점은 900미터.

▶삼파수(三水嶺): 한강, 낙동강, 오십천이 분기하는 곳. 피재(930m)에 있음. 그 아래 구와우는 낙동정맥의 시발점. 이곳에서 정면에 보이는 것이 육백산, 우측 하늘선에 나타나는 산이 백병산, 그 앞이 궁내산맥, 그 뒤가 낙동정맥이다.

▶사배재: 이곳에서 장성 쪽을 바라보며 나라를 살릴 혁명거사가 나올 것이라 하여 절을 네 번 올림. 실제로 석탄 때문에 광산이 생겼고, 광부가 바로 혁명거사 아닌가. 또한 太白은 흰 것이고 母胎이다. 따라서 편가름을 하지 않는 땅이다. 온갖 깡패, 찌끄러기 인생들이 모두 모여들어 먹고 살지 않았는가. 모든 것을 다 흡수하여 키워 주는 어머니의 땅. 또한 물 많은 땅. 그래서 龍 자 지명이 많다(1994. 12. 30. 답사 메모).

▶돌고개: 태백시와 봉화군 경계에 있는, 도로 개설에 의한 龍脈入首處의 切斷事例. 용맥 위쪽 마을 사람들에게 정신 질환과 액운이 찾아왔다 함(1995. 1. 2.). 경상도에서 1) 석계, 2) 도호, 3) 하회라 하는데 석계는 산의 개념. 도호의 경우도 풍애굴 철도 터널이 뚫려 그곳에 정신 질환이 돌았다고 함.

▶시루봉: 철암동. 새터 건너편 홀로 우뚝 솟아 있는 산. 그 밑에 불 피우는 화덕의 상징으로 굴을 뚫고 그 안에 서낭당을 지어 두었음. 산에 대한 공경심이 이쯤은 되어야 하는 것이 아닐까. 산 중턱 위쪽으로 올라가면 약간의 평지가 있는데 석회암으로 된 바닥 가운데 감자 구덩이를 파놓은 듯 둥글게 파인 곳이 있다(아마도 怪穴인 듯함). 다른 곳은 석회암 바위인데 그곳만 누런 진흙으로 되어 있다. 그래서 시루 형국의 명당으로 유명하다. 어느 해 김씨네서 묘를 썼는데 새터 마을 개들이 그곳을 쳐다보며 짖는 바람에 마을 여론이 좋지 않아 묘를 파 버린 적이 있다고 한다.

▶九峯山(九鳳山): 적각동 된각마을 뒤쪽에 있는 산. 산봉우리가 아홉이어서, 아홉 마리 봉황이 춤을 추는 형상의 명당

이 있다 하여 구봉산이라 함. 구봉산에는 큰 늪이 있는데 그 늪 아래 八判大地(여덟 判書를 배출할 명당이란 뜻)의 명당이 있다 함.

▶神靈山: 백산의 장수굴 위쪽에 있는 888미터의 산. 산꼭대기에 우묵한 분지가 있는데 무덤이 하나 있어서 獅子仰天形의 명당이라 함. 예로부터 산신에게 제사 지내는 天祭堂이 있었다 함.

▶蓮花山: 태백시 황지동 남쪽 문곡동과 연화동에 걸쳐 있는 해발 1,171.2미터의 산이다. 황지팔명당의 하나. 황지 동남쪽에 연꽃 모양으로 우뚝 솟아 있어 연화산이라 함. 蓮花浮水形이라 하여 누가 이곳에다 묘를 썼는데 자손이 번창하고 집안이 창성하였다고 한다. 그런데 묘 앞이 협소해서 제사 지내는데 좌석이 부족하므로 연못 한 구석을 터서 물을 빼고 좌석을 넓혔다. 이것이 破穴이 되어 그 집안이 망했다는 얘기가 있음.

▶玉女峯: 연화산 주봉을 옥녀봉이라 한다. 옛날 潮水가 올라와 천지가 물바다가 되었을 때 옥녀봉에 옥녀가 피난하고 통리의 유령산(우보산) 갈미봉에 갈미를 쓴 남자가 피난하여, 나중에 물이 빠진 다음 둘이 만나 혼인하여 세상에 사람을 퍼뜨렸다 함. 봉우리 서쪽 기슭에 玉女散髮形의 명당이 있다고 하며 황지 연못이 옥녀가 쓰는 대야에 해당된다는 얘기가 있음.

▶烏頭峯: 상장동 서학골 어귀의 왼쪽 산 끝에 있는 바위이다. 문곡역의 동해광업소 저탄장 오른쪽 산 끝이 되는 곳이며 案山에서 내려온 산줄기가 이곳에 와서 서학골 어귀를 막아 섰는데 그 산 끝에 바위가 툭 불거져 있다. 그 바위 색깔이 검어서 오두봉이라 한다. 황지팔명당 중 金烏啄尸形의 명당이 서학골 어딘가에 있다고 하며 오두봉은 그 까마귀에 해당함.

▶독뫼(獨山): 화광동 중심에 우뚝 솟아 있는 산으로 옛날엔 주위로 빙 둘러 논이 있었다. 이 부근에 金鷄抱卵形의 명당이 있는데 이 독뫼가 바로 계란에 해당된다고 하며 이제 병아리가 알을 깨고 나오는 형상이라 함.

▶호재(虎峴): 통리에서 요물골로 넘어가는 고개. 이 근방이 풍수상 猛虎後顧形인데 소란마을의 심씨네 묘가 범의 꼬리 부분에 해당되고 이 고개 부근이 범의 허리에 해당됨. 그런데 이곳에 도로가 개설되어 호랑이의 허리가 끊겼으니 산천의 명기가 끊어진 셈이라고 주민들이 섭섭해 했다 함.

▶사배재(四拜峙, 새별치): 계산동 소란평지 뒤쪽에서 문곡동 사배로 넘어가는 고개이다. 옛날 道僧 한 분이 동자승을 데리고 태백산을 가다가 이 고개에서 장성(계산) 쪽을 바라보며 황급히 4배를 하

며 동자더러도 하라고 시켰다. 왜 그러냐 하니 〈이곳에 앞으로 黑面將軍이 수만 명 나올 산세라서 겁이 나 절을 한다〉고 하였다. 과연 수백 년 뒤 석탄을 캐는 鑛夫들이 흑면 장군의 모습으로 나타났으니 공연한 말은 아니지 않느냐는 얘기가 돈다(『내고향 태백』).

▶**黃池八明堂**: 비결에 이르기를 해마다 풍년이 들고 세세로 평화스런 곳. 또한 여덟 명당이 있으니 金龜沒泥形, 金烏啄尸形, 金鷄抱卵形, 芍藥半開形, 蓮花浮水形, 將軍大座形, 祥雲奉日形, 玉女散髮形이 그것임.

▶**川坪**(내뜨리): 혈동에 있다. 鄭鑑錄十勝地 가운데 〈寧越正東上流可藏亂踪〉이라 한 곳이 여기다. 동학군, 의병, 우국지사들이 많이 숨어 들어와 살았다 함.

▶**子開門**: 동점 구무소의 구름 다리처럼 생긴 구무소의 거대한 石窟 곧 뚜루내(穿川)의 地負石을 자개문이라 한다. 『정감록』에 이르기를 〈낙동강의 최상류로 올라가면 더 이상 길이 막혀 갈 수 없는 곳에 커다란 石門이 나온다. 그 석문은 子時에 열리고 丑時에 닫히는데 자시에 열릴 때 얼른 그 속으로 들어가면 사시사철 꽃이 피고 흉년이 없으며 兵禍가 없고 三災가 들지 않는 五福洞이란 이상향이 나온다〉고 하였는데 그 오복동(혹은 牛腹洞)은 지금의 황지, 장성 땅이요, 석문은 뚜루내인 구무소의 크고 둥근 구름 다리 형상의 석굴이다.

平昌郡 大和面

▶**大和里**
아홉사리: 아홉사리고개 밑에 있는 마을. 九龍爭珠形의 명당이 있다 함.

▶**下安味里**
수대덕바우: 대덕암산 꼭대기에 있는 바위. 상투를 하고 있는 것처럼 되었음. 실은 男根 모양임.
암대덕바우: 모양이 여자처럼 되었다 함. 가운데 홈이 파여 있어 여성의 陰部처럼 보임.

平昌郡 道岩面

평창군의 東北端에 위치함. 태백산맥의 분수령을 이루고 있는 곳으로 1천 미터 이상의 고산으로 둘러싸인 7백 미터 이상의 평탄면과 구릉성 산지를 이루고 있다. 고냉지 채소와 대단위 목장이 있음. 면내에는 高嶺試驗場, 國立種畜場, 江原道감자原種場, 大關嶺測候所 등 특수 기관이 있고, 국내 유일의 축산고등학교가 있다.

▶**屛內里**(병풍골, 병안): 평풍바우 안쪽이 되므로 붙은 이름.

개자니(狗宿里): 병안리 서쪽에 있는 마

을. 개가 잠을 자는 형국.

白日洞: 개자니 동쪽 골짜기에 있는 마을. 높은 산이 사방을 둘러싸고 있음.

진고개(長峴, 泥峴): 개자니에서 북쪽 명주군 연곡면 삼산리로 넘어가는 고개. 높이 946미터. 고개가 매우 깊.

평풍바우: 병내리 입구에 있는 바위. 병풍처럼 빙 둘러싸여 있음.

▶鳳山里(봉두고니)

發旺山: 용산리, 수하리, 봉산리 경계에 있는 산. 1,458미터. 임금이 날 大地가 있다 함.

거문골(琴洞): 애닛골 남동쪽에 있는 마을. 高城郡守의 첩 愛蓮이 이곳에서 거문고를 타고 놀았다 함.

두루봉(周峯): 봉두고니 남쪽에 있는 산. 모양이 둥글게 생겼음.

산제당: 산짓골(山祭洞) 뒷산에 있는 산신령을 모신 제당.

애닛골(愛蓮谷): 봉두고니 남쪽 골짜기에 있는 마을. 두루봉 남쪽 밑이 되는데, 약 1백 년 전에 고성군수의 애첩인 애련이가 살았다 함.

연잣골(연子洞): 전나무정이 서쪽에 있는 마을. 燕巢形의 못자리가 있다 함.

▶水下里: 松川 아래에 있으므로 물아래라 하였음.

고든골: 물아래 서쪽에 있는 곧은 골짜기. 발왕산 밑이 되는데 스키장이 있음.

구영소: 새벼루에 있는 소. 구유 모양.

배파니(船板, 배판): 백바우 서쪽에 있는 마을. 배의 형국.

안테밋골: 수하리 동쪽 골짜기. 삼태기 모양.

玉女峯: 수하리와 명주군 왕산면 대기리 경계에 있는 산. 1,146미터. 산밑에 玉女彈琴形의 좋은 못자리가 있다 함.

▶龍山里: 용평 스키장이 있음.

道岩里: 용산 옆에 있는 마을. 길가에 큰 바위가 있는데 이 바위의 이름을 따서 도암면이 됨.

투구봉(胄峯): 서오개 서북쪽에 있는 산. 칼산 옆이 되는데, 모양이 투구와 같다 하며, 將軍大坐形의 명당이 있다 함.

▶楡川里: 楡木亭과 廣川의 이름을 따서 지음.

널먹골(板頭洞): 유천리 동남쪽에 있는 마을. 어귀는 좁으나 안은 넓은 곳.

반장골(盤鞍洞): 너래 남쪽에 있는 마을. 지형이 말 안장과 같다 함.

숫돌골(砥石洞, 水石洞): 삼홍정 북쪽 골짜기에 있는 마을. 뒷산에서 숫돌이 남.

元卜洞: 핏대골 남동쪽에 있는 작은 마을. 원씨라는 점쟁이가 살았다 함.

장군바우(將軍岩): 숫돌골 북쪽 산꼭대기에 있는 바위. 모양이 흡사 장군이 말을 타고 있는 것 같다 함.

▶ **車項里**

거래지(車來地, 글안재): 차항리에서 으뜸가는 마을. 고려 제23대 고종 4년(1217)에 충주, 원주에서 崔元世, 金就礪 두 장군에게 쫓긴 거란 군사가 이곳에서 쉬어 대관령을 넘어서 도망갔음.

노루목(獐項): 차항리에서 횡계리로 넘어가는 고개. 지형이 노루 목과 같음.

버들밭골: 동녘골 남쪽에 있는 골짜기. 鶯巢柳枝形의 명당이 있다 함.

▶ **虎鳴里**(병울, 범우리)

가마골: 느목 아래에 있는 마을. 그릇 가마가 있었음.

통신바우(通知岩, 通盡岩): 쌀면이 동쪽 골짜기에 있는 마을. 옛날 도사가 신을 통했다는 바위가 있다 함.

▶ **橫溪里**(엇개): 거래지에서 오는 냇물이 마을 앞을 가로질러 가므로 엇개라 함.

가사머리(加士頭): 왕산골 북쪽 큰길 가에 있는 마을. 가사 모양.

덕장모퉁이(장선말): 예전에 시장이 섰다고 하여 장선말이라 불러 오다가 북어를 말리는 곳이라 하여 덕장모퉁이로 부름.

북바웃등: 청련암 아래에 솟아 있는 산. 북과 같이 생겼음.

오목골(蘊玉洞): 가사머리 뒤 골짜기. 지형이 오목함.

平昌郡 美灘面

▶ **馬河里**

馬山: 마하리 복판에 있는 작은 산. 渴馬飲水形이라 함.

▶ **白雲里**

비행깃재: 백골에서 정선읍 광하리 마전으로 가는 재. 높이 약 6백 미터.

▶ **栗峙里**(밤고개)

龍田: 율치리 북서쪽에 있는 마을. 飛龍登天形이라 함.

▶ **檜洞里**(횟골)

紫芝洞(자진구비): 수리재 서북쪽 골짜기에 있는 마을. 잔 굽이가 많음.

平昌郡 芳林面

▶ **芳林里**

구두미(龜浦): 상방림 북쪽에 있는 마을. 지형이 거북의 머리와 같고, 金龜沒泥形의 명당이 있다 함.

달에머리(月頭洞): 구두미나루 건너 동쪽에 있는 마을. 雲中半月形이라고 함.

平昌郡 蓬坪面

▶ **綿溫里**(멸온): 옛날 진한의 泰岐王이 신라군에 쫓기어 이곳에서 멸망하였으므로 붙은 지명.

▶武夷里(무울, 무일)

　白雲洞: 무이리 서북쪽에 있는 마을. 雲中仙坐形의 명당이 있다 함.

平昌郡 珍富面

▶文殊寺石塔: 『삼국사기』에 오대산 석탑 얘기가 있다. 오대산 문수사 석탑은 신라 때의 것. 신라 사람들이 만든 것은 순박하여 巧하지 못하지만 자못 영검이 있어 이루 다 열거하기 어려울 지경이다. 그중 한 가지 사실을 옛 노인들에게 들었다. 옛날 連谷縣 사람이 배 타고 바다에서 물고기를 잡고 있었다. 갑자기 탑이 배를 따라와 그 그림자가 드리워지자 물고기들이 다 흩어져 사라졌다. 어부가 한 마리도 잡지 못해 분한 마음에 그림자를 따라 찾아가니 이 탑이 보였다. 忿心이 탱천하여 도끼로 탑을 쳐부수고 가 버렸다. 지금 탑 네 귀퉁이가 깨어진 까닭이다. 이 말 듣고 놀라서 탄식하기 마지 않았는데 탑이 마당 가운데 있지 않고 조금 동편에 치우쳐 있다. 이상하다 싶은데 현판에 이런 이야기가 씌어 있다. 비구 處玄이 일찍이 이 절에 있으면서 탑을 중앙에 세웠으나 30여 년 동안 아무런 영험도 없었다. 어떤 지관이 터를 구하며 다니다 탑을 보고는 〈뜰 가운데 탑 세울 곳이 아닌데 어째서 동편으로 옮기지 않을꼬〉 한다. 이를 듣고 대중들이 깨닫고 그리로 옮겼다. 지금의 자리이다(신영훈, 『절로 가는 마음』, 책 만드는 집, 1994).

▶東山里: 月精寺, 上院寺 등이 있음.

　寂滅寶宮: 신라 선덕여왕 때 자장율사가 부처님의 頂骨을 봉안하고 만든 것이라 하며, 돌로 만들어졌는데 그 안에는 나무로 된 탑이 있다 함.

　五臺山: 오대산 적멸보궁 터는 명나라 朱元章이 풍수사 5명으로 하여금 뒤지다가 벼락을 맞아 죽은 곳. 지금도 그들의 무덤 흔적이 뚜렷이 남아 있다고 전한다. 6·25 때도 헬기장을 건설하려는데 뇌성이 들려 공사를 중단했다. 오대산 主峰인 毘盧峰에서 달려나온 용이 고개를 쳐든 곳. 법당 위에 서 있는 바위가 바로 용의 뿔이니 이 자리는 어김없는 飛龍上天이다. 그 아래 우물이 2개 있다. 生龍의 왼쪽 눈은 물이 있으나 오른쪽은 물이 말랐다. 이 물이 마르고부터 우리나라 불교계에 衰運이 닥쳤고 지금도 절 집안 분규가 끊임이 없다고 옛 기록은 전한다. 또 누구는 이곳을 오대산 최고의 명당이라 함. 즉 飛龍含珠形이라는 것. 그래서 적멸보궁 아래에는 龍眼水란 샘도 있다. 보궁의 터는 용의 이마쯤 되는 곳이다. 주산인 비로봉은 一字形의 一字文星.

▶ 五臺山月精寺: 東臺(靑) - 만월산 - 관음방 - 원통사 - 관음보살, 南臺(赤) - 기린산 - 지장방 - 금강사 - 지장보살, 西臺(白) - 장령산 - 미타방 - 수정사 - 대세지보살, 北臺(黑) - 상왕산 - 나한당 - 백련사 - 미륵보살, 中臺(黃) - 풍로산 - 진여원 - 화엄사 - 문수보살, 외대 - 황병산 - 보현사 - 광대행 - 보현보살. 형국은 也字形이다. 亥龍入首에 辛亥透地요, 未破口를 이룬 곳에 있는 寂光殿 주전의 좌향은 癸坐丁向이다.

▶ 상원사: 월정사에서 상원사 쪽으로 십여 리 되는 곳에 『실록』을 보관했던 史庫寺가 있다. 생기 충만한 곳으로 三災가 들지 않는 곳.

▶ 上月午介里(웃달오개)

까치골(鵲洞): 상월오개리 서북쪽 골짜기에 있는 마을. 鵲巢形의 명당이 있다 함.

▶ 龍田里

神仙골: 둔전 동쪽에 있는 골짜기. 산불이 자주 나므로 불탄골이라 하였는데 1930년에 용전리 이장 金鳳根과 주민들이 불이 나지 않게 하는 방법으로 소금과 관솔을 신선바우 밑에 묻고 山祭를 지내고 신선골로 고쳤음.

神仙바우(火山바우): 신선골 안에 있는 바위. 모양이 火體로 되어서 산불이 잘 난다 하여 화산바우라 하였는데, 1930년 신선바우로 고침.

▶ 長田里(장쟁이)

대궐터: 장쟁이 남쪽에 있는 마을. 貊國의 가리왕이 穢國의 침입을 받아 이곳에 대궐을 짓고 머물렀다 함.

平昌郡 平昌面

▶ 古吉里(골길): 긴 골짜기 안에 있으므로 붙은 지명.

뒷덕(後德): 골길 북쪽 뒤 언덕에 있는 마을. 둔덕, 된덕, 잣바우덕, 뒷덕과 조동리의 도래덕의 五德之下에 萬人의 피란터가 있다 함.

▶ 雷雲里

굴아우(窟口, 굴아구): 아계 서쪽 골짜기에 있는 마을. 들어가는 입구가 대단히 좁아서 마치 굴속으로 들어가는 것처럼 되었다 함.

▶ 大上里(웃대얏골)

구중골(구룡동): 안정골 동쪽에 있는 마을. 지형이 구렁이처럼 생겼으며 九龍爭珠形의 명당이 있다 함.

▶ 大下里(아래대얏골)

琚瑟岬山: 대하리에 있는 산. 898미터. 옛날에 옥녀가 거문고를 탔다 함.

댓골(大野洞, 대얏골): 대상리와 대하리에 걸쳐 있는 마을. 평창강이 빙 돌아 마치 대야처럼 생겼다 하며 또는 옥녀봉의 옥녀가 대야에다 머리를 감는 형국이라 함.
富貴山: 대하리와 도돈리 경계에 있는 산. 오도산 서쪽이 되며 높이 4백 미터. 산세가 수려함.
吾道山: 玉女峯과 富貴山 사이에 있는 산. 좌우에 옥녀와 부귀가 있어도 나의 할 도리는 한결같다는 뜻의 이름이라 함.
玉女峯: 대하리, 마지리, 도돈리 경계에 있는 산. 591미터. 봉우리가 매우 수려하며 玉女散髮形의 명당이 있다 함.

▶鷹岩里
되다미(뒤다미): 응암 뒤에 있는 마을. 밭 가운데 약 3백 평 되는 돌무더기가 담처럼 쌓여 있음.
如鬼峯: 응암 서쪽에 솟아 있는 산. 모양이 귀신과 같이 험상궂게 생겼음.
이담이: 뒤다미 옆에 있는 마을. 넓이 1단보, 높이 약 8미터의 돌무더기가 담처럼 쌓여 있음.

▶鍾阜里: 뒷산이 종처럼 생겼으므로 붙은 지명.
烏舞山: 종부리 마을 가운데 있는 산. 오목하게 생겼는데 까마귀가 춤추는 형국이라 함.

▶舟津里(주나루, 두나루): 나루 둘이 있었으므로 붙은 지명.
舞童山: 주진리 북쪽에 있는 산. 633미터. 아이가 춤추는 형국이라 함.

▶中里
魯山城: 중리 뒤에 있는 산. 평창읍의 鎭山.

▶河一里
金鷄谷: 하일리 서쪽에 있는 마을. 金鷄抱卵形의 명당이 있다 함.

洪川郡 南面

▶南魯日里: 1973년 북방면 노일리에서 구분. 1976년에야 전기가 들어오고 1980년에야 시내 버스가 개통된 奧地.
여내: 돌골 서남쪽에 있는 마을로 골짜기에서 흐르는 물이 이곳에 이르러 갑자기 땅속으로 스며 흐른다 하며 여호내, 호천으로도 불림.
위안터: 고두래미 서쪽에 있는 마을. 앞에 금학산이 솟아 있고 냇물이 흘러 경치가 아름다워 이곳에 오면 저절로 위안이 된다고 함.

▶陽德院里
三層石塔: 양덕원 동쪽 밭 가운데 있는 삼층석탑. 원래 위치는 아닌 것으로 보임. 어느 대사가 태조 이성계의 도읍터를 찾아 다니던 중 이곳을 지나다가 지형이 용의 형상을 하고 있으므로 멀지 않아 큰 재앙이 미칠 것을 예상하고 용 머리에 해당하는 곳에 절을 짓고 탑을 세워 재앙을 미리 막았다는 전설이 있으며 이 탑을 움직이면 마을에 재앙이 온다는 얘기가 있음. 고려시대 작품으로 추정됨.

▶ 月川里

明堂 李适 아버지의 墓 傳說: 양덕원에서 홍천읍 쪽으로 국도를 따라 1킬로미터쯤 가면 국도 오른편에 크지 않은 산 하나가 보인다. 龍相의 모양을 한 명당. 이곳이 이괄의 아버지 李陸의 묘. 이육이 말하기를 〈내가 죽거든 내 몸을 반드시 거꾸로 파묻어라. 팥 서 말, 콩 서 말, 조 서 말, 수수 서 말을 주변에 같이 묻되 거꾸로 묻는걸 잊지 말라〉고 하였다. 그러나 차마 거꾸로 묻을 수가 없어서 바로 묻음. 아버지 유언대로 20여 일이 지나 곡식 무덤을 파헤쳐 보니 콩은 전부 장수가 되고 팥은 조총, 수수는 철환, 조는 총알이 되어 나왔다. 인조 2년 反正에 공을 세웠으나 일등 공신에서 제외되자 반란을 일으켰다. 군사들이 이육의 묘가 심상치 않다 하여 파헤치니 시신 밑에 커다란 용이 산쪽을 향해 올라가려고 애를 쓰고 있었다. 군사들에 의해 용은 두 동강이 남. 용이 개울 쪽으로 머리를 두었더라면 이괄은 성공했으리라는 전설이 있음.

▶ 楡木亭里

人積山: 임진왜란 때 이곳에 피란했던 사람들이 왜적에게 떼죽음을 당한 뒤 이곳에 집단 매장되어 붙은 지명.

거북바위: 아기 못 낳는 부인들이 이 바위를 타고 앉아 치성을 드리면 得男한다고 함. 거북의 머리를 男根에 연유시킨 결과임.

洪川郡 內面

▶ 廣院里(늘원이)

권대감비: 조선 제5대 문종의 왕비 현덕왕후의 아버지 화산부원군 權專의 碑. 단종이 승하하자 세상을 피하여 실론골(큰쇳골 북쪽에 있는 마을)로 온 후 어느 날 말을 타고 가다가 실론산중에서 갑자기 튀어나온 사슴에 놀란 말이 칡덩굴에 걸려 넘어지자 말에서 떨어져 앓다가 죽었다. 이 일이 있은 뒤로 그 근처의 산에는 지금까지도 칡이 없다 하며, 그 뒤 후손이 사당을 짓고 권대감의 제사를 지내고 있음.

達屯洞: 다릿골 동남쪽에 있는 마을. 월둔, 달둔, 생둔의 삼둔 안에 피란처가 있다 함.

月屯洞: 달둔동 북쪽에 있는 마을.

▶ 栗田里(밤바치)

살둔(생둔): 안현 동북쪽에 있는 마을. 광원리의 월둔, 달둔과 살둔의 삼둔 사이에 피란처가 있다 함.
▶紫雲里
도창골(都藏谷): 새이골 서쪽에 있는 마을. 도방처럼 아늑하므로 피란처가 된다 함.
朴貞烈女史慰靈塔: 박 부인은 제주도에 시집 가 살던 중(남편 최종민) 6살짜리 딸 인숙 양과 함께 친정 나들이에 나섰다가 1978년 3월 12일 이곳 자운리 불발령에서 눈 속에 길을 잃고 凍死하고 말았다. 그러나 그녀의 어린 딸은 어머니의 품속에서 목숨을 건지는 기적이 일어났다. 慰靈碑에는 다음과 같이 기록되어 있다.〈여기 눈보라 몰아치던 불발령 고갯길 어린 딸을 살리고 숨져 간 거룩한 어머니가 잠들어 있다. 어머니라는 거룩한 이름 아래 최후의 순간까지 자식을 위해 고귀한 생명을 불사른 고 박정열 여사의 殺身母情은 이 땅의 모든 여성들에 의해 영원히 기억되고 추모될 것이다. 흰 눈 위에 피고진 숭고하고 애틋한 모정을 기리며 모든 여성들의 정성을 모아 여기 이 돌을 세운다.〉

洪川郡 乃村面

▶廣岩里
可足洞: 올바른 사람만이 발을 들여놓을 수 있다고 해서 붙은 지명.
▶踏楓里
가목소: 옥녀가 경대봉을 앞에 놓고 머리를 감는 형국이라 함.
鏡臺峯: 답풍리에 있는 산. 가막소에서 옥녀가 머리를 감고 경대봉을 향하여 화장을 한다 함.
삼선대이(三省堂, 三仙臺): 답풍 서남쪽에 있는 마을. 세 정승이 날 명당이 있다 함.
▶道寬里(독안이): 사방으로 산이 둘러 있어서 독 안과 같이 되어 있으므로 붙은 지명.
白羽山: 白鶴의 날개 형상을 했다 하여 붙은 지명. 894.7미터.

洪川郡 東面

본래 詠歸美面. 1917년 홍천의 동쪽이므로 동면이 되었음(이런 지명에 대한 지적 필요. 너무나 땅의 특징과 전통을 부시하고 지은 이런 지명은 개정되어야 한다).
▶開雲里: 개운사가 있었으므로 개운동이라 함. 1916년 산숫골과 돌모루를 병합함.
開雲節: 개운리 서남쪽에 있는 마을. 개운사라는 절이 있었다 함.
산숫골: 돌모루 동쪽에 있는 마을. 좋은 샘이 있음. 위, 아래 두 마을.
돌모루(石隅): 개운리 남쪽에 있는 마

을. 모퉁이에 돌이 많음.
▶ **魯川里**(魯村, 魯內洞, 노냇골, 노래골)
노쟁이(老壯里, 魯壯村, 노산정이): 솟대배기 서쪽에 있는 마을. 조선 말 허순봉이란 사람이 정자를 짓고 남은 해를 보냈는데, 그의 호를 따서 노산정이라 했다 함.
솟대배기(소배기, 孝竹村): 노촌 동쪽에 있는 마을. 염씨가 과거하여 솟대를 세웠다 함(효죽암 참조).
大學山: 물골 남쪽에 있는 산(학자가 많이 배출?). 876미터.
德丘山: 578미터. 덕이 있어 보인다 함(이 두 산은 좌운으로 들어가는 길목 양쪽에 있으므로 필히 관찰 요망).
새목이(새매기, 鳥項, 鳥峴): 바로 두 산 사이에 있는 허뱅이 서북쪽에 있는 마을. 새의 목처럼 생겼다 함(이곳으로 인하여 좌운이 明堂口의 요건을 갖추게 된 것이 아닌가?).
지왕동(金王洞, 岐王洞): 노천리 북쪽, 곧 공작골 남쪽에 있는 마을. 신라 마지막 왕 경순왕이 횡성군 탑산으로 피란했다가 이 마을을 지나 인제로 갔다 함.
진지리고개: 허뱅이에서 수동으로 넘어가는 고개. 고개가 길어 넘는데 진저리를 낸다 함.
허뱅이(許方里, 허방이, 花坊이): 새목이 동남쪽에 있는 마을. 허씨가 많이 살았음.
行喪峰(應谷山, 화체봉): 약바터 남쪽에 있는 산. 604미터. 행상(상여) 모양이라 하여 혼례 가마는 이 재를 넘지 않는다 함.
孝竹岩(형제바우): 솟대배기에 있는 바위. 예전에 솟대배기에 두 아들을 둔 홀아비 洪氏가 병으로 눕자 아들 형제가 겨울에도 날마다 공작산에 올라가서 기도를 드린 지 백일째 되던 날 꿈에 백발 노인이 나타나 〈죽순 삶은 물을 먹으면 아버지의 병이 나으리라〉 하였다. 동생은 죽순을 구하러 몇 달을 헤맸으나 구하지 못하고 집앞에 이르러 눈 속에 솟아난 죽순을 보고 뜯어 가지고 집으로 뛰어들어 갔으나 아버지는 그 전날에 돌아가셨다 하므로, 너무나 원통하여 밤낮 사흘을 울다가 바위로 변했다 함.
▶ **德峙里**(덕고개)
壽陀寺: 孔雀山 아래 곧 절안(절깨, 사내, 순장버덩 동쪽에 있는 마을. 북쪽에 수타사가 있음) 안에 있는 절. 신라 제33대 聖德王 7년(708) 원효대사가 창건했다고 하나 원효는 686년에 入寂했으므로 잘못 전해진 것 같음. 처음에는 日月寺라 하였는데 조선 선조 2년(1569) 공작산으로 옮겨 짓고 옆에 큰 냇물이 흘렀다 하여 水墮寺

라고 했는데, 호랑이와 장마의 피해로 그 위쪽인 지금의 자리로 옮겼음. 선조 25년 임진왜란 때 兵火로 불탄 것을 인조 22년(1644) 학준, 계철, 도전, 승해, 정명, 정지, 대상, 천읍, 법륜, 여잠, 천해가 잇달아 세워 숙종 9년(1683)에 완성했음. 광무 15년(1878)에 翠雲이 七星閣을 짓고 지금 이름으로 고침. 1364년에 만든 종과 높이 약 1미터의 3층 돌탑이 있으며, 한 책 두 권으로 된 『月印釋譜』 제17, 18권의 원본이 있음.

▶後洞里(뒷골): 월운의 뒤쪽이라 하여 후동이라 함.

구미말(龜尾): 안뒷골 서북쪽에 있는 마을. 거북산의 뒤쪽이 되어 거북이의 꼬리와 같다 함(혹 金龜沒泥形의 알 낳는 부분에 있는 마을이 아닌지?).

▶城壽里

三烈士碑: 3·1 운동 때 중추원 의관 閔丙肅, 충남 관찰부주사 閔丙台 형제와 또 한 사람이 태극기를 들고 독립 만세를 부르며 군중들을 이끌고 주재소 앞으로 나가다 왜구의 총탄을 맞고도 끝까지 독립 만세를 외치며 쓰러진 충혼을 기념하여 1965년에 돌비를 세움(지금 친일파들은 어떻게 되었나. 그들은 역사의 준엄한 심판을 받았나?).

▶月雲里(워룬)

공주터(公主垈): 월운 서쪽에 있는 마을. 옛날 공주가 피란왔다 함.

南宮鐘의 旌門: 조선 제27대 순조 때 효자 남궁종이 아버지 병환에 백약이 무효라 하늘에 기도를 올린 지 3년째 되는 겨울 산삼 세 뿌리를 발견하여 병을 고쳐 드림. 돌아가신 뒤에는 3년 시묘살이를 했음.

▶坐雲里: 이곳에 雲中仙坐形의 좋은 묘자리가 있다 함(아마도 속세를 떠난 듯한 기운이 풍기는 곳이 아닌지?). 이곳 靑龍에는 청룡말이 있음.

곳꼴(꽃골, 花谷): 장구목 동북쪽에 있는 마을. 花心形의 명당이 있다 함(화심형 경우 나타나는 마을 입지의 특이성 관찰 요. 산에 기대어 마을이 들어선 것이 아니라 들판 가운데 나앉은 것은 아닌지?). 마을에 굴바우(길이 4, 높이 1.5미터의 굴이 뚫려 있음)가 있고 굴 안에는 속병에 좋다고 하는 약물터가 있음.

洪川郡 斗村面

▶遠洞里

갈미봉(갓모봉, 노적봉): 문봉리 뒤에 있는 산. 갈모 또는 노적가리처럼 생겼음. 이 산 아래 살던 큰 부자 洪氏가 손님이 많이 찾아오는 것을 귀찮게 여기는데, 때마침 탁발 온 중에게 시주를 많이 하고 손님이 안 오게 해달라고 부탁하여 중이 가르친 대로 고양이 형국이라는 맞은편의 山穴을 끊으니, 이 산 옆에 있는 쥐 형국의 산이 기를 펴게 되고 노적봉의 기세가 약해져서 큰 부자가 얼마 안 가 망했다고 함.

▶ 自隱里(흑둔지): 진흙 둔지였으므로 붙은 지명.

加里山韓天子父親墓所: 옛날 가리산 기슭에 한씨 부자가 살고 있었다. 한 道僧이 달걀 두 개를 묻고 얼마 후 닭이 되어 나오자 도승은 떠났다. 한씨가 죽자 그 아들이 눈여겨 보아 둔 도승의 달걀 자리에 부친을 모셨다. 한씨의 아들이 漢나라로 건너가 천자가 되어 부친의 산소를 찾고자 하였으나 조선에서는 중국의 속국이 될 것을 두려워하여 조선에 지리산은 있으나 가리산은 없다고 거짓으로 말하였다. 이때부터 한씨 묘소에 유골을 묻으면 후손이 출세한다 하여 암장이 성행했으며 실제 많은 암장 유골을 파냈다고 한다. 지금도 산삼을 캐러 가는 사람들은 한천자 부친 묘소에 제사를 지내고 벌초를 해야 재수가 있다 하여 벌초꾼이 많다.

솔모등: 안뒷골 앞에 있는 등성이. 안뒷골 水口를 보호하기 위하여 소나무를 많이 심었는데, 지금은 10여 그루만 남아 있음. 여름이면 좋은 쉼터가 됨.

▶ 哲亭里

아오라지(鵝湖洞): 북창 동쪽에 있는 마을. 내촌면 화상대리 쪽에서 흘러오는 냇물이 마을 앞 냇물과 합함.

洪川郡 北方面

▶ 魯日里

여내(여호내, 狐川): 돌골 서남쪽에 있는 마을. 골짜기에서 흐르는 물이 이곳에 이르러 갑자기 땅속으로 스며 흐름. 이런 지세에서는 특이한 풍토병의 원인이 되는 瘴氣가 서릴 수 있음.

▶ 菱坪里(능뜰): 세조 때 정란공신 延山君 金孝誠의 묘가 있으므로 붙은 지명.

▶ 城洞里

불근덩이(赤峯, 紫芝峯): 성동리, 화촌면 구성포리와 춘성군 동산면 북방리 경계에 있는 산. 5백 미터. 외따로 우뚝 솟아 있음. 男根을 닮았다 하여 붙은 이름.

▶ 下花溪里

솟을묘: 하화계 2리 백이(栢里)라는 마을에 조선 초기 것으로 보이는 분묘가 있는데 墳上을 소가 밟으면 우묵해지지만 다음날이면 다시 솟아올라 솟을묘라 지칭됨. 아들을 원하는 부인이

이 묘에 벌초를 하면 득남을 하고, 노처녀 노총각이 벌초를 하면 성혼이 되며, 남 먼저 벌초를 하고 소원을 빌면 성취된다는 신비한 묘이기도 하다. 그래서 남보다 빨리 벌초하려는 사람들로 붐볐다고 한다. 그런데 누군가가 이 명당을 소유할 목적으로 묘 앞의 석물과 비석을 앞에 있는 못에 버린 다음부터는 靈驗이 없어져 버리고 말았다.

洪川郡 西面

▶牟谷里(버리울): 큰 벌에 있으므로 버릿골, 보리울 또는 모곡이라 함.

翰西南宮檍先生墓(1863-1939): 한서초등학교 뒤 유리봉 아래 있음. ≪황성신문≫ 주필을 지낸 교육자 겸 독립운동가. 1939년 4월 5일 세상을 떠나면서 〈내 몸을 과일 나무 아래 묻어 거름이 되게 하라〉는 유언을 남김.

老姑山: 모곡리와 길곡리에 걸쳐 있는 산. 241미터. 숫산과 마주 보고 있으며 여자산이라 하여 아들을 바라는 이가 정성으로 기도를 하면 아들을 낳게 된다 함. 중국 天臺山 麻姑할미봉과 비슷하다 하여 노고산이라 함.

숫산(雄山): 모곡 남쪽 노고산과 마주 보는 산. 남자의 산이라 하여 기도를 올리면 딸을 낳는다 함. 산밑은 수산 유원지(제1권 2장 참조).

▶盤谷里

甘勿岳山: 반곡 북서쪽 가무름마을 뒤에 있는 서면의 상징인 산.

望月里(망단이마을): 가무름 북쪽에 있는 마을. 춘천 통곡리와 경계가 되는데, 이 마을이 풍요를 누리고 이웃끼리 의좋게 살아온 것은 玉兎望月形이기 때문이라는 설이 있음(김광언).

▶魚遊浦里: 고기가 놀 만한 곳이 되리라 하여 붙은 지명.

▶中方垈里

아우라치(竝川): 중방터 남쪽에 있는 마을. 마을 앞에서 굴업리 물과 경기도 양평군 단월면 고북리에서 오는 물이 합수됨.

▶八峯里: 1980년 5월 29일 지정된 팔봉산 국민 관광지가 있음.

당집女像(八峯山祠, 三仙堂): 팔봉산에 있는 사당. 산이 여자 모양이라 하여 시어머니, 며느리, 딸의 영혼을 모시고 음력 3월 보름과 9월 보름에 큰 굿을 하며 제사를 지내는데, 많은 사람들이 모여들어 소원을 빎.

오리고개: 이 고개에 있는 오리암의 秘訣이『정감록』에 있다고 전하여 오는데, 20년 전쯤 유명한 지관이 이를 무시하고 다이너마이트로 폭파하려다 뇌

성벽력이 쳐 실패했다는 흔적이 남아 있음.

八谷洞傳說: 팔봉산에 수백 년 묵은 옻나무가 있는데 이곳에 각종 보물이 숨겨져 있다고 하나 아직 본 사람은 없다고 함. 일류 포수도 이곳에서는 새 한 마리 잡은 적이 없다 함. 또 팔봉산 아래에는 팔곡동이 있어야 큰 인물이 난다고 하는데 현재 盤谷, 坐谷, 吉谷, 牟谷, 馬谷, 筆谷, 都沙谷, 疎梅谷(북방면), 秋谷(춘천시) 등 九谷이 있어 큰 인물이 안 난다고 함.

洪川郡 瑞石面

▶儉山里: 三神山이 있으므로 검산이라 하였음. 일설에는 큰 가마솥같이 圓形을 이룬 마을이 사방이 산으로 둘러싸여 아늑한데 가마솥의 색깔이 검다 하여 검산이라 부르게 되었다고도 함.

▶水下里

鶴무덤: 수하리에서 인제군 상남리로 넘어가는 길목에 行峙란 고개가 있고 이 고개 위에 학무덤이 있다. 조선 말엽에 어떤 이가 자기 부인 묻을 명당을 찾던 중 마침 지나가던 중이 자리를 일러 주면서 깊이 파지 말라고 당부했으나 물이 나오므로 듣지 않고 계속 파 가니 그곳에서 학이 세 마리 날아갔다 함.

▶魚論里(어론이)

龍頭岸: 왯둔지 서남쪽에 있는 마을. 마을 뒷산이 용의 꼬리 모양이고 이 마을은 용의 머리 형국이라 함.

▶淸凉里

雲霧山: 청량리와 횡성군 접경에 있는 980미터의 名山. 예로부터 戰亂 때에는 피란처 구실을 했고 山頂에는 10정보 정도의 高原이 있으며 조선 말까지 군사들의 조련장으로 쓰였다 함.

▶豊岩里

地靈里(진동고개, 자작고개): 성황당을 지어 놓고 매년 地神과 山神에게 정성을 올린다. 그렇지 않으면 질병이 만연하고 虎患이 있다 하여 정월 대보름에 서낭당에서 제사를 모시는 것이다. 이곳에 이런 재앙을 막는 靈이 있다 하여 지령리라 하게 된 것이다.

洪川郡 洪川邑

▶檢律里(松柳里)

화냥바우: 홍천읍 동쪽 약 2킬로미터 화양강(홍천강) 가에 있는 양쪽으로 괴인 돌 위에 얹혀 있는 바위. 그 밑에서 사모하는 사람의 이름을 부르며 기도하면 그 뜻이 이루어져서 화냥질이 생기므로 검율리 마을에서 이 바위를 없

애려고 허물어 버렸더니 더욱 풍기가 문란해서 다시 그대로 놓아 두었다 함.

▶ 三馬峙里

五音山: 홍천과 횡성 경계에 삼마치고개가 있고 고개 마루에 오음산이란 큰 산이 있다. 이 산에서 다섯 將帥가 나리란 예언이 있었는데 장수가 나면 그가 역적질을 하여 고을이 재앙을 입는다는 속설 때문에 마을 사람들이 산등에 구리를 녹여 붓고 쇠창을 꽂았다. 그러자 과연 장수의 血脈이 끊겼던지 검붉은 피가 용솟음치며 다섯 개의 괴상한 울음 소리가 사흘 밤낮을 그치지 않더니 사흘째 저녁 무렵 주인을 잃은 白馬 세 마리가 갈 길을 잃고 헤매다가 이 고개를 넘어 어디론가 사라졌다. 그 뒤 사람들은 이 산을 五音山, 이 고개를 三馬峙고개라 부르게 되었다고 한다. 혹은 고개가 높아 이 재를 넘자면 말 세 마리를 갈아타야 된다고 하여 삼마치라 했다는 설도 있다.

▶ 蓮峰里

南山거북등: 읍내 화양강 건너 남산 기슭에 거북이 등과 같은 산등성이가 있다. 홍천읍 정면에서 바라보면 거북이 머리 부분과 양쪽 발 형상이 완연하다. 이곳이 천하 명당이란 것이다. 그러나 여기에 묘를 쓰면 홍천읍에 큰 가뭄이 들고 홍천향교의 대문이 소리 없이 열리는 괴변이 일어난다고 하여 治葬을 금해 왔다. 어느 해 큰 가뭄이 들어 이곳을 파헤치니 암장한 시신이 나와 이를 옮기고 고을 수령이 石花山에서 기우제를 지내니 비가 왔다고 한다.

▶ 瓦東里

홀아비골: 주민들이 나무를 하러 가면 다른 사람은 괜찮은데 홀아비는 귀신에 홀려 돌아오지 못한다 하여 붙여진 이름.

▶ 太學里

여냇골(여내, 狐川洞): 대기 북쪽에 있는 마을. 개울물이 골짜기에서 흘러 내려오다가 마을 앞에 이르러 갑자기 물이 없어진다 함.

華川郡 華川面

▶ 東村里

달래버덩: 옛날에 어떤 남매가 길을 가다가 비가 쏟아지니 누이동생의 속살이 비치는지라 陰慾이 동하게 되었다. 天倫에 어긋난 생각을 했다는 죄책감에 그 오라비가 이곳에서 돌로 신(腎, 즉 男根)을 쳐서 죽었는데, 그 누이가 이 광경을 보고 〈달래나 보지〉하고 한탄하였다 하여 달래버덩이라 함. 이런 종류의 달래고개, 달래강, 달래산 등의 전설은 近親相姦을 訓戒하기 위

하여 우리나라 도처에서 발견되는 설화임.

橫城郡 甲川面

▶甲川里: 옛날 진한의 泰岐王이 신라 시조 박혁거세에게 쫓기어 泰岐山에서 다시 일어나기를 꾀하여 군사를 훈련하다가 태기왕이 갑옷을 냇물에 씻었다 하여 甲川이란 이름이 붙었는데, 갑천 가에 있으므로 갑천리임.

降仙臺: 안말 서쪽에 있는 마을.

▶古時里

솟대배기(孝竹村): 청평 동남쪽에 있는 마을. 전에 솟대(孝竹)를 세웠음.

▶舊坊里(구방내)

절터골: 음달말 뒤쪽에 있는 골짜기. 전에 절이 있었는데 다른 곳으로 옮겼다 함.

▶梅日里

할미소: 구릿들 앞 갑내에 있는 소. 어느 할머니가 빠져 죽었다 함.

할애비소: 할미소 위쪽에 있는 소.

▶釜洞里(가마골): 가마처럼 생긴 가마봉 밑이 되므로 붙은 지명.

옥담(獄墻): 아랫말 근처에 있는 횡성군 감옥의 터.

장독바우: 아랫말 앞에 있는 바위. 옛날 부자가 살았을 때 장독을 놓았다

함. 현재 바위 위에 큰 묘가 있고 그 앞에는 비석이 서 있는데, 근처에는 아직도 기왓장들이 있다 함.

▶上大里(상금대, 웃금대)

琴臺(劍臺): 상대리와 하대리에 걸쳐 있는 마을. 칼처럼 생긴 臺가 있으므로 劍臺라 하였는데, 불상사가 많이 나므로 琴臺로 고쳤음.

▶新垈里

鳳腹山: 900미터. 부엉이 모양. 혹시 봉황의 배와 관련된 것은 아닌지? 봉복산 밑에 새로 된 마을이므로 새터(신대리)라 함.

落水臺: 큰성골 동쪽 덕고산에 있는 폭포. 높이가 10여 자는 되는데, 좋은 놀이터가 됨.

德高山: 705미터. 산세가 매우 순함. 일명 태기산.

대궐터(대궐구): 태기왕이 덕고산(태기산)에 웅거할 때 이곳에다 대궐을 짓고 살았다 함.

東門밖: 신대리 동북쪽에 있는 마을. 태기산성의 동문 밖.

들메지(등메지): 양짓말 동북쪽에 있는 마을. 태기왕이 매화를 심었다 함.

무당바우(赤松岩): 여미동 앞에 있는 바위. 바위 위에 붉은색 나는 소나무가 서 있는데, 무당들이 모여 제를 지낸다 함.

성골(城谷): 신대리 동북쪽에 있는 마을. 태기왕이 성을 쌓았던 곳.
▶楡坪里(늪드루): 갑천 가에 늪이 많고 들이 열렸으므로 붙은 지명.
　미러기: 소군리 북쪽에 있는 마을. 청일면으로 가는 고개에 미륵이 있음.
▶中金里
　군량골(軍糧洞): 전에 화전리에 花田縣이 있을 때 군량을 쌓는 창고가 있었다 함.
　大門洞: 숲밖 동북쪽에 있는 마을. 고려 말 화전읍 때〈지앵〉이란 큰 부자가 큰 대문을 세우고 살았다 함.
　五三垈(御床臺): 마당재 남쪽에 있는 마을. 태기왕이 덕고산성에 웅거할 때 이곳에서 御床을 놓고 쉬어 갔으므로 어상대라 하던 것이 변하여 오삼대가 됨.
▶浦洞里(개말)
　마무리(마물, 茂村): 포동리의 원 마을. 桂川의 물이 남쪽으로 돌았으므로 마물이라 하던 것이 변하여 마무리 또는 무촌이라 함.
▶下臺里(아래금대)
　다심이(多心里): 대촌 동쪽에 있는 마을. 인삼이 많았다 함.
▶花田里
　花田縣터: 태종 13년까지 화전현(횡성의 별호)이 있던 터.

橫城郡 公根面

▶佳谷里(뱅이실)
　머니고개: 머니고개 아래에 있는 마을. 金龜沒泥形이라 함.
▶公根里(곰굴)
　능안(陵內): 별묘 아랫마을. 초계정씨 시조 산소가 있음.

橫城郡 屯內面

▶玄川里(가무내)
　황달모루(黃㒰村): 현천리 동쪽에 있는 마을. 黃牛渡江形의 명당이 있다 함.

橫城郡 書院面

▶楡峴里(느루개)
　복짓골(福祚洞): 느루개 동쪽에 있는 마을. 伏雉形의 산이 있음.
　오싱골(五相洞): 복조동 남쪽에 있는 마을. 재상 다섯이 날 명당이 있다 함.

橫城郡 安興面

▶所思里
　台五地: 소사리 서북쪽에 있는 마을. 五大地의 좋은 명당이 있다 함.
▶龍屯里

大址谷: 안말 동쪽에 있는 마을. 정승, 판서가 날 대지가 있다 함.

橫城郡 隅川面

▶正庵里
망백(망배기): 정암 서북쪽에 있는 마을. 횡성조씨의 발상지라 함.

橫城郡 晴日面

▶兵之坊里
巢鶴洞: 늘목이 아래쪽에 있는 마을. 지대가 높아 집들이 학의 둥지같이 보였다 함.

▶草峴里(새우개): 새우처럼 생겼으므로 붙은 지명.

忠淸北道篇

槐山郡 甘勿面

▶梅田里
將軍大坐: 증계골 북동쪽 박달산에 있는 무덤. 將軍大坐形이라 함.

▶五城里
저무니(暮村): 남양동 서쪽에 있는 마을. 근처에 掛燈穴이 있다 함.

槐山郡 槐山邑

▶大德里
大德山: 대덕 뒤쪽에 있는 산. 충북 제일의 명당으로 五賢이 날 터가 있다 함.

▶西部里
仙遊峯: 서부 뒤쪽에 있는 산. 산형이 仙人舞袖形이라 함.
五龍洞: 향교말 서북쪽에 있는 마을. 뒷산형이 다섯 마리 용이 서려 있는 것 같다 함.

槐山郡 道安面

▶老岩里
長蛇逐蛙形: 뇌실 남쪽 산에 있는 무덤. 긴 뱀이 개구리를 쫓는 형국이라 함.

槐山郡 文光面

▶光德里
造山: 동막골 앞에 있는 작은 산. 마을을 위하여 작은 산을 모으고 모과나무를 심었음.
造山山祭堂: 조산에 있는 산제당. 수백 년 된 느티나무 세 그루가 있는데 마을에서 제사를 지냄.

▶柳坪里
大壯軍(대장군이): 유평 북쪽에 있는 마을. 뒷산에 將軍大座形의 명당이 있다 함.
방울미(鈴山): 유평 서남쪽에 있는 마을. 뒷산이 투구의 방울처럼 생겼다 함.

槐山郡 佛頂面

▶鶯川里
벌명당: 여르내 서쪽 산에 있는 洪翰林의 묘. 묘를 쓰려고 광중을 파는데

219

그 밑에서 벌이 날아갔다 함.
▶ 外嶺里
陵峴: 외령리에서 중심이 되는 마을. 북쪽 산에 盤陵이란 鄭麟趾의 묘가 있음. 본래 비문은 강희맹이 짓고 중종 때 서거정이 신도비를 썼으나 유실되어 1958년 전대통령 尹潽善이 다시 씀. 이곳은 老鼠下田形인데 앞산에 고양이 형상의 바위가 있어 묘 앞에다 인공산을 조성하여 시야를 차단하였다.
▶ 芝莊里: 영의정 鄭澔(1736년 卒)의 묘가 있음.

槐山郡 沙梨面

▶ 方丑里: 방죽이 있었으므로 붙은 지명.
平沙落雁: 방축골 서쪽 들에 있는 명당 터.
▶ 沙潭里(모래못)
梅花落地形: 하도 앞 들에 있는 무덤. 매화가 땅에 떨어진 형국이라 함.
白馬山: 1927년 가뭄이 심하자 사리면의 노송리와 소매리 사람들은 음성군 원남면 마송리에 사는 사람이 백마산에 몰래 暗葬한 까닭이라 하여 농기와 몽둥이를 들고 마송리를 습격하여 그곳 주민 7명을 백마산으로 끌고 가 암장한 곳을 파헤치라고 폭행한 일이 있음(≪京城日報≫ 1927년 7월 3일자 기사).
普光山: 左承旨 金龜萬(1632-1699)이 보광산에 金鷄抱卵形의 명당이 있다는 말을 듣고 그의 아버지인 충청 관찰사 金素(1602-1666)가 죽자 보광사의 중을 내쫓고 절을 헐어 勒葬을 했음.

槐山郡 延豊面

연풍에는 현의 鎭山이 없다. 게다가 靑波山(일명 渴馬山)에 화기가 관아에 미치므로 관아 옆에 城池를 파고 갈마산 중허리에 인공 연못을 쌓아 화기를 막았다고 함.
▶ 葛琴里
말뚱바우: 군대래미 남쪽 산에 있는 바위. 임진란 때 이여송이 혈을 질렀다 하는데 지금도 말 발자국이 남아 있음.
▶ 院豊里
磨崖佛坐像(二體佛): 원풍리 산 124번지의 1. 절벽에 새겨져 있는 마애불좌상. 높이 20미터의 절벽에 높이 8, 너비 5미터의 結跏趺坐한 여래상들을 새겼는데, 그 솜씨가 매우 기묘하여 국보 제168호로 지정됨. 고려 말에 나옹대사가 이곳에 上庵寺를 짓고 이 부처를 새겼다 하며 임진왜란 때 이여송이 이 부처를 보고 모양이 壯士처럼 되어 앞으로 이 근처에서 장사가 많이 나오겠다 하여 부처 뒤의 혈을 지르고 (차단하고) 부처의 코를 떼어 버렸는데, 1949년에 상암사 주지 崔泰淳이 양회로 코를 만들고 채색을 하였으나 비바람에 씻겨 퇴색되었음.

槐山郡 長延面

▶松德里
保護塔: 교동 서쪽 들 가운데 있는 탑. 마을의 虛함을 裨補하기 위한 일종의 造塔(造山) 개념이라 함.
將軍大坐形: 송동 북쪽에 있는 무덤. 장군이 버티고 앉은 형국이라 함.

▶五佳里
분지골: 양지말 동북쪽에 있는 마을. 지형이 오목하고 삼태기처럼 생겼음.
仙人舞袖形: 시루봉 서쪽에 있는 무덤. 신선이 춤을 추는 형국이라 함.
시루봉(증봉, 자지봉): 오가리 서쪽에 있는 산. 시루처럼 생겼음. 지초가 남.
玉女織錦形: 오가리 서쪽에 있는 무덤. 옥녀가 비단을 짜는 형국이라 함.

槐山郡 曾平邑

▶南下里
솔모루(松隅里): 글염실 동북쪽에 있는 마을. 소나무가 많은 모롱이가 됨.

지형이 金盤形으로 되었다 함.

▶松山里
송오리大雅峯: 1392년에 卒한 貞節公 영의정 裵克廉의 묘가 있음. 조선의 개국 공신. 만년에 이곳으로 귀향하니 태조가 세 번이나 찾았다 한다. 그래서 산 이름이 御來山, 마을 이름이 三訪山이 됨.

槐山郡 淸安面

청안현에는 鎭山이 없다. 처음 청안 고을을 세울 때 離山이 높은 것을 꺼리어 水神인 거북의 이름을 따서 離山에 해당하는 南山을 坐龜山이라 하고 이곳에 龜石寺를 세웠다고 했다. 그런데 離는 南이요, 陽이며 火에 해당된다. 따라서 離山이 높다는 것은 화기가 높다는 뜻이다. 따라서 그 불을 이기기 위하여 구석사를 비보 사찰로 세운 것이라 함. 또한 북쪽이 허결하기 때문에 이 水니를 비보하기 위하여 읍 북쪽 2리에 숲을 조성했다고 함.

▶錦新里
金溪洞: 구장터 서북쪽에 있는 마을. 金鷄抱卵形이라 함.

▶梅朴洞: 지형이 梅花落地形이므로 붙은 지명(『延豊誌』).

▶文塘里
마근대미(梅塘): 오리목 동쪽에 있는

마을. 梅花落地形이라 함.
▶富興里
金鷄抱卵形: 안산 동쪽 기슭에 있는 은진송씨의 무덤. 金鷄抱卵形.
▶淸龍里
梅朴: 청룡리에서 가장 큰 마을. 梅花落地形이라 함.
回龍里: 매박 서남쪽에 있는 마을. 산 來龍이 마을을 둘러 있음.

槐山郡 靑川面

▶歸晚里
渴馬飮水山: 귀만 입구에 있는 산. 渴馬飮水形의 명당이 있다 함.
三仁里(삼인이): 귀만 동남쪽에 있는 마을. 산과 물과 사람이 좋은 곳이라 함.
▶錦坪里: 지형이 玉女織錦形이라 하여 붙은 지명.
▶沙器幕里
玉女峯: 웃사기막 북쪽 뒤에 있는 산. 玉女散髮形이라 함.
▶三樂里: 글 읽는 소리, 베 짜는 소리, 농부의 소리 등 세 즐거움이 많다 하여 붙은 지명.
▶松面里(솔면이)
仙遊洞門: 靑華山 밑까지 이르는 아홉 굽이마다 望仙臺, 擎天壁, 隱仙岩 등 仙道에 아랑곳없는 지형이 없다. 이 동문이 바로 한국에서 토속화한 仙道의 고향이기 때문이다. 俗離山을 단숨에 뛰어오르려는 丹術道場으로 이곳을 택한 仙人 南宮斗, 不死延年의 養生道場으로 이곳을 택한 眞人 최도, 새처럼 날아다니려다 끝내는 倭賊에게 몰려 못 날고만 花潭門人 朴枝華의 縮地道場도 이곳이었다(李圭泰).
李東皐터: 솔면이에 있는 동고 李浚慶의 집터. 선조 때의 정치가로 장차 일어날 임진왜란에 대비하여 자손들을 데리고 이곳에 피란하여 터를 잡아 살았는데 과연 그 자손들이 온전히 왜란을 피하였음.
▶月門里(마눌문, 滿月門): 마늘처럼 생긴 산이 문처럼 서 있으므로 붙은 지명.
▶梨坪里
黃龍出水形: 뱃골 서쪽에 있는 밀양박씨의 무덤. 황룡이 물에서 나오는 형국이라 함.
▶靑川里
尤庵先生墓所: 청천 뒤에 있는 우암 宋時烈의 묘소.
靑川市場: 정조 때 화양동에 거주하는 宋宗洙가 그의 7대조인 恩津 宋時烈의 묘를 경기도 수원에서 이곳으로 이장할 때 개설한 시장. 將軍對坐形이라 兵卒 필요. 송종수는 청천동민과 의논하여 市場新設費를 주선했고 葉錢 3

백 냥을 기부했다. 그러나 후손이 잘 된 것 같지는 않다(村山, 446).

槐山郡 七星面

君子山: 칠성면 복판에 있는 산. 948미터. 모양이 단정하고 수려해서 마치 군자의 자태와 같다 함.

▶松洞里

梅花落地: 서원말 남쪽 산에 있는 무덤. 梅花落地形이라 함.

▶雙谷里

金鷄抱卵形: 외쌍곡 뒷산에 있는 묘. 金鷄抱卵形이라 함.

▶栗池里

飛鶴下田: 배우대들 앞산에 있는 묘. 나는 학이 밭에 내려앉는 형국이라 함.

丹陽郡 佳谷面

▶佳大里

고내골(고양이골, 묘가골): 궁골 동남쪽에 있는 마을. 고양이가 노적가리를 지키는 형국이라 함.

露積峯: 고내골 동쪽에 있는 산. 283미터. 노적가리 모양이라 함.

白岩이: 청룡안 동쪽에 있는 마을. 지형이 배 모양이고 이곳에서 돈을 벌면 곧 떠나야 하며 만일 떠나지 않으면 얼마 안 가서 패가한다 함. 배는 본래 타면 곧 내려야 하는 것이므로 이런 풍수 설화가 따르는 것임.

▶於衣谷里(엉어실)

귀이기(귀기, 九盆): 한드미 동북쪽에 있는 마을. 무슨 일을 하든 아홉 번이나 이득을 보는 곳이라 함.

▶香山里

謙庵山(경암산): 늪실 남쪽에 있는 산. 겸암 柳雲龍의 묘가 있음.

香山寺터: 향산리 471번지의 1에 있는 절터. 신라 눌지왕 19년(435)에 墨胡子가 부처님의 계시를 얻어서 이곳에 절을 짓고 향산사라 하였는데, 임진왜란 때 소실되고 오직 탑만 남았다가 해방 후 金石剛이 釋保庵을 지었음.

丹陽郡 丹陽邑

▶佳山里(가칠미)

보지바우(玉門바우): 다름바우(도락산 중턱에 있는 바위. 바위가 띄엄띄엄 있어서 나뭇군들이 뜀뛰기 내기를 한다 함) 남쪽 약 5백 미터 거리에 있는 바위. 보지처럼 생겼다 함.

▶高坪里(높은벌)

牛腹嶝: 안골 동쪽에 있는 등성이. 소의 배처럼 생겼다 함.

▶德尙里

촛대바위: 초롱골과 팟밧골 사이에 있는 바위. 촛대(실은 좆대)처럼 생겼음.

▶下坊里

丹陽蓮못: 하방에 있는 못. 소금무지산이 불의 형상으로 되어서 읍내에 불이 잘 나므로 그것을 피하기 위하여 이곳에 못을 파고 소금무지산(斗岳山 혹은 南山이라고도 함. 아이를 낳지 못하는 부인이 목욕 재계한 후 한강 물과 소금을 봉우리에 묻은 항아리에 넣고 지성껏 빌면 아들을 낳는다 하여 매년 정월 상달이 되면 수많은 부인들이 다투어 가며 정성을 드림) 분수지에 항아리를 묻고 소금을 넣어 두었더니 그 후로 불이 덜 난다 함.

재깐(가래산모퉁이): 소전거리 북쪽에 있는 마을. 상방리 남쪽에 있는 소금무지산이 불의 형상으로 되어서 전부터 이곳에 불이 잘 나며 한번은 온 마을이 불에 타서 잿더미가 되었으므로 이것을 피하기 위하여 소금무지산에 소금을 묻고 단양연못을 팠는데 그후부터 화재가 덜 난다 함.

丹陽郡 大崗面

▶黃庭里

大隱潭: 달구마지기 동남쪽에 있는 소. 운암구곡의 하나. 골짜기가 그윽하여 大人君子가 隱居할 만하다 함.

丹陽郡 梅浦邑

▶梅浦里(매질포): 읍 뒷산인 單山峰은 기러기가 내려앉은 모습이라 기러기봉이라고도 함. 임진왜란 때 이곳에 온 일본인들이 큰 인물이 태어날 것을 알고 기러기 날개 자리에 작살을 박아 穴을 끊음. 단양에서 위대한 인물이 배출되지 않는 것은 이 까닭이며 지금도 작살고개라는 이름이 남아 있다. 단양 사람들이 이 작살을 찾으려 노력했으나 실패했다고 한다(김광언).

▶別谷里(벼리실)

무자봉(舞蝶峯): 별실 서쪽에 있는 산. 산형이 나비가 춤을 추는 형국이라 함.

시무기: 가래골과 갈라골 사이에 있는 비탈진 버덩. 이곳 새막에서 조선 개국 공신 삼봉 정도전이 태어났다 함.

丹陽郡 魚上川面

▶大田里

白馬山: 옛터골 서쪽에 있는 산. 산형이 走馬脫鞍形이라 함.

▶深谷里

말마지골(馬飮洞): 渴馬飮水形의 명당이 있다 함.

▶連谷里(모실): 큰 못이 있었으므로 붙은 지명.
　승지물(聖地洞): 황골 서북쪽에 있는 마을. 많은 선비들이 수양하러 모여든다 함.
▶任縣里
　軍士峯: 고시동 서쪽에 있는 산. 將軍大座形이라 함.
　무두리(水入村): 고시골 북쪽에 있는 마을. 지형이 접시처럼 생겨서 물이 들기만 하지 빠져 나갈 곳이 없으므로 밑으로 스며 빠짐. 전에 소치부곡이 있었다 함.
　玉女峯: 사창동 동남쪽에 있는 산. 玉女散髮形의 명당이 있다 함.

丹陽郡 永春面

▶南川里: 南川 가가 되므로 붙은 지명.
　도창골(道昌洞): 웃남천 북서쪽에 있는 마을. 전에 돛이 많았다 함.
　살개봉: 형제봉 동쪽에 있는 산. 산형이 살개(방아채) 모양.
▶東大里: 東大川 가가 되므로 붙은 이름.
　감투봉: 베틀말 북쪽에 있는 바위. 감투 모양.
　말등바우: 점터 동쪽에 있는 바위. 말등 모양.
　베틀말(機村): 동대리의 중심이 되는 마을. 소백산 안에 玉女織錦形의 명당이 있는데, 이곳 지형이 옥녀의 베틀 형국이라 함.
　玉女峯: 안거무실 남쪽에 있는 산. 玉女織錦形의 명당이 있다 함.
　造山: 수발(林下) 서쪽 들 복판에 모은 작은 산. 林下에 있던 성황당은 감리교회에서 10년 전 불을 질렀다고 주민 일부는 주장함. 물론 교회에서는 부인하고 있음. 水口에 숲이 우거졌었는데 지금은 반 이상 베어 버림. 미군들이 불을 질렀다는 증언도 있었음. 그 뒤 바람이 세게 불어 옴(1993. 10. 20. 답사에서 마을 주민의 증언).
　조산숲: 조산 앞에 있는 작은 숲.
▶滿宗里(만마루)
　상장막대등갱이: 옥녀봉 서쪽에 있는 등성이. 상장 막대 형국이라 함.
　송장등갱이: 옥녀봉 동쪽에 있는 등성이. 송장 형국.
　玉女峯: 만마루 서쪽에 있는 산. 玉女散髮形의 명당이 있다 함.
▶栢子里(잣골, 백자곡)
　救仁寺: 잣골 서남쪽에 있는 절. 1950년에 지음. 天台宗의 총본산. 주봉은 수리봉(영추봉, 도솔봉), 포란형의 蓮華池. 누구든지 소원을 빌면 한 가지 소원은 꼭 이룬다 함. 적멸궁의 좌향은 巳坐亥向인데 매우 높은 산 정상부에 있으니 장풍의 어려움이 있으며 입수룡을 보면 丙龍이 들어오니 陰龍이 되고 이는 정오행으로 火에 속한다. 투지룡은 乙巳인데 오행상 火가 되며 파구는 丑破口가 되니 사좌는 포태법상의 旺이 들어오기 때문에 길하다. 사좌해향은 포태법에 합당하고 입수룡이 음룡이니 해향의 淨陰과 일치하고 투지룡의 화는 좌향의 화와 비견되어 理氣的인 면에서 사좌해향은 올바른 좌향의 법술에 일치한다.

入首는 分水脊上에 羅經을 놓고 후룡에서 입수까지 들어오는 용의 방향을 보면서 丙子順과 庚子順만 쓰는데 나경의 5층에서 穿山 72룡을 볼 때는 天干 등은 양쪽 용은 못 쓰고 빈칸만 쓴다. 透地는 입수 자리에서 혈에 이르는 용을 본다. 이때는 7층에서 투지 60룡을 보는데 주보혈 24룡만 쓰고 坐와의 관계는 正五行으로 투지룡이 좌를 剋하여 官殺하거나 좌가 투지를 生하면 氣가 새어 좌가 되지 못한다. 좌향 결정은 胞胎法에 의하여 결정하며 음 포태는 좌를, 양포태는 득수를 결정하는데 입수룡을 감안하여 淨陰淨陽法을 적용한다. 八曜黃泉殺과 黃泉殺을 나경의 8층에서 보고 三合五行은 나경의 3층에서 본다. 地盤正針은 4층에서 24방위를 보며 人盤中針은 6층에

서 星宿五行을 보며 分金은 9층에서 본다. 풍수 이기론에서 좌향은 혈의 주인이므로 주위의 砂나 水가 좌향에 어떤 영향을 미치는지를 살펴보는 것이 풍수 지리의 요체이다. 풍수에서 左龍은 아들, 右龍은 外孫, 財物, 案山은 奴僕, 後龍은 祖上, 官職을 말하는 한편 좌룡은 장남, 안산은 이남, 우룡은 삼남에 비유하는 법도 있다. 그리고 관살상쇄법은 비석을 세울 때 삼합오행 또는 성수오행 방법이 있으며 평지혈에는 상석, 둘레석, 망두석, 비석은 불가하다. 여기에 五行의 相生과 相剋을 살펴야 한다. 결과적으로 그 좌향이 동향이 되어야 하기 때문에 동향에 대칭되는 좌는 유좌묘향, 경좌갑향, 辛坐乙向이 있는데 이를 확정하는 데는 포태법에 의한 파구 적용 및 입수에 따른 정음정양법을 감안하여 설정하게 된다(임학섭).

文筆峯: 이로기 북쪽에 있는 산. 붓끝처럼 뾰족함.

수리봉: 이로기 동쪽에 있는 산. 수리 모양.

옻물탕: 최개월 입구 서쪽에 있는 약물탕. 옻 오른 데 좋다 함.

이로기(이루기, 儀祿里): 최개월 동남쪽에 있는 마을. 고려 말엽 이곳에 큰 부자가 살았다 함.

▶別芳里(별방골, 별왕골)
  자지봉: 월출봉 서쪽에 있는 산. 지치가 많이 나기 때문이라고도 하고 그 모양이 男根처럼 생겼기 때문이라고도 함.
▶沙而谷里(사이골): 三台山과 白蓮山 사이가 되므로 붙은 이름.
  달기미산: 용동골 남쪽에 있는 산. 산형이 金鷄抱卵形이라 함.
  해고개(亥峴): 용동골 북쪽에 있는 마을. 지대가 높아서 해 뜨는 것을 제일 먼저 본다 함.
▶斜只院里(사기장골, 사지원, 사원): 고려 때 沙器를 구웠으므로 붙은 이름.
  속새매기: 속새매기 북쪽 1킬로미터 거리에 있는 약물탕.
  魚隱洞: 장선리 북쪽에 있는 마을. 지형이 고기가 그물을 피하여 숨은 형국이라 함.
  피란골: 하원 동쪽에 있는 골짜기. 옛날에 피란지였다 함.『정감록』에 나오는 十勝地와 관계가 있음.
▶上里(윗말, 상동): 영춘 읍내 위쪽이 되므로 붙은 지명.
  客舍터: 영춘 면사무소 자리에 있는 영춘군의 객사 터.
  반공이(반고이, 半空): 원상리 북쪽에 있는 마을. 옛날에 어느 장군이 산이 험악하여서 하늘을 보니 半空같이 보였다 함.
  北壁: 장터 동쪽에 있는 벼랑. 태수 李普祥이 벼랑에 北壁 두 자를 크게 새겼음. 넓이 5백여 보 되는 절벽이 강을 끼고 있는데, 봄 가을에 배를 타고 절벽을 안고 돌면서 바라보는 경치는 仙境이라 함.
  永春鄕校: 향교 사랑채에는 이한구 씨(40세)가 살고 있음. 어머니가 구인사 다니다가 인연이 맺어져 산다 함. 남쪽은 기암괴석, 동양화를 보는 듯함 (1993. 10. 20. 답사 메모).
  조산담: 느티 남쪽 강 건너에 마을의 虛缺함을 裨補하기 위하여 인공으로 만든 산.
▶吾賜里(오사역, 역말)
  手掌山: 설하동과 생골 사이에 있는 산. 산형이 손바닥 모양.
▶龍津里(용나루)
  鹽山: 모양이 불처럼 되어서 마을에 불이 잘 난다 하여 산꼭대기에 소금을 묻고 봉우리 둘레에 소금을 뿌려서 화재를 예방하는데, 지금도 이 산에서 도끼 소리만 나면 마을에 불이 난다 함. 산림 보호를 위한 긍정적 의미의 풍수 활용인 듯함.
▶遊岩里
  감투봉: 하유암과 명전 사이에 있는 산. 감투 모양.

무덤재: 밝은밭에서 영월군 남면 창원리 진골로 가는 고개. 고려장 터 비슷한 古墳이 많음.

밝은밭(明田): 지통 서북쪽에 있는 마을. 초롱봉 밑이 되므로 항상 밝은 빛을 받는다 함.

초롱봉: 밝은밭 서남쪽 옆에 있는 산. 산형이 초롱불 형국이라 함.

▶儀豊里(삼풍): 세 갈래의 시내가 있고 산이 높고 아름다우며, 땅이 걸어서(肥沃해서) 사람이 살기에 매우 좋으므로 三豊이라 하여 피란처로 이름이 났음. 十勝地일 것으로 판단됨.

노루메기(노루목, 獐項): 왜골 서북쪽에 있는 마을. 노루 목 모양.

베틀재(機峴嶺): 장건지에서 동대리 말등바우로 가는 고개. 베틀 형국이라 함.

魚隱洞: 솔밑 동남쪽에 있는 마을. 고기가 숨어 있는 형국.

玉女墓: 옥녀봉 위에 있는 무덤. 仙女의 묘라 전함.

▶長發里: 장닭(수탉)의 발처럼 생겼다 하여 붙은 이름.

뒤방골(道傍洞): 소학동 동남쪽에 있는 마을. 전에 선비들이 도를 닦던 곳이라 함.

소새골(巢鶴洞): 뒷말 남쪽에 있는 마을. 학이 하늘로 날아가는 형국.

수리봉: 선돌 서쪽에 있는 산. 수리 모양.

시루봉: 배골 북쪽에 있는 산. 시루 모양.

▶下里(아래말, 하동): 영춘 읍내 아래 쪽.

갈매기(葛項村): 밤수거리 서북쪽에 있는 마을. 渴馬飮水形의 명당이 있다 함.

南窟(城山窟): 하리 남쪽 온달성 아래에 있는 굴. 여러 가지 관광 명소.

방터(房垈, 芳垈): 밤수거리 서남쪽, 강 건너에 있는 마을. 아늑해서 방같이 되었음.

丹陽郡 赤城面

▶大加里(한가래기)

거싯들(居士坪): 한가래기 남동쪽에 있는 마을. 金烏啄屍形의 명당이 있다 함.

▶上里

새터(新基): 논길 북동쪽에 새로 된 마을. 영조 때 영의정 유척기의 출생지임.

品達村下二里: 大小兩白의 兩脈落地의 터. 위대한 인물 셋이 배출되리라 예언. 禹倬(1263-1342)과 兪拓基(1691-1767)가 남. 나머지 한 인물이 태어날 것을 기대하여 이곳 출신 부인들은 친정인 이곳에서 해산함. 부부가 이 마을에서 아이를 가지려고 일부러 房事를 벌이러 오기도 한다 함. 일부러 이사 온 사람도 있음(김광언). 현곡리 참조.

▶上院谷里(위머느실)

절매(結梅): 머느실 서쪽에 있는 마을.

梅花落地形이라 함.
▶城谷里
　杜香塚: 강선대 남쪽 밑에 있는 기생 두향의 무덤. 단양 명기 두향의 유언에 의하여 이곳에 묘를 썼는데 기생들이 강선대에 와서 놀 때는 반드시 제사를 지냄.
▶所也里(쇠골, 새골)
　多樂골(웃말): 쇠골 위쪽에 있는 마을. 악사가 많이 산다 함.
▶下津里
　말씹샘: 전에 피부병에 좋은 약수였으나 어떤 사람이 마시고 말씹(암말의 생식기) 같다고 막말을 해서 약효가 없어졌다 하며, 또한 모양이 말씹같이 생겼다 함.
▶玄谷里(가마실)
　새원리(新院): 가마실 북동쪽에 있는 마을. 이곳 현곡리 278번지에서 易東 禹倬이 탄생하였음.
　玉女峯: 가마실 동쪽에 있는 산. 玉女散髮形이라 함.

報恩郡 內北面

▶老峙里
　보지바위: 선밧작도랑(불당골 남쪽에 있는 도랑)에 있는 바위. 모양이 여자의 생식기처럼 생겼다 함.
　보지샘: 보지바위 밑에 있는 약수. 피부병에 좋다 함.
▶泥院里
　시루산(北甑山): 곰골 북쪽에 있는 산. 속리산 아래에 四甑이 있는데 이곳은 그중 북쪽에 위치해 있음.

報恩郡 內俗離面

▶俗離山: 그 산세는 모두 서쪽을 향해 있고 그 한 봉우리인 수정봉 위에는 머리를 들고 서쪽을 향해 있는 거북바위가 있다. 역사에 의하면 中原人이 여기에서 놀다가 이 바위를 보고 중원의 재물과 비단이 날로 동쪽 나라로 옮겨지는 것은 이 거북 때문이라고 해서 마침내 그 머리를 잘라 등에 십층의 부도를 세워 이를 눌러 이기도록 하였다(『조선불교통사』, 村山). 속리산 주맥을 한 마리의 용으로 본다면 천황봉은 용의 머리, 관음봉, 묘봉 쪽은 꼬리이다.
▶九屛里
　牛腹洞: 구병산 아래 구병리 사람들은 그 마을이 우복동이라 믿는다. 우복동이란 지리산 청학동과 같은 일종의 이상향이다.
▶北岩里(북바우): 북처럼 생긴 바위가 있으므로 붙은 지명.
　玉女峯: 부내실 남쪽에 있는 산. 玉女

散髮形이라 하며 기우제를 지냄.
▶舍內里: 법주사가 있으므로 붙은 지명.
▶俗離山法住寺: 입수룡의 구분은 亥龍이 음룡이 되고 투지룡은 丁亥 투지로 오행상 土가 된다. 이때 좌향 결정의 법술인 포태법을 보면 파구는 未破口가 되어 帶에 癸, 丑이 되니 癸坐丁向과 丑坐未向을 놓고 검토해 보건대 두 좌향 모두가 정음정양, 포태법상으로 하자가 없다. 법주사의 주산은 水晶峯이다. 미륵불상 뒤에 아담하게 보이는 산이 수정봉인데 金鷄形이다. 수정봉 중턱에 거북바위가 있다. 떨어진 머리를 다시 붙인 흔적이 있음. 이 바위로 인하여 우리나라에 大人이 나온다 하여 이여송이 머리를 자르고 등에 십층석탑을 세웠으나 1653년 탑을 허물고 목을 붙였다고 함(임학섭).
脫骨庵: 진표율사가 해탈을 얻었다는 뜻에서 절 이름이 붙여졌다는 설과 경주김씨 시조인 김알지가 모습이 닭을 닮아 괴로워하던 중 이곳 약수에서 목욕하여 玉骨仙風이 되었으므로 그리 되었다는 설이 있음.
福泉庵: 세조가 이곳 약수로 몸을 씻고 병을 고쳤다는 샘이 있음.
上庫庵터: 비로봉 정상 바로 밑에 있음. 비로봉은 삼각형의 紫氣星이다. 맑은 날에는 이곳에서 계룡산이 보이는데 계룡산이 이 절의 祖山이 됨. 雲中仙坐形.
舍乃川: 사내골 서남쪽에 있는 내. 水源이 三派水의 하나이며 남한강으로 흐름.

報恩郡 馬老面

▶官基里(관터)
재경골(작약골): 지형이 작약꽃이 덜 핀 모양이라 함. 芍藥未發之地形, 혹은 芍藥蕊花形이란 설도 있음.
▶松峴里
玉女峯: 웃솔고개 북쪽에 있는 산. 산 모양이 玉女彈琴形이라 함.
▶水門里
艺釼: 수문 서남쪽에 있는 마을. 바닥이 모두 암석으로 되었다 함.
원앙골: 돌쇠에 있는 골짜기. 鴛鴦雙飛形의 명당이 있다 함.
▶猿汀里
將軍峯: 모동 북쪽에 있는 산. 將軍大坐形의 명당이 있다 함.
▶壬谷里: 大母井舍人 高岩이란 사람의 초당이 있다. 그 집에서 보이는 앞산 우측 부분이 太祖의 얼굴로 보이는 九靈山이다(환웅 시대에는 太祖山, 현대는 구병산으로 불리고 있다). 고암은 그 산 모양이 여자의 얼굴과 유방처럼 생겼다고 주장함.

報恩郡 報恩邑

▶ 三山里
　王山尾: 삼산리에서 으뜸가는 마을. 뒷산이 王字形이라 함.

▶ 新含里
　將軍峯: 감동 동쪽에 있는 산. 將軍大坐穴이 있다 함.

▶ 長新里: 장신리 비룡소마을에서 연못에 대한 풍수의 태도를 생각함.

李圭景은 그의 「五洲衍文長箋散稿」에서 이렇게 한탄한 바 있다. 〈주자가 살던 시대에는 鄕里에 좋은 풍속이 많았을 것인데도 주자 자신은 '향리에 좋은 풍속이 없고 세상에 좋은 인재가 없다'고 탄식을 하였다. 하물며 지금 이 시대에 있어서이겠는가.〉

그렇다면 현대인들은 어떤 장탄식을 늘어놓아야 맞는 표현이 될까. 도대체 오늘의 우리들은 어디를 가야 좋은 향리를 찾을 수 있는 것인가. 좋은 마을은 찾아 나서야 하는 곳인가, 아니면 만들어 가야 할 곳인가.

여기서는 『山林經濟』의 纂者 流巖 洪萬善의 터잡기(卜居)에 관한 생각들을 궁리해 보기로 하자. 그는 인조에서 숙종조까지 살아가면서 실용 후생의 학풍을 일으켜 실학 발전에 선구적 역할을 한 이다. 그는 벼슬 길에 있으면서도 마음은 항상 物外에 있는 것 같다고 술회할 정도로 은둔을 가슴에 품고 산 사람이다. 아마도 젊어서 아버지가 禮訟에 연루되어 파직당하는 꼴을 본 것이 영향을 미쳤을 것이다. 그러나 나이 쉰넷에 전국에서 19명을 뽑는 善治守令에 大興郡守로서 피선될 만큼 현실 감각이 뛰어난 사람이기도 했다.

이 책의 다른 글(경기도 남양주시 조안면 능내리 다산 정약용편)에서 필자가 지적한 대로, 그도 역시 다른 실학자들과 마찬가지로 현실 도피적인 풍수적 길지 선호 관념과 현실 참여적인 地理의 可居地 指向 관념을 상호 모순 없이 흉중에 같이 품었던 사람이다.

山林의 經濟란 무엇인가. 유암은 말한다. 〈옛사람이 말하기를, 의향에 따라 꽃과 대를 심고 적성에 맞추어 새와 물고기를 기르는 것, 이것이 곧 산림경제이다.〉 사람이 그 뜻대로 살지만 자연의 이치에 어그러짐이 없는 것이 산림경제가 되는 셈이다. 요즘의 경제는 사람이 그 욕심대로 자연의 이치에 어긋나게 살아가는 것이 아닌가.

유암이 총론적으로 말한 터의 대강은, 〈반드시 그 風氣가 모이고 前面과 背後가 안온한 곳〉이다. 명나라 陳眉公의 말을 인용하여, 〈名山에서 살 형편이 되지 않으면 산등성이가 겹으로 감싸고 수목이 울창하게 우거진 곳에다가 얼마간의 땅을 개간하여 삼 칸 집을 짓고, 무궁화를 심어 울을 만들고 띠를 엮고 정자를 지어서, 한쪽에는 대와 나무를 심고 다른 한쪽에는 꽃과 과일을 심고 나머지 한쪽에는 오이와 채소를 심으면 또한 老年을 즐길 수 있을 것〉이라 하였다. 그야말로 陽基風水가 주장하는 바 그대로이다.

그러나 먹고 사는 일을 어찌 도외시할 수 있으랴. 그를 위해서는 반드시 먼저 地理를 가려야 하는데, 지리는 물과 땅이 아울러 탁 트인 곳을 최고로 삼는다. 그래서 뒤에는 산이 있고 앞에는 물이 있으면 (背山臨水) 곧 훌륭한 곳이 된다. 그러나 또한 널찍하면서도 짜임새(緊束)가 있어야 한다. 대체로 널찍하면 財利가 생산될 수 있고, 짜임새가 있으면 재리가 모일 수 있다는 것이다. 이것은 풍수니 뭐니를 떠나 상식이다.

유암이 『宅經』을 인용한 대목은 특히 탁월하다. 〈『宅經』에 이르기를 산 하나 물 한 줄기가 다정하게 생긴 곳은 小人이 머물 곳이고, 큰 산과 큰 물이 명당 터로 들어오는 곳은 君子가 살 곳이라〉 하였다. 좁다란 계곡, 아름다운 경치가 있는 장소에 달랑 제 식구 한철 보낼 수 있는 별장 터를 잡아 놓은 사람들은 『宅經』이 지적한 대로 소인배에 지나지 않으니 서둘러 원래 땅으로 복원시켜야 군자 근처에라

도 갈 수 있을 것이다.

그 터에 지은 집(건축물)에 대해서는 이런 설명을 해 놓았는데 다음의 예를 보면 짐작이 되겠지만 이것은 의심의 여지없이 풍수 전적에 나오는 주장 그대로이다. 예컨대 〈집 앞이 높고 뒤가 낮으면 후손이 끊길 것이요, 사방이 높고 중앙이 낮은 데 살면 처음에는 부귀를 누리나 뒤에 가난해질 것이요, 남북은 길고 동서가 좁은 곳은 처음은 흉하나 나중에 길할 것이오……〉들이 그런 것이다.

이런 글귀는 유암이 그 내용을 믿어서라기보다는 풍수가의 주장들을 정리한다는 의미에서 제시해 놓은 듯하다. 사실 그런 주장들은 현장의 地勢 형편이 어떠냐에 따라 평가할 문제이므로, 잡다한 풍수가의 주장들이 있는 것은 사실이지만 괘념할 성질의 것은 아니다. 그런 것들은 정통의 풍수가들이 거의 입에 담지 않는 잡술에 지나지 않기 때문이다. 그러나 유암의 卜居에 관한 기록들은 그것이 잡술이든 무어든 당시 사람들이 추종하던 것들이므로 사료적 가치는 충분히 있다고 하겠다. 일부는 오늘에 되살릴 수 있는 것들도 있다. 그런 것들을 살펴보기로 한다.

무릇 사람이 살아갈 터는 땅이 윤기가 있고 기름지며 밝고 따뜻한 곳은 길하나, 건조하며 윤택하지 않은 곳은 흉하다고 하였다.

살 곳이 못 되는 터로는 이런 곳들을 꼽았다. 탑이나 무덤 혹은 절이나 사당이 있던 곳, 이런 곳은 사람들의 마음을 우울하고 둔탁하게 만들기 때문에 풍수서는 이런 곳을 人氣가 몸 아래쪽으로 쏠린다고 하여 꺼린다. 기가 아래로 내려간다는 것은 심적 침체를 뜻한다. 대장간이나 옛 군영 터 같은 곳은 쇠 부딪는 소리와 병장기 부딪는 소리 때문에 기가 흩어져 버린다고 본다. 心亂케 하는 소음 공해가 연상되는 지적이다.

유암은 이런 지적도 하였다. 〈人家의 門前에 '哭' 자의 머리 부분처럼 생긴 쌍못(雙池)이 있는 것은 좋지 않다. 집안에 깊은 물을 모아 두면 養鼉을 하기 어렵다〉는 것이다. 근래 새로 조성하는 호화 주택 중에 상당수가 집안에 연못을 조성하는 것을 볼 수 있다. 인공 연못의 조성은 우리 풍수에서는 극소수의 예외적인 경우를 제외하고는 극단적인 금기 사항이다. 안마당에 연못을 만드는 이 막돼먹은 버릇이 어떻게 해서 요즈음 유행이 되었는지 확실한 이유는 알지 못하겠다. 집 작기에 倭色風이거나 서양 조경학의 영향인 듯하지만, 중국 풍수에 문자 그대로의 의미에 매달리는 풍수 교조주의자들의 영향일 수도 있다고 본다.

중국 풍수에서는 연못을 조성하는 경우가 많다. 일본에서도 정원에 연못을 파는 것이 흔한 일인 듯하다. 그러나 우리나라에서 뜰에 연못을 판다는 것은 그 집안 망하라고 고사를 지낼 때나 쓰는 수법이다. 〈沼를 팔 놈의 집안〉이란 우리 속담은 원수의 집을 보고 하는 소리다.

중국에서 처음 풍수가 발달한 지역은 반건조 지역이다. 그들에게 물은 대단히 귀중한 생활 필수품이다. 물이 귀하기 때문에 중국 풍수에서 물은 재물을 상징한다. 우리나라 풍수가 물보다 산을 중시하는데 대해서 중국 풍수가 산보다 물을 더 중요시하는 까닭도 바로 그들의 풍토가 반건조 기후이기 때문이다. 그들에게 집안에 연못을 팔 정도로 물이 풍부한 땅을 고를 수 있는 가문이라는 것은 대단한 수준일 수밖에 없으므로, 억지로라도 인공 연못을 파는 것이다.

일본은 우리나라에 비해서 강수량이 훨씬 많은 습윤 기후 지역이다. 뜰에 물이 고이는 것을 방지하기 위하여 인공으로라도 연못을 조성할 필요가 있는 것이다. 그래서 중국이나 일본은 연못을 선호한다. 우리나라도 전라남도 일부 지역처럼 상대적으로 강수량이 많은 곳은 의외로 연못이 발달되어 있음을 알 수 있다. 그러나 그것은 우리의 정통 풍수로 보자면 예외적인 경우이다. 간혹 자연적인 연못이 있는 경우는 그것을 그대로 뜰에 살리는 수는 있으나, 그럴 경우라도 주위의 약간의 치장은 가하거니와 절대로 연못을 더 깊게 한다거나 넓히는 일은 하지 않는다. 그래서 실학자들은 卜居에서 연못을 흉한 것으로 이해한 것이다.
심지어는 우물을 파는 것조차 매우 조심스러워했다. 그래서 유암도 「居家必用」에 나오는〈堂의 前後와 房 앞, 廳 안에는 우물을 파서는 아니 되며, 부엌 가에 우물을 파면 해마다 虛耗(심신이 허약해짐)해지고, 우물과 부엌이 마주 보고 있으면 남녀가 문란해진다〉는 구절을 인용하여 집안에 함부로 물구덩이를 파지 말라는 주의를 주었던 것이다. 그러나 물을 쓸 수밖에 없는 것이 또한 집안인지라, 유암은〈옛 우물은 메우지 말아야 한다. 이를 메우면 식구가 눈이 멀고 귀가 먹게 된다〉고 부연하였다.
자연 상태에서 물이 나오는 것은 그것이 연못이건 우물이건 관계없지만, 아무 뜻도 모르고 혹은 그저 멋으로 많은 돈을 들여 그런 것을 조성하는 일은 땅의 기를 어지럽히는 일이므로 삼가라는 가르침인 것이다.
충북 보은군 보은읍 장신리 비룡소마을에 있는 한 집을 본다. 기댄 산은 용모가 단정하고 용의 머리가 닿는 곳에 그 수족을 열고 있는 모습이니 분위기가 高雅하다. 집터는 넓고 윤택하면서도 습기가 차지 않아 陽明한 기운이 마당에 감돈다.

垈地는 평평하며 뒤로 높고 앞이 낮은 後高前低라 옛 술가의 표현대로 하자면 多足牛馬(부자가 된다는 뜻)이다.
특히 간선 도로에서 집으로 들어오는 진입로가 매우 좋은데, 이는 徐有榘가 『林園十六志』에서〈명당을 향하여 들어오는 도로는 之玄 형태의 곡선이어야 하며, 그것이 小路든 山脈이든 直射하여 들어오는 것은 衝破라 하여 꺼리는 것이니 이런 것이 있어서는 아니 된다. 또한 大路 앞에 交叉路나 井字形 길이 있거나 집의 사면이 길로 둘러싸여 있는 곳은 흉하다〉고 지적한 대목은 좋은 것은 취하고 나쁜 것은 피한(趣吉避凶) 예에 해당된다고 할 것이다.
그러나 집앞 개울은 이미 농약에 오염되고 쓰레기에 썩었으니, 혈맥의 혼탁해짐을 피할 수가 없게 되고 말았다. 이런 일이야 요즘 농촌에서 이 집만의 일은 아니지만, 안타까운 일이 아닐 수 없다.
〈보은 비룡소에서 태풍이 몰고 온 비를 본다. 초가집 처마에 듣는 낙수 소리. 지금 나는 무엇을 바라고 여기에 앉아 있는가. 그 무슨 절실한 일이 있다고 이러고 있나. 서울의 잡답은 싫다. 서울대의 위선적 분위기도 싫었다. 그렇다면 이곳은 무엇이 좋은가. 아마도 나의 게으름과 내 성격 탓이었으리라. 큰 조카 준희 녀석이 영장을 받았다. 녀석, 다 컸구나. 아버님 살아 계셨으면 무어라 하셨을까. 빗발은 더욱 굵어지는구나. 술 생각 간절하나, 깰 때가 싫다. 하지만 술 취한 그 기분은 참으로 좋을 수밖에〉(1992. 9. 24. 공부하던 보은군 보은읍 장산리 비룡소 민음사 본가에서).
〈卜居는 반드시 먼저 그 風氣의 藏聚함과 面背의 安穩함을 주의 깊게 선택해야 영구히 住居處를 도모할 수 있다〉(1994년 메모).
〈六欲六有: 卜居에 有術한데, 山은 가파름(嶺)에 이르러서는 안 되고 낮아도 언덕(壏)에 미치지 못하면 안 되고, 宅은 화사해도 지나치면(汰) 안 되고 검소해도 누추(陋)는 안 된다. 園(동산, 뜰)은 비스듬히 기대어 이어지고 감싸안듯 아늑해야(拱) 한다. 들(坪)은 넓고(曠) 밝아야(陽) 한다. 樹는 옛스러운 본디 그대로의 모습(故)을 지녀야 한다. 泉은 연하여 일렁거려야(渫) 한다.〉

報恩郡 山外面

▶吉湯里
　질골(吉谷): 길탕리에서 으뜸가는 마을. 탕골에서 떡을 찌고 질골에서 질그릇을 설겆이한다는 뜻에서 생긴 이름이라 함.
　탕골(湯谷): 질골 서쪽에 있는 마을. 뒤에 시루산이 있고 시냇물이 시루산을 돌아 내려가므로 시루에 떡을 찐다는 뜻에서 생긴 이름이라 함.

報恩郡 三升面

▶達山里(달미)
　보지바위: 신근이고개에 있는 바위. 바위 형국이 여자의 생식기처럼 생겼다 함.
▶彈琴里
　幕陰골: 탄금대 북쪽에 있는 마을. 마을 좌우로 산이 가로 막혀 있고 앞은 수목으로 가려져서 마치 막을 친 것 같음.

報恩郡 水汗面

▶桐井里
　메지랭이(尾鳥郞): 듭푸골 동북쪽에 있는 마을. 뒤꼬리 긴 새의 雌雄이 앉아 있는 형국이라 함.
▶鉢山里(바리미): 뒤에 念珠峯(바리미 뒤에 있는 산), 앞에 老僧峯(바리미 앞에 있는 산)이 있어서 이곳이 바릿대처럼 되었다 하여 붙은 이름.
▶山尺里(산자골)
　반목: 산목 동북쪽에 있는 마을. 옛날 피란처로 좋은 곳이었다 함.
▶梧亭里(오동정이)

꽃밭날: 오정 서쪽에 있는 골짜기. 梅花落地形이라 함.

報恩郡 外俗離面

▶鳳飛里(새비랭이): (봉비리 답사에서) 조선 시대 양반들이 대대로 살 집터를 찾는 방법은 일반 백성들과는 달리 특이한 구석이 있다. 그들은 자신들이 익힌 지식을 집터 잡기에 철저히 이용하는 특성을 보이고 있다. 이제 그 대표적인 예를 하나 살펴보기로 한다. 그곳은 바로 충북 보은에 있는 세종 때의 명신 魚孝瞻의 고향 鳳飛里마을이다.

조선의 왕들 중에서 풍수에 가장 심취한 이를 꼽는다면 세종을 들 수 있을 것이다. 태조도 물론 풍수라면 뒤지지 않지만 한양을 도읍으로 정하는 일에 국한되었다. 이에 비해 세종은 여러 차례에 걸쳐 풍수 문제로 대토론을 벌였으며, 집현전에서 풍수를 연구하도록까지 한 바 있다. 이는 『실록』 중에서 풍수에 대한 언급이 가장 많은 부분이 바로 『세종실록』이라는 데서도 잘 증명된다. 풍수에 대해 문외한이라면 매우 아이러니컬하게 들릴 소리다. 한글을 창제하고 과학 기술에 유난히 밝았던 그가 미신과 같은 풍수에 빠져 있었다는 사실이 그의 명성을 갉아먹는 약점으로 보일 수도 있을 것이다. 그러나 이미 고려 시대에도 고려 태조를 비롯하여 문종, 숙종, 예종, 공민왕 등 개혁 정치를 실시하고 국가 발전을 영도한 현명한 왕들이 또 한편으로는 陰陽, 地理, 圖識의 說에 심상치 않게 빠졌다는 것을 안다면 세종의 행동이 그 당시의 역사적 맥락에서는 그리 이상할 것도 없음을 알 수 있다. 이들은 모두 땅의 힘을 두려워하고 믿었기 때문에 地力의 힘을 빌려 나라를 융성하게 하는 것을 당연하게 여겼던 시대의 사람들이다. 우리는 역사를 볼 때 오늘날 우리가 가진 기준으로만 평가하지 않는 지혜가 필요하다. 우리식으로 표현하자면 풍수는 적어도 당시에는 자연의 힘을 이치에 맞게 설명해 주는 과학이었다.

세종은 풍수를 아꼈기 때문에 풍수에 대한 비난을 좋아하지 않았고 유교 사상에 젖은 신하들의 풍수에 대한 비판을 앞장서서 거부하기도 했다. 그런데 유일하게 풍수에 대한 철저한 비판으로도 세종을 감동시킨 이가 있으니 그가 바로 세종, 성종 연간의 명신 어효첨이다. 어효첨은 세종 때 과거에 급제하여 집현전 교리를 거쳐 예조참의, 사헌부 대사헌, 正一品에 속하는 崇祿大夫에까지 오른 사람이다. 『실록』에 그는 성품이 순박하고 효자였으며, 관직에 임하면 부지런하고 삼가하여 이단에 미혹되지 않았고 음양, 풍수를 힘써 물리쳤다고 되어 있다. 또 세조가 연회장에서 효첨에게 술을 주면서 신하들에게〈이 사람은 내가 공경하고 중하게 여기는 바이며, 일찍이 세종께 천거된 자이다〉라며 그를 극찬했다는 일화를『성종실록』이 전하기까지 한다.

효첨은 세종에게 못자리나 봐 주는 풍수는 요망한 무당들이 직업으로 삼아 생계를 꾀하는 허황된 잡술임을 강조하고, 나라와 사람의 운명은 천명과 인심에 달린 것이라 하여 음택 풍수의 사기성을 지적하면서 풍수 전체의 이론을 엉터리라고 몰아붙여 한양 명당수의 정화나 궁궐의 지맥 보호와 같은 國都風水의 실제 적용을 극력 반대하였다. 이전에는 풍수 비판에 화를 내던 세종도 효첨의 사람됨과 그의 상소가 지적한 그 당시 풍수에 있어 음택의 타락상이라는 현실적 측면이 갖는 문제점을 인정하여 그의 문제 제기의 타당성을 인정하게 된다. 그래서 세종은 효첨의 말에 감동되었다 하고 결국은 한양에 대한 풍수를 바탕으로 한 모든 정책을 보류하였다. 역사상 음택 풍수의 난맥상이 건전한 양택 풍수의 발목을 잡은 대표적인 사례이다.

이러한 사례는 비단 과거의 역사가 아니다. 지금도 되풀이되는 악습이다. 봉건적 發福風水를 타파하고 大同的 민중 풍수를 지향하는 몇 안 되는 풍수학인들은 두 가지 싸움을 하고 있다. 하나는 서양 지리학의 폐해에 맞서 우리의 터에 맞는 우리의 지리학을 정립하기 위한 싸움이고 또 하나는 못자리 잡기 잡술로 축재를 하려는 돈독 오른 地官風水와의 싸움이다. 그런데 항상 전자의 힘겨운 싸움에 뛰어든 우리들의 뒤통수를 치는 자들이 이 사기성 짙은 지관들이다.

그들의 논리는 풍수가 아니다. 풍수의 논리를 빌린 사이비 신비주의일 따름이다. 풍수의 영원한 교과서는 살아 있는 山河와 自然일 뿐이다. 저들이 金科玉條처럼 애지중지하는 음택, 발복의 논리는 역시 후대의 탐욕스런 지관들이 제멋대로 꾸며낸 것이 대부분이다. 그들의 강의와 소설을 공들여 보는 사람들이 거기서 배운 지식으로 부모의 음택을 잡아 발복을 기대한다면 가소로운 일이다. 전통에 대한 뚜렷한 주관이 없이 서양 지식만 배우다가 거기에 지치자 또 이제 우리 것이라면 그냥 맹목적으로 추종하려는 요즘 사람들의 왜곡된 國學觀은 지금까지 國學을 소홀히 한 데서 생기는 비극이기도 하다. 맹목적인 전통에 대한 추종은 건강한 국학의 확립을 가로막는 장애가 될 뿐이다. 풍수를 예로 들면 대부분 사람들의 풍수에 대한 관심은 결국 못자리 잡는 데에 몰려 있다. 물론 여기에 우리의 책임이 크다는 점 또한 인정하지 않을 수 없다.

그러나 음택과 발복에 대한 관심은 미처 자라지도 못한 풍수의 싹을 뿌리부터 잘라 내는 것이란 점을 이해하여 주기 바란다. 지관들에게 기대기보다는 차라리 스스로 이 땅의 자연과 친해질 수 있는 길을 찾는 편이 훨씬 나으리라. 그러나 요즘의 지관들은 사람들의 땅에 대한 욕심과 공포를 이용하여 대중에 영합하고, 풍수에서 대안을 찾으려는 뜻 있는 이들의 관심에 찬물을 끼얹고 있다. 이것이 현실이다. 또 다시 사이비 풍수가 정통 풍수의 발목을 잡으려 하는 것이다.

忠北 報恩郡 外俗離面 鳳飛里는 飛鳳歸巢形의 吉地이다. 보은에서 상주로 가는 25번 국도 옆에 위치한 이 마을은 앞에서 말한 어효첨의 17대 후손들이 사는 곳이다. 마을 전체가 1백여 호로 이루어진 이곳에 10여 호의 平安道 咸從을 본관으로 하는 漁氏들이 살고 있다. 일제시대 때까지만 해도 40여 호의 漁氏들이 살았다고 한다. 구한말의 보수적 개화파 漁允中이 바로 이 마을에서 어린 시절을 보냈다. 비록 그는 태어나기는 같은 郡의 三升面에서였지만 자라기는 이 마을에서였다. 俗離山에서 맥을 받은 九屛山 자락에 위치한 마을 사람들은 〈새비랭이〉라고도 부르는데, 이곳 봉비리는 둥지로 날아드는 봉황의 날개 깃에 싸여 있다. 마을이 기대고 있는 산은 花山으로

바로 봉황의 머리에 해당한다. 봉비리 사람들은 봉황을 마을에 묶어 두기 위해 오동나무를 심었는데 그것은 梧林이란 지명으로 남았다. 마을 주민은 그냥 〈오리미〉라고 부른다. 지금 오림에 오동나무는 없다. 그러나 마을 회관 앞에 두 그루의 오동나무가 서 있고 몇몇 집 울 안에도 몇 그루 보이긴 한다. 마을 사람들은 봉비리의 봉황이 낮에는 西南方에 있는 氷鏡山에서 놀다가 저녁이 되어야 봉비리의 둥지를 찾는다고 한다. 혹시 다른 곳으로 영영 날아가 버리지는 않을까 걱정이 되어 오동나무를 더 열심히 심었는지도 모르겠다. 봉황의 날개 바깥쪽에는 1백만 평이 넘는 기름진 진사래 뜰(長沙坪)이 펼쳐져 있고 그 사이로 客水인 三街川이 속리산에서부터 흘러 온다. 이 너른 농토는 봉황이 깃든 마을의 넉넉함을 채워 주기에 손색이 없을 듯하다. 낮에 봉황이 노는 장소인 빙경산 또한 또 한 마리의 봉황이다. 두 마리의 봉황이 서로 감싸고 있는 곳이 진사래의 농토이기도 하다. 마을로 진입하는 신작로에서 동쪽으로 보이는 산의 본줄기는 地氣를 한껏 뿜고 내달리면서도 겸손을 잃지 않은 산세이다. 마을 뒤를 두르고 있는 구병산의 剛氣가 지나쳐 보이지만 봉황의 부드러움으로 많이 중화가 된 듯이 보인다. 地形學的으로 얘기하자면 봉비리의 봉황

날개는 뒤에 솟은 구병산의 풍화물이 하천에 의해 운반 퇴적되어 생긴 지형이다. 결국 구병산의 剛氣가 봉황을 낳은 셈이다. 아마 어윤중 같은 인물도 구병산이 내었으리라 짐작된다. 어윤중은 개혁주의자는 아니었으되 외세로부터 나라를 빼앗기지 않고 조선을 부강하게 하려는 데 노력했던 곧은 선비였다. 어윤중은 일찍이 부모를 여의고 조부인 어명능에 의해 성장했는데, 그의 조부는 바로 다산 정약용의 제자였다. 그는 비록 동학군과 대치한 봉건 왕조의 신하였지만 동학교도들이 주장하는 바를 수긍하고 시대의 흐름을 수용할 줄 아는 혜안을 지니고 있기도 했다. 결국 그는 구한말의 외세 침략의 격랑 속에서 비극적인 죽음을 당하고 말았다.

마을은 비록 국도 옆에 있지만 버스가 들어 오지 않을 만큼 외부에 대해 감춰져 있다. 주민들은 불편을 호소하지만 아직도 훈훈한 인정을 가지고 사는 모습은 파괴되지 않은 마을 공동체의 힘 때문이리라. 날개를 편 봉황의 지혜가 아닐 수 없다. 그러나 마을의 장년층들은 봉황의 형국에 대해 무덤덤했다. 그저 어른들이 재미 삼아 하는 얘기쯤으로 알고 있었다. 마을의 세대가 바뀌면 결국 봉비리는 이름만 남고 주민들의 마음속의 봉황은 떠나 버릴 듯하다.

어효첨의 풍수 비판은 철저히 타락한 풍수에 대한 것이었다. 그는 상소 말미에서 지리서를 두루 열람하여 제대로 된 지리를 세울 것을 아울러 당부하였다. 그러고 보면 봉황의 품을 찾은 어효첨의 후손들은 선조의 뜻을 모르는 생각 없는 후손들은 아닌 듯싶다. 효첨에게 두 아들이 있었는데 큰아들인 漁世謙이 咸從漁氏 文貞公派를 열었는데 어세겸의 후손이 壬辰, 丙子 兩亂 어간에 봉비리로 입향한 것 같다. 이 마을 어기선 씨(67세)는 250년에서 300년 전쯤 선대가 마을로 이주한 것으로 알고 있다고 한 것을 보면 대략 연대가 맞는 것으로 생각된다. 그 병들고 어지러운 세상에서 그들이 찾고자 했던 곳은 평화롭고 넉넉한 땅이었을 것이다. 봉황이 깃들면 천하가 평안해진다고 했다. 그리고 두 마리 봉황이 지키고 있는 농토는 배고픔을 잊게 해준다. 이만하면 절묘한 삶터의 선택이었다고 보여진다.

▶帳內里(장안)

玉女峯: 장안 서북쪽에 있는 산. 玉女散髮形이라 함.

報恩郡 炭釜面

▶梅花里

羅浮里(나비): 매화 동쪽에 있는 마을.

지형이 매화꽃에 나비가 앉은 것 같다 함.

▶下長里

닭모랭이(唐隅里): 하장산 동북쪽에 있는 마을. 金鷄抱卵形이라 함.

報恩郡 懷南面

▶板藏里(늘개미)

道目: 늘개미 동남쪽에 있는 마을. 전에 이곳에 도를 닦는 사람들이 많았다 함.

報恩郡 懷北面

▶松坪里

바디울(紫松): 송평리에서 으뜸가는 마을. 부근의 지형이 玉女織錦形으로 이곳은 베틀의 바디형이라 함.

▶雙岩里

황계봉: 지바위 서북쪽에 있는 산. 黃鷄抱卵形이라 함.

▶中央里

玉女峯: 저자거리 남쪽에 있는 산. 산형이 玉女彈琴形이라 함.

永同郡 梅谷面

▶江津里

玉勒村: 퉁점 서북쪽에 있는 마을. 뒷산에 白馬放草形의 명당이 있는데 이곳이 그 말의 굴레에 해당한다 함.

▶公須里

꾀꼬리산: 공수리에 있는 산. 鶯巢柳枝形의 명당이 있다 함.

▶敦大里

橋洞(다릿골): 돈대 서북쪽에 있는 마을. 뒤에 달처럼 생긴 산이 있음. 姜漢秀의 집터는 玉女散髮形. 자손이 번영한다는 얘기가 있음(村山).

▶水院里

모른대(水同, 慕賢臺): 수원리에서 으뜸가는 마을. 약 1백 년 전에 불이 나서 온 마을이 모두 타 없어지고 다시 마을을 이룩하면서 불을 막는다는 뜻에서 水同이라 함. 松溪書院의 賢人을 사모하는 뜻에서 모현대라 함.

▶漁村里(어두니, 어둥이): 사방에 높은 산이 있어서 늘 어두운 기운이 있으므로 붙은 지명.

掛榜嶺: 어촌리와 경북 김천시 봉산면, 대항면의 경계에 있는 큰 고개. 옛날에 관원들과 과거 보러 다니던 선비들이 秋風嶺은 이름이 秋風落葉처럼 과거에서 떨어진다는 발음이라 좋지 않다 하여 꺼리고, 괘방령(급제의 방이 벽에 걸린다는 뜻)을 넘으면 급제한다 하여 이 고개를 즐겨 넘어 다녔다 함.

▶楡田里(느랏): 橫小山에 있는 飛蛾附

壁形의 땅은 같은 면 노천리 柳鳳欽 일족의 조상 묘가 있는데, 거기 산소를 쓴 뒤 거금을 모음.

▶長尺里(장자울)
　李愚邦집터: 臥牛形으로 일생이 안락하다고 함.

永同郡 上村面

▶弓村里(활골): 활처럼 생겨서 붙은 지명.
　달기미(月琴洞): 평구 남쪽에 있는 마을. 仙女彈琴形의 명당이 있다 함.
　三黃鶴鑛山: 佳景洞 북쪽 황학산에 있는 금광산. 구한말에 서양인들이 개광함. 사택마을이 있음. 黃鶴이 黃金을 암시했던 것이라는 얘기가 있음.
　성짓골(聖朝洞): 궁촌 동쪽에 있는 마을. 임진왜란 때 고관들이 이곳으로 피란하였다 함.
　장구목: 달기미 남서쪽 골짜기에 있는 마을. 장구 목 모양의 지형. 그래서 이 마을에는 풍물이 유명하고 才人이 많이 났다 함.

▶勿閑里(물한이): 三道峯 밑이 되어 물이 많으므로 붙은 지명.

▶上道大里(웃도대)
　어두니(어디, 漁村): 반점 동쪽에 있는 마을. 남서쪽이 높아서 볕이 잘 들지 않음.

▶柳谷里(버드실)
　닭재(鷄城): 버드실 서쪽에 있는 마을. 東慕山 옆이 되는데 옛날 홍수 때 이 산이 경북 知禮에서 떠내려왔는데 그 산에 수탉이 앉아서 울었다 함.
　망탯골(望兎谷): 지형이 망태처럼 생겼으며, 玉兎望月形의 명당이 있다 함.
　큰대실(大竹谷): 대실에서 가장 큰 마을. 임진왜란 때 맹씨와 김씨가 들어와 피란했다 함. 三聖山에 있는 仙人讀書形의 땅에 權重殷이 그 부친을 葬事 지내고 光州郡守가 되었다가 대제학까지 되었다고 함.

▶林山里: 둘레의 산이 아름다워 林山八景이 있음. 즉 石峙筆峰(돌고개의 붓끝 같은 봉우리), 瑟峴金榜(대실의 掛榜砂), 盤臺春花(고반대의 봄꽃), 心亭秋元(세심정의 가을 달), 龍岩奇竹(용바위의 대나무), 獺羅遲松(달라침산의 소나무), 鷄城夕煙(닭재의 저녁 연기), 鶴藪晨風(학 숲의 새벽 바람). 상촌면의 면소재지. 뒷산 臥牛形의 땅에 南知言(별명 三槐堂)이 묻히고 나서 그 자손이 번창하여 큰 씨족을 이룸(臥山?).
　관터(官基): 비니실 동쪽에 있는 마을. 고려 때 召羅縣이 있던 터.
　樂天洞: 비니실 북쪽에 있는 마을. 1954년 7월 피란민들이 정착하여 살면서 즐거운 마을이 되라는 뜻으로 붙인 지명.
覓源岩: 들머리 냇가에 있는 九老釣臺 위쪽에 있는 바위. 옛날에 세 노인이 무릉도원을 찾는다는 뜻에서 바위 위에 멱원암이라 새겼음.
비니실(飛來谷): 장터 북동쪽에 있는 마을. 예전에 황학산에서 학이 날아왔다 함.
수무(壽山): 시장 서쪽에 있는 마을. 숲이 무성함. 풍수상 裨補가 아닌가 하는 생각이 든다.
臥山: 임산 서남쪽에 있는 산. 산형이 누운 것처럼 생김. 木星임.
智命山(집문재): 樂天知命의 뜻을 땄음.

▶下道大里(아랫도대)
道大(道川): 하도대리의 원마을. 이전에는 도천이라 하다가 숙종 때 도대로 고쳤다 하며 배의 돛대 형국이라 함.

▶興德里
難民事業場(難民洞, 독골): 설보름 동북쪽에 있는 마을. 1958년 11월 난민사업장으로 발달함.
설보름: 흥덕리에서 으뜸가는 마을. 옛날 徐處士가 경상도에 갔다가 설쇠러 돌아오는 길에 눈이 하도 많이 와서 길이 막혀 이곳에서 설과 대보름을 쇠었다 함.

永同郡 深川面

▶高塘里
蘭溪公山所: 상고당 서쪽 산(고당리 산 49-1번지)에 있는 세종 때의 樂聖 난계 박연의 묘소. 박연은 거문고를 만든 고구려의 왕산악, 가야금을 만든 신라의 우륵과 더불어 우리나라 3大 樂聖 중 한 분이다.
▶者湖里: 登雲山에 있는 飛龍昇天形이란 곳에 영동읍내 박씨 일족의 묘지가 있다. 그 자손 가운데 대제학이 있음.
▶藥沐里: 약물탕이 있으므로 붙은 지명.
약목리약물탕: 다래골에 있는 약수탕. 물이 매우 참.

永同郡 楊江面

▶佳洞里(가야골, 개골)
永山府院君墓: 杜陵峰에 있는 인조반정의 공신 張漢公의 묘소.
▶藍田里
古林(環山): 새말 동쪽에 있는 마을. 옛날에 고목이 무성하였으며, 산이 마을을 고리처럼 둘러싸고 있어서 밖에서는 보이지 않았다 함.
氷玉亭: 대바우 위에 있는 정자. 주위의 절묘한 산수와 울창한 송림으로 군내에서 손꼽히는 명승지임.

▶斗坪里

資風書堂(豊谷堂): 자풍 동구에 있는 서당. 양산팔경의 하나. 처음은 풍곡당이라 하여 태종 때 창건하였는데 그후 여러 번 중수하였으며 古風을 지킨다는 뜻에서 자풍서당이라 함.

▶晩溪里

萬隱室(馬耳谷, 마이실, 만은곡): 內晩(만계리 안쪽에 깊숙이 들어앉아 있는 마을) 서북쪽에 있는 마을. 말 귀처럼 긴 골짜기에 위치하여 임진왜란 때 만여 명이 숨어 피란했다 함.

▶妙洞里(못골): 묘한 바위가 있으므로 붙은 지명.

고림이(古林, 舊古林, 環山): 묘동 동남쪽에 있는 마을. 고목이 많았음. 산이 마을을 고리처럼 둘러싸고 있음.

▶墨井里(머기미): 먹물처럼 검은 샘이 있으므로 머기미라 함.

맛개(馬浦): 묵정 동남쪽에 있는 마을. 앞으로 錦江이 흐르며 뒷산형이 渴馬飮水形이라 함.

▶山幕里(산막골): 전에 산막을 치고 살았음.

▶雙岩里(맞바위): 마을 입구에 맞바위가 있음.

버구티(法谷): 쌍암 서북쪽에 있는 마을. 근처에 伏狗形의 명당이 있다 함.

▶楊亭里

이바우산(理岩山): 양정 남동쪽에서 영동읍 쪽으로 뻗어 있는 산. 임진왜란 때 이 산을 이엉으로 가리어 노적가리처럼 보이게 하여 적을 놀라게 하였다 함.

▶鍮店里(놋점, 놋점이): 놋그릇점이 있었음.

永同郡 陽山面

▶樓橋里(누다리)

도가실: 누다리 서북쪽에 있는 마을. 사방이 산으로 둘러싸여 마치 독 안처럼 생김.

永同郡 龍山面

▶佳谷里

짝바위: 마을 북쪽에 있는 커다란 세 개의 바위. 바위 한가운데 여성의 陰部와 같은 구멍이 나 있는데 아이를 못 낳거나 아들이 없는 부인이 이곳에 와서 눈을 감고 지팡이를 바위 구멍에 꽂아두면 소원을 이룬다고 함.

▶金谷里

將帥고개: 금곡리 서북쪽 보은군 청성면과 경계를 이루는 산. 옛날 이 고개에는 도둑떼가 들끓었다. 어떤 스님이 지나가다 말하기를 이 산에는 장수가 날 자리가 있는데 아직 사람들이 그 터를 몰라서 그 대신 도둑이 날뛰는 것이라 하였다. 주민들이 그 자리가 어디냐 물으니, 올라가서 보면 다 알 텐데 하며 가르쳐 주지 않고 떠나고 말았다. 그 뒤부터 이 고개에는 장사꾼보다 조상의 유골을 암장하려는 移葬꾼들이 득실거리는 바람에 도둑들은 볼 일을 잃고 없어져 버리고 말았다고 한다(『永同郡誌』). 이는 社會心理的으로 풍수가 지닌 긍정적 가치를 발휘한 예로 볼 수 있다.

▶梅琴里
매내미(梅南同): 검달골 북쪽에 있는 마을. 梅花落地形의 명당이 있다 함.
▶扶桑里: 東向이어서 해 뜨는 것이 가장 먼저 보이므로 붙은 지명.
남생이바위: 이 바위는 부상리의 윗마을인 부상골과 아랫마을인 큰골의 중간쯤 되는 논둑 옆에 있는데 모양이 남생이와 같다. 상당히 크고 무거운데도 쉽게 움직인다. 그런데 바위의 꼬리 쪽에 있는 마을은 재물이 늘고 풍요를 누리는 반면 입 쪽에 있는 마을은 가난해진다고 한다(이는 거북 종류가 알을 꼬리 쪽으로 낳고 입으로는 무엇이든 물어 뜯는 버릇에서 비롯된 것으로 보임). 그래서 지금은 두 마을에서 공동으로 간단한 제를 올리는 것으로 이 문제를 해결했다 함(『永同郡誌』).

▶山底里(밑골, 밀골, 별골)
舞仙峯: 밑골 앞에 있는 산. 신선이 춤을 추는 형국(仙人舞袖形)이라 함. 이 무선봉에는 이런 전설이 전한다. 한 3백여 년 전부터 산저리 일대에 원인 모를 질병과 화재가 발생하여 廢村의 위기에까지 몰리게 되었다. 이때 어느 스님이 그것은 무선봉의 산세가 너무 험악한 탓이니 그를 막기 위해서는 山頂에서 쇳소리를 내고 또 그곳이 소금물에 젖어 있도록 해야 한다고 일러주었다. 주민들이 가장 큰 봉우리 아래 龍淵庵이란 암자를 짓고 그렇게 하였더니 모든 재앙이 사라지고 앓던 사람까지 건강을 되찾았다. 그로부터 이 마을에서는 매년 正初에 산꼭대기에 소금이나 간수를 묻고 암자에 가서 종 치는 일을 계속했다고 한다. 그런데 1978년 마을 전체에 알 수 없는 화재가 연달아 발생했다. 주민과 경찰이 조사를 했으나 원인을 알 수가 없던 차에 누군가 무선봉에 소금이 제대로 묻혀 있는가를 확인하자고 했고 가서 파보니 소금이 없어졌더라는 것이다. 다시 소금을 묻은 것은 물론이다(『永同郡誌』). 이는 아마도 무선봉 선인무수형 명당에 暗葬을 하려는 것을 방지하기 위한 방편으로서의 설화일 듯싶다.
북징이: 산저 북쪽에 있는 골짜기. 天

鼓落地形의 명당이 있다 함.

▶上龍里

柳木山: 상룡 동쪽에 있는 산. 鶯巢柳枝形의 명당이 있다 함.

▶龍山里

유정마(柳亭洞): 용산리에서 으뜸가는 마을. 근처에 柳枝鶯巢形의 명당이 있다 함.

▶閑谷里

乖崖金守溫墓所: 세종 때 『治平要覽』, 『醫方類聚』 등을 편찬한 문신 괴애 김수온의 묘소가 한곡리 天貫山에 있는데 子坐形임.

永同郡 龍化面

▶雁汀里

元塘마을 용머리: 임진왜란 때 이여송이 용머리 명당에서 큰 인물이 날 것을 알고 칼로 내리쳐 혈을 잘라 버렸다. 그런데 잘린 곳에서 약수가 흘러나와 많은 환자를 고쳤으나 어느 때부턴가 오히려 이 물을 마시면 문둥병에 걸려 관심에서 멀어졌다고 함.

▶龍化里

내룡서낭당이: 장승배기에 있는 서낭당.
짐승골: 화산바우 아래에 있는 골짜기. 옛날에 큰 짐승들이 살았다 함.
화산바우: 짐승골 등성이에 있는 바위.

화기를 지니고 있으므로 이 바위가 마을에서 보이면 불이 난다 하여 나무를 심어 둘러 막았음. 풍수 裨補策의 하나임.

▶月田里(달밭)

호골(虎谷): 달밭 동북쪽에 있는 마을. 근처 산이 험하여 옛날에 범이 많이 나왔다 함.

永同郡 秋風嶺面

▶沙夫里

義兵將張智賢將軍殉節碑: 임진왜란 때의 의병장이었는데 1864년(고종 원년)에 후손들이 건립. 1904년 경부선 철도 공사중 倭人이 이 비를 폭파하니 그 감독은 즉사하고 매일 사고가 연이어 일어나서 다시 비를 정중히 모시고 제사를 모셨다 함. 광복 후 미군들이 잘 알지 못하고 이 비에 도색하여 이정표로 사용하던 것을 추풍령 주민들이 다시 세웠음.

永同郡 鶴山面

▶鳳韶里

꾀꼬리: 근처에 鶯巢柳枝形의 명당이 있다 함.

▶鋤山里

소코샘: 일년 사시 어느 때나 소의 콧물처럼 물이 조금씩 바위에 번져 흐른다고 붙은 이름. 나당 연합군과 싸우던 백제 장수가 패망 소식을 듣고 통분하여 바위를 칼로 찌르니 이때부터 샘이 솟았다고 함.

永同郡 黃澗面

舟行峯: 황간면과 상주군 모서면 경계에 있는 산. 872미터. 배가 떠나가는 형국이라 함.

▶ 牛川里(쇠내)

蓮花同: 우천 서북쪽에 있는 마을. 근처에 蓮花浮水形의 명당이 있다 함.

▶ 院村里

寶劍藏匣之地: 솔티 뒷산에 있는 宋殷錫 선생의 묘. 묫자리 모양이 보검을 칼집에 감춘 형국이라 함.

沃川郡 郡北面

西華八明堂: 1) 芍藥未發形. 군북면 사정리 행정마을과 동평리 평곡마을 사이에 세 개의 골짜기로 이루어진 산을 洪山이라 하는데 이 홍산 안에는 함박꽃 봉오리 모습이 있다고 한다. 그러므로 이곳에 묘를 쓰면 아주 좋다고 하나 아직 찾지는 못했다고 한다.

2) 渴馬飮水形. 군북면 은행리 상은마을 위쪽에는 배바위라 불리는 바위가 있는데 이곳 산 모습이 갈마음수형이다. 물을 마신 말은 힘있게 달릴 것이라 하여 명당으로 본다. 3) 仙人讀書形. 군북면 사양리 서성골 앞산 모습이 선인독서형이라 하여 명당이라 하는데 산에서 책 읽는 소리가 들린다 하여 書聲골이라 한다. 4) 金鷄抱卵形. 군북면 사양리 논골에서 충남 내산면으로 넘어가는 고개를 닭재라 하는데 그 산 모양이 금계포란형이라 한다. 이곳에 묘를 쓰면 當代發福한다고 전해 진다. 5) 玉女彈琴形. 군북면 하동리 마을 뒷산이 옥녀봉인데 군서면 하동리의 옥녀봉 설화와 동일하다. 6) 梧桐桂月形. 군북면 오동리 무중골 앞산의 형세가 마치 오동잎 사이로 비친 달빛과 같이 수줍고 소박한 박꽃과 같은 산세를 하고 있어 명당이라 한다. 7) 將軍大坐形. 군북면 월전리 군전마을의 모습이 장군대좌형의 명당이라 한다. 하지만 지형이 낮아 장군이 아니라는 설도 있다. 8) 積船行舟形. 군북면 월전리 용복 뒷산의 형세가 금은보화를 가득 실은 배가 달리고 있는 모습과 같은 명당이라 하나 아직 혈을 찾은 사람은 없다고 한다.

▶ 增若里(역말)

文筆峯: 증약 동쪽에 있는 산. 붓처럼 뾰죽하게 생김.

▶ 楸沼里

부수머니(芙沼): 추동 서남쪽에 있는 마을. 환산 밑에 蓮花浮水形의 명당이 있다 함.

沃川郡 郡西面

▶ 金山里

玉女峯: 금산리에 있는 산. 玉女彈琴形의 명당이 있다 함.

▶ 舍楊里

마랑골(馬飮洞, 마름골): 사양리 남쪽에 있는 마을. 뒷산형이 渴馬飮水形이라 함.

서성골(西城洞): 마랑골 서북쪽에 있는 마을. 근처에 仙人讀書形의 명당이 있으므로 글 읽는 소리가 늘 끊이지 않아야 된다 하여 書聲洞이라 하였으나 변하여 西城洞이 됨.

▶ 梧桐里

무중골(武村洞): 질벌 서북쪽에 있는 마을. 월전리 무동산 밑이 되며 근처에 將軍大座形의 명당이 있다 함.

▶ 月田里

君田里: 월전리에서 가장 큰 마을. 將軍大座形의 명당이 있으며 거기에 상대하여 이곳은 軍田에 해당한다 함.

▶ 銀杏里

良心里: 은행동 남쪽에 있는 마을. 뒤에 仙人讀書形의 명당이 있어서 마음을 닦는다는 뜻에서 양심리라 한다 함.

▶ 下東里

麻姑洞(마고실): 마릿들 서북쪽에 있는 마을. 지형이 옥녀봉에 대하여 麻姑仙과 같다 함.

玉女峯: 군서면 하동리와 동평리 경계에 있는 산. 봉우리가 매우 고와서 옥녀가 단정히 앉아 있는(玉女端坐形) 모양이라 한다. 옛날 늙은 나이에 옥녀라는 딸을 둔 부부가 살고 있었다. 그 딸은 자태도 곱거니와 가야금 솜씨가 뛰어났다고 한다. 그런데 아깝게도 돌림병으로 일찍 세상을 뜨고 말았다. 부부는 딸을 산밑에 묻고 산 이름을 옥녀봉이라 하였다. 그후 수많은 풍수객들이 옥녀봉을 보고 玉女彈琴形이라 감탄하였으며 그 산 앞 넓은 들은 長鼓벌이라 하여 지세가 썩 잘 어울렸다. 악기로도 가야금과 장고는 잘 어울리는 한 쌍이 아닌가. 그런데 1975년 이 옥녀봉에 초고압 송전선이 가설되었는데 그 전선이 6개짜리가 2조이니 모두 12개 선이고 그것은 가야금 12줄에 해당되며, 게다가 바람이 불면 전선이 윙윙대는 소리가 마치 가야금 우는 소리처럼 들린다고 한다(군서면 사정리 거주 丁鎭斗 제보).

沃川郡 東二面

▶石灘里

말무덤: 임진왜란 때 이여송이 안남면 피실을 지나다가 산세의 수려함과 지기의 성함을 보고 시기심이 나서 면소골 산 정상에 地氣를 끊는 쇠말뚝을 박았다. 그리고는 자신의 愛馬를 시험하기 위하여 그곳에서 활을 쏘고 이곳 말무덤까지 왔으나 화살이 보이지를 않았다. 화가 난 이여송이 말의 목을 치니 곧 이어 화살이 도착하는 것이 아닌가. 말이 더 빨랐던 것이다. 그래서 동네 사람들에게 부역을 시켜 산더미만한 흙 무덤을 만들게 하였으니 그것이 바로 말무덤이다.

▶赤下里

쇳봉산(鐵峯山 또는 鐵棒山): 적하리와 이원면 우산리 경계에 있는 450미터의 산. 명나라 이여송의 군사가 여기에 철봉을 박고 산천의 정기를 끊으려 했음. 지금도 그때 불태운 자리가 검게 남아 있다고 한다. 현재 경부 고속 도로 금강 유원지 뒷산이다.

沃川郡 安南面

▶道農里

蘇野(牛野): 도농리에서 으뜸가는 마을. 동쪽에 臥牛形의 명당이 있다 함.

趙重峯先生墓: 도성 남쪽 도봉산에 있는 趙憲 선생의 묘. 신도비와 함께 1906년 2월 5일 인근 유지들과 후손들이 세움. 의병 7백 명을 일으켜 금산 금강 상류에서 혈전 끝에 전사하였는데 그 영혼을 불러 이곳에 안치함.

질마재: 소야 동쪽에서 청성면으로 넘어가는 재. 길마처럼 생겼으며 근처에 臥牛形의 명당이 있다 함.

▶蓮舟里(배바우, 舟岩): 道德里 德室마을에서 흘러 내리는 냇가에 마치 배(舟)처럼 생긴 바위가 있다 하여 붙은 지명. 옛날부터 마을 앞 넓은 들은 호수가 되어 배를 띄우게 되고 인포리에는 포구가 생긴다는 전설이 있었는데 대청댐 담수 이후 이 배바위가 水沒線에 해당되어 마치 물에 뜬 것처럼 되었다고 한다. 인포리는 지금 포구가 되었다(연주리 거주 申東均 제보).

屯駐峯: 왜마루 서남쪽에 있는 산. 옛날에 산봉우리에 봉수대가 있었으며, 연주리 일대가 將軍大座形이라 함.

분터골: 배바우 서쪽에 있는 골짜기. 뒷산 형국이 玉女散髮形이라 함.

玉女散髮形: 와촌 뒷산에 있는 명당 터.
▶ 從薇里
　薇山: 종배 서남쪽에 있는 마을. 앞산 형이 고사리처럼 생겼다 함.
▶ 池水里
　鳩飛(구비말, 水洞): 잔다리 남쪽에 있는 마을. 뒷산 형국이 비둘기가 나는 모양이라 함.
　못안(池內, 毛山, 慕山): 옛날 어느 백발 노인이 이 동네를 지나다가 동네 이름을 물은즉 모산이라고 하니 〈모산이 아니라 못안이라 해야 옳다. 이 동네는 멀지 않아 연못이 될 것이니까〉 하였다. 그 뒤 1929년 南坪堤가 확장됨으로써 이 마을은 결국 못안(池內)이 되었다고 함.

沃川郡 沃川邑

▶ 校洞里
　옥천향교 근처 교동 313번지 陸英修 生家: 이중환이 『택리지』에서 풍수를 인용한 부분을 보면 〈무릇 水口가 엉성하고 널따랗기만한 곳에는 비록 좋은 밭 만 이랑과 넓은 집 천 간이 있다 하더라도 다음 세대까지 내려가지 못하고 저절로 흩어져 없어진다. 그러므로 집터를 잡으려면 반드시 수구가 꼭 닫힌 듯하고 그 안에 들이 펼쳐진 곳을 눈여겨 보아서 구할 것〉이라 하였다. 경제적 조건이 좋아도 풍수적 조건이 맞지 않으면 안 된다는 그의 생각이 나타난다.
　속리산에서 추풍령을 거쳐 지리산으로 내려가던 소백산맥이 덕유산을 지나 장수의 육십령에서 한 가지를 오른쪽으로 뻗어 노령산맥을 만든다. 그중 진안 마이산에서 금강 상류를 끼고 수십리 올라오는 산맥이 있으니 한 가지는 좌측으로 뻗어 공주 계룡산으로 나아가고 우측 한 가지는 막다른 골목에 이르니, 곧 옥천의 西臺山 줄기다. 이 서대산 가지의 오른쪽 맥이 뻗어 가 回龍顧祖形으로 산을 만드니 구옥천읍의 진산인 馬城山이다. 기와집 용마루처럼 정상이 곧게 뻗은 마성산에서 오른쪽으로 한 가지가 뻗어 木形山을 만들고 이 산자락이 길쭉하게 내려와 子坐午向으로 집터를 이뤘다. 또 마성산의 깃대봉에서 왼쪽으로 나아간 산은 고개를 넘어 안산이 되고 있으니 그 모습은 보경(거울)과 같다. 풍수 용어로는 金魚袋砂(패물용 놀이개 모양의 산)다. 물은 艮寅方에서 나와 坤申方으로 흘러 간다. 수구에는 큰 산이 물의 흐름을 막고 있으니 그 형세를 일러 장군봉이라 한다. 안산 오른쪽으로 툭 터진 쪽, 곧 未坤申方에는 붓끝 모양의 서대산이 조산을 이루고 있다. 전체적인 형국은 玉女端坐形이다. 이곳은 예로부터 三政丞 터로 일러 오던 곳이다.

생가의 家相을 보면 출입 대문은 사랑채에서 보아 巽方이고 主房은 坎方이며 부엌은 坤方이고 火口는 離方이다. 전형적인 東四宅에 맞췄다(최영주).

▶ 金龜里: 지형이 金龜沒泥形이므로 붙은 이름.

▶ 梅花里: 지형이 梅花落地形이므로 붙은 이름.

▶ 長夜里

배미: 한 학자가 이 마을에 들어와 헌신적으로 마을 학동들을 가르쳤는데 그는 다만 한 가지 어느 곳에 묻어 달라는 부탁만 하였다. 그의 유언은 마을 주민들과 제자들에 의하여 이루어졌지만 아버지의 행방을 찾아 다니던 아들이 이를 알고 그 아버지의 묘를 移葬하려 파 보니 瑞氣가 어리며 커다란 백학이 날아가 버리는 것이 아닌가. 천하 명당이 파괴되는 순간이었다. 그 자리는 그 뒤로 맑고 찬 물이 스며 나오는 샘이 되고 말았다. 지금도 〈배미샘〉은 유명한데 아무리 가물어도 물이 마르는 법이 없다고 한다. 현재 동네 빨래터로 쓰이고 있다(『沃川郡誌』).

▶ 竹香里: 마을의 서쪽이 虛하여 재앙이 끊이지 않아 어떤 선비의 풍수 조언을 따라 마을의 서쪽에 돌사람과 돌사자를 세웠더니 재앙이 물러갔다고 한다. 지금은 우회 도로 확장과 주택 건축으로 인하여 자리를 옮겼으나 지금도 음력 정월 보름에 마을 사람들이 여기서 告祀를 지낸다고 한다(옥천읍 죽향리 거주 柳禹鉉 증언).

沃川郡 伊院面

▶ 龍坊里

九龍(구룡촌): 용방리에서 으뜸가는 마을. 뒷산 봉우리가 아홉이며, 근처에 九龍爭珠形의 명당이 있다 함. 孝宗 때 尤庵 宋時烈이 이곳에서 났음.

▶ 牛山里(첫봉산)

內村: 우산 안쪽에 있는 마을. 근처에 臥牛形의 명당이 있다 함.

벌말(外村): 우산 바깥쪽 강가의 벌판에 있는 마을. 繫舟形이라 함.

枝梅: 메쥐골 서쪽에 있는 마을. 梅花落地形의 명당이 있다 함.

▶ 長贊里

솔티(牛峙): 장찬골 서북쪽에 있는 고개. 근처에 臥牛形의 명당이 있다 함.

▶ 池灘里

凡安: 삼정골 동쪽에 있는 마을. 근처에 伏虎形의 명당이 있다 함.

沃川郡 青山面

▶校平里
  金盤形: 교동 동쪽에 있는 명당. 金盤形이라 함.

▶木洞里
  장군날: 목동리를 에워싸고 있는 산등성이로 풍수상 名地로 알려진 곳인데 임진왜란 때 倭軍이 이 산의 혈맥을 끊었다고 함. 그때 山龍이 흘린 핏자국 때문에 지금도 이 고개 흙은 색깔이 붉다고 한다.

▶三方里
  九龍弄珠: 가삼리 북쪽에 있는 산. 아홉 용이 여의주를 희롱하는 형국의 명당이 있다 함.

▶閑谷里
  門岩(문바우): 동학의 제2대 교주 최시형이 보은 집회를 할 때 죽은 그의 아들 崔鳳柱의 무덤이 문암소류지 서쪽 방향 1백 미터 지점 산밑에 있다. 지금도 이곳 노인들은 이 무덤을 가리켜 최봉주의 묘 또는 최부품의 묘라 한다. 이 묘 건너편 언덕과 밭 가운데에는 그때 동학교도들이 훈련을 하기 위해 쌓아 놓았다는 작은 돌탑들이 지금까지 여러 군데 남아 있다.

沃川郡 青城面

▶鳥川里
  구시밭: 새분이 동쪽에 있는 밭. 소막골에 있는 臥牛形에 상대하여 소의 먹이통인 구유에 해당하는 곳이라 한다.
  소막골: 새분이 동남쪽에 있는 골짜기. 일대가 臥牛形으로 이곳은 소의 엉덩이에 해당한다 함.

陰城郡 甘谷面

▶文村里
  金龜沒泥: 오갑 앞 냇가에 있는 효종 때 한성판윤을 지낸 申厚載의 무덤. 금구몰니의 명당이라 함.

▶桑坪里
  개터(介峴): 터골 동북쪽에 있는 마을. 세종 때 陽村 權近의 묘소를 수호하던 개가 죽어서 이곳에 묻었다 함.

▶嶺山里
  公山亭: 잿말 서쪽에 있는 마을. 뒷산이 公 자처럼 생겼으며 정자나무가 있었다 함. 公 자처럼 생긴 地勢는 옷깃을 여미고 허리띠를 조른 형국(襟帶)으로, 地氣가 모일 수 있는 聚密한 장소가 될 가능성이 높음.
  李浣大將出生地: 잿말에 있는 梅竹軒 이완 대장의 출생지.

▶旺場里
민통군집터: 매산 밑에 있는 집터. 조선 말엽에 통군을 지낸 閔應植이 살았는데 명성황후 閔妃가 임오군란 때 피란 와 있었다 함. 60년 전에 집을 헐고 그 자리에 천주교회당을 지었음.
▶舟川里
自點洑: 주천리에 있는 보. 조선 인조 때의 역적 金自點이 장호원읍의 백족산에 부친의 묘를 썼는데 못자리가 飛龍上天形으로 용이 오르려면 물이 있어야 한다 하여 이 보를 막았다 함.

陰城郡 金旺面

▶九溪里
閔政丞墓: 보습고지 안쪽에 있는 민정승의 무덤. 못자리가 뱀 머리 형국이라 함.
▶道晴里
쇠늇골: 되자니 서북쪽에 있는 마을. 臥牛形.
▶本垈里
매터골(鷹垈): 본리 서쪽에 있는 마을. 伏雉形.

陰城郡 大所面

▶富潤里(연골, 燕谷): 앞산이 제비처럼 생겼다 하여 붙은 지명.
▶三湖里
쇠머리(牛頭): 연호동 서남쪽에 있는 마을. 근처의 지형이 臥牛形으로 이곳은 쇠머리에 해당됨.
▶梧山里(오미)
장대섬: 장터 대소초등학교에 만들어 놓은 산. 오산리의 지형이 行舟形으로 돛대가 있어야 한다 하여 장대를 세워 둠.

陰城郡 孟洞面

▶麻山里
梅山: 밤까실 서북쪽에 있는 마을. 梅花落地形이라 함.

陰城郡 三成面

▶大也里(대실): 세숫대야처럼 생겼으므로 붙은 지명.
▶上谷里(웃골)
梅逸: 점골 동남쪽에 있는 마을. 梅花落地形이라 함.
▶龍城里
笑門穴터: 운곡서원 북쪽 산에 있는 터. 묘를 쓰면 마을의 모든 개가 짖고 소란스러워지므로 묘를 쓰지 못한다 함.

陰城郡 笙極面

▶ 舘成里
　무술(無愁里): 관촌 동남쪽에 있는 마을. 뒷산맥이 玉女舞袖形이라 하는데, 웃무술과 아랫무술로 나뉘었음.

▶ 防築里(방죽말)
　權近墓: 능안에 있는 태종 때의 학자 楊村 권근의 무덤. 권근의 무덤을 파고 있는데 어떤 道僧이 童僧을 시켜 喪主에게 물 한 바가지를 청했다. 상주들이 괴이히 여겨 도승을 붙잡아 매질을 하니 도승이 말하기를 이제 곧 壙中에서 물이 나올 것인데 기왕 나올 물 좀 주면 어떤가라고 말했다. 과연 광중에서 물이 쏟아져 나오는지라 상주는 도승을 붙잡고 사정을 했다. 어찌하면 이 물길을 돌릴 수 있겠는가. 도승은 말하기를 앞에 보이는 수리산(생극면 생리 소재. 505m) 꼭대기에 연못을 파시오. 그러면 물은 그리로 올라갈 것이오라 말하니 상주는 그리하였다. 그리하여 광중에 물이 빠진 것은 당연한 일이다. 권씨 후손들은 수리산에 올라가 그 못을 보수하면 반드시 그 해 권씨 문중에 榮華가 있다고 하여 지금도 3년에 한 번씩 수리산 연못을 판다고 한다(『음성군 트리비아』).
　權擥墓: 능안에 있는 권제의 아들 길창부원군 권람의 무덤.
　權踶墓所: 능안에 있는 태종 때 학자 권근의 아들 권제의 무덤. 그는 「龍飛御天歌」를 지었음.
　수리산(수레의산, 車衣山, 鷲山): 생극면과 감곡면, 중원군 신니면, 노은면에 걸쳐 있는 산. 679미터. 꼭대기에 못이 있는데 양촌 권근의 묘를 陵內洞에 쓸 때 광중에서 물이 나므로 이곳에 못을 파서 그 물이 그치게 한 후 묘를 썼다 함. 차곡리 수리산못 참조.

▶ 新陽里
　용허리비알: 용의 형국으로 壯士가 나리라 하여 왜인이 허리를 끊었다 함.

▶ 車谷里(수레울)
　수리산못: 수레울 남쪽 수리산 서쪽 중턱에 있는 못. 방축리에 있는 권근의 묘를 쓸 때 물이 솟아 걱정하던 중 마침 그곳을 지나던 중의 가르침으로 이곳에 못을 파니 물이 나지 않아서 무사히 장사를 지렸다 함.

陰城郡 蘇伊面

▶ 甲山里
　증탑골(定塔村): 정자촌 서남쪽에 있는 마을. 조선 초기에 탑을 세워서 동민의 평안과 안정을 빌었다 함.

陰城郡 遠南面

▶ 馬松里
오미(梧山): 염소바위 북쪽에 있는 마을. 앞산이 새우가 누운 형국이라 함.
자래바위: 오미 북쪽에 있는 바래바위 마을에 있는 바위. 모양이 자라처럼 생겼는데 옛날 어느 대사가 이 마을 부잣집에 공양을 얻으러 왔다가 주지 않으므로 도술을 부려 머리를 끊어 버린 뒤로 부자가 망하였다 함.
장수바위(將軍石): 마송리에 있는 바위. 두 개는 장군의 모양으로 되고 한 개는 표석으로 되었는데, 숙종 39년에 武官 高重明이 지방 수호의 상징으로 세 곳에 세웠다 함.

▶ 文岩里
복한(伏虎): 서당말 동북쪽에 있는 마을. 앞산이 호랑이가 엎드린 형국이라 함.

陰城郡 陰城邑

▶ 甘雨里
普賢山(聖住山): 감우리, 소여리, 동음리에 걸쳐 있는 산. 507미터. 보현산 아래에 萬人可活之地가 있다 함. 성주사가 있었음.

▶ 所餘里(소렷골)
족지골(足芝谷): 산양재 동남쪽에 있는 마을. 교동에 있는 옥녀봉에 비유하여 옥녀의 족집게에 해당한다 함.

▶ 新泉里
돌고개(石峴, 粉峙): 주막거리에서 초천리 풋내로 가는 고개. 돌이 많음. 읍내리의 음성향교 뒤에 있는 옥녀봉에 비유하여 이곳은 옥녀가 쓸 粉에 해당된다 함.
돌멩이(石明): 중리 동남쪽에 있는 마을. 교동에 있는 옥녀봉의 거울에 해당된다 함.
주주골(主主谷): 중리 동쪽에 있는 마을. 용산리의 鷄峯이 닭이 모이를 먹는 형국으로 이곳은 그 앞에 모이를 주는 형국이라 함.
品字山(亭子山): 돌멩이 뒤에 있는 산. 세 봉우리가 品 자처럼 생김. 오리정의 서쪽이 됨.

▶ 龍山里
鷄峯: 큰골 뒤에 있는 산. 닭이 모이를 주워먹는 형국이라 함.
鳳鶴山: 봉학골에 있는 산. 산형이 白鶴雙飛形이라 함.

▶ 邑內里
망재산(玉女峯): 교동 북쪽에 있는 산. 정월에 달맞이를 함. 산형이 玉女散髮形이라 함.

堤川郡 錦城面

제천군은 현재 모두 제천시로 편입되었음.
▶ 大壯里: 將軍大座穴이 있다 하여 붙은 지명.
▶ 東幕里
  玉女峯: 동막리와 제천시 강제동에 걸쳐 있는 산. 산꼭대기가 바위로 되어 있고 거기 서 있는 소나무가 玉女가 散髮한 것처럼 보인다. 가뭄이 들면 주민들은 옥녀봉 꼭대기 바위 위에 뚫어져 있는 작은 구멍에 약손가락을 넣고 비를 기다리면 소원이 이루어진다고 한다(『堤川 堤原史』).
▶ 明芝里
  멍달이(望月里): 금바우 동북쪽에 있는 마을. 玉兎望月形이라 함.
▶ 城內里
  錦繡山霧巖寺: 무암사 서남쪽 1킬로미터 지점에 큰 바위가 있어 老丈岩이라 불린다. 예로부터 절 근처 특히 입구에 승려 모양을 한 바위의 지명이 있으면 寺脈이 끊이지 않고 곡식이 넉넉하다는 얘기가 있다. 무암사의 玄武山 정상은 강인한 기상의 火山이나 入首 가까이 이르러서는 來龍이 그 기상을 누그러뜨리며 土山으로 들어왔다. 형국은 仙人讀書形.
▶ 活山里(살미)

설지른구댕이: 막골 위에 있는 골짜기. 명당혈이 있다 하여 큰 인물이 나지 못하도록 무쇠 말뚝을 박아 혈을 질렀다 함.

堤川郡 德山面

▶ 道田里
  달롱실(月弄谷, 월롱실): 어래산 밑에 있는 마을. 어래산이 玉女織錦形이며 이곳은 옥녀가 달을 희롱하는 형국이라 함.

堤川郡 白雲面

▶ 道谷里
  玉女峯: 한삼포 뒤쪽에 있는 산. 玉女散髮形이라 함.

堤川郡 鳳陽面

▶ 九鶴里
  배론(舟論)聖地: 1801년 신유박해 때 黃嗣永이 帛書를 토굴 속에서 작성한 마을. 1861년 순교당한 우리나라 두번째 신부인 崔良業의 산소가 있는 곳이기도 함. 배론에서 산을 넘어 북쪽에 있는 묘재(山尺)마을은 1866년 병인박해 때 첫 순교자인 남종삼의 출생지. 구학산, 백운산 줄기에 의하여 차단된 배 모양(舟形)의 산골 지형이면서도 산길 십리면 박달재에 닿을 수 있기 때문에 숨어 살기 적당한 지세임.
神學校터: 배론 동북쪽에 있는 한국 최초의 신학교 터.
점말(점골): 배론 동북쪽에 있는 마을. 순조 원년(1801) 辛酉邪獄 때 黃嗣永이 敎亂을 피하여 이곳에 와서 토굴 속에 숨어 살며 帛書를 만들었음.
▶馬谷里(마실): 渴馬飮水形이라 하여 붙은 지명.
▶明岩里
황가덕이(黃鷄德): 피재 동북쪽에 있는 마을. 金鷄抱卵穴이 있다 함.
▶長坪里(장뜰)
구못골(顧母洞): 고산적골 동쪽에 있는 마을. 지형이 젖먹이 송아지가 어미 소를 돌아보는 것처럼 생겼다 함.

堤川郡 松鶴面

松鶴山의 이름을 땀.
▶桃花里: 복숭아꽃이 많이 피므로 붙은 지명.
▶務道里(뭇두, 뭇도, 무도위)
서무니(薪門里): 만지실 남쪽에 있는 마을. 어귀에 길 양쪽으로 큰 돌이 문처럼 서 있었다 함.

조리재(鳥乙峙, 曺兀峙): 서무니 동쪽에서 영월군 남면 토교리로 가는 재. 조리 모양.
▶松寒里(솔안): 쇠가 났으므로 소난이 또는 솔안이라 하였음.
▶柴谷里: 나무가 많았으므로 시곡이라 하였음.
▶五味里: 五味子가 많이 났으므로 붙은 지명.
나막신골: 선바우 동쪽에 있는 마을. 나막신 모양.
▶立石里(선돌배기, 입석부곡)
곤배산: 새텃말 뒤에 있는 산. 산형이 고무래 丁 자 모양.
선돌: 입석리 서남쪽 논둑에 서 있는 돌. 높이 3.8미터.
▶長谷里: 긴 골짜기 안이 되므로 붙은 지명.
露積峯: 일골 앞에 있는 산. 봉우리가 노적가리 모양.
▶浦田里(개앗, 개밭, 開花): 개울 가에 밭이 있으므로 붙은 지명.
송장봉: 지장골 뒤쪽에 있는 산. 봉우리가 송장을 담은 널처럼 생김. 그 아래 屍藏谷(지장골)이란 마을이 있음.
점말(店村): 갈골 서남쪽에 있는 마을. 조선 말엽에 천주교 박해를 피하여 들어온 신도들이 숨어 살면서 오지 그릇을 만들었는데, 품질이 우수했다 함.

堤川郡 水山面

▶鷄卵里(가느실)

鷄卵峙(계란재): 계란마을에서 단양군 장회리로 가는 고개. 金鷄抱卵形이라 함.

▶綾江里

어름골: 한양지 위에 있는 골짜기. 여름에도 얼음이 녹지 않고 있는데 이 얼음을 먹으면 속병에 좋다 하여 유명함.

어름구멍(氷穴): 취적대 밑에 있는 굴. 해마다 삼복 더위 때 얼음이 나는데 이것을 먹으면 온갖 병이 낫는다 하여 사람들이 모여듦.

▶鋤谷里(호무실, 서곡): 호미처럼 생겼다 하여 붙은 지명.

▶水山里

마구방꼴: 칼거리에 있는 골짜기. 將軍大坐穴이 있는데 이곳은 장군의 말이 있는 말방에 해당한다 함.

칼거리: 수산 서북쪽에 있는 산. 將軍大坐穴이 있는데 이 산은 장군의 칼과 같다 함.

황소수: 수산 서쪽에 있는 골짜기. 臥牛形이라 함.

▶下川里

內梅: 하천리 남쪽 한강 옆에 있는 마을. 梅花落地穴이 있는데 그 안쪽이 된다 함.

堤川郡 堤川邑

현재 제천시내.

▶古岩里(고라미)

텃골(오양골): 벌말 동쪽에 있는 마을. 뒷산이 臥牛形이라 함.

툿고개(달봉재, 돌봉재): 무덤실과 당모루 사이에 있는 고개. 玉兎望月形이라 함.

▶頭鶴里

다리실재: 맛골 서북쪽에서 제천 시내로 가는 고개. 金鷄抱卵形이라 함.

李義士墓: 두학 동북쪽 가마골산에 있는 의병장 雲岡 李康年의 묘. 현재는 제천시 두학동으로 되어 있음.

堤川郡 寒水面

▶松界里

月岳山德周寺: 대웅전이 중앙에 있고 입구 왼편에 남근석이 서 있다. 월악산의 陰氣를 막기 위한 것이 아닌가 하는 생각이 든다. 丑坐未向, 入首는 丑龍으로 들어왔으니 陰龍이다. 투지는 辛丑이니 납음오행상 土가 된다. 未破口가 되고 축좌는 帶가 드니 포태법에 적중하고 未向은 음룡이 되니 입수룡인 축룡이 음룡인지라 정음정양법의 陽龍陽向, 陰龍陰向의 법술에 일치한다. 축좌는 정오행상으로 土가 되고 신축투지도 토가 되니 比肩이 되어 길함. 본래는 月兄山 月岳寺로 신라 진평왕 9년(586) 창건되었으나 경순왕의 첫 딸인 덕주공주가 월악산 덕주사로 개명함(임학섭).
▶黃江里: 정씨 집터는 물 마시는 말 모양이어서 자손 대대로 큰 복을 누림(김광언).

中原郡 可金面

현재 중원군은 전역이 행정 구역상 충주시로 편입되어 있음.
▶可興里(嘉陵)
미륵이: 미륵당이섬에 있는 미륵. 예전에 양성면 쪽에 있는 산이 칼처럼 뾰족하여 도둑이 많고 흔히 살인 사건이 나므로 이 기운을 누르기 위해서 미륵을 세웠다 하는데 반 동강이 났음.
▶倉洞里
渴馬: 창동리의 중심에 있는 마을. 뒷산에 渴馬飮水形의 명당이 있다 함.
▶塔坪里
中央塔: 탑들에 있는 塔坪里 9층탑. 신라 원성왕 12년(796) 건설. 유래 두 가지. 하나는 이 탑이 신라의 중앙에 위치하여 中央鎭護를 위하여 세워진 것이기에 중앙탑이란 것, 또 하나는 당시 충주에 王氣가 성했기 때문에 이

왕기를 억압하기 위해서 세운 것이라는 설. 또는 신라 선덕왕 때 隱士 金生이 盤松山에 절을 지은 뒤 이 탑을 세우고 古書籍을 감추었다 함.
▶下九岩里
무학골: 양짓골 동쪽에 있는 골짜기. 고려 말 조선 초의 고승이며 뛰어난 풍수학인이었던 무학대사가 태어났다는 전설이 있음.

中原郡 金加面

▶梅下里
梅沙: 매하리에서 으뜸가는 마을. 梅花落地形이라 함.

中原郡 老隱面

▶新孝里
보지바우: 보지바우골에 있는 바위로 여성의 음부를 닮았는데 구멍까지 뚫려 있음.
▶蓮河洞
蓮花: 입장 동남쪽에 있는 마을. 蓮花浮水穴이 있다 함.

中原郡 東良面

▶早洞(조돈)

人登山(大王山): 조동과 산척면 영덕리 경계에 있는 산. 666미터. 조동과 손동 경계에 있는 地登山(507m)과 산척면 송강리, 원월리, 석천리에 걸쳐 있는 天登山(806m) 사이가 됨. 天地人 三才가 어우러진 천하 명지로 소문 난 곳임.

▶紙洞(조이골)
　晩知: 싯결 서남쪽에 있는 마을. 아주 살기 좋은 곳으로 옛날에 土亭先生이 늦게서야(晩年에) 안 곳이라 함.

▶荷川里
　고라실(古羅谷): 하실 북쪽에 있는 골짜기. 선조 때 『토정비결』을 지은 토정 이지함이 그의 身後之地로 정했던 곳인데 그의 사돈인 黃參議에게 넘겨주었다 함. 황참의의 무덤이 있음.
　玉女峯: 하천리와 산척면 명서리에 걸쳐 있는 산. 玉女散髮形이라 함. 선조 때의 기인 토정 이지함이 살았다 함.

中原郡 山尺面

▶明西里
　방터(方垈): 점내 동쪽에 있는 마을. 산이 마을을 둘러싸고 있어서 방과 같음.

▶松江里
　갈마쟁잇들: 월현 남쪽에 있는 들. 근처에 渴馬飮水穴이 있다 함.

▶永德里
　개터: 용암에 딸린 마을. 옛날에 어떤 개가 마을 뒤에 있는 묘터를 잡았다 함.

中原郡 笙味面

▶武陵里: 임진왜란 때 진주대첩의 공신 金時敏의 묘소가 있음.
▶洗星里(새술막)
　桃花洞: 새터말 옆에 있는 마을. 근처에 桃花落地形의 명당이 있다 함.
▶龍川里
　갈마고개(渴馬峴): 용당 서남쪽에 있는 고개. 근처에 渴馬飮水形의 명당이 있다 함.

中原郡 上芼面

중원미륵사지: 11세기 초 풍수가 꽃피던 시절에 세워짐. 전설에는 마의태자가 손수 깎아 만든 것이라 히는데, 이를 뒷받침하는 사례로 미륵불이 향하고 있는 맞은편에 바로 태자의 동생인 덕주공주가 세운 덕주사와 그곳의 마애불을 들고 있다. 전형적인 天心十道穴(이에 대해서는 필자의 다른 논문이 있음).

▶中山里
　갈마고개(葛馬嶺): 중산리와 살미면의

접경에 있는 고개. 근처에 渴馬飮水形의 명당이 있다 함.
▶花泉里
아홉살이(九生洞): 은행정 서북쪽에 있는 마을. 근처에 골짜기가 아홉이나 되며 예부터 피란처가 되었음.

中原郡 蘇台面

▶九龍洞
희롱골(戱弄谷): 사이담 북동쪽, 큰 골짜기에 있는 마을. 신선이 옥녀를 희롱하는 형국이라 함.
▶五良洞(오랑골)
능말(別廟): 새터말 동쪽에 있는 마을. 광해군의 후궁 淑嬪 許氏의 묘가 있음. 숙빈의 아버지 忠正公 허잠의 별묘가 있음.
▶中靑洞
오지고개(烏頭峴): 모록바우 동남쪽에 있는 고개. 새의 목처럼 생겼으며 근처에 烏頭啄屍穴이 있다 함.

中原郡 仰城面

▶本坪里
복해골: 본평리에 있는 마을. 근처에 伏蟹形의 명당이 있다 함. 게가 엎드린 형국은 납작하여 아늑한 환경을 주민들에게 제공함.
▶永竹里
요꼴(要谷): 상영죽 동북쪽에 있는 마을. 길에서 깊숙이 들어가 막혀 있으므로 예부터 피란처가 되었다 함.

中原郡 嚴政面

▶佳春里
미레골(免禍洞): 술엣골 북쪽에 있는 마을. 예부터 피란처로 이용됨.
▶新萬里
가재터: 몰고지 남서쪽에 있는 마을. 근처에 가재혈이 있다 함.

中原郡 利柳面

▶梅峴里
梅山: 매현리에서 으뜸가는 마을. 梅花落地形의 명당이 있다 함.
▶文周里
달은터(月隱): 수주 서북쪽에 있는 마을. 이곳에 있는 청풍김씨의 묘지는 달이 구름 속에 숨은 형상이라 함.
▶本里
치명당: 독골 남쪽 산에 있는 청풍김씨 조상의 묘. 산형이 치(곡식을 까부는 키의 사투리)처럼 생겼다 함.

中原郡 周德面

▶ 三淸里

玉女峯: 삼방 옆에 있는 산. 玉女織錦形의 명당이 있다 함.

자점방죽(능말방죽): 능말에 있는 못. 김자점의 집터였는데 역적으로 몰린 후 못을 팠다 함.

鎭川郡 萬升面

▶ 內村里

근네골(근어골, 謹語): 내촌리에서 으뜸가는 마을. 지형이 금붕어가 노는 형국이라 함.

▶ 實院里

駙馬墓: 안말 남쪽에 있는 선조의 넷째 딸 정인옹주와 그 남편 唐原尉 洪友敬의 무덤.

鎭川郡 文白面

▶ 溪山里

國仕庵: 산직말 서쪽 국사봉에 있는 절. 국사당과 관련된 것으로 여겨짐.

왕재봉: 장군봉 서쪽에 있는 산. 장군이 왕을 모시고 있는 형국.

長劍터: 산직말 남쪽에 있는 골짜기. 장검 모양.

將軍峯(노루봉): 산직말 북쪽에 있는 산. 산형이 장군이 버티고 앉은 형국, 혹은 노루가 뛰는 형국.

中軍峯: 왕재봉과 투구봉 사이에 있는 산.

투구봉: 왕재봉 동쪽에 있는 산. 산형이 투구 모양.

함득재: 흐내기(흐락기, 洛溪) 서북쪽에 있는 산. 옛날에 어느 장군이 이곳에서 함을 얻었다 함.

▶ 九谷里(굴티)

농다리(籠橋): 선바위 앞 미호천에 있는 다리. 돌과 자갈을 섞어서 둘레 2.5, 높이 2미터 가량 되게 쌓아 올려 징검다리로 놓았는데, 아무리 큰물이 나도 무너지지 않는 것이 특징. 예전에 임 장군이 놓았다 함. 최근의 연구로는 고려 고종 때 축조된 것이며 따라서 동양에서 가장 오래된 긴 다리라 함. 지방 문화재로 지정된 이후 마을 사람들이 직접 보수하는 것이 금지되고 관청에서 직접 중장비를 동원하여 보수 공사를 한 이후 다리가 심하게 파괴되었음. 그래서 1996년부터 다시 마을 사람들이 스스로 보수를 하고 제사를 모시고 있음.

선바위: 굴티 앞에 서 있는 바위. 예전에 굴티에서 임 장군 남매가 하루아침에 미호천에 다리를 놓기로 내기를 했

다. 임 장군은 돌을 모아 놓기로 하고 누이는 긴 바위 한 개로 걸쳐 놓기로 작정을 했다. 누이는 여러 곳을 다니다 이 바위를 구해 가지고 와서 보니 임 장군이 벌써 다리를 다 놓았으므로 화가 나서 바위를 이곳에다 던졌다 함.
避署臺: 내구 동남쪽에 있는 바위. 높고 편편하며 서늘한 기운이 있어서 여름철이면 피서객이 모여듦.

▶臺洛里
飛龍山: 다랭이 동남쪽에 있는 산. 용이 나는 형국.
용난골: 한티골 북쪽에 있는 골짜기. 옛날 이곳에서 용이 났다 함.

▶道下里
봉서대(鳳巢臺): 도하리에 있는 산. 옛날 봉황이 깃들었다 하는데 숲이 울창하고 산세가 아름다움.
대궐골: 양지말 북쪽에 있는 골짜기. 왜 대궐일까 하는 의문이 드나 확인이 되지 않았음.

▶鳳竹里
갈마지(石洑): 봉죽리 남쪽에 있는 마을로 渴馬飮水穴이 있다 함. 석보 밑이 됨.
松江墓: 은골(魚隱, 봉암 서북쪽에 있는 마을)에 있는 선조 때 정치가이며 시인인 유명한 송강 정철의 묘.
松江詩碑: 송강묘 청룡 등성이에 있는

비. 1968년 국어교육학회에서 세움.
松江神道碑: 송강묘 앞에 있는 신도비. 비문은 尤菴 宋時烈이 지음.

▶思陽里
소가리(牛耕村): 사양리 동북쪽에 있는 마을. 소가 밭을 가는 형국.
치알봉: 그럭재 북쪽에 있는 산. 산형이 遮日을 친 것 같다 함.
행상골: 중리 서쪽에 있는 골짜기. 곳집(상여집)이 있음.

鎭川郡 栢谷面

▶葛月里(갈대밭, 갈울)
이씨집: 金盤形의 명당 터라 함(김광언).

鎭川郡 梨月面

▶沙谷里
六判山: 사곡리에 있는 산. 판서 여섯이 날 명당이 있다 함.

鎭川郡 鎭川邑

▶文鳳里
文翰山(文案山, 露積峯, 官廳山): 문봉리, 사석리, 행정리 경계에 있는 산. 415미터. 산 모양이 紗帽 형상으로 되어서 이 산이 보이는 곳마다 文章과 才士가 많이 난다 함. 노적가리처럼 생겼고 진천읍의 주산이 됨.

▶ 上桂里

桂良里(지량이): 먹수 북쪽에 있는 마을. 김유신 장군의 출생지라 함.

鎭川郡 草坪面

▶ 琴谷里

琴閑이마을: 대바위 서남쪽에 있는 마을. 대바위 서쪽에 三峰山이 있음. 右白虎는 金龜沒泥形. 主山은 渴馬飮水形. 朝山은 중첩한 巨山, 高山. 산이 복잡하다. 따라서 잔시름 많겠음. 주산에 대형 산소 수십 기. 얌전히 물 마시고 있는 말 잔등에 혈을 뚫었으니 말이 지랄을 할 수밖에 없다고 볼 수도 있음. 주민 중에 난폭한 성격의 사람이 나타날 가능성이 있다고 말하는 지관도 있으나 그것은 雜術法일 뿐이며 掛念할 일은 아니라고 여겨짐. 元基는 고운 선비 타입. 마을 前景에서 보이는 산소들을 없애거나 가리는 것이 좋다. 石物도 不可함. 그것이 안 되면 裨補策으로 폭 5미터 정도의 숲을 조성하는 것이 좋겠음.

▶ 蓮潭里

새터말(蓮花洞): 반여울 동북쪽에 있는 마을. 蓮花浮水形이라 함.

제비명당: 진터골 서북쪽에 있는 골짜기. 제비 형국의 명당이 있다 함.

▶ 龍亭里

산소안: 영정리에 있는 산. 鷄林府院君 益齋 李齊賢의 산소가 있음.

嚴在永씨집: 龜尾形의 명당 터라 함 (김광언, 村山).

淸原郡 加德面

▶ 桂山里

皮盤嶺: 가정절이 동북쪽에 있는 고개. 중국의 이여송이 이 부근의 산세가 너무나 훌륭하여 이곳에서 큰 인물이 태어날까 봐 고개의 혈을 끊었는데 그때 피가 나왔다 함.

▶ 首谷里(머리울)

부숫골(富壽洞): 머리울 서북쪽에 있는 마을. 蓮花浮水形이라 함.

淸原郡 江內面

▶ 猪山里

帛千洞: 저산 동쪽에 있는 마을. 선조 때 명나라 지사 杜師聰이 와서 〈이곳에 飛鳳歸巢形의 천하 대지가 있으니 비단 천 동을 주면 가르쳐 주겠소〉 하였다 함.

▶鶴天里: 飛鶴上天形의 명당이 있다 하여 붙은 지명.

清原郡 江西面

▶守儀里
가푸실: 강촌 뒤에 있는 골짜기. 泉谷 宋象賢의 묘가 있음.
九龍山: 도장골 뒤쪽에 있는 산. 산형이 九龍爭珠形이라 함.

清原郡 南二面

▶九岩里
부숫골(浮水洞): 구암 북쪽에 있는 마을. 뒷산에 蓮花浮水穴이 있다 함.

清原郡 南一面

▶駕山里(멍에미, 머미): 산이 멍에처럼 생겼으므로 붙은 지명.
太尉公墓: 청원군 남일면 駕山里 청주한씨 중시조 韓蘭의 묘. 가산리는 이곳 말로 머미. 소나 말에 씌우는 멍에 모양의 산이 많다는 뜻. 속리산에서 뻗어 온 산맥이 國師峰에서 그 기를 응축시켰다. 이곳에서 북쪽으로 낙차가 크게 떨어졌다가 다시 솟아나 꽃잎처럼 산봉우리를 잇대어 一字形의 정상을 만들었다(金水雙腦 天財星). 여기서 젖꼭지 같은 혈의 자취를 만드니 그 맥이 오는 방향은 坤方이고 혈로 들어오는 맥은 乾入首, 향은 곧 乾坐다. 이는 주역의 곤과 건이 서로 만나는 괘라 하겠다.
묘역을 감싸 주는 습기를 살펴보면 坤得辰破이다. 파방에는 용과 뱀의 형상을 띤 언덕들이 가로막아 물의 흐름을 더디게 하니 습기의 적절한 보존에 크게 도움이 된다. 혈을 감싸고 있는 주위 산들을 살펴보면 가까이 坤方의 국사봉은 貪狼星(둥근 붓끝 모양의 산)을 이뤄 仙人의 형세가 분명하고 그 옆 未方의 아미산은 아름다운 여성을 뜻한다.
조산과 안산은 이른바 문무백관이 笏을 들고 조회에 나와 서 있는 듯 벌려 있고 혈을 감싸는 가까운 곳의 산세는 마치 城을 벌여 놓은 것과 같다. 전체적인 형국을 얼핏 보면 마치 난초나 봉황이 나는 모습이다. 좀더 깊이 들여다보면 준마에 안장을 얹은 驊騮乘鐙形이 분명하다(최영주).

▶方西里
方井터: 대머리(竹村)에 있는 큰 우물터. 우물을 네모지게 짰는데 물이 많이 나서 큰 가뭄에도 줄지 않았음. 고려 태조가 견훤을 칠 때 韓蘭이 영접

하여 십만 대군을 먹였으나 물이 마르지 않았다 함.
- 銀杏里(으능징이)
삼정새: 농골 북쪽에 있는 골짜기. 삼정승이 날 명당이 있다 함.

清原郡 琅城面

- 官井里
보지바위: 먹고개 남쪽 밑에 있는 바위. 생김새가 보지 같다 함.
- 歸來里(곧으미, 고디미)
丹齋墓: 귀래리에 있는 단재 申采浩의 묘.

清原郡 文義面

- 九龍里
오룡골: 오룡동 서쪽에 있는 골짜기. 五龍爭珠形이라 함.
五龍洞: 하구 서북쪽에 있는 마을. 다섯 용이 여의주 한 개를 서로 다투는 형국이라 함.
- 德留里(덕울, 덕우리): 언덕이 울로 되었으므로 붙은 지명.
홍고개(赤峴): 배같덕유에서 두모리로 가는 고개. 조선 중엽에 중국의 지리학자가 이 산을 그냥 두면 명장이 생긴다 하여 칼로 산을 친 결과 붉은 피가 흘렀다 함.

- 桃源里
매화봉: 어은 동북쪽에 있는 산. 梅花落地形이라 함.
漁隱: 목골 동쪽에 있는 마을. 船舟形이라 함.
- 斗毛里(두무실)
富壽(부수골): 두무실 동북쪽에 있는 마을. 蓮花浮水形이라 함.
- 薪垈里
將軍峯: 턱골 동북쪽에 있는 산. 將軍大座形의 명당이 있다 함.
- 品谷里(품실, 빔실): 지형이 아늑하여 사람의 품처럼 생겼으므로 붙은 지명.

清原郡 米院面

- 桂院里
金豚山: 계원리와 기암리 경계에 있는 산. 369미터. 최치원이 이곳에서 났다 함.
- 基岩里
안골(내곡, 螢谷): 반드실 안쪽에 있는 마을. 뒷산이 개똥불(반딧불) 형국이라 함.
- 雙耳里
아가리없는골: 쌀매골 서남쪽에 있는 골짜기. 입구가 막히어 골 안이 보이지 않음.

▶ 月龍里
　가는골(개눈골, 龍岩): 월룡리 동북쪽에 있는 마을. 뒷산 모양이 누워 있는 개 형국(伏狗穴)이라 함.

▶ 鍾岩里(북바위)
　무주리(舞笑里, 聖花, 승화): 북바위 동남쪽에 있는 마을. 뒷산형이 선인이 춤추는 형상(仙人舞袖形)이라 함.

淸原郡 芙蓉面

▶ 芙江里
　五垈: 남성골 서쪽에 있는 마을. 옛날에 좋은 집터 다섯 군데가 있었다 함.

淸原郡 北二面

▶ 大栗里(대배미, 대야미)
　崔遲川墓: 대율리에 있는 지천 崔鳴吉의 묘. 최명길은 병자호란 때의 主和派로 청나라에 대한 항복 문서를 작성했으며 다음해 영의정을 지냈음.

▶ 玉水里
　떼주막: 만술 서북쪽에 새로 된 마을. 온 마을이 술 장사를 하였다 함.

▶ 土城里
　쥐꼬리명당: 옥계 서쪽에 있는 산. 전에 徐氏(徐는 鼠와 발음이 같음)가 묘를 쓴 후 후손이 번창하였다 함.

▶ 花下里
　造山말: 방죽말 동남쪽에 있는 마을. 옛날에 마을 뒤쪽이 虛缺하여 뒷산을 인공으로 쌓았다 함.

淸原郡 北一面

▶ 馬山里
　끄시럼터: 마산리에서 으뜸가는 마을. 전에 이 마을에 불이 잘 났다 함.

淸原郡 梧倉面

▶ 佳佐里(가재울)
　飛龍山: 산형이 飛龍昇天形이라 함.

▶ 農所里
　공알바위: 모양이 공알(음핵)처럼 생김.
　飛龍山(삼신산): 산형이 飛龍昇天形이라 함.

▶ 栢峴里
　泰宇墓: 번골 북쪽 王子峯(160m) 밑에 있는 태우 柳活의 묘. 蓮花浮水形이라 함.
　海珠못: 태우묘 앞에 있는 못. 이 못이 메워지면 태우묘의 자손이 침체해지고 못이 다시 파이면 그 자손이 다시 번성한다 하는데 과연 1906년 큰장마에 못이 메워지더니 3·1 운동 때 그 자손 柳寬順烈士의 일로 인하여 그 집안이 모두 패망하게 되었으며, 해방 후에 다시 못이 되었음.

淸原郡 玉山面

▶國仕里

姜邯瓚將軍墓: 구암 뒤에 있는 강감찬 장군의 묘. 근년에 그의 29대 후손 祐根 형제가 발견하였음.

▶新村里

군줄(君住里): 끝새말 서북쪽에 있는 마을. 고려 때 天水君開國侯 강감찬 장군이 살았다 함.

淸原郡 賢都面

▶老山里(노루미)

용뱅이(龍防里, 龍湖里): 동촌 남쪽에 있는 마을. 용 모양의 산이 마을을 제방처럼 둘러싸고 있음.

용저리(龍井里): 용뱅이 서쪽에 있는 마을. 용체와 같은 산이 강을 둘러싸고 있는데 앞에 금강이 흐르므로 용이 머물러 물을 먹는 형국이라 함.

▶達溪里: 金鷄抱卵形의 명당이 있다 하여 붙은 지명.

金鷄抱卵形: 솔골에 있는 寶城吳氏의 묘.

▶柿木里

황새울(黃鳥洞): 감나무골 북쪽에 있는 마을. 뒷산형이 黃鳥抱卵形이라 함.

▶友鹿里

매채울(梅洞): 갈골 서쪽에 있는 마을. 뒤에 梅花落地形의 묘가 있음.

▶中尺里

호링개(呼龍浦): 중골 동북쪽에 있는 마을. 뒤에 伏虎形의 산이 있음.

淸州市

九龍峯: 개신동, 산남동, 산북동에 걸쳐 있는 산. 163미터. 구렁이가 하늘로 올라가는 형국이라 함.

壯岩山(唐離散, 大母山, 母岩山, 臥牛山): 명암동, 우암동, 대성동에 걸쳐 있는 산. 349미터. 청주시의 鎭山이 되며 위에 옛 성터가 있음.

南門路1街: 州城內에 있는 龍頭寺 터에 높이 10척의 銅幢이 있는데, 이는 고려 태조가 州를 설치할 때 풍수사의 말을 들어 동장을 세워 行舟임을 나타냈다는 전설이『동국여지승람』에 전한다. 청주성을 배로 보고 이 鐵幢을 돛대로 본 것임(村山).

玉女峯: 신봉동에 있는 산. 산형이 玉女散髮形이라 함.

북숲: 운천동 미륵(용화사터) 북쪽에 있는 숲. 청주의 지형이 북쪽이 虛하

므로 이곳에 숲을 길러서 수백 년 된 나무가 오리에 뻗혀 있음.
수안들: 산정말 안쪽에 있는 마을. 전에 북숲이 있었음.

忠州市

鷄鳴山(鷄足山, 客望山): 충주시의 鎭山은 鷄鳴山이다. 775미터. 안림리와 용담리, 종민동 사이에 있는 산. 이 산에 있는 지네 때문에 주민들이 많은 해를 입어 골머리를 앓고 있을 때 어떤 도사가 지네는 닭과 앙숙이니 산 이름을 鷄足山으로 바꾸라 하여 그대로 따랐는데 과연 지네가 없어졌다. 그러나 충주시에서 큰 부자나 인물이 나지 않는 것은 닭이 땅을 파헤치듯이 충주의 정기를 흩어 놓기 때문이라는 여론이 높아지자 시의회에서 예전 이름으로 바꿀 것을 의결, 다시 계명산이 되었다(김광언).
공알바우: 계명산에 있는 바위. 모양이 여자의 생식기처럼 생겼다 함.
造山터: 연수동 조산바께에 있는 터. 옛날에 조산이 있었는데, 해방 후 숲이 없어지고 지금은 밭이 됨.
광부처거리(狂佛巨里): 지금의 사범학교 운동장 동북쪽, 염바다들 서쪽에 있는 터. 전에 鐵佛이 서쪽을 향하여 앉아 있었는데 성남동 마하사 앞 들로 옮겼음. 이 부처를 옮긴 후로 충주에 미친 사람이 많이 생겼다는 일설이 있음.

忠淸南道篇

公州市

공주는 예로부터 行舟形으로 알려져 있다. 그 부근에는 舟尾山, 艇止山, 沙工巖 등이 있다(『동국여지승람』, 村山).

전의이씨 시조 李棹의 묘: 이도는 공주의 뱃사공으로 많은 善業을 닦았다. 고려 태조에 봉공하여 공신이 되고 태사에 오른 인물임. 못자리는 승려가 잡아 줌. 공주대교 건너편 금강 홍수통제소 옆의 〈李太師先山〉이 그곳임. 주산에서 卯向으로 혈이 들어와 묘의 앞은 艮坐坤向으로 잡았다. 주산은 木形山으로 귀인을 뜻하는데 형국은 貴人長臥이고 혈은 바로 귀인의 명치 끝에 해당한다. 수산은 속리산에서 천안 왕자산을 거쳐 차령고개를 넘어 南下해 왔고 안산과 조산은 마이산에서 대둔산을 거쳐 북으로 올라온 계룡산과 그 낙맥들이 맡고 있다. 남과 북에서 내려오고 올라가는 산들이 금강을 사이에 두고 마주 보고 있으며 물은 금강이 丙午得申破한다. 안산에 옥녀봉, 선인봉이 重重하고 물 빠져 나가는 수구에는 해와 달을 뜻하는 산과 말 모습의 산들이 물의 흐름을 막고 있으니 가히 한 종족을 일으킬 만한 명당이다(최영주).

▶**金鶴洞**(사기막골, 지막골)
화선다리(下船다리): 지막골 북서쪽에 있는 마을. 鷄龍都邑이 되면 무너미가 터져서 이곳까지 물이 들어와 배를 대게 된다 함.

▶**熊津洞**(고마나루, 곰나루, 龍塘)
文筆峰(西穴峰): 쇳골 뒤에 있는 산. 봉우리가 붓처럼 빼어났는데, 서쪽에 굴이 있고, 그 밑에 서혈사가 있었음.

公州郡 鷄龍面

현재 공주군은 모두 공주시가 되었음.

▶**鷄龍山**: 금남정맥의 끝자락. 山太極의 모양. 금강에 의하여 水太極까지 이룸. 정상 天皇峯은 계룡대가 있는 신도안의 주산으로 산세가 단정하고 웅장하며 삼각형으로 생겨 紫氣星이라 함. 신도안 한가운데 있는 아담하고 야트막한 산봉우리인 中峯은 천황이 쓰는 책상으로 御臺

라 부름. 중봉 앞에는 작은 들판이 펼쳐졌고 그 건너편에는 야트막하고 부드러운 산봉우리들이 겹겹인데 이는 신도안의 案山으로 群仙案이라 부름. 그래서 신도안은 上帝奉朝形. 대둔산은 朝山이자 금남정맥이 대둔산에 들어오기 전에 빚어 놓은 祖山이기도 하다. 따라서 回龍顧祖形이다. 대둔산의 형상은 한 덩이 커다란 뭉게구름으로 신도안의 群仙이 타고 다니는 구름. 新元寺는 仙人峯과 童子峯이 서로 마주 보는 사이므로 仙人端坐形. 본래 神元寺였으나 고종이 황제에 등극하며 新元으로 고침. 신원사 산내 암자 중에 騰雲庵이 있다. 連天峯 꼭대기에 위치. 천황봉이 연천봉의 조산이므로 등운암은 回龍顧祖形. 등운암 터는 雲中仙坐形도 된다. 신라 때 등운대사가 창건. 조선조 때는 鄭壓寺로 불린 적도 있음.『정감록』의 정도령 출현을 막기 위한 寺名 裨補의 일종. 남매탑의 주산은 鶴 형상이고 앞쪽 산줄기는 구름이다. 그래서 飛鶴登空形. 동학사의 주산은 삼불봉. 이것도 학처럼 생겼다. 동학사 맞은편 앞쪽에는 둥그런 봉우리가 불쑥 솟아 있다. 알 형상이다. 그래서 이곳은 飛鶴抱卵形. 동학사 선원은 鏡虛스님이 움막을 짓고 수행하던 자리. 이곳이 동학사 계곡에서 가장 명당. 강원 자리가 학이 알을 품는 자리라면 선원 자리는 알에서 깨어난 학

이 자라는 자리. 동학사 북쪽에는 계룡산에서 가장 한적한 상신계곡이 있다. 선도수련 단체인 연정원을 창시한 봉우 권태훈 옹이 수행하던 곳. 상신의 형국은 九龍爭珠形. 상신마을 한가운데 동그란 봉우리가 있는데 이것이 여의주. 원래는 구룡사의 옛터임(류인학).

공주 갑부 金甲淳 부친 묘: 갑사 입구 중장리마을에서 계룡면 구왕리로 통하는 장하고개를 넘어서면 오른쪽으로 수도암이라는 절이 있고 그 위에 묘가 있다. 묘비는 〈증통정대부김해김공지묘〉. 뒷면에 갑순이 세웠다는 기록. 계룡산이 북진하여 수정봉을 만들고 여기서 西로 공주를 만들어 들어가는 맥 중 하나가 이 혈을 만들었다. 太陰金星(반달형의 산)에서 가파르게 떨어져 볼록한 부분에 혈을 맺으니 산이 오는 방향이나 좌가 같은 동남방(巽入首巽坐)이다. 안산이 아주 가깝게 文星을 이뤘고, 백호가 뻗어 가 水口를 막았다. 酉得子破. 金鷄抱卵形. 혈은 바로 알 자리에 해당.

다만 닭이 알을 품고 있는 묘 앞에 마치 뱀이 기어 오듯 큰길이 난 점은 결점이다. 또 그 길은 물(재산)의 흐름을 막고 있는 子方에서 터지고 있는데 이는 金龍이 水를 만나 죽는 방위에 해당. 안산이 혈을 향해 포옹하지 않고

누워서 내달리니 다른 사람을 믿지 못한다. 주산과 조안은 주인과 손님 관계이자 대인 관계인데 앞의 산이 山脚을 보이면서 다른 방향으로 내달리니 이는 주인을 위한 산이 아니다. 이 묘는 지나가는 나그네가 주막에 들러 술 한잔 먹고 가는 그런 곳이다. 이를 일러 暫福穴이라 한다. 김갑순은 일제 말 도로가 나면서 가세가 기울기 시작하여 토지 개혁과 함께 몰락하였다. 후손도 믿지 못해 유언도 없었고 지금 후손들의 자취도 없다고 함(최영주).

계룡산 신도안: 터가 너무 세어서 군대가 먼저 들어가 지신을 밟아 놓은 뒤에 다른 중요한 기관이 들어가는 것이 순서라고 생각한다는 주장을 펴는 사람도 있음(손석우).

▶敬天里

臥牛山: 경천 뒤에 있는 산. 소가 누워 있는 형국.

▶九旺里(구렁말, 九龍村): 구렁이처럼 생겨서 붙은 지명.

興龍골: 아래청소 서쪽에 있는 마을. 馬化爲龍形의 대지가 있다 함.

▶錦帶里(금띠, 新垈): 錦盤形(金盤形일 수도 있음)의 명당이 있는 곳에 새로 이룩된 마을이라 하여 금띠 혹은 신대.

금반형벌: 금띠 뒤에 있는 둔덕. 금반형의 명당이었다 함.

황새울(大鳥里): 금띠 동북쪽 들 건너 큰 골짜기에 있는 마을. 金鷄抱卵形의 명당이 있다 함.

▶箕山里

늘티(板峙, 무너미고개): 원골 남쪽에 있는 고개. 공주에서 전북으로 통하는 큰 고개인데, 鷄龍都邑이 되면 금강 물이 이 고개를 넘어서 논산군 노성면의 草浦를 지나 논산천과 합하여 江景浦로 들어가서 '초포에 배가 다니게 된다 함.

鳳谷(부엉골): 소정이 남서쪽에 있는 마을. 뒷산에 부엉이가 살고 있다 하며, 또는 鳳凰抱卵形이라 함.

▶乃興里

巢龍洞(소룡골): 내흥리에서 가장 큰 마을. 馬化爲龍形의 대지가 있다 하며 왕흥초등학교가 반송에 있다가 이곳으로 옮겨 왔음.

▶陽化里

陵山: 송현 북쪽에 있는 산. 鷄龍都邑이 되면 첫 왕의 능터가 된다 함.

中嶽壇(鷄龍山祠, 鷄龍壇): 신원사 동북쪽 신원사 부속 건물로 계룡산에 제사 지내는 사당. 신라 때에는 계룡산을 五岳 가운데 中岳이라 하여 이곳에 中祀禮로 제사를 지내고 조선에서는 춘추로 제사를 지내 오다가 이제는 스님들이 香奠을 올릴 뿐이며 집은 문화재로 지정되었음. 일설에는 본래 西嶽이었으나 고종이 이 산을 총애하여 중악으로 고치고 우리나라 최대의 山神閣을 지은 것이라 함. 참고로 上嶽壇은 묘향산, 下嶽壇은 지리산에 있다.

▶ 中壯里

甲寺(岬寺): 계룡산 연천봉 북쪽 골짜기에 있는 절로 백제 구미신왕 원년 (420) 고구려에서 온 아도화상이 창건. 아도가 이 부근을 지나다가 밝은 빛을 보고 眞身舍利를 찾아 신흥암을 지었고 부처님 사리가 모셔졌다는 바위는 천진보탑이라 부름. 1966년 초여름 밤에도 대낮 같은 밝은 빛이 비쳤다 함. 갑사 들어가는 길목인 공주시 계룡면 면소재지 부근에 무너미란 지명이 있다. 〈무너미로 물이 넘어가고 鷄龍山 돌이 하얘지며 논산의 草浦에 물이 깊어져 다시 배가 다닌다. 그 뒤 救世聖人께서 계룡산으로 오시어 태평성대를 여신다〉는 예언이 떠돎. 이 예언이 들어맞고 있다고 믿는 주민도 있음. 1970년대 농업 용수 때문에 계룡 저수지의 물을 무너미로 넘김. 1980년대 이후 계룡산 돌들이 거의 하얗게 변함. 금강 하구언 때문에 초포의 물이 깊어져 작은 거룻배들이 다닐 수 있음. 갑사의 案山은 勝華山인데 仙人形. 뒤에는 네 개의 文筆峯. 문필봉 네 봉우리와 그 옆의 望臺峯, 連天峯을 합쳐 놓고 보면 仙橋의 형상이 된다. 人子須知에 의하면 선교에 서린 선계의 기운을 받은 사람이 선인이 된다고 함. 갑사 터의 형국은 龍形, 金鷄形, 紫微垣局 등 異說이 분분함. 자미원이란 북두칠성 옆에 자리한 三台星. 자미원은 天帝의 寢宮. 갑사의 주산은 수정봉 옆에 솟아오른 봉우리인데 동그랗게 생긴 세 봉우리가 나란히 서 있다. 그래서 틀림없는 삼태성(자미원)이라 주장하는 사람이 있다. 게다가 그것은 봉우리 세 개가 나란히 서 있는 華盖三台이다(류인학).

배살미(舟山里): 삼거리 서쪽에 있는 마을. 배의 형국이라 함.

公州郡 反浦面

▶ 道南月(나몰, 木洞): 도남리에서 으뜸 가는 마을. 뒤에는 木星의 산이 둘러 있고 앞에는 금강이 가로 흐르는데, 洞口에는 나무가 많음.

▶ 溫泉里

玉女峰: 동학사 입구인 박정자 삼거리 뒤에 있는 산. 봉우리가 수려하며 玉女散髮形의 명당이 있다 함.

▶ 圓峯里

배골(舟谷): 행정 남쪽에 있는 마을.

지형이 배와 같다 하며, 지금도 우물을 파지 않고 흐르는 냇물을 식수로 씀.
五龍골: 원봉 남쪽에 있는 마을. 五龍爭珠形의 명당이 있다 함.

▶ **鶴峯里**

東鶴寺(上願寺): 학바위 서쪽 계룡산 밑에 있는 절. 三佛峯(775.1m)이 주산. 子坐午向.

東屹이(東月, 東屹里): 민목재 남동쪽에 있는 마을. 지형이 동이와 같음.

公州郡 寺谷面

▶ **佳橋里**

울바위(鳴岩): 춤다리 앞 남쪽 길가에 있는 큰 바위. 선덕여왕 때 자장율사가 절터를 찾아 이곳까지 와 본즉, 산천됨이 하도 허무하므로 이 바위에 올라앉아 울다가 다시 생각하고 서쪽 산에 올라가서 마곡사 터를 잡았다고 함.

춤달(舞山): 춤다리 뒤에 있는 산. 421미터. 선덕여왕 때 자장율사가 북쪽에 큰 절터가 있음을 보고 크게 기뻐하여 춤을 추고 마곡사를 지었다 함.

▶ **雲岩里**

麻谷寺: 운정리 서쪽 산과 물이 감돌아 있는 그 가운데 있는 절. 신라 선덕여왕 12년(643) 자장율사가 창건. 蓮花浮水形.

雲亭(구름재뜸): 마곡사 동쪽에 있는 마을. 구름재 밑이 되는데 雲中半月形의 명당이 있다 함. 마곡초등학교가 있음.

▶ **海月里**(회여울): 유구천이 마을 앞에서 휘어 돌아갔으므로 붙은 지명.

▶ **虎溪里**

菱溪: 범재 북쪽에 있는 마을. 사곡면의 지역이 이곳에 이르러 비로소 들이 열리고, 寺谷川(麻谷川)과 유구천이 합하여 지형이 마름과 같이 되었는데, 『정감록』에 〈維鳩, 麻谷 사이에 수만 인이 살 수 있다(維麻兩水之間可活萬人)〉하여 유명하며, 현재 호계초등학교가 있음.

범재(虎峴): 호계리에서 가장 큰 마을. 伏虎形의 명당이 있다 하며, 면소재지.

▶ **花月里**

鷄峯: 약산 북쪽에 있는 산. 250미터. 닭 모양이며, 金鷄抱卵形의 명당이 있다 함.

구수리: 화겟들 남동쪽 골짜기에 있는 마을. 지형이 구수(구유)와 같으며, 渴馬飮水形의 명당이 있다 함.

明堂골: 월은동 남서쪽에 있는 마을. 이곳에 臥牛形, 長蛇逐蛙形, 鼈頭形, 金烏琢屍形의 여러 명당이 있다 함 (제1권 2장 참조).

▶ **會鶴里**

말구리(馬口里): 송회동 동북쪽에 있는 마을. 지형이 말의 아가리와 같다 하며, 渴馬飮水形이라고도 함.

公州郡 新豊面

▶ 大龍里
무루실(武陵谷): 대랑터 남동쪽 골짜기에 있는 마을. 명덕봉 아래 북쪽 골짜기가 되는데 아늑하고 그윽하여 중국의 무릉도원과 같다 함.

▶ 山亭里
심방울(尋芳里): 산성미 서쪽 골짜기에 있는 마을. 花心穴이 있다 함.

▶ 雙大里
토끼울(兎洞): 왕대 남쪽 골짜기에 있는 마을. 전에 토끼가 많이 살았다 하며, 玉兎望月形의 명당이 있다 함.

公州郡 牛城面

▶ 木泉里
구루미(雲山): 서산 남쪽에 있는 마을. 雲中半月形의 명당이 있다 함.

▶ 方興里
매당이(梅堂): 구레말 남서쪽에 있는 마을. 梅花落地形의 명당이 있다 함.
먹방이(墨防里): 내창 서남쪽 골짜기에 있는 마을. 仙人讀書形의 명당이 있다 함.

▶ 寶興里
수릇골(水玉洞, 新興): 양지말 남쪽에 있는 마을. 玉女織錦形의 명당이 있다 하며, 金鑛이 있어서 새로 마을이 이룩되었다 하여 신흥이라고도 함.

▶ 安陽里
獨安(도가니): 고양골 북쪽 골짜기에 있는 마을. 도가니같이 생겼으며, 仙人讀書形의 명당이 있다 함.

▶ 龍鳳里
범덕골(虎德洞): 갓바위 동북쪽 골짜기에 있는 마을. 伏虎形의 명당이 있다 함.

▶ 月尾里
안터(仙舞洞): 위미산 서북쪽 안에 있는 마을. 仙人舞袖形의 명당이 있다 함.

公州郡 儀堂面

▶ 道新里
통미(도리미, 道山): 도리미 앞에 있는 외딴 산. 들 가운데 동그란 산 셋이 있는데, 한가운데 것은 인조 때 예조판서 雪峯 姜栢年이 산소를 쓴 후, 삼태성의 모양을 이루기 위하여 흙을 쌓아서 만들었다고 함.

公州郡 利仁面

▶ 五龍里: 五龍爭珠形의 명당이 있다 하여 붙은 지명.
▶ 朱峯里
　막골(매동): 용호동 북동쪽 골짜기에 있는 마을. 梅花落地形의 명당이 있다 함.

公州郡 長岐面

▶ 錦岩里
　소진골(牛鎭): 창암 북쪽에 있는 마을. 臥牛形의 명당이 있다 함.
　초치미: 송심 뒤에 있는 산. 306미터. 臥牛形의 명당이 있다 함.
▶ 大橋里
　金宗瑞山所: 대장골에 있는 세종 때 육진을 개척하고 세종의 遺命으로 단종을 지키다가 세조에 의하여 피살당한 충신 김종서의 산소.
▶ 武陵里: 백제 왕릉인 武陵이 있으므로 붙은 지명.
▶ 新官里
　李山(베루산): 매산 동쪽에 있는 산. 금강 가가 되는데, 전의이씨의 시조 산소가 있음.

公州郡 正安面

▶ 高聖里
　질울(陶谷): 고잿골 서쪽에 있는 마을. 전에 질그릇점이 있었으며, 雲中半月形의 명당이 있다 함.
▶ 大山里
　오지울(仙遊洞): 곳집말 서남쪽에 있는 마을. 예전에 오지 그릇을 만들던 옹기점이 있었으며, 五仙圍碁形의 명당이 있다 함.
▶ 月山里
　워라니(月隱里): 월산리에서 가장 큰 마을. 雲中半月形의 명당이 있다 함.

公州郡 灘川面

▶ 加尺里(가재울, 가자울)
　숯고개(炭峴): 가척리에 있는 고개. 백제 의자왕 때 충신 成忠이 왕에게 諫하다가 옥에 갇혀 죽게 되었는데, 글월을 올려 이르기를 〈시세를 살펴보매 반드시 난리가 날 것이오니 다른 나라 군대가 침입하거든 육군은 탄현을 지나지 못하게 하고 水軍은 伎伐浦에 들어오지 못하도록 하소서〉 하였으나 왕이 깨닫지 못하고 한만히 있다가 나당 연합군이 탄현과 白江을 침입하여 궁성에 가까이 이르매 그제야 성충의 말을 듣지 아니함을 한탄하였음.

▶ 大鶴里

玉女峰: 합천 남쪽에 있는 산. 봉우리가 단정한데 玉女彈琴形의 명당이 있다 함.

合川(鶴川): 대학동 동쪽에 있는 마을. 두 내가 마을 앞에서 합하며, 또는 뒷산에 駕鶴朝天形의 명당이 있다 함.

▶ 盤松里

仙人峯: 선인동 뒤에 있는 산. 봉우리가 매우 수려한데, 仙人讀書形의 명당이 있다 함.

▶ 伏龍里

雙溪: 복룡 서쪽 골짜기에 있는 마을. 金鷄抱卵形의 명당이 있다 함.

▶ 聖里

鳴幕골: 성리 동쪽에 있는 마을. 명매기가 있었으며, 또 名馬出林形의 명당이 있다 함.

▶ 松鶴里

선더기(宣德洞): 정문동 남쪽 골짜기에 있는 마을. 仙人布德形의 명당이 있다 함.

▶ 新永里(竹林里)

龍鬚매기(龍興洞): 용막리 북동쪽에 있는 마을. 五龍爭珠形의 명당이 있다 함.

학골(鶴洞): 원신영 서남쪽에 있는 마을. 黃鶴歸巢形의 명당이 있다 함.

▶ 柳下里(버드나뭇골, 버들골)

柳山: 버들골 뒤에 있는 산. 128미터. 鶯巢柳枝形의 명당이 있다 함.

錦山郡 郡北面

▶ 東片里(동편말)

비암재골: 동편 북쪽에 있는 골짜기. 뱀 모양.

▶ 杜斗里(두둑말).

굴골굴: 매데기 동쪽 국사봉 중턱에 있는 큰 굴. 옛 전란 때 인근 주민들이 피란하여 베를 짰다 함.

비들목재(鳩項峙, 서낭재): 양짓담에서 산안리 사기점으로 넘어가는 고개. 비둘기 목 모양. 서낭당이 있음.

▶ 山安里(山內): 묵방산, 국사봉, 방화봉의 세 산 안쪽이 되므로 산안 또는 산내라 함.

비들목재(구목령, 鳩項嶺): 사기점에서 두두리로 넘어가는 큰 재. 비둘기 목 모양.

▶ 外釜里(밧가마실, 바깥가마실, 外釜谷)

이리재(일월이재, 日月峙, 일혼명재): 밧가마실에서 天乙里로 넘어가는 고개. 일월산 밑이 됨. 고개가 매우 험해서 이리떼가 많이 있으므로 일흔 사람이 모여야 넘어 다닐 수 있었다 함.

▶ 天乙里(한울, 하눌, 하눌이): 鐵馬山, 發軍山, 國師峰, 鷄峰이 사방으로 둘러

싸서 큰 울처럼 되었으므로 한울이라 하였은데, 天乙이라 씀.

錦山郡 錦山邑

▶ 新垈里

立石: 신대리 엄정마을에서 남일면 황풍리로 가는 산길 옆에 높이 2.5, 둘레 2미터 가량의 입석이 있다. 마을 청소년들이 장난으로 이 입석을 넘어뜨린 일이 있는데 그 마을에 살고 있는 처녀와 과부들이 狂症이 일어나 동네가 불안해졌으며 다시 세운 후로 재앙이 사라졌다고 한다. 그 뒤로는 이 입석을 잘 보호하고 있음(『錦山郡誌』).

▶ 衙仁里(애인이, 애인리)

社稷壇터: 용머리 북쪽에 있는 조선시대 금산군의 사직단 터.

龍頭山: 아인 서쪽에 있는 산. 용의 머리 형상.

▶ 陽地里(양지말)

멧돌바우: 와정리 서남쪽 소태봉에 있는 바위. 맷돌처럼 층이 져 있는데, 이 바위를 안고 한 바퀴 돌면 아들을 낳는다 하여 지금도 임산부들이 위험을 무릅쓰고 도는 버릇이 있음.

병풍바위: 와정리 서북쪽 구세봉에 있는 바위. 병풍 모양.

▶ 陰地里(음지장동이, 음지당)

어둥굴: 음지장동이 남쪽에 있는 마을. 소태봉 북쪽이 되어 어두운 시간이 더 많음.

▶ 中島里: 섬처럼 생겼음.

탑선이(塔仙里): 중도 북쪽에 있는 마을. 삼층석탑이 서 있음. 지형이 배의 형국이므로 우물을 파면 화가 있다 하여 錦川 물을 식수로 쓰고 있음.

錦山郡 錦城面

▶ 道谷里(뒷골, 뒷골): 平原山 뒤이기에 뒷골이라 함.

알미(卵山): 도곡리에서 으뜸가는 마을. 앞에 알처럼 생긴 산이 있음. 金鷄抱卵形이라 함.

▶ 杜谷里(둑실): 지형이 둑을 쌓은 모양.

용난골(무난골, 물탕골): 돌고개 뒤에 있는 골짜기. 샘이 있는데 예전에 용이 나왔다 하며 지금은 피부병에 좋다 함.

▶ 上佳里(웃가치리, 웃가칠리)

金谷書院(忠烈祠): 평땀에 있는 사당. 순조 31년(1831)에 창건하여, 선조 30년(1596) 정유재란 때 부자가 함께 순직한 현감 翫月堂 崔應鼎과 그의 큰아들 穄과 戊午虜亂에 죽은 작은아들 稷과 병자호란 때 절사한 직의 아들 邦彦과 방언의 아내 진주정씨를 제사 지냄.

▶義塚里(의촉)

從容祠: 의총에 있는 사당. 인조 25년(1647)에 창건하여 七百義士를 제사 지냈는데 현종 4년(1663)에 賜額을 받음.

七百義士塚: 임진왜란 당시 전라도에서 일어난 霽峰 高敬明, 충청도에서 일어난 重峰 趙憲, 靈圭大師의 僧軍 등 7백여 명의 의사들이 왜군 수만 명과 景陽山에서 격전 끝에 중과부적으로 의병 전원이 순사하였는데, 중봉의 문인들이 이들의 시체를 거두어 한곳에 장사 지내고 〈七百義士塚〉이란 비석을 세웠음. 그후 관민이 합심하여 제단을 마련하고 제사를 지내다가 인조 25년(1663)에 종용사를 세우고 제사 지냄. 양전리 큰길 가에는 고경명의 순국비가 勝戰碑라 하여 서 있음.

▶芭蕉里(반초, 磻溪): 앞 내에 磻石이 있어 磻溪 또는 반초라 부르다가, 변하여 파초가 되었음.

넘벌(臥牛坪): 파초 앞에 있는 들. 소가 누운 형국이라 함.

錦山郡 南二面

▶乾川里: 내에 돌이 많아서 물이 땅속으로 흐르므로 건천이라 함.

▶九石里(거북바우): 거북 모양의 바위가 있어 龜石이었음.

十二瀑布: 원구석 동남쪽 무지치(원구석 남쪽에 있는 52미터의 산으로 한발이 심할 때 무제를 지냄)에 있는 열두 폭포. 큰 것의 길이가 15미터에 달함.

▶大陽里(양짓말)

선돌(立石): 선돌마을 입구에 서 있는 큰 바위 셋.

▶上金里(웃쇠내, 上金川)

활골(弓洞): 원상금 서쪽에 있는 마을. 활 모양.

▶石洞里(寶石골)

보석바우(寶石岩): 寶石寺 앞산에 있는 바위. 보석이 들어 있다 함.

寶石寺: 지프내 북쪽에 있는 절. 신라 헌강왕 때 창건됨.

▶星谷里(벼리실, 비리실): 벼랑이 있으므로 벼리실.

물굴: 성곡 서쪽 進樂山에 있는 석굴. 10여 미터쯤 들어가면 넓게 파진 못에 물이 괴어 있고 그 밑에 물 흐르는 소리가 들리는데 그 깊이를 알 수 없으며 이곳이 영검하다 하여 旱災가 있으면 범의 머리를 담그고 기우제를 지냄. 굴 위의 지형이 호롱형으로 되어 있는데, 이곳에 묘를 쓰면 시체는 용이 되어 승천하고 그 집안이 잘된다 하여 가끔 몰래 묘를 쓰는 사람이 있는데, 이곳에 묘를 쓰면 비가 오지 않는다 해서 가뭄이 계속되는 때면 부근 주민

들이 대대적으로 모여 그 묘를 기어이 찾아서 파낸다고 함.

進樂山立石: 성곡리에서 서남쪽 2킬로미터쯤 진악산으로 올라가면 입석이 있다. 이 재를 선바위재(立石峙)라 하는데 입석은 둘레가 5, 높이가 6미터쯤 된다. 입석의 앞 봉우리가 노적봉, 금산읍은 방아의 확, 금산읍에서 성곡리로 넘어가는 고개가 방아고개, 성곡리 옆길이 방아의 다리이다. 산세가 방아처럼 되어 있어 이 바위를 도구통바위라 한다. 풍수가들은 금산읍에 이 도구통바위가 있어 부자가 많이 난다고 한다. 그러나 이 입석은 상고 시대의 神域 표시인 自然立石일 것으로 추정됨.

물골水谷洞窟: 진악산 선바위재의 서쪽 물골에 있는 자연 동굴. 예로부터 修道場으로 유명. 山神祈禱者들의 기도처로서 神域처럼 된 곳이다.

▶**驛坪里**(역들): 조선 시대 濟原驛의 말을 먹이던 곳.

▶**下金里**(아래쇠내, 下金川)

높은땀(高村, 中金川): 쇠내 중앙에 있는 마을. 지대가 매우 높음. 혹시 풍수 裨補는 없을지가 궁금함.

쇠내(새내, 金川, 鳳川): 하금리에서 으뜸가는 마을. 고려 때 쇠(금)가 많이 났다 함.

飮水洞: 평촌 서쪽에 있는 마을. 앞산에 渴馬飮水形의 명당이 있다 함.

錦山郡 南一面

▶**上桐里**(웃동수, 上洞藪)

桐藪: 상동리에서 으뜸가는 마을. 오동나무 숲이 있었다 함.

절골: 아랫동수 서남쪽에 있는 골짜기. 절이 있었는데 빈대로 망함.

▶**新亭里**

紅桃里(홍도티): 신정 동북쪽에 있는 마을. 紅桃落盤形의 명당이 있다 함.

▶**陰大里**(음달대부, 陰大部): 대븟들 응달 쪽이므로 붙은 지명.

찬물내기: 음대 앞에 있는 들. 유난히 찬물이 남.

▶**草峴里**(풀고개, 구름고개, 雲峴)

삼정승바우: 초현 중앙, 집안에 있는 바위. 세 개의 바위가 나란히 있는데 예전에 이 집에서 삼정승이 났다 함.

▶**皇風里**

萬里皇風碑: 황풍마을 가운데 있는 비. 고려 25대 忠烈王 31년(1305)에 金侁이 원나라에 벼슬하여 遼陽行省參政이 되어 고려를 도와 큰 공이 있으므로 충렬왕이 크게 가상히 여겨 進禮縣을 승격하여 錦州로 하고 그 고향인 이곳에 비를 세우고 〈萬里皇風〉이라 새겨서 그곳을 기렸음.

錦山郡 福壽面

▶ 谷南里(골내미)

골내미: 곡남 뒤에 있는 산. 2백 미터. 외따로 골짜기 가운데 서 있고 버드내가 太極을 이루어서 경치가 매우 아름다움.

水心臺: 은내 서쪽에 있는 마을. 버드내가 마을을 빙돌아 흐르며 수심대바위가 있음. 우암 송시열의 글자라 함.

燕興(連興里): 은내 서쪽에 있는 마을. 뒷산에 燕巢形의 명당이 있다 함.

趙重峰祠堂: 수심대 옆에 중봉 조헌을 모시는 사당이 있음.

▶ 龍池里

立石: 동네 입구 도로 양쪽에 있는 높이 3, 둘레 2미터의 입석. 옛날 이 마을에 惡疾이 창궐하여 병으로 죽는 사람들이 많았는데 어떤 道僧이 〈洞口에 立石을 세우고 기도하면 재액을 면할 수 있다〉고 하므로 동네 사람들이 입석을 세운 후 평안해졌다 함.

▶ 芝良里(지랑이, 지랑이): 지렁이처럼 생겼으므로 붙은 지명.

錦山郡 富利面

▶ 不二里(부이지)

百世淸風: 불이동에 있는 冶隱 吉再의 비. 야은의 不事二君의 뜻을 따라 마을 이름이 불이동이 됨.

▶ 水通里(수통골): 錦江이 앞으로 흐르므로 수통골.

赤壁: 수통 동쪽 금강 가에 있는 벼랑. 빛이 붉고 그 아래 금강(적벽강)이 흘러서 경치가 좋음.

▶ 曳尾里: 예미산 밑이므로 붙은 지명.

예미: 예미마을 뒤에 있는 산. 189미터. 금거북이 꼬리를 끄는 형국(金龜曳尾形)이라 함.

錦山郡 濟原面

▶ 明谷里(바리실): 지형이 바리처럼 생겨서 바리실이었는데 바뀌어 明谷이 됨.

▶ 鳴岩里(울바우)

울바우: 명암 서쪽에 있는 바위. 높이 20미터. 사람이 소리를 지르면 이 바위가 울려서 그 소리가 다시 메아리 침.

▶ 水塘里(수탱이, 수댕이): 큰 못이 있으므로 붙은 지명.

土城里(龜潛在): 수댕이 남쪽에 있는 마을. 토성봉 밑이 됨. 거북이 잠겨 있는 형국이라 함.

▶ 身安里(신안사골): 身安寺가 있으므로 붙은 지명.

身安寺: 신안골에 있는 절. 신라 제26대 진평왕 5년 자장율사가 창건하였다 함. 고려 제31대 공민왕이 홍건적을 피하여 이곳에서 몸을 편히 쉬었다 함.

▶ 楮谷里(닥실): 닥나무를 많이 심었으므로 붙은 지명.

權忠愍公殉節遺墟神: 개터 앞에 있는 충민공 權悰의 순절비.

▶ 濟原里(濟原驛, 역말)

病幕골: 제원 서북쪽에 있는 골짜기. 1920년 전염병이 유행되어 이곳에 병막을 짓고 환자를 격리 수용하였음.

산지당: 제원 서쪽에 있는 山祭堂. 매년 정월 초에 동민들이 모여 산제를 지냄.

御風臺: 제원 어귀에 있는 바위. 깎아 세운 듯한 바위에 어풍대 석 자가 새겨져 있음. 효종 때 眉秀 許穆이 제원 찰방이 되어 이 마을에 화재가 심함을 보고 이 바위에 어풍대라 썼는데, 그 후로 화재가 심하지 않았다고 함.

▶ 川內里(내안): 금강 안쪽이 되므로 붙은 지명.

나반들(落雁坪, 낙안들, 光石): 천내 동북쪽에 있는 마을. 넓은 들이 있었고 平沙落雁形이라 함.

龍虎石: 천내 앞 금강 가에 있는 두 개의 바위. 남쪽 바위에는 龍, 북쪽 바위에는 虎자가 새겨져 있는데, 고려 제31대 공민왕이 충북 永同郡 陽山面 寧國寺에 피란하였을 때 公主를 잃어 천내 뒷산에 장사 지내고 돌 일을 하다가 平亂이 되어 방치해 둔 것을 마을 사람들이 세움. 이 용호석 2기는 마을 서쪽을 흐르는 강변에 있으며 濟原大橋에서 북쪽으로 5백 미터 지점에는 龍石 그리고 그로부터 다시 북방으로 약 1백 미터 떨어져 虎石이 위치하고 있다. 龍石은 70-80센티미터 가량 되는 不定形의 臺台 위에 조각되었으며 높이 138센티미터, 전후 폭 81센티미터인데 이름을 상징한 듯한 여러 개의 渦形突起와 그 사이에 꿈틀거리는 용의 몸체가 조각되어 있다. 여의주를 물고 있는 입 양편에는 아가미와 수염이 있다.

한편 호석은 110-65센티미터의 長方形臺石 위에 앞발을 세우고 앉아 있는 모습을 조각하였는데 동체에는 두툼하게 隆起된 曲線과 圓形을 交互로 조각하여 호랑이 털 무늬를 만들었다. 몸체는 西向하고 있으나 머리는 북쪽을 향하였으며 입을 크게 벌리고 있다. 이 용호석의 유래에 대해서는 고려 말 홍건적의 난을 피하여 안동으로 피란 내려온 공민왕이 자신의 陵墓의 위치

를 정하여 필요한 石物을 준비케 하였
으나 개경에 환도한 후 그대로 방치되
었다는 전설이 전해 온다. 결국 이 용
호석에는 약간 차이가 나는 전설이 2
개 병존하고 있는 셈이다.

錦山郡 珍山面

▶진산 천주교 교우촌 답사

湛軒 洪大容(1731-1783)이 北京 商人이
며 독실한 西學(천주교) 신자인 陳哥와
나눈 천주교에 관한 대화가 그의 문집인
『燕記』에 이렇게 수록되어 있다.〈당신이
서학을 믿음에 이렇듯 정성을 들임은 장
차 무엇을 하려 함인가.〉〈예배를 하고
성경을 읽어서 후세의 복을 구하기 위한
것이다. 西人之敎는 사람에게 악한 생각
이 들지 못하도록, 말과 마음이 서로 맞
는 것이 복을 구하는 제일의 요점이다.〉
〈나는 유학을 숭상한다. 공자의 가르침도
사람이 그렇게 되도록 할 따름이다. 참으
로 마음에 악한 생각을 끊어 말에 妄發
이 없다면 어디 간들 복되지 않겠는가.〉
이에 진가도 동의했다고 한다. 담헌은 기
독교적 신앙을 제대로 이해하지는 못한
듯하다. 아마 당시 우리 선조들 대부분이
그 수준을 넘지는 못했을 것이다. 그러나
그들은 그들이 받아들인 天主를 목숨을
바꾸어 섬겼다. 참으로 불가사의한 신앙

심이 아닐 수 없다.

이미 광해군 때 지봉 이수광에 의하여 마
테오 리치가 지은 『天主實義』가 소개된
바는 있으나 본격적으로 신앙이랄 수 있
는 서학 포교가 이루어진 것은 대체로 정
조 연간이라고 보아야 할 것이다. 당시
서학은 문벌 중심의 양반 지배층 및 성리
학 일변도의 사상 풍토에 대한 강력한 도
전의 성격을 띠고 있었다. 정조 9년
(1785) 서학은 邪敎로 규정되어 禁令이
내려졌고 이듬해에는 북경으로부터의 서
적 수입까지 금지되기에 이른다. 드디어
정조 15년(1791) 당시 전라도 珍山縣(지
금의 忠南 錦山郡 珍山面)에서 모친상
을 당하고 그 神位를 불태워 버린 尹持
忠을 사형시킴으로써 천주교 박해의 막
이 오른다. 그 뒤 辛酉邪獄(1801), 丁亥
迫害(1827), 己亥邪獄(1839) 등을 통하
여 수많은 천주교인들이 순교를 당하는
참상이 벌어졌다.

그 윤지충이 살던 진산면 소재지에서 논
산 쪽으로 조금 나가다 보면 진산면 芝
芳里 가사벌(可沙洞)마을을 만나게 된다.
인근 주민들은 가세발이라고 흔히 부르
는 이곳은 자생적 천주교 마을 공동체인
천주교 교우촌 중의 하나이다. 이 마을이
윤지충과 직접적인 관련이 있는지는 확
실치 않다. 마을 공소 회장인 정한규 씨
(1993년 당시 61세)에 따르면 윤지충의

후손은 현재 없으며 그의 고향은 진산읍 주변 정도로 짐작할 뿐 확실한 장소를 알 수 없게 되었다고 한다. 역사 유적 보전에 심각한 문제가 있음을 보여 주는 또 하나의 예일 뿐이다.

남원여고 지리 교사 최진성 선생의 조사에 따르면 우리나라에서 최초로 교우촌이 형성된 것은 윤지충 사건이 일어나던 1791년, 전북 완주군 고산면 저구리가 처음이라고 한다. 이후 계속되는 박해를 피해 찾아오는 신자들이 많아지면서 5백 개가 넘는 교우촌들이 분포하였지만 지금은 1백 개 정도가 남아 명맥을 유지하고 있는 형편이다. 교우촌은 대부분 산간 벽지이기 때문에 신부가 1년에 몇 번밖에는 들르지 못한다. 그래서 그들끼리 미사를 보기도 하고 또 오랜만에 오는 신부가 집전하는 미사를 볼 수 있는 聖所를 마련케 되는데 그곳이 바로 公所이다. 우리나라 초기 그리스도 교회 공동체인 교우촌들은 박해를 피하여 숨어 들어간 피란처에서 형성되었다는 특징을 갖는다. 그들은 미사에 참여하면서 서로 만나는 기쁨을 나눌 수 있고 서로를 위로하며 함께 사는 의미를 찾을 수 있었을 것이니, 공소가 그들 공동체에 던지는 상징성이 삶의 모든 것이라고 하여도 과언이 아니다. 공소를 짓기조차 어려웠던 때에는 傳敎會長이나 公所會長의 개인 집이 공소 기능을 대신하기도 하였다.

당시 충남과 전북 일대는 천주교 세력이 가장 강했던 곳이다. 특히 그들은 박해를 피해 인근에 있는 대둔산이라든가 서대산, 덕유산 일대의 산골로 피하여 은거하는 일이 잦았다. 가사벌마을도 대둔산을 바로 앞에 두고 있다. 정한규 회장의 회고에 의하면 이곳 공소는 1880년대에 처음으로 열렸다고 한다. 초대 회장이 이예규, 2대 회장이 이의규(마르코)였는데 그들은 형제간으로 마르코가 형이었다. 마을 개척한 것은 동생 예규였다. 그의 처가 가사벌 바로 이웃인 혼방골이었다. 혼방골에는 박해를 피해 들어온 신자가 살고 있었고 그는 아마도 이 사람을 통하여 입교를 하게 된 듯하다. 그는 또한 사냥을 즐겨 하였다. 지금도 마을 사람들은 초대 회장님은 풍류 남아요 2대 회장님은 개척자였다고 말한다. 물론 지금의 주민들이 예규와 의규 형제를 만났을 리는 없다. 다만 그들의 개성이 강렬하여 지금까지도 이야기가 전하는 것이리라.

예규는 사냥을 다니다가 처가 인근에서 임자 없는 묵밭(경작하지 않고 묵혀 놓은 밭)을 발견하고 그곳을 개간하여 오늘의 가사벌 공소의 기초를 세우게 된다. 그런데 묵밭을 개간하게 된 동기가 실로 풍류 남아답다. 사냥꾼 기질이 몸에 배어 농사에는 별 소질이 없던 그는 산비탈 묵밭을 보고는 농사를 지을 수 있다는 생각을 하게 된다. 이유는 간단하다. 비탈밭은 아래쪽에서 위를 향하여 괭이질을 하게 되면 허리를 굽히지 않고도 들일을 할 수 있기 때문이다. 그러니 자연 노동 생산성이 좋아지고 마침 토질도 비옥하여 토지 생산성도 좋았던데다가 담배와 잡곡류 등 당시의 환금 작물에 손을 대어 마을의 경제 기반을 구축하는 데 성공을 하였다. 그는 형님의 도움을 받아 마을의 그러한 경제력을 바탕으로 빈민 구제에 나서게 된다. 이러한 빈민 구제 사업은 그의 개인적인 성품에도 기인했겠지만 무엇보다도 천주교의 가르침이 큰 작용을 하지 않았겠는가 하는 짐작이 간다. 천주교는 모든 인간이 한결같이 천주의 자녀라는 평등 사상을 갖고 있기 때문이다. 그러나 없는 사람 도와주고자 하는 기질은 우리 민족의 천성인지도 모른다. 샤르르 달레가 프랑스 외방전도협회 소속 선교사 다부뤼, 베르뉘, 리델 등으로부터 접수한 보고서를 編著하여 펴낸 『朝鮮敎會史』 12장에 이런 구절이 나온다. 〈조선인의 위대한 장점은 人類愛 법칙을 선천적으로 존중하고 일상 생활에서 그것을 실천한다는 점이다. 그들의 友誼 감정은 親族과 同種集團의 한계를 넘어서 확대되어 간다. 相互救濟와 他人에 대한 厚待는 국민 성격의 특이한 특징, 특성이다. 진정코 말하자면, 이런 조선인들의 특성은 조선인들을 현대 문명의 이기주의로 인하여 침해된 다른 나라 국민들의 훨씬 위에 서게 하는 所以가 된다.〉

가사벌 천주학장이들이 못사는 사람을 구한다는 소문은 인근에 퍼져 예컨대 현 회장인 정한규 씨 웃대 어른들도 90년 전 이 소문을 듣고 공주군 탄천면 고향을 떠나 이곳으로 들어왔다고 한다. 가사벌에는 지금 22호가 살고 있다. 전에도 24호밖에 안 되었기 때문에 가구가 줄어든 것은 없다. 그러나 젊은이들 대부분이 도시로 나간 까닭에 인구 수는 많이 줄었다고 한다. 빈집도 몇 채 있다. 그러나 마을 주민 김종환 씨(58세)는 교우가 여덟 집밖에 되지 않는다는 점을 강조한다. 주일 공소 미사에 참여하는 집은 열다섯 집이지만 절반은 이웃 마을 사람들이라는 것이다. 본래 마을 전부가 천주교인들이었으나 차츰 떠나 버리고 이제는 교세가 이 지경에 이르렀다는 한탄의 뜻이 담긴 듯한 표정이었다. 그러나 정한규 씨의 생각은 좀 달랐다. 교우 가족이 줄어든 것은 1920, 1930년대 기준에서 천주교 신자들의 계몽 정도가 높아 그들이 교육에 일찍 눈을 떠 떠난 것일 뿐 교세의 약화라고 보지는 않는다는 것이다.

금산 본당 신부님이 매월 둘째 주일에 한

번씩 들리고, 다른 때는 공소 예절을 회장이 주재한다. 뒷산 언저리 대성골, 배골에서 목재가 약간 생산되기는 하지만 생업은 전적으로 농사이다. 지금은 인삼을 재배하여 소득은 다른 농촌보다 좀 많을 것이라고 한다. 공소 초대 회장이자 마을 설립자인 이예규 공은 아들이 없고 딸만 있어 아들을 입양시켰는데 지금 이 리에서 거주한다고 한다. 본래 금산은 전라북도에 속해 있다가 1963년 충청남도로 편입된 곳이라 나이 든 층에서는 전라도와의 교분이 높은 편이다. 다만 지금은 시속을 따라 대전 영향권에 속해 있다. 그래서인가 가사벌 공소를 포함한 인근 마을 땅들 상당 부분이 대전을 포함한 외지인들 손에 넘어가고 있다. 여기에 그들의 별장과 골프장이 건설될 것이라는 소문이 흉흉히 나도는 형편이다. 그놈의 골프장은 웬만한 시골이다 싶으면 말이 나지 않는 곳이 없으니 이 나라가 언제부터 골프 천국이 되었는가. 그것도 하나같이 경관이 수려하고 역사적 의미가 그득한 곳에는 예외 없다 할 정도로 골프장 건설 소문이 떠도니, 뜻 있는 이들이 골프장 없애기 운동이라도 벌여야 할 지경이다. 한심한 세월, 天道와 地理와 人事의 造化倫理보다는 힘과 결과만을 중시하는 세태이니 이 역시 누구를 탓하랴. 변절과 배신을 밥 먹듯 해도 이기기만 하면 그만

아닌가. 그것도 많이 배우고, 막강한 권력을 지녔으며, 많이 가진 자들이 더하지 않은가. 그 잘못들은 언제 누가 있어 응징을 해주었나. 天主의 權能도 목숨을 바쳐 당신을 떠받든 어린 양들의 삶터가 부자들 막대기 휘두르는 곳으로 바뀔지도 모르는 가사벌 공소를 막아 주지는 못하리라는 절망감이 든다.

가사벌 공소를 멀리서 감싸 안는 대둔산과 서대산은 둘 다 불붙는 듯한 火星의 山이다. 火山은 그것이 陰宅이든 陽基의 명당이든 절대로 主山으로 삼을 수는 없다. 가세발은 바로 그 火星이 일구어 놓은 火生土의 土山에 의지하여 마을 터를 잡은 곳이다. 별 이름 없이 뒷동산이라 불리는 마을 뒷산에는 잔솔밭이 펼쳐져 있다. 타고 남은 재가 쌓여 이루어진 土星들이 마을 뒤로 올망졸망 늘어선 모습은 퍽이나 상징적이다. 지금 우리의 삶터는 中和와 調和의 土氣에 둘러싸여 당장의 형편이 어려운 줄을 모르게 하고 있으나 눈을 조금만 위로 치켜뜨면 이글거리는 火山이 당장이라도 덮쳐 내릴 듯 주위를 압도하고 있다. 異邦의 神일지라도 그 화기를 눌러 줄 수만 있다면 다시 일어서 목숨을 바쳐 받들지 못할 일이 있으랴(1993. 2. 24. 답사).

본래의 공소 터는 진산면 지방 2리 416번지. 1963년 전북에서 충남으로 이관됨.

鷄元峰: 금성면 하신리, 마수리와 군북면 외부리 경계에 있음. 353미터. 모양이 수탉처럼 생겼음.

달기봉(鷄峯, 바리山): 군북면 동편리, 두두리와 금성면 대암리 경계. 502미터. 닭 모양.

마리산(馬耳山): 남이면 석동리, 매곡리, 하금리에 걸쳐 있는 산. 627미터. 말의 귀처럼 생겼음.

月峯山: 금성면 화림리와 진산면 엄정리 경계에 있는 산. 498미터. 모양이 달처럼 생겼다 함.

▶斗芝里(두지골): 두지(뒤주) 모양이므로 붙은 지명.

다릿골: 두지골 동쪽에 있는 마을. 앞에 다리가 있고 뒤에 덤바산이 있음. 예부터 14家戶 이내라야 잘살고, 15家戶가 되면 마을에 불상사가 나기 때문에 14가호 이내가 되는데, 이는 달이 15일이 지나면 기울기 때문이라고 함.

윙골(우엉골, 芋洞): 진밭들 북쪽 골짜기에 있는 마을. 지형이 우엉하게(우묵하게) 되어 있음.

▶墨山里(먹미, 멍미): 조선 시대에 먹을 만들었으므로 붙은 지명.

權慄將軍大捷裨: 배티재 아래에 있는 권율 장군 대첩비. 본래 금성면 상가리에 건립되었는데 1944년 日人들이 파괴하였으므로 1963년 12월에 권 장군이 왜병을 섬멸한 이곳에 다시 세웠음.

바람산: 당디 뒤에 있는 산. 3백 미터. 서북쪽이 틔어서 바람이 몹시 셈.

배티재(梨峙): 묵산리에서 전북 완주군 운주면 山北里로 넘어가는 큰 고개. 선조 25년(1592) 권율 장군이 금산에서 중봉 조헌, 제봉 고경명 등 7백 의사가 전사한 뒤를 이어, 각처의 의병을 모아 가지고 경상도와 전라도를 휩쓸고 올라오는 왜병들을 이곳에서 섬멸하였음.

▶浮岩里(뜬바우, 부수바우)

뜬바우: 부암 동쪽에 있는 바위. 큰 바위 위에 작은 바위가 얹혀 있는데 긴 실을 마주 잡고 바위틈에 가로 넣으면 그 실이 거침없이 빠져 나감. 전에 물길을 내느라고 이 바위를 부수어 버렸는데 그후부터 마을에 상서럽지 못한 일이 잇달아 일어나므로 마을 사람들이 그 자리에다 원래 모양대로 다시 만들어 놓았음.

▶三佳里(三巨里, 三街洞)

淸澄淵: 삼거리 남쪽에 있는 沼. 물이 맑고 깊어서 그 깊이를 알 수 없는데 용이 살고 있다 하여 旱災가 심할 때 무제(기우제)를 지내면 매우 영검하다 하였는데, 현재는 메워져서 한 길밖에 되지 않음.

▶石幕里(돌매기, 돌막): 돌이 많이 있으

므로 붙은 지명.

아들바우: 돌매기 동쪽에 있는 바위. 바위에 구멍이 뚫려 있는데 임신한 여자들이 막대기를 어림잡아 잘라 가지고 와서 그 막대기를 이 구멍에 넣어서 막대 길이와 이 구멍의 길이가 똑같으면 아들을 낳는다 함.

채덕바우: 채덕바우재(석막리에서 오항리 춘경동으로 넘어가는 고개) 맨 꼭대기에 있는 바위. 이 바위에 불빛이 비치면 그 빛이 반사하여 그 불빛이 오는 곳에 화재가 나므로 이 바위에 불빛이 못 비치도록 주위에 나무를 심어서 지금 매우 무성함. 한편 어떤 중의 말을 듣고 이 바위 밑에 소금을 묻어 놓은 후 그런 화는 없었다는 전설이 있음. 또 한편 비슷한 얘기가 군지에는 다음과 같이 적혀 있다. 석막리에서 오항리 춘경동으로 넘어가는 채덕바우재의 맨 꼭대기에 있는 바위가 채덕바우인데, 옛날 과부의 딸 채덕이가 어머니가 품 팔러 간 사이에 불장난을 하다가 몸에 불이 붙은 채로 지금의 채덕바우가 있는 곳에서 불에 타 죽고 말았다. 바로 그곳에서 바위가 자라 채덕바우가 된 것이다. 그런데 그후 마을에 화재가 자주 일어났다. 어떤 道僧이 지나다가 이 사실을 듣고 마을의 풍수를 조사해 본즉 마을에 불이 켜지면 이 채덕바우에 반사가 되는데 그러면 채덕의 혼이 놀라서 불을 일으키는 것이므로 바위 주위에 나무를 심어서 불빛을 가리고 바위 밑에는 소금을 묻어 두도록 일렀다. 그 뒤로 마을에는 불이 나지 않았다. 그래서 마을 이름이 돌매기(돌막이), 즉 석막리가 된 것이다(『錦山郡誌』).

▶ **烏項里**(오목골): 지형이 오목하여 붙은 지명.

봄가리골(春耕洞): 원오항동 서남쪽에 있는 마을. 지대가 높고 기후가 차서 봄갈이를 주로 함.

▶ **邑內里**

성재(城山): 읍내리 서북쪽에 있는 산. 길이 2킬로미터, 높이 4미터 되는, 돌로 쌓은 성이 있는데 백제 제13대 근초고왕 때 쌓았다 함.

▶ **杏亭里**(살구정이, 살구쟁이)

喪輿바우: 청림골 서남쪽 대둔산에 있는 바위. 상여 모양.

石門바우: 太古寺 어귀에 있는 바위. 문처럼 생겨서 태고사로 들어가려면 이 바위 밑을 지나가게 됨.

仙舞岩: 살구쟁이 남쪽 대둔산에 있는 바위. 선녀들이 이 바위에서 춤을 추었다 함.

念佛바우: 대둔산 중턱에 있는 바위. 일명 讀經臺.

龍바우: 살구쟁이 남쪽 대둔산에 있는 바위. 예전에 용이 이 바위에서 나와 하늘로 올라갔다 함.

太古寺: 송시열이 수학했다는 천연의 태고사 일주문인 石門을 자일에 기대어 가까스로 넘어서자 절은 뙤똑하니 가파른 경사 위에 올라앉아 간담이 서늘하다. 하지만 절 마당에 서 보니 딴판으로 地帶가 단단하다. 신라 때 원효가 이 절터를 발견하고 너무나 기뻐 삼 일 동안 덩실덩실 춤을 추었으며, 근세의 만해 한용운은 〈대둔산 태고사를 보지 않고 天下의 勝地를 논하지 말라〉 하셨다. 태고사의 위치는 과연 태고의 신비를 논할 만큼 빼어난 승경이다(김희균).

錦山郡 濟原面

▶濟原里

御風臺: 제원리 洞口 깎아지른 듯한 절벽에 洗馬池라는 글자와 함께 새겨져 있음. 제원에 驛이 생긴 후 이곳 연못이 말을 씻기는 곳으로 변하여 마을 주민들에게 피해가 많았다. 어느 날 마을 사람 하나가 근처에 말이 풀을 뜯는 꼴을 보고 화가 나서 풀밭에 불을 질렀더니 말이 날뛰다가 연못에 빠져 죽고 말았다. 그 뒤 자주 말이 물에 빠져 죽는 사고가 났다. 역의 찰방이 화가 나서 연못을 메꾸어 버렸다. 그 뒤로 마을에 강한 서북풍이 불어와 온통 화재에 휩싸이는 일이 빈번했다. 이때 자봉산에서 학문을 닦은 허미수가 찰방으로 부임하여 형세를 살피니 화재는 세마지에 빠져 죽은 말이 원한을 품고 잡귀가 되어 부리는 장난 때문이란 것을 알게 되었다. 그래서 바람을 모신다는 뜻의 어풍대를 새겼고 그 다음부터는 불이 나지 않았다고 한다(『錦山郡誌』).

錦山郡 秋富面

▶馬田里(市場村): 말 시장이 있었음.
미사기(彌朔里): 마전 북쪽에 있는 마을. 梅花落地形의 명당이 있다 함.
▶備禮里(빌여울, 비려울): 벼랑 밑에 여울이 져 있으므로 빌여울.
青龍끝: 비례리에서 가장 큰 새터(신촌) 왼쪽 곧 청룡 끝에 있는 마을.
▶聖堂里
姜參奉굴: 검동 동쪽에 있는 굴. 예전에 강참봉이 이곳에서 공부를 하여 도를 통하였다 하며, 강참봉이 요술로 농군들을 희롱하고 酒母를 놀라게 하기 위하여 이무기가 되어 주모에게 대들다가 주모에게 술 벼락을 맞고 환신하지 못하고 이 굴로 들어가서 살게 되었다고 함.

地境里(지경수): 금동 서북쪽에 있는 마을. 전북, 충북, 충남 3도의 경계가 됨.

▶ **要光里**(要光院村, 院村)

錦山杏亭銀杏나무: 행정리 앞에 있는 은행나무. 1938년 천연 기념물 제229호로 지정되었다가 1963년 2월 10일에 다시 제84호로 고쳐 지정됨. 나무가 매우 영검해서 나라에 변이 있으면 반드시 운다고 함. 또 시절이 불안할 때 기도를 하면 효험이 있다 하여 매년 정월에 제사를 지냄.

伏虎山: 朴五在(요광원 동남쪽에 있는 마을) 뒤에 있는 산. 호랑이가 엎드려 있는 형국.

論山郡 可也谷面

▶ **斗月里**: 雲中半月形의 명당이 있다 하여 杜月이라 하였음.

▶ **登里**

雲鳳山: 등골 뒤에 있는 산. 掛燈形의 명당이 있다 함.

▶ **石西里**: 內谷山의 萬代榮華之地에 經歷公 광산김씨 선조를 매장했기에 자손이 번성함.

▶ **六谷里**: 육곡리는 巽坐乾向의 길지. 서씨가 이곳에 이주한 이래 수백 년간 자손

이 끊임이 없고 1천 석 이상의 소작료를 수납하는 자가 끊이지 않았다고 함(村山).

▶ **陽村里**(양지편)

구리개(구루개, 九老峴): 가정 서쪽에 있는 마을. 양촌리 산 58번지에 死六臣 梅竹軒 成三問의 묘소가 있음. 1456년 세조는 성삼문의 시신을 戮屍하여 팔도에 돌렸는데 그중 한 肢體를 지고 여름철에 이 고개를 넘던 하급 관속이 무덥고 귀찮은 생각에서 시신에게 독설을 퍼붓자 〈아무 데나 묻어라〉 하는 소리가 나서 이곳에 묻었다 함. 훗날 근처 쌍계사에서 자던 한 장부의 꿈에 나타나 〈내가 있는 곳이 어찌 더러운지 모르겠다〉고 하여 가 보니 백골이 드러나 있었다고 한다. 그래서 적삼을 벗어 백골을 싸 다시 묻었다 함.

▶ **咸積里**

救命洞(구멍골): 함적리에 있는 골짜기. 萬人이 살 수 있는 곳이라 함.

論山郡 光石面

▶ **梨寺里**(백절, 배절)

시렁골: 천동리 쪽에 있는 마을. 천동리 옥녀봉(골말 서쪽에 있는 산)에 玉女彈琴形의 명당이 있는데, 그 거문고 타는 소리를 상징하여 둥덩골과 시렁

골이 생겼음.
▶ 恒月里
오릿골(五柳洞): 항월 북서쪽에 있는 마을. 鶯巢柳枝形의 명당이 있다 함.
풋개(草浦): 항월리 앞에 있는 내. 노성천과 연산천이 합하는데, 이곳에 배가 다니고 계룡산 돌이 희게 되면 계룡 도읍이 될 때가 됨을 가히 알리라고 『정감록』이 이름.

論山郡 魯城面

▶ 校村里(향교말)
옥녀봉: 노성중학교 뒤에 있는 산. 玉女彈琴形의 명당이 있다 함.
天牙洞(天鴉수골): 향교말 동쪽에 있는 마을. 天鴉啄屍形의 명당이 있다 함.
▶ 丙舍里
보가대: 접지미 서쪽에 있는 마을. 伏虎形의 명당이 있다 함.
▶ 松堂里
月明골: 송당 동쪽에 있는 마을. 玉兎望月形의 명당이 있다 함.
▶ 邑內里
등등골(登登谷, 南山): 교촌리 옥녀봉에 玉女彈琴形의 명당이 있는데 그 거문고 타는 소리를 상징하여 등등골이라 함.
▶ 竹林里(섭밭말)

서편이江邊: 방죽안 서쪽에 있는 버덩. 金龜沒泥形의 명당이 있다 함.

論山郡 斗磨面

▶ 光石里(너분돌, 너분들)
옹골(蜈蚣谷): 너분들 북쪽에 있는 마을. 지네(蜈蚣)형의 명당이 있다 함.
하기들(鶴下坪): 함한이 앞에 있는 들. 전주이씨 한 사람이 그 아들에게 유언하되 〈내 못자리를 아무개 지사에게 물어 하되 자리만 정하고, 쓸 때에는 그 지사의 말을 들어서는 안 된다〉고 하였다. 과연 그 말대로 하여 金烏啄屍形의 명당을 정하여 쓰는데 별안간 그 지사가 함한이 앞에서 큰소리로 상주를 급히 부르며 무례함을 책하므로 상주가 얼떨결에 함한이로 내려가서 그 지사를 맞아 오는데, 그 동안 광중을 짓던 사람들이 盤石이 나옴을 보고 그 반석을 들어내려고 한 귀퉁이를 드는데, 갑자기 학 한 마리가 나와서 이들에 내려앉으므로 하기들이라 함.
▶ 豆溪里(팥거리): 신도안의 바깥쪽이 되므로 밭거리라 하던 것이 팥거리가 되고 두계리로 됨.
▶ 夫南里(佛岩)
大闕터(신도안, 新都內): 부남 북쪽에 있는 큰 마을. 새로운 國都를 지으려다 포기한 곳.
▶ 奄寺里(음절)
　양정고개(兩政峙): 끝거리에서 연산으로 넘어가는 고개. 백제 의자왕 때 백제군과 신라군이 이곳에서 크게 싸웠다 하며, 앞으로 신도안의 운이 돌아오면 두 정씨가 이 고개에서 최후의 결전을 하리라 함.
　蓮花山: 연화동 뒤에 있는 산. 149미터. 蓮花浮水形의 명당이 있다 함.
▶ 龍洞里(龍湫골)
　金鷄洞: 화산 남쪽에 있는 마을. 金鷄抱卵形의 명당이 있다 함.
　帝字峰: 신도안 뒤에 있는 봉우리. 帝字形으로 생겼는데, 대궐터의 주봉이 된다 함.
▶ 柳洞里: 鶯巢柳枝形의 명당이 있다 하여 붙은 지명.
▶ 丁壯里
　景雲이(경운리): 정장 남쪽에 있는 마을. 雲中半月形의 명당이 있다 함.

論山郡 伐谷面

남쪽의 대둔산 줄기가 뻗어 내려 큰 골짜기를 이루었으므로 붙은 지명.
▶ 大德里
　오양실(五相室, 龍岩): 마르돌 남쪽에 있는 마을. 모양이 오양간(외양간)같이 아늑하므로 오상실이라 하는데, 풍수설에 五代丞相이 날 명당이 있다 함.
▶ 德木里
　海苔山: 만목리와 대덕군 기성면 장안리 경계에 있는 산. 360미터. 이 산이 불의 모양이므로 이 부근에 화재가 심하다 하여 봉우리에 물독을 묻고 물을 저장하며 이름을 해태산이라 하였다 함.
▶ 晩木里
　독뱅이(讀房里): 바랑골 동쪽에 있는 마을. 仙人讀書形의 명당이 있다 함.
　바랑골(思三岩): 보름티 동쪽에 있는 마을. 바랑바위가 있으며, 또는 老僧禮佛形의 명당이 있다 함.
　半月山: 위만목 뒤에 있는 산. 반달과 같은데, 雲中半月形의 명당이 있다 함.
▶ 沙亭里
　자고모(尺古木): 사정 북쪽에 있는 마을. 지형이 자고새의 목과 같이 생겼으므로 이런 지명이 생겼다 함. 雉犢顧母形의 명당이 있었으므로 慈顧母라 한다는 설도 있음.
▶ 水落里(무수골)
　무수티(舞袖峙): 상보실 남쪽에 있는 마을. 仙人舞袖形의 명당이 있다 함.
▶ 陽山里
　愼獨齋山所: 구고운에 있는 신독재 金集의 산소.
▶ 於谷里(느락골, 於羅洞)

將軍峯: 뒤텃골 동쪽에 있는 산. 268미터. 산 모양이 준엄하여 장군과 같으며, 將軍臺座形의 명당이 있다 함.

論山郡 夫赤面

▶夫人里: 夫人堂이 있으므로 붙은 지명.
지밭(桂田, 祭田, 제밭): 부인리에서 가장 큰 마을. 고려 태조 왕건이 후백제 견훤을 칠 때, 꿈에서 서까래 셋을 짊어지고 깊은 못으로 들어가매 뭇 닭이 요란하게 우는 것을 보고 이상히 여겨 이곳에 사는 무당에게 물어 보려 했다. 마침 무당이 급히 볼 일이 있어서 밖에 나가면서 그 딸에게 〈오늘 귀한 손님이 오실 것이니 여러 말 말고 내가 올 때까지 기다리도록 하라〉하였다. 그런데 그 딸이 이 말을 잊고 왕건 태조의 꿈을 흉하게 풀어서 태조가 매우 불쾌하게 여기고 돌아오다가, 그 무당을 만나매 다시 풀기를, 〈서까래 셋을 진 것은 임금 王 자이니 임금이 될 것이요, 깊은 못에 들어감은 龍床에 오를 것이요, 뭇 닭이 우는 것은 높은 지위를 찬양하는 징조입니다〉라고 말하니, 태조가 크게 기뻐하여 〈만일 그대 말이 맞을 것 같으면 뒷날 크게 갚겠노라〉 하였다. 과연 삼한을 통일 하였으므로 그 무당에게 후히 상을 주고 죽은 후에는 부인당을 짓고 祭田을 주었으므로 그 지방을 부인처라 하며 마을을 제밭 또는 제전이라 하였는데, 변하여 지밭 또는 계전이 되었음.

▶新豊里
階伯將軍墓: 볼마루 북쪽 산기슭에 있는 계백의 묘소(제1권 2장 참조).

▶忠谷里
水落山: 계백 장군이 전사한 곳.

論山郡 上月面

▶大明里(대망골)
거문점(琴洞): 벌뜸 동쪽에 있는 마을. 仙女彈琴形의 명당이 있다 함.

▶山城里
보지바위: 산성골과 노성 사이에 있는 바위. 모양이 보지와 같은데 그대로 두면 이 부근 여자들이 바람이 나고 청년들이 變喪이 난다 하여 흙으로 덮어 놓음.
변상골: 보지바위가 있는 골짜기. 보지바위를 덮어 놓지 않으면 변상이 난다 함.
옥녀봉: 증골안 뒤에 있는 산. 玉女彈琴形의 명당이 있다 함.

▶月午里(다리실): 앞에 있는 계룡산의 모양이 달과 같다 하여 이런 이름이 생긴 것이라 함.

論山郡 城東面

▶定止里
갈매방죽: 정지와 원남리 사이에 있는 방죽. 渴馬飮水形의 명당이 있다 함.

論山郡 陽村面

▶山直里: 國師峰에 광산김씨의 묘지로 上帝奉廟란 땅이 있다. 자손이 크게 번성할 명당으로 소문 나 있음.

▶梧山里(오미)
舞袖재: 바랑산 남동쪽에 있는 고개. 상리에서 벌곡면 수락리로 넘어가는데, 仙人舞袖形의 명당이 있다 함.

▶林花里
無愁里: 잣정이 남서쪽에 있는 마을. 仙人舞袖形의 명당이 있다 함.

論山郡 鍊武邑

▶金谷洞
甄萱王墓: 서촌과 모청이 사이 금곡리 산 18번지 정상에 있는 큰 무덤. 지름 30, 높이 15척 가량으로 견훤의 무덤이라 함. 견훤이 아들 神劍에게 왕위를 빼앗기고 왕건에게 투항하여 왕건과 함께 신검을 쳐서 黃山에서 신검을 사로잡은 후 왕건이 신검을 죽이지 않는 것을 보고 분통이 터져 황산절에서 죽을 때, 내가 죽거든 〈내가 가장 사랑하는 完山(全州)이 보이는 곳에 묘를 써 달라〉는 유언을 하였으므로 완산이 보이는 이곳에 묘를 썼다 함. 1970년 황간견씨 문중에서 세운 〈後百濟王甄萱陵〉이란 비석이 세워져 있다. 1971년 6월 12일 山主 金某가 경기도 광주에 사는 全某에게 떼(잔디)를 팔아서 이곳 언저리 떼 8천여 장을 떴기 때문에 벌거숭이가 되어 보수가 시급하다고 함.

닭다리들: 육군 제2훈련소 연무대가 있는 버덩. 길이 25, 너비 1킬로미터가 되는데 이곳에서 옛적 말방울, 말굽쇠 따위가 많이 나오며, 정조 때 異人 李書九가 全羅監司가 되어 이곳을 지나다가 보고 칭찬하되, 〈金鷄抱卵形으로서 길 위로는 옥관자가 서 말이 나고 길 아래로는 겉보리 천 석이 나리라〉 하였는데, 지금 육군 훈련소가 되어 수천 명의 훈련병들이 아침에 나갔다가 저녁에 돌아오는 것이 마치 병아리떼 같으므로 그 말이 맞았다 함.

▶東山洞
澤里: 동산 서쪽에 있는 마을. 못이 있고 蓮花浮水形의 명당이 있다 함.

▶莘花洞
매곶이(山花): 갓못 북쪽에 있는 마을.

낮은 산이 곶(串)이 되었으므로 매꽂이 또는 산화라 하며 또한 五花之地의 하나로서 梅花落地形의 명당이 있다 함.
▶五花之地: 채운면과 연무읍에 걸쳐 있는 花 자 든 다섯 마을. 채운면의 화산리, 야화리, 용화리, 화정리와 연무읍의 신화리를 이르거나 연무읍의 송화리, 두화리, 신화리, 산화리와 채운면의 이화리를 이르는데, 이곳에 萬人可活之地와 아홉 정승에 여덟 판서(九相八判)를 낼 大地가 있다 함.
▶皇華亭洞
仙人峯: 구합선 뒤에 있는 산. 仙人舞袖形의 명당이 있다 함.

論山郡 連山面

▶高井里(붉적골, 赤寺谷, 거절터, 居正垈, 거정티)
沙溪先生山所: 쇠머리산(牛頭山, 高井山. 144m. 쇠머리 모양. 고려 光宗 때 恩津彌勒을 이 산에 있는 돌로 만들었다 함)에 있는 선조 때의 儒賢 사계 金長生의 무덤. 神道碑가 있고, 묘소 밑에 그 七代祖母 許氏 부인의 묘소가 있음.
忠壯峯(水落山): 고정리와 부적면 충곡리 경계에 있는 산. 140미터. 백제 때 계백 장군이 이곳에서 전사하고, 梅竹軒 成三問이 이 산밑에서 살았으므로, 그들의 충절을 찬양하여 충장봉이라 함.
▶官洞里(관창골, 관청골): 백제 의자왕 때 계백 장군이 신라의 소년 장군 관창을 사로잡아 그 義氣를 가상히 여겨 살려 보냈는데 다시 침입하므로 부득이 잡아 죽였으므로 관창골이라 함.
勵壇터(勵祭壇터): 관동 남동쪽에 있는 無主孤魂을 제사 지내던 勵祭의 壇 터.
▶德岩里(덕바우)
행경이(杏亭): 덕암 남동쪽에 있는 마을. 늙은 은행나무가 있음.
▶松亭里(소정이)
말무덤(階伯將軍墓, 百濟義塚): 궁장골 언덕에 있는 큰 무덤. 지름 6미터. 백제 의자왕 때 계백 장군이 정병 5천명을 거느리고 신라군과 싸우다가 몰살되어 이곳에 장사 지냈다 함.
北鷄(부계): 범골 동남쪽에 있는 마을. 닭이 알을 품은 형국이라 함.
소바우(牛岩): 북계 서쪽 산기슭에 있는 바위. 그 모양이 소와 비슷한데, 호남선 철로를 놓을 때 그 바위의 등을 잘라서 두 동강이 났음.
시정골(시장골, 屍葬谷): 대목재 아래 있는 골짜기. 백제 의자왕 때 신라 군사와 황산벌에서 싸우다가 죽은 백제

군사를 이곳에 장사 지냈다 함.

漢學마을: 상투를 틀고 한복을 입은 채 한학을 공부하는 20여 명의 사람들이 모여 사는 마을.

▶莘岩里

누르기재(黃山, 黃嶺峙, 天護山): 연산에서 벌곡면 한삼내로 넘어가는 고개. 352미터. 누르기 곧 천호산 줄기가 됨.

天護山: 연산면, 벌곡면, 두마면 경계에 있는 산. 산이 용마루같이 길게 6킬로미터 가량 남쪽과 북쪽으로 뻗어 갔으므로 누르기재 또는 黃山이라 하였다. 고려 태조 왕건이 후백제의 神劒을 一利川(星州)에서 크게 이기고 계속 추격하여 이곳에 이르러 항복을 받아 마침내 三韓을 통일하여 고려 왕조를 세우게 되었으므로 이곳을 하느님이 도와주신 산이라 하여 天護山으로 고치고, 산밑에 開泰寺를 크게 지어 고려 왕조의 무궁을 빌게 하였음.

▶漁隱里(은골, 어은동)

山所말: 은골 북쪽에 있는 마을. 명당 산소가 있다 함.

日音골: 은골 북동쪽에 있는 마을. 사방으로 높은 산이 둘러 있어서 해가 늦게 뜨고 일찍 져서 그늘이 많이 짐.

▶連山里(연산읍내, 읍내리): 본래 연산현의 소재지.

東軒터: 연산공원 아래에 있는 연산군의 동헌 터. 1914년 연산면사무소가 되었다가 청동리로 옮겨 가고 현재는 농촌 지도소임.

철솥(가마솥, 大釜, 大鐵): 연산공원에 있는 지름 3, 높이 1, 둘레 9.3미터의 큰 솥. 본래 천호리 개태사에 있던 것인데 개태사가 폐한 후 큰장마에 떠내려와 4킬로미터 지점인 연산리 앞 냇가에 파묻혀 있는 것을 이곳에 옮겨 두었음. 2차 대전 때 일본인들이 이 솥으로 무기를 만들려고 솥을 깨는데 별안간 일하던 사람들이 병들고 관계했던 사람들이 모두 중병에 걸렸으므로 크게 놀라 못 가져 갔다 함. 또는 이 부근 사람들이 죽어 염라대왕 앞에 가면〈네가 연산의 가마솥과 은진 미륵과 강경의 미나다리를 보았느냐〉고 물어 본다 하여 반드시 이 세 곳을 구경해야 한다 함.

▶梧山里(오구미, 龜山)

鰲龜山: 오구미 뒤에 있는 산. 자라 모양.

論山郡 恩津面

▶灌燭里

觀音大石佛(恩津彌勒, 彌勒佛): 관촉사에 있는 큰 돌부처.

灌燭寺: 般岩山 밑에 있는 절.

▶防築里
雪梅里: 매봉 앞에 있는 마을. 梅花落地形의 명당이 있다 함.

論山郡 彩雲面

▶三巨里
미나다리(渼橋): 삼거리 남서쪽에 있는 다리. 본래 이곳은 전라도에서 서울로 가는 길목. 그런데 큰 내가 있고 조수가 드나들며 장마나 큰눈에는 길이 막혀 피해가 막심함. 영조 4년(1728) 강경 사람들이 돈을 내고 중 미나가 감독하여 설치. 정월 대보름날 이 다리를 밟으면 1년 동안 건강하고 소원 성취한다는 소문이 있음.

▶禹基里(임금터)
배꽃(梨花): 우기리에서 가장 큰 마을. 梨花落地形의 명당이 있다 함.

唐津郡 大湖芝面

▶杜山里(두룡골, 杜龍洞)
懸燈穴: 하두 북쪽에 있는 작은 산. 현등혈의 명당이 있다 함.

▶馬中里
마새(馬沙): 중리 남서쪽에 있는 마을. 天馬嘶風形의 명당이 있다 함.

▶松田里

조총마루: 승선골 남서쪽에 있는 들. 이 부근에 將軍對坐形의 명당이 있다 함.

▶長井里
가루고개: 장정리에서 송전리로 넘어가는 고개. 渴牛飮水形의 명당이 있다 함.
맷골(梅花谷): 점말 서남쪽에 있는 마을. 梅花落地形의 명당이 있다 함.

▶赤鼠里(붉쥐): 지세가 老鼠下田形이라 해서 붙은 지명.

唐津郡 沔川面

▶城下里
蓮花峯: 동학굴 서쪽에 있는 산. 蓮花浮水形의 명당이 있다 함.

▶栗寺里(밤절)
매롱골(梅美里): 밤절 남쪽에 있는 마을. 梅花落地形의 명당이 있다 함.

唐津郡 石門面

▶蘭芝島里(난지도)
牛舞島(牛母島): 소난지도 남쪽에 있는 섬. 지형이 암소가 엎드린 것 같고 맞은편에 있는 자그마한 바위가 송아지 같다 함. 암자가 있음.

唐津郡 松山面

▶ 堂山里(당미, 당뫼)
  소뫼(소미, 牛山): 당미 동쪽에 있는 마을. 臥牛形의 명당이 있다 함.
▶ 道門里
  容齋墓: 한터 동쪽에 있는 중종 때 좌의정 용재 李荇의 묘.
▶ 東谷里(동목골)
  당목산(金鷄山): 하곡동 서쪽에 있는 산. 46미터. 산제당이 있음. 金鷄抱卵形이라 함.
▶ 梅谷里
  매리미(梅田里): 매곡리 중앙에 있는 마을. 梅花落地形의 명당이 있다 함.
▶ 明山里
  매봉산: 명산리 중앙에 있는 산. 伏雉形의 명당이 있다 함.
▶ 芙谷里(부거실)
  세덕산(쇠닭산, 金鷄山): 녹장골 북쪽에 있는 산. 金鷄抱卵形의 명당이 있다 함.
▶ 上巨里(윗그미, 윗그미)
  긔미(그미): 상거리에서 으뜸가는 마을. 뒷산에 蟹腹形의 명당이 있다 함.

唐津郡 松岳面

▶ 佳橋里
  매봉재(매봉산): 신암 동남쪽에 있는 산. 伏雉形의 명당이 있다 함.
▶ 佳鶴里
  五龍山: 가학리와 영천리 경계에 있는 산. 50미터. 五龍爭珠形의 명당이 있다 함.
▶ 盤村里(반바지, 盤所里)
  구씨집: 金盤形의 명당 터로 알려짐. 具氏 집은 마을 한복판에 세워져서〈집이 제자리에 앉았다〉고 전해 온다. 주인의 증조부대에 좋은 터를 잡아 서산 원평에서 이곳으로 이주함. 그의 조부는 일본 유학을 다녀왔으며 2대 민의원에 당선되었다 함. 아버지대에 재산이 줄었다가 지금은〈돈이 앞서가는 형편〉이다(김광언, 村山).
▶ 芳溪里(밤개, 방개)
  매봉재: 윗말 동남쪽에 있는 산. 伏雉形의 명당이 있다 함.
▶ 中興里
  고이탑뿌리(쾌탑뿌리): 절아래(寺下里) 남쪽에 있는 모롱이. 이곳에 持平 李莞과 그의 부인 고성이씨의 묘가 있는데 그 모양이 老鼠下田形이라 하여 고이(고양이)처럼 생긴 탑을 만들어 세우고 그 자손이 망하였다 함.
  재빗골(燕谷, 鳶飛): 절아래 동쪽에 있는 마을. 재 밑이 됨. 燕巢形의 명당이 있다 함.

唐津郡 順城面

▶ 白石里(흰돌, 흰들)
鳳巢山(九節山): 백석리, 봉소리, 성북리에 걸쳐 있는 산. 봉황이 깃든 형국이라 함. 萬代榮華之地의 명당이 있다 함.
▶ 楊柳里
卜政丞墓: 가재굴 남쪽에 있는 고려 개국 공신 卜智謙의 묘.

唐津郡 新平面

▶ 道城里(돼재, 道峙, 뒤재)
鷄鳴골: 양중이 서쪽에 있는 마을. 金鷄抱卵形의 명당이 있다 함.
▶ 梅山里
石花峯(梅山): 매산리와 부수리 경계에 있는 산. 45미터. 돌이 많음. 梅花落地形.
▶ 寒井里(찬우물)
주방골(쥐방골, 서방곡): 강동말 동쪽에 있는 마을. 老鼠下田形의 명당이 있다 함.

唐津郡 貞美面

▶ 德三里
三相벌: 덕삼리에서 가장 큰 마을. 삼정승팔판서(三相八判)가 날 명당이 있

다 함.
▶ 道山里
玉女峰: 벌말 남쪽에 있는 산. 玉女彈琴形이라 함.
▶ 天宜里
웃말유투나무: 위독골 가운데 있는 느티나무. 둘레 4-5아름. 이 나무를 건드리면 마을에 탈이 난다고 하여 가지 하나 다치지 못하게 함.
▶ 下城里
마새골(馬沙谷): 군댕이 서쪽 골짜기에 있는 마을. 天馬嘶風形의 명당이 있다 함.

唐津郡 合德邑

▶ 大典里(텃밭)
宮말(궁촌, 궁리): 대전리에서 으뜸가는 마을. 조선 제5대 문종의 왕비 현덕왕후 權氏가 이곳에서 나서 14세에 東宮의 비가 되고 24살에 단종을 낳고 그 이튿날 세상을 떠났음.

大德郡 九則面

대덕군은 전체가 대전광역시에 편입되었음. 구즉면은 대전광역시 유성구 구즉동이 되었음.
▶ 九龍里(구렁이): 지형이 구렁이와 같으

므로 붙은 지명.
- ▶ 垈洞里(댓골, 竹田)
  梅芳山: 큰댓골 뒤에 있는 산. 182미터. 梅花落地形의 명당이 있다 함.
- ▶ 鳳山里
  바구니(白雲里, 撲山里): 봉산리에서 으뜸가는 마을. 본래 撲山所가 있던 곳인데, 그 지형이 바구니와 같으며 金盤荷葉形의 萬代榮華之地가 있다 함.
- ▶ 龍山里
  五龍이: 용산 남쪽에 있는 마을. 五龍爭珠形의 명당이 있다 함.

大德郡 杞城面

현재 대전광역시 서구 기성동이 되었음.
- ▶ 關雎里
  느리울(老谷里): 신선암 남쪽 곧 구봉산 동북쪽 늘어진 골짜기에 있는 마을. 老鼠下田形의 명당이 있다 함.
  시룽골(시릉골, 琴洞): 관저리 서쪽에 있는 마을. 뒤 옥녀봉에 玉女彈琴形의 명당이 있는데, 옥녀가 거문고 타는 소리를 상징한 이름이라 함.
- ▶ 槐谷里(고릿골): 지형이 고리와 같으므로 붙은 지명.
- ▶ 道安里
  玉女峯: 가둔이 뒤에 있는 산. 142미터. 玉女織錦形이라 함.
- ▶ 梅老里: 梅花落地形의 명당이 있으므로 붙은 지명.
- ▶ 山直里
  五龍洞(오룡골): 산직말 북쪽에 있는 마을. 五龍爭珠形의 명당이 있다고 하며 宋參奉의 아들 오형제가 살았다 함.
  兎玉洞(토옥골): 비선말 서쪽에 있는 마을. 玉兎望月形의 명당이 있다 함.
- ▶ 元亭里
  掛燈山: 쇠퍼니 뒤에 있는 산. 掛燈穴이 있다 함.
- ▶ 坪村里
  길마루(질마루, 吉軒): 진벌 서쪽 아래에 있는 마을. 뒤에 낮은 산등성이가 길게 둘러싸고 있고 질흙이 남. 武萬文千이 날 길지라 하여 풍수객들이 四時로 드나듦. 276미터의 聖主峯 밑이며, 진펄이 臣字形이므로 무만문천의 인물들이 날 것이라 함.
  道詵바위(도선암): 진벌에 있는 바위. 신라 말에 도선이 이곳의 지형을 살펴보고 무만문천이 날 땅이라고 하며, 좋아서 이 바위에서 춤을 추었다고 함.
- ▶ 黑石里(거문돌, 거믄들, 琴坪)
  둔골(屯谷, 등꼴): 사진개 동북쪽에 있는 마을. 將軍大坐形과 掛燈形의 두 명당이 있다 함.
  물안이(水內): 거믄들 북서쪽에 있는 마을. 갑천이 빙 돌아 흐르는 안쪽이 됨. 蓮葉倒水形의 명당이 있다 함.

大德郡 東面

현재 대전광역시 구역.
▶內塔里(탑산이)
　수구막이: 塔山 앞 水口에 있는 나무. 탑산의 수구를 막기 위하여 느티나무와 소나무를 많이 심었는데, 현재 많이 없어지고 각각 10여 그루씩만 남아 있음.
▶馬山里(말미)
　柳氏夫人山所: 은골 뒤에 있는 은진송씨 始祖母 유씨의 묘소. 三聖七賢이 날 大地라 하여 유명함.
▶細川里(잔개울)
　메전(梅田, 山田): 가는골 서남쪽 산중턱에 있는 마을. 梅花落地形의 명당이 있다 함.

大德郡 山內面

현재 대전광역시 동구 산내동.
▶舊完里(舊完全): 寶文山 안쪽 깊은 골짜기에 있어 아주 아늑한데, 임진왜란 때 이곳으로 피란 온 사람은 모두 완전히 잘 살았으므로 完全이라 하였는데, 또 정유재란 때 완전 동남쪽 4킬로미터 지점 되는 所好里에 아늑한 산골에서도 또한 잘 피란하였기 때문에 이곳을 또한 完全이라 하게 되었으므로, 이름을 구분하여 이곳을 舊完全, 소호리 것을 新完全이라 하였음.
▶郞月里(망월낭이): 玉兎望月形이므로 붙은 지명.
▶大成里
　高山寺: 큰귀골 북동쪽 대성산 밑에 있는 절. 신라 말에 도선이 세웠다 함.
　깍대골(각덧골): 아래대성 뒤에 있는 골짜기. 風吹蘿帶形의 명당이 있다 함.
▶木達里(남달미)
　구파: 송절 남쪽에 있는 골짜기. 지네혈(蜈蚣穴)이 있다 함.
　樂洞: 송절 북쪽에 있는 마을. 梅花落地形의 명당이 있다 함.
　안골(內谷): 남달미 동쪽에 있는 골짜기. 산 안이 되는데 매우 아늑하여 피란처로 유명함.
▶無愁里(무쇠골, 水鐵里)
　큰산소: 유회당뜸 뒤에 있는 숙종 때 全義縣監 旅翁 權惟의 무덤. 瀛州山 밑이 되는데 仙人舞袖形이라 함.

大德郡 新灘津邑

현재 대전광역시 대덕구 신탄진동.
▶三政里
　소골(牛谷, 山村): 삼정골 남쪽 작은

골짜기에 있는 마을. 臥牛形의 명당이 있어서 삼정승이 날 자리라 함.

大德郡 儒城邑

현재 대전광역시 유성구에 속함.
▶ 甲洞里(갑골, 甲村所)
　맷들(梅坪): 갑동 남쪽 벌판에 있는 마을. 전에 황무지였는데 현재 개척이 잘 되었음. 梅花落地形의 명당이 있다 함.
▶ 九岩里(거북바위)
　둥둥봉: 산제골과 상대리 중동골 경계에 있는 산. 홍승지라는 지사가 이 봉우리에 올라서서 幼龍弄珠形의 명당을 바라보고 흥이 나서 둥실둥실 춤을 추었다 함.
▶ 弓洞里(활골)
　南鵲골: 장고개 북쪽에 있는 마을. 지형이 납작하며 까치집의 명당이 있다 함.
　장고개(長峴): 궁동 서쪽에 있는 큰 마을. 幼獐顧母形의 명당이 있다 함.
▶ 伏龍里
　숲거리: 새터말 청룡 쪽에 있는 길거리. 새터말의 水口를 막기 위하여 나무 수백 주를 심어서 지금은 숲이 울창함.
　朴山(耆隱山): 복룡리와 구암리 경계에 있는 산. 159미터. 꼭대기에 영조 때 암행어사로 유명한 기은 박문수의 아버지와 할아버지 묘소가 있음.
▶ 上垈里(위터)
　중동골(龍村): 둥둥봉 밑 골짜기에 있는 마을. 幼龍弄珠形의 명당이 있다 하며, 또는 유성현의 고을 터가 있음.
▶ 場垈里(장터): 유성장이 있으므로 붙은 지명.
　동자미(童子山): 장터 북서쪽에 있는 낮은 산. 仙童採花形의 명당이 있다 함.
▶ 智足里(지족실)
　갈미봉(渴馬山): 가마골 뒤에 있는 산. 150미터. 渴馬飮水形의 명당이 있다 함.

大德郡 鎭岑面

현재 대전광역시 유성구 진잠동에 속해 있음.
▶ 內洞里(진잠읍, 邑內)
　망골(마음골, 心洞): 읍내 동북쪽 들 건너에 있는 마을. 臥牛形의 명당이 있는데, 이곳이 소의 심장부가 된다 함.
▶ 龍溪里(미리머리, 밀머리)
　옥살미(玉山): 칼재울 남동쪽에 있는 마을. 玉兎望月形의 명당이 있다 함.
▶ 鶴下里
　별밭(星田): 학하리에서 으뜸가는 마을. 별봉 밑이 됨. 예로부터 兵火가 들어오지 못하는 곳이라 하여 유명함. 尤庵 宋時烈, 全齋 任憲晦 등 유명한

학자들이 많이 살았음.

大德郡 炭洞面

현재 대전광역시 유성구 탄동.

▶ 外三里(바깥새미레)

퇴고개: 산막 동쪽에 있는 고개. 외삼리에서 하기리의 텃골로 가는 데, 玉兎望月形의 명당이 있다 함.

▶ 秋木里(가래울)

萬仙洞: 숯골 동쪽에 있는 마을. 1927년에 水雲敎主 李相龍이 수운교 대법당인 天堂을 짓고 그 부근에 교인들의 마을을 이룩하여 만선동이라 명명함.

仙人洞: 우마장 남쪽에 있는 마을. 1927년 수운교주 이상룡이 교인촌을 신설하고 선인동이라 명명함. 自仙洞, 天福洞도 마찬가지임.

▶ 下基里(아래텃골)

초숫골(쵯숫골, 鳳基): 웃텃골 서쪽에 새로 된 마을. 북쪽에 玉兎望月形의 명당이 있고, 그 앞에 큰 못이 있는데 이름 모를 풀이 떠 있으므로 초숫골이라 하였다 함.

토끼울: 초숫골 북쪽에 있는 골짜기. 玉兎望月形의 명당이 있다 함.

大德郡 懷德面

현재 대전광역시 대덕구 회덕 1, 2동으로 되었음.

▶ 邑內里

造山: 읍내 남서쪽에 있는 산. 조그마한 산이 마치 만든 것처럼 생겼음.

大田市

속리산에서 추풍령을 거쳐 덕유산, 지리산으로 뻗어 가는 소백산맥이 덕유산을 지나 장수의 백운산(일명 영취산)에서 서북쪽으로 몸을 돌려 노령산맥을 만들어 낸다. 노령산맥은 진안 마이산을 거쳐 모악산으로 빠지는 한 가지가 있고 다른 한 가지는 북진하여 금산의 進樂山으로 뻗어 올라와 진산을 거치면서 양쪽으로 나누어진다.

서북쪽(청룡)은 대둔산을 거쳐 진잠의 産長山(계룡바위를 낳았다는 진잠의 진산)에서 回龍顧祖로 몸을 돌려 계룡산을 만들었다. 이 산에서 동북쪽으로 뻗어 온 산이 유성 뒤쪽의 백운봉, 도덕봉으로 이어지고, 다시 제2국립 묘지가 있는 甲下山, 우산봉, 금병산으로 이어져 갑천과 금강이 만나는 松江에서 끝난다. 계룡산에서 서쪽으로 뻗어 간 맥은 공주를 거쳐 부여 부소산에서 꼬리를 감춘다.

한편 진산에서 동북쪽(백호)으로 뻗어 가는 산맥은 옥천 西臺山을 거쳐 食藏山(옛 炭峴)을 만들고 다시 북진, 신탄진의 진산인 계족산을 일으킨 뒤 금강에서 멈춘다. 대전은 바로 이 양대 산맥 사이에 형성된 局이다. 보문산은 진산에서 만인산으로 뻗어 온 가운데 가지가 북진하여 대전 남쪽에서 우뚝 멈춰 선 산이다.

물의 흐름을 보면 장수 무주에서 시작된 금강 상류가 영동을 거쳐 옥천에서, 속리산에서 나오는 물과 합쳐 계족산 뒤편을 돌아 송강에서, 대전에서 나오는 갑천과 합해 공주, 부여, 강경, 군산을 거쳐 서해로 들어간다.

물의 흐름으로 볼 때 대전 지역의 중심은 청룡 쪽인 계룡산 지맥이 본류로서 회룡고조형의 태극을 이루고 금강 역시 이곳에서 물의 始原處를 되돌아보며 태극형을 이룬다.

다시 말해 山太極, 水太極의 형세가 대전 일대에 형성된다. 태극은 만물 생성의 기본 기가 응결되어 있는 근원처이다.

保寧郡 藍浦面

현재 보령군은 전역이 보령시로 승격되었음.

▶達山里(다리울, 달울, 달월): 뒷산이 달처럼 생겼으므로 붙은 지명.

▶三賢里(산줄, 삼줄): 산이 줄처럼 되었으므로 붙은 지명.

▶新興里(새말)
  매내(梅川): 봉촌 북쪽에 있는 마을. 梅花落地形의 명당이 있다 함.

▶陽基里
  참샛골: 윗텃골 동쪽에 있는 골짜기. 찬 샘이 있음. 飛鳥投林形의 명당이 있다 함.
  할미재: 하기 남쪽에 있는 고개. 老姑抱花形의 명당이 있다 함.

▶玉西里
  바람박기(發山): 월구리 서쪽에 있는 마을. 天馬嘶風形의 명당이 있다 함.

▶邑內里
  개굴봉: 남문거리 남쪽에 있는 산. 개구리처럼 생겼음. 長蛇追蝸形의 명당이 있다 함.

▶帝釋里: 신라의 마지막 임금 경순왕이 이곳에서 놀아서 金傅大王(경순왕)의 祠堂이 있다가 옥마산으로 옮겼으므로 제석골 또는 제석동이라 함.

保寧郡 鰲川面

▶永保里
  갈마무시(渴馬淵): 소해 북쪽에 있는 마을. 渴馬飮水形의 명당이 있다 함.

保寧郡 珠山面

▶野龍里
回龍골: 보검동 동쪽에 있는 마을. 지형이 용이 돈 것같이 생겼다 함.

保寧郡 周浦面

▶高亭里
高攢山: 주포면 고정리와 오천면 갈현리 경계에 있는 산. 하구재(鶴峴山) 줄기가 되는데, 李穉와 그 아들 之茂, 省庵 之蕃, 土亭 之菡과 지무의 아들 鳴谷 山甫의 묘가 있어서 유명함.
李土亭墓: 고만 서쪽에 있는 토정 이지함의 묘소.
▶保寧里
東軒(郡廳터): 성재 북쪽에 있는 전보령군 동헌 터. 1914년 보령군청이 대천으로 옮겨 가고 현재 중학교가 되었음.

保寧郡 川北面

▶落東里
빙섬(氷島, 美人島): 본궁 남쪽에 있는 섬. 미인이 많이 난다 함. 오천면 교성리, 영보리, 소성리에 걸쳐 있는 相思峯은 215미터로 鰲川八島의 하나로서, 미인도에 있는 미인을 생각나게 함.

▶沙湖里
선학골(서낙굴, 仙鶴洞): 통개 동남쪽에 있는 마을. 봉화산 밑이 되는데, 신선이 학을 타고 노는 형국이라 함.
▶長隱里
맹이(매조, 梅香里): 진구지 동남쪽에 있는 마을. 梅花落地形의 명당이 있다 함.
▶鶴城里
五龍洞: 중랑골 남쪽에 있는 마을. 五龍爭珠形이라 함.

保寧郡 青蘿面

▶玉溪里
掛燈: 수닌말 서쪽에 있는 산. 괘등형의 명당이 있다 함.

保寧郡 青所面

▶野峴里
비얏들(飛野坪, 井野里): 통골 북동쪽 들에 있는 마을. 나는 기러기가 들로 내리는 형국이라 함.

扶餘郡 窺岩面

▶窺岩里(엿바위)
엿바위(규암): 수북정 동쪽 밑에 있는

바위. 앞은 벼랑이 되고 뒤에는 산으로 되어 있어서 바위가 마치 엿보는 것처럼 머리만 조금 내밀었음. 풍수에서 금기로 여기는 窺峯 개념과 같음.

▶羅福里: 지형이 소라가 엎드린 형국이라 螺伏이라 하였음.

美女峯: 나복 서쪽에 있는 산. 형국이 美女丹粧形.

바랑굴: 월구리 서쪽에 있는 마을. 근처에 老僧禮佛의 형국이 있다 함.

▶扶餘頭里(부여머리)

萬家垈: 진등에 있는 마을. 백제 때 이곳에 1만 호가 살았다 함. 가운데 萬家戶샘이 있는데, 1만 호가 이 샘을 먹고 살았다 함.

▶外里(바깥말)

金鳳里(檢卜里): 외리에서 가장 큰 마을. 金鳳抱卵形의 명당이 있다 함.

扶餘郡 內山面

▶溫蟹里

尹學士墓: 온수 북쪽 산기슭에 있는 尹集의 묘. 병자호란 때 斥和臣으로 잡혀 만주 심양에서 화를 당하였는데, 종이 그의 의복을 가져 와서 이곳에 장사 지냈음.

▶珠岩里

鹿礑里: 숙동 북서쪽에 있는 마을. 渴鹿飮水形이라 함.

扶餘郡 石城面

▶碑堂里

소롱골: 비당 남쪽에 있는 골짜기. 掛燈形의 명당이 있다 함.

소반챙이(小盤村): 상리 북쪽에 있는 마을. 뒷산이 소반처럼 생겼고 金盤形의 명당이 있다 함.

▶石城里

꽃고개: 석성 서쪽에서 봉정리로 가는 고개. 蓮花浮水形의 명당이 있다 함.

蓮花: 양지뜸 남쪽에 있는 마을. 뒷산이 蓮花浮水形이라 함.

扶餘郡 世道面

▶歸德里

대찻말: 군문이 서쪽에 있는 산. 將軍大坐形의 명당이 있다 함.

扶餘郡 外山面

▶萬壽里

無量寺: 임수대 북쪽 만수산 밑에 있는 절. 앉은 부처가 우리나라에서 가장 크다 함. 세조 때 생육신의 하나인 매월당 김시습이 이곳에 피신하여 살다가 죽었음.

扶餘郡 恩山面

▶ 佳中里

미녀봉: 가중 남쪽에 있는 산. 玉女彈琴形의 명당이 있다 함.

▶ 敬屯里

洪政丞墓: 정수터 북쪽에 있는 세조 때 영의정 洪允成의 묘.

▶ 新大里

獅子峯: 새터 앞에 있는 산. 모양이 사자처럼 생겼는데, 獅子仰天形의 명당이 있다 함.

▶ 恩山里

恩山別神堂: 당산 서쪽 기슭에 있는 신당. 북쪽 벽에 산신령의 그림 족자를 모시고 3년마다 한 번씩 2월 중순이나 하순에 부여를 비롯하여 공주, 청양, 보령, 서천 등 고을 사람들이 모여 제사를 지내는데, 그 규모가 굉장하여 은산별신굿으로서 유명함. 전설에 의하면 백제가 멸망한 후 이곳에 괴질이 있어서 하루에 수백 명씩 죽어 이 지역이 거의 비게 되었는데 한 노인의 꿈에 군복을 갖춘 건장한 장수가 나타나, 〈나는 백제의 장군인데 나라를 위하여 많은 공을 세웠으나 나당연합군을 맞아 이곳에서 싸우다가 衆寡不敵으로 할 수 없이 군사와 함께 전사하여 이곳에 묻혔는데, 이 뼈들을 잘 거두어 장사 지내고 3년에 한 번씩 제사를 지내 주면 이 病魔를 모두 몰아내 주리라〉 하므로 그 말을 좇아 행하여 오는 것임.

▶ 洪山里

檢山里: 홍산리에서 가장 큰 마을. 앞산에 玉女彈琴形의 명당이 있다 함.

扶餘郡 場岩面

▶ 上黃里(위누른다리)

林川趙氏始祖墓: 오암 아래 있는 큰 무덤 셋을 왕릉이라 한다. 그 왕릉 옆에 있는 임천조씨 시조 趙天赫의 무덤. 玉女織錦形의 명당이라 함.

▶ 紙土里

三台山: 태동 뒤에 있는 120미터의 산. 三台星처럼 생겼다 함.

扶餘郡 草村面

▶ 新岩里(신뜸)

보각골(보갑골, 보각리): 구멍골 동북쪽에 있는 마을. 구멍골 동북쪽에 있는 마을. 洑의 가가 됨. 寶劍藏匣形의 명당이 있다 함.

扶餘郡 忠化面

▶ 靑南里

時南(臣仰里): 청등 동남쪽에 있는 마을. 상제봉 아래가 되는데, 신하가 상제를 우러러보는 형국이라 함.

두리봉(무우제봉, 周峯祭舊地, 上帝山, 聖主山): 충화면 청남리, 오덕리, 가화리, 현미리에 걸쳐 있는 223미터의 산. 모양이 둥글게 되었음. 가뭄이 심할 때 이곳에서 무제(기우제)를 지냈음. 이 산에 上帝奉朝形의 명당이 있다 함.

▶ 八忠里: 백제 시대 成忠, 階伯, 興首, 福信, 遲受信 등 八忠臣이 이곳에서 났다 하여 팔충리라 함.

瑞山郡 近興面

현재 태안군 근흥면.

▶ 安基里(안터)

雲洞: 궁틀 북쪽에 있는 마을. 그 지세가 雲中半月形이라 함.

瑞山郡 大山面

현재 서산시 대산읍.

▶ 大山里

沒泥山: 대산리와 대로리 사이에 있는 167미터의 산. 金龜沒泥形의 명당이 있다 함.

▶ 雲山里

갈마리(갈머리, 갈두): 지새 북쪽에 있는 마을. 渴馬飮水形의 명당이 있다 함.

瑞山郡 浮石面

현재 서산시 부석면.

▶ 江堂里

시어지(詩洞): 강촌 동쪽에 있는 마을. 詩人이 많이 났다 함.

懷安大君墓: 동산정에 있는 태조의 제4남 회안대군 芳幹의 묘. 그런데 이것은 『한국지명총람』의 기록이고 필자의 답사에 의하면 회안대군의 묘소는 전북 완주군 용진면 금상리에 있는 것이 확인되었으므로 이 기록은 틀린 것이 분명함.

瑞山郡 瑞山邑(現 瑞山市)

▶ 天下最大名穴: 〈서산 땅에 있는 지구상 최대 음택 명당은 紫微垣局으로 세계 통일의 대제왕이 날 자리요 다스리는 인구가 72억이다. 이미 찾아 놓았고 지금이 쓸 시기다〉라는 주장을 하는 사람도 있음(손석우).

▶ 葛山里

산뒤(산디, 山北): 갈티 남서쪽에 있는

마을. 飛龍山(280m. 용이 하늘로 날아 올라가는 형국) 뒤에 있음.
▶ 德之川里(덕지내)
배다리: 참샘 옆에 있는 다리. 전에 이 곳까지 배가 닿았다 함.
▶ 洞門里(동문거리)
장대바기: 동문 동남쪽에 있는 마을. 장대가 박혀 있었음.
▶ 石南里
瑞山鶴渡來地: 서염교 북방 150미터, 남원 마을에 있는 은행나무 동방 59미터에 걸쳐 있는 곳. 학이 많이 와서 살고 있으므로 천연 기념물 제100호로 지정되어 〈鶴渡來地〉의 표석이 서 있음.
▶ 石林里
가마못터: 청천못터 아래에 있는 가마못의 터. 이무기가 살고 있어서 이 근처에 소를 매어 두면 이무기가 잡아먹어서 고삐만 남았다 함.
만댓봉(望遠臺峯, 望鄕臺, 鄭先生員外郞望遠臺): 현재 석림여중 오른쪽에 있는 산. 고려 고종 때 송나라 浙江 사람 鄭臣保가 淺水灣에 있는 간월도에 상륙하여 高昌縣 사람(현재 덕산) 吳永老의 딸을 아내로 얻어서 鄭仁卿을 낳아 서주정씨의 시조가 되었는데, 늘 이 산에 올라가서 고향을 바라보았다 하며, 그 자손들이 비를 세워 기림.
舞石: 대숲말 동쪽에 있는 마을. 큰 바위가 있는데 그 모형이 마치 사람이 춤을 추고 있는 형상이라 함.
鄭仁卿墓: 망향대에 있는 襄烈公 鄭仁卿의 무덤.
▶ 良垈里
神巫山: 양대 동쪽에 있는 산. 무당이 춤추는 형국.

瑞山郡 安眠邑

현재 태안군 안면읍. 이 섬이 지네를 닮았다 하여 기와집을 짓지 못하게 함. 지붕에 지네가 깃들면 결국 기와가 흔들리고 이에 따라 불행이 닥치리라 여긴 것 (김광언).

白砂水道: 안면읍과 남면 사이에 있는 물길. 본래 안면도가 남면과 연륙되어 곶을 이루었는데 조선 인조 때 태안아전 房景휘이 충청감영에 진정하여 당시 충청감사 김유가 이곳을 끊어서 적돌강의 배가 서해로 통하게 해서 안면도를 도는 2백여 리의 뱃길을 질러가게 했음. 이것이 우리나라 운하의 효시가 됨.
▶ 承彦里
長門: 승언리에서 가장 큰 마을. 將軍佩劍形이라 함.
▶ 黃島里
黃島(荒島): 황도리를 이룬 섬. 적돌강

가운데 있는데, 산과 논이 없고 오직 밭만 있어서 보리가 익으면 온 섬이 누렇게 보임.

瑞山郡 雲山面

현재 서산시 운산면.
▶ 壽坪里
　玉女峯: 원마루 뒤 북쪽에 있는 산. 玉女織錦形이라 함.
▶ 新昌里
　象王峯開心寺: 개심사 터는 金象形이라는 설이 있음.
▶ 龍賢里
　용나름(龍飛洞): 보현동 남쪽에 있는 마을. 용나람 못이 있음. 뒷산에 飛龍上天形의 명당이 있다 함.

瑞山郡 遠北面

현재 태안군 원북면.
▶ 防葛里
　소리섬(筏島): 장구섬 서남쪽에 있는 섬. 옥녀가 장구(장구섬)를 메고 이 섬에서 소리를 내는 형국이라 함. 모양이 떼처럼 생겼다 함.

瑞山郡 音岩面

현재 서산시 음암면.
▶ 道堂里
　화락이(花落): 왕시랑이 북쪽에 있는 마을. 梅花落地形이라 함.
▶ 栗木里
　台薇山: 산 중턱에 開雲庵이 있고 부근에 기우제를 지내던 터가 있음.『湖山錄』에 의하면 이 산 양지 바른 곳에 兵使 李維誠의 先塋이 있는데 그 후손들이 서산에서 가장 번창하고 벼슬도 많이 한다고 기록되어 있음.
▶ 塔谷里
　가금외말(烏村): 중곡 서쪽에 있는 마을. 艮午之間(간대산과 오촌 사이)에 避亂之地가 있다 함.

瑞山郡 仁旨面

현재 서산시 인지면.
▶ 艾井里
　쑥당터(舞鶴堂터): 쑥댕이 마을에 있는 신당의 터. 예전에 장사하는 여인이 이곳에서 아이를 낳아서 쑥으로 덮어 놓고 갔다가 돌아와 보니 학이 아이를 품고 있었으므로 그 아이를 무학이라 하였는데, 그 아이가 곧 무학대사이므로 이곳에 당을 짓고 기념한다 함.

瑞山郡 地谷面

현재 서산시 지곡면.
▶ 大要里
  鄭忠信墓: 국사봉 남쪽 기슭에 있는 錦南君 정충신의 묘. 밑에 사당이 있음.

瑞山郡 海美面

현재 서산시 해미면.
▶ 冬岩里(역말)
  玉女峯: 역말 북쪽에 있는 산. 玉女彈琴形이라 함.
▶ 堰岩里
  玉女峯: 언암리에 있는 산. 모양이 단정해서 玉女彈琴形이라 함.
▶ 造山里: 해미읍의 虛한 곳을 裨補하기 위하여 조그마한 산을 만들고 숲을 조성했으므로 붙은 지명.

舒川郡 麒山面

▶ 光岩里
  등굴(燈谷): 빛고개 서남쪽에 있는 마을. 뒷산에 掛燈穴이 있다 함.
▶ 山亭里(산넘말)
  玉女峯: 외산리 동쪽에 있는 산. 玉女彈琴形이라 함.
▶ 永慕里

  가지고개(加知峴): 영모암 북쪽에 있는 고개. 목은 李穡의 산소가 있음.

舒川郡 東面

현재는 다른 면에 귀속됨. 水城里에 雲中落梅라는 길지가 있는데 申氏 부자가 거주하고 있다는 기록이 1930년대에 있음(村山).

舒川郡 馬山面

▶ 軍干里(군간이)
  戰場山: 고래기 북쪽에 있는 산. 將軍大坐穴이 있다 함.
▶ 馬鳴里
  馬山: 말못골의 동쪽에 있는 마을. 마산 밑이 되며, 이 부근에 馬伏穴이 있다 함.

舒川郡 馬西面

▶ 道三里(도사미)
  본옴지(본오지, 大雁, 大汗里): 원도삼 북쪽에 있는 마을. 平沙落雁形의 명당이 있다 함.
▶ 松內里(솔안)
  九切: 송내 북서쪽에 있는 마을. 山來龍이 아홉 군데나 끊어졌다 함.

舒川郡 文山面

▶文章里
  나분배: 득낙이 남쪽에 있는 마을. 넓은 바위가 있음. 배 형국이 되어서 동네에 샘을 파면 망한다 함.

舒川郡 西面

▶月湖里
  玉女峯: 월하성 남쪽에 있는 산. 玉女織錦形의 명당이 있다 함.

舒川郡 舒川邑

▶新松里
  곰솔: 높이 25, 둘레 5미터의 곰솔나무. 수령 약 4백 년. 매년 정월 초사흗날 밤 12시에 마을 사람들이 모여 당산제를 지내는데 자손이 없는 사람이 祭主가 되어 일주일 동안 목욕하고 제를 지내면 자손을 얻을 수 있으며 당산제를 지내야 마을에 재앙이 없고 평안을 누릴 수 있다고 함.

▶花城里
  대마굴(淡花): 화성리에서 으뜸가는 마을. 蓮花浮水形이라 함.

舒川郡 時草面

▶仙東里: 마을의 지세가 仙人讀書形이라 하여 仙洞이라 함.
  飛龍峯: 한강리 북쪽에 있는 산. 飛龍上天形의 명당이 있다 함.

▶仙岩里
  갈머리(葛馬): 생바위 서쪽에 있는 마을. 渴馬飮水形의 명당이 있다 함.

▶新興里(새울, 草里)
  丘秉喜의 집: 조선의 풍수에는 臥狗形이라 했으나 현지 확인 결과는 起牛形. 구씨 집에서는 집 뒤의 낮은 언덕이 소가 일어나는 모습이어서 가운이 흥왕하리라고 여겨 왔다(김광언). 新爲里에 狗臥形이란 길택지가 있다는 기록도 있음(村山).

▶豊亭里
  白氏始祖墓: 행정 뒷산에 있는 백씨 시조 묘.

舒川郡 長項邑

▶聖住洞(성줏골)
  連毛里(연모노리): 성주동에서 가장 큰 마을. 蓮花浮水形의 명당이 있다 함.
  감투봉(將軍峯): 성주동과 마서면 송내리 경계에 있는 산. 1백 미터. 모양이 감투처럼 생겼는데, 將軍大坐形의 명당이라 함.
▶松林洞(목리): 목처럼 생겼으므로 붙은 지명.
▶玉南洞
　날머리(飛頭里): 옥남동 동쪽에 있는 마을. 平沙落雁形의 명당이 있다 함.
▶玉山洞
　峰根里: 가장멀 동쪽에 있는 마을. 寶劍出匣形의 명당이 있다 함.
▶元水洞
　원모루(元毛里): 세멀 동쪽에 있는 마을. 走馬奪鞍形의 명당이 있다 함.
▶長岩洞
　질구지개(伎伐浦, 只火浦, 孫梁, 長岩浦, 舒川浦, 白江, 鎭浦): 질구지 앞에 있는 개. 금강 입구가 되는데 백제 충신 성충이 의자왕에게 간하기를 〈만일 다른 나라 군대가 쳐들어오거든 육군은 숯고개(炭峴)를 넘지 못하게 하고 수군은 伎伐浦에 들어오지 못하도록 하소서〉 하였으나 왕은 깨닫지 못하고 한만히 있다가 나당 연합군에게 망하였음. 그 기벌포가 바로 이곳이라 전해짐.

舒川郡 種川面

▶郞坪里
　솟동메(鼎坪): 낭골 동북쪽에 있는 마을.

이 부근에 伏種形의 대지가 있다 함.
▶堂丁里
　뚜두렁이(堂谷): 당정리에서 으뜸가는 마을. 신당이 있어서 굿을 하느라고 날마다 뚜두럭거렸다 함. 伏種의 대지가 있는데, 그 북을 치는 소리라 함.

舒川郡 韓山面

고려 때 한산이씨 조상이 가난하여 서천 관아에서 사환 일을 했다. 그런데 郡廳 東軒 중앙에 깔아 둔 널판이 썩어 해마다 새 나무로 바꾸는 사실을 알았다. 그 이유는 이 터가 大地이며 生氣가 왕성하기 때문이었다. 그는 그곳에 조상 유골을 暗葬, 후손이 성공했다고 한다. 후손이 지방 순찰 중 청사 중앙 청마루 밑에서 유골을 발견, 자기 돈으로 청사를 딴 곳에 지어 옮기게 하고 그곳에 무덤을 만들어 한산이씨 始祖墓로 함. 현재 묘비에는 〈高麗戶長李公之墓〉라고 되어 있다(村山).
▶丹下里(아래단정이)
　왕재: 장중 뒤에 있는 산. 봉우리가 王字形으로 생겼음.
▶童山里
　동자북: 동산리에서 으뜸가는 마을. 동자가 북을 치는 형국이라 함.
▶種芝里
　月南李商在先生生家: 민중 계몽과 독

립운동가였던 월남 이상재의 생가. 목조 초가 삼 칸으로 안채와 사랑채가 1981년 복원됨(『활기찬 서천』).
- ▶竹村里
  金盤形: 대실 북쪽에 있는 산. 금반형의 명당이 있다 함.

牙山郡 道高面

현재 아산군은 모두 아산시로 승격되었음.
- ▶柿田里(감밭)
  말무덤: 망덕 아래쪽에 있는 말의 무덤. 임진왜란 때 교위 南國傑이 경기도 삭령에서 전사하였는데 그 타던 말이 그의 의관을 물고 고향인 이곳으로 와서 죽었으므로, 衣冠葬으로 망덕 위에 무덤을 쓰고 그 아래인 이곳에 그 말을 묻었음.
  목당날: 신류지의 도고 저수지 왼쪽에 있는 산부리. 方氏의 무덤이 있는데 지사의 말이 〈이곳에 배가 뜨면 망할 것이다〉하였는데, 과연 도고 저수지를 쌓느라고 이곳을 파매, 무늬 있는 돌이 나왔음.
- ▶新柳里
  버들(柳洞): 벌말 남서쪽에 있는 마을. 鶯巢柳枝形의 명당이 있다 함.
- ▶瓦山里
  망턱: 안피미 동북쪽에 있는 고개. 안피미의 白虎가 되는데, 이곳이 낮아지면 안피미가 쇠해진다 하여 가끔 흙으로 보충함.
- ▶孝子里
  연봉정(大召亭): 효자리에서 가장 큰 마을. 蓮花浮水形의 명당이 있다 함.

牙山郡 屯浦面

- ▶鳳在里
  말씹샘: 마정리에 있는 우물. 말의 음부처럼 생겼다 하는데, 물이 많이 나서 옛날 말꾼들이 말을 몰고 가다가 이 샘물을 먹였다 함.
  鳳林: 장재울 서쪽에 있는 마을. 뒷산의 모양이 봉황처럼 생겨서 飛鳳投林形의 명당이 있다 함.

牙山郡 排芳面

- ▶葛梅里(그머리): 거머리처럼 생겼으므로 붙은 지명.
- ▶公須里(공술)
  갈울(葛洞): 오류동 남쪽에 있는 마을. 渴馬飮水形의 명당이 있다 함.
- ▶世出里(세나리): 世出將相之地의 명당이 있으므로 붙은 지명.
- ▶水鐵里(쇠일, 수일)
  마릿골(梅谷): 안소일 북쪽 등너머에

있는 마을. 임진왜란 때 왜인이 이 산을 끊어서 인재가 아니 난다 함.
▶ 長在里(大棗院, 대추리, 장재울)
蓮花洞: 연화봉 아래에 있는 마을. 蓮花浮水形의 명당이 있다 함.

蓮花峯: 쑥고개 북쪽에 있는 산. 연꽃 모양으로 매우 수려함. 蓮花浮水形의 명당이 있다 함.

▶ 中里
杏壇: 중리 300번지. 온양 古佛 孟思誠(1360-1438, 세종조의 좌의정, 淸白吏)의 생가를 杏壇이라 함. 풍수에서 음양은 일반적 의미와 다르다. 산이 높고 험하면 음이고 부드럽고 낮은 것이 양이다. 마을이나 집의 경우, 주위에 있는 높은 산은 음이고 마을(가옥)은 양이다. 따라서 높은 산이 있는 곳은 2층 이하의 낮은 집을 지어야 음양의 조화가 이루어진다.

먼저 대지의 모양은 원만하고 방정해야 한다. 여기에다 지질은 신선도가 뛰어나야 하고 수질은 맑고 담백한 것을 최고로 친다. 울타리는 가옥과 음양이 조화되고 통풍이 가능해야 한다. 특히 가옥의 외벽과 울타리 사이에는 바람이 감돌 수 있도록 하는 것이 이상적이다. 또 담이 집에 비하여 높으면 陰相이요, 낮으면 陽相인데 양택에서는 양상을 길하다고 본다.

대문의 모양은 가옥과 비교하여 너무 크지도 작지도 않아야 한다. 문을 열고 닫는 방향은 울타리 내부에 있는 문과 동일하지 않아야 하며 이웃집 출입문과 대면하고 있으면 흉하다. 습기의 공급은 알맞게 조절되어야 하는데 담 밖의 습기는 담장으로 조절하고 정원에 있는 습기는 창문으로 조절해야 바람직하다. 가옥의 지붕은 사람의 머리와 같다. 따라서 외관상 복잡하거나 너무 높거나 낮아도 흉상이다. 지붕은 모양이 평범하고 단순한 것이 길상이다.

이 밖에도 실내의 밝기는 적절해야 하는데 너무 밝으면 사람이 외향성이 되어 들뜨기 쉽고 너무 어두우면 우울해진다. 아무튼 양택의 경우 중요한 것은 어떤 집이냐보다는 어디에 위치했는가가 중요하다. 杏壇이라 한 것은 맹 정승이 손수 심은 은행나무(620)가 두 그루 있기 때문이다.

ㄷ字形 본채는 우리나라 살림집으로는 가장 오래된 것으로 고려 시대 건축 양식을 그대로 지니고 있다. 마치 쪽을 찐 전형적인 우리나라 미인을 연상케 한다. 본채 뒤편에는 맹 정승과 그의 부친 東浦 孟希道(고려 때 제학, 정몽주의 친구)의 위패를 모신 사당이 있다.

소백산맥에서 흘러 온 용이 천안의 왕

자산을 지나 차령고개에 이르고 여기서 다시 光德山으로 이어진다. 광덕산의 맥이 북으로 치달려 雪華山을 맺으니 이 산이 鎭山이다. 설화산에서 백호 쪽으로 태양 금성(양기를 띤 둥근 산)을 이룬 산이 입수산이고 여기서 장막을 펼친 듯 형국을 이뤄 한 계단 아래 북향으로 본채(혈의 자리)를 잡았다(未坐丑向).

좌우에는 서남쪽에서 동북쪽으로 흐르는 작은 시냇물이 감싸고 있고 앞의 안산(배방산)은 신선의 모양을 하고 있어 가히 사대부가 기거할 만한 땅이다. 특히 진산인 설화산이 재주꾼으로 생겼으면서도 중후해 재기와 덕기를 아울러 갖추고 있다. 안산 앞의 금곡천은 남동쪽에서 흘러 와 북서쪽으로 빠져 나가고 있다. 집터 양쪽에서 흘러 오는 물이 금곡천에서 합해지고 금곡천은 안산 쪽으로 활 모양의 형세를 띠고 서서히 흘러 가니 기를 가득 담은 형세 또한 뛰어나다고 하겠다.

행단의 경우 안산인 배방산이 집터보다 약간 높아 위압감을 주지만 본채 대청에서 보면 절묘하게도 배방산의 가장 낮은 부분을 향해 방향을 잡고 있어 위압감은 상대적으로 줄어들게 되어 있다. 배방산의 신선형 모습에서 맹 정승의 뛰어난 음악적 재질이 나왔

다고 수강은 설명한다. 이는 현재 유품으로 전하는 옥피리가 말해 주듯 맹 정승은 소를 타고 즐겨 피리를 불었다. 뿐만 아니라 세종조에 정리된 고려 시대 음악은 대개 맹 정승이 편찬한 것들이다.

그러나 청룡이 쭉 뻗은 칼(刀劍砂)처럼 생겨 다소 흉한 일이 따를 수밖에 없다고 하는데, 이는 맹 정승의 일시 유배(태종 때)에서 입증된다(최영주).

아버지의 친구(정몽주)는 고려에 순절했는데, 그 아들이 조선에 충성했다는 것과 본래 이 터가 최영 장군이 살던 곳으로 맹 정승의 조부인 맹유에게 물려 준 것이라는 사실에서 毁節 문제를 검토해야 할 듯함(1992년 답사 메모에서).

▶回龍里: 지형이 回龍顧祖가 되었으므로 붙은 지명.

牙山郡 仙掌面

▶宮坪里

五龍洞: 궁평리에서 가장 큰 마을. 五龍爭珠形의 명당이 있다 함.

▶獐串里(노루지): 지형이 노루의 머리와 같이 들 가운데가 깊이 들어가서 갯가에 임했으므로 붙은 지명.

牙山郡 松岳面

▶江長里
지레(지라, 지라리): 강장 서쪽 산속에 있는 마을. 지형이 지라와 같다 하며, 玉女織錦形의 명당이 있다 함.

▶東花里
분틋골: 상서리 중앙에 있는 마을. 粉土가 남. 飛鳳歸巢形의 명당이 있다 함.

▶首谷里(머리서리)
명지게미(明谷): 머리서리 남서쪽에 있는 마을. 玉女織錦形의 명당이 있다 함.

▶外岩里(오양골)
巍岩里(외암리): 마을 이름은 이곳에 처음 들어와 자리를 잡은 李柬(1677-1727)의 호에서 왔다. 그는 江門八學士의 한 사람으로 人物同性論을 학문의 근본으로 삼아 洛論을 형성하였으며 글씨로도 이름이 높았다. 순조 때 이조판서에 추증되고 온양의 외암서원에서 제사를 받들고 있다. 집터는 筆筒形. 그래서 학자가 많이 나온다고 함(김광언).

▶種谷里(북실)
통미: 양지뜸 건너편에 있는 외딴 산. 巳頭穴이라는 고령신씨의 묘가 있음.

牙山郡 鹽峙面

현재 아산시 염치읍.

▶江淸里(강척골)
속냇말: 아래말 동쪽 고개 너머, 곧 서원리의 기와내 옆에 있는 작은 마을. 臥牛形의 명당이 있다 함.

▶東亭里(독정이): 큰 우물이 있으므로 붙은 지명.

德潮堂터: 웃말 뒤에 있는 덕조당의 터. 숙종 때 侍直 趙泰萬이 처가인 이곳에 와서 살면서 강당으로 이 집을 짓고 〈조수가 중방리 미륵벌을 지나가면 어진이들이 쏟아져 난다〉는 토정 이지함의 말을 따라서 덕조당이라 함. 현재는 미륵벌 위까지 조수가 들어오고 있음.

▶白岩里(뱀밭): 뱀 모양의 산이 둘러쌌으므로 붙은 지명.

▶山陽里
東深山: 영인산 남쪽 산양리에 있는 산. 고려 공민왕이 태를 이곳에 묻었다가 얼마 안 가서 영남 金山으로 옮겼다 하는데, 마을 사람들은 이 자리를 탐내 暗葬을 하면 날이 가문다 하여 기어이 찾아내어 파내 버림.

▶書院里
애기업은바위(負兒岩): 원골 뒷산에 있는 바위로 어금니와 흡사하게 생겼다.

아산군의 이름이 이것으로 인하여 생겼다 함.
▶ 鹽星里
鹽峙: 염티마을 뒤에 있는 산. 돌이 모두 희어서 소금과 같이 보인다 함. 이 산 이름을 따서 염티면이라 함.
▶ 中方里
미륵내(彌勒川): 미륵이 있는 쪽의 내. 이지함의 말이 〈이곳에 조수가 지나가면 名賢이 많이 난다〉 하더니, 과연 지난 을축년(1925)부터 조수가 지나가기 시작하였다 함.

牙山郡 靈仁面

▶ 牙山里
부처바위(아금이바위, 佛岩, 負兒岩): 영인산 북동쪽에 있는 바위. 3백 미터 가량 죽 벌어져 있는데, 그중 가장 큰 것이 부처처럼 생겼음. 그 모양이 매우 기괴함으로 말미암아 아산 아전들이 음흉하고 간사하여 관장을 해쳐서 원들이 미치거나 바보가 되어 3년에 다섯씩 갈아들이게 되었다. 세조 5년(1459)에 관찰사 黃孝源이 나라에 아뢰어 아산 땅을 갈라서 온양, 평택, 신창에 붙이고 관사와 관청 논밭은 그 때 佐翼功臣 黃守身에게 주었는데 아산에 사는 判中樞 金鉤와 청산현감 趙圭가 상소하여 복구하기를 꾀하였으나 여러 해를 두고 미루기만 하다가 세조 11년(1465)에 세조가 이웃 온양온천에 거둥함에, 조규 등이 직접 아뢰어 겨우 아산현으로 복구되었다. 선조 때 명현 토정 이지함이 통인에게 해를 입은 것도 이 바위 탓이라 함.
▶ 臥牛里: 뒷산 모양이 臥牛形이라 하여.

牙山郡 溫陽邑

현재는 아산시 온양온천 1, 2동으로 되어 있음.
▶ 草莎里(사래)
開花내(開花川, 開興里): 갱티 옆에 있는 마을. 지형이 삼태미처럼 아늑하고 꽃이 일찍 핌.

牙山郡 陰峯面

▶ 東川里
수안이: 뒷내 남쪽에 있는 마을. 동천천이 앞으로 둘러 흐르고 그 냇둑에 숲이 우거졌는데, 그 안쪽이 됨.
▶ 山亭里
山所말: 산정리에서 으뜸가는 마을. 충무공 이순신 장군의 산소가 있음.
▶ 新休里(부엉골)
막은가리(막은리): 부엉골 남서쪽에 있

는 마을. 앞에 버드나무가 많아서 마을을 막아 주었음.
▶衣食里(옷밥골): 衣食 걱정 없는 골이라 하여 붙은 지명.

牙山郡 仁州面

▶傑梅里: 굉장히 넓은 황무지란 뜻으로 붙은 지명.
▶貢稅里
　천등말: 서강 남쪽에 있는 마을. 天燈穴이 있다 함.

牙山郡 湯井面

▶虎山里(버미): 뒷산 모양이 범과 같으므로 붙은 지명.

燕岐郡 錦南面

▶金川里(쇠내, 소내): 소가 누운 형국의 명당이 있으므로 붙은 지명.
▶大朴里(한박금이): 뒷산 모양이 함박꽃과 같으므로 붙은 지명.
▶朴山里(芍藥洞): 뒷산에 박 참판의 묘소가 있으므로. 혹은 산 모양이 작약과 같이 생겼다 하여 붙은 지명.
▶盤谷里: 지형이 소반과 같으므로 붙은 지명. 이곳에 班鳳抱卵形의 명당이 있다 함.
　앵청이나루: 반곡에서 남면 양화리로 건너가는 나루. 나루 옆 산에 鶯巢形의 명당이 있다 함.
　槐花山(掛燈山): 반곡리, 석삼리, 장재리, 석교리 경계에 있는 산. 2백 미터. 꼭대기에 느티나무가 있음. 이 산에 掛燈形의 명당이 있어서 남면 세거리에서 바라보면 환하게 불이 켜 있는 것 같다 함.
▶鳳起里(사려울, 새여울): 뒷산에 飛鳳歸巢形의 명당이 있다 하며, 또 앞에 여울이 있으므로 새여울이라 했음.
▶永峙里
　안골(臥龍洞): 영티 안쪽에 있는 마을. 臥龍弄珠形의 명당이 있다 함.
▶龍潭里
　飛龍沼: 용담리 서쪽에 있는 소. 飛龍上天形의 명당이 있다 함.
▶丑山里(鷲山): 뒤에 수리산이 있으므로 붙은 지명.
　궝말(구렁말): 축산 건너 구석에 있는 마을. 九龍弄珠形의 명당이 있다 함.
▶黃龍里(동고지, 둥구지): 마을 뒷산에 黃龍渡河形의 명당이 있다 하여 붙은 지명.

燕岐郡 南面

▶葛雲里

개발터(上村): 갈운 남쪽에 있는 마을. 앞산의 모양이 伏虎形이고 이 마을은 엎드린 개의 발과 같다 함.

燕岐郡 東面

▶老松里

마근터(松潭): 노송리에서 가장 큰 마을. 마을 앞에 못을 파고 소나무를 심어서 마을 밖에서 보이지 않게 하였음.

▶松龍里

나븐마을(羅洞): 도롱골 옆에 있는 마을. 나비가 춤추는 형국이라 함.

▶龍湖里

出洞山: 부암 앞에 있는 산. 將軍領兵出動形의 명당이 있다 함.

▶合江里: 금강과 미호천이 이 앞에서 합하므로 붙은 지명.

黃牛山: 명학리와 합강리에 걸쳐 있는 산. 192미터. 그 모양이 황소와 같다 하며, 黃牛渡江形의 명당이 있다 함.

燕岐郡 全東面

▶金沙里

國師峯: 금사리와 공주군 정안면 어물리 경계에 있는 산. 345미터. 꼭대기에 鐵馬 셋이 있는데 사람이 흔들면 비바람이 갑자기 몰아친다 함.

燕岐郡 全義面

▶西亭里

비롱재(뾰롱재, 飛龍山): 서정리와 유천리 경계에 있는 산. 249미터. 飛龍上天形의 명당이 있다 함.

禮山郡 德山面

▶大峙里

三僧山: 한티 남쪽에 있는 산. 산세가 三僧禮佛形의 명당이라 함.

▶斜川里

德崇山修德寺: 덕숭산은 土星이며 그 형국은 飛鳳歸巢形이다. 덕숭산은 가야산의 끝자락에 해당됨. 가야산을 용으로 본다면 덕숭산은 용이 물고 있는 여의주.

정혜사: 주산이 仙人形이고 정혜사 터는 雲中仙坐形의 명당이라 함.

▶上加里

伽倻山: 금북정맥의 끝자락에 해당됨. 인근 사람들은 이 산을 개산이라 부름. 그래서 眠狗形의 산이라 하지만 飛龍形으로 보는 사람도 있음.

大院君의 아버지 南延君墓: 그 祖山은 소백산에 닿아 있다. 속리산을 거쳐 차령, 청양의 백월산, 홍성의 대월산으로 이어져 가야산을 만들었다. 그 줄기가 북쪽으로 뻗어 가다가 몸을 돌려 가야산을 다시 돌아보는 가운데 한 맥이 酉辛向으로부터 내려와 혈장을 이뤘다. 묘의 좌향은 亥坐巳向이고 득수는 동쪽에서 나와 동남쪽에서 막혔다. 즉 卯得辰破이다.

혈로 들어오는 용(石門峯, 묘의 주산)의 좌우에는 가야산의 가야봉이 天乙이 되고 옥양봉이 太乙로 각각 혈을 호위하고 있다(여기서 말하는 천을, 태을은 혈을 지켜 주는 神將의 이름). 白虎는 金星과 木星의 산들이 서로 우뚝 솟아 연이어 뻗어 가 혈을 감싸며 水口를 막고 있는 반면, 靑龍 쪽은 木星의 산들이 서로 이어져 역시 水口를 막아 주고 있다.

한마디로 龍長虎短의 형세다. 명당 앞의 朝案은 서기가 충천하고 만조백관이 절하는 것 같으니 가히 군왕지지라 하겠다. 또한 이런 형국이면 역성혁명도 기약할 수 있다. 일설에 二代天子之地라 한다.

그런데 자세히 보면 왼쪽의 청룡이 몽둥이(杖)와 같고 그 생김이 죽은 용과 비슷한데다가 물을 따라 도망 가듯 내달리고 있다. 또 청룡 가운데처럼 생긴 두 산이 혈장을 향해 공격하듯 머리를 디밀고 있으므로 보아 劍砂가 분명하니 이는 후손에게 血光之患을 끼칠 것이다. 이에 반해 백호 쪽은 그 개개의 모습이 뛰어나 청룡을 압도하니 內堂의 주장이 득세함도 피하기 어렵다. 여기에다 入首脈마저 갈라져 있어 후계가 산란하니 안타깝다(최영주).

남연군묘는 上帝奉朝形이라고도 하고 伏虎形이라고도 함. 주산은 石門峯. 복호형 명당에서 호랑이 발가락이 치켜 올라가면 살생이 남.

忠義祠와 梅軒 尹奉吉義士 生家: 그가 지은 시량리가의 1절. 〈造化神功 가야산의 정기를 받고/絶勝景槪 修德山(德崇山)의 정기를 모아/금수강산 삼천리 화원에/길이길이 빛을 내는 우리 시량리.〉

예산에서 삽교읍을 거쳐 덕산면에 이르는 20여 리 길은 한마디로 평야다. 그러다가 덕산면에 우뚝 선 가야산, 덕숭산, 용봉산을 만나면 평지에서 하늘을 오르는 계단과 맞닥뜨리는 것 같은 신비를 머금고 있다. 또한 산들이 뿜어 내는 강한 기가 바라보는 사람을 압도하고도 남는다. 가야산에 흥선대원군의 부친인 南延君의 묘소가 있고 덕숭산에 수덕사가 자리한 것도 다른 이유가 아님을 한눈에 느낄 수 있다.

임중빈은 『千秋義烈 尹奉吉』에서 〈윤의사는 충청남도 차령산맥 줄기가 빚은 靈峰의 하나인 가야산과 그 이웃에 우뚝 솟은 원효봉 기슭이 함께 배태한 산 용 같은 어린아이였다. 活龍의 설화는 그가 자연과 교류하게 되는 전설 같은 이야기로부터 펼쳐진다〉고 기술했다.

단양 소백산에서 뻗어 온 차령산맥이 청양에서 몸을 돌려 홍성에서 大月山을 만들고 다시 그 맥이 덕숭산과 가야산으로 이어졌고 한 가지는 용봉산을 이뤘다. 이 용봉산의 한 지맥이 수암산을 만들고 그 끝자락이 평지로 내려와 回龍顧祖로 양택지를 이룬 자리에 집을 앉혔다. 오른쪽에는 덕숭산이 三台筆峰(붓끝처럼 생긴 세 봉우리)의 모양을 띠고 있으니 마치 유학자의 모습을 보여 준다. 왼쪽에는 수암산이 병풍처럼 둘러쳐져 있고 주산인 가야산 원효봉은 仙佛의 정기를 모으고 있다. 이 정도의 양택지라면 가히 사대부가 거처할 만한 곳이고 도인이나 義士, 文士의 배출은 쉽게 짐작할 수 있다. 게다가 계간수가 남쪽에서 흘러 와 둥글게 감싸고 돌아 동쪽으로 흘러 가니 득수 또한 제격이다. 여기에다 양택의 방향은 남향으로 동쪽에 대문을 내고 있다.

매헌의 도의심은 가야산 원효봉의 기운이고 문필력은 덕숭산의 영향이다. 또 節義는 수암산에서 받은 것인데 그 기가 지나치게 강하다.

안채가 조금 앞으로 나와 현재의 행랑채에 위치했다면 더 좋았을 것이다. 이는 수암산의 강한 기가 안채를 향해 마주 쳐내려오기 때문에 장남에게 해를 끼칠 수 있다. 대문 밖에 있는 화장실도 오동나무 뒤쪽으로 옮기는 것이 좋다. 혈을 중심으로 청룡이 장자, 안산이 차남, 백호 쪽이 삼남으로 분류된다. 수암산이 청룡 쪽에 있다.

報德寺: 상가리에 있는 절. 대원군이 이 절 건너편에 있는 伽倻寺를 불살라 없애고 그 절터에 남연군 묘소를 써서 고종황제를 낳았다 하여 그 덕을 갚는다는 뜻으로 이 절을 세웠음(최영주).

禮山郡 鳳山面

▶玉田里(옻밭골)
조산논: 샘골 가운데 있는 논. 가운데 造山이 있음.

禮山郡 揷橋邑

▶新里(새말)
오생이(五相里): 뒷내 남쪽에 있는 마을. 다섯 정승이 날 명당이 있다 함.

禮山郡 新岩面

▶龍宮里
金秋史墓: 상룡 남서쪽 앵무봉 밑에 있는 명필 추사 김정희의 무덤.

禮山郡 新陽面

▶貴谷里(귓골)
밀무리(물미리, 水潮里): 귓골 동남쪽에 있는 마을. 예전에 밀물이 이곳까지 들어왔다 함. 이 부근에 충남에서 제일가는 蟹伏形(게가 엎드린 형국)의 명당이 있다 함.

▶西界陽里
걸치기(擊壤, 글치기): 두련이 동쪽에 있는 마을. 충남의 대지인 蟹伏形이 이곳에 걸쳐 있다 함. 앞들이 넓고 걸어서 농사가 잘되어 백성들이 擊壤歌를 부른다 함.
杜蓮이: 서계양리에서 가장 큰 마을. 蓮花浮水形이라 함.

▶新陽里
造山: 신양 북쪽에 있는 작은 산. 마을의 물구멍(水口)을 가리기 위하여 흙을 모아 만들고 나무를 심었음.

禮山郡 禮山邑

▶香泉里
香泉寺: 향천리 관모산 앞 장안골에 있는 절. 백제 의자왕 12년(652)에 義覺이 창건함. 의각이 중국 書淚山에서 불도를 닦다가 귀국할 때 檀香木으로 삼존불과 3,053불을 만들어 가지고 환국 도중 仙掌灣에 정박하고 蓋地를 탐색 중 금까마귀가 날아와서 앉은 자리에 이 절을 구조하였다 함. 極樂殿과 千佛殿에 3,053불을 봉안한 곳이 있음.

禮山郡 吾可面

▶新石里
造山벌: 신대 서쪽에 있는 절. 조산이 있음.

▶五村里
조산똘: 오촌리에 있는 보. 造山이 있음.

禮山郡 鷹峯面

▶雲谷里(구름실): 팔봉산 밑 골짜기가 되어 구름과 안개가 늘 끼므로 붙은 지명.

天安市

王字峯: 유량동과 안서동 경계에 있는 산. 253미터. 고려 태조 13년 풍수사 倪方의 말을 듣고 天安府로 하였다. 태조가 후백제를 칠 때 예방이 郡의 동북에 있는 진산은 王字形이고 郡의 基地는 五龍爭珠形이니 이 산에 壘城을 쌓아 3천 호를 두고 練兵하면 후백제는 스스로 항복하여 統三하고 왕이 될 것이니 기다리라고 했다. 태조는 이 산에 왕자성을 쌓고 이 땅을 천안부로 하고 뒤에 10만 군을 鼓庭에 주둔케 하여 견훤을 무찔렀다(村山).

▶ **佛堂洞**(풀뭇골): 풀무와 같이 생겼다 하여 붙은 지명.

▶ **社稷洞**

　南山: 천안장 남쪽 동그란 산에 있는 공원. 천안읍 터는 五龍爭珠形이고, 이 산은 구슬 모양이라 함.

▶ **五龍洞**: 지형이 五龍爭珠形이라 하여 붙은 지명.

　東軒터: 오룡동 199번지. 현재 체육관 자리에 있는 동헌 터. 형세가 五龍爭珠形이라 함.

▶ **淸堂洞**

　巨才: 청당동에서 으뜸가는 마을. 앞에는 천안군 풍세면의 구룡봉, 뒤에는 일봉산과 월봉이 비쳐서 인재가 많이 난다 함.

　龍馬負圖: 거제 서쪽에 있는 묘터. 용마가 河圖를 업은 형국의 명당이라 함.

天安郡 廣德面

천안군은 현재 전역이 천안시로 편입되었음.

▶ **廣德里**

　검단이(儉丹里): 댓거리 남쪽 골짜기에 있는 마을. 金簪掛壁形의 명당이 있다 함.

　金履陽墓: 광덕사 뒤에 있는 순조 때 奉朝賀 김이양의 무덤.

　芙蓉墓: 김이양 묘의 왼쪽 등성이에 있는 여류 시인 성천 기생 부용의 무덤. 김이양의 소실이 되므로 그의 묘 부근에 묻혔음.

　安心垈(안심터): 검단이 서쪽 골짜기에 있는 마을. 골짜기가 아늑하여 아무리 어지러운 세상이라도 안심하고 살 터라 함.

　柳將軍墓: 광덕사 서쪽에 있는 三司左尹 柳莊의 묘. 將軍大坐形의 명당이라 함.

▶ **寶山院里**

　용상골: 안보산원 뒤에 있는 골짜기. 飛龍上天形의 명당이 있다 함.

▶ **院德里**

金玉均터: 강변말에 있는 개화당의 선구자 김옥균이 태어난 터.

車嶺: 훈요십조에 나오는 차령.

天安郡 東面

▶ 東山里

구렁말(九龍里): 천동초등학교가 있는 마을. 뒷산이 九龍弄珠形이라 함.

▶ 壽南里

龜水洞: 수루나미 앞에 있는 마을. 옛날부터 黃華龜水에 耕者無憂, 곧 황고개, 화청이, 구암, 구수동에서 농사 짓는 사람은 근심이 없다 하여 피란처로 유명함.

매자기(梅勺): 수암 남쪽에 있는 마을. 梅花落地形이라 함.

▶ 長松里

갈매지: 장비 뒤에 있는 골짜기. 渴馬飮水形의 명당이 있다 함.

▶ 花德里

花晴: 화덕리에서 가장 큰 마을. 梅花落地形이라 함.

天安郡 木川面

▶ 南化里

독립기념관: 왕건의 풍수사가 五龍爭珠形이라 함. 聖居山(천안 망향의 동산 뒷산)에서 서쪽으로 뻗어 온 용이 태조산(천안의 진산)을 만들고 다시 우뚝 멈춰 선 모양의 黑城山을 만들었다. 亥坐로 자리한 흑성산은 紫微垣을 이룬 가운데 동편에는 아우내(병천)가 흐르고 서편에는 천안천이 흐른다. 청룡 백호는 겹겹으로 감싸고 명당은 광활 평탄하다. 명당 앞 조산 안산은 華蓋詰祝(승려가 축문을 읽는 모양)으로 벌려 있고 내당수가 명당 앞에서 모여 서쪽으로 흘러 간다. 청룡과 백호에는 기이한 봉우리들이 올망졸망 이뤄져 커다란 국을 만들었다. 결국 千子萬孫 與國運 香火不絶之地이다. 이곳은 일반적인 명당이 아니라 祠堂 자리라는 것. 黑城은 陰氣를 띤 靈氣들이 모이는 곳이다. 청룡 백호의 산봉우리들은 뚝 떨어져 마치 상여 위의 연꽃 봉오리 모양이요 내당수가 명당 앞에 모여 곧장 앞으로 나아가는 것도 사당 자리라는 뜻이다. 독립기념관은 건축 설계상으로도 풍수 원리를 따랐다고 하나 필자는 그렇게 보지 않는다.

고양이바위(괭이바위): 남벌 동구 백호 부리에 있는 바위. 모양이 고양이가 입을 벌리고 있는 것처럼 생겼는데 남벌에서 학대를 받은 한 사람이 중을 가장하고 와서〈남벌의 지형이 老鼠

下田形인데 동구에 고양이가 노리고 앉아서 좋지 않으니 이 바위를 없애면 남벌이 크게 발전하리라〉 하므로 그 말을 좇아 이 바위를 깨 버린 후 變喪이 계속해 나서 3백여 호가 모두 망하고 겨우 10여 호만 남게 됨에 그제서야 그 중이 作戱함을 깨닫고 이 바위를 다시 모아 회로 붙였는데 그후부터 다시 번창한다 함.

天安郡 笠川面

▶佳田里
渴馬飮水形: 돌모루 앞에 있는 명종 때 명신 金忠甲의 묘소. 명나라의 유명한 지관으로 이여송을 따라 임진왜란 때 우리나라에 왔다가 귀화한 名師 杜師聰이 잡은 자리라 함.

▶笠川里(구계, 아오내, 아내)
笠川市場: 병천시장은 천안군 북면 은지리 銀石山 기슭에 거주하는 朴男熙의 조상 박문수의 묘 때문에 설립되었다고 함. 은석산 꼭대기에 있는 그 묘로부터 약 십리나 떨어져 있는데도 잘 볼 수 있다. 어사 박문수가 병천에 체재중 그의 마부 金某(일설에는 門客)가 이 고장 觀師로서 못자리 선정에 뛰어났으므로 자신의 사후 분묘를 선정케 함. 그곳이 지금의 묘터. 이곳이 장군상과 유사한 점으로 봐서 병졸이 필요. 그래서 시장 개설(村山).

▶卜多會里
玉壺瀦水: 매봉 밑에 있는 참판 柳光翼의 묘. 옥병에 물을 대는 형국이라 함. 마치 호리병박같이 생긴 형세의 잘록한 허리 부분에 무덤을 쓰게 되므로 무덤 뒤는 물론이고 무덤 앞도 무덤보다 높은 것이 옥호저수형의 특징임.

▶塔院里
芝靈里(山西): 매봉 밑에 있는 마을. 산이 에워싸고 물이 돌아 흘러서 인걸이 많이 날 땅이라 하여 지령리라 하였는데 영조 때 학자 柳光輿이 당호를 芝窩라 하고 지령으로 고쳤음. 산이 서쪽에 병풍같이 둘러싸였으므로 산서라 함. 이곳에서 순국 처녀 류관순이 났으며 그녀의 비가 있음.

天安郡 北面

▶梅松里
매당이(梅堂里): 오송정 동쪽 내 건너에 있는 마을. 모양이 梅花落地形이라 하며 불당이 있었음.

▶雲龍里
깊은골(짚은골, 深谷): 부소문이고개 동북쪽 깊은 골짜기에 있는 마을. 골이 깊고 물이 좋아서 전염병과 어린이의 腹痛이 없는 것으로 유명함.
▶銀芝里
朴御使墓: 은석사 뒤에 있는 영조 때의 어사로 유명한 靈城君 박문수의 묘.

天安郡 城南面

▶大井里
보지바위: 위말미 안산 기슭에 있는 바위. 모양이 보지처럼 생겼는데 그 구멍에다 홰기를 꽂으면 말미동네의 처녀들이 바람이 난다 하여 그 음부를 떨어냈으나 형체는 그대로 남아 있음.
▶鳳陽里
꾀꼬리봉: 모산골 앞에 있는 산. 鶯巢柳枝形의 명당이 있다 함.

天安郡 成歡邑

▶梅珠里
光珠말: 매곡 북쪽에 있는 마을. 五龍爭珠形의 명당이 있다 함.
梅谷: 매주리에서 가장 큰 마을. 梅花落地形이라 함.

天安郡 修身面

▶涑倉里
韓明澮墓: 사창 뒤에 있는 세조 때 모사 한명회의 묘. 앞에 신도비가 있음.
▶海亭里
비조재(비조티, 飛鳳): 해정리와 성남면 봉양리로 넘어가는 고개. 두 里에 걸쳐 있는 마을도 비보재. 飛鳳歸巢形의 명당이 있다 함.

天安郡 笠場面

▶耆老里: 산수가 좋아 이 마을에 사는 사람들이 특히 장수하므로 붙은 지명.

天安郡 稷山面

▶郡西里
倒影池: 장명다리 아래에 있는 못. 예전에 남산리에 있는 부엉바위가 굉장히 험하여 날마다 곡식 천 석을 허비할 상이 되므로 직산고을이 가난하게 된다 하여 그 險煞을 제어하기 위해서 이곳에 못을 크게 파서 그 바위의 그림자가 거꾸로 비치게 하였다 함. 임진왜란 후로 수축하지 못하였는데 그 후부터 직산고을에 부자가 나지 않는다 함.
▶南山里
부엉바위: 남산에 있는 큰 바위. 도영지 참조.
▶愁歇里(수헐, 시름세): 고려 태조 왕건

이 이곳에 있는 원집에 쉬면서 동쪽으로 성거산을 바라보다가 오색 구름이 엉기어 있음을 보고 신선이 사는 곳이라 하여 근심이 풀리어 잘 쉬어 갔으므로 시름세 또는 수헐이라 함.

天安郡 豊歲面

▶九龍里
배울(梨谷): 평뜸 서쪽에 있는 마을. 배처럼 생겼다 함.

青陽郡 大峙面

▶柿田里(감밭)
수구맥이: 독락정 아래 냇가에 있는 숲. 참나무를 심어서 마을의 虛한 것을 막아 놓았음.
玉女峯: 감밭 뒤에 있는 산. 玉女彈琴形의 명당이 있다 함.
▶五龍里: 용내, 용바위, 용왕물, 청룡날, 용둠벙 등 다섯이 있으므로 붙은 지명.
▶鵲川里(가지내, 까치내, 枝川, 之川): 가지내가 있으므로 붙은 지명.
▶長谷里: 골짜기가 길므로 붙은 지명.
七甲山長谷寺: 혈장의 전체적인 모습은 큰 종을 엎어 놓은 듯(이런 형세를 伏鐘形이라 하고 五行으로는 金星에 속함)한 가운데 窩穴(穴形四大格 중의 하나로 우묵하게 들어간 형태) 穴場이 위와 아래로 나뉘어 두 집으로 구분된 듯함.

青陽郡 飛鳳面

▶江亭里
갈망골(위새재, 上鳥里): 새재 위쪽 골짜기에 있는 마을. 渴馬飮水形의 명당이 있음.
▶長在里(장재울)
萬家垈: 가는쟁이 동남쪽에 있는 마을. 터가 넓고 좋아 만 집이 살 수 있는 명당 터라 함.
▶中墨里(중먹방이)
알봉: 중묵리에 있는 산. 모양이 알처럼 생겼음. 비봉산의 봉황이 알을 품은 형상이라 하여 풍수객들이 많이 드나듦.

青陽郡 斜陽面

사양재 아래이므로 사양면이라 했으나 발음이 좋지 않다 하여 지금은 南陽面으로 바뀌었고 일부는 大峙面으로 편입됨.
▶九龍里
오룡골: 구룡리에서 으뜸가는 마을. 五龍爭珠形이라 함.
蔡政丞墓: 정말 뒷산에 있는 영의정

樊庵 蔡濟恭의 묘.
▶大鳳里
솟골(牛口): 가누골 남서쪽 골짜기에 있는 마을. 소의 입처럼 생겼다 함.
▶溫直里
斜陽峙(사양티): 싸리티에서 부여군 은산면으로 넘어가는 고개. 백제 제31대 의자왕이 금정리에 있는 金井의 물을 길어다 먹는데, 금정 사람들이 그 물을 길어 가지고 부여 궁중에 바치고 돌아갈 때 이곳에 이르면 해가 기울어졌다 함.
▶興山里
궁구골(軍器洞, 산소리): 새말 남쪽에 있는 마을. 將軍大坐形의 명당이 있다 함.

靑陽郡 雲谷面

▶新垈里(새터)
칼산: 신대리에 있는 산. 산줄기가 칼처럼 뻗어 나왔음.

靑陽郡 赤谷面

현재 적곡면은 없어지고 일부는 남양면의 일부와 합하여 大峙面이 되고 나머지는 長坪面으로 됨.
▶美堂里(미륵댕이)
栗亭(삼천냥터): 미륵댕이 남서쪽에 있는 마을. 밤나무 정자가 있음. 집터가 좋아서 삼천 냥을 주고 샀다 함.
▶赤谷里(절골): 도림사가 있었으므로 붙은 지명.
목빈고개: 돌말에서 소사천으로 넘어가는 고개. 선조 때 李夢鶴의 조상 묘가 이곳에 있는데, 이몽학이 잡혀 죽은 후 이 묘의 목이 되는 이곳을 잘랐다 함.

靑陽郡 定山面

七甲山: 대치면, 정산면, 장평면 경계에 있는 산. 422미터. 대덕봉으로 더불어 큰 능선을 이루어, 동쪽 정산 지방을 산동, 서쪽 청양 지방을 산서라 함.
▶大朴里(한박실): 한박산 밑이 되므로 붙은 지명.
한박산(大朴谷山): 대박곡 어귀에 있는 산. 정산현 고을 터의 뒤로, 정산현의 흥망이 이 산 가운데 매였다 하여 고을에서 보호하였음.
▶松鶴里
飛鳳골: 솔티 남쪽에 있는 마을. 남천리의 새울 밑이 됨. 飛鳳抱卵形의 명당이 있다 함.

靑陽郡 靑南面

▶牙山里(으미, 어미, 漁山)

승사봉: 서당골 앞에 있는 산. 맞은편에 태자봉이 있는데 이 산이 태자를 가르치는 스승에 해당한다 함.

王子峯(왕자배기): 원촌 뒤에 있는 산. 왕자의 기상을 가졌다 함. 앞에 태자봉이 있음.

太子峯: 서당골 뒤 왕자봉 밑에 있는 산.

▶汪津里

夢賚亭터: 뒷굽이 바위 위에 있는 정자터. 趙志顔이 定山에서 石城 현감으로 가는 도중에 이곳에서 큰비를 만나 하룻밤을 쉬게 되었는데, 꿈에 神人이 나타나 이곳은 萬古勝地이니 거주함이 좋다 하므로 이곳에 정자를 지어 몽뢰정이라 하였다 함. 장방형의 축대, 주춧돌과 돌층계가 남아 있음.

青陽郡 青陽邑

▶栢川里

은산뜸이: 무트내 옆에 있는 작은 마을. 回龍隱山形의 명당이 있다 함.

▶碧泉里

대방굴산(대양산): 대방굴 뒤에 있는 산. 대들보처럼 생겼다 하며, 燕巢形의 명당이 있다 함.

제비재(燕峙): 벽정 서남쪽에 있는 마을. 燕巢形의 명당이 있다 함.

▶邑內里

고리섬들(古里坪, 古里島坪, 環島): 읍내 남쪽에 있는 큰 들. 고리처럼 생긴 섬이 있었음. 고량부리현(청양군) 앞이 됨.

青陽郡 化城面

▶九在里

어저울(魚在洞): 구숫골 서쪽에 있는 마을. 고기가 노는 형국이라 하여 못을 파두었는데, 그 뒤 메워진 것을 1949년에 마을 앞에 다시 못을 파 놓았음.

▶農岩里

다락골(上月, 月內洞, 달안골): 농소 서쪽에 있는 마을. 산 안쪽이 됨. 헌종 때 천주교 신자들이 이곳에 천주교촌을 이뤘다가 헌종 5년에 학살되었음.

줄묘: 다락골에 있는 천주교도들의 묘. 대원군 때 홍주 감옥에서 순교한 천주교도 16인을 이곳에다 줄로 묻었음.

▶水汀里

요강산: 배밋들 옆에 있는 산. 모양이 요강처럼 생겼음.

▶長溪里

金鷄洞: 저부리 북서쪽에 있는 마을. 金鷄抱卵形의 명당이 있다 함.

밥산(食山, 積峰): 저부리 북쪽에 있는 산. 약 150년 전 홍주 사람 李希敦이 이 산에 부모 묘를 쓰고 當代千石을 했다 함.
▶花江里
연실봉: 통굴 앞에 있는 산. 蓮花浮水形의 명당이 있다 함.
▶花岩里
李夢鶴집터: 원촌방죽 바로 위에 있는, 선조 29년(1596) 7월 반란을 일으킨 이몽학의 집터.

泰安郡 泰安邑

서산시 참조.
白華山: 태안의 鎭山. 이 산을 기준으로 옛 풍수가들은 태안읍을 金鷄抱卵形이라 함.

洪城郡 葛山面

▶鰲頭里(자라머리): 자라 머리처럼 생겼으므로 붙은 지명.
▶杏山里
텃굴(梨洞, 배울): 살구물 동쪽에 있는 마을. 梨花落地形이라 함.

洪城郡 結城面

▶星湖里
王子山: 원성호, 적가실, 후청골 사이에 걸쳐 있는 산. 10미터. 이곳에 묘를 쓰면 자손 중에 왕이 난다 함.
▶龍湖里(용허리): 용의 허리처럼 생겼다 하여 붙은 지명.

洪城郡 龜項面

▶內峴里
개물: 못밖 서쪽 옆에 있는 마을. 굴목 뒷산에서 내다보면 범이 개를 노리고 있는 형국이라 함(伏虎砂眠犬案). 뒷산에 있는 五代兵權之地에 田榮圭의 선조가 조상 묘를 써서 자손이 번창하고 여러 명의 兵使가 나왔다 함.
▶新谷里
말고개(갈마재): 자구실에서 홍등면 원천리로 가는 고개. 渴馬飮水形의 명당이 있다 함.
매봉재: 자구실 남쪽에 있는 산. 伏雉形의 명당이 있다 함.
▶五鳳里
李秉厚의 宅地: 그 앞이 높아서 먼곳을 볼 수가 없다. 이런 지형에서는 資産이 모이고 浪費者가 나오지 않는다고 함.
▶靑光里
소반굴(小盤洞): 괴열 동쪽에 있는 마을. 玉女金盤形이라 함.

洪城郡 金馬面

▶月岩里

마새: (洪州馬沙): 지시럭굴 동쪽에 있는 마을. 梅花落地形의 명당이 있다 함. 예산군 광시면에 마사리가 있는데 그 위쪽이 됨.

▶長城里

獨貴美: 장과 동쪽에 있는 마을. 산부리에 돌이 많고 새내가 굽이 졌음. 전에 김씨가 많이 살고 다른 성씨가 없으므로 獨金이라 하던 것이 변하여 독귀미라 함.

▶華陽里

花田: 화양리에서 으뜸가는 마을. 梅花落地形의 명당이 있다 함.

洪城郡 西部面

▶巨次里(거칠라니)

飛龍山: 진골 서북쪽에 있는 산. 103미터. 용이 하늘로 날아가는 형국이라 함.

▶廣里(너분말, 너분마루): 넓은 산마루가 있으므로 붙은 지명.

▶宮里(궁갓, 宮枝): 활처럼 생겼으므로 붙은 지명.

洪城郡 銀河面

▶錦菊里

국수굴: 금국리에서 으뜸가는 마을. 黃菊半開形의 명당이 있다 함.

洪城郡 長谷面

▶山城里

수문굴(水門洞, 隱洞): 원굴 동쪽 골짜기에 있는 마을. 사방에 산이 둘러싸서 숨은 것처럼 되었다 함.

▶新豊里

각디봉(깍지봉): 새말 동남쪽에 있는 산. 臥牛形의 명당이 있다 함.

매봉재: 상풍 서쪽에 있는 작은 산. 伏雉形의 명당이 있다 함.

▶天台里

八兵使墓자리(挽弓岩): 바리미 북쪽에 있는 산. 八兵使가 날 명당이 있다 함. 모양이 활을 당겨 쏘는 것처럼 생겼다 함.

洪城郡 洪東面

▶求精里

金盤陽: 동막 서쪽 양달에 있는 마을. 金盤처럼 생겼다 함.

雁尾峯(玉女峯): 동막 남쪽에 있는 산.

모양이 기러기처럼 생겼다 함. 玉女織錦形이라 함.

▶ 金堂里

등골(栢洞): 범바위 동남쪽에 있는 마을. 뒷산인 초롱산이 掛燈形이라 함.

▶ 金坪里

홍안송고개(鴻雁松峙, 洪安松峙): 신촌에서 구정리 박석고개로 가는 고개. 平沙落雁形의 명당이 있다 함.

▶ 雲龍里

구룡실(九龍瑟, 九龍洞): 운룡리에서 으뜸가는 마을. 형세가 九龍爭珠形이라 함.

伏龜場: 구룡실에서 대평리로 가는 모롱이. 伏龜形이라 함.

▶ 雲月里

구름재봉(遮雲峯): 운곡 북쪽에 있는 산. 88미터. 雲中半月形의 명당이 있다 함.

매봉재: 창정 남서쪽에 있는 산. 伏雉形의 명당이 있다 함.

▶ 月懸里

虎伏洞: 종현 동쪽에 있는 마을. 伏虎形이라 함.

▶ 八掛里(바쿠, 돌곽미, 石山)

방패쭉부리: 송정에서 홍성읍 송월리로 가는 모롱이. 모양이 방패처럼 생겼는데 이 부근에 將軍大坐形의 명당이 있다 함.

진두고개(陳頭峴): 돌곽미에서 신기리의 내기로 가는 고개. 將軍大坐形의 명당이 있다 함.

▶ 洪元里

홍거미(洪蜘蛛, 洪巨里): 홍원리에서 으뜸가는 마을. 지형이 큰 거미가 기는 형국이라 함.

▶ 孝鶴里

金盤山: 성산 뒤쪽에 있는 작은 산. 金盤形이라 함.

洪城郡 洪北面

▶ 魯恩里: 이곳에서 고려 명장 최영 장군과 사육신의 하나인 성삼문이 났으므로 赤洞之武와 金谷之文이라 하여 유명함.

梅竹軒터: 서원말에 있는 성삼문의 살던 집터. 그가 손수 심었다는 오동나무와 성선생유허비, 노은서원유허비가 있음. 또한 이곳에서 최영 장군이 났다 함.

▶ 大東里

매봉재: 안마실과 동방실 사이에 있는 산. 伏雉形의 명당이 있다 함.

▶ 大仁里

梅山: 안골 서북쪽에 있는 마을. 梅花落地形의 명당이 있다 함.

▶ 上下里

빈절골: 절골 서쪽에 있는 골짜기. 예

전에 큰 절이 있었는데 어느 날 중이 와서〈산 남쪽으로 내를 돌려 내면 富하리라〉하여 그렇게 하였더니, 내에서 용이 튀어나가고 산에서 봉황이 나가 절이 망했다 함.

쥐산: 아래산뒤 서쪽에 있는 산. 132미터. 모양이 쥐처럼 생겼는데, 老鼠下田形의 명당이 있다 함.

洪城郡 洪城邑

▶古岩里

고무렁이(顧母嶺, 고무랭이): 역재 동남쪽에 있는 마을. 뒤 언덕에서 보면 지형이 마치 어미를 돌아보는 용의 형국(回龍顧祖形)이라 함.

▶昭香里

渴馬池: 소색골 남쪽에 있는 마을. 渴馬飮水形이라 함.

▶新城里

배암성(巳城): 든벌 동북쪽에 있는 마을. 뒷산이 長蛇追蛙形이라 함.

▶玉岩里

매봉재: 소사울 남쪽에 있는 산. 伏雉形의 명당이 있다 함.

▶鶴鷄里

臥鷄: 학계리에서 으뜸가는 마을. 金鷄抱卵形의 명당이 있다 함.

全羅北道篇

전라도의 빛깔

황석영은 그의 작품에서 恨의 빛깔에 대해 말하고 있다. 무덤이 늘어선 공동 묘지 한쪽, 사태져 드러난 주황의 비탈을 보며 〈만일 한에 빛이 있다면 저런 빛일 거야〉라고 주인공은 독백하고 있다. 서정주의 시에 거름 기운을 대주고 나병의 시인 한하운으로 하여금 스스로의 운명을 저주케 한 주황의 흙빛. 그것은 바로 이 땅 이 나라의 빛. 만일 國色을 접한다면 그 빛일 수밖에 없는 황토 빛깔. 해서 만일 황톳빛이 서러운 恨色이라면 이 나라의 땅덩어리 가운데 어디가 그 빛을 면할 것인가. 다들 그 황톳빛 땅에 태어나 그 황톳길 밟으며 주황빛 무덤 밭으로 길이 길이 되돌아가는 것이다. 황톳빛 한의 빛깔은 한국인의 삶과 죽음에 더불어 칠해진 것이다(김열규). 그리고 그것은 특히 전라도의 풍토를 말할 때 적절하다고 여겨진다.

전라도의 풍토성

전라도 들판 길을 걸을 때마다 웃음 속에 떠오르는 생각이 있다. 전북대 재직 당시 내 서가에는 시인 한하운의 시집 『가도가도 황토길』이 꽂혀 있었다. 큰아들 녀석이 막 한글을 깨치고 글을 읽으면서 유독 그 책 제목을 〈기도가도 황토길〉이라 읽었던 것인데, 그것이 몇 년이나 지났다고 벌써 아득하게 느껴지는 것인지. 확실히 전라도 들길에서는 황토를 쉽게 만난다. 전라도 동쪽의 후덕한 山地 무진장, 임순남(무주, 진안, 장수, 임실, 순창, 남원을 그렇게 부른다) 지역을 전라도 땅이 아니라고 할 사람은 없지만 흔히들 전라도 하면 김제, 만경의 넓은 들과 황토 벌판을 먼저 떠올리는 것을 어쩌지 못한다. 그래서 전라도의 삶의 터전은 가없는 바다와 그에 이어지는 질펀한 들판으로부터 시작이 된다. 대륙의 누런 흙먼지가 답답한 봄 하늘을 가득 덮으며 서풍을 타고 바다를 건너 제일 먼저 땅을 딛는 곳이 바로 여기인데, 그래서 전라도의 황토는 대륙을 닮았다.

바다가 멀지 않아 기후는 온화한 편이고 비를 머금은 남해 바람은 이곳에서 땅을 만나 짐을 풀게 되니 물도 귀하지는 않다. 게다가 겨울철 북서풍이 역시 바다를 건너 여기에 눈을 쌓게 되므로 봄 가뭄에도 견디기가 쉬운 편이다. 대륙의 동쪽은 기온의 연교차가 혹심하게 마련이며 우리나라 또한 대륙의 끄트머리이기 때문에 예외가 아니다.
그런데 전라도 땅은 그 동쪽 땅의 서쪽 끄트머리이므로 다른 고장에 비해서 정도가 덜 심하다고 할 수 있다. 기후의 변화가 비교적 덜한 편이며 이것이 이 땅의 풍토를 특징짓고 있는 셈이다. 무릇 풍토가 사람의 삶의 양태, 그러니까 문화 전반에 큰 영향을 미치고 있다는 것은 동서양의 현자들이 공통적으로 주장하고 있는 바이다. 변화가 심하지 않은 전라도의 풍토, 그것은 유장한 문화의 바탕 구실을 한다.
서울에서 전라도로 가는 길은 속세에서 성지로 들어가는 기분을 느끼게 해준다. 아마도 지난간 역사의 찌꺼기들이 나그네의 마음을 그렇게 만들었으리라. 전주에서 모악산을 바라보며 김제 금산사로 들어가는 도중에도 다시 한번 俗에서 聖의 세계로 들어가는 경험을 더한다. 성스러운 장소들은 인류의 보편적 소망을 실현시킨 공간으로, 인류의 정신적인 고향이라는 상징성을 갖는다. 서울을 떠난 마음은 모악산에 접근할수록 성스러운 평안을 얻는다.
전라도 하면 넓은 땅에 이곳저곳 여러 지방이 있지만 흔히 떠오르는 곳은 김제 만경을 중심으로 하는 평야 지역을 떠올리는 것이 통례이다. 역사학자들의 연구에 의하면 전라도는 유랑민들의 정착지였다고 한다. 1979년 부안군 계화도에서 발굴된 신석기 시대의 유물 중 옥수로 만들어진 옥도끼는 그 원석이 멀리 시베리아의 바이칼호 부근에 있는 사이얀 산맥에서 나온 것이다. 어떻게 해서, 어떤 길목을 거쳐 사이얀 산맥 기슭의 문화가 이 땅에까지 흘러온 것인지 정확하게 알 수는 없지만 소련 연해주에 있는 사이자노브카의 신석기 유적 중에서도 이러한 옥돌 석기가 있었던 것을 생각하면, 흑룡강과 우수리강을 따라 남쪽으로 내려와서 다시 한반도의 동해안을 더듬어 부산 영도까지 내려갔던 신석기인들 중에서 일부가 남해안을 따라 내려가다가 마침 沖積이 이루어지고 있던 이곳 부근에 자리를 잡은 것으로 보인다.
이들의 이동 경로가 밝혀진 것은 아니지만 사이얀 산맥에서 시작하여 이곳까지 이르는 사이의 노정은 산을 끼고 도는 계곡 혹은 분지 길이었을 것으로 짐작된다. 수렵-채취 경제 단계에서의 인간의 거주 입지는 산이 들판보다 유리했을 것은 의심의 여지가 없는 사실이다. 그러나 호구가 늘어나고 정착 농경으로 이행하는 단계에서는 평지, 그것도 저평한 충적지가 유리했을 것이라는 사실도 의심의 여지가 없다.

그렇지만 구석기와 중석기 그리고 신석기에 이르는 방대한 기간을 산에 의지하여 문화의 원형을 형성시켰을 이들에게 산은 의식, 무의식 간에 〈위대한 어머니의 품〉으로 깊이 뿌리 내렸을 것으로 확신이 간다. 보다 잘, 보다 많이 먹기 위하여 내려간 들판이지만 어머니의 품이었던 산은 결코 잊혀질 수 있는 것이 아니었다. 그러니 산은 귀한 땅, 여기서 산이 지니는 의미는 점진적으로 脫俗의 상징성을 띨 수밖에 없다. 징게 맹경(김제 만경의 이 지방 말) 외에밋들에서 산이 갖고 있는 난해성과 종교적 속성은 이러한 풍토적 특성으로부터 시작된다.

54개의 직할 부족 국가와 24개 부족 국가가 모인 변한과 진한의 우두머리였던 마한은 중국 북방으로부터 한강 어귀에 들어선 비류와 온조 두 형제에게 동쪽 백리의 땅을 떼어 주고 정착하도록 함으로써 백제를 성립시켰다. 그러나 백제는 사냥한다는 핑계로 마한의 도읍을 습격하여 그를 거꾸러뜨림으로써, 알려진 바 첫 비극의 문을 열게 된다.

두번째의 비극은 백제의 비참한 멸망이다. 백제는 신라처럼 피폐와 난정과 내란으로 망한 것도 아니요, 고려처럼 무신을 업신여기다가 쿠데타로 망한 것도 아니요, 조선처럼 당파 싸움과 부조리 그리고 외세와 결탁한 친일파 때문에 망한 것도 아니었다. 승부를 당당히 겨루어야 옳았을 신라가 외세인 당나라 군대를 끌어들였기 때문에 힘이 부쳐 망한 것이다.

신라 말 서력 990년에 전주에 진격한 견훤은 〈나는 이곳에 도읍을 정하고 백제 의자왕의 맺힌 한을 풀겠다〉며 후백제의 왕을 선언했지만 아들을 잘못 두어 〈가련토다. 완산 애기. 애비 잃고 눈물 짓네〉라는 讖謠만 남긴 채 사라지고 말았다. 그의 뛰어난 전투 능력은 어이없게도 지역 편견의 씨를 뿌리는 결과를 가져 왔으니, 다름아닌 고려 태조의 훈요십조 중 제8훈〈車峴以南 公州江外 山形地勢 竝 趨背逆 云云〉이 그것이다. 실로 한심하고도 안타까운 역사의 장난이다.

왜구들의 잦은 침탈과 조선조 탐관오리들의 이 지방에 대한 집중적인 공략도 결국은 너른 들판의 풍요한 생산성이라는 자연적 풍토성에 기인함을 부인하기 어렵다. 농본 사회에서 이 땅의 기름짐이 불러들였을 바깥 사람들의 군침은 어쩔 수 없는 인간 욕망의 한 표본이었을 것으로 짐작이 간다.

물론 그것만이 전부는 아니었다. 사비성이 무너지자 가장 줄기찬 부흥 투쟁이 이 고장에서 일어났고, 신라가 썩어 가자 견훤이 이 고장에 후백제를 세웠으며, 조선의 정치가 썩어 가자 녹두 장군은 제폭구민, 보국안민의 기치를 내걸고 이 고장에서 일어섰다.

고려 말에는 쌀 도둑떼인 왜구가 쳐들어오자 용감하게 맞서 물리쳤고, 임진과 정유년에 그 후손들이 다시 이 땅을 침략했을 때에 힘을 모아 싸웠으며, 을사년에 또 그 후손들이 이 나라의 국권을 뒤흔들자 대창을 깎아 들고 의병을 일으켜 항전의 피로 물든 옥토를 지켰다.

그러나 그 결과는 참담하였을 뿐, 제대로 한풀이를 한 역사가 없었다. 그러나 저러나 이러저러 하다가 보니 이 땅은 이 나라의 역사에서 대표적인 野地가 되고 말았다.

땅의 모양새가 野이고 역사에서의 역할이 野이고 주민의 기질이 野가 되었다는 뜻이다.

野는 地勢上으로도 밑이고 位階上으로도 밑이며 세상 풍상 모질게 겪은 깊은 산속의 바위가 모래 자갈이 되어 결국은 모이게 되는 밑이다.

반면 산은 그것이 아무리 낮은 산이라 하여도 野地보다는 높다. 사고의 원형에 자리 잡은 산, 삶의 한가운데 자리 잡은 들, 꿈과 현실은 전라도 사람들의 의식과 무의식 속에서 휘돌고 감돌아 무르녹았다.

그래서 고달픈 삶을 달래고 견디어 나가기 위한 한풀이 풍류가 꽃을 피웠다. 이 땅을 일컬어 예술의 고장, 멋의 고장이라 일컫는 속에는 그래서 깊은 슬픔이 배었다.

지배 질서의 고답적이고 현학적으로 단순화된 감각으로는 종잡기도 어렵고 시끄러울 뿐인 꽹과리, 징, 장구, 북 따위가 어우러지는 소리의 찬란한 무질서 속에서 힘도 풀고 한도 풀고 맺힌 끈도 푸는 것이다.

풍류는 이 고장에서는 野의 풍토 속에서 자라난 한풀이의 문화인 것이다.

그렇다면 이것은 도대체 무슨 꼴이란 말인가. 온화한 기후에 중용적인 풍토와 풍요한 토양을 골고루 갖춘 이 땅에 축복이 아닌 한맺힌 역사만 되풀이되었다니.

극단적인 표현을 쓴다면 축복받은 자연에 버림받은 삶이라고나 할까. 자연 환경이 인간 생활에 영향을 미친다는 동서고금의 공통된 이론이 유독 여기 이 땅에서만 예외라는 것일까. 당연히 결코 그렇지는 않다.

그래서 더욱 野의 의미는 무섭다. 이때 野에 솟아난 산, 이것이 뜻하는 바는 매우 의미심장하다.

풍수에서 말하는 平地突出이란 것이 바로 여기에 해당된다. 들판, 즉 野地의 땅에 풍성하면서도 우람하게 우뚝 솟은 평지돌출의 산. 김제 모악산, 정읍의 두승산과 입암산, 부안의 변산.

유랑인들의 정착의 땅, 들판의 땅, 맺힌

것이 많은 땅, 전라도 땅에서 많은 사람들이 새로운 세상, 개벽된 세상을 믿으며 혹은 바라며 모여든 그 산들.
백두, 태백산계에 비긴다면 산이라고 부르기도 쑥스러운 산들이지만 그러나 우람하고 믿음직스럽고 그래서 의지하고 싶고 그리고 신령스러운 산 중의 산이 되는 것이다.
그것이 전라도의 평지돌출 산들이다.

호남 도로 총괄
어디 좀 가려고 할 때 제일 먼저 떠오르는 생각이 오늘은 길이 막히지 않을까 하는 걱정이다. 시간 빼앗기는 것은 물론이고 정신적, 육체적으로 받는 고통 또한 막대한 것이라 상당수의 사람들은 웬만한 약속은 하지 않으려는 경향까지 보이는 것이 사실이다. 신경의 피로도 대단하여 그것이 결국 사람들에게 공격적이고 조급한 성격을 갖게 한다는 것은 사회 심리학자들이 공통적으로 지적하는 사항이 되었다. 도대체 길이란 무엇인가.
우리말 길이건 한자어 道路건 간에 그저 단순한 통로만을 지칭하지는 않는다. 행위 규범으로서의 뜻 혹은 방법으로서의 뜻을 같이 갖는다. 路라는 글자만으로도 뜻이 통할 수 있으나 우리는 꼭 길 道 자를 붙여서 쓴다. 道路라는 것이 通路의 개념만은 아니라는 것을 암시하는 언어 습관이다. 영어에서도 트립 trip과 트래블 travel은 다른 의미를 지닌다고 한다. 그저 출발지에서 목적지까지 도착만 하면 되는 것은 트립이고 여행의 분위기가 있는 것은 트래블이다. 지하철을 타고 서울역에서 청량리역까지 가는 것은 가는 과정이 땅속의 굴로 단순화되어 있기 때문에 트래블이 아니라 트립이다. 그러니까 지하철은 좋은 통로인 것은 사실이지만 좋은 길이라고 하기는 곤란하다.
아마도 도로에 관한 가장 방대하고도 유익한 저작을 남긴 서양 사람은 『도로의 교향곡』을 쓴 헤르만 슈라이버일 것이다. 우리나라에서는 旅庵 申景濬이 쓴 『道路考』가 그에 필적할 만하지 않을까 짐작된다. 슈라이버는 말한다. 〈이 세상 모든 것들이 도로를 차지한다. 그러나 그것들은 도로 위에 흔적을 남기지 않는다. 도로는 끝이 없는 無人之境인 동시에 모든 사람의 共有物이고 어디에서 멈추는 일도 없으며 어디로나 통한다. 장례 행렬도 결혼식 행렬도 같은 도로 위를 거쳐서 간다. 성직자가 걸어가며 내는 먼지는 바람난 처녀의 하이힐 위에 떨어진다.〉 이는 도로의 공유성, 무차별성을 강조한 말이다.
신경준은 말한다. 〈무릇 사람에게는 그침(止)이 있고 행(行)함이 있다. 그침은 집에서 이루어지고 행함은 길에서 이루어진다. 그렇기 때문에 맹자는 仁은 집안을 편안케 하고 義는 길을 바르게 한다고 하였으니, 집과 길은 그 중요함이 같다고 하겠다. 길은 원래 주인이 없고 오직 그 위를 가는 사람이 주인이다(路者無主而惟序上之人主之).〉 역시 길의 공익성과 공유성을 강조함에 있어서는 동서양이 인식의 차이를 갖고 있지 않음을 알 수 있게 해준다.

사람들이 길을 보는 시각은 언제나 이중적이다. 길의 기능성과 길의 상징성이 바로 그것이다. 길의 역사를 한마디로 요약하면 상징성으로부터 기능성으로의 전환 과정이다. 물론 옛날이라고 길의 기능성을 무시했을 리 없고, 오늘날에도 길이 나타내고 있을 상징성이나 부여된 의미가 경시되고 있다는 것은 아니다. 중점이 어디에 두어져 있는가의 문제이다.

이것이 더욱 극단적으로 축약되면 道의 개념에 이르게 된다.〈人生의 行路〉라는 표현은 사람의 일생을 길을 걷는 일에 비유한 것이다. 사람이 나아갈 바, 혹은 사람이라면 모름지기 그렇게 가야 할 바, 이것이 사람의 길, 道이다.

이렇게 본다면 나라가 나아갈 바가, 즉 國道라는 논리도 성립된다. 국도는 그 기능 수행이 효율적이어야 함은 물론 그것이 제시하고 있는 국가 장래의 목표 또한 훌륭해야 한다. 누구나 인정하다시피 오늘의 우리 국도는 효율적이지도 않고 훌륭하지도 않다. 현대인들이 주로 길의 기능성에만 관심을 두고 있는 것은 분명한 사실이다.

그러나 옛사람들은 공통적으로 그들의 우주관을 지상에 재현하려고 노력하였다. 기능은 오히려 부차적이었다. 따라서 우리가 우리의 길 문화를 제대로 이해하기 위해서는 기능면에서의 길뿐만이 아니라 그것이 내포하고 있는 상징성에 대해서도 관심을 가질 필요가 있다. 한자의 道 자가 사상에서의 표상인〈머리(首)〉와 행위를 뜻하는〈간다(之)〉라는 글자의 모임으로 이루어졌다는 사실이 많은 것을 시사해 준다고 할 것이다.

길이 단순히 통로의 구실만 하는 것이라고 여겨졌을 때 그 길은 어떠한 상징성도 의미도 부여받지 못한다. 그러나 인지가 깨이고 정신 문화라는 것이 계발되면서 길에는 철학적 의미가 스며들었다. 서양의 길 문화가 기독교적 획일주의에 입각하여 하나의 중심지로부터 전파되는 기하학적 구도를 중시하는데 비하여, 동양인들은 인생살이를 길 가는 나그네에 비유하는 경우가 많았다. 그래서 유교, 불교, 도교 등의 동양 사상에서는 그 이념을 길에 의탁하여 설명하는 경우가 적지 않다. 우리나라의 길도 이러한 동양의 길에 관한 사고와 크게 다르지 않다. 즉 우리의 전통적인 사상성이 길에 자연스럽게 표출되어 나타나는 것이다.
서양에서의 길의 어원이 길을 걷고 있는 객체로서의 사람의 발이나, 말을 타고 간다는 형이하학적 사실에 연유하는데 비하여 우리들은 길을 통로라든지 의사 소통 혹은 王道, 孝道, 孔孟之道 등에서 보이는 바와 같은 윤리관의 실천 방향이라는 의미로 사용하는 경향이 강하다. 이것은 서양이 연평균 강수량 때문에 역사 시대 초기에 이미 정착 농경이 어려워 주로 이동 목축에 의존하던 관습에서 길의 기능성을 강조하는데 반하여, 우리들은 거주지에 관한 만족도가 서양에 비하여 높아 비교적 장거리 이동이 적었다는 풍토적 특성도 아울러 떠올려 보면 이해가 쉬울 것이다.
旅庵은 治政의 기본으로 治道를 내세운다. 그가 조사한 바에 의하면 당시 우리 나라의 도로망은 왕이 陵, 園, 墓에 거동할 때 지나던 陵行路, 온천에 행행하던 溫泉路, 각 고을 관아에서 四界에 이르는 里數와 감영 및 병영에 이르는 里數, 국토의 외곽을 둘러싸는 백두산로, 압록강로, 두만강로, 팔도 연해로 등 四沿路, 팔도의 역체로 및 파발로, 해로, 봉수로, 교린사행로, 그리고 서울에서 의주, 경흥, 평해, 동래, 제주, 강화에 이르는 전국 6대 간선로 등이다.

여암은 한반도의 지체 구조가 東西短 南北長인 것에 비추어 〈※〉型의 도로망을 기본 체계로 인식하였다. 그는 먼저 각 대로의 路程과 里數를 정확히 제시하고 이어서 각 간선에서 지선이 나뉘는 결절점을 상세히 파악함으로써 도로상에서 결절점이 가지는 바 중요성을 부각시키는 방법을 취하였다. 이 결절 지점으로부터 분기된 각 지선들은 도의 하위 계층 도로망을 구성케 된다.
여하튼 신경준의 六大路 개념은 서울을 중심으로 각 방면의 극단 지역을 방사상으로 연결함으로써 국토의 짜임새를 갖추는 도로망 체계라 할 수 있다.
1904년 일제는 그들의 내무성 기사를 파견하여 전국 도로 상황을 살펴보게 하고 도로 개수 계획을 입안하며, 1905년에는 내륙 거점과 항구를 연결하는 중요 도로와 농산물이 풍부한 지역의 지방도를 개수하는 식민지 수탈의 정석적인 예비 포석으로서의 도로 개수 작업에 착수한다. 그리하여 신작로가 생기고, 전차가 냉냉거리며 서울 거리를 달리고, 철마가 꽥꽥대며 국토를 활보하는, 말하자면 도로의 문명 시대가 도래하게 된다.
예를 들어 목포와 군산항의 개발은 호남평야의 미곡 수출항으로 그 뜻이 있었고, 묵호항은 태백산 지역의 지하 자원 반출이 주목적이었다. 도로 정책 역시 이러한 구상 밑에서 구성됨으로써 한반도라는 몸체의 순환 기관으로서의 도로망 체계에 비극의 씨를 뿌린 셈이 되었다. 왜냐하면 일제의 도로 건설이 국토의 순환을 원활하게 하는 데 목적이 있는 것이 아니라 국토가 가지고 있는 영양분을 빼내어 외부로 실어 내는 데 목적이 있었기 때문이다.

말을 달리하면 우리나라의 근대적 도로망 체계는 일제에 의하여 철저히 수탈식 혈맥을 갖추는 데 그 기반을 두게 되었다는 뜻이다. 이 경우 내륙 도로망은 다른 기간 도로망에 연결시키는 것보다는 오히려 그 자체로서 어떻게 하면 많은 물자를 운반할 수 있느냐 하는 데만 신경을 쓰게 된다. 그래서 지금도 우리나라 최대의 곡창 지대인 징게맹경(김제 만경)들에서는 도로 폭이 차 한 대 지나다니기에도 비좁은 기형적인 도로가 남아 있게 된 것이다.

풍수에서 도로는 물길을 대신한다. 물이 없는 경우, 같은 흐름이라는 상징성을 갖는 길이 그 역할을 대신하게 된다. 따라서 길의 풍수적 의미는 물의 풍수적 의미와 동일하다. 그것은 陰陽의 調和, 剛柔의 補完, 緩急의 相補를 있게 하는 원천이다.

길이 없다는 것은 물이 없는 것과 마찬가지로 풍수를 근원적으로 없애는 일이다.

길이 시원치 않다는 것은 물이 부족한 경우와 마찬가지로 사람을 궁색하고 편협하게 만든다. 요즈음 우리의 도로 사정은 전반적으로 조화와 보완과 상보가 없어, 사람들을 궁색하고 편협하며 조급하게 만들고 있다. 그 먼 원인 중에는 일제에 의한 의도적인 도로 근대화의 왜곡도 들어 있는 셈이다.

또 왜놈 탓이냐 할지 모르지만 무슨 일이든 처음이 중요한 법인데, 식민 본국 위주의 도로 정책이 악영향을 지금까지 남기지 않을 까닭이 있을까.

현종은 함경감사 남구만이 鎭을 설치하기 위하여 도로를 개설하겠다는 상소를 올리자 험한 곳에 길을 닦는 것은 兵家에서 크게 꺼리는 바이니 하지 말 것이며, 정 필요하다면 人馬가 간신히 통할 정도로 하라고 지시하고 있다.

임금뿐이 아니다. 담헌 홍대용은 우리나라 지세가 수레 쓰기에 불편하다는 점을 지적하면서 이런 말을 하고 있다. 〈우리나라는 길 닦는 정책이 시원치 못하여 수레가 통행할 만한 넓은 길이 없으니 수레를 쓰는 데 있어서 중국만 못한 것이 당연하다. 우리를 침입한 중국 군사가 수레를 이용하여 전쟁에 이겼다는 말을 듣지 못했으니 우리나라의 지세는 결국 수레를 쓸 수 없다는 결론이 아니겠는가.〉

은연중에 길을 잘 닦아 둘 필요가 없음을

드러내고 있다. 그러나 담헌은 매우 의미심장한 변설을 늘어놓고 있다. 가로되 〈사람이 약아지고 기구가 모두 편리해진 것만 보아도 말세의 야박한 현상을 징험할 수 있다〉고. 아마 당시 수레가 꽤 많이 나타나기 시작했던 모양인데 그 정도를 가지고 말세라느니 야박하다느니 하는 것을 보면 도대체 요즈음의 자동차로 꽉 메워진 피서철의 고속 도로를 본다면 무슨 말을 할 것인지 궁금하다.

아마도 말세가 지나고 지옥계가 펼쳐진 것으로 알았을 것이다. 여하튼 오늘날의 도로는 道路가 아니라 아무리 애를 써도 흔적조차 남지 않는 徒勞에 지나지 않는다.

또 한 가지 일제가 우리의 혈맥인 도로를 파행으로 몰고 간 현상으로 지적할 수 있는 것은 그들의 식민지 정책과 대륙 진출만을 원활하게 하기 위한 도로 구조의 확립이었다.

만주로의 진출을 위해서 부산-서울-평양-신의주를 연결하는 경부, 경의선 도로 및 철도의 구축과, 서울-원산-청진-나진-경흥-시베리아로 연결되는 동북 노선이 바로 그것이다.

이로써 서울-대전-이리-나주-목포의 식량 자원 확보를 위한 호남 노선과 결합하여 이른바 한반도의 〈X축 도로 체계〉가 이루어지게 된 것이다. 이것은 이후 우리 나라 도로망의 골간 구실을 해 온 것이기 때문에 깊은 이해가 필요하다. 1910년 한국을 병탄한 일본은 식민 통치를 위한 몇 가지 방침을 수립하였다.

그중 하나가 한반도를 대륙 진출의 병참 기지로 사용코자 한 생각으로, 이를 위하여 그들은 소위 대륙 루트를 설정케 되었다.

경부선, 경의선 등의 철도는 그 정책의 일환이며 그들은 전략적인 측면에서는 소련의 동방 침투로에 대비하여, 전술적으로는 보급로의 안전성 확보를 위하여, 그리고 대내적으로는 경제적 유통로의 유지, 개발을 위하여 새로운 도로 개설에 착수하였던 것이다.

국토의 균형 있는 개발이라든가 장기적인 안목에서의 조사 및 설계, 합리적이고 조화를 이룬 국토 공간과 국토종합개발 계획상의 고려 사항들을 염두에 두었을 리가 없었던 것이다.

그들에게 한반도는 식량 기지 및 상품 판매 시장으로서의 목적과 대륙 진출을 위한 수단 외에는 아무것도 아니었다. 지금까지도 심각한 문제를 야기하고 있는 지역간 불균형이나 국토의 파행적 개발의 싹은 이미 이때 뿌리를 내린 것이라고 볼 수도 있다.

간선 철도 연변의 근대적 도시들 중 상당수가 이와 같은 식민 도시적 성격을 띠고 태어났다는 것은 슬픔이 아닐 수 없다.

이리(현재의 익산시), 대전 같은 도시들의 탄생은 위 얘기의 한 예에 지나지 않는다.

간선 도로나 기간 철도의 건설은 대체로 두 가지 측면이 고려된다. 하나는 출발지점과 목적 지점을 최단거리로 잇는 방법이고, 다른 하나는 약간 우회가 되더라도 중도에 있는 지리적 거점들을 연결시키면서 잇는 방법이다. 북한을 제외하고 남한만을 염두에 둘 때, 근대화의 상륙 발판으로 부산과 목포를 상정하고 최대 중심지로서의 서울과의 관계를 고려해 보면, 초기 철도망은 지금과는 상당히 다른 유형이 떠오름을 부인하기 어렵다. 예컨대 서울-목포는 나주, 김제, 전주, 공주 등지를 연결하는 해안 인접 도로로, 서울-부산은 내륙 관통으로 여주, 청주, 보은, 성주 등 경상, 충청도의 조선 시대 읍취락을 연결하는 철도망을 생각해 볼 수 있었을 것이다.

일제는 소문 내기를, 전주와 공주 등지의 고루한 儒林들이 철도 부설을 반대해서 부득이 그 도시들을 경부, 호남선에서 제외시킬 수밖에 없었다고 하였다. 하지만 그것은 그야말로 궁색한 변명에 지나지 않는다. 확실히 그 지역 유생들은 철도 부설을 반대했다. 반대의 이유는 명백했다. 철길이 地氣가 흐르는 山脈을 끊기 때문에 안 된다는 것이었다.

1894년 흥선대원군은 말하기를 〈철도를 부설하자면 산을 헐고 골을 메울 필요가 있을 것인즉, 그러할 때 암석을 파괴하는 일이 있을 것이다. 암석은 국가의 척추이니, 척추를 다치고 어찌 그 나라가 오래 가기를 바랄 수 있으랴〉 하였다. 1902년 경의선 기공식 때는 〈서울은 용의 머리요, 더욱이 서대문 밖 기공식 거행 지점은 용의 얼굴에 해당하는 바, 이는 국가의 변란〉이라는 상주가 있자, 척사가 달려와 공사 중지를 명령하였다는 철도건설사의 기록도 있다.

그러나 주의할 일이다. 그런 유림들의 반대 정도야 일제의 식민지 통치 방식으로 보자면 하루아침에 묵살해 버릴 수 있는 것들이다. 요는 일제가 우리 민족의 풍수 사상을 악용한 것이고 우리는 그들의 술책에 말려 들어 지금까지도 공주나 여주(수원-여주를 잇는 철길이 있으나 이는 협궤로 정식 철도로 보기 어려움)에 철도가 지나지 않는 것을 우리 선조들의 고루한 전근대적 사고 방식에 책임이 있는 것으로 오해하고 있다. 이것은 남한만 생각해서 그렇다는 것이니 남북한 전체를 통틀어 본다면 그 파행상이야 말해 무엇 하겠는가.

식민지 도로 정책이 결과적으로 국토의 불균형 발전을 야기하고 그 당연한 결과로 낙후 지역의 소외를 유발함으로써 경제뿐 아니라 정치, 사회, 문화의 모든 면에 나쁜 영향을, 그것도 오랫동안 미치고 있다는 사실은 보통 심각한 문제가 아니다. 게다가 도로라는 것은 민족성의 상징이기도 한 것이기 때문에 보다 더 깊은 심리적 타격을 국민들에게 끼칠 수도 있다는 점을 간과해서는 아니 될 것이다.

19세기 영국의 중국학자 에드윈 듀크스가 한 다음의 언급은 그 점에 관하여 많은 시사점을 던져 준다. 〈길을 내는 일이나 집을 짓는 일은 공사 주체나 노동자들만이 관련된 문제가 아니다. 길 주변에 사는 모든 사람들, 그 근처에 유해가 안치된 모든 영혼들에게도 관심의 대상이다. 이 사실은 만약 무지한 우리 유럽 출신 외부인들이 중국에서 우리가 살고 싶은 장소에 살고, 우리 좋을 대로 살고, 우리 좋을 대로 집을 짓고, 도로와 철도를 만들고, 전신탑을 세우고, 우리 기호에 맞는 것을 발견하면 어느 곳에서나 돌을 캐내고, 석탄을 찾아 무분별하게 땅속을 파헤치려고 한다면 중국인들의 입장에서 볼 때 우리 유럽인들은 '먼지를 피워 올리는 미치광이', '불꽃을 마구 내던지는 난폭자'로 비칠 것이다. 우리가 교회에 뾰족탑을 설치하고 공장에 높은 굴뚝을 세운다면 우리는 중국인들의 영혼 세계의 고요함을 깨뜨리는 용서받지 못할 죄를 저지르는 셈이 되는 것이다. 다 같은

인간의 관심사를 그처럼 무시한 경솔한 유럽인들에게 아무리 가혹한 복수를 가한다 하더라도 충분히 가혹하지는 못할 것이다.〉

위 글에서 유럽인을 일본인으로, 중국인을 한국 사람으로 바꾸어 버리면 그대로 우리에게 적용될 수 있는 내용이란 것을 쉽사리 알 수 있을 것이다. 게다가 일본인들은 우리와 문화 관습이 유사한 바가 있으니 유럽인들보다 훨씬 더 악랄하다 할 것이다.

그들은 한반도의 근대적 도로망을 건설하면서 경제적이고 합리적인 국토 공간의 재편이라는 측면을 무시함으로써 죄를 지었을 뿐만이 아니라 우리 민족의 전통적 지리관인 풍수 사상을 심하게 왜곡하며 깔아 뭉개 버린 죄악도 함께 저질렀다.

外敵인 일제는 그랬다 치고 오늘의 우리는 얼마나 잘하고 있나. 기왕에 철도 부설로 인하여 다친 地脈이 있었으니 처음부터 철도와 같은 다량의 대중 교통 수단을 개발하는 것이 오늘의 혼잡상을 방지할 수 있는 길이었는데, 고속 도로니 뭐니 하여 자동차를 대거 불러들인 책임은 우리에게 있다.

석유 한 방울 나지 않는 나라에 웬 놈의 차는 그리도 많은지. 그 차는 다시 도로 건설을 부르고 도로 건설은 국토 혈맥의 손상을 초래한다. 차와 도로 건설의 악순

환이다.

그 바람에 녹아나는 것은 우리 국토 혈맥의 지속적이고도 참담한 단절이다. 그놈의 자동차와 도로가 타고난 명당인 금수강산을 다 망치지 않을까 걱정이 태산이다.

우리는 지금보다 많은 명당을 건설하기는커녕 있던 명당마저 凶地로 만들고 있다. 일제가 민족 정기를 끊기 위해 산의 맥을 끊은 것과, 지금 우리가 도로 건설을 위해 무차별적으로 산을 헐어 내는 것은 무엇이 다른가.

〈氣는 본래 생긴 모습으로 인하여 흐름이 있는 것이니 잘라진 산은 사람이 살 수 없는 곳이요, 또한 氣는 龍이 모여야 있게 되는 것이니 잘려져 홀로 있는 산은 삶의 터전이 될 수 없는 것(氣因形來而斷山不可葬也 氣以龍會而獨山不可葬也)〉이다. 산은 그저 단순한 개발의 장애물이 아니다. 대지의 기가 숨쉬는 터전이요 인간적 삶을 가능케 하는 良氣의 공급원이다.

우리는 이제 국토 개발이나 도로 개설을 위하여 함부로 산을 제거하는 우를 멈출 시점에 이르렀다. 하더라도 산의 혈맥을 건드리지 않는 범위에서 행해져야 한다. 산을 바라보는 의식에 획기적 전환이 필요하다. 산이 죽으면 우리 인간도 죽을 수밖에 없다.

高廠郡 古水面

▶蜂山里(버르매): 벌처럼 생긴 산이 있으므로 붙은 지명.

▶芙谷里(가마골): 가마처럼 생겼으므로 붙은 지명.

▶上坪里

造山(化谷): 신평 남동쪽에 있는 마을. 홍수에 흙이 모여 산이 되었음.

▶長斗里(장머리): 뒷산이 노루 형국이므로 붙은 지명.

雲月里: 장두 북쪽에 있는 마을. 뒷산의 모양이 雲中半月形이라 함.

高廠郡 高廠邑

▶蘆洞里: 飛雁含蘆形의 명당이 있으므로 붙은 지명.

▶道山里

浮龜村(安東): 도산 서쪽에 있는 마을. 물위에 뜬 거북 형국이라 함.

▶月谷里

닭우리(鷄鳴): 월곡 북서쪽에 있는 마을. 金鷄抱卵形이라 함.

▶月山里

溫水洞: 온천이 나옴. 고수면에도 온수리가 있으나 여기서는 온천 개발에 실패.

玉女峰: 월산 서남쪽에 있는 마을. 玉

女彈琴穴이 있다 함.
▶ 邑內里
수구막이: 서낭당이 앞에 서 있는 네모난 돌기둥. 높이 약 6, 너비 약 1미터인데, 위에는 돌로 만든 모자가 얹혀 있으며 고창읍의 水口를 지킨다 하여 해마다 제사를 올렸다 함.

高廠郡 孔音面

出將入相의 大穴: 면사무소 뒤 將子山 한가운데 위치. 〈오동나무 잎이 떨어진 명당〉이므로 정상에서 멀리 떨어진 아래쪽에 혈이 있을 것이라 함.
▶ 德岩里(대리미)
자토리(尺土): 덕암 남쪽에 있는 마을. 뒷등이 옥녀가 자를 들고 옷을 만드는 형국이라 함.
▶ 石橋里
비앗등: 석교 앞에 있는 등성이. 飛鵝啄尸形의 명당이 있다 함.

高廠郡 大山面

▶ 渴馬里: 지형이 渴馬飮水形이라 하여 붙은 지명.
▶ 光大里
雁田: 용강 남서쪽에 있는 마을. 지형이 날아가는 기러기가 갈대를 물고 있

는 형국(飛雁含蘆形)이라 함.
▶ 中山里
구수밭: 두동 앞에 있는 밭. 중매의 뒷산이 臥牛形이라 하는데, 이곳은 그 소의 구유와 같다 함.
이밥나무(이팝나무, 이앞나무): 목교 앞에 있는 이팝나무. 둘레 5, 높이 약 13미터. 3월에 흰 꽃이 피는데, 멀리서 바라보면 그릇에 이밥(쌀밥)을 담아 놓은 것 같다 함. 천연 기념물 183호.
▶ 春山里
盤龍: 무지동 동남쪽에 있는 마을. 용이 서린 형국이라 함.

高廠郡 茂長面

▶ 校興里
茂長鄕校: 생교에 있는 무장면 향교. 조선 제4대 세종 2년(1420)에 세움.
▶ 德林里(닥림, 鷄林): 닭매 아래가 되므로 붙은 지명.
각골(角洞): 방죽안 앞 골짜기에 있는 들. 방죽안이 臥牛形이라 하는데 이곳은 와우의 뿔과 같이 되었다 함.
닭매(鷄山): 덕림 뒤에 있는 산. 모양이 金鷄抱卵形이라 함. 산 아래 덕림 초등학교가 있음.
大村(帶村): 방죽안 동쪽에 있는 마을. 風吹羅帶形이라 함.

▶ 新村里

牛藏골: 평장 동쪽에 있는 골짜기. 臥牛穴이 있다 함.

▶ **玉山里**: 구슬처럼 생긴 산이 있으므로 붙은 지명.

高廠郡 富安面

▶ 鳳岩里

仁村마을: 봉암마을 뒤에 매봉재(떠퐁재)에서 보면 한가운데 자리 잡고 있는 이 터는 좌우에 모두 일곱 가닥의 줄기를 겹겹이 거느리고 있다. 인촌 김성수의 생가. 이 터를 칠곡수 또는 일곱가닥명당이라 부름.

▶ 象岩里

주섬(쥐섬): 상포 서남쪽 개 안에 있는 작은 섬. 象浦가 코끼리의 형국인데 주섬뜸(상포 동쪽 갯가에 불쑥 나온 곳에 있는 마을)과 같이 쥐 형국으로 되었다 하여 상포의 코끼리가 달아나지 못하게 한다 함. 중국 풍수에서는 코끼리가 쥐를 무서워하는 것으로 인식함.

▶ 仙雲里

九龍洞: 선운 서쪽에 있는 마을. 지형이 아홉 용이 내려오는 형국이라 함.

질마재마을: 시인 서정주가 태어나 어린 시절을 보냈고 「질마재신화」라는 시가 만들어진 곳(이상문).

▶ 松峴里

뙤棧: 송암 동쪽에 있는 마을. 漁翁散網形이라 함.

鞍峴: 송현리에서 으뜸가는 마을. 마을 뒤 지형이 말 안장처럼 되었다 함.

참샛골: 안현 북쪽에 있는 골짜기. 이곳에 있는 김씨의 선산 지형이 참새 모양이라 함.

고잔마을: 臥牛形. 소의 머리, 등허리, 꼬리가 남향으로 뚜렷하게 조성되어 있음. 머리 위쪽에는 소의 구유와 풀짐등이 있으며 마을 앞 논 가운데 소를 매어 두는 쇠말뚝이 자연 입석으로 세워져 있었다. 쇠말뚝은 소 형국의 터를 누르기 위하여 裨補鎭壓으로 세워 놓은 선돌. 당산굿 줄다리기가 유명했는데 줄을 잡아당겨야 누워 있는 소가 일어난다고 하여 줄 당기는 것으로 정성을 들인 것임. 새마을 운동 때 쇠말뚝이 뽑히고 나서 이 마을의 기가 약해졌다고도 함. 소의 몸체와 풀짐등 사이에 포장 도로가 생겨 마을이 못살게 되었다는 설도 있음. 예전에는 마을 뒤 잔등에 괴목나무당산이 있었다. 이것이 불에 타 없어진 후 고인돌을 당산으로 모심. 당산나무가 있던 곳은 잔등으로 그것은 소의 구유와 같은 형국. 사각의 정자샘은 지금은 방화수로

보존만 하고 있는데 治病 효과가 있었다 함. 서해 노을이 장관임. 줄다리기는 男女交接을 상징함.

▶水東里
갈매동(渴馬洞): 벌몰 북쪽에 있는 마을. 渴馬飮水形으로 되었다 함.
똥매: 텃골과 하동 사이에 외따로 솟아 있는 둥글고 작은 산.
回龍(鹽所): 텃골 동쪽에 있는 마을. 지형이 용이 내려와 돌아보는 형국.

▶鰲山里
똥뫼: 하오산 앞 들 가운데 있는 둥글고 작은 산.

▶龍山里
건지봉(建祺峯, 노적봉): 용산 동쪽에 있는 산. 굴치 북쪽 장군봉의 장군이 이곳에 기를 꽂을 것이라 함.
鷄鳴山: 용산 서남쪽에 있는 산. 산의 모양이 닭이 우는 형국이라 함.

▶雲陽里
베올리(白雲): 운양리에서 으뜸가는 마을. 마을 뒷산에 白雲半月이라는 명당이 있다 함.

▶中興里
알미(卵山): 서당촌 뒤에 있는 산. 오산리의 오산이 자라 형국인데 이곳은 그 자라가 까 놓은 알과 같다 함.
알미장터(卵山場): 서당촌 남쪽에 있는 마을. 金鰲望卵形.

高廠郡 上下面

▶劍山里: 마을 뒤 장군봉이 장군이 쓰는 칼 같다 하여 그렇게 부름.
束洞(羅帶): 검산 동쪽 안쪽으로 있는 마을. 서북쪽 장군산의 장군이 갑옷을 입고 이곳에서 띠를 두르고 출전한다는 뜻이라 함.

▶安洞(鞍洞): 원두 서남쪽에 있는 마을. 뒷산이 말의 안장처럼 생겼다 함.

▶連洞(縺洞): 장재 북쪽에 있는 마을. 옥녀봉의 옥녀가 남쪽에 있는 蘿帶를 짜는 베틀 형국이라 함.
玉女峯: 연동 동쪽에 있는 산. 玉女織錦穴이 있다 함.

▶石南里(船纜, 城南): 지형이 배의 닻줄과 같다 하여 붙은 지명.
渴烏: 석남 서쪽에 있는 마을. 渴烏穴이 있다 함.
王帝山(王子山): 왕째 서쪽에 있는 산. 王의 穴이 있다 함. 그 아래 왕째가 있음.

▶松谷里
비봉재이(飛鳳): 송재이 북쪽에 있는 마을. 飛鳳抱卵形의 명당이 있다 함.

▶龍垈里(용터): 지형이 용이 登天하는 형국이라 하여 그렇게 부름.

▶紫龍里
九市浦(仇市浦): 신자룡 서북쪽 갯가

에 있는 마을. 근처에 臥牛穴이 있는데, 이곳은 와우의 구유(먹이통)와 같다 함.

土王洞: 자룡 옆에 있는 마을. 뒷산에 王의 穴이 있다 함.

▶壯山里

旗山: 고산 동남쪽에 있는 마을. 지형이 북쪽에 있는 장군산의 장군이 출전할 때 가지고 나갈 깃발과 같다 함.

북산(鼓山): 석수 남서쪽에 있는 산. 74미터. 장군이 출전할 때 칠 북에 해당된다 함.

▶下長里(下長沙)

닭매(鷄山): 하장사 뒤에 있는 산. 金鷄抱卵形이라 함.

복치매: 용덕 뒤에 있는 산. 伏雉穴이 있다 함.

高廠郡 星內面

▶德山里

白蓮洞: 생근리 동남쪽에 있는 마을. 蓮花倒水穴이 있다 함.

▶東山里

배들잇재: 내동산 어귀에 있는 고개로 내동산에서 옥재리로 가는 재. 내동산이 풍수설에서 行舟形이라 하는데, 이곳으로 배가 들어오는 것과 같이 되었다 함.

▶陽桂里

톳날(內兎): 석양 서북쪽에 있는 마을. 玉兎望月形이라 함.

▶玉堤里

光珠洞: 방죽안 동북쪽에 있는 마을. 飛龍弄珠形이라 함.

▶月山里

토등(兎洞): 삿갓재 서북쪽에 있는 마을. 玉兎望月形이라 함.

漢井里: 죽림 서쪽에 있는 마을. 높은 산에서 내려다보아도 이 마을이 보이지 않으므로 물 속에 든 샘이라는 뜻으로 한정이라 함.

▶槽東里

황씨집: 유학자 黃胤錫(1729-1791)의 생가. 본디 정읍군 산외면에서 살다가 어떤 도사가 지금 터를 잡아 줌. 글을 읽던 황윤석의 부친이 인기척에 나가 보니 어린 소년이 마루 아래 엎드려 있었다. 그는 소년의 옷을 갈아입히고 먹을 것을 주고 글을 가르쳤더니 매우 빠르게 깨우쳤다. 15살 때 홀연 자취를 감추었던 소년은 15년 뒤 다시 나타나 은혜 갚음으로 이 터를 잡아 줌. 이 집터는 구유(소의 여물통)형이어서 우물을 파지 못하고 2백여 미터 떨어진 공동 우물을 길어 쓰다가 1960년경 펌프 시설을 하였다(김광언).

高廠郡 星松面

▶槐峙里

갈마음숫등: 괴치 서쪽에 있는 등성이. 渴馬飮水形이라 함.

괴봉: 양실 남쪽에 있는 작은 산. 모양이 고양이같이 되었다 함.

쥐봉: 괴봉의 동쪽 줄기로서 괴봉의 고양이가 노리는 쥐와 같이 되었다 함. 고양이와 쥐는 천적 관계이므로 이런 상대적 지세는 풍수상 나쁠 것 같지만 그렇지만도 않은 것에 풍수의 묘미가 있다. 쥐는 부지런하고 저축도 잘 하는 좋은 상징성을 갖기는 하지만 그렇기 때문에 자만에 빠질 염려도 없지 않다. 그런 자만을 눌러 주는 구실을 하는 것이 고양이이므로 이런 경우 고양이 형상의 괴봉은 풍수상 좋은 역할을 하는 것으로 취급하기도 함.

▶茂松里(송무리의 잘못인 것 같음)

將軍對坐穴: 송무리 뒷산에 있음. 9대에 걸쳐 將軍을 배출할 發福之地임. 멀리서 보면 八字形 수염을 장군이 쓰다듬고 있는 형상 또는 人 자를 겹겹이 쌓아 놓은 것 같은 형상이다.

▶沙乃里(새나리, 사내, 새내, 草內, 鳥飛里): 지형이 새가 숲으로 날아드는 宿鳥投林形이라 하여 새나리란 지명이 붙었음.

▶上金里

玉女峯: 차동 뒤에 있는 산. 玉女散髮形이라 함.

▶岩峙里

錦絲: 운암 서쪽에 있는 마을. 옥녀봉의 옥녀가 비단실을 감고 있는 형국이라 함.

玉女峯: 백토 앞에 있는 산. 옥녀가 베를 짜는 형국(玉女織錦形)이라 함.

▶板井里(통시암)

이시맷등(이심등, 二水등): 축동 북쪽에 있는 등성이. 지형이 풀잎에 이슬이 맺힌 형국으로 되었다 함. 풀잎에 맺힌 이슬은 싱싱함을 뜻하므로 좋게 해석될 수도 있고, 함초롬이 이슬을 머금은 모습이 처량하다 하여 나쁘게 해석될 수도 있다. 이 마을의 경우는 좋게 보고 있음.

▶下古里

삼태터(三台基): 삼태 위쪽에 있는 터. 고려 때 윤씨, 하씨, 경씨 세 宰相의 집이 있었다 함.

高廠郡 新林面

▶加平里(甲鄕)

까막재(가막재, 烏峙): 가평 북쪽에서 도림리 도산으로 가는 고개. 풍수설에서 까마귀가 시체를 쪼아먹는 혈(飛鳥啄尸穴)이 있다 함.

蘆洞: 가평 북쪽에 있는 마을. 지형이 날아가는 기러기가 갈대를 물고 있는 형국(飛雁含蘆形)이라 함.

村有林: 가평초등학교 앞의 숲. 오래된 느티나무가 10여 그루 서 있는데, 가평의 水口막이(마을의 虛한 곳을 보호한다는 뜻)로서 마을에서 보호하고 있음.

龍聚八角大穴: 가평리 뒷산(방장산)에 있는 용이 여덟 개의 깃털을 모아 세우고 있다는 최고의 명당이라는 혈.

▶道林里

가루갯재(渴鹿峙): 구산에서 정읍군으로 가는 고개. 渴鹿飮水形이라 함.

旺林: 도림리에서 으뜸가는 마을. 마을 뒤에 있는 산이 범 형국이며, 이곳은 猛虎出林形으로 되었다 함.

▶茂林里

萬化(萬花): 숲말 서북쪽에 있는 마을. 뒷산에 梅花落地穴이 있다 함.

숲말(林里): 무림리에서 으뜸가는 마을. 전에 숲이 우거졌는데, 지형이 宿鳥投林形이라 함.

▶盤龍里

구슬고개(구수고개, 珠峴): 하반룡 남쪽에서 세곡리 가느실로 가는 잘룩한 고개. 풍수설에서 반룡리의 지형이 盤龍弄珠形이라 하는데 이곳은 그 반룡이 희롱하는 구슬과 같이 되었다 함. 뒷산이 臥牛形으로 되었고 이곳은 소

구수(구유)와 같이 되었다 하여 구수고개라고도 함.

▶法止里: 화재와 호랑이의 피해를 막기 위하여 이런 지명을 지음. 즉 佛法으로 그런 재앙을 그치게(止) 하겠다는 뜻의 지명 裨補라 할 수 있음.

▶碧松里(梧桐村, 梧月里)

龍橋洞: 벽송 동북쪽에 있는 마을. 九龍弄珠形이라 함.

평月: 서당촌 길가에 있는 마을. 雲中半月形이라 함.

火燈山(화동산): 벽송 남쪽에 있는 산. 진사김씨의 묘가 있는데, 화등과 같은 명당이라 함.

▶扶松里

眠鶴골: 벽송리와 부송 사이에 있는 골짜기. 학이 졸고 있는 형국이라 함.

배암골(巳谷): 부흥 앞에 있는 골짜기. 生巳追蛙形이라 함.

風岩峙(鳳岩峙): 작산에서 고창읍 성두리로 가는 고개. 풍수설에서 風吹羅帶穴이 있다 함. 와전되어 봉암치라고도 함.

▶松岩里

불뭇골(冶洞, 冶洞): 종송리 서북쪽 골짜기에 있는 마을. 앞에 들이 있으므로 야동이라고도 함. 풍수설에서 지형이 불무 형국으로 되었다 함.

種松里: 송암리에서 으뜸가는 마을. 풍

수설에서 지형이 학의 형국이므로 학이 앉을 소나무를 많이 심어야 한다 하여 소나무를 심고 마을을 이루었다 함.
▶ 子抱里(자포실): 어머니가 아이를 안고 있는 형국이라 하여 붙은 지명.

高廠郡 心元面

▶ 高田里
준지메(진주메): 옥동 남쪽 산밑에 있는 마을. 풍수설에서 마을 뒷산이 珍珠玉盤形이라 함.

▶ 蓮花里
각시매(氏山): 금산 남쪽에 있는 산. 산세가 순하고 아름다워 각시와 같다 함. 玉女彈琴穴이 있다 함.
각씨매(琴山, 씨산): 각시매 아래에 있는 마을. 각시매에 玉女彈琴穴이 있다 하여 금산이라 함.
개꼬리명당: 갯골에 있는 못자리. 개꼬리혈이 있다 함.
갯골: 수통매기 앞에 있는 골짜기. 개꼬리 명당이 있다 함.
蓮花峯: 연화동 동쪽에 있는 산. 224미터. 蓮花倒水穴이 있다 함.

▶ 月山里
똥매(東山): 월산 앞 논 가운데 외따로 솟아 있는 둥그런 산.

高敞郡 雅山面

한 산자락의 양면에 나란히 자리한 大穴 중 하나가 아산초등학교 뒷산 끝자락에 있는 金盤玉(금쟁반에 옥구슬이 구르는 듯한)大穴. 특히 금반옥으로 흘러 드는 물길은 재산을 상징함. 특히 거북이 물위로 솟아 오르는 형상 속에서 거대한 물줄기가 띠를 두르고 있는 帶江水는 엄청난 재복을 보여 주는 것인데 여기가 그렇다. 다만 穴處는 아직 누구도 찾지 못한 듯 함. 또 하나가 금반옥에서 한 마을 떨어진 온반암마을에 위치한 仙人醉臥穴.

▶ 鷄山里: 뒷산(鷄山)이 닭이 알을 품고 있는 형국이므로 붙은 지명.

▶ 南山里
興龍: 남산 동남쪽에 있는 마을. 앞산이 火山이므로 마을 이름을 흥룡이라 하여 용의 조화로 불을 막아야 한다고 하였다 함. 용은 물을 다스리는 상상 속의 瑞獸이기 때문에 화기를 다스리는 용도로 풍수에서 많이 쓰임.

▶ 盤岩里
仙人峯: 고심원 뒤에 있는 산. 仙人醉臥의 名穴이 있다 함.
인촌 김성수의 선대 묘: 흔히 호남팔대명당으로는 1) 순창 인계의 광산김씨 묘. 2) 전주이씨 조경단. 3) 고창 호암의 선인취와. 4) 순창 백방산의 천마입구. 5) 순창 복흥의 황앵탁목(기대승의 조부 묘). 6) 순천 옥천조씨의 시조산. 7) 군산의 戌山. 8) 영암의 半月을 꼽는다. 사람에 따라서는 4번 대신에 장성의 봉황탁속, 5번 대신에 김제의 호승예불 또는 완주의 운중발룡을 들기도 한다.

인촌 선대 산소의 위치는 고창 盤岩里 馬鳴마을에서 선운사 쪽(서쪽)을 보면 커다란 다람쥐형의 산이 앞을 막고 있다. 그 허리 부분을 넘어가면 나타나는 곳이 壺岩마을. 그곳 병바우마을에 인촌의 할머니 영일정씨 묘가 있다.

뒤에 遮日峰(현지에서는 치알봉이라 함. 해방 전까지만 해도 북소리가 나곤 했다 함. 차일을 친다는 것은 잔치가 열린다는 뜻이므로 잔치 자리니까 북소리가 들린다고 한 것임), 앞에는 소반바위, 병바위(호리병을 엎어 놓은 모습), 말안장바위, 탕건바위, 선비바위, 가위바위, 관모바위 등 온갖 상서로운 바위들이 좌우로 벌여 있다. 이곳을 仙人醉臥形이라 하는 것은 바로 신선이 술을 다 먹고 병은 엎어 놓은 채 누워 있는 형국이기 때문이다.

노령의 방장산이 태조산. 이것이 홍덕에서 화실산을 만들고 차일봉(주산)을 지었다. 艮坐坤向. 평면 木星(누워 있는 목성형 산세)으로 몰골(혈을 맺은 위치의 모양)을 이루었으니 선인취와 형이 분명함. 丙得辛破. 火局으로 정확한 혈. 또 무장과 고창 두 읍에서 흘러오는 물(주진천 또는 장연강이라 함)이 묘 앞을 가로 흘러 서해로 들어가는 중에 물의 흐름을 막아 주는 산들이 첩첩이 둘러싸여 있고 끝내는 大海와 교류한다.

안산은 병바위(壺岩)요 庚兌方의 조산인 말안장바위(산 정상에 있음)와 한덩어리 石塊를 이루었으니 大貴를 약속한다. 백호 쪽 산들은 하나같이 창고와 노적가리 모양을 띠어 大富를 기약. 옥룡자가 이른 대로 호남팔대명혈 중 首穴이다.

그중 인촌의 조부 金堯莢(혹은 뇨래) 묘의 위치는 정씨 부인 묘의 백호 쪽 九皇山 너머 옛 암자인 白蓮庵 자리. 도솔산에서 오른쪽으로 몸을 돌린 서북맥(戌龍)이 입수하여 辛坐乙向으로 자리를 잡았다. 청룡 백호는 높은 깃발 형세를 이루었고 혈의 모양은 젖꼭지에 자리 잡은 것과 같다. 辰方에 우뚝 솟은 紫氣木星(붓끝 모양의 산)은 文筆峯. 朝案이 겹겹이라 속인이 보기에는 天獄이라 버리겠지만 陣中將軍이 분명하다. 즉 將軍對坐形(백형모).

▶三仁里

兜率山禪雲寺: 대웅보전의 좌향은 壬

坐丙向. 현무에서 들어오는 입수는 亥龍이니 이는 淨陰龍이다. 정음정양법에는 陽龍陽向하고 陰龍陰向한다는 법칙이 있으니 입수룡을 맞추려면 병향은 정음이 되니 해룡 입수와 합당하다. 좌향 결정의 요체가 되는 포태법으로 살펴보면 대웅보전에서 본 파구는 辰破口가 되니 이는 乙, 辰, 巽, 巳, 丙, 午 방위를 뜻하며 임좌는 자좌와 同宮이기 때문에 포태법상의 生에 해당되어 가장 길한 좌가 된다. 그런데 포태법과 정음정양법 두 가지 요인에 모두 해당되어야 적합하며 올바른 좌향이 되기 때문에 자좌오향으로 하는 경우는 입수룡이 음룡이므로 맞지 않는다. 그리하여 자좌오향은 쓸 수가 없고 임좌병향은 두 가지 모두 합치되기에 임좌병향으로 좌향이 결정된다. 이때 透地는 辛亥가 되니 납음오행으로 釵釧金이니 금은 임좌가 정오행으로 水가 되니 금생수하여 투지가 좌를 생해 주는 길격이다. 현무산은 陰金形의 정체를 띤다. 따라서 남성적이며 이때 좌향은 金과 水에 해당되는 좌향을 길하다고 보는데 金인 경우는 申, 庚, 酉, 辛, 乾이며 水는 壬, 子, 癸, 亥의 좌를 선호하는데 현무가 음금형이니 이 가운데 임좌는 수에 해당되어 합치된다. 鳳凰抱卵形(임학섭).

▶星山里
鷄龍: 월성 동남쪽에 있는 마을. 뒤에 金鷄抱卵形의 명당이 있다 하는데, 금계는 용이 될 수 있다 함.
봉재(봉매, 鳳山): 봉산 뒤에 있는 산. 飛鳳歸巢穴이 있다 함.
▶龍溪里
龍水: 오암 동북쪽에 있는 마을. 뒷산에 飛龍出水形의 묘터가 있다 함.
▶鶴田里
梅洞: 학전 동남쪽에 있는 마을. 梅花落地形이라 함.

高廠郡 海里面

▶巳盤里: 뱀이 사린 형국이라 하여 붙은 지명.

高廠郡 興德面

▶龍盤里
大陽: 봉반 북쪽에 있는 마을. 뒤에는 옥녀봉이 있고 앞에는 옥녀의 세수 대양(대야)이 있다 함.
玉女峯: 대양리 뒤에 있는 산. 모양이 옥녀가 머리를 풀고 있는 것(玉女散髮形)같이 되었다 함.
▶峙龍里
伏龍: 치룡리에서 으뜸가는 마을. 뒷산

이 용이 엎드려 있는 모양이라 함.
伏虎등: 무잿등 북쪽에 있는 산등성이. 伏虎穴이 있다 함.
여의주배미: 섬두리 남쪽에 있는 논. 伏龍의 아래이므로 용은 여의주가 있어야 재주를 부릴 수 있다 하여 논 가운데 둥그렇게 쌓아 놓았음.

群山市

금강의 끝이자 호남벌의 시작인 땅. 식민지 시대 풍경이 아직도 남아 있는 땅. 『遊山錄』이란 풍수서가 말하는 옥구 북쪽 30리가 오늘의 군산. 走馬形에 脫鞍案. 들이 넓고 산세가 장대하며 水口가 야무져 명당. 북쪽 20리 군산 중심부는 白馬形으로 장상이 날 자리. 서북쪽 20리 烽山 아래는 渴馬飮水形. 혈 아래 우물이 있어 특이한 자리. 서북 20리에 있는 飛龍弄珠形. 앞에 大海를 바라고 있어 천기를 가진 곳.
1899년 우리나라에서 7번째로 개항. 본래는 옥구에 딸린 조그만 포구. 공민왕 때 진포 설치. 태조 때 군산열도에 설치되어 있던 진영을 진포로 옮기고 이름도 가져와 군산이 됨. 군산열도는 고군산열도로. 예로부터 쌀의 집산지로 왜구 노략질의 대상. 일제도 이곳을 미곡 집산지 겸 수출항으로 개발. 전군 도로(전주-군산 간 도로)는 수탈의 길. 해안 지방인데도 바람이 거세지는 않다. 월명공원에서 조망이 가능하며, 금강 오염은 제2의 탁류에 해당함.
羅云: 羅雲洞에서 으뜸가는 마을. 雲中半月形의 명당이 있다 함.

金堤郡 金溝面

현재 김제군은 전역이 김제시로 편입되었음.
동쪽에 봉두산이 있다. 옛 금구현의 鎭山인데 모양이 飛鳳처럼 생겨 그렇게 불렀다. 왼쪽에는 楊翅山, 앞에는 卵山이 있지만 비봉이 오래 머물도록 하기 위하여 현의 남쪽에 있는 掘禅山에 開同寺라고 하는 절을 세워서 鳳鳥飛動의 勢를 눌렀다(『동국여지승람』).
▶山東里
후두치: 대율에서 월전리 어전으로 넘어가는 고개. 伏雉形이라 함.

金堤郡 金山面

▶金山里
오리알터: 강증산의 묘터.
金山寺: 모악산 서쪽 기슭에 있는 절. 丑坐未向. 입수룡은 艮龍이 들어오고 투지는 己卯이다. 未破口로서 丑坐는

帶에 이르니 축좌미향은 정음정양법과 포태법에 일치하고 투지 역시 오행상 土가 되니 정오행상 土와 比肩되어 합리적이다(임학섭).

오리알터라는 지명으로 짐작할 수 있듯이 이곳은 풍수지리설적인 명소, 혼히들 말하는 金鷄抱卵形으로 주변은 닭이 계란을 품은 형상이다(김열규).

▶ 모악산 답사

전주의 主山은 대부분의 기록에 乾止山이라 되어 있다. 그러나 실제로 전주를 감싸 안고 精氣를 공급하는 산은 僧岩山과 麒麟峯인 듯이 여겨진다. 8년 동안 전주에 살면서 그런 생각을 많이 했다. 아마도 전주의 주산은 어떤 이유가 있어 바뀐 것일 거라고. 이 문제는 다음에 기회 있을 때 생각해 보기로 한다(이 문제에 대한 자세한 해석은 필자가 『全州市史』에 자세히 기록하였음).

여하튼 전주의 주산이 따로 있는데도 가장 먼저 눈에 띄는 산은 母岳山이다. 일컬어 엄뫼, 어머니인 산이다. 산 이름이 모악인 것은 정상 서쪽에 자리 잡고 있는 쉰질바위라는 커다란 암반의 모습이 아기를 안고 있는 어머니 같기 때문이라고 한다. 마치 서울의 진산인 삼각산이 아기를 업고 있다는 뜻의 負兒岳이라는 이름으로 불리는 것과 같은 얘기이다.

일망무제의 호남벌과 험준한 덕유, 지리 산맥 사이에 平地突出로 솟아오른 모악산은 해발 793미터로 이 일대에서는 돋보이는 높이의 산이라 할 수 있다. 錦南正脈, 湖南正脈으로 자리 바꿈을 하는 위치에 둥지를 튼 이 산은 예로부터 母岳春景, 邊山夏景, 內藏秋景, 白羊雪景이라 불리던 호남팔경의 하나로도 유명한 곳이다.

산의 높이에 비해서는 산체가 완만한 것이 무척 둔중한 느낌을 준다. 그러나 실제 산에 얹히게 되면 멀리서 능선을 바라보듯이 그렇게 단순하고 간단한 산만은 아니라는 것을 곧 알게 된다. 뭐랄까, 속살이 단단한 산이랄까, 외모는 청아하나 주름이 깊은 산이랄까, 그런 느낌을 갖게 해준다.

이상하게도 이 산에는 민족적 색채가 강한 신흥 종교들이 많이 번성하고 있다. 신흥 종교를 연구해 온 전북대 철학과 이강오 명예 교수에 의하면 계룡산 지역보다 오히려 더 많은 종류의 신흥 종교가 있는 곳이 바로 母岳山麓이라고 한다. 그런데 더욱 이상한 것은 모악산은 계룡산처럼 外地에 널리 알려져 있지는 않다는 사실이다. 왜 이 산에 그렇게 모여들었을까. 하필이면 그들이 왜 이곳에서 종교 활동을 고집하고 있는 것인가.

대저 산이란 우리에게 무엇인가. 우리에게는 서양과 같은 창조 신화는 없다. 하늘과 땅이 스스로 그 문을 열어 세상을 시작한다는 천지 개벽의 신화만이 있을 뿐이다. 이때 하늘의 영원성과 땅의 유한성을 연결시켜 주는 고리 노릇을 산이나 나무가 맡는데, 나무인 경우는 대부분 산을 배경으로 하기 때문에 그것을 산으로 한정시켜도 별 무리가 없다. 따라서 산은 우리들 모두의 원형이다. 우리들의 원형은 모든 것의 있음의 근원에 대한 원초적인 사고의 틀, 바로 그 〈위대한 어머니의 품〉을 뜻하는 말로 이해가 된다.

위대한 어머니의 품인 산은 따라서 우리 모두의 마음속에 생생히 살아 있는 영원한 고향이다. 하물며 시베리아 더 멀리에서부터 한반도에 이르기까지 산과 산을 이으며 유랑해 온 우리 겨레에게는 더 말해 무엇하랴. 여기에 정착해 살며 그들은 平地突出의 그러그러한 산들을 보며 영원한 고향, 어머니의 품을 되새기게 되었다. 그런 산들 중에서도 자태의 신령스러움이나 地脈의 氣力이 더욱 덧보이는 산들이 선택되었다. 그것이 바로 모악산인 것이다.

무릇 산이 사람을 끄는 힘은 어디에서 나오는 것인가. 배운 사람들의 말을 빌리자면 象徵性이라든지 聖所라든지 하는 얘기로 설명할 수도 있을 것이다. 五星歸垣이니 名穴이니 하는 말 역시 우리 식의 배운 사람들의 말장난일 뿐이다.

오성귀원이란 정읍군 입암면에서 과거 보천교 교주였던 차경석이 자신을 天子라 칭하며 그의 거주처를 일컬을 때 쓰던 용어로, 내장산은 五行의 火星에 속하고, 입암산이 土星으로 火生土가 되고, 노령산맥으로 이어지는 한쪽 가지에 자리 잡은 방장산은 金星이니 土生金이 되며, 순창 쌍치의 국사봉은 水星이라 金生水가 되고, 북쪽의 두승산은 木星으로 水生木이 되니, 완전한 五行相生의 형국을 이룬다는 해석이다.

이것은 원래 풍수가에서는 至高至貴한 땅으로 하늘이 내려 주어야 얻을 수 있다고 인식하는 天下大地이다.

어쨌거나 시답지 않은 術學의 배움이란 어떤 식이든 본질에서 멀어지게 하는 작용을 한다. 실상 본질에 접근하기 위하여 배우는 것인데 그렇게 되어 버리는 것은 무슨 조화인가. 直旨人心하여 見性成佛하라는 禪師의 가르침은 이 경우를 이해하는 데 도움을 준다.

산이 사람을 끄는 힘은 사람이 直旨하게 받아들이는 느낌일 뿐이다. 저기에 산이 있고 그것이 나를 부른다. 나를 부르는 산으로 내가 간다. 그런데 아무 산이나 사람을 끄는 것은 아니다. 특히 못 견디게 사람을 잡아 끄는 산이 있다. 그것을 무엇에 비유할 수 있을까. 사람이 자라면서 피할 수 없이 감당해야 하는 삶의 孤

我感 속에서 너무나도 자연스럽게 떠올리는 어머니의 품속 같은 것이라고 얘기할 수 있을까. 끝도 없는 여행길에서 서 있기조차 괴로운 피로를 느끼며 풀섶에 주저앉았을 때 떠오르는 고향 마을의 저녁 밥 짓는 연기 같은 것일까. 다시는 만나 볼 수 없는 돌아가신 분을 떠올리며 느끼는 애틋한 고적감 같은 것인가. 天玄한 밤하늘을 바라보며 어쩔 수 없이 빨려들어가야 하는 한없는 오묘함인가. 도대체 무엇인가.

산은 그 모든 비유를 합친 것으로도 부족하고 또 어떠한 비유로도 설명할 수 없는, 오직 느끼고 그리고 본질을 직관해야 할 그 무엇이다.

특히 그 느낌이 강한 산이 있다. 사람들은 그러한 산을 찾아 나선다. 그러나 대부분의 사람들은 당연히 가지고 있어야 할 산에 대한 느낌을 잊고 산다. 세속의 삶이란 것이 본능으로 마음속에 깃들어 있는 원형적인 느낌을 지워 버린 것이다. 흔히 하는 얘기대로 현대인들의 인간성 상실이 그로써 드러난 셈이다. 모악산은 세속의 삶을 초월하여 본질에 다가가서 살아 보려고 노력했던 사람들이 찾아 나선, 느낌이 강한 산이다.

그러한 사람들이 그러한 산에서 깨달은 것을 정리한 것이 종교가 되었다. 기성 종교의 교리를 받아들인 사람도 있고 새로운 종교의 교리를 창안한 사람들도 있다. 그중에는 잘못 느끼고 잘못 깨달아 많은 사람들을 못살게 군 사람들도 있다. 그러나 그것이 사이비든 유사든 신흥이든 여하튼 종교적이라는 점에서는 일치한다. 산을, 보다 넓게는 땅을 찾았던 사람들이 그러한 모악산의 풍토 속에서 각성을 했다는 것은 몹시 흥미 있는 일이다.

모악산 주변에 기대어 웅거하고 있는 교단이 모두 순수하게 세속의 어려움을 탈각하여 새로운 세상을 고대하며 수련한 사람들이라고 믿지는 않는다. 그렇지만 대부분의 사람들은 그후에 신도들이 모이고 돈이 쌓여 보다 더 세속화되기 이전에는 진정 인간의 한계를 가슴 아파했고 삶의 어려움을 고통스러워한 적이 있었다는 점만은 분명하다. 돈이 있는 곳에는 반드시라 해도 좋을 만큼 타락이 생기니 이는 무슨 조화인지.

『玉龍子遊世秘錄』에서 도선국사도 지적한다. 〈내 마음에 병된 것이 私慾밖에 다시 없네. 그르친 것 物慾이요, 해로운 것 血氣다. 近來의 地師들이 一字不知無識으로 龍穴砂水吉凶論을 담을 치고 앉아서도 穴을 안다 자랑하며 千金을 幣帛하고 安全하다 永葬하니, 無罪한 저 白骨이 水火廉貞 못 피할 제, 그 穴 子孫 편할소냐.〉

조선 왕조가 落日에 이를 무렵 증산교의

문을 연 甑山 姜一淳도 이곳에서 큰도를 깨우친 경우이다. 겨레의 위기와 나라의 절박한 상황을 고민하며 동학에 관심을 갖기도 하고 나름대로의 진로를 모색하던 그는 서른을 바라보는 나이에 두승산 시루봉에 모신 할머니의 산소를 성묘하러 갔다가 비로소 두승산이 끌어당기는 강렬한 느낌을 체험하고, 미친 듯이 이산에 매달리게 된다. 이것이 옛 구도자들이 자기를 啓發하기 위하여 산으로, 曠野로 退修하였다가, 힘과 영광에 가득 찬 초인으로 변모하여 동료 중생을 구제하기 위해 속세로 복귀하였다는 引退와 復歸의 율동이었는지는 모르겠으되, 새로운 대전환점이 되었으리라는 짐작은 든다.

그러나 모든 일을 자유자재로 할 수 있는 권능이 아니고서는 뜻을 이루지 못할 것이라는 깨달음을 얻자, 이제 보다 더 그 권능을 얻기 위하여 유리하다고 생각하는 땅을 찾아 나서게 된다. 이때 찾은 산이 모악산이다.

드디어 서른한 살 되던 해 여름, 그리도 찾아 헤매던 산, 모악산에서 큰비가 쏟아지고 다섯 마리 용이 심한 폭풍우를 불어내는 조화 바람 속에서 천지의 큰도를 깨닫고, 인간의 어리석음의 근본인 탐욕과 성냄과 음란과 무지를 극복하고 절대 정적인 경지에 들어섰음을 실감하게 된다. 上通天文 下察地理 中達人義의 거칠 것

이 없는 차원으로 들어선 것이다. 그는 후일 문도들에 의하여 신격화되었으나, 나는 그가 狂人처럼 그를 해방시켜 줄 땅을 찾아 헤맨 것으로 이해한다.

그래서인가 이곳 산자락 金山寺는 末世 중생 교화의 방편이 되는 미륵 신앙의 본고장으로서의 구실을 맡고 있다. 국보로 지정되어 있는 미륵전은 화재로 인하여 지금은 보수 공사중이거니와, 실제로 높이 39척의 미륵보살상이 안치되어 있다. 증산은 죽기 전에 예언한다. 나를 보려거든 금산사의 미륵불을 보라고. 그들은 永安의 후천 개벽을 이곳 母岳山에서 기대하고 있다.

母岳山: 엄뫼. 금산사가 있음. 이 절은 화재를 많이 당했다. 龍虎 양쪽 골짜기가 훤히 들여다보이는 곳에 자리 잡음. 골짜기의 凶氣를 그대로 받기 때문에 꺼리는 곳임.

정상의 산세를 보면 巨門土星으로 七星坤卦에 해당한다. 이는 늙은 어머니의 성격을 지녔다는 뜻이다. 왼쪽 가지는 艮寅方으로 낙맥하여 배재(舟峙)를 만든 후 이곳에서 다시 팔을 벌리고 얼굴을 동북방과 동쪽으로 향해 24번 오르락내리락 굽이치면서 뻗어가다가 금평호 앞에서 태음 금성(반달형의 산)을 만드니 이 산이 首陽山이다. 오른쪽 가지는 巽巳方으로 굽이치

며 흘러가 12마디 아래서 九城山을 만들었다. 백호 쪽 가지의 중간에서 동북방으로 뻐쳐 나온 한 가지가 금산사 자리를 이뤘다.

정상에서 청룡과 백호로 뻗어 간 수양산과 구성산 사이를 살펴보면 行舟形이다. 진행 방향은 서쪽이며 배를 둘러싸고 함께 흘러가는 봉우리들은 한결같이 연꽃잎 형상이니 마치 한 떨기 부용이 서쪽을 향해 피어 있는 것과 같다. 이는 다시 말해 三界衆生을 般若船에 싣고서 서방 정토를 향해 가는 모습이다.

금산사를 만든 艮寅方에서 내려온 용은 兒龍으로서 금산사 대지에서 물 속으로 들어가는 모습이다. 절 안에 세워진 건조물을 보면 용의 코 자리에 방등계단이 자리했고 용의 어금니 자리에 3층 미륵전이 卯坐酉向으로 앉았다. 화재가 빈번하게 난 대적광전 자리는 용의 옆 얼굴에 해당한다.

금산사 자리를 일컬어 행주형이라고 하나 이는 모악산 전체 형국에서 언급했듯이 반야선의 제1선실에 해당된다. 제2선실은 현재 상가와 주차장이 위치한 곳이고 제3선실은 쌍용리(오리알터) 근방이다.

모악산 입구 금평호 동쪽에 우뚝 솟은 帝妃峰은 구성산의 한 줄기가 낙맥하여 이룬 봉우리로 반야선의 돛대에 해당되며 그 위치 또한 모악산 서쪽에 있어 배의 방향이 서향임을 증명해준다.

제3선실 오리알터는 수양산이 주산으로 이 산은 모악산의 곤괘와 대응되는 건괘로 모악산과 함께 地天泰의 역학적 완성을 보여 준다. 이곳의 안산은 구성산인데 이 산은 세 봉우리가 유, 불, 선의 형상을 띠고 강의하는 격이다. 수양산 아래는 강증산의 묘가 있고 그의 딸이 창교한 증산법종교의 본부가 자리 했다. 증산의 묘가 있는 靈臺는 특이하게 午坐子向으로 혈을 잡았고 물은 동쪽에서 나와 서쪽으로 빠져 나간다(寅得辛破).

총평하건대 행주형(반야선)의 운은 물의 흐름을 따르게 마련이다. 제1선실이 초운이고 제2선실이 중운, 그리고 제3선실에서 완성된다. 용화동 일대를 찾는 사람은 빈손으로 들어와야 한다. 이곳은 돈을 가지고 와서 성공할 수 있는 곳이 아니다.

王妃에 대한 王子로서의 帝者峰이 상가 북편에 있는 산이다. 속칭 이 산은 鷄龍山으로도 불리는데 이곳 사람들은 공주의 계룡산이 상징하는 바가 바로 이 산을 두고 한 말이라고 믿고 있다. 그러나 계룡이란 엄밀한 의미에서 동양에서는 시간을 알리는 가축으로서 닭을 뜻하기 때문에 오히려 계룡산(제자봉)은 이상향을 향한 새 시대를 예고하는 산으로 봐야 하지 않을까 싶다. 전하는 바에 따르면 강증산은 후천 개벽의 시대가 언제 도래하느냐는 질문에 〈제비봉이 없어지는 때〉라고 답했다 한다. 어려서 선친을 따라 모악산에 들어와 지금은 지방 문화재로 인정을 받은 금산필방의 주인 채주봉 옹(74세)은 〈근래 들어 서해안 개발과 함께 제비봉의 암반을 깨서 築港하는 데 사용한다는 얘기가 있어 멀지 않아 제비봉이 없어질 것 같다〉며 강증산의 예언이 이루어지는 것이 아닌가 싶다고 덧붙였다(최영주, 백형모).

김일성 조상 묘: 고려 때의 文莊公 金台瑞가 경주김씨에서 분관하여 전주김씨가 되었고 그의 묘가 모악산 안에 있다. 그의 32대손이 49년간 절대 권력을 휘둘렀던 김일성이다. 위치는 구이에서 상학마을을 지나 선녀폭포에서 왼쪽 산등성이에 있다.

김일성은 이 묘역의 정기를 한몸에 받고 태어났는데 未坐丑向으로 만 49년 동안 절대 권력을 행사하게 되어 있다. 특히 49년의 근거는 77수로 天道에 의해 地軸을 여는데 77수리로 계산해 절대 제왕 절대 권력을 향유하는 요지부동의 지배자란 것이다. 따라서 1945년부터 시작된 김일성의 통치 기간은 49년이 되는 1994년 갑술년 초겨울 무렵이면 끝난다. 정확히 말하자면 음력 9월 14일 寅時에 그 묘의 정기가 사라진다(손석우).

김일성의 32대조 金台瑞公의 비문에는 그가 고려 고종 45년(1257)에 사망한 것만 씌어 있다. 따라서 아직 그의 유골이 남아 있을 가능성은 전무하다. 전주김씨 문중은 그것이 김일성 시조묘인 것을 부인. 묘는 모악산의 背에 해당되고 正脈은 오히려 묘의 白虎이다(김두규).

▶仙洞里(玉女): 지형이 옥녀가 베를 짜는 형국이라 하여 붙은 지명.

娥織洞(仙娥洞): 옥녀 서북쪽에 있는 마을. 근처에 玉女織錦穴이 있다 함.

▶龍山里

고리배미(大攸): 용산리 가운데 있는 마을. 주위가 배 형국이고 마을은 긴 밧줄과 같다 함.

▶長興里

능구리봉: 은곡 남쪽에 있는 등성이. 蛇頭穴이 있다 함.

金堤郡 萬頃邑

▶火浦里(불개): 震墨대사(1562-1633)가 났으므로 佛僧이 태어난 갯가란 뜻으로

불개라 함. 그 어머니의 묘가 있음. 聖母庵(祖仰寺 혹은 震墨寺라고도 하며 진묵대사가 모친을 섬기기 위하여 세웠음) 옆 뜰에 있음. 無子孫千年香華之地. 蓮花浮水形이라 함.

金堤郡 白鷗面

▶嶺上里
　토끼재: 토끼재 밑에 있는 마을. 玉兎望月形.

金堤郡 鳳南面

▶西亭里
　금마동: 석정 서쪽에 있는 골짜기. 근처에 渴馬飮水形의 명당이 있음.

▶杏村里
　梧洞村: 동령 남쪽에 있는 마을. 근처에 梧桐伴月形의 명당이 있다 함.

▶回成里
　갈마골: 사정 북쪽에 있는 골짜기. 근처에 渴馬飮水形의 명당이 있다 함.

金堤郡 扶梁面

▶新用里
　碧骨堤: 용골 북쪽에 있는 못 터. 신라 제16대 訖解王 21년(330) 축조.

金堤郡 聖德面

▶竗羅里(모라, 요래)
　杜舞洞: 묘라 동쪽에 있는 마을. 杜士聰(杜師聰)이 맞음. 임진왜란 때 이여송을 따라 조선에 출병했다가 귀화한 명나라의 地官)이 이 근방에 牧丹半開形의 지형이 있다 하여 춤을 추었다 함.

▶聖德里
　美女峰: 부설 동북쪽에 있는 산. 美女散髮形.

金堤郡 龍池面

▶盤橋里
　馬橋: 임상 북쪽에 있는 마을. 근처에 渴馬飮水形의 명당과 다리가 있음.

▶龍水里
　구수배미: 마다리 남쪽에 있는 논. 근처에 渴馬飮水形의 명당이 있음.
　옥녀골: 성애원 남쪽에 있는 골짜기. 근처에 玉女彈琴形의 명당이 있음.

▶長新里
　토끼재: 묘동 동북쪽에 있는 마을. 玉兎望月形의 명당이 있다 함.

金堤郡 月村面

▶蓮井里

너추리(汝草): 신원 남쪽에 있는 마을. 지형이 소가 풀을 뜯어먹고 있는 형국이라 함.
▶ 月鳳里
난머리(卵峯): 봉월 서남쪽에 있는 마을. 지형이 봉황이 알을 품고 있는 형국이라 함.
鳳月(奉月): 월봉리에서 으뜸가는 마을. 뒷산이 봉황처럼 생김.
▶ 長華里
鄭求禮의 집: 건립 당시에는 모든 건물에 기와를 얹지 않고 볏짚을 덮었음. 건립자가 집을 지을 때 돼지 꿈을 꾸어서 집도 돼지 우리처럼 지저분해야 좋을 것으라 여겼기 때문에 기와 대신 짚을 얹었다고 함. 돼지형 터의 집이다. 또한 이 집터는 也字形의 중심부. 화기를 꺾기 위해 사랑 마당에 못을 파고 우물도 마련했으며 안행랑채를 세운 지 5년 만에 헐어 내었다(김광언).
▶ 堤月里
여수해(밭여수해, 堤內): 반월 동쪽에 있는 마을. 옛날에 명필 송봉상의 묘소가 있는데, 老狐望屍形이라 함. 노숙한 여우가 자기의 먹이가 될 시체를 바라보는 형세로 衣食이 풍족한 명당으로 취급함.

金堤郡 竹山面
▶ 連浦里
蓮花: 마포 남쪽에 있는 마을. 주위가 바다로 둘러싸여 마치 물위에 뜬 연꽃과 같았다 함.

金堤郡 進鳳面
▶ 加實里
구수논: 정서와 부동 사이에 있는 논. 근처에 渴馬飮水形의 명당이 있음.

金堤郡 靑蝦面
▶ 官上里
갈마산: 산지뜸 북쪽에 있는 산. 근처에 渴馬飮水形의 명당이 있다 함.
한상골: 관상 서쪽에 있는 골짜기. 전에 汗衫 명당이 있었다 함.
▶ 東芝山里
갓매골(갈마골): 동촌 동쪽 마을. 근처에 渴馬飮水形의 명당이 있음.
弓洞: 동지산 남쪽에 있는 마을. 앞에 화살로 치부하는 나무를 심었음.
蓮峯: 동촌 남쪽에 있는 마을. 蓮花倒水形.
▶ 莊山里
닭밭두: 노살주맷날 밑에 있는 골짜기.

상월 서쪽에 위치하며 형국이 白鷄抱卵形.
新金(金釵洞): 장산 서쪽에 있는 마을. 근처에 금채절객의 명당이 있음.

金堤郡 鳳山面

▶ 雙坎里
朝陽: 백일 남서쪽에 있는 마을. 근처에 渴馬飮水形의 명당이 있음.

南原郡

현재 남원군은 모두 남원시로 편입되었음. 남원에 4대 음택 명혈이 있으니 東伏虎, 西仙嶺, 北將軍, 南仙女가 그곳임. 이중 서선령은 鴻谷丹楓穴로 황희 정승의 할아버지 黃璟의 묘다. 이곳은 24번 국도 비홍재 넘어 산촌의 북쪽 풍악산 남쪽 기슭에 있다. 東伏虎 명당(시내를 벗어나 육모정으로 향하는 길목에 놓여 있는 新村里의 호랑이 혈에 대항하는 혈)은 요천의 동편에 있다. 바로 길 옆에서 훈훈한 김이 올라온다. 주위에 범실이니 虎基里니 하는 지명이 있다. 오성 장군이 나올 자리다. 북쪽에는 將軍對坐가 시루봉에 그대로 남아 있고, 남쪽 곡성 넘어가는 부근에는 선녀가 베를 짜는 형국의 대명당이 있다. 換骨奪胎라는 말은 있으나 환골이란 무엇인가. 이미 검은 흙으로 변한 뼛가루 한줌을 명당 혈처에 묻으면 2년쯤 지나서 뼈가 되살아난다. 이것이 환골이다. 검게 변해 버린 해골을 명당 혈처에 옮겨 6개월쯤 지나면 누렇게 변색이 되고 경우에 따라서는 영롱한 구슬들이 꽃처럼 피어난다(손석우).

南原郡 金池面

현재 남원시 금지면. 이하 남원군은 전 지역이 남원시가 됨.
고리봉(골회봉): 남원시가 行舟形이라 하여 그 배가 떠내려가지 못하도록 이곳에 쇠고리를 묻었다 함.

▶ 甕井里(독우물)
개쟁개고개: 산골에서 넌덕이로 넘어가는 고개. 개가 새끼를 품은 형국이라 함.

南原郡 帶江面

▶ 江石里
조산: 두리봉 동쪽에 있는 산. 수침을 막기 위해 만들었음.

▶ 沙石里
고리봉(환봉): 사석리와 금지면 방촌리 경계에 있는 산. 708미터. 천지 개벽 때 봉우리에 박혀 있는 고리에 배를 매었다 함.

▶生岩里
오름골: 광동 남서쪽에 있는 골짜기. 꾀꼬리가 버드나무에 집을 짓고 있는 柳枝鶯巢形이라 함.

▶楓山里
黃喜政丞祖父墓: 飛鴻峙 너머 풍산리 산촌마을에 있음. 무학대사의 스승인 나옹대사의 所占으로 알려짐. 황희의 아버지 황군서가 황희의 조부인 황균비의 묘를 이장해 와서 씀. 황희는 그 뒤 개성에서 둘째 아들로 태어남. 어떤 풍수서는 紅谷丹楓(붉은 골짜기에 단풍이 드는 형국)이라 하고, 『한국지명총람』은 鴻谷丹楓(기러기 골짜기에 단풍이 드는 형국)이라 하는데, 이곳 형국은 鳴鴻遭風, 즉 기러기가 한가히 끼룩끼룩 울며 날아가는데 한 줄기 바람에 바짝 긴장을 하며 몸을 약간 트는 모양으로 보는 사람도 있음. 기러기는 날짐승이기 때문에 혈은 산자락에 있지 않고 어느 정도 높은 곳에 위치한다. 청룡에 비해 백호가 더 좋아서 장손보다 지손이 더 잘된다. 실제로 황희는 형제뿐인데 형인 황중수보다 동생인 그가 영의정에 올랐다. 혈 주변이 乾谷이어서 황희는 재물 없이 청렴하게 보냄 (최명우, ≪월간 산≫, 1995년 6월호). 장수황씨들의 마을. 예로부터 열두대문이란 별칭으로 불림. 주산을 호위하고 있는 열두 겹 용호가 감싸고 있어 아래쪽 입구에서 보면 마치 거대한 대문을 수없이 통과해야 들어갈 수 있는 형국의 마을. 흔히 홍단풍 명당이라 알려짐. 鴻鵠遭風形.

南原郡 大山面

▶水德里
老山: 노촌 북서쪽에 있는 마을. 뒷산이 老鼠下田穴이라 함.
盧村: 수덕리에서 으뜸가는 마을. 모양이 蘆中臥龍形이라 함.

南原郡 德果面

▶德村里
垂楊村: 금덕 서쪽에 있는 마을. 풍수설에 鶯巢柳枝穴이 있다 함.
▶龍山里
盃山: 갈미 서쪽에 있는 마을. 뒷산이 玉女彈琴形이라 함.

南原郡 東面

▶西茂里(서무듬): 고려 제23대 우왕 6년(1380)에 李成桂가 이곳 황산에서 왜적을 섬멸한 뒤 그들의 시체를 찾아내어 서쪽에 묻었으므로 이런 지명이 붙음.

비암등(蛇嶝): 서무 동쪽에 있는 산. 草中盤蛇形의 대혈이 있다 함.

▶ 城山里

농거리(龍珠): 팔영재 서쪽에 있는 마을. 渴龍飮水形의 名山大地가 있다 함.

▶ 引月里(역말)

德頭山(日光山): 구인월 서남쪽에 있는 산. 덕유산에서 갈라져 나와 뻗은 산맥임. 지리산보다 日光을 먼저 본다 함.

▶ 自來里(자래실): 지형이 자라 같으므로 붙은 지명.

店村(蓮實): 자래실 서북쪽에 있는 마을. 蓮花倒水形의 명당이 있다 함.

▶ 就岩里(수리바우)

매산등: 구방죽 남쪽에 있는 들. 梅花落地形.

南原郡 寶節面

▶ 槐陽里

범든재(虎入峙, 종고개): 새말에서 사매면 대신리 고산골로 넘어가는 고개. 근방에 宿虎形의 명당이 있다 함.

▶ 錦茶里

바디절(錦溪): 금다리에서 으뜸가는 마을. 뒷산에 玉女織錦形의 명당이 있는데, 이곳이 베틀의 바디와 같다 함.

虎伏洞: 바디절 동북쪽에 있는 마을. 범이 엎드린 형국이라 함.

▶ 沙村里(사랭이)

七相洞: 삼밧재 북쪽에 있는 골짜기. 아홉 명의 정승과 여덟 명의 장군(九相八將)이 날 자리라 함.

▶ 書峙里

황새정골: 갈치 북쪽에 있는 골짜기. 黃蛇出林形이라 함.

▶ 城侍里

蓮山: 성남 동북쪽에 있는 마을. 뒷산에 蓮花倒水穴이 있다 함.

▶ 新波里

갈마평: 신흥 동쪽에 있는 들. 渴馬飮水形이라 함.

帝臨坪: 파동 동북쪽에 있는 마을. 모양이 帝坐形이라 함.

지프실(深谷): 중고개 북동쪽에 있는 골짜기. 중이 절을 할 때 손을 짚은 형국이라 함.

▶ 黃筏里

누른대(黃竹里): 벌말 서쪽에 있는 마을. 연산군 때 간신 柳子光이 이곳에서 났는데, 그의 어머니가 그를 잉태하면서부터 이곳에 있는 대나무가 누렇게 되었다가 유자광이 태어난 후에 다시 푸르러졌다고 함.

발뫼(簾山): 숨은내 서남쪽에 있는 마을. 뒷산 모양이 주름 발 같다 함.

숨은내(隱川, 시무내): 벌말 남쪽 가까이에 있는 마을. 옆으로 흐르는 내가 마을에서는 보이지 않는다 함.

南原郡 巳梅面

▶桂壽里

桂洞: 수동 남동쪽에 있는 마을. 桂花落地形의 명당이 있었다 함.

구술(구수, 壽洞): 계수리에서 으뜸가는 마을. 구수(구유) 형국이라 함.

▶官豊里

龜터(官村): 풍촌 동남쪽에 있는 마을. 뒷산에 거북 명당이 있다 함.

豊村(德宮): 관풍리 가운데 있는 마을. 金鷄抱卵形의 명당이 있다 함.

▶大新里

梅岸(上新, 여이기): 대산 북쪽에 있는 마을. 여이기(여의주) 명당과 梅花落地形의 명당이 있다 함.

▶大栗里(한바미)

博石峙: 한바미 동쪽에 있는 마을. 밤 명당이 박뿌리터라 함.

밤치재(栗峙): 박석재에서 남원읍 광치리로 넘어가는 고개. 밤 명당이 있다 함.

▶月坪里

模沙亭(德坪): 수월 남쪽에 있는 마을. 뒷산에 巳頭穴과 모사란 명당이 있다 함.

무산들: 무산봉 서쪽에 있는 들. 선녀가 춤을 추는 형국이라 함.

水月: 덕평 서쪽에 있는 마을. 물 속에 숨은 달 모양의 명당이 있다 함.

▶仁化里(비암골)

도바몰(아랫몰): 인화 동북쪽에 있는 마을. 뒷산에 돌 명당이 있다 함.

舞山: 인화 북쪽에 있는 마을. 仙人舞袖形의 명당이 있다 함.

▶花亭里(꽃정이)

양지문안: 문안 서쪽에 있는 마을. 仙人舞袖形의 명당이 있다 함.

南原郡 山內面

▶內靈里(안영대)

널랭이(八郞): 녀령 서북쪽에 있는 마을. 여덟 사람의 力士가 났다 함.

▶德洞里(덕골)

달궁: 외야골 남쪽에 있는 마을. 休靜의「黃嶺記」에 의하면 漢 昭帝 3년(B.C. 84) 마한이 진한의 난을 피하기 위하여 이곳에 도성을 세우고 황 장군과 정 장군으로 하여금 지키도록 하였는데, 황 장군은 황령을 수비하고 정 장군은 정령을 수비하였다 함. 도성을 세웠던 궁궐터이므로 달궁이라 함.

萬福臺: 지리산 정상 중에서는 가장 광활한 초원 지대.

보듸재(柳峙): 덕동 남서쪽에 있는 마을. 풍수설에 柳枝鶯巢穴이 있다 함.

▶浮雲里

금포젱이(錦布亭, 흔히 지리산 伴仙溪谷으로 알려진 곳임): 하부운 서쪽에 있는 마을. 마을에 있는 절에서 매년 한 명의 중이 신선이 되어 승천하였다 하는데, 그 당시 임금이 승천하려는 중에게 독약이 든 금포를 주었으나 얼마 후 중은 승천하였고 근처에 큰 뱀이 죽어 있었는데 그 뱀 속에서 금포가 나왔다 함. 地氣가 신선을 만들 정도로 脫俗의 경지에 이른 땅으로 평가됨.

般若峯: 지리산 세번째 봉우리. 般若落照는 지리산팔경의 하나. 전북의 지붕이라 불림.

뱀사골: 들독골 남쪽에 있는 골짜기. 80리에 이르는 지리산 最長의 골짜기.

三道峯: 전북, 전남, 경남 3도의 경계. 일명 날나리봉. 지리산 봉우리 이름 중 가장 천박함. 삼도봉 바위 모양이 낫날 같다고 해서 붙은 낫날봉이란 지명의 와전, 또는 산봉우리가 나란하여 나란히봉이 와전되었다는 설도 있음. 그러니까 본래의 이름이 천박한 것은 아니었다고 봄.

토끼봉(卯峯): 토끼와는 관계가 없고 반야봉에서 正東쪽인 卯方에 있다고 하여 붙은 지명. 12地支 중 卯는 토끼에 해당됨.

▶立石里(선독골)

實相寺: 金象形의 명당으로, 코끼리의 코 부위에 절이 위치함.

▶獐項里(노루목)

백장암: 飛鳳歸巢形. 주산이 날개를 편 봉황 모양. 앞으로는 神仙簇隊形이니 하늘에 봉황이요, 땅에는 신선이 줄을 선 모양이다.

南原郡 山東面

▶太平里

배실(梨谷): 태평 서쪽에 있는 마을. 梨花落地形이라 함.

줄명당: 대구재 서쪽에 있는 등성이. 화랑이 줄을 타는 명당이 있었음.

南原郡 松洞面

▶松基里(소터, 솔터): 소가 누워 있는 형국이라 하여 소터라 하던 것이 와전되어 솔터가 되고 이것이 한자화하여 송기리가 됨.

▶獎國里

玉女峯: 어둔 동남쪽에 있는 산. 玉女散髮形.

南原郡 水旨面

▶柳岩里

버더(柳村): 갈볼 서쪽에 있는 마을. 柳枝鶯巢穴이 있다 함.

南原郡 阿英面

▶ 葛溪里

육판재: 갈계에서 장수군 반암면 유정리로 가는 고개. 六曹判書가 날 터라 함.

▶ 斗落里(두래기)

보지바우: 범박골 가운데 있는 바위. 보지같이 생겼음.

▶ 城里

흥부집터: 申在孝 本『흥부전』에 의하면 흥부는 좋은 명당 집터를 찾아 원산, 강경, 법성포, 낙안, 줄포 등을 모두 찾아보지만 바닷가 비린내 때문에 속이 뒤집혀 이번에는 十勝地로 알려진 상주의 우복동, 경상도 지리산의 청학동, 전라도 지리산의 백학동, 충청도 속리산, 순창의 복흥, 정읍의 태인, 남원의 산내 등 좋다는 데는 다 찾아다닌다. 그러나 이곳은 산골이라 소금이 귀해서 살 수가 없다. 할 수 없이 이번에는 고향 근처인 전라도 운봉과 경상도 함양의 두 얼품 사이인 복덕이란 마을에 정착한다. 여기서 道僧을 만나 家勢速發의 집터를 얻으니 도승의 이 집터 설명인즉 〈背山臨水 한 곳에 명당이 開局되었고 茂林修竹 둘러친 곳에 裁穴하는데 明堂 水法에 완전 일치하더라. 坎癸龍 艮坐坤向에 貪狼得 巨門破요 반달 모양의 산, 一字形의 案山, 그리고 文筆峯, 倉庫砂가 左右 靑龍 白虎 쪽에 높이 솟아 있으니 이 터에다가 집을 짓고 安貧하게 지낸다면 가세가 速發하여 중국의 陶朱나 의돈 같은 엄청난 부자가 될 것이며 자손들은 모두 영원토록 잘될 것이오〉 하였다. 『흥부전』의 이 부분은 풍수에 상당한 식견을 가진 사람이 쓸 수 있는 내용이다. 따라서 이 글이 씌어질 당시 일반인들의 풍수 수준을 알 만하다.

그런데 몇 년 전 흥부 집터가 발견되었다는 기사가 실렸다. 〈전라도 남원과 경상도 함양의 경계 지점인 남원군 동면 성산리와 남원군 아영면 성리 일대에서 흥부의 출생지와 정착지 및 무덤이 발견되었다〉는 것이다. 그 일대에는 놀부의 집터였다는 〈장자골〉, 제비가 하늘을 나는 형상이라 하여 붙여진 〈燕山嶝〉, 제비고개인 〈燕巢嶺〉, 놀부가 부자가 된 흥부로부터 화초장을 얻어 가지고 갔다는 〈화초장바우거리〉, 흥부가 허기져 쓰러졌다는 〈허기재〉, 허기져 쓰러진 흥부에게 마을 사람이 흰죽을 쑤어 먹였다는 〈흰죽배미〉 등 흥부전과 관련된 다양한 지명이 존재한다.

그곳 주민들이 흥부의 무덤이라고 주장하는 곳에는 〈흥보墓/묘를 바라보고 좌측에서 둘째번 묘가 흥보묘로 추정됨〉이라 적힌 초라한 나무 팻말이 붙어 있다. 그런데 그것이 燕巢穴임이 분명하다는 것이 흥미롭다. 문제의 연소혈은 흥부 가족이 정착하여 부자가 되었다는 남원군 아영면 성리 고둔터에서 멀지 않은 연소령(515m) 바로 밑 움푹 들어간 곳에 있다. 일반적으로 연소혈은 높은 산밑에 생긴다. 민간에서는 흔히 無後絶孫之地로 연소혈을 평가하는데 주민들은 그래서 흥부의 후손이 없다는 말까지 한다. 또한 연소혈에서는 무덤 앞에 일직선으로 마치 대들보가 옆으로 놓여져 있는 지세가 있어 이를 橫臺라 하는데 흥부묘에는 이것이 기울어져 있다는 것도 흠이 될 수밖에 없다(김두규).

▶蟻池里(개암주): 개미 허리처럼 생겼으므로 붙은 지명. 잘룩한 곳이라는 뜻인데 이런 지형은 氣가 뭉쳐진다(束氣) 하여 명당으로 취급됨.

玉簪峯: 서정이 북동쪽에 있는 산. 옥녀가 비녀를 꽂는 형국이라 함.

▶引風里(바람시기)

분무골: 산직골 북쪽에 있는 골짜기. 부처가 춤추는 형국이라 함.

풍치나대: 안바람시기 서쪽에 있는 골짜기. 비단 자락이 바람에 날리는 형국(風吹蘿帶形)이라 함.

▶淸溪里

젖샘: 탕건바우 서쪽에 있는 샘. 여자의 젖무덤 형국이라 함.

제땅: 무내미 남서쪽에 있는 들. 닭이 알을 품은 형국(金鷄抱卵形)이라 함.

南原郡 雲峰面

九相里(아홉 정승이 날 고장이라 하여 붙은 지명)에서 언젠가 인물이 나리라고 기대함. 운봉이란 지명은 구름에 가려진 지리산의 많은 봉우리를 보게 된 데서 생긴 것. 운봉이 배(舟)의 형국이라 하여 동천, 서천, 서하, 북천 등 네 마을에 짐대(솟대)가 있었다고 하나 현재는 전하지 않음.

▶孔安里

세걸산: 만복대에서 고리봉과 바래봉으로 이어지는 중간쯤으로 지리산 연봉을 한눈에 조망할 수 있는 곳.

▶北川里

갈마동(갈마지기): 북천 동북쪽에 있는 마을. 渴馬飮水穴이 있다 함.

장승: 좌측(북쪽)에 방어대장군이 여자, 우측(남쪽)에 진서대장군이 남자로 마주 보고 있다.

▶山德里: 鄭鑑錄十勝地 중 운봉 땅 杏村으로 여겨지는 곳. 준향리란 주장도 있음.

▶西川里(웃물애기)

서하숙의 장승: 서천리 대교변에서 천변 제방을 따라 2백여 미터 가면 나온다. 여기서 소재지로 들어가는 당산거리 서쪽에 장승이 길 양쪽에 남북으로 마주 보며 서 있음. 주위는 몇 그루의 느티나무로 숲을 이룸. 본래는 짐대(돛대 역할)도 있었으나 지금은 장승만 있다. 鬼面鬼獸形. 짐대는 큰 장대를 돌로 에워싸고 그 위에 세움. 짐대 위에는 오리 세 마리, 물짐승 따위를 세워 그들의 힘으로 화재를 막는다 함. 운봉이 동쪽과 남쪽으로는 산으로 둘러싸여 있으나 이곳은 虛하여 裨補한 것이라 함.

▶舟村里(배말): 옛날 운봉이 호수로 되어서 고리봉에 배를 매었다 하여 붙은 지명.

▶準香里(準杏): 鄭鑑錄十勝地 중 하나인 杏村으로 지목되기도 함. 산덕리란 주장도 있음.

南原郡 二白面

▶草村里

자래울(鰲谷, 五村): 초동 동북쪽에 있는 마을. 뒷산에 자라 명당이 있다 함.

南原郡 朱川面

▶德峙里

新村(龍洞, 龍水洞): 모덕이 동남쪽에 새로 된 마을. 黃龍負舟形의 명당이 있다 함.

▶盃德里

잿말(盃村): 덥몰 서쪽에 있는 마을. 근처에 金盃穴이 있다 함.

津坪田(長坪店): 덕촌 동쪽에 길게 뻗어 있는 마을. 어떤 풍수가 후에 이곳에 물이 많으리라 하여 진평전이라 하였다 함.

▶長安里

無愁洞: 밧들 서남쪽에 있는 마을. 뒷산에 仙人舞袖形의 명당이 있다 함.

▶湖景里

萬古烈女成春香之墓: 육모정 뒤에 있음. 金盤玉帶形. 이 명당 비석에 이름을 새기면 발복된다는 풍문 때문에 기념비가 꿀불견이 됨. 1960년대 말 成玉女라 새겨진 지석이 나온 것이 발단.

九龍瀑布: 내촌 동쪽에 있는 폭포. 九龍弄珠形의 명당이 있다 함.

內村마을: 산속의 경치 좋은 마을이란 뜻. 마을에서 바로 보이는 작살봉이 火山이라 마을에 불이 잘 난다고 함. 그래서 음력 2월 1일 당산제를 지내고 오곡의 모가지를 짐대에 매달고 그 아래 주위에서 굿을 하고 제를 지낸 다음 정화수를 병에 담아 작살봉에 묻으면 화재가 나지 않는다고 함. 또는 풍수 지리상 마을이 乙 자 방위라서 마을에 화재가 자주 난다고 함. 마을 입구에는 짐대와 조탑, 장승이 세워져 있고 음력 2월 1일 당산제를 지냄. 음력 1월 5일에 지내는 애돌이제사는 덕은 많이 쌓았으나 後嗣 없이 죽은 노인의 제사를 지내는 것. 그 노인이 죽기 전 마을에 집집마다 쌀 한 되씩을 나누어 주었으므로 지금도 그 노인의 제사 때에는 집집마다 쌀 한 되씩을 거둬 지냄. 현재 마을은 1960년 홍수 때 뒤로 옮겨져 다시 세워진 것임. 그래서 노씨 사당이 앞에 위치하게 됨. 지리산 자락에 위치한 마을로 上堂으로 松瀝洞에 산신당이 있고 下堂으로 수구막이(마을 입구)에 짐대와 조산을 마련하였음. 짐대는 호경리가 行舟形으로 돛대 역할. 배가 떠내려가는 것을 막기 위해 닻으로서 조탑(즉 조산) 설치. 짐대에 앉혀진 오리 두 마리는 머리를 동구 밖(남원 쪽)으로 했는데 이는 바깥의 기쁜 소식을 빨리 전하고, 꽁지를 마을 쪽으로 향하도록 하여 남원 쪽에서 모이를 쪼아먹고 내촌마을에 알을 낳거나 똥을 싸서 부자 마을이 되게 하려고 한 것임. 짐대 나무는 마을 뒷산 석녀골에서 베어 온다. 석녀골은 육모정 입구에 있는데 女宮形 바위가 하나 있다. 그래서 원래는 보지골이라 함. 석녀골 앞에는 10여 그루의 소나무와 높이 2-3, 길이 15미터 정도의 돌담이 쌓여 있다. 이는 바위에서 흐르는 물빛이 보이면 마을 부녀자들이 바람이 나기 때문에 그것을 막기 위해 쌓은 단이라 함. 풍수 지리상 乙 자 방위로서 마을로 향해 해로운 기운이 드는 것을 막기 위해 숲과 담을 쌓은 것이라고도 함(제1권 2장 참조).

南原市

남원은 行舟形. 이 배가 재물을 가득 싣고 요천을 따라 바다로 떠나지 못하도록 읍내 아래쪽에 造山 조성. 그래서 지금도 조산동이란 지명이 남아 있음. 또 물줄기에 제방을 만들어 배가 쉽게 빠져 나가지 못하도록 했는데 이곳을 加防뜰이라 부름. 강 양쪽의 산봉우리에는 배를 걸어 놓는 고리를 달아 고리봉이라 함. 거기에 금지면 고리봉은 요천수의 물 기운이 섬진강과 합해져 바다로 빠져 나가지 못하도록 한 최종 장치.

▶ 高竹洞

누룬대(黃竹): 고죽동에서 으뜸가는 마을. 무령군 유자광이 태어날 때 천마봉 이하의 地運을 흡수하여 대(竹)가 전부 누른빛이 되었다 함.

▶內尺洞

산성굴(자새재): 내동 서쪽에 있는 산. 자세(얼레) 형국이라 함.

▶鷺岩洞

쑥고개(宿虎峙, 艾峴): 양촌 동쪽에 있는 마을. 앞에는 개 모양의 산이 있고 뒷산에는 호랑이가 살던 굴이 있었다 함.

▶道通洞

道通: 도통동에서 으뜸가는 마을. 옛날 이곳에 동도와 신통리가 있었는데, 도와 통을 따라 도통리로 만들면 인재가 많이 날 것이라 하였다 함.

禪院寺: 신라 헌강왕 원년(875) 도선국사에 의해 창건되었다고 함. 남원시 왕정동의 만복사, 주천면 용담리의 용담사, 숙성치의 파근사도 도선국사가 세웠다는 설이 있음. 도선국사가 남원의 지세를 살펴보니 객산인 교룡산이 주산인 白工山(남원시 도통동 도통과 월락동의 천사동, 미동에 걸쳐 있는 산으로 남원의 주맥이 됨)보다 지세가 강하다고 판단하였다. 그리하여 지세가 약한 백공산세를 보강하기 위하여 이곳에 선원사를 창건하였다고 하니 이는 남원의 裨補寺刹의 하나가 된다.

▶山谷洞

소골: 산성촌 북동쪽에 있는 골짜기.

어미 잃은 송아지가 풀을 뜯어먹는 형국이라 함.

▶王亭洞: 蛟龍山의 君王之地인 禁穴이 있어서 붙은 지명.

쑥골(艾洞, 宿虎): 왕정동에서 으뜸가는 마을. 뒷산에 宿虎穴이 있다 함.

萬福寺: 기린산 아래 고려 문종 때 창건된 사찰. 정유재란 때 불에 타 지금은 寺址만 남아 있음. 도선국사가 남원의 지리를 보고 〈만복사를 설립하여 불상과 탑을 조성할 것이며, 축천에 철우를 설치할 것이며, 골회봉에 철환을 설치할 것이며, 용담과 호산에 탑을 세울 것이며, 선원과 파근에 사찰을 세울 것〉을 풍수설에 의하여 말하였다는 설화가 전해짐.

▶龍程洞

구룡다리: 용정동에서 으뜸가는 마을. 뒷산에 九龍爭珠穴이 있다 함.

▶造山洞: 水口막이로 만든 산이 있었으므로 붙은 지명.

▶川渠洞(냇거말)

廣寒樓: 黃喜가 세움. 虎石이 있음. 광한루 건너편인 수지면 고평리에는 790미터의 犬頭山이 있다. 호석 안치 이전에는 산 이름이 虎頭山이었음. 이곳에 옛날부터 들개떼가 살았다. 이 들개들이 짖어 대면 남원에 사고가 나거나 화재가 발생. 그래서 산 이름을 견두산으로 고치고 그를 진압하기 위해 호석을 세움.

▶鄕校洞

龜登바우: 향교말 동쪽에 있는 마을. 뒷산 모양이 거북이가 진흙에 빠졌다가 기어 나오는 형국(일종의 金龜沒泥形)이라 함.

萬人義塚: 정유재란 때 순국한 의인을 장사 지낸 곳.

茂朱郡 茂朱邑

▶佳玉里

珠洞마을: 본래는 사자 머리 같다 하여 사자골 또는 사자 꼬리 같다 하여 사직골로 부르다가 마을 서쪽 馬香山으로부터 흘러 내린 능선이 마을을 좌우로 싸 안고 있어 마치 조개 속의 진주와 같은 형상이라 하여 주동이라 부르게 되었다 함.

▶堂山里

造塔: 당산 서쪽 입구에 있는 탑. 조탑은 풍수에서 흔히 마을 지세의 虛缺處를 裨補하기 위하여 세움.

華山: 당산 북쪽에 있는 산. 花心穴이 있다 함.

▶邑內里: 옛부터 行舟形이다. 前七屯山, 後七屯山이 있어 邑基가 배(舟)를 띄운 것 같은 모양이므로 읍내리에는 부자가 많다(村山).

▶吾山里

旺亭마을: 옛날 어떤 스님이 지나다가 마을 지세를 보고 富村이 될 좋은 마을이라며 이곳에 나무를 심어 가꾸게 하고 이름을 왕정이라 하게 하였다 함. 지금도 동네 어귀에는 정자나무가 빽빽하게 들어서서 아름다운 숲을 이루고 있음. 또한 이 마을에는 세계적으로 희귀 암석인 球狀花崗片麻岩이 천연 기념물로 지정되어 보호받고 있는데 암석 표면이 호랑이 무늬처럼 생겼으므로 호랑이바위로도 불린다. 이 암석을 집에 가져다 놓으면 부자가 된다는 전설이 있음.

▶邑內里

寒水마을: 조선 초 무학대사가 이 고장의 지세를 살펴보고 북쪽이 虛하다 하여 탑을 세우고 절을 짓게 함으로써 건립되었다는 향로산 北固寺가 있다.

▶長白里

眞絲山: 비덕산 북쪽에 있는 산. 玉女彈琴穴이 있다 함.

茂朱郡 茂豊面

▶金坪里

쇠재(金尺): 금평리에서 으뜸가는 마을. 玉女織錦形의 명당이 있다 함. 신통한 쇠 자(金尺)가 있었는데 죽어 가는 사람일지라도 그것으로 세 번만 재면 살아나는 신통력이 있었다고 한다. 그러나 그 때문에 사람들이 생명의 소중함을 잊어 가는 것이 안타까워 그 자를 금자혈(金尺穴)에 묻었다는 전설이 있음.

서북날: 쇠재 서쪽에 있는 등성이. 베틀의 북 같다 함.

玉女峯: 쇠재 북쪽에 있는 산. 玉女彈琴形의 명당이 있다 함.

▶德地里

지경재: 지경리에서 경남 거창군 고제면으로 넘어가는 고개.

▶三巨里

달암재(月岩嶺): 삼거리에서 거창군 고제면 및 북상면으로 넘어가는 고개.

빼재(秀嶺): 원삼거리에서 경남 거창군 고제면으로 넘어가는 고개. 말거리(斗文洞) 용소에서 용마가 나오고, 달리밧골(상오정 남쪽 골짜기)로 말을 달리고, 빼재로 내뺏다 함.

▶銀山里

꽃밭들(花田山): 속골(속동) 북쪽에 있는 산. 꽃이 많이 핀다 함.

芳谷: 한재 동남쪽에 있는 마을. 山芳水麗한 곳이라 함.

銀庫(銀庫方, 隱古方): 한재 북쪽에 있는 마을. 마을의 방위가 은고방이라 함.

▶曾山里(시루미, 실미): 시루봉 밑이어서 붙은 지명.

장인촌: 돌메기 서쪽에 있는 마을. 백정이 살았음.

▶池城里

불내(부등): 지성리 가운데 있는 마을. 불이 잘 났다 함.

▶縣內里(무풍읍내)

古島: 원앞 서남쪽에 있는 마을. 마을 앞뒤로 내가 흘러 마치 섬 같음.

아주고개: 고도 남쪽에 있는 고개. 옛 무산현 때 이 고개 너머에 獄이 있어서 한번 가면 돌아오지 못하였다 함.

茂朱郡 富南面

▶屈岩里(굴바우)

꾸리골: 번덕땀 동쪽에 있는 골짜기. 풍수설에서 玉女織錦穴인데 옥녀가 쓰는 베틀의 실꾸리에 해당된다 함.

샛등이: 새목 서쪽에 있는 마을. 飛鳥琢木形이라 함.

▶大所里: 큰 沼가 있으므로 붙은 지명. 옛날 원인 모를 불이 대소마을에 자주 일어났다. 道僧의 말로는 마을 한가운데 있는 화산바위의 화기가 불을 일으킨다는 것이다. 그를 막기 위하여 주위에 나무를 심고 마을 집들의 방향을 다른 곳으로 바꾼 뒤로는 화재가 나지 않았다고 함(『내

고장 傳說集』, 무주군편).

玉女峯: 문암 남쪽에 있는 산. 680미터. 玉女散髮形의 명당이 있다 함. 죽담팔경의 하나.

▶ **大柳里**

뜬자리뫼끼: 한치 서쪽에 있는 날등이. 이여송이 산날을 떴다(山脈을 끊었다는 뜻) 함.

▶ **長安里**

長安마을: 옛날 錦山이 錦溪郡으로 있을 때, 한때는 이 마을을 금계군 소재지로 삼았으나 어느 해 열두 살 된 어린 소녀가 아이를 낳았다고 금산으로 치소를 옮겨 갔다고 하나 믿을 수는 없음. 경남 山陰縣이 山淸郡으로 바뀐 얘기와 흡사함.

茂朱郡 雪川面

동으로 경북 김천시 부항면, 남으로 경남 거창군 북상면, 북으로 충북 영동군 용화면 등 3도에 닿음.

▶ **基谷里**(터일, 기곡): 사방에 높은 산이 둘러싸고 남대천이 흘러서 좋은 터라 하여 터일 또는 기곡이라 불림.

降仙臺: 기곡 북서쪽에 있는 바위. 降仙光風이라 하여 기곡팔경의 하나. 신선이 내려와 놀았다 함.

高武山: 오석 동쪽에 있는 산. 高武聚藍이라 하여 기곡팔경의 하나.

까막소(烏石沼): 오석 밑에 있는 소. 烏石遊魚라 하여 기곡팔경의 하나.

老姑峯: 국수봉 북쪽에 있는 산. 전에 노고성이라는 성이 있었는데 1천 명 이상 숙식할 수 있는 곳이 있었다 함.

鷺梁쏘(沼): 화학소 북쪽에 있는 소. 鷺梁眠鷗라 하여 기곡팔경의 하나.

堂山나무: 기곡 북쪽 끝에 있는 두 그루의 느티나무. 꽃이 동시에 피면 모심기를 한꺼번에 하고 따로 피면 모심기를 따로 한다고 함. 음력 정월 초하루에 당제를 지냄.

봇굴(洑坪): 벼루구석 밑에 있는 골짜기. 이곳에서 萬 개의 洑를 막을 떼(잔디)를 뜰 수 있었다 함.

솟대배기: 배나들 앞 동쪽에 있는 터. 전에 솟대가 서 있었음.

시루봉(甑峰): 기곡 남쪽에 있는 산. 봉우리가 시루 같음.

雙桂峯: 고무산 동쪽에 있는 산. 雙桂齊月이라 하여 기곡팔경의 하나. 전에 계수나무가 두 그루 있었다 함.

仁峯山: 기곡 서쪽에 있는 산. 仁峯朝陽이라 하여 기곡팔경의 하나. 산이 잘 생겼음.

장원들(壯苑坪): 기곡교 건너 북쪽에 있는 들. 壯苑農歌라 하여 기곡팔경의 하나.

참나무여울(化鶴灘): 화학소 밑에 있는 여울. 전에 냇가에 참나무가 있었고 백로가 깃들었으며 기우제를 지냄.

큰문바우: 문바우 북쪽에 있는 작은문바우와 함께 있는 바위. 大門蒼空이라 하여 기곡팔경의 하나.

▶**吉山里**(질번지): 흙이 너무 질므로 질번지가 됨.

▶**斗吉里**: 두 갈래 길이 있으므로 두길이라 함.

다르재(月峴): 구산 서남쪽에 있는 마을. 반달 모양임.

뜸북재(서낭댕이): 구산에서 다르재로 넘어가는 고개. 뜸북이가 와서 울면 마을이 좋아진다고 하며, 지금도 서낭나무가 있음.

무르내(무이): 광무 원년(1897) 宋秉璿이 보고 武夷九曲이라 했다 함.

四仙岩: 四仙庵 밑에 있는 바위. 주위가 절경이어서 商山四皓가 놀다 갔다는 전설이 있음.

水城臺: 무르내 북쪽에 있는 마을. 계류가 폭포처럼 절경을 이루고 있음.

臥龍潭(용쏘): 수성대 동북쪽에 있는 소. 용이 누운 형국.

隱龜岩: 구산 남쪽에 있는 바위. 武夷九曲이라 하여 구천동33경의 하나. 거북 모양.

定着地: 하두 북쪽에 있는 마을. 1954년에 정착민들이 모여서 이룩됨.

聽琴臺: 강선대 서쪽에 있는 바위. 옆의 냇물이 거문고 소리를 내며 흐르기 때문에 붙은 지명.

秋月潭: 삼바실 동남쪽 위에 있는 소. 전에 이곳에서 선녀들이 달맞이를 하였다 함.

▶**美川里**(미래, 미내): 세 내가 합하므로 붙은 이름.

메주메기: 엄지너미 남쪽에 있는 산. 메주 모양.

▶**三公里**(곰살미, 공살미, 삼공): 곰이 살기 때문에 붙은 이름.

갈밭번덕: 당골 남쪽에 있는 등성이. 칡이 많음. 飛雁含蘆形이라 함.

九千瀑: 만경담 남쪽에 있는 폭포.

금포정이(琴抱亭): 금포정이골 밑에 있는 마을. 琴(金?)鷄抱卵形이라 함.

당골(月谷, 월골): 삼공 서남쪽에 있는 마을. 지대가 높아 달이 뜨는 것을 제일 먼저 본다 함.

白蓮寺: 덕유산 동북쪽 줄기의 골짜기에 있는 절. 구천동33경의 하나. 매월당 김시습의 浮屠가 입구에 있다는 설도 있으나 이는 잘못 알려진 것임.

琵琶潭: 청류동 남쪽에 있는 소. 둥근 못과 단풍나무와 바위가 한데 어울려 아름다운 경치를 이룸.

오수자굴(吳秀子窟, 烏鬚子窟): 재자

골에 있는 넓이 3간 정도의 천연 동굴. 조선조 말 오수자라는 사람이 살았는데 힘이 세고 성질이 불량하여 때때로 백련암에 가서 행패를 부렸으므로 걱정거리였다. 安城의 한 선비가 절에서 글 공부를 하는 것을 수자가 얕보고 싸움을 걸자 선비는 미리 큰 방에 불을 많이 때게 해 놓고 싸움을 시작하여, 한참 어울려 싸우다가 수자를 번쩍 들어 방바닥에 내려치니 구들이 꺼지고 수자는 다리를 불에 데어 고생하다가 죽게 되니, 절은 그후로 조용해졌다 함.

離俗臺: 매화담 남쪽에 있는 바위. 백련암 풍경 소리와 산새 우는 소리뿐이어서 仙境 같다 함.

淸流洞: 사자담 남쪽에 있는 소. 구천동33경의 하나.

▶所川里(보래, 소천, 설천, 역말, 역촌): 지형이 보라처럼 생김.

게네미: 새말 동남쪽, 설천교 동쪽에 있는 마을. 게 형국.

고리봉(環峯): 평지말 북쪽에 있는 고리처럼 생긴 산. 環峯丹楓이라 하여 雪川八景의 하나임.

까막소: 뒷자금 가운데 있는 소. 烏川夜雨로 설천팔경의 하나.

羅濟通門(羅濟通道): 게네미 서쪽에 있는 굴. 길이 20미터. 예전에 신라와 백제의 접경 지대였는데 석모산을 돌아 설천에서 무풍면을 지나 경남 거창군으로 가는 지방 도로에 산을 뚫어 길을 냈음. 이를 경계로 하여 동쪽의 무풍 지방과 서쪽의 설천면은 언어, 풍습 등에서 판이하게 차이가 있음.

노루고개: 이미리에서 장덕리 장평으로 넘어가는 고개. 노루가 쭈그리고 앉아 있는 모양.

당말이: 평지말 앞 남쪽에 있는 숲. 堂林啼鳴이라 하여 설천팔경의 하나.

되찬이(승평): 양지말 북쪽에 있는 들. 升坪墓煙이라 하여 설천팔경의 하나.

玉兎山: 나리미 서북쪽에 있는 작은 산. 玉兎望月形이라 함.

鯉尾里(伊南): 새말 동남쪽에 있는 마을. 앞산이 잉어 꼬리 같다 함.

파리배미소(蠅沼): 게네미 서쪽에 있는 소. 이여송이 임진왜란 때 나제통문이 있는 곳의 산맥을 끊어 흘러 나온 피가 이곳에 고였는데, 파리가 모여들어 빨아먹었다 함.

▶深谷里(지푼골)

劒嶺: 등방에서 안성면 덕산리 덕곡으로 넘어가는 고개. 寶劒藏匣形이라 함.

논주골(鍮店嶝): 관동 남쪽에 있는 골짜기. 조선 태조가 덕유산에서 백일 기도를 올릴 때 산제를 지낸 곳이라 함.

滿仙: 등방 서쪽에 있는 마을. 전에 도

닦는 이가 많이 있었다 함.
밥진골(炊饌洞): 등방 남쪽에 있는 골짜기. 태조가 덕유산에서 백일 기도를 드릴 때 山神에게 바칠 밥을 지은 곳이라 함.
培芳: 큰번덕 서남쪽에 있는 마을. 行舟形.
치매재(馳馬嶺, 金馬峙): 배방에서 적상면 괴목리 아래새재로 가는 고개. 모양이 달아나는 말과 같다 함.
▶ **清凉里**: 북동쪽이 트이고 남대천이 흘러서 매우 서늘하므로 붙은 이름.
茂朱幕(무주목, 茂項): 청량 북쪽에 있는 마을. 충북 영동군 용화면과의 경계로서 양쪽 도민이 항상 만날 수 있는 곳이라 함.
온팽이(溫坪): 청량 동북쪽에 있는 마을. 남북이 막혀서 온화함.
荷葉니: 청량 서쪽에 있는 마을. 蓮花穴이 있다 함.
荷葉마을: 청량재 北麓에 위치함. 지형이 마치 연꽃잎 같은데 본래 연꽃에는 무거운 것을 올려 놓을 수 없다 하여 이 마을에는 기와집을 짓지 않았다 함.

茂朱郡 安城面

▶ **公正里**
구시골: 우리골 남서쪽에 있는 골짜기.

臥牛形이라 함.
책바우(冊岩): 봉산 뒤, 서쪽에 있는 바위. 책 상자를 덮어 놓은 것처럼 생겼으며, 그 속에 仙書가 있는데 濟世救民할 수 있는 寶書가 된다 함.
通安마을: 풍수지리설에 三災不入之地라 하여 누구나 평안을 누리며 살 수 있는 땅이라는 얘기가 전함.
▶ **貢進里**
매내미: 공진 동쪽에 있는 산. 628.8미터. 梅花落地形이라 함.
새암골: 공진 남쪽에 있는 골짜기. 蓮花到水形의 명당이 있음.
술고지(舟庫里): 공진 서남쪽에 있는 마을. 옛날에도 주고마을이라 했는데, 지형이 창고에 넣어 둔 배 형국이라 하여 주고라 했음.
▶ **琴坪里**
琴坪마을: 이곳은 본래 人家가 없던 평원이었으나 완주 高山의 花坪, 김제 金溝의 月坪과 함께 무주의 琴坪을 勝地三坪이라 하여 아름답고 살기 좋은 곳이라 칭송하며 사람들이 많이 들어와 살게 되었다 함.
▶ **德山里**
劍嶺(껌영): 덕곡에서 설천면 심곡리 둥방으로 넘어가는 고개. 寶劍藏甲穴이 있다 함.
井川마을: 웃마을인 水落은 덕유산 계

곡물이 흘러 나오다가 이 마을 웃머리부터 땅속으로 스며들어 水落石出 현상을 나타내므로 물이 부족하지만 그 물이 정천마을부터 다시 솟아 나오므로 이 마을은 가뭄에도 물이 마르지 않는다고 함.

▶ 沙田里(모래실)

玉女峯: 바랑말 북쪽에 있는 산. 玉女彈琴形이라 함.

▶ 竹川里

舞袖洞: 비아들 남쪽에 있는 마을. 신선이 춤추는 형국(仙人舞袖形)이라 함.

비아들(新坪里): 무수동 북쪽에 새로 생긴 마을. 飛蛾附壁形이라 함. 혹은 飛鴉坪이라 하여 까마귀가 하늘을 나는 형국이라는 설도 있음.

茂朱郡 赤裳面

▶ 槐木里(괴목정): 느티나무 정자가 있었으므로 괴목정이라 함.

赤裳山(장성산): 1037.7미터. 덕유산의 북서쪽 줄기. 사방으로 많은 골짜기가 있고 암벽이 붉을 뿐 아니라 단풍이 고우며, 깎은 듯이 서 있어 장성산이라고도 함. 고려 공민왕 23년(1374)에 최영의 건의에 따라 산성이 만들어졌고 조선 광해군 2년(1610)에 『실록』을 보관하는 史庫가 설치되었음.

赤裳山城터: 적상산 위에 있는 성터. 고려 공민왕 23년 三道都統使 최영 장군이 제주도를 討平하고 개선, 귀로에 적상산에 들러 그 산세를 보고 감탄한 나머지 〈아름답구나 산악의 굳음이여. 이는 우리나라의 보배로다(美哉라 山岳之固與 此我國之寶也로세)〉라고 狀啓하여 그후 축성되었음. 조선조 현종 15년(1674) 감사 李東稷의 장계로 무주현이 府로 승격되고 屬置制를 제정하여 守城의 만전을 기하고, 산밑에 北倉, 西倉을 설치하여 軍糧을 비장하고 만일의 유사시에 대비하였으며, 숙종 38년(1712)에 다시 성을 증축하였다. 높이가 7자, 둘레 16,920자, 井泉이 33개 처, 庫池가 4곳이라고 하나, 실제로는 北倉, 西庫만이 기록에 남아 있음. 고적 146호.

赤裳山史庫터: 광해군 6년(1614)에 실록전을 창건하여 같은 왕 10년(1618) 史冊을 봉안했으며, 인조 19년(1641)에 선원전을 창건하여 같은 해 11월 璿源譜牒을 봉안하였으나, 지금은 毁撤되고 없음.

단지봉: 정자동, 윗새재, 치목리와 사산리의 마산마을에 걸쳐 있는 산. 768.5미터. 불이 자주 일어나 산봉우리마다 단지를 묻고 물을 담아 놓았다 함.

▶ 北倉里

구름들(雲坪): 북창리의 가운데 있는 初里 남동쪽에 있는 마을. 雲中半月形이라 함.

아들바우: 초리에 있는 바위. 왼손으로 세 번 돌을 던져 얹히면 得男한다 함.

安國寺: 적상산 북쪽 성 안 한가운데 있는 절. 고려 충렬왕 3년(1277)에 月印和尙이 창건하고 광해군 5년(1613)에 증축하였는데, 6·25 때 본전만 남고 부속 건물은 소실되었음. 극락전은 구조가 웅려하여 유명하며 史蹟 제146호로 지정되었음.

按簾臺: 적상산 꼭대기 서쪽에 있는 바위. 산성 안 호국사 서쪽 절벽에 우뚝 솟아 있는데 매우 넓어 수십 명이 앉을 수 있으며 동쪽은 가야산, 서쪽은 황해, 남쪽은 지리산, 북쪽은 華岳을 바라볼 수 있다고 함. 큰 석굴이 있으며 고적으로서 고려 말 거란이 침입하였을 때 三道按簾使가 이곳에 피란하였다 하여 안렴대라 하며, 병자호란을 당하여 승려 尙勳이 사적을 굴속에 감추어 보존했으며 이때 江都는 함락되어 『실록』중 18-19권이 없어졌는데, 그후 현종 6년(1665) 李尙眞, 崔俊尙이 명을 받들어 삼도 유생 3백 명을 선발하여 산성에 소장된 安國寺 등본을 옮겨 씀으로써 보충하였다 함.

잣골(紫霞洞): 초리 북서쪽에 있는 마을. 해가 넘어갈 때 붉은 빛이 비친다 함.

▶斜山里: 時湯山은 飛龍上天形의 명당으로 吉地.

당산: 새터 동쪽에 있는 신당. 지금도 정초에 당제를 지냄.

막은담이: 마산리와 바깥새내 사이에 있는 모롱이. 水口를 막았다 함.

머구골(梧桐谷): 마산 남쪽에 있는 골짜기. 머구(머귀)나무 같아 봉황이 깃든다 함.

밀모산(彌磨山): 마산 북서쪽에 있는 산. 큰 사슴이 와서 엎드린 형국이라 함.

할미봉(老姑峯): 마산리 서쪽에 있는 산. 491.4미터. 이 산에서 당할머니가 내려왔다 함.

▶斜川里

난들번득(落雁洞): 신대 남서쪽에 있는 마을. 吉旺山에는 平沙落雁形의 명당이 있다 함. 김씨가 그곳에 묘를 써서 부귀를 이루었다는 얘기가 전함. 면사무소가 있음.

▶三加里: 烽火山을 連火地라 하는데 그곳에 묘를 쓴 柳氏가 부귀를 누림.

안늘갓(廣浦): 늘갓 안쪽에 있는 마을. 배 모양으로 생김.

하가치리(下加里): 삼가리 가운데 있는 마을 쪽에 정착 농원이 있음.

▶三柳里

아랫비리실(下飛): 웃비리실 북쪽에 있

는 마을. 꾀꼬리가 아래로 날아 내려
가는 형국.

웃비리실(上飛, 하류리): 박대골 북쪽
에 있는 마을. 꾀꼬리가 위로 날아가
는 형국이라 함. 삼류리에서 가장 아
래쪽이 됨.

▶ **城內里**: 본래 이곳 지명은 淸沙落雁形
의 명당이라 하여 樂安洞이라 불렸다. 그
런데 도무지 잘되는 일이 없는 것이다.
그런 어느 날 한 젊은이가 낙안동을 글자
대로 읽으면 〈나아간동〉이 되는지라 모
두가 밖으로 나가기만 하고 돌아오지를
않으니 잘될 일이 있을까 하는 말을 듣고
1970년 이후 성내리로 바꿨다 함.

▶ **浦內里**(개안)

복호밑: 윗중리 남서쪽에 있는 폭포. 伏
虎穴이 있음. 瀑壺 pot hole를 말하는
일종의 巧穴이 아닌지 하는 생각이 듦.

玉沼洞(옥소골): 개안 동북쪽에 있는
마을. 서남쪽 가까이에 용소(龍沼, 용
이 올라갔다 함)가 있으며, 양쪽 산이
병풍처럼 되어 있음. 상당한 景勝地임.

한절골(閑寺): 포내리에 있는 마을. 절
터였는데, 구씨가 집을 짓고 한가히
살았다 함. 땅의 성격상 잘 잡은(좋은)
절터는 사람의 심성을 편케 해주는 地
氣를 갖고 있는 경우가 많음.

扶安郡 東津面

부안의 5개 풍수적 吉地로 유명한 마을.
一. 瓮井, 二. 露積, 三. 石橋, 四. 茁浦,
五. 月川.

▶ **銅田里**: 동진강 유역 들 옆이 되므로
붙은 지명.

梅山里(梅棧里): 장신리 북서쪽에 있
는 마을. 뒷산이 梅花落地形이라 함.

▶ **本德里**(本宮)

용골(龍洞): 후산 동북쪽 골짜기에 있는
마을. 뒷산에 龍巳衆會穴이 있다 함.

后山: 본덕 동남쪽에 있는 마을. 王后
가 태어날 명당이 있다 함.

▶ **鳳凰里**

鳳凰山: 봉황마을 뒤에 있는 산. 飛鳳
抱卵穴이 있다 함.

▶ **安城里**(안섬): 삼면이 바다로 되었으므
로 붙은 지명.

▶ **良山里**: 뒷산 모양이 洋傘처럼 생겼으
므로 붙은 지명.

▶ **長登里**(진등): 긴 등성이 아래가 되므
로 붙은 지명.

鳳德里: 장등 남동쪽에 있는 마을. 뒷
산에 飛鳳抱卵形의 명당이 있다 함.

香火千年之地: 봉덕리 뒤에 있는 조선
조 중엽에 이름 난 중 碧松大師 어머
니의 묘. 벽송이 중이 되자 그의 어머
니가 代 이을 자손이 없어 늘 걱정을

하니, 벽송은 자손이 없어도 천년 동안 제사를 지내 줄 無子孫香火千年之地의 명당에 어머니를 모시겠다고 하여 안심시켜 드렸는데, 어머니가 돌아가시자 종이로 매(鷹)를 접어 주문을 외고 날려 보내니 마침 이곳 못에 떨어지므로 못 가운데 허수아비를 세워 놓으니 지나는 사람들이 이상히 여겨 돌을 던질 때마다 이 허수아비가 빙긋이 웃으므로 곧 못이 메워져 이곳에 어머니 묘를 썼다 함. 그 뒤 정월 초하루나 팔월 한가위에 누구든지 이 묘에 제사를 지내 주면 그 해에 복을 받아 모든 일이 뜻대로 된다 하여 해마다 사람들이 다투어 제사를 지내므로 벽송의 말대로 香火가 그치지 않는다 함.

▶ 昌北里

琴山: 창북 동쪽에 있는 마을. 뒷산에 玉女彈琴穴이 있다 함.

꽃골(花洞): 금산 남쪽에 있는 마을. 뒷산에 飛蜂探花形의 명당이 있다 함.

벌재잔등: 창북 남쪽 염창산 남쪽 줄기에 있는 작은 등성이. 飛鳳探花形의 명당이 있다 함.

▶ 下長里

成根里: 반월리 남서쪽에 있는 마을. 지형이 나무를 거꾸로 세워 놓은 것 같으므로 뿌리가 있어야 한다고 하여 지명에 뿌리 根 자를 넣었음.

扶安郡 白山面

▶ 大竹里(큰대머리)

매봉재(鷹峯): 대죽 동쪽에 있는 산. 밑에 있는 伏雉穴(꿩이 엎드려 있는 형국)의 명당을 노리는 매 형국이라 함.

▶ 梧谷里(머우실, 멍실): 머귀나무가 많았으므로 붙은 지명.

卵山里: 머우실 북서쪽에 있는 마을. 黃巳抱卵形의 명당이 있다 함.

▶ 龍溪里: 백산의 모양이 白龍이 물로 들어가는 형국이라 하여 붙은 지명.

白山: 용계리 중앙에 있는 산. 47.4미터. 온 산이 흰 바위로 되어 있음.

▶ 竹林里

孔雀里: 죽림 서북쪽에 있는 큰 마을. 공작형의 명당이 있다 함. 550여 년 전 밀양박씨들이 정착하면서 마을 형성. 지세가 王 자 위에 공작새 모양이라 함. 이 혈맥에서 장수 8명이 나왔는데 명나라 장수 이여송이 이를 시기하여 공작새의 밥통 자리에 망석을 세움으로써 공작새가 먹어도 소화가 안 되어 孔雀穴은 죽게 되고 그후 이 마을에는 부자 또는 훌륭한 사람이 나지 않게 되었다 함(『邊山의 얼』).

▶ 平橋里

거머리(巨麻里, 그무리): 평교 남서쪽에 있는 마을. 옛 고부군 거마면 사무소가 있던 곳으로 지형이 어부가 그물을 펴는 魚翁散網形이라 함.
望山: 외거 서쪽에 있는 산. 玉兎望月形이라 함.
鳳洞: 외거 남동쪽에 있는 마을. 飛鳳抱卵形의 명당이 있다 함.
月川: 망산 서북쪽에 있는 마을. 玉兎望月形에서의 달처럼 생겼다 함.
草庄里: 외거 남동쪽에 있는 마을. 臥牛形으로 앞에 방초가 많다 함. 3백여년 전 광산김씨와 강릉유씨가 마을을 이룩함. 그때는 마을 앞뒤에 울창한 소나무가 있었다 하며 강릉유씨가 오곡에서 移住, 많은 말과 소를 방목하여 부자가 되었다고 함. 그후 마을 뒤에 백산중학교를 지어서 마을은 폐촌이 되었으며 어느 날 지관이 이곳을 지나가면서 〈마을 모양이 소가 누워 있는 형국인데 마을 뒤 소의 등에 학교를 지어서 소가 힘을 못 쓰게 되니 마을에 큰 부자가 없는 것〉이라고 했다 함(『邊山의 얼』).

扶安郡 保安面

▶南浦里

용샛골(龍蛇洞): 남포 동남쪽에 있는 마을. 生巳逐蛙形의 명당이 있다 함.
飮水洞: 남포 서쪽에 있는 밭. 渴馬飮水穴이 있다 함.

▶富谷里(부골)
燕巢洞(永壽洞): 진목동 북쪽에 있는 마을. 제비집 형국이라 함.

▶上林里(큰숲말)
소텃재: 독산 북동쪽에 있는 산. 가마솥이 엎어져 있는 모양의 伏釜穴이 있다 함.
黃鷄洞: 방아골 북쪽에 있는 소나무숲. 金鷄抱卵形의 명당이 있다 함.

▶上立石里(웃선돌)
조산들: 홍산 남서쪽에 있는 들. 造山이 있었음.

▶牛洞里
磻溪마을: 숙종 때 실학자 반계 유형원(1622-1673)이 우반동에서 살았음.
鷄龍山: 만화동 동쪽에 있는 산. 金鷄抱卵形의 명당이 있다 함.
東林書院터: 서당골에 있는 서원 터. 반계 유형원이 학문을 닦던 곳.
愚磻洞: 우동 서쪽에 있는 큰 마을. 숙종 때 실학자 반계 유형원이 살았음.

▶月川里
梅山(매상): 월천 남쪽에 있는 마을. 梅花落地形의 명당이 있다 함.

扶安郡 扶安邑

▶東中里(동문안)

매살매(梅山里): 남박그 서남쪽에 있는 마을. 앞산이 梅花落地形이라 함.
▶ 茅山里(못안): 앞에 못이 있으므로 붙은 지명.
  燈池山: 수복 뒤에 있는 산. 玉燈掛壁穴이 있다 함.
▶ 奉德里(봉두매)
  葛蓮: 안쟁가리 서쪽에 있는 마을. 葛花浮水穴이 있다 함.
  梅窓墓: 매창잇등 아래 공동 묘지 한 구석에 있는 조선 기생 李梅窓(李桂生, 1573-1610)의 무덤. 선조 6년(1567)에 부안 현리 李陽從의 庶女로 태어나서 그 아우 桂花, 桂生, 香今과 함께 노래, 춤, 거문고 특히 詩를 잘해서 村隱 劉希慶으로 더불어 시를 즐겼는데, 38세로 일찍 죽었으나 그의 시 梨花雨를 비롯하여 가사와 한시 70여 수 외에 금석문까지 전해 오고 있으며 무덤 앞에 〈名妓李梅窓〉이란 비가 있음.
▶ 西外里
  梅窓詩碑: 서림공원에 있음.
▶ 仙隱里
  冊上골: 선은동 앞에 있는 마을. 선은산에 仙人讀書形의 명당이 있다 하는데 이곳 지형은 그 仙人의 冊床과 같이 되었다 함.
▶ 新雲里
  구름터(舊雲基, 雲基里): 신운기 동북쪽에 있는 마을. 雲中半月形의 명당이 있다 함.
  金龜洞: 신운기방죽 북쪽 잔등 아래 있는 마을. 金龜沒泥形의 명당이 있다 함.
  明堂里: 신운기 서쪽에 있는 마을. 마을 뒷산에 명당이 많다 하며 단양전씨, 부녕김씨, 동래정씨, 전주이씨, 전주최씨 들의 중시조 묘가 있음.
  雲中半月墓: 신운기 뒤쪽에 있는 정씨의 무덤. 雲中半月形의 명당이라 함.

扶安郡 山內面

현재 변산면과 진서면으로 나뉘어 있음.
  飛雁島: 飛雁入湖의 大穴로 호남팔대혈 중 首位로 알려진 곳임.
▶ 格浦里
  달기봉(鷄峯): 격하 서북쪽 해변에 있는 산. 높이 80여 미터. 金鷄抱卵穴이 있다 함.
▶ 馬浦里(午湖)
  마구정: 동산 북쪽에 있는 골짜기. 백마산이 走馬脫鞍形으로 되었다는데, 이곳 지형은 그 말의 마굿간과 같다 함.
  말재(馬峙): 유유동에서 운호리 마동으로 가는 고개. 渴馬飮水穴이 있다 함.
  白馬山: 마포 남쪽에 있는 산. 走馬脫鞍形으로 되었다 함.
▶ 石浦里(독개, 돌개)

來蘇寺: 석포마을 동북쪽 세봉 남쪽 중턱에 있는 절.

▶ 雲山里(구루미)

止浦金坵墓: 고려 때의 학자이며 정치가. 지지포에 艮坐로 그의 부인인 낙랑군 부인 경주최씨와 함께 안장되어 있음. 풍수가는 이 무덤을 仙人舞袖形의 대명당이라 함(『邊山의 얼』).

漁翁散網등: 고사포 북쪽에 있는 등성이. 어부가 그물을 펼치는 형국의 漁翁散網穴이 있다 함.

▶ 中溪里

不思議方丈(다람쥐절터): 중계 북쪽 의 상봉 동쪽 절벽 위에 있는 방장.

扶安郡 上西面

▶ 甘橋里

울금바우(遇金岩, 禹陳岩): 개암사 북쪽 산봉우리 위에 솟아 있는 큰 바위. 높이 40여 미터 되는 두 개의 바위로 밑에는 큰 굴(원효방)이 있음.

▶ 龍西里

兄弟峯(왕이번지, 용이번지): 용서 서쪽 번덕 위에 있는 산. 271미터. 飛龍上天形이며, 크고 작은 두 봉우리가 형제처럼 나란히 솟아 있음.

▶ 靑林里

바디재(함치): 들독거리에서 보안면 남포리로 넘어가는 고개. 玉女織錦形의 명당이 있다 함.

지름골(油洞): 뒷산 주변에 병풍처럼 펼쳐져 있는 돌고개(石峙)로 유명하다. 남수동 동북쪽에 있는 마을. 마을이 벽에 걸린 옥등터(玉燈掛壁形)에 자리한 까닭에 주민들이 의좋게 지내며 무슨 일이나 모범을 보인다 함(김광언). 조선팔대명당 중 하나. 이 석재에 올라오려면 상서면과 하서면을 잇는 우슬재(쇠물팍)를 지나야 하는데 이곳은 臥牛의 무릎에 해당. 석재의 산 중턱은 소의 胃 부분으로 명당의 핵심에 해당됨. 石峙臥牛穴.

滄水洞: 남성동 동북쪽에 있는 마을. 玉女吹圃形이라 함.

千摠峯: 노적동 서쪽 산내면 경계에 있는 산. 변산의 가운데 봉우리가 됨. 千摠將軍形이라 함.

▶ 通井里(통시암골)

鳳岩里: 통정 서남쪽에 있는 마을. 飛鳳抱卵形이라 함.

水蓮洞: 풍랑동 서남쪽에 있는 마을. 蓮花倒水穴이라 함.

扶安郡 蝟島面

지형이 고슴도치 모양이라 하여 위도라 함. 원래 부안현. 고종 33년(1896) 知島郡

에 편입. 1914년 전남 영광군에 편입. 1962년 부안군에 환원됨. 조선조 때 위도진을 두어 水軍僉使가 주둔하는 요새지. 4월부터 조기철이 되면 수백 척의 고깃배불이 장관을 이루었음. 波市를 통하여 나가는 약 20만 관의 영광 굴비는 전국적 명물이었으나 최근에는 급격히 쇠퇴함.

▶ 車輪里(수레섬, 거륜도, 거린도): 수레(수리) 모양.

날마동이: 모여 북쪽에 있는 산. 66미터. 날아가는 말 형국.

毛여: 논끔 북쪽 치도리 쪽에서 서쪽으로 곶이처럼 뻗혀 있는 여. 바위들이 새털 같다 함.

배자비여(배자븐여): 거린도 남쪽에 이어지는 긴 여. 배가 이 여에 걸려서 자주 침몰된다 함.

새섬(鳥島): 거린도 북쪽에 있는 섬. 안새섬, 중새섬, 밖새섬으로 나누어짐. 지형이 새와 같다 하여, 또는 꾸미(후미)에 사는 서씨가 어느 도사의 말을 듣고 묘를 쓰려고 땅을 파니 새가 날아가 이 섬에 떨어졌다 하여 새섬이라 한다 함.

▶ 大里(대돌목, 대돌목, 大猪項, 대장): 큰 돼지의 목과 같이 생겼다 하여 붙은 지명.

논끔(畓九味, 논구미): 대돌목 서북쪽 후미에 있는 마을. 논이 많음.

大里願堂: 대돌목 동북쪽 당재 중간 위에 있는 원당.

▶ 上旺嶝里(웃왕등, 상왕등도)

茅槐島: 상왕등도 동쪽에 있는 섬. 모양이 밤에 보면 귀신이 머리를 푼 것 같이 보인다 함.

발해섬(列島): 모괴도 동쪽에 있는 작은 섬. 열을 지어 있음.

▶ 食島里(식도, 밥섬): 섬의 가운데가 잘룩하고 그 동쪽에 산이 높이 솟아 있어 지형이 마치 솥을 걸어 놓고 밥을 짓는 형국이라 하여 식도 또는 밥섬이라 하였음.

가마귀산(烏山): 식도에 있는 산. 116미터. 까마귀 머리 모양.

뱀목: 식도 서쪽에 있는 마을. 뱀의 목 모양.

願堂: 가마귀산 서쪽 중턱에 있는 원당.

중선너미(중선너매): 식도 남쪽 후미에 있는 마을. 성어기가 되면 波市가 섬.

진여: 가마귀산 동쪽에 있는 긴 여. 새우 모양.

蝦房금(화방금, 車여): 식도 동쪽 후미 앞에 있는 여. 새우 모양.

▶ 井金里(정금도, 정금이)

갈미여: 정금도 동쪽에 있는 여. 갈매기가 많이 내려앉는다 함.

井金島: 정금리를 이루는 가장 큰 섬. 샘처럼 둥글게 생김.

▶ 鎭里(진말): 전에 위도진이 있었으므로

붙은 이름.

客舍터: 진말 가운데 있는 위도진의 客舍 터.

딴달래섬(達樓島): 용멀 서남쪽에 따로 떨어져 있는 섬.

당째: 도장금에서 벌끔이로 가는 고개. 正初에 제를 지내는 당집이 있음.

도장금: 벌끔이 서남쪽 후미에 있는 마을. 진리에 수군 첨사가 주둔했을 때 이 마을 앞 갯바닥이 군사들의 도장이었다 함.

도장금장벌: 도장금 북쪽에 있는 모래톱. 폭 2백 미터. 해수욕장으로 좋음.

都祭峯: 진말, 벌끔, 도장금과 치도리의 치도에 걸쳐 있는 산. 145미터. 첨사가 주둔했을 때 이 산에 원당을 지어 놓고 해마다 복을 빌었다 함.

돛단여(帆掛여): 임수도 동쪽에 있는 여. 모양이 배에 돛을 단 것 같다 함.

望月峯: 진말, 시름이와 남쪽 해변에 걸쳐 있는 산. 255미터. 위도면에서 가장 높으며 산에 올라가 달맞이를 함.

범바우(虎岩): 도장금 남쪽에 바위로 된 산. 산이 범의 형국.

용멀(龍頭): 벌끔이 서북쪽 곶이를 이루고 있는 바위 산. 58미터. 용 머리 모양.

蝟島鎭터: 진말 동쪽 산 아래에 있는 全羅右水營에 딸린 위도진의 터.

鎭里願堂: 도제봉 북쪽 중턱에 있는 원당.

波長금 波市: 4월부터 7월까지 성어기에 파장금에 서는데 주로 뱅어, 조기들이 거래됨.

▶雉島里: 伏雉穴이 있다 하여 치도라 함. 새로 부임한 위도진 첨사는 이곳에서 묵어 가면 나중에 높은 벼슬을 한다는 전설이 있으므로, 부임한 첨사는 누구든지 먼저 이곳에서 쉬어 진리로 갔다 함.

꿩섬: 큰딴치도에 있는 산. 모양이 숨어 있는 꿩(伏雉) 형국.

望수峯: 지픈금, 치도와 대리에 걸쳐 있는 산. 224미터. 달맞이를 한다 함.

매봉(매산): 치도 동북쪽에 있는 산. 매 형국.

아랫산수: 망금봉 동쪽 줄기에 있는 산. 飛龍望海穴이 있다 함.

雉島願堂: 치도 동북쪽에 있는 원당.

▶下旺嶝里(아래왕등, 하왕등도)

烽火峯: 하왕등 동남쪽에 있는 산. 163미터. 봉수대가 있었음.

扶安郡 舟山面

▶葛村里(칙숲, 葛林)

花井: 갈림 동쪽에 연이어 있는 마을. 꽃밭시암이 있음. 蓮花倒水穴이 있다 함.

▶東丁里

店村(花峰): 부서 동남쪽 옹기점이 있

던 마을. 花心穴이 있다 함.
▶ 白石里(흰돌지)
가마귀등치: 백석 뒤에 있는 등성이. 飛烏啄屍形의 명당이 있다 함.
鳥喧밧두: 새배미 아래쪽에 있는 논. 서쪽에 生巳追蛙形의 명당이 있는데, 새등의 새가 이것을 보고 지저귀는 것과 같다 함.
홍애: 장내 동북쪽에 있는 마을. 飛鵝含蘆形.

扶安郡 茁浦面

▶ 卵山里(알미)
꽃밧골: 큰등 아래 있는 골짜기. 蓮花倒水穴이 있다 하여 많은 사람들이 이곳에 묘를 썼다 함.
▶ 新里(새말)
꽃밭골(花田洞): 원재 북동쪽에 있는 마을. 花心穴이 있다 함.
▶ 巴山里(비아목): 琵琶形이므로 붙은 지명.
鷄龍: 신성 동쪽에 있는 마을. 뒷산이 金鷄抱卵形이며 앞산이 용과 같이 생겼음.
소반치: 동파산 앞에 있는 산. 금소반에 옥병을 담아 놓은 모양의 金盤玉壺穴이 있다 함.

扶安郡 下西面

▶ 石上里(웃뜸)
소통골(사탱골, 사탱잇골): 마전리 서남쪽에 있는 마을. 지형이 사타구니의 양쪽 두 다리가 뻗은 것같이 되었다 함.
龍臥洞: 운암리 남쪽에 있는 마을. 뒷산에 飛龍上天穴이 있다 함.
▶ 衣服里(옷골)
부치댕이(부챗등): 불등 서남쪽 등성이 아래 있는 마을. 돌부처가 섰었음. 掛燈壁火穴이 있음.
▶ 長信里
農所(용수): 장신 동남쪽에 있는 마을. 伏龍望海形의 산 혈맥이 있는데, 이곳은 용이 엎디어 있는 모습에서 그 용의 수염에 해당된다 함.
登用里(登龍里): 복룡 북쪽 가까이 있는 마을. 지형이 용이 하늘로 올라가는 것 같다 함.
伏龍: 장신 동쪽에 있는 마을. 伏龍望海穴이 있다 함.
▶ 晴湖里
달기봉: 청호 서북쪽에 있는 산. 140미터. 金鷄抱卵穴이 있다 함.

扶安郡 幸安面

▶ 宮安里

단물새암(용시암, 龍井): 염창산 아래 있는 샘. 바위틈에서 물이 흘러 나오는데 겨울에는 따뜻하고 여름에는 시원하며 아무리 가물어도 물이 줄지 않아서 인근에 사는 사람들이 모두 이 샘물을 식수로 쓰고 있음. 飛龍弄珠形과 같은 모습의 명당이 되었다 함.
▶三干里
馬洞: 월암 남동쪽에 있는 마을. 渴馬飮水穴이 있다 함.
▶眞洞里
생삿등: 괸돌 앞에 있는 등성이. 앞에 있는 바우배기의 들이 生巳追蛙形으로 되었다 함.

淳昌郡 龜林面

이 지방에는 〈살아서는 扶安 죽어서는 淳昌〉이란 말이 있다. 예로부터 三南의 氣가 모여 있는 상서로운 땅이라 여겨짐.
▶九曲里: 무이산 밑이 되므로 주자의 「武夷九曲」의 이름을 따서 붙은 지명.
▶龜山里
沒里: 귀야우 북쪽에 있는 마을. 金龜沒泥形의 명당이 있다 함.
▶龜岩里
새실(沙谷): 구암리에서 으뜸가는 마을. 둔터우 동북쪽이 됨. 飛鳳抱卵形의 명당이 있다 함.

▶金昌里
黃鷄村: 금상리 가운데 있는 마을. 이율의 북동쪽이 됨. 黃鷄抱卵形의 명당이 있다 함.
▶錦川里
배트라(錦坪): 금천리에서 으뜸가는 마을. 치내의 북쪽이 됨. 玉女織錦形의 명당이라 함.
▶聖谷里
五龍: 심빗동 서쪽에 있는 마을. 五龍爭珠穴이 있다 함.
▶安亭里
안시내(安心): 산안 동쪽, 미륵정이 서쪽에 있는 마을. 鴻雁南飛形이라는 물명이 있다 함.
回文山: 풍수 명당이 많기로 이름 난 산. 다섯 선인이 바둑을 두는 형국의 五仙屋은 조선팔대명당의 하나라 하지만 아직 자리를 찾은 사람이 없다고 함.

淳昌郡 金果面

▶古禮里: 지형이 고리처럼 생겼으므로 붙은 지명.
▶內洞里
붕알바우: 연화 서북쪽에 있는 바위. 모양이 붕알(불알) 같음.
연못골: 연화 북쪽에 있는 들. 蓮花倒水穴이 있음.

蓮花(삿갓테): 내동 북쪽에 있는 마을. 마을의 형세가 풍수상 蓮花倒水形이라 함.
▶ 木洞里
구루매(雲山, 굴매): 능골 옆에 있는 마을. 지형이 구름과 같다 함.
▶ 鉢山里(바리미): 앞에 바리때처럼 생긴 발대봉이 있으므로 붙은 지명.
복호등: 발산 북쪽에 있는 산. 범이 엎드린(伏虎) 형국.
함정골: 산수동 서쪽에 있는 골짜기. 복호등에 딸린 陷穽穴이 있음.

淳昌郡 東溪面

▶ 龜尾里
구미마을: 남원에서 순창으로 빠지는 24번 국도를 가다 보면 중간에 飛鴻재가 나온다. 6백 년 전 고려 우왕 때 直提學을 역임한 楊首生의 처 李氏 부인이 이곳에서 나무 매 세 마리를 날려 보내니 순창군 동계면 官田里, 구미리, 순창군 赤城面 農所里로 날아갔다. 그 결과에 따라 구미리에 정착하고 농소리에는 산소를 썼다.
환경 설계가들이 설계 대상이 되는 지역이나 집단에 대해 문화적 이해 없이 서양적 기법을 이용, 환경 설계를 함으로써 결국 그곳에 사는 사람들의 삶의 의미를 잃어버리게 하는 잘못을 범하고 있다. 이를 극복하기 위해 필자는 환경 설계가들이 설계 대상 지역 사람들이 무엇을 생각하고 있는가를 알기 위해 그들의 삶의 의미 구조에 먼저 들어가야 한다고 주장했다. 그 의미 구조를 알기 위해 필자가 사용한 방법이 풍수 지리적 접근이다.

마을에는 거북바위가 하나 놓여 있는데 마을 사람들과 취암산 취암사 승려들 사이에 이 문제를 놓고 싸움을 벌이다 결국 승려들이 거북의 머리를 잘라 버리고 말았다. 그 거북이가 지금도 길가에 서 있다. 그 뒤 마을은 번창하고, 절은 폐사가 되고 말았다 함.

주산은 無量山. 덕유산에서 남서쪽으로 뻗어 온 산맥이 남원 蛟龍山을 지나 비홍재에서 赤城江을 끼고 북으로 달려 와 남향으로 앉았다. 무량산의 본래 이름은 龜岳山, 즉 거북산이다. 지금 청룡이라 부르는 산 쪽이 주산에서 뻗어 내린 청룡이고 거북의 머리 부분에 해당된다. 백호는 청룡보다 짧지만 역시 주산에서 그대로 뻗어 내렸다.

거북이 남성을 상징하듯 안산은 옥녀봉, 그 형국은 玉女彈琴形 또는 玉女織錦形으로 묘가 있다. 옥녀봉 앞으로 동에서 서로 냇물이 흐르고 백호 쪽에서 흐르는 적성강은 서북쪽에서 남동쪽으로 흘러 內外水流逆勢가 된다.
또 한편 이 마을은 渴鹿飮水形으로 그 사슴의 먹이 부분에 해당된다는 설도 있음. 宗家 왼쪽 大母井이 형국을 완성. 또 종가 뒤에는 대나무숲이 있고 여기에 사슴을 상징하는 녹갈암이 있다. 지금도 바위가 마르지 않도록 가끔 대모정의 물을 떠다가 부어 준다고 한다. 金龜曳尾形의 자리에 아직 못 찾은 또 하나의 명당이 있다 함(김용규).

▶ 壽墻里(숫대루미, 쑥대미): 다리미처럼 생겼으므로 붙은 지명.

연지기(燕巢穴): 외령 남쪽에 있는 산. 지세가 제비집처럼 생겼다 하여 燕巢穴이 있다 함.

▶ 於峙里(느재): 용골산 밑 늘어진 곳에 마을이 되었으므로 붙은 지명.

內洞: 느재 동쪽 기산과 용골산 사이의 기슭에 있는 마을. 將軍大座形의 명당이 있다 함.

싸리재(回龍): 기산 서쪽 기슭에 있는 마을. 回龍弄波形의 穴이 있다 함.

▶ 玄圃里(감밭)

새터(新基, 連山亭): 마상골 동북쪽에 있는 마을. 뒷산 형국이 蓮花倒水形이라 함.

淳昌郡 福興面

회문산에는 五仙圍碁形. 또는 五仙屋으로 불리는 혈이 있다 함. 혹은 惡山이기 때문에 명당이 없다는 설도 있음(구림면 안정리 참조).

새미산: 獅子仰天形이란 명당이 있다. 주위에는 명당이 많은데 동쪽에는 伏虎嶝과 개바우(犬岩)가 있고 전면에는 老鼠下田形이란 명당이 있다. 범이 개를 잡아먹으려고 엎드리고 있는 형상인데 사자가 앞에서 버티고 있으나 또 한 사자 앞에는 쥐들이 밭에 나와 놀기 때문에(사자는 쥐를 무서워한다 함) 사자가 할 수 없이 하늘만 바라봤다 해서 사자바우(獅子岩) 또는 사자앙천이라 함.

▶ 農岩里(농바우, 農所)

聖子: 아랫농소 서쪽에 있는 마을. 聖子穴이 있다 함.

▶ 畓洞里(논골, 농골)

깃대봉: 구산 남쪽에 있는 산. 408미터. 천지 개벽 때 배를 맸던 쇠고리가 있었다 함.

▶ 牛月里

자포실(子胞): 월성 서쪽에 있는 마을. 飛鳳抱卵形의 명당이 있다 함.

▶ 鳳德里

桃花: 대가 동남쪽에 있는 마을. 桃花

落地形의 穴이 있다 함.
▶ 山亭里

自然堂金時瑞墓: 우리나라 초대 대법원장을 지낸 가인 김병로의 생가는 순창군 복흥면 하리. 순창 읍내에서 서북쪽으로 10킬로미터 떨어진 곳이며 멀리 담양 秋月山을 바라보고 가깝게는 옥녀봉이 동네를 두른 아늑한 마을이다. 이 옥녀봉은 仙女洗衣之穴이라 하여 벼슬을 해도 淸職이 나올 만한 곳으로 알려져 왔다. 河西 金麟厚의 5대손인 자연당 김시서(1652-1707) 때 이곳에 뿌리를 내린 것으로 추정됨(『玉川의 얼』).

순창에서 29번 국도를 따라 하늘재를 넘어오면 복흥의 잣방산(栢芳山)과 마주 대하게 된다. 학이 날개를 펴고 있는 형국의 이 산밑에 옥녀봉이 있고 그 아래 바로 가인의 생가가 있다. 생가에서 보면 앞의 안산이 선비가 타던 가마처럼 생겨 가히 사대부가 살 만한 곳임을 안다.

가인의 생가에서 복흥면 사무소 쪽으로 고개 하나를 넘으면 속칭 바깥 외양간골(外午谷)이란 마을이 있고 그 안쪽으로 안 외양간골(內午谷)이 있다. 현재는 산정리이지만 속칭은 외양실이다. 그 마을 뒷산에 김시서와 그의 증손 방집(1719-1788), 방집의 아들 백휴의 묘 3기가 차례로 있다. 그 중 진짜 혈은 방집의 못자리.

호남팔대명당 중 하나. 특히 묘소에서 청룡쪽 소조산인 백방산을 보면 문자 그대로 세 봉우리의 산이 品 자 모양이다. 못자리에서 이렇게 보이는 곳은 우리나라에서 이곳뿐이다.

이곳 용은 크게 보아 노령산맥 줄기이다. 정읍 내장산에서 담양 추월산과 순창 회문산으로 가는 사이에서 한 줄기가 뻗어 나와 백방산을 만들었다. 백방산의 삼봉이 삼태를 이뤄 마치 品 자처럼 보이니 혈의 소조산이다. 이곳에서 서쪽으로 10여 리 달려나와 주산인 天馬山을 만들고 서북 방향으로 기가 내려와(乾入首) 乾坐巽向으로 혈을 맺었다. 천마가 뒤에 있고 앞에는 외양간과 가마솥(안산격의 작은 산)이 있으니, 곧 천마가 외양간에 들어가는 형국이다. 그러나 안산이 멀고 혈장으로 오는 용이 누워 있기 때문에 발복이 느리다고 함(최영주).

▶ 上松里

오석골(五鼠谷): 내송 동쪽에 있는 골짜기. 老鼠下田形이라 함.

▶ 鼎山里

鼎洞: 빗거리 서남쪽에 있는 마을. 뒷산에 伏釜穴이 있다 함.

▶ **下里**: 가인 김병로의 출생지.

玉女峯: 사창 북쪽에 있는 산. 429.4미터. 玉女散髮形이라 함.

淳昌郡 淳昌邑

▶ 佳南里

봉근이(범근이): 가잠에서 남산으로 넘어가는 고개. 飛鳳抱卵形.

申景濬의 古地圖: 가남리 534번지에 소장되어 있음. 조선 숙종 때 당대 最高의 지리학자인 旅庵 신경준의 집안에서 보관하고 있음.

▶ 南溪里

石장승: 마을의 북쪽으로부터 들어오는 독기와 질병 및 모질고 사나운 운수를 막아 내기 위하여 읍의 북쪽에 세웠음. 당초에는 암수 2기가 있었으나 지금은 암컷만 舊路邊 논바다에 세워져 있음. 원래 자리에는 표지판이 서 있음.

▶ 白山里

玉女峯(치알봉): 실이봉 동북쪽에 있는 산. 여자의 유통(젖무덤) 명당이 있다 함.

▶ 新南里

바저리(彈琴): 며법 남쪽에 있는 마을. 玉女彈琴形의 명당이 있음.

淳昌郡 雙置面

▶ 金坪里

쌍갈마재: 무덤실에서 김정굴로 가는 고개. 渴馬飮水形의 명당이 둘 있다 함.

▶ 道古里(도구미): 지형이 굽이져 있으므로 붙은 지명.

개씹복호: 신평 남쪽에 있는 폭포. 암캐의 생식기 같다 함. 이곳을 건드리면 여자가 난봉(바람)이 난다 함.

▶ 詩山里

망리(馬項里): 시산 서북쪽에 있는 마을. 뒷산에 渴馬飮水形의 명당이 있는데 이곳은 그 말의 목에 해당한다 함.

▶ 新成里

오도실(烏頭里): 신성 서북쪽에 있는 마을. 烏頭穴이 있다 함.

▶ 雙溪里

김계골(金鷄谷): 반계 동쪽에 있는 골짜기. 金鷄抱卵形의 명당이 있다 함.

범데미산(虎山): 반계 동쪽에 있는 산. 猛虎出林形이라 함.

▶ 玉山里

舞童實: 만수동 남쪽에 있는 마을. 뒷산에 仙人舞袖形의 명당이 있는데 仙童이 비파에 맞추어 춤을 추었다 함.

사리실: 옥산 서쪽에 있는 마을. 부근에 사자혈과 살가지(삵괭이)혈의 명당이 있다 함.

象樓里: 옥산 북서쪽에 있는 마을. 부근에 코끼리혈의 명당이 있다 함.
▶ 龍田里
　아가들: 작은동네 동쪽에 있는 들. 어린애가 노래 부르는 형국이라 함.
▶ 鶴仙里
　五龍村: 국동 남쪽에 있는 마을. 부근에 五龍弄珠穴이 있다 함.
　외양실(立新洞): 숭어실 북쪽에 있는 마을. 臥牛穴이 있으며 이 마을은 외양간에 해당한다 함.

淳昌郡 柳等面

▶ 昌申里(역몰)
　소투물: 정동 북쪽에 있는 골짜기. 伏釜穴이 있다 함.

淳昌郡 仁溪面

▶ 甲洞里
　長德山(玉女散髮嶺): 순창읍 장덕리와 갑동리, 노동리 경계에 있는 산. 293.6미터.
▶ 道龍里
　八鶴洞(중사태): 정산 서쪽에 있는 마을. 여덟 마리 학이 나는 형국의 명당이 있음.
▶ 馬屹里

느티나무: 이 마을 앞에 치마바위가 있는데 남녀간에 불륜이 자주 일어났다 한다. 한 도승이 지나다가 이 바위를 가릴 수 있는 나무를 심으면 불륜이 사라지리라 하여 이 나무를 심게 되었다 함. 나무가 바위의 陰氣를 가려 주는 역할을 했음.

金克忸의 묘: 광산김씨 시조 金興光(신라 말기의 왕자)이 광산에 거주하면서 시작. 전남 담양군 대전면 평장동이 그곳으로 飛鳳抱卵形의 대명당이라 이미 고려조에 평장사를 배출, 동명까지 평장동이 되었다. 평장동 광산김씨 시조단 옆에 올라 보면 멀리 무등산이 조산으로 눈 아래 펼쳐져 있다(실제로는 무등산의 고도가 높음). 극뉴의 아버지 金國光은 세조 때 병조판서, 예종 때 좌의정을 지냈다. 좌의정 시절 8개월간 혼자 의정부를 맡았다는 점을 부끄럽게 여겨 그 아들들 이름에 부끄러울 뉴 자를 넣게 된 것. 김극뉴가 沙溪 金長生의 고조부이다. 사계와 그 후손의 文名은 김극뉴의 묘에서 직접적으로 비롯되었다.

전북 순창군 인계면 마흘리 용마국민학교 정문 왼쪽을 쳐다보면 龍馬山이 있고 그 밑에 마치 왕릉과 같은 언덕이 있다. 산은 금방이라도 말이 하늘을 향해 내달리듯 그렇게 서 있다. 언덕은 말의 안장에 해당된다. 극뉴의 묘에서 앞을 바라보면 산들이 하나같이 말의 형상을 하고 있다. 渴馬飮水形이라 함(최영주).

노령의 지맥이 회문산(태조산)을 만들고 거기서 東南進한 용이 용마산(소조산, 즉 주산)이 됐다. 乾坐巽向. 天馬嘶風形(천마가 바람을 보고 우는 형국. 『玉川의 얼』이란 책에는 天馬登空形이라 되어 있음), 청룡 백호는 五馬作隊(많은 말이 떼를 지었다), 조산은 萬笏朝天(벼슬한 사람이 도열해 있는 모양)이라 문무백관은 물론 驚天之賢을 낳을 형상이다. 득수는 西出東流. 이곳은 도선국사가 말한 조선팔대명당의 하나다.

주산(용마산)이 높고 우뚝하면 자손이 오래 산다. 주산이 빼어나고 수려하면 만인의 추앙 대상이 된다. 북쪽에 신동마가 있으면 소년 등과한다. 남쪽에 영상마, 적토마가 있으면 刑曹, 領相이 배출된다. 한편 사계 김장생의 무덤은 충남 연산면 고정리에 있는데 이는 원래 우수리(쇠머리)와 거정리가 통폐합된 이름. 현재 지도상 고정산이라 표기된 산도 본래는 牛首山. 여기에 사계와 선조들의 묘소가 있다. 연산에서 벌곡면으로 넘어가는 690번 지방 도로의 황룡재에서 우수산을 내려다 보면 모양이 문자 그대로 臥牛形이다. 대둔산(태조산)에서 서북진한 용이 우수산(주산)에서 몸을 돌려 2절(산의 두 마디, 즉 굴곡의 모습) 아래 右單股(오른쪽 다리만 있는 형상)로 혈을 맺었다. 丁坐癸向. 청룡, 백호는 중중하고 조산, 안산은 모두 혈을 향해 절을 올리는 듯(拜拱) 벌여 있다. 득수는 좌우 동서에서 나와 북동쪽(丑方)에서 감추어졌다. 수구는 용단호장으로 서로 포옹하듯 감싸고 있다. 조산 동쪽에는 필봉이 우뚝 솟아 현관, 문장이 대대로 배출된다. 가히 無欠大地로 聖賢可葬之地이다.

우단고로 혈을 맺었기 때문에 嫡統은 장자가 아닌 차자로 이어지게 된다는 점. 사계는 3형제를 두었는데 첫째 은은 25세에 세상을 떴고 둘째가 신독재 집이고 셋째가 반이다. 7명의 대제학은 모두 셋째 아들의 후손들이다.

신독재는 신선에 가까운 道人의 풍모. 부인 유씨는 율곡이 중매를 섰으나 바보에 가까웠고 생산 능력이 없었다. 이에 율곡이 보다 못하여 서출인 자기 딸을 측실로 보내 후사를 잇게 했다. 황룡재 너머 벌곡면 양산리에 있다. 孤雲寺가 있었기 때문에 구고운이라고도 한다. 지금은 원불교 삼동원 수련장에서 더 들어가는 곳이다.

주산은 천호산. 左單股에 乾坐巽向. 청룡은 仙杖砂이고 백호는 날아가듯 달아났다. 안산은 학 모양이고 조산 역시 群仙作隊. 득수는 卯得丙破. 전체 형국은 仙人放鶴形이니 운명적으로 도사가 묻힐 곳이다(최영주). 마흘리 天馬登空形의 명당은 본래 김극뉴의 부인 친정 부모가 쓸 자리였으나 그 부인이 몰래 광중에 물을 부어 묘를 쓰지 못하게 하고 광산김씨 집안인 시댁에서 쓰게 하여 九代政丞이 났다고 함(『玉川의 얼』).

▶ 細龍里

느티나무: 옛날 이 마을 앞 개울에 이무기가 살고 있었는데 어느 날 꿈에 한 노인에게 나타나 내가 승천을 해야 할 터인데 뒷산이 보여 승천이 안 되니 그것을 좀 가려 달라는 것이다. 노인은 先夢대로 이 나무를 심어 뒷산을 가려 주었고 용은 승천했으며 그후 마을에는 재앙이 없었다 함. 이 나무는 살기 띤 뒷산을 가려 주는 洞藪의 기능을 수행하는 것으로 짐작됨.

淳昌郡 八德面

▶ 山東里

남근석: 산동리 452번지에 있는 남자의 생식기같이 만들어 세운 바위. 아기를 낳지 못한 부인네들이 치성을 드리면 소원이 이루어진다 함.

▶ 月谷里(다리실): 두메 골짜기가 되므로 붙은 지명.

설계(雪峴): 월곡 동남쪽에 있는 마을. 마을 앞에 鼠牛望月形의 穴이 있다 함.

▶ 昌德里

男根石: 창덕리 161번지에 있음. 5백여 년 전 대촌마을에 거지가 살고 있었는데 걸인의 신분으로는 결혼도 성교도 할 수 없음을 비관하여 이 돌조각을 하였다 함. 이 돌에 공을 드리면 옥동자를 수태한다 하여 매년 정월 대보름이면 祭를 드리는 사람이 많다 함(『玉川의 얼』).

▶ 淸溪里

玉壺: 대숲말 서북쪽 강천지 서북쪽에 있는 마을. 金盤玉壺形의 산혈이 있다 함.

할미골: 무족골 서쪽에 있는 골짜기. 할미 젖통(젖무덤)형임.

沃溝郡 大野面

현재 옥구군은 전역이 군산시에 편입되고 옥구군은 없어졌음. 따라서 옥구군 대야면은 군산시 대야면으로 됨.

▶ 寶德里

安定: 초산 남쪽에 있는 마을. 주위가

산으로 둘러싸여 밖에서 보이지 않으므로 피란하는 데 적당한 지대라 함.
▶蝶山里(나브매): 뒷산이 나브(나비의 사투리)처럼 생겼으므로 붙은 지명.

沃溝郡 米星邑

현재 군산시 미성동.
▶開寺里(가세골): 가새(가위)처럼 생겼으므로 붙은 지명.
▶內草里(새섬, 草島): 새(풀)가 많으므로 붙은 지명.
　금도치구녁: 나루터 동쪽에 있는 굴. 이 굴에서 고운 최치원이 잉태되었다 함.
　입섬: 새섬 동쪽에 있는 섬. 새가 먹이를 쪼는 형국이라 함.
▶山北里(산디): 부엉제산 북쪽이므로 붙은 지명.
　渴馬(갈마산골): 산북 남동쪽에 있는 마을. 渴馬飮水穴이 있다 함.
▶新觀里
　갈키매: 동아시 북쪽에 있는 마을. 갈퀴 형국이라 함.

沃溝郡 瑞穗面

▶馬龍里
　元龍歸: 용귀의 원마을. 歸龍聽水形의 혈맥이 있다 함.

▶瑞穗里
　鰲洞(鰲逸): 외일 서쪽에 있는 마을. 자라가 물에 들어가는 형국이라 함.

沃溝郡 聖山面

▶高峰里
　채씨집: 불빛을 받으면 움직이지 않는 것이 지네의 속성. 봉우재(봉화대)가 안산을 이루고 있어 부귀 영화가 떠나지 않을 것. 또 지네는 습지에 사는 벌레로 항상 그늘이 필요하므로 집앞에 나무를 많이 심으라고 권고. 대문 앞에 지네가 목을 축일 연못(가로 23, 세로 23.5m)도 마련. 부귀는 봉우재의 봉화가 꺼질 때까지 갈 것이라 함. 현재 봉화는 사라졌지만 고봉산 위에 미군 기지가 설치되어 밤마다 불빛이 휘황하므로 봉화가 꺼진 것은 아님. 그래서 언젠가 부귀가 돌아오리라 기대하고 있음(김광언).
▶大明里
　수박재: 참새골에서 쇠실로 가는 고개. 수박 명당이 있다 함.
　平康蔡氏墓: 상림산 남쪽 중턱에 있는 평강채씨의 시조 묘.
▶余方里
　방천매(기린): 여방 남쪽에 있는 마을. 뒷산에 麒麟穴이 있다 함.

修心: 남전 서북쪽에 있는 마을. 산수가 좋아 수양차 오는 사람이 많았음.

沃溝郡 沃山面

▶南內里

龍湖(용호실): 구성 서남쪽에 있는 마을. 지형이 용이 호수에서 노는 형국이라 함.

沃溝郡 臨陂面

▶戌山里(술매): 개처럼 생겼으므로 개 戌 자를 써서 술산리라 함. 앞산인 쥐산을 안산으로 두고 있음. 술산 북쪽 산록에는 쥐산을 잡아먹을 듯 포효하고 있는 형세를 취하고 있는 곳에 광산김씨 묘소가 있다. 개가 엎드려 있는 형국(伏狗形). 익산에 있는 미륵산의 연맥임.

▶鷲山里(축산)

鷄南: 축산 동북쪽에 있는 마을. 白鷄抱卵形의 혈명지가 북쪽에 있음.

沃溝郡 澮縣面

▶曾石里

龜伏: 여광 동쪽에 있는 마을. 지세가 물 가운데 뜬 거북과 같다 함.

完州郡 高山面

▶南峰里

구름박 꼭대기(南峰): 노초동 동남쪽에 있는 산. 166미터. 두레박처럼 생겨 물을 퍼 올리는 형국이라 함.

▶三奇里

平澤林氏承旨公派先山: 운장산을 조산으로 하고 세칭 오백고지를 주산으로 함. 鶯巢柳枝形. 묘는 모두 10기인데 그중 正穴은 艮坐로 된 위에서 여섯 번째의 河碩墓이다.

▶西峰里

눈지러기재(눈기러기재): 신덕뫼에서 비봉면 이전리로 넘어가는 고개. 기러기가 누워 있는 형국이라 함.

▶聖才里: 이 마을에 예로부터 聖人, 才士가 많이 나온다 하여 그렇게 부름. 이 마을에는 또 五仙圍碁穴이 있다 함.

마루리(말우리, 馬鳴): 방죽골 북쪽에 있는 마을. 예전에 妖僧이 산날(산등성이)을 끊어서 天馬가 울고 나갔다 함.

松鶴: 이 마을 가까이에 青鶴棲松穴이 있다는 전설에 기인함.

安出山(安出峯, 鷄峯山, 文筆峰): 청골 동남쪽에 있는 산. 553미터. 읍내 쪽에서 바라보면 봉우리가 마치 닭벼슬처럼 보인다 함. 붓처럼 생겼음. 安出庵이 있음.

八男八女난골: 안수산 북쪽에 있는 골짜기. 전에 어느 사람이 팔남팔녀를 낳고 살았다 함.
花田: 이 마을 부근에 單蜂花田穴이 있다 하여 붙은 지명.
▶ 小向里
雲龍里: 신상리 동쪽에 있는 마을. 지형이 용이 구름을 타고 있는 것처럼 보인다 함.
▶ 陽也里(양지뜸)
이마바: 음지뜸 남쪽에 있는 산. 암바(달뫼), 숫바 둘이 있음.
▶ 於牛里: 뒷산이 臥牛形이라 하여 붙은 지명.
▶ 五山里(오매): 뒷산이 다섯 봉우리이므로 붙은 지명.
매봉(鷹峰): 오산 동남쪽에 있는 산. 伏雉形이라 함.
▶ 栗谷里
全州柳氏墓: 祖山은 雲長山, 主山은 大谷山. 龍蛇聚會穴. 주산의 開張이 豁達하고 靑龍이 중첩하여 百子千孫之地라 함.

完州郡 九耳面

▶ 佳谷里
앞매산(前鷹山): 계실(鷄谷, 대덕 서쪽에 있는 마을. 뒷산이 닭 형국) 동북쪽에 있는 산. 안덕리 장파에 지네 명당이 있고 또 계실에 닭봉(달구재)이 있어 닭이 지네를 쪼으려 하나 안매산과 뒷매산의 매가 있어 이것을 막는다 함. 지도상 359미터의 표준점이 표시된 곳임.
어둔골: 장자골 북쪽에 있는 골짜기. 남석산에 掛燈形의 명당이 있다 함.
▶ 光谷里(너브실)
卵山: 광곡리에서 으뜸가는 마을. 뒷산에 飛鳳抱卵形의 명당이 있다 함.
항골(花元): 난산 북쪽에 있는 마을. 앞산에 梅花落地穴이 있다 함.
▶ 斗峴里(말고개, 마루개)
걸성뫼: 감나뭇골 남쪽에 있는 작은 산. 乞僧 명당이 있다 함.
▶ 白如里(히여티)
대실: 큰못지 서쪽에 있는 골짜기. 五鳳歸巢形의 지세인데 그 봉황이 대나무 열매를 먹는 격이라 함.
등잔거리: 큰못지 동북쪽에서 작은못지로 넘어가는 고개. 掛燈形이라 함.
머리빗등산 제당: 면경바우 옆에 있는 산제당. 면경바우가 玉女散髮形이라 머리빗이 있어야 한다 하는데 머리빗등산이 바로 그 머리빗에 해당한다 함.
배암날: 큰못지 남쪽에 있는 등성이. 長蛇追蛙形이라 함.
용동들: 호동 남쪽 앞에 있는 들. 草中反蛇形이라 함.

큰못지(大毛): 정자리 동남쪽에 있는 마을. 蓮花倒水形, 武恭端座形 등의 명당이 있다 함.

虎洞: 정자리 서북쪽에 있는 마을. 伏虎形의 명당이 있다 함.

▶ **石九里**

신봉마을: 마을 주위가 산으로 둘러싸여 아늑한 느낌을 주며 6·25 같은 난리 때 큰 피해를 입지 않은 것도 伏雉形인 때문이라 함(김광언).

▶ **安德里**

지네명당(李廷鸞墓): 장파 서북쪽 뒷산 기슭에 있는 조선조 선조 때 召墓使를 지낸 이정란의 묘. 寒溪祠에 제향되어 있음.

全義李氏墓와 그 시조 공주 이도의 묘: 완주군 구이면 대덕리에서 오른쪽으로 난 작은 길을 올라가면 모악산 정상이 보이는 安德里가 나온다. 길은 계곡, 계곡이 끝나면 질펀한 들판이 전개된다. 마을 입구 왼쪽에 있는 산이 매봉(鷹峰). 산 정상에 두 날개죽지를 치켜세운 듯한 바위가 매의 모습 그대로이다. 매봉 앞에는 닭산이 엎드려 있다. 그 뒤로 안덕리 장파마을이 나오고 마을 뒷산은 멀리 모악산에서 내려오는 산줄기로 형상은 지네 모습이다. 닭과 지네는 서로 상극, 매와 닭도 상극이다. 서로 상극인 세 마리의 짐승이 균형을 취하고 있다. 이곳 지네산에 전의이씨 昌壽의 묘가 있다.

지네의 목 부분에 이창수의 묘, 지네가 벌레를 삼키고 있는 형국의 벌레에 해당되는 곳에 李廷鸞의 묘가 있다. 덕유에서 남쪽으로 내려가던 산맥이 장수의 백운산에서 오른쪽 가지를 쳐 역으로 올라와 진안 마이산을 만들고 이곳에서 전주 고달산을 거쳐 다시 남쪽으로 내려와 우뚝 섰다. 흔히 노령산맥의 중앙으로 보는 것이 모악산이다. 소조산이 모악산 가운데 맥에서 떨어진 용이 乾方으로 혈성에 들어와 남쪽을 향해 혈을 잡았다(壬坐丙向). 좌우 용호는 모악산에서 뻗어 온 용이 보좌하고 있다. 청룡의 모습은 주산과 닮은 지네 형국이고 백호는 뻗어 가 닭산과 매산을 만들었다.

좌우 모두 비단 병풍을 두른 듯 벌려 있고 멀리 조안은 문필봉과 仙人峰으로 가히 아름다움을 극하고 있다. 특히 청룡 쪽의 上相이나 백호의 매봉이 上將이 되고 있어 가히 君王之地에 버금 가는 형국이다. 그러나 명당이 약해, 다시 말해 혈(묘)이 조안을 누르지 못해 흠이 되니 정승판서에 머무는 아쉬움이 있다.

물은 甲得丙破, 물 나가는 곳에 좌우 산들이 여러 겹 둘러싸 지그재그로 흐름을 더디게 해주니 출수 또한 법도에 맞다. 이런 형국을 두고 地理는 〈飛天 蜈蚣穴〉이라 한다. 이런 곳은 대부분 다는 무관이나 재사가 배출되고 특히 조산 쪽에 마치 구름 속에 선인이 앉아 있는 듯한 나래산(回文山의 한 봉우리)이 있어 귀인들의 탄생을 예고한다(최영주).

지네혈의 단점은 산이 높고 골이 깊으며 좌우의 보좌하는 산들이 너무 가까워 후손들의 생활 입지가 항상 불안함을 면키 어렵다. 게다가 주위의 산들이 항상 자신과 겨루듯 벌려 있고 또 상대해야 하는 대상이 자신보다 앞서 가는 사람일 경우가 많으며, 여기에다 지네와 닭, 닭과 매의 관계는 항상 긴장을 강요한다.

全義李氏先山은 母岳山이 主山. 壬亥로 結印, 回頭하여 辛戌로 剝換하고 다시 임해로 회두하여 亥入首로 壬坐로 成穴함. 申得에 丙破이며 물이 자취를 감추는 水口를 이루었다. 庚兌方의 白虎에 夾輔의 닭이봉(鷄峯)이 筆峯으로 特立하고 巽方에도 文筆峯이 솟아 있으며 案前에는 멀리 回文山이 文筆峯으로 아름답게 보인다. 靑龍은 여러 가닥으로 중첩하고 뒤로는 母岳山이 開張하였으며 乾亥方의 산들이 높다.

이 무덤의 뒤에서 디미는 줄기가 亥入首로 되어 있으니 亥는 貪狼이므로 發蔭이 速하며 묘를 중심으로 물이 감아드는 申得은 巨門이므로 무릇 자손이 흥성하고, 물이 자취를 감추는 水口인 丙破는 文曲이 되므로 公候와 將相이 나고, 묘의 배경인 乾亥方이 높고 빼어나 아름다우므로 자손에 장수하는 이가 많고, 庚兌方의 닭이봉과 靑龍에 巽方으로 보이는 산과 案前에 멀리 보이는 회문산이 모두 문필봉으로 수려하여 자손에 文章과 才士가 끊이지 않는다. 穴名은 蜈蚣飛天形이다. 白虎에 庚兌方으로 지네와는 상극인 닭 모양의 닭이봉이 협보로 솟아 있어 조화를 이루고 있는데, 穴處는 지네의 머리 부분에 있다.

이 蜈蚣飛天의 正穴에 쓰여진 묘는 李廷鸞의 曾祖라 함. 이 혈처 소점의 전설에 대해서는 李康五, 90-94쪽에 자세히 기록되어 있음(참고 문헌은 이 책 첫 부분에 상세히 기록하였음).

▶龍伏里

望月里: 서지동 동쪽에 있는 마을. 玉兎望月形이라 함.

▶中仁里(새재비, 鳥宿里): 七星落地의 터라 함.

▶亢佳里

望山(望月): 새터 동남쪽에 있는 마을.

뒷산이 玉兎望月形이라 함.
무지울(武池里): 새터 서쪽에 있는 마을. 뒷산에 武公端坐穴, 蓮花倒水穴이 있다 함.
半月: 새터 남쪽에 있는 마을. 뒷산이 雲中半月形이라 함.

完州郡 東上面

▶ **大雅里**
 버들골(柳谷): 산내 북쪽에 있던 마을. 柳枝鶯巢形이라 함.
 장군목(將軍項): 산성골 북쪽에 있는 목. 산세가 너무 좋아 조선에 인물이 날까 봐 임진왜란 때 이여송이 끊었다 함.
 全州崔氏大護軍墓: 將軍大坐形이 명당이라 함. 고려 시대 때 처음 묘를 쓸 때 지관이 이곳은 옷자락이 물에 적셔져야 크게 발음할 것이라 하였는데, 최근 대아 저수지 확장 공사로 묘의 일부가 물에 잠기게 되어 앞으로 큰 발복을 기대하고 있음.
▶ **詞峯里**: 모래봉 밑이 되므로 붙은 지명.
 詩坪: 연동리 남쪽에 있는 마을. 詩人이 많이 난다 함.
▶ **水滿里**(丹芝洞, 단적동): 예전부터 이곳에 물이 가득하게 될 것이라 하여, 또는 단지처럼 오목하다 하여 붙은 지명.
▶ **新月里**: 구수애(九水里)용연 동쪽에 있는 마을. 아홉 골짜기의 물이 合水되어 흐름.
 마재(馬峙): 원신월에서 대아리 산내로 넘어가는 고개. 渴馬飮水形이라 함.

完州郡 鳳東邑

▶ **高川里**(높은내)
 明德: 명탄 서쪽에 있는 마을. 예전에 어느 풍수가 이곳에 마을 터를 잡고 이름을 명덕이라 하면 큰 인재가 날 것이라 하였다 함.
 九萬里: 물굽이 안쪽이 되므로 붙은 지명.
 牛行山: 서당리 동쪽 뒤에 있는 산. 臥牛形이라 함.
 九尾里(구미란): 물이 굽이진 안이 되므로 붙은 지명.
 鼠頭: 중리 북쪽에 있는 마을. 지형이 쥐머리형이라 함. 또는 老鼠下田穴이라고도 함.
▶ **九岩里**(거북바우)
 배미산(夜山): 신성리 동쪽에 있는 산. 掛燈形이라 함.
 書堂里(書燈): 구암 동남쪽에 있는 마을. 仙人讀書形이라 함.
▶ **芚山里**
 괴염바우(안장바우): 신하 북쪽에 있는 바위. 생긴 모습이 走馬奪鞍形이라 함.

金盤里: 둔산 동쪽에 있는 마을. 뒷산이 金盤玉箸形이라 함.
둔지산(斗牛峯): 둔산 북쪽에 있는 산. 將軍對坐形이라 함.
등길리: 둔산 서쪽에 있는 마을. 앞산에 暗夜掛燈形의 명당이 있다 함.
馬城山: 신하 북쪽에 있는 산. 渴馬飮水形이라 함.
明洞: 마을 뒤 野山에 掛燈穴이 있어 붙은 지명.
무릉고리(舞應谷): 신하 서쪽에 있는 들. 광대정이에서 광대가 노래를 부르면 옥녀봉의 옥녀가 이곳에서 춤을 추었다 함.
鳳岩里: 신하 동북쪽에 있는 마을. 뒷산이 老鳳歸巢形이라 함.
▶ 隱下里
牛山마을: 마을 뒷산이 臥牛形이라 하여 붙은 지명.
▶ 栗所里
구락젱이: 지형이 金龜沒泥形이라 龜洛亭이 있었으므로 붙은 지명.
퇴모봉(兎峰): 율소 북쪽에 있는 산. 96미터. 玉兎望月形이라 함.
▶ 場基里
林內里: 하월리 서쪽에 있는 마을. 場林飛鷺穴이라 하여 鳳東八景의 하나가 됨.
▶ 堤內里(방죽안)

蔓洞: 석간 남쪽에 있는 마을. 지형이 將軍對坐穴이라 하여 활을 당기는 형국이라 함.
무등리: 옥녀가 춤을 추며 하늘로 올라가는 형상이라 하여 붙은 지명.
새터(新基, 望月): 구터 동쪽에 새로 된 마을. 뒷산이 玉兎望月形이라 함.

完州郡 飛鳳面

▶ 內月里
高興柳氏의 무덤: 月午谷에 있음. 雲長山이 祖山, 天壺山이 小祖山, 聖主山이 主山임. 癸坐. 묘 앞에 서북에서 得水하여 길게 흘러 와서 짧게 가니 發蔭이 速發하고 坤方으로 白虎에 秀出한 봉우리가 있으니 간혹 대소과에 급제자가 날 것이라 함. 부인 黃氏가 자기 친정 아버지 모실 자리에 밤에 몰래 올라가 광중에 물을 쏟아붓고 차지한 자리라는 전설이 있음.
▶ 大峙里
仙洞: 이 마을 가까이 仙人舞袖穴이 있다 하여 붙은 지명.
▶ 鳳山里
걸쇠(掛錦洞, 탄골, 炭洞): 용동 서쪽에 있는 마을. 뒷산이 옥녀봉이므로 비단을 걸고 있다 함.
대숲말(竹林): 월촌 서북쪽에 있는 마

을. 비봉산 밑이 되는데 봉황이 대나무 열매를 먹는 형국이라 함.

뱀재(巳峙): 용동 북쪽에 있는 마을. 고개 너머 백도리에 안뱀재가 있음.

龍洞: 대숲말 서북쪽에 있는 마을. 비봉산의 봉황이 알을 품은 것을 용동의 용과 뱀재의 뱀이 서해로 나른다 함.

▶ 所農里(소롱골)

장곡리(장구리): 범바우 남쪽에 있는 마을. 將軍大座穴이라 함.

▶ 水仙里: 水仙花처럼 생겼으므로 붙은 지명.

가로개(갈오개, 扶蘇): 산정말 서쪽에 있는 마을. 飛雁含蘆穴이 있다 함.

昆洞: 이 마을 부근에 鯤舞穴이 있다 하여 붙은 지명.

權無室(權洞, 곤무실): 수선 동북쪽에 있는 마을. 권씨가 많이 사는데 고양이가 춤추는 혈이 있다 함.

명당바우: 가로개 북쪽에 있는 바위. 이 바위 밑에 洪施愛 모자의 묘를 썼다 함.

바랑재: 수선에서 화산면 화월리 창곡으로 넘어가는 고개. 중이 바랑을 지고 가는 형국이라 함.

▶ 泥田里

舊中: 이 마을에 金龜沒泥穴이 있다 하여 붙은 지명. 舊는 龜의 와전.

完州郡 參禮邑

▶ 參禮里

馬川里: 재실뜸 남쪽에 있는 마을. 뒷산이 말 형국이고 앞에 시내가 있어 말이 물을 먹는 형국(渴馬飮水形)이라 함.

▶ 於田里(늘앗)

소란터(松內洞, 新旺里): 어전 북쪽에 있는 마을. 울창한 소나무 숲이 있었는데 그 안쪽이 됨. 그후 마을이 차차 새로 왕성해졌다 하여 신왕리라고도 함.

▶ 後亭里

金盤마을: 마을 뒤 華山에 옥녀봉이 있고 풍수에서 玉女金盤이란 穴이 있는데 거기서 따 온 지명.

完州郡 上關面

▶ 大聖里

四大里: 원댕이 북쪽에 있는 마을. 풍수설에 將軍大座形, 金盤玉盃形, 伏虎形, 金龜沒泥形의 四大明堂이 있다 하며, 원댕이와의 사이에 四大院이 있었음.

▶ 色長里

安迪里: 색장 남쪽에 있는 마을. 마을 뒷산에 飛雁含蘆, 仙人吹笛의 두 穴이 있다 하여 雁笛이라 하던 것이 변

하여 安迪이라 함. 또는 이 마을에 將
軍臺座形의 명당이 있기 때문에 도둑
이 침입할 수 없다고 생각, 사람들이
안심하고 살 수 있다 하여 붙은 지명
이라고도 함.
어두리: 마을 위에 遊魚上灘穴이 있기
에 붙은 지명. 또는 이 마을 형국이 魚
頭形이라고도 함.
파쏘: 웃대건네와 아랫대건네 사이에
있는 沼. 鄭汝立의 집터를 파서 만들
었다 함. 逆謀를 하면 그 逆臣이 살던
집 뜰에 연못을 파는 관습이 있었음.
▶新里
책싼바우(冊積岩): 백암 남쪽에 있는
마을. 仙人讀書形의 명당이 있다 하므
로 뒷산에 있는 바위를 책 쌓은 바위
라 함.
큰말마루등: 닭밭골 서쪽에 있는 등성
이. 將軍大座穴이 있다 함.
▶竹林里
장군목날: 공기 서쪽에 있는 등성이. 將
軍大座穴이 있다 함.

完州郡 所陽面

▶明德里
三台里: 이 마을에서 三台五相이 나올
것이라는 풍수 전설에 기인함.
五相里: 삼태리 동북쪽에 있는 마을. 뒷

산에 다섯 정승이 나올 穴이 있다 함.
虎洞: 일임리 동북쪽에 있는 마을. 마
을의 지세가 猛虎出林形이라 함.
▶竹節里
투구봉(깃대봉): 안터 동남쪽에 있는
산. 그 산에 將軍大座穴이 있다 함.
▶海月里: 뒷산이 바다에서 떠오르는 달
형국이라 하여 붙은 지명.
讀紙: 석성리 동북쪽에 있는 마을. 마
을 안에 聖人讀書穴이 있다 함.
▶花心里: 꽃속처럼 생겼으므로 붙은 지
명. 혹은 芍藥花蘂穴이 있기 때문이라고
도 함. 손으로 만든 전통 두부로 유명함.
聖住洞(聖周洞): 약바우 동쪽에 있는
마을. 聖人野遊穴이 있다 함.
柳上里: 화심 위쪽에 있는 마을. 柳枝
鶯巢穴이 있다 함.
▶黃雲里
馬水里: 용연리 동북쪽에 있는 마을.
渴馬飲水穴이 있다 함.

完州郡 龍進面

▶澗中里
鳳棲寺: 우리나라 풍수의 시조 도선국
사의 스승인 혜철국사가 창건한 절이
라 함. 震墨祖師도 배출했음. 운장산
에서 맥을 받은 서방산 아래 위치. 봉
황이 날개를 편 모양의 가운데 있음.

둥우리 한가운데 날개를 접고 앉았으니 새끼를 까기 위해 알을 품고 있는 봉황의 모양. 진묵조사의 부도는 본래 회색 화강암으로 조각했는데 근래 수정처럼 하얗게 변하기 시작함. 아무도 없는데 목탁 소리도 들린다 함.

송광사: 서방산 남쪽 봉서사의 청룡맥이 사실상 서방산과 같은 산인 終南山이 있고 거기 송광사가 있다. 신라 경문왕 때 道義스님이 창건. 이어지는 산줄기가 위봉산이고 그 위봉산성 안에 위봉사가 있다.

▶ 九億里

모란동(牡丹洞): 화개동 북쪽에 있는 마을. 모란꽃 형국 또는 牡丹半開形이라 함.

飛鳳歸巢穴明堂: 鳳棲寺(진묵대사 부도석이 계속 자란다는 소문 때문에 유명함) 입구 좌측에 봉서재란 재실이 있고 그 위에 밀양박씨 박침의 부인 묘가 있는데, 그 문중에서 조선팔대명당 중의 하나로 꼽는 음택지를 일컬음. 묘지 관리인 박정규 씨에 의하면 이 부인의 후손이 현재 4, 50만 명이고 14대 국회의원 중 9명이 이 무덤 주인의 자손이라 함. 무덤 정면 산봉우리가 남자의 생식기 모양이라서 후손이 많다는 주장이 있음. 左靑龍 右白虎는 양다리, 主山이 머리라면 穴은 여성의 陰部에 해당함. 무덤 앞 양쪽에 세워져 있는 望柱石이 발기한 남자의 성기를 닮은 것은 그 음부를 만족시키기 위한 것.『鳳棲洞飛鳳歸巢穴名記』에 보면 〈위봉산 아래 五道峙라는 고개에서 過峽(흔히 고갯길로 많이 이용되는데 풍수에서는 氣가 흐르는 증거로 봄)을 이루고 봉서산(지도에는 서방산으로 표기됨)에 봉황이 둥지로 돌아오는 형상의 명당을 作하였다. 靑龍이 얼굴을 드러내고 官星이 안산이 된다. 百子千孫三十八代將相之地이다〉란 기록이 있다. 관성이란 안산 너머 보이는 산으로 朝山 가운데에서 안산을 받쳐 주는 산봉우리를 말한다. 남성의 생식기 모양으로 생겼다는 산이 바로 관성에 해당한다(김두규).

神唱權三得墓: 구억리 이목정 양지 바른 산기슭에 소리 구멍과 함께 조용히 잠들어 있다. 권삼득은 영조 때 구억리 출신으로 사람, 새, 짐승 소리 등 세 가지 소리를 터득했다 하여 삼득이라 하며 본명은 정이다.

▶ 今上里(법사메, 법수메. 현재는 전주시 덕진구 금상동임)

法士山: 법수메 동남쪽에 있는 산. 조선 초 무학대사가 老鼠下田穴이 있다 하여 법사산이라 했다 하며 이 산에 회안대군 芳幹의 묘가 있음.

懷安大君芳幹墓: 방간은 태종 이방원의 바로 윗형. 방간은 제2차 왕자의 난 때 동생인 방원에게 패하여 황해도 토산, 전라도 전주 등지로 귀양을 다니다가 태종이 세종에게 왕위를 물려준 후 귀양이 풀려 서울로 돌아오다가 은진에서 病死했음. 태종은 무학대사를 보내 그의 묫자리를 잡게 함. 무학은 금상리 어귀에서 말에 물을 먹이며 쉬다가 법수산을 보고 代代君王之地라 함. 그러나 무학은 이미 그 이전인 1405년에 입적하였으므로 이 얘기는 신빙성이 없음.

또 다른 설. 운장산을 太祖山, 가까이 두리봉을 主山, 猫峯을 案山으로 老鼠下田形이 됨. 그러나 이곳이 대대로 임금이 날 자리이기 때문에 태종은 이 혈맥을 끊으라고 지시. 무덤 뒤로 혈을 끊은 흔적이 지금도 있음. 최근 후손 가운데 한 사람이 끊어진 혈맥을 잇기 위하여 상징적인 呪文을 함석판에 새겨 소나무 말뚝에 부착함(김두규). 더구나 이 산소는 방간의 부인 琴氏의 산소가 남편인 방간의 산소 뒤쪽 위편에 자리 잡고 있기 때문에 풍수에서 금기시하는 倒葬(혹은 逆葬이라 하는 것으로 逆賊이 나면 산 사람은 처형하고, 그 집터는 연못을 만들며, 그 先山의 묘소들은 웃대를 산 아래쪽으로 그리고 아랫대를 산 위쪽으로 遷葬시키는 일을 말함. 예외적으로 자연스럽게 도장을 할 수 있는 단 하나의 경우는 그 穴形이 퉁소혈일 때뿐이다. 퉁소는 엄지손가락으로 퉁소의 아랫구멍을 막고 나머지 그 아래 손가락으로 윗구멍을 막기 때문에 도장을 허용하는 것임)의 혐의가 짙다.
雲長山을 祖山, 斗里峯을 主山으로 巽巳로 起頭함. 乙坐. 老鼠下田穴이라 하며 君王之地라 함.

오공골: 수곡동과 가소리 사이에 있는 골짜기. 지네(蜈蚣) 명당이 있다 함.

▶山亭里

百子洞: 마을 뒤에 아들을 많이 낳는다는 명당이 있다는 데서 유래한 지명.

行峙里(行雉里): 백자동 남쪽에 있는 마을. 마을 근처 산에 고개가 있으며 이 고개가 꿩이 엎드린 형국(伏雉形)이라 함.

▶上三里

明堂里: 용바우 동쪽에 있는 마을.

미네다리(龍橋里): 용바우 동남쪽에 있는 마을. 뒷산이 용이 건너 다니는 다리 모양이라 함.

▶上雲里(橋上)

渴牛堤: 신기리 동북쪽 봉동읍 구만리 장성배기와 경계되는 곳에 있는 방죽. 넓이 약 9천 평. 그 생김새가 渴馬飮

水形이라 함.
▶ 新池里(새못골)
蓮花洞: 용복리 남쪽을 이루는 마을. 지세가 蓮花倒水形이라 함.
龍伏: 용이 엎드려 있는 형국의 명당이 있다 하여 붙은 지명.
▶ 龍興里
鹿洞里: 샛터 서쪽에 있는 마을. 渴鹿飮水穴이 있다 함.
盤龍: 부평 동쪽에 있는 마을. 雲中盤龍形이라 함.

完州郡 雲洲面

▶ 佳川里
九宰: 이 마을 가까이에 雙九馬下田穴이 있어 아홉 명의 재상이 나올 것이라 하여 붙은 지명.
▶ 庚川里(갱지미)
굴밑방죽: 굴밑 남쪽에 있는 못. 넓이 5백 평. 전에 道僧이 지나면서 火變이 심할 형국이니 방죽을 파라 하여 판 것이라 하였는데, 지금은 매몰되었음.
난딧불: 윤판골 북쪽에 있는 들. 들 가운데 金盤穴이 있어서 난데없이 巨富가 날 것이라 함.
▶ 姑堂里
버들골: 비모기 남쪽에 있는 골짜기. 옆 산등성이가 柳枝鶯巢形이라 함.

▶ 金塘里
玉盃: 용계원 동북쪽에 있는 마을. 산으로 둘러싸여 있어서 마치 오목한 그릇처럼 생겼음. 또한 마을 부근에 玉盃穴이 있다고도 함.
▶ 山北里(산뒤, 산두): 천등산 북쪽이 되므로 붙은 지명.
재장골(宰將谷, 대장골): 고산촌 동쪽에 있는 골짜기. 將軍大座形이라 함.
▶ 完昌里
가마골(개마골, 가믈골): 황새말 북쪽에 있는 마을. 터가 가마솥처럼 생겼음. 뒷산에 개가 강아지에게 젖을 먹이는 형국의 명당이 있다 함.
▶ 龍伏里: 용이 엎드려 물을 마시는 형국이라 하여 붙은 지명.
장군날: 사기점골 북쪽에 있는 등성이. 將軍對坐穴의 묘가 있다 함.
▶ 長仙里
굉이날: 바깥장선 남쪽에 있는 등성이. 老鼠下田形의 명당이 있다 함.
자작정이: 장선에서 화암서로 가는 고개. 지세가 芍藥未發形이라 함.
天登山: 형국이 仙人讀經形이라 함.

完州郡 伊西面

▶ 葛山里
매봉재: 치릇 남쪽에 있는 산. 伏雉形

이라 함.
織女峯: 갈산 남쪽에 있는 산. 52미터. 玉女織錦形의 명당이 있다 함.
치릇(치릿, 新興里): 지기동 북동쪽에 있는 마을. 남쪽에 있는 매봉재가 伏雉形이라 마을이 날로 興한다 함.

▶ 南溪里
최남이(初南이): 남계리에서 으뜸가는 마을. 근처에 耕田臥牛穴이 있고 풀이 무성함.

▶ 上林里
미영밭등(眠鶴洞): 대흥리 북쪽에 있는 마을. 주변에 眠鶴形의 명당이 있다 함.
方馬洞: 미영밭등 동쪽에 있는 마을. 뒷산이 渴馬飮水形이라 함.

▶ 龍棲里(용숫골)
기다리(蟹橋, 게다리, 개다리): 지사울 서북쪽에 있는 마을. 뒷산에 엎드린 게혈(伏蟹穴)이 있다 함.

▶ 院洞里(원골)
九思洞: 원동 서남쪽에 있는 마을. 뒷산에 九龍九巳形의 명당이 있었다 함.
梅岩: 청복 서북쪽에 있는 마을. 梅花落地形의 명당이 있다 함.
접뭇골(蝶舞谷): 문덕산 북쪽에 있는 골짜기. 將中胡蝶形이라 함.
회룡골(上會里): 원동 동남쪽에 있는 마을. 근처의 산이 모두 이곳으로 머리를 두고 있어 용이 꼬리를 물고 있는 형국이라 함.

▶ 銀橋里(인다리)
팥죽이(豆粥里): 신월리 남쪽에 있는 마을. 근처에 밥 짓는 솥 모양의 명당이 있으므로 마을은 솥에서 끓는 팥죽의 형국이라 함.

▶ 伊門里
慕古池(慕池里): 이문동 남쪽에 있는 마을. 앞에 연못이 있어 蓮花倒水形이라 함.
벌명당(蘇山峯): 산정리 북쪽에 있는 산. 벌 형국으로 된 당산임. 3백여 년 전 마음씨 착한 발산소씨 부부가 살고 있었다. 어느 道僧을 잘 대접하여 그 덕으로 명당을 얻게 되었는데 도승이 설명하기를〈이곳에 묘를 쓰시오. 이곳은 벌명당이란 穴이오. 뒤에 우뚝 솟은 봉우리가 멍덕(벌통을 말함)봉이고 바로 앞의 산날이 꽃날봉이오. 그 밑은 젖샘이고 옆에 있는 날줄기는 연모(연꽃밭)당이오. 이곳에 묘를 쓴 뒤에는 멍덕봉의 멍덕(벌집)이 나오도록 허물어 주시오. 멍덕이 흙으로 덮여서 벌이 나오지를 못하니 흙을 헐어야 벌이 나와 활동을 하게 되는 것이오. 그러면 벌들이 꿀을 모아 멍덕에 저장하고 새끼를 많이 치게 될 것인즉 이곳에 묘를 쓴 사람도 재물이 왕성하고 자창할 것이오. 그리고 여기서 30리 떨어진 곳에 가서 살아야 하며 내가 사라진 뒤에야 흙을 허무시오〉 하고 신신당부를 했다. 그러나 부부는 부친 묘를 그곳에 쓴 뒤 조급하여 멍덕봉 봉우리를 도승이 사라지기도 전에 허물고 말았다. 결국 도승은 천기를 누설한 죄로 벌에 쏘여 죽고 말았다. 하지만 소씨 부부는 도승까지 그곳에 후히 장사 지내 주고 익산 금마면에 터를 잡아 부자가 되었다고 한다. 이들 부부가 살던 산정마을은 지금 산림이 울창하고 60여 호의 부자 마을을 이루고 있다. 또한 지금도 꽃날봉과 젖샘에서는 한여름에도 손이 시릴 정도로 차고 맑은 물이 흘러 名泉으로 알려져 있다(『傳統의 고장 完州』).

▶伊城里

계란산: 송강다리 서북쪽에 있는 산. 金鷄抱卵形이라 함.

馬山: 대문안 동쪽에 있는 마을. 앞산에 渴馬飮水形의 명당이 있다 함.

쑥고개: 마산 남쪽에 있는 마을. 宿虎穴이 있다 함.

토끼재(쇠대배기, 下金): 황샛골 남쪽에 있는 마을. 玉兎望月形의 명당이 있다 하며 전에 솟대를 꽂았다 함.

▶中里

바래기재: 정문동 동북쪽에서 갈산리 덕동으로 넘어가는 고개. 학이 나는 형국(發鶴形)이라 함.

수랑골(五公里): 정문동 서남쪽에 있는 마을. 근처에 있는 산에 지네 모양(蜈蚣形)의 명당이 있다 함. 앞 논에 수렁이 많다 함.

完州郡 助村面

현재는 전주시로 편입되어 조촌동이 되었음.

▶古浪里(호랑이): 본래는 호랑리로 지형이 호랑이가 개를 쫓아가는 것처럼 생겼으므로 붙은 지명.

▶東山里(현재 전주시 동산동)

九思里: 九巳의 와전. 아홉 마리 뱀이 개구리를 쫓아가는 형국(九巳追蛙形)이라 하여 붙은 지명.

▶萬成里

玉桂洞: 마을에 玉兎望月形의 명당이 있음에서 유래함.

月坪: 마을이 黃龙望月穴에 해당된다 해서 붙은 지명.

▶如意里: 여의주 같은 바위가 있으므로 붙은 지명. 반룡리 뒷산이 용에 해당됨.

花開里: 양마리 남쪽에 있는 마을. 花開形의 명당이 있다 함.

▶龍亭里

사당터(聖谷里): 용정 남쪽에 있는 마을. 仙人讀書形의 명당이 있다 함.

半月里: 이 마을에 雲中半月穴이 있으므로 붙은 지명.

完州郡 華山面

▶城北里(잣디)
각시봉(玉女峯): 거사리 서쪽에 있는 산. 玉女織錦形의 명당이 있다 함.
매봉재(鷹峰): 쪽골 동쪽에 있는 산. 伏雉穴이 있다 함.
▶臥龍里: 이 마을 형국이 臥龍吐雲形이라 함.
羅伏洞: 임전 북쪽에 있는 마을. 蘿葍形의 명당이 있다 함. 이 마을 뒷산에 靈螺下山穴이 있다고도 함.
▶牛月里(소두러니)
매봉(鷹峯): 우월 서쪽에 있는 산. 伏雉形의 명당이 있음.
▶雲谷里(수실, 숯실, 炭谷)
산대울(仙帶): 전진바우 서북쪽에 있는 마을. 仙人膰帶穴이 있다 함.
▶雲山里
검다니(檢丹里): 고산거리 동남쪽에 있는 마을. 玉女彈琴形의 명당이 있음.
琴坪: 범머리와 고산거리 사이에 있는 마을. 뒷산이 玉女彈琴穴이라 함.
▶宗里(마루들)
번디(番垈): 마루들 동쪽에 있는 마을. 風吹羅帶形의 명당이 있다 함.

질마재(馬鞍): 사농골 동쪽에 있는 마을. 뒷산이 走馬奪鞍形이라 함.
▶春山里
왕수봉(王首峙): 덕동 동북쪽에 있는 산. 왕이 날 못자리가 있다는 소문이 예로부터 전해짐.
▶花月里
자래목: 구렁목에서 화평리 고성리로 가는 모롱. 자라 목처럼 생겼는데 길을 내기 위하여 끊었더니 많은 사람들이 죽었다 함.

裡里市

현재는 익산시로 바뀌었음. 야산 가운데 으슥하게 들어가 있으므로 숩리라 하였음. 1995년 5월 10일부터 익산시로 개칭됨.
杯山: 모현동에 있음. 尺山, 聯珠山, 連珠山으로도 불림. 위 아래 두 봉우리가 구슬을 꿰어 놓은 듯함. 중심혈은 작은 배산의 아래쪽에 있다.
雙陵: 익산시 팔봉동에 있다. 앵묘(王墓)라고 불리는 곳의 구릉에 동서로 2기의 능이 있는데 동쪽 것을 大王墓, 서쪽 것을 小王墓라 부름. 백제 무왕과 왕비의 능이란 얘기가 전함. 즉 서동 설화의 주인공인 서동과 선화공주의 무덤이 되는 셈인데 근처 금마면 기양리에 있는 彌勒寺 창건 설화와 어울려 흥미를 끈다.

益山郡 金馬面

현재 익산군은 모두 익산시로 바뀌었음.

金馬山(마이산): 익산시 금마면에 있는 용화산, 미륵산, 건지산, 오금산으로 이루어진 산. 위만 조선의 끝 왕 箕準이 이곳에 피란하여 마한을 세웠다 하며, 백제 시조 온조가 이를 병합하여 금마저라 하였다. 백제가 신라에게 망했을 때에 고구려의 유민 劒牟岑이 고구려를 부흥시키려고 고구려의 유민을 거두어 窮牟城(未詳)에서 浿江(대동강) 남쪽에 이르러 당나라 관리와 중 法安 등을 죽이고 서해의 史冶島에 이르러 安勝을 받들고 부흥을 꾀하였던 바, 신라에서는 이를 도와 금마저에 머물게 하고 보덕국왕이라 했다 함. 기준성, 보덕성, 쌍릉 등이 있음. 미륵산(430m)은 獅子仰天形의 산세로 칭송됨. 북서쪽에서 허리를 길게 늘어뜨려 미륵사지가 있는 곳에서 앞발을 세우고 포효하는 형상. 최고의 터는 머리 부분. 미륵산 사자는 머리를 우측(남서쪽 방향)으로 틀고 있음.

▶ 東古都里

막지내: 옥동 동쪽에 있는 골짜기. 금마의 발전을 막기 위해 한일 합방 후 日人이 와서 마지막 끊은 혈이라 함.

人石: 옥동 남쪽에 있는 석불상. 논 가운데 있으며 국보 제46호.

▶ 益山防虛石: 雙石佛이 있는데 철종 9년 쌍석불 중건비(『조선금석총람』, 하권, 1308, 「郡南石佛重建記」)에 의하면 水門(마을 水口 쪽)의 虛를 막기 위해서 설립(村山) 되었다 함.

▶ 山北里

內山洞: 서쪽의 미륵산과 동쪽의 용화산 사이에 위치한 산간 마을로서 이곳에서 바라보이는 미륵산은 여성의 생식기를 닮았다. 따라서 玉女開花形이나 玉女滿開形으로 불러야 마땅하나 미륵산이 워낙 유명한 까닭인지 蓮花半開形이라 함(김광언).

▶ 西古都里

망골: 행경 서쪽에 있는 골짜기. 이곳에서 망하지 않은 이가 없다 함.

益山郡 郎山面

▶ 龜坪里

개지(개야지, 개좆보): 보안 서쪽에 있는 보. 버들강아지가 많았음.

▶ 龍機里

花壇山: 새터 서쪽에 있는 산. 인공적으로 가꾼 꽃밭 모양의 명당(花壇穴)이 있음.

益山郡 望城面

▶ 內村里(지프내, 深川, 안동네)
只長: 지프내 서남쪽에 있는 마을. 뒷동산이 지장보살 형국이라 함.

▶ 新鵲里
곰솔: 수령 350년 정도. 높이 10.2미터. 임진왜란 때 풍수에 능하던 과객이 명당을 그냥 지나칠 수 없다 하여 이 나무를 심었다고 전해짐(『百濟古都 益山』).

益山郡 三箕面

삼기산: 臥牛穴 중 최고라는 평. 그러나 채석장 때문에 크게 훼손되고 말았음. 머리 부분이 최고인데 그곳부터 돌 채취를 시작했으므로 보기에도 참혹함.

益山郡 聖堂面

▶ 長善里
석동머리: 삼산 남쪽에 있는 마을. 아낙네가 물동이를 이고 있는 형국.

益山郡 礪山面

▶ 臺城里(台城)
漏項(세목): 성재골 북쪽에 있는 마을. 골짜기 물이 逆水로 새어 나간다 함.
伏蟹岩: 태성 동북쪽에 있는 산. 게가 엎드린 형국이라 함.
와우자리: 관연 서남쪽에 있는 들. 소가 누운 형국(臥牛形)이라 함.

▶ 源水里(샘골)
獨笛: 생양 북쪽에 있는 마을. 뒷산 모양이 신선이 홀로 퉁수를 불고 있는 것 같다 함.
여산송씨묘: 儒佛仙을 고루 갖춘 靑鶴의 기상이라 함. 호남 고속 도로 여산 휴게소에서 동쪽을 보면 대형 채석장이 보이고 그 옆으로 길게 마을을 향해 뻗어 내린 산을 볼 수 있다. 이 산 정상에 여산송씨 시조, 高麗 進士 宋惟翊의 묘가 있다.
天壺山이 少祖山이 되어 좌우로 開帳(산의 생김이 활처럼 양쪽 어깨를 구부린 모습)한 가운데 정확하게 그 중심에서 맥이 나오고 있다. 이 맥은 학의 다리 또는 벌의 허리처럼 잘룩하고 길쭉하게 氣를 모아 전달하면서 卯方에서 뻗어 오다가 다시 방향을 바꿔 壬子方에서 홀연 고개를 들어 봉우리를 만든다. 묘의 뒤에 이르도록 그 방향을 유지하다가 혈에 와서는 다시 동쪽에 가까운 寅坐에 머리를 두고 앞은 申向을 했다.
묘 앞 물의 흐름을 보면 午得辛破다.

이는 좌향과 물의 흐름이 절묘하게 오행의 생멸 과정을 보여 주는 예라고 하겠다. 좌우의 청룡과 백호의 생김새는 비단 장막과 병풍을 펼쳐 놓은 듯 하니 학의 날개임이 분명하고 안산은 下殿(대궐의 용마루처럼 양쪽 끝에 산봉우리가 있고 그' 중앙은 一字形을 유지한 산세로 富와 貴를 뜻함)에다 용화산이 함께 자리 하고 있어 더욱 일품이다. 명당은 광활하고 물 빠져 나가는 곳은 매우 핍박하니 이 또한 얻기 어려운 곳이다. 전체 형국을 살펴보면 靑鶴舞翔形이다. 이에 맞춰 仙과 佛이 함께 자리 하니 儒峰(문인, 곧 유학자를 뜻함)이 또한 없을손가. 외백호가 儒峯되어 儒佛仙이 함께 즐기고 있다.

평하건대 이 혈의 자손들은 孤高淸節하여 부귀한 자와 도덕 군자가 간간이 태어나니 가히 百子千孫을 기약할 수 있겠다. 다만 애석한 것은 청학의 오른쪽 어깨가 採石으로 병이 드니 안타까울 뿐이다.

朝案이 용화산, 미륵산. 한말의 高僧 鏡虛와 滿空이 여산송씨. 백호 쪽은 조선조 선비들이 쓰던 儒冠 형태의 산 모양으로 龜峰 宋翼弼이라는 불세출의 인물 배출. 율곡에 버금 가고 조선의 제갈량이라 불렸으며 사계 김장생과 김집 부자를 키워 내 禮學의 조종으로 추앙받았으나 서얼이라 평생을 그늘에서 살았다.

『한국민속조사보고서』 권20에는 〈午方에는 청룡에 문필봉이 있고 청룡 끝은 배(舟) 매는 기둥이며 백호 끝 가닥은 노(櫓)의 형국이라 혈명은 行舟形이다〉. 그러나 행주라 하기에는 穴星(묘를 이루고 있는 산)이 수척하다. 행주형을 이루려면 혈면(봉분 주위)이 네모지고 둥근 모양(方而帶圓)을 갖춰야 하는데 그렇지 않다. 이곳은 청학이 날개를 펴고 나는 형상의 자리이며 혈장은 바로 학의 목에 해당된다. 혈의 단점은 학의 머리 부분 入首處에 돌이 있어 초년 고생은 피할 수 없다는 점(최영주).

▶濟南里

玉女峯: 옥금동 서쪽에 있는 산. 玉女彈琴形.

益山郡 五山面

▶新池里

花開: 월포 북쪽에 있는 마을. 지형이 나무에 꽃이 핀 것 같음.

▶五山里(鰲山): 산이 자라처럼 생겼으므로 붙은 지명.

益山郡 王宮面

마한 때 왕궁이 있었다 하여 붙은 지명.

▶ 東鳳里
  蓮峰亭: 동벌 서남쪽에 있는 마을. 蓮花倒水形이라 함.
▶ 溫水里: 온수가 나오는 샘이 있으므로 붙은 지명.

益山郡 龍安面

▶ 七牧里: 지형이 북두칠성처럼 생긴 형태의 잘룩한 목에 해당되므로 붙은 지명.

益山郡 龍東面

▶ 花實里
  梅落峙: 광두원 남쪽에 있는 산. 산세가 梅花落地形이라 함.

益山郡 熊浦面

▶ 帝城里
  池鍾: 제성리에서 으뜸가는 마을. 선조 때 문장가 五山 車天輅가 살았음.

益山郡 春浦面

▶ 川西里

九明山(귀명산): 안천 북쪽에 있는 산. 명당이 9개 있다 하여 九明堂山 또는 九明山이라 함.

益山郡 八峯面

▶ 德基里
  토낏재: 상남산 서쪽에 있는 마을. 토끼 명당이 있다 함.
▶ 石旺里
  왕무덤(王墓, 기준릉, 末通大王陵, 盆山雙陵): 왕무덤산에 있는 능. 마한 아들 武康王과 왕비의 능이라 하거나 혹은 말통대왕릉(백제 무왕)이라고도 하는데 고려 충숙왕 16년(1329)에 도굴되었음.

益山郡 咸悅邑

▶ 南堂里
  南堂山: 남당리와 흘산리 경계에 있는 산. 봄 가을에 풍수객들이 많이 드나듦.

益山郡 黃登面

▶ 九子里: 지형이 거북처럼 생겼으므로 붙은 지명.
  舞洞: 봉곡 서남쪽에 있는 마을. 仙人舞袖穴이 있다 함.

▶新城里
　明堂里: 신성 동쪽에 있는 마을.
▶竹村里
　明堂池: 섬말 북쪽에 있는 마을.

任實郡 江津面

▶葛潭里(가단, 가달)
　행기재(黃鷄峙): 갈담에서 덕치면 사곡리 재경굴로 넘어가는 고개. 이곳에 黃鷄抱卵形의 명당이 있다 함.
▶富興里
　國獸峯(菊樹峯): 배남실 북쪽에 있는 산. 仙人舞袖形이라 함.
　매지거리: 배남실 동남쪽에 있는 산. 梅花落地形이라 함.

任實郡 舘村面

▶金城里
　金塘里: 금성리에 있는 마을. 金釵落地形이라는 명당이 있다 함.
　花城里: 금성리에 있는 마을. 뒤에 있는 국화봉에 花心穴이 있다 함.
▶芳峴里(방고개)
　拱手峯: 방고개 동쪽에 있는 산. 신하가 임금에게 拱手하는 형국이라 함.
▶福興里
　우근이(禹近): 금정 남쪽에 있는 마을.

臥牛形의 명당이 있음.

任實郡 德峙面

▶斗芝里: 지형이 두지(뒤주)처럼 생겼으므로 붙은 지명.
　聖壽山: 사곡리 경계에 있는 산. 將軍對坐形의 명당이 있다 함.
　비내재: 새터에서 강진면 갈담리 가남실로 가는 고개. 玉女散髮形의 명당이 있다 함.
▶勿憂里(물구리)
　두무골(斗舞洞): 물구리 서쪽에 있는 마을. 옆에 바랑산이 있는데 중이 바랑을 벗어 놓고 말(斗)을 가지고 춤을 추는 형국이라 함.
　백양골(白羊洞, 큰배양굴): 물우리에 있는 마을. 名山이 많이 있어 예로부터 각처에서 求山次 또는 省墓次 白馬를 타고 많이 왕래한다 함.
▶沙谷里(모라실)
　중뫼봉: 재경골 남서쪽에 있는 산. 仙人舞袖形의 명당이 있다 함.
　平地: 사곡 동쪽에 있는 마을. 平沙落雁形의 명당이 있다 함.
　황계재(黃鷄峙): 강진면 갈담리 경계에 있는 산. 黃鷄抱卵形의 명당이 있다 함.
▶長岩里(새몰)
　암재(岩峙): 새몰 남서쪽에 있는 마을.

金井掛燈形의 명당이 있다 함.

진뫼(長山)마을: 섬진강의 시인이며 덕치초등학교 2학년 담임인 김용택의 生家(이호신).

▶ **回文里**: 회문산 밑이 되므로 붙은 지명.

덕재(德峙): 회문리에서 으뜸가는 마을. 덕 있는 군자가 많이 나온다 했다 함.

望月里: 동막 북서쪽에 있는 마을. 玉兎望月形의 명당이 있다 함.

任實郡 獒樹面

과거에는 임실군 屯南面이었음.

▶ **君坪里**

군의실(군디실, 군지실, 君谷): 군평리에서 으뜸가는 마을. 君臣朝會形의 명당이 있다 함.

통적골: 상군곡 동쪽에 있는 골짜기. 통수 명당이 있다 함. 통수혈에서는 엄지손가락이 통수의 아랫구멍을 막고 그 나머지 손가락들이 윗구멍을 막는다 하여, 묫자리가 통소혈로 판정되면 윗대 산소를 산 아래쪽으로, 아랫대 산소를 산 위쪽으로 쓰는 소위 倒葬(혹은 逆葬)을 행하게 된다.

▶ **屯德里**

이씨집터: 집터가 雲龍吐雨形인데도 이에 걸맞는 별다른 효과가 없다고 생각한 주인은 1949년 風水師의 권유에 따라 집의 일부분을 헐고 새 건물을 짓는 등 큰 개축 공사를 벌이고 그 결과를 기다리고 있다(김광언).

▶ **梧山里**

개꼬리: 금산동 남쪽을 이루는 마을. 개의 꼬리 형국이라 함.

金山洞(금산골): 오산리에서 으뜸가는 마을. 뒷산에 金小盤形, 玉笛俱樂形의 명당이 있다 함.

▶ **獒樹里(역말)**

둔덕마을: 오수시장에서 오수천 다리를 건너면 있다. 保局이 잘 되어 있고 마을 입구는 좁으나 안은 넓은 前窄後寬形이고 마을 앞이 낮고 뒤가 높은 前低後高形이며 背山臨水形이다. 마을에는 전북 민속 자료 12호인 古家가 하나 있다. 마을 입향조가 연산군 때 사화를 피하여 한양에서 남으로 내려오다가 둔덕마을 五老山에서 터를 잡는데 앞으로는 섬진강 상류인 오수천이 감싸 돌고 멀리 노적봉이 보여 그것을 案山으로 삼았으며 전체 형상을 보니 飛天蜈蚣形인지라 자리를 정했다고 함. 그러나 후손들 중에는 이곳을 金鷄抱卵形으로 보는 사람도 있다(김두규).

伏釜山: 뒷말 북쪽에 있는 산. 가마솥을 엎은 형국이라 함.

義犬碑: 원동산에 있는 비. 술에 취하

여 불에 타 죽을 위기에 처한 주인을 구하고 대신 죽은 개를 기념하고 있음.
▶龍頭里
구름다리(雲橋里): 용두리에서 으뜸가는 마을. 지형이 雲中發龍形으로 되어 있는데, 구름 속에 있는 용이 登天할 때는 다리가 필요하다 하여 지명에 다리를 넣음으로써 裨補한 것임.

任實郡 三溪面

▶望田里(망밭)
피바우: 망밭 남쪽에 있는 바위. 날이 흐리면 피가 흐른다 함. 보기에 끔찍하므로 동네에서 안 보이게 나무를 심어 가렸음. 일종의 洞藪 裨補의 예라 할 수 있음.
▶蓬峴里(쑥고개): 쑥 튀어나온 고개가 있으므로 붙은 지명.
▶新亭里
멸치(眠雉): 망정 남동쪽에 있는 마을. 꿩 명당이 있다 함.
▶鴻谷里(비홍실, 비홍곡): 나는 기러기처럼 생겼다 하여 붙은 지명.
掛坪(斜坪): 비홍골 서쪽에 있는 마을. 선녀가 바위 위에 앉아서 八卦를 뽑고 있는 형태의 穴이 있다 함.

任實郡 聖壽面

▶三峯里
가는골(金洞, 細洞): 삼봉 서남쪽에 있는 마을. 지형이 맷돌형으로 되어 매를 간다 함.
▶太平里
桃花洞: 대운 서남쪽에 있는 마을. 桃花落地形의 명당이 있다 함.

任實郡 新德面

▶水川里(빈채, 氷債): 火山이 비쳐서 화재가 많이 나므로 그것을 막는 데에는 얼음이나 물이 있어야 한다는 뜻에서 지은 지명.
기름재(油峙): 빈채에서 신흥리 사기소로 가는 고개. 옆에 掛燈山이 있어 등에는 기름이 필요하다 하여 붙인 裨補 지명.
▶新興里
黃鶴洞: 어포리 북동쪽에 있는 골짜기. 黃鶴歸巢形의 명당이 있다 함.

任實郡 新平面

새들(큰 들)이 있으므로 신평이라 함.
▶大里(큰몰)
말목(馬項): 대리에서 으뜸가는 마을.

뒷산에 좋은 말이 마굿간에 들어가는 모양(良馬入廐形)의 산혈이 있음.
▶龍岩里
光明燈: 中基寺(삼산동 동북쪽에 있는 절)에 있는 석등. 높이 15자. 국보 제 411호로 지정됨.
큰대터(竹峙里, 竹洞里): 북창 동북쪽에 있는 마을. 근처에 飛鳳歸巢形의 터가 있어 봉황은 대나무 열매를 좋아한다는 뜻으로 지은 裨補 지명.
▶元泉里(시암내, 삼내, 泉里): 샘이 많고 물맛이 좋아서 붙은 지명.
峨峙(아치실): 원천리에 있던 마을로, 6·25로 폐촌됨.
▶昌仁里(창들, 창평): 나라의 창고가 있었으므로 창들이라 함.
처마니(靑雲洞): 창인 동남쪽에 있는 마을. 隱中盤龍形이란 穴이 있음.
▶虎岩里: 범처럼 생긴 바위가 있어 붙은 지명.

任實郡 雲岩面

▶思良里(시암골, 시양골): 좋은 샘이 있으므로 붙은 지명.
▶龍雲里
乃馬(내말): 용운리에서 으뜸가는 마을. 乃字形으로 생겼다 함.
▶芝川里

도마테(道馬): 간좌터 남쪽에 있는 마을. 走馬打鈴形의 명당이 있음.

任實郡 下雲岩出張所

▶金基里
텃골(基洞): 금기리에서 으뜸가는 마을. 雲中發龍形의 명당이 있음.
▶馬岩里
如牛峙: 마근댐 북쪽에 있는 마을. 지세가 臥牛形이라 함.
玉女峯: 음지흰바우 서쪽에 있는 산. 玉女散髮形이라 함.
▶雲鍾里
朴欣이: 큰북재 남쪽에 있는 마을. 박넝쿨이 뻗어 가는 형국이라 함.
▶靑雲里
朴實: 거둔이 북동쪽에 있는 마을. 됫박 명당이 있음.

任實郡 任實邑

▶渴馬里: 지형이 渴馬飮水形이라 하여 붙은 지명.
굴치(九雉): 갈마동 동남쪽에 있는 마을. 뒷산에 꿩 명당이 9개 있다 하여 九雉라 함.
▶大谷里(한실)
말치(斗峙): 한실에 있는 고개. 金斗掛

壁形의 명당이 있다 함.
▶杜谷里(두실)
　龍隱峙: 원두곡 북서쪽에 있는 마을. 雲中發龍形의 명당이 있다 함.
▶斗滿里
　芝山: 두만 남쪽에 있는 마을. 紫芝含露形의 명당이 있다 함.
▶新安里
　狗胎山(九台山): 낙촌 앞에 있는 산. 낮은 狗胎穴이 있다 함.
　琴洞(금적굴): 낙촌 서남쪽에 있는 마을. 玉女彈琴形이라 함.
▶里仁里
　갈양골(渴羊谷): 갓점 남서쪽에 있는 마을. 渴羊飮水形의 명당이 있음.
　번화재(繁花峙): 원댕이에서 정월리 고산리로 넘어가는 고개. 繁花形의 명당이 있음.
▶藏財里(장자울)
　복천: 장자울 남쪽에 있는 산. 伏雉形이라 함.
　옥녀봉: 무제봉 동쪽에 있는 산. 玉女織錦形이라 함.
▶程月里(정울): 정자나무가 있었으므로 붙은 지명.
　매봉(鷹峯): 내정 남동쪽에 있는 산. 매가 꿩을 차고 오르는 형국의 명당이 있다 함.
　새명양지: 곰뱅이 북쪽에 있는 골짜기.

三賢陽地가 있다 함.
▶玄谷里(거먹골)
　연화실(蓮花谷): 거먹골 북서쪽에 있는 마을. 뒷산에 蓮花含露形의 명당이 있다 함.

任實郡 只沙面

▶溪山里
　새꼴(삼박골, 鳳棲): 옥산 서남쪽에 있는 마을. 紫鳳歸巢穴이 있다 함.
▶琴坪里
　歌舞터: 개금실 서쪽에 있는 마을. 옥녀가 노래하고 춤추는 형국이라 함.
▶雁下里
　雁山: 안하 뒤에 있는 산. 모양이 기러기가 떼를 지어 나는 형국이라 함.
　玉女峯: 안하 남서쪽에 있는 산. 玉女織錦穴이 있다 함.
▶寧川里
　제거리(桂村): 영천 서남쪽에 있는 마을. 뒷산이 金鷄抱卵形이라 함.

任實郡 靑雄面

▶玉石里
　조탑거리: 선들 서쪽에 있는 들. 造塔이 있음. 조탑은 보통 마을의 지세가 虛缺한 곳을 裨補하기 위하여 세우는

경우가 많다.

칼등날: 구시낭골 서쪽에 있는 능선. 將軍佩劍形이라 함.

長水郡 溪南面

▶ 佳谷里

다락산(樓山): 까끄말 서쪽에 있는 산. 이 산 아래에 있는 조선 명종 때 판서 梁景胤의 묘가 仙人讀書穴이라는데, 그 仙人이 다락에 앉아서 글을 읽는 것 같다 함.

수구매기: 대밭골 동쪽에 있는 소나무 숲. 水口를 막으려고 심었음. 보통 수구는 虛缺한 곳이기 때문에 숲을 조성하는 경우가 많다.

蓮花倒水穴: 대밭골 남쪽 번덕에 있는 연안송씨의 묘. 못자리가 蓮花倒水穴이라 함.

작살봉: 까끄말 북쪽에 있는 산. 궁양리 양지에 자라혈의 명당 자리가 있는데 그 자라를 잡는 작살과 같다 함.

▶ 弓陽里

쇠바탕(牛場坪): 궁들 남서쪽에 있는 들. 옆산 형국이 臥牛形. 소를 먹이던 곳임.

지네혈묘(蜈蚣穴墓): 평짓등에 있는 양억녕의 묘. 풍수설에서 지네혈이라 함.

▶ 新田里(섶밭)

거문덜: 음신(음지섶밧이라고도 함. 신전 북동쪽 음지쪽에 있는 마을) 남쪽에 있는 골짜기. 숲이 우거지고 陰地라서 검게 보임.

비암날: 지픈골 서쪽에 있는 등성이. 산줄기가 뱀과 같이 길며 이곳에 있는 문화류씨의 묘가 巳頭穴이라 함.

▶ 長安里

초맛골: 입삭골 북쪽에 있는 골짜기. 이 안에 臥牛穴의 명당이 있다 하는데 그 소의 먹이가 되는 풀과 같이 생겼다 함.

▶ 砧谷里(침곡)

북실(사곡): 방애재 남서쪽에 있는 마을. 마을 뒷산에 북과 같은 혈이 있다 함.

▶ 好德里(호기동, 범의터): 伏虎形의 명당이 있다 하여 붙은 지명.

갈번지(葛坪): 호덕 북서쪽에 있는 마을. 葛花落地穴이 있다 함.

▶ 華陽里: 법화산 양지쪽이 되므로 붙은 지명.

渴馬飮水墓: 중방 서쪽 산 중턱에 있는 밀양박씨의 묘.

宿鳥投林墓: 산젯골 어귀에 있는 남원양씨의 묘.

將軍對坐墓: 渴馬飮水墓 서쪽 산 중턱에 있는 밀양박씨의 묘.

챙이혈墓: 중방 서쪽 산 중턱에 있는 묘. 챙이(곡식을 까부는 채의 사투리)

혈이라 함.
▶華陰里: 백화산 서쪽이 되므로 붙은 지명.
　알봉(새알봉): 새올 뒤 북쪽에 있는 산봉우리. 황새봉(화산 북쪽에 있는 황새같이 생긴 산)의 알과 같이 되었다 함.
　치모(箕山): 치모 동쪽에 있는 산. 채혈이라는 명당이 있다 함.

長水郡 溪内面

▶金谷里(쇠끄미): 쇠가 많이 났으므로 붙은 지명.
▶錦德里
　玉女織錦穴: 침동 남동쪽 산 아래에 있는 孫氏 부인 묘. 옥녀가 비단을 짜는 모양의 혈(玉女織錦穴)이라 함.
　집재(깁재, 나재, 羅峙): 호덕 북쪽에 있는 고개. 풍수설에 이 고개 부근에 風吹羅帶穴이 있다 함.
　황새봉: 우롱밧골(위동 동쪽에 있는, 우렁과 같이 생긴 골짜기) 서쪽에 있는 산. 산 모양이 황새처럼 되었는데 그 황새가 우렁밧골의 우렁을 찍어먹는 것과 같다 함.
▶大谷里
　論介터: 朱村에 있는 집터. 임진왜란 때 진주 촉석루에서 왜장의 목을 끌어 안고 남강 물에 함께 빠져 순국한 義妓 朱論介가 태어나 어린 시절을 보냈다 함.
▶明德里(명덕불): 명덕처럼 생겼으므로 붙은 지명.
▶務農里(모랭이): 모롱이가 되므로 붙은 지명.
　괴사리골: 바랑골 남쪽에 있는 골짜기. 게혈이 있다 함.
▶三奉里
　개안들(開眼洞, 금정동): 삼봉리에 있는 마을. 開安寺라는 절이 있었다 함. 경상도 쪽에서 첩첩산을 넘어오다가 이곳에 이르러 비로소 넓게 트인 큰 들을 보게 되어 마치 눈을 뜬 것과 같다 하여 개안이라 함. 지형이 눈을 뜨게 할 만큼 좋은 곳이라 하였다는데 이곳에 변전소가 생김으로써 그 말이 맞았다 함.
　달구명당: 개안들 동쪽에 있는 산. 이곳에 있는 진사 劉氏의 묘가 金鷄抱卵穴이라 함.
▶松泉里
　개구리바우: 서편 동쪽 논 가운데 있는 개구리처럼 생긴 바위. 바위 옆 산줄기에 명당인 巳頭穴이 있다 함.
▶長溪里(邑内)
　기르깃들(안평): 중동 서쪽에 있는 들. 지형이 기러기가 모래 바탕에 앉은 형국(平沙落雁形)이라 함.

長水郡 溪北面

▶農所里(용수막)
갈벌(葛坪): 농소 동쪽에 있는 들. 葛花落地穴이 있다 함.
설명지(穴名地): 연동 동쪽에 있는 蓮花倒水穴이 있는 골짜기.
▶梅溪里(매골): 두메 골짜기가 되므로 붙은 지명.
진밭(長田坪): 신구실 북쪽에 있는 긴 들. 장수 진밭이라 하여 공주 한밭(지금의 대전)과 더불어 큰 들로 유명함.
▶陽岳里
가매쏘: 정지골과 불당골 사이에 있는 沼. 서북쪽에 將軍對坐穴의 묘가 있는데 그 장군의 군사들의 밥을 짓는 가마솥과 같다 함.
말맨골: 파산밧골 안에 있는 골짜기. 동쪽에 있는 묘가 將軍對坐穴인데 이곳은 그 장군의 말을 맨 곳이라 함.
샛골(鳥谷): 정삼 북서쪽에 있는 골짜기. 飛鳥投林穴이라 함.
정삼: 파산밧골 북쪽에 있는, 세 정승이 나리라는 골짜기.
정지골: 파산밧골 동남쪽에 있는 골짜기. 옆에 있는 가매쏘가 가마솥처럼 되었는데, 이 골짜기는 정지(부엌)와 같다 함.
▶院村里(芫景)

각바우(角岩): 면앗골 동쪽 산밑에 있는 바위. 이곳에 臥牛穴이 있는데 그 뿔과 같다 함.
노루골(獐谷): 파파실 남쪽에 있는 골짜기. 노루혈 명당이 있다 함.
▶林坪里(숲들)
梅子(매짓골): 흰바우 남서쪽에 있는 마을. 앞산에 梅花落地穴의 명당이 있다 함.

長水郡 磻岩面

본래는 남원군 지역. 반석이 많이 있으므로 붙은 이름.
▶橋洞里(다릿골, 月谷): 神舞山(895m. 혹시 神仙舞袖形이 아닌지 하는 짐작이 감) 중턱이 되므로 다릿골이라 함.
堂山: 골몰 앞에 있는 산. 堂山祭를 지냈다 함.
불뭇골: 동촌 북쪽에 있는 골짜기. 불무혈이 있다 함. 불을 피울 때 바람을 일으키는 도구를 풀무라 하는데 풀무의 옛말이 불무임. 따라서 불무혈이란 풀무혈을 말하며 이런 지세의 명당은 바람을 받아 불꽃이 활짝 피어나듯이 재산이 늘어난다는 所應을 기대함.
▶菊浦里(북치, 불근데기): 북치(고개) 밑이 되어서, 혹은 붉은 언덕이 되므로 붙은 이름.

서당골: 북치 북쪽에 있는 골짜기. 지형이 선인봉의 仙人의 書堂과 같다 함.

仙人峯: 북치 뒤에 있는 산. 산 안에 仙人讀書穴이 있다 함.

▶魯壇里: 大聖山(662m) 밑이 되므로 공자의 옛일을 상징하여 노단이라 함.

거름쏘: 장터 앞 동화리에서 오는 물과 말칫골 물이 합쳐지는 곳에 있는 沼. 장마로 물줄기가 변함에 따라 위쪽 또는 아래쪽에서 소를 이루므로 소의 위치가 변하여 걸어 다니는 것 같다 함.

말골(斗洞): 肩川(에끼내) 북서쪽에 있는 마을. 마을 동쪽에 〈말 명당〉이 있다 함.

범골: 새터 남동쪽에 있는 골짜기. 챙이 명당 앞에 있는 겨무더기를 먹으려는 개 형국의 산이 있는데, 그 개를 노리는 범 형국으로 되었다 함.

챙이명당: 새터 동쪽으로 약 2백 미터 되는 곳에 있는 홍덕장씨 묘. 지형이 챙이(체)처럼 되었는데, 그 앞에 흙더미가 체로 쳐 놓은 겨무더기와 같다 함(제1권 2장 참조).

▶大論里(큰논실): 산속에 큰 들이 열렸으므로 붙은 이름.

수작골(手掌洞, 水尺): 대론 남서쪽에 있는 마을. 마을 형국이 손바닥을 펴 놓은 것 같다 함.

▶洞花里(고래): 깊은 골짜기 안이 되므로 고래라 함.

산탯골: 안째짓골 서쪽에 있는 골짜기. 산사태가 잘 났다 함.

중매봉(中山, 고래봉, 鯨峯): 상동과 하동 중간에 있는 산. 산이 고래형이라서 경봉이라고도 함.

▶沙岩里(삼리): 바위가 많으므로 사암이라 함.

열씨명당: 왕구봉(562m) 위에 있는 묘. 지형이 열씨처럼 생겼는데 명당이라 함.

통싯골: 범골 서쪽에 있는 골짜기. 지형이 통시(변소)처럼 외지고 깊숙함(혹시 쓰레기 처리장이 되지나 않았는지 궁금했으나 확인은 못함).

▶柳亭里: 버드나무 정자가 있었으므로 붙은 이름.

가등설: 남양 남서쪽에 있는 골짜기. 燈盞穴이 있다 함.

옥시밋골: 양지모통이 북쪽에 있는 골짜기. 玉女織錦穴이 있다 함.

가마바우: 남양 서쪽 산 중턱에 있는 바위. 옥시밋골의 옥녀가 타는 가마와 같이 생겼다 함.

배틀바우: 남양 남쪽 산 중턱에 있는 바위. 옥시밋골의 옥녀가 베를 짜는 베틀과 같다 함.

九仙洞: 와룡 북쪽에 있는 마을. 아홉 명의 신선이 바둑을 두는 혈(九仙圍碁穴)이 있다 함.

臥龍: 모래재 남서쪽에 있는 마을. 臥牛穴이 있다 함.
- 竹林里: 대나무가 많으므로 붙은 이름.
- 知止里(지지골)

光大洞: 지지골 남서쪽에 있는 마을. 앞산이 冠帶 쓰고 춤추는 형국.

왕굴(석면굴): 지지 서쪽 약 5백 미터 되는 산 위에 있는 바위 굴. 깊이 약 10미터. 전설에서 왕이 피란했던 곳이라 하며, 석면이 매장되어 있다 함.

해벌이: 중재 밑 동쪽에 있는 골짜기. 앞뒤로 높은 바위들이 솟아 있고 골짜기 아래에는 沼를 이루면서 맑은 물이 흐르고 골짜기에는 숲이 우거져 경치 좋기로 유명함.

황천골: 호미장골 서쪽에 있는 골짜기. 왜 황천이라 했을까 하는 의문이 들었으나 현장에서의 느낌은 음울함이 전혀 없었음. 다만 토양이 黃土層이라 비가 오면 물빛이 황색을 띠게 되어 黃川이라 하게 된 것이 아닌가 하는 짐작이 갔음.

長水郡 山西面

- 乾芝里

연겟골: 탑골 북쪽에 있는 골짜기. 새벽녘에 닭이 달을 보며 크게 우는 모양의 명당(晨鷄唱月穴)이 있다 함.

통배기: 건지산에 있는 골짜기. 躍馬符蹟穴이 있는데 그 말의 통이 있다 함.
- 桐花里

능실(綾谷): 등석 북쪽에 있는 마을. 玉女織錦形의 陰宅과 각씨점골이란 골짝이 있는데 비단과 골짝을 따서 능실이라 함.

等石: 동촌 남서쪽에 있는 마을. 春滿滔滔라는 陽宅이 있는데 그 터에다 집을 지으면 石崇(중국 晉나라 때의 大富豪로 지금은 큰 부자란 뜻으로 쓰임)과 대등한 부자가 난다 함.
- 鳳捿里

덤밧등: 잣골 동쪽에 있는 골짜기. 玉女織錦穴이 있다 함.

작골(尺洞): 시목동 서쪽에 있는 마을. 玉女織錦形이란 陽宅이 있는데 이곳은 지세가 마치 옥녀가 짜 놓은 비단을 재는 자(尺)처럼 생겼기 때문에 붙은 지명.
- 社桂里

괴등: 사계재 남쪽에 있는 등성이. 이 근처에 伏猫弄鼠穴이 있다 하는데 그 고양이처럼 되었다 함. 괴는 고양이의 이 지방 사투리.

솟들: 유왕마지 동남쪽에 있는 들. 伏釜穴이 있다 함.
- 新昌里

여시동매(여의동매): 신덕리 서남쪽 들

에 있는 작은 산. 이룡리의 오룡에 五龍爭珠形의 명당이 있는데 그 용의 여의주와 같다 함.
월구리: 감동매 서북쪽에 있는 산. 이 산에 있는 임씨의 묘가 玉兎望月形이라 함.
중방들: 방죽들 밑 서남쪽 지산면 영천에 있는 들. 영천서원 터가 伏釜穴이므로 그 중방이라 함.

▶ 雙溪里
누렁골(누렁개골): 신촌 남동쪽에 있는 골짜기. 黃狗穴이 있다 함.
맴수(馬飮水, 梅岩里, 陽村): 마평 서남쪽 양지 바른 곳에 있는 마을. 渴馬飮水形의 명당이 있다 함.
몰칫재(馬峙, 말칫재, 말칫고개): 마평에서 반암면 국포리 말치로 가는 고개. 渴馬飮水形의 명당이 있다 함.

▶ 五山里
깔봉(속추봉): 동산밑 서쪽에 있는 산. 산 모양이 꼴을 묶어 놓은 것 같다 함.
권씨집: 10대조가 金盤玉杯形의 명당이라 하여 잡았다 함. 七峰山에서 흘러 내려온 혈맥이 안채 서쪽 감나무가 서 있는 곳으로 뭉쳐 들어 初富後貴를 누릴 것으로 믿음(김광언).
당그래봉: 하오 남쪽에 있는 산. 당그래(고무래)같이 생겼다 함.
매봉: 하오 동쪽에 있는 산. 伏雉穴이

있다 함.
매산이: 하오 서쪽에 있는 산. 梅花落地穴이 있다 함.
아침재(朝峙): 오봉산 아래에 있는 고개. 오봉산에 五鳳歸巢穴이 있는데 봉황은 아침에 운다(鳳鳴朝陽)는 뜻에서 아침재라 함. 태조 이성계가 성수산에 기도 드릴 때 아침에 올라갔다 함.
中軍峯: 초장 남서쪽에 있는 산. 將軍大坐穴이 있다 함.
草庄: 정착농원 동쪽에 있는 마을. 草中盤巳形이라는 陽宅 터가 있다 함.

▶ 五星里
등골(燈洞): 성재동 북서쪽에 있는 마을. 掛燈形이라 함.
訪花마을: 등골 남쪽에 있는 마을. 楊花落地形. 穴은 아직 찾지 못하고 있다 함(김광언).
배치(介峙): 강정리 북쪽에 있는 마을. 行舟形이라 함.
벌명당: 개치고개 위 길가에 있는 조선 고종 때 선비 宋基豊의 묘. 벌의 혈(蜂腰穴)이라 함.
晨鷄山: 강정이 동쪽에 있는 산. 晨鷄唱月形의 명당이 있다 함.

▶ 二龍里
여의주: 오룡 안 집 앞에 있는 작고 둥근 등성이. 오룡의 지형이 五龍爭珠形이라는데 그 용의 여의주라 함.

五龍: 이룡리에 있는 마을. 마을 내에 五龍爭珠形의 陽宅이 있다 함.

黃巳顧尾(龍坪): 오룡 서쪽에 있는 마을. 마을 뒷날이 노란 뱀이 꼬리를 돌아보는 것(黃巳顧尾形)과 같은 명당이라 함.

▶ 鶴仙里

구시재(鳩巢峙): 상동고지 북쪽에서 임실군 성수면 왕방리의 대판이로 가는 고개. 지형이 비둘기집 형국으로 되었다 함.

맷골(梅洞): 하동고 동쪽에 있는 골짜기. 골짜기 밑에 있는 陸氏의 묘가 梅花落地穴이라 함.

목밴날: 남생이바우 북동쪽에 있는 능선. 북쪽 영대산 줄기가 뻗어 오다가 이곳에 이르러 마치 목을 벤 것같이 딱 끊겼음.

왼숫골: 남생이바우 북쪽에 있는 골짜기. 물이 귀한 곳으로 물하고는 원수가 된다 하여 붙은 지명.

長水郡 長水邑

▶ 蘆谷里(가실, 개실, 佳谷, 浦谷)

비무덤: 큰몰 동쪽, 가잿재 아래에 있는 골짜기. 이 골짜기에 구름이 끼면 틀림없이 비가 온다 함.

지름바우(知音바우): 순천모랭이에 있

는 바위. 노곡리에 飛鴨壓淚穴이 있는데 그 기러기의 소리를 듣는다 함.

피나뭇재: 새몰 북쪽에 있는 고개. 천천면 반월리로 감. 임진왜란 때 倭僧이 와서 장수 읍내의 山 主嶺을 끊었는데 산에서 피가 나왔다 함.

▶ 路下里

路下森林(노하리숲): 노하리에 있는 숲. 어떤 풍수가가 와서 마을의 북쪽이 터져 해롭다(虛缺處를 말함) 하여 숲을 만든 것임.

청상더미(千生洞): 왕대 서남쪽에 있는 골짜기. 골짜기가 깊고 아늑하게 되었는데 어느 난리 때 천 명이 피란을 와서 살았다 함.

▶ 大成里(뒷골, 大升谷): 지형이 큰 되처럼 생겼으므로 붙은 지명.

개치재: 노개월 남쪽에 있는 고개. 산맥에 伏雉라는 名地가 있음.

掛燈山: 흑평 남쪽에 있는 산. 掛燈壁火穴이 있다 함.

꽃봉: 방앗골 위쪽에 있는 산. 花心穴이 있다 함.

병골: 개칫골 남쪽에 있는 골짜기. 괘등산의 등불에 쓰는 기름병과 같다 함.

원수봉: 대성 동북쪽에 있는 산. 將軍大坐穴이 있다 함.

▶ 德山里

法年洞: 덕산 동북쪽에 있는 마을. 蓮

花泛水形이란 名地가 있음.

年州: 덕산 동북쪽에 있는 마을. 蓮花泛水形이란 名地가 있음.

▶ 東村里

무조매기(無鳥項): 동촌 서남쪽 마봉산에 있는 고개. 두산리로 가는데 고개의 지형이 새가 춤을 추는 것같이 되었다 함.

▶ 斗山里(말뫼)

梅山들: 두산 북쪽에 있는 들. 들 가운데 梅花落地穴이 있다 함.

謨士峯(모새봉): 두산 서남쪽에 있는 산. 모래가 많다 함.

발방골(發芳洞, 팔방골): 두산 서남쪽에 있는 마을. 조선조 때 장수현의 通引으로 있던 具永錄이 노하리 가짓재를 넘어가는데 길가에 배가 고파서 쓰러져 있는 늙은 중을 마침 가지고 온 자기 도시락을 주어 구해 주니 고맙다고 하면서 그 은혜로 명당 자리를 알려 주고 묘를 쓸 때 꼭 거꾸로 묻으라 하였다. 그 뒤 그의 아버지가 세상을 뜨자 그 중이 가르쳐 준 명당, 곧 향교 윗산 위에 묘를 쓰는데 차마 거꾸로 묻을 수 없어 바로 묻었다. 그런지 얼마 안 되어 갑자기 황소 같은 힘이 솟아나므로 그 자신 그 힘을 어찌할 수 없어, 남몰래 밤중에 이곳 모새봉에 나와 보니 낮고 모래가 많아 무너뜨리

기 쉬울 것 같으므로 십진번덕 쪽으로 밀어대니 갑자기 광풍이 일면서 흩어진 모래가 수많은 군사로 변하므로 진을 치고 훈련을 하다가 날이 밝으면 어디로 사라져 버려 밤마다 계속 군사 훈련만 하였다. 이때 그 사실을 현감이 알게 되어 역적 모의를 하는 것으로 알고 전주 감영에 알려서 삼족을 멸하고 그의 선산을 파니 갑자기 김이 서려 마치 소의 형태를 그리다 말고 사라졌다 함. 모새봉에서 모래를 뿌리고 안장봉에서 안장을 깔고 투구봉에서 투구를 쓰고 십진번덕에서 십진을 쳤다 하여 십진번덕이라 한다 함.

십진번덕: 두산 서쪽 번덕에 있는 논. 안장봉에 있는 장군이 진을 칠 것이라 함.

안장봉: 두산 남동쪽에 있는 산. 모양이 말 안장처럼 생겼음. 將軍大座穴이 있다 함.

웅골(雲谷): 두산 동북쪽에 있는 골짜기. 풍수설에서 雲中盤龍穴이 있다 함.

투구봉: 두산 남쪽에 있는 산. 투구를 벗어 놓은 것같이 생겼음.

▶ 松川里

진다리(泥橋): 송천 서쪽 다리 건너에 있는 수렁으로 된 들. 비가 조금만 내려도 땅이 매우 질다 함. 풍수설에서 金龜沒泥穴이 있다 함.

天川: 원송천 동남쪽에 있는 내. 수분

리에서 흐르는 물이 빠질 데가 없으면 장수는 물에 잠길 것인데 천천을 통하여 排水를 하므로 이를 하늘에서 냈다고 칭송함.

▶ 水分里

뜸봉: 수분 서쪽에 있는 산. 將軍大坐穴이 있는데 역적이 날까 두려워 숯불을 놓고 불을 질러 그 명당 자리를 폈다(없애 버렸다는 뜻) 함.

버드나뭇골: 바구리봉 동쪽에 있는 골짜기. 골짜기 안 어딘가에 柳枝鶯巢穴이 있다 함.

수분이고개(水分峙): 수분 남쪽에 있는 큰 고개. 약 6백 미터. 두 물줄기가 있어서 북쪽으로 흘러 금강의 상류가 되고 남쪽으로 흘러 섬진강의 지류가 됨. 그래서 지명도 水分이 된 것임.

連巳洞: 모샛골 남쪽에 있는 골짜기. 지형이 뱀이 잇달아 내려오는 것 같다 하여 붙은 지명.

▶ 食川里(밥내): 가마솥처럼 생겨서 늘 밥내가 난다 하여 붙은 지명.

강진터: 솔정재 남쪽에 있는 골짜기. 팔공산에 將軍對坐穴이 있는데 그 장군이 진을 친 곳이라 함.

마치(馬峙): 밥내 서남쪽에 있는 마을. 남쪽 산에 弱馬負積形이란 명당이 있다 함.

訪花들: 식천 북쪽에 있는 들. 꽃봉의 명당이 있다 함.

耳聞: 밥내 동남쪽에 있는 마을. 仙人讀書形의 명당이 있어서 그 글을 귀로 듣는다 함.

▶ 龍溪里

비오딱시묘: 안양 서남쪽에서 산서면으로 가는 길가에 있는 朴氏의 묘. 飛烏啄尸穴이라 함.

사지목: 원수봉 북쪽에 있는 산. 산속 어딘가에 獅子仰天穴이 있다 하는데 아직 찾은 사람은 없다 함.

서상골: 안양 서북쪽에 있는 골짜기. 仙人讀書穴이 있다 하는데 아직 찾은 사람은 없다 함.

安陽: 용계 동쪽에 있는 마을. 팔공산에 楊花落址形의 명당이 있다 함.

元帥峯: 복홋등 서쪽에 있는 봉우리. 將軍大坐穴이 있다 함.

長水郡 天川面

▶ 南陽里

주무양지: 안터 서쪽 양지쪽에 있는 골짜기. 僧舞穴이 있다 함.

▶ 鳳德里

소고개: 고금 서쪽 산에 있는 고개. 臥牛穴이라 함.

玉女峯: 고금 북서쪽에 있는 산. 玉女彈琴穴이라 함.

▶ 三顧里

가잿들: 금실 북쪽에 있는 들. 옆산 형국이 가재 발 모양으로 되었다 함.

▶ 蓮平里

돔방날: 오죽골 북쪽에 있는 등성이. 줄기가 뻗어 오다가 돔방(뭉텅의 이 지방 사투리) 잘렸다 함.

연화정이(蓮花): 구상골 서쪽에 있는 마을. 산골에 蓮花倒水穴이 있다 함.

▶ 龍光里

十上岩: 용암 북쪽에 있는 바위. 어떤 도사가 九龍弄珠形이라는 명당을 찾으려고 열 번이나 올라갔다 하여 붙은 지명.

▶ 春松里

봉골(春洞): 노루목 남동쪽에 있는 마을. 飛鳳歸巢物形으로 봉황이 봄이면 반드시 다녀간다 함.

全州市

行舟形으로 알려진 고을.

숲정이: 동, 남, 서쪽은 막혔지만 북쪽만 열려 있다. 동남쪽 주봉인 기린봉은 火山. 그래서 불이 많이 나고 인물이 나지 않으며 부자가 삼대를 가지 못한다고 함. 그래서 만든 것이 덕진 연못. 영조 때 전라도 관찰사 李書九가 북쪽의 虛缺함을 달래기 위해 숲을 조성하고 마을 이름도 鎭北洞으로 바꿈. 이것은 일종의 지명 裨補인 셈이다. 현재는 아파트촌.

懷安大君李芳幹墓: 소리개재 너머 천주교 묘지 건너편. 태조 첫 부인의 넷째 아들인 방간의 무덤. 방원(太宗)에 의하여 전주로 귀양 오는 도중 이성계의 죽음 소식을 듣고 통곡하며 후손들에게 앞으로 절대 한강을 넘지 말라고 유언. 그래서 후손 중에 벼슬한 사람이 없다. 방간이 전주에 산 지 십년 만에 방원의 부름으로 서울로 가다가 병으로 사망. 그 묫자리를 子孫萬代君王之地라고 보고했다 함. 그래서 태종은 방간의 자손이 興起하지 못하도록 혈의 99곳을 斷脈하는 조처를 취했다는 얘기가 전해진다(완주군 용진면 금상리 참조).

高德山: 전주의 客山으로 동쪽을 막아 답답하다.

덕진구 萬成洞 黃龍山: 이 마을 뒷산이 黃龍吠月形. 개가 달을 보고 짖는 때는 새끼를 밴 시기. 그래서 마을이 융성. 지는 달보다는 뜨는 달을 향해 짖어야 좋다고 함.

全州李氏始祖司空公墓: 덕진구 덕진동 1가 소재. 雲長山을 祖山으로 하고 萬德山이 小祖山이 되며 主山인 麒麟峯下의 王子峯 來龍에 艮寅脈으로

내려오다가 巽巳로 起頭하여 卯乙로 剝換하고 乙入首에 乙坐로 成穴하여 得水는 申得庚破로 되었다. 穴名은 蓮華倒水라 한다.

地家說에 의하면 배경에 수려한 왕자봉이 있고 行龍의 기복이 생동하며 靑龍과 白虎가 長遠하고 嚴正柔順하여 多情하다고 한다. 穴處가 활달하고 명랑하여 世稱曰 君王之地라 한다.

墳內의 아래 오른편에 肇慶壇이 있고 왼편 조금 위에 조경단 碑閣이 있으며 墓로 전해지는 곳은 壇에서 80미터 위에 봉분이 있다. 그러나 이곳이 사공공의 묘인지 확실하지 않기 때문에 治墳하지 못하고 壇과 壇碑를 아래에 설치한 것이다(李康五).

全義李氏僉正公派世忠墓: 평화동 1가 (흑석동 後麓) 소재. 고덕산을 조산으로 하고 남고산을 주산으로 한 내룡은 巽巳로 起頭하여 丁未龍으로 乾入首에 乾坐로 成穴하고 巽得 寅破로 되어 있다. 穴名은 挽弓射敵이라 한다. 이 묘는 완주군 구이면 안덕리 蜈蚣飛天穴에 모신 承文院判校 李公昌壽(僉正公)의 長子 世忠의 夫婦雙墳墓로서, 地師가 앞서 언급된 오공비천혈에 이르러 〈이곳은 大吉地이나 長子가 無後하니 어찌 여기다 정하겠소〉 하였다. 이에 세충이 말하기를 〈대길지이니 父母의 體魄을 편안히 모실 수 있고 나 이외의 형제들의 자손은 發蔭을 받아 昌盛할 것이니 어찌 마다 하겠소〉 하니 지사가 감복하여 그의 身後之地를 이곳에 잡아 주었다고 한다. 이 묘는 無子孫千年香火之地로 인근 사람들의 신앙의 대상이 되어 그 묘에 치성하면 재수가 있다 하여 특히 상인들은 떡시루를 바치고 비손하며, 농가에서는 농사가 잘된다 하여 앞을 다투어 벌초한다고 한다. 물론 방계 후손들의 墓祭도 끊이지 않고 있다(李康五).

全州柳氏掌令公派濕公配位崔氏墓: 전주시 인후동 소재. 祖山은 麒麟峯. 主山은 王子峯. 陶唐山 아래 南麓에 甲卯의 來龍에서 寅甲으로 起頭하고 丑艮으로 剝換하여 丑入首에 丑坐로 成穴하고 卯得未破로 되어 있음. 靑龍이 重疊하여 자손이 흥성하고 白虎가 回抱하고 案山에 露積峯이 있어 富가 난다고 한다. 게다가 乙辰, 巽巳, 丙午, 丁未方으로 文筆峯이 羅列하고 坤方에 母岳山이 秀出하니 人才가 間出한다고 한다. 세칭 老鼠下田穴로 알려져 있음. 穴名에 관련되는 고양이바위(猫岩)가 있었는데 도시 개발로 산형이 변경되어 살필 수 없다(李康五).

▶ **全州의 鎭山 문제**

삶이 어렵다는 것은 동서고금 어떤 종교를 막론하고 인정하는 사실인 듯하다. 심지어 苦海라는 표현까지 쓰고 있는 것이 우리들의 인생살이다. 그런 가운데서 사람들은 무엇인가 의지처를 찾는다. 아니 찾는 것이 아니라 만들어 가는 것인지도 모른다. 그런 의지처는 신앙일 수도 있고 어떤 특수한 종류의 인간 관계일 수도 있으며 자연의 대상물일 수도 있다. 어머니, 고향, 神, 佛 같은 것이 그런 의지처가 되는 것이 아닐런지.

국토의 이곳저곳을 편답하며 나는 어머니가, 즉 고향이고 결국은 神佛도 그에서 크게 벗어나는 것이 아니라는 사실을 무수히 깨달아 왔다. 이런 표현이 기성의 신앙인들에게 篤信이 되지 않기를 간절히 바라면서 해본 소리다. 고향 산천, 그곳에 어머니가 계시고 거기에 조상의 魂과 靈이 깃들어 있다는 뜻인데, 풍수적 사고는 그런 개념 틀에서 크게 벗어나지 않는다.

陽基風水의 의지처는 바로 鎭山이다. 진산이란 무엇인가. 문자 뜻 그대로 한다면 고을이나 마을의 터를 鎭撫保護하는 산이다. 그러나 엄밀히 따진다면 진산은 풍수의 전문 용어는 아니다. 원래는 主山이란 표현을 많이 쓰고 제대로 골라 쓰자면 玄武砂라고 해야 옳다. 그러나 우리는 지금 여기서 용어를 따지자는 것은 아니다.

아마도 우리의 전통적인 터잡기에 있어서 기준되는 산이 아니었을까 하는 생각이다. 조선 시대의 대표적인 지리서들은 예외 없이 어떤 고을을 말할 때 반드시라고 해도 좋을 만큼 진산을 밝힌다.

진산은 그 취락을 표상하는 기묘한 상징성을 내포한 실체로서 멀리서도 그 마을을 대표할 수 있는 수려 장엄한 산세의 산으로 이루어진다. 진산은 주로 취락의 북쪽을 병풍처럼 둘러싸고 있는 형세를 취한다. 그래서 현실적으로 겨울철의 차가운 북서 계절풍을 막아 주는 역할을 한다. 그러나 보다 중요한 것은 그와 같은 진산의 기능성이 아니라 그가 지니고 있는 정서적인 의미이다. 진산은 보행자나 취락 외부인들, 여행자들에게는 멀리서도 마을의 위치를 알려 주는 도로 표지의 역할을 수행한다.

상징적으로는 天上과의 대화를 트는 중심축이기도 하다. 즉 四神砂인 靑龍, 白虎, 朱雀, 玄武로 드러나는 경계를 통하여 그 안쪽인 명당과 바깥쪽인 외지를 단절시켜 명당 내부를 안정시켜 준다. 또한 대문, 중문과 같은 출입구를 통해서만이 진입이 되고 그 속에 穴이 있어 국면의 중심을 이룬다고 보는 것이다. 이때 진산의 위치는 그 대칭되는 곳에 南(大)門의 입지를 결정지음으로써 취락의 중핵지와 발전 방향에 결정적인 영향을 미치게 된다. 도읍 안에서 남문 방향의 발전이 가장 두드러지는 것은 우리나라 전통 취락에서 일반적으로 나타나는 현상이다.

그곳을 고향으로 갖는 사람들에게는 진산이란 무엇인가. 그것은 한마디로 어머니에 다름아니다. 出生이란 出鄕과 같다. 고향을 떠난다는 것은 어머니의 품을 떠나는 일이다. 우리는 母胎를 떠나는 것으로 출생을 삼고 결국 그것이 인생의 출발이 된다. 그러니까 삶이란 고향을 떠나 고향을 찾는 길에 해당된다고 할 수도 있다. 고향을 떠난 삶, 그래서 인생을 고해라 하는 것인지도 모른다. 그런 삶 속에서 고향을 바라볼 때 떠오르는 대표적인 산이 바로 진산이다. 그러니 고향의 진산은 어머니인 것이다.

나는 전주에서 8년을 살았다. 서울 말고는 가장 오래 산 곳이다. 그러니까 고향 같은 곳이다. 전주를 떠난 지 6년인데 벌써 전주에서의 생활이 꿈결과도 같다. 그만큼 잘살았다는 뜻이리라. 전주를 떠난 것을 수도 없이 후회했으니 그 애착은 짐작되고도 남을 것이다. 그런 전주인데 그 진산에 석연치 않은 것이 있다. 그 점을 얘기해 보자는 것이다.

기록상으로 전주의 진산은 일관성을 유지하고 있다. 『新增東國輿地勝覽』卷之33 全州府 山川條에는 〈乾止山 在北六里 鎭山〉이라 되어 있고 『大東地志』에

도 비슷하게 나와 있다. 『湖南邑誌』『完山誌』山川條에도 〈乾止山 自鎭安縣馬耳山來爲府之鎭山 在府北十里〉라 하여 전주부로부터의 거리에 차이가 있기는 하지만 건지산을 전주의 진산으로 보고 있는 데는 다름이 없다. 이외에도 『全州府史』와 『全州市史』에 등재되어 있는 여러 장의 古地圖上에서도 건지산을 주산의 위치에 놓이도록 그려 놓고 있으며 이후의 기록에도 이 내용은 변함이 없다. 이와 같은 명백한 기록상의 건지산 진산설을 문제시하는 가장 큰 이유는 진산이 갖고 있는 원래 의미에 비추어 건지산이 외관상 전주와 같은 대도읍의 진산으로서는 너무 미약하고 멀리 떨어져 있다는 점이다.

물론 진산이 도읍으로부터 멀리 떨어진 예가 없는 것은 아니다. 인천도호부의 蘇來山은 동쪽 24리, 은진현의 摩耶山은 남쪽 24리, 그리고 평산도호부의 滅惡山은 서쪽 60리, 심지어 영천군의 母子山은 무려 북쪽 90리에 위치한 경우까지 있다. 그러나 도읍의 규모가 다를 뿐 아니라 이들 대부분이 山姿雄壯한 명산으로 건지산에 비길 수 있는 것이 아니다. 특히 전주의 경우는 도읍의 標識的 역할을 충분히 해낼 수 있고 城에 가까울 뿐 아니라 풍수적 체제에도 잘 부합되는 산세 수려한 麒麟峰이 바로 6리 상간에 정

좌해 있으므로 해서 더욱 건지산 진산설을 의심케 하는 것이다. 이에 대해서는 慶基殿에서 만난 古老들도 역시 같은 의견으로, 전주의 진산은 主動脈을 소유한 기린봉이라 지적한 바 있고, 아마도 조선왕조의 개창자들인 이씨들의 조상 묘소가 건지산(그곳을 肇慶壇이라 함)에 있기 때문에 그를 추대하여 건지산을 진산으로 했을 것이라 첨언하였다.

이에 대해서 전주 향교의 노인 한 분은 全州府, 즉 큰 범위인 전주 땅의 진산은 僧岩山(306m. 중바우라고도 불림. 271m의 기린봉과 이어져 있어 봉우리는 둘이지만 산체는 하나임)이지만 전주 시내, 즉 작은 범위인 전주 땅의 주산은 건지산(106m)이라고 주장하기도 하였다. 이는 마치 서울의 鎭山은 北漢山, 主山은 北岳山으로 구분하여 지정한 것과 맥락을 같이 하는 것이기는 하지만 풍수 논리상 적절한 것은 아니다. 풍수 술법적으로 來龍의 主脈이 기린봉이 아닌 건지산으로 이어져 있기 때문이라는 주장이 있을 수는 있겠지만, 그렇다고 하더라도 건지산은 駐畢山에 지나지 않는다. 만약 穴場 뒤에 높고 큰 산이 있다 하더라도 그 산의 갈라진 줄기가 많아 혈장과 상당한 거리가 떨어져 있으면 주산이 아니라 주필산이라 한다는 이론이 여기에 해당되기 때문이다.

전주에 사는 한 증산교 계통의 신도는 형국에 빗대어 이런 설명을 하기도 하였다. 즉 전주는 사람이 몸을 옆으로 누인 모양인데 이때 어깨에 해당하는 것이 기린봉, 머리에 해당하는 것이 건지산이라는 것이다. 옆으로 누웠기에 어깨가 더 높게 솟은 것은 사실이지만 그러나 낮더라도 그 머리인 건지산이 진산이 되어야 하지 않겠는가 하는 얘기다. 일리가 없지는 않으나 모두 너무나 술법에 빠진 주장으로, 풍수의 사상성을 중시하는 필자가 받아들일 수 있는 논리는 아니다.

왜 기린봉처럼 수려 장엄하고 산세도 위엄과 인자함을 아울러 갖추었으며 게다가 위치도 적절하고 충분히 전주의 표지적 상징성을 발휘할 수 있는 산을 놓아두고 그에 미치지 못하는 건지산을 진산으로 설정했겠는가 하는 의문을 떨칠 수가 없는 것이다. 필자의 짐작은 짐작만으로 끝나는 것은 아니다. 매우 귀중한 증거를 발견했으니, 『湖南邑誌』『完山誌』故事條 鄕里記言에〈예로부터 전하는 말에 전주부의 관아는 동쪽에 자리 잡고 서쪽을 향하고 있었다는 말이 있다. 그것이 언제부터 남향이 되었는지는 알 수가 없다(舊傳州治東坐西向 不知何時改爲南向)〉라는 기록이 바로 그것이다. 대체로 기린봉을 진산으로 삼으면 서향이 되고 건지산을 진산으로 삼으면 남향이 되기 때문에 그것은 바로 옛날 전주의 진산은 기린봉이었으나 언제부터 건지산이 전주의 진산이 되었는지는 알 수가 없다는 얘기가 되기 때문이다.

필자에게는 얼핏 이런 생각이 스쳐 갔다. 기린봉은 王氣를 띤 산이다. 그래서 이씨 왕조가 개창된 뒤 또 다른 왕기의 발흥을 막기 위하여 인위적으로 진산을 건지산으로 옮긴 것이 아닌가 하는 생각이 든다. 물론 건지산이 나쁘다는 얘기가 아니다. 건지산은 매우 소담하고 중후한 산이다. 그러나 거기에 왕기는 없다. 기린봉은 약간의 剛氣를 포함하고는 있으나 실로 王者의 風貌. 서울의 北岳을 많이 닮았다. 또 다른 왕기의 출현은 이씨들로서는 용납할 수 있는 일이 아니다. 그래서 진산을 옮겼다는 추측이다.

목을 길게 뽑아 호남의 넓은 벌과 황해 바다를 바라보고 서 있는 기린 같다고 해서 그 이름이 붙은 기린봉. 麒麟吐月의 풍광으로 全州八景의 하나로 꼽히는 산이다. 그 경승의 명미함은 외지인인 나 같은 사람에게도 깊은 인상을 심어 주었다는 기억을 간직하고 있다.

전주의 도읍 터를 陽基風水의 입장에서 정리해 보면 대략 이러하다. 기린봉을 玄武, 즉 鎭山으로 삼으면 그 남쪽과 서쪽의 南固山, 完山七峰, 西山(엉골산)이 靑龍이 되고, 그 북쪽으로 기린봉의 來脈과 天馬山, 乾止山 등이 白虎의 맥세를 이루게 되며, 이때 全州川이 內水인 明堂水, 三川川과 湫川이 外水인 客水의 역할을 하여, 결국 內外水流合勢인, 풍수 논리상으로도 잘 짜여진 국면을 이루게 된다. 이렇게 되면 태평동 방면이 朱雀方向이 되어 이곳에 南門이 위치함이 정도일 것이다.

전주는 옛 영화에 비하여 오늘의 처지가 즐겁지는 못하다. 소위 말하는 경제 개발이 늦어 상대적으로 다른 지방에 비하여 못살게 되었다는 사실은 필자 같은 사람에게는 중요한 것으로 여겨지지는 않는다. 가슴 아픈 일은 전주가 그 雄姿를 많이 잃고 있다는 사실이다. 기린봉이 그 진산의 위용을 되찾고 그 아래 남천(전주천)이 깨끗함을 되살려 風光明媚, 人傑俊秀의 全州 地靈을 되살릴 때 전주는 민족의 棟樑이 되리라고 필자는 확신한다. 내 고향 같은 전주는 반드시 그 총명을 드러낼 것이다.

공알바우: 금암동 구암산에 있는 바위. 전에 이 바위 언저리를 헤쳐 놓으면 뒷검암리 여자가 바람 난다 하여 앞검암리에서는 헤쳐 놓고 뒷검암리에서는 묻어 놓고 하며 동네 편싸움이 심했다 함.

매봉산(鷹峯山): 구암 동북쪽에 있는 산. 산밑에 伏雉穴이 있다 함.

井邑郡 甘谷面

현재 정읍군과 정주시는 모두 합쳐져 정읍시로 바뀌었음.

▶ 桂龍里

盤龍里: 계봉리 서쪽에 있는 마을. 용이 구름 가운데 서리고 있는 형상, 즉 雲中蹯龍形이라 함.

狐狸堤: 허장자골 북쪽에 있는 못. 늙은 여우가 시체를 바라보고 있는 형국(老狐望屍形)이라 함. 넓이 3천 평.

▶ 芳橋里(방아다리)

꽉꽉재: 동골에서 화봉리로 넘어가는 고개. 뱀이 개구리를 쫓는 형국(生蛇逐蛙形)이어서 까마귀가 지저귄다 함.

明堂里: 조락 동북쪽에 있는 마을. 明堂大地가 있다 함.

▶ 勝芳里

개양수(歌鶯巢, 勝北, 元北里): 중남 북쪽에 있는 마을. 옛날 두사충이란 지사가 이곳 김씨에게 버들가지에 꾀꼬리가 깃드는 형국(柳枝鶯巢形)의 명당이 있다고 했다 함.

▶ 儒丁里

玉丹洞: 유수리 동쪽에 있는 마을. 玉女散髮形이라 함.

▶ 通石里

매봉재: 깃대봉 남쪽에 있는 산. 伏雉形.

모록지(鹿洞, 六里): 반곡 동쪽에 있는 마을. 渴鹿飲水形이라 함.

盤谷: 통석리에서 으뜸가는 마을. 그 지세가 금소반과 옥항아리가 있는 형국(金盤玉壺形)임.

장굴령재: 순촌에서 내장면 송산리 중송골로 넘어가는 고개. 그 산세가 將軍大座形이라 함.

황구재: 과반 동쪽에 있는 언덕. 지세가 누런 개가 새끼를 품고 있는 형국(黃狗抱子形)임.

井邑郡 古阜面

▶ 官淸里

鶯谷: 송곡 북쪽에 있는 마을. 柳枝鶯巢形.

▶ 德安里

새터(降仙洞): 덕안 동쪽에 있는 마을. 그 지세가 仙人이 자리를 까는 형국(仙人鋪氈形)임.

蓮花峯: 회동 서쪽에 있는 산. 그 산세가 蓮花浮水形이라 함.

▶ 白雲里(바구니): 바구니처럼 생겼으므로 붙은 지명.

▶ 立石里

斗升山: 전체적으로 仙人布纏形(신선이 솜털로 짠 옷을 입고 있는 형국)의 산세이다. 그런데 그 穴處는 용이 비를 맞으며 하늘로 날아오르는 자리라

는 飛龍行雨形에 해당된다. 용의 穴名
을 딴 형국들 가운데 최고의 가치를
지닌다는 비룡행우형으로, 그 승천 시
기가 관심이다. 정상에서 청룡맥을 따
라 내려오면 한 무리 늙은 느티나무가
어우러져 있고 그 아래 遊仙寺가 있는
데 혈처는 그 부근임. 그러나 터를 잡
은 뒤 5년 안에 해를 입게 된다는 것
이 약점이나, 이 위기만 넘기면 萬代
香華之地가 될 수 있다 함. 지금도 이
러한 풍수 설화를 믿고 이 부근에 자
리를 잡거나 근처를 배회하는 신흥 종
교 세력과 術士들이 심심치 않게 있음.
할미골(姑川洞, 해미야골): 구선인봉과
안산 사이에 있는 골짜기. 옛부터 시
어머니골이라 하며 조그마한 내가 흐
름. 늙은 할머니가 손자를 안고 있는
형국(老姑抱孫形)이라 함.

▶ **長文里**(허문골)

登田(嶝地里): 양지 동쪽에 있는 마을.
지대가 높고 밭이 많음. 구슬 등잔을
벽에 건 형국(玉燈掛壁形)이라 함.

井邑郡 内藏面

현재 내장면은 없어지고 전역이 정읍시
내장동이 되었음.

內藏山三大穴: 내장사를 따라 올라가
다 보면 거대하게 돌기한 봉우리가 보
이는데 여기에 있다는 飛鳳歸巢穴을
내장산 최고의 명당으로 친다. 서래봉
아래 燕巢穴은 그 두번째인데 산 중
턱에 있다고 알려짐. 내장산 입구 우
측에는 그 세번째인 獅子仰天穴이 있
다고 함.

▶ **校岩里**

禁山: 석고 북쪽에 있는 산. 將軍大坐
形.

밧쭐(外朝, 外照月, 外朝會, 外之里):
안쭐 서남쪽에 있는 마을. 동네 밖에
있는 산 형국이 조리형임. 善天教가
朝會하던 곳임.

夫司: 교동 북쪽에 있는 마을. 뱀이 떠
있는 형국(浮巳形)이라 함.

안쭐(内朝, 内照月, 内朝會, 内之里):
구암 서남쪽에 있는 마을. 산의 형국
이 조리처럼 생겼음. 선천교가 朝會하
는 곳이었다 함.

▶ **夫田里**(부무실)

開雲里: 운두리 남쪽에 있는 마을. 뒷
산에 雲中發龍形의 명당이 있다 함.

덕가리(德洞): 부무리동 북쪽에 있는
마을. 닭을 가두는 덕가리(닭장의 이
지방 사투리) 형국이라 함.

雲岩里: 백석리 동쪽에 있는 마을. 뒷
산에 雲中發龍形의 명당이 있다 함.

▶ **新月里**

단젓골(丹之坪): 죽리 앞에 있는 들.

玉女彈琴形의 명당이 있다 함.

浮巳峙: 월성리에서 교암리로 넘어가는 고개. 浮巳形이라 함.

玉女峯: 매봉재 남쪽에 있는 산. 玉女彈琴形의 명당이 있다 함.

井邑郡 德川面

정읍시에서 덕천면 쪽으로 가다 보면 고속 도로 건너편에 望帝山이 보인다. 산 전체가 거대한 왕관을 쓰고 있는 모습임. 산 중턱에는 帝字頭巾形의 명당이 있음. 그래서 정읍이 충효의 고장이 된 것이라는 얘기가 전해짐.

▶ 達川里

永達: 용두 서쪽에 있는 마을. 뒷산이 소형(臥牛形)이라 하며, 마을은 소 방울형(牛鈴形)이라 함.

▶ 望帝里

퇴봉(兎峯): 동골 남쪽에 있는 산. 玉兎望月形.

▶ 上鶴里

비아골: 상학 서남쪽에 있는 골짜기. 그 지세가 飛鶴上天形이라 함.

蓮花峯: 두승자봉 밑에 있는 산. 蓮花到水形의 명당이 있다 함.

玉女峯: 두승산 북쪽에 있는 산. 玉女彈琴形의 명당이 있다 함.

▶ 新月里

가맛등: 부정 서남쪽에 있는 등성이. 伏釜形이라 함.

등잔재: 손바래기(客望里) 남쪽에서 우덕리로 넘어가는 고개. 그 지세가 仙人讀書穴이므로 책을 읽는 신선을 위하여 등잔을 켠다는 의미에서 등잔재라 부르게 된 것임. 풍수 裨補의 한 형태라 할 수 있음.

손바래기(客望里, 新基): 송산 남쪽에 있는 마을. 仙人讀書穴이 있다 하여 〈仙바래기(仙望里)〉라 한 것이 변해서 손바래기가 된 것이라 함. 우리말 손은 神 혹은 仙의 개념으로 쓰일 때가 있음.

신송마을: 증산교의 창시자인 甑山 姜一淳의 출생지. 뒤로는 두승산, 건너편에는 硯村(벼루와 먹)마을, 마을 앞에는 지름뜰(기름진 들), 마을 뒷산에는 배장굴(장군이 호위하고 있다는), 그래서 마을 지세를 풍수에서는 仙人讀書形이라 함.

지금 증산교가 지리멸렬한 것은 강증산의 遺骸를 서로 차지하려는 신도들의 분쟁에 휘말렸기 때문이라는 주장이 있다. 증산의 유해는 처음 입암면 대흥리 보천교 교당에 묻혔는데, 1948년 김제 금산면 구릿골로 옮겨짐. 1949년 자신의 무남독녀인 강순임이 세운 法宗敎측에 의해 김제 오리알터로 옮겨짐. 1973년 증산의 양자가 태생지인 신월리로 옮기려다 실패. 유골 인도 소송 제기. 대법원은 교조이므로 양자가 아닌 교단에서 모시는 것이 옳다고 판시함.

좆바골: 송산 북쪽에 있는 골짜기. 臥牛形이라 함.

井邑郡 北面

▶ **九龍里**

매시내(梅基, 新氣): 구량 북쪽에 있는 마을. 마을 어딘가에 梅花落地穴이 있다 함.

▶ **南山里**

분통안(粉土洞): 원당 서쪽에 있는 마을. 마을 어딘가에 玉女粉粧穴의 명당이 있다 함.

▶ **馬井里**

굽두리방죽: 연지동 남쪽에 있는 방죽터. 走馬奪鞍穴이 있다 함.

馬太實(매태실): 연지 동북쪽에 있는 마을. 梅花落地穴이 있다 함.

두꺼비바위: 마태실 마을에 있는 두꺼비 모양의 바위. 6·25 직전, 본래는 북면 마태실과 정우면 학동 쪽으로 입을 향한 두꺼비바위를 마태실, 원태곡, 매곡 등 3개 마을 주민들이 밤에 몰래 두꺼비의 궁둥이 쪽이 자기 마을 향하도록 돌려 놓았다. 두꺼비의 입 쪽을 바라보는 마을에는 불행한 일이 찾아오며 특히 처녀들이 바람이 나서 고향을 뛰쳐나간다 하고 반대로 엉덩이 쪽 마을은 두꺼비가 잘 먹어서 똥을 많이 싸므로 오래 살고 건강하게 된다는 속설 때문이었다. 인근 연지동, 장제리, 오류리 마을도 이런 유사한 일을 겪기는 마찬가지였다. 또 두꺼비가 잘 뛸 수 있도록 무엇을 올려도 안 되고 땅속에 파묻혀도 안 된다고 한다. 지금도 이 두꺼비는 마태실 마을과 주축 마을 쪽으로 엉덩이를 돌리고, 입은 월촌동 마을을 조금 빗겨 칠보 쪽으로 향한 채 놓여 있다(『내고장 傳統文化』, 井邑郡).

창들: 연지동 동쪽에 있는 들. 들의 형세가 老鼠下倉形이라 함.

▶ **伏興里**

老松洞(老僧洞, 伏龍里): 탑성리 동쪽에 있는 마을. 마을 어딘가에 老僧念佛穴이 있다 함.

▶ **新平里**

漁翁洞: 신평 남쪽에 있는 마을. 漁翁散網形이라 함.

▶ **台谷里**

梅谷: 주축 동쪽에 있는 마을. 梅花落地穴이 있다 함.

먹점(新興, 墨店): 주축 남쪽에 있는

마을. 마을 앞산이 文章名筆穴이라 반드시 먹(墨)이 있어야 한다 함.

▶下北里

고라실(仙洞): 군대동 북쪽, 골짜기가 많은 마을. 그 지세가 仙人舞袖形이라 함.

괴바래기: 군대동 남쪽에 있는 고개. 그 생긴 모습이 마치 고양이가 쥐를 잡아먹으려고 바라보는 것 같다 함.

裙帶洞: 하북리에서 으뜸가는 마을. 뒷산에 風吹羅帶穴이 있으며 지형이 치마에 두른 띠(裙帶)와 같다 함.

龍興里(再興里): 군대동 남쪽에 있는 마을. 雲中盤龍穴이 있다 함.

▶花海里

매봉재: 조동 서쪽에 있는 산. 伏雉穴이 있다 함.

井邑郡 山內面

▶斗月里(말울)

飛龍峯: 영골과 자연동 동쪽에 있는 산. 325미터. 산세가 飛龍上天形이라 하여 붙은 山名.

聖主山: 웃마을 북쪽에 있는 산. 389미터. 산속 어딘가에 君臣奉朝의 穴이 있다 함.

▶梅竹里(매대)

卯德: 중리 북쪽에 있는 마을. 마을의 지세가 玉兎望月形이라 함.

▶禮德里

미원그룹 증조부의 묘: 특별한 대명당은 아니지만 자손의 효성으로 발복했다고 함.

아래보리밧(下禮): 보리밧 아래쪽을 이루고 있는 마을. 君臣奉朝形의 명당이 있다 함.

▶長錦里

바랑골: 평내 동쪽에 있는 골짜기. 仙僧失(기록은 失로 되어 있으나 실은 悉의 착오였을 것으로 추정됨)路穴이 있다 함.

▶宗聖里

매넘어재: 용골에서 순창군 구림면 금상골로 넘어가는 고개. 지형이 매가 꿩을 낚아채는 형국이라 함.

중고개: 황토리에서 두주막거리로 넘어가는 고개. 禪僧悉路穴이 있다 함.

히여터(白如里): 가리점 동쪽에 있는 마을. 白鶴 같은 산이 뒤에 있음으로 붙은 지명.

井邑郡 山外面

▶東谷里(동골)

芙蓉山: 동골 동북쪽에 있는 산. 산세가 蓮花倒水形이라 함.

지금실(知琴, 織錦): 동골 북쪽에 있는

마을. 앞산이 玉女織錦形이라 함.

▶ 沐浴里

馬嘶洞: 내목 서북쪽에 있는 마을. 天馬嘶風形의 명당이 있다 함.

▶ 象頭里

개치(佳也): 참시내 북쪽에 있는 마을. 뒷산이 仙狗吠月形이라 함.

九將: 만복 동북쪽에 있는 마을. 뒷산에 장군 아홉이 날 명당이 있다 함.

촛대봉: 참시내 서북쪽에 있는 산. 375미터. 촛대처럼 뾰족함.

▶ 五公里

김동수씨집: 민속자료 제26호. 99칸 상류 주택. 逆U字形의 안채와 맞은편 U字形의 안행랑채, 좌측의 一字形 안사랑채, U字形의 행랑채로 구성되어 있음. 사랑채는 안채 동북쪽을 담으로 둘러 격리시킴.

김씨 집 뒤의 蒼霞山(150여m)은 지네 모양이라 지네산이라 불림. 지명도 본래는 지네를 뜻하는 蜈蚣里. 집앞 왼쪽에는 남북(17m)에 비해 동서(32m)가 배나 긴 장방형의 못(깊이 3m)이 있다. 지네가 지렁이를 좋아하므로 못을 지렁이 모양처럼 한 것이다. 김씨의 6대조이며 入鄕祖인 金命寬(1755-1822)은 집을 지을 때 대문을 중심으로 왼쪽으로 40그루 오른쪽으로 26그루의 느티나무를 심었으며 특히 왼쪽은 지네산 기슭까지 닿도록 함. 현재 40여 그루 남음. 지네는 습지를 좋아하므로 만든 것. 그리고 그는 나무를 마을 사람들이 함부로 베는 것을 막기 위하여 한 그루 터마다 당시 하루 품삯의 열 배씩 주고 사서 자기 것으로 만들었다. 오늘날에도 나무 자체는 물론 나무가 자라는 터까지 김씨 집 소유이다.

집터를 널리 구하던 김명관은 처음 정읍군 태인면 오봉리 청석골에 좋은 터가 있다 하여 찾아갔다. 그런데 마침 그 자리에 강아지가 똥을 누고 있던지라 이곳은 姜氏(강아지와 발음이 비슷하여)네 터라 여겨 단념했다 함. 그 뒤 지금의 집터(당시는 잡목 숲)에 이르자 밤이면 북이 세 번씩 울리면서 도깨비가 〈한 말, 두 말……〉곡식을 되는 소리가 들렸다. 옛부터 북소리 울리는 데서는 큰 부자가 난다 하고 또 도깨비는 김씨를 가리키므로(호남 지방 어민들은 뱃고사를 지낼 때 물도깨비를 향해 〈물위의 김서방, 물 아래 김서방……〉하고 주워 섬김) 이곳에 집을 짓기로 결심.

김씨네는 마을에서 북으로 11킬로미터 떨어진 象頭山(575m)에서 비롯된 혈맥이 물레봉(마을 북방 7km 지점. 380m)과 飛峰山(마을 서북방 6km 지점)을 거쳐 집뒤 지네산으로 해서 자기네 사당터로 흘러 들어 뭉쳐 있다고 한다. 김씨네는 지네산 주둥이에서 1백여 미터 떨어진 안쪽에 세워졌다.
김명관은 이 집터의 흥왕하는 기운이 12대까지는 이어질 터이므로 그때까지는 무슨 일이 있어도 옮기지 말라고 당부. 그리고 그는 안채 대청 한가운데의 땅속에 표적을 남겨 두었으니 집이 불에 타 없어지더라도 이것을 찾아 움이라도 짓고 살면 가세가 다시 일어날 것이라 하였다(김두규).
김동수 씨에 따르면 안채의 평면은 본디 어떤 도승이 꾸몄으나 지은 뒤에 살펴본즉 쓸모가 적어서 나머지 건물은 김명관이 직접 설계하였다고 한다. 사랑채나 행랑채 등에는 여러 종류의 새가 둥지를 틀고 살지만 안채에만은 새가 집을 짓지 않으며 가끔 제비가 모여 들었다가도 새끼를 낳으면 죽어 버리는 것도 자식을 가질 수 없는 중이 지었기 때문이라 한다. 새가 없으므로 뱀도 꾀지 않고 따라서 김씨네는 자손이 귀한 편이다. 김씨 집 건너편에는 案山인 獨鷄峰(169m)과 火見山(800여m)이 나란히 솟아 있다. 이 집은 중요 민속 자료 제26호로 지정되었다.
獨鷄峯: 신배 동쪽에 있는 산. 169미터. 닭 형국이라 함.

新培: 공동 동남쪽에 있는 마을. 君臣奉朝形이라 함.
▶ 貞良里
民賀洞: 외능 동쪽에 있는 마을. 뒷산에 將軍對坐穴이 있다 함.
▶ 平沙里
渴馬峯: 척곡 남쪽에 있는 산. 渴馬飮水形의 명당이 있다 함.
배례재: 노은에서 산내면 목욕리 내목으로 넘어가는 고개. 君臣奉朝穴이 있다 함.
飛蘆모탱이: 윗제실에서 아래제실로 돌아가는 모롱이. 지세가 平沙落雁形이라 함.
아래제실(老隱): 평동 동남쪽에 있는 마을. 지형이 늙은 꿩이 숨어 있는 것 같다 함.
촛대봉: 척곡 북쪽에 있는 산. 玉燈掛壁形이라 함.

井邑郡 所聲面

▶ 古橋里
거무봉: 성고 서쪽에 있는 산. 산세가 거미가 거미줄을 치는 蜘蛛結網形이라 함.
범골: 소고 서쪽에 있는 골짜기. 伏虎形이라 함.
蓮洞: 주정 서쪽에 있는 마을. 蓮花倒

水形이라 함.
▶麒麟里(매꼬지)
　와우등: 원두 북쪽에 있는 등성이. 臥牛形이라 함.
▶登桂里(등개말)
　降野坪: 등개말 서쪽에 있는 들. 飛雁含蘆形이라 함.
　안틀(內機): 등계 남쪽에 있는 마을. 뒷산형이 玉女織錦形인데 베틀 안쪽이 된다 함.
▶萬壽里
　매봉재(망산, 무제봉): 서당촌 동쪽에 있는 산. 1백 미터. 伏雉穴이 있다 함. 기우제를 지냈으며 망을 보았다 함.
　새질문당재(중산골재, 황새고개): 상만에서 하만 서쪽으로 넘어가는 고개. 새로 냈으며, 그 지세가 황새가 우렁이를 찍어먹으러 가는 형국이라 함.
　쥐방굴(덧고개, 톳주거리, 허방굴): 상만에서 서낭댕이고개로 넘어가는 고개. 老鼠下田形이라 함.
　할미넷골(姑川洞): 두승산 밑에 있는 골짜기. 老姑顧孫形이라 함.
▶新川里(새내)
　마리들: 춘수 서쪽에 있는 들. 渴馬飮水穴이 있다 함.
　말들배미: 부채당이 앞에 있는 논. 渴馬飮水穴이 있다 함.
　浮雁: 독골 남쪽에 있는 마을. 飛雁含蘆穴이 있다 함.
▶艾堂里(쑥당이)
　몰구렁재: 모촌 동남쪽에서 입암 지선리로 넘어가는 고개. 金龜沒泥形이라 함.
▶龍井里
　草裏洞: 외동 동쪽에 있는 산. 臥牛形이라 함.
▶酒川里(숲골, 숟골): 숲이 많았으므로 붙은 지명.
　말탄재(馬峙): 숲골 동쪽에서 공평리 공평으로 넘어가는 고개. 渴馬飮水穴이 있다 함.
　半月: 행지 서남쪽에 있는 마을. 뒷산이 半月形이라 함.
　臥龍: 반월 서남쪽에 인접해 있는 마을. 뒷산이 臥龍形이라 함.
　林井골: 숲골 서쪽에 있는 골짜기. 宿鳥投林形이라 함.
　태봉(兎峰): 행지 동쪽에 있는 산. 玉兎望月形이라 함.
　虎鼻뜸: 숲골 남쪽에 있는 등성이. 伏虎形이라 함.
▶中光里(가운데뜸, 光照, 荒調)
　구수바우: 광조 서쪽에 있는 바위. 臥牛形으로 구수(구유)처럼 생겼음.
　매봉: 광조 동쪽에 있는 산. 2백 미터. 부근에 伏虎穴이 있기 때문에 매처럼 생긴 매봉의 모습이 매가 놀라 웅크린 형국으로 되었다 함.

▶化龍里

갯골(琴洞): 용전 서남쪽에 있는 마을. 뒷산이 玉女彈琴形이라 함.

앞고라실(全谷): 구상 북쪽에 있는 마을. 주위 전답이 기름지고 梅花落地形이라 함.

玉女峯: 갯골 뒤 남쪽에 있는 산. 玉女彈琴形의 명당이 있다 함.

龍田: 화룡리에서 으뜸가는 마을. 潛龍在田形이라 함.

▶黑岩里(검은바우)

매봉재: 신흥 북쪽에 있는 산. 伏雉形이라 함.

치재: 신흥에서 덕천면 상학리 동죽으로 넘어가는 고개. 伏雉穴이 있다 함.

井邑郡 新泰仁邑

▶陽槐里

斗芝洞: 큰동네 서쪽에 있는 마을. 모양이 쌀 뒤주형이라 함.

▶六里(將軍)

토끼재: 서당골 남쪽에서 양괴리로 넘어가는 고개. 玉兎望月形이라 함.

▶清泉里

鳴琴山: 청천리와 김제군 부량면 신두리 경계에 있는 산. 54미터. 玉女彈琴形이라 함.

井邑郡 永元面

▶鶯成里

토끼재: 흔낭 서쪽에서 고부면으로 넘어가는 고개. 玉兎望月形이라 함.

▶豊月里

蓮池: 풍월리 중심에 있는 마을. 蓮花倒水形이라 함.

▶後池里(뒷못)

매봉재: 뒷못 서남쪽에 있는 산. 伏雉穴이 있다 함.

井邑郡 翁東面

▶梅井里

梅堂: 시여정 북쪽에 있는 마을. 梅花落地形이라 함.

매봉재: 안골 동남쪽에 있는 산. 伏雉穴이 있다 함.

▶飛鳳里

빗재(梳峙): 강변촌 동쪽에서 산외면 오공리 야정으로 넘어가는 고개. 산에 玉女散髮穴이 있다 함.

▶山城里

山城洞(蘆灘): 행정 동남쪽에 있는 마을. 산성산에 가장 가까운 마을이며 飛雁含露穴이 있다 함.

▶象山里

단장골: 닭배미 동쪽에 있는 골짜기.

玉女端座形이라 함.

닭배미(楮上): 매봉재 북쪽에 있는 마을. 뒷산에 金鷄抱卵穴이 있다 하며 닥나무가 많은 들이었다 함.

말고개재: 닭배미에서 배소개재 서쪽으로 넘어가는 고개. 渴馬飮水穴이 있다 함.

미끌바우: 닭배미 서쪽에 있는 바위. 巳頭穴이 있다 함.

지장골(象三洞, 臥龍): 매봉재 서쪽에 있는 마을. 전에 지장사가 있었으며 뒷산에 臥龍穴이 있다.

탑거리평: 대추나무거리평 옆에 있는 들. 들 가운데 造塔이 있음.

▶ 五成里

靑鶴歸巢嶝: 금상동 동쪽에 있는 등성이. 경주조씨의 선산이 있음. 靑鶴歸巢形이라 함.

▶ 龍虎里

범골(虎洞): 용호리에서 으뜸가는 마을. 뒷산에 伏虎穴이 있다 함.

솟톤(松月): 호동 서북쪽에 있는 마을. 동쪽에 큰 소나무 정자가 있고 북쪽에 伏釜穴이 있다 함.

井邑郡 梨坪面

▶ 道溪里

金鷄里: 도계리에서 으뜸가는 마을. 金鷄抱卵穴이 있다 함.

▶ 馬項里(말목)

金盤: 토끼재 너머 서북쪽에 있는 마을. 金盤玉壺穴이 있다 함.

蓮花洞: 요동 북쪽에 있는 마을. 蓮花倒水形이라 함.

▶ 山梅里(산멀)

노래골(長春): 산멀 북쪽에 있는 마을. 玉女唱歌形의 명당이 있다 함.

▶ 梧琴里

角木洞: 오정 동북쪽에 있는 마을. 소뿔처럼 산맥이 마을을 휘감고 있다 함.

▶ 長內里(담안): 아담한 골짜기 안쪽이 되므로 붙은 지명. 전봉준 장군의 생가가 있음.

▶ 平嶺里

世谷: 평령 남쪽에 있는 마을. 老鼠下田穴이 있다 함.

▶ 下松里(아래소정이)

배들평: 만석보 유지비가 있음.

井邑郡 笠岩面

▶ 丹谷里

꼭다우(꼭다곡): 다라월 동북쪽에 있는 마을. 뒷산이 소뿔 형국이라 함.

玉女峰: 안골 서쪽에 있는 산. 玉女彈琴形의 명당이 있다 함.

▶ 新井里(샘바다, 井海): 도선국사가 이

르기를 〈井海의 白鶴展翼 형국의 명당은 先出神童 名滿天下의 명혈〉이라 지적한 바 있음(『내고장 傳統文化』, 井邑郡).

魚口: 백학동 남쪽에 있는 마을. 고기의 입과 같이 생겼다 함.

▶蓮月里

玉女峯: 반월 동북쪽에 있는 산. 玉女彈琴形의 명당이 있다 함.

月山: 반월 북쪽에 있는 마을. 雲中半月形이라 함.

▶接芝里

피란골: 대흥 서북쪽에 있는 골짜기. 난리 때마다 많은 사람이 피란을 왔던 곳이라 함. 이 마을에 있는 普天敎 本堂은 내장산이 火, 입암산이 土, 방장산이 金, 국사봉이 水, 두승산이 木으로 五星歸垣格이라 함.

▶芝仙里(仙洞)

魚龍浦: 은행정 북쪽에 있는 마을. 魚龍水照穴이 있다 함.

▶川原里(역말)

玉女峰: 옹암 남쪽에 있는 산. 260미터. 玉女彈琴形의 명당이 있다 함.

井邑郡 淨雨面

▶大寺里(댓전말, 대절말)

淨土山: 129미터. 정토사가 있다. 지세가 玉女端坐形으로 열녀의 표상이라 칭송됨.

▶山北里(살막)

개씹바우: 정토사 밑에 있는 바위. 틈이 져 있어 마치 암캐의 생식기처럼 생겼다 함.

▶牛山里(소산)

望潭: 소산 서쪽에 있는 마을. 飛龍望海形이라 함.

▶長鶴里

伏虎嶝: 영춘동 남쪽에 있는 등성이. 伏虎形이라 함.

▶花川里(곧내): 곧 내가 있으므로 붙은 지명.

마금재(馬劍峙): 화천 북쪽에서 회룡리로 넘어가는 고개. 將軍大座穴이 있다 함.

▶回龍里: 回龍顧祖形으로 생겼다 하여 붙은 지명.

井邑郡 七寶面

7개의 大明堂이 있다 하여 칠보란 지명으로 命名되었음.

▶武城里

원촌마을: 武城書院이 있음. 뒷산은 주위 산들에 비하여 낮은데도 그 이름이 仙皇山이다. 그 정상에 명당이 있기 때문이라 함. 그러나 그 명당은 쓸 사람과 시기가 따로 있다고 한다. 그래

서 마을 젊은이가 무슨 탈이 났을 때 이곳을 파 보면 暗葬이 나옴. 누군가가 명당을 차지할 욕심으로 암장을 한 것이지만 그렇게 하면 마을에 화가 미친다.

암소고개: 은석 남서쪽에서 반곡리 백화로 넘어가는 고개. 臥牛形이라 함.

丁克仁墓: 원촌 동쪽에 있는 조선 초의 학자이며 우리나라 국문학사상 최초의 歌辭인 「賞春曲」을 지은 不憂軒 丁克仁의 무덤. 마을 입구에는 상춘곡 가사비가 있음.

연화동: 도강김씨들이 터를 잡은 곳. 2대조의 가족 묘가 볼 만하다.

▶ **盤谷里**(서리실)

명당날: 쌍봉 밑에 있는 등성이. 명당자리가 있다 함.

물목누들: 여옥 북쪽에 있는 들. 渴馬飮水穴이 있다 함.

▶ **白岩里**: 마을 앞 들 가운데 男根石이 있음.

몰망등: 백암 동쪽에 있는 등성이. 將軍大座穴이 있다 함.

▶ **水靑里**

皮五: 노적 서쪽에 있는 마을. 다섯 가지의 가죽혈(皮穴)이 있다 함.

▶ **時山里**

방천들(方溪, 伏虎): 송산 동쪽에 있는 마을. 앞에 도원천의 둑이 있고 뒷산에 伏虎穴이 있다 함.

井邑郡 泰仁面

▶ **居山里**: 거미처럼 생긴 산이 있으므로 붙은 지명.

▶ **弓四里**(굼발, 궁멀)

구숫들: 원동 남쪽에 있는 들. 渴馬飮水穴이 있다 함.

院洞: 궁멀 북쪽에 있는 마을. 渴馬飮水穴이 있다 하며 말을 매던 원집이 있었음.

▶ **洛陽里**

토끼봉: 낙양 서북쪽에 있는 산. 玉兎望月形의 명당이 있다 함.

▶ **朴山里**(박메)

서냇골: 여속 동쪽에 있는 논. 老鼠下田穴이 있다 함.

▶ **五柳里**

퇴기재: 과학에서 오류로 넘어가는 고개. 玉兎望月形의 명당이 있다 함.

▶ **甑山里**(시루뫼)

괴임바우(괴바우): 삼거리고개 동쪽에 있는 고인돌. 老鼠下田穴이 있다 함. 모양이 고양이처럼 생겼음.

원수봉: 점촌 서쪽에 있는 산. 將軍座穴이 있다 함.

▶ **泰西里**

伏虎洞: 서재 서남쪽에 있는 마을. 지

세가 伏虎形이라 함.
▶ 泰興里
雙渴里: 승공리 동쪽에 있는 마을. 雙渴馬飮水穴이 있다 함.

井邑市

현재는 정읍군과 합하여 정읍시로 개칭되었음.

磑山: 시기 3동. 자손은 빈약해도 먹을 것은 풍족하다는 돼지 구유 대혈로 유명한데, 과교동의 호랑이 명당과 대조됨. 호랑이 명당은 탐진안씨들이 썼지만 삼가야 할 床石을 올린 탓으로 기운을 살리지 못했다고 전해짐. 태안박씨들이 터를 썼는데 호남고교의 설립자도 나왔다고 함. 5대째 외아들(백형모).
玉女峰: 진산동과 과교동에 걸쳐 있는 산. 120미터. 玉女彈琴形의 명당이 있다 함.
馬谷洞(맷골): 두산동 북쪽에 있는 마을. 주변에 渴馬飮水穴이 있다 함.
宋尤菴碑閣: 수성동 은행나무거리에 있는 비각. 숙종 15년(1689) 8월 尤菴 宋時烈이 제주도에 귀양 갔다가 돌아오던 중 이곳에서 사약을 받고 죽었다 함.
비계모탱이: 하모동 모촌 남쪽에서 상평동으로 돌아가는 모퉁이. 飛鷄抱卵穴이라 하여 붙은 지명.

面目(天病)바위: 정읍시 상동 귀양실재 앞산에 있는 큰 바위. 옛날 이 마을에는 산수가 좋은데도 천병(문둥병)이 끊이지를 않았다. 어떤 무당이 지나다가 그것은 저 바위 때문인데 그 바위가 보이지 않게 하면 천병을 물리칠 수 있다고 하였다. 그 말대로 숲을 가꾸어 나무가 울창하게 자라 바위가 가려지니 천병은 물러갔다고 함.

鎭安郡 銅鄕面

▶ 能金里
버들보: 쇠실들 북쪽에 있는 보. 柳枝鶯巢形이라 함.
▶ 大良里
文筆峯: 보말 동쪽에 있는 산. 598미터. 붓끝처럼 생겼으므로 그런 지명이 붙었음. 풍수에서는 터의 앞쪽에 이런 문필봉이 보이면 文人才士가 태어나는 것으로 봄.
알방이(卵坊): 창말 남쪽에 있는 마을. 풍수설에 의하면 마을 근처에 金鷄抱卵形의 명당이 있다 함.
▶ 紫山里
蘆山里: 갈골, 갈티, 새땀으로 이루어진 마을. 주위의 산이 飛雁舍蘆形이라 함.
▶ 鶴仙里
대고개(竹山峙): 구석새울에서 무주군

안성면 진도리 머구재로 넘어가는 고개. 봉황이 대고개에서 대나무 열매를 먹고 머구재의 오동숲에서 쉬어 가는 형세라 함.
鳳谷(鳳舞里): 웃새울 남쪽에 있는 마을. 飛鳳歸巢形의 명당이 있다 함.

鎭安郡 馬靈面

▶江亭里
江亭明堂: 진안팔대명당의 하나. 천안 전씨들이 확보. 올림픽 금메달리스트인 전병관이 그 후손이다. 그 외 5평장, 6동창, 7좌산, 8좌포가 진안팔명당인데 확실한 터가 알려진 곳은 드물다.

▶溪西里
갈마(渴馬里): 계남 서북쪽에 있는 마을. 뒷산에 渴馬飮水形의 명당이 있다 함.
매봉재(鷹峰峙): 서산 서쪽에서 성수면 좌포리로 가는 고개. 앞산에 伏雉形의 명당이 있어서 이 고개에서 매를 받고 있다 함.
西山(西飛山): 오동실 서북쪽에 있는 마을. 뒷산이 제비집(燕巢形) 같아서 이곳은 제비가 나는 것 같다 함.
梧桐(오동실): 갈마 북서쪽에 있는 마을. 뒷산이 梧桐齊月形이라 함.

▶東村里
꽃밭정이(花田): 동촌의 중간 마을. 새로 생겼는데 蓮花倒水形의 명당이 있다 함.

鎭安郡 白雲面

▶南溪里
奔兎洞: 남계 남동쪽에 있는 마을. 뒷산에 奔兎望月穴이 있다 함.

▶蘆村里(갈거리, 갈걸)
飛仕郎: 윗미재 북쪽에 있는 마을. 성주산 서쪽 벼랑 밑에 있고 부근에 飛蛇仰天形의 명당이 있다 함.

▶德峴里(덕고개)
鳳棲村: 내동 동북쪽에 있는 마을. 뒷산이 飛鳳歸棲形이라 함.

▶東倉里
웃뫼실(銀安): 뫼실 위쪽에 있는 마을. 부근에 走馬脫鞍形의 명당이 있다 함.

▶雲橋里(구름다리): 가운데 있는 산의 형국이 雲中盤龍形이라 하고 또한 그 앞에 다리가 있었다 하여 구름다리란 지명이 붙음.
갈우손이(薪田): 숨무지 동남쪽에 있는 마을. 옆에 渴馬飮水形의 명당이 있다 함. 옛날엔 울창한 산림이 있었음.
못골(池洞, 龍池洞): 구름다리 서남쪽에 있는 마을. 앞에 못이 있고 지형이 臥龍弄珠形이라 함.
齋室(錦洞): 상원산 동쪽에 있는 마을.

뒷산에 玉女織錦形의 명당이 있다 하
며 신씨의 재각과 유씨의 재각이 있음.

鎭安郡 富貴面

▶ 巨石里
거문들(검들, 琴坪): 상거석 동남쪽에
있는 마을. 뒷산이 기생이 거문고를
타고 있는 형국(妓女彈琴形)이라 함.
김제실(金鶴谷): 하거석 동북쪽에 있는
마을. 金鷄抱卵形의 명당이 있다 함.
마구실(馬谷): 거문들 남쪽에 있는 마
을. 뒤에 將軍對座形의 명당이 있고
앞산이 장군이 타는 말 형국이라 함.
여내: 상거석 북쪽에 있는 골짜기. 蓮
花到水形의 명당이 있다 함.
▶ 弓項里(활목골)
중고개(僧峙): 상궁항에서 황금리로 넘
어가는 고개. 胡僧禮佛形이라 함.
화신내골: 명마골 남쪽에 있는 골짜기.
그 안에 모란화심혈(牧丹花心穴)이 있
다 함.
▶ 斗南里(매남이)
도룡골(回九龍洞): 매남이 동북쪽에 있
는 마을. 回龍顧祖形의 명당이 있다 함.
매봉재(鷹峯): 삼봉리 서쪽에 있는 산.
416.9미터. 伏雉穴이 있다 함.
▶ 鳳岩里(봉이알)
渴馬飮水山: 소태정 북쪽에 있는 산.
渴馬飮水形.
미실(美谷): 봉암 동북쪽에 있는 마을.
美人端座形의 명당이 있다 함.
보룡공이재: 소태정에서 완주군 소양면
신원리 상은으로 넘어가는 고개. 九龍
弄珠形이라 함.
鳳卵山: 봉암 서쪽에 있는 산. 597미
터. 彩鳳抱卵形의 명당이 있다 함.
▶ 細洞里(가늘목)
將軍峯: 터골 동쪽에 있는 산. 477미
터. 將軍大座穴이 있음.
투구봉: 세동 동쪽에 있는 산. 모양이
투구처럼 생겼음.
▶ 新亭里
方角: 장성박이 서남쪽에 있는 마을.
臥牛穴이 있고 소뿔이 사방을 가리키
는 형국임.
西村: 널치 남쪽에 있는 마을. 천주교
(西學) 신자들이 많았다 함.
▶ 五龍里(五福)
안장설: 강주골 가운데 있는 등성이.
모양이 안장처럼 생겼음.
연시동: 배나뭇골 옆에 있는 골짜기.
蓮水穴이 있다 함.
五山(鰲山): 다복동 서북쪽에 있는 마
을. 金鰲望卵穴이 있다 함.
▶ 黃金里
노래재(歌峙): 진삼동 동쪽에 있는 마
을. 뒤에 옥녀봉이 있어, 옥녀가 노래

를 부르며 登天했다 함.
명달날: 윗물목 동쪽에 있는 산. 玉女彈琴形의 명당이 있다 함.
振裳洞(鎭相洞): 황금리에서 으뜸가는 마을. 뒤에 병풍처럼 펼쳐 있는 암석이 마치 옥녀봉의 치마와 같다 함.
歌崎마을: 진안팔명당 중 하나. 옥녀봉 자락에 마을이 있고 거기에 玉女歌唱之穴이 있다 함. 왼쪽에 文筆峯.

鎭安郡 上田面

▶ 葛峴里(갈베루)
농우실: 섯반이 동쪽에 있는 골짜기. 臥牛形이라 함.
섯반이(薪田): 갈베루 동쪽에 있는 마을. 마을 뒤 山形이 서쪽으로 향한 半月形으로 되어 있고 숲이 있음.
우름실: 중터 서남쪽에 있는 골짜기. 臥牛形이라 함.

▶ 水東里
소리실(內松): 기배기 동쪽에 있는 마을. 소나무가 많은 골짜기의 안쪽이 됨. 玉女彈琴形의 명당이 있는데, 여기서 옥녀가 거문고를 타는 소리가 들린다 함.
숲거리: 소리실 서쪽에 있는 숲 터. 옥녀를 가려 주던 병풍 구실의 숲이었으나 지금은 귀염나무 몇 그루만 있음.

▶ 雲山里
松臺: 검북 동남쪽에 있는 마을. 주위에 내가 둘러싸고 있는 行舟形이라 소나무로 집을 지어야 한다 함.
乳山: 검북 서쪽에 있는 마을. 뒷산이 臥牛形이고 乳峯과 샘이 있음.
피정이(新興里): 유산 남쪽에 있는 마을. 소의 목과 같은 형국이라 하는데 백정들이 살았다 함. 貧村이라 새로 흥하라는 뜻으로 근래에 신흥리로 개칭함.

▶ 月浦里
琴池(琴丹): 양지말 서남쪽에 있는 마을. 뒷산 모양이 일곱 가닥의 거문고 줄 같음.
大邱坪: 월포 동쪽에 있는 마을. 큰 거북이가 진흙 속에 묻혀 있는 형국(大龜沒泥形)이라 함.
복호날: 월포 동남쪽에 있는 등성이. 伏虎形.
항골(項洞): 월포 동남쪽에 있는 마을. 전체적인 지세가 黃牛渡江形인데 이 마을은 바로 그 소의 목에 위치한다 함.

▶ 珠坪里(구슬개)
落雁坪: 장녹평 남쪽에 있는 들. 平沙落雁形이라 함.
숲거리터: 가막치 북쪽에 있는 숲 터. 지금도 괴목 30여 그루가 있음.

鎭安郡 聖壽面

▶求臣里
김씨집터: 뒷산 끝자락에 자리했고 둥그레한 모양이라 燕巢形이라 여겨짐. 여러 해 동안 무사태평으로 살아온 것은 집터가 제비 둥지처럼 아늑하고 평온하기 때문이라 함(김광언).
일반적으로 燕巢穴은 높은 산밑에 생긴다. 제비집이 높다란 처마 밑에 있는 것과 마찬가지 논리이다. 민간에서는 흔히 無後絶孫之地라고도 한다. 그러나 모든 연소혈이 자손이 없는 것은 아니다. 연소혈은 풍수 용어로 山上窩라고도 한다. 즉 穴形四大格 중 窩穴(소쿠리 명당)에 속하는 셈이다. 또한 窩穴의 특징이자 燕巢穴의 특징으로서 혈의 끝 지점, 즉 무덤 앞 부분이 일직선으로 마치 대들보가 옆으로 놓여져 있는 듯한 모양을 해야 제대로 된 燕巢穴로 인정받을 수 있다. 이런 현상을 풍수에서는 橫臺라고 한다(김두규).
조리봉: 신평매골에 있는 산. 조리 명당이 있다 함.

▶道通里
散珠: 도통 동북쪽에 있는 마을. 구슬을 뿌린 것같이 집터가 많음.
소리개재: 도통교에서 외궁리 신리로 넘어가는 고개. 뒷산이 金鷄抱卵形이라 하여 솔개가 닭을 채 가려는 형국.
飮水洞: 중평 동남쪽에 있는 마을. 뒷산 너머에 渴馬飮水穴이 있다 함.

▶新基里(눈소골, 새터): 뒷산에 臥牛形의 명당이 있어서 누운소록이 되고 이것이 줄어 눈소골이란 지명이 되었음.

▶外弓里(활목)
고미골(顧尾洞): 신라 북쪽 마을. 앞산에 老狐顧尾形의 명당이 있다 함.
난들(雁坪): 외궁 서남쪽에 있는 마을. 골짜기 안쪽과 바깥쪽 들에 있음. 平沙落雁穴이 있다 함.
將軍峰: 새말 서쪽에 있는 산. 將軍大座穴이 있다 함.
店村(鷄鳳): 새말 북쪽에 있는 마을. 전에 옹기점이 있었음. 鷄鳳抱卵形이라 함.

▶龍浦里
개올(浦洞): 용포리에서 으뜸가는 마을. 앞에 있는 枋米山(배미산, 舟尾山)이 삽살개 형국이라 함.
구적바우: 반룡 서쪽에 있는 바위. 용 아가리 앞에 있는 개구리처럼 생겼음.
盤龍(龍回里): 개올 동쪽에 있는 마을. 雲中盤龍形, 草中蟠巳形의 명당이 있다 함. 섬진강 상류인 내가 마을을 감아돌고 있음.

▶佐山里: 왼쪽에 臥牛形의 명당이 있다

하여 붙은 지명.

▶佐浦里

배골(白鷄洞, 백지골, 梨洞): 좌포 서남쪽에 있는 마을. 그 지세가 白鷄抱卵形이라 함.

새향골: 한두골 앞(남)쪽에 있는 골짜기. 사향노루만한 명당이 있다 함.

▶中吉里

마재(馬峙): 마재골에서 완주군 상관면 마치리로 넘어가는 고개. 근처에 天馬嘶風形의 명당이 있다 함.

中軍(中基): 중길리에서 으뜸가는 마을. 中軍大座形의 명당이 있다 함. 전이서면의 가운데가 되었다 함.

鎭安郡 顔川面

안으로 내가 흐르므로 붙은 지명.

▶白華里

도래실(桃羅谷): 중배실 북쪽에 있는 마을. 주위가 전부 산으로 둘러싸여 있으며 산 위에서 내려다 보면 복숭아의 형체라 함.

배실(梨谷, 梨峴): 백화리에서 으뜸가는 마을. 梨花落地形의 명당이 있다 하며 상중하의 세 마을로 나뉘었음.

烏墓: 율현 남쪽에 있는 묘. 못자리가 매우 좋다 함.

▶三樂里: 顔子의 安民樂의 三樂을 따라서 지은 지명이라 함.

구실(九谷): 수좌동 서북쪽에 있는 마을. 지장산 줄기에 九龍弄珠形의 명당이 있다 함.

쇠말봉(鐵馬山): 상안자동 북동쪽에 있는 산. 467.9미터. 鐵馬가 묻혔다 함.

안자골(顔子洞, 顔樂里): 삼락리에서 으뜸가는 마을. 안자의 안민락의 삼락을 따라서 안락리라 하였음.

鎭安郡 龍潭面

▶松豊里

호롱골(回龍洞): 점촌 서남쪽에 있는 마을. 근처가 回龍顧母形이라 함.

▶臥龍里

永江: 호미동 서북쪽에 있는 마을. 옛날 사람들이 장차 용담면 전체가 강이 될 것이라 했다 하는데 실제로 용담댐이 건설됨으로써 곧 수몰될 것임.

啄鳥峯: 고무동 서쪽에 있는 산. 飛鳥啄木形.

鎭安郡 程川面

냇가에 정자가 있었으므로 붙은 지명.

비대마을: 신현충이란 사람이 그 부친의 屍身을 사등분하여 네 명당에 모셨으나 得水法에서의 실수로 역적이 되

어 죽었다 함.
▶ 九龍里
불로티: 구룡리에서 으뜸가는 마을. 전에 뒷산 불당에 코가 큰 부처가 있었다 함.
코크니(鼻大, 金塘, 증녀): 불로티 북쪽에 있는 마을. 남쪽 가까이에 불당이 있었는데 코가 큰 부처가 이곳에 있었다 함.

▶ 진안 아래새내(下草川, 下村) 일대 답사
벌써 20년 이상 풍수를 공부해 오면서도 필자는 아직까지 어떠한 종류의 풍수적 이상향도 제시하지를 못했다. 그것은 영원히 이룰 수 없는 그야말로 이상의 세계에서나 있을 수 있는 어떤 것인지도 모르겠다. 그래도 우리는 끊임없이 그 이상향을 꿈꾼다. 필자는 풍수적 삶터의 이상적인 모형으로 인간 관계에서는 대동적 공동체를, 그리고 자연과의 문제에서는 땅과의 조화로운 어울림을 표방하여 왔다. 그러나 불행히도 그런 터전을 현실 속에서는 아직 찾아내지 못하고 있는 것이다. 불행 중 다행이랄까. 이번 여름에 그에 상당히 근접하는 좋은 마을들을 한꺼번에 접할 수 있었던 것은 행운이다. 그곳은 바로 全北 鎭安郡 일대였다. 지리산 서쪽 가지 이곳저곳을 둘러보고 남원을 거쳐 임실에서 진안으로 들어가는 30번 국도에 접어들었을 때는 굵은 장마비가 하염없이 쏟아지고 있었다. 나는 원래 맑은 날보다는 비 오는 날들을 좋아하는 편이지만, 그것도 어느 정도지 이렇게 물난리가 날 지경에 이르러서는 좀 지긋지긋한 생각이 들었다.

임실 성수면을 지나 진안 성수면(같은 聖壽面이 임실에도 있고 진안에도 있음)을 약간 스쳐 백운면에 접어들었을 무렵 참으로 운이 좋게도 잠시 파란 하늘이 고개를 내미는 장면을 볼 수가 있었다. 더욱 행운인 것은 이때 바로 嫩龍의 대표적인 형세를 볼 수 있었다는 점이다. 눈룡이란 龍勢十二格 중 老龍에 대칭되는 개념으로 글자 뜻 그대로 어린 龍이라는 뜻이다. 백운면 초입 南溪마을에서 북서쪽으로 德泰山 방면에 나타난 눈룡은 산이 바로 사람임을 웅변으로 보여 주는 광경이었다.

다시 한번 강조하거니와 산은 즉 사람이다. 눈룡이란 어린아이다. 한 열 살쯤 되는 어린이다. 그렇기 때문에 청년처럼 혈기방장한 것도 아니고 아기처럼 철이 너무 없는 것도 아니며 노인처럼 기력이 떨어지는 것도 아니다. 매우 신선하게 아름다우면서도 교만하지 않고 순박하다. 아름다움을 갖추고도 교만하지 않다는 것은 어린아이기 때문에 가능하다. 기운은 이제 싹이 돋아나려는 듯이 밑에 깔려 위로 치솟고 있는 상태다. 산이 사람으로 비친다는 것은 풍수를 공부하는 사람에게는 매우 중요한 일이다. 그로써 산과의 대화가 이루어질 수 있기 때문이다. 여하튼 백운면의 눈룡은 한마디로 감동이었다.

전주에 살 때 마이산도 가 보고 죽도도 가 보았지만 평범한 농촌에는 들를 기회가 별로 없었다. 이번에는 주로 외지인에게는 전혀 알려질 기회도 필요도 없는 그런 마을을 찾았다. 그리하여 참으로 다행스럽게도 풍수적 삶터에 매우 근접한 대상을 찾을 수 있었다는 것이 내게는 행운이었다는 얘기다. 먼저 들른 마을은 정천면 월평리 下草마을. 나즈막한 산자락에 기대고 있는 우리들 부모님 같은 마을이었다. 그러나 그 공간 구조를 살피며 나는 우리의 부모님들이 얼마나 편안하고 안온하며 지혜롭게 터전을 잡고 있는지를 깊이 깨달을 수 있었다.

마을의 뒤와 양 옆면은 산으로 둘러싸여 藏風의 형세를 제대로 유지하고 있었다. 하지만 앞쪽이 문제였다. 가려 주는 둔덕이 전혀 없어 허전한 분위기를 마을 전체에 밀어 넣고 있는 형세였다. 이런 경우는 문제다. 案山이 없고 朝山이 시원치 않은 것이다. 그래서 만들어진 裨補策이 몇 가지 있었는데, 필자는 이것이 우리 풍수의 한 커다란 특징으로 파악하였다. 우선은 바로 그 허전한 마을 앞쪽에 숲을 조성하였다는 점이다. 우리는 그것을 洞 藪라고 부른다. 동수는 원래 풍수에서 水口의 虛訣을 방비하기 위하여 사용하는 여러 가지 방법 중의 하나이다. 그러나 이것은 비단 풍수에서뿐만이 아니라 우리 민족이 일반적으로 채택하던 마을 보호 방법이기도 하였다. 예컨대 이중환은 『택리지』에서 이르기를 〈어찌하여 地理를 논하는가. 먼저 水口를 보고 다음 들의 형세를 본다. …… 무릇 수구가 짜임새가 없이 넓게 퍼져 있기만 한 곳에는 비록 좋은 밭과 넓은 집 천 칸이 있다 하더라도 다음 세대까지 내려가지 못하고 저절로 흩어 없어지리라. 그러므로 집터를 살피려면 반드시 수구가 꼭 닫힌 듯하고 그 안에 들이 펼쳐진 곳을 눈여겨 보아서 구할 것〉이라 하였다. 그러니까 동수 개념은 비단 풍수만이 주장하는 바가 아니라 우리 집터 닦기의 보편적 현상이랄 수 있는 것이다.

더 엄밀하게 얘기하자면 우리의 고유 풍수는 잡술 부스러기가 아니라 원래는 땅의 이치에 따라 사람이 조화를 이루며 살고자 했던 지혜의 집적이라는 뜻이다. 우리 조상들은 그저 風水와 地理가 완벽한 자리를 찾아내는 술법에만 탐닉했던 것이 아니라, 오히려 명당의 조건이 부족한 터들을 인공적으로 보충함으로써 제대로 된 삶터를 가꾸고자 노력했던 셈이다. 이 점 풍수는 소극적이고 이기적인 保身策

수준의 지리가 아니라 적극적이고 대동적인 삶터 추구의 地理學이었음을 분명히 하고 있다 할 것이다.
하초마을의 洞口는 이 동수들에 의하여 잘 가려져 있었다. 도대체 가려진다는 것은 무슨 의미인가. 風水地氣論에 의한다면 그것은 물론 기가 흩어져 나가는 것(洩氣)을 방비한다는 것이 된다. 그러나 현실적인 이득이 만만치 않으니, 그것은 바로 주민들의 環境心理에 미치는 긍정적인 영향이라 할 수 있다. 마을이란 공동체이다. 공동체는 말 그대로 여러 사람들이 모여 사는 터전이다. 그러면서도 모래알같이 흩어진 쌓임이 아니라 흙덩이처럼 뭉쳐진 구성체이다. 그러므로 그것은 이익 사회적인 타자간의 단순한 결합이 아니라 거의 개인 공간과 같은 기능을 수행하게 되는 것이다. 그래서 풍수는 명당 안쪽을 내부 공간, 바깥쪽을 외부 공간이라 표현한다.
내부 공간은 따라서 개인 공간의 의미를 띤다. 개인 공간은 심리적 안정을 추구한다. 안정이 없으면 불안해진다. 불안해지면 공동체의 유지가 어렵다. 그러니까 안정이 유지되어야 하며, 이때 마을 앞쪽의 허전함은 심리적 불안감을 유발시키는 큰 요인이 될 수밖에 없다. 그러니 裨補해야 하는 것이고 동수는 바로 그런 비보책의 하나라는 것이다.

동수만으로는 안심이 안 된다. 그래서 주민들은 바로 동수 밑에다 다섯 개의 造山을 쌓았다. 조산이란 造塔 혹은 그냥 탑이라고도 불리는 것으로 사람 키 정도로 쌓아 올린 돌무더기를 말한다. 위쪽으로 약간 좁아지는 원통형의 이 탑은 세 아름 정도의 굵기로 쌓여 있는데, 洞口에는 길 입구 양쪽으로 나란히 두 기가 조성되어 있다. 따라서 이것은 마을의 裨補策이자 도로 표지판 또는 마을 비석의 구실까지 해내고 있는 셈이다. 뿐만이 아니다. 洞祭 때는 이곳이 바로 祭壇이 되기 때문에 경우에 따라서는 마을 聖所의 구실도 맡는다. 마을 사람들은 바로 이 자리에서 마을로 들어가기 전에 마을 바깥 속세에서 더럽혀진 마음을 털고 마을로 들어서게 된다. 그러면 마을 안은 언제나 맑은 공동체가 유지되는 것이다.
조산 옆에는 선돌(立石)도 세워져 있다. 말하자면 겹겹이 세워진 비보책인 셈이다. 아무리 마을 한쪽의 自然이 허결하다 하더라도 이 정도의 대비와 마음가짐이라면 문제될 것이 전혀 없으리라. 그러나 안타까운 일이다. 아무리 풍수적 삶터의 전형이라 한들 세태의 변화는 어쩔 수 없는 것인가. 이 마을 역시 그 대동적 삶터의 공간적 기초를 이루고 있던 풍수 공간 구조는 풍전등화의 신세에 처해 있다.
바로 북쪽에 이웃한 면인 龍潭面에는 지

금 용담댐이 건설되고 있다. 이것이 완공되면 이 마을은 바로 들 앞에까지 물이 들어온다. 동구만 나서면 커다란 물구덩이를 밟아야 하는 신세가 된다. 마을 아래 정자천 가에서 누대에 걸쳐 정을 나누며 살던 이웃들은 그대로 수몰민이 되어 어디론가 떠날 수밖에 없게 되었다. 그들이 떠난 하초마을이 그저 예전의 하초로 남을 수는 없을 것이다.

하초는 수몰 예정지는 아니다. 그러나 거의 그에 준하는 변질을 겪게 될 것은 필지의 사실이다. 마을은 언필칭 湖畔村落이 될 것인즉 그렇다면 분명 관광지나 유원지가 되어 버릴 것이다. 主山에 기대고 左右龍虎에 의하여 보호를 받으며 조산과 입석과 동수에 의하여 허결을 막아 대동적 공동체를 이루며 살던 마을 사람들은 이제 매운탕과 토종닭이라는 간판을 세우고 도시민들의 기분풀이 화풀이 장소 제공자로 전락하리라. 존경받던 유학자가 입에 풀칠을 하기 위하여 도회지 뒷골목에 어린애들 상대로 서예 학원을 차린 꼴이랄까.

떠나면 되지 않느냐는 강변도 있을 수 있으리라. 그러나 뿌리 뽑힌 삶터라는 것이 어떤 의미를 지니는 것인지를 사람들은 잘 이해하려 하지 않는다. 그것은 삶에서 생존으로 뛰어내리는 자멸 행위에 다름 아니다. 오늘의 풍수적 삶터들이 겪어 가는 과정이란 결국 이런 것인가.

필자는 여러 번 풍수적 삶이냐 반풍수적 생존이냐 하는 문제를 거론해 왔다. 그것은 단순히 농촌에서 살 것이냐 도시에서 생활할 것이냐의 문제와는 본질적으로 다른 것이라 생각한다. 어디에 사느냐 하는 문제를 떠나서 살아가는 사람의 가치관과 사고 방식 그리고 생활 양식에까지 이르는 광범위한 문제를 풍수와 반풍수로 대비하여 제시한 셈이다. 그러면서 필자가 일관되게 유지해 온 바는 그것이 선택의 문제라는 점이었다. 나는 비록 풍수적 삶터로의 회귀를 분명 선호하지만 그것을 남들에게도 강요할 수는 없는 세상이 되어 버렸다는 자조감 때문이다.

언젠가도 고백한 일이지만 나는 풍수적 삶터에 살 수 있느냐 하는 데 대해서는 절망적인 생각을 가지고 있다. 하지만 필자의 제자들 생각은 다르다. 그들은 옳은 것은 설득을 시켜서 그 방향으로 같이 나아가려는 자세가 學人의 태도라고 주장한다. 나는 그것을 운동의 차원이라 하여 약간은 경원시해 온 것이 사실이다. 그러나 이제 생각을 조금씩 바꾸기 시작했다. 선택의 문제를 강조하다가는 풍수적 삶터를 좋아하여 그쪽을 선택한 사람들조차 견디어 낼 수 없는 환경 조건을 반풍수적 기능론자들이 만들어 낼 것이 분명하기 때문이다. 결국 우리는 우리의 삶터를 풍수적인 것으로, 다시 말해서 인간적인 터전으로 되돌리기 위해서 그것을 파괴하는 자들과 싸우지 않을 수 없다는 자각을 하기 시작한 셈이다(1993. 6. 28. 및 7. 17. 답사. 1996년 여름 이곳을 다시 가보니 이미 수몰 예정 지구는 철거가 거의 마무리된 상태였다). 하초마을은 양마골 아래쪽의 풀을 먹는 소의 형세임.

鎭安郡 朱川面

▶ 朱陽里

비조재(飛鳥峙): 양지말 서쪽에서 대불리와 무릉리로 넘어가는 고개. 근처에 飛鳥啄木形의 명당이 있다 함.

鎭安郡 鎭安邑

▶ 佳林里(가름내): 내가 마을을 갈랐으므로 붙은 지명.

白鶴棲松골: 탄곡 서쪽에 있는 골짜기. 白鶴棲松形의 명당이 있음.

▶ 龜龍里

예리구미(曳里): 구룡리에서 으뜸가는 마을. 산등성이가 곶이를 이루고 있는데, 진흙 위에 거북이가 꼬리를 끌고 지나갔다는 말(金龜曳尾形)이 전해 옴.

▶ 郡上里

마무네: 우화동 동쪽에 있는 골짜기. 근처에 渴馬飮水形의 명당이 있음.

▶ 物谷里(물거실, 水道里, 文谷): 앞 내가 거꾸로 거슬러 흐르는 것같이 보이므로 붙은 지명.

하도치 松臺마을: 진안팔명당의 하나. 배가 바다로 나가는 형국의 섬. 즉 노적가리 형상을 띠고 있어 부귀를 보증한다 함.

▶ 半月里

半月明堂: 진안팔명당의 하나. 馬耳山이 文筆峯이라 문장가가 나옴.

▶ 梧川里(머우내)

먹뱅이(木房, 묵뱅이): 동구지미 남동쪽에 있는 마을. 전에 먹을 만드는 먹방이 있었고 근처에 掛燈穴이 있다 함.

▶ 井谷里(우무실)

개실(開谷): 우무실 동쪽 산 너머에 있는 마을. 개가 새끼 세 마리를 품고 쭈그리고 앉아서 다른 짐승이 두려워 엎드리고 있는 형국이라 함.

光珠洞: 우무실 서북쪽 산 너머에 있는 마을. 雙龍爭珠形의 못자리가 있고, 五龍弄光珠穴이 있다 함.

배아실: 활인동 뒤 북쪽에 있는 골짜기. 飛蛾浮壁 또는 飛鴉啄屍形의 자리가 있다 함.

活人洞(花林洞): 개실 남쪽에 있는 마을. 林中花 또는 蓮花倒水形의 묘지가 있다 함.

全羅南道篇

康津郡 康津邑

강진읍은 거대한 황소가 누워 있는 모습의 臥牛形으로 알려짐. 강진은 돈이 많아도 인물이 없다는 얘기가 있다. 읍내와 강줄기가 끝나는 구강포의 거리가 너무 짧기 때문이란 것(백형모).

▶ 南城里

永郎生家:「모란이 피기까지는」의 시인 영랑 김윤식(1903-1950)이 태어난 곳.

▶ 松田里

세끄테(쎄끝): 장전 동쪽에 있는 마을. 뒷산이 臥牛形인데 소의 혀끝에 해당된다 함. 강진고, 강진여중, 강진 종합병원, 농촌 지도소가 부근에 있다. 소의 두뇌 부분.

소의 귀에 해당하는 곳에 牛耳峯과 高聲寺가 있다. 높은 소리를 듣는 절로 茶山이 4년간 머물렀고 다산의 큰아들이 학문을 닦던 곳. 〈귀미테마을〉은 臥牛形 기운을 받아 아남산업 김현수 회장 출생지로서 그 所應을 받았다고 말한다. 쇠똥에 해당되는 곳은 읍과 군동면 경계인 백금포. 세 명의 정미소 주인이 살고 있다. 풀밭에 해당하는 지역은 草旨라는 곳인데 현재는 牧里로 불림. 소가 쉬었다 가는 休牛峙고개는 강진에서 도암면으로 넘어가는 곳으로 쉼바탕이라 불림. 소에 맬 멍에에 해당되는 도암면의 駕牛島. 이 섬은 강진에 번영을 가져 온다는 속설이 전함. 또 소가 마실 물이 있어야 한다 하여 군청 입구 담옆에 우물을 형식적으로나마 보존하고 있음(백형모).

▶ 永波里

天馬골: 평맛골 동북쪽에 있는 골짜기. 지형이 천마가 바람을 타고 하늘로 오르는 형국(天馬登天形)으로 되었다 함.

康津郡 郡東面

▶ 獐山里

伏虎山: 중산 뒤에 있는 산. 伏虎穴이 있다 함.

▶ 華山里

平沙落雁: 영화 앞에 있는 들. 平沙落雁形이라 함.

虎臥洞: 어름밭굴 아래쪽에 있는 골짜기. 虎臥形이라 함.

康津郡 道岩面

▶ 萬德里
萬德山: 산 어느 곳엔가 君王之地가 있는데 아직 누구도 찾지 못했다 함.
▶ 龍興里
牛岩(외미): 언뚝 동쪽에 있는 마을. 臥牛形이라 함.

康津郡 兵營面

兆山: 山名이 兆라는 숫자로 되어 있다. 강진읍의 千佛山, 도암면의 萬德山, 장흥 인접의 億佛山, 그리고 병영면의 조산. 산의 기가 너무 강성하여 사람에게 해를 끼칠까 봐 이를 제압하기 위해 지명에 숫자를 사용한 풍수의 예이다. 이 산들의 중심에 옛 兵營이 자리 잡고 있던 현재의 병영면 일대가 해당됨.
▶ 城南里
벅수(文武石): 홍교다리 앞에 있는 비. 月出山의 살기를 막기 위해 세웠다 함.

康津郡 唵川面

▶ 蓋山里(개미)
옥녀봉: 제봉산 남쪽에 있는 산. 玉女織錦形의 명당이 있다 함.

康津郡 鵲川面

▶ 三棠里
좌굿등(坐狗登): 하당 동남쪽에 있는 산. 개가 앉아 졸고 있는 형국(眠犬形)임.
▶ 龍祥里
鼈臥山: 용정 뒤쪽에 있는 산. 자라가 누워 있는 형국(臥鼈形)이라 함.
▶ 坪基里
마산봉: 짱빳탕 위쪽에 있는 산. 223미터. 渴馬飮水穴이 있다 함.

康津郡 七良面

▶ 松路里
개눈깔: 구로 남쪽에 있는 마을. 뒷산이 개처럼 생겼는데 이곳은 개의 눈 부분이라 함.

高興郡 高興邑

한때 인구가 26만 명에 이르렀는데 지금은 14만. 호남정맥의 한가운데 尊帝山이 주맥. 옛 興陽縣의 자태를 간직하고 있는 高興衙門이 최고 중심부. 읍의 주산은 舟越山(289m). 한국이동통신에서 산 정상을 4미터 깎는 공사를 벌였으나 주민들의 반발로 다시 복구했음.
▶虎東里
　화지깃재(화적치): 호서에서 간천으로 가는 고개. 花心穴이 있다 함.

高興郡 過驛面

▶道川里
　侍中島: 도야 동쪽에 있는 섬. 시중 柳升茂의 묘소가 있는데 明堂大地라 함.
▶白日里(해섬)
　붕알바구: 내백 서쪽에 있는 바위. 쇠붕알(쇠불알)처럼 생겼음.
▶新谷里
　개내치서: 인학 남쪽에 있는 골짜기. 개가 누워 있는 형국이라 함.
　잉어산(잉어등): 잉어등 마을 뒤쪽에 있는 산. 120미터. 잉어 형국이라 함.
　잉어꼴랑지: 잉어등 동쪽에 있는 등성이. 잉어 꼬리에 해당됨.

高興郡 錦山面

▶於田里(고기밭, 느랏)
　쌍유혈: 익금 북쪽에 있는 산. 쌍유혈의 명당이 있다 함.

高興郡 道陽邑

본래는 鹿洞으로 불림. 부근 지형이 사슴을 닮았고 바다 건너 섬을 새끼 사슴이란 뜻으로 小鹿島라 함. 겁이 많은 사슴 새끼의 땅에 나환자촌이 마련됨. 한편 사슴뿔에 해당되는 곳에는 도양현이 있었다. 전체적으로는 渴鹿飮水形. 녹동 1구는 사슴의 後腹部, 2구는 前腹部, 3구는 머리, 5구는 꼬리라 함.
▶新陽里(제주구미)
　造山: 장전 북쪽에 있는 산.
▶小鹿里: 작은 사슴처럼 생겼으므로 붙은 지명. 현재는 한센병(癩病) 환자를 위한 요양소가 들어서 있음.

高興郡 道化面

▶九岩里
　丹粧: 구암 동남쪽에 있는 마을. 뒷산이 玉女端坐形이라 함.

高興郡 東江面

臥牛形인 고흥 지형 가운데 소의 머리 부분에 해당함.
▶梅谷里

中梅밑: 당곡 남쪽에 있는 들. 梅花落地形이라 함.
▶ 油屯里
죽산마을: 이천서씨 가문과 묘터가 있음. 제1공화국 시절의 국회의원인 徐珉濠의 부친이 마을 뒤 노동산에서 鵲巢穴 자리를 마련했다 함. 묘에서 바라보면 동강중학교가 동남쪽에 보이는데 겨울 교복을 입은 학생들을 까치에 비유함. 또 묏자리 주변에 커다란 쇠고리를 6개 박았는데 아직도 그 이유를 모른다고 함.
▶ 寒泉里
난재(卵峙): 운동에서 보성군 벌교읍 장좌리 무만으로 가는 고개. 金鷄抱卵形이라 함.

高興郡 豆原面

▶ 龍塘里
소두방꼭대기: 내당 서북쪽에 있는 산. 소두방 꼭대기 꼭지(소댕)처럼 생겼음.
▶ 龍盤里
쇠재(소재, 金城, 牛峙): 용반리에서 으뜸가는 마을. 뒷산이 臥牛形이라 함.
▶ 龍山里
臥龍: 대산 서북쪽에 있는 마을. 금천이 바다로 들어가는 곳의 안쪽이며 臥龍形이라 함.

▶ 雲垈里
造山: 금오 북쪽에 만든 산. 옆에 조산마을이 있음.

高興郡 蓬萊面

羅老島: 연륙도로 개설됨. 섬에서 가장 높은 上山은 모양새는 좋으나 마을의 앞과 뒤를 동시에 안고 있어 묘를 써서는 안 된다고 알려짐. 그러나 육지화된 후에는 묘를 쓰고 있음.

高興郡 影南面

八影山: 8개의 봉우리가 있음. 그 네번째 봉우리 아래 주혈이 맺힌다는 것. 騎龍穴로 雲中仙坐形이다. 禁穴에 버금 갈 정도이나 임금의 옥쇄에 해당하는 마지막 봉우리(御印砂)가 없음이 아쉽다. 王住頭에 蜘蛛結網形이 해변에 있다 하나 정확한 위치는 모름.

高興郡 占岩面

▶ 大龍里
개좆바우: 원굴 남쪽에 있는 바위. 개의 생식기처럼 생겼음.
▶ 聖基里
능가사: 신라 아도화상이 창건. 팔영산

북쪽에 있는데 그 산세가 남쪽을 향하고 있기 때문에 번창을 못하고 있다 함.
▶新安里
　上新: 신안리에서 으뜸가는 마을. 玉女織錦形이라 함.
　옥녀봉: 상신 동쪽에 있는 산. 玉女織錦形의 명당이 있다 함.

高興郡 浦頭面

馬伏山: 정암마을 주위에 길게 포진. 동 팔영산, 남 유주산, 서 천등산이 서로 응하고 산첩첩에 기암 괴석이 많아 小皆骨山이라 불림. 세동리 넘어가는 세동재에서 보면 말이 목을 치켜들고 하늘을 향해 포효하는 듯한 인상이다. 말 목 부위에 돌기된 바위들이 유별나게 한눈에 잡히는 곳으로 기운을 모으고 있는 지점이 보인다. 脣齦도 발달되어 있음. 天馬嘶風形의 大穴로 유명하다.

高興郡 豊陽面

天燈山: 555미터. 스님들이 천 개의 등불을 하늘에 바쳤다고 함. 꼭대기에는 바둑판 같은 바위 두 개가 있는데 옛날 신선들이 내려와 바둑을 두던 곳이므로 신선대라 함. 현감이 기우제를 지내던 곳. 오른쪽에는 벼락산이라는 지맥이 있다. 천등산은 天子, 벼락산은 御印. 천자가 오른손으로 도장을 찍듯 우백호에 벼락산이 있음. 혈은 당연히 벼락산이 아니라 본산인 천등산에 맺힘. 그러나 위치는 아직 알려지지 않았다고 함.

▶堂頭里 (닻머리, 당머리)
　매탁골: 당둣등 동쪽에 있는 골짜기. 지형이 매가 꿩을 차고 앉은 형국이라 함.
▶野幕里
　仙人登鶴: 청룡 남쪽에 있는 司正 柳漬의 무덤. 신선이 학을 타고 하늘로 오르는 형국(仙人登鶴形)이라 함.
　造山: 청룡 동남쪽 들 가운데 있는 산.
　靑龍: 야막 서남쪽에 있는 마을. 仙人登鶴形의 靑龍에 해당한다 함.
▶矢山里: 지형이 화살처럼 생겼으므로 붙은 지명.

谷城郡 兼面

곡성군은 서북 지역은 광주권, 동부 지역은 남원권, 남서부 지역은 순천권에 속함.
▶槐亭里
　鵲巢嶝: 비업실(초곡) 뒤에 있는 등성이. 초소(비업새집)형의 명당이 있다 함.
　촛대봉: 비업실 북쪽에 있는 산. 촛대처럼 생겼음.

▶南陽里: 마을 형국이 조리를 닮아 조리에 쌀이 가득 차면 비워야 하듯 어느 집도 큰 부자 없이 평등하게 산다 함.

▶大明里
  서당골(배운동, 白雲洞): 대명동 남쪽에 있는 마을. 뒷산이 雲中半月形이라 함. 서당이 있었음.

▶玄亭里(검징이): 마을 터가 鶴體인데 학이 천년을 살면 검게 된다는 설에 따라 검징이로 부르다가 현정리로 바꿈.

▶凰山里: 봉황이 알을 품은 형국(鳳凰抱卵形)이라 하여 붙은 지명.

谷城郡 古達面

▶古達里
  조운골(조운동): 잠두 서남쪽에 있는 골짜기. 용이 여의주를 얻어 등천하는 형국이라 함.
  황석골: 불묵골 동북쪽에 있는 골짜기. 이곳 어딘가에 풍수설에서 말하는 黃牛發福穴이 있다 함.

▶帶杜里
  가작굴: 당산굴 동북쪽에 있는 골짜기. 가재 명당이 있다 함.
  帶洞(댓골): 대사리에서 으뜸가는 마을. 風吹羅帶形의 명당이 있다 함.
  외앗몰(이화말): 숲쟁이 남쪽에 있는 들. 梨花落地形의 명당이 있다 함.

▶虎谷里(범실)
  삐딧재(비득재, 飛嶝峙): 안범실 동북쪽에서 구례읍 둔사리 둔터로 가는 고개. 飛龍登天形의 명당이 있다 함.
  하느재(天峙): 범실 동쪽에서 고달리 무네미로 가는 고개. 飛龍登天形의 명당이 있다 함.

谷城郡 谷城邑

▶舊院里
  伏虎洞: 원효동 북쪽에 있는 골짜기. 伏虎形.
  산바래기: 언동 뒤에 있는 골짜기. 玉女散髮穴이 있다 함.

▶東山里
  나간들(落雁坪): 동산 서남쪽에 있는 들. 平沙落雁穴이 있다 함.

▶西溪里
  보지골: 바랑골(웃동막 남쪽에 있는 골짜기) 동쪽에 있는 골짜기. 여성의 음부처럼 생겼음.
  혼곤대: 보지골 밑에 있는 골짜기. 물이 흔함. 음부에서 흘러 나온 陰水에 비견됨.

▶月峯里
  道林寺(神德寺): 월봉리 327번지에 있는 절. 곡성읍에서 2킬로미터쯤 광주를 향하다 보면 오른편으로 動樂山이 보이는데 이 국도에서 다시 우측으로 약 1.8킬로미터 떨어진 계곡에 위치하고 있다. 신라 제26대 진평왕 때 신덕왕후가 이곳에 와서 기도하였으므로 신덕사라 하였는데, 제29대 태종 때 원효대사가 절 이름을 고쳤다 함. 도림사 경내에서 북쪽으로 약 1백 미터쯤 계곡을 타고 올라가면 조선 후기에 씌어진 듯한 岩刻의 도선국사 등의 법호가 보인다.

▶長善里: 섬진강이 마을 북쪽에 길게 흘러서 마을이 좋아진다는 뜻으로 붙은 지명.

▶鶴亭里

돌꽂명당: 절터밑몬당(절터 밑에 있는 산) 동쪽에 있는 산. 돌꽂(돌껏) 명당이 있다 함.

三人洞(삼인골): 학림 서쪽에 있는 골짜기. 人 자 셋을 겹친 것 같은 형국.

양사쟁이: 조가재이 서쪽에 있는 들. 巳頭穴이 있다 함.

鶴林: 밤징이 북쪽에 있는 마을. 누운 학의 머리에 해당한다 함.

谷城郡 木寺洞面

弓頭里: 마을 뒷산이 활과 같고 앞산이 화살 머리와 닮았다고 해서 붙은 지명.

▶九龍里: 구렁이처럼 생겼으므로 구렁이라 하다가 音轉되어 九龍里라 하게 되었음.

▶東岩里

무수굴(無袖洞): 황새바웃등 남쪽에 있는 골짜기. 仙人舞袖形의 명당이 있다 함.

▶龍鳳里

갈우골(渴牛洞, 龍田): 평지말 동쪽에 있는 골짜기. 전에 마을이 있었는데 1972년 평지말에 합쳐짐. 渴牛飮水穴이 있다 함.

▶坪里(들말)

맷골(梅花谷): 들말 동쪽에 있는 골짜기. 梅花落地形의 명당이 있다 함.

造山: 조산들에 있는 산. 돌로 쌓았음. 조산들의 地氣虛缺處를 裨補하기 위한 조처임.

谷城郡 三岐面

鶴洞마을: 마을 뒷산이 풍수상 雲中飛鶴形이라 하여 붙은 지명.

▶敬岳里

伏龍村: 경악 서북쪽에 있는 마을. 용이 엎드려 있는 형국(伏龍形)이라 함.

▶金鷄里: 지형이 金鷄抱卵形이라 하여 붙은 지명.

▶金盤里: 금소반처럼 생겼으므로 붙은

지명.

괘칫재(猫峙): 삼거리에서 곡성면 서계리로 가는 고개. 고양이가 노적가리를 노리는 쥐를 잡아먹으려고 덤비는 형국이라 함.

▶ 蘆洞里
노동마을: 飛雁含蘆穴이 있다 함.

▶ 院嶝里
맹이(매안이, 牧羊洞): 원동 동북쪽에 있는 마을. 염소가 풀을 뜯는 모양의 穴이 있음.

▶ 月境里
臥牛形: 두리봉 북쪽에 있는 산. 臥牛形이라 함.

▶ 儀岩里
돌껏명당: 시리봉 동쪽에 있는 산. 돌껏명당이 있다 함.
쇠미(牛飮): 반석 서쪽에 있는 마을. 소가 물을 마시는 형국(渴牛飮水形)이라 함.

▶ 淸溪里
청계마을: 마을 앞 들판을 〈몰이등〉이라 불러 왔는데 金龜沒泥形에 해당됨.

谷城郡 石谷面

田基마을: 마을 형국이 鳳穴이라 해서 飛鳳으로 불렸던 곳. 봉혈이면 알이 있어야 한다고 해서 마을 입구에 알 모양의 둥근 흙 무덤을 쌓아 鳳卵이라 부르다가 1914년 행정 구역 개편 때 전기리로 개칭함.

▶ 堂月里
馬山: 당머리 남서쪽에 있는 산. 渴馬飮水穴이 있다 함.

▶ 溫水里: 마을 뒤 玉流洞에서 온천이 나왔다고 붙여진 지명. 나환자들이 찾아 들어 개를 잡아 넣고 제를 올린 후 온천이 나오지 않는다 함.

谷城郡 梧谷面

▶ 龜城里
토끼재: 쌍구동 남쪽에서 홍골안으로 넘어가는 고개. 玉兎望月形의 명당이 있다 함.

▶ 德山里
德陽書院: 지방 문화재 56호. 그 아래 浣溪精舍. 통명산(764m) 아랫자락이라 해서 뫼미테로, 서당이 있는 곳은 서당골 또는 서우네라 불림. 완계정사는 午向으로 말과 관계됨. 이 자리가 渴馬飮水穴이라 함. 완계정사 중앙에서 정면을 보면 지리산이 한눈에 들어온다. 말하자면 남쪽 지리산이 문필봉 역할을 하는 셈이다.

▶ 明山里: 비결에 이르기를 通明山下十里許에 臥牛穴이 있는데 소가 누운 곳에

자리를 잡았다 하여 鳴山으로 부르다가 통명산 아래이므로 명산으로 바꿈.

雙龜마을: 명산리 이웃마을. 두 마리 거북이가 마주 보는 大穴이라 함.

게명당: 점텃골 북쪽에 있는 골짜기. 게 형국의 명당이 있다 함.

구시골: 양지평 북쪽에 있는 골짜기. 명산리가 臥牛形이므로 구시(구유)에 해당한다 함.

草洞: 명산리 남쪽에 있는 마을. 명산이 臥牛形이므로 먹이인 풀에 해당한다 함.

▶彌山里

밤징: 검은너들 동쪽에 있는 골짜기. 바구리(바구니) 명당이 있다 함.

배뜸골: 불당골 남쪽에 있는 골짜기. 배와 돛대 명당이 있다 함.

▶鳳鳥里

갈골: 중뜸 동쪽에 있는 골짜기. 渴馬飮水形의 명당이 있다 함.

검사골(검새골, 玄鳥洞): 말골 동남쪽에 있는 마을. 검은 새(玄鳥) 명당이 있다 함.

▶鴨綠里(合綠): 섬진강과 보성강이 마을 앞에서 합하여 흐르므로 합록이라 하다가 音轉되어 압록이라 함.

▶梧枝里: 오곡면 소재지.

전동마을: 動樂山에서 내려온 형세가 飛鳳抱卵形. 그래서 이 마을은 棲鳳, 留鳳과 함께 鳳棲梧枝라 불림. 그러나 마을 형세가 의관의 형세와 비슷하다고 하여 일부 주민들이 의관만 번듯한 양반들만 산다는 속말로 〈옷갓〉이라 부르기도 함.

▶寢谷里(침실): 柳氏들이 세장산을 쓰던 중 잠자리 명당이라는 寢穴이 나타나 침곡마을로 불림. 그러나 이곳은 杜思沖이 남긴 비결서에 〈鴨綠江上十里許 躍馬將軍龍負舟〉라 기록함에 따라 약마부주 또는 약마부적이라 불림. 因房山(熊房山, 곰방산)이라 불리는 이곳에 혈을 쓰면 10정승, 8장군, 3왕후가 나온다 하는데 아직 주인을 찾지 못했다 함.

谷城郡 梧山面

▶鳳洞里: 오지봉 밑이 되므로 풍수상 오동나무 가지에는 봉황이 깃드는 것이라 하여 붙은 지명.

▶蓮花里(여름태)

蓮實村: 연화제 위에 있는 마을. 蓮花倒水形의 명당이 있으므로 그 열매에 해당한다 함.

▶栗川里(밤내울)

기우재(騎牛峙): 기우산에서 담양군 대덕면 갈전리로 넘어가는 고개. 老仙騎牛形의 명당이 있다 함.

엇가리봉: 떡갈봉 서북쪽에 있는 산.

엇가리(닭장)처럼 생겼음.
▶朝陽里(지랑촌): 봉황산 밑이 되므로 봉황은 아침 볕에 운다 하여 붙은 지명.
　가릿굴(갈이곡): 새논들 서쪽에 있는 골짜기. 새가 갈대를 물고 가는 형국이라 함.
　모래등: 가릿골 서쪽에 있는 등성이. 平沙落雁形의 명당이 있다 함.
　복갯등(伏狗嶝): 지랑촌 북쪽에 있는 등성이. 개가 엎드려 있는 것같이 생겼다 함.
　臥牛山: 반석과 탑동 사이에 있는 산. 臥牛形.

谷城郡 玉果面

雪山: 목동마을 뒤쪽에 위치함. 북쪽 바위산 모습이 멀리서 보면 눈처럼 하얗게 보인다고 해서 붙은 지명. 산 정상부에 둘레 30미터의 봉분이 산 정기를 빨아들이는 듯 서 있다. 지명 옥과에서 10여 년 전부터 옥과사과 생산. 빛깔과 당도 일품. 또 감나무가 많다는 培甘마을도 있다. 광주에서 남해 고속 도로를 타고 20여 분쯤 내려가다 옥과 직전에 남쪽으로 다소곳하게 고개를 숙이고 있는 산이 설산임. 정면에서 보면 두 개의 봉우리가 마주하는 쌍둥이 산. 오른쪽이 설산 주봉, 왼쪽

이 해가 걸려 있는 형상이라는 掛日山. 주봉은 獅子仰天形이고 괘일산은 日落陷池形이라 함(백형모).
▶武昌里(역몰): 大富驛이 있어 무기와 병사를 많이 배치했던 곳. 지형이 弓形이라 武를 장려해야 번창한다고 무창이라 함. 특히 이곳은 武 자가 지명에 붙어 있기 때문에 항상 쇳소리가 나야 흥한다고 하여 주물 공장을 세우고 징과 꽹과리 등 악기를 제작해 온 곳으로 유명하다.
▶水里(물한실): 예로부터 물이 많아서 물한실 또는 水帶谷이라 불림. 현재 게르마늄 성분이 함유된 지하수를 개발하고 있음.
▶栗寺里
　老鼠下田形: 도선국사가 占定했다고 전해짐. 위치 미상. 대체로 율사리 마을 자리가 아닌가 하는 짐작은 가지만 확실치는 않다. 마을 형태가 밤 알맹이 같다고 하여 붙여진 이름이 율사리인데, 이 혈은 積栗案이 특징임. 옥과향교가 이곳에 있다가 이전했음.
▶里門里
　造山: 조산들에 있는 산.

谷城郡 立面

▶萬壽里(댓굴)
　王字峯: 안산 동쪽에 있는 산. 王字形

이라 함.

▶梅月里

梅坪(店村): 매월리에서 으뜸가는 마을. 梅花落地形의 명당이 있다 함. 옹기점이 있었음.

▶藥川里

사막골(三鶴谷): 몰랑들 북쪽에 있는 골짜기. 세 마리의 학이 날아오르는 형국.

지잠들: 윈넘들 동쪽에 있는 들. 거미가 줄을 치고 먹이가 걸리기를 기다리는 형국(蜘蛛散網形)이라 함.

谷城郡 竹谷面

▶桐溪里: 鳳頭山 밑이므로 붙인 지명인데 봉황은 오동나무가 있어야 한다 하여 오동나무 桐 자를 써서 동계리라 함.

다래목골: 복골 북쪽에 있는 골짜기. 燕巢形의 명당이 있다 함.

▶鳳亭里: 마을에 대숲이 있으므로 봉황이 대순(竹筍)을 먹으러 머문다 하여 붙은 지명.

梅花亭: 봉정 서남쪽에 있는 들. 梅花落地形의 명당이 있다 함.

▶三台里: 삼태미처럼 생겼으므로 붙은 지명.

▶元達里(온달): 〈온 달(보름달) 형국〉으로 되었다 하여 붙은 지명.

泰安寺(大安寺, 桐裡寺): 원달리 20번지에 있는 절. 태안사에 대해서는 그 기행문을 제1권 1장에 수록하였음.

▶留鳳里(沙器店): 지형이 봉황이 새끼를 품고 있는 형국이라 하여 붙은 지명.

도치딩이: 유봉 서쪽에 있는 들. 옛날 태안사 터를 잡으려고 이곳에서부터 도치(도끼)로 나무를 찍어 넘기고 들어갔다 함.

▶華陽里

복지솔: 에미장골 서쪽에 있는 골짜기. 伏雉穴이 있다 함.

光山郡 大村面

현재는 광주광역시 광산구로 명칭이 변경되었음.

▶漆石里: 황소가 쪼그리고 앉은 형상이라 터가 무척 거세다. 이 기운을 누르기 위해 소의 입에 해당하는 곳에 구유를 상징하는 못을 파 놓았다. 또 황소가 일어서면 재앙이 일어난다고 여겨서 할머니당인 은행나무에 고삐를 묶어 놓고 꼬리는 일곱 개의 돌로 눌러 놓았다. 터가 센 까닭에 개가 자라지 않는다고 여긴 나머지 개 대신 거위를 기른다. 이 마을에서 오래전부터 전승된 고싸움도 거센 터를 누르기 위해 벌여 온 것이라 함(김광언).

光山郡 東谷面

현재는 광주광역시 광산구 동곡출장소 관할임.

▶堯基里

造山: 조산 마을 뒤에 있는 산. 홍수 피해를 막으려고 만들었음.

▶柳溪里

臥牛山: 본촌 북쪽에 있는 산. 44미터. 臥牛形이라 함.

光山郡 本良面

현재는 광주광역시 광산구 본량출장소 관할임.

▶德林里

쌍구동(쌍구실): 을림 북쪽에 있는 골짜기. 지형이 동호리 범바위의 범이 잡아 먹을 두 마리의 개 형국이라 하여 雙狗라 한 데서 비롯된 지명.

▶東林里

念佛山: 동림리와 양산리 경계에 있는 산. 180미터. 스님이 염불하는 형국이라 함.

▶東湖里

범바우(벙바우, 虎岩): 석문 어귀에 있는 바위. 범처럼 험하게 생겼음.

▶池山里

매화논: 몰죽배미 동쪽에 있는 논. 梅花落地穴이 있음.

자진머리(紫芝村): 산음 서쪽에 있는 마을. 뒷등성이가 자지(남자의 생식기) 형국으로 되었다 함.

光山郡 飛鴉面

현재는 광주광역시 광산구 비아출장소 관할임.

▶飛鴉里: 나는 까마귀처럼 생겼다 하여 붙은 지명.

▶新昌里

돈촌(도원): 매결 남쪽에 있는 마을. 터가 좋아 무릉도원이 되리라 하였음.

造山: 탄동 밑에 있는 산.

光山郡 三道面

현재는 광주광역시 광산구 삼도출장소 관할임.

▶大山里

造山: 소재동 남쪽에 있는 산. 만들어 놓은 것처럼 작음.

▶三巨里

伏雉嶝: 삼암 남쪽에 있는 등성이. 매 형국인 삼암 북쪽의 매봉산과 마주 있으므로 꿩이 매의 눈을 피해서 숲속에 엎디어 있는 형국(伏雉形)이라 함.

▶三道里

回龍: 동촌 동남쪽에 있는 마을. 뒷산이 回龍顧祖形이라 함.
▶ 五雲里
바람부(雲岩, 風吹): 양촌 동남쪽에 있는 마을. 띠가 바람에 날리는 風吹羅帶形의 명당이 있다 함.
▶ 芝坪里
핑갓: 방죽안 서남쪽에 있는 마을. 이곳에 吳氏의 산소가 있는데 平沙落雁穴이라 함.

光山郡 松汀邑

현재는 광주광역시 광산구 송정동으로 행정명이 바뀌었음.
▶ 西峯里
한정승뫼: 새산두 북쪽에 있는 큰 무덤. 정승을 지낸 한씨가 묻혔다 함. 飛鳳抱卵形의 명당이라 함.
▶ 新村里
방구다리(방구등): 신기 남쪽에 있는 마을. 농악기의 일종인 방구 형국의 명당이 있다 함.

光山郡 林谷面

현재는 광주광역시 광산구 임곡출장소 관할임.
▶ 斗亭里

飛翅洞: 두말 서남쪽에 있는 마을. 飛鴉含露(기록은 이렇게 되어 있지만 아마도 蘆의 誤字일 듯함)穴의 명당이 있음.

光山郡 平洞面

현재는 광주광역시 광산구 평동출장소 관할임.
▶ 東山里
와웃등: 뒷등 동쪽에 있는 등성이. 이씨의 묘가 있는데 臥牛穴이라 함.
▶ 龍洞里
등잔골: 장성골 동북쪽에 있는 골짜기. 玉燈掛壁穴이 있다 함.
▶ 月田里
七星峯: 월정 북쪽에서 남쪽으로 북두칠성처럼 벌려 솟아 있던 일곱 봉우리의 산. 지금은 모두 무너져 들이 되었음.
▶ 長綠里
부아태(보아테): 구랫들 북쪽에 있는 들. 금은보화가 날 만큼 좋은 명지가 있다 함.
▶ 池亭里
造山: 딘전굴 밑에 있는 들. 조산이 있었음.

光山郡 河南面

현재는 광주광역시 광산구 하남출장소 관할임.
- ▶鰲山里(기재, 게재, 거치): 기(게)처럼 생겼으므로 붙은 지명.
   造山: 구촌 남서쪽에 있는 산.

光陽郡 骨若面

현재 광양군은 전역이 광양시로 바뀌었음. 과거 골약면 지역은 지금까지의 동광양시 지역으로 예컨대 지금 광양시의 황금동, 도리동, 중군동, 금당동 등의 지역이 여기에 해당됨.
- ▶桃李里(도리미): 둥글고 작은 산이 있으므로 붙은 지명.
- ▶中軍里
   軍藏(군쟁이): 재동 동북쪽에 있는 마을. 근처에 將軍大坐穴이 있다 함.
- ▶黃金里
   金谷(쇠북골, 사복곡): 외도 동쪽에 있는 마을. 쇠를 캤다 함. 금뱀이 엎드려 숨어 있는 金巳伏池穴이 있다 함.

光陽郡 太仁面

현재 광양시 태인동.
- ▶金湖里(소섬, 금도): 소 형국으로 된 섬이라 하여 붙은 지명. 또는 쇠섬(金島). 광양제철소가 됨.
   下浦마을: 紅帆出航形. 마을 동쪽에서 서쪽 해안으로 이르는 형체가 마치 붉은 범선이 빠져 나가는 모양과 같다. 이곳에 국제 콘테이너항 건설중.
- ▶太仁里
   明堂등: 용지 서북쪽에 있는 섬. 산 등성이 형국이며 근처에 명당이 있다 함.
   배알섬(拜謁島): 궁기 북쪽 6백 미터 지점에 있는 섬. 바다 건너 望德山에 천자를 배알하는 天子奉朝穴이 있다 하여 붙은 지명.
   太仁島(大仁島): 태인리에서 으뜸가는 섬. 육지와 가까워서 닿을 듯함. 큰 사람이 살았다 하는데 조선 시대 도술가 田禹治가 있었다 함.
   김(海苔)의 유래: 김해김씨 金汝瀷(1616-1660)이 자생 해태 양식 시작. 이후 김이라 부름. 이 일가가 터를 잡은 곳은 궁땅(宮基)이고 龍池가 있다.

光陽郡 光陽邑

현재 광양시 광양읍.
- ▶牛山里: 뒷산은 거대한 소의 형국으로 臥牛形. 머리 부분은 쇠머리, 소의 몸체 부분은 內牛마을. 송전탑 때문에 한전과 소송중(백형모).

造山: 향교 앞 들에 있는 작은 산.
▶七星里: 광양 고을의 서북쪽이 虛하여 일곱 군데에 산을 만들어 나무를 심어 七星이라 하였으므로 붙은 지명.
　개머리: 칠성 서남쪽에 있는 들. 들 서쪽 산이 호랑이 형국이라 그 호랑이가 읍으로 내려오지 못하도록 그 사이에 있는 이 들의 이름을 그 호랑이의 밥인 개라는 뜻으로 개머리라 하였다 함.
　造山: 메밀 남쪽에 있는 마을.

光陽郡 多鴨面

▶高士里
　버지골(유지곡): 매산바구 서쪽에 있는 마을. 근처에 버드나무 가지에 꾀꼬리가 집을 지은 형국(柳枝鸚巢穴)의 명당이 있다 함.
▶道士里
　칠인평(雉卵坪): 섬진나루 남쪽에 있는 들. 신원리의 칠인징이 위쪽이 됨. 꿩이 알을 품고 있는 형국(伏雉抱卵形)임.

光陽郡 鳳岡面

▶石杜里
　西石里: 동석 서쪽에 있는 마을. 구한말의 우국열사 梅泉 黃玹이 태어났음.
　黃梅泉墓: 서석제 서쪽에 있는 매천 황현의 묘.
▶莘龍里
　二仙亭: 부자골 북쪽에 있는 골짜기. 신선이 바둑 두는 형국.
▶鳥嶺里(새재)
　등잔등: 도치재 북쪽에 있는 등성이. 掛燈壁火穴이 있다 함.

光陽郡 玉谷面

▶大竹里
　매방골: 오동정 서북쪽에 있는 골짜기. 梅花落地穴이 있음.
▶仙柳里
　仙笛골: 중선 서남쪽에 있는 골짜기. 仙人吹笛穴이 있음.

光陽郡 玉龍面

현재는 광양시임. 玉龍寺의 이름을 따서 지음. 광양은 이름대로 우리나라에서 일조량이 가장 많은 곳. 제철소도 그런 까닭에 입지했다는 얘기가 있다. 광양읍에서 옥룡사로 가기 위해 백운산 자락에 이르면 興龍마을이 나타남. 신라 시대 풍수설에 능통한 도인이 백운산에서 산맥을 타고 내려오다가 이 마을 뒷산이 용이 하늘로 올라가는 형국이라 하여 붙인 지명이라 함. 도선국사는 당대인들에게 거부감을 받았다. 그래서 옥룡사 터는 지금 초라한 터로 남고 말았지만 再起의 여지가 있다(백형모).

雲庵寺: 옥룡사 산줄기 바로 뒤편. 이 일대 최고의 길지로 알려짐. 신라 시대 진묵 대사가 잡았으나 불사가 이루어지지 않다가 박기성이란 지사에 의하여 운암사 사찰 건립이 이루어지고 있음. 鶯巢柳枝形이니 꾀꼬리 소리처럼 목탁과 독경 소리가 그치지 않을 터라고 주장함.

옥룡면 대방동 별똥산: 백운산 기운이 마지막 총력을 다하여 정좌한 곳. 거북 명당. 이 자리의 남쪽 산록은 金龜下水形. 사업가 李得恩 소유. 묘를 쓰고 발복하여 松鶴寺라는 대규모 사찰 건립중(백형모). 암행어사 박문수(1691-1756)가 임금의 물음에 朝鮮之全羅道 全羅道之光陽이라 했다 하는데 이곳이 바로 그곳이란 얘기를 하는 사람도 있음.

▶東谷里

가락등: 숯굿골 북쪽에 있는 골짜기. 물레의 가락처럼 곧고 긴 형국.

가장판: 심원 서쪽에 있는 버덩. 假埋葬을 했음. 二重葬制의 遺風이 아닐까 하는 짐작이 감.

먹방(墨方): 심원 동남쪽에 있는 마을. 높은 산에 둘러싸여 있어 한낮에도 먹칠을 한 것처럼 컴컴함.

무링이(무리목): 노리목 북쪽에 있는 골짜기. 고로쇠나무가 많았으므로 해마다 경칩 무렵에는 그 나무에서 나오는 물을 마시려고 많은 사람들이 모임.

白雲寺: 선동 서남쪽, 곧 동곡리 산 111번지 백운산(1,218m) 기슭에 있는 절. 조선 순조 때 불에 타 1914년에 孫致賢이 다시 세움. 1948년 여순 반란사건 때 불에 타 버린 것을 蘇求山이 3년에 걸쳐 다시 세웠음.

仙洞: 동골 남쪽에 있는 마을. 근처에 仙人舞袖穴이 있다 함.

億佛峯: 선동 동북쪽에 있는 산. 인근에 부처 모양의 바위가 많이 있는데 그래서 이 부근에 절이 많은 것은 아닌지 하는 생각이 든다.

▶山南里

삼밭골: 서잣굴 북쪽에 있는 골짜기. 여자가 머리를 풀고 있는 형국(玉女散髮形)이라 함.

▶龍谷里

홍롱: 장암 북쪽에 있는 마을. 뒷산이 용 형국.

▶雲谷里

골안재(막은재): 내계에서 재실로 가는 고개. 전에 이 고개가 마을에 해롭다 하여 길을 막은 일이 있었음.

▶雲坪里

中興寺: 삼층석탑 북쪽에 있는 절. 신라 진흥왕 때 보조국사가 창건하였는데 그 뒤 여러 번 중수하였음. 임진왜란 때 불탄 것을 1936년 徐載福이 다시 세워 중흥산성의 이름을 따서 중흥사라 함. 쌍사자석등, 보조국사비와 삼층석탑이 있었는데, 쌍사자석탑은 1913년 국립박물관으로 옮기고 지금은 삼층석탑만 남았음.

中興山城三層石塔: 중흥산성, 곧 운평리 산 23번지에 있는 삼층석탑. 화강암으로서 높이 3.8미터인데, 이층 基壇 위에 서 있음. 위 기단의 사면에는 神將과 보살상, 아래 탑신의 사면에는 1具씩의 여래상이 조각되어 있음. 1930년 일본 경찰이 탑을 보호하고 있던 이재영에게 4백 원을 주고 1936년에 일본으로 옮겨 가려다가 옥룡면민들의 반대로 뜻을 이루지 못하고 그 뒤 서재복이 중흥사를 짓고 보호하다, 정부에서 보물 제112호로 지정 보호함.

▶栗川里

갈맛골: 덕천 북쪽에 있는 골짜기. 목마른 말이 물 마시는 渴馬飮水形의 명당이 있다 함.

말거리: 덕천 북쪽에 있는 들. 목마른 말이 물을 마시는 형국(渴馬飮水形)이라 함.

쇠바탕: 율곡 서남쪽에 있는 버덩. 바탕(마당)처럼 넓고 평평하며 풀이 좋아 소를 놓아 먹임.

▶竹川里

奈川(먼내): 신촌 서남쪽에 있는 마을. 옛날 내천 縣 소재지임.

세밍짓골: 서지밭골 북쪽에 있는 골짜기. 명지(명당)가 세 곳이 있다 함.

▶秋山里

객산무시밭: 추산 서쪽, 객산에 있는 버덩. 무 밭이 있었는데, 무가 맛이 좋고 크기로 근처에서 유명함.

南山: 백계 남쪽에 있는 산. 옥룡사의 남쪽이 됨. 도선국사와의 관계에 유의할 필요가 있음.

동백숲(冬柏林): 덤백재 밑에 있는 동백나무 숲. 신라 말기에 이름 높은 玉龍子 도선이 옥룡사를 창건하고 보호림으로 가꾸었다 함. 숲 안에는 샘이 있는데, 물맛이 좋고 시원하므로 고을 원이 길어다 먹었다 함.

白鷄(白鶴里, 절터): 외산 동남쪽에 있는 마을. 백계산 밑이 됨.

玉龍寺: 백계 북쪽에 있는 절. 신라 경문왕 4년(864)에 옥룡자 도선이 창건하여 수도를 하는 중 헌강왕이 그의 명성을 듣고 사람을 보내어 궁중으로 모셔 가니 여러 가지 정신적인 영향을 주고 얼마 후에 다시 이 절에 와서 일생을 마쳤는데, 뒷날 고려와 조선의 사회 정치에 커다란 영향을 끼친 음양지리설을 연구하여 『道詵秘記』(『태조실록』에는 나오는 책인데 왜 그후 사라졌을까가 의문인 책임)를 지었다 하여 유명함. 여러 번의 중수 끝에 또 불에 타 버려 빈터만 남았던 것을 근년에 다시 세움. 그의 제자들이 스승을 추모하여 탑을 세우고 證聖慧燈이라 함. 고려 광종 9년(958)에 세운 洞眞大師碑와 의종 4년(1150)에 세운 도선국사비가 있었는데, 도선국사비는 1930년 무렵에 돌이 매우 좋으므로 깨어 섬돌, 주춧돌 등으로 썼음(제1권 2장 참조).

장구숫골: 입춘골 북쪽에 있는 골짜기. 샘이 있었는데, 물을 마시면 힘센 장군이 될 수 있다 함.

종두스님 채록에 의하면 옥룡사는 원래 연못이었다 함. 도선국사가 밑에 마을에 눈병을 준 뒤, 소금과 숯을 한 짐씩 져다 부으면 눈병이 낫는다고 하여 연못을 메우고 절을 지음. 연못에 백룡과 황룡이 살았는데 황룡은 승천하고 백룡은 못함. 그래서 백씨 성을 가진 사람이 살면 절을 망치게 된다고 하는 얘기가 전함. 조선 말엽 백씨가 원님과 짜고 절터를 매입하는 바람에 폐사가 되었다. 혹은 이 절은 천년 번성하고 천년 망한다는 설도 있음.

차진옥 채록에 의하면 원래 沼인데 용이 열 마리가 살았다. 즉 十龍인데 九龍은 九龍沼로 가고 白龍만 가지 않아 활로 쏘아 죽임. 따라서 이 설화도 백씨를 들이지 말라는 얘기가 되는 셈이다.

신선도를 닦는 도인에게 도선이 누룽지를 적선하여 그 보답으로 도인이 반나절 만에 풍수지리설을 가르쳐 주었다는 일화도 전함. 본래는 천문 등도 가르칠 예정이었으나 도선이 반나절을 거절하는 바람에 풍수밖에 못 가르쳤다는 것. 그 장소가 화엄사 밑 沙下里, 또는 이 밑 개울이라는 설이 있다. 개울에서 모래로 산과 터를 만들어 풍수를 가르침.

옥룡자가 지리산 문수대에서 공부를 하는데, 낮에는 사도촌에서 노인에게 풍수를 배우고 밤에는 화엄사에 가서 등사를 했다고 함.

광양군 玉龍面 秋山里 外山마을에 위치하고 있다. 사지 뒤편으로는 해발 1,217미터의 白雲山을 뒤로 하고 그 앞으로 낮은 野山을 이루고 있는데 이름을 白鷄山이라 하며 옥룡사지는 이 백계산 입구에 있다. 현재 사지 일대는 청주한씨 소유로 되어 있고 1969년 새로 지은 冬柏寺(일명 백계사) 그리고 1925년에 건립한 한씨 문중의 永慕齋가 있다.

옥룡사지는 원래 沼로서 비만 오면 물이 많이 고여 도선국사가 숯을 메워 절을 지었다고 한다. 동백사를 건립하면서 초석을 묻을 때에도 많은 숯이 발견되었다고 하며 역시 연못(이 연못은 동백사 건립 후에 복원하였다고 함)을 복원하기 위하여 흙을 파낼 때에도 많은 숯이 출토되었다고 한다.

光陽郡 津上面

▶飛坪里
坪村마을: 남쪽에 있는 공새바위에는 白鶴洞이란 글자가 새겨져 있음. 백학동에 兵火不入之地가 있다. 구한말 의병 黃炳中이 鼓岩書室을 짓고 은거함.
飛村마을: 수어댐 공사로 하루아침에 마을이 없어짐.

▶旨元里
귀신둠벙: 원당 동쪽에 있는 둠벙. 사람이 목욕을 하다 자주 빠져 죽는데 귀신이 있기 때문이라 함.

光陽郡 津月面

▶望德里
望德山: 망덕 서쪽에 있는 산. 왜적의 침입을 망 보았다 함. 산 위에 오르면 한려수도의 여러 섬들이 한눈에 보여 전망이 좋음. 근처에 조정에 나가 천자를 받드는 天子奉朝形의 명당이 있다 하여 풍수들이 많이 오른다 함.

▶船所里
鷄林: 이정 서쪽에 있는 숲. 씰가지산 밑이 되는데 닭이 숨어 있는 형국이라 함(씰가지산 참조). 옛날에는 마을이 있었다는데 근년에 중학교 건물을 지으려고 터를 닦으니 땅속에서 옛날의 사기 그릇, 기와, 수저 조각들이 나왔음.
무적섬(末積섬, 舞蝶島): 선소 동쪽에 있는 산. 전엔 섬이었는데 군량미를 쌓아 두었다 함. 망덕리의 꽃밭등과 마주 보이는 곳으로 꽃밭등의 꽃을 보고 나비가 춤을 추는 형국이라 함.
씰가지산(뒷동산): 선소 북쪽 뒤에 있는 산. 씰(삵) 형국이라 닭바구(선소 남쪽 들 가운데 있는 바위)의 닭과 비갱이(병아리)바구(닭바구 뒤에 있는 바위)의 병아리를 잡아먹는다 함.

▶新鳩里
금안골(金鳥谷): 구동 남서쪽에 있는 골짜기. 금까마귀가 송장을 쪼는 金鳥啄屍穴이 있음.
도깨비둠벙: 다리목 동쪽에 있는 둠벙. 사람이 자주 빠져 죽었는데 날이 궂으면 도깨비불이 보인다 함.

花山: 구동 동쪽에 있는 산. 花心穴이 있다 함.
▶ 車蛇里
　머구릿들: 사동 앞에 있는 들. 머구리(개구리)처럼 생겼음. 뱀골이 뱀 모양으로 되었다는데 이곳은 그 뱀의 밥이 된다고 함.
　뱀골(蛇洞, 學洞): 수레개 서북쪽에 있는 마을. 배암재 밑이 됨.

光州市 東區

깨진등(지빗등): 지산동 꽂재 남쪽에 있는 등성이. 燕巢形의 명당이 있는데 사람들이 명당 자리를 잡으려고 파헤친 곳이 많음.

光州市 北區

▶ 望月洞: 본래 광주군 상대곡면의 지역인데 1914년 행정 구역 폐합에 따라 분토리와 하대곡면의 복정리 일부와 창평군 서면의 죽곡, 죽월산리 일부를 편입하여 玉兎望月形의 명당이 있다 하여 망월리라 해서 석곡면에 편입시켰음. 1955년 광주시에 편입되고 1957년 동제 실시에 따라 청옥동회의 관할이 됨.
　景烈公山所: 정치메에 있는 장군 묘. 고려 말엽에 침입한 왜적을 여러 번 무찔러 전공을 세운 鄭地 장군의 산소이며 경렬은 그의 시호임. 조선 선조 때 의병장 金德齡이 무쇠 갑옷과 투구 차림으로 이 묘에 제사 지낼 때 갑자기 찬 칼이 풀어지니 상서롭지 못한 일이라 하여 출전하지 말라고 했으나 끝내 듣지 않더니 그 뒤 홍산(부여)에서 반란을 일으킨 李夢鶴을 토벌하려다가 그와 내통했다는 辛景行의 모략으로 29세에 옥사함. 그 갑옷은 보물 제336호로 지정 보호함.
　동냥치배미: 월산 동남쪽에 있는 논. 부자의 소유로 이 논의 소출은 따로 떼어 두고 동냥아치에게만 내어 주었다 함.
　粉土(분토동): 등촌 북서쪽에 있는 마을. 분토가 났음. 정지 장군의 산소가 있음.
　씹새암: 큰골 북쪽 씹새암골에 있는 샘. 여자의 생식기처럼 생겼음.
　逆賊골: 가장굴 동쪽에 있는 골짜기. 역적이 무예를 익혔다 함. 아마도 김덕룡 장군이 어릴 때 무예를 익히던 곳이 아닐까 하는 짐작이 감.
　정치메: 대실 서쪽에 있는 산. 고려 말엽의 장군 정지의 묘가 있음.
　拜謁등: 금곡동 서촌 남쪽에 있는 등성이. 天子奉朝形의 명당이 있다 함.
　玉兎峯: 금곡동 서촌 남서쪽에 있는

산. 무등산 봉우리의 하나로 玉兎望月形의 명당이 있다 함.
거문곳등: 오치동 참샛골과 물망골 사이에 있는 등성이. 玉女彈琴形의 명당이 있다 함.
龍珠里: 용봉동에서 으뜸가는 마을. 盤龍戱珠形의 명당이 있다 함.
계란들(계량들, 鷄糧坪): 운암동 사산 앞에 있는 들. 황계의 뒷산에 黃鷄抱卵形의 명당이 있는데 이곳은 황계의 먹이에 해당된다 함.
대자실(大自里, 黃鷄): 운암동에서 으뜸가는 마을로 뒷산에 黃鷄抱卵形의 명당이 있다 하여 황계가 됨.
배진바우: 운정동 주룡 동남쪽에 있는 바위. 담양군 고서면과 경계가 됨. 근처에 황룡이 배를 진 黃龍負舟形의 명당이 있다 함.
無等山圭峰寺: 이 절은 무등산 800-900미터 되는, 立石臺와 瑞石臺가 병풍처럼 둘러싸인 和順郡 二西面 永坪里에 있는데 예로부터 이름 난 경승지이다. 건물은 6·25 때 소실된 것을 다시 지은 것이다. 『신증동국여지승람』에 〈圭峰寺在無等山…… 世傳道詵遍坐此臺相松廣山勢而創寺爲〉라 하여 도선이 이 대에 두루 앉아서 송광산의 산세를 본 다음 이 절을 창건했다고 한다.
현재 규봉사에는 도선의 관련 유적은 없으나 石佛庵으로 가는 중간 지점에 도선이 참선을 했다는 굴이 있다.

▶ 水谷洞

금반등: 수곡 동쪽에 있는 등성이. 金盤玉壺形의 명당이 있다 함.

▶ 雲亭洞

나발등: 광대굴 남쪽에 있는 등성이. 나발 형국.
犢臥里: 안맷골 북쪽에 있는 골짜기. 송아지가 누운 형국.
배진바우: 주룡 동남쪽에 있는 바위. 담양군 고서면과 경계가 됨. 근처에 황룡이 배를 진 黃龍負舟形의 명당이 있다 함.
서룬굴(小龍谷): 니거리 북쪽에 있는 골짜기.
中興洞(주룡, 주룡리): 어운 남쪽에 있는 마을. 뒷산에 黃龍負舟形의 명당이 있다 함.
철도너메(새장터): 운정동에 있는 들. 지금은 없어진 철도 너머 쪽이 됨.
무등산: 백양산에서 그 기를 받음. 광주는 무등의 背面. 따라서 광주의 역사는 찬서리의 역사가 될 수밖에 없다는 주장을 펴는 사람도 있다. 그래서 전남도청을 옮겨야 한다는 주장이 나옴. 무등의 기운은 정상인 천왕봉으로부터 너릿재터널과 나주 금성산, 영광으로 이르는 한 줄기와 동복에서 조계

산, 백운산으로 뻗어 내리는 두 줄기가 있다. 이중 양산맥이 Y字形으로 감싸고 있는 부분이 명혈. 이곳은 반드시 물이 굴곡을 이루며 흐르게 되는데 弓字形이면 안성맞춤이라 한다. 이에 따라 도청이 나주의 산포면, 봉황면, 금천면 일대로 이전되면 陰氣의 광주가 陽氣를 띨 것이라는 설이 있음(백형모).

무등은 火星이기 때문에 물이 필요한데 1968년 경양방죽이 매몰되는 바람에 화를 자초했다는 설도 있음. 광주 지세가 化龍昇天形인데 여의주에 해당하는 胎峯山이 경양방죽과 함께 없어져 승천의 기회를 얻지 못했다는 것.

상혈은 君王之地로 禁穴 또는 國禁不言穴. 중혈은 君臣奉朝形으로 將相이 나고, 하혈은 부귀의 땅으로 번영을 예고한다 함. 특히 하혈에 있어서는 〈芝谷에 이르면 大基가 있다〉는 말이 있음. 지곡은 담양군 남면 지실마을을 가리킴.

무등산 정상에서 동북쪽(산장으로 올라 가는 왼쪽 자락)은 獅子仰天形으로 이곳은 봉우리 윗부분에 혈이 놓이게 되는데 누가 이미 묘지를 썼다고 함.

동북쪽 산세 중에는 猛虎出林形이 있는데 두암동 주공 아파트 자리 또는 각화동 정수장 혹은 광주 교도소 자리라고도 함.

토끼봉 일대는 玉兎望月形으로 토끼의 눈에 해당하는 곳이 혈이나 아직 쓰지 않았다. 최근 무등산 순환 도로가 나면서 너덜경 약수터로 가는 곳을 파헤쳐 천왕봉에서 토끼봉으로 내려오는 기가 끊겼다고 보기도 함(백형모).

光州市 西區

조리명당: 농성동 덕남 서북에 있는 골짜기. 조리형의 명당이 있다 함.

고좃부리(고조봉): 방림동 남동쪽에 있는 산. 回龍顧祖形의 명당이 있다 함.

求禮郡 艮田面

구례는 山大, 水大, 野大의 三大라는 지리적 특징을 갖고 있다. 큰 산밑에 큰 물이나 큰 들이 있기는 어려운데 이곳은 천혜의 땅이다. 『玉龍子遊山錄』에 의하면 도선이 산세를 일견하더니 〈성곽이 견고하여 完福之地되었구나〉라고 단정했다는 대목이 있음.

지리산은 최고봉인 천왕봉을 주봉으로 보지 않고 남쪽에 있는 노고단을 주봉으로 봄. 帝王之地가 산 남쪽에 있기 때문임.

鷄鳴九字形: 鷄足山에 있다는 구례 사대혈 중 네번째. 닭이 첫새벽에 우는 형국이나 그 위치는 불명임.

求禮郡 光義面

▶ 九灣里: 물굽이 안쪽이어서 붙은 이름.
▶ 垈山里
똥매: 모링이 동쪽 들 가운데 있는 낮은 산. 보통 똥뫼니 똥매니 똥산이니 하는 이름을 가진 산들은 동네 앞 들판 가운데 있는 獨山을 가리키는 경우가 대부분으로 마을의 案山 역할을 주로 수행한다. 그 모양의 똥무더기처럼 보이기 때문에 그런 이름이 붙기도 하고 또 똥은 황금색으로 財祿을 상징하기 때문에 검사검사 이를 지명에 붙이는 수가 많다.
▶ 大田里(한밭)
돌미륵: 미륵골에 있는 돌미륵. 높이 2미터 가량. 영검하다 하여 소원 성취를 빌며, 집을 지어 보호함.
몰무골: 서당골 동쪽에 있는 골짜기. 몰(말)잔등 형국이라 함.
▶ 放光里(판관이, 팡괭이): 判官이 살았으므로 붙은 이름.
天隱洑: 천은사 밑에 있는 보. 옛 남원 고을과 경계되는 곳으로, 보를 쌓을 때 남원 사람과 재판을 하게 되어 일곱 고을 원이 이곳에 와서 판결하기를 구례와 남원의 두 고을 사람이 각기 봇물을 댈 자기의 들에 기를 꽂아 기가 많이 꽂힌 고을에 봇물을 쓰도록 하여 구례군에서 보를 쌓고 봇도랑을 내는데, 험한 바위가 가로놓여 있어서 궁리하는 중 때아닌 서리가 내려 그 서리를 따라 바위를 뚫으니 천연적인 굴이 나와 마침내 봇도랑을 내게 되었다고 함.
泉隱寺: 젓들 동북쪽에 있는 절. 신라 흥덕왕 3년(828)에 인도 승려 德雲이 창건. 感露寺 또는 天彦寺라고 함. 고려 때 智訥이 크게 다시 지었는데 임진왜란 때 불타 없어진 것을 조선 영조 51년(1775)에 다시 세움. 본래는 甘露寺. 임진왜란 때 불탄 절을 중건하면서 샘에 살고 있던 커다란 구렁이를 죽여 버리니 샘이 말라 버렸다. 그래서 샘이 숨은 절이란 뜻으로 천은사라 함. 그후 화재가 잦았다. 이 소문을 듣고 조선 4대 명필 중 한 사람인 李匡師가 찾아와 智異山 泉隱寺란 현판을 써 붙였는데 글자가 水體라 화기를 막았고 이후 화재가 나지 않았다고 함.
▶ 水月里
개자리: 당촌 남동쪽에 있는 골짜기. 개가 앉아 있는 형국.
물한이(水寒): 월곡 동남쪽에 있는 마을. 맛이 좋고 얼음처럼 찬 물이 솟아나는 샘이 많음.

玉女峯: 수한 동북쪽에 있는 산. 옥녀가 비단을 짜는 玉女織錦形의 명당이 있음.
濟州村: 담안 북쪽에 있는 마을. 제주도 사람이 이주하였다 함.
黃梅泉祠宇: 월곡에 있는 조선 말의 시인이며 우국 열사인 매천 黃玹을 모신 사당. 매천은 광양군 서석촌에서 나서 구례로 옮겨 와 살았는데, 고종 22년(1885) 생원시에 장원 급제하였으나 시국이 혼란하고 관리가 부패하여 벼슬길에 나아가기를 단념하고 시를 읊으며 은거하다가 1910년 일제에 나라가 망하니 시 네 수를 남기고 음독 순절함.

▶ 煙波里(연파정)
꽃징이다리: 연파 서북쪽에 있는 다리. 옛날 젊은 각시들이 온당리 당터에서 지리산제를 지낼 때 이곳에서 구경하였다 함.

▶ 溫堂里
당터(南岳祠터): 당몰 북쪽 뒤에 있는 터. 본래 산동면 좌사리 당리에 사당을 세워 南岳山의 산신을 모시다가 그 뒤 이곳으로 옮겨 세워 해마다 2월과 8월 上丁日에 제사를 지냈는데, 1909년 12월에 폐사되었음.
溫洞(溫水洞, 온숫골): 온당리에서 으뜸가는 마을. 온천이 있었음.

▶ 芝川里
飛鳳抱卵穴: 화엄사와 천은사 사이에 놓여 있다고 하는데 자리만 제대로 쓰면 당대에 만석꾼의 부를 누리게 된다 함.

求禮郡 求禮邑

▶ 鳳西里
鳳棲마을: 봉황이 살던 곳. 뒷산에 봉황의 알 같은 바위 세 개가 있는데 그 아래 샘이 있어 샘골이라 불려 왔던 곳으로 언젠가는 천하를 뒤덮을 봉황이 부화할 것이라는 꿈을 갖고 있다.

求禮郡 馬山面

▶ 甲山里
甲洞: 장동 서북쪽에 있는 마을. 장동에서 장막을 쳐 놓고, 갑동에서 갑옷을 입고, 궁산에서 활을 만들고, 정쟁잇들에서 전쟁을 하게 되리라 함. 이것은 풍수가 아니라 일종의 지명 도참에 해당하는 설화임.

▶ 馬山里
馬嘶三川의 大穴: 구례사대혈 중 첫째. 말이 울면서 세 개의 개천을 뛰어넘는 형국. 아직 알려지지 않았음.

▶ 沙圖里(사돌이): 신라 말기의 스님 도선이 이곳에서 어느 도사를 만나 우리나

라의 산천 지형을 모래 위에 그려 놓고 풍수지리설을 배웠다 하여 붙은 지명.

옥녀봉: 사도리와 토지면 오미리 경계에 있는 산. 玉女彈琴形이라 함.

▶ 黃田里

華嚴寺: 화엄사 각황전 뒷산은 학 모양. 앞에는 알처럼 생긴 봉우리들이 즐비. 그래서 飛鶴抱卵形.

東五層石塔: 화엄사 대웅전 단 아래 동쪽에 서 있는 오층석탑. 화강석으로 높이 6.4미터. 기교가 없고 아무 장식도 하지 않았음. 신라 때 도선이 만들었다 하며 임진왜란 때 한쪽이 파괴되었음. 보물 제132호.

여지바우: 화엄사 북쪽에 있는 바위. 근처에 三龍爭珠形의 명당이 있는데 그 용의 여의주와 같다 함.

求禮郡 文尺面

▶ 金亭里

土金마을: 오봉산 아래 위치하여 五鳳歸巢形이므로 오봉촌으로 불림. 혹은 건너편 鰲山에서 바라보면 토끼가 누워서 꼬리를 바라보는 형국이라 하여 兎顧尾라 하였는데 음전하여 토금이 됨. 구례사대혈의 하나로 알려지기도 했음.

▶ 月田里

鳳田마을: 五鳳歸巢穴로 〈봉전 땅 盤石下에 白衣政丞이 난다〉는 소문이 있었음. 정씨, 최씨, 고씨 등은 잘사는데 오직 한 집만 사고 빈발. 주택의 좌향이 癸丑破이므로 丙午坐 壬子向이어야 하는데 그 집만 금기 방향인 乾亥向을 하고 있음. 풍수에서 가장 무섭고 금기시해야 할 龍上八殺에 해당하는 자리로 보고 있기 때문에 그런 화를 당하는 것으로 해석하기도 함.

▶ 竹麻里

四聖庵(鰲山寺): 신라 진흥왕 4년(544)에 연기조사가 창건함. 연기, 원효, 도선, 진각 등 四大師가 수도하였다 하여 붙은 이름. 구례읍에서 약 2킬로미터 남쪽인 文尺面 竹麻里 鰲山 정상에 있다. 이 오산에 대지가 있다는 풍수설이 지금도 그칠 줄을 모른다.『신증동국여지승람』「구례현조」에〈俗傳僧道詵嘗住此山畵天下地理〉라고 하였다. 천하의 지리를 그렸다는 것은 발 아래 내려다보이는 사도리를 두고 하는 표현인 듯하다.

맨 처음 연기조사가 창건하였는데 그 후로 원효, 의상, 도선, 진각 등 四聖人이 수도하였다고 하여 사성암이라 불리게 되었다 한다. 노고단과 연결되어 뻗어 내려온 兄弟峯, 月嶺峯의 준령이 마을을 감싸고 있다. 본래 섬진강 물줄기는 사도리 앞을 돌아서 흘렀다고 한다. 하사리 거주 李世立氏(68세)에 의하면 도선국사가 오산사(사성암을 그렇게도 부름)에서 공부를 하면서 화엄사를 지날 때마다 이곳 사도리를 거쳐 갔는데 어느 날 이 모래밭에서 천하 지도를 그려 놓고 크게 깨쳤다고 한다. 그래서〈畵沙爲圖 村名可知〉라 설명하였다. 최근에 건립한 정자도 옥룡자의 용과 사도리의 사를 따서 龍沙亭이라 한다.

기타 도선 유적으로는 강진의 淨水寺가 도선이 창건한 것이고, 無爲寺는 도선이 중창한 것이라 한다.

도선과 그 어머니의 부도에 대해서는 연곡사에 있는 2기의 부도 중 1기는 도선의 것이고 1기는 그 어머니의 것이라 전하기도 한다.

影子臺: 마구실 북동쪽에 있는 대. 신라 말기에 도선이 우리나라의 산천을 이 석벽에 새겼다는데 오래되어 지금은 알아볼 수 없음.

求禮郡 山洞面

▶侍上里

玉女峯: 시상리와 계천리 경계에 있는 산. 247미터. 玉女散髮形의 명당이 있다 함.

▶外山里

寒泉마을: 구례의 명혈은 아직 임자를 만나지 못한 것으로 알려졌다. 오직 이 마을 순흥안씨들이 차지한 鷄足山 정상의 대혈은 확실하다고 봄. 지관에게 150여 년 전 積德을 하고 얻은 金鷄抱卵形에 回龍顧祖穴이 바로 그것이라는 주장임.

▶元達里

짐댓거리: 달전 남쪽에 있는 들. 달전은 배가 가는 行舟形으로 되었다는데 배에는 짐대(돛대)가 있어야 하므로 나무를 깎아 짐대처럼 세워 놓고 해마다 제사를 지냄.

求禮郡 龍方面

▶龍井里

북소: 택거리바우 밑에 있는 소. 근처에 仙人舞袖穴이 있다 함.

▶竹亭里

黃巳들: 죽전 앞에 있는 들. 黃巳出草穴이 있다 함.

求禮郡 土旨面

▶金內里

능지천(陵州村): 모태징이 남쪽에 있는 마을. 金環落地穴이 있다는 소문을 들고 화순군 능주면에 살던 사람들이 와서 이루었음.

▶ 內東里

農坪마을: 老狐弄骨形의 대혈이 있다 함. 피아골을 따라 한참 올라가다가 중간 지점에서 우측으로 꺾어져 糖峙마을을 지나고 산 정상을 향하는 외길을 따라 한참 오르면 있음. 하늘 아래 첫 동네라는 산동면 심원마을 다음에 해당함. 마을 위치는 8백 미터. 뒷산인 통꼭지봉은 9백 미터. 반야봉의 내맥임. 이 통꼭지봉이 기운을 뭉친 곳에 老狐弄骨形의 명당이 있다 함. 마을 옆에는 두골봉이 있음. 통꼭지봉은 비결서에는 帝子峯으로 기록되어 있다.

道場골: 평지 동북쪽에 있는 골짜기. 도장 안처럼 깊숙함. 연곡사 밑으로 불도를 닦는 도량이 있었다 함.

東浮屠(道詵國師塔): 연곡사 서북쪽 북부도와 마주 보고 서 있는 부도. 높이 2.7미터. 고려 초기의 작품으로 화강석의 받침돌, 탑몸, 屋蓋의 세 부분으로 되었는데 네모진 긴 받침돌 위에 팔각의 이층 기단을 얹히고 각 층에는 雲龍, 獅子를 새기고 그 위에 동물들을 새긴 기둥 형상의 돌이 있고 거기에 仰蓮을 새긴 中臺를 얹어 놓고 그 위에 句欄(亞字形 장식)形의 새 무늬를 새긴 대를 두고 팔각 탑몸을 얹었음.

옥개는 팔각 기와 지붕처럼 되었는데 모양이 아름답고 조각이 섬세하여 우수한 작품으로 유명함. 국보 제53호. 도선국사의 부도라는 설이 있음.

北浮屠(道詵國師慈母塔): 연곡사 서북쪽에 있는 부도. 높이 2.7미터. 화강석으로 고려 때 작품이라 하는데 구조와 형식은 동부도와 같으며 팔각 탑몸의 사면에 사천왕을 새겼음. 도선국사 어머니의 부도라는 설이 있으나 믿기 어려움.

雲鳥樓: 내동리에 있는 집. 영조 때 三水府使 柳爾胄가 세웠는데 호남 지방의 유일한 민간 문화재 지정 건물임 (오미리 참조).

▶ 松亭里

石柱關터: 한수내 서쪽에 있는 터. 소정에서부터 경남 하동군 화개까지 8킬로미터를 남북으로 산이 높이 솟아 있는 사이로 섬진강이 흘러 좁은 골목을 이루었으므로 예로부터 安陰(山淸)의 黃石山城, 鎭安의 熊峙, 雲峰의 八良峙와 더불어 사대 관문의 하나로 불러 온 곳임. 고려 말 때 진을 설치하여 왜적을 막았음.

▶ 五美里: 들 가운데 작고 둥근 산이 있으므로 붙은 지명.

둥지리봉: 오미리와 마산면 사도리 경계에 있는 산. 3백 미터. 金鷄抱卵形

의 명당이 있다 함.

오미리는 지리산 용맥이 노고단으로 솟구쳤다가 화엄사 쪽으로 급히 떨어진 그 앞에 멈춘 곳이다. 옛 秘記에 전하기를 이곳 어디에 3대 眞穴이 있으니 이름하여 金龜沒泥形(선녀가 지리산에서 목욕을 하고 올라가다 금가락지를 떨어뜨렸다는 곳. 따라서 묘지가 아닌 집터에 해당됨), 金環落地形, 五寶交聚形이라 한다. 각각 上臺, 中臺, 下臺라고도 하는데 이중에 하대를 最吉地로 친다. 혹은 운조루가 명당이 아니라 하여 모여든 사람들이 일군 마을이 중대와 하대라고도 함. 중대마을인 環洞은 금환낙지의 금가락지가 바로 이곳에 있다 하여 붙인 지명이다. 일제 시대 풍수의 권유로 이사를 왔다는 환동의 박승림 씨 집은 대지만 1천 평. 담장도 금반지처럼 둥글게 쌓음. 발복은 못함. 하대는 金洞마을이라 함. 이곳의 산세는 반야봉-노고단에 이어 그 아래로 형제봉과 천행치가 병풍산을 이루어 오미리를 낳았는데 좌로는 왕시루봉이 靑龍을 우로는 병풍산이 白虎를 이룸. 건너편 섬진강 물이 풍요를 낳고 멀리는 五鳳山과 白雲山이 案山을 이룸. 혈 앞 내당수는 東出西流요, 외명당의 섬진강물은 西出東流로 진혈의 형국을 완벽히 갖춤. 특히

오미리 건너 오봉산은 五鳳歸巢形.

雲鳥樓(柳氏집): 대구에서 살던 柳爾胄(1726-1797)가 세운 73칸(대지 710평, 건평 129평)의 중요 민속 자료 제8호. 유이주가 돌밭을 일궈 집터를 닦을 때 거북처럼 생긴 돌이 나와서 金龜沒泥形. 길이 25, 높이 12, 머리 3.5센티미터의 이 돌은 1987년 도둑을 맞음. 안채 마당가에 놓인 맷돌이 거북 모양. 금거북 터는 부엌 자리. 따라서 바닥을 쓸지 않으며 오히려 이따금 흙으로 덮기까지 한다. 본디 집을 지을 때 부엌 자리에 방을 앉힐 생각이었으나 방에 불을 때면 거북이가 말라 죽을 것이므로 안방을 오른쪽으로 옮기고 거북 자리를 부엌으로 만들어서 언제나 물기에 젖도록 하였다. 대문 위에는 본디 범머리뼈가 걸려 있었으나 도둑이 떼어가 말머리뼈로 대신. 말 또한 영물이기 때문임(『求禮柳氏家의 생활일기』, 한국농촌경제연구원). 민간에서는 돌림병이 돌 때 남자는 왼쪽에 여자는 오른쪽에 말뼈를 차고 다녔음(김광언).

사도리는 平沙落雁形. 金環落地形은 어디인가. 오미리의 기러기 형국을 바라보다 보면 주먹에서 집게손가락을 편 형상이다. 그 집게손가락에 해당하는 산줄기의 셋째 마디 부위가 유독

움푹 패였다. 그곳이 금가락지를 낀 부위. 여기서 빨치산 투쟁의 첫 총성이 울렸다고 함(장영훈).

구례군 土旨面 五美洞에 있는 운조루는 현재의 주인 류종숙 씨의 8대 할아버지인 문화류씨 柳爾胄(1726-1797)가 1776년 건립했다(운조루에 대해서는 방대한 보고서가 있음).

운조루 앞 종자뜰(이곳은 7년 가뭄에도 물 걱정이 없다 함)과 접경 지대에 馬山面 沙圖里마을이 있다. 사도리란 〈모래에 그림을 그렸다〉는 뜻으로 옥룡자 도선이 이 마을을 오가면서 우리나라의 풍수 비결을 완성했다고 전한다. 도선의 『유산록』에 따르면 〈九萬里(오미동 일대의 옛 이름) 높은 산은/九萬 大川 配合하니/城郭이 堅固하야/安福之地 되겠구나/그 아래 五鳳歸巢/陰陽宅이 俱吉하다/文章才士 많이 나니/湖南의 名勝地라/장독이 물이 나니/어느 때나 回運할꼬〉라고 했다.

오미동 일대에는 크게 보아 세 개의 명당이 있다고 한다. 그 첫번째는 金龜沒泥形으로 운조루가 차지했고 나머지 두 개는 金環落地形과 五寶交聚形으로 아직도 남아 있다는 것. 일제 때 영호남 각지에서 백여 호의 이주자들이 몰려들었으나 끝내 명당의 효험을 보지 못하고 재산만 탕진하고 물러났다.

소백산맥의 낙맥이 지리산을 만들었다. 지리산 반야봉에서 남쪽으로 뻗어온 용이 형제봉에서 주필산(뻗어 가던 龍脈이 잠시 쉬어 가는 산. 이 산에서 여러 갈래의 용이 다시 뻗어 간다. 이때 正龍을 따라가야 혈에 바르게 이른다. 따라서 여기서는 혈과 떨어져 있는 주산 위의 산인 형제봉이 주필산이다)을 이루고 이곳에서 가운데로 뻗어온 맥이 천행치에서 진산을 이루니 바로 주산이다. 왼쪽 시루봉에서 뻗어온 한 맥이 청룡을 만들고 주산에서 내려온 맥이 백호를 만드니 첫눈에 平沙落雁形(金環落地形과 같은 뜻)임을 알 수 있다.

또 자세히 살펴보면 金龜入水形이 아닌가. 혈(운조루) 앞의 내당수는 東出西流(이는 운조루의 좌향이 남향이기 때문에 오행의 상생 관계를 뜻함)하고 외명당의 섬진강 물은 西出東流하니 內外水流逆勢라 名局의 형세를 완벽하게 갖췄다. 여기에다 오봉산이 안산을 만드니 山紫水明하고 용과 물이 장엄하여 가히 大夫可居之地다. 청룡이 우람하니 百子千孫할 것이고 주위의 형국을 만든 산이 아름답고 물이 또한 넉넉하니 文筆이 간간이 배출될 것이고 입고 먹는 것은 궁색하지 않을 것이다.

운조루 터는 우리나라 풍수 비결에 따르면 조선삼대길지의 하나로 꼽힌다. 이곳에 거북이가 있기 때문에 부엌 바닥을 쓸어 내지 않는다고 했다. 여느 가정집 부엌과는 달리 바닥이 울퉁불퉁한 그대로이고 몇 년에 한 번씩은 바닥이 낮아질까 봐 흙을 돋운다고 한다. 실제로 집터에서 파낸 거북 모양의 돌이 있었으나 누군가가 훔쳐 가 버렸다고 한다(국립민속박물관 자료에 사진이 있음). 즉 이 집에는 잃은 거북과 지금 부엌에 있는 거북, 두 마리가 있었던 셈이다. 원래 안채의 구조로 봐서는 부엌 자리에 안방을 앉혔어야 하는데, 묻혀 있는 거북이가 溫氣에 말라 버린다고 해서 언제나 물을 쓰는 부엌을 만들었다는 것이다.

운조루가 金龜沒泥形과 金環落地形을 동시에 갖추고 있다는 것은 물의 흐름에서 설명된다. 대문 앞을 흐르는 물과 종자뜰 밖, 외명당수인 섬진강이 반대 방향으로 흐르는 것은 金環(금가락지)의 둘레를 두고 두 개의 물이 반대로 흐르는 것과 같다는 뜻이다.

운조루를 둘러싸고 있는 산들이 거북, 봉황(道人, 賢人)인 점에서 오늘날 행정부나 사법부의 인재를 배출하기는 힘들듯하다고 지적했듯이, 운조루를 종가로 둔 후손들은 대개 대학에 많이 몸담고 있다고 한다.

〈운이 돌아오게 되면〉 이 일대가 유토피아가 될 것이라고 수강은 자신 있게 말한다. 창건자 류이주의 현손인 류제양(1846-1922)에 의하면, 첫째는 마을의 안산이 되는 오봉산의 기묘함. 둘째는 사방으로 둘러싸인 산들이 五星이 되어 길하다. 셋째는 물과 샘이 풍부한 것. 넷째는 풍토가 모두 질박하다. 다섯째는 집터와 가옥들이 살아가기에 좋다는 점. 이는 류제양이 저술한 『오미동려사』에 실려 있다.

오리가 청학을 상징하는데 그것이 언어적 전환을 일으켜 오미가 되었다. 명당론을 부인하고 오히려 인화를 들었다. 8대조 할아버지께서 척을 짓지 말고 살라고 가훈으로 남겼다는 것. 운조루 주인들은 9대에 걸쳐 오면서 보릿고개 때는 만석부자지만 생선조차 구워 먹지 않고 〈대중 속에서 함께 살았다〉고 덧붙였다(최영주).

그러나 필자는 이곳이 양택 명당으로서 지나치게 미화되는 것은 바람직하지 못하다고 본다. 풍수가 바라는 자연과의 조화라든가 대동적인 공동체의 삶과는 달리 한 가문의 번성만 꾀하고 있기 때문이다.

▶ 外谷里

연곡골(燕谷寺洞): 외곡리, 내동리, 내서리에 걸쳐 있는 긴 골짜기. 제비 형국으로 되었다 함. 신라 때 창건한 연곡사가 있음.
연곡사: 신라 진흥왕 때(544) 연기조사가 창건. 일설에 의하면 도선국사가 연곡사에 오래 머물었고 그의 모친은 연곡사에 상주했다고 함.
種女村: 연곡동천 깊숙한 곳에 있었다고 함. 남의 집 아이를 낳아 주고 생계를 꾸리던 여인들이 살던 마을인데 아들을 낳으면 그 집에 주고 딸을 낳으면 이 마을에서 길러 다시 종녀가 되었다 함.

▶ 龍頭里

臥龍聽水形: 구례사대혈 중 두번째. 文千武萬의 자리. 〈龍虎亭이라는 마을 뒷산의 정자에서 도끼를 던지면 닿을 수 있는 자리〉라 해서 일대에 수많은 무덤들이 있음.

▶ 把道里

花爭飛의 大穴: 파도리 뒤 月明山에 있음. 만개한 꽃잎이 서로 다투면서 휘날리고 있는 모습. 아직 구체적 지점은 알려지지 않았음. 구례사대혈 중 세번째. 그래서 이곳에 면사무소가 있었으나 九山里로 옮겼음. 월명산은 전체적인 모습이 꽃송이를 닮음.

羅州市(錦城市)

나주는 동으로 무등산의 중심 줄기를 이어받고 서로는 장성 백암산의 정기를 받음.

遊魚上灘穴: 영산포 옛 삼학주조 자리 부근에 있음. 아가미와 꼬리 두 부분에 혈이 맺힘. 아직 임자가 없는 것으로 알려짐(백형모).
가야산: 진포동 가야산에는 仙人舞袖穴이 있음. 신선이 양손을 들고 춤을 추는 형국의 이 혈은 온몸을 지탱하는 발끝 부위에 혈이 맺힘.
澤村: 삼영동 안영산 서남쪽에 있는 마을. 나주나씨들이 와서 자리를 잡았다. 조선조 말엽의 세도가이며 영의정이었던 金左根의 妾 羅閤이 태어났으며 강 건너쪽에 상사바위가 있음.
相思바우(아망바우, 仰岩바우, 嚴仰岩): 진포동 진부촌 동쪽 영산강 가의 가야산에 있는 바위. 옛날 가야산 건너 삼영동 택촌에 사는 阿郞蛇라는 총각 어부가 하루는 고기잡이를 하는데 건너편에서 어떤 여인이 슬피 울고 있으므로 가 보았더니 阿妵蛇라는 처녀로서 그는 홀로 된 아비를 모시고 사는데 물고기를 잡숫고 싶다 하여 강가에 나왔으나 고기를 잡을 길이 막막하여 울고 있다 하므로 자기가 잡은 고기를 다 주었다. 이들은 이 인연으로 가깝게 되어 저녁마다 이 바위에 나와 만났는데 진부촌 청년들이 훼방을 놓아 아랑사가 이 바위에서 떨어져 죽고 말았다. 그 뒤에 아비사가 저녁마다 이 바위에 나와 구렁이와 노는 것을 보고 또 마을 청년들이 훼방을 노니 아비사마저 그 구렁이와 함께 빠져 죽었다. 그 뒤에 이 마을 청년들이 시름시름 병으로 죽어 가고 두 구렁이가 밤마다 나타나므로 마을에서 매년 씻김굿(鎭魂祭)을 지내 화를 면했다 함.

玉山: 평산동 송림 서남쪽에 있는 마을. 玉女彈琴形의 명당이 있다 함.

羅州의 四代陽宅: 동 도래, 서 대실, 남 월비, 북 복골. 현재 지명이 불확실함. 대체로 동은 다도면, 서는 반남면, 남은 세지면, 북은 나주시와 광주시 광산구 삼도동 일대를 가리키는 것으로 추정됨(백형모).

羅州郡 公山面

현재 나주군은 전체가 나주시로 편입되었음.

▶ 今谷里

용호마을 뒷산에 있는 명당: 열 마리 검정소의 간을 바치라는 지관의 말을 지키지 못하고 아홉 마리 검정소의 간만 바쳤다가 결국 집안에서 縣監 하나밖

에 내지 못했다 함.

▶ 白沙里

沙洞마을 五皇山: 사동마을 뒤에 있는 산. 이 마을 태생 오형제가 한날 한시에 동방 급제를 하니 조정에서 역적이 날까 크게 놀라 몰래 이 산에 있던 그 집안 산소를 살펴보았다. 산소를 파헤치니 검은 암소가 뒷발은 일어서고 앞발은 구부린 상태였다. 이때 실오라기 같은 안개가 자욱이 올라가고 있어 실이골이라 했고 지금은 오황산이라 함.

▶ 上方里

光山金氏祖上墓: 중국 지관이 잡았다 함. 달걀을 묻어 21일 만에 병아리가 나오는 자리에 산소를 씀. 그 주인공이 고려 때 禁衛司正을 지낸 광산김씨 문숙공의 자손인 金子進. 호남팔대 명당의 하나임(백형모).

伏蛇草裡마을: 지형이 풀 속에 뱀이 숨어 있는 듯하다(伏蛇草裡形) 하여 붙은 지명.

羅州郡 金川面

▶ 洞岳里

上夜마을: 마을 뒷동산이 玉燈掛壁形이라 언제나 불이 밝으므로 상야라 함.

▶ 新加里

柳村마을: 柳村堤 위의 산세가 풍수

상 등잔걸이형(玉燈掛壁形)이라 하는데 지금도 등골이라 불리고 있으며 강화최씨, 전주이씨, 김해김씨의 선조 묘가 안장되어 있다.
▶村谷里
蓮谷: 신추 동쪽에 있는 마을. 蓮花倒水形의 명당이 있다 함.

羅州郡 南平邑

▶大橋里
大橋마을: 마을 중간에 東西로 장승목각법수가 있어 주민들의 질병과 재난을 막아 주었기 때문에 주민들도 매년 이곳에서 제를 올렸으나 지금은 없어짐.
▶五溪里
五龍마을: 마을 뒤 산세가 용 형상으로 마을을 감싸고 있으며 마을 앞에는 용이 무는 구슬 형태의 구슬봉(五龍爭珠形)이 있다 하여 오룡리라 함.

羅州郡 老安面

▶金安里
水各: 반송 서북쪽에 있는 마을. 申叔舟의 생가가 있었는데 지금은 대밭이 되었음.
▶龍山里

琴谷마을: 지형이 梅花落地形에 玉女彈琴形이라 하여 처음부터 마을 이름을 금곡이라 함.
▶柳谷里
柳林마을(버드실): 지형이 나무 끝에 매달려 있는 꾀꼬리집같이 아담한 곳에 버드나무 숲이 울창하여(柳枝鶯巢穴) 버드실이라 하다가 일제 때 유림이라 표기함.
▶鶴山里
원자리: 학림과 동산 사이에 있는 등성이. 좋은 명당이 있을 원래의 자리라 함.

羅州郡 茶道面

▶德洞里
三井: 평사촌 동쪽에 있는 마을. 삼정승이 날 명당이 있다 함.
▶德林里
萬歲洞마을: 처음에는 많은 주민이 거주하였으나 마을에 우환이 잦아 쇠퇴해졌다. 그리하여 마을을 지금의 위치로 옮겨 지형이 千秋萬歲를 누릴 명당이라 하여 지금의 이름을 붙임.
▶芳山里
닭금: 한적골 동쪽에 있는 마을. 金鷄抱卵形의 명당이 있다 함.
▶楓山里: 마을 뒷산은 엎드린 범 형국이고 그 꼭대기에 虎穴이 뭉쳐 있다. 이

마을 사람들의 성품이 평소에는 온순하다가도 한번 덧나면 걷잡을 수 없을 만큼 사나워지는 것이 그 때문이라 함(김광언).

풍산리 홍씨집: 靑龍出雲形의 집터로 유명함.

羅州郡 多侍面

▶佳雲里

자지고개(紫芝峙): 복암교 서북쪽에 있는 고개.

▶佳興里

造山: 건넌들에 만든 산. 처음에 일곱이었는데 지금은 세 개만 남아 있음. 가흥마을의 虛缺을 裨補하기 위한 조처임.

▶伏岩里

자지고개: 강암촌에서 가운리 가샛골로 가는 고개.

羅州郡 洞江面

▶月良里

九陽마을: 도선이 풍수상 三陽之明堂이 세 군데나 있다고 하여 붙은 지명이라 함.

羅州郡 文平面

▶大道里

大長: 용산 서남쪽에 있는 마을. 뒷산이 仙人舞袖形이라고 함.

도장골(道長): 입석 남쪽에 있는 마을. 전에 불당이 있었음. 뒷산이 兒犢顧母形.

所思(燕巢): 도장골 남쪽에 있는 마을. 燕巢穴이 있다 함.

羅州郡 潘南面

반남면 신촌리, 대안리, 덕산리에는 7-8개씩의 큰 무덤들이 떼를 지어 있는데 그 무덤에서는 커다란 독 두세 개를 포개서 만든 甕棺이 나온다. 이 옹관묘는 삼국시대에 오직 영산강 일대에서만 발견되는 독특한 무덤 양식이다. 특히 신촌리 제9호 무덤에서는 금동관이 출토되었는데 그것은 백제의 금관과는 다른 것이었다. 마한의 마지막 족장의 것으로 추정된다. 마한은 처음 충청, 호남 지방을 근거로 두었으나 북쪽에서 내려온 백제에 밀려 충청도 직산에서 금강 이남인 전라도 익산으로 쫓겨 갔다가 4세기 후반 근초고왕의 영토 확장 때 영산강까지 밀리게 되며 이후 백제가 공주, 부여로 내려오면서 더욱 압박을 받게 되어 5세기 말에는 완전히 굴복하고 만 것으로 추정된다(유홍준). 이들 밀려 내려간 마한인들이 서남해 도서 지방과 제주도로 내려가 우리 古來의 지리학(그것을 자생 풍수라 부르는데)을 남겨 놓았기 때문에 오늘날 자생 풍수의 화석화된 편린이 이 부근에서 발견될 수 있지 않을까 하는 기대를 해본다. 또한 그 자생 풍수를 도선은 남해의 한 異人으로부터 전수받은 것이 아닐런지.

▶ 大安里

造山: 상대 앞쪽에 있는 만든 산. 상대 마을의 풍수적 虛缺處를 裨補하기 위한 것임.

▶ 石川里

벌명당: 벌고개(덕산리 용산에서 신촌리 봉현으로 가는 고개) 밑에 있는 골짜기. 楊柳倒水形의 명당이 있다 함.

石川마을: 4백여 년 전 처음 설립된 마을로 풍수상 지세가 玉女彈琴形이라 많은 명창들이 배출되었다 함.

▶ 靑松里

上斗마을: 지세가 되(斗)로 가득 채워져 있는 모양이기에 항상 곡식이 충만하지만 일단 부자가 되면 마을을 떠나게 된다는 전설이 있음. 되는 가득 차면 쏟아 버린다는 것을 類感함.

下斗마을: 지형이 지네 형국인데 주위에 삵괭이 형태의 바위가 있어 이 바위가 지네를 지켜 주는 형세이므로 狸

岩마을이라 하다가 일제에 의하여 지명이 바뀌었음.

▶ 興德里

舞袖山: 만두배미 서쪽에 있는 산. 仙人舞袖形의 명당이 있다 함.

반남박씨 朴宜의 父親 박응주 산소: 紫微山 맞은편의 벌 명당으로 천기누설을 하여 지관이 벌에 쏘여 죽었다는 것. 조선조에서 정승 7명과 217명의 문과 급제자 배출. 조선조에서 정승을 지낸 박씨가 8명인데 그중 7명이 반남박씨라 한다. 조선팔대명당 중의 하나로 꼽힘. 벌에 쏘여 죽은 지관을 기리기 위하여 고갯마루에 蜂峴이란 표석을 세웠는데 최근 도로 확장으로 표석이 헐리게 되자 문중에서 옮겨 새롭게 단장해 줌(백형모).

羅州郡 鳳凰面

전남도청 후보지로 나주에서는 봉황면과 세지면 일대가 꼽힘. 봉황면은 무등산 정기가 취합하는 지점, 즉 무등산의 節脈處로 陽宅 최고의 길지라는 것이다. 鳳凰穴에서 명당은 꼬리가 좌우로 뻗어 나가는 곳, 즉 봉미산을 중심으로 작은 봉우리를 맺는 일대가 도청 자리에 해당된다는 것임(백형모).

▶ 烏林里

烏林마을: 마을 主龍이 龍蹄山脈이며 마을 앞에서 飛烏啄尸形이 되었다 함.
▶臥牛里(누실): 지형이 臥牛形이므로 붙은 지명.
粉洞마을: 마을 뒷산이 粉桶山이라 하여 분통마을이었는데 2백여 년 전부터 분동이라 함. 한편 鳳凰山 아래의 산세가 玉女端坐形이라서 터를 잡고 그 옥녀가 쓰는 분통이라 하여 분동이라 했다는 설도 있음.

羅州郡 山浦面

▶梅城里
猪城마을: 돼지가 누워 있는 형상의 마을이라 그런 이름이 붙었음.
▶山齊里
梅花洞: 산제 북쪽에 있는 마을. 梅花落地形의 명당이 있다 함.
▶新道里: 도청 후보지로 거론되고 있으며 새로운 수도가 생긴다는 것을 암시했다 함.

羅州郡 細枝面

▶橋山里
발산마을: 뒷산에 白鶴上天穴이 있음. 8개의 명혈을 주위에 거느리고 있다 함. 혈 주위에 50여 기의 민묘가 있음.

▶內亭里
梅花(당기매, 장지매): 봉정 동남쪽에 있는 마을. 梅花落地形이라 함.
奉亭마을: 매화의 가운데 마을로 지세가 매화 봉우리가 받는 듯하다 하여 지어진 지명.
사돗등: 매화 동북쪽에 있는 등성이. 巳頭形의 명당이 있다 함.
城內마을: 형국이 성터와 같이 생겨 재난을 막고 후손들이 부귀를 누릴 수 있는 터라 하여 붙은 지명.
▶大山里
桂陽마을: 마을 앞 오봉리 明月村이 달이고, 달 속에 계수나무가 빛을 더욱 발한다 하여 계양이라 함.
歸鶴峯: 학산, 풍안, 월대에 걸쳐 있는 산. 53미터. 老鶴歸巢形이라 함.
竹山마을: 성주이씨 李仁弘의 五代祖인 李繼芬이 경기도 죽산에서 살다가 단종 서위 때 피란하여 봉황면 장성리에서 은거하다가 인홍 때에 이르러 萬古避難之地라 하여 이곳에 이른 뒤 歲居함.

羅州郡 旺谷面

▶德山里
蓮洞: 덕실 서북쪽에 있는 마을. 蓮花倒水形이라 함.

▶松竹里

於星마을: 雲中眉月形이라 하여 달골(月谷)이라 부르는 上部 山頂에 故 朴仁天 선조 묘소를 月明堂이라 칭함. 思菴山을 황새봉, 앞산을 우렁봉이라 부르는데 그 형국이 황새가 우렁을 찍어먹으려는 모양과 같다고 함(『마을由來誌』, 羅州郡).

▶良山里

梅花亭: 양산리에서 으뜸가는 마을. 정자가 있으며 梅花落地形이라 함.

官山마을 황새봉: 지세를 보면 황새가 우렁(龜山마을)을 찍으려는 모양과 같아 이 산을 황새봉이라 함.

▶長山里

魚翁垂釣穴: 일명 不雨뫼라는 야산에 있음. 고기를 담는 망태에 혈이 맺힘. 아직 임자를 만나지 못한 無主의 땅.

潭陽郡 古西面

▶古邑里

등잔걸이: 신양 동북쪽에 있는 산. 산속에 등잔걸이형(玉燈掛壁形)의 명당이 있음.

▶分香里

六龍골: 소산정 동남쪽에 있는 골짜기. 六龍爭珠形의 명당이 있다 함.

▶聲月里

소리매(聲山): 월전 동북쪽에 있는 마을. 지형이 기러기를 노리는 수리처럼 생겼음.

아낙들(雁落坪): 새터 동쪽에 있는 들. 平沙落雁形의 명당이 있다 함.

▶院江里

舊長山驛: 원유동(분토동 동쪽에 있는 마을) 동북쪽에 있는 마을. 일제 때 장산역이 있었음. 1922년 12월에 준공된 광주-담양 사이의 철도가 있었는데 2차 대전 때 일본인들이 철거하였다 함.

粉吐洞: 원유동 서쪽에 있는 마을. 옥녀봉의 옥녀가 단장하는 粉에 해당된다 함.

솔다징이: 깃대봉(대명산등 서쪽에 있는 산) 남쪽에 있는 산. 松江 鄭澈이 벼슬을 한 후 이곳에 솔대(솟대)를 세웠다 함.

松江亭: 대명산등에 있는 정자. 전에 송강 정철이 초막을 짓고 공부하던 곳에 후손들이 세웠음.

玉女峯(驛馬峯, 영마봉): 분토동 서쪽에 있는 산. 玉女彈琴形의 명당이 있다 함.

月谷: 원유동 남쪽에 있는 마을. 뒷산이 반달처럼 생겼음.

▶舟山里

舟坪(모갈리, 목알리): 주산 서남쪽에 있는 마을. 黃龍浮(기록은 이렇지만 아마도 負의 誤記일 듯함)舟形이라 함.
모과나무가 많았음.
黃龍浮舟嶝: 주산 남쪽에 있는 산. 黃龍負舟形이라 함.

潭陽郡 金城面

▶ 金城里
　공알바우: 하성리 서쪽에 있는 바위. 공알(음핵)처럼 생겼음.
▶ 錦月里
　蓮花村: 금월 서남쪽에 있는 마을. 뒷산에 蓮花倒水形의 명당이 있다 함.
▶ 帶谷里(대실)
　소누실(巽谷): 대곡 서쪽에 있는 마을. 뒷산이 臥牛形.
▶ 鳳棲里
　飛乃洞: 장항리 남쪽에 있는 마을. 飛鳳歸巢形의 명당이 있다 함.
▶ 外秋里
　蘆川洞: 외추 남쪽에 있는 마을. 뒷산에 川雁含蘆形의 명당이 있다 함.
　달밧등: 노천 서쪽에 있는 등성이. 玉兎望月形의 명당이 있다 함.
　回龍山: 용복골 남쪽에 있는 산. 용이 새끼를 돌아보는 형국(回龍顧子形)이라 함.
▶ 元泉里
　玉女峯: 내천 동북쪽에 있는 산. 玉女彈琴形의 명당이 있다 함.

潭陽郡 南面

▶ 柯岩里(구멍바우, 혈암, 오리터)
　망바우: 가남정이 남쪽에 있는 망바우산에 있는 바위. 망바우산의 산세가 將軍對坐形인데 이 바위는 망보는 보초에 해당한다 함.
▶ 滿月里
　望月峯: 망월촌 뒤에 있는 산. 玉兎望月形의 명당이 있다 함.
▶ 茂洞里: 아이가 춤을 추는 형국이므로 舞童이라 하다가 音轉되어 茂洞이 되었음.
　燕川里(제비내)
　깐치봉(鵲山峯): 외앗등 동남쪽에 있는 산. 鵲巢形의 명당이 있다 함.
　어산이재(魚山峙): 깐치봉 동남쪽에 있는 고개. 遊魚産卵形의 명당이 있다 함.
　함충재(含蟲峙): 꾀꼴봉 동남쪽에 있는 고개. 지형이 꾀꼬리가 벌레를 물고 있는 모양 같다 함.

潭陽郡 潭陽邑

▶ 南山里
　짐대(종대, 石棹): 짐댓거리에 있는 찰간. 높이 30자. 아래는 화강암으로 되고 위는 쇠로 만들었으며 꼭대기에 鐵

傘과 三支槍을 달았음. 네 개의 풍경이 달려 있었는데 두 개는 풍우에 떨어져 없어짐. 고려 명종 2년(1172) 담주산에서 읍터를 현재 읍으로 옮길 때 세웠다 함. 읍의 지형이 行舟形이므로 배의 짐대(돛대)라 함. 1794년에 중건, 1838년에 낡아 부서진 것을 부사 洪耆燮이 고침.

▶ 川邊里

沙工佛(沙工石): 천변 서쪽 냇가에 있는 고적. 담양읍이 배가 나가는 형국이므로 배에는 사공이 있어야 된다 하여 한 쌍의 돌에다 사공 형상을 새겨 뱃머리 부분이 되는 서쪽 냇가에 세움.

潭陽郡 大德面

▶ 立石里

선돌: 선돌마을 뒤에 있는 바위. 옛날 산간 벽지로 관청과 거리가 멀어 도둑이 심했으므로 주민들이 돌당산을 세워 지성으로 제사하여 도적을 막았는데 도적이 이 앞에 오면 도망 가지 못한다 함.

潭陽郡 大田面

▶ 屛風里

퇴끼등: 태촌이 동북쪽에 있는 등성이.

玉兎望月形의 명당이 있다 함.

▶ 城山里(성매): 바위가 북두칠성처럼 생겼으므로 붙은 지명.

▶ 平章里

將軍峯: 투구봉 남쪽에 있는 산. 將軍對坐形의 명당이 있다 함.

潭陽郡 武貞面

▶ 德谷里

石山 개발과 과부촌: (전주 우석대 김두규 교수의 1996. 8. 5. 답사 내용) 과거에는 150여 호로 大村이었는데 지금은 80여 호. 겨울에 눈이 오면 가장 먼저 녹던 좋은 마을 터. 花鳳山이 주산. 옥과면 설산에서 서홍리 뒤로 한 가닥은 좌측으로 틀면서 화봉산 주산을 이루고 그 아랫동네 형성. 아랫마을은 우백호 쪽으로 뻗어 나간 산줄기에서 기를 받고 마을 형성. 10여 년(1986?) 전부터 石材 개발. 그 뒤 주민들에게 심적으로 우울증이 오고 외부에 나간 젊은이들도 잘 안 되고 그래서 95년 12월부터 철거를 위한 데모 시작함. 현재 마을 사람들은 죽기 아니면 살기라는 심정. 〈동네 개울을 경계로 화봉산 맥을 받은 젊은이들이 다 죽고 과부들만 산다. 동네 개여울 밖은 다른 맥을 받아 괜찮은 편. 떠나려

해도 전답이 팔리지를 않는다. 발파하면 방장이 울리고 밥상이 흔들릴 정도다. 혈맥을 때리니 사람이 어찌 편히 살겠나. 소를 가지고 쟁기질을 하다가 돌산에서 발파를 하면 소가 놀라 도망을 치고, 사람 안 죽는 것이 다행이다. 왜놈 쇠말뚝 박는 것보다 더 끔찍하게 잘라 버렸다. 화봉산 동네 뒤꼭지를 잘라 버렸다. 이제 마을에는 자지 달린 놈 하나도 없다. 산 너머 동네가 서흥인데 산 너머 옛날 지게 지고 가다 보면 장군 발자국이 바위에 새겨져 있었는데 석재 개발로 다 없어졌다. 관청은 소용없다. 이제 무정면은 어떤 선거가 있어도 투표에 참가하지 않을 것이다. 지금은 귀신이 없다, 미신이다 하지만 이런 곳에서는 당장 눈에 띄고 몸으로 느끼는데도 그 지랄이다. 덕곡 앞 마을 큰 동네도 일제 시대에 도로로 맥을 잘라 죽였다. 외부로 나간 사람들도 많이 죽었다. 先塋이 있고 조상이 있는데 어찌 편안하겠는가. 잊어버리기 바쁘게 죽어서 돌아온다. 별스럽게 잘난 사람은 없었어도 골고루 잘 살았고 인심 좋기로 유명한 곳이었는데 지금은 인심이 칼날 위에 서 있다. 석산 개발에 편들어 집 번듯하게 짓고 사는 놈도 있는데 그런 놈들은 안 죽는다. 그런 것 보면 풍수 이치가 안 맞는 것 같다. 전남대 출신 대학생 부부가 축사 저기다 집 짓고 잘살아 보겠다고 하더니 젊은 남편이 혈압으로 죽었다. 지금은 폐가다. 이 동네에서 마지막 똑똑한 사람이었는데. 길거리에서 보면 덕곡 마을 전체가 墓峯으로 보인다고 한다. 마을 전체가 죽었다. 군수에게 말해 보았자 방귀만 뽕뽕 뀌고 있다. 혈룡을 끊어 마을 희생자가 많고 마을의 전답은 쓸 수가 없고 못자리도 쓸 수가 없다. 윗마을 사람이 훨씬 많이 죽었다. 맥을 받은 곳이 윗마을이니까. 저기 이씨 사형제는 모두 교통 사고를 당했다.) 그 집안 못자리는 상당히 좋은 자리로 사실 덕곡 마을 전체는 그 못자리를 위해 있는 듯한 형상이다. 여성의 자궁에 해당하는 자리. 덕곡 윗마을 아랫마을이 형성된 지점은 여성 생식기의 입구에 해당하는 부분. 윗마을과 아랫마을을 가로지른 동네천은 이 무덤의 명당수. 석산 개발은 자궁 우측 깊숙한 부분에서 이루어짐(김두규 교수의 답사에 의함. 그러나 김 교수와 필자의 공동 답사로는 현재 이 마을에 대하여 지나치게 관심을 보이는 것은 적절치 못하다고 판단하였음. 마을 내부에 이견이 있는 것으로 여겨졌기 때문임).

▶ 五桂里

오실(五絃洞): 계동 북쪽에 있는 마을. 玉女彈琴形의 명당이 있다 함.
▶ 五峯里
潭州郡터: 담주봉 밑에 있는 담주군의 터. 고려 成宗 34년(995)에 설치하였다가 明宗 32년(1172)에 담양읍으로 옮김.

다고 했다는 양택 중 하나는 수북면 사무소 뒤편의 논밭. 현재 통일교 소유. 경지 정리도 거부하며 땅에 손을 대고 있지 않다고 함(백형모).
▶ 梧亭里(머구정이)
강골(江谷): 원오정 동북쪽에 있는 마을. 뒷산에 楊柳倒江形의 명당이 있다 함.

潭陽郡 鳳山面

▶ 江爭里: 강 바닥이 변하여 마을이 되었으므로 붙은 지명.
▶ 錡谷里
彈琴: 방축 남쪽에 있는 마을. 앞의 옥녀봉에 玉女彈琴形의 명당이 있다 함.

潭陽郡 水北面

▶ 古城里
갈마징이: 신월 북쪽에 있는 들. 渴馬飮水形의 명당이 있다 함.
꽃징이: 신월 남쪽에 있는 마을. 梅花落地形의 명당이 있다 함.
▶ 斗井里
三人山: 人 자 세 개를 겹친 것처럼 보이는 것이 특징. 정승 출현이 대대로 이어지는 名穴이 있다고 함. 그곳이 삼인산 왼쪽 부불산의 광산김씨 시조산이라는 설. 도선이 담양에 두 곳 있

潭陽郡 龍面

▶ 道林里
비오치(飛虎峙): 도림 남쪽에서 추성리로 가는 고개. 飛虎形이라 함.
鐵馬峯: 투구봉 동쪽에 있는 산. 산꼭대기에 무쇠로 만든 철마가 있었음.
▶ 斗長里
도링개: 조소코빼기 남서쪽에 있는 골짜기. 개가 달아나다 뒤를 돌아보는 형국.
蓮花峯: 두장천 동쪽에 있는 산. 蓮花倒水形의 명당이 있다 함.
▶ 龍淵里
將軍峯: 장구목재 동쪽에 있는 산. 將軍對坐形의 명당이 있다 함.
통사바우: 통삿굴에 있는 바위. 앞산에 將軍對坐穴이 있으므로 통사가 시립해 있는 형국이라 함.
▶ 龍峙里
배앙골: 작은부리기 동쪽에 있는 골짜

기. 뱀처럼 길고 꾸불꾸불함. 仙人讀書形의 명당이 있다 함.

보적골: 수틀바우 남쪽에 있는 골짜기. 지형이 女根(여성의 생식기)처럼 생겼다 함. 그래서 본래 지명은 보지골이었음.

▶ 月桂里

추월산: 지네가 머리를 내밀고 있는 형상의 蜈蚣形. 보리암이 지네의 머리 부분에 해당되고 서쪽의 하향산맥이 등과 꼬리에 해당됨. 동물 형상은 대부분 머리 부분이 그 要諦인 경우가 많다(백형모).

▶ 桶泉里(통시암)

梅月: 통시암 북쪽에 있는 마을. 뒷산에 梅花落地形의 명당이 있다 함.

潭陽郡 月山面

▶ 月溪里

藏風골: 뒷매 남쪽에 있는 골짜기. 깊숙하여 바람이 약함.

▶ 月山里

草中盤蛇形: 백운교를 건너 구만리를 지나야 있다고 함. 『遊山錄』에 이르기를, 〈읍내 10리 밖에 있는 草中盤蛇形은 亥坐이고 10보 밖에 彎弓水가 흐른다. 20여 대에 발복하고 장상과 왕비, 부마를 배출하고 공자, 맹자와 같

은 성현이 더불어 출현한다〉고 하였다 (백형모).

▶ 中月里

인계골: 용구산 북동쪽에 있는 골짜기. 뒷산에 장닭혈이 있으므로 인계(영계)에 해당한다 함.

▶ 花方里: 지형이 모가 지므로 붙은 지명.

구룡고개(九龍峙): 물통거리 동쪽에서 마산으로 가는 고개. 九龍爭珠形의 명당이 있다 함.

潭陽郡 昌平面

▶ 廣德里

새고개(鳥峴): 감바우 남쪽에 있는 마을. 새가 나는 모양. 동북쪽에 있는 새고개는 새같이 생겼음.

靈泉山: 새고개 동북쪽에 있는 산. 영험한 샘이 있다 함.

▶ 三川里(산지내, 三支川): 세 갈래 진내가 있으므로 붙은 이름.

日光寺(綠泉亭): 朱山 서북쪽에 있는 절.

▶ 梧江里

江村: 梧山 서쪽에 있는 마을. 뒷산이 渴馬飮水形이므로 이 마을은 그 말이 먹을 강에 해당됨.

달구명당: 폿죽바우 동쪽에 있는 산. 金鷄抱卵形의 명당이 있다 함.

똥골: 좁은골 동쪽에 있는 골짜기. 으슥해서 초군들이 똥을 눈다 함.
청룡등: 양산 서쪽에 있는 등성이. 마을의 靑龍이 됨.
초분골: 질마들 서쪽에 있는 들. 초분(草殯)을 했음.

▶龍水里
가막골(가마골, 釜洞): 한바대 동쪽에 있는 마을. 뒷산이 가마솥을 엎어 놓은 형국(伏釜穴)이라 함.
꽃밭정이(花田, 화전정): 가마골 서남쪽에 있는 마을. 梅花落地形의 명당이 있다 함.
露積峯: 묵은재 서쪽에 있는 산. 바위가 露積 모양으로 쌓여 있음.
삼바래이몬대이: 독떼바우산 동쪽에 있는 산. 위가 평평하고 맞은편 산이 마주 보임.
上月亭: 새터 동남쪽, 월봉산 기슭에 있는 정자. 세조 때 楸齋 金應敎가 세움. 주위의 경치가 아름다우며 많은 명사들을 배출했음.
시리봉(朱山): 땅나구재(당나귀 모양) 북쪽에 있는 산. 시리(시루)를 엎어 놓은 형국.
장녁굴: 주산 밑에 있는 골짜기. 주산이 시루 형국이므로 아궁이에 해당한다 함.
젯당산: 수곡 동쪽에 있는 산. 정월 보름에 산제 지냄.
청룡등: 장녁굴 서쪽에 있는 등성이. 수곡의 靑龍.

▶維谷里(얼구실, 월구실)
蓮花村: 절산 동쪽에 있는 마을. 蓮花倒水形의 명당이 있다 함.
할미당: 등잔골 동남쪽에 있는 산. 할머니 당산이 있음.

▶柳川里
案山: 천젯등 앞에 있는 산. 유촌의 안대(案對-案山을 말함)가 됨.
천젯등: 서당골 동쪽에 있는 산. 천제를 지냄.

▶義項里
도깨비방죽: 진매 앞에 있는 못. 도깨비가 살아서 고기가 없다 함.

▶一山里: 산이 일자로 되었으므로 붙은 이름.
초분골: 하산 북쪽에 있는 골짜기. 草殯했음. 초빈골재에는 초빈 터가 있음.

▶昌平里(창평읍내)
造山거리: 보평앞들 서쪽에 있는 들. 造山이 있음.

▶海谷里
꽃밭재: 쑥다리 동쪽에 있는 고개. 꽃형의 명당(花心穴)이 있음.
玉山嶝: 월구실 뒤쪽에 있는 등성이. 구슬 모양으로 둥그렇게 생김.

木浦市

1897년 開港. 현재 목포시는 70%가 새로운 매립지로 구성. 본래의 목포는 飛龍上天形. 압해도가 용의 머리, 유달산이 등줄기, 갓바위 일대가 꼬리에 해당됨.

三鶴島: 漁翁垂釣穴의 낚시 추에 해당함.

다섯개머리 형국: 산정 3동과 삼향면 경계인 청정호 제방 부근의 산은 산줄기가 강 남쪽으로 흘렀다고 해서 강남머리, 광산동 생선횟집 부근은 산줄기가 마치 두더지가 땅을 헤집으면서 엎드려 있는 형국이라 해서 둔재머리, 제방 부근 경찰 초소 근처 뒷산은 까치 모양이라 까치머리, 광산동 염전 인근 해변은 바위가 개머리 같다 하여 개머리, 초소 부근 산줄기는 뱀 형국이라서 뱀머리. 머리 형국은 번영과 부를 가져다 주는 곳. 그래서 최근 산정동 일대는 교통이 발달하고 상가가 들어서는 등 발전을 거듭하고 있다 함(백형모).

務安郡 望雲面

구름을 바라본다는 이곳에 국제 비행장 건설이 계획되고 있다.

▶ 奈里(벚골): 벚꽃이 많으므로 붙은 지명.

명당꼬지(구터): 학선암 동남쪽에 있는 부리. 명당이 있다 함.

▶ 牧西里

대곡마을: 학이 날개를 펴는 형국으로 그 앞에 蛇穴이 있다. 현재 뱀의 머리는 살아 있고 나머지 부분은 죽어 있으며 이를 이으면 마을에 장애자가 생긴다는 전설이 있음(백형모).

▶ 皮西里: 이곳이 避亂地라 하여 붙은 지명.

造山: 율리 아래 있는 마을. 마을 虛缺處를 裨補하기 위하여 인공적으로 산을 만들었음.

務安郡 夢灘面

▶ 達山里

僧達山: 달산리와 청계면 청계리, 도림리, 월선리에 걸쳐 있는 산. 317미터. 늙은 중이 염불하는 형국(老僧禮佛形)이라 하여 봄, 가을로 전국의 풍수객들이 모여듦. 또는 胡僧禮佛形, 老僧執念形의 穴處로도 불림. 흔히 호남팔대명당을 말할 때 第一日 무안 승달산 道學君子之地요, 第二日 순창 회문산 道人之地라 한다.

법천사 입구 건너편에 작은 봉우리가 하나 있는데 이것이 스님이 두드리는 목탁 명당에 해당됨. 이미 수십 기의 민묘가 들어섬.
목우암은 승달산의 기운이 뭉친 최고의 양택처(청계면 참조).
▶ 明山里
　도산: 胡僧禮佛形의 명당으로 백 명의 정승이 나온다고 함.
▶ 鳳鳴里
　봉정산: 君王이 나와 나라가 평화스러워진다는 명당이 있으나 아직 주인을 찾지 못한 無主의 터임.
▶ 鳳山里
　나비봉: 옥소반에 술잔을 놓고 나비가 춤을 춘다는 곳으로 무안팔명당의 하나.
▶ 社倉里
　조산: 돈머리 뒤에 있는 산.

務安郡 務安邑

▶ 星岩里: 마을 앞에 바위가 28宿의 별자리처럼 벌여져 있으므로 붙인 지명.

務安郡 三鄕面

▶ 南岳里: 남쪽에 있는 五龍山(임성리와 용포리 경계에 있는 산. 226미터. 五龍爭珠形이라 함. 꼭대기에 쇠로 만든 天馬가 있었음) 밑이므로 붙인 지명.
　五龍: 남악 동남쪽에 있는 마을. 五龍爭珠形이라 함.
　天馬: 부흥 서쪽에 있는 마을. 뒤에 천마산(즉 오룡산)이 있음.
　回龍: 천마 서쪽에 있는 마을. 다섯 용이 구슬을 찾아 헤매다가 돌아오는 형국이라 함.
▶ 전남도청 터로서의 南岳.
한 나라의 수도는 그 나라를 상징한다. 한 道의 도청은 그 도를 대표한다. 그것이 반드시 바람직한 것은 아니라 할지라도 현실적으로는 그렇다. 우리나라에서 행정 구역으로 도라는 단위가 쓰인 것은 고려 성종 14년(995) 때부터였다. 당시 성종은 唐의 10道制를 모방하여 전국을 10개 도로 나누었다. 그러나 이 당시의 도는 道長官이 없이 단지 중앙의 按察使와 같은 임시 관직이 수시로 순찰하는 정도였으며 구체적으로 확립된 제도라고 보기에는 미흡한 바가 있었다.
고려 때 江南道, 海陽道 등으로 불리던 이곳은 현종 9(1018)년 위 2도를 대표하는 고을인 全州와 羅州의 이름을 따서 全羅道라는 명칭을 갖추게 된다. 그 뒤 조선 인조 때는 全南道, 光南道 등으로 일시 개칭되기도 하고 영조 때는 일시 全光道라 불린 적도 있으나 대체로 전라도라는 명칭에서 크게 벗어난 적은 없다.
조선 시대에 이르러서야 『經國大典』이 완성되면서 道制가 확립되고 오늘날 행정 구역의 대강이 틀을 잡기에 이른다.

1896년에 비로소 오늘의 도와 같은 13도제가 본격적으로 실시되는데, 이때 전라남도의 도청이 광주로 정착된다. 1986년 11월 광주는 다시 직할시로 승격이 되어, 사실상 이때부터 전남도청 이전 문제는 제기되기 시작한 셈이다.

필자는 얼마 전 모 지방 일간지의 청탁으로 전남도청 이전 문제를 풍수적으로 따져 볼 기회를 가질 수 있었다. 자진해서 이루어진 일이 아니기 때문에 썩 떳떳하다는 생각을 하고 있는 것은 아니지만 문제 자체가 워낙 심각하다고 여겨져서 다시 한번 그것을 되씹어 보자는 것이다.

풍수상 전남의 도청 터를 물색하기 위해서는 먼저 전남이 지니고 있는 국토 전체에서의 상징성을 정리해 볼 필요가 있다. 그를 위해서 가장 좋은 방법은 國域 전체에 관한 형국 풍수를 떠올려 보는 일이다. 여기에 대해서는 지금까지 여러 가지 이론들이 제시되어 있다. 필자는 새로운 해석을 시도해 보고자 한다. 즉 먼저 한반도라는 우리 국토의 모습을 거대한 땅덩어리 아시아 대륙의 동북쪽을 향하여 서서히 그러나 줄기차게 기어 올라가는 거북이로 보자는 것이다. 그 거북이는 알을 낳고 있다. 그것도 싯누런 황금의 알을. 그 알은 바로 제주도에 해당된다고 보면 될 것이다. 그 황금의 거북알을 품고 있던 생명의 근원인 母胎는 당연히 전라도 땅이 된다.

생명의 모태는 바로 생명의 원초이다. 생명의 원초에는 거부가 없다. 모든 것을 융화시키는 원기의 힘만이 작용할 뿐이다. 그곳은 바로 어머님의 자궁 속이다. 그곳이 바로 전라도 땅이다. 황금 거북이로 형상화되는 우리 국토의 어머니가 전라도라는 뜻이다. 그곳은 모든 것을 받아들이고 모든 것을 화해시켜 새로운 세상을 여는 개벽의 희뿌염한 새벽이 열리는 곳이다.

황금 거북이가 알을 낳는 땅. 풍수는 이를 金龜沒泥形이라 이른다. 이는 물론 陰宅 풍수에서 아주 미시적인 하나의 자리에 대한 형국을 설명할 때나 쓰이는 용어이기는 하다. 그러나 풍수에서 음택과 양택 또는 미시와 거시는 그야말로 규모의 차이밖에는 없다. 따라서 금구몰니형은 이 경우 유라시아 대륙의 거대한 陸塊를 명당으로 했을 때 그 穴場이 바로 전라도에 해당된다는 상징적 의미를 띠게 된다. 황금알을 품은 땅, 그곳이 바로 전라도라는 것이다. 모든 것을 감싸 안고 혼융 조화를 이루는 땅, 그곳이 호남이다. 그리하여 새로운 개벽의 시대를 열어 줄 땅이 바로 남도 땅이란 것이다.

그런 땅에 땅의 이치를 읽는 우리 민족 전통의 지혜인 풍수 지리를 빙자한 왜곡과 편견이 있다는 것은 보통 문제가 아니다. 우리들이 생명의 원기를 부여받은 자궁, 우리의 모태에 우리 자신들이 왜곡과 편견을 가지고 있다는 것과 마찬가지 얘기이다. 세상에 이런 자기 모멸의 패륜이 어디에 있을 수 있는가. 그 왜곡과 편견의 출발점인 『訓要十條』의 차령 남쪽 금강 이남 땅의 背逆勢說 따위는 여기서 다시 거론하기도 지겹다.

문제는 전라도에 대한 그와 같은 망상이 현실적으로 있었고 또 결과적으로도 드러나고 있다는 사실에 있을 것이다. 정치적, 사회적, 경제적으로 숱한 불이익을 당해 온 것은 부인할 수는 없는 일 아닌가. 이제 그런 일 자꾸 거론하지 말자는 주장에도 일리는 있으나 무조건 덮어두는 것만이 상책은 아니다. 필자는 한 가지 분명히 얘기할 수 있는 것이 있다. 〈背逆의 땅 全羅道〉 운운하는 잡설들은 전혀 풍수적이지도 않고 사리에도 닿지 않는 헛소리일 뿐이라는 점이다. 지금 필자가 이 점을 강조하는 것은, 그렇기 때문에 전라도만이 진정한 의미의 민족 화합을 主導 主唱할 수 있는 주체자가 될 수 있다고 믿기 때문이다. 피해자만이 진정한 용서를 할 수 있는 법이니까.

최근 발표된 현 전남도청 자리의 공원화는 필연적으로 도청 이전이 전제되고 있을 것이다. 말이 나온 김에 광주광역시역을 떠나자는 논의도 있으리라고 본다. 나주, 순천, 목포, 광양 등 나름대로의 합리성과 명분과 역사적 의미를 지니고 있는 여러 후보지가 거론되고 있다는 풍문도 듣고 있다.

필자가 생각하는 것은 순수한 우리 전통의 풍수 지리적 입장에서 보자면 어디가 適地이겠는가를 살펴보자는 것이다. 앞서도 말한 바와 같이 이것은 땅을 보는 종합적 안목으로서의 풍수 지리이다. 술법적인 풍수도 아니고 기능 위주의 지리도 아닌 것이다. 또한 통일 후에 가서도 후회 없을 자리여야 할 것이고 그 상징성에 있어서도 새로운 출발을 담보한 자리여야 할 것이다.

황금알을 낳는 금거북이의 자궁에 해당하는 地性의 땅. 그것은 생명을 잉태하고 꼴을 갖추도록 양육하는 터전이기 때문에 조화와 융해를 근간으로 삼는다고 하였다. 또 통일 한반도를 생각할 때 이곳은 서남 해안 및 인근 섬 지방과 중국, 일본의 항구 도시들을 연결하는 동아시아 해양권의 중심 구실을 할 수 있어야 하므로 도청 입지가 내륙으로 진출한다는 것은 현실적으로 어려움이 있다. 그리고 무엇보다도 민족적 정통성과 생명의 融和性을 보장하는 곳이어야 하리라.

術家에서는 三南 최대의 승지로 무안 僧達山을 꼽는 것이 정설로 되어 있다. 그러나 이곳은 상당 부분 음택 적지로 지목

되어 그 의미가 탈색되었음을 부인하기 어렵다. 그런데 문제 해결의 열쇠는 의외로 가까운 곳에 있다는 것을 곧 알게 된다. 이 부근에는 승달산뿐만이 아니라 가까이에 목포 儒達山이 있다. 僧은 佛이다. 그러니까 국토의 모태 자리에 儒佛이 좌정한 셈이다. 만약에 여기에 仙까지 있다면 이는 대단한 상징성을 띠게 될 것임에 틀림없다. 우리 민족에게 있어서 儒佛仙은 그것이 외래의 것이냐 아니냐 하는 것을 따지기 이전에 정통의 민족 정서로서 마음속 깊이 간직하고 있는 것임이 분명하기 때문이다.

儒와 佛과 仙은 물론 그 사상의 뿌리와 성장 배경과 전개 과정이 다르다. 서로 대척적인 경우까지 있었다. 그러면서도 공통적인 민족 정서 속에 녹아 있었다는 사실을 누가 있어 부인할 수 있으랴. 이제 그러한 儒佛仙 三道會通의 터만 찾아낼 수 있다면 바로 그곳이 민족 융화의 주체가 될 전남도청 터가 되지 않겠는가. 자, 이제 그렇다면 仙達山은 어디 있는가. 불행히도 선달산이란 이름을 가진 산을 필자는 전남에서 기록상으로는 아직 찾아내지를 못했다. 다만 『신증동국여지승람』이나 『대동지지』에 보면 해남 두륜산의 서쪽 가지를 仙隱山이라 일컬었다는 기록이 나온다. 신선이 되면(達) 숨는(隱) 법이니 결국 隱은 達에 통한다는 추론이 가능하다. 그렇다면 두륜산이 결국 선달산인가. 그렇지는 않은 것 같다. 우선 현실적으로 두륜산을 선달산이라 가정해 버리면 유불선 삼도회통의 자리를 바닷속에서 찾아야 한다는 불합리가 발생하기 때문이다. 또한 두륜산은 불교적 색채가 매우 강한 곳이기 때문에 三敎가 會通했다고 보기에는 문제가 없지 않다. 그래서 필자는 그 부근의 仙人 유사 지명을 지도와 지명 사전과 옛 기록을 동원하여 훑어보다가 그야말로 여기다 하는 장소를 찾았다. 그곳이 바로 영암군 미암면 仙皇里의 仙皇山이다. 미암면 선황리와 채지리에 걸쳐 있는 높이 160미터의 산으로 백제 古彌縣에 있었다고 『한국지명총람』 권15는 설명하고 있다. 그 유래에 대해서는 원래 선황산에 서낭당이 있었으므로 서낭당, 선황당, 화산 또는 당리라 하였다고 한다.

여기에는 두 가지 의미가 있다. 하나는 서낭신이 우리 고유의 신선 사상에 통한다는 연구 예가 있는 것으로 보아 道家類의 신선 사상보다는 우리 민족 전래의 신선 사상에 가깝다는 것이고, 다른 하나는 영암이 바로 우리 고유 풍수 지리의 비조인 도선국사의 출생지라는 점이다. 도선은 흔히 알려진 것처럼 중국에 유학했던 사람이 아니다. 당시 신라에서 고승 소리를 듣자면 당나라 유학은 필수 과정에 속하는 것이었다. 그러나 그는 그런 당시 유행을 좇지 않고 우리식의 풍수와 禪을 정리하여 종합한 인물이다. 물론 당나라의 선진 이론을 전혀 도외시한 것은 아니었지만 근본은 고유, 재래, 민족, 정통에 두었다는 뜻이다. 그러므로 선황산을 선달산으로 비정한 것은 실증적이지는 못하지만 상징성은 충분히 갖추었다고 보는 것이다.

이제 우리는 儒佛仙 三神의 山을 모두 찾았다. 이 세 산의 정상을 삼각형의 꼭 지점으로 하여 선을 그으면 반듯한 삼각형이 하나 생긴다. 그 삼각형의 안쪽이 명당이 된다. 대체로 목포와 무안군 남부, 영암군 서부 지역이 이에 해당된다. 이곳이 바로 모든 것을 融和, 會通케 할 천하의 大地明堂이라고 보는 것이 필자의 풍수에 대한 현대적 재해석이다. 그렇다면 그중에서도 穴處라 할 수 있는 구체적인 도청 터가 어디냐 하는 것이 문제이다. 그곳은 地氣의 배분이 완전한 조화를 이루는 어떤 지점이어야 할 것이며, 그 자리는 바로 삼각형의 세 中線이 합치하는 重心의 자리이다.

重心 center of gravity이란 물체의 각 부분에 작용하는 중력의 合力이 작용된다고 여겨지는 지점이다. 그곳을 作圖하여 보니 바로 務安郡 三鄕面 南岳里가 된다. 필자는 남악산 인근에 있는 五龍山

(혹은 天馬山) 남쪽에 도청이 들어서는 것이 바람직하다고 본다. 오룡산 아래 남악리에 도청을 세우되 이곳은 그야말로 행정 도읍으로 규모가 적은 것이 좋다. 경제적인 측면에서는 外港인 木浦를 발전시켜 활용하면 될 것이기 때문에 구태여 거대한 신도시를 여기에 구축할 필요는 없을 것이다. 母胎는 떠들썩함을 즐겨 하지 않는 법이다. 차분히 민족 미래를 구상할 행정, 학술 소도시 정도가 적당하지 않겠는가 하는 생각이다. 한 가지 전제할 것은 이곳의 입지가 영산호변이기 때문에 영산강 하구 언 안쪽의 수질을 청정하게 보전할 수 있는 대책이 먼저 마련되어야 한다는 점이다.

다섯 용이 구슬을 다투다(五龍爭珠) 되돌아오는(回龍) 땅. 오행이 상생하는 터. 그리하여 전라도가 다시 어머니 품속 같은 구실을 하게 되는 개벽의 勝地. 그러나 무엇보다 중요한 것은 통일 이후의 상징성이다. 우리나라 수도의 主山은 北岳이다. 南道의 主山은 南岳이다. 북악은 대륙을 관장하고 남악은 해양을 경영하는 통일의 시대를 바로 이곳 남악 도청 터에서 기대해 보자는 것이다.

남악리 마을에서 만난 한 할머니는 낯선 우리 일행 중 한 사람에게 스스럼없이 조카딸이란 호칭을 썼다. 이장 일 보는 아들이 잠깐 나갔으니 기다렸다가 약주 한잔 하고 가라는 말도 했다. 나는 그분에게서 장모님의 얼굴을 보았다. 三敎會通의 터전임을 웅변해 주는 순간들이었다.
▶龍浦里
　鯉洞: 용포 북쪽에 있는 마을. 잉어처럼 생겼다 함.

務安郡 一老邑

▶望月里: 지형이 玉兎望月形이라 하여 붙인 지명.
　望母山: 망월리와 청호리 경계에 있는 산. 141미터. 봉우리가 2개 있는데 큰 봉우리를 어머니봉, 작은 봉우리를 딸봉이라 하여 딸이 어머니를 바라보는 형국(孝女顧母形)이라 함.
▶月岩里
　연소동: 큰월암 북쪽에 있는 마을. 燕巢穴처럼 생겼다 함.

務安郡 淸溪面

승달산(몽탄면 참조): 해제반도는 승달산의 우백호로 外水口 역할, 월출산은 좌청룡으로 거대한 외벽 역할. 즉 부처님 자태 같은 승달산을 두고 양손으로 감싸 안는 형국. 또한 어머니의 자궁을 연상케 하는 또 다른 內水口가 형성되어 있음. 본래 승달산은 老僧이 12제자를 거느리고 가르침을 내린다는 곳이다. 이곳 골짜기마다 목포대의 각 단과 대학이 들어서 있다.
▶九老里: 옛날부터 90세 이상 노인이 항상 9명 이상 떠나지 않는다 하여 붙은 지명.
　渴龍洞: 구로동 동남쪽에 있는 마을. 渴龍飮水形이라 함.
▶淸溪里
　無山: 목포대학 정문 건너편에 있던 140미터의 석산. 이곳에 채석 공장이 들어서 지금은 30여 미터밖에 남지 않았다. 본래의 지명 그대로 산이 없어지는 셈이다.

務安郡 海際面

▶德山里
　瑟山(琵山): 덕림 서쪽에 있는 마을. 마을 뒷산이 옥녀봉이고 앞산은 琵琶라 하여 山 자와 비파 瑟 자를 따서 슬산이라 함.
▶松石里
　조산: 선돌 북쪽에 있는 산인데 마을의 虛缺處를 裨補해 주는 역할을 한다.
▶柳月里
　당난구지(동동구리, 동동고지): 유투정 동쪽에 있는 마을. 亂을 당해도 인명을 구할 수 있는 지리이고, 동서 양편이 북과 같이 생겼다 함.

柳投亭: 작은용산 남쪽에 있는 마을. 마을 서쪽에 鶯巢柳枝形의 묘지가 있어 꾀꼬리가 버들가지를 물고 오다가 이곳에 떨어뜨렸다 하여 유투정이라 함.

▶蒼梅里

梅岸: 매당 서남쪽에 있는 마을. 梅花落地形의 명당이 있다 함.

蛙島: 매안 동남쪽에 있는 섬. 매당 앞에 巳頭란 곳이 있어 뱀이 개구리를 잡아먹는다는 뜻에서 와도라 함.

務安郡 玄慶面

▶五柳里

검무산: 장군이 칼을 들고 웃고 있는 형국으로, 장군이 나온다는 명당임.

▶龍井里

月頭마을: 동에서 보나 서에서 보나 반달 모양이어서 달머리라 하여 월두가 됨.

寶城郡 兼白面

▶보성은 무등산 줄기가 화순의 天鳳山과 나주의 鳳尾山으로 나누어져 흐르는 양쪽 鳳凰 사이에 알을 낳고 있는 곳이라 함. 또한 帝 자가 들어가는 산이 2개 있는 곳이기도 하다. 물줄기가 北向하는 곳. 즉 미력면에서 발원한 보성강이 겸백, 복내, 문덕을 거쳐 승주로 향하면서 섬진강으로 합류한다. 그래서 곧은 절개와 지조의 고장이 되었다는 것. 일제는 1931년 보성강 상류인 득량면에 북향하는 물줄기를 남으로 돌리는 유역변경식 수력 발전소를 만들어 1937년 완공하여 득량만 간척지에 용수 공급(백형모).

▶道安里

소쿠리명당: 대밭골 서쪽에 있는 골짜기. 근처에 소쿠리형의 명당이 있다 함.

▶石湖里

수둥령(水中龍): 고전 서쪽에 있는 들. 정자천이 감돌아 흐르고 있어 수중의 용처럼 되었는데 명당 자리를 찾으려고 많은 풍수들이 찾아듦.

▶雲林里

宿虎: 옥천 동남쪽에 있는 마을. 뒷산이 잠자는 호랑이 형국(宿虎形)이라 함.

寶城郡 蘆洞面

▶살아서는 복내요, 죽어서는 노동(生居福內 死居蘆洞)이란 말이 있다. 노동면은 학이 날개를 접고 내려앉는 형국.

▶廣谷里

어묵등(花田, 魚目嶝): 탄실 동남쪽에 있는 마을. 옆산이 물고기의 눈 형국이라 함. 앞산에 花心形의 명당이 있

다 함.
▶錦湖里
造山: 영구 앞에 있는 조산. 마을의 虛缺處를 裨補하기 위하여 인공적으로 조성한 것임.
▶龍湖里
도라지기: 초전 동쪽에 있는 골짜기. 사람이 돌아앉아 있는 형국.
머구릿등: 햇새등 남쪽에 있는 등성이. 머구리(개구리) 형국이므로 사둣등의 뱀의 먹이와 같다 함.
米嶝: 주벅등 서쪽에 있는 등성이. 조리등의 조리가 쌀을 이는 형국이라 함.
사둣등(巳頭嶝): 수촌 서쪽에 있는 등성이. 한새등 황새의 먹이로 뱀 대가리 형국이라 함.
조리등: 미등 서쪽에 있는 등성이. 조리처럼 생겼음.
주벅등: 대고개 남쪽에 있는 등성이. 주벅(주걱) 형국인데 조리등의 조리로 미등의 쌀을 일어 밥을 지어 주걱으로 푼다 함.
한새등: 수촌 동남쪽에 있는 등성이. 한새(황새) 형국인데 사둣등의 뱀을 쪼아먹으려 한다 함.
함지골: 조리골 서쪽에 있는 골짜기. 함지 형국이라 함.
▶鶴洞里
甲洞(죽방): 학동리에서 으뜸가는 마을. 깊은 골짜기가 됨. 명봉리 봉동의 봉황이 먹을 대나무 열매 형국이라 함.
揷花(甲花, 거투리): 학송 북쪽에 있는 마을. 지대가 높아 꽃을 병에 꽂은 것처럼 되었음.

寶城郡 得粮面

▶飛鳳里
공알바우: 몰바우 위에 있는 바위. 공알(음핵)처럼 생겼음.
▶五峯里
유왕골(柳鶯洞): 강골 서쪽에 있는 마을. 왕이 날 자리가 있다 함. 버들가지의 꾀꼬리집. 즉 柳枝鶯巢形의 명당이 있다 함.
▶正興里
맹산골(맹경골): 동막동 남쪽에 있는 들. 옥녀봉 밑이 됨. 옥녀봉에 玉女端坐形의 명당이 있는데 그 맹경(거울)에 해당된다 함.
베틀고개: 동막동 동쪽에 있는 낮은 고개. 옥녀봉 밑이 되는데 베틀처럼 생겼다 함. 옆에 베 짤 때 쓰는 기름 종지처럼 생긴 바위가 있음.
玉女峯: 회룡동 서남쪽에 있는 산. 玉女端坐形이라 함. 2백 미터.
지름종지바우: 베틀고개 동쪽에 있는 바위. 옥녀봉의 옥녀가 베틀에 쓰는

기름 종지처럼 생겼다 함.

回龍洞: 베틀고개 동남쪽에 있는 마을. 뒷산의 支脈이 빙 돌아 本山과 서로 대하는 回龍顧祖形으로 되었음.

▶ **海坪里**

개씹바구: 조새바구 아래에 있는 바위. 암수의 개가 흘레(性交) 붙은 것처럼 생겼음.

九龍山: 발끄미 서남쪽에 있는 산. 九龍爭珠形의 명당이 있다 함.

九龍爭珠: 구룡산에 있는 골짜기. 박씨의 선산이 있는데 九龍爭珠形의 명당이라 함.

구슬모퉁이: 솔갓재 동남쪽에 있는 산모롱이. 구룡산 九龍爭珠形의 구슬에 해당됨.

땅뚝: 조양 남쪽에 있는 등성이. 쇠로 만든 작은 말을 모셔 놓고 해마다 음력 정월 14일 밤에 제사를 지내는 당집이 있었음.

寶城郡 文德面

▶ **德峙里**

옥채(옥챗골): 덜봉 북쪽, 골짜기에 있는 마을. 풍수설에 건너편 승주군 송광면 월산리의 사비마을 근처에 왕비가 넷이 날 명당이 있다는데 이곳은 그 왕비가 머리에 꽂을 옥비녀에 해당

된다 함.

▶ **鳳甲里**

선돌: 봉갑사 터(봉갑리 1019번지. 요즘은 살림집. 유물로 선돌과 길이 1m 너비 40cm 되는 용 형상을 새긴 돌이 남아 있음) 앞에 있는 선돌. 전설에 따르면 봉갑사에 불이 자주 나므로 어느 道僧에게 그 까닭을 물으니 건너편에 우뚝 솟은 형제봉이 火體이기 때문에 높이 돌을 세워 그 빛이 보이지 않도록 막으면 된다 하여 세우게 된 것이라 함.

장구재(장구내미): 쇠정골 서쪽에 있는 고개. 근처에 將軍對坐形의 명당이 있다 함.

호롱밭(回龍田): 새터 북쪽 보성강 건너에 있는 들. 回龍顧祖形의 명당이 있다 함.

▶ **鳳亭里**

盤松: 오메 서북쪽에 있는 마을. 李花落地形의 명당이 있다 함.

▶ **龍岩里**

가내마을: 서재필의 외가로 그의 출생지이며 자란 곳이기도 하다. 이 마을은 본래 보성선씨들의 自作一村이었으나 서재필의 외증조부였던 이조참판 李有源이 풍수에 의하여 잡은 터. 마을 형국은 飛龍形. 서재필의 어머니는 친정집이 명당임을 알고 사형제를 모두 친

정에서 출산하여 길렀다고 함.

▶ 竹山里

玉女峯: 죽산리와 봉갑리 경계에 있는 산. 촛대봉 동북쪽 줄기로 玉女散髮形의 명당이 있다 함.

촛대봉: 죽산리와 봉갑리 경계에 있는 산. 345미터. 봉우리가 촛대처럼 쭈뼛하게 생겼음.

鶴穴: 화순군 남면 복교리와 붙어 있는 죽산안씨 牛山 安邦俊의 무덤. 대원사가 자리 잡고 있는 천봉산을 따라 내려온 渴鶴山의 끝자리에 맺혀 있는 이 자리는 목마른 학이 먹이를 찾아 내려오는 형국. 묘 앞 보성강에 학의 먹이가 되는 우렁바위가 놓여 있었으나 주암댐 공사로 수몰됨. 鶴穴의 특징대로 관직과 학계 인물을 많이 배출했다 함.

寶城郡 彌力面

▶ 盤龍里

구슬고개: 생골에서 초당리로 가는 고개. 반룡리는 용이 서린 형국인데 이곳은 그 용의 입속에 든 여의주와 같다 함.

造山: 가평 서쪽에 있는 산. 마을의 虛缺處를 裨補하기 위함.

▶ 龍亭里

屈峙(伏雉): 살내 서북쪽 구렁에 있는 마을. 伏雉形이라 함.

造山: 살내 동쪽에 있는 산. 풍수상의 虛缺處를 비보하기 위한 목적으로 조성된 것임.

▶ 草堂里

蛇結院터: 굴바우 밑에 있는 터. 근처에 구렁이가 개구리를 쫓는 長蛇追蛙形의 명당이 있다 함. 사결원이 있었음.

寶城郡 筏橋邑

▶ 大浦里(한개, 행개)

깨구락지산: 뱀산 서쪽에 있는 산. 개구리 형국.

뱀산: 정동 동쪽에 있는 산. 뱀처럼 생겼음.

猪頭(됏머리, 제두): 정동 북동쪽에 있는 마을. 뒷산이 돼지 머리 형국인데 돼지가 뱀산의 뱀을 쫓아가고 그 뱀은 깨구락지섬의 개구리를 먹으러 쫓아가는 형국.

▶ 蓮山里

개좆바우: 고란 동북쪽 제석산에 있는 바위. 개좆처럼 생겼음.

꽃쟁이: 개화 남쪽에 있던 들. 옛날에 地師가 앞으로 꽃이 필 곳이라 하였는데 학교가 들어섬으로써 그 말이 맞았다 함.

▶ 永登里

　都會똠(도똥, 都會里): 박석 서쪽에 있는 마을. 옛날 어느 지사의 말에 앞으로 도회지처럼 번창하리라 하였는데 학교가 들어섬으로써 그 말이 맞았다 함.

▶ 長岩里(맏바우)

　염줏재(念珠峴): 지음 서쪽에서 영등리로 가는 고개. 老僧禮佛形의 명당이 있다는데 이곳은 그 스님의 염주같이 생겼다 함.

　오음산(五龍山): 현교 남쪽에 있는 산. 玉女端坐形의 명당이 있다 함.

▶ 壯陽里

　將相골: 양촌 북쪽에 있는 골짜기. 옛부터 이 근처에 장군과 재상이 날 명당이 있다 하여 그 자리를 잡아 묘를 썼다는 무덤들이 있으나 아직도 풍수들이 그 자리를 잡으려고 드나듦.

▶ 池洞里(못골)

　兎山(퇴끼산): 토산리 뒤에 있는 산. 옥토끼가 반월산의 달을 바라보는 玉兎望月形의 명당이 있다 함.

▶ 澄光里

　飛鴉啄柿洑: 진밭보 위에 있는 보. 둘레의 산이 갈가마귀가 연감(홍시)을 쪼는 飛鴉啄尸形의 명당이라 함.

寶城郡 寶城邑

▶ 寶城里(邑內)

　해롱고개: 가마실에서 동륜동으로 가는 고개. 支脈이 빙 돌아서 본산과 서로 대하는 回龍顧祖形이라 함.

▶ 珠峯里

　德山: 주봉리와 노동면 대련리와 광곡리에 걸쳐 있는 산. 260미터. 보성읍의 主山.

▶ 快上里

　망골(馬飮洞): 동암 남쪽 골짜기에 있는 들. 渴馬飮水形이라 함.

　옥시나뭇골: 둠벙실 남쪽에 있는 골짜기. 옥퉁소 형국이라 함.

寶城郡 福內面

▶ 盤石里

　造山: 반곡 앞에 있는 산. 마을의 虛缺處를 裨補하기 위하여 인공적으로 조성한 산임.

▶ 福內里

　桃花村(질꾸지): 원봉 북쪽에 있는 마을. 질흙이 났으므로 질꾸지, 질꼬지라 하다가 桃花落地形의 명당이 있다 하여 도화촌으로 고침.

▶ 鳳川里

　飛鳳山(두루봉): 당촌 서북쪽에 있는

둥근 봉우리의 산으로 飛鳳抱卵形임. 337미터.

梧桐寺터: 봉천리 산 761번지에 있는 오동사의 터. 불상고개 밑이 됨. 고려 때 절을 세웠는데 뒷산인 비봉산이 飛鳳抱卵形이므로 봉황은 오동나무에만 깃든다 하여 오동사라 함. 1910년 경 빈대가 들끓어 폐사되었다는데 칠층석탑만 남았음.

亭閣등(알메, 당메): 당촌과 탑동 사이에 있는 등성이. 천인정이란 정각이 있음. 비봉산이 飛鳳抱卵形인데 이곳은 그 봉황의 알 형국이라 함.

▶龍洞里

바람재(風峙): 용동리에서 가장 큰 마을. 파부리군의 터 서쪽이 됨. 비단 옷 띠에 바람이 스치는 風吹羅帶形의 명당이 있다 함.

행기재(黃鷄峙): 바람재 북쪽에 있는 고개. 黃鷄抱卵形이라 함.

▶楡亭里

鐵馬峯(天馬山): 유정리, 계산리와 겸백면 운림리에 걸쳐 있는 산. 406미터. 쇠로 작은 말을 만들어 산 위에 모셔 놓고 제사를 지냈다 함.

▶獐川里

봉알바우: 평주 서남쪽 거출에 있는 바위. 사람의 불알처럼 생겼음.

寶城郡 熊峙面

▶江山里

짐댓거리: 중선 앞에 있는 들. 중선 마을이 배처럼 생겼는데 이곳은 그 배의 짐대(돛대)에 해당한다 함.

▶大山里

飛龍昇天形: 회천면 앞바다에서 솟아오른 용이 웅치골에서 쉬다가 웅치면 대산리에서 산을 휘감아 돌면서 승천하는 형국. 그런데 승천할 때 기대어 힘을 쓰던 산이 큰 산보다 그 옆의 작은 산이어서 이곳은 장남보다 차남이 장군이 된다는 것(백형모).

▶鳳山里

깝작골: 보지골 남쪽에 있는 골짜기.

보지골: 녹동 남쪽에 있는 골짜기.

寶城郡 栗於面

▶金川里

바랑배미: 동고개 아래쪽에 있는 논. 중이 방아를 벗어 놓고 은승고개(은씽고개) 밑에 숨어서 옥녀를 바라보는 형국이라 함.

은씽고개(隱僧고개): 돌틈이 서남쪽에서 겸백면 평호리 자포로 가는 고개. 지나는 중이 옥녀를 보고 숨어서 기다리는 형국이라 함.

▶文陽里

등잔거리: 웃바무 동남쪽에 있는 골짜기. 등잔을 벽에 걸어 놓은 형국(玉燈掛壁形).

▶船岩里

각시바우: 느재 남쪽에 있는 바위. 사모바우와 마주 섰음.

느재(晩岾, 帽岩): 상선 동쪽에 있는 마을. 느재 밑이 됨. 건너편에 모암이 있는데 신랑이 모암의 紗帽를 쓰고 관대바위의 관대를 입고서 이 마을을 사이에 두고 각시바위의 각시와 혼례식을 하는 형국으로 생겼다 함.

사모바우(帽岩): 느재마을 건너편에 있는 바위. 모양이 사모처럼 생겼음.

▶柳新里

천대장: 버든 동남쪽에 있는 산. 將軍對坐形의 명당이 있다 함.

▶栗於里

쌍혈골(雙乳穴골): 자매기 서북쪽에 있는 골짜기. 雙乳形의 명당이 있다 함.

▶梨洞里(배골)

깃바리(西下里): 서상 아래쪽에 있는 마을. 근처에 將軍對坐形의 명당이 있다는데 이곳은 장군 앞에 세운 깃발과 같다 함.

▶長洞里

서골(鼠洞, 書洞里): 장수동 동쪽에 있는 마을. 뒷산이 老鼠下田形이라 함.

▶七音里(치림)

노봉솟골: 구시골 남쪽에 있는 골짜기. 老鳳歸巢形의 명당이 있다 함.

똥메: 치림 동쪽에 있는 산. 들판에 똥무더기처럼 작고 둥글게 솟았음.

寶城郡 烏城面

▶德山里

造山등: 감동 동쪽에 있는 등성이. 마을의 虛缺處를 裨補하기 위하여 인공적으로 조성한 것임.

▶東村里

마오리: 갱주네가매 남쪽에 있는 들. 玉兎望月形의 명당이 있다 함.

明堂골: 새몰 북쪽에 있는 골짜기. 명당이 있다 함.

▶牛川里

음매잘: 족밧골 북쪽에 있는 골짜기. 송아지가 엄마 소를 돌아보고 음매하고 우는 형국(泣犢顧母形).

▶隱谷里

鳳舍村(봉화촌): 대야 서쪽에 있는 마을. 뒷산에 붉은 봉황이 편지를 물고 있는 丹鳳舍書形의 명당이 있다 함.

비끼(隱林, 虎山): 반곡 북쪽에 있는 마을. 비낏재 밑이 됨. 猛虎出林形의 명당이 있다 함.

송장굴(宋將軍窟): 송장고개 밑에 있

는 광주선의 기차 굴. 굴을 뚫을 때 많은 일꾼들이 죽으니 현실과 지명의 뜻이 맞았다 함.

▶鳥城里(원몰)

깐칫등: 석부 동쪽 등성이에 있는 마을. 뒷산에 鵲巢形의 명당이 있다 함.

돌오리: 석부 가운데에 있는 조씨의 무덤. 뫼를 쓰려고 땅을 파니 푸른 돌로 만든 오리 두 마리(암수)와 오리 알과 같은 돌이 많이 나왔는데 모두 잃어버리고 오리 한 마리만 마을에서 보관하고 있음.

石鳧(돌오리): 새재원터 동남쪽에 있는 마을. 근처 땅 밑에서 돌오리가 나왔음.

寶城郡 會泉面

▶客山里

청뱅이(靑방산): 객산리, 서당리와 득량면 도촌리, 비봉리에 걸쳐 있는 산. 380미터. 靑﨎吠月形의 명당이 있다 함.

▶聆川里(穿川)

번개집등: 영천 북쪽에 있는 등성이. 수력 발전소를 설치하여 전깃불을 일으켰으므로 지명과 현실이 맞았다 함.

兄弟峯: 영천리와 회령리 경계에 있는 산. 180미터. 크고 작은 두 봉우리가 형제처럼 나란히 솟아 있고 좌우에 여러 봉우리들이 이 산을 향해서 拱手로 절을 하고 있는 것 같아 名山이라 하여 유명함.

▶泉浦里

渴馬: 천포리에서 으뜸가는 마을. 앞산에 渴馬飮水形의 명당이 있다 함.

順天市

형세를 走鹿形으로 봄. 전체적인 지명이 움푹 들어가 있는 地陷形. 이를 들어 올리거나 밝게 해주는 裨補策 필요. 순천남교 옆 오거리에 있는 長明石燈이 그것. 현재는 순천시청 안으로 옮겨 보호중.

朴蘭峰墓: 순천박씨 정착 시조. 가지산에서 뻗어 온 鸞鳳山 맨 아래 위치하여 민가와 접해 있음. 玉燈掛壁穴. 혈 주변이 八字形이라 무궁한 영화를 누릴 곳이라 함. 등잔 밑이 어둡다는 식으로 이곳에 사는 후손들은 빛을 못 보고 외지로 나간 후손들이 잘된다 함.

비단골: 가곡동 원가곡 북쪽에 있는 골짜기. 玉女織錦穴이 있다 함.

구신들: 대룡동 오룡 서남쪽에 있는 들. 바닥이 매우 움푹하고 깊어서 귀신이 나올 것 같다 함. 金烏啄屍穴이 있다 함.

녹도장군골: 송포수골 서쪽에 있는 골짜기. 모를 쓰고 녹두장군이 났다 함.

香林寺: 석현동 오리정 동북쪽 飛鳳山 자락에 있는 절. 飛鳳抱卵形. 절터를 감싸고 도는 물줄기와 좌우 산세는 봉황이 날개를 접고 앉아 있는 형국. 향림사는 봉황의 알에 해당. 사찰에서 닭집, 오리집에 임대를 해 살생을 조장했기에 불이 났다는 설도 있음. 신라 경덕왕 때 도선국사가 세웠다 함. 1994년 2월 19일 오후 3시 화재 발생.

예로부터 地不如順天, 文不如長城, 禮不如寶城이라 했음.

德月洞 월곡마을에 있는 옥천조씨들의 선산은 白鷺下降形.

昇州郡 樂安面

현재 승주군은 모두 順天市로 편입되었음. 따라서 이곳은 현재 순천시 낙안면이 됨. 낙안 고을의 터는 전체적으로 玉女散髮形이다. 옥녀가 머리를 푸는 것은 화장을 해서 단정한 용모를 갖추기 위해서이다. 따라서 이 고을에서는 만인이 부러워하는 자리에 오르는 인물이나 여러 사람의 주목을 받는 才子佳人들이 많이 나오리라 한다. 옥녀산발형의 경우 案山으로는 빗 모양의 산을, 오른쪽으로 거울 모양의 산을, 그리고 왼쪽에는 粉匣과 기름 병 형태의 산을 거느리면 더욱 좋다.

昇州郡 別良面

현재는 순천시 별량면.
면소재지 앞산 尖山에 將軍對坐穴. 가운데 장군이 앉아 있고, 뒤에 막사의 휘장, 앞에는 칼춤을 추는 장수의 형상이 나타나 있음.

▶ 大龍里

桐華寺: 용안 서남쪽에 있는 절. 약 9백 년 전 대각국사가 창건한 것으로 梧桐鳳棲形인데 봉황은 오동나무에 깃든다 하여 절 이름을 동화사라 하고 오동나무를 많이 심었음.

▶ 德亭里

복숭골: 여기 유명한 승주의 桃花落地穴이 숨어 있고 마을 앞 들녘에 우뚝 솟은 작은 동산에 기운이 몰려 있다. 〈평지에서는 돌 기운을 보라〉는 말처럼 동산 옆에는 사람 키 두 배 정도의 둥근 바위 두 개가 있다. 복숭아 모양.

▶ 東松里

回龍山: 회룡 동북쪽에 있는 산. 回龍顧祖形.

▶ 馬山里

白馬洗足形: 將軍對坐穴이 첨산에서 지하로 내려와 대혈의 기운이 뻗친 것.

▶ 元倉里

回龍山: 신석 동남쪽에 있는 산. 回龍顧祖形.

昇州郡 上沙面

현재 순천시 상사면.

▶飛村里(비름)

道詵國師무덤: 도선동(서동 남쪽에 있는 마을) 뒤에 있는 묘로 도선국사의 무덤이란 얘기가 있음.

道仙庵(道詵庵): 귀남재 서북쪽에 있는 절. 승주군 上沙面 飛村里 瑞洞마을(새동) 뒷산인 雲動山 정상부에 위치하고 있다. 비촌리에는 서동, 仙洞, 비촌의 세 마을이 있다. 스님들 사이에선 땅의 비밀이 하늘에 숨겨진 곳이라 하여 悟道라 부르고 나중에 이곳에 保任할 것이라는 얘기가 있다.

비촌마을 운동산 아들바위는 꿈에 도승이 나타나 부처를 모시고 공양을 하라는 계시를 받고 아들 형제를 낳았다고 한다. 서동마을은 해발 86미터로 도선이 경주 가야산에서 수도를 하다가 산 위에서 사방을 둘러보니 서쪽 먼곳에서 태양처럼 밝은 서광이 비치는데 그 모습이 마치 용이 하늘로 올라가는 모양이었다. 이를 이상히 여겨 찾아온 곳이 바로 이 마을 뒤에 자리한 운동산 도선암 터였다고 한다.

선동마을은 해발 134미터로 처음 道詵窟이라 불리다가 1914년 선동이라 부르게 되었다. 도선이 처음 이곳으로 옮겨 올 때 국사의 어머니를 모시고 왔으나 암자에서 같이 기거를 하지 않고 이곳에서 생활을 하였다 하여 도선골이라 불렀다고 한다. 그 뒤 도선의 어머니가 세상을 떠나자 이곳에 묘를 썼다고 전하고 있으며, 일제 때는 많은 일본인 학자들이 도선의 모친 묘를 확인하기 위하여 답사를 하였으나 찾지 못하였다고 한다.

운동산에는 猛虎出林穴이 있고 산의 大勢는 伏虎形이다. 走鹿穴인 순천의 남산과 호랑이인 운동산이 마주하고 있는 꼴이라 사슴의 입장에서는 여간 불안한 게 아니다. 그러니 사슴 형국의 순천은 발전이 안 된다는 주장도 있다. 그 호랑이 입에 사찰을 지어 살기를 누른 것이 바로 도선암이다.

▶雙之里

雲谷塔: 쌍지에 있는 탑. 마을에 범의 피해가 심하여 도승에게 물으니 탑을 세우라 하여 그대로 하였더니 무사하였다 함.

▶五谷里(오실)

군장골(軍藏谷): 연동 동쪽에 있는 골짜기. 將軍大坐穴이 있음.

▶龍岩里

이반칭이(이반촌, 回龍): 용박골 북동쪽에 있는 마을. 回龍弄珠形이라 함.

昇州郡 西面

현재 순천시 서면.

▶ 九萬里
  밥봉: 둔터 서쪽에 있는 산. 봉우리가 밥을 수북이 담은 밥 그릇 형국.

▶ 九上里(웃구량실)
  武士峯: 구상 북쪽에 있는 산. 將軍大坐形의 명당이 있다 함.

▶ 淸所里
  鷄足山 定慧寺: 兩鷄爭巢形이란 주장이 있음(임학섭).

昇州郡 松光面

현재 일부는 승주읍으로 나뉨. 승주군청사가 있는 승주읍 승평마을은 군청 뒷산인 大王峯을 중심으로 청룡은 白鶴峯, 백호는 황새등을 갖추고 있고 멀리 앞뒤에는 사람을 뜻하는 國師峯과 사직을 지키는 將軍峯이 있으며 어진 신하를 뜻하는 王聖山이 받치고 있어 천혜의 조건이라 함. 승주읍 일대는 전체적으로 桃花落地形이라 함.

▶ 洛水里(역몰): 주암댐으로 수몰됨. 地名이 예언하고 있던 바가 맞았다고 주민들은 말함.

▶ 三淸里
  촛대봉(香燭峯): 유경 서남쪽에 있는 산. 촛대처럼 높이 솟았음.

▶ 新坪里
  曹溪山 松廣寺: 외송 서남쪽에 있는 절. 신라 말엽 혜린대사가 창건한 우리나라 三寶寺刹의 하나. 風吹羅帶形.

▶ 新興里: 본래 작은 마을이었으나 주암댐 건설로 부흥하고 있음.

▶ 月山里
  四妃(네비, 石峴): 토수 동남쪽에 있는 마을. 뒷산이 네 왕비가 날 형국.

▶ 後谷里(모후실)
  梅花징이: 후곡 남쪽에 있는 골짜기. 梅花落地形의 명당이 있다 함.

昇州郡 雙岩面

▶ 南江里
  造塔: 조탑들에 있는 탑. 다듬지 않은 자연석으로 쌓았는데 여기에 치성드리면 아들을 낳는다 함.

▶ 道亭里
  軍莊: 고산 동쪽에 있는 마을. 근처의 산에 將軍對坐形의 명당이 있다 함.
  장군바우: 군장 남동쪽 어귀에 있는 바위. 將軍對坐形의 명당이 있다 함.

▶ 鳳德里
  登鷄: 봉곡 서남쪽에 있는 마을. 유흥리 닥잿골 어귀가 됨. 닭이 횃대에 올라앉은 형국이라 함.

▶ 酉興里

점등(九龍, 시그점골): 흑석 동남쪽 점골 위에 있던 마을. 1960년 폐동됨. 사기점이 있었음. 뒷산이 九龍爭珠形이라 함.

▶ 竹鶴里

仙岩寺: 죽림 서북쪽에 있는 절. 雲岩寺, 龍岩寺와 더불어 호남의 三岩寺라 함. 백제 성왕 7년(529)에 아도화상이 開山하여 毘盧菴이라 하였는데 신라 말기에 도선이 仙岩寺로 고쳤다 함. 고려 선종 9년(1092)에 대각국사가 중건하였는데 임진왜란을 비롯하여 여러 번 불에 탄 것을 조선 순조 25년(1825)에 신도들의 도움을 받아 海鵬이 다시 세웠음. 선암사는 호남의 三巖寺라 하여 郞州의 龍岩寺(현재 國寶 144호 월출산 磨崖佛이 위치한 사지), 晞陽(光陽)의 雲岩寺, 昇州의 仙岩寺가 이에 해당(『朝鮮金石總覽』(下), 1050쪽, 仙岩寺重修碑)된다. 寺傳으로는 아도화상이 창건하여 毘盧庵이라 하고 도선국사가 二創, 대각국사가 三創하였다고 한다.

법당 뜰의 정원은 中島型楕圓形으로 우리나라는 물론 외국에서도 보기 힘든 예라 한다. 조선 시대의 전통적인 정원은 직선적인 方池中島型과 無島型으로 나눠지는데 무도형의 연못에는 주로 蓮을 심어 시각적인 효과를 노린다고 한다(鄭瞳午).

선암사는 백제 성왕 7년(529) 아도화상이 비로암(경내에서 약 2km 떨어진 조계산 정상 밑에 있음)에 그 터를 잡고 처음으로 開山했다고 하는데 현재 無憂殿에서 2백 미터쯤 북쪽의 숲속에 있는 浮屠가 아도화상이며 그리고 禪助庵址 부도가 도선국사, 大覺庵 부도가 대각국사 부도라 전하고 있다. 한편으로 이들 부도는 도선국사가 지맥을 누르기 위해 세운 것이라 전하기도 한다.

선조암지 부도는 선암사 경내에서 약 200-300미터 떨어진 서북쪽의 숲속에 위치하고 있는데 지금도 건물지와 축대 등이 유존하고 있으며 일제 시대에 폐사되었다고 한다. 부도는 고려 시대 초기 양식으로 도선 입적 직후 마련된 것은 아닌 듯하다. 將軍對坐形이라 함. 사찰 바로 뒤에 목탁에 해당하는 작은 산이 있다.

昇州郡 外西面

현재 순천시 외서면.

▶ 道新里(곳간, 고치실)

꽃밭등: 상고 동쪽에 있는 등성이. 근처에 나비형의 명당이 있는데 여기는

꽃 형국이라 함.

昇州郡 月燈面

현재 순천시 월등면.
▶ 桂月里
험석: 광월 서쪽에 있는 골짜기. 모양이 험하게 생겨 마을에서 보이면 해롭다 하여 소나무를 심어 가렸음.
▶ 望龍里
珠洞(구싯골): 의실 서남쪽에 있는 마을. 뒷산에 九龍弄珠形의 명당이 있음.
▶ 松泉里
별마등: 꽃밭등 밑에 있는 등성이. 老蜂弄花形의 명당이 있다 함.
▶ 新月里(고램말, 鯨村): 고래처럼 생겼으므로 붙은 지명.

昇州郡 住岩面

주암댐의 물 낙하 지점이 洛水里.
▶ 渴馬里: 渴馬飲水形이라 하여 붙은 지명.
▶ 大口里(구미, 九山)
生尾가리: 대구 동쪽에 있는 산. 龜山의 꼬리 끝 쪽이 됨.
▶ 白鹿里
나부등: 서당골 남쪽에 있는 등성이. 나비 형국.

梅花峯(촛대봉): 나부등 남쪽에 있는 산.
▶ 福多里(복다실): 복닥이(벙거지)처럼 생긴 작은 산이 있으므로 붙은 지명.
▶ 倉村里(富有村)
蜈蚣穴: 창촌초등학교 부근의 지네혈을 옥천조씨들이 차지하여 번창했다 함.

昇州郡 海龍面

▶ 弄珠里: 용이 구슬을 희롱하는 형국이라 하여 붙은 지명.
▶ 道弄里(도롱이)
金泗川墓: 본명은 學模지만 한때 사천현감을 지냈다 하여 김사천이라 함. 찢어지게 가난했던 그가 쓰러진 노인을 극진히 대해 주고 英猫逐鼠穴을 얻어 순천의 갑부가 됨(백형모).
▶ 月田里
김사천 선조묘: 英猫逐鼠穴. 주변 산세는 고양이가 웅크리고 마을 앞에 있는 작은 등성이를 잔뜩 노려보는 모양. 묘는 고양이의 눈 자리에 위치함. 積善으로 스님에게 이 자리를 알아내어 자기 조상을 이곳에 모신 후 순천 최대의 갑부가 되었다는 얘기가 전해지고 있음. 당사자인 월전리 김사천의 묘는 桃花落地穴이다.

昇州郡 黃田面

현재 순천시 황전면.
- ▶飛村里(나릿몰, 날몰)

  造山: 성짓골 북쪽에 있는 작은 산. 사람들이 마을의 虛缺處를 裨補하기 위하여 흙을 모아 만들었음.

新安郡 都草面

840여 개 섬으로 이루어진 군. 1996년 완공 예정으로 비금도와 연도교 공사중.
- ▶古蘭里: 골짜기 안이 되므로 붙은 지명. 혹은 옛날부터 난초가 많이 자생했기 때문이라고도 함.
- ▶萬年里(밤숫굴)

  萬年寺: 都草八明堂 중 하나.
- ▶發梅里(바리매): 매화나무가 많아서 붙은 지명.

  玉女峯: 발매 남쪽에 있는 산. 玉女織錦形의 명당이 있다 함.
- ▶水多里(건들): 옛날 나무가 많아서 樹多里였으나 물이 부족하여 지명을 바꿈.

  天桃落土之地: 파평윤씨들이 수다리 뒷산에 잡았다는 大穴. 아직은 큰 기운이 발휘되지 않은 未完의 땅이라 함.
- ▶牛耳島里(소구섬): 도초가 풀의 섬이기 때문에 소가 뜯어먹을 양식이 많아 풍요를 누리는 땅이라는 뜻.

  각시바우: 동리 동남쪽 각시봉에 있던 바위. 머리 없은 각시가 서 있는 모습이었음. 전설에 서소구섬의 어느 부잣집에 살던 종이 주인의 심한 구박에 견디지 못하여 원한을 품고 달아나 절로 들어가서 풍수지리설을 공부하여 이름 난 지관이 되었다. 그가 다시 옛 주인 집을 찾아와 보니 전과 다름없으므로 주인에게 이르기를 이 바위가 맞보이므로 좋지 않으니 뵈지 않도록 하면 더 큰 부자가 되리라 하였다. 이에 욕심 많은 그는 일꾼을 시켜 이 바위를 무너뜨리게 하였는데 이 돌이 무너지면서 동리, 서리의 두 섬으로 갈라지고 끝내는 그 부잣집도 망하였다 함.

  소소구(小牛耳島, 동소구, 소서구): 우이도 동쪽에 있는 작은 섬. 1809년 무렵에 동소우이도와 서소우이도의 둘로 갈라졌는데 각시봉의 각시바우가 무너지면서 갈라진 것이라 함.
- ▶指南里

  송장바우(종달여): 솥발이 서남쪽 바다에 있는 바위. 밀물 때는 바다에 잠기는데 송장을 넣는 관처럼 생겼음.

新安郡 飛禽面

- ▶舊林里

  走馬山: 용호 서북쪽에 있는 산. 60미

터. 走馬脫鞍形이라 함.

▶內月里

돌장승: 월포 앞에 있는 돌로 만든 장승. 마을에서 청상과부가 많이 생겨서 이를 세우고 살풀이 했다 함.

효자봉: 내촌 동북쪽에 있는 봉우리. 효자가 屈巾制服하고 있는 형국이어서 밑의 마을에서 효자가 끊이지 않고 난다 함.

新安郡 安佐面

▶朴只里(배기섬)

造山: 배기섬 남쪽에 있는 산. 흙으로 쌓아 만든 것같이 작음. 마을의 지세적 虛缺處를 裨補한 것임.

▶半月里(큰몰, 안동네)

퇴촌(兎村里): 반월 북쪽에 있는 마을. 달같이 생긴 반월도를 바라보는 옥토끼에 해당된다 함.

▶伏虎里(감바우): 뒷산 모양이 伏虎形이므로 붙은 지명.

보지고랑: 복호 서북쪽에 있는 골짜기로 女根(여성의 생식기) 형국으로 되었다 함.

▶柿西里

장삿등(長巳嶝): 오동과 시서 사이에 있는 등성이. 長巳追蛙形.

▶唱馬里

원통골: 창마 서쪽에 있는 골짜기. 전설에 燕巢形의 명당이 있다 하여 지관에게 많은 재물을 주고 묫자리를 잡아 장사 지낸 뒤 이름 난 다른 지관에게 다시 알아보니 제비가 이미 새끼를 치고 떠나 간 빈 제비집형이므로 늘 원통스럽게 여겼다고 함.

▶香木里(상낭그미)

돌산(옥녀봉): 향목리와 여흘리 경계에 있는 산. 80미터. 봉우리가 동그랗게 되었음. 玉女端坐形의 명당이 있다 함.

新安郡 八禽面

▶眞古里(진구지)

씹바우: 씹바웃고랑(좆바웃고랑 북쪽에 있는 골짜기)에 있는 바위. 女根 모양.

좆바우: 좆바웃고랑(둔버리 북쪽에 있는 골짜기)에 있는 바위. 남근 모양.

新安郡 岩泰面

▶基洞里(텃굴)

깨구리바우: 광대바우 동쪽에 있는 바위. 윗산이 뱀 머리 형국으로 되었는데 이 바위는 그 뱀의 밥이라 함.

낭골(卵洞谷): 기동 남쪽에 있는 골짜기. 金鷄抱卵形의 명당이 있다 함.

▶唐沙里

붕알여: 나주석섬 남쪽에 있는 여. 불알처럼 생겼음.
▶ 新石里(새노두)
객섬(客島): 돌석리 서남쪽에 있는 섬. 객(손)처럼, 오래 살려고 온 사람마다 곧 떠나가곤 하였다 함.
붕알바우: 좆바우 밑에 있는 바위. 불알처럼 생겼음.
붕알여: 소시리 앞에 있는 여. 불알처럼 생겼음.
좆바우: 곰서방골에 있는 바위. 좆처럼 생겼음.
좆바우여: 소시리 앞에 있는 여. 좆처럼 생겼음.
탄금이(숯구미): 신석 동남쪽 후미에 있는 마을. 숯을 구웠다 함. 玉女彈琴形의 명당이 있다 함.

新安郡 押海面

목포 북항에서 20분 걸리는 가장 가까운 섬. 〈앞에 있으니 압해도〉라는 얘기가 있음. 압해도의 주산인 홀매산이 무안 승달산의 대혈을 받아 망운을 거쳐 이곳에 정착했다 함.
▶ 駕龍里: 압해 최고의 陰宅 명당이 있다는 곳. 〈가용리에 先山을 갖지 못하면 移葬도 못한다〉는 얘기가 있을 정도로 유명함.

金基마을: 김해김씨가 처음 터를 잡은 곳이라 하여 생긴 지명.
舞鶴洞: 마을 생김새가 학이 춤추는 형국이라 하여 생긴 지명.
黃頭村: 가용 2구. 지형이 황구렁이 머리 형태라 하여 생긴 지명.
下龍마을: 가용 3구. 마을이 용의 꼬리에 해당한다 하여 생긴 지명.
丁氏始祖墓: 정신동에 있는 압해정씨의 시조 大陽君의 무덤. 당나라 武宗 때 재상 丁德盛이 표류되어 압해도에 닿아 살게 되었는데 이가 곧 우리나라 압해정씨의 시조라 함.
▶ 古耳里
밥섬(식도): 칠동 동남쪽에 있는 섬. 솥섬과 마주 있는데 이 섬은 그 솥으로 지은 밥에 해당됨.
솥섬: 칠동 서남쪽에 있는 섬. 솥처럼 생겼음.
▶ 東西里
노리섬(노루섬, 獐島): 도창 서남쪽에 있는 섬. 앞산이 호랑이 형국으로 생겼다는데 이 섬은 그 호랑이의 먹이인 노루와 같이 생겼다 함.
▶ 梅花里(毛也島): 매화꽃이 피어 있는 형국이라 하여 붙은 지명.
鶴洞마을: 학이 알을 품고 있는 형국이라 하여 붙은 지명.
山頭마을: 지형이 장군봉에서 내려온

산줄기 머리 부분에 형성되었다 하여 붙은 지명.
馬山마을: 지형이 말처럼 생겼다 하여 붙은 지명.
黃馬島: 토질이 황토이고 지형이 말굽처럼 생겼다 하여 붙은 지명.
▶伏龍里: 가용리가 陰宅之地인데 대해서 복용리는 陽宅明堂地로 알려져 있음.
똥구녁골: 아릇몰 남쪽 홀매산에 있는 골짜기. 똥구멍처럼 생겼다 함.
양알(양와산): 중촌 동쪽에 있는 산. 羊臥 형국이라 함.
▶宋孔里
驛섬: 송공리 1백 미터 앞에 있는 섬으로 현재 무인도. 바로 앞 송공리에 원자력 발전소가 건립될 예정이고 암태와 자은도로 통하는 길목이 될 전망이어서 지명의 신비감이 있다(백형모).
▶新龍里
매봉재(鷹峯): 회룡 서남쪽에 있는 산. 매 형국으로 되었다 함.
추섬(雉島, 나물섬, 蔬島): 회룡 서북쪽에 있는 산. 매봉재 밑인데 이곳은 그 매의 먹이인 꿩 형국으로 되었다 함. 나물이 많았다 함.
會龍: 신룡리에서 으뜸가는 마을. 回龍顧祖形의 명당이 있다 함.
▶長甘里
장감마을: 마을의 동서북쪽이 모두 산으로 둘러싸여 마치 단감의 형세와 같다 하여 붙은 지명.
연막마을: 옛날 토기를 굽던 곳.
정동마을: 아무리 심한 가뭄이 들어도 마르지 않는다 함.
불알여: 염막 남쪽에 있는 여. 불알처럼 생겼음.

新安郡 荏子面

▶三頭里
공알바우: 원상리 뒤에 있는 바위. 공알(음핵)처럼 생겼음.
공알바우새미: 공알바우의 가운데 틈에서 나는 샘.
행기미(회룡그미): 가눈목 서쪽에 있는 후미. 回龍顧祖形으로 되었다 함.
▶二黑岩里(육암)
공알바우: 덤바우 위에 있는 바위. 공알(음핵)처럼 생겼음.
造山: 어덕밑 앞에 있는 산. 쌓아서 만들어 놓은 것 같음.

新安郡 慈恩面

▶舊營里
공알바우: 되밋등, 곧 농촌 지도소 앞에 있는 바위. 공알(음핵)처럼 생겼음.
옥니골(옥니고랑): 웃골 서북쪽에 있는

골짜기. 玉女彈琴形이라 함.
▶大栗里(한배미)
造山嶝: 대율 동남쪽에 있는 등성이.

新安郡 長山面

▶五音里(오름산)
오음산: 蒼龍出動形의 名穴로 장산도의 명당이라 함.

新安郡 智島邑

▶廣井里
나작섬(개구리섬): 나작섬에 있는 섬. 진가지 앞에 있어 진가지가 뱀 형국이라 이곳은 그 뱀의 먹이인 개구리와 같다 함.

新安郡 曾島面

▶羽田里(깃밧)
갈마섬: 우전 동남쪽에 있는 섬. 渴馬飮水形의 명당이 있다 함.
▶曾東里
造山: 증동 동쪽에 있는 작은 산. 쌓아서 만들어 놓은 것 같음.

新安郡 荷衣面

연꽃이 옷을 입은 형국이므로 붙은 지명. 목포에서 2시간 30분 소요. 하의도는 주변 산세의 도움을 받고 있으나 자신은 어느 산세를 도와주는 형국이 아니다. 결국 大衆의 지지는 많이 받았으나 대중을 위해 일할 위치에 서지는 못했던 金大中을 닮은 땅이라 해석하는 사람도 있음(백형모).
▶大里
쥐섬: 불무섬 서쪽에 있는 작은 섬. 옛날에 육지와 이어졌으며, 바위 섬으로 쥐처럼 생겼음. 마을에서 바로 보이기 때문에 해롭다 하여 흙으로 그 위를 덮어 지금은 造山처럼 되었음.
▶於隱里
붕알바우: 어은 동쪽에 있는 바위. 불알처럼 생겼음.
▶五林里(오름)
붕알바우: 오림 서북쪽에 있는 바위. 불알처럼 생겼음.
▶後廣里(뒷너리섬): 김대중 씨의 고향. 대리와 후광리의 사이에 자리 잡고 있는 김해김씨들의 선산은 서남 해안 최고의 명당으로 꼽히는 蓮花浮水穴(혹은 蓮荷浮水穴). 그 앞에는 蓮心에 해당한다는 조그만 섬이 있음. 그중 최고의 자리가 김대중의 4대조로 알려진 金箕善의 무

덤. 연꽃의 중앙에 해당됨. 묘 앞 염전과 논이 치마폭처럼 자리 잡고 있는 형국. 하의도란 명칭도 蓮荷浮水에서 나왔다고 함(백형모). 이 형국은 장손보다 차손이, 적손보다 서손이 잘된다 함.

新安郡 上下台面

▶ 上台西里

붕알바우: 누룽소발재죽바우(큰산에 있는 바위) 옆에 있는 바위. 불알처럼 생겼음.

造山들: 서리 서쪽에 있는 들. 조산이 있음.

新安郡 黑山面

신안 풍수의 시발점은 흑산도로 잡아야 한다는 설이 있음. 黑山, 즉 울창한 산이 있기 때문에 풀(都草)이 있고 산과 풀이 전제되어 뭇 새들(八禽)이 날아드는 곳(飛禽)이 형성되었다는 것.

▶ 可居島里(小黑山島)

호롱산(回龍山): 대리 서쪽에 있는 산. 回龍顧祖形의 명당이 있다 함.

▶ 比里(전두미, 비지리)

괘섬: 쥐머리섬 서쪽에 있는 섬. 고양이 모양이라 함.

쥐머리섬: 진섬 동북쪽에 있는 작은 섬.

쥐 모양으로 되었음. 괘섬과 비교됨.

할미재(할무니재): 곤촌과 비리 사이에 있는 고개. 할머니가 손자를 안고 있는 형의 명당이 있다 함.

▶ 深里(지푸미)

暗洞(어둥이): 심촌 남쪽에 있는 마을. 뒷산에 옥등을 벽에 걸어 놓은 형(玉燈掛壁形)의 명당이 있다는데 등잔 밑이 어둡다는 뜻에서 지명을 땄다 함.

麗水市

馬來山: 만흥동, 덕충동, 오림동 경계에 있는 산. 386미터. 그 꼭대기에 鐵馬가 있었고 아래에 충민사와 석천사가 있음.

造山: 경호동 바깥몰 서쪽에 있는 산. 마을의 허한 쪽을 보충하기 위하여 이 산을 만들고 나무를 많이 심었음.

大捷碑: 고소대에 있는 비. 광해군 7년(1615)에 충무공 이순신 장군의 공적을 기리어 동령고개(동산동)에 세웠는데 1942년 일제가 타루비와 함께 갖다가 경복궁 근정전 앞마당에 깊이 묻은 것을 1947년에 옮겼음.

墮淚碑: 대첩비 오른쪽에 있는 비. 충무공 이순신 장군이 돌아가신 지 6년 되는 선조 36년(1603)에 부하 장병들이 충무공의 덕을 기려 세웠는데 1942

년에 일제가 몰래 옮겨다가 경복궁 근정전 앞마당에 깊이 묻은 것을 1947년에 이곳으로 옮겨 세웠음.

鐘鼓山: 여수 혈맥의 요충이요 주산. 220미터. 그런데 이 종이 掛鐘이 아니라 坐鐘이기에 큰 힘을 발휘하지 못함. 그래서 여수에는 큰 부자가 없다는 속설이 있음. 혹시 부자가 나와도 10-20년을 넘기지 못한다고 함. 종소리가 길게 나지 못하므로 그렇다는 것이다. 그러나 부자가 없는 대신 시민들이 고르게 잘산다는 장점도 있다. 종고산이 힘을 모으지 않고 按配하기 때문이라는 것이다. 이 종을 치는 종채는 여수시 중앙동 근처의 將軍島. 힘이 모이는 곳은 오히려 이 종채. 그래서 여수 부자는 장군도와 해안에 집중되어 있다는 설이 있음.
전체 지세는 三龍交弄形의 길지. 종고산을 중심으로 남산동 부근의 예암산은 청룡, 돌산도는 황룡, 경호동 부근의 경산은 비룡. 이 용들이 가지고 노는 구슬이 장군도이다.

馬來山 중턱 함평이씨들의 선산(국회의원 李于憲): 철마가 달리면 이 산이 정기를 회복할 것이라 했는데, 여수-광주 간 철로로 250미터 터널 뚫림. 훗날 이 터널은 인도 겸 차도로 쓰이고 또 하나의 터널 생김. 그 모양이 마치 잠자는 말이 큰 숨을 몰아쉬는 듯한 생기를 간직한 형상이라 함(백형모).

麗川郡 南面

▶牛鶴里

玉女峯: 냉수동 북쪽에 있는 산. 261미터. 玉女織錦形의 명당이 있다 함.

麗川郡 鳶島面

현재는 여천시 관할임.
▶鳶島里(소리섬): 소리개가 새를 채서 나는 모양이므로 붙은 지명.

麗川郡 突山邑

▶郡內里

玉女彈琴穴: 군내리 뒷산인 아뒷산 계곡에 있는 玉女彈琴穴은 가뭄이 들어도 물이 마르지 않는다. 이 물이 마을 중앙을 지나 바다로 흘렀는데 어느 지관이 〈마을에 美女들이 많이 태어날 텐데 물줄기 때문에 행실이 방정치 못할 것〉이라 함. 그러다가 防踏鎭城을 수축할 때 주민들이 남문을 만들고 문 안에 遊水池를 만들어 바다로 흐르던 물을 고이게 하여 동문 쪽으로 향하게 했다. 이것이 그 유명한 西出東流 水

門通이란 것.
▶ 金鳳里
　업치기(伏雉, 아랫피내): 피내 아래쪽에 있는 마을. 뒷산이 伏雉形이라 함.
▶ 錦城里
　作錦(작금미): 금성리에 있는 마을. 뒷산에 玉女織錦形의 명당이 있다 함.
▶ 栗林里
　向日庵: 644년 원효대사가 圓通庵으로 개창. 향일암이 위치한 金鰲山은 거북 대혈을 지닌 곳. 그래서 명칭도 신령스런 거북 모양의 암자란 뜻으로 靈龜庵이라 함. 대양으로 헤엄쳐 나가는 자세. 동물 형국에는 쇠붙이를 얹거나 구멍을 뚫는 행위는 금기. 특히 거북이나 자라는 발 부위를 조심해야 한다. 앞발 부위에 샘을 파자 주지 스님의 한쪽 다리에 마비가 왔다는 얘기가 전한다.
▶ 平沙里
　天馬山(乾辰山): 도실암골 서북쪽에 있는 산. 264미터. 돌산팔대명산의 하나. 鐵馬가 있었음.

麗川郡 三山面

▶ 德村里(쇠끼미)
　선바구(文筆峯, 立岩, 좃바구): 수월산 남쪽에 있는 바위. 덕촌에서 바라다 보면 무네미 너머로 마치 남자의 陰莖 같이 보이므로 마을에서 음행이 많이 난다 하여 문필봉으로 고쳤다 함.

麗川郡 三日面

현재 여천시 삼일동 관할임.
▶ 中興里
　촛대봉(燭臺峯): 신대 서남쪽에 있는 산. 촛대처럼 생겼는데 꼭대기에 안양암이 있음.

麗川郡 召羅面

▶ 德陽里: 五龍山의 여의주가 덕양리. 특히 역 앞쪽 부근에서 천석꾼이 난다고 함. 1916년 면소가 현천리에서 덕양리로 옮겨 옴.
▶ 福山里(造山): 마을을 복되게 하기 위하여 만든 산이 있으므로 붙은 지명.
　玉女峯: 마산 북쪽 뒤에 있는 산. 玉女織錦形의 명당이 있다 함.
▶ 鳳頭里
　堂村마을: 봉두리 2구. 마을 전체가 가옥 구조와 비슷해서 최고의 마을 터로 꼽힘. 당산나무도 많다. 일제의 징병, 징용, 여순사건 때도 희생자가 없었다고 함. 범죄자도 없다고 함.
▶ 玄川里(가므내)

中村마을: 쌍둥이마을로 유명. 현재 65 가구(예전에는 80여 가구가 살았음)에 37쌍의 쌍둥이 출생. 지금은 전혀 쌍둥이가 없고 막내가 고등학교 다님(백형모). 마을 중심에서 동쪽 정면으로 약 6킬로미터 떨어진 지점에 두 개의 봉우리를 지닌 쌍봉산이 마주 보인다. 一指僧이 雙胎를 예언했다 함. 쌍둥이를 가진 주택 대부분이 쌍봉산을 정면으로 바라보는 좌향이었다고도 함. 이 마을은 본래 蓮花浮水形. 주변 산은 五龍形. 자연 지세가 바뀌어 쌍둥이가 태어나지 않는다는 설도 있음.

麗川郡 栗村面

▶ 佳長里
蘭花(古洞, 옛골): 중산 서쪽에 있는 마을. 뒷산이 난초 꽃처럼 생겼다 함.
▶ 上呂里
燕巢: 조개골 서북쪽에 있는 마을. 지형이 燕巢穴처럼 생겼다 함.
▶ 稱禾里(둑실)
造山바구: 둑실 동쪽 바다에 있는 바위. 큰 바위가 마치 조산처럼 되었음.
▶ 吹笛里: 仙人吹笛形이라 하여 붙은 지명.

麗川郡 華陽面

▶ 羅陳里(나지개, 나지포)
天馬山: 소장금이 북쪽에 있는 산. 167미터. 天馬嘶風形의 명당이 있다 함.
투구봉(將軍山, 飛將山): 나지개 북쪽에 있는 산. 128미터. 투구처럼 생겼음. 將軍大坐形의 명당이 있다 함.
▶ 玉笛里
暮藏山(촛대봉, 燭臺峯): 큰골 동남쪽에 있는 산.
▶ 長水里
토성터숲: 잘미(재밑 서쪽 산밑에 있는 마을) 앞에 있는 숲. 흙이 토성처럼 되고 숲이 우거졌음.

靈光郡 郡南面

▶ 大德里
고리명당: 참샛골 서쪽에 있는 골짜기. 고리 모양의 명당이 있다 함.
▶ 東月里
등잔거리: 덤바웃골 남쪽에 있는 골짜기. 玉燈掛壁形의 명당이 있다 함.
玉女峯: 동월리와 염산면 반안리 경계에 있는 산. 120미터. 玉女散髮形의 명당이 있다 함.
▶ 白羊里
渴馬: 백암 북쪽에 있는 마을. 渴馬飮

水形의 명당이 있다 함.

▶雪梅里

꿩매(雉山): 설매리에서 가장 큰 마을. 뒷산인 치산에는 伏雉形의 명당이 있다 함. 140미터.

수사리(堂山): 치산 어귀에 있는 돌. 높이 2미터쯤 되는 돌 두 개를 마주 세우고, 마을의 안녕과 평안을 위하여 해마다 정월 보름에 산제를 지냄.

靈光郡 郡西面

▶綠沙里(역몰)

소쿠리명당: 녹새 북쪽에 있는 산. 소쿠리 모양의 우묵하게 들어간 명당이 있다 함.

▶萬金里

造山매: 만호동 뒤쪽에 있는 작은 산. 만든 산처럼 외따로 떨어져 있음.

靈光郡 落月面

▶松耳里

싱개: 왕선봉 서쪽에 있는 개. 터가 매우 시어서(세어) 날이 궂으면 도깨비 불이 보인다 함.

칠산도(칠매, 일곱매): 송이리를 형성한 섬떼. 실제는 6개의 섬으로 되었는데 썰물 때 배를 타고 보면 7개의 섬으로 보였으므로 그 한 섬을 뜬섬 또는 浮島라 하며, 靈光八怪의 하나로 유명함. 예로부터 조기가 많이 잡히는 곳으로 유명함.

靈光郡 大馬面

▶南山里

괘명당: 안장산 남쪽에 있는 산. 괘(고양이) 명당이 있다 함.

쥐봉: 괘 명당 앞에 있는 산. 괘 먹이인 쥐 형국이라 함.

▶福坪里

각시봉: 치매바우 남쪽에 있는 산. 산세가 순하고 곱게 생겼음.

▶城山里(성매)

朱天子墓: 깃재 북쪽, 고성산에 있는 터. 주천자의 묘가 있었다 함. 예부터 명당 터로 유명하지만 이곳에 묘를 쓰면 가뭄이 심하게 든다 하여 暗葬을 못하도록 말리고 있음.

▶元興里

벌명당(보핫등): 장보 서남쪽에 있는 등성이. 벌 명당이 있음.

玉女峯: 원당 동남쪽에 있는 산. 玉女彈琴形의 명당이 있다 함.

靈光郡 苗良面

▶ 三鶴里
각시봉: 엉굴 서쪽에 있는 산. 玉女彈琴形의 명당이 있다 함.
鶴洞: 삼산 동쪽에 있는 마을. 雌鶴歸巢形의 명당이 있다 함.

▶ 雲堂里
매화(鉢山): 영당 서북쪽에 있는 마을. 뒷산이 바리때처럼 생겼음. 梅花落地形의 명당이 있다 함.
船洞: 운암 북쪽에 있는 마을. 行舟形이라 함.

靈光郡 白岫邑

▶ 九岫里
구시미(구수미): 법성포 읍내는 臥牛形. 포구 끝 쪽으로부터 읍내에 이르기까지 거대한 소가 몸을 반듯이 누워 있는 형태. 포구 끝은 볼록한 작은 산이 소의 구유처럼 생겨 구수미라 불림.

▶ 吉龍里
永村: 범현동 서남쪽에 있는 마을. 원불교를 세운 少太山 朴重彬(1891-1943)이 이곳에서 태어났음.

▶ 論山里(논매기, 노내기)
釵洞里: 청룡동 서쪽에 있는 마을. 金釵落地形의 명당이 있다 함.

▶ 大新里
입박골(씹박골): 대야 동쪽에 있는 골짜기. 입(씹, 性器)처럼 생긴 바위가 있음.

▶ 栢岩里
조리명당: 대룻굴 서쪽에 있는 산. 조리형의 명당이 있다 함.

▶ 良城里
伏虎洞: 오성매 북쪽에 있는 마을. 伏虎形이라 함.
七栢洞(雉伏, 칠백골): 복룡 동북쪽에 있는 마을. 伏雉形이라 함.

靈光郡 法聖面

▶ 法聖里(법성포)
숲정이: 독바우 북쪽에 있는 마을. 法聖鎭 북쪽이므로 허결한 북쪽을 막기 위하여 造林했으나 지금은 몇 그루만 남았음.
法聖浦: 예로부터 臥牛形千墓의 땅. 부근 十二郡의 國稅를 받아 거두는 곳이었고 지금도 길지라 함. 백수읍 구수리 참조(村山).
仁義山: 숲쟁이공원에 있는데, 영광 제일의 터라는 소문임. 번성하던 법성포가 쇠락한 것은 인의산 중턱 명당 자리에 일본인들이 신사를 지었기 때문이라 함.

▶新庄里: 新庄里 신사동 부근 뒷산 龍蛇聚會形의 길지에 고려 때 平章事 청주 한씨 한광윤이 묘를 쓴 뒤 왕비 5명, 재상 7명, 기타 고관들이 수십 명 나옴. 1740년 墓碣을 부근에서 찾아내 복구한 것임. 옥룡자 『유산록』에 이르기를, 〈紫氣 木星 大過峽에/平地 結咽 자주 하니/한 가지는 西에 가서 龍蛇聚會 되었구나/穴後 戴天土星에/四大丞相 七大王妃 百子千孫 文武科를/대대로 할 것이니/제마다 얻을소냐〉라는 대목이 있다. 6명의 왕비 배출, 287명의 문과 급제자, 12명의 相臣, 24명의 功臣, 1명의 대제학 배출. 산중턱이 아닌 평지 맥이란 것이 특징임(백형모).

▶笠岩里
臥龍嶝: 입정에서 선진으로 넘어가는 등성이. 臥龍渡江形의 명당이 있다 함.

靈光郡 佛甲面

▶金鷄里: 金鷄抱卵形의 명당이 있다 하여 붙은 지명.

▶鹿山里
玉女峯: 녹산리와 안맹리에 걸쳐 있는 산. 80미터. 玉女彈琴形의 명당이 있다 함.

▶母岳里
海佛庵: 香火之地로서 절터로 으뜸이라 함. 백범 김구가 일주일 머물던 곳. 원불교 소태산 대종사에게 우주 원리를 깨우쳐 준 鶴鳴스님이 주지로 있던 곳. 이 산에는 靈龜飛天穴, 將軍大坐穴, 鶯巢穴의 3대혈이 있다 함. 앵소는 모악산 바로 아래 철갑산 끝자락이 확실하다고 함(백형모).

▶放馬里
등잔거리: 박산 서쪽에 있는 골짜기. 玉燈掛壁形의 명당이 있다 함.

▶富春里(부실)
回龍: 부실 동쪽에 있는 마을. 回龍顧祖形의 명당이 있다 함.

▶雙雲里
晉州姜氏先山: 『看羊錄』의 저자 睡隱 姜沆(1567-1618)의 조상 묘. 내산서원 바로 뒤쪽 야트막한 구릉. 天玉穴로서 이는 도리나 이치에 어긋나지 않고 정직하고 강인한 기개를 지니고 있는 것이 특징임. 이 천옥혈은 시조산인 불갑산을 정면으로 마주 보고 좌우측에 크고 작은 용들을 거느리고 있어 충효자가 많이 나올 형국이라 함.
수은은 姜希孟의 5대손. 희맹의 아들 학손의 무덤은 영광 검문소를 지나 바로 우측에 있는 飛龍望海穴에 자리함. 2대는 亨壽, 3대는 五福인데 묘량면의 蜈蚣穴에 자리함. 4대손은 克儉.

靈光郡 鹽山面

▶ 新星里

알미: 신정 동남쪽에 있는 작은 산. 새 알처럼 동그랗게 생겼음. 마주 보이는 봉덕산이 봉황 형국인데 이곳은 그 봉황의 알이라 함.

靈光郡 靈光邑

▶ 道東里

鶴飛登空穴: 영광은 각종 풍수 비기에서 〈三頭九尾之下階吉〉이라 하여 고을이 모두 길지로 꼽히는 고을이다. 현재도 용머리, 닭머리, 진머리의 3두와 구시미, 모래미, 가장모래미, 대치미, 대미, 먹배미, 동백개미, 석그미, 한배미 등 9미가 있다. 鶴飛登空穴은 노인봉을 상봉으로 한 물무산을 가리키는 말로 학이 양날개를 펴고 나는 형국이다. 좌우에 날개를 맘껏 활개 치지 못하게 하는 산부리가 있는 것이 약간 흠. 그래서 영광이 예로부터 시기가 많고 재물이 타지역으로 빠져 나가고 착취를 당하는 원인이 되었다는 풀이도 있음.

靈光郡 弘農邑

▶ 丹德里

德林山(둥그산, 드리미, 大林山, 道僧山): 단덕리, 월곡리와 가곡리 경계에 있는 산. 142미터. 봉우리가 둥그렇게 생겼음. 道僧禮佛形의 명당이 있다 함.

▶ 上下里

馬山洞: 상봉 동남쪽에 있는 골짜기. 渴馬得水形의 명당이 있다 함.

▶ 眞德里

옥녀봉: 촛대봉 남쪽에 있는 산. 玉女織錦形의 명당이 있다 함.

촛대봉: 서당몰 남쪽에 있는 산. 촛대처럼 뾰족함.

靈岩郡 郡西面

영암은 본래 백제의 月奈郡(달래와 관계되는 지명).

▶ 道岬里

道岬寺(水南寺): 도갑리 8번지 月出山에 있는 臥牛形의 길지인 절. 신라 때 창건하여 수남사라 하였는데 조선 세조 때에 守眉, 信眉가 다시 크게 지어 藥師如來三尊像을 봉안하였고 절 어귀 길가에 선돌 두 개(하나는 國長生, 하나는 皇長生이라 새겨졌음)가 서 있음. 국보 제50호 解脫門, 보물 제89호

石造如來坐像과 大雄寶殿, 六光菩薩像, 道詵國師碑(東浮屠), 妙覺王師碑, 道詵國師塔, 五層石塔, 돌구유, 범종, 그리고 도선국사, 수미선사의 영정들이 남아 있음. 절 뒤에는 수려한 월출산이 높이 솟아 있고 주위에는 솔과 대나무가 우거져 있어서 봄, 가을이 되면 많은 관광객과 등산객들이 찾아옴.

도갑사 일대의 산세와 수맥은 淫亂水가 흐르는 형국. 그래서 도갑사에는 얼마 전까지 요사채는 따로 썼지만 비구와 비구니가 함께 수양을 했다고 함. 또한 도갑사 대웅전 앞뜰에는 비만 오면 지하에서 물이 솟는다고 함. 절 입구의 산세는 예로부터 鶴 명당으로 소문남. 그러나 학혈의 진수는 아직 누구도 찾지 못했고 그 자리는 바로 학의 모이 주머니라 함(제1권 2장 참조).

道岬寺터: 죽정에 있는 도갑사의 터. 본래 수남사가 있었는데 오래되어 헐고 그 자리에 절을 다시 세워 도갑사라 하다가 지금의 도갑사 자리로 옮겨감. 높이 4.5미터 되는 육층석탑과 약 2.6미터 되는 오층석탑이 남아 있음.

도둑골: 비트릿골 남쪽에 있는 골짜기. 깊숙하여 도둑이 숨었다 함(이런 외진 지세이기에 反支配理念이랄 수 있는 자생 풍수가 개화된 것이 아닐까 하는 생각이 든다. 물론 외지다는 것이 완전 조건은 아니다. 인근에 넓은 들판이 있으면서도 가까이에 이런 은신처가 있다는 입지가 중요한 것이 아니겠는가 하는 짐작이다).

道岬峙(도갑재): 도갑사 옆에 있는 고개. 강진군 성전면 월하리로 넘어감. 길이 높고 길이 험해서 지금은 잘 다니지 않음.

道詵國師慈母塔: 도갑사 서북쪽 산호리에 있는 부도.

洞口(동구리): 도갑사 동구(水口)가 되는 마을.

땀안골: 성문안골 서남쪽에 있는 골짜기. 옛 석성의 한쪽이 돌담처럼 쌓여 있는데 그 안쪽이 됨.

베틀굴(王仁冊窟): 월대암 아래 베틀바우 밑에 있는 굴. 옛날 이곳으로 피란한 부인이 베틀을 차려 놓고 베를 짰다 함. 또는 백제 때 박사 왕인이 문수암에서 공부할 때 이 굴 안에 책을 넣어 두었다 함.

보지골: 역등과 마주 보고 있는 골짜기.

역등: 죽정 동남쪽에 있는 등성이. 지형이 남성의 생식기처럼 생겼는데, 보지골과 마주 보고 있음(자지와 보지라는 자생 초기 풍수의 흔적으로 짐작됨). 도갑사 사하촌에서 식당 뒤로 좁은 길을 따라 들어가다가 오른쪽 산비탈을 타고 가면 나온다. 김찬모 씨

(1995년 당시 59세, 닭집 운영)가 안내함. 현재 마을은 완전히 폐동된 상태.

석신바웃골: 작은동암골 동남쪽에 있는 골짜기. 옛날 석신이라는 나무꾼이 나무하러 갔다가 바위 위에서 잠을 자고 깨어 보니 도끼 자루가 썩어 있고 몇 년의 세월이 흘렀더라 함. 그처럼 平穩하고 安樂한 地氣의 터라는 얘기.

성터(鶴城君城터): 무명골 서남쪽에 있는 옛 석성 터. 조선 인조 때 장군 학성군 金完이 어릴 적에 힘이 세어 어느 씨름판에 나가도 져 본 일이 없었는데 한 번 지고 난 뒤 집에 돌아와서 분을 이기지 못하여 밥도 먹지 않고 앓고 있었다. 이때 누님이 그날 이긴 사람이 바로 자기라는 것을 말해 주니 다시 한번 힘 겨루기를 하기로 하여 그는 나막신을 신고 이곳에 성을 쌓기로 하고 누님은 베를 짜기로 하였는데 베를 다 짰는데도 그가 돌아오지 않으므로 실 한 올을 남겨 놓고 기다려 일부러 동생에게 져 주었다 함(이것도 달래 전설, 또는 근친상간의 원형적 설화일 가능성이 있음).

숲에: 들몰 동남쪽에 있는 마을. 옆에 숲이 있었음. 마을 虛缺處를 裨補하기 위한 장치임.

시앙골: 곰재절텃골 동쪽에 있는 골짜기. 스님을 화장하던 곳이라 함.

신등(선인정): 죽정 북서쪽 등성이에 있는 마을. 仙仁舞袖形의 명당이 있다 함.

안평대군묘: 신등 북쪽에 있음.

王師妙覺禪師碑: 도갑사 대웅전 동쪽 앞에 있는 세조 때의 왕사 守眉의 행적비. 거북 형상의 받침돌 위에 비를 세웠는데 비문에 수미는 낭주최씨로 13세에 도갑사의 중이 되고 그 뒤 속리산에서 信眉와 함께 공부하고 判禪宗事에 뽑히어 거의 황폐한 禪敎를 부흥시키고 宗門을 정돈한 뒤 다시 도갑사에 돌아와 세조 3년(1457)에 永膺大君(세조의 아들)의 시주를 받아 절을 크게 다시 짓고 약사여래삼존상을 만들어 봉안하고 宗風을 크게 떨치었는데 입적한 뒤 이곳에 비를 세웠다고 써 있었으나 오래되어 글자가 지워져 알아볼 수 없으므로 인조 7년(1629)에 주지 靑信이 다시 세웠음. 비문은 海東柏庵沙門 性聰이 짓고 썼음.

정낭골: 大寂庵번덕지 동쪽에 있는 골짜기. 절에서 쓰는 정낭(뒷간)이 있었음. 변소 입지를 어떻게 택했는가 하는 점은 풍수에서 매우 중요함.

主山등: 도갑사 동쪽에 있는 등성이. 도갑사의 주산이 됨.

행주머리: 들몰(坪里)의 복판 마을. 行舟形으로 되었다 함.

鳩林崔氏집: 월출산 기슭 가운데 최씨 집터(875평)가 제일 너른 까닭에 金盤之處라 일러 온다. 이 터에서 위대한 인물이 태어나리라 기대하는 최씨네는 안채의 작은방에서 며느리가 몸을 풀도록 하였다. 이 방 밑 땅속에서 세모래가 나왔는데 이것은 血食君子之處에 해당하기 때문이다. 최씨는 아들들이 집을 함부로 처분하는 것을 막으려고 집과 터를 그의 여섯 아들의 이름으로 분할하여 미리 상속시켜 놓았다고 함.

▶ 道長里

道里村: 장사 동남쪽에 있는 마을. 사방에 산이 둘러싸여 있어 지형이 동그랗게 되었음.

다라리(月下): 도리촌 북쪽 산밑에 있는 들.

▶ 東鳩林里

鳩林: 동구림리와 서구림리에 걸쳐 있는 마을. 도선국사가 태어나서 유명함. 마을은 모란이 꽃 그늘을 드리우고 있다는 牡丹花陰形. 이런 형국은 주변 지세가 좋아 나무가 울창해지고 곡식이 잘되며 마을에 인물이 끊이지 않는다는 陽宅의 적격지라고 함(백형모).

구시바우(槽岩): 성짓골에 있는 큰 바위. 모양이 구시(구유)처럼 생겼음. 밑에는 沼를 이루어 여름에는 좋은 목욕터가 되었는데, 신라 말기 도선의 어머니가 처녀 때 이 근처에서 빨래를 하다가 물에 떠내려오는 푸른 오이를 먹고 임신이 되어 도선을 낳았다 함.

卵山(난메): 학암 서쪽에 있는 산. 새 알처럼 동그랗게 생겼음.

鶴岩(학바우): 고산 동남쪽에 있는 마을. 학처럼 생겼다 함. 뒷산에 큰 바위가 있음.

비아목: 가라멧골 위에 있는 고개. 飛鵝形의 명당이 있다 함(飛鵝啄尸形).

빈대절터: 삿갓바우 위에 있는 골짜기. 절이 있었는데 빈대가 들끓어 폐사되었다 함.

산탯골: 학암 남쪽에 있는 골짜기. 백제 때 학자 왕인의 태를 묻었다 함.

성짓골(聖基洞): 고산 동남쪽에 있는 들. 왕인이 태어난 곳이라 함. 최근 문헌에서 원 지명을 찾아내어 聖起洞이라 함. 성기동을 감싸고 있는 월출산 끝부리는 호랑이가 앞발을 들고 포효하는 猛虎出林形. 낭주최씨와 전주이씨의 묘가 있음.

싱근징이(新根亭里): 구림 동쪽 큰길가에 있는 마을. 예로부터 옛 절 도갑사로 가는 세 갈림길 가가 되어 정자나무가 있고 행인들이 쉬어 감.

王仁博士遺蹟地: 성기동에 있음.

崔氏園(혹은 崔氏院): 성짓골에 있는

고적. 신라 때 최씨의 집 뜰인데, 이곳에 한 자(一尺)가 넘는 큰 오이가 났으므로 온 집안에서 이상하게 생각하고 있었는데 그의 딸이 이것을 몰래 따 먹고 임신하였다고 한다. 또는 꿈에 도사가 주는 아름다운 구슬을 받아 먹고 임신하였다고 한다. 또는 그 딸이 구시바우 밑 소에서 빨래하다가 물에 떠내려 오는 오이를 먹고 임신하여 아들을 낳았다고 하는데 그 부모가 그 딸이 처녀로서 아비도 모르는 자식을 낳은 것을 크게 꾸짖고 남몰래 어두운 밤을 타서 대숲 속에 있는 바위 곧 국사암 밑 대숲에 아기를 버리고 돌아왔는데 그 딸은 잊지 못하여 며칠이 지난 뒤 다시 그곳을 찾아가 보니 비둘기와 소리개가 날개로써 아기를 덮어 보호하고 있으므로 이를 부모께 이르니 부모가 보고 보통 아이가 아니라 하여 다시 집으로 데려다 키웠다고 함. 자라서 스님이 되어 당나라에 가서 고명한 중에게 지리법을 배워 가지고 돌아와 나라 안의 산천을 두루 돌아보고 이상한 자취를 많이 남기니, 세상에서 도선국사라 하며, 이 마을을 鳩林 또는 비추라 함.

鳩林村은 고대 무역항. 왕인, 도선국사의 탄생지. 松竹林이 울창한 정자로 둘러싸인 동네. 道岬寺 풍경 소리, 詩 읊는 소리 끊이지 않는 마을. 大同契로 협동하는 미풍. 指南平野, 鶴坡農場 일군 개척의 마을. 3·1 운동 때 모두 일어선 애국의 땅. 6·25 때 집단 학살당한 상처의 마을 등으로 표현되는 마을이다.

國師庵은 동구림리 3구 왕인 박사 유적지 근처에 있는 崔氏園 터에서 1.5킬로미터쯤 떨어져 서구림리 1구 383-1번지에 있다. 구림의 異名은 飛鷲인데, 수리봉(매봉)과 高山 동쪽 가마멧골 위 비아목고개에 있는 飛鴉形의 명당 때문임.

왕인과 도선 설화는 습합되어 있다. 월출산 朱芝峰 밑 聖基洞(혹은 聖起洞). 왕인 박사가 탄생 성장한 古宅址에 최씨가 살았다. 이 집 처녀가 3월 3일 구시바위(구유바위, 槽岩)에서 빨래를 하다가 聖川에 떠내려온 오이를 먹고 도선을 잉태한 것으로 재구성할 수 있다.

1944년 학파방조제로 갯골이 차단되기 전까지는 上臺浦(왕인 박사가 일본으로 떠날 때 배를 탔던 곳)까지 배가 들어왔고, 30년 전까지 서호면 성재리에는 목포-해창 간 배가 다녔다(1천5백년 전 해안선 지도를 추정한 연구가 있는데, 이에 의하면 구림리 일대가 해안선이고 은적산을 중심으로 한 서호면 일대는 섬인 것으로 나타난다. 여기에는 고인돌과 선사 시대 집터가 집중 분포하고 있음).

상대포 안내판 건너편〈상대까끔〉이란 언덕에는 호은정자가 있다. 정자로 들어서는 입구에는 구림촌의 울타리 구실을 한 구릉에 대한 기원을 알려 주는 露頭가 있다. 죽정에서 서호정마을까지는 20-30미터 높이로, 신흥동에서 양장리 언머리까지는 10-20미터 높이의 언덕이 달리고 있다. 지금은 방풍림 역할을 위해 띄엄띄엄 남아 솔섬같이 보이는 化石景觀이다.

주지봉이 구림의 主山이다. 마을은 여기서 내려선 雙龍에 안겨 있다. 월출산은 대체로 火星朝天의 지세로 날카롭다. 특히 주지봉은 붓끝처럼 뾰족하고 쭈뼛해서 文筆峰이라는 별명을 갖고 있다. 火星의 용은 물로 대치해야 禍가 미치지 않는다고 한다. 6·25 때 집단 학살당한 아픔에 대해 풍수 형국을 빗대어 달래기도 하지만, 양쪽으로 기어간 용 머리는 潮江에 내밀고 있다. 서구림리에서 양장리 신기동까지 5킬로미터에 걸쳐진 左靑龍은 淡水를 鹽水에 토해 냈다. 1540년경에 쌓은 지남제방으로 생긴 지남 들녘을 지나면 도갑리 신등에서 동호리 동변까지 4킬로미터에 걸쳐 右白虎 격인 낮은 구

릉이 청룡과 나란히 누워 있다. 평행한 이 쌍룡이 구림골을 보듬고 있는 것이다. 구림의 옛 중심지였던 서호정과 남송정 고산 동계마을은 법숫굴 뒷녘에서 상대까끔으로 이어지는 긴 언덕이 북녘을 가리고 있다. 매봉(63m)에서 지와목을 지나 구림고등학교 뒷산인 射山(활메)을 건너 돌정고개와 불뭇등구릉이 남쪽에 있어 마파람을 막아 주는 案山 구실을 하고 있어 포근한 둥우리에 안겨 있다.

1953년에 펴낸 《구림》이란 잡지를 보면〈마을 가운데 상중하에 큰 바위가 정연하게 누웠으니 국사암, 당산, 황산이다. 마을 사람들은 이를 三卵이라 부르고 쌍의 상중하대를 六翼이라 하여 雙龍이 三卵을 품었다고 한다〉고 풀이하고 있다.

구전으로 金完장군城이라는 도갑리 성터는 옛 영암군이었을 가능성도 있다. 월대암 남동녘에 있는 옛 성터와 주지봉 남동녘에 집터 흔적이 있다.

전설에 의하면 백제 때 서울을 구림으로 옮기려 했다며 마을 사람들은 지금도 자기들 고장을〈牛서울〉이라 일컬으며 자부하고 있다. 쌍취정, 서호정, 남송정, 북송정이 4대문의 자취이다.

죽정마을은 대나무가 많고 마을이 정자 형국이라 하여 붙은 이름이다.〈보

지골〉과 〈역등〉은 마을에서 4킬로미터 떨어진 도갑사 바로 위쪽에 있으며 뽕나무밭을 사이에 두고 30미터쯤 떨어져 마주 보고 있다. 역등은 〈자지골〉, 〈역산〉으로도 불리며 도갑사와 연계되는 등성이가 자지 모양으로 길게 뻗쳐 있고 습기가 배인 진털밭이 돋아 있다. 보지골은 여자의 아랫부위와 영락없이 같은 형태로서 양옆으로 오목하게 골이 패여 있고 가운데에는 물기가 흐르고 있다. 민묘 1기가 함께 있다.

이와 같이 음양이 맞추어진 곳에 바로 그 여자 하체 부위의 형국에 묘를 쓸 때는 석물(비독이라고도 함)을 세우지 않는다고 한다. 그곳에 비를 세우면 삽입된 남성 성기가 유감되어 집안에 음풍이 흐르기 때문이라 한다(박찬원, 61세 제보).

▶ 東湖里

돼야지배미: 뺄등 남쪽에 있는 논. 땅이 매우 메말라서 농사를 지어도 이득이 없으므로 새참도 나누어 먹지 않고 돼지처럼 혼자 먹었다 함.

▶ 馬山里: 말처럼 생긴 산밑이므로 붙은 지명.

落雁: 원마산 서남쪽에 새로 된 마을. 平沙落雁形이라 함.

▶ 茅亭里(松岩)

鼻竹(飛竹, 飛鶩, 비축): 모정 남쪽에 있는 마을. 신라 때 도선국사가 처녀의 몸에서 태어나 서구림리의 국사암에 내버린 것을 비둘기, 소리개 떼들이 날아와 보호했다는데, 그 소리개떼들이 이곳에서 날아왔다 함.

▶ 西鳩林里

국삼(國師岩, 國士岩): 남송정 동쪽에 있는 마을. 국사암이 있음. 신라 때 구림에 살던 낭주최씨의 딸이 큰 오이를 먹고 처녀로서 임신을 하여 아이를 낳으니 인륜에 벗어난 일이라 하여 부모가 크게 꾸짖고 이 바위에 내버렸다 함.

돌정재(돌정고개): 배척굴 북쪽에 있는 고개. 백제 때 학자 왕인이 일본으로 떠나면서 이곳에서 고향인 구림을 돌아보곤 하였다 함.

배척굴(배척골): 남송정 남쪽에 있는 마을. 옛날 이곳까지 배가 닿았다 함.

上臺浦(상대, 상대포리): 배척굴 서쪽에 있는 마을. 백제 때부터 중국, 일본 등지와의 해상 교통의 요지였음.

힌덕바우(白岩, 白衣岩, 白岩洞): 신흥동 서북쪽에 있는 마을. 힌덕바우가 있음. 백암동 서쪽에 있는 넓고 평평한 바위. 신라 때 도선이 이르기를 〈이 바위 빛이 변하여 흰빛이 되면 이곳의 바다가 모두 들로 변하게 되리라〉하였는데, 지금 이 근처가 鶴坡農場의 들이 되었으므로 그 예언이 맞았

다 함.
▶省陽里
　곤장배미: 나발배미 위쪽에 있는 논. 콩 농사가 흉년이었을 때 고린내가 나는 간장과 바꿨다 함.
▶羊場里(염장): 소금을 구웠으므로 염장 또는 양장이라 함.
　堂山: 양장 동남쪽에 있는 들. 당산제를 지냈음.
　떡솔: 양장 앞산에 있는 곰솔. 둘레 세 아름.
　성똘(성뚱): 오무 서북쪽에 있는 등성이. 사방으로 뺑 둘러 있어서 성처럼 되어 있음.
　오무: 양장 남쪽 들 옆에 있는 둥근 봉우리의 산. 15미터.
▶海倉里(창말, 창촌)
　탑골: 가장골 남쪽 골짜기에 있는 들. 돌탑이 있음.
　海倉터: 원해창 남쪽에 있는 터. 조선조 때 稅米를 쌓는 곳집인 해창이 있었음.

靈岩郡 金井面

▶南松里
　홍돗골: 지초 남쪽에 있는 골짜기. 紅桃落地形의 명당이 있다 함.
▶雙孝里

　미래봉(자지봉): 모효 서북쪽에 있는 골짜기. 농기 미래처럼 생겼음. 또는 자지처럼 생겼다 함.
▶鴉川里
　광대정: 칙산이 서쪽에 있는 골짜기. 광대가 춤추는 형국으로 생겼다 함.
　까막재(烏峙): 아천과 동령굴 사이에 있는 낮은 고개. 金烏啄屍形의 명당이 있다 함.
　통수봉: 방구봉 북쪽에 있는 산. 봉우리가 통수처럼 생겼다 함.
▶安老里(아실)
　渴馬飲水明堂: 三딸山 자락에 있음. 마을 앞에 맑은 물을 뿜어 내는 통샘이 있어 더욱 유명함. 渴馬飲水形은 말의 목뼈 부근에 穴을 잡는 것이 원칙인데 김해김씨들이 자리를 잡았다고 함. 말 형국은 머리에 잡으면 말이 앞을 보지 못하고 등줄기나 꼬리에 잡으면 기운을 쓰지 못하므로 금기임.
　고새바우(닭바우): 월동 동남쪽에 있는 바위. 싹바우와 마주 서 있는데 삵(살쾡이)이 먹을 닭과 같이 생겼다 함.
　금반쟁이: 안로 남쪽에 있는 산. 금으로 만든 안장 형국이라 함.
　싹가지바우(싹바우, 쌀가지바우): 안로 동쪽에 있는 바위. 모양이 삵(살쾡이)처럼 생겼음.
▶燕巢里: 제비집처럼 생겼다 하여 붙은

지명인데 그 구체적인 穴脈은 아직 찾지 못했다고 함.

金烏(김오리): 송장고개 서남쪽에 있는 마을. 金烏啄尸形의 명당이 있다 함.

송장고개: 덤재 서북쪽에 있는 고개. 남송리로 넘어감. 지형이 金烏啄尸形 인데 이곳은 그 까마귀가 쪼아먹는 송장에 해당한다 함.

▶ 靑龍里

물레실: 월암 동쪽에 있는 들. 물레처럼 생겼다 함. 근처에 玉女端坐形의 명당이 있다 하는데 이곳은 그 옥녀가 실을 만드는 물레에 해당된다 함.

粉土: 성자동 동북쪽 골짜기에 있는 마을. 앞산이 옥녀가 단장하고 있는 형국이라는데 이곳은 그 옥녀가 바르는 분과 같다 함.

靈岩郡 德津面

▶ 老松里

서경골: 여운재 서남쪽에 있는 골짜기. 仙人讀書形의 명당이 있다 함.

▶ 永嶝里

갈로산(官奴山): 영홍리 서남쪽 들에 있는 매우 작은 산. 雲中半月形으로 되었다 함. 조선 말엽 장흥 寶林寺의 문수원이란 중이 〈달 명당을 사시오〉 하고 외치면서 돌아다니니 모두 미친 중의 헛소리로만 알고 비웃기만 하였는데 김씨 관노가 그의 말을 곧이 듣고 그 명당을 사서 썼다 함.

永興里: 장등 서남쪽에 있는 마을. 근처에 雲中半月形의 명당이 있으므로 이곳에 살면 영원히 흥하리라 함.

靈岩郡 都浦面

▶ 水山里

맘산(馬音山): 유수동 서쪽 산밑에 있는 마을. 渴馬飮水形의 명당이 있다 함.

▶ 永湖里

기명당: 회호정 서북쪽에 있는 작고 낮은 산. 기(게) 형국의 명당이 있다 함. 쑥대에 사는 재산가로서 監司만큼 권리를 부리던 조감사라는 이가 매우 인색하여 찾아온 손뿐 아니라 탁발 온 중에게도 시주는커녕 도리어 몹시 때려서 내쫓았는데 어느 도사가 찾아와 이르기를 〈댁의 선산이 게 명당인데 게는 바다에서 사는 것이므로 산소에서 바라다 보이는 바다를 막아야 바다로 달아나지 못하게 되어 대대로 잘살게 되리라〉하므로 그의 말대로 둑(도포리 앞 둑)을 쌓기 시작했으나 사실은 둑을 쌓음으로써 게가 바다의 먹을 것을 잃게 되어 그 공사가 채 끝나기도 전에 살림이 기울더니 마침내 망했

다고 함.
▶ 元項里
맹당구부(명당구부): 원목 동남쪽에 있는 개(干潟地). 回龍顧祖形의 명당이 있다 함.

靈岩郡 美岩面

▶ 斗億里
渴馬: 달산 북동쪽에 있는 마을. 뒷산에 渴馬飮水形의 명당이 있다 함.

靈岩郡 三湖面

▶ 龍塘里: 한라조선소 공사가 이루어지고 있는 곳은 월출산과 영암이 마지막 기운을 모아 점을 찍었다는 君王之地. 백호 자락은 파헤쳐짐.
渴馬山: 용당리와 삼포리 경계에 있는 산. 1백 미터. 渴馬飮水形의 명당이 있다 함.

靈岩郡 西湖面

▶ 錦江里
금겟등: 금강 남쪽에 있는 등성이. 金鷄抱卵形이라 함.
닥머리(닭머리, 鷄頭): 금강 북쪽 태백리 경계에 있는 산. 최영장군당이 있

었음. 지네 머리와 마주 보고 있음.
지네머리: 닥머리 동쪽에 있는 산. 닥머리와 마주 보고 있음.
▶ 夢海里(굼바다, 굼바대): 바닥이 깊고 넓은 들이 있으므로 붙은 지명. 조선 인조 때 김완 장군의 어머니가 바다를 품에 안는 꿈을 꾸고 장군을 낳았다 함.
자치바우: 송호 뒤에 있는 바위. 도선이 당나라로 갈 때 고향인 구림을 떠나면서 잊지 못하여 이곳까지 자치하면서(머뭇거리면서) 왔다 함.
▶ 聖才里: 성인이 날 명당이 있다 하여 붙은 지명.
▶ 蘇山里
燕巢亭(안소리): 밭소리 서북쪽 안에 있는 마을. 제비집 모양(燕巢形)의 명당이 있다 함.
▶ 長川里
등잔거리: 장동 남쪽에 있는 등성이. 옥등잔을 벽에 걸어 놓는 형(玉燈掛壁形)의 명당이 있음.
함정굴: 숫피 남쪽에 있는 골짜기. 짐승을 잡으려고 함정을 파 놓았다 함. 김해김씨의 묘가 있는데 木蘭花形의 명당이라 함.
▶ 靑龍里(청령굴)
아래가랫골(蓮亭里): 가랫골 아래쪽에 있는 마을. 뒷산이 蓮花倒水形으로 생겼다 함.

全羅南道篇 545

아랫몰(배암골, 新月): 신흥 동북쪽 아래에 있는 마을. 앞산이 긴 뱀이 개구리를 쫓아가는 형국(長蛇追蛙形)이라 함. 멀리 월출산이 보임.

雲中半月形: 반남박씨 南郭公 朴東說과 그 후손들의 墓域. 이 명당 앞에는 물이 있어야 하는데 묘를 쓸 당시에는 바로 묘 앞까지 바다가 들어왔다고 함. 일제 시대 학산면 출신 玄俊鎬가 성재리와 양장리를 잇는 간척 사업을 벌여 바다를 막게 되었으므로 박씨들이 반대. 이에 박영효가 묘 아래 저수지를 만들기로 중재를 서서 그렇게 되었다 함. 이 雲中半月形은 鶴坡제1저수지를 기반으로 삼아 박씨 가문에 숱한 인재를 배출함(백형모).

▶ 太白里

연동골: 소댕이나루 서쪽에 있는 골짜기. 蓮花倒水形의 명당이 있다 함.

靈岩郡 始終面

▶ 錦池里

落雁: 본촌 남쪽에 새로 된 마을. 平沙落雁形의 명당이 있다 함.

똥멩당: 본촌 서쪽에 있는 골짜기. 어느 가난한 사람이 묫자리를 보지 않고 아무 곳에다 묘를 썼는데 유명한 지관이 와서 보고 명당이라 칭찬했다 함.

▶ 內洞里: 백제 시대(혹은 마한)의 고분이 자생 풍수의 한 증거가 아닐까 하는 생각도 든다. 영암군 시종면 내동리 산 579-1, 지방 기념물 제83호 쌍무덤. 이 일대 내동리, 신연리, 옥야리는 옹관묘가 집중 분포하고 있는 곳이다. 백제 시대 고분으로 기록되어 있으나 아마도 마한의 마지막 君長들의 무덤일 것이다.

내동리 쌍무덤(쌍무드미, 雙邱里: 매화촌 동북쪽 길가에 있는 마을. 고려장이라 전하는 오래된 큰 무덤 둘이 나란히 있었음. 시종면의 중앙이 되어 면사무소, 지서, 우체국, 학교, 시장 등이 있음)은 주민들이 풍수 지리상 〈梅花落地〉라 부른다. 이런 형국의 터들은 대략 그 지기가 온화하고 감싸인 듯한 감을 주는 것이 특징이다. 역시 지석묘군의 입지가 가지고 있는 성격이나 지기와 궤를 같이 하고 있는 것으로 판단된다. 즉 쌍무덤은 자생 풍수가 중국 풍수의 영향을 받기 이전의 化石景觀인 듯하다.

이들은 백제-신라 세력에 의하여 점차 도서 지방으로 밀려나게 되는 것이지만 도선이 활약하던 9세기경까지 명맥은 유지되고 있었던 모양이다. 도선이 남해안 해변에서 異人을 만나 풍수를 전수받았다는 기록에서 이인은 바로 그런 명맥을 유지하고 있던 自生風水師가 아니었을까 하는 생각이 든다.

▶ 萬樹里

鶴城君墓: 붓당골에 있는 인조 때 이괄의 난 평정에 공이 큰 학성군 김완 장군의 무덤.

▶ 鳳巢里

金自點先祖墓: 벌년바우 아래에 있는 무덤. 효종 때의 반역자 김자점의 선대 무덤이라 함.

▶ 新燕里

燕巢: 신연리에서 가장 큰 마을. 燕巢形으로 되었다 함. 또는 鹽所가 있었기 때문이라고도 함.

제비똥바우: 연소 서쪽에 있는 작은 바위. 제비집의 제비 똥이라 함.

▶ 新興里

渴馬: 신흥 동북쪽에 있는 마을. 渴馬飮水形의 명당이 있다 함.

靈岩郡 新北面

▶ 明洞里

머구리봉: 와우동 서쪽에 있는 골짜기. 뱀에게 쫓기는 개구리의 모양(長蛇追蛙形)으로 되었음.

배양골(白羊골): 선인정 남쪽에 있는 깊은 골짜기. 白羊形의 명당이 있다 함.

仙人亭: 옥정 북쪽에 있는 마을. 仙人舞袖形의 명당이 있다 함.

▶ 茅山里(못안)

馬山: 모산리와 이천리 경계에 있는 산. 120미터. 근처에 將軍對坐形의 명당이 있다는데 이 산은 그 장군이 타는 말과 같다 함.

蓮花浮水形: 서당동 죽봉 뒤편에 자리한 문화류씨 柳用恭의 묘소(蓮花浮水形)에서 마주 보이는 3개의 봉우리가 3명의 정승을 낳는다고 알려진 곳. 영의정, 좌의정, 이조판서를 배출함.

▶ 兩溪里

자지등: 백우동과 서동 사이에 있는 등성이. 자지처럼 생겼다 함.

▶ 龍山里(잣골)

장군바우(將軍岩): 서촌 북쪽 길가에 있는 큰 바위. 유명한 地官이 말을 타고 지나다가 이곳에 이르자 갑자기 말에서 내리므로 이를 본 사람이 이상하여 그 까닭을 물으니 〈장군이 앉았는데 어찌 下馬하지 않을 수 있느냐〉하며 이 바위에 절을 하고 지나갔다 함.

▶ 酉谷里(닥실)

자지메: 옥정 북쪽에 있는 산. 자지처럼 생겼다 함.

▶ 梨泉里

양지쪽(陽洞, 魚浪里): 천동의 양지쪽 마을. 근처에 魚浪遊水形의 명당이 있다 함.

▶ 長山里(山長山)

가마구봉: 산장산 동쪽에 있는 산. 까

마귀가 송장등의 송장을 쪼아먹는 형국(金烏啄屍形)의 명당이 있다 함.
장군배미: 산장산 서북쪽에 있는 논. 근처 산에 將軍對坐形의 명당이 있다 함.
진등(송장등): 서당굴 동쪽에 있는 긴 등성이. 송장처럼 생겼다 함.
▶鶴洞里(한새울)
생애바우: 학동 서남쪽에 있는 바위. 상여처럼 생겼는데 마을에서 보이면 청상 과부가 많이 난다 하여 바위 앞에 담을 쌓거나 나무를 심어서 가린다 함.
▶杏亭里(으능정이)
玉峰: 송암 서쪽에 있는 마을. 玉鳳歸巢形의 명당이 있다 함. 우뚝 솟은 봉우리 밑이 됨.

靈岩郡 靈岩邑

▶『비결서』에 이르기를 〈九鼎의 천황봉에는 14대의 天子가 나는 혈이 있다〉고 했음. 이 天子之穴의 주인공이 싱가포르의 李光耀 前總理라는 설이 있는데, 그 자신이 자기 조상이 바로 조선인이라고 밝혔다는 것이다(백형모).
▶開新里
누룻재(黃峙): 내동 남쪽에서 강진군 성전면 월남리로 넘어가는 고개. 지형이 가파르지 않고 밋밋함. 黃蛇出林形의 명당이 있다 함.

▶大新里
月洞: 신복촌 동쪽에 있는 마을. 雲中半月形의 명당이 있다 함.
▶東武里
연방죽: 대월루 터 앞에 있던 방죽. 영암 고을에 火山이 비쳐서 불이 잘 나므로 관아 앞과 이곳에 방죽을 파서 그 불기를 막았다 하는데 현재는 논이 되었음.
▶龍興里
공알바우: 뱅풍바우 위에 있는 바위. 공알(음핵)처럼 생겼음.
仙鶴洞(선학굴): 새실 서쪽에 있는 큰 골짜기. 큰 바위가 있고 그 위에 仙鶴洞 석 자가 크게 새겨져 있는데 도선의 글씨라 함.
▶場岩里: 영암 신관성, 덕산 신예범 묘. 교보생명 大山 愼鏞虎의 조부 愼寬晟의 묘 위치는 덕진면 영보리와 영암읍 장암리 경계의 언덕이 月登인데 언덕 양쪽이 모두 논이어서 마치 달이 물속에서 떠오르는 형상이라 함. 이곳 월등에 신관성의 묘가 있다. 속칭 호남팔대명당 중 하나라 한다.
노령-광주 무등산-장흥 修人山-영암 活城山. 이 산에서 한 가지는 남행, 돈받재를 건너 월출산을 만들고, 다른 한 가지는 곧장 오른쪽으로 뻗어 삼태봉을 만든 뒤 논 가운데로 몸을 감춘다. 장암리 논을 건너온 맥이 월등에서 갑자기 고개를 들어 子坐午向으로 穴을 맺었다. 활성산과 월출산, 덕진의 백룡산이 사방을 구름처럼 감싸고 있으니 마치 雲中半月의 형국이다.

혈의 안산은 월출산 정면을 피해 一字形 산세를 이룬 영암 내동리 뒷산에 맞추었고 그 너머 월출산으로 가는 지맥들이 朝山을 이루었다. 조산들은 한결같이 玉帶砂다. 외명당이 광활한 중에 案山에 이르는 논들이 이른바 倉板水(재복이 가장 빠른 물의 형세)를 이루면서 혈 앞으로 쏟아져 내리고 혈의 앞뒤로는 물이 감고 돌아 拱背水(뒤를 감싸고 흐르는 물)와 腰帶水를 이루었다. 그런 중에 동에서 서로 나가는 공배수와 요대수는 영암읍이 가로막아 기의 누설을 더디게 한다(財福).

부친 晩翠 愼禮範의 묘 위치는 덕산 윤봉길 의사 사당에서 해미로 넘어가는 대치리, 가야산 중턱. 가야산 상왕봉이 소조산. 그 아래 불암봉에서 乾亥로 3개의 貪狼星(木星)을 이룬 후에 亥坐巳向으로 혈을 잡았다. 원효봉이 청룡, 문수봉이 백호. 좌우에 협시보살을 거느리고 象王(부처)이 설법하는 모습이니 앞의 案山은 三僧峰(덕숭산)으로 염주(세 개의 작은 봉우리)를 손에 들고 법문을 듣는 형국(三僧禮佛形). 『萬山圖』에 이르기를 삼승예불 터는 12대 將相之地라 했다.

혈 좌우에서 흘러 나오는 물(골육수)은 명당 앞에서 만나 용호가 감싸는 중에 之字形으로 흐르다가 서에서 흘러 오는 물과 만나 동으로 방향을 바꿔 마침내 서해로 들어간다. 水口處에는 해와 달의 모습을 띤 산들이 빗장 지르듯 양쪽에서 막고 있고 그 너머로는 용봉산이 병풍처럼 물의 直出을 막고 있다. 이런 자리는 부귀는 다음이고 道學이 우선이다(백형모, 최영주).

▶鶴松里

飛鳳抱卵形: 國禁之穴 중의 하나. 국금지혈이란 王氣가 서려 있기 때문에 王室 이외의 일반인들에게는 산소 자리를 잡지 말라고 한 大地를 말함. 그러나 아직도 그 자리를 찾지는 못했다고 함.

자지골짝(자지골): 월송정 동쪽에 있는 골짜기.

▶會門里

씹바우: 용치 동남쪽에 있는 바위. 여자의 생식기처럼 생겼음.

씹박골: 씹바우가 있는 골짜기.

靈岩郡 鶴山面

▶金溪里

음양수배미: 계천 남쪽에 있는 논. 둥근배미 가운데에 긴 배미가 끼여 있었

는데 모양이 각기 남녀 생식기처럼 생겼다 함.

▶ 犢川里

곰바우(熊岩): 곰몰 앞들에 있던 바위. 바위 둘이 마주 서 있었는데 마을을 지켜 주는 수호신인 암수의 곰이라 해서 옛날에는 온 마을에서 해마다 제사를 지냈음. 요즘 경지 정리 때 하나는 땅차가 밀어서 개시암(영흥 앞에 있던 우물)과 함께 땅속에 묻혔고 하나는 개골산에 옮겨 놓았음.

犢川市場(독내장): 독내 남쪽에 있는 시장. 4일과 9일에 서는 5일장임. 이 장은 龍山里에서 옮긴 것. 현재 이 독천장에서 조금 떨어진 곳에 李氏의 조상 묘가 있었다. 이 묘를 쓴 후 자손의 번영은 있어도 일족 중에 자주 淫奔者가 배출되었다. 묘지가 女根形이기 때문이라는 것이 풍수사의 얘기였다. 게다가 그 뿌리 부분에서 사철 마르지 않고 샘이 흐르고 있었다. 지기가 왕성한 까닭이다. 그러나 그것이 陰水이기에 음분자가 나오는 것이다. 그를 누르기 위하여 용산리에 있던 장을 이곳으로 이전함으로써 많은 사람들이 밟아서 그 음분의 지기를 막고자 한 것이라 함(村山).

미암면 채지리 仙皇山 지맥인 飛來山 북녘 산자락에는 경주이씨들 산소가 있다. 이 명당은 여자의 음부를 닮아 주민들은 보지골 명당이라 부름. 반대편에는 남자를 상징하는 壯丁山(장쟁이산)이 있다. 특히 비래산 명당은 청룡, 백호의 양쪽 산줄기 한가운데 자리 잡고 있고 묘를 쓴 자리 밑에는 천연수가 솟아오르는 샘터가 있어 훌륭한 인물을 많이 배출하기는 하지만 탕아들이 많이 나고 특히 여자들의 淫蕩氣를 막기가 힘든 형세라 함. 그래서 牛市場을 만들고 마을 이름도 송아지를 뜻하는 犢川里로 했다는 설도 있음(백형모).

玉掛嶝: 영흥 동북쪽에 있는 등성이. 玉燈掛壁形의 명당이 있다 함.

▶ 梅月里

개밧골: 미다리 동쪽에 있는 골짜기. 개처럼 되었다는데 범밧굴의 범의 먹이에 해당된다 함.

미교마을: 隱跡山 끝자락에 자리 잡은 김해김씨 감무공파(사군파) 김완 장군의 부친 金克兆의 묘는 용이 바닷가에서 기운차게 뛰어오르는 형국의 注龍穴. 이 명당은 밀물 때는 물이 조용하게 차 오르나 썰물 때는 물 빠지는 소리가 시끄러워 시작은 좋으나 끝이 좋지 않다는 곳. 영산강 하구언 공사로 산천이 변하여 이제 發福이 이뤄질 것이라는 설이 있음(백형모).

범밧굴: 배창굴 서쪽에 있는 골짜기. 범처럼 생겼다 함.
蓮洞굴: 미다리 북쪽 골짜기에 있는 들. 꽃형의 명당이 있다 함.
▶ 新德里
短墻: 안해미 뒤에 있는 골짜기. 도선국사가 어릴 때 담장을 치고 공부했던 곳이라 함.

莞島郡 古今面

▶ 上亭里
水鳴浦: 마을 동쪽에 있는데 바람이 없어도 潮水의 조화에 의하여 울음 소리를 내는데 그 소리가 나면 반드시 비가 오기 때문에 비를 미리 예측할 수 있다고 함.
▶ 細洞里
內洞毒蛇바위: 마을 앞산에 독사 모양을 한 바위가 있는데 이로 인해 모든 정기가 약효를 발휘해 그 영험으로 지금까지 마을에 큰 돌림병이 없었다고 함.
▶ 永扶里
황새골(寒沙洞): 白鶴이 날개를 펴고 있는 형국이라 하여 붙은 지명.
▶ 回龍里
鳳岩里: 鳳凰山 정상 큰 바위에 직경 2미터와 0.5미터 가량되는 2개의 구멍이 있는데 이 구멍을 막으면 건너편 완도읍 영풍리 처녀들이 바람이 난다는 전설이 있음.

莞島郡 郡外面

▶ 葛文里
林藪: 갈문리 바닷가에 돌출한 기슭으로 옛 마을의 神堂이 있던 곳인데 마을의 방풍림으로 아름다운 풍치를 이룬 2정보 남짓한 숲이다. 주로 상록수림으로 아마도 풍수상 裨補 목적의 洞藪였을 것으로 추측됨.
▶ 唐仁里
의사 허사겸의 묘: 완도의 서부 도로 옆에 달도를 바라보며 서 있음(삼두리 참조). 완도에서 가장 강직하고 절개 넘치는 산부리를 선택하여 북향으로 모심.
▶ 三斗里
義士 許士謙의 묘: 1893년 완도 僉使 李相敦의 폭정에 대항하여 癸未民擾를 일으킴. 그는 잡혔을 때 주민들을 연루시키지 않고 27세에 장렬한 죽임을 당함. 그의 출신 마을인 삼두리에 묘와 묘비를 세웠으나 도로 개설로 인하여 당인리로 이주한 것임.
▶ 院洞里
達島: 배의 닻처럼 생겨서 닻섬이라

하다가 달도로 바뀜.

莞島郡 金塘面

▶蔚浦里: 이 마을의 술맛이 매우 좋아서 중국의 蔚金酒에 견줄 만하다 하여 붙은 지명.
▶陸山里
부채바우(부처바우): 육동리 동쪽 바닷가에 있는 바위. 괴이한 바위가 수천의 부처를 이루어서 매우 장관임.

莞島郡 金日邑

▶上花田里: 예로부터 마을의 평원 지대에 진달래꽃 등 여러 가지 꽃들이 만발해서 꽃과 같이 아름답고 유순한 사람들이 사는 마을이란 뜻에서 지은 지명.
▶下花田里
冶金: 쇠가 녹도록 돈을 모아 富村을 만들겠다는 의지로 열심히 일을 해야 한다고 붙인 지명.
▶龜洞里: 마을 뒷산이 거북 형상이요, 마을 앞 옆동산이 거북 발 형상인데다가 연안 갯벌에 거북이 살았기 때문에 붙은 지명.

莞島郡 蘆花邑

▶久石里
조산: 구목리 동쪽에 있는 산. 마을의 虛缺處를 裨補하기 위한 인공산이다.
▶內里: 마을 양쪽에 靑龍 白虎 능선이 뻗어 있어서 아늑한 곳에 자리 잡은 마을이란 뜻으로 지어짐.
▶東泉里
조산: 동고리 동쪽 건너편에 있는 마을.
▶防築里: 동남쪽 보길도 정자리에 공알 바위가 있는데 이 바위가 흔들리면 이곳 처녀들이 바람이 난다 하여 어느 날 이곳 부녀자들이 일제히 건너가 공알바위가 흔들리지 않도록 고이고 왔다 함.
▶邵堂里: 지형이 오목하고 따뜻하여 집 마당 같다 해서 小堂里라 하다가 小 자가 좋지 않아 邵로 고쳤음.
▶魚龍里: 섬의 형상이 큰 고기가 용으로 변하여 여의주를 물고 승천하려는 기상이라 하여 붙은 지명.

莞島郡 甫吉面

▶中桶里
白道里: 옛날 어떤 지리학자가 이 마을을 향해 오는데 푸른 숲 사이로 길이 하얗게 보여서 백도리라 했다 함.
▶芙黃里

黃源洞: 조선 인조 때 1637년에 고산 윤선도가 말년 여생을 산수가 수려하고 한적한 제주도에서 은둔하고자 하였다. 항해 도중 이곳 보길도 정자포에서 待風하며 살펴보니 산세가 매우 준엄하고 수려함에 심취되어 부황리 앞에서 상륙하였다. 그때 대풍했던 곳을 〈待風口味〉, 상륙했던 위치를 〈登門〉이라 이름 붙였고, 또 부황리 마을 주변의 형국을 살펴보고 黃 자는 황제의 기상에 財貨를 의미한다고 보아 부를 누릴 수 있는 원천 마을이란 뜻에서 황원동이라 했는데 1914년에 芙蓉洞과 합하여 芙黃里라 하였음.

▶仙昌里: 제주도 한라산 산신이 지리산 산신의 초청을 받고 가던 중 이 마을 남쪽 望梅山 望月峯에서 달 구경을 하다가 산 아래를 내려다보니 장차 주민이 창성할 곳이라 마을을 일구었기 때문에 선창리 했다는 것. 일설에는 자연 경관이 좋아서 신선들이 놀던 곳이라 하여 선창리 했다고도 함.

▶禮松里

月松: 옛날 어떤 지관이 자기 先親의 못자리를 구하기 위하여 달 밝은 밤에 이 마을에 들러서 〈月下松林之風에 山下草田之相이요 賢心之相이로다〉라는 시구로서 마을 형국을 읊었던 것이 유래가 되어 월송리가 되었다 함.

莞島郡 生日邑

▶西城里: 생일도의 전체 모양이 새와 같고 이 마을은 새의 밥통 부분에 위치하고 있어서 고루 부유하게 산다 하여 붙은 지명.

莞島郡 所安面

▶唐寺里: 제주도에서 육지로 들어오는 입구라 하여 港門島라 했다가 다시 者只島로 개칭했는데 둘 다 지명의 발음이 좋지 않아, 신라 흥덕왕 때 이 섬에서 날씨가 좋기를 기다려 당나라로 떠나던 것을 기념하여 당사리라 함.

▶美羅里: 마을 주변 도처에 美麗한 경관이 많아서 붙은 지명. 美羅八景詩가 전한다.

望母山: 애업은산 앞에 있는 산. 어머니가 아이를 업고 바라보는 형국이라 함.

兒負山(애업은산): 미라 동쪽 앞에 있는 산.

莞島郡 薪智面

▶松谷里(진터): 1887년 우리나라 종두법의 창시자 松村 지석영이 이곳 송곡리에 유배 와서 우두를 연구했다 함.

공알바우: 송곡 뒤에 있는 바위. 여성

의 음핵 모양.

▶ 新里

象山: 장흥임씨들의 歲葬山(先山이란 뜻)으로 乳母抱兒形이다. 이곳 地氣가 어머니의 품을 떠나서는 안 되는 성격이기 때문에 주민들이 외지에 나가서는 잘살지 못한다고 함.

▶ 月陽里

가인리: 뒷산이 장수황씨들의 세장산. 入島祖인 黃到坤의 묘가 있음. 장군의 투구에 해당하는 牟黃島, 긴 칼인 長島, 장군의 투구에 달린 구슬이 떨어져 되었다는 龍頭섬 등이 주위에 구비되어 있다. 도로 개설로 이 산맥을 잘랐을 때 피가 났다고 함.

莞島郡 藥山面

▶ 得岩里(어둔동)

등개머리산(燈掛頭山): 득암 북쪽에 있는 큰 산으로 玉燈掛壁形의 명당이 있다 함.

三開門: 약산면 중앙에 삼문산이 있고 그곳에 약 3백 정보의 분지가 있는데 그 주위에는 병풍처럼 산이 둘러싸고 있다. 조선 영조 때 世豪 成處士가 살던 곳으로 세 군데로 빠져 나갈 수 있는 삼개문이 있는데 그곳에서는 三代 이상 살지 못한다는 얘기가 있음.

▶ 牛頭里

여동개(呂洞里): 지형이 呂字形(표주박형)이며 또한 장구 모양이기 때문에 쇠(農樂器) 소리를 내면 마을이 망한다고 하여 농악을 즐기지 못했으나 근년에는 농악을 함. 놀고 즐기는 풍조를 막자는 풍수가의 지혜의 소산인 듯함.

▶ 海東里

堂木: 옛날 방풍림을 조성하고 그곳에 서낭당을 마련하여 마을의 수호신으로 섬기게 되어 당목깨라 부르게 됨. 350여 년 전 權, 朴, 申 三姓氏가 처음 입주하여 살면서 길을 닦던 중 溪川에서 괭이에 상처를 입은 둥근 돌(약 25kg)을 발견했는데 붉은 피가 흐르더라는 것이다. 괴이 여겨 그 돌을 방풍림 신당에 모시고 제사를 올렸더니 신씨의 꿈에 늙은 할머니가 나타나〈고맙다. 내가 제주도로 가려 했는데 이곳이 훌륭하니 같이 살겠다〉하여 당숲이 된 것이라 함. 지금도 성역으로 모시고 있음.

莞島郡 莞島邑

완도가 육지와 이어져 있다는 주장. 장흥 天冠山의 한 줄기가 강진 馬良으로부터 완도군 고금면으로 이어지고, 해남 대둔산의 한 줄기가 완도읍으로, 해남 송지면

달마산이 완도 노화읍과 보길도를 형성하고 있음.
▶加用里
　불썬봉: 소가용리 뒤에 있는 바위. 불썬바우가 있음. 불상이 서 있는 봉우리라는 뜻이며 기원의 대상이 되고 있다.
▶郡內里
　加里浦: 지형이 가랑이를 벌리고 있는 모양이라서 붙은 지명.
　군내느티나무: 군내리에 있는 느티나무. 둘레 5, 높이 16미터. 전에 동제를 지냈으며 가지를 꺾는 사람은 반드시 해를 입었다 함.
　莞島客舍: 군내리 782번지. 경종 2년(1722)에 첨사 李炯이 창건하고 고종 6년(1869)에 첨사 李暲昭가 중수함. 완도 최고의 명당으로 불림. 본래는 음택 명당 자리임.
　莞島山城(加里浦城, 莞島城): 군내리 둘레에 있는 가리포진의 성터. 너비 10, 높이 20미터.
　珠島: 천연 기념물 제28호. 섬 모양이 저울추와 같다 하여 추섬이라고도 함. 풍수에서는 이 주도를 여의주라 하고 완도항의 東望, 西望山脈이 좌우 청룡 백호로 뻗어서 公高地, 北磧山, 客舍등, 도릿메, 碑石地山 등을 五龍으로 하여 五龍爭珠形이라고 함.
▶大新里
　당산나무: 둘레 5, 높이 18미터. 해마다 정월 보름에 제사 지냄.
　大口味마을: 고산 윤선도가 제주로 귀양을 가다가 이곳을 보니 주변 산의 형상이 거북의 머리와 몸통과 꼬리가 분명한데 마을 자리는 꼬리가 분명한지라 大龜尾라 불렀다고 함. 그런데 지금부터 50-60년 전 道僧이 지나다 보고 죽은 거북이 모양(死龜形)이라 하므로 불길하다 하여 大口味로 개칭함.
▶大也里(한들)
　초분골: 대숫골 북쪽에 있는 골짜기. 草殯이 있었음.
▶望石里
　초분골: 역구미(망리 앞에 있는 案山 너머에 있는 들) 옆에 있는 골짜기. 草殯이 있었음.
　공알바위: 마을 앞산 동편에 공알바위가 있는데 마을에서 이 바위가 보이면 災殃이나 陰事가 따른다 하여 주변에 숲이 우거지도록 했다고 함. 공알이란 여성 생식기의 일부인 음핵을 가리키는 용어. 풍수상 裨補이자 삼림 보호의 작용도 했을 것이다. 필자의 조사로는 현재 파괴된 것으로 확인됨(제1권 2장 참조).
▶長佐里: 고려 때 장군이 살았으므로 붙은 지명.
　觀音寺: 큰골 위에 있는 절.

법화사터: 장좌 서쪽 산에 있는 절터. 장보고가 지었다 함.
복바우(福岩): 장좌 서쪽에 있는 바위. 장보고가 돌을 던져 맞히던 것이라 하며 지금도 돌을 맞히면 복이 온다 함.
장섬(장도, 조음도): 장좌 앞에 있는 섬. 望臺가 있어서 바다를 감시하였음.
하늘샘: 법화사터 뒤에 있는 샘. 아무리 가물어도 물이 마르지 않음. 섬에서는 물을 매우 중요시하므로 이곳도 실용적 명당에 해당되는 샘이다.

▶正道里

당앞(구개짝지, 구경짝지): 동부 남쪽에 있는 개로 그 갯가에는 까만 조약돌이 즐비하다.
防風林: 동부 위에 있는 숲. 마을의 바람막이 숲이 됨. 洞藪의 역할을 하는 것으로 추정됨.
억시개샘: 안골 동쪽에 있는 샘. 물이 억세게 나온다 함.

▶竹靑里(대푸르니)

샘터(청해정터): 당목 동남쪽에 있는 터. 청해진 당시 큰 샘이 있어서 1만여 명의 군사가 마셨다 하는데 현재 논이 됨.
안골수원지: 안골에 있는 수원지. 완도읍의 식수가 됨.
獄堂: 장군바우 건너편에 있는 터. 장보고가 당나라 해적과 왜구들을 잡아 가두었다 함.

장수바우(장군바우, 고인돌): 죽청 북쪽에 있는 넓고 큰 바위. 위에 1개, 아래에 6개가 있는데, 장보고가 아장을 데리고 군략을 협의하였다 함.

▶中道里

개논: 중촌 동쪽에 있는 간척한 들.

▶花興里

초분골: 부흥리 동쪽에 있는 골짜기. 草殯이 있었음.
花開洞: 부흥리 동남쪽에 있는 마을. 꽃이 아름답게 핌.

莞島郡 靑山面

▶菊花里: 마을 주변에 들국화가 무수히 자생하고 있고, 山이 艸字形인데다가 마을 형국은 米字形으로서 菊 자를 형성하고 있다 하여 풍수설에 따라 국화리로 명명함.

▶權德里

범바위: 권덕리 산 위에 큰 바위가 있다. 어느 해 이 마을에 虎列剌란 전염병이 창궐하였다. 도승이 지나다 보고 저 바위를 범바위라 부른다는데 빨리 바위 이름을 쥐바위라 바꾸어 부르라고 했다. 시키는 대로 했더니 과연 호열자 전염병은 사라졌다. 그러나 그 대신 쥐떼가 들끓어 破農에 가까운 흉년이 들어 살 수가 없어 다시 범바위

라 바꾸어 부르게 되었다 함.
▶麗瑞里: 고려 목종 10년(1007) 제주도 근해에서 7일 동안 대지진이 계속되더니 雲霧가 없어진 후 큰 산이 솟아나 이 섬이 되었다 함.

長城郡 南面

▶鹿津里
행깃등: 마산 동남쪽에 있는 등성이. 등성이 바로 아래 黃鷄抱卵形의 명당이 있다 함.

▶芬香里
시정(조산): 죽분 서남쪽 앞에 있는 산.

▶月谷里(다리골)
造塔: 덕촌 남쪽에 있는 탑. 높이 한 길 반쯤 됨. 이 근처의 지형이 行舟形인데 배에는 돛을 달아야 한다 하여 돛 대신으로 탑처럼 돌을 세워 놓고 온 마을에서 보호함.

長城郡 東化面

▶南山里
鵲巢: 연산 남서쪽에 있는 마을. 까치집형의 명당이 있다 함.

▶東湖里(동개)
造山: 조산마을 동쪽에 있는 작은 산. 水口막이로 나무를 길러 마을에서 보호함.

長城郡 北二面

▶晩舞里(말무정)
수구매기(소정산, 소징이): 부동 남쪽에 있는 산. 水口막이가 됨. 마을에서 수구는 허결하기 마련이다. 이곳에 산이 있으면 그런 허한 부분을 막아 줄 수 있기 때문에 풍수에서는 무척 반가운 산으로 꼽는다.

▶四街里(사거리)
어리밧등(造山): 평거동 동남쪽에 있는 등성이.

▶水城里(검정실)
연수형(연소형): 수명 남동쪽에 있는 골짜기. 燕巢形의 명당이 있다 함.

▶院德里(미륵원)
가리바우(갈회바우, 광대바우, 處容岩): 목란 앞산에 있는 바위. 아름다운 여자의 모양이 새겨져 있는데 한쪽 눈과 입, 귀가 찢어져 있음. 이 바위의 영향으로 원덕리에서 가끔 미인이 나서 官長들의 피해가 많았다 하며 특히 갈회라는 기생이 나서 관장들을 고혹하여 관재를 탕진하는 폐단이 너무 심했으므로 앞으로는 미인이 나지 못하게 하기 위하여 눈, 귀, 입을 찢어 놓았다 함.

▶朝陽里: 앞산이 鳳凰抱卵形이라 하여

붙은 지명. 봉황은 반드시 새벽 첫 해를 바라볼 수 있는 위치에서만 알을 품는다고 함.

長城郡 北下面

▶ 丹田里(두밭)

玉女峯: 신촌 서쪽에 있는 산. 240미터. 玉女織錦形의 명당이 있다 함.

백암산: 호남팔대명혈(무안 승달산, 순창 회문산, 장성 백암산, 광주 태봉산, 곡성 통명산, 옥구 비안도, 지명 불명의 주자봉 등)의 하나인데 여기서는 君王之地는 제외됨. 백양사가 있고 651미터의 백학봉이 주봉임. 장성 읍내는 꽃받침이며 씨방에 해당됨. 도선국사의 『遊山錄』기록에 이르기를, 〈백양산 서쪽 산록에 있는 君臣奉朝形은 머리 부분에서부터 바위들이 굽이굽이 정렬해 있는 三峯案이며 前朝가 나열하고 혈 주변에는 大石이 폈다. 읍에서는 제일 가는 혈이니 三台相이 나고 문무를 겸비하고 문장과 재사 및 名武가 대대로 끊이지 않는다. 그리고 그 혈 좌우에는 금쪽 같은 小穴 10여 개가 있다〉고 하였다. 소혈 일부는 백양사와 주변 암자가 점령하고 있음. 기우경 씨(79세)에 따르면, 〈장성은 중국과는 對蹠關係에 있으며 곤륜산을 배경으로 황하와 장강이 蔭護하고 있어 아시아 대륙의 好助를 받고 있다. 따라서 장성은 아시아의 중심이 될 만한 풍수적 조건을 갖추고 있다〉는 것이다.

소혈 중의 하나가 북하면 단전리 솔룡마을 뒷산으로 玉女織錦穴.

▶ 大興里

갈마(갈마지): 대흥 서북쪽에 있는 마을. 渴馬飮水形의 명당이 있다 함.

▶ 新城里

象王峯: 신성리와 약수리에 걸쳐 있는 산. 6백여 미터. 신하들의 조회를 받는 君臣奉朝形의 명당이 있다 함.

▶ 藥水里

白岩山白羊寺: 그 터가 蓮花出水形이란 설이 있음(임학섭).

▶ 月城里

飛鴉谷: 월성리에 있는 골짜기. 飛鴉啄尸形의 명당이 있다 함.

硯水峯(硯滴峰): 대악리와 월성리에 걸쳐 있는 산. 383미터. 건너편에 책바우가 있고 仙人讀書形의 명당이 있다 하는데 이 산은 벼루 형국이라 함.

長城郡 森溪面

▶ 德山里

造山: 덕림 동북쪽에 있는 마을. 마을의

虛缺處를 裨補하기 위한 조산이 있음.

▶富城里

朱天子墓: 성밑 동북쪽 고성산 주천자 맷등에 있는 묘. 명나라 태조 朱元璋이 이곳에 묘를 쓰고 그 덕으로 천자가 되었다 함. 옛부터 명당 자리로 유명하지만, 이곳에 묘를 쓰면 인근 마을에 가뭄이 계속된다 하여 暗葬하면 주민들이 파내어 없애 버리므로 지금은 봉분이 헐리어 평평하게 되어 있음.

▶生村里

금반등: 추동 남쪽에 있는 등성이. 金盤玉壺形의 명당이 있다 함.

등잔거리: 추동 남서쪽에 있는 골짜기. 옥등잔을 벽에 걸어 놓은 玉燈掛壁形의 명당이 있다 함.

▶水玉里

荷芳: 관동 서북쪽에 있는 마을. 蓮花半開形의 명당이 있다 함.

▶竹林里

달구배미(닥배미): 삼태 남서쪽에 있는 논. 닭의 눈처럼 생긴 바위가 박혀 있어서 닭의 눈이라 하는데 논 가는 데 방해가 되어 파냈더니 해마다 소출이 적어지므로 다시 그전대로 해 놓은 뒤로 농사가 잘된다 함.

등잔거리: 숙호 동쪽에 있는 골짜기. 玉燈掛壁形의 명당이 있다 함.

長城郡 森西面

▶牛峙里

조산: 하우 동쪽에 있는 산. 마을의 허결처를 비보하기 위하여 세운 인공산.

▶柳平里

석싱이: 진천동 북동쪽에 있는 마을. 누런 색깔을 띤 돌이 많음. 그래서 훗날 중국 晉나라 때의 石崇 같은 부자가 나리라 함.

長城郡 長城邑

장성댐의 둑막이 마을이 水城里로, 지명이 댐을 예언했다 하여 한때 사람들 입에 오르내렸음.

▶上蜈里

蜈村: 상오와 하오에 걸쳐 있는 마을. 뒷산에 蜈蚣穴(지네 명당)의 명당이 있다 함.

長城郡 黃龍面

▶冠東里

玉女峯: 관동리와 동화면 서양리에 걸쳐 있는 산. 140미터. 산세가 순함. 玉女彈琴形의 명당이 있다 함.

촛대봉: 산동 서쪽에 있는 산. 촛대처럼 생겼음.

▶麥湖里(보리울): 보리암이 있었다 하여 붙은 지명.
　金河西墓: 원당골에 있는 조선 인종 때 유학자 河西 金麟厚의 묘소.
　卵山: 난산징이 앞에 있는 산. 알처럼 둥글고 작음. 해서 김인후의 묘소가 飛鳳抱卵形인데 그 봉황의 알이라 함.
▶莘湖里
　자래맷등: 자래새암(안들에 있는 신방 시암 위쪽에 있음) 뒤쪽에 있는 등성이. 자라형의 명당이 있다 함.
▶阿谷里(아치실)
　옹기똥새암(홍길동새암): 아치실 뒤쪽에 있는 샘. 물이 바위틈에서 나오는데 홍길동이 먹었다 함.
　홍길동집터: 산탁골 어귀에 있는 터. 홍길동이 살았다 함.
▶臥牛里
　왕비리: 소시랑봉에 있는 골짜기. 왕비가 날 자리가 있었다 함.

長興郡 冠山邑

장흥은 전남 3대강인 耽津江이 고을 중심부를 둘로 나누며 흐른다. 천관산에 42대 君王之地가 있다는 구전이 있다. 그런데 인물이 적다. 장흥의 대표적 四名山인 帝岩山, 天冠山, 億佛山, 獅子山이 서로 연결을 이루지 못하고 각각 독불장군 형세이기 때문이라는 설이 있음. 다만 탐진강을 중심에 두고 제암산, 억불산, 사자산이 주변을 호위하고 있는 형국의 장흥읍은 빼어나다고 함(백형모).

天冠山: 일명 支提山. 핵심지는 천관사. 『栗峯禪師訣錄』에 이르되, 〈천관산 산정은 帶土星하여 冠과 같고 남쪽으로 뻗어 내린 한 가지가 평지에서 作穴하였으니 禁穴(王氣가 서린 땅이란 뜻. 이런 곳은 왕실 전용으로 일반 풍수가 논할 수 없음)이라 논할 수 없다. 그 동쪽의 한 가지가 맺은 仙人舞袖形은 한 점의 살기도 없으니 純吉하고 無欠하다. 혈이 稍高하니 누가 알아볼까. 累世 경상이 날 자리다〉. 즉 禁穴이 바로 君王之地란 뜻. 그 대상으로는 대덕읍 쪽에서는 蓮池里, 관산읍 쪽에서는 외동리 일대인데 연지리의 네 개의 자연 마을 가운데 연지마을이 가장 신빙성이 있으나 현재 천관산에서 내려온 혈맥을 잘라 도로를 만들었다.

▶農安里
　造塔: 천관사 북쪽에 있는 등성이. 큰 돌을 포개어 탑처럼 쌓아 놓았음. 지세의 허결을 막는 裨補塔임.
▶傍村里: 방촌리는 전체적으로 行舟形에 속한다. 따라서 우물을 파면 배 밑창을 뚫는 꼴이 되므로 우물은 꼭 필요한 네 곳에만 조성하고 있다.

복왓등: 호산마을 남쪽 자락 새테 남쪽에 있는 등성이. 지형이 개구리가 엎드린 伏蛙形으로 생겼다 함.
玉京미: 女妓亭(三槐亭: 새테 동남쪽에 있는 회화나무. 본래는 세 그루였는데 오래되어 죽고 다시 새로 난 한 그루만 있음. 고려 때 방촌리에 회주 고을이 있을 때 기생 明月과 玉京이 이 나무 밑에서 놀았다 함) 남쪽에 있는 옛 무덤. 고려 때 懷州 고을의 名妓 玉京의 무덤이라 함. 미는 묘의 이 지방 사투리임.

▶ 三山里
쇠머리: 아네밋골 북쪽에 있는 산. 우산이 소처럼 생겼는데 이곳이 그 소의 머리에 해당된다 함.
쇠붕알: 우산 북쪽에 있는 바위. 우산 소의 불알이 된다 함.
牛山(쇠섬, 牛島): 산연 동남쪽에 있는 섬. 소처럼 생겼는데 지금은 連陸되었음.

▶ 玉堂里
왕비집터: 당동 뒤 1백 미터 거리. 곧 옥당리 112번지에 있는 집터. 고려 제17대 인종의 비 공예태후 任氏의 생가였다 함. 현재는 대밭이 되어 있음.

▶ 枝亭里
造山: 지북 앞에 있는 작은 산. 마을의 虛缺處를 비보하기 위하여 인공적으로 조성한 산이다.

長興郡 大德邑

▶ 駕鶴里(加玉)
섬재: 가학 서남쪽에 있는 고개. 건너편 잠두리의 지형이 누에머리 형국(蠶頭形)인데 이곳은 그 누에가 고치 짓는 섶과 같다 함.

▶ 德山里
老力島(龍躍島): 대섬 남쪽에 있는 긴 섬. 지형이 용이 뛰어오르는 형국이라 하여 용약도라고도 함.
복섬: 덕산 앞에 있는 섬. 풍수해나 질병으로부터 마을을 지켜 준다 해서 위했음.

▶ 道廳里
똥바우: 어등골에 있는 바위. 나무꾼들이 나무하러 와서 이 근처에서 똥을 눴다 함.

▶ 蓮亭里
번던(蓮坪): 연정리에서 가장 큰 마을. 버덩이었음. 蓮花倒水形의 명당이 있다 함.

▶ 蓮池里(연지테): 고려 때 연지라는 예쁜 처녀가 살았다 하여 붙은 지명.

▶ 蠶頭里(뉘머리, 뉘댓박)
도랭이샘(보지샘): 양하 남쪽에 있는 샘. 동그랗게 되었는데 물 나는 곳이 보지처럼 생겼음.
▶眞木里
붕알바우: 황바우(불당골에 있는 큰 바위) 아래에 있는 바위. 불알처럼 생겼음.
紫芝浦: 이진목 앞에 있는 개. 맛 좋은 김이 많이 나기로 장흥에서 으뜸이라 함.
▶會鎭里
거무성골: 간뎃동 동쪽에 있는 골짜기. 이씨의 묘가 있는데 거미 형국이라 함.
蓮洞: 돌깨 서남쪽에 있는 마을. 뒷산에 蓮花倒水形의 명당이 있다 함.

長興郡 夫山面

▶九龍里
깃바리: 자미 동남쪽에 있는 들. 근처에 將軍對坐形의 명당이 있는데 이곳은 그 장군의 군사들이 기를 꽂고 진을 치고 있는 형국이라 함.
▶金子里
가르멧골: 돔목골 북쪽에 있는 골짜기. 渴馬飮水形의 명당이 있다 함.
▶柳楊里 지형이 꾀꼬리가 버들가지에 깃든 형국(鶯巢柳枝形)이라 하여 붙은 지명.
龍洞(용구래): 유양 동남쪽에 있는 마을. 구룡리의 용두는 머리가 되고 이곳은 허리가 되고 용반리는 꼬리를 사

리고 있는 형국이라 함.

長興郡 安良面

▶雲興里
玉女峯: 요곡 동쪽에 있는 산. 玉女散髮形의 명당이 있다 함.
▶鶴松里(개골)
造山: 학송 동쪽에 있는 작은 산. 마을의 虛缺處를 裨補하기 위하여 인공적으로 조성한 산.

長興郡 蓉山面

▶豊吉里(虎伏골)
磬子峯(정재봉): 두암 서남쪽, 노승봉 밑에 있는 산. 140미터. 노승봉의 老僧이 경자를 흔들며 예불을 드리는 모양이라 함.

長興郡 有治面

▶勒龍里
호롱싯골(回龍골): 늑룡 남쪽에 있는 골짜기. 回龍顧祖形의 명당이 있다 함.
▶丹山里
속곳바우: 단산 앞산에 있는 바위. 속곳처럼 생겼는데 이 바위가 마을에서 보이면 풍기가 문란해진다 하여 숲을

가꾸어 가렸음.
▶ 鳳德里
　寶林寺: 봉덕리 45번지. 본래는 沼였다 함.
▶ 龍文里
　왕부골(왕비골): 오가리정골 동쪽에 있는 골짜기. 왕비가 날 만한 명당이 있다 함.

長興郡 長東面

▶ 萬年里: 萬年을 榮華하는 명당이 있다 하여 붙은 지명.
▶ 北橋里
　가리메산(깃대봉, 走馬山): 장평면 용강리와 북교리 경계에 있는 산. 313미터. 지형이 走馬形으로 되었는데 밑에 돌구유와 石人이 채찍을 쥔 형상을 만들어 놓아 그 산 기운이 달아나지 못하게 하였다 함.
　독구시(구시바우, 石槽, 槽岩): 구시방죽 옆에 있는 돌로 된 구유. 길이 3.6, 너비 1.5미터. 長澤 고을의 주산이 走馬形으로 되었으므로, 그 말이 달아나지 못하게 하기 위하여 돌로 사람 형상을 만들어 장평면 용강리 탑동에 세우고 구유를 만들어 놓은 것이라 함.
　보지골: 안마치 서쪽에 있는 골짜기. 보지처럼 생겼음.

長興郡 長平面

　鳳尾山: 봉황의 꼬리에 해당된다 하여 명당의 못자리로 불림.
▶ 復興里(복흥)
　등잔거리: 복흥 북쪽에 있는 골짜기. 玉燈掛壁形의 명당이 있다 함.
▶ 牛山里
　蓮洞: 석수동 동쪽 골짜기에 있는 마을. 蓮花倒水形의 명당이 있다 함. 비암등 아래가 됨.
　중멧등(金龜嶝): 노리목 서쪽에 있는 마을. 金龜沒泥形의 명당이 있다 함.
▶ 丑內里
　錦山: 사마정 서북쪽 길가에 있는 마을. 玉女織錦形의 명당이 있다 함.

長興郡 長興邑

읍 동쪽에 獅子山이 있는데 이 산의 왕성한 기운 때문에 읍이 잘 안 된다고 하여 산꼭대기에 쇠로 만든 큰 못을 박아 넣어 그 旺氣를 눌렀다. 그 뒤 장흥은 길지가 되었다고 함(村山).
장흥 읍내를 호랑이 형상으로 볼 때 경찰서(옛 동헌 터) 부근은 호랑이 입, 즉 虎口穴의 명당. 이곳에서 바라보면 읍내와 사자산 앞쪽 넓은 들이 한눈에 들어온다. 그것이 호랑이의 먹이. 그러나 주민들은 이런 산세 때문에 관의 횡포에 시달린다고 생각하고 있음.
경찰서 뒤쪽 숲속에 자리한 수성당이라는 노인정은 장흥의 기운을 되살리기 위해 70세 이상 노인만 가입. 좌우 산세와 민가, 들녘을 문무백관이 입조하고 있는 형국으로 파악, 이 고을에 효행이 확산되고 평화로운 곳으로 만들 의도라 함.
獅子山: 산형이 獅子仰天穴. 이 혈은 동물의 제왕인 만큼 머리부터 꼬리까지 수많은 명당이 있다 하여 무덤들이 장관을 이룸. 핵심지는 머리 부위나 눈동자 언저리. 그러나 잘못 건드려 해마다 산불이 난다고 함.

▶ 巾山里

건산4구: 본래 龍頭穴. 그런데 장흥부사가 강 건너 龍頭穴을 둘 수 없다 하여 지명을 개머리로 바꾸고 무당을 집단 이주시켜 혈 기운을 약화시킴.
또 하나의 명당이 장흥초등학교가 있는 如意珠穴.

▶ 錦山里

등잔골: 금성 뒤에 있는 골짜기. 玉燈掛壁形의 명당이 있다 함.

▶ 南外里

잔대기: 나뭇고개 서북쪽에 있는 산. 장흥읍의 주산으로 자고 있는 닭의 모양으로 되었다 함.

▶ 德堤里

장단등(장성등): 대반 동쪽에 있는 등성이. 舞袖峯의 神仙이 피리봉의 피리, 젓대봉의 저 소리에 따라 장단을 맞춰 춤을 추는 형국이라 함. 장승이 있었음.
저푸리(젓푸리, 吹笛洞): 송산 동남쪽 젓대봉 밑에 있는 들. 仙人이 젓대를 부는 형국의 명당이 있다 하여 봄, 가을에는 많은 지관들이 드나듦.
仙人舞蹈穴: 장흥 최고 혈맥이라 하나 아직 위치 미확인.

▶ 沙岸里(살안): 앞에 흐르는 탐진강에 은어를 잡는 어살을 놓았으므로 붙은 지명.

▶ 三山里

御屛山(錯頭山, 錯頂山, 華盖山): 삼산리와 안양면 기산리 경계에 있는 산. 545미터. 봉우리가 바위 더미로 되어 있는데 모양이 병풍처럼 되었음. 조선 영조 때 부사 黃幹이 고을 아전들의 세력이 너무 세서 그 행패가 심함은 어병산과 사자산이 두 겹으로 장흥읍성의 동문과 마주 대하고 있음이라 하여 어병산의 이름을 착정(착두)산으로 고치고 동문을 옮겨 세웠다 함.

▶ 元道里

김씨종갓집: 원도에 있는 김해김씨의 宗家. 9칸, ㄷ字形으로 되었음. 연산군 때 都承旨 南岡 金永幹이 지었는데 그 뒤 여러 번 고쳤음.

▶坪場里

들몰마을: 앞산에 舍人바위라는 기괴한 바위가 있고 마을 입구에 1미터 남짓되는 男根石이 있다. 예로부터 行舟形이라 하여 기러기 솟대를 세웠던 곳이나, 실은 사인바위가 음부를 표상하여 음기가 너무 드세므로 남근석을 세운 것임.

▶平化里

억불산: 臥牛形. 며느리바위는 소의 뿔에 해당되고 평화리는 소의 배에 해당됨.

珍島郡 古郡面

尖察山: 진도 최고봉. 485미터. 韓國畵의 최고봉인 雲林山房의 문중을 잉태한 어머니 산이다. 봉화산으로도 불림. 小痴, 米山, 南農, 林田으로 이어지는 雲林山房 四大家를 낳음. 이 산은 裨鳳抱卵形의 大穴이다. 산줄기들이 봉황의 날개처럼 빛나는 색채를 이루고 있고 산줄기들이 연이어 맥을 잇고 있다.

▶內山里

조산등: 내동 동쪽에 있는 등성이. 마을을 수호하기 위하여 흙을 모아 등성이를 보충하였음.

珍島郡 郡內面

▶鹿津里

닭매: 공성구지 동쪽에 있는 산.
알매: 닭매 앞에 있는 작은 산. 알(달걀)처럼 생겼음.

▶屯田里

金骨山 磨崖如來坐像(石窟庵, 觀音石佛): 금골산 큰 굴에 있는 마애불상. 바위 천정에 좌우로 3.5미터 깎아서 부처를 새겼는데 그 밑이 천야만야한 절벽이어서 어떻게 새겼는지 신기하기 짝이 없음. 『東文選』에 의하면 이 산이 옛날에는 영검이 많아서 해마다 빛을 내쏘면 유행병이나 장마와 가뭄 같은 재앙이 생겨 제사를 지내면 효험이 나타나는데 조선 제9대 성종 원년(1470)에 진도 군수 柳好池가 이 불상을 만들어 놓은 뒤로는 빛을 내쏘지 않아 재앙이 없어졌다 함.

玉女峯: 둔전 뒤에 있는 산. 玉女彈琴形이라 함.

珍島郡 義新面

▶斜川里(비끼내)

雙溪寺: 사천리 산 76번지에 있는 절. 신라 제46대 문성왕 19년(857) 도선국사가 세우고 그 뒤 여러 번 중수함.

▶玉垈里
구룡목: 옥대 앞에 있는 등성이. 구룡동(청룡리)에 사는 사람들이 한 도사를 욕보인 뒤 그의 말을 듣고 이 등성이를 잘라 길을 냈는데 갑자기 피가 솟아난 후 구룡이 망하였다 함.

▶枕溪里
왕무덤: 왕무덤재에 있는 무덤. 고려 제24대 원종 12년(1271) 5월에 삼별초가 모시던 王溫이 여몽연합군에게 패하여 죽어서 이곳에 묻었음.

珍島郡 鳥島面

▶觀沙島里(관새섬): 황새처럼 생겼으므로 붙은 지명.
▶羅拜島里(나비섬): 나비처럼 생겼으므로 붙은 지명.
▶內竝島里(갈미섬): 갈매기처럼 생겼으므로 붙은 지명.
▶訥玉島里(누룩섬): 누룩처럼 생겼으므로 붙은 지명.
▶大馬島里: 큰 말처럼 생겼으므로 붙은 지명.
▶獨巨島里: 독거시(도깨비)처럼 생겼으므로 붙은 지명.

珍島郡 智山面

▶巨濟里
造山: 뒷산 서쪽 아래에 있는 등성이. 마을의 虛缺處를 裨補하기 위하여 인공적으로 조성한 산.

▶觀馬里
조산등: 신철매 남쪽에 있는 등성이. 마을의 허결처를 비보하기 위하여 인공적으로 조성한 산.
▶鸚鵡里: 뒷산이 앵무새처럼 생겼다 하여 붙은 지명.

珍島郡 珍島邑

北山: 295미터. 臥牛形. 穴處는 진도초등학교 자리와 그 위쪽. 소의 下腹部에 해당함. 진도에서 가장 불길한 곳은 읍 남쪽의 고방뫼. 이 산은 여자가 하늘을 향해 누워 죽어 있는 형세. 그래서 읍은 잘 안 되고 임회면 쪽에서 인물이 난다고 함(백형모).

珍島郡 臨淮面

女貴山(여기산): 452미터. 상만리 김씨 선산이 최고 명당으로 소문 나 있음. 筆峯에 해당되는 鳥島와 연결, 천하 제일의 명당을 만들었다고 함.

猛虎出林穴: 임회면 들녘 가운데 위치. 앞에 먹이인 개 형상이 놓여 있다. 그래서 호랑이산 주변은 좋지만 개산 주변은 불화가 끊이지 않는다 함(백형모).

▶ 南洞里(南東里)

설등마을: 집들이 마을 회관에서 서쪽으로 약간 흘러 떨어진 곳에 자리해서 조리형 터 하나 좋은 터로 여기지는 않음(김광언).

▶ 上萬里

김병삼 씨 선조 묘: 진도군 최고의 명당이라는 설이 있음.

咸平郡 羅山面

함평은 동부는 인물(주로 남자)을, 서부는 미인과 여걸을 배출한다고 함.

▶ 九山里(거북매)

쉬웅골: 문바웃등 서쪽에 있는 골짜기. 나무꾼이 쉬는 곳이 있음.

조리명당: 장안등 서쪽에 있는 산. 조리형의 명당이 있다 함.

造山: 원구산 남쪽에 있는 마을. 전에 마을 앞에 조산이 있었음.

舟洞: 삼구동 북쪽에 있는 마을. 뒤에 돛대봉이 있고 지형이 배 형국이라 함.

雉藏山: 산숫등 서쪽에 있는 산. 伏雉形이라 함.

▶ 羅山里(나리매)

귀악골(龜躍谷): 삿갓봉 서쪽에 있는 골짜기. 거북이가 뛰는 모양이라 함.

솔재명당: 나산마을 어귀에 자리 잡고 있음. 玉女抱琴穴. 함평 출신 노극창이 죽산안씨 집안으로 시집 간 딸과 함께 봐 두었는데 딸이 혈에 물을 붓고는 남편 안충달에게 그런 사실을 알려 결국 친정에서 그 자리를 포기하자 시집에서 차지하도록 했음. 결국 안씨 산이 됨. 그래서〈명당을 보러 갈 때 여자를 동반하지 말라〉는 얘기가 생김.

▶ 三杻里(삼축리)

함평이씨 중시조 이접의 묘: 삼추리 白也마을 뒷산에 위치. 雲中半月形. 일명 노루 명당. 이접이 말년에 산행을 갔다가 노루를 구해 주고 노루로부터 얻은 자리. 그래서 후손들은 노루 고기를 먹지 않는다. 계곡 정상부에 자리 잡고 靑龍, 白虎 두 줄기를 활처럼 감싸 안고 있는데 정면 멀리에는 天柱峯이 있다(백형모).

▶ 水上里

촛대봉(돗대봉): 세묵골 동쪽에 있는 산. 촛대처럼 뾰족하게 생겼음.

▶ 水下里

渴馬池: 새터 서남쪽에 있는 산. 渴馬飮水形의 명당이 있다 함.

등잔거릿등: 제비잣굴 남쪽에 있는 등성이. 등잔걸이처럼 생겼다 함.

제비잣굴: 국사봉에 있는 골짜기. 제비 집형의 명당이 있다 함.

▶ 牛峙里

玉女峯: 계동 북쪽에 있는 산. 玉女彈琴形의 명당이 있다 함.

▶ 元仙里

유천마을 鶯巢山: 함평은 人傑의 고장으로 알려져 있다. 조선 시대 문과 급제 126명, 무과 급제 350명. 광해군 때 김해김씨의 일곱 자식이 해를 걸러 연이어 급제하자 조정에서는 國地官을 보내어 그 집안의 先山을 조사케 했다. 그런데 김씨 집안에서 國地官을 푸대접하니 그 지관이 앙심을 품고 〈천하명당인데 나라에 큰 화근이 될 인물이 나올 것〉이라고 보고하였다. 광해군은 〈즉시 산혈을 끊고 비석을 쓰러뜨리라〉고 명령하니, 일주야 동안 뇌성벽력과 큰비가 쏟아지고 가문은 망하고 말았다. 이 대혈의 형국은 뻐꾸기가 알을 품고 있는 둥우리를 닮음. 급제자의 상징인 어사화를 상징하기도 함. 앵소혈 뒤편에는 철성산 天柱峯이, 좌우에는 울창한 솔숲이 있음. 혈의 좌측에는 천주봉에서 나온 물줄기가 弓字形으로 휘감아 돌고 멀리 월출산이 한눈에 보임. 이미 파헤쳐진 곳이기 때문에 형상은 옛모습을 찾았으나 眞氣는 사라진 것으로 이해함(백형모).

▶ 月奉里

安永洞 줄나무: 안영동 뒤에 줄로 서 있는 느티나무. 이 마을이 기러기 형국인데 초포리 射山에서 쏘는 화살을 막는 방패로 느티나무를 2백 미터 길이로 나란히 심은 뒤로 마을이 번창한다 함. 지명도 雁影洞에서 安永洞으로 바꿈. 잘 화해된 풍수 설화의 예임. 현재도 있음.

▶ 草浦里

射山 줄나무: 사산 앞에 줄로 서 있는 느티나무. 사산마을이 활의 형국인데 활줄이 없다 하여 느티나무를 활줄처럼 죽 심어서 장관임. 그러자 건너편 안영동은 급격히 쇠락했다 함.

전통 민가: 射山마을에 위치. 5백 년 역사. 이접의 손자인 李舜枝가 터를 잡은 것.

咸平郡 大洞面

▶ 西湖里

거북명당: 남평문씨 묘소. 산줄기가 거북 형상인데 1982년 완공된 대동호가 전면에 자리 잡아 더욱 활발한 움직임을 보임.

대동호: 이 일대는 계곡임에도 불구하고 지명에 동호리, 서호리, 水岩里, 水峴里가 있었는데 마을 이름이 훗날 일

에 잘 들어맞았고 이 부근의 바위와 고개는 모두 물에 잠김. 1983년 9월 張再必 당시 郡守가 〈고향을 그리는 마음의 비〉라는 비석을 서호리 위쪽에 세웠는데 사고가 나고 주민들 꿈에 산신령이 나타나 〈내 목을 짓누르고 있으니 비석을 빨리 옮겨 달라〉고 간청하자 마을 아래쪽 입구로 이전하였으며 이후 사고가 없어졌다.

▶龍城里

五萬洞: 오만이안골 동쪽에 있는 산. 이 산속에 5만 명이 피란할 수 있다 함.

▶鄕校里

줄나무: 향교에 줄지어 있는 나무. 팽나무 10그루, 느티나무 15그루, 개서나무 5그루, 푸조나무, 곰솔, 회화나무, 개이깔나무가 마을을 에워싸고 줄지어 있어서 천연 기념물 제108호로 지정됨.

咸平郡 孫佛面

孫僧禮佛(손자가 할아버지 노승에게 예불을 드리는 형국)이란 穴名에서 지명 유래. 위치는 아직 찾지 못함(백형모).

▶大田里

行舟: 저전 서쪽에 있는 마을. 行舟形이라 함.

▶山南里

水蓮峯: 꽃산 북쪽에 있는 산. 蓮花浮水形의 명당이 있다 함.

▶月川里

雁落: 백옥 서쪽에 있는 마을. 平沙落雁形의 명당이 있다 함.

▶竹岩里

금암탁골: 웅골 남쪽에 있는 골짜기. 金鷄抱卵形의 명당이 있다 함.

咸平郡 新光面

▶桂川里

桂月마을: 마을 뒷산이 반달 형국이므로 붙은 지명.

▶東井里

猛虎逐犬穴: 삼양동마을에 위치. 청송 심씨가 자리 잡은 곳으로 일명 키(箕) 명당으로도 불림. 망아리봉으로 불리는 호랑이산이 안쪽에 자리 잡고 가운데 할머니가 키로 곡식을 까부는 형상의 산, 그 뒤로 할머니 곁에서 삽살개가 지키고 있는 형국. 호랑이가 삽살개를 야무지게 노려보고 있는 가운데 그 호랑이 눈에 심씨 산소가 있음. 도선의 『遊山錄』에도 여기 묘를 쓰면 三政丞六判書와 當代甲富가 출현한다고 예견함(백형모).

▶白雲里

芧洞마을: 원래 개가 잠자는 형국을 본떠 숙굴(宿狗)이라 불렸는데 훗날 모시가 많이 난다 하여 저동이 됨.
▶ 伏興里
등잔거리: 장문재 남동쪽에 있는 산. 玉燈掛壁形의 명당이 있다 함.
伏雉明堂: 나주임씨 선산. 멀리 뒤쪽으로는 하늘의 기둥이라 일컫는 함평 最高의 군유산(403m)이 조산을 이루고, 좌우로 龍虎가 감싸고 있는 형국. 이 묘의 주인은 인조반정 공신 임타(1593-1664)이다. 비석은 임금이 하사한 함경도산으로 비석의 표피층이 팽창하는 현상이 나타남(백형모).
▶ 三德里
德山마을: 새낙골 또는 새날골이었음. 새가 날고 있는 鳥飛形이라 함.
▶ 松士里
渴馬洞: 서당골 북쪽에 있는 마을. 渴馬飲水形의 명당이 있다 함.
▶ 月岩里
燕川마을: 마을 안골이 제비형의 냇가를 지니고 있기 때문에 붙은 지명.
▶ 柳川里
鶴州마을: 마을 앞 버드나무에 수십 마리의 학이 살았으므로 붙은 지명.
▶ 咸井里
蓮花마을: 蓮花倒水形이므로 붙은 지명.

咸平郡 嚴多面

▶ 永興里
총재잇골: 월산 서쪽에 있는 골짜기. 포수가 호랑이를 노리고 있는 형국이라 함.

咸平郡 月也面

月岳山: 함평노씨의 묘가 있는 伏兔望月形의 명당. 장성의 태청산 혈맥이 내려온 곳. 함평에서 모악산과 함께 큰 묏부리를 뜻하는 岳 자를 쓰는 곳으로 인걸 배출의 근원지 역할을 함.
▶ 令月里
밥상뫼: 두랫거리 동쪽 노인봉 앞에 있는 작은 산. 노인이 밥상을 받고 있는 모양이라 함.
▶ 龍岩里
등잔걸: 월재 북쪽에 있는 산. 燈盞形의 명당이 있다 함.
촛대봉(깃대봉): 흰바우 서쪽에 있는 산. 촛대처럼 생겼음.
▶ 龍月里
보지바우: 베틀바우 동쪽에 있는 바위. 보지처럼 생겼음.
▶ 龍亭里
갈맛등: 송정 동북쪽에 있는 등성이. 渴馬飲水形의 명당이 있다 함.

▶ 月岳里

월악산: 월악리 뒷산. 장성에서 내려온 太平山脈의 기운으로 형성. 진주정씨, 하동정씨, 동래정씨들이 다투어 묘를 씀. 그래서 일명 三鄭山이라 함. 주민들 사이에는 雲中半月形으로 전해 오는데 각종 비결서에는 보름달이 서쪽에 걸려 있는 滿月掛西形의 대혈이라 함.

▶ 月也里

田下마을: 1912년 행정 구역 개편 이전에는 연꽃밭이란 뜻의 田荷山(전하뫼)으로 불렸는데 蓮花倒水形으로 이름 난 곳.

咸平郡 鶴橋面

▶ 谷昌里

말씹바우(삽바우): 책바우 남쪽에 있는 바위. 암말의 생식기처럼 생겼음.
말좆바우: 사포 서북쪽에 있는 바위. 수말의 생식기처럼 생겼음.

咸平郡 咸平邑

箕山: 함평읍의 主山. 147미터. 1992년 8월, 3개월 예정으로 상수도 집수장 공사를 정상에서 벌였는데 27명의 군민이 사망하는 불상사가 생김. 이에 그 해 10월 9일 정상에서 別祭를 지낸 뒤 11월에 공사를 마무리 짓고 산자락을 복개하니 사고가 나지 않았다는 것. 본래 기산은 기우제를 지내던 곳이므로 산소를 쓰지 못함(백형모).

▶ 佳洞里

王山: 시앙매 서쪽에 있는 산. 王字形이라 함.

▶ 箕閣里

北滿洲: 장태 북쪽에 있는 마을. 서북이 트여서 바람이 매우 세차므로 북만주같이 춥다 함.

씹바우: 북만주에 있는 바위. 여성의 생식기처럼 생겼음.

▶ 內橋里

大化마을: 함평의 마을 터로는 최고라는 곳. 본래 큰 새우를 뜻하는 大蝦로 불림. 그래서 마을이 새우 형국이기 때문에 마을 어귀에 큰 못을 파서 형국에 맞춤. 해방 뒤 마을 광장을 넓히기 위하여 연못을 메우자 화재와 질병과 사고가 발생, 거의 폐촌 위기에 봉착. 다시 연못을 파고서야 그런 일이 없어짐. 마을 동쪽 산자락 아래는 본래 함평향교 터. 정유재란 때 소실, 인조 8년에 중수하려다가 나주임씨들이 대동면 향교리로 이전. 그곳은 임씨들의 세장산이 됨(백형모).

▶ 萬興里

통숯골: 질마재 북서쪽에 있는 마을.

통수 모양으로 생겼음.
▶石城里
해안가 명당: 石頭마을 끝 돌머리해수욕장에 위치. 읍내에서 내려온 작은 산맥들이 잔잔하게 내려와 바닷가의 돌출된 못부리에 혈을 맺은 平岡龍(산세의 흐름이 큰 줄기 없이 굽실거리고 좌우로 잔가지를 뻗은 형국)에 해당하는 곳. 우백호는 해수욕장 해안을 끼고 형성. 좌청룡은 남부 해안의 언덕을 따라 굵은 줄기를 맺고 있다. 특히 해수욕장의 물속에는 이 명혈을 감싸주는 수중 암반이 돌출하여 우백호의 기세를 당당하게 보여 주고 있다. 그러나 몇 년 전 굴 양식을 하던 주민들이 수중 암반을 파고 양식장으로 사용해 일부 기운이 약화되었다는 설도 있음. 현재 광산김씨와 인동장씨들이 함께 묘로 사용함.

▶城南里
咸平李氏始祖李彥墓: 성남리 도로변에 위치. 紺岳山 아래 줄기에 천년을 산다는 학이 논가에 먹이를 찾으러 내려온다는 仙鶴下田穴로 千年香火之地로 유명.
토낏봉아리: 망월봉아리(가내기 남쪽에 있는 산) 남쪽에 있는 산. 지형이 토끼가 망월봉아리의 망월을 보는 형국이라 함.

▶水湖里
造山嶝: 해동 동남쪽에 있는 등성이. 마을을 보호하기 위하여 흙으로 높였음.
퇴좃등: 쇠봉 남쪽에 있는 등성이. 천자봉 밑이 되는데 신하들이 조회를 마치고 돌아가는 모양(退朝形)이라 함.

咸平郡 海保面

▶光岩里
光洞: 운암 서북쪽에 있는 마을. 광처럼 우묵하게 되었음.
댓박골(됫박골): 고녹골 북쪽에 있는 마을. 광동의 광에 있는 쌀을 되는 됫박이라 함.

▶大角里
나부성국: 오두 서쪽에 있는 산. 나비 형국의 명당이 있다 함.

▶山內里
연시용: 사그점재 동쪽에 있는 산. 燕巢形의 명당이 있다 함.

▶上谷里
나부명당: 비묵골 북쪽에 있는 골짜기. 나비 형국의 명당이 있다 함.

海南郡 溪谷面

▶堂山里
泰仁마을: 黑石山 입구에 물 맞는 장

소가 있는데 많은 앉은뱅이들이 가마를 타고 들어와서 물을 맞고 영험을 얻어 걸어 나갔다는 전설이 있음.

▶德鼎里

德鼎마을: 마을 형국이 솥과 같아서 이곳에 샘을 파면 마을에 좋지 않으므로 공동 우물 하나로 전 주민이 용수를 해결하고 있다. 지금도 마을 회관 뒤에 샘이 하나 있는데 물맛이 독특하며 이 물로 빚은 진양주는 특히 유명함.

屯舟마을: 덕정 동남쪽에 위치. 옛날 이곳에 浦口를 개설하여 많은 船主와 배들이 모여들었으나 마을 형국이 조리 모양이라 돈을 모으면 떠나야 하기 때문에 잠시 駐屯하였다가 떠나는 배란 뜻으로 둔주란 지명이 붙었다 함.

▶磻溪里: 마을이 臥牛形으로 마을 공동 샘이 소의 유방 위치에 있기 때문에 아무리 가물어도 수량에 변함이 없다고 함.

▶芳春里(방죽안)

黑石山: 650미터. 산 중턱 아래 솔숲 무성한 계곡 사이에 자연 호수가 있고 청룡, 백호가 휘돌아치는 그곳에 大地가 있는데 陽宅에 적당하다고 함.

▶法谷里

龍湖마을: 마을 동북간에 露積峯이 있어 북쪽으로 龍頭의 형태를 취하고 서쪽으로는 범바위가 위치하여 본래는 龍虎里라 불렸으나 용호상박이라 마을이 편치 못하고 시끄러우므로 주민들의 뜻에 따라 용과 관계 있는 물을 좇아 龍湖里라 하게 됨.

▶星津里(별나리): 벼랑과 내가 있으므로 붙은 지명.

조산등: 앵미태 서쪽에 있는 들. 들의 虛缺處를 裨補하기 위하여 인공적으로 쌓은 산이다.

▶呂水里(새냄)

조산: 용께 서북쪽에 있는 들. 일종의 비보책임.

▶蠶頭里

蠶頭마을: 잠두마을 앞 바다 건너편이 마산면 堂頭里(닭머리)로 누에 머리인 잠두리에 해를 끼친다 하여 이를 방지하기 위해 이곳에 소나무를 심었다고 함.

▶將所里: 큰 못(沼)이 있으므로 붙은 지명.

將所마을: 동으로 將軍峯, 남으로 玉女峯, 동남간에 燈盞峯이 있고 장군봉 밑으로 사람이 손바닥을 펴고 있는 五指形으로 다섯 줄기의 主嶺이 뻗어서 손바닥 掌과 바 所를 써서 장소라 칭하였다. 그후 동에 있는 장군봉은 투구를 벗어 놓고 동남간의 등잔봉에 불을 켜 놓은 다음 남에 있는 옥녀봉을 바라보고 있는 것 같다 하여 將所마을로 개칭됨.

玉女峯(將軍峯): 장소 동북쪽에 있는 산. 玉女彈琴形과 將軍對坐形의 명당이 있다 함.
지비맹당: 대팽잇골 남쪽에 있는 골짜기. 제비 명당이 있다 함.

海南郡 馬山面

▶路下里
德仁마을: 1630년경 여흥문씨 以吉이 이 마을 지형이 漁翁水足形인 명당이라 해서 해남읍에서 이주하여 왔다 함.
元項마을: 1600년경 원주이씨가 마산면 용반에 살다가 이곳이 白鷺抱卵形의 명당이라 하여 입주 정착하였음. 마을 동북쪽에 있는 소경다리에서 마을을 보면 白鷺抱卵形으로 보임.

▶孟津里(맏나루)
머구리(도리메): 장사추 서쪽에 있는 산. 머구리(개구리)처럼 생겼다 함. 동그랗게 생겼음.
장사추: 월암리 동남쪽에 있는 산. 長蛇逐蛙形의 명당이 있다 함.
造山: 동호리 동쪽에 있는 들. 들의 虛缺함을 막으려고 조산을 만들었으나 지금은 없어짐.

▶松石里
애깻재(애낏재): 송석 서북쪽에서 맹진리로 넘어가는 고개. 조선 선조 때 이름 난 풍수 李懿信(광해군 때 交河遷都論을 주장한 조선 중기 최고의 풍수사)이 어릴 때 맹진리 서당에서 공부하고 돌아가는 길에 이 고개에 이르면 예쁜 아가씨가 나타나서 입에 구슬을 물고 있다가 그의 입으로 넘겨 주면서 함께 재미있게 놀다가 늦게 집으로 돌아오곤 하였다. 글방 선생이 날이 갈수록 파리해지는 그의 모습을 보고 까닭을 캐물어 지나온 사실을 듣고 그에게 이르기를 구슬을 주거든 삼키고 뛰어 달아나라 하여 그날 저녁에 구슬을 받자마자 그대로 하려 하니 그 아가씨가 미리 알아차리고 그의 목덜미를 치니 구슬이 튀어나와 빼앗기고 말았다 하여 애낏재라 하였다 하는데 그는 그때 구슬을 머금고 땅을 보았으므로 풍수 지리에 능통하게 되었다 함.
月谷里: 송석 남쪽 큰 산밑에 있는 마을. 북월곡 남황산(현산면 황산리)이라 하여 해남 고을의 달 형국의 명당이 있는 곳으로 유명함.

▶燕邱里
燕邱마을(감나뭇골): 1596년 해남읍 해리에서 살던 무안박씨 永吉이 이곳의 형국이 제비집처럼 생긴 명당(燕巢形)이라 하여 입향 정착했다 함.
秋塘마을: 지당리 남쪽에 있는 마을로 이곳 형국이 가을이면 마을 앞 들녘에 나락이 가득 차 있는 형국이라 하여 무안박씨 후손들이 분가하여 들어왔다 함.

▶ 龍田里(안골)

新基마을: 마을 앞으로 흐르는 작은 개울가에 1기의 立石이 세워져 있는데 이 돌이 마을에 빛을 비추고 겨울철에 주민들이 질병에 걸리지 않도록 한다 함.

大相마을: 용반리 서남쪽 길가에 있는 마을. 1933년 밀양박씨 學洙가 측량기사로 이 마을을 측량하다가 풍수상 길지임을 알고 산이면 금송리에서 이주 정착함. 재상 여럿이 날 곳이라 함.

촛대봉: 신기 동쪽에 있는 산. 촛대처럼 높이 솟아 있음.

할미바우(姑岩): 영반 북서쪽에 있는 바위. 할미처럼 생겼는데 마을에서 보이면 해롭다 하여 앞에 나무를 심어 가렸음.

▶ 長村里

염수테(鳴水테): 화내 저수지 아래쪽에 있는 골짜기. 비가 오려면 물이 쏟아지는 소리가 우는 것같이 들렸다 함.

▶ 鶴儀里

今子마을: 용소 동남쪽에 있는 마을인데 산림이 울창하여 바람이 불면 거문고 소리가 들린다 하여 琴子里라 했는데 광복 직후 산림 남벌로 그 소리가 들리지 않게 되었다 함.

五湖마을: 지형이 새우처럼 보이고 저수지(모가시: 방죽) 안에 둥근 산의 일부가 남아 있어 마치 새우가 구슬을 희롱하는 것 같은 형상이라 하여 〈옥하시(玉河)〉로 불렸다 함.

鶴儀마을: 마을 뒷산이 학이 두 다리를 뻗고 날아가는 모습이라 함.

海南郡 門內面

▶ 石橋里

三德마을: 석교 동남쪽에 있는 마을로 이곳은 첫째, 후손의 發福地이며 둘째, 세속에 물들지 않은 한적한 곳이고 셋째, 외부의 침입을 은폐할 수 있는 三德을 갖추고 있다 하여 붙은 지명.

▶ 蘭大里

난대마을: 口傳에 난대는 예전에 민심이 사나워서 순박한 마을을 만들고자 난초를 심어 가꾸게 되었다 하여 붙은 지명이라 함.

海南郡 北日面

▶ 興村里

興村마을: 예전에는 新風, 船成國, 萬興洞으로 불렸다. 신풍이란 마을이 배의 형국이므로 배는 바람을 만나야 잘 나간다는 뜻에서, 선성국이란 잠깐 살다가 이주하는 뱃사람들과 같은 사람들이 살았다 하여, 만흥동은 한때 삼성마을까지 합쳐 1만 호가 살았다 하여 붙은 이름이나 지금은 폐촌되었다. 지금의 흥촌은 다시 마을이 흥하기를 바라는 뜻에서 1914년 개명한 것임.

三省마을: 약 40여 년 전 북평면장이던 金權鎭 씨가 이상적인 마을 건설을 목적으로 들어와 정착하였다고 함. 공자의 一日三省에서 붙인 지명(『海南마을由來誌』).

海南郡 北平面

▶東海里

東海마을: 마을의 풍수 지리가 좋기는 하나 앞이 막혀 앞을 넓힌다는 뜻에서 洪海로 부르다가 1914년 마을 좌향이 동향이고 바다가 보인다 하여 동해라 함.

조탑: 마을에서 2백 미터쯤 떨어진 입구에 서 있는 立石. 마을의 虛缺處를 裨補하기 위하여 쌓은 탑이다. 본래 2기였으나 지금은 하나만 남아 있다.

▶西洪里

벼락바위: 신평마을 서쪽에 있는 바위로 벼락이 떨어져 공 모양이 되었다고 한다. 이 바위가 보이면 마을이 가난하게 되고 보이지 않으면 부자로 살게

된다고 함. 현재는 바위가 저수지 둑에 가려 보이지 않는다.

▶烏山里(가막산)

烏山마을: 본래 加幕里로 불리다가 마을이 시체 형국이고 앞동산은 까마귀 형국으로 결국 마을이 金烏啄尸形이라 이렇게 부르게 되었다고 함.

조산: 금오 남쪽에 있는 산. 마을의 허결처를 비보하기 위하여 쌓은 인공산이다.

▶臥龍里

虎目峙(호목재): 호목재는 호랑이의 왼쪽 눈 형국이다. 이곳에는 鄭氏 문중의 묘가 있는데 묘비를 세우면 호랑이가 노한다는 풍수 금기 때문에 호목재에 비를 세우지 못하고 동촌마을에 세우고 있다.

▶梨津里(배진): 이진리는 배, 완도군 달도는 닻, 이진과 남창 사이의 언덕은 키로 본다. 세 곳이 합하여 하나의 배 모양임. 또한 배이기 때문에 마을 안에는 우물을 파지 않는 관습이 있다.

▶平岩里

琴山마을: 본래 石間水가 많다 하여 岩井으로 부르다가 뒷산이 玉女彈琴形이라 하여 개칭함.

海南郡 山二面

▶琴松里

호롱동(回龍洞): 방축 서북쪽에 있는 골짜기. 윗산에 回龍顧祖形의 명당이 있다 함.

▶相公里(당골)

相公山: 상공 북쪽에 있는 산. 50미터. 풍수설에 상공(宰相)이 날 만한 명당이 있다 함.

▶松川里

松川마을: 송천 남쪽에 3백 년 전부터 있었다는 미륵불이 있다. 이 불상은 영암군 미암면 소재 미륵불과 마주 보고 있다. 이들이 마주 보게 되면 山二面 총각은 문둥병에 걸리고 미암면 처녀들은 정신병에 걸린다고 믿어 마을에서는 영암의 미륵불이 마주 보이지 않도록 앞쪽 구릉에 소나무를 심었다.

▶草松里

草頭마을: 마을 저수지 건너편에 중바위라는 이름의 바위가 있는데 이 바위가 노출되면 마을 처녀들의 품행이 좋지 않게 된다 하여 떼(잔디)를 입혔다고 전한다.

海南郡 三山面

▶九林里

大興寺: 전남 서부의 으뜸가는 勝地로 꼽힘. 서산대사가 萬歲不毀之地라 했음. 관음봉(노승봉)이 主峯. 천불전 千佛像은 도선국사가 제작했다는 얘기도 있고 원효대사의 감독으로 경주 옥석을 가지고 만들었다는 설도 있음.

西山大師浮屠: 대흥사 어귀에 있는 부도.

▶上駕里(웃가재)

桂洞마을: 본래 黃鷄洞이라 불리다가 일제 때 지명이 바뀜. 계동 동쪽에 있는 마을. 黃鷄抱卵形의 명당이 있다 함.

▶新興里

上琴마을: 금산 위쪽에 있는 마을. 이 마을 뒷산이 玉女彈琴形이므로 붙은 지명.

▶院津里

개씹바우: 무심재 서쪽에 있는 바위. 모양이 암캐의 생식기처럼 생겼음.

옥동골: 목신 동쪽에 있는 골짜기. 玉燈掛壁形의 명당이 있다 함.

▶昌里

琴山마을: 선동 동북쪽 금산 밑에 있는 마을로 뒷산 옥녀봉이 옥녀가 거문고를 안고 있는 형국이기에 붙은 지명. 마을에서는 농악 놀이를 하면 거문고 소리가 묻힌다 하여 농악을 금하고 있음.

龍頭마을: 창리 동남쪽에 있음. 마을 뒤 後麓山 형국이 용 머리처럼 생겼다 하여 붙은 지명. 이곳의 지형이 용이 물을 먹는 형태이기 때문에 마을의 식수 사정이 좋아 富村을 이루고 산다 함. 이웃 돌땅이(石塘마을)에 용의 꼬리 형국의 바위가 있음.

▶ 平活里

羅帆마을: 조성마을 북쪽에 있으며 마을 옆산 지형이 배가 돛을 달고 물위에 떠 있는 형국이라 하여 붙은 지명.

海南郡 松旨面

▶ 加次里

加次마을: 마을 형국이 전체적으로 船形인데 그중 배의 앞머리가 멍에 모양이고 배를 수레에 비유하여 駕車라 하였다는 것이다.

四將峙: 마을 남서쪽에 있는 고개. 마을이 船形으로 네 장군이 나올 터라 전해 왔는데 왜인들이 남서쪽의 고개를 배로 여기고 절단하니 鮮血이 솟았다고 하며 그후 사장치로 불림(『海南마을由來誌』).

조산등: 산꼬대 남서쪽에 있는 등성이. 古墳으로 추정됨. 후에 풍수에서 말하는 造山의 기능으로 바뀌었을 것으로 추정됨.

▶ 郡谷里

新亭마을: 마을 뒷산은 水 형국이고 앞은 바다 형국이라고 하며 1천4백 년경 경주최씨가 터를 잡았다고 함. 뒷골(혹은 뒷골창)에 있는 옹달샘은 물맛이 좋은데 서울 처녀들이 와서 물을 마시고 머리를 감고 가면 장수하고 좋은 곳으로 시집 간다는 얘기가 전한다.

▶ 今江里

今江마을: 마을은 駕空山(335m), 물레재와 뒷산에 둘러싸여 있다. 뒷산은 개구리 형국, 앞산인 가공산은 처녀가 비단을 짜는 형국, 마을에서 군곡리 현안으로 넘어가는 물레재는 실을 켤 때 물레를 돌리고 있는 형국이라 함.

▶ 馬峰里

塔개: 약 50년 전 마을 입구에 돌로 쌓은 탑이 있었다고 하나 지금은 없어지고 탑개라고 불리는 터만 남아 있다. 풍수 지리에 의하면 마을의 正西쪽에 바닷물이 보이면 마을에 좋지 않다고 하여 이를 가리기 위해 돌탑을 쌓아 올렸던 것이라 함.

▶ 西亭里

達摩山: 489미터. 두륜산, 대둔산, 달마산, 갈두산이 일직선상이다. 美黃寺가 있는데 경전과 탱화를 소에 싣고 가다가 소가 머무는 곳에 지은 절이 미황사라 함.

수중묘: 서정리 앞산에서 내려온 물이 모여 호수를 이루고 있는 중심에 불룩

튀어나온 水中墓. 미황사 高僧이 달마산 일대의 名穴 때문에 절이 흥왕치 못하자 이 인근의 모든 명당을 파헤쳐 버렸으나 이 자리만은 너무 좋아 차마 끊지 못하고 돈 10냥을 받고 순천김씨에게 팔았다고 함. 그러나 발복하지 못하고 제주고씨, 영암박씨들에게 이전하고 말았다. 그러나 아무런 효험이 없어서 10여 년 전 이장하였음. 이장 때 나온 유골들은 황갈색의 매우 양호한 상태였다고 함. 단시일에 발복하는 자리가 아닌데 너무 조급하게 이장한 것이란 주장도 있음(백형모).

雉所마을: 본래 陽地里라 불리다가 한 노승이 마을 형세가 꿩이 휴식을 취하고 있는 모습이니 치소라 하여라 하여 지명이 되었음. 또한 마을 앞에는 통새얌(桶井)이란 둥근 우물이 있는데 그 노승이 마을에 물이 없다며 들 가운데 서 있는 枯木의 뿌리가 썩어 없어지면 그곳에서 물이 솟을 것이라는 얘기를 하고 떠났다고 한다. 지금 고목은 없어지고 그곳에 우물을 파서 식수로 쓰고 있음.

▶ 小竹里

호랑이명당: 대죽리 吳翰林의 묘. 3대가 虎食을 당한 후에 발복한다는 명당. 그래서 아들 셋이 모두 호랑이에 물려 죽고 임신해 있던 넷째가 발복하

여 출세했다는 얘기가 전해짐.

▶ 松湖里

十字穴: 송호리 뒷산. 산에 올라보면 산이 十字形을 취함. 10대에 걸쳐 정승이 줄을 잇는다는 곳. 그러나 아직 아무도 그 자리를 찾지는 못했다고 함.

▶ 於蘭里: 지형이 난초처럼 생겼으므로 붙은 지명.

▶ 桶湖里

白馬洗足穴: 사구미마을 뒷산에 있는데 말의 뒷발굽 주변이 혈이다. 그러나 아직 주인을 만나지 못했다고 함.

▶ 海元里

三馬마을: 마을 동북쪽에 駕空山(일명 葛空山. 335m)의 우뚝 솟은 세 봉우리가 있다. 그 산 아래 八明堂이 있고 그중 세 명당이 駿馬脫鞍形, 渴馬飮水形, 出馬擧頭形인데 이 세 개의 말 명당의 이름을 따서 삼마라 부르게 된 것이라 함.

海南郡 玉泉面

▶ 永春里

만셋똥(萬石里): 함잿동 남쪽에 있는 마을. 선조 때 고산 윤선도가 이곳의 지형을 보고 만석꾼이 날 명당이 있다 하였다 함.

牛沙峴: 해남읍과 옥천면 경계를 이루

며 480미터의 금강산 기슭을 넘어 도
는 고개. 가장 큰 재라는 뜻. 힘센 소
도 이곳이 험하여 무릎을 꿇고 쉬어
넘는다 하여 牛膝峙라고도 함. 또는
모양이 소가 무릎을 꿇고 있는 모습과
닮았다 하여 그렇게 부른다는 설도 있
음. 정조 4년(1780) 군수로 부임하던
金敍九가 해남에 인물이 많고 선비
정신이 드세어 군수 노릇하기 어렵다
는 말을 듣고 우슬재와 남쪽에 있는
호산을 3자 3치씩 깎아 내렸다 함.
虎山마을: 호산은 서쪽으로 만대산의
정기가 옥천 평야를 향해 내려오다가
이곳에 뭉쳐 있어 그 형국이 호랑이가
힘차게 뛰어나오는 모양이라 하여 붙
은 지명.

海南郡 海南邑

▶ 古道里
형제송: 葫山, 文筆峯, 말매로 불리는
봉우리 위에 있다. 현감 김서구가 이
문필봉을 깎아 내린 후에 해남의 文運
이 끊겼다고 함.
▶ 白也里
백야마을: 白土가 나고 마을 형국이
也字形이어서 붙은 지명.
▶ 海里(바댓몰)
씹바우: 금강재 밑 씹박골에 있는 바위.

海南郡 縣山面

▶ 九市里
孤山 尹善道의 무덤: 萬安里 上九市마
을 金鎖洞에 있음. 월출산에서 해남을
끼고 내려온 노령산맥이 두륜산에서
일단 멈춘 뒤 그중 한 가지가 왼쪽으
로 20여 리 逆으로 뻗어 올라와 병풍
산을 이뤘다. 다시 이곳에서 오른쪽으
로 금쇄동을 끼고 뻗어 온 용이 五峰
을 이룬 뒤 왼쪽으로 돌아 太陰金星
(반달형의 둥근 산)을 이뤄 入首山을
만들었다. 여기서 재차 오른쪽으로 몸
을 돌려 穴星(묘역)을 만들고 자리를
잡으니 좌향은 巳坐亥向이다.
오봉을 이룬 안산은 儒冠의 모습을 띠
고 있어 문사의 배출을 기약하는 중에
흠결이 없으니 남과 다툼이 없다고 하
겠다. 전체적인 형국을 보면 回龍顧祖
形을 이룬 중에 얼핏 보면 蓮花形이
지만 자세히 살펴보면 金鷄抱卵形이
분명하다. 山太極 水太極이기도 하다.
한편 해남읍 연동 綠雨堂은 고산이 82
세 되던 1669년에 현재의 자리로 옮겨
지은 것이다. 인공 동산과 숲으로 가
려진 녹우당은 반대로 집에서는 길가
의 오고 가는 길손이 훤히 내다보인다.
주산인 德陰山은 월출산에서 내려온
산맥이 두륜산을 만들러 가는 중에 한

가지가 떨어져 나와 이곳에서 연동마을을 만들고 다시 올라가 해남읍을 만드는 산이다.

혈은 卯方에서 들어와 甲坐庚向으로 대지를 잡았다. 청룡은 太陽을 상징하는 文星이 감싸고 있고 백호는 半月形으로 깊게 뻗어 가 집 앞으로 흐르는 물의 흐름을 逆으로 안고 있다. 朝山은 기러기가 날아가는 형세이고 案山은 벼루(硯)의 모습이다. 벼루 우측에는 葫山이 文筆峯을 이루고 있다. 벼루와 붓이 있으니 집 앞에 硯池(蓮塘)가 있는 것도 당연하다고 하겠다. 물은 남쪽에서 나와 북쪽으로 흐르는 중에 水口에는 해남읍이 氣의 漏泄을 막고 있다. 노령산맥 山盡處에 뛰어난 陽宅地인데 집 앞의 문필봉과 벼루, 연지가 있어 文章才士가 나오지 않는다면 누가 풍수를 믿으랴. 蓮花倒水形이라고 부르는 사람도 있지만 주산인 덕음산에 돌이 많은 것으로 보아 청학이 날개를 펴고 나는 모양(青鶴展翔形)이다(최영주).

金鎖洞: 골짜기 중턱에 고산 윤선도의 묘가 있음. 九市란 옛날 아흐렛날 장이 섰으므로 붙은 이름이다. 상구시마을에서 屏風山을 따라 십리쯤 펼쳐진 금쇄동 골짜기는 고산이 會心堂이란 제각을 짓고 은거하여 살던 곳. 열쇠고리처럼 반달형의 지세라 금쇄동이라 부른다. 무덤을 중심으로 볼 때 산줄기가 거대한 太極을 이루고 있으며 그 한가운데가 고산 윤선도의 묘이다. 일종의 回龍顧祖形. 이곳은 본래 광해군 때 교하 천도론을 주장했던 고산의 당고모부 李懿信(제1권 2장 파주군 교하면 기행문 참조)이 잡았던 곳인데 고산이 계교로 가로챈 곳이라 함(백형모, 李康五).

▶ 白浦里

尹斗緒(1668-1715)墓: 백포 마을 뒷산에 고산 윤선도의 증손자인 윤두서의 묘가 있다. 그는 시와 서화를 비롯하여 천문, 지리, 수학, 병법, 금석 등 다방면에 박학했던 인물이다.

▶ 月松里

맹당배미: 작은고래술에 있는 논. 부근에 玉女織錦形의 명당이 있다 함.

▶ 挹湖里

대법원장 조부묘: 뒷산에 윤관 대법원장의 조부와 부친 묘가 있음. 白虎가 약하고 青龍이 굵어 장손이 잘된다고 함(백형모).

▶ 日坪里

씹바우: 엄생골 동쪽 씹박골에 있는 바위. 여성의 생식기처럼 생겼음.

▶ 草湖里(사잇개)

落花岩: 백방산 위에 있는 바위. 전설

에, 중국 가는 사신들이 고현리에서 배를 타고 이 밑을 돌아 떠났다는데 그때 배웅하러 여기까지 따라온 처첩들은 고향으로 돌아가지 않고 남편이 무사히 돌아오기를 기다리다가 기약한 날짜가 지나도 돌아오지 않을 때는 이 바위에 올라 바다로 몸을 던져 떨어져 죽었다 함. 따라서 이 위쪽으로 흐르는 냇물에 많은 한이 맺혔다 하여 다한천이라 한다.

싹바우: 신방 동쪽 백방산에 있는 바위. 싹(삵, 즉 살쾡이)이 살던 굴이 있었는데 송지면에서 이 굴이 바라다보이면 풍기가 문란해진다 하여 막았음.

▶ 黃山里

黃巳草出의 大穴: 황산리 야산에 있음. 뱀의 가슴 주위에 혈이 맺힌다 함. 一后二政丞의 大穴이라 소문이 났음.

海南郡 花山面

▶ 可座里(왓등): 지금부터 500-600여 년 전 경주김씨, 한양조씨가 함께 화산면 월호리에서 이곳의 지세를 보고 입암마을에 정착하였다고 한다. 그런데 본마을인 입암의 지세가 용의 꼬리 형태로서 비틀어지게 되면 가산이 탕진된다고 하여 용의 머리 형태인 지금의 마을로 옮겨 왔다고 함.

刻바우: 가좌마을 무둑끝에 있는 바위. 신라 말 도선국사가 胡僧禮佛形의 명당 자리를 표시한 글을 새겼다 함.

무둑끝: 오둑섬 북쪽에 있는 부리. 仙人舞袖形의 명당이 있다 함.

舞鶴마을: 가좌 남쪽 산밑에 있는 마을로 처음 입향한 원주이씨가 〈武王〉으로 불렀는데 이는 마을 입구가 王字形이었기 때문이라고 함. 그후 마을 형세가 학이 춤을 추고 있는 형태라 하여 舞鶴으로 바꿈.

▶ 關東里

館頭山: 관머리 서남쪽에 있는 산. 178미터. 화산면의 水口로 제주도 한라산과 마주 섰음. 밑에서 중국이나 제주도로 가는 배를 탔으며 관터가 있음.

▶ 金豊里

明今마을: 신풍리 동쪽 옥녀가 거문고를 타고 있는 형상(玉女彈琴形)을 한 금성산 후미에 위치한 마을로 본래 鳴琴이라 하다가 개칭된 것임.

▶ 方丑里

佳將마을: 본래 龍頭로 불리다가 산수가 좋고 마을 형국이 뛰어나 장차 나라의 초석이 될 장군이 탄생할 것이라 하여 개칭되었다고 함.

▶ 石湖里

黑石마을: 임진왜란 때 해남윤씨 端中이 해남읍 연동에서 이곳 우탁산의 형태가 학이 집을 짓는 모양으로 터를 잡기 좋다고 하여 입주했다 함. 흑석은 마을 뒷산에 있던 두 개로 포개진 큰 바위였다고 한다. 그런데 마을 사람들이 방조제에 쓰기 위하여 쪼갠 뒤로 마을에 나쁜 일이 있고 발전이 되지 않는다고 한다. 혹은 어떤 중이 마을에서 수모를 당한 후 마을 앞 옥녀봉이 없어야 마을이 잘된다고 말하자 그에 따랐다가 마을에 어려운 일이 생겼다고 하기도 함.

▶蓮谷里
蓮谷마을: 마을 앞산 형태가 蓮花浮水形이라 하여 붙은 지명.

▶月湖里
宰洞마을: 1896년 밀양박씨 鍾元이 월호마을에서 무학으로 제를 모시러 가던 중 이곳에 무지개가 떠올랐다가 제를 끝내고 돌아올 때까지 머물러 있음에 재상이 나올 터라 하여 사당을 짓고 마을을 형성했다고 함. 한편 마을 입향조가 이곳이 호랑이 꼬리 부분과 같아 본시 虎尾洞이라 하다가 재상이 나올 곳이라 하여 宰洞으로 개칭했다는 설도 있음.

▶栗洞里(밤나뭇골)
만석동: 용덕 서쪽에 있는 들. 만석꾼이 날 만한 부자 터가 있다 함.

▶平湖里

造山: 평발리 앞에 있는 작은 산. 虛缺處를 裨補하기 위하여 쌓아서 만들었다 함.

海南郡 花源面

▶鳩林里(구등): 거북의 등처럼 생겼으므로 붙은 지명.
▶錦平里
조산: 신평 뒤에 있는 산. 虛缺處를 비보하고 있음.
▶新德里
巳洞마을: 조선조에 이곳에서 도자기를 구웠기 때문에 정골이라 하였으나 마을의 지세가 뱀처럼 구불거리고 인근에 뱀이 많아 뱀골이라 칭하다가 행정구역명으로 사동이라 하게 됨.
▶周光里
五壯골: 시내들 남쪽에 있는 골짜기. 다섯 壯士가 날 자리라 함.

海南郡 黃山面

▶富谷里
富谷마을: 이곳에 바닷물이 들어올 때 蓮花浮水形과 같이 된다 하여 부수 또는 부실로 부르다가 부유층 양반만 산다 하여 부곡으로 부름.
▶玉洞里

玉燕마을: 마을 중앙이 제비집을 닮았다 하여 붙은 지명.

和順郡 南面

▶ 檢山里
독서굴(讀書谷): 박종굴 서쪽에 있는 골짜기. 神仙讀書形의 명당이 있다 함.
舞嶝: 삐득굴 남쪽에 있는 산. 神仙舞袖形의 명당이 있다 함.

▶ 龍里
造山嶝: 용안 동남쪽에 있는 등성이. 地氣가 허한 곳을 막아 주고 있음.

▶ 院里
조산께: 개정자 북쪽에 있는 들. 虛缺處를 裨補하는 역할을 했으나 지금은 없어짐.

▶ 維摩里
維摩寺: 산막 남쪽에 있는 절. 신라 때 도선국사가 창건하였다 하는데 6·25 때 불탄 것을 1959년 4월에 복구함.

和順郡 綾州面

▶ 貫永里(능주읍내)
등잔걸: 읍내 동쪽 연주산 동남쪽에 있는 산. 등잔걸이형의 명당(玉燈掛壁形)이 있다 함.
조산께: 기두 동쪽에 있는 들. 허결을 비보하기 위한 조산이 있었으나 지금은 없어짐.

▶ 元池里
조산께: 도르매 앞에 있는 들. 조산이 있음.

▶ 蠶亭里
등잔걸: 부채바웃등 남쪽에 있는 산. 등잔걸이형의 명당이 있다 함.

和順郡 道谷面

▶ 信德里
조산깨: 진배밋들 동남쪽에 있는 들.

和順郡 道岩面

▶ 大草里
누운부처(臥佛): 운주사에 있는 누운 돌부처. 도선국사가 하룻밤에 천불천탑을 만들고 이 부처를 만들다가 날이 밝아서 완성하지 못한 채 두었다 함.
雲舟寺: 새재 남쪽 천불산에 있는 절. 도선국사가 세웠다 함. 1979년 당시 46세로 도암면장을 하던 박문길 씨의 증언. 1) 도선이 天台山에서 한꺼번에 바위를 몰고 와 하루 저녁에 천불천탑을 조성하고 있는데 새벽닭이 울어 마지막 臥佛을 세우지 못했다 한다. 2) 현 대웅전에서 뒤쪽으로 1백 미터의 계곡에 큰 바위가 있는데 그 모양이 마치 안락의자처럼 생겼으며 이를 가리켜 公(工)事岩이라 한다. 현지에서는 도선이 천불천탑의 총지휘를 이 바위에 앉아서 했다고 전한다. 『道岩面誌』에는〈公事岩岩上有凹下處大人坐痕駿馬去跡完然〉이라 했다. 3) 운주사 입구로 들어서면 구층석탑이 고준하게 서 있으며 이 석탑을 20미터쯤 못 미쳐서 큰 암석 2개가 옆으로 포개져 있다. 이 바위는 도선국사가 모든 공사를 끝마치고 여기에 사용된 도구를 묻어 두었다고 하는데, 『道岩面誌』에는〈石物竣工後 機械藏于〉라 기록하고 있다. 4) 현 대웅전에서 우측으로 (向左) 있는 산봉우리에 길이 12.6미터 되는 와불이 있고 그 옆으로 10.2미터 되는 협시불이 나란히 누워 있다. 그런데 이 와불을 향해 올라가는 언덕(우측)에 높이 4미터 되는 石佛立像이 있다. 이 불상은 원래 와불 곁에 같이 누워 있었으나 어떤 효자가 자기 노모의 병을 낫게 하기 위하여 불공을 드리던 중 어느 날 밤 꿈에 그 와불이 나타나 자기를 일으켜 세워 주면 어머니의 병을 낫게 해준다고 하자 꿈을 깨고 나서 즉시 그는 이 와불을 세워 주었더니 노모의 병이 나았다고 한다. 5) 『道詵國師實錄』에는 이곳이 우리

나라 국토를 배로 보았을 때 배의 중앙(腹)이므로 裨補 차원에서 천불천탑을 세웠다는 기록이 있다.

전남 화순군 도암면 대초리 만산곡에 있는 운주사는 천불천탑과 누워 있는 부처(臥佛)로 유명한 곳이다. 왜 이곳에 불상과 불탑이 집중적으로 배치되어 있는 것일까. 그 이유가 바로 풍수비보에 있다. 이 지방 구전 설화에,〈우리나라는 대양을 향해 나가는 배의 모양으로, 동해안인 관동과 영남 지방은 산이 높아 무거운데 호서와 호남은 평야가 많아서 가볍기 때문에 국토가 동쪽으로 기울어져 나라가 편안치 못하고 항상 변란이 많다. 이러한 산세를 관찰한 도선국사는 여기에 높은 탑을 많이 세워 돛대로 삼고 천불로 배의 무게 중심을 잡으면 배가 균형을 잃지 않을 것이요, 더구나 불상이 사공이 되어 배를 저어갈 것이니 풍파 또한 없으리라〉는 것이 있다. 전형적인 국토 비보 풍수 사상이다.

춘양면에는 돛대봉이 있음. 돛대봉 가까이에는 절을 지을 때 해가 넘어가지 못하도록 해를 묶어 놓고 일을 했다는 日封岩도 있다. 천불은 沙工이고 천탑은 櫓. 인체에 비유하면 사람이 동북간에 앉아서 두 팔과 다리를 뻗치면서 남서간을 향하는 형국인데 이런 것을

鉗穴이라 함. 형국은 金龜沒泥形. 金龜는 天龜이니 양기로서 길상으로 보인다. 艮龍이 入首하고 대웅전의 좌향은 丑坐未向이니 土에 해당되고 未破口니 丑坐는 帶에 들어오니 抱胎法에 맞고 입수는 陰龍인데 未向이니 正陰正陽法과도 일치한다.

▶道莊里
　각시바우: 병바우 동쪽에 있는 바위.
　서방바우: 각시바우 맞은편에 있는 바위.
▶登光里: 등잔걸이처럼 생겼으므로 붙은 지명.
　開天山: 猛虎出林形의 명당이 있는데, 주봉이 뒤쪽에서 내다보고 있는 형국이어서 庶子가 쓰면 크게 발복할 특수한 명당이라 함.
▶天台里
　갈마실(渴馬谷): 제정 동쪽에 있는 마을. 뒷산이 渴馬飲水形이라 함.

和順郡 東面

▶菊東里(굴동)
　蓮花峯: 굴동 서쪽에 있는 산. 蓮花倒水形의 명당이 있다 함.
▶柏龍里
　옥녀봉: 崔慶會 장군의 사당 건립 작업이 벌어지고 있는데 玉女舞袖形이

라 함.
▶福巖里
　梅花峯: 복림 남쪽에 있는 산. 梅花落地形의 명당이 있다 함.
▶彦道里
　도리깨명당: 서당골 남쪽에 있는 골짜기.
▶玉壺里
　壺洞: 옥호리에서 으뜸가는 마을. 병목처럼 생겼음.

和順郡 同福面

▶佳水里
　渴馬嶝: 베틀바우 동쪽에 있는 등성이. 渴馬飲水形이라 함.
▶龜岩里
　亭琴洞: 정춧골 옆에 있는 골짜기. 玉女彈琴形의 명당이 있다 함.
　舟山: 구암 남쪽에 있는 마을. 行舟形이라 함.

和順郡 北面

▶吉星里(달개, 月溪, 傑生): 높은 산이 사방을 둘러싸고 맑은 내가 흐르므로 달개 또는 월개라 하였는데 달개를 풍수의 말에 따라 그 지형이 개가 범에게 살려달라고 비는 형국이니까 걸생이라 하도록 하라 하여 붙은 지명이라 함. 또는 걸

자는 乞人의 音과 같다 하여 길성으로 고쳤다는 설도 있음.

▶ 孟里

월곡리: 渴馬飮水形의 대혈이 있는데 액땜을 한 뒤에야 네 정승이 한 집안에서 나온다고 함. 현재 이 자리에는 고재청씨의 증조부 산소가 쓰여짐. 그런데 이 명당은 집안에서 누군가 장님이나 벙어리가 나온 후에야, 즉 액땜을 한 뒤에야 발복한다는 속설이 있는데 고씨의 네 아들들이 대법관, 기업체 사장, 국회부의장을 지냈으나 유독 장남만은 벙어리로 시골에서 농사를 짓고 있다고 한다(백형모).

金鷄抱卵形: 맹리마을 앞에 있음. 子孫繁盛 富貴兼全의 명당이라 함. 현재 서유리 거주 진주정씨 선산임.

▶ 龍谷里

白鵝山: 백아산 돌빛이 하얗게 변하면 多出將相한다는 설이 있음. 五星의 형체를 모두 지니고 있다. 이 산에 올라 기우제를 지내면 3일 내에 큰비가 쏟아진다고 함. 산세로 보아 南장군과 北장군이 있어 文千武萬이 함께 나오는 大穴이 있다 함(백형모).

마당바위: 백아산 주봉 아래 높이 1백미터 정도의 기암절벽. 黃龍負舟形을 지니고 있음. 이 혈에 묘를 쓰면 백두에 해당하는 정승이 줄을 잇는다고 함.

아직 주인이 없음(백형모).

조리명당: 용곡리 뒷산. 농토가 복조리에 담기는 쌀에 해당한다고 믿어 주민들이 개간과 이웃 마을 농토 사들이기에 열중한다고 함.

▶ 二川里

昌原丁氏先山: 백아산이 무등산으로부터 꼬리를 물고 뻗어 내려오는 來脈에 飛鶴上天形의 명당이 있어 文武百官이 多出할 곳이라 함(백형모).

和順郡 二西面

▶ 安心里

將軍對坐: 안심리에 있는 산. 將軍對坐形의 명당이 있다 함.

▶ 仁溪里

구룡고개: 송계에서 담양군 남면 무동리 무동촌으로 넘어가는 고개. 九龍爭珠形의 명당이 있다 함.

▶ 滄浪里

赤壁山: 동복댐으로 일부 수몰. 燕巢形의 명당이 있다 하여 유명하였음. 이 혈맥에 天馬嘶風形의 명당이 있는데 이곳에 터를 쓰면 四判八富가 나온다고 함. 북면 약수리 거주 李凡擇이란 地官에 따르면 이 혈은 보통 부자가 아니라 國富를 배출할 자리라고 함(백형모).

和順郡 梨陽面

▶江聲里
大牛仰天形: 춘양면과 이양면의 경계 지역임. 巨富의 터로 알려짐.

▶求禮里(구례실)
分財谷: 山水秘訣에 실려 있다고 함. 재물을 나누는 뜻이니, 언젠가는 이 산 때문에 다대한 재물이 나누어질 것이라 풀이하면서 떠나지 않고 산다. 호남선 철도 중 가장 난공사인 터널 공사를 山麓에서 개시했기 때문에 비결대로 된다고 믿음(村山).

▶五柳里
玉女彈琴形: 이양역 앞, 이양역이 들어서 있는 陽宅名地.

和順郡 墨谷面(現 梨陽面)

▶墨谷里(먹실)
八龍戲珠形: 묵곡리 뒷산에 있으며 걸출한 인재와 재사들이 출현할 곳이라 함.

和順郡 清豊面

▶大庇里(大妃洞): 조선 제16대 인조의 어머니 인헌왕후가 태어났으므로 붙은 지명.

▶白雲里(바구니): 바구니처럼 생겼으므로 붙은 지명.

▶漁里: 지형이 고기잡이 늙은이가 낚시를 드리운 형국(漁翁垂釣形)이라 하여 붙은 지명.

和順郡 寒泉面

▶政里(정승굴)
天女登空穴: 정리 마을 뒤쪽 1킬로미터 지점 산 중턱에 國師峯에서 뻗어온 산맥이 12마디를 내려오다 멈춘 縣針穴. 전남팔대명당 중의 하나로 유명함. 능성구씨 2대조인 平章事 具民膽의 묘소.

和順郡 和順邑

▶校里
和順鄕校: 蜈蚣穴인데 본래는 陰宅 자리로 맞는 곳이다. 그래서 명당의 熱과 穴氣 때문에 향교의 한쪽 마루가 썩어 내려앉는다고 한다.

▶道熊里
鐘掛山: 絃鐘이란 명칭의 名穴이 있다하나 아직 찾지는 못했음. 종을 두드리는 망치와 여타 악기들에 해당하는 대소 명혈이 있을 것이라 함(화순읍 삼천리 거주 서동근 씨).

▶洞口里: 萬淵寺로 들어가는 어귀가 되므로 붙은 지명.

빈등: 박연터 서쪽에 있는 등성이. 명나라 장수 이여송이 이곳의 영기가 특이하여 큰 인물이 날까 두려워하여 穴을 질렀다 함.

仙人舞袖(무수밧굴): 손오봉 북쪽에 있는 골짜기. 仙人舞袖形의 명당이 있다 함.

장군재: 선정암 북서쪽에 있는 고개. 將軍大坐形의 명당이 있다 함.

▶萬淵里

萬淵山: 읍 북쪽에 위치함. 해발 609미터. 원래 羅漢山이었으나 화순 출신인 眞覺國師의 제자 萬淵禪師가 1208년 이곳에 만연사라는 절을 세우면서 오늘의 이름을 갖게 되었다고 함. 그러나 1861년 제작된 고산자 김정호의 대동여지도에도 나한산이라 기록되어 있어 그 유래는 불확실함. 혹자는 이 산이 화순고을의 祖山이므로 혈이 없다고도 함.

▶鸚南里

鸚鵡명당: 앵남리 뒷산에 있는데 종괘산의 기운을 받은 곳으로 꾀꼬리집을 닮았다고 함.

▶二十谷里(시무실): 마을이 아늑하여 숨어 있는 것 같으므로 붙은 지명.

慶尙北道篇

慶山郡 孤山面

현재 경산군은 전역이 경산시로 개칭되었음.
▶佳川洞(가리내리): 여러 갈래로 내가 흐르므로 붙은 지명.
　광대등: 용바웃골 북쪽에 있는 등성이. 광대가 춤을 추는 형국이라 함.
▶顧母洞: 형제봉이 모봉을 돌아보는 형국이라 하여 붙은 지명.
▶旭水洞
　望月: 자선골 남쪽에 있는 골짜기. 玉兎望月形의 명당이 있다 함. 망월사가 있었음.
　조산걸: 신당자리 북쪽에 있는 들. 들의 허결함을 裨補하기 위한 조산이 있었음.
▶梨川洞
　통시고개: 쟁잇골에서 연호동으로 가는 고개. 외지고 깊어서 행인들이 이 근처에서 똥을 잘 눈다 함.

慶山郡 南山面

▶葛旨洞(가을말리, 갈마리)
　돌정지(石亭里): 비석걸 동남쪽에 있는 밭. 큰 돌이 서 있었음. 어떤 一族이 갈마리에서 이곳으로 옮겨 살았는데 청상 과부가 많이 나므로 잔뱃등으로 옮겨 갔음.
▶沙月洞(사들)
　살구재(살고재, 杏峴): 사월 서남쪽에서 전지동으로 넘어가는 고개. 凶煞이 비치는 곳이라 하여 婚行하는 가마는 이곳을 피해서 갔다 함.

慶山郡 南川面

현재 경산시 남천면.
▶大鳴洞: 대망이(이무기)처럼 생겼다 하여 붙은 지명.
▶新方洞
　애다물: 텃골 북쪽에 있는 들. 전에 다물(돌무더기)이 있었는데 아이가 돌림병으로 죽으려 하면 이곳에 버려 두었다가 며칠 후에 가 보아서 살아 있으

면 데려온다 함.
▶院洞
　조산밭: 입업싱이 서쪽에 있는 골짜기. 전에 이곳에서 당산제를 지내려고 마을에서 造山을 만들었다 함.

慶山郡 安心邑

▶新西洞
　석탄굼팅이(穴斷굼팅이): 용당굼 북쪽에 있는 산. 임진왜란 때 이여송이 이곳이 명당이므로 큰 사람이 날 것을 두려워하여 穴을 끊었다 함.
　造山걸: 덤밑 남쪽에 있는 길거리. 조산이 있었음.

慶山郡 押梁面

▶江西洞(산역)
　조산배미: 강서 서북쪽에 있는 논. 논에서 나온 돌멩이들을 조산처럼 쌓아 놓았음.
▶夫迪洞
　造山: 안골짝 북쪽에 있는 산. 네 개의 옛 무덤이 있음.
▶新月洞(새달)
　굴못(狗池): 신월 서남쪽에 있는 못. 개 형국으로 되었다 함.
　높은등(虎山): 굴못 남쪽에 있는 높은 산. 지형이 호랑이가 굴못을 바라보고 있는 형국이라 함.
▶油谷洞: 新地로 들어가는 三聖山에는 渴龍飮水形의 好吉地가 있다. 朴氏가 여기 묘를 쓴 뒤 자손이 번창한다고 함.
▶仁安洞
　갈말등대: 축안 동쪽 인안동과 의송동 경계에 있는 등성이. 渴馬飮水形으로 되었다 함.

慶山郡 龍城面

현재 경산시 龍成面.
▶加尺洞(가재)
　감투봉(옥녀봉): 가척동, 용전동, 부일동에 걸쳐 있는 산. 392미터. 감투 모양이라 함. 玉女織錦形이라고도 함.
▶谷蘭洞
　최씨집: 최씨집 앞의 龍山(435m)은 본디 모양이 매와 비슷해서 매봉이었으나 이 산에 살던 구렁이가 승천을 한 뒤 용산으로 바뀜. 용산이 이곳에 있게 된 것은 어떤 이가 꼬챙이 끝에 산을 꿰어서 걸어가는 모습을 보고 마을 사람이 〈산이 걸어간다〉고 소리치자 놀라 떨어뜨린 때문이라 함. 이 산줄기가 최씨 집터를 향해 뻗어 내려 왔는데, 줄기는 조리 자루이고 집터는 조리 바닥에 해당된다. 이 때문에 최

씨집에서는 한 대에서는 재산을 모으고 다음 대에서는 재산을 모두 써 버리는 과정을 되풀이한다는 얘기가 있음. 조리형(김광언, 村山).
▶道德洞(도둑이): 도둑이 숨어 살았다 하여 붙은 지명인데 발음상 도덕동으로 바꾸었음.

慶山郡 慈仁面

현재 경산시 자인면.
▶新官洞(관상골, 웃마실)
　완금밭(翫琴田): 관상 서남쪽에 있는 들. 뒤에 있는 봉수산의 옥녀가 거문고 타는 것을 구경하는 형국이라 함. 봉수산은 玉女織琴形임.

慶山郡 珍良面

현재 경산시 진량면.
▶新上洞
　육양골(六羊谷): 안골 남쪽에 있는 골짜기. 여섯 마리의 양처럼 생겼다 함.
　吐山池(토산못, 吐潭): 내하동 남쪽에 있는 못. 바로 앞에 산이 있어서 마치 산을 토해 놓은 것 같다 함. 낚시터로 유명함.
▶新堤洞
　아나리곡: 새못안 동쪽에서 시문동과 현

내동으로 가는 고개. 지형이 기러기가 알을 품은 형국(裨雁抱卵形)이라 함.
▶雁村洞
　불깃등(볼깃등): 절골새 서쪽에 있는 등성이. 지형이 사람의 볼기짝 모양으로 생겼다 함.

慶山郡 河陽邑

현재 경산시 하양읍.
▶校洞(생곳골)
　손덕만댕이: 옹그점거리 남쪽에 있는 산. 손님(天然痘)으로 앓는 아이를 이곳에 격리시켰다 함.
▶大鶴洞
　선동골(懸燈谷): 재궁골 남쪽에 있는 골짜기. 등을 매단 형국(懸燈形)으로 되었다 함.
▶島里洞(섬마을)
　造山: 섬마 서쪽에 있는 산. 마을의 虛缺處를 裨補하기 위하여 인공적으로 조성한 산.
▶隱湖洞
　馬吃(臨湖): 탑소 동남쪽에 있는 큰 마을. 뒷산이 天馬嘶風形으로 되었다 함.

慶州市

▶皇龍寺九層塔(裨補寺塔): 황룡사 구층

탑은 護國을 위해 세워진 것으로, 이 탑을 세우고부터 천지가 평안하게 되고 삼한이 통일되었다고 전해진다. 이 구층탑은 자장율사가 중국 유학 때 오대산에서 문수보살로부터 한국의 산천이 험준하므로 人性이 추하고 어지러워 邪見을 믿고 있기 때문에 때때로 天災가 내리는 것이니 불탑을 세우면 이것을 면하리란 충고를 듣고 귀국 후 선덕여왕에게 탑의 건축을 건의하여 이루어진 것임. 安弘의 『東都成立記』에서 말하듯이 삼한을 통일하고 인접국을 눌러 이기기 위해 세운 것인지는 명확하지 않다. 어쨌든 탑을 세움으로써 국가의 안전을 보호하고 타국으로부터의 침범을 막을 수 있다고 하는 관념을 당시 사람들이 믿었던 것은 확실하다. 탑을 세워 호국한다는 신앙은 불교 전래와 함께 중국에서 전승된 것임은 자장율사가 귀국 후 탑의 건조를 건의했다는 기사에서도 짐작된다. 또 이 시대에 일본에서도 國分寺를 세워 나라를 鎭護했다는 사실 등으로 미루어 생각해도 이 建塔護國 신앙이 불교에 의해 전해진 것이라 할 수 있다(村山).

金藏山(松花山): 경주시 충효동과 월성군 현곡면 금장리 경계에 있는 산. 2백 미터. 기슭에 신라의 명장 김유신 장군의 무덤이 있음.

김유신장군묘: 경주시 충효동 松花山 中腹에 위치. 당나라 卜應天의 『雪心賦』에 산 모양이 〈人形葬於臍腹〉이라 한 대목이 있다. 즉 배나 배꼽 부분에 장사 지낸다는 뜻. 통일 신라 시대를 전후하여 왕릉의 입지가 바뀌고 있다는 것을 현지 답사에서 충분히 감지할 수 있다. 즉 평지에서 산지로 옮겨 가는 경향임. 태종무열왕 김춘추의 무덤부터 산 가까이로 입지하기 시작함. 김유신의 손자 金巖은 唐에 유학하여 천문 지리, 둔갑술, 병학을 배운 사람이다. 그의 무덤에는 十二支神이 둘레돌(護石)로 되어 있다. 동물 얼굴을 한 사람들이 평복을 입고 한 손에 무기를 든 모습임. 이처럼 큰 무덤은 괜찮으나 최근의 작은 무덤에 둘레석을 쌓는 것은 위험천만이다. 封土가 둘레석의 무게를 이기지 못하여 갈라지게 되면 그 틈새를 통해 물이나 벌레가 광중으로 스며들 수 있기 때문이다. 김유신 장군 묘의 경우 來龍의 기세가 왕성하고 살아 있다. 그래서 주변에 暗葬이 많다고 함. 암장은 도덕적으로 선한 마음을 가진 자가 아니기 때문에 〈天不胎 地不受〉라 한다. 김장군묘는 후방 5-6미터 지점의 큰 암괴가 기를 응결하여 入首를 형성함. 여기서부터 도도록한 작은 능선을 뻗어 내려가다가 타원형의 혈장을 형성. 이 혈장의 특

징은 봉분 주변을 가느다란 石脈이 감싸고 있다는 점인데 이를 게눈깔 명당(蟹眼 혹은 蟹目穴)이라 한다. 혈장에 일정한 방향으로 석맥이 흐를 경우 확실한 기의 흐름과 응결로 보아 음택풍수에서는 최상급으로 취급함. 그러나 이 무덤의 경우 진혈 여부는 미지수이다. 혈장이 너무 크고(가로가 약 50m. 보통 명당의 경우 20-30m) 입수의 크기 또한 지나치게 크다. 또한 용이 계속 흘러가 무덤 전방 3백여 미터 지점에 거의 비슷한 또 하나의 혈장이 있고 그 위에 수십 기의 무명 묘가 있기 때문임(장영훈).

吐含山佛國寺: 불국사 경내의 형국은 金水山을 이루는데 마치 손아귀같이 생긴 입수맥에서 좌우로 갈라져 나온 용맥이 불국사를 안고 있는 모습이다. 鳳凰抱卵形. 토함산은 경주의 鎭山이며 祖山.

金剛山(北岳): 동천동과 용강동에 걸쳐 있는 산. 143미터. 남쪽 기슭에 신라 제4대 탈해왕릉이 있음. 신라에 큰 일이 있을 때는 대신들이 이 산에 모여 會議하여 성공함. 제23대 법흥왕 때 이차돈이 순교할 때 그의 목이 이 산에 떨어졌으므로 절을 세워 刺楸寺라 하여 추모함.

도두랑산(陶唐山, 檣頭山): 교동, 인왕동과 탑동에 걸쳐 있는 산. 95미터. 경주 향교의 案山으로 높고 낮은 봉우리가 병풍을 둘러친 듯 벌여 있는데 신라 때 임금이 바뀔 때마다 반드시 이 산에서 굿을 했다 한다. 또 고려 태조 왕건이 경순왕을 보려고 경주에 왔다가 지형을 보니 배가 떠 가는 형국(行舟形)으로 이 산은 그 배의 돛에 해당되므로 그대로 두면 장차 신라가 다시 크게 일어날 것이라는 도참설에 따라 동쪽 산맥을 끊었다 함.

동네갓: 마동과 진현동에 걸쳐 있는 산. 186미터. 동네 소유의 말림갓이 있었음.

明珠峰(봉우만댕이, 烽臺山, 月朗山): 광명동과 호현동에 걸쳐 있는 산. 360미터. 봉화를 올렸음. 雲中半月形이라 함.

天馬山(성짓골산): 천군동과 하동에 걸쳐 있는 산. 248미터. 天馬出陣形으로 되었다 함.

皇福山(낭산): 인왕동과 구황동에 걸쳐 있는 산. 106미터. 산허리에 신라 제37대 선덕여왕릉이 있음. 제18대 실성왕 12년(413) 8월 이 산에서 구름이 누각과 같이 피어 오르고 그윽한 향기가 오랫동안 그치지 아니하므로 이곳은 반드시 神靈이 내려와 노는 福地라 하여 이 산의 나무를 禁養하였다 함. 제20대 자비왕 때에 百結先生이 살았음.

울뱅이: 고란 서쪽에 있는 골짜기. 마을에서 이곳이 보이면 마을에 해롭다 하여 울타리처럼 나무를 심어 가렸다 함.

鷄林(始林): 제4대 탈해왕 9년(65) 3월 어느 날 밤에 시림에서 닭 우는 소리를 듣고 金閼智를 찾아냄. 그래서 이곳에 鷄林金氏始祖誕降遺墟碑가 세워져 있음. 조선 순조 3년(1803)에 세움. 옛적부터 신성한 곳으로 보호하여 시림이라 하였음.

최부잣집: 校洞 69번지 곧 교촌 안에 있는 조선 시대 기와집. 경주최씨가 대대로 살고 있음. 민속 자료 제27호. 『삼국유사』에 나오는 탈해왕의 반월성 쟁취 설화는 신라식 자생 풍수의 한 흔적을 찾아볼 수 있는 사례가 된다고 여겨짐.

경주의 형국은 전체적으로 남쪽에서 올라온 붉은 연꽃(紅蓮)이 서쪽을 향해 핀 白蓮으로 변해 결국 蓮花形을 이루는 형세다. 누가 보든 경주를 둘러싼 산들은 하나같이 연꽃 잎이 바람에 나풀거리는 모습이어서 불교와의 인연을 떨칠 수 없다고 한다.

일설에는 경주를 行舟形이라 보기도 한다. 현재도 남아 있는 황남동 쪽샘 근처의 우물을 비롯한 경주 시내의 우물들이 신라 말에 대거 등장하는데 이로 말미암아 배의 밑창에 구멍이 생겨 신라라는 배가 가라앉게 되었다는 도참적 설화도 전해진다.

경주의 主山은 토함산, 案山은 선도산, 白虎는 토함산에서 뻗어 온 금강산(北嶽), 靑龍은 금오산(남산)인데, 경주의 인물은 금오산 정기에서 배출되고 있다. 한편 최부잣집의 집터는 토함산에서 내려온 氣가 반월성을 이룬 뒤 나머지 기운이 계림 앞에서 작은 산을 만들고 좌우로 龍虎의 구릉을 이뤘고 그 가운데 남향으로 터를 잡았다. 안산은 금오산 앞의 작은 산으로 병풍을 이뤘고 그 너머 朝山(금오산)은 요염함을 뽐내고 있다.

물은 반월성을 감싸고 흘러 온 문천(모기내, 남천)이 집앞을 역시 감싸듯 동에서 서로 흘러 가 형산강에 이른다. 형산강은 腰帶水가 되고 모기내의 수구에는 望山이 倉庫 모습을 띠고 있으니 富豪가 머물 수 있는 곳이다. 특히 案山 앞의 논은 층층을 이루면서 이른바 朝來水(명당 앞으로 흘러 오는 물)를 형성, 當代發福의 기운까지 보여주고 있다. 그러나 반월성을 이룬 나머지 기운이 뻗어 온 까닭에 龍勢가 그리 큰 편이 아니어서 아쉬움을 남긴다.

오리숲(五里藪, 오리쑤, 아리숲, 아리쑤): 구황룡 북쪽 북천걸 남쪽 가에 있는 숲. 고려 제8대 현종 때 북천걸의 냇물이 자주 범람하여 경주시 인가로 들어가므로 이를 방지하기 위하여 돌로 냇둑을 튼튼히 쌓고 나무를 심어 가꾸어서 그 길이가 오리나 되었음. 보문동의 웃쑤(보문숲) 아래쪽이 됨.

黃龍寺九層塔터: 황룡사 터 남쪽에 있는 구층 나무탑의 터. 신라 제27대 선덕여왕 때 자장율사가 당나라에 가서 불법을 구하는 중에 太和池를 지날 때 홀연 한 神人이 나타나서 〈지금 너의 나라는 여자가 임금이 되어 덕은 있으나 위엄이 없으므로 이웃 나라에서 침해하려 하니 본국으로 돌아가서 구층탑을 이룩하면 이웃 나라가 항복하고 九韓이 와서 조공하여 왕업이 길이 태평할 것이며, 탑을 세운 뒤에 팔관회를 베풀고 죄인을 사하면 외적이 해하지 못할 것〉이라 하여 세운 것임.

定康王陵: 남산동 산 53번지 곧 안말 서북쪽에 있는 신라 제50대 정강왕의 능.

憲康王陵: 남산동 산 55번지 곧 정강왕릉 북쪽에 있는 신라 제49대 헌강왕의 능.

鳳凰臺: 노동리 고분군에 있는 신라 때의 무덤. 전설에는 경주의 지형이 鳳凰飛舞形이므로 봉황이 다른 곳으로 날아가지 않게 하기 위하여 봉황의 알과 같이 작은 산을 많이 만들어 놓은 것이라 함.

박바우(박방우, 박암, 瓢岩): 탈해왕릉 서북쪽에 있는 박바우산 위에 있는 바위 더미. 신라 때 경주에서 이 바위가 정면에 바라다보이므로 경주 고을 터의 운수, 기운을 위압하고 있다 하여 바위가 보이지 않도록 박을 심어서 그 덩굴이 바위를 덮었다 함. 박바우에는 경주이씨 시조 李謁平이 하늘에서 내려온 터가 있다 함.

밤숲새미(밤쑤새미, 栗林亭): 밤숲 안 곧 미추왕릉과 숭혜전 중간에 있는 우물. 고려 태조 왕건이 신라의 경순왕을 만나러 경주에 왔다가 지형을 살펴보니 行舟形으로 되었으므로 이대로 둔다면 앞으로 신라가 다시 크게 일어날 것 같으므로 지관을 불러 그 방책을 물으니 배의 돛대에 해당되는 도두랑산의 穴을 끊고 곳곳에 작은 산을 만들고 깊은 우물을 파라고 하므로 그 말대로 그때 파서 생긴 우물이라 함. 이는 산 같은 짐을 싣고 떠 가는 배 밑에 구멍을 뚫은 것과 같아서 신라는 물속에 가라앉은 격이 되어 마침내 망하였다 함.

동매(獨山): 황성동 고성 서북쪽 외따로 있는 작은 산. 27미터. 신라 때 도읍의 북쪽이 허하므로 이를 裨補하기 위해 이 산을 쌓아 만들었다 하며 산 위에 옛 성터가 있음.
복햇골(伏虎谷): 진현동 물탕골 북쪽에 있는 골짜기. 伏虎形이라 함.
똥골: 천군동 큰닛골 남쪽에 있는 골짜기. 한길 위쪽으로 한갓지므로 행인들이 지나다가 똥을 잘 누었음.
光山(광대뱅이): 시래동 웃시래 동남쪽에 있는 마을. 어느 부자가 마을 앞산에 묘를 쓰려 하니 마을에 해롭다 하여 쓰지 못하게 하므로 광대를 불러서 광대 놀이를 하여 온 마을 사람들이 구경 간 사이에 몰래 묘를 썼다 함.

慶州郡 甘浦邑

경주군은 현재 전역이 경주시로 승격하였음.
▶ **虎洞里**(너범): 지형이 네 마리의 범이 앉아 있는 형국이라 하여 붙은 지명.

慶州郡 江東面

▶ **良洞里**
　손씨집: 三南四大吉地의 하나. 勿字形 터의 집. 입향조 孫昭(1433-1484)가 집을 고를 때 풍수 지관이 말하기를 기름진 땅에서는 큰 인물이 나지 않는다 하여 현재의 산비탈에 자리 잡았다 함. 또 그는 마을 뒷산의 文丈峰에서 흘러 내린 산줄기가 勿字形이고 그 혈맥이 바로 손씨 집터에 뭉쳐 있다면서 三血食君子之處인 이 집에서 세 사람의 위대한 인물이 태어날 것이라 했는데 실제로 孫仲暾(1463-1529)과 李彦迪(1495-1533)이 태어났음. 그러나 아직 한 사람은 태어나지 않았으므로 그에 대한 기대가 크다고 전함.

慶州郡 乾川邑

▶ **大谷里**(한실)
　장군혈지른데: 군마 동쪽에 있는 산. 임진왜란 때 이여송이 將軍大坐穴의 명당이 있다 하여 혈을 지른 곳(斷穴處)이라 함.
▶ **薪坪里**(섶들)
　女根谷(여공골, 小山골, 小門골): 섶들 서남쪽 여공산에 있는 골짜기. 지형이 누워 있는 여자의 女根(小門, 보지)처럼 생겼음. 신라 제27대 선덕여왕이 어느 겨울날 靈廟寺의 玉門池라는 연못에 개구리가 3, 4일을 모여 운다는 보고를 듣고 정병 2천을 서쪽 교외 女根谷으로 출병케 하여 거기 숨어 있던 백제 정병 5백 명을 섬멸하였던 고사가 있다. 개구리가 우는 것은 병사가 있음이요, 옥문은 女根이며 여근은 陰이고 색상은 白色이고 방위는 西方에 해당된다. 또 男根은 본래 女根 안에 들어가면 죽는 법이라 그런 兵을 쓸 수 있었다는 것이다(『삼국유사』, 村山).

慶州郡 內南面

▶蘆谷里(노실, 역촌)
댕댕잇고개(당대현): 두들배기 남쪽에 있는 고개. 부근에 當代發福할 명당이 있다 함.

慶州郡 山內面

▶甘山里
조산걸: 방터 남쪽에 있는 마을. 마을의 虛缺處를 裨補하기 위하여 인공으로 만든 조산이 있음.

▶內七里(안옻밭)
개밋골(蟻洞): 안옻밭 동쪽에 있는 마을. 개미 형국이라 함.

慶州郡 陽南面

▶環西里
九萬里: 전뱅이 북쪽 깊숙한 곳에 있는 마을. 구만석꾼이 살 만한 명당이 있다 함.

慶州郡 外東邑

▶石溪里
선돌(立石): 선돌배기(갈미들에 있는 논)에 있는 우뚝 선 돌. 이곳의 지형이 行舟形으로 되었다 하여 배의 돛대로서 이 돌을 세웠다 함.

慶州郡 見谷面

▶柯亭里
최제우집터: 가정 서쪽 산밑에 있는 동학 교주 최제우의 집터.

高靈郡 開津面

▶盤雲洞(사리움): 앞 내가 동그랗게 사린 것처럼 생겼으므로 붙은 지명.
▶良田洞
알터(大伐里): 양전 서남쪽에 있는 마을. 지형이 꿩이 알을 품은 형국(伏雉抱卵形)이라 함.
▶仁安洞
꼬미(雉山): 인안 북서쪽에 있는 마을. 伏雉形이라 함.
▶直洞
조산터(造山洞): 새리 서북쪽에 있는 마을. 마을의 虛缺處를 裨補하기 위한 造山이 있었으나 지금은 없어짐.

高靈郡 高靈面

▶ 池山洞(못안)

月基: 당간지주 남쪽에 있는 마을. 지형이 달처럼 생겨서 15호 미만이면 마을이 흥하고 15호가 넘으면 그만큼 망하게 되는데 이것은 달이 차면 기우는 것과 같은 이치라 함.

▶ 快賓洞

于勒先生터: 메나릿골 입구에 있는 터. 대가야국 가실왕 때 악사 우륵이 이곳에 살면서 가야금을 만들었다 함.

高靈郡 茶山面

▶ 湖村洞(높마)

造山: 조산걸에 있는 산. 평리동 닷기 마을에 地氣가 허한 곳이 있는데 이를 보호하기 위하여 조그마한 산을 만들고 나무를 길렀음.

高靈郡 德谷面

▶ 禮洞

각시바우(처녀방우): 안산 위에 있는 바위. 바위틈에서 물이 나오는데 큰 가뭄에도 마르지 아니함. 그 모습이 마치 여자의 陰門에서 陰水가 나오는 듯하여 반드시 그 앞을 가렸다고 함.

지금은 물이 말랐음.

▶ 玉溪洞(위끼)

불방우: 위끼 서쪽에 있는 바위. 불알처럼 생겼음.

高靈郡 星山面

▶ 箕山洞(기싯): 기싯(키)처럼 생겼으므로 붙은 지명.

▶ 上龍洞: 龍沼 위쪽이므로 또는 上龍昇天形이므로 붙은 지명.

高靈郡 雙林面

▶ 高谷洞(고실): 북처럼 생겼으므로 붙은 지명.

▶ 山州洞(산골)

萬代山申氏墓: 매징이재 아래에 있는 고려 검교 군기감 申用成의 묘. 고령 신씨의 시조 묘가 되며 萬代榮華之地라 함.

萬代山(可岾山): 고령군 쌍림면과 경남 합천군 율곡면, 합천읍, 묘산면, 야로면에 걸쳐 있는 산. 688미터. 본래 가점산이라 하였는데 고려 檢校軍器監 申成用의 묘를 이 산에 쓰고 萬代榮華之地라 하여 萬代山이라 함.

▶ 下車洞(학골)

饒峯山(玉女峯): 학골 뒤에 있는 산. 옥

녀가 玉轎에서 내리는 형국이라 함.

高靈郡 牛谷面

▶涑洞(숩골, 속골)
造山: 삼청동방우 옆에 있는 조그마한 산. 속골 마을의 地氣가 虛한 곳을 裨補하기 위하여 이 산을 만들었음.

▶蓮洞
개장지: 빈등 서쪽에 있는 들. 개의 자지처럼 생겼다 함.
말무듬: 빈등 북쪽 길가에 있는 큰 무덤. 선조 때 명나라에서 조선으로 귀화한 地師 杜師聰의 말이 죽어서 이곳에 묻었다 함. 두사총의 무덤은 대구 시내에 있음.

高靈郡 雲水面

▶大坪洞
黑水: 대평동에서 으뜸가는 마을. 샘을 파면 물이 검어서 먹지 못하기 때문에 할 수 없이 대가천의 물을 食水로 씀.

▶花岩洞
안꽃질수: 웃꽃질 앞에 있는 藪. 소나무 50여 주와 버드나무 10여 주가 울창하여 숲을 이루었음.

龜尾市

道詵窟: 남통동 큰폭포 서북쪽에 있는 굴. 신라 말 도선국사가 이 굴에서 도를 닦았다 함. 임진왜란 때 인동, 개령 두 고을 사람 6백여 명이 이곳에서 피란했다 함.
모럽실(慕魯洞): 상모동에서 으뜸가는 마을. 단종 때 현감 白效淵이 善山으로 귀양 왔다가 단종이 쫓겨나서 노산군이 됨에 이곳에 은거하면서 노산군을 사모하여 마을 이름을 모로라 하였음. 박정희 전대통령이 이곳에서 태어났음.
梅花洞: 신부동 신넙 북동쪽에 있는 마을. 낙동강 가가 되는데 梅花落地形이라 함.
龜尾工團: 金烏山, 龜尾, 낙동강, 금릉군 남면의 扶桑, 선산군 아포면의 大聖, 칠곡군 약목면의 若木, 칠곡군 가산면의 架山, 성주군 월항면의 月恒 등의 지명이 있다. 금오산은 태양, 태양이 뜨는 곳이 부상, 지는 곳이 약목. 금오란 말은 태양의 정기를 지닌 물체를 형상화한 뜻이다. 이에 대해 달(太陰)에도 옥토끼로 상징되는 姮娥가 있어야 한다. 그것이 바로 월항이다. 낙동강은 河圖와 洛書의 후천 세계를 상징하는 낙수의 한국적 적용이라 보아야 하지 않을까 한다.

금오산은 逆으로 올라온 산이다. 소백산맥의 줄기가 추풍령에서 덕유산으로 뻗어 가던 중 무풍 대덕산에서 한 맥이 동남쪽으로 빠져 나온다. 이 맥에서 한쪽은 합천 가야산으로 가고 다른 한쪽은 1백여 리 거꾸로 올라와 우뚝 멈춰서 금오산을 만들었다. 명당이 광활한데다 앞의 朝案은 天生山(인동향교 뒤편 낙동강 건너 멀리 보이는 土星山)이 맡고 있다. 주산과 조산의 형상을 보면 금오산은 帶火 金星이고, 천생산은 巨門 土星이다. 즉 土生金이다.

득수를 보면 북쪽의 接星山과 趙明山 사이에서 낙동강이 들어와 공단 앞을 감싸고 돌아 남쪽의 鵲烏山 앞에서 빠져 나간다. 天門(물이 들어오는 쪽)은 넓고 광활하고 地戶(물이 빠져 나가는 곳)는 여러 산들이 겹겹이 감싸고 있어 물의 흐름을 더디게 하니 법도에 맞다고 하겠다. 그러나 금오산은 살기가 지나치게 강하다. 낙동강이 漏泄시켜 주기는 하지만 역시 살기는 그대로 살아 있다고 보아야 한다(최영주)는 주장도 있다.

軍威郡 古老面

▶ 槐山洞

風穴: 화산동 남서쪽 화산 기슭에 있는 굴. 넓이 3자 2치, 길이 2자 8치가 됨. 늘 찬바람이 나오는데 몹시 차서 초여름에도 얼음이 언다 함.

▶ 樂田洞

鴨谷寺: 조락 남서쪽에 있는 절. 신라 문무왕 12년(672)에 의상조사가 나무로 오리를 만들어 물에 띄워 오리가 머문 이곳에 절터를 잡았다고 함.

▶ 石山洞

작은한걸(미륵댕이): 한걸솔밭 동쪽에 있는 앉은 미륵. 해주오씨가 자기가 죽은 후 자손이 망하리라 하여 토지를 동네에 주면서 미륵을 만들어 위해 줄 것을 부탁하였으므로 이 미륵을 세우고 위하였는데 해방 후 자손이 토지를 팔아서 현재는 위하지 않음.

▶ 華北洞

능동: 둥딩 북쪽에 있는 등성이. 보각국사 일연이 어머니 묘를 썼다 함.

부두골: 둥딩 서쪽에 있는 골짜기. 보각국사 일연의 부도가 있음.

麟角寺: 인각 남쪽에 있는 절. 절벽에서 기린이 놀다가 뿔이 빠져서 인각사라 하였다 하며 신라 때 의상조사가 창건하였다 함. 고려 때 일연이 이곳에서 『삼국유사』를 저술하였으며 숙종 25년(1699) 현감 朴聖漢이 증축함.

▶ 華水洞

말똥구무: 장군목지 북쪽에 있는 등성이. 말의 똥구멍 모양이라 함.
부랄등: 장군목지 동쪽에 있는 등성이. 모양이 불알처럼 생겼다 함.
어림빗: 고도모랭이 서남쪽 건너편에 있는 등성이. 지형이 옥녀봉의 옥녀가 빗는 얼레빗 형국으로 되었다 함.
참빗: 집실 서쪽에 있는 등성이. 지형이 옥녀봉 밑으로 옥녀봉의 옥녀가 빗는 참빗 형국으로 되었다 함.

軍威郡 軍威邑

▶東部洞
池唐난개: 오항 남쪽에 있는 산. 임진왜란 때 이여송이 산의 목을 끊어서 못을 팠다 함.
▶下谷洞
喝飮里: 동리 동남쪽에 있는 마을. 앞산이 渴馬飮水形으로 생겼다 함.

軍威郡 友保面

▶美城洞
조산 정자나무: 성들 서쪽에 있는 정자나무. 마을의 地氣虛缺處를 裨補하기 위하여 심은 것이라 함.

軍威郡 義興面

▶蓮桂洞
배에터: 백련동 서북쪽에 있는 마을. 배(舟) 형국이라 함.

軍威郡 孝令面

▶不老洞
조산나무: 불로동 동쪽에 있는 두 아름 되는 괴목. 마을의 지기허결처를 비보하기 위하여 심은 나무라 함.
▶城洞(잿골)
말목징이: 성잿골과 노루바우골 막바지에 있는 목. 지형이 산맥의 혈을 끊은 형국이라 함.

金陵郡 甘文面

현재 금릉군은 모두 김천시로 편입되었음.
▶鳳南洞
鳥水곡: 대조에서 보광동의 배시내로 넘어가는 고개. 새가 물을 먹는 형국이라 함.

金陵郡 甘川面

▶龍虎洞
조리설: 북룡 남쪽에 있는 묘. 조리穴이

라 함. 설이란 穴의 이 지방 사투리임.

金陵郡 開寧面

▶ 東部洞

범의머리(虎頭山): 옥동 서쪽에 있는 산. 모양이 와호동의 누운 범의 머리에 해당됨.

臥虎洞: 옥동 서쪽에 있는 마을. 호랑이가 누워 있는 형국(臥虎形)임.

金陵郡 龜城面

▶ 光明洞
▶ 기럴(耆洞, 只洞)마을 답사

풍수는 말하자면 우리 민족의 전통적이고 자생적인 지리 사상이다. 그렇기 때문에 어떤 지표 현상이라도 풍수적 해석은 가능하다. 그것이 마을이든 도시든 논밭이든 산천이든, 땅에 관한 것이라면 어떤 것이라도 풍수가의 안목으로 해석이 가능하다는 뜻이다. 풍수가의 안목은 서양 지리학자의 접근법과는 본질적인 차이가 있다. 무엇보다 중요한 것은 풍수는 땅을 철저히 살아 있는 것으로 본다는 점이다. 이 점에서 처음부터 서양의 사고 방식으로는 납득할 수 없는 논리 전개가 이루어질 수밖에 없다.

땅을 그저 단순한 흙과 돌과 미생물과 수분의 혼합체인 물질로 규정짓고 따져 보는 서구식 합리주의자의 입장에서는 땅에 그런 물질적인 것 외에 어떤 생명의 흐름이 있다는 사고 방식은 도저히 이해할 수 없을 수밖에 없다.

문제는 땅을 물질로만 보았을 때와 생명을 지닌 것으로 보았을 때에 무슨 차이가 생기느냐에 있다. 〈물질인 땅〉이라고만 본다면 그것은 단지 소유와 이용의 대상밖에는 될 수가 없다. 소유와 이용은 욕심의 작용이다. 욕심은 소유와 이용이라는 용도가 폐기된 다음에는 철저한 버림이 남을 뿐이다. 그것이 바로 오염이다.

생명은 소유와 이용의 대상일 수만은 없다. 만약에 그런 일이 벌어진다면 그것은 비인간적인 일이다. 풍수는 땅을 생명으로 인식하는 만큼 땅을 비인간적으로 바라보지 않는다. 당연히 그 취급도 비인간적인 것이 될 수가 없다. 그런 풍수의 눈으로 기럴마을을 보기로 한다.

경북 김천에서 지례를 향하여 가다가 고목다리 못 미쳐서 왼쪽 길로 접어들면 감천내를 따라 방축길이 나 있고 그 길을 조금 내려가면 닿는 곳이 기럴(기동)이다. 백두대간의 주맥이 태백과 소백을 거쳐 속리산에서 불끈 힘을 돋웠다가 황학산에 매듭을 지어 일단 結節을 이룬 후 동쪽으로 방향을 틀어 김천 명당을 형성한 뒤 이어서 동구지산, 덕대산을 지나

604

매봉산에 이르러 송죽리의 주산을 담게 된다. 매봉산 줄기가 다시 남쪽으로 내려와 甘川을 만나 그 맥을 멈추니(界水則止), 마을 뒤 241미터의 무명봉이 마을의 의지처로서 진산의 역할을 한다.

무릇 요즈음의 풍수가 쟁쟁한 인물을 배출한 名里班村(유명한 양반 마을)만을 그 관심 대상으로 삼아 왔으나 이것은 매우 잘못된 일이다. 도대체 쟁쟁한 인물의 개념도 모호하거니와 그런 마을들의 입지는 상당히 왜곡 과장되어 알려진 측면이 강하기 때문에 오히려 풍수가 말하고자 하는 모든 사람들이 더불어 잘사는 명당 터를 설명하는 데는 별로 좋지 않은 영향을 미쳤기 때문에 그러하다.

삶이 쟁쟁한 인물들로만 이루어지는 것도 아니고 역사가 그들 위주로 씌어진 것도 썩 바람직한 일은 아니었을테니까 말이다.

옛 풍수서가 지적한 대로 〈풍수에서 완전한 땅이란 없는 법(風水無全美)〉이다. 성현이 태어난 곳일지라도 그 터에 흠이 없을 수는 없다. 풍수를 공부하는 사람들에게 풍수 스승들이 내린 여러 가르침 중에 親山(자신의 부모님 모실 자리를 잡는 것)과 壽墓(자신의 무덤 자리를 잡는 일)를 삼가라는 것이 있다. 친산이나 수묘를 하게 되면 완벽한 자리를 잡겠다는 욕심에 눈이 어두워져 산을 올바로 볼 수 없게 되는 일을 경계한 말이다. 욕심이 눈을 가리면 사실상 그 풍수는 끝난 것이다. 경북 금릉군 구성면(현재의 김천시 구성면) 기럴마을은 民村 아닌 班村이면서, 탁월하다고는 말할 수 없지만 어찌 보자면 우리 마을들의 전형적인 입지 유형에서는 상당히 벗어난 촌락으로, 그 산천의 모양이 특이한 바가 있어 풍수를 공부하는 사람들은 한번쯤 살펴볼 가치가 충분한 곳이기도 하다.

마을의 거시적 윤곽은 전형적인 太極形으로, 태극 사이의 陰陽을 가르는 경계는 감천이 맡고 있었다. 감천의 서쪽은 陽으로 산 사람들의 삶터(陽之動處)이고, 동쪽은 陰으로 죽은 사람들의 영원의 거소(陰之靜處)로 구성되어 있다. 철저한 陰陽對比, 生死對比의 공간 구조이다. 그러나 그 구분과 대비는 상호 대척적이고 투쟁적인 구도가 아니라 마치 음양의 조화처럼 크게 하나의 공간을 아우르는 틀이다.

흔히 음양을 이분법적인 것으로 파악하는 것은 대단한 오해이다. 음양은 설명의 편의상 〈남자와 여자〉니 〈여름과 겨울〉이니 〈밤과 낮〉이니 하여 예시하지만 그 실에 있어서는 분리될 수 없는 성질이다. 마치 자석에 양극과 음극이 있으되, 자석 그 자체는 결코 양극 한 가지 또는 음극 한 가지로 분리될 수 없는 것과 마찬가지다. 자석을 놓고 여기부터가 음극, 그리고 저기부터가 양극이라고 말할 수는 없다. 자석을 반으로 자르면 양극이었던 자리가 음극이 되어 버리기 때문이다. 그런데도 하나의 자석에 양극성은 명백히 존재하고 있다.

우리나라 전통 마을의 전형적인 공간 구조는 삶의 공간과 죽음의 공간, 즉 마을과 산소들이 서로 마주 보는 기럴마을과 같은 것이 아니라 一列竝存의 것이다.

우리들 공간 관념 속에서 삶과 죽음의 공간은 엄격히 분리되어 있는 것이 아니었다. 우리는 죽어 黃泉을 간다고 생각하여 왔다. 辭源에 의하면 黃은 〈天玄而地黃〉, 泉은 〈水源也 山下出泉〉이라 하였으니 황천은 결국 산밑, 물이 흘러 나오기 시작하는 땅속이 된다.

우리나라의 산들은 윗부분의 급경사부와 아랫부분의 완경사면이 경사 변환점 knick point을 경계로 하여 확연히 구별이 된다. 급경사부에는 산림지가, 경사 변환점 부근, 즉 황천에는 묘지가, 그리고 산록 완사면부에는 과수 혹은 뽕밭 등 경제림이나 잡목림이 나타난다. 그리고 완사면의 말단부, 즉 산과 평야의 접촉점에 마을이 입지하며 좌우로는 역시 잡목림이나 산림으로 보호받는 형태에, 그 앞쪽으로 논밭과 하천이 펼쳐지는 경관 배열을 가장 전형적인 토지 이용으로 한다.

묘지와 마을은 같은 산록 완사면 위에서 상단부와 말단부를 차지하여 혼합적인 삶과 죽음의 공간 관념을 나타내고 있다. 다만 죽음의 공간은 급사면이라는 脫俗의 장소와 완사면이라는 世俗의 장소를 兼倂함으로써 소위 聖과 俗의 대비를 현출하기도 한다.

또한 마을의 진입 공간과 내부 구조는 자연 환경과 인공 시설물을 적극적으로 이용하여 마을 밖에서는 보이지 않고 그러면서도 답답하지 않은, 그리고 아늑하고 따뜻한 공간 배치를 하였다. 그 안에 들어가는 한옥의 구조 역시 조화와 균형이라는 풍수 원리를 어기지 않고 있음은 물론이다.

기럴의 경우는 그러한 전통 마을 공간 구성과는 달리 삶의 공간과 죽음의 공간이 서로 마주 보며 배치된 특성을 보이고 있다. 마을 洞口에서 보아 왼편 241미터 무명봉 쪽이 삶의 공간인 마을이고 오른편 안산 쪽이 죽음의 공간인 성산여씨 선산이다.

마을의 형국은 날아가던 학이 둥지를 찾아드는 모양의 飛鶴歸巢形이고, 선산의 형국은 거미가 알을 품고 있는 모양의 蜘蛛抱卵形이다. 학은 陽이고 거미는 陰이다. 그러나 양은 양, 음은 음인 채로가 아니다. 양 속에 음이 있고 음 속에 양이 있다. 양 속의 음은 학의 눈이고 음 속의 양은 거미가 품고 있는 알 부분이다. 마을 사람들은 학의 눈 자리에서 조상의 혼령이라든가 신령에 대한 의식을 回憶하게 된다. 삶터에서의 죽음에 관한 생각인 셈이다. 그러니 陽中陰이 되는 것이다. 거미 알 자리에 영원의 휴식처를 마련한 조상의 산소들은 孵化로 상징되는 再生을 꿈꾸게 된다. 죽음의 공간에서 삶을 생각하는 셈이다. 그러니 陰中陽이 되는 것이다.

학은 두 마리의 물고기를 부리에 물고 있다. 학과 거미를 가시적으로는 분리시키면서도 풍수 생태적으로는 결합을 시키고 있는 것이 그 사이를 태극 모양으로 曲流하며 흐르는 감천이다.

마을은 학에 안겨 자리 잡고 있는데, 모두 세 군데이다. 핵심적인 자리(穴場)라 할 수 있는 학의 먹이인 물고기 위치에는 상리가, 학의 목덜미 부위에는 중말이, 그리고 학의 겨드랑이 부분에는 하촌이 위치한다. 여기서 상당히 까다로운 입지 선정의 문제가 발생하는데, 만약 이 학이 둥지로 돌아와 쉬고 있는 상태가 아니라 알을 품고 있는 鶴巢抱卵形이라면, 핵심적인 자리는 물고기 위치가 아니라 겨드랑이 부위가 된다. 그러나 알을 품고 있는 학은 먹이를 먹지 않는다. 그런데 이 학은 먹이를 물고 있다. 그러니 학소포란형이 아니라 비학귀소형이 되는 것이다.

그렇기 때문에 이 명당의 혈장은 하촌이 아닌 상촌이 될 수밖에 없는 풍수 지세이다. 아마도 세 마을 중 가장 세력이 컸던 곳은 틀림없이 상리였을 것으로 예측되었는데, 이 점은 현지 답사 결과 그렇다는 것이 판명되었다.

마을 앞쪽 감천 건너편에 있는 거미는 자기를 마주 보고 있는 학 때문에 사실은 불안하다. 그러나 학은 이미 먹이를 물고 있는 상황이고 더구나 양자 사이에는 감천이라는 꽤 넓은 하천이 가로막고 있기 때문에 위험하지는 않다. 학의 처지로서는 물고 있는 물고기를 다 먹고 난 다음에도 거미라는 먹이가 또 있으니 마음이 놓인다. 그러니 마을 자리는 더욱 좋은 것이란 풍수 해석이 가능하다.

거미 위치에서의 혈장, 그러니까 산소 자리로 가장 좋은 곳은 거미가 두 개의 앞발로 움켜 쥐고 있는 알의 자리이다. 따라서 이곳에 산소를 쓰자면 다닥다닥 붙어 있는 거미 알을 닮도록 작은 산소 여러 개를 모시는 것이 올바른 방법이다. 공연히 욕심을 내어 큰 산소를 쓰는 것은 이 땅의 성격을 모르고 하는 행위일 뿐이다. 우리 땅은 묘한 곳이어서, 규모가 크고 무거운 석물을 올려 놓는 것이 좋은 산소 자리는 거의 없다고 하여도 과언이 아니다. 坐向은 건너편 학의 눈을 향해야 한다. 陰에서 陽中陰을 지향한다는 뜻이다. 술법적인 해석으로는, 그래야 거미가 학의 거동을 살펴 위험을 방지할 수 있기 때문이다.

太極과 陰陽과 生死對比의 땅. 기럴마을 入鄕祖는 이 터를 잡은 뒤에 한시름 덜었을 것이다. 이제 이 학의 품에 안겨 살다가 죽어 저 거미의 알 자리에서 영원히 휴식을 취하리라고.

그런데 안타깝다. 마을 뒤편 감천내가 마을로 들어오는 곳에 直江 공사가 벌어져 이미 상당 부분 마을의 형세를 파괴하고 있으니 말이다. 또 하나의 안락했던 조상 터가 사라질 위기이다.

▶ 米坪里(밑들)
지품(지금대): 미평 북서쪽에 있는 마을. 뒷산이 玉女織錦形이라 함.

▶ 林泉里(장자울)
단수(丹桂): 임천리에서 중심되는 마을. 뒷산 모양이 계수나무 같으며 단풍나무가 우거져 있음.

金陵郡 大德面

▶ 館基리(관터)
虎尾(好美): 관기 북쪽에 있는 마을. 뒷산이 호랑이같이 생겼는데 마을이 위치한 장소가 호랑이 꼬리 부분에 해당된다 함.

▶ 內甘里(웃감주)
자지봉: 중감 남쪽에 있는 산.

金陵郡 代項面

▶ 雲水里
黃岳山直指寺: 황악산은 三道峯의 줄기이다.

金陵郡 鳳山面

▶ 廣川洞
돌목(敦睦): 광천동 서쪽에 있는 마을. 마을 앞에 造山이 있음.

金陵郡 釜項面

(제1권 2장 참조)

▶ 大也里(대골, 대야골): 큰 산이 둘러 있어서 대야처럼 생겼으므로 붙은 지명.
山祭堂: 갈불과 대야 사이의 紅心山(526m. 부엉덤) 밑에 있는 산제당.
조산걸들: 인풍정 근처에 있는 들. 造山이 있음.
紅心洞: 대야리 서쪽에 있었던 마을. 지금은 폐촌되었음.

▶ 斗山里(말미): 말처럼 생겼음.
山祭堂: 갈계 북쪽에 있음. 정월 열나흗날에 산제를 지냄.

약물봉: 말미 서남쪽에 있는 산. 467미
터. 샘으로 유명함.
▶沙等里(사드래, 沙月, 沙川, 沙湖): 두
내 사이가 되므로 사드래라 함.
　시루봉(甑峯): 한적동 서쪽에 있는 산.
시루 모양.
　活人山: 사드래 북쪽에 있는 산.
▶新玉里
　신소(밤소, 夜梳, 밤시, 栗里): 신옥리
동쪽에 있는 마을. 밤에 옥녀가 머리
를 빗는 모양.
▶安礵里: 높은 산 안쪽 골짜기가 되므
로 붙은 지명.
　병목안: 사기점과 안간 사이에 있는 골
짜기. 병목 모양.
▶魚田里(어전골)
　가목재(釜項嶺): 가목에서 전북 무주
군 무풍면 금평리 쑥뱅이로 넘어가는
고개.
　山祭堂: 가목 뒤에 있음. 정월 보름에
산제를 지냄.
▶月谷里(다리실): 금두꺼비가 달을 바라
보는 형국(金蟾望月形)이라 함.
▶柳村里(버드내, 버들내): 앞 냇가에 버
드나무가 많으므로 붙은 지명.
　龍村: 동산 남쪽에 있는 마을. 飛龍峰
(440m) 밑이 됨.
▶智佐里(지자실, 한송정)
　寒松亭: 지자실 동쪽 내 건너에 있는

정자. 사방에 기이한 봉우리가 둘러
있고 맑은 물을 굽어보며 수백 주의
소나무가 숲을 이루어 유명하였는데
1936년 병자년 장마에 유실됨.
▶巴川里(봄내, 春川)
　고미지: 숲실에서 충북 영동군 산촌면
물한리의 가래점으로 넘어가는 고개.
▶下垈里(아랫두대, 내터, 내대)
　박석이재: 하대 서쪽에서 전북 무주군
설천면으로 넘어가는 고개.
　조산마(匠村): 음지말 동쪽에 있는 마
을. 匠人들이 모여 살았다 하며, 남쪽
에 造山이 있음.
▶海印里(해인골)
　山祭堂: 해인동 서쪽에 있는 당.
　海印洞: 해인리 서북쪽에 있는 마을.
신라 때 해인사라는 절이 있었다 함.

金陵郡 牙浦邑

▶國士洞
　大池(한못, 大也池): 5백여 년 전 이
못 자리에 韓判書가 살았는데 아들 팔
형제가 모두 과거에 급제하여 명성이
천하를 울렸다. 마침내 天聽에 達하여
(임금이 이 소식을 들었다는 뜻) 逆謀
를 두려워 그의 宅地를 파서 못을 만
들었다 한다(『金泉鄕土史』). 뜰에 못
을 판다는 것은 집안을 절단낸다는 뜻

이다.
▶ 松川洞
金鷄: 하송 서남쪽에 있는 마을. 뒷산이 金鷄抱卵形이라 함.
造山들: 금천 서북쪽에 있는 들. 들의 地氣虛缺處를 裨補하기 위하여 인공적으로 쌓아 올린 것임.
▶ 帝錫洞
吉池: 임진왜란 후 백성은 도탄에 빠졌으나 조정은 아직도 정신을 못 차리고 당쟁에 여념이 없었다. 이에 吉云節이 동지를 규합하여 역모를 하다가 발각되어 당시의 開寧縣은 폐현되고 그의 택지는 파서 연못을 만드니 그곳이 지금의 吉地이다.

金陵郡 禦侮面

▶ 道岩洞
造山: 도암동 앞 동쪽에 있는 산. 마을의 지기허결처를 비보하기 위하여 취한 조처임.

金陵郡 甑山面

▶ 東安里
갈매재: 동안리와 평촌리에 걸쳐 있는 산. 渴馬飮水形으로 되었다 함.
조산말(金浦): 동안 동남쪽에 있는 마을. 마을의 虛함을 비보하기 위하여 인공적으로 만든 산이 있음.
▶ 修道里
修道寺: 수도리 513번지 수도산 중턱에 있는 평촌리의 청암사의 부속 암자. 신라 때 도선국사가 개창한 것이라 하며 경내에 보물 제297호 삼층석탑 2기와 석등이 있음.
▶ 坪村里(들마)
靑岩寺: 평촌리 88번지 불영산 기슭에 있는 해인사의 말사. 신라 말 도선국사가 창건했다 함.

金泉市

예못(芮人池): 부곡동 안새실 북쪽에 있는 못. 옛날 예씨가 살던 곳인데 역적으로 몰려 망하고 그 자리에 못을 팠다 함. 몽리 면적 5백 두락.
옥녀봉: 부곡동 옥산 뒤 남쪽에 있는 산. 玉女散髮形이라 함.
琴音: 신음동 새트 북쪽에 있는 마을. 玉女彈琴形이라 함.

達城郡 嘉昌面

달성군은 현재 대구광역시 관할로 되어 있음. 따라서 이곳은 대구광역시 달성군 가창면이 정확한 행정 명칭이 됨.

▶冷泉洞(찬새미)
造山: 대천 중앙에 있는 작은 산. 정월 보름에 동제를 지냄.
▶丹山洞
조산골: 굼촌 동남쪽에 있는 마을. 造山이 있음.
▶蛛洞(거무골)
造山: 아래거무골 어귀에 있는 작은 산. 거무골을 수호하기 위하여 산을 만들고 당나무를 심어서 매년 정월 보름에 제사를 지냄.

達城郡 求智面

▶臺岩洞
忠翼公墓: 신댕이 서쪽에 있는 임진왜란 때의 의병 대장 忘憂堂 충익공 郭再佑의 묘소.
▶道東洞
寒暄堂墓: 포롯골에 있는 한훤당 김굉필의 묘.
▶花山洞
나부실(蝶谷): 꽃밭등 위에 있는 마을. 나비가 꽃에 앉은 형국이라 함.

達城郡 論工面

▶金圃洞
돌미산(金鷄山): 금포동, 노이동과 옥포면 강림동, 송촌동에 걸쳐 있는 산. 298미터. 金鷄抱卵形의 명당이 있다 함.

達城郡 多斯面

▶釜谷洞
造山: 새마 앞에 있는 작은 산. 가무실 마을을 위하여 쌓아 만들었음.

達城郡 城西面

▶本里洞
공알방우: 큰갓에 있는 바위. 모양이 공알(음핵)처럼 생겼음.
▶新塘洞
五亭子(조설나무, 造山樹): 신당 앞에 있는 회화나무 정자. 마을을 위하여 造山을 만들고 회화나무 5그루를 심었는데 현재 3그루만 남아 있음.
▶龍山洞(교육가촌): 교육열이 훌륭하여 교육가가 현재 30여 명이 되므로 교육가촌이라 불리기도 함.
▶壯洞
堂山: 장골 뒤에 있는 산. 옛부터 당나무가 있었는데 1925년에 술 취한 일본 사람이 와서 불을 놓아 타 버린 뒤로 마을에 있는 소들이 많이 죽더니 계속하여 젊은 사람들이 많이 죽어서 청상

과부가 많이 났다. 마을 사람들이 크게 놀라서 당나무를 만들고자 나무를 심어도 살지 아니하므로 사람들이 많이 떠나 현재는 몇 집이 겨우 사는데 젊은 과부가 많아서 과부촌이라고도 불린다 함.
▶ 巴湖洞
혈지른데: 강창 서쪽 궁마산 중허리에 있는 굴. 이여송이 혈을 지른 것이라 함.

達城郡 玉浦面

▶ 盤松洞
造山: 조산걸 위에 있는 산. 地氣의 虛缺을 裨補하고자 인위적으로 만든 산임.
▶ 松村洞(솔비)
조산걸: 송촌 북쪽에 있는 마을.

達城郡 月背面

현재 대구광역시 달서구 월배동.
▶ 月岩洞
숲: 이리 서북쪽에 있는 숲. 낙동강의 물과 바람을 막기 위하여 긴 숲을 만들었음.

達城郡 瑜伽面

▶ 鳳洞(새가지)
筆峯: 봉동 동쪽 뒤에 있는 산. 고려 말에 妖僧 辛旽의 어머니 묘가 이 산에 있었는데 신돈이 화를 당한 뒤 파내고 못을 만들었음.
▶ 陰洞
신빙이: 필봉 밑에 있는 골짜기. 고려 때 신돈의 어머니를 이곳에 묻었는데 신돈이 화를 당하자 파서 못을 만들었음. 그 흔적이 남아 있음.
조뿔(照華峯): 굽바골 위에 있는 산. 당나라 一行(당나라 때의 유명한 風水師)이 말하기를 〈이 산이 중국에까지 비쳤다〉라고 하였다 함.

達城郡 河濱面

▶ 妙洞(묫골): 지형이 묘하게 생겼으므로 붙은 지명. 묘동 뒷산(龍山)은 남쪽으로 조금 터졌을 뿐 마치 한 마리의 용이 마을을 감싸 안듯이 둥글게 둘러 있어서 回龍顧尾形으로 평가됨. 박팽년의 손자가 처음 자리를 잡은 뒤 많은 인물을 배출했다고 함(김광언).

達城郡 玄風面

▶ 현풍 답사

자연이 병들면 그 품안에 사는 사람들 역시 병들기 마련이다. 공장 지대의 공기처럼, 서울의 시궁창 물처럼 더럽혀진 오염의 장소에서라면 그런 애기들은 조금도 신선한 것이 되지 못한다. 그런 공기, 그런 물은 누가 보아도 병든 것이 분명하니까. 우리는 그 속에서 살아가고 있다. 누가 보아도 병든 땅에서, 속은 썩어 시커 먼데 겉만 유독 허여멀건 채로 버텨 나가는 것이다. 우리의 아름다운 꿈은 사라지고 오직 汚染自然에 대한 適應者生存의 표어만 내걸고 죽음으로 향하고 있는 꼴이다.

미 기병대에 의하여 사행된 운디드니 인디언 집단 학살 현장에서 간신히 살아 남은 추장 〈검은 사슴〉은 말한다. 〈나는 (동족의 비참한 시신들뿐 아니라) 또 한 가지가 그 피묻은 진흙 속에 죽어 눈보라에 묻혀 있는 걸 본다. 한 민족의 꿈이 거기 죽어 있다. 그건 아름다운 꿈이었다. 이젠 사람간의 연줄은 끊어지고 흩어져 버렸다. 중심이라곤 없고 신선했던 수풀은 모두 말라 죽고 말았다.〉

우리 또한 다를 바가 없다. 우리도 조국 근대화와 함께 민족의 아름다운 꿈을 더럽혀진 자연 속에 묻어 버리고 만 것이다. 먹기는 많이 먹는데 기운이 생기지를 않는다. 건강 식품은 산같이 쌓이고 혐오스런 벌레들까지 거침없이 주워 먹으며 체력 단련법은 신선을 보장하는 단계까지 이르렀지만 어느 누가 지금의 사람들이 예전보다 건강해졌다고 할 수 있는가. 지난 6월 30일 어떤 이끌림에 의해서 玄風을 답사할 기회를 가졌다. 대구에서 남서쪽으로 멀지 않은 달성군 현풍이 바로 그곳이다. 서울에서 출발한 것이 아니라 전날 밤을 전남 장흥에서 자고 떠난 길이기 때문에 낙동강을 하류에서부터 보며 간 길이었다. 그러다 보니 강의 오염을 계속 보며 간 꼴이 되고 말았는데, 이것이 현풍의 인상을 남기는데 좋지 않은 영향을 미쳤는지 모를 일이다. 결론적인 애기지만 이 땅에 몇 가지 문제가 있는 것으로 판단했기에 하는 소리다.

이상하게도 여러 고장을 돌아다녔지만 현풍은 지금까지 지나쳐 지나가기만 했지 답사를 한 적은 없었다. 아마도 대구라는 큰 도시가 지척에 있고 특별한 지리 조사 대상으로 떠오른 경우가 없는 까닭이었을 것이다.

현풍은 조선조까지는 독립된 縣이었다. 그래서 각종 邑誌에도 玄風縣이라 수록되어 있는데도 이상하게도 山川條에 그 鎭山이 명기되어 있지 않다. 거의 반드시라고 해도 좋을 만큼 우리나라의 府, 牧,

郡, 縣 등 고을 취락들은 진산을 가지고 있는 법인데 현풍에는 그에 관한 기록이 없더라는 것이다. 본래 신라 때 推良火縣 또는 三良火縣이던 것을 경덕왕이 현으로 고쳐서 火王郡의 領縣을 삼았고, 고려 현종은 밀성군에 屬縣시켜 버린 적도 있으므로 말하자면 고을의 역사가 약간은 허망한 셈이기는 했다. 조선조 때는 縣監을 두어 다스리는 독립 고을이 되기도 하였으나 결국 고종 32(1895)년 창녕군에 편입되었다가 1914년 군면 통폐합 때 달성군의 일개 면으로 전락하고 말았다.

동쪽 가까이에 琵瑟山(1,083m)이라는 명산이 있기는 하다. 그러나 그 산이 현풍의 진산은 아니다. 진산이기 위해서는 그 아래 고을을 품는 자세를 취해야 명당이 조성되는 법인데 비슬산은 현풍을 향하여 몸을 여는 자세는 아니다. 또한 산 자체가 高山인데다가 산체도 창녕, 청도, 달성의 3개 군을 포용하는 부피이기 때문에 현풍을 감싸 안기에는 적합한 산이 못 되는 셈이다.

게다가 地名의 의미성 또한 문제가 없지 않다고 여겨진다. 玄이란 물론 검다는 원뜻을 지닌 글자다. 미묘하다든가, 깊다든가, 현묘하다는 따위의 뜻이 있는 반면에 陰濕하다는 뜻 또한 없는 것이 아니다. 四方守護神 중 玄武는 북쪽을 수호하는 신이다. 北은 五行에서 水에 해당된다.

결국 지명이 가지고 있는 뜻을 圖讖 식으로 해석한다면 현풍은 북쪽으로부터 음습한 물 기운이 침범하는 땅이 되어 버린다. 물론 客館 남쪽에 있었다던 仰風樓에 적혀 있던 李詹의 記에는 〈風으로 고을 이름을 지었으니 전후가 君子의 風度가 있는 때문일 것〉이라고 하였으니 현풍이라는 지명 의미를 위와 같은 식으로 보는 것은 필자의 과민 반응이거나 확대 해석일는지도 모른다.

풍수에서 음습한 물 기운이라고 하면 대체로 물에 瘴氣(요즘 말로 하자면 擬似 장티푸스 증세와 비슷한 일종의 풍토병을 옮길 수 있는 기운을 말함)가 있는 것으로 본다. 장기란 축축하고 더운 땅에서 생기는 毒氣로, 열병의 원인이 되는 산천에서 생기는 나쁜 기운이기 때문에 水因性 풍토병을 일으킬 수 있는 요인이 될 수 있다. 그런 탓인가 淸潭 이중환은 그의 『택리지』에서 장기가 있는 고을과 마을들을 비교적 소상히 소개해 놓고 있다. 황해도 금천과 평산을 비롯하여 상당히 많은 곳들이 장기가 서린 곳으로 기록되어 있으나 여기서 그 분석 정리는 생략하기로 한다. 다만 필자의 경험으로 청담이 장기가 서려 있어 살 만한 곳이 못 된다고 한 어느 남쪽 고을은 실제로 지금도 특이한 풍토병이 남아 있더라는 사실만 증언해 둔다.

그러나 필자는 여기서 현풍 전역이 장기에 노출된 곳이라고 단언하는 것은 결코 아니다. 우연한 기회에 현풍 천주 교회에 원인이 뚜렷치 못한 질병이 있어 그곳 신부님의 부탁으로 아주 짧은 시간 동안 그곳의 地氣를 읽은 적이 있다. 거기서 얻은 氣感에 의하면 필시 그 병의 원인이 장기에 의한 것이라는 짐작일 뿐, 결코 현풍 전체를 거론하고자 하는 것은 아니라는 뜻이다.

이제 바로 그 현풍 성당의 경우만 가지고 풍수를 얘기해 보자. 앞서도 얘기한 바와 같이 현풍 성당의 신부님은 이곳에서의 자신의 질병이 상당 부분 지하 수맥 또는 地勢에 의한 것이라는 생각을 가지고 계셨던 모양이다. 그래서 지하 수맥에 대한 조언도 얻고 거기에 대한 대비도 시도해 보았지만 결국 큰 효과를 얻지는 못했다고 한다. 그래서 또 다른 지세적 이유가 있는 것이 아닌가 하는 생각이 들어 필자에게 연락을 하게 된 것이다. 물론 필자는 개인의 터를 살피는 일은 극구 삼가고 있다. 그러나 성당이라든가 사찰과 같은 곳은 聖所인데다가 거기에 거주하고 계신 분들이 혼인도 하지 않고 세상을 사는 말하자면 脫俗한 분들인지라 간혹 예외적으로 그런 터는 본 적이 있었다.

필자는 현풍 성당에 가까이 가면서 직감적으로 그 질병이 풍수적 요인에 의한 것이라는 느낌을 강하게 받았다. 여기서 한 가지 분명히 해두고 넘어갈 점은 풍수는 결코 믿음 또는 신앙 체계가 아니라는 점이다. 地氣라는 것이 지금 단계에서 실증할 수 있는 실체라는 합리적 설명이 불가능한 것은 사실이지만 그렇다고 해서 그것이 존재하지 않는 것에 대한 심리적 의존감이나 육감이 지시하는 망상이 아니라, 다만 느낌에만 의지할 수밖에 없는 일종의 에너지 시스템이라는 데 문제가 있는 것이다. 신부님이 자신의 질병을 洋醫가 아닌 地勢的 치료법에 의지코자 한 것은 결코 풍수를 믿음의 체계로 받아들여서가 아니다. 풍수를 사이비 신앙 정도로 취급하는 것은, 마치 과거 經穴에 관한 지식이 체계적으로 잡히지 않았고 鍼灸術을 미신 정도로 생각하던 당시에, 가톨릭 신부가 韓醫의 치료를 받았다고 해서 그를 이단이라 공박하는 것과 마찬가지인 것이다.

현풍 성당의 문제는 이렇다. 두 가지인데 하나는 땅에 관계되는 것이고 다른 하나는 물에 관련되는 것이다. 먼저 물의 경우인데, 잘 알려져 있다시피 현풍은 낙동강 물길에 의하여 둘러싸여 있는 고장이다. 대구 서쪽에서 금호강을 합류한 낙동강은 달성과 고령의 경계를 이루며 논공면을 지나 남동 방향으로 현풍을 만난다. 곧 이어 서북서쪽으로 진로를 바꾸어 크게 曲流를 하면서 현풍의 위쪽을 감싸고 이어서 정반대 방향으로 머리를 돌려 구지면의 아래쪽을 받쳐 주는 형세를 취하면서 남쪽 창녕 방향으로 빠져 나간다.
그러니까 현풍과 구지는 북, 서, 남의 3방면에서 낙동강에 둘러싸인 일종의 곶 모양을 이룬 안에 자리 잡은 셈이다. 이때 논공 쪽에서 현풍 성당 쪽을 향하여 들어오는 낙동강 물이 일부 유로를 벗어나 지하로 침투하여 상당히 넓은 범위로 성당의 밑을 관류하고 있다. 이 물은 과거 낙동강 물이 깨끗했을 당시에도 주민들에게 좋은 영향을 주지는 못했을 것이다. 그런데 강물이 오염되면서 지하로 관입된 낙동강 물은 심각하게 瘴氣의 역할을 하면서 성당에 거주하는 신부님에게 영향을 미쳤으리라는 판단이다.
두번째 땅에 관한 점인데, 이런 물길에 둘러싸인 고장은 그 곶 모양의 터 안에 산이 없으면 蓮花浮水形을 이루어 지극히 좋은 陽基를 이루는 법이다. 그 가장 대표적인 예가 하회마을일 것이다. 그러나 이곳은 그렇지가 않다. 곶 모양의 터 안에는 비교적 단단한 山體가 버티고 있다. 특히 낙동강 물이 진입하는 입구를 마주 대하고 있는 곳에 버티고 서 있는 戴尼山은 강변에 있기에는 너무나 높은 해발 409미터의 산이다. 이 산은 봉우리가 높고 빼어났으므로 수리산 또는 소래산이라고도 불리고 신라 때 큰 절이 있었기 때문에 金寺山이라고도 불린다. 연산군 때 寒暄堂 金宏弼이 이 산에 살면서, 공자의 어머니 安氏가 빌어서 孔子를 낳았다는 尼丘山을 이고 공자를 우러러 기린다는 뜻으로 대니산으로 고쳤으며, 이것이 변하여 台離山이라 하기도 하는 산이다.
연꽃이란 물에 잠겨도 안 되고 물위에 드러나도 안 된다. 물위에 둥둥 뜬 모양이라야 꽃을 피우는 식물이다. 그러므로 연화부수형이면 좋으나 그렇지 않으면 삶터로 알맞은 땅이 되지 않는다. 이곳은 가운데 산지가 솟았기 때문에 연화부수형이 아니라 蓮花倒水形의 터가 된다. 여기서 중요한 물길의 차이가 발생케 되는 것이다. 즉 연화부수형에서는 물길을 막는 장애물이 없기 때문에 강물은 원래의 수로를 따라 대부분 흘러 나간다. 그러므로 강물이 지하로 침투하여 장기를 마을에 흩뿌리는 일은 벌어지지 않는다. 그러나 연화도수형에서는 강력한 장애물이 강의 물길을 막기 때문에 상당량의 강물이 지하로 침투하여 장기를 뿜어 내게 되는 것이다. 더구나 그 강물이 심각하게 오염된 상태에서는 질병 또한 그에 따라서 심각해질 수밖에는 없다. 아마도 가까이 있는 논공工團이 들어선 이후 상태는 더욱 나빠졌으리라는 짐작이 간다. 성당 주위의 마을 사람들이 자주 감기 기운을 호소한다는 것은 바로 이 점에 관계가 되리라고 판단된다.

또 한 가지는 성당의 터가 胡僧禮佛形이라는 점인데, 이는 마을에 심각한 영향을 미치는 것은 아니다. 재미 삼아 적어 보자면 胡僧이란 서양의 사제라는 뜻이 된다. 즉 신부로 해석이 가능하다는 뜻이다. 그러니까 이 성당의 입지는 풍수적으로 절묘하다고 할 수가 있다. 그래서 필자는 성당의 신부님에게 이런 제안을 하였다. 지금 성당 뜰에 마리아상이 조성되어 있다. 마침 그 마리아상은 대니산 쪽을 바라보고 있다. 그 방향 산 위에 십자가를 조성한다면 바로 호승예불형의 땅의 성격을 잘 반영한 것이 되리라는 것이었다. 문제는 이곳의 장기를 어떻게 방비할 수 있느냐는 점인데, 그 裨補策은 길게는 낙동강의 수질을 정화하는 길이다. 또 현풍만을 위해서는 우선 현풍을 쏘는 듯이 들어오는 낙동강 강변에 뿌리를 깊이 내리는 樹種을 골라 숲을 조성하는 일이다. 그렇게 한다면 어느 정도 장기의 기승을 방비할 수 있으리라. 이것이 바로 풍수의 현대적 재해석이란 것이다.

達城郡 花園邑

▶ 九羅洞

통통고개(고신고개): 부진터 동쪽에 있는 고개. 배암산의 허리가 되는데 형국이 뱀이 깨구리산에 있는 개구리를 많이 잡아 먹어서 배가 통통하게 되었다는 뜻에서 생긴 이름이라 함.

▶ 川內洞

깨구리산(蛙山): 까막샘들과 우바뎃들 사이에 있는 산. 모양이 개구리처럼 생겼음. 동쪽에 배암산이 있으며 1967년에 장골에 있던 도살장을 이곳으로 옮겼음.

배암산(巳山): 깨구리산 동쪽에 있는 산. 모양이 뱀처럼 생겼음.

大邱市 南區

母峯: 형제봉 남동쪽에 있는 봉우리. 150미터. 앞에 형제봉이 있어 형제를 앞에 놓고 편히 앉은 어머니의 형국이라 함.

大邱市 東區

▶ 八公山 桐華寺: 봉황이 알을 품은 듯한 모양(鳳凰抱卵形)이라 함. 大雄殿은 丑坐未向. 입수룡은 丑坐로 들어왔으며 투지는 辛丑이니 納音五行上 土가 되고 未破口로 帶에 丑이 되니 동화사의 좌향은 정음정양법, 포태법, 투지에 상생하는

좌향이 됨. 統一藥師大佛은 호랑이가 입을 크게 벌리고 포효하는 虎口穴이고, 壬坐丙向임.

大邱市 中區

造山: 달성동 북쪽에 있는 작은 산. 달성동 마을의 虛한 것을 막기 위하여 이곳에 조그마한 산을 만들고 나무를 많이 심었으며 신당을 모셨음.

자래방우산(운구산, 오포산): 제일여중 앞에 있는 산. 이 산이 옛날 大邱府의 鎭山이 되는데 부를 설치할 때에 돌거북을 만들어 이 산등성이에 묻기를, 머리는 남쪽으로 꼬리는 북쪽으로 하여 지맥을 통하게 하였다 함. 순종 때 대구 시민에게 오정을 알리기 위하여 이곳에서 포를 쏘았음.

聞慶郡 加恩邑

현재 문경군은 전역이 문경시로 승격되었음.

문경 땅에 가면 소백산맥의 뭉쳐진 정기를 볼 수 있다. 鳳巖寺의 뒷봉우리가 그것이다. 당장 뛰어내려 쪼아 붙일 것 같은 大鵬이 성난 몸체를 웅크리고 있다. 허점만 보이면 순식간에 달려들 기세이다. 봉우리의 바위가 그렇게 생겼다. 이런 지세엔 群盜가 살거나 줏대가 센 승려가 살아야 어울린다. 도둑이 살면 나라가 시끄러워지지만 승려가 살면 業을 이루는 좋은 도량이 된다. 그러나 기가 약해서는 밀리고 만다(신영훈).

▶ 葛田里(갈밭)

金霞窟: 아차(阿介洞이라고도 함. 갈밭 서남쪽에 있는 마을인데, 후백제의 시조 견훤의 아버지 阿慈介가 살았다 함)의 서남쪽에 있는 굴. 신라 말엽에 아차동에서 큰 부자로 살던 아자개에게 딸이 있었는데 어느 날 밤 그 딸의 방에 미목이 아름다운 청년이 침입하여,〈나는 하늘에서 왔다〉고 하면서 같이 자고 닭이 울기 전에 돌아가더니 그 뒤로 밤마다 찾아왔다. 이윽고 처녀가 임신하여 딸의 배가 점점 불러가는 것을 본 그 부모가 딸에게 그 연유를 묻고 이상하게 여겨 딸에게 이르기를〈그 사나이 옷자락에 명주실을 꿴 바늘을 꽂으라〉고 한 후 그 실을 따라가 보니 이 굴로 들어갔는데 바늘이 기둥만한 큰 지렁이에게 꽂혀 있었다. 마침내 그 딸이 달이 차서 아이를 낳았는데 이가 곧 후백제의 시조 견훤이라 함. 이런 일이 있은 뒤부터 이 굴 속에서 풍악 소리가 들려 나왔는데 이 소리를 들으려고 몰려드는 사람들로 인하여 마을에 폐가 많으므로 마을 사람들이 이 굴을 메운 뒤로부터 마을이 쇠해지므로 뒤에 다시 마을에서 굴을 파냈으나 아무 소리도 들리지 않는다 함.

▶ 泯池里

곽소: 더대 동남쪽에 있는 沼. 소 안에 곽(널)처럼 생긴 바위가 있음(巧穴의 혐의가 있음).

▶ 完章里

仙遊洞(仙遊九谷): 선유동 마을 서남쪽 골짜기에 있는 놀이터. 골이 깊고 수목이 울창하며 기이한 봉우리 사이로 맑은 물이 흘러 굽이굽이마다 沼와 폭포가 있어 아름다운 경치를 이루어 선유구곡이라 함.

▶ 旺陵里

馬場山: 먹배미 서쪽에 있는 산. 산세가 渴馬飮水形이라 함.

버드밧골: 왕릉 동쪽에 있는 골짜기. 형세가 柳枝鶯巢形이라 함.

왕등: 왕릉 동쪽에 있는 등성이. 어느 곳엔가 명당이 있다 함.

▶ 院北里

鷄岩: 봉암사 뒤쪽에 있는 바위. 봉암사 절터를 닦을 때 이 바위에서 닭이 울었다 하여 절 이름을 봉암사라 하고 이 바위를 계암이라 했다 함.

高山流水: 홍문정이 서북쪽 2백 미터 지점에 있는 고적. 큰 바위로 된 벼랑에 〈高山流水 淸風明月〉이라 새겨져 있

는데 신라 말 최치원이 쓴 것이라 함.

讀書窟: 봉암사 서북쪽에 있는 바위굴. 굴 안 벽에 관솔불의 그을음 자국이 있고 책상처럼 바윗돌이 있는데, 최치원이 독서를 하던 곳이라 함.

白雲臺: 환적암 터 서남쪽에 있는 대. 맑은 개울이 굽이쳐 흘러 폭포를 이루고 울창한 수목 사이에 기이한 바위가 솟아 있어 경치가 빼어난 곳으로 봉암사 경내에서 가장 으뜸이라 함. 높은 벼랑에 白雲臺란 세 글자가 새겨져 있는데 고운 최치원이 쓴 것이라 함.

鳳岩寺(陽山寺): 와야 서쪽 곧 원북리 485번지에 있는 절. 신라 제49대 헌강왕 5년(879)에 智證國師가 처음 세웠는데 뒤에 그의 제자 文孫이 증수하고 80년 뒤에 불에 탔는데 고려 말엽에 靜眞國師가 다시 세웠으며 조선 세종 13년(1431) 涵虛堂 得通이 중수하고 2년 뒤에 이 절에서 입적하였음. 조선 제18대 현종 15년(1674) 또 불에 탄 것을 信和大師가 중건했으며 1907년 대웅전이 불에 탄 것을 1915년에 다시 세웠는데 1956년 大房이 불에 탔음. 본래 절 자리가 큰 못으로서 용이 살았는데 지증국사가 道力으로 용을 구룡봉으로 몰아내고 못을 메워 절을 세우고 절 뒤에 있는 바위인 계암의 뜻을 따라서 봉암사라 하였다 함. 보물

로 삼층석탑(169호), 지증대사적조탑(137호), 지증대사적조탑비(138호), 정진대사원오탑(171호), 정진대사원오탑비(172호)가 있음. 봉암사 터는 鳳巢形의 명당이라는 설이 유력함.

曦陽山: 산세가 봉황처럼 생겼음.

夜遊岩: 홍문정이 앞 냇가에 있는 층층으로 된 바위. 위에는 백송담의 맑은 물이 굽이쳐 흐르고 그 위에 층암벼랑이 솟아 있는데 夜遊岩이란 최치원의 글자가 새겨져 있음.

取適臺: 야유암 옆에 있는 대. 최치원이 쓴 取適臺가 새겨져 있음.

▶ 前谷里(앞소골)

燕巢穴: 소양 동북쪽에 있는 신씨의 무덤. 燕巢形이라 함.

▶ 竹門里(대문)

조산껄: 상대문 앞에 있는 길. 돌을 쌓아 놓고 해마다 정월 초이튿날이나 초사흗날 동제를 지냄. 풍수에서 말하는 造山 개념임.

聞慶郡 籠岩面

▶ 葛洞里(갈골)

동무산: 구농바우 남쪽에 있는 산. 모양이 뱀처럼 생겼음.

황새등: 구농바우 서쪽에 있는 등성이. 황새가 많이 앉는다 함. 지형이 황새처럼 생겨 뱀 형국으로 된 동무산을 제어하는 형국이라 함.

▶ 宮基里(궁터): 후백제의 견훤이 궁궐을 지었으므로 붙은 지명.

▶ 內西里

道藏山深源寺: 도장산의 형국은 仙人舞袖形. 남쪽에 강한 凶氣를 뿜는 골짜기가 있다. 그것은 화기에 속한다. 얼마 전 불이 났을 때 옛날 개운조사가 써 놓은 능엄경의 원본이 불탔다. 개운조사가 용의 힘을 불러 그 기운을 막고 있었는데 백년이 지나 그 기운이 다 되어 그런 일이 일어난 것이었다고 설명하기도 함.

▶ 籠岩里

성재(城在山, 天馬山, 天馬山城): 가은읍 만지동과 농암리 경계에 있는 산. 160미터. 석성 터가 있는데, 신라 말엽 견훤이 쌓았다 하며 임진왜란 때 성을 개축하여 왜적을 방비했다 함. 천상의 구호라는 청년이 옥황상제의 무남독녀 공주와 몰래 사랑을 속삭이다가 발각되어 벌을 받아 지상으로 쫓겨 내려와 지내다가 하루는 호랑이에게 아버지를 잃고 슬피 우는 아비라는 처녀를 만나 그 원수를 갚고 그것이 인연이 되어 동거하게 되었다. 구호가 형기를 마치고 다시 하늘로 돌아가게 되어 임신한 아내를 혼자 두고 떠날 수 없어 함께

데리고 가니, 상제와 공주가 크게 노
하여 그들을 天馬에 태워 다시 땅으로
쫓아 버려서 그 천마는 이 산이 되고,
구호와 아비는 각각 돌(농암면 갈동리
의 농바우)이 되었는데, 뒤에 한 바위
가 갑자기 둘로 갈라지면서 칼을 든
장수가 나왔는데 이가 곧 견훤이라 함.
▶連川里(乾川)
복골: 말바우 서쪽에 있는 골짜기. 伏
虎穴이 있다 함.
▶栗藪里(밤수, 밤소)
지꼬래밋골: 점골 서북쪽에 있는 골짜
기. 老鼠下田形의 명당이 있다 함.

聞慶郡 東魯面

▶魯隱里(노래이, 노루미): 노루목처럼 생
겼으므로 붙은 지명.
▶石項里(돌목)
마산봉: 중간마 앞 남쪽에 있는 산. 근
처에 將軍對坐形의 명당이 있는데 이
곳이 그 장군이 타는 말에 해당된다 함.

聞慶郡 麻城面

▶新峴里
갈막: 성두들 북쪽에 있는 골짜기. 渴
馬飮水形이라 함.
▶梧泉里

조산걸: 저부실 남쪽 어귀에 있는 길.
돌을 쌓아 놓고 정월 보름에 당산제를
지냄. 풍수에서 말하는 造山 개념임.
▶鼎里(솥골, 蘇溪): 사방이 산으로 둘러
싸여 솥 안처럼 생겼으므로 붙은 지명.
造山: 신기 앞에 있는 地氣의 虛함을
裨補하기 위해 인공으로 만든 산.

聞慶郡 山北面

▶內化里(안화장, 內化庄)
꽃재(花峴): 내화 동쪽에서 마강리의
꽃재로 넘어가는 재. 花心形의 명당이
있다 함.
새잣골: 가매바우 동쪽에 있는 골짜기.
宿鳥投林形이라 함.

聞慶郡 山陽面

▶鳳亭里
갈마굿재: 장잣고개 북쪽에서 산북면
서중리로 넘어가는 고개. 渴馬飮水形
의 명당이 있다 함.
▶渭滿里(우만, 우맹이)
顧母山: 위만리와 형천리 경계에 있는
산. 145미터. 달아나는 노루가 어미를
돌아보는 형국이라 함.
▶平池里
동수나무: 중평지 남쪽에 있는 소나무.

정초에 동제를 지냄. 洞藪 개념임.

聞慶郡 永順面

▶沙斤里(사근절)
제비밭: 서낭골 안에 있는 밭. 燕巢形이라 함.

▶蟻谷里(갬실): 개미처럼 생겼다 하여 붙은 지명.

聞慶郡 店村邑

현재 문경시 점촌동.

▶孔坪里
造山걸: 도루모탱이 동쪽에 있는 길. 地氣의 虛함을 막기 위하여 인공으로 만든 산이 있음.

▶佛井里(부치샘)
雲巖寺: 불정 남쪽에 있는 절. 極樂殿에서 보면 천주봉의 암석이 험악하게 보이므로 그를 제어한다는 뜻에서 백운암이라 하였다 함.

▶永新里
동수나무: 한신마을 동남쪽에 있는 나무. 동제를 올림.

▶店村里(점마)
돈달산: 점촌리에 있는 산. 玉女散髮形이라 함.

聞慶郡 虎溪面

▶牛老里(우로실): 지형이 늙은 소가 누워 있는 형국(臥牛形)이라 하여 붙은 지명.
성줏골설지른잘래기: 성줏골 위에 있는 고개. 임진왜란 때 이여송이가 이 땅 기운으로 조선에 위인이 날까 두려워 하여 이곳에 혈을 질렀다(斷脈) 함.

▶虎溪里
백대짓골: 가섭 동쪽에 있는 골짜기. 백돼지 형국의 명당이 있다 함.

奉化郡 明湖面

▶高甘里(鼓歌舞): 豊樂山 밑이니 노래하고 춤춘다는 뜻으로 鼓歌舞란 다른 지명이 쓰임.

▶觀漲里: 마을 뒤 바위에서 낙동강 물이 불어나는 것을 볼 수 있으므로 붙은 지명.
대로방: 황애 동남쪽에 있는 마을. 부근에 큰 조개혈이 있음.

▶北谷里(뒤실): 청량산 뒤라 하여 붙은 지명.
玉山: 뒤실 동쪽에 있는 마을. 마을 앞에 玉女織錦形의 명당이 있음.

▶新羅里: 신라의 어느 태자가 피란하였다 하여 붙은 지명.

▶豊湖里

매냉이(梅陵): 풍호리 북쪽에 있는 마을. 梅花落地穴이 있다 함.

奉化郡 物野面

▶水息里
범의골(虎洞): 수식 북쪽에 있는 마을. 猛虎出林形의 명당이 있음.
▶鴨洞里(압작골): 동리 형국이 오리 모양이라 압동이라 함.
▶梧麓里: 마을 북쪽에 鳳凰山이 있는데 봉황은 오동나무를 좋아한다 하여 지명이 梧麓이 됨.
▶梧田里: 鳳凰山 밑이 되므로 봉황은 오동나무를 좋아하며 대나무 열매를 먹고 산다 하여 오전이라 함.

奉化郡 法田面

▶訥山里(눌미)
개누리재: 눌미에서 소천리 사미동으로 넘어가는 고개. 眠狗穴이 있다 함.
▶法田里
조산목: 큰말 북쪽에 있는 모롱이. 造山이 진 목쟁이라 함.
▶於旨地(어로말)
투기봉: 화장사 남쪽에 있는 산. 將軍大坐形의 명당이 있다 함.

奉化郡 鳳城面

▶金峰里: 임진왜란 때 이여송이 이곳 북쪽에 있는 문수산이 명산이라 하여 묘를 쓰지 못하도록 하였으므로 禁峰이라 하였는데 바뀜.
미개노리고개: 관안골에서 물야면 개단리 마장으로 넘어가는 고개. 개 두 마리가 희롱하는 형국(雙狗戱弄形)의 명당이 있다 함.
철밑말: 들목 건너편에 있는 목. 임진왜란 때 이여송이 이곳에 혈을 지르고 철못을 박았다 함.
鶴膝峰: 꿀딩이 서쪽에 있는 산. 학의 무릎처럼 생겼다 함.
▶鳳城里(郡內里, 舊邑內, 舊奉化)
東軒: 봉성에 있는 옛 봉화현의 동헌 터. 순종 융희 원년(1907)에 난민에 의하여 모두 소실되었으므로 군청을 춘양면으로 옮겼음.
▶愚谷里(우리실)
바대산: 가부재 남쪽에 있는 산. 玉女織錦形의 명당이 있다 함.

奉化郡 奉化邑

▶巨村里(게섬, 蟹島, 巨次樹介村): 게처럼 생겼다 하여 붙은 지명.
학이골(鶴洞): 누름밭 동쪽에 있는 마

을. 학이 집을 짓고 살았다 하며 黃鶴
抱卵形의 명당이 있다 함.
▶ 三溪里(雙溪)
　朱天子墓: 서원말 북쪽에 있는 큰 무덤. 주천자(명나라 태조 주원장을 가리킴) 조상의 무덤이라 함.
▶ 石坪里
　虎骨山: 유록과 수도 사이에 있는 산. 猛虎出林形의 명당이 있다 함.
▶ 酉谷里: 三南四大吉地의 하나. 본래 안동 내성면 지역으로, 金鷄抱卵形의 명당이 있다 하여 닭실 또는 유곡이라 하였다.
　벼슬재(배루리령, 白雪嶺): 닭실 뒤에 있는 산. 280미터. 닭의 벼슬처럼 생겼다 함. 꼭대기가 허옇게 보임.

奉化郡 祥雲面

▶ 文村里(글촌, 杞村)
　史庫址(사고터): 기촌 동남쪽에 있는 사고의 터. 사고를 처음에 이곳에 두었다가 나중에 춘양면 각화사 부근으로 옮기고, 지금은 주춧돌만 남아 있음.
▶ 雪梅里(설무골): 설매꽃처럼 아름다운 곳이라 하여 붙은 지명.
▶ 雲溪里
　구름재(雲峴): 소야에서 봉성면 원둔리로 넘어가는 고개. 雲中仙坐形의 명당이 있다 함.

奉化郡 小川面

▶ 南回龍里(南回): 일월산맥이 마을 남쪽으로 돌아앉아 있으므로 붙은 지명.
▶ 汾川里(부내): 낙동강이 마을 중앙으로 흘러 마을을 둘로 갈라놓기 때문에 붙은 지명.
　者旨洞(자지동): 분천 동쪽에 있는 마을.
▶ 林基里(숲터, 수터)
　玉女峯: 들동이 동북쪽에 있는 산. 玉女織錦形이라 함.

奉化郡 才山面

▶ 葛山里
　雨蓮田: 오미펄 동북쪽에 있는 마을. 이곳에 蓮花浮水形의 명당이 있다 함.
　造山峰: 용구 남쪽에 있는 산.
　짐댓들: 평지 중앙에 있는 들. 갈산리가 배의 형국이라 하여 짐대(돛대)를 세워 놓았었다 함.

奉化郡 春陽面

▶ 西碧里(서벽본마)
　文筆峯: 서벽본마 동쪽에 있는 산. 붓 끝처럼 뾰족하게 생겼다 함.
▶ 石峴里(돌고개)

覺華寺: 공세동 북동쪽 각화산 중턱에 있는 절. 원효 대사가 창건함.
史庫터: 각화사 북쪽에 있는 조선조 광해군 때의 사고 터.
▶艾堂里(숙댕이, 수댕이): 숲과 서낭당이 있으므로 붙은 지명.
장붓골(獐浮谷): 동리정 동쪽에 있는 마을. 노루마당이란 혈이 있음.
▶牛口峙里(우구재)
臥興: 가는골 북쪽에 있는 마을. 뒷산이 소가 누웠다 일어나는 형국이라 함.

尚州郡 恭儉面

현재 상주군은 전역이 상주시로 승격되었음.
▶屛岩里(평풍바우)
늘밤(板夜): 병암리 북동쪽에 있는 마을. 뒷산이 掛燈形으로, 양정리 쪽에서 보면 마치 등불이 밤낮으로 산에 걸려 있는 것같이 보여 늘 밤과 같다 해서 늘밤이란 지명이 붙었음.
▶釜谷里(가마실)
鄭愚伏墓: 못가 북동쪽에 있는 우복 鄭經世의 무덤.
▶栗谷里(밤실)
돌곶명당: 남재사에 있는 상주팔명당의 하나.
벌의명당: 능골 동쪽에 있는 함창팔명당의 하나.
비틀명당: 웃마 남쪽에 있는 산.
잉어명당: 능골 남서쪽에 있는 함창팔명당의 하나.
조산말래이: 질기너미에서 진지미로 가는 고개.

尚州郡 功城面

▶巨倉里
개십골: 상주골 북쪽에 있는 골짜기. 개씹(암캐의 생식기)같이 생겼다 함.
▶鳳山里
回龍: 들마 서쪽에 있는 마을. 뒷산이 回龍顧祖形이라 함.
▶申谷里(납실, 남실): 원숭이처럼 생겼으므로 붙은 지명.
▶玉山里(주산): 구슬처럼 생긴 산이 있으므로 붙은 지명.

尚州郡 洛東面

▶九潛里(구지리, 구도리)
남자바우: 나각산 북쪽에 있는 큰 바위.
여자바우: 나각산 서쪽에 있는 바위.
▶飛龍里
甲帳山(연악산, 구룡산, 자장산): 비룡리, 승곡리와 상주읍 지천리 경계에 있는 산. 805미터. 꼭대기에 못이 있는데 용이 살다가 하늘로 올라갔다 하여 용터라 함. 이곳은 겨울에 눈이 아무리 내리더라도 대번에 녹고 바람 한 점 없어서 이곳에 묘를 쓰면 當代 천석꾼과 정승이 난다 하여 密葬이 많이 들어오는데 묘만 쓰면 비가 오지 않는다 하여 비만 안 오면 이 근처 사람들이 으레 이곳을 파게 되며 또 날이 가물면 이곳에서 기우제를 지냄.

▶柳谷里

자래바우: 자래바우마을 남서쪽에 있는 바위. 모양이 거북처럼 생겼음. 승곡리 양진당의 조씨가 중을 욕보였는데 그 중이 갈 때 혼잣말로 〈저 자래바우를 뒤집어 놓으면 더욱 잘될 것인데〉라고 하는 말을 듣고 이 바위를 뒤집어 놓은 후 조씨 가문이 쇠진해졌다 함.

尙州郡 內西面

▶南長里

池塘뜸: 남장동 북쪽에 있는 마을. 약 150년 전에 이 마을이 설립되었는데 당시 상주 갑장산이 火山이므로 그 화기를 막기 위하여 못을 팠다 함.

▶蘆柳里

어둔골(於屯谷): 유정 서남쪽에 있는 골짜기. 군사가 둔을 친 형국이라 함.

▶綾岩里(능바우)

먹석골(먹동, 墨洞): 능암 남쪽에 있는 마을. 뒷산이 筆峯이므로 붓에는 먹이 있어야 된다 하여 먹석골이라 하였다 함.

퇴기골(退洞): 능암리 동남쪽에 있는 마을. 마을 앞 동쪽 산이 옥토끼가 바라보다가 물러가는 형국이라 함.

▶北長里

一字峯: 산기동과 절골 사이에 있는 산. 一字形으로 생겼다 함.

▶西院里

밤원(栗院): 서원리에서 으뜸가는 마을. 마을 터가 돌지네형이라 하는데 돌지네의 상극은 밤이라 하여 생긴 이름이라 함.

▶蓮院里

쑤안(藪內): 서원 남쪽에 있는 마을. 마을 서쪽에 쑤안수가 있음.

尙州郡 牟東面

▶德谷里(터골): 좋은 터라 하여 붙은 지명.

▶新川里(새내)

꽃밭모랭이: 가림 남쪽에 있는 모롱이. 梅花落地形이라 함.

짐대배기(숏대배기): 가림과 새내 사이에 있는 터. 신천 마을이 行舟形이므로 돛대(짐대)를 만들어 세웠음.

尙州郡 牟西面

▶道安里(역마루)

金盞: 도안 동북쪽에 있는 마을. 지형이 금잔 같이 생겨서 三八姓이 크게 발복할 땅이라 하여 각처의 사람들이 모여듦.

▶井山里(감뫼)

작도벌(灼桃): 감산 서남쪽에 있는 마을. 桃花落地形이라 함.

尙州郡 沙伐面

▶衾欣里

鄭起龍將軍墓: 선조 때의 명장. 선조는 말하기를 〈기룡이 아니었던들 영남이 없었고 영남을 잃었던들 나라를 잃었을 것〉이라고 칭찬함(『尙州의 얼』).

▶梅湖里

馬里山: 매호장터 북쪽에 있는 산. 봉우리에 쇠로 만든 말이 있음.

▶木可里

추가(추개): 모과 북서쪽에 있는 마을. 生蛇追蛙形의 명당이 있다 함.

▶墨下里

대지말랑: 큰마 동쪽에 있는 들. 大地(좋은 못자리)가 있다 함.

尙州郡 尙州邑

현재 상주시내가 되었음.

▶伏龍里

밤수방천: 밤소 앞에 있는 둑. 내서면 연원리에 있는 노악산이 지네처럼 생겨서 이 마을에 화가 많이 생겼으므로 지네의 상극인 밤나무를 많이 심어서 그 피해를 막았다 함.

▶書谷里

東海寺: 대밭골 동쪽에 있는 절. 상주가 行舟形이라 하여 동편에 있는 바다라는 뜻으로 동해사라 했다 함.

▶花開里(고지개)

東海寺(寒山寺): 화개 남동쪽에 있는 절. 고려 제32대 우왕 10년에 무학대사가 창건하고 헌종 4년(1838)에 용담이 중건하였음.

尙州郡 外南面

▶舊書里

조산머리: 구서원 북쪽에 있는 마을.

尙州郡 外西面

▶開谷里(서당골)

德山(개사리산): 개사리마을 서쪽에 있는 산. 지형이 개가 사리고 앉은 형국이라 함. 이 산 때문에 마을 사람들이 부자가 된다 함.
▶ 大田里(한밭)
동수나무: 한밭 입구에 있는 나무. 정월 초하루에 동제를 지냄.

尚州郡 銀尺面

▶ 于基里
개경지(狗驚地): 창리 동쪽에 있는 마을. 지형이 개가 놀란 형국이라 함.
龍洞: 우기 북쪽에 있는 마을. 칠봉산 落脈에 黃龍負舟形의 명당이 있다 함.
▶ 壯岩里
魚雲里: 원당 북쪽에 있는 마을. 물고기처럼 생겼다 함.

尚州郡 利安面

▶ 九昧里: 거북의 꼬리처럼 생겼으므로 붙은 지명.
▶ 雅川里(아실)
염골: 감바우 남쪽에 있는 마을. 약 4백 년 전에 동리 입구에 潮泉이라는 샘이 있어서 소금을 캐냈다 함.
▶ 良凡里(양배미기): 뱀의 목처럼 생겼으므로 붙은 지명.
▶ 猪音里(돈마래미): 깊은 두메 산골이 되어 산돼지가 많으므로 붙은 지명.

▶ 中村里
利安: 중촌리에서 으뜸가는 마을. 이안부곡이 있었으며 三判書, 六承旨가 살아서 영남의 여덟 군데 큰 터 중 하나로 유명하였음.

尚州郡 中東面

▶ 于勿里(우무실)
地內愚川마을: 태백산, 속리산, 팔공산 등 3대 산맥의 終端地이며 또 낙동강 渭江이 여기에 합류하므로 예로부터 三山半落靑天外 二水中分白鷺州라고 일컬어졌던 길지이다. 여기서 舊韓國 좌의정 柳原祚가 태어났고 지금도 그 후손이 살고 있다 함(村山, 제1권 2장 참조).

尚州郡 靑里面

▶ 德山里: 둔덕으로 된 산에 마을이 이룩되었으므로 붙은 지명.
水明堂우물: 西山 밑 덕산마을 복판에 우물이 하나 있다. 이곳이 怪穴이라 옛날 이씨 집안에서 그 아버지의 시신에서 목을 떼어 내어 머리만 이 우물 속에 水葬하고 몸체는 제대로 장사를 지냈다. 그러나 아들이 너무나 고심하다가 그만 어머니에게 자신이 그런 짓

을 했노라 고백하고 말았다. 아버지는
절대로 남에게, 심지어는 어머니에게
도 비밀로 하라고 한 일이었다. 어머
니는 이것을 소문 내고 다녔고 결국
마을 사람들이 우물을 파내고 보니 머
리가 化해서 仙風玉骨의 모습으로 사
모관대를 하고 말을 타려고 하던 그
시신이 햇빛 속에 녹아 버리고 말았다.
그냥 두었으면 三代 안에 정승이 나올
자리였는데 여자가 입을 놀려 망쳤다
하여 수명당우물이라 함. 지금도 물이
맑고 깊으며 수질이 좋아 마을 사람들
이 공동 우물로 사용하고 있다(『尙州
의 얼』).

▶青上里
　목비기골: 정골 동쪽에 있는 골짜기.
수선산 줄기에 큰 인물이 난다는 전설
이 있는데 그를 막기 위하여 이곳을
끊어 냈다 함.

尙州郡 咸昌邑

▶金谷里
　말좆방구: 봉황대 북쪽에 있는 바위.
말의 생식기처럼 생겼음.
▶大鳥里(왜새골): 왜새(왜가리)가 살았
으므로 붙은 지명.
　造山(조산들): 새사오게 남동쪽에 있
는 들. 조산이 있음.

▶曾村里(징그름): 가야왕비릉 둘레에 둥
그렇게 마을이 이룩되었으므로 둥그럼이
라 하던 것이 변하여 징그름이 됨.
　傳古寧伽倻王陵: 함창김씨의 시조의 능.
그 동쪽에 王妃陵도 있음. 案山이 멀
고 드높으며 來脈이 준수하고 주변 평
야가 광활하며 큰 강이 휘감아 돌아
동해의 물이 마르기 전에는 자손이 끊
이지 않고 영구히 흥왕할 자리라고 풍
수는 말함(『尙州의 얼』).

尙州郡 化東面

▶於山里
　구무바우(보지바우): 신의터재 밑에 있
는 바위. 구멍이 있어서 보지처럼 되
었는데 돌을 던져서 들어가면 아들을
낳는다 함.

尙州郡 化北面

▶東觀里
　차력바우: 대궐터 서쪽 기슭에 있는 바
위. 이 바위의 굴에서 修道하여 차력
한 사람이 많이 났다 함.
▶上五里(웃쉰섬이)
　洞天岩: 장각동 서쪽 1킬로미터 지점
에 있는 바위. 앞면에 동천암이란 석
자가 새겨져 있는데 楊蓬萊의 글씨로

慶尙北道篇 629

서 그 길이가 바위의 길이와 같으며 〈牛腹洞天〉의 뜻이라 함.

쉰섬이(五十石, 牛腹洞): 상오리에서 으뜸가는 마을. 좁쌀 쉰 섬을 수확하였다 함. 지형이 소의 배처럼 생겼다 하며 속리산의 우복동이라 하여 피란지로 유명함.

장각골(長角里): 높은다리 서쪽에 있는 마을. 형국이 우복동의 소의 긴 뿔에 해당된다 함.

八判洞: 수침동 뒤에 있는 마을. 여덟 판서가 날 터가 있다 하여 명나라 杜思聰이 크게 칭찬하였음.

▶ **牛腹洞 답사.**

경북 상주군 화북면 용유리 화산은 청화산 밑에 자리한 마을이다. 그 마을 아래서 화북 주유소를 운영하는 이형규 씨(1993년 당시 53세)는 화산마을을 아무런 주저도 없이 鄭鑑錄村이라 규정짓는다. 그 자신 조부가 秘訣派임을 자랑하는 사람이다. 뿐만이 아니다. 마을 할머니들 역시 조금도 거리낌없이 이곳이 圖讖의 한 전형이라 할 수 있는 牛腹洞임을 자랑하고 있었다. 비결파들의 좋은 터, 즉 勝地라는 것을 믿어 의심치 않는 태도들이었다. 요즈음 세상에 지리산 청학동 말고 이렇게 마을 사람 모두가 자신들의 마을을 정감록촌이라고 내세우는 경우는 달리 예가 없을 듯하다.

정감록촌 혹은 승지는 한마디로 하자면 피난처이다. 그저 三災가 들지 않는 땅을 골라 한 세상, 속 편히 살아 보자는 사람들의 욕망이 이루어 놓은 특이한 우리 민족의 村落地理 형태인 것이다. 올해 일흔여섯 살의 길경주 할머니는 바로 그런 사람들 중에서도 대표적인 예가 될 듯하다. 평안도에서 태어나 만주를 떠돌다가 지금의 남편을 만나 남편 따라 이곳으로 들어오게 되었는데, 지금도 세상에 부러울 것이 없는 사람처럼 생각하며 살아가고 있었다. 이런 정도면 가히 정감록에 대한 믿음이 신앙의 경지에 든 것이나 마찬가지리라.

누구에게나 세상 사는 일이 힘에 겨울 때가 있는 법이다. 특히 믿었던 사람들에게 등돌림을 당한다면 그 깨끗하지 못한 인간 관계의 사슬 속에 마냥 버티고 있기만은 어렵다. 그래서 떠나고자 하는 마음이 생기게 된다. 어디로 떠날 것인가. 생각이 여기에 미치면 답답해진다. 떠나려고 하는 마음만 앞설 뿐 막상 사람 사이를 벗어날 장소 찾기가 쉽지 않기 때문이다. 그리고 자신을 옥죄고 있는 여러 가지 관계의 굴레가 생각보다는 너무나 정교하다는 것도 문제이다. 입버릇처럼 매일매일 떠나자 하면서도 눌러 사는 것이 현재 우리 도시 사람들의 모습이 아닐런지. 현대인들의 이러한 삶의 피곤함과 그로

인한 脫俗의 욕망은 옛날 사람들에겐 한낱 배부른 소리에 지나지 않았을 것이다. 적어도 지난날 사람들의 삶은 훨씬 더 근원적인 생존의 문제들로 인해 고통받았을 것이기 때문이다. 그래서 그네들은 보다 절박한 상황에서 물러남을 결심해야 했다. 과거의 지식인들은 『논어』「泰伯篇」의 〈위태로운 나라에는 들어가지 아니하고, 어지러운 나라에는 살지 않으며, 하늘 아래 도가 행해지고 있을 때는 자신을 드러내고, 無道한 세상이 되면 숨어야 한다(危邦不入 亂邦不居 天下有道則見 無道則隱)〉는 공자의 말씀에 따라 은둔을 결심했으리라. 과거 군사 정권의 하수인 노릇을 하던 수많은 이 나라 지식인들의 굴절된 모습은 물러섬의 참의미를 외면했던 그들의 해바라기적 성향에 기인한다. 물러섬의 의미는 도망이 아니라 모든 기득권을 포기하고 싸우는 것이다. 가진 것을 모두 버렸을 때 철저히 싸울 수 있기 때문이다. 물러서야 할 때 물러서지 못하는 자는 언제나 구차한 말로를 겪게 된다.

지식인에 비해 민초들의 물러섬은 생존에 대한 본능으로서 선택의 기회조차 박탈당한 것이었다. 봉건적 억압과 수탈, 전란과 굶주림에서 목숨을 건 탈출이 그들의 은둔이었다. 그것은 은둔이라기보다는 피란이었다. 이들은 권력도 돈도 명예도 아무것도 가질 수 없었으며 그러기에 기댈 수 있는 것은 땅밖에 없었다. 그들을 죽이려 드는 어떠한 화도 미칠 수 없는 땅, 그런 땅만이 구원의 삶터가 될 수 있었다. 우복동은 바로 그러한 기댈 곳 없는 민초들이 애타게 그리던 땅의 전형이었다.

소는 우직하면서 유순한 짐승이지만 또 한편으로는 감당 못할 힘을 깊이 감추고 있다. 이것은 어쩌면 민초들의 모습이기도 하다. 우복동의 소는 바로 민초들의 잠재된 힘을 상징하고 있다. 이런 소의 뱃속은 이들에게 그지없이 평안한 곳이다. 좀 답답하기는 해도 이보다 따뜻하고 안전한 데는 없으며, 또 언젠가는 개벽의 실마리를 푸는 힘을 모을 수 있는 땅이 우복동이다. 우리나라의 오지 가운데 우복동이란 이름을 가진 곳은 흔하다. 속리산 언저리에만 해도 두세 곳이 있을 정도이다. 그만큼 이 땅의 역사가 민초들에겐 가혹한 것이었음을 보여 주는 것이다.

우복동은 어떤 규범적인 틀에 맞춰진 땅이기보다는 세상을 등진 이들이 그들 삶터에 대한 믿음과 바람으로 스스로 의미 부여함으로써 생겨났다고 보인다. 그래서 어느 곳이 진짜 우복동이냐를 따지는 것은 호사가들의 괜한 잡설에 불과하며 시간 낭비일 뿐이다. 그러나 많은 사람들이 우복동으로 인식하고 있는 장소가 있다면,

그곳이 우복동이 보편적으로 가질 수 있는 땅의 조건을 보여 줄 가능성은 커진다. 백두대간이 내리 뻗어 금강, 설악, 오대산을 만든 후 태백산에서 동해를 뒤로 하고 서남향으로 머리를 돌려 소백산을 일으키고 다시 새재를 지나 속리산을 우뚝 세워 놓았다. 속리산의 주맥이 천황봉에서 남으로 避禍재를 넘어 형제봉으로 솟고 葛嶺에서 낮아졌다 다시 동북쪽으로 옥녀봉, 道藏山으로 뻗어 맥을 멈추고, 천황봉에서 북으로 뻗은 주맥은 문장대, 칠형제봉을 거쳐 늘재를 지나 청화산으로 이어지고 청화산에서 두 맥이 남으로 달려 내려와 승무산과 시루봉으로 솟아 다시 도장산과 마주하였다. 이것은 속리산 천황봉에서 남북으로 갈라진 주맥이 활 시위를 완전히 당긴 형국(滿弓形)으로 사방을 감싸 분지를 만든 것인데 이 분지가 바로 소의 뱃속인 우복동이다. 이곳은 바로 경북 상주군 화북면 용유리 일대이다. 요컨대 우복동은 이와 같이 외부 세계와 지형적으로 단절된 것을 특징으로 한다. 서쪽으로 속리산의 주맥이 늘어서 금강과 분수계를 이루고, 북쪽으로 늘재는 남한강과 분수계를 이루며, 남쪽으로 갈령이 낙동강의 지류인 이안천과 분수계를 이루어 삼면이 세 개의 큰강으로 흘러 드는 물을 나누는 산으로 막혀 있다. 용유리에서 자연 지형상으로 외부와 연결된 통로는 청화산과 도장산이 마주 보는 그 두 산 사이를 東流하는 甁川의 물줄기 단 하나이다. 그마저도 곳곳에 절벽을 이루며 흘러 가기 때문에 과거에 용유리로 진입하는 일은 매우 힘들었으리라 짐작된다.

우리나라 지세의 근간인 백두대간이 거친 숨을 모아 남녘으로 달려 내리는 중심에 자리한 용유리는 드센 剛氣의 용맥들 한복판에 있으면서도 안온함을 느끼게 한다. 외부와 높은 산으로 단절되었으면서도 편안하게 느껴지는 용유리의 푸근한 품이 避隱之人들에게 우복동의 설레임을 주었던 듯하다. 속리산이 비록 산 전체가 암석으로 솟아 드센 火星의 지기를 뿜어 내지만 용유리가 기댄 비로봉 발치의 三峯과 형제봉에서 옥녀봉을 거쳐 도장산에 이르는 남동쪽의 산줄기만은 煞氣를 벗은 부드러운 土山으로 아늑한 느낌을 주기에 손색이 없다. 속리산의 火氣와 도장산 연맥의 土氣는 火生土의 五行相生으로 오묘한 산세의 조화를 이루었다.

용유리가 규모가 큰 우복동이라면 그 동북에 자리잡은 청화산록의 화산마을은 작지만 보다 우복동적인 느낌을 주는 터에 해당한다. 같은 용유리에 속한 이 마을은 청화산 정상에서 힘차게 내리 뻗은 일맥이 용머리를 숙여 지기를 뿜어 내는 혈처에 자리 잡았다. 서쪽에는 僧舞山이, 동쪽에는 시루봉이 솟아 청화산의 양팔이 되어 화산마을 명당을 빈틈없이 감싸 안아 유일한 외부로의 통로인 水口를 단속하였다. 용유리와는 또 다른 세계를 이룬 이곳은 우복동 속의 우복동이라 할 만하다.

이중환은 『택리지』에서 〈청화산이 내외 선유동을 위에 두고 앞에는 용유동을 임하여서 앞뒤 수석의 奇絶함은 속리산보다 훌륭하다. 산의 높고 큰 것은 비록 속리산에 미치지 못하나 속리산 같은 험한 곳이 없다. 흙으로 된 봉우리에 둘린 돌이 모두 밝고 깨끗하여 살기가 적다. 모양이 단정하고 좋으며 빼어난 기운이 나타나서 가리운 것이 없으니 거의 福地이다〉하였는데 여기서 복지라는 말은 단순히 복받을 땅이 아니라 십승지와 같은 의미로 쓰였다. 곧 우복동적인 의미와 통하는 것이다. 이중환이 호를 청화산인이라 한 것도 청화산의 기운이 남다른 데가 있었기 때문이라 여겨진다.

청화산은 속리산에 비해 소박한 산이지만 속리산을 일으킨 산이라 할 수 있다. 청화산에서 문장대로 맥이 이어지는데, 늘재는 바로 束氣處가 된다. 백두대간의 行龍에 있어서 청화산의 위치를 가늠할 수 있는 일면이다. 청화산이 마주하고 있는 道藏山은 이름 그대로 道를 갈무리한 산으로 속리산이 將帥의 기개를 지녔다면 이 산은 君子의 덕스런 풍모를 가졌다고 생각된다. 華山이란 이름도 바로 이 도장산에서 해와 달이 솟고, 춘분과 추분에 南極老人星이 비친다는 데 연유했다고 한다.

마을에서 이장을 오래 지낸 이원춘 씨(59세)는 이곳이 우복동이라고 잘라 말한다. 그의 할머니가 秘訣에 빠졌던 부군의 유지를 받들어 72년 전에 평안북도 구성에서 이곳으로 이주했다고 한다. 이렇게 팔도에서 우복동을 찾아 모여든 사람들로 마을은 한때 30가구가 넘는 규모였으나 1974년 박정권의 火田 정리로 인해 뿔뿔이 흩어져 지금은 열손가락에도 미치지 못할 정도로 쇠락했다고 한다. 담배 농사로 삶을 꾸려 가는 은둔 2세들은 우복동 자락에서도 근심이 깊어 보였다.

마을로 들어가는 瓶川의 어귀에 부동산 중개소가 격에 맞지 않게 버티고 있어 의아해 했는데 가끔씩 〈좋은 차〉를 탄 귀한 사람들이 세칭 道士란 사람들과 함께 와서 이곳을 둘러보고 간다는 마을 사람들의 얘기를 듣고 짐작되는 것이 있었다. 새 세상의 개벽을 꿈꾸던 민중들의 바람이 묻힌 이곳에 소위 성공한 사람들의 더러운 돈 냄새가 진하게 풍긴다. 땅이라고는 전혀 모르는 자들이 몰락의 묘혈을 스스로 파는 짓인 줄 아는지 한심할 뿐이다.

병천의 더 없이 맑은 물과 청화산의 신령함은 이젠 더 이상 지켜질 수 없을 것이다. 배가 갈라지기 시작하는 우복동의 모습은 은거하여 물러선 자가 기댈 수 있는 땅이 이제 어디에도 없다는 것을 보여 주는 듯하다.

▶龍遊里

靑華山圓寂寺터: 모란꽃 모습(牡丹形)의 명당. 주산의 중심에서 산줄기 하나가 힘차게 아래로 뻗어 내렸다. 이것이 모란의 꽃술이다. 꽃술은 원적사 뒤에서 우뚝 멈춰 섰는데 끝자락에다 바위 봉우리 하나를 빚어 놓았다. 다른 곳은 모두 흙인데 유독 이곳만 바위이며 그 기운이 가히 장하다. 이 봉우리의 형상은 가부좌를 틀고 앉은 道人의 풍모라 할 수 있음.

道藏山: 청화산 원적사의 朝案山. 심원사는 문경군 농암면 내서리 참조.

伏虎골: 담안 동쪽에 있는 골짜기. 伏虎形이라 함.

중무산(僧舞山): 늘안목 북쪽에 있는 산. 중이 춤을 추는 형국(老僧舞袖形)이라 함.

▶立石里(선돌배기)

寶窟庵: 옥량폭포 서쪽 위에 있는 작은 절. 단종의 충신 金宗瑞의 손자가 이곳에 와서 피신하여 살다가 뜻밖에 세조의 딸과 만나서 원수간에 내외가 되어 산 진귀한 곳임.

回龍골: 선돌배기 남쪽에 있는 마을. 청화산의 落脈으로 삥 돌아서 청화산을 바라보고 있는 回龍顧祖形의 명당.

▶坪溫里

鶯舞洞: 안도암 동쪽에 있는 마을. 꾀꼬리가 춤추는 형국의 묘터가 있다 함.

尙州郡 化西面

▶達川里

티미(金城): 새말 서남쪽에 있는 마을. 뒷산이 金盤같이 생겼음.

▶沙山里

盧守愼墓: 선조 때 영의정을 지낸 伊齋 노수신의 묘가 원천에 있음.

▶下松里

大闕터: 중절 서쪽에 있는 터. 후백제의 견훤이 이곳에 대궐을 짓고 살았다 함. 746미터.

善山郡 高牙面

현재 선산군은 모두 구미시 지역으로 편입되었음. 따라서 선산군 고아면은 구미시 고아면임.

▶鳳漢洞(봉계, 남계, 남한, 냉기)

吉冶隱出生地: 야은 吉再의 출생지. 봉한동 518번지에 있는 터.

善山郡 山東面

현재 구미시 산동면.

▶ 仁德洞

義牛塚: 바깥문수 남쪽에 있는 소의 무덤. 인조 4년(1626)에 店人(점 사람) 金起連이 소를 몰고 밭을 가는데 범이 소를 물므로 김기연이 연장을 던지니 범이 소를 놓고 김기연을 물매, 소가 상한 몸을 이끌고 범을 떠받아서 죽였는데 김기연은 기어이 집으로 와서 앓다가 죽고 그 소도 주인이 죽은 뒤에 곧 죽었으므로 부사 趙纘韓이 비를 세우고 의우총이라 하였음.

善山郡 善山面

현재 구미시 선산읍.

▶ 校洞(생기골)

댕대이(當代): 용동골 남서쪽에 있는 마을. 이곳에서는 당대에는 잘살 수 있으나 후대에는 어떤 사람이라도 천한 사람이 된다고 하는 얘기가 있음.

▶ 莞田洞(골밭)

연봉리(壯元坊): 완전동에서 으뜸가는 마을. 田可植, 金叔滋, 金宗碩, 金宗直, 金峙, 鄭招, 兪勉, 河澹, 鄭之澹, 河緯地가 모두 이곳에 살았는데, 전부 壯元이 되었음.

▶ 竹杖洞

河丹溪墓: 고방실 북쪽에 있는 단계 하위지의 묘소. 중실방 밑이 됨.

▶ 花鳥洞

오동산걸: 새남골 남쪽에 있는 들. 造山 5개가 있었으나 지금은 경지가 되었음.

善山郡 玉城面

현재 구미시 옥성면.

▶ 農所洞

공알방우: 이실 동쪽에 있는 바위. 모양이 공알(음핵)처럼 생겼는데 이 바위에 새패기를 꽂으면 이 부근에 사는 처녀가 바람이 난다 함.

善山郡 海平面

현재 구미시 해평면.

▶ 洛山洞

義狗塚: 칠창 북쪽에 있는 개의 무덤. 延香驛 아전 金成發이 시장에 갔다가 오는 길에 술에 만취되어 월파정 아래에서 누워 잠이 들었는데 개가 따라와 옆에 있다가 갑자기 들불이 일어나 주인의 신변이 위태함을 보고 개가 꼬리에다 강물을 적셔서 불을 끈 뒤에 주인을 구해 놓고 죽었으므로 개를 이곳에 묻고 의구총이라 함.
▶松谷洞
桃李寺: 용수골 북쪽 냉산에 있는 절. 신라 내물왕 28년(383)에 아도화상이 입산하였는데 겨울철에 복숭아와 오얏 꽃이 만발하였으므로 이곳에 절을 세 웠다 함. 太祖山 桃李寺의 主山은 陰 金形으로 종을 엎어 놓은 듯한 모습이 고 산의 형태는 單脚形이다. 절터는 飛鳳歸巢形인데, 봉황이 높은 산 정상 의 집에 돌아와서 많은 飛鳥들의 안전 과 지기를 보전하는 가운데 성스러운 모성을 발산하는 형상이라 함. 寂滅寶 宮은 壬坐丙向. 入首는 亥龍이 들어 오고 透地는 辛亥로 金, 眞破口가 되 니 生에 壬, 子가 오는데 임좌는 생좌 로 가장 상서로운 좌향이다. 한 가지 물이 급히 흐르니 水氣의 머무름이 虛 하다는 것이 약점이다(임학섭).

星州郡 伽泉面

▶金鳳洞
三存: 활미기 서쪽에 있는 골짜기. 궁 항, 장대, 개고대를 합하여 삼존이라 함. 삼정승이 날 묘터가 있다 함.
▶東元洞
보지바우: 도원 남쪽에 있는 바위. 이 바위를 보면 바람이 난다 하여 도원에

서 가려 놓으면 짓굿은 다른 동네 사 람들이 가린 것을 헤쳐 놓는다 함.
자지바우: 광룡 동쪽에 있는 바위. 모 양이 자지처럼 생겼음.
▶馬水洞
곰시(熊水, 금시): 마스 남쪽에 있는 마을. 곰이 물을 먹는 형국이라 함.
▶法田洞
造山: 법림 남동쪽에 있는 작은 산. 법 림마을을 보호하기 위하여 조그마한 산을 만들고 나무를 심어서 물 나가는 곳이 보이지 않게 하였음. 즉 水口막 이의 역할을 조산이 하고 있는 셈이다.
▶龍沙洞
서침실(懸針谷): 올미 서북쪽에 있는 마을. 懸針形(바늘을 매단 형국)의 명 당이 있다 함.
▶倉泉洞
금성골(琴松谷): 창천 남쪽에 있는 골 짜기. 玉女彈琴形의 명당이 있다 함.

星州郡 碧珍面

▶鳳鶴洞
掛燈山: 한배미 남쪽에 있는 산. 掛燈 形이라 함.
▶雲亭洞
渴馬山: 대바우 북쪽에 있는 산. 渴馬 飮水形의 명당이 있다 함.

星州郡 星州邑

▶ 錦山洞
　寒崗墓: 인산 동쪽에 있는 한강 鄭逑의 묘.

▶ 三山洞
　댄끝(大王, 三槐洞, 三狗洞): 모산 남쪽에 있는 마을. 마을 끝에 큰 연못이 있음. 옆에 大王寺라는 절이 있었는데 그 앞에 큰 괴목 세 그루가 있었다 함. 마을 뒷산이 호랑이 형국이므로 호랑이의 밥인 개의 뜻을 따서 三狗洞이라 하고 사립문도 안 닫는다 함.

▶ 禮山洞
　조산골: 장승배기 옆에 있는 들. 造山이 있음.

▶ 龍山洞
　죄지미(조지미, 造山): 용산동에서 으뜸가는 마을. 마을을 위하여 물 아래쪽으로 造山을 만들어 놓았음.

星州郡 修倫面

▶ 白雲洞
　용의 귀(龍耳): 중기마을 뒷산 龍起寺 절터 앞쪽 절벽 위에 두 바위가 마주보고 서 있는데 이를 〈용의 귀 명당(龍耳明堂)〉이라 함. 이곳이 천하 명당이라 暗葬이 성행한다. 그러면 날씨가 가물어져 이 고장에 가뭄이 들면 사람들이 이곳에 와서 密葬한 屍身을 뒤져 내는 풍습이 있음(내고장 星州).

▶ 鳳陽洞
　칼등(劍嶝): 상선불 서쪽에 있는 등성이. 모양이 칼등처럼 생겼으며 將軍對坐穴이 있다 함.

▶ 水成洞
　간말(枝村): 갈암 동쪽에 있는 마을. 뒷산이 渴馬飮水形이라 함.

▶ 午川洞
　馬山: 부미 북쪽에 있는 마을. 앞산이 渴馬飮水形이라 함.

星州郡 龍岩面

▶ 竹田洞
　조산배기: 하미기 동남쪽에 있는 작은 산. 돌로 산처럼 쌓아 놓고 음력 정월 보름에 동제를 지냄.
　조산배기: 곰짓골 남쪽에 있는 작은 산. 돌로 산봉우리처럼 쌓아 놓고 음력 정월 보름에 동제를 지냄.

星州郡 月恒面

▶ 仁村洞
　농성골: 선석사 서북쪽에 있는 골짜기. 농서군 이장경의 묘를 썼던 곳이라 함.

世宗大王王子胎室: 碑石寺 옆 인촌동 산 8번지에 있음. 세종, 세조(수양대군)를 비롯한 18왕자의 태실이 한 곳에 모여 있음. 본래 李長庚의 묘였는데 도승이 樓閣은 짓지 말라 했으나 그를 어기고 말았다. 그 누각 때문에 이곳이 명당임이 알려져 왕자의 태실이 된 것이다. 이장경의 묘는 대가면으로 이장되었다.

서진산(碑石山): 성주군 월항면과 칠곡군 약목면, 북삼면 경계에 있는 산. 742미터. 이 산에 세조의 어태를 봉안하였고 이어 臨瀛大君 요, 廣平大君 여, 平原大君 임, 永應大君 염, 桂陽君 증, 義昌君 공, 壽春君 현, 翼峴君 운의 태도 묻고 예조판서 홍윤성이 지은 비가 있었는데 비바람에 깎이어 알 수 없이 되었음. 기슭에 선석사가 있음. 『星山志』에 의하면 세조의 태를 봉한 자리가 본래 고려 李長庚의 묫자리인데 그 묘를 쓸 때 지관이 말하기를 이 산봉우리에 있는 여장나무를 베고 장사를 지내면 천하의 명당이 된다. 그러나 이 부근에는 묘각이나 어떤 건물을 지어도 그대의 소유가 되지 못한다. 그리고 내가 절로 돌아간 후에 꼭 나무를 베어야 한다고 하였는데, 그 지관이 간 뒤 곧 나무를 베는데 별안간 말벌이 나와서 그 지관을 쏘아 죽였으며 장사 지낸 후 이장경의 아들 오형제가 모두 급제하여 높은 벼슬에 오르고 그 후손들이 번창하였는데 세조의 태를 묻으려고 명산을 찾아 다니다가 이곳에 이르러 살펴보니 좋기는 하나 나무가 너무 무성하여 헤매고 다니던 중에 묘각을 발견하고 이장경의 묘를 찾아보니 과연 적지이므로 이 묘를 파고 어태를 봉하였다 함.

碑石寺(神廣寺): 선저 북쪽에 있는 절.

▶長山洞

조산배기: 철산 앞에 있는 들. 돌로 쌓아 만든 산이 있음.

星州郡 草田面

▶文德洞

新基松川: 소래 옆에 새로 된 마을. 蓮花浮水形이라 함.

▶韶成洞

馬足穴: 소성동에서 서쪽 1킬로미터 지점에 있음. 조선 중엽 전설적인 지관 南師古가 홈실을 지날 때 옥산장씨 시조가 될 형제가 살고 있는 집을 지나게 되었다. 당시 그 형제는 끼니를 잇지 못할 정도로 가난했는데 남사고의 명성을 아는지라 형제가 짜고 동생은 남사고에게 시비를 걸고 형은 말리고 하여 남사고를 집으로 데려와 없는 살림에 팥죽까지 먹였다. 이에 그 은혜로 남사고가 영의정이 나올 자리를 점지해 주니 그곳이 바로 馬足穴이다. 마족혈이기 때문에 碑石이나 상석 같은 石物을 하면 말 발에 지장이 된다고 지금도 비석을 쓰지 않고 있다 (『내고장 星州』).

임진왜란 때 이여송의 참모로 우리나라에 귀화한 杜師聰에 의하면 이곳 성주와 칠곡 일대에서 풍수 명당 다섯 곳을 지목(1) 초전면 월곡동 홈실, 2) 대가면 칠봉동 사도실, 3) 수륜면 수륜동 윤동, 4) 선남면 오도동 오도마을, 5) 칠곡군 지천면 창평동 웃갓)했는데 그중에서도 으뜸이 홈실(楡谷)이라 했다 함.

安東郡 吉安面

안동군은 현재 전역이 안동시로 승격되었음.

▶ 金谷里

갈고개(葛峴): 새터에서 백자동 두음산으로 넘어가는 고개. 葛花落地形의 명당이 있다 함.

▶ 晩陰里(마름)

吳將軍墓: 마름 서쪽 산에 있는 묘. 자라형으로 되었는데 南氏들이 이 부근에 묘를 쓰고 오 장군의 비석을 장기판소에 집어 넣었으나 이 묘를 벌초하면 아들을 낳는다 하여 아들 없는 사람들이 다투어서 벌초를 한다 함. 오장군의 칼을 마름마을에서 보관하여 오다가 50년 전에 이것으로 작두를 만들었는데 어찌나 잘 드는지 갈지 않고 쓴다 함.

▶ 松仕里

仙人垂釣: 학교마 동쪽에 있는 玉氏의 묘. 聖智大師가 묘를 써 주면서 〈잘되더라도 石物을 쓰지 말라〉고 하였는데 진사 일곱이 난 후 석물을 갖추어 놓고 망하였다 함.

安東郡 南先面

▶ 院林里

토갓(兎枝洞): 노리미 남동쪽에 있는 마을. 玉兎望月形의 명당이 있다 함.

安東郡 南後面

▶ 儉岩里(검방우)

대실(大也谷): 검암 남쪽에 있는 마을. 也字形이라 함.

安東郡 祿轉面

▶ 葛峴里

갈골: 굴티 서쪽 골짜기에 있는 마을. 갈나무가 많이 있으며 葛花落地形의 명당이 있다 함.
▶梅井里
　骨埋: 매정리에서 으뜸가는 마을. 용두산 밑 골짜기가 됨. 梅花落地形의 명당이 있다 함.
　쥐심골: 골매 북쪽 깊은 골짜기에 있는 마을. 쥐가 숨은 형국이라 함.
▶新坪里
　義馬塚: 잣고개 길 옆에 있는 말 무덤. 고려 때 효자 黃載가 개성에서 벼슬살이를 하는데 그 어머니가 위중한 꿈을 꾸고 고향으로 돌아올 때 그의 말에게 속히 도달할 것을 당부하니 그 말이 하루에 칠백 리를 달려서 집을 앞에 두고 이곳에서 기진하여 죽었으므로 이곳에 묻고 표창하였음.
▶竹松里
　陵墓: 능리 뒤에 있는 고려 명장 上洛府院君 忠烈公 金方慶의 묘소. 바로 위에 광산김씨의 묘가 있는데 그들이 제사를 지낼 때에는 반드시 이곳에 먼저 제사 지낸 뒤에 자기 조상 묘에 제사를 지냈다 함.

安東郡 陶山面

▶溫惠里

老松亭: 중마에 있는 집. 퇴계 이황이 胎生한 태실이 현재 보존되어 있음.
樹谷: 중마 북쪽에 있는 골짜기. 퇴계의 조부와 부모의 묘가 있음. 龍頭山에 東方朱子 이퇴계의 祖墓가 있음.
▶雲谷里
　정방우: 구레실 입구에 있는 바위. 정으로 판 구멍이 여러 곳 있는데 선조 때 명나라 장수 이여송이 혈을 지른 것(斷脈)이라 함.
▶宜一里
　제비실(燕谷): 의일리에서 으뜸가는 마을. 燕巢形처럼 생겼다 함.
▶太子里
　소정(牛亭): 자산 남쪽에 있는 마을. 臥牛形의 명당이 있다 함.
▶土溪里
　대골(竹谷): 웃토계 동쪽에 있는 골짜기. 퇴계 이황이 이곳에서 살려고 하다 골이 좁고 물이 없어서 이곳을 버리고 웃토계로 옮겼음.
　羊坪: 웃토계 북서쪽에 있는 마을. 山羊出網形의 명당이 있다 함.
　退溪先生墓所: 산성 꼭대기에 있는 퇴계 이황의 묘소.
　霞明洞: 아래토계 동쪽 골짜기에 있는 마을. 도산초등학교가 있음. 퇴계 이황이 이곳에 집을 짓다가 중지하고 죽동으로 옮겼으나 죽동 또한 골이 좁고 물이 없으므로 웃토게로 옮겼음.

安東郡 北後面

▶勿閑里
善山公墓: 까치미 뒷산에 있는 진성이씨의 묘. 조선팔대명당의 하나라 함.

▶薪田里(섶밭)
운골(雲谷, 궁골): 섶밭 동남쪽 골짜기에 있는 마을. 지대가 높아서 구름이 닿는 것 같다 함.
雲鶴墓: 궁골 뒷산에 있는 영조 때 異人 鶴駕山老人 金雲鶴의 묘.
造山: 학교 앞에 있는 들. 인공으로 만든 산이 있음.

▶場基里
玉山못: 옥산 밑에 있는 못. 판서 姜命學의 묘를 위하여 이 못을 팠음.

安東郡 西後面

▶金溪里(금지, 今音知): 풍수상 千年不敗之地로 유명한 곳임.
금계동 골맥이: 모장끝에 있는 화강석으로 된 바위. 앉은 높이 70미터, 누운 길이 120센티미터. 안동중학교 소사가 나무를 구하러 학가산에 갔다 오는 길에 이 바위를 수레에 싣자 별안간 코피가 났는데 이를 무릅쓰고 학교까지 와서 기절했다. 병원에 연락하여 별별 치료를 다 해보았으나 효험이 없어서 할 수 없이 이 바위를 도로 제자리에 갖다 놓고 위한(정성을 드린) 후에 그 병이 나았다 함.

▶大豆西里(한도솔, 한두실)
造山: 한두실 동남쪽에 있는 작은 산. 마을의 虛缺處를 보호하기 위하여 쌓았음.

▶者品里(재품)
느릇(天蛛): 자품 북서쪽에 있는 마을. 부근에 있는 산이 하늘 거미가 줄을 친 형국(天蛛散網形)이라 함.
月來(창풍촌): 느릇 남동쪽에 있는 마을. 雲中沈月形의 名地가 있다 함.
鶴駕山峯: 천주 북쪽 학가산 상봉에 있는 터. 반석 위에 명당의 혈이 있는데 누군가가 몰래 묘만 쓰면 비가 아니 온다 하여 가물기만 하면 부근 동민들이 暗葬한 屍身을 찾기 위하여 반석 부근을 파헤쳐 놓는다 함.

安東郡 禮安面

▶桂谷里(계일)
渴馬岩: 갈매골에 있는 바위. 말이 물을 마시는 것처럼 생겼음. 즉 渴馬飮水形의 바위임.
騎馬골: 관봉 밑에 있는 골짜기. 골짜

기 어딘가에 仙人騎馬形의 명당이 있다 함.

造山: 계일 앞 들에 있는 작은 산. 마을의 地氣虛缺處를 裨補하기 위하여 이 산을 만들었음.

▶ 歸團里(구다니)

노루메기: 음달마 서쪽에 있는 마을. 走獐顧母形이란 琴氏 시조의 묘가 있음.

▶ 道村里(길골)

玉兎望月: 토골 뒷산에 있는 안동김씨의 묘. 玉兎望月形이라 함.

▶ 東川里

애기무덤(女妓墓): 불미골 입구에 있는 묘. 旱災 때 불을 넣으면 비가 온다 하며, 무덤을 건드리면 해를 입는다 하여 보호됨. 영조 때 어떤 縣監이 小室(妾)을 얻어서 살다가 전근할 때에 소실이 이곳까지 따라왔는데 현감이 따라오지 못하게 하매 소실이 그 밑에 있는 沼에 빠져 죽었으므로 그 시체를 건져서 이곳에 묻었다 함.

▶ 美質里(미지리)

水多山固城李氏先山: 臥牛形의 산에서 쇠뿔에 해당하는 곳에 무덤이 있음. 丑坐未向. 그 부인의 묘는 臥牛의 복부 젖가슴에 해당하는 곳이라 함. 이 산 옆에는 통칭 황소고개라고 하는 땅이 있으므로 아마 이 臥牛는 암소가 드러누운 것으로 추정됨. 따라서 부인의 묘는 이 소의 젖가슴 부위. 마을 주민들은 이 묘지 관리에 골머리를 앓고 있었다. 이때 중이 이 산 앞쪽의 바위가 이 산의 案山으로서 그 형체가〈籾殼狀〉을 하고 있어서 와우의 식량이 되고 있는 곳에 묘를 썼기 때문에 집안이 잘되므로 이 바위를 부숴 버리면 된다고 했다. 그래서 부쉈는데, 후에 집안에서 다시 모아 예전처럼 해둠. 그러나 大官은 안 나오고 小官만 나온다고 함(村山).

등게바우: 龜溪 북쪽 냇가에 있는 바위. 모양이 등게(등에의 사투리. 등에란 소에 달라붙어 피를 빨아먹는 곤충)처럼 생겼음. 맞은편에 고성이씨의 묘가 있는데 臥牛形으로서 등게가 있어서 소를 물어야 소가 힘을 잘 낸다 하여 이씨들이 돌로 등게처럼 만들어 놓았음.

▶ 浮浦里(부라원)

조산숲(造山藪): 부포 남쪽에 있는 숲. 마을의 地氣虛缺處를 보호하기 위하여 작은 산을 만들고 숲을 길렀음.

穴處: 신선바우 위쪽에 있는 바위. 깊이 2, 너비 2미터가 되는데 명나라 장수 이여송이 임진왜란 때 이곳을 지나다가 이 바위를 보고 그 岩氣에 감탄하여 조선에 큰 인물이 날 것을 두려워하여 穴을 질렀다(斷脈) 함.

▶新南里

聾岩李先生墓: 정자골 북쪽에 있는 농암 李賢輔의 묘.

自雲: 정자골 북쪽에 있는 마을. 섬밧재 밑이 되는데 雲中仙座形의 명당이 있다 함.

▶仁溪里

주지봉: 독골 앞에 있는 산. 봉우리가 바위로 둥글게 되어 있어서 禮安地方에서 밥 그릇이 높으면 〈독골 앞 주지봉 같다〉는 말이 있을 정도임.

▶鼎山里

등재: 새터 남쪽에 있는 큰 마을. 掛燈形의 명당이 있다 함.

살지(活地): 새터 동쪽 골짜기에 있는 마을. 매우 아늑해서 삼한 시대 때 왜란을 피하여 많은 사람들이 들어와 살았다 함.

易東先生墓: 웃솔우물 북쪽 산에 있는 역동 禹倬의 묘.

安東郡 臥龍面

▶佳邱里(가두들)

造山: 가메기 앞에 있는 작은 산. 마을의 地氣虛缺處를 裨補하기 위하여 인공으로 만들었음.

▶西枝里(서가재)

金鶴峯墓: 가수내 뒤 茂隱山에 있는 선조 때 학자 鶴峯 金誠一의 묘.

▶浙江里

돛대방우: 조가터 동남쪽에 있는 돛대처럼 생긴 바위. 조 정승 집에서 손님이 오는 것을 꺼리어 중에게 쌀 한 말을 주고 손이 오지 않도록 하여 달라고 한 바, 이 바위의 위층을 없애면 된다고 하여 그대로 하니 조씨 집안이 망하였으므로 뒤에 조씨가 다시 돌로 쌓아서 돛대처럼 만들었다 함.

샛골: 우지말 서쪽 골짜기에 있는 마을. 모양이 새처럼 생겼는데 명나라 장수 이여송이 혈을 질렀다(斷脈) 함.

조개터(조가터): 절강 뒤에 있는 마을. 조개처럼 생겼다 함. 이곳에서 龍馬와 장수가 났는데 임진왜란 때 이여송이 샛골에다 혈을 질렀기 때문에, 즉 斷脈했기 때문에 용마와 장수가 힘을 못 쓰고 죽었다 함. 조 정승 집에서 찾아오는 손님을 꺼리어 중에게 쌀 한 말을 주고 손이 오지 않도록 하여 달라고 한 바, 돛대방우를 없애라 하니 그 말대로 한 뒤 망하였다 함.

鞭井: 원절강 뒤에 있는 우물. 깊지도 않은데 물이 많이 나와서 큰 가뭄에도 마르지 아니하여 온 동리가 먹고 남음. 이여송이 중국의 절강과 같다 하여 불쾌히 생각하고 채찍으로 땅을 지른(斷脈) 자국이라 함.

▶周下里(두루)

떡박골(德田谷): 노송정 남서쪽에 있는 골짜기. 퇴계 이황의 종조의 묘가 있음.

마창골(중마, 昌洞): 두루 남쪽에 있는 마을. 영춘이씨의 시조 묘가 있음.

▶中佳邱里

동구숲: 아룻마 동구에 있는 숲. 못과 큰 바위가 있음.

▶池內里(못안)

곡장골: 먹골 북서쪽에 있는 골짜기. 새가 먹이를 저장한 형국이라 함. 晚棲亭이 있음.

安東郡 一直面

▶龜尾里(구비)

神感山: 구미 중앙에 있는 작은 산. 거북이 엎드린 형국인데 매우 영검하다고 함.

靑山(청산베리): 구미 서북쪽에 있는 산. 내가 휘돌아 흐르고 높이 70미터, 길이 3백 미터 되는 石壁이 一字形이어서 아주 경치가 좋음. 명당이 많아서 소나무에 시체를 걸기만 해도 發福이 되었다 하는데 임진왜란 때 이여송이 뒤를 끊어 길을 만들었으므로 인재가 나지 않는다 함.

▶造塔里(탑골, 탑마)

造山데이: 탑마을 서쪽에 있는 작은 산. 두 아름이 되는 느티나무 세 그루가 있음. 앞에 원호리에 칼처럼 생긴 산이 있어서 그 끝이 조탑마을로 향해 있으므로 그 살기를 막기 위하여 이 산을 인공적으로 만들었다 함.

安東郡 臨東面

▶葛田里(갈밭)

造山: 갈밭 동북쪽에 있는 마을. 앞에 흙으로 모은 산이 있음.

▶馬嶺里(맛재)

맛재(마령): 마령리 뒤에 있는 산. 374미터. 모양이 말처럼 생겼으며 渴馬飮水形의 명당이 있다 함.

▶渭里(윗골)

씹싯골: 윗골 남서쪽에 있는 마을. 여성이 쭈그리고 앉아 생식기를 씻고 있는 형국이라 함. 그래서 이 마을에서는 임산부들이 순산을 하고 아기들이 탈없이 잘 자란다고 함.

安東郡 臨河面

▶老山里

꽃골(花谷): 궁구리 남동쪽 골짜기에 있는 마을. 매우 아늑하여 피란처로 유명함.

▶川前里

騎龍山(배부치기산): 안동군 남선면, 임하면과 의성군 점곡면 경계에 있는 산. 507미터. 꼭대기에 祈雨壇이 있어서 旱害가 심할 때 제사를 지내면 효험이 있다 함.

내앞 김씨집: 浣紗明月形으로 三南四大吉地의 하나로 알려진 유명한 명당이다. 의성김씨 중흥조인 金璡(1500-1581)이 入鄕祖. 그의 아들 다섯이 모두 大小科에 급제(鶴峯 金誠一이 그 중 하나임)하여 그 자신을 포함 六父子登科之處라 불린다. 그는 후손에게 〈대청에서 담 밖으로 지나가는 이의 갓 꼭지가 보이는 때가 되면 땅의 精氣가 다 빠진 것이므로 다른 곳으로 이사하라〉고 이르고 강원도 명주군 邱井面 金光坪에 집터를 마련했다고 한다. 근래 國道가 생겨 이 예언이 맞았다고 함. 이 집 뒷산은 잉어 형국이어서 연못을 팠다. 地氣는 産房에 집중된 것으로 알고 있음(김광언).

安東郡 豊山邑

▶梅谷里

매날(매남): 새터 서쪽 골짜기에 있는 마을. 梅花落地形의 명당이 있다 함.

▶西薇里

늠독조산: 동구랑 동북쪽에 있는 작은 산. 重臺寺가 臥牛形이므로 죽통을 상징하여 이곳에 쌓았음.

동구랑(造山): 사미 복판에 있는 작은 산. 마을을 수호하기 위하여 동그랗게 쌓았음.

▶壽谷里

매화고개: 매일 뒤에 있는 고개. 梅花落地形의 명당이 있다 함.

▶水里(수동촌)

柳西厓墓: 중동 뒤에 있는 선조 때 정치가 西厓 柳成龍의 묘.

▶下里里

造山: 고창 서남쪽에 있는 둑. 마을의 地氣虛缺處를 裨補하기 위하여 인공적으로 산처럼 만들고 느티나무를 심었는데 마을에서 매년 정월 14일 밤에 제사를 지냄.

安東郡 豊川面

▶廣德里

洞守나무: 저우리 서쪽 입구에 있는 나무. 느티나무 세 그루와 잡목이 있는데 마을에서 위하여(정성을 들여) 매년 정월 보름날 제사를 지냄. 洞藪의 誤記일 것으로 추정됨.

▶申城里(남성개)

豊山洪氏始祖墓: 큰마 뒷산에 있는 풍

산홍씨의 묘소. 홍씨 삼형제가 국내에 있는 모든 지관을 초청하여 접대하느라고 가산을 탕진한 끝에 남은 암소 한 마리까지 잡아 대접하니 그제서야 지관이 비로소 이곳을 가르쳐 주면서 〈天下의 大地로서 정승 판서가 쏟아져 나겠으나 다만 흠이 있어서 下棺 때 맏상주가 죽고 소상 때 둘째 상주가 죽고 대상 때 셋째 상주가 죽겠으니 이런 자리도 쓰겠느냐〉하고 못자리를 표해 준 후〈나는 상주가 죽는 꼴을 볼 수 없다〉하고 달아났는데 그 묘를 쓰고 과연 그 말대로 상주 삼형제가 차례로 죽고 끝의 상주의 삼태 유복자가 나서 각기 繼後하였는데 그 자손들이 大昌하였다 함.

▶漁潭里: 지형이 자라 형국이므로 못이 있어야 한다는 뜻으로 붙은 지명.

조산쑤(造山藪): 조산 서북쪽 입구에 있는 숲. 마을의 地氣虛缺處를 비보하기 위하여 산을 조그맣게 쌓고 느티나무 수백 그루와 잡목을 심어서 4백 미터 길이의 긴 숲을 만들었음.

▶河回里(하우, 물돌이동): 三南四大吉地의 하나로 유명함. 풍수에서 蓮花浮水形의 대표적인 예로 알려진 마을이다. 마을과 물이 山太極 水太極을 이루었음. 또한 남쪽 부용대에서 바라보면 行舟形. 그래서 샘을 파지 않고 화천의 물을 길어 먹었으며 지금도 이 물을 양수기로 끌어올려 식수로 씀.

〈허씨 터전에 안씨 문전에 류씨 杯盤〉이란 말처럼, 허씨네와 안씨네 터인 거묵실골과 행개골은 양태극의 꼬리 부분에 해당되고, 유씨네 터는 태극의 머리 부분인 까닭에 머리가 움직일 때마다 꼬리도 따라 움직일 수밖에 없어 그렇게 되었다고 함(김광언).

청화산인 이중환은 영남 禮安의 陶山과 安東의 河回를 可居地의 첫째로 꼽았다. 이곳 주산인 花山은 태백산에서 달려온 맥이다. 서쪽으로 뻗어 온 산맥이 풍산에 이르러 숨은 듯 일어나 화산을 만들고 그 맥이 다시 서쪽으로 들어와 평야를 이뤘다. 그 형국은 蓮花浮水形이다. 남산의 좌우에 벌려 선 산봉우리들은 三天貴人(유학자들이 쓰던 정자관 모양의 세 봉우리)을 이루어 極貴賢德을 표상하고 있고 동쪽에서 흘러 온 낙동강 물은 蓮華(하회마을)를 감싸고 돌아 서쪽으로 빠져 나가니 이름하여 하회라. 동남북이 높고 서방은 낮은 대신 광활하다. 그러나 이곳에도 遠志山이 문필봉으로 허함을 막고 있으니 그 아니 좋은가. 또한 水太極이기도 하다.

마을의 집들이 북향이고 서쪽이 허한 점으로 미뤄 큰 부자는 기약하기 어렵겠지만 낙동강수가 之玄灣曲하니 의식은 결핍하지 않겠다. 주위 산들이 정체를 드러내지 않고 봉우리만 내밀고 있어 隱遁長者가 가히 기거할 만한 곳이지만 그것조차 좌우의 산들이 여러 겹으로 아름다움을 더하고 있어 비록 숨어 살고자 하는 선비가 있을지라도 그 이름을 숨기기 어렵다(최영주).

이곳의 穴處는 충효당이나 양진당이 바로 물위에 떠 있는 연꽃의 자리라고 한다. 萬松亭 숲으로 불리는 송림은 북서풍을 막기 위한 방패이자 風水得水法得破 理論에서 물이 빠져 나가는 모습을 보이지 않게 하려고 인공적으로 조성한 裨補숲이다.

필자의 사견으로는 이곳이 理論風水의 體系에는 부합하지만 풍토 적응성은 뛰어나지 못한 것으로 보고 있음.

安東市

▶補虛山: 선조 41년(1608) 權龍巒이 편찬한 『永嘉誌』에 의하면 안동에는 다음과 같은 補虛山이 있었다(村山)고 하는데, 지금은 다만 그 이름만이 남아 있을 뿐이다. 또한 造山 목록은 村山智順의 『朝鮮の風水』라는 책 654쪽에 있음.

▶壽木: 안동 읍내에는 거대한 古木이 많다. 孟思誠이 안동 부사로 왔을 때 과부가 많았다. 젊은 남자가 자주 요절하기 때문이었음. 낙동강의 물 기운이 발하는 것을 그 이유로 봄. 낙동강의 水系가 人形인데 대하여 안동의 뒷산에서 흐르는 水系를 二形으로 고쳐 흐르게 함으로써 안동의 수형을 仁字形으로 만들고 읍내 각처에 나무를 심어서 그 배치를 마치 壽자와 같이 하여 水의 仁과 木의 壽로써 안동 읍내를 둘러싸 버린 것이다. 이것은 水의 性은 仁이고 木의 性은 壽이기 때문에 이 水로 하여금 仁의 본성으로 되돌려 보내 水生木의 相生으로부터 물 기운을 木의 相生에 이용하여, 나무를 그 본성인 壽 자로 만들어서 그 본성을 발휘하게 하여 물은 나무를 해하는 일 없고 목은 壽로 만들어져 요절을 막기 때문에 〈仁者長壽〉라는 옛말에도 맞고 안동의 運氣는 將帥의 發福을 이루는 것으로 변화된다고 하는 이유이다. 아무튼 방대한 風水裨補工事였던 셈이다. 그때부터 남자의 요절이 없어졌다고 한다. 현재 안동 군청 앞뒤에 있는 老木은 이 수목의 일부를 이뤘던 것. 이것이 安東裨補防殺 내지 厭勝의 예임.

▶屈葬의 경우: 내가 실제로 겪은 희한한 일은 안동 지방에서였다. 탑이 한쪽으로 기울어져 있었다. 기울어져야 할 까닭이 발견되지 않았다. 地盤의 침하도 없었다. 탑의 각 部材 이음에 왜곡이 심하지도 않았다. 이상한 노릇이다. 마을 사람들

증언으로는 수삼 년 전에 그만큼 기울었다고 한다. 탑을 중수하기로 해서 해체하고 기단 아래 기초를 살펴보니 기울어진 부분이 함몰하였다. 의도적으로 반달형으로 파낸 흔적이 보인다. 조심스럽게 그 부분을 발굴해 보니 놀랍게도 屈葬(屍身을 다리를 구부리게 한 채 묶어 묻는 방법)한 시신 一軀가 나왔다(신영훈). 塔에 屈葬을 하는 것은 怪穴 사용의 일종으로 탑이 天藏地秘의 天下大地라 믿고 그런 식으로 暗葬을 하는 것이나, 術法에서는 흔히 떠도는 얘기지만 정통 풍수에서는 어떠한 곳에서도 기록을 찾을 수 없다.

▶ 金谷洞

단지목: 금곡동 1번지와 법상동 산 7번지 사이에 있는 고개. 임진왜란 때 이여송이 이 지방에 인재가 많이 날 것을 꺼려 이곳의 혈을 끊었기 때문에 이런 지명이 붙은 것이라 함.

造山: 노하동 입구에 있는 작은 산. 큰 바위가 있는데 병이 들었을 때에 돌을 이곳에 쌓으면 병이 낫는다 함.

木城洞(잿골, 城也洞)

木城山(木山): 목성동 북쪽에 있는 산. 모양이 누에 머리처럼 생겼으므로 뽕나무를 많이 심고 누에를 많이 먹였다 함. 關王廟터가 있음.

법흥쑤(法興藪): 법흥동 남동쪽 낙동강 가에 있던 숲. 신리림, 금문림, 영호림, 진장림과 함께 낙동강 가에 연하여 큰 숲을 이루어서 安東府의 터를 보호하였음.

▶ 城谷洞

玉尺形: 자두골 뒤에 있는 안동김씨의 묘. 玉尺形의 명당.

자두골(尺後谷): 잿골 북쪽에 있는 마을. 기성산 뒤가 됨. 玉尺形의 명당이 있음.

▶ 新世洞(새절골, 새적골, 新寺洞)

聖齋井(神井): 성진골 북쪽 映南山 중턱에 있는 우물. 산제를 지낼 때 이 우물물로 노구매를 지어 올림. 아무리 가뭄이 심하여도 마르지 않으며 가끔 무지개가 뜸.

臨淸閣: 법흥동 20번지에 있는 정자. 이 집을 동쪽에서 보면 두 개의 東門과 네 귀가 반듯한 안뜰을 네 군데에 배치하여 用字形을 만들었다. 이 밖에 三相産室, 不死間, 退盜門까지 있다. 삼정승이 태어날 것이라는 靈室은 며느리는 안 되고 이 집에서 태어나고 자란 딸이라야 그 방의 사용이 가능하다고 함. 이 방 앞의 靈泉은 이른바 應眞水이다. 응진수는 地氣가 뭉쳐 나는 곳에서 솟아나는 물로 용의 기세를 타고 뿜어 나오므로 이 물을 마시면 부귀를 누린다. 用字形은 天地陰陽都合格地라 하여 경기도 구리시에 있는

東九陵도 이와 같은 지세를 가졌다고 함(김광언). 법흥동 20번지에 있는 정자. 뒤에는 영남산이 수려하고 앞에는 낙동강의 맑은 물이 유유히 흘러서 경치가 매우 좋음. 중종 8년(1513)에 현감 이낙이 짓고 퇴계 이황이 약관에 임청각 액자를 썼으며 백사 이항복, 농암 이현보의 글이 있으며 그 제도가 조선조 儒家의 대표적 건물로 보물 제182호.

안동면 신세동 李相龍의 집: 4백여 년 전 축조. 집안 동북쪽 한 귀퉁이에 있는 한 칸의 內房은 세 정승을 낳을 방. 이미 둘은 배출. 그 基地는 안동 후방을 둘러싼 映南山의 한 가닥인 象山 기슭에 있고 동으로는 신라 시대 읍을 진압하기 위해 세운 칠층탑이 있는 탑동이 있으며 강을 건너 巫峽의 연봉이 바라보이고 동남으로는 洛江의 두 개천이 합류한 것을 襟帶로 하며 남쪽으로는 멀리 열려서 자못 그 형세가 좋은 곳이다. 집은 酉坐卯向. 방의 배치는 日字形. 그 방의 앞뜰에는 샘이 있어서 맑고 감미로웠으며 언제나 마르는 일 없는 영천이 지금도 음료수로 이용되고 있다. 이 물이 소위 應眞水로서 부귀 관장, 물은 여성을 상징함(村山).

▶ 雲興洞

좆돌: 오층탑 남쪽 4미터 지점에 있던 더미. 돌로 좆(남성의 생식기)처럼 쌓았는데 안동읍 뒤에 있는 산이 마치 보지(여성의 생식기)처럼 생겨서 안동읍에 淫行이 많아 그것을 막기 위하여 이곳에 남자의 생식기 모양으로 이 더미를 만듦.

▶ 塔洞(日帝時): 안동 탑동에 있는 칠층탑, 시장 남쪽 밭 가운데 오층탑은 어느 것이나 벽돌로 지은 옛 탑이다. 읍의 서쪽에 서 있는 하나의 옛 사찰은 法龍寺로 일컬어지며 삼국 시대에 만들어진 것이라 한다. 이것들은 어느 것이나 안동의 남쪽 낙동강으로 面해서 열려 있고 하등의 방어가 없었기 때문에 소위 〈寺塔防虛之法式〉으로 남쪽에 일직선으로 다수의 사탑을 세워서 읍을 지키게 한 것이다. 더욱이 법룡사 북쪽 벽 사이에는 〈鎭邑千年幸吉寺〉라고 파서 판자를 걸어 두었다고 함(村山).

▶ 太華洞

西岳寺: 태화동 서쪽에 있는 절. 도선국사가 세웠다 하는데, 뒤에 關王廟를 수호하는 절이 되었음.

虎頭穴: 관왕묘가 있는 산. 범의 머리 모양인데 이 산의 靈氣로 인하여 안동에 범의 피해가 많으므로 이를 막기 위하여 목성산에 있는 관왕묘를 이곳으로 옮긴 뒤로 그 피해가 없어졌다 함(실제로는 안동 儒林들이 道家의 廟堂이 안동향교 뒤에 있는 것은 수치라 하여 이곳으로 옮긴 것이라 함).

盈德郡 江口面

▶ 金津里(쇠나리)
돝재: 못윗산 북쪽에 있는 산. 산세가 돝(돼지)이 누워 있는 형국이라 함.

▶ 烏浦里(오개)
烏浦營(만호첨사터): 오포리 385, 386번지에 있는 오포영의 터. 본래 소월리에 있었는데 巡邊使 高荊山이 바다가 보이지 않는다 하여 이곳으로 옮기고 돌성을 쌓았음. 터가 세다(剛氣) 하여 집을 짓지 않고 밭으로 되어 있음.

▶ 花田里
말편자현: 둥지리봉 서쪽에 있는 산. 말편자(말징)혈의 명당이 있다 함.
삽방우(덩치미): 삽방골에 있는 바위. 두 개가 양쪽에 서 있어서 사타구니처럼 되었음.

盈德郡 南亭面

▶ 南亭里(역마)
만냥방우: 관터 남쪽 산에 있는 큰 바위. 마을 앞을 막고 있으므로 천 냥을 벌어서 만 냥을 버릴 만큼 마을에 해롭다 함.

▶ 鳳田里(가리미)
갈마골(渴馬谷): 진탕골 동쪽에 있는 골짜기. 渴馬飮水形의 명당이 있다 함.

▶ 士岩里
시비리: 절골 남서쪽에 있는 골짜기. 명당이 있다 하여 지리 풍수로 유명한 화주도사가 세 번이나 들어가 찾았어도 못 찾았다 함.

▶ 長沙里(긴불, 진불)
돛대나무: 장사 복판에 있는 나무. 장사의 지형이 배의 형국으로 되어서 돛대가 있어야 한다 하여 복판에 나무를 심었음.

▶ 爭岩里: 마을 어귀에 상투방우와 탕건방우가 우뚝 솟아 마주 보고 있으며 싸우는 것 같다 하여 붙은 지명.

盈德郡 達山面

▶ 玉山里
꽃밭등: 앞숫골 남쪽에 있는 등성이. 꽃밭 명당이 있다 함.

盈德郡 柄谷面

▶ 角里里(각시랍)
文筆峯: 각리 남쪽 앞에 있는 산. 봉우리가 붓끝처럼 생겼음. 이 산의 精氣

를 받아 근처에서 문필가가 끊이지 않
고 난다 함.
▶牙谷里(아실, 애실)
　개두들(狗坪): 덤밧골 서쪽에 있는 들.
개가 누운 형국(臥狗形)이라 함.
▶榮里(연골): 지형이 蓮花浮水形이라 하
여 붙은 지명.
　燕飛形: 중쏘뺀달에 있는 김해김씨의
묘. 제비가 날아가는 형국(燕飛形)이
라 함.
▶揮里里(덕천, 자두, 잣디, 후리)
　奉松亭: 후리 서쪽에 있는 숲. 옛날 奉
氏가 부사로 와서 바닷바람을 막기 위
하여 소나무 1만 그루를 심었다 함.
　李松亭: 밭등전 서남쪽에 있는 숲. 옛
날 李氏府使가 해풍을 막으려고 많은
소나무를 심었다 함.

盈德郡 盈德邑

▶梅亭里
　횃불장소: 앞산 밑에 있는 터. 창포리
의 봉의재에 불빛을 비춰 주어야 마
을에 화재가 나지 않고 좋다 하여 해
마다 정월 초하룻날 밤에 횃불을 놓
는다 함.
▶三溪里(시거리, 시걸)
　김진사미(영천미): 삼계 남쪽에 있는
김진사의 묘. 꿩이 엎드려 있는 형국
(伏雉形)의 명당이라 함.

盈德郡 寧海面

▶元邱里(원두들)
　玉琴: 원구 서쪽에 있는 마을. 玉女彈
琴形이라 함.

盈德郡 知品面

▶粟谷里(속골): 속 골짜기가 되므로 속
골이라 함.
　玉女峯: 속곡리에 있는 산. 玉女彈琴
形이라 함.

盈德郡 蒼水面

▶栢靑里(잣나무골)
　金盤形밋등: 잣나무골 서쪽에 있는 등
성이. 金盤形의 묘가 있다 함.
▶寶林里(버림)
　벌깃골: 옷재 남쪽에 있는 골짜기. 옷
재(烏峴)가 까마귀 형국으로 되었는데
이곳은 그 까마귀가 먹는 벌기(벌레)
에 해당한다 함.
▶新基里
　六曾谷(육진골): 우정골 남서쪽에 있
는 골짜기. 六曹判書가 날 명당이 있
다 함.

▶梧村里(오동나뭇골)

鳳亭: 명서암 동쪽 골짜기에 있는 마을. 나는 봉황이 대나무 열매를 먹는 형국이라 함.

▶蒼水里

玉女峯: 방갯골 동남쪽 앞에 있는 산. 玉女散髮形이라 함.

盈德郡 丑山面

▶古谷里(고실)

玉女峯: 띠밭골 밑에 있는 산. 玉女散髮形의 명당이 있다 함.

▶上元里

어리빗등: 웃번개 남쪽 옥녀봉 밑에 있는 등성이. 옥녀봉의 형국이 玉女散髮形인데 이 등성이가 얼레빗에 해당한다 함.

▶丑山里

둔대마당(진전마당): 웃염장 남쪽에 있는 들. 번짓등 위에 將軍對坐形의 명당이 있는데 이곳은 그 장군이 진을 치는 곳에 해당한다 함.

번짓등(분줏등): 재궁마 남쪽에 있는 등성이. 將軍對坐形의 명당이 있다 함.

▶七星里(성호)

다릿골: 꽃밭 남서쪽에 있는 골짜기. 지형이 다리를 벌린 것 같다 함.

▶華川里

형주원미: 곰창 서북쪽에 있는 韓氏의 무덤. 行舟形의 명당이라 함.

英陽郡 石保面

▶畓谷里(논실)

논실쑤(畓谷藪): 아래논실 입구에 있는 숲. 두세 아름 되는 소나무, 느티나무와 잡목이 숲을 이루었는데 동리의 수호신으로 위하여 매년 정월 보름에 제사를 지냄.

▶素溪里

蛇頭形(사두혈): 서낭당골 북쪽에 있는 작은 산. 이곳에 묘를 쓰는데 산신이 현몽하여 말하기를 〈이곳을 파면 흰 단지가 있을 터이니 열지 말고 그대로 묘를 쓰라〉 하였는데 광중을 파던 사람들이 흰 단지를 보고 이상히 여겨 그 뚜껑을 열어 본즉 방울이 나와서 날아갔으므로 그 단지를 서낭당골에 있는 서낭당으로 옮기어 보호하고 있다 함.

▶院里里

가두들(佳邱): 장터 동남쪽 언덕에 있는 마을. 기독교 신자들이 많이 삶.

▶做南里

주삿골아랫쑤: 주삿골 아래쪽에 있는 숲. 큰 느티나무와 무시나무(느릅나무), 소나무 들이 숲을 이루었는데 마

을에서 서낭으로 모시고 매년 정월 보름에 고사를 지냄.
주삿골웃쑤: 주삿골 위쪽에 있는 숲. 느티나무, 무시나무, 소나무들이 숲을 이루었음.

英陽郡 首比面

▶ 桂里

갱두들(고양두들): 살돈 동쪽에 있는 마을. 지형이 行舟形이라 하여 오리를 단 돛대를 세웠음.
▶ 發里里: 사방 십리쯤에 4대 名山, 곧 동쪽에 울련산, 서쪽에 일월산, 남쪽에 검마산, 북쪽에 도름산이 있고 4대문, 곧 동쪽에 新院石門, 서쪽에 日月石門, 남쪽에 가랫재문, 북쪽에 붉은덕재문이 있는데 皮氏가 30년 동안 왕 노릇한 땅이라 함.

英陽郡 英陽邑

▶ 西部里

制劍村: 시장 서남쪽에 있는 마을. 마을 어귀에 있는 산이 칼날처럼 생겨서 영양읍에 불상사가 많이 난다 하여 영양 현감이 그 칼날을 막는다는 뜻으로 지명을 제검촌이라 하였다 함.
▶ 縣里

물무지산(水藏山): 현앞산 서쪽에 있는 산. 이 산이 火體로 되어서 현동에 화재가 많이 나므로 그 재앙을 막기 위하여 산꼭대기에 단지 세 개를 묻고 매년 정월 보름에 마을 사람들이 모여 물을 갖다 부어 둠.
한오근(한오금, 彈五琴): 현동 뒤에 있는 산. 五指彈琴形의 명당이 있다 함.
현동쑤(縣洞藪, 馬節藪): 현앞산(縣前山)에 있는 숲. 수백 년 묵은 잡목이 숲을 이루었는데 산에 험한 돌이 많이 있어서 동네에 불상사가 자주 나므로 험한 바위를 가리기 위하여 숲을 가꾸게 되었다 함.
현앞산(縣前山): 현동 앞에 있는 산. 험한 바위가 많이 있어서 위쪽에 바위가 드러나면 현동 웃말에서 초상이 나고 아래쪽 바위가 드러나면 아랫말에서 초상이 나므로 이를 막기 위하여 살구나무, 물푸레나무, 너도밤나무, 피나무, 느티나무 등을 많이 심어서 큰 숲을 이루게 하였다 함.

英陽郡 日月面

▶ 佳谷里

금마래골: 가마실 동쪽에 있는 마을. 金鶴抱卵形의 명당이 있다 함.
▶ 梧里里

까치목(雌雉項): 새마 북쪽에 있는 마을. 까투리 형국이라 함.
노루모기(獐項): 새터 북서쪽 골짜기에 있는 마을. 지형이 노루의 목처럼 생겼는데 走獐顧母形의 명당이 있다 함.
홈다리: 홍꺼리재 북쪽에 있는 마을. 臥牛形의 명당이 있다 함.

▶注谷里(주실)
주실쑤(注谷藪): 주실 입구에 있는 숲.

▶七星里
半月形: 칠성 서쪽에 있는 마을. 반달처럼 생겼음.
三台峯: 칠성봉 남쪽에 있는 산. 봉우리가 三台星처럼 생겼다 함.
七星峯: 칠성리 수구에 있는 산. 일곱 봉우리로 되었고 밑이 절벽으로 되었는데 맑은 물이 흐름.

英陽郡 立岩面

▶大泉里
구레두들(勒邱): 산막골 서쪽 둔덕에 있는 마을. 뒷산이 天馬가 굴레를 벗고 달아나는 형국이라 함.

▶山海里
배두들(舟坡): 문해 북서쪽 둔덕에 있는 마을. 배의 형국이라 함.
鳳鑑寺터: 산해리 391번지 곧 봉가미 밭 가운데에 있는 봉감사의 터. 오층전탑이 남아 있음.
鳳鑑湖: 봉가미 남쪽에 있는 내. 반변천이 이곳에 이르러 호수처럼 큰 내를 이루었음.
嶺登山窟: 엿골(절골) 뒤 영등산에 있는 굴. 옛날 절골에 있는 중이 4월 초파일에 개를 잡아먹고 佛道를 어겼으므로 금강산에 있는 도승이 와서 앞산에 혈을 지르고(斷脈) 뒷산인 이곳을 칼로 찔러서 물이 쏟아져 나오게 하여 절을 묻어 버렸다 함. 그곳을 무친절터라 함.
穴목: 절골 앞에 있는 산. 금강산 도승이 이곳에 혈을 지르고 뒷산에 물굴(영등산굴)을 뚫어서 절을 묻어 버렸다 함.

▶新泗里
당나무: 아릿사래 앞에 있는 소나무. 富者 조씨의 子婦가 손님이 오는 것을 싫어하여 중에게〈손님이 오는 것을 막아 달라〉고 간청하여 그 중이 마을 앞에 있는 용두암산을 가리키면서〈저 산줄기를 끊으면 손이 오지 않으리다〉고 하여 그 말대로 하였더니 조씨가 망하였다 함. 그리하여 동민들이 소나무 두 그루를 심어서 그 끊은 목을 가리게 하고 해마다 정월 보름에 고사를 지낸다고 함.
雲龍池: 신사리와 대천리에 걸쳐 있는

저수지. 운룡산 밑이 되는데 3백 년 전에 운룡사에 있는 주지가 나쁜 짓을 많이 해서 그 벌로 폭우가 내려 절이 없어지고 이 못이 되었다 함.

▶良項里

솔마당: 양기 남쪽 입구에 있는 소나무 숲. 소나무 80여 주가 울창하게 서 있는데 마을에서 위하여 매년 정월 보름에 고사를 지냄.

英陽郡 靑杞面

▶九梅里

發梅: 여미 북동쪽에 있는 마을. 梅花滿發形의 명당이 있다 함.

▶唐里(당골, 단곡)

山靈閣: 자프데기 고개에 있는 신당. 6·25 때 국군이 괴뢰군에 의해 많이 피살되었는데 그후부터 자동차를 몰고 이 고개를 넘으려면 운전사 눈에 헛것이 보여 그것을 피하려다 사고를 자주 내게 되므로 유엔군과 동민들이 합동으로 이 각을 세워서 無主孤魂들을 위함.

▶寺里(절골)

군디채(안절골): 절골 안쪽에 있는 마을. 지형이 그네를 뛰는 형국이라 하여 군디(그네)를 늘 달아 놓았다 함.

▶山雲里

玉女峯: 큰두들 북쪽에 있는 산. 玉女彈琴形의 명당이 있다 함.

▶上靑里

귀바우: 신당 앞에 있는 바위. 부자가 살았는데 손님이 오는 것을 싫어하여 중에게 손님이 오지 않을 방법을 묻고 이 바위를 깨뜨리니 그 집이 망했다 함.

자랑고개: 상청리 뒤에 있는 고개. 임진왜란 때 이여송이 혈을 질렀다(斷脈) 함.

▶苧里(모시골)

단장방우(丹粧岩): 가는골에 있는 바위. 옥녀봉의 옥녀가 가마쏘에서 머리를 감고 이 바위에서 단장을 하였다 함.

玉女峯: 모시골 뒤에 있는 산. 玉女散髮形의 명당이 있다 함.

▶正足里(솥바리): 두리봉, 신선봉, 뒷봉의 세 봉우리가 솥발처럼 벌여 있으므로 붙은 지명.

▶靑杞里

火峯: 필봉 위쪽에 있는 산. 산이 火體로 되었다 하여 매년 정월 보름에 제사를 지내고 항아리에다 소금을 넣어서 묻는다 함.

▶土邱里(홀두들)

귀수모기(龜項峯): 건너마 뒤에 있는 산. 거북의 목처럼 생겼는데 혈을 질렀음(斷脈).

시루봉(南山): 창마 남쪽에 있는 산.

310미터. 모양이 시루처럼 생겼는데 이 산이 火體로 되어서 창마에 화재가 자주 나게 된다 하여 항아리에 소금을 넣어서 꼭대기에 묻고 해마다 정월 보름에 소금을 갈아 넣고 고사를 지낸다 함.
筆臺: 창마 북동쪽에 있는 마을. 文筆이 많이 난다 하여 뒷산에 혈을 질렀다(斷脈) 함.

▶ 杏花里
살구봉: 행화 뒤에 있는 산. 杏花落地形의 명당이 있다 함.

迎日郡 九龍浦邑

영일군은 없어지고 전역이 포항시로 편입되었음. 따라서 영일군 구룡포읍은 현재 포항시 남구 구룡포읍.

▶ 九龍浦里
將軍石: 미역바우 아래에 있는 큰 바위. 옛날에 장군이 이 바위를 옮겨 놓았다 함. 미역바우 아래에 萬人이 살 곳이 있다 하여 세상이 어지러우면 南負女戴하고 이곳을 찾는 사람들이 많다 함.

▶ 九萬里
장기갑등대: 구룡 반도는 용의 꼬리이다. 고종 광무 5년(1901)에 일본 長崎商船學校 實習班 30여 명이 鷹熊丸을 타고 동해 연안의 어족과 수심을 조사하다가 이곳 암초에 걸려서 전원이 익사하였으므로 일본의 요청에 의하여 1902년 착공, 1903년 12월 준공되었음. 1903년 일본인들이 범 꼬리(우리나라 국토를 호랑이에 비유할 때 구룡포는 그 꼬리에 해당됨)에 장기곶등대를 세우려 하자 주민들은 범 꼬리(虎尾嶝)에 불을 밝히면 꼬리를 흔드는 바람에 등대가 무너져서 부근이 불바다를 이루고 동시에 우리나라 전체가 고통을 당하게 된다고 한사코 반대하였다. 끝내 등대는 세워졌지만 등대수의 가족이 괴한에게 몰살을 당하는 참변이 일어났다. 주민들은 이를 천벌이라 생각했다 함(김광언).

▶ 大甫里
새앙골(鳥卵谷): 한내 서쪽에 있는 골짜기. 샘이 있음. 鳥卵形의 명당이 있다 함.

▶ 河亭里
토끼: 솔머리 북서쪽에 있는 마을. 玉兎望月形의 명당이 있다 함.

▶ 厚洞里(허어리부곡)
佛仙岩: 후동 남쪽에 있는 바위. 높이 100여 척, 너비 10여 척이 되는데 그 밑에 佛仙庵이 있어서 매년 섣달 그믐날이 되면 마을 사람들이 황홀한 등을 밝히고 밤을 세움. 예전에 신선이 이 바위에 하강하여 동해 용왕과 놀았다 함. 신라 때 원효대사가 이곳에서 수도하여 見性하고 고종 때 수운 최제우가 이곳에서 백일 기도를 하여 교주가 되었다 함.

迎日郡 杞溪面

현재 포항시 북구 기계면.

▶ 塔亭里

飛鶴山: 탑정리, 미현리와 신광면 상읍리, 기일리에 걸쳐 있는 산. 762미터. 학이 나는 형국이라 함. 가뭄이 심하면 기우제를 지내며 飛鶴上天形의 大地가 있는데 누군가 묘를 쓰기만 하면 날이 가문다 하여 이 부근 동민들이 기어이 暗葬한 屍身을 파내고 만다. 한때 皇甫, 金, 李, 孫氏 등 여러 성이 이곳에 암장을 하였다가 큰 소동이 일어난 일도 있었음.

迎日郡 大松面

현재 포항시 남구 대송면.

▶ 公須里

仙女峯: 공수 뒤에 있는 산. 매우 수려해서 선녀가 놀았다 하며 仙女奉盤形의 명당이 있다 함.

▶ 南城里

榮陽公墓: 남성에 있는 영양공 鄭襲明의 무덤. 영조 때 현감 金就寶가 취임하는 날 밤 꿈에 한 노인이 와서 〈내가 이곳에 의탁한 지 오래였는데 읍을 이곳으로 옮겨 온 후로부터 심히 불안하니 읍을 다른 곳으로 옮겨 가라〉하므로 읍 사람들에게 조사한 결과 포은 정몽주의 선조 영양공 정습명의 묘가 있음을 발견하고 읍을 옮기기로 하였는데 마침 김취보는 갈리고 새로 온 현감 申維翰이 고읍리(장흥리)로 옮기었음.

▶ 大覺里(떼골)

造山두늘: 대각 남쪽에 있는 골짜기. 이곳에서 凶한 기운이 나오므로 그를 막기 위하여 인공으로 만든 산이 있음.

▶ 山余里(산나미)

장딸네밋굼: 산여리에 있는 골짜기. 장딸이란 사람의 묘가 있으며 장닭이 우는 형국의 명당이 있다 함.

迎日郡 東海面

현재 포항시 남구 동해면.

▶ 金光里

거북돌: 가는골 위에 있는 바위. 바위 아래서 물이 나오는데 짝불알을 씻으면 낫는다 함.

▶ 興患里

진골(징골, 長谷): 직환 동쪽에 있는

긴 골짜기. 골이 깊고 경치가 매우 아름다우므로 옛날부터 兵火가 침범하지 못하는 곳이라 함.

迎日郡 松羅面

현재 포항시 북구 송라면.
▶中山里
時鳴山: 수문용치 서쪽에 있는 산. 수탉이 홰에서 우는 형국의 명당이 있어서 子時가 되면 닭이 우는 소리가 들린다 함.

迎日郡 延日面

현재 포항시 남구 연일읍.
▶柳江里
龍岺: 원동 서쪽에 있는 마을. 渴龍飲水形의 명당이 있다 함.
▶紐珠里: 모양이 구슬을 꿴 형국이라 하여 붙은 지명.
▶自明里
등명: 자방골 남서쪽에 있는 마을. 뒷산이 등잔처럼 생겼다 함.
▶中明里(중메골)
烏頭峯: 원골 중앙에 있는 산. 까마귀 대가리처럼 생겼음.
烏足골: 원골 남쪽에 있는 골짜기. 까마귀 발처럼 생겼다 함.

迎日郡 烏川面

현재 포항시 남구 오천읍.
▶光明里: 지대가 매우 양명하므로 붙은 지명.
▶舊政里(구정승골): 포은 정몽주가 살았으므로 붙은 지명.
▶文忠里: 문충공 정몽주가 살았으므로 붙은 지명.

迎日郡 義昌邑

▶曲江里
鳳林山: 곡강 남쪽에 있는 산. 봉황이 날아와서 대나무 열매를 먹는 형국이라 함.
봉림수: 봉림불(봉림이 동북쪽 바닷가에 있는 모래 벌판)에 있는 숲. 숲이 울창해서 대낮에도 범이 나타났다 하며 효종 때 崔郡守가 이 숲을 벤 뒤에 봉림불의 바람이 거세어서 방목산에서 기르던 말을 모두 장기의 北牧으로 옮겼다 함.
▶德壯里
별래재(別乃峴, 성라현): 웃장자 동북쪽에 있는 고개. 홍해에서 청하면으로 넘어가는데 전에 도둑이 많이 있어서 별을 보거든 이 고개를 넘지 말라 했다 함. 선조 때 魚得江이 홍해 군수가 되어 군내를 순회하다가 이 고개의 이름을 듣고 깜짝 놀라며 말하기를 〈내 성이 어가인데 고기가 벼리 속에 들면 죽는 것이니 벼릿줄을 빨리 끊어야 한다〉하고, 곧 군의 인부를 풀어서 이 고개를 끊었는데 민폐가 매우 많아서 경상 감사가 이 일을 중지시키는 동시에 군수도 파면시켰으므로 지금까지도 흥해 사람들에게 〈牛風水 집안 망친다〉는 속담이 전해져 내려옴.

▶望泉里

말무덤: 벌새미 북쪽에 있는 큰 무덤. 선조 때 어득강이 쇠말을 묻었다 함.

▶梅山里

梅日: 매산리에서 가장 큰 마을. 梅花落地形의 명당이 있다 함.

▶玉城里

猛虎出林: 개두들 서쪽에 있는 무덤. 養拙堂 李宜澄이 묻혔음.

束草臺: 홍해향교 동남쪽 3백 미터 지점에 있는 약 50평 정도의 작은 흙더미. 홍해향교의 터가 臥牛形이므로 그 소의 먹이를 주어야 한다는 뜻에서 이곳에다 꼴짐 모양의 더미를 만들고 흥해 군수 李鍾俊이 그 위에 소나무 십여 그루를 심었는데 현재는 두 그루만 남아 있음.

興發山(臨墟臺, 臥牛山): 홍해향교가 있는 산. 臥牛形이며 임허사가 있음.

迎日郡 竹長面

현재 포항시 북구 죽장면.

▶石溪里

금계포란등: 갈근이 북동쪽에 있는 산. 金鷄抱卵形의 명당이 있다 함.

▶立岩里

조산등: 장터 동남쪽에 있는 산.

▶針谷里(바느실): 바늘처럼 좁고 길게 생겼으므로 붙은 지명.

迎日郡 只杏面

▶琴谷里(금일)

영감방우: 부처못재에 있는 바위.

첩방우: 영감방우 오른쪽에 있는 바위.

할맹이방우: 용방우 왼쪽에 있는 바위. 영감방우와 첩방우가 보기 싫어서 동쪽 바다를 바라보고 있다 함.

▶大谷里(한실)

미이재(면리재, 모이현): 한실 동북쪽에 있는 고개. 여러 사람이 모여서 이 재를 넘는다 하며 고개 모양이 오소리가 잠자는 형국이라 함. 조선 시대 毛伊峴院이 있었음.

▶山西里

西化(瑞花): 산서리 중앙에 있는 마을. 산서리가 매화나무 형국이라 하는데 이 마을은 매화꽃이 상서롭게 핀 형국

이라 함.

장포지: 서화 서남쪽에 있는 마을. 노루가 새끼를 품고 있는 형국이라 함.

▶鶴谷里

鶴三: 학곡리 서남쪽에 있는 마을. 뒷산이 학 세 마리가 노는 형국이라 함.

迎日郡 清河面

현재 포항시 북구 청하면.

▶美南里

필미쑤(必美藪): 필미 서쪽에 있는 숲. 소나무 수천 그루가 울창하게 서 있어서 길이 3백 미터의 숲을 이루었음. 필미 마을이 行舟形이므로 이 숲을 만들어서 배의 길을 막게 하고 마을 가운데에 높은 국기 게양대를 세워서 돛대를 상징하게 하였음.

▶新興里

문등골: 번현 서쪽에 있는 골짜기. 전에 큰 마을이 있었는데 문둥이가 많이 나서 폐동되었음.

오줌방우: 번현 남쪽에 있는 바위. 바위 아래에서 물이 나오는데 마치 여자가 오줌을 누는 것 같다 함.

▶清溪里

巳岩배기: 배암골 앞에 있는 목. 배암의 목처럼 되었는데 임진왜란 때 이여송이 혈을 질렀다(斷脈) 함.

혈지른데: 도칫골 위에 있는 목. 임진왜란 때 이여송이 혈을 질렀다(斷脈) 함.

榮州郡 丹山面

영주군은 현재 모두 영주시로 편입되었음.

▶瓶山里

君子峯: 병산 남쪽에 있는 산. 옥녀봉의 대칭으로 불림.

玉女峯: 병산 북쪽에 있는 산. 玉女織錦形이라 함.

▶玉帶里

소리실(聲谷): 모산 서북쪽에 있는 마을. 渴馬飮水形이라는 묘터에서 원앙 소리를 들을 수 있다 함.

▶坐石里(앉은바위)

연애골(연화동): 좌석 북쪽에 있는 마을. 마을 옆에 있는 묘지가 蓮花浮水形이라 함.

榮州郡 文殊面

▶伐賜里: 전에 이곳의 앞산(남산)이 터가 세서 살인이 많이 났다 하여 그 대신 소를 잡으면 된다 하여 백정을 많이 살게 하여 벌한다는 뜻으로 붙인 지명.

榮州郡 鳳峴面

▶ 寒泉里

도덕바우: 산제당에 있는 바위. 이 바위가 동네를 보면 해롭다고 해서 소나무를 심어 가리고 산제당을 모시고 있음.

榮州郡 浮石面

▶ 北枝里(갓디)

太白山鳳凰山浮石寺: 봉황산은 태백산에서 서남으로 1백여 리를 내려오면서 각화산과 백병산에 연하여 있다. 봉황산은 태백산의 終脈으로 이 산의 서편 낮은 목을 馬兒嶺이라 부르는데 이 고개 아래로는 소백산에 속한다. 태백산맥을 박 넝쿨에 비유하면 봉황산은 박 넝쿨에 달린 박으로 뿌리와 넝쿨의 모든 힘이 박으로 모이는 것처럼 태백산 정기가 이 봉황산에 집결되어 명산 대지가 된 것이다. 鳳凰抱卵形 혹은 瑞鳳抱卵形이라 한다. 부석사의 案山이 바로 봉황의 알에 해당됨. 부석사 터는 雲中仙坐形이다. 무량수전의 좌향은 癸坐丁向이다. 入首는 丑龍으로 드리우니 陰龍이 되고 胞胎法에 의한 파구는 未破口로 癸坐, 丑坐는 帶에 해당되기 때문에 포태법상의 生, 帶, 官, 旺을 좌향의 길좌로 보기 때문에 계좌는 합당하다. 정음정양법상의 입수룡이 음룡이기 때문에 음룡음향의 법술에 따라 정향은 음향이기에 무량수전의 좌향은 계좌정향이 합당하다. 三浮石과 石龍에 대한 설화가 전함. 부석사를 세우기 전에 이미 이 터를 차지하고 있던 異敎徒가 있었는데 의상대사의 사찰 건립을 반대하고 항거하면서 물러나지 않았다고 한다. 이때 이들을 축출하기 위하여 이 절의 수호신이 된 善妙龍의 힘으로 뇌성벽력과 소나기를 내리게 한 다음 이 바위를 공중에 세 번 들어 올리자 도망갔다고 한다. 이 바위는 본래 위치로 돌아가고 선묘룡은 석룡으로 화하여 무량수전 지하에서 아미타불을 받들고 있다 하여 선묘 처녀를 선묘각에 모시고 있다. 문무왕 때(676) 의상대사가 창건했다 함.

▶ 龍岩里

갈매산: 영주군 부석면 용암리와 봉화군 물야면 수식리, 두문리 경계에 있는 산. 354미터. 渴馬飮水形의 명당이 있다 함.

望甲(萬甲): 새두들 서북쪽에 있는 마을. 萬甲裳身形의 명당이 있다 함.

榮州郡 順興面

▶ 德峴里(덕고개)

정희량묘터골: 웃덕현 북쪽에 있는 골짜기. 영조 4년(1728) 戊申亂에 처형된 鄭希亮의 조부 묘가 있었는데 파니까 屍身이 용이 거의 다 되어 있었다 함.

▶ 石橋里(돌다리)

혈터목지: 동호리에서 단산면 사천리 상암으로 넘어가는 고개. 산혈을 끊었다(斷脈) 함.

榮州郡 伊山面

▶ 斗月里(두달)

갈마골(渴馬谷): 두월 북쪽에 있는 마을. 뒷산이 渴馬飮水形이라 함.

▶ 石浦里

▶ 영주 흑석사 답사

서울에서 경북 영주로 가는 길은 무척 험하다. 해발 1,000-1,500미터의 연속된 고도를 갖고 있는 小白山 연맥들이 앞을 가로막고 있기 때문이다. 이곳 일대는 원래 기반암이 편마암과 화강암으로 구성되어 있었으나 편마암은 침식에 저항하여 산지를 형성하고 화강암은 쉽게 침식되어 영주, 봉화 등지의 침식 분지를 이루어 놓았다. 이중 영주시는 중앙선, 경북선, 영동선 철도가 교차하는 내륙의 교통 중심지 구실을 톡톡히 해내던 도읍이었으나 지금은 한적하다는 표현이 어울릴 정도의 소도읍으로 내려앉고 말았다. 형님과 필자와 제자가 셋이 함께 한 이번 영주 답사에서 우리는 점심을 영주의 조그만 간이 음식점에서 먹었다. 그 조용함이란 이곳이 정말 도시인가를 의심케 할 정도의 소박한 것이었다. 오전에 竹嶺을 넘고 이어서 희방사를 거쳐 왔지만 도회의 잡답을 비켜난 탓인지 피곤은 전혀 느껴지지 않았다. 언제나 답사 때마다 느끼는 것이지만 여행자의 피로를 불러 오는 것은 몸에서 연유하는 것이 아니라 자동차에서 비롯되는 교통 혼잡 때문이라는 것을 절감할 수 있는 경험이었다.

이곳 영풍군 이산면 석포리(현재는 영주시 이산면 석포리로 되었음)에 黑石寺라는 조그만 절이 있다. 여기에 관심을 갖게 된 것은 지난 4월 신문에 난 기사에서 연유한다. 조선 초기 왕실에서 시주한 목조 불상과 부처님의 정골 사리가 발견되었다는 내용이었다. 그런 중에 이 절의 주지를 맡고 있는 起然스님으로부터 절터를 한번 보지 않겠느냐는 제안이 있어 찾게 된 것이다.

사연인즉 최근 법당 내 목조 아미타불에서 세종의 형인 효령대군의 낙관이 찍힌 腹藏記와 함께 부처님 정골 사리, 법화경, 목판 다라니, 다섯 가지 곡식 등이 발견되었다는 것이다. 한 가지 신기한 것은 곡식이 거의 원형 그대로 남아 있었다는 점이다. 복장물을 살펴본 조계종 원로회의 의장 西庵스님은 〈매우 소중한 유물들이며 특히 사리는 희귀한 석가여래 진신 정골사리임에 틀림없다〉고 증명했다. 또 黃壽永 박사는 〈불상은 조형미가 뛰어나 국보급 문화재로 평가되기에 충분하며 유물들도 보존 상태가 좋은데다 시주자가 왕실이어서 흥미로운 연구 대상〉이라고 말했다.

그렇다면 이곳은 풍수적으로 어떤 의미를 띠고 있는 곳인가. 아니 더 평범하게 얘기하자면 어떤 땅의 성격을 지니고 있는 곳이기에 그런 귀중한 유물들이 그토록 잘 보존되어 있었던 것일까. 주지 기연스님의 말대로 과연 이곳이 國泰民安의 대가람 터로서 적절한 터인가 하는 것이 필자가 살펴보고자 하는 바이다. 국태민안 운운하는 근거는 효령의 친필 중 〈干戈永息 國泰民安(모든 무기가 영원히 사라져 나라가 태평하고 백성이 편안하기를 바람)〉이라는 글귀가 발견된 데서 기인한다.

흑석사는 의상조사가 창건했다고 하나 뚜렷한 寺誌는 남아 있는 것이 없는 모양이다. 다만 『동국여지승람』에 군 남쪽 15리에 흑석사가 있다는 기록이 남아 있는 것으로 미루어 보면 조선 시대에도 명맥을 유지한 것은 사실이라 하겠다. 절 뒤편에는 보물 681호로 지정되어 있는 石造如來坐像이 모셔져 있고 아마도 절측에서는 상당한 불사를 계획하고 있는 듯하였다. 물론 중요한 것은 사찰의 규모는 아니다. 경우에 따라서는 지나친 인공 구조물이 땅의 기운을 흩뜨리는 수도 있기 때문에 불사의 규모는 신중을 기할 필요가 있다. 무조건 크다고 해서 좋은 것은 아니라는 뜻이다. 흑석사도 그렇고 인근 소백산 희방사에서도 광대한 사찰 증축을 계획하고 있다는 입간판을 목격하였지만 요즈음 사찰들이 巨大佛事를 일으키며 수려한 山地景勝을 파괴하는 것은 심각히 반성해야 할 일이라 믿는다.

영주 땅은 참으로 교묘한 形局上의 배치를 天賦받은 곳이다. 그 가장 핵심적인 내용은 이곳이 거시적으로 보아 五鳳爭珠形에 속한다는 사실이다. 다섯 봉황이 가운데 있는 구슬을 서로 다툰다는 의미로 바로 그 구슬에 해당하는 터는 만인이 받들어 모실 인물을 배출할 명당이라 하여 매우 귀히 여기는 형국에 해당된다. 더구나 이곳의 다섯 봉황은 하나같이 우리나라의 聖山이라 이름 붙여도 손색이 없는 산들이라 그 상징성은 다른 곳의 소규모 오봉쟁주형에 비할 바가 아니다.

동쪽으로는 淸凉山(870m), 동북쪽으로는

太白山(1,560m), 서북쪽으로는 小白山(1,440m), 서남쪽으로는 曦陽山(998m), 그리고 남쪽으로는 鶴駕山(882m)이 솟아 있는데 이 다섯 산이 바로 다섯 봉황에 해당하는 산들이다. 영주를 기점으로 東西로 선을 그었을 때 그 북부에 세 산, 남부에 두 산이 위치해 있고 북부 두 산은 모두 해발 1천 미터 이상의 高峰들이며 나머지 세 산도 8백 미터가 넘는 큰 산들이다.

태백산과 소백산은 두말을 필요로 하지 않는 산들이고 학가산도 태백산맥의 준령 속에 빼어난 명산으로 영남에 禮安이 있어 인물을 배출한다는 그 예천과 안동을 양발로 하여 솟은 산인지라 그를 봉황이라 칭하는 데 거부감을 느낄 사람은 우리 민족 중에는 없으리라 확신한다. 한편 희양산은 그 높이가 떨어지는 것은 사실이나 신라 九山禪門 중의 하나인 희양산파의 宗刹 鳳巖寺가 있는 곳으로 이미 절 이름에 봉황이 들어가 있는 것에서도 알 수 있는 것처럼 五鳳의 반열에 들어도 조금도 손색이 없는 산이라 할 수 있다.

청량산 역시 우선 퇴계 이황 선생과의 인연으로 봉황의 자격을 구비한데다가 모두 36개나 되는 봉우리의 이름들이 보살봉, 문수봉, 반야봉, 의상봉, 연화봉 등인 것으로 미루어 보아도 불가의 봉황임을 믿을 수 있는 산이다.

봉황이란 무엇인가. 그것은 경사스러움을 상징하는 상상 속의 새이다. 수컷을 鳳, 암컷을 凰이라 하는데 태백, 청량, 학가가 봉이고 소백, 희양이 황이다. 몸과 날개에는 오색 빛이 영롱하고 소리는 五音에 맞는 것만을 가려내며 오직 오동나무에만 깃들어 대나무 열매를 먹고 醴泉을 마신다는 瑞鳥 중에서도 吉鳥이다.

영주가 오봉쟁주형이 됨은 비단 산만으로 해서 이루어지는 것이 아니다. 우리의 풍수가 산으로만 구성되지 않는다는 것은 주지의 사실이거니와 제대로 터의 구실을 하기 위해서는 반드시 물의 뒷받침이 있어야 한다. 그래야 山水相補하고 陰陽相配하는 造化 터전을 이룰 수 있기 때문이다. 영주 땅 역시 그러하니 태백, 소백, 청량, 희양, 학가의 五鳳山群 이외에 五凰川이 필요한 것이라 이제 우리는 그것을 찾아야만 하게 되었다. 그러나 아무리 유심히 살펴도 알맞게 배치된 다섯 하천을 찾을 수는 없다. 부근에 甘泉川, 丹山川 등이 흐르기는 하지만 五鳳을 좇기에는 너무나 격에 어울리지 않음을 부인하기 어렵다. 그렇다면 五凰川은 어디 있는가.

물은 반드시 물길을 따라 흐른다. 물은 흐름이다. 영원히 고여 있는 물이란 있지도 않거니와 설혹 있다 하더라도 그것은 죽은 물이다. 그러므로 물은 흐름을 그 본성으로 한다. 원칙적으로 물은 흐름이 있음으로 本動이니 陽이요, 산은 움직임이 없음으로 本靜이니 陰이라 보는 것이 풍수의 음양론이다. 땅의 생기는 음양의 조화로써만이 생성의 묘가 생기는 것이라 陽 홀로 生할 수 없는 것이고 陰 홀로 成할 수 없는 것이 天地의 自然이다. 그런데 영주 오봉쟁주에서 다섯 산은 있는데 다섯 강이 없다. 그런 오봉쟁주가 가능하기나 한 일인가. 결코 있을 수 없다. 그런데도 다섯 내(河川)는 찾을 길이 없다. 원래 다섯 내가 영주에는 없기 때문에 아무리 찾는다 한들 없는 것이 나올 수는 없는 일이다. 그러나 방편이 없는 것은 아니다. 바로 그 점에 우리 풍수의 묘미가 있는 것이지만 이것 역시 裨補風水라고 부를 수 있는 것이다. 즉 물이 없으면 물의 성질을 가지고 있는 다른 것으로 물을 대신케 할 수 있다는 논리다.

물을 대신할 수 있는 것. 그것이 바로 길이다. 물이 흐름인 것처럼 길 역시 흐름이다. 정체된 길이란 것이 무슨 의미가 있는가. 그래서 풍수는 길을 물로 보는 것이다. 물이 없는 곳에서는 길을 물로 대신하여 보면 된다.

영주 땅을 본다. 영주를 중심으로 다섯 갈래의 길이 五方으로 펼쳐져 감을 한눈으로 알아볼 수 있다. 동쪽으로는 봉화를 거쳐 울진 태백으로 나가는 길이 있다. 북쪽으로는 순흥 읍내를 거쳐 소수서원, 부석사로 가는 길이 있다. 서쪽으로는 풍기를 거쳐 죽령, 단양으로 가는 5번 국도와 중앙선 철길이 있다. 남서쪽으로는 예천을 거쳐 점촌, 상주로 가는 길이 있다. 남동쪽으로는 평은, 옹천을 거쳐 안동으로 가는 길이 있다.

마치 불가사리의 다섯 가지처럼 영주에서 나가는 길은 방사상으로 뻗어 나가고 있는 것이다. 이리하여 영주는 鳳 다섯, 凰 다섯의 五鳳爭珠를 완벽하게 구사하게 되었다. 그야말로 봉황의 영광을 보는 고을(州)로서의 名實을 相符케 되었으니 그 터의 풍수적 가치를 어디서 헐뜯을 수 있겠는가.

그러나 지금은 풍수의 시대가 아니다. 풍수는 도태되고 서구풍이 휩쓸고 있는 시절이다. 영주 또한 그 세태를 어쩌지는 못하고 있었다. 가라앉은 영주 시내의 한낮은 졸릴 정도로 그 맥을 놓고 있었으니, 봉황인들 가는 세월을 어쩌지는 못하는 것인가.

흑석사가 있는 석포리 명당은 그런 오봉쟁주의 구슬 구실을 할 만한 땅이라고 필자는 보았다. 그러나 그 명당의 穴場은 穴形四大格 중 鉗形穴. 길게 파인 盆地狀의 명당이 큰 가람을 부지하기에는 버겁다는 감상을 지울 수 없는 터였다. 다행히 燕巢形은 벗어났기에 어느 정도의

坐地 변경은 용인받을 수 있을 것이나 거대한 佛事는 자제하는 것이 옳다는 것이 필자의 판단이었다. 佛事의 巨大化가 무슨 유행처럼 이 땅을 휩쓸고 있기는 하지만 佛心이 따라주지 않는다면 그게 무슨 소용인가. 어디 불교뿐인가. 많은 종교들이 눈에 보이는 것들에만 집착하고 있는 세태이지 않는가.

자신들이 믿는 종교를 위하여 자기들끼리 집을 짓고 모여서 움직이는 거야 누가 뭐랄 수 있는 일이 아닐 것이다. 문제는 聖殿 건축을 핑계 삼아 땅의 성격을 도외시하고 마구잡이로 산천을 파헤쳐 환경 파괴를 일삼는 行爲의 反風水性에 있는 것이다.

▶龍上里

어우실(愚溪, 御臥室): 용상골 남쪽에 있는 마을. 龍床岩에서 바라보면 임금이 누워 있는 형국이라 함.

용상바위: 용상골 북쪽 박봉산 상봉에 있는 바위. 모양이 龍床처럼 생겼다 함.

榮州郡 長壽面

▶葛山里(갈미)

오룡계: 바우실 동남쪽에 있는 마을. 五龍爭珠形의 명당이 있다 함.

榮州郡 豊基邑

현재 영주시 풍기읍.

召修書院: 최초의 사액서원으로 안향을 배향. 본래는 숙수사라는 절이었는데 안향이 젊어서 이곳에서 공부를 했기 때문에 소수서원이 됨. 靈龜抱卵形의 명당. 거북형 명당에는 물이 있어야 하는데 서원 바로 옆에 맑은 냇물이 흐름.

▶金溪里(본래 金鷄洞): 南師古가 이곳을 지나다가 다음과 같은 말을 했다는 기록이 『택리지』에 나온다. 신선봉에서 도솔봉까지 주능선의 길이가 50여 리. 토양은 五色土(白, 赤, 靑, 綠, 黑)가 生氣를 가장 많이 품고 있어 풍수에서는 으뜸가는 토양으로 친다.

예부터 이곳은 바람과 돌이 많은 곳이었다. 그런 탓인지 금계촌은 無石, 無風, 不見竹嶺을 금계촌으로 꼽아 왔는데 그곳이 바로 임실이다. 『영주, 영풍군지』에 실린 「玉龍子金鷄圖」에 의하면〈東國名勝 待世之寶/積善之家 後裔入居/一日金鷄 運吉千年/三奇降照 五星聚奎(삼기가 비치고 五行의 별이 모이도다)/北出東流 南通鶴駕/南有生峰 北有穀峰/東有鹽峰 西有賊峰/周廻四十 水口遠鎖/功名蓋世 金鷄益高/問其向時 運吉魄石(묻노니 그 언제일런고 운이 트여 돌이

희어짐이로다)/子坐長遠 乾坐速發/雖曰
小邦 勝於中華/卿相多出 名相輩出/治
亂可居 捨此焉往(평시나 난시에 다 살
만하니 여기를 버리고 어디로 갈 것인
가)〉이라 하였다.
형국은 金鷄抱卵形임.
지금의 금계동 이외에도 풍기에는 금계
촌으로 꼽히는 이른바 〈정감록촌〉이 더
있다. 영전고개 너머의 욱금동 주민들은
이곳이 바로 금계촌이라고 믿는다. 소백
산 주봉인 비로봉을 주산으로 한 이 마을
에는 앞산에 역시 금계바위 산이 있는데,
그 모양은 암탉과 수탉이 서로 부리를 맞
대고 있는 형상이다(최영주). 兩白之間,
즉 태백과 소백의 사이, 거대한 백두대간
이 두 개의 가지를 나누는 곳, 웅대한 기
의 융결처, 따라서 삶터라기보다는 崇仰
되고 保全되어야 할 聖所의 개념이다.
삼가리 금계바위 참조.

▶三街里(삼거리)
  금계바위(金鷄岩): 샘밭골 서쪽에 있는
  바위. 모양이 금닭처럼 생겼다 하며
  鄭鑑錄十勝之地의 하나인 풍기 금계
  촌이라 한 곳이 이곳이라 함.
  비로사: 고려 태조 왕건의 존경을 받던
  진공대사가 창건. 법당 앞뜰에서 삿갓
  모양의 비로봉이 훤히 보인다. 甲方
  (동북동방)에 높고 힘찬 봉우리가 있
  는데 이를 參天柱라 함.

永川郡 大昌面

현재 영천군은 전역이 영천시로 승격되
었음.

▶屛岩里
  골메기나무(골목나무): 병암 입구에 있
  는 회화나무. 둘레 세 아름. 마을을 위
  하여 재앙을 막아 준다 함. 따라서 풍
  수상 裨補洞藪에 해당됨.

永川郡 北安面

▶林浦里
  분저: 옥녀봉 남쪽에 있는 마을. 옥녀
  봉의 옥녀가 이곳에 분첩을 두고 단장
  하는 형국이라 함.
  빗접: 임포 북서쪽에 있는 산. 옥녀봉
  옥녀의 빗첩이 된다 함.
  玉女峯: 임포 서쪽에 있는 산. 옥녀가
  단장하는 형국(玉女丹粧形)이라 함.
  쪽자암: 빗접 서쪽에 있는 바위. 쪽처
  럼 생겼는데 옥녀봉 옥녀의 쪽이라 함.
  현침: 옥녀봉 서남쪽에 있는 산. 지형
  이 바늘처럼 생겼는데 옥녀봉의 옥녀
  가 쓰는 바늘이라 함.
  홍두깨: 옥녀봉 기슭에 있는 등성이.
  모양이 홍두깨처럼 되었는데 옥녀봉의
  옥녀가 쓰는 홍두깨라 함.

永川郡 新寧面

▶莞田里

造山걸: 하 3동 남쪽에 있는 길. 마을의 地氣虛缺處를 裨補하기 위하여 인공적으로 조그맣게 만든 산이 있었음.

永川郡 永川邑

현재 영천시내.

▶大田里

현재 영천시 대전동.

獅子峯(九龍峯): 상대전 북쪽에 있는 산. 181미터. 사자처럼 생겼다 하며 둘레에 작은 산이 마치 아홉 마리의 용처럼 뻗어 있다 함.

▶五味里(외머리): 마을이 외진 산 머리에 있으므로 붙은 지명.

▶鵲山里(가침재): 영천 시내 주위의 鵲山과 竹防山 유래에 대한 설화가 전한다. 영천군의 지세는 봉황이 날아가는 형국(飛鳳形)이다. 그런데 봉황이 날아가면 불길하다. 그래서 대숲을 만들고(봉의 먹이) 남쪽 산 이름을 죽방산으로, 또 봉황은 까치 울음 소리를 들으면 그것을 잡으려고 다른 곳으로 날아가지 않는다 하여 남쪽 산을 까치산으로 바꾸었다 함(김광언).

永川郡 臨皐面

▶梅湖里

맘실(心谷): 우내 북쪽에 있는 마을. 염통처럼 생겼다 함.

▶三梅里

三梅洞정씨집: 뒷산이 梅花落地形, 앞산은 이를 찾아드는 나비 모양, 집터는 매화의 술이라 함(김광언).

▶良巷里(돌목)

日城君墓: 서원마에 있는 일성군 鄭瓘의 묘. 정관은 포은 정몽주의 아버지임.

▶愚巷里

圃隱遺墟터: 연하 서쪽에 있는 터. 포은 정몽주가 태어났음.

永川郡 清通面

▶桂芝里

舞燕골(桂林, 무연곡): 망지동 서쪽에 있는 마을. 제비가 춤추는 형국이라 함. 냇가에 숲이 많았음.

▶虎堂里

범재(호령): 호당리에서 으뜸가는 마을. 범이 앉아서 영천을 돌아보는 형국이라 함.

조산나무: 호령 동쪽에 있는 나무. 둘레 4-5아름.

永川郡 花山面

▶ 德岩里

범덤(부엉더미): 덕산과 덤밑 사이에 있는 산. 바위 모양이 범처럼 생겨서 건넛마을에서 범에게 물려 가는 폐단이 생겨 이 산에서 제사를 지냈다고 함.

醴泉郡 甘泉面

▶ 大麥里

갈맛골(渴馬谷): 감나뭇골 건너편에 있는 골짜기. 渴馬飮水形의 명당이 있다 함.
금댕이(金塘, 丹山): 한산 북쪽 골짜기에 있는 마을. 金鷄抱卵形의 명당이 있다 함.
쇠실(牛谷, 金谷): 한산 동쪽 골짜기에 있는 마을. 부자가 많이 살았으며 임진왜란 때도 온전하였다 함.
쇠죽골(牛粥谷): 쇠꼬리등 동북쪽에 있는 골짜기. 臥牛形의 명당이 있다 함.
장군바우(伏虎穴): 새마 앞산에 있는 강릉김씨의 무덤. 엎드린 범(伏虎形)처럼 되었는데 앞에 장군석이 있음.

▶ 德栗里(덕밤)

수용골(水龍): 덕밤 서쪽에 있는 마을. 臥龍飮水形의 명당이 있다 함.

▶ 敦山里

돈닷(돛닷, 敦畓): 돈산리에서 으뜸가는 마을. 지형이 배에 돛을 단 형국이라 함.

▶ 閔芳里(벌봉): 마을 복판에 꽃봉오리 같은 외딴 산이 있으므로 붙은 지명.

▶ 酉里(유동역)

南山(酉洞山, 雙絲山): 유리 남쪽에 있는 산. 188미터. 임진왜란 때 不入雙絲山이라는 秘記가 있어서 이 지방이 무사하였다 함.

▶ 增巨里

寒泉寺: 증거 서쪽에 있는 절. 신라 문무왕 16년(676) 의상대사가 浮石寺를 짓는데 세 번이나 전복되므로 그 까닭을 찾아서 산맥을 타고 오다가 走馬山에 이르러 말이 달아나는 형국이라 하여 穴을 지르고 (斷脈) 이 절을 먼저 세운 후 부석사를 지었다 함.

▶ 眞坪里

雌鳳: 자봉산 밑에 있는 마을. 마을 가운데 봉황의 알처럼 생긴 작은 산이 있어서 雌鳳抱卵形의 명당이라 함.
雌鳳山: 긴물 북서쪽에 있는 산. 253미터. 암봉(鳳, 숫봉황은 봉이라 하고 암봉황을 황이라 함)이 알을 품은 雌鳳抱卵形이라 함.

醴泉郡 普門面

▶ 篤陽里
　篤竹(독죽): 막실 서쪽에 있는 마을. 소가 죽을 먹는 형국이라 함.

▶ 馬村里(말골)
　굴렛들(九龍谷): 가재골 북쪽에 있는 들. 九龍爭珠形의 명당이 있다 함.

▶ 新月里
　돌다리(石橋): 무근열 서쪽에 있는 다리. 돌로 다리를 놓았는데〈돌다리 위에 가히 피란할 곳이 있다〉하여 이 부근을 피란곳이라 함.

▶ 友來里
　可居里: 물레실 동쪽에 있는 마을. 본래 안동군 북후면의 땅이었는데 1914년에 보문면에 편입되었으며 퇴계 이황이 이곳을 지나다가 산천이 아름다워 가히 살 만한 곳(山川佳景이니 可居地也라)이라 하였다 함.

▶ 鵲谷里
　까칫들(鵲坪): 솔티 남북쪽에 있는 마을. 까치집(鵲巢穴)처럼 생겼다 함.

醴泉郡 醴泉邑

▶ 葛九里
　갈머리(갈두): 갈구리에서 가장 큰 마을. 葛花未發形의 명당이 있다 함.

　구밑(龜尾): 갈머리 북서쪽에 있는 마을. 金龜沒泥形의 명당이 있다 함.

▶ 南本里
　돌거북(石鱉): 관풍루 밑에 있는 돌거북. 예천읍 사람들이 돌거북을 만들어 남산(누에 머리 모양) 꼭대기에 놓아서 읍터를 눌렀는데 군수 李龜守의 선정비를 세울 때 이 돌로 비의 받침을 하였다가 고을 사람들이 반대를 하여 다른 돌로 바꾸고 돌거북을 도로 옛터에 갖다 놓았음.

▶ 大心里
　흘진개(흑진개, 屹曾洞): 하무실 남서쪽에 있는 마을. 흙이 매우 진 내가 있으며 앞에 있는 산이 개가 흙을 지고 엎드린 형국이라 함.

▶ 生川里(생내실, 생나실)
　나붓들(羅坪, 羅浮坪): 생나실 남동쪽에 있는 마을. 나비처럼 생겼다 함.
　다루리고개(닭울이고개, 鷄鳴峴, 鶴峴): 나붓들 북서쪽에 있는 고개. 용문면으로 통함. 임진왜란 때 杜師聰이 이 고개를 지나 金塘室에 이르러〈金鷄가 앞에 있고 玉犬이 뒤에 있으니 마치 中國 襄陽의 金谷과 같다〉고 크게 칭찬했다 함.
　솥골(鼎谷): 서당골 옆에 있는 마을. 전에 太氏들이 부자로 잘살았는데 너무 교만하여 남의 귀를 쥐고 욕을 보였으므로 그 뒤 욕을 당한 사람이 중이 되어 와서 〈앞 들의 이름을 맛들(馬坪)로 고치면 더욱 부귀하게 되리라〉고 함에, 그 말을 좇아 마평으로 고쳤는데 이는 말이 豆太(太氏를 상징함)를 모두 먹어 버리는 뜻이어서 마침내 태씨가 아주 망하였다 함.

▶通明里(역마)

범밭등: 항구골 서쪽에 있는 등성이. 모양이 범처럼 생겼다 함.

항구골(黃狗谷): 골마 남쪽에 있는 마을. 지형이 黃狗形으로 되었는데 맞은 편에 범밭등(伏虎形)이 있어서 누렁이(黃狗)가 겁을 먹고 똥을 싸고 있으므로 이 마을이 부유하게 된다 함. 똥은 黃金의 비유임.

醴泉郡 龍宮面

▶佳野里(개이)

갈마골(渴馬谷): 강당 동북쪽에 있는 골짜기. 渴馬飮水形의 명당이 있다 함.

▶舞紙里

舞童: 지동 서북쪽에 있는 마을. 옥녀가 거문고를 타고 아이가 춤을 추는 형국(玉女彈琴舞童形)이라 함.

▶鄕石里

둥둥바우(鼓鼓岩): 산성 북쪽 기슭에 있는 바위. 용궁 향교 터가 玉女彈琴形인데 이 바위가 북처럼 생겨서 둥둥 소리를 내는 것 같다 함.

醴泉郡 龍門面

國師峰: 예천군 용문면, 유천면과 문경군 동로면 경계에 있는 산. 731미터. 고려 때 國師 杜雲大師가 이 산에서 낳았으며 꼭대기에 祈雨壇이 있음.

▶九溪里(구려울, 구렬): 아홉 여울로 되었다 하여 붙은 지명.

연무덤(輦墳): 절골 金李庵터 앞에 있는 무덤. 金, 李 두 처녀가 원나라의 왕비가 되어서 輦을 타고 고향에 찾아와 그들의 부모를 뵌 후, 그 연을 이곳에 묻었다 함.

▶內地里

龍門寺: 안골 서북쪽 용문산에 있는 절. 大藏殿은 보물 제145호.

▶能川里(능내): 큰 묘와 내가 있으므로 붙은 지명.

토끼산(兎山): 웃능내 남서쪽에 있는 산. 玉兎望月形의 명당이 있다 함.

▶大渚里(큰맛질, 대져곡)

혈지른곳: 분지등(새낫골과 돌당골 사이에 있는 등성이. 옛 무덤이 많이 있음) 위에 있는 목. 분지등에 명당이 많아서 인재가 많이 나는 것을 꺼리어 이곳을 파서 혈을 질렀다(斷脈) 함.

▶杜仁里

뒤낫(디낫, 디네, 杜川): 두인리에서 으뜸가는 마을. 용문사의 창건주인 杜雲禪師가 이곳에서 났다 함.

造山: 조산들(뒤낫 북쪽에 있는 들)에 있는 작은 산. 1백여 평이 되는데, 地氣가 虛缺한 곳을 裨補함으로써 마을을 보호하기 위하여 인공으로 만들었음.

▶上金谷里(웃금당실)

금당실(金塘谷, 金谷): 상금곡리에서 으뜸가는 마을. 『정감록』에 이르기를 〈예천의 金塘室은 우리나라 十勝之地의 하나로서 兵火가 들지 못한다〉고 하여 임진왜란 때에도 온전하였다. 옛날 중국 당나라 장수가 이곳을 지나다가 학고개(鶴峴)가 입구에 있고 개고개(犬峴)가 오른쪽 어깨에 있는 것을 보고 말하기를, 〈金鷄가 앞에 있고 玉犬이 뒤에 있어서 중국 襄陽 고을의 金谷과 같다〉고 하였다 함. 현재 용문면 소재지.

금당실쑤(金谷藪, 上金谷松林): 금당실 서북쪽에 있는 숲. 五美峯(200m) 밑에서 시작하여 서남쪽으로 용문초등학교 앞까지 8백 미터에 걸쳐 소나무 수백 그루가 울창하게 서 있어 좋은 경치를 이루었음.

鳴狗바우: 오미봉에 있는 바위. 아마도 이것을 玉犬으로 추정하고 있는 듯함.

무쇠장등: 오미봉 뒤에 있는 등성이. 명나라 장수 이여송이 이곳을 지나다가 오미봉을 보고 〈금당실에 人才가 많이 나서 중국에 폐가 된다〉고 하여 이곳에 무쇠 말뚝을 박아서 산의 靈氣를 끊었다 함. 현재 두인리의 운암지 수로를 내기 위하여 이곳을 뚫었음.

山祭堂: 오미봉에 있는 신당. 현재 큰 소나무만 남아 있는데, 매년 정월 열나흗날 밤에 동민들이 제사를 지냄.

楊州大監터: 상금곡리 43번지에 있는 터. 李裕寅이 양주 목사로 있을 때 피란하기 위하여 이곳에 99간 집을 짓고 살았는데, 그 손자가 팔고 이사해서 지금은 터와 담만 남아 있음.

자모쏘(子母淵): 오미봉 북쪽에 있는 못. 平海水軍 文光弼이 선동에서 살았는데 그 어머니가 투기가 심하여 이 못으로 빠져 죽으러 갔다는 말을 듣고 급히 구하러 달려갔으나 미처 구하지 못하고 광필도 또한 못에 빠져 죽었는데, 그 이튿날 두 시체가 서로 안고 떠올랐다 함. 그후 못을 메우느라고 둑을 헐다가 메기 한 마리를 잡았는데, 어찌나 큰지 그 가죽으로 북을 메었다 함.

칠성바우(七星岩): 금당실 동쪽에 있는 바위. 일곱 개의 바위가 북두칠성처럼 놓여 있음.

泰娘琴집: 금당실에 있는 함양박씨의 집. 朴廷薵가 태안 군수가 되어 고을을 잘 다스렸는데 꿈에 한 낭자가 말하기를 〈제 묘 앞에 오동나무가 서 있는데 거문고를 만들기에 좋으니 베어다 쓰시오〉 하므로, 이상히 여겨서 그리 하였는데, 소리가 맑고 장하며 바람을 맞아도 저절로 소리가 나므로 泰娘琴이라 하여 대대로 전하였다. 고종 때 양주 대감 이유인이 慶尙監司가 되어 이 마을에 이사와 살면서 거문고를 빼앗아 가지고 쓰다가 줄을 갈았는데, 그후부터는 소리가 나지 않고 이유인의 집이 쇠망하므로 박씨들이 다시 찾아다가 보관하였는데, 줄은 없고 판만 남아 있음.

▶仙里(신선골)
　독바우(道德岩): 성주골 뒤에 있는 바위. 독처럼 크고 둥글게 생겼음.
　바람메기: 선리에서 하리면 율곡리로 넘어가는 고개. 바람이 몹시 셈.
　신선바우(神仙岩): 두둘마 뒤에 있는 바위. 바둑판처럼 생겼는데(神仙圍碁形), 옛날 신선이 바둑을 두고 놀았다 함.
　절골(沙谷): 선리 351번지에 있는 비로자나불과 아미타불의 석불이 있음.
　靑龍嶝: 성주골 靑龍脈 쪽에 있는 등성이.

▶省峴里
　둥지리봉: 엉고웃들 동쪽에 있는 산. 새의 둥지리(둥우리)처럼 생겼다 함.

屛岩亭(玉墅亭): 정잣들 동쪽에 있는 정자. 병풍처럼 생긴 큰 바위가 있는데 뒤에는 푸른 산이 솟아 있고 앞에는 큰 들과 용문천이 있으며 밑에는 연못이 있어서 경치가 매우 아름다움. 처음에 이유인이 세우고 옥서정이라 하였는데, 權氏가 사서 병암정으로 고쳤 함.

柳葉盃집: 복천에 있는 丁氏의 집. 선조 때 감사 정윤우가 명나라에 사신으로 갔을 때에 명나라 신종황제가 그 영특함을 칭찬하고 유엽배 6개를 하사하여 가보로 전해 내려 오는데 일제 때 일인이 그중 1개를 가져 갔다 함.

▶院流里
　鳴犬地: 새원 서북쪽에 있는 마을. 지형이 개처럼 생겼다 하며, 또는 앞산에 猛虎出林形의 명당이 있다 함.
　水口매기(시구매기): 새원(新院, 문촌 서쪽에 있는 마을) 입구에 있는 큰 소나무. 새원의 水口를 막았는데 현재 두 그루가 남아 있음.
　허리골(흐리골, 希弟골, 流里, 本流洞, 希里): 원류리에서 으뜸가는 마을. 지형이 허리처럼 생겼음. 『정감록』에 나와 있는 금당실 북쪽 십리쯤의 피란처가 곧 이 마을이라 함.
　希弟堂: 허리골 북쪽에 있는 정자. 朴守謙이 그 부모의 묘를 보호하기 위하여 이 집을 짓고 淸風子 鄭允穆이 비문을 지었음.
▶渚谷里(맏일, 맛질): 높은 산이 사방으로 에워싼 가운데 큰 들이 열렸으므로 맏일이라 함.
  老人村: 적은맛질 북쪽에 있는 마을. 노인이 많이 살았다 함.
▶竹林里(대숲, 대수)
  醴泉權氏宗家別堂: 죽림리 166번지에 있는 예천권씨의 종가 별당. 선조 때 학자 草磵 權文海(『大東韻玉』 20권 저술) 후손 15대가 계속 사는데, 보물 제457호로 지정됨.
▶直里(곧은골, 고등골)
  山祭堂골: 고등골 서쪽에 있는 골짜기. 매년 1월 14일 밤에 제사 지냄.
▶下金谷里(아룻금당실)
  쑤안(藪內, 合水): 버들밭 서쪽에 있는 들. 용문천과 선등천이 합하며 숲이 있었음.

醴泉郡 柳川面

▶水深里(무리피): 그 지형이 물이 깊게 괸 것 같다 하여 붙은 지명.
▶蓮泉里
  갈마(寒泉): 모산 서쪽에 있는 마을. 앞에 찬 샘이 있으며 渴馬飮水形의 명당이 있다 함.

▶龍岩里(용바우)
  魚龍山: 용바우 남쪽에 있는 산. 飛龍上天形의 명당이 있는데 풍산류씨가 썼다 하며 그 아래에 선성김씨의 묘가 있어서 서로 다투어 묫자리를 자랑함.
▶竹岸里: 뒤에 비봉산이 있으므로 봉황은 대나무 열매를 먹고 살아야 한다 하여 대나무를 많이 심고 죽안이라 함.
▶草笛里(푸절골)
  선돌(束草石, 立石): 초적리 191번지에 있는 바위. 높이 7척쯤 되는데 이 마을 지형이 臥牛形이므로 이 돌이 소의 여물인 束草(팔단)에 해당한다 함.

醴泉郡 知保面

▶大竹里(한대)
  말무덤: 주둥개산에 있는 무덤. 동짝마에 말(言)이 너무 많아서 이웃끼리 싸움이 자주 나므로 주둥개산의 입을 막는다는 뜻으로 무덤을 만들었음.
  주둥개산: 동짝마 왼쪽에 있는 산. 모양이 주둥이를 열고 있는 것 같음.
▶新豊里
  九龍: 방아골 남서쪽에 있는 마을. 九龍爭珠形의 명당이 있다 함.
▶岩川里(너리바우)
  造山: 너리바우 동남쪽에 있는 작은 산. 地氣虛缺處를 裨補함으로써 마을을 보호하기 위하여 조그마한 산을 만들고 나무를 길러서 숲을 이루었음.

▶漁薪里

造山: 갈동 남쪽에 있는 산. 지기허결처를 비보함으로써 마을을 보호하기 위하여 조그마한 산을 만들었음.

▶知保里(역말)

女根 설화가 담긴 동래정씨 묘: 동래정씨의 유명한 묘 중 또 하나가 경북 예천군 知保面 지보리 益庄마을에 있는 鄭賜의 묘이다. 신령의 도움으로 뒷산을 파자 穴에 물이 빠져 쓴 자리라 함. 태백산에서 안동 鶴駕山으로 뻗어 온 맥이 照骨山을 거쳐 蓮花山을 이뤘는데, 바로 이 산을 主山으로 삼았다. 子坐午向. 형국은 玉女端坐形. 형국이 말해 주듯 혈장은 女根의 모습으로 그 중심에 해당됨. 지보리(보지를 뒤집은 표현)란 마을 이름도 여기서 유래됨.

혈 앞 외당수인 낙동강은 동에서 서로 흘러 간다. 또 강 건너 案山은 비봉산으로 貴를 뜻하고 있고 그 앞에는 여근을 향한 남근 형상의 긴 능선이 곧게 뻗어 있었으나 지금은 개간으로 인하여 잘 보이지 않는다.

묘가 있는 지보리 익장마을에서는 지보나루에 다리를 놓지 못하게 한다. 다리를 놓으면 근친상간의 위험이 따르기 때문이라는 것. 그래서 지금도 다리가 없다. 左右龍虎는 여자가 다리를 벌리고 있는 모습 그대로이고 중간에는 무릎을 뜻하는 봉우리들이 각각 솟아 있다(『삼국유사』, 장영훈, 張哲秀, 최영주).

醴泉郡 豊壤面

▶臥龍里

밥봉산: 서동 동남쪽에 있는 산. 모양이 사발에 밥을 담은 것처럼 생겼는데 이 산에 나무가 무성하면 서동마을이 풍요해지고 나무가 없이 민둥산이 되면 서동마을이 가난해진다 함.

▶憂忘里: 犀牛望月形의 명당이 있다 하여 붙은 지명.

金鷄抱卵形: 알실골에 있는 洛濱 鄭沚의 묘. 金鷄抱卵形이라 함.

醴泉郡 虎鳴面

▶閑於里

閑基(한터): 한어리에서 가장 큰 마을. 중종 때 한 재상이 터를 잡고 살았다 함. 연꽃이 물에 뜬 형국이므로 과부가 많이 난다 함.

鬱陵郡 北面

▶羅里里(나릿골): 우산국 때부터 사람이 살았으나 조선조에 이르러 空島政策으로 수백 년 동안 비어 있다가 고종 때 울릉도 개발 정책에 따라 개척민들이 비로소 이곳에 와서 사는데, 양식이 없어서 나리(백합) 뿌리를 캐 먹었으므로 나리동이라 함.

鬱陵郡 西面

▶台霞里
학방우(鶴岩): 학포동 앞 바닷가에 있는 큰 바위. 모양이 학처럼 생겼음. 마을을 등지고 소래방우를 향하여 있었는데 1958년경에 부리가 비바람에 떨어지고 몸만 남았음. 전에는 학이 소래(소라)를 잡아먹고 똥을 마을 쪽에 다 누어서 마을에 부자가 많았는데 학방우의 부리가 없어진 후로 마을이 점점 가난해졌다 함.

蔚珍郡 近南面

▶九山里
南師古墓: 안잘미(內城山洞) 북쪽 산에 있는 선조 때의 전설적인 天文地理學者 格庵 南師古의 묘.
구산 3리 임씨집: 金鳳抱卵形이라 자손이 번창한다고 함. 이 집에서는 한때 17명이 살았다(김광언).
▶山浦里
대장골: 뱀밭골 북쪽에 있는 골짜기. 큰 돌이 곳곳에 박혀 있는데 역적을 도모할 장수가 날 것을 염려하여 穴을 끊은 것이라 함.
▶水谷里
南師古집터: 누꾸미(中水谷洞) 동남쪽에 있는 집터. 격암 남사고가 태어났다 함.
말앞(斗田洞, 馬山洞): 상수곡 동남쪽에 있는 마을. 將軍大坐穴이 있다 함.
▶守山里(역굴, 역마)
林將軍墓: 옹그점 서쪽에 있는 林祐의 묘. 고려 고종 때 骨打의 난을 평정하는데 큰 공을 세웠음.
印峯: 정짓골 안에 있는 산. 임 장군의 印章과 같다 하여 임씨들이 보호함.

蔚珍郡 箕城面

▶邱山里(구미)
항싯골: 뒷골 북쪽에 있는 골짜기. 지형이 황소가 누워 있는 형국(臥牛形)이라 함.
▶烽山里
表山里(갈맷골): 봉수 서남쪽에 있는 마을. 마을 뒤에 있는 표산이 渴馬飮

水形이라 함.
▶ 三山里
蠶山: 삼산리에서 중심되는 마을. 뒷산이 누에 형국.
▶ 黃堡里
筆峯재: 노동 남쪽에 있는 산. 붓과 같이 뾰족하게 생겼음.

蔚珍郡 北面

▶ 劍城里(검재)
갈맷골: 문둥이텃골 동쪽에 있는 골짜기. 渴馬飮水穴이 있다 함.
도매재: 하검성에서 나곡리 태봉동으로 넘어가는 고개. 도투마리처럼 생겼음. 검성리가 칼과 같이 생겼으며 이곳은 그 도마에 해당한다 함.
도토시(도토생이): 상검성 남쪽에 있는 골짜기. 지형이 목마른 돝(돼지)이 물을 마시는 渴猪飮水形으로 되었다 함 (제1권 2장 참조).
▶ 古木里
꾹짐터: 지장골 서쪽에 있는 버덩. 꾹짐(구덩이를 파고 그 속에서 나무를 태워 땅이 뜨거워지면 그 위에 드러누워서 하는 찜질)을 했음.
부령장씨묘: 넘마 서쪽에 있는 부령장씨의 묘. 잡초가 나지 않고 짐승이 더럽히지 않는 명당이라 함.

장때산: 시목동 서쪽에 있는 산. 산 모양이 장대처럼 곧고 길게 뻗었음. 土星의 전형이라 할 수 있는 생김새이다.
▶ 羅谷里(나실)
姑浦(활무개, 蔚珍古浦): 나실 서북쪽 포구에 있는 마을. 을사년 음력 4월 25일 러시아 배 두 척이 일본 배에 포위되어 쫓겨 오다가 한 척은 강원도 삼척군 원덕면 월천리 앞바다에서 침몰되고 한 척은 도망친 일이 있었는데 그 무렵에 어뢰가 이 마을 앞바다에 떠내려와서 마을 주민들이 모여 구경하다가 뇌관을 때려 폭파하였으므로 구경꾼 40여 명이 몰살을 당하였다 함. 이곳 미역이 품질이 좋아서 나라에 진상하였음. 삼척군과 경계가 되므로 삼척고포와 구별하여 울진고포라 함.
▶ 德邱里(더구, 떠구)
▶ 斗川里(말래)
촛대방우: 외두천동 남쪽 산에 있는 바위. 촛대처럼 뾰족하게 솟아 있음.
▶ 蘇谷里
섶실수구: 섶실 앞에 있는 숲. 水口막이가 됨.
▶ 周仁里(줄릿골)
갈마골재: 갈마골에 있는 고개. 덕구리 중덕구로 넘어감. 渴馬飮水形이라 함.

蔚珍郡 西面

▶廣回里

다분리(踏雲里): 금정골 동쪽에 있는 마을. 雲中仙坐穴이 있다 함. 다분리 동쪽 산에 있는 김해김씨 묘가 雲中仙坐穴이라 함.

▶三斤里(서그니, 朽根): 세 골의 물이 合水되는 곳이므로 붙은 지명.

▶雙田里

갈밭(葛田洞): 꿀징이 서남쪽에 있는 마을. 葛花浮水穴이 있다 함.

대웃재(大牛峙, 臺牛峙): 진밭 동쪽에서 삼근리로 가는 고개. 臥牛穴이 있다 함.

▶王避里: 옛날 悉直國의 安逸王이 濊國의 침략을 받아 피란을 왔다 하여 왕피동이라 함.

▶前谷里

渴馬飮水미: 갈마지 북쪽에 있는 묘. 약 3백 년 전에 영월에서 옮겨 와 살던 방씨 입향 시조 房德永의 묘. 渴馬飮水形이라 함.

소경터: 자랭이 서쪽에 있는 마을. 臥牛穴이 있다 함.

蔚珍郡 溫井面

▶金川里(금나리)

덕시터: 두실 남쪽에 있는 골짜기. 전염병으로 죽은 아이를 덕을 매어 달아 놓았다 함.

蔚珍郡 蔚珍邑

▶明道里

등맹이(燈明洞): 도창골 북쪽에 있는 마을. 掛燈穴이 있다 함.

▶鳳坪里(샛들, 草坪)

鳳池: 양지 동북쪽에 있는 못. 조선 명종 때 서울 살던 金啓瑾이 어느 날 밤 꿈에 백발 노인이 나타나서 동해 바다 巽方의 풀밭과 숲 사이에 있는 못 가운데에 바위 하나가 있는데 그 바위를 흔들면 좋은 징조가 나타나리라 하여 이곳에 와서 바위를 흔들어 보니 그 속에서 찬란한 빛의 봉황이 나와 물을 먹고 날아가므로 좋은 명당 자리라 생각하고 가족을 거느리고 이곳에 와서 살았다고 하는데 그 뒤로 이 못을 鳳池라 칭하였다 함.

▶邑南里

덕명골(燈明谷): 하토일 남쪽에 있는 골짜기. 掛燈穴이 있다.

火山(鎭火峯): 뚝둣골 앞에 있는 산. 산봉우리 위에 땅을 파서 흙으로 만든 병을 묻고 크고 편편한 돌을 뚜껑으로 하여 덮어 둔 것이 있는데, 옛날 울진군의 화재를 막을 수 있다 하여, 조선 고종 31년(1894)까지 해마다 군수가 10월 중에 날을 받아 公金 3원으로 간물(鹽水)을 사서 마을 대표로 하여금 이 병에 담아 두게 하였다 함. 현재 이 풍습은 폐지되고 토병만이 남아 있음.

▶ 井林里

바꾸미(拍琴洞): 정림재 북쪽에 있는 마을. 玉女彈琴形이라 함.

玉女峰: 바꾸미 북쪽에 있는 산. 玉女彈琴形이라 함.

彈琴臺: 바꾸미 앞에 있는 대. 옥녀봉의 옥녀가 거문고를 타는 곳이 된다 함.

▶ 花城里

나부산: 용장 남쪽에 있는 산. 나부(나비의 이 지방 사투리)처럼 생겼다 함.

四明堂: 서우논 서쪽에 있는 논. 명당자리가 네 곳이나 있다 함.

▶ 後亭里

梅亭洞: 뒷당 서쪽에 있는 마을. 梅花落地形이라 함.

蔚珍郡 遠南面

▶ 德新里(역말)

懸鐘山: 고링이 남쪽에 있는 산. 鐘을 달아 놓은 모양.

▶ 烏山里

武陵洞(물홈): 초산동 동북쪽에 있는 마을. 경치 좋고 살기 좋은 낙원이란 뜻으로 중국 무릉도원의 이름을 땄다 함.

이홧재(梨花峴): 무릉동 북쪽에서 근남면 진복리로 가는 고개. 梨花落地形의 명당이 있다 함.

蔚珍郡 平海邑

▶ 巨逸里(기알, 게알): 기(게) 알과 같이 생겼으므로 붙은 지명.

▶ 金音里

飛鶴山(비앗재): 여시미 북쪽 뒤에 있는 산. 산세가 나르는 학 모양(飛鶴形)이라 함.

▶ 三達里

자득마(자닥마을): 단비 서쪽에 있는 마을. 上達(성골, 星谷)마을은 사람의 몸처럼 생겼고 자득마마을은 그 몸의 자득(겨드랑이의 사투리)처럼 생겼다 함.

▶ 三栗里

金龜沒泥形: 별내 동남쪽 江龜山 위에 있는 白氏의 묘. 옛날 어느 도승이 金龜沒泥形의 이 묫자리를 잡아 주고 10여 년이 지난 다음 그 제자를 백씨 집에 보내며 이르기를, 〈벼슬을 하며 교만하거든 묘의 윗산에 있는 天池의 물을 빼라〉고 하였다. 그 제자가 가 보니 묘를 쓴 뒤 후손들이 벼슬에 많이 올랐으나 매우 교만하므로 그 스승이 이른 대로 천지의 물을 뺐더니, 얼마 안 가서 벼슬길이 끊기고 백씨 집안이 망했다 함.
李富者墓: 큰골에 있는 경주이씨의 묘. 이 묘를 쓰고 큰 부자가 났다고 하는데 將軍對坐穴이라 함.

義城郡 金城面

▶ **塔里里**
金城山: 탑리, 제오리, 수정리 경계에 있는 산. 531미터. 화성암으로 되었는데 上峯에 묘를 쓰면 자손이 번영한다 하나 그렇게 되면 마을에 액운이 겹친다 해서 인근 주민들이 治墓를 禁하고 있음.

義城郡 多仁面

▶ **達堤里**
부숫들: 금제 북쪽에 있는 들. 蓮花浮水形이라 함.

▶ **鳳井里**
매나미(梅岩): 봉정리 동쪽에 있는 마을. 마을 앞산에 기묘한 바위가 있으며 梅花落地形이라 함.

▶ **三汾里**: 유명한 古墳 셋이 있다 하여 붙은 지명.
八明堂골: 삼분 남쪽에 있는 골짜기. 內八明堂골과 外八明堂골이 있음.

義城郡 丹村面

▶ **後坪里**(後平洞, 뒷들)
김씨집: 집 뒤의 무듬재(2백여 미터)는 호랑이가 누워 있는 형상이어서 범산이라고도 부르며 김씨 집터는 범의 앞발에 해당한다 함. 어떤 이는 범이 이 집에 발을 딛고 건너편 산으로 뛰어가는 虎穴인 까닭에 개를 기르면 잘 자라지 않는다고도 함(김광언).

義城郡 鳳陽面

▶ **沙阜里**: 모래 언덕에 마을이 이룩되었다 하여 붙은 지명.
오가짓골: 노매 북쪽에 있는 골짜기. 五指形이라 함.

義城郡 比安面

▶ **道岩里**
모릇골(毛老): 도암 서쪽에 있는 마을. 지형이 깊숙하여 피란을 많이 했다 함.

▶ **山堤里**
황새말기: 새터 서쪽에 있는 등성이. 황새가 깃들어 집을 지어 마을이 망했다고 함.

▶雙溪里
　명당골: 쌍계 동쪽에 있는 골짜기. 풍수설에 명당지라 하여 묘를 많이 썼음.
▶花新里
　自芝峯: 탑골 앞 동쪽에 있는 산. 산 모양이 자지처럼 생겨서 자지봉이라 했다는 설이 있음.

義城郡 舍谷面

▶新里里
　장군수: 신리 동북쪽에 있는 우물. 큰 바위로 덮여 있는데 이 물을 먹으면 장수가 나온다 하며 이 물을 쓰면 불이 잘 난다 하여 메꾸었다 함.

義城郡 新平面

▶檢谷里
　밥봉재: 큰들 동쪽에 있는 산. 밥 그릇처럼 생겼음.

義城郡 安平面

▶石塔里
　月明: 광바우와 달박골 사이에 있는 마을. 雲中半月形이라 함.

義城郡 玉山面

▶甘溪里
　밥봉대봉: 상감 동쪽에 있는 산. 봉우리가 밥을 담아 놓은 것처럼 생겼음.

義城郡 義城邑

▶五老里(오토밀)
　고려 명종 때의 義城金氏 九世祖 金龍庇의 墓: 태백산맥이 동해 쪽으로 뻗어 내려 청송의 주왕산을 만들고 이곳에서 영천의 보현산을 거쳐 한 가지가 북쪽으로 되감아 올라간다. 이 산맥이 금성의 飛鳳山을 만들고 여기서 다시 북진한 맥이 마지막 성봉을 이루니 곧 오토산이다. 오토산 정상에서 동쪽으로 낙맥한 용이 좌우에 수형산과 토형산을 거느리고 다시 한번 봉우리를 만들고 급히 동쪽으로 계속 떨어져 혈을 만들었다. 묘의 좌향은 震, 卯(동향)이다. 이곳 형국은 보기에 따라 여러 가지 이론이 나올 수 있다. 가령 토형산이 젖꼭지처럼 혈을 만들면 臥牛形이 되고 또 토형산이 양쪽에 팔을 벌리고 내려오면 猛虎形이 된다. 그런가 하면 혈 앞의 두 개의 산봉우리가 마치 여의주처럼 생겨 飛龍弄珠形으로도 볼 수 있다. 그러나 토형산이 복두(급제한 사람이 홍패를 받을 때 쓰던 관. ㄴ字形)처럼 낙맥하면 掛燈穴이 된다. 종합하면 朝山, 案山에 운무가 전혀 없이 많은 산들이 겹겹이 쌓여 있고 곳곳에 文筆峯과 書臺形의 산들이 펼쳐져 있으니 問道聚講格이라, 혈의 형국은 掛燈穴이 분명하다.

물의 흐름은 남대천이 巽巳方에서 나와 북쪽으로 흘러가는 중에 오는 쪽은 광활하고 빠져 나가는 쪽은 폐쇄되어 있으니 이 또한 법도에 맞다. 다만 아쉬운 점은 물의 흐름을 왼쪽 산인 청룡 쪽에서 막아 주는 것은 다행인데, 청룡이 백호 쪽 산보다 못생겨 균형이 맞지 않음이 안타깝다.

괘등형과 관련해 玉女織錦形의 案山이 앞에 있고 이 일을 위해 이곳 혈에 등불을 켜 놓았다는 것이 의성김씨 문중에 전해 오는 얘기다.

묘소가 괘등혈이라 燈下不明이므로 가까이 사는 후손은 빛을 보지 못한다. 타지에 나간 후손은 그 불빛을 보고 성공하는데 가까이 사는 후손은 별 볼일이 없다는 뜻이다. 그래서 이곳에 등불을 켜 등잔 밑도 밝혀 보고자 했다. 관리를 맡고 있는 김태영 씨(67세)의 말이다(최영주).

▶ 中里里
당나무걸: 성조 서쪽 입구에 있는 숲.

느티나무, 적송 숲이 있는데 정월 열나흗날 동제를 지냄.

義城郡 點谷面

▶ 龜岩里
나부낫골: 구암 동북쪽에 있는 골짜기. 나비가 나는 형국(飛蝶形)이라 함.

▶ 東邊里
다적골(多積洞): 동변리 북쪽에 있는 마을. 뒷산이 곡식을 쌓아 놓은 형국(露積形)이라 함.

義城郡 春山面

▶ 氷溪里
氷穴: 빙산 동쪽 기슭에 있는 굴. 바위 밑에 굴이 있어 내리 뚫렸는데 너비 1자요 깊이는 헤아릴 수 있는 것이 겨우 1자가 되고 그 밑은 구부러져서 헤아릴 수 없는데 立夏 뒤에 얼음이 비로소 얼기 시작하여 三伏 때에는 얼음이 굳어지고 土雨(흙비)가 오면 얼음이 녹으며 봄, 가을에는 춥지도 덥지도 않고 겨울에는 봄같이 따뜻함.

風穴: 빙산 동남쪽 산기슭에 있는 굴. 높이 3자, 너비 4자 8치 되는 굴로서 찬바람이 나옴.

▶ 新興里(고적동)

은마리(언지): 신흥 남쪽에 있는 마을.
渴馬飮水形이라 함.

淸道郡 梅田面

▶錦川里

공알산(노적봉): 고동골 밑에 있는 산.
공알(음핵)처럼 생겼음. 혹은 노적가리
(露積)처럼 생겼다고도 함.

淸道郡 雲門面

▶新院里

淸道 虎踞山 雲門寺 비구니 도량: 진흥
왕 16년(557) 어떤 승려가 3년 修道
끝에 지었다고 함. 진흥왕 27년(566)
운문사 자리에 大鵲岬寺를 비롯 그
주위에 가슬갑사(동쪽), 천문갑사(남
쪽), 대비갑사(서쪽, 현 大悲寺), 소보
갑사(북쪽) 등 五甲寺를 세웠다. 뒷날
圓光法師가 가슬갑사에서 귀산, 추항
등 화랑에게 世俗五戒를 전하였다. 그
후 없어졌다가 寶壤國師가 경순왕 4
년(930) 중국에서 돌아와 까치의 안내
로 대작갑사 터에서 황금탑을 찾아냈
다는 연기 설화가 있다. 왕건은 雲門
禪寺라는 사액을 내림. 『삼국유사』를
지은 一然이 주지를 맡기도 함.
운문사의 菅局主山이 운문산이다. 이

산은 駐畢山이다. 따라서 여기를 太祖
山으로 하여 小幹龍들이 가지를 친다.
따라서 이런 산 아래 세워지는 도시나
건물은 정거장 기능을 갖는다. 운문사
남쪽으로 가지산이 文筆峯이고 학산
역시 文峯인데다가 가지산 줄기가 절
동쪽에서 三台峰을 이루고 있다. 마치
하늘로 오르는 사다리 모양(上天梯)으
로 또한 문필봉이니 학문이 융성한다.
그래서 승가대학이 들어섰다.
운문사 입구 장군평마을 상가 지역에
서 운문사를 바라보면 왼쪽에 虎距山,
오른쪽에 將軍峰이 마치 수문장처럼
버티고 있다. 호거산은 운문산의 다른
이름으로 불리지만, 지금 이곳에서는
북대암 뒤의 바위산이 호랑이 모습이
라고 하여 호거산이라 부른다. 또 이
산은 池龍山 혹은 地龍山이라고도 한
다. 후백제 견훤이 이곳에 성을 쌓고
신라를 공격한 까닭이다. 지룡은 견훤
을 가리키는 지렁이란 뜻이다.
운문산은 운문사를 관장하는 少祖山
이다. 이곳에서 좌우로 날개를 벌려
좌측으로 億山의 一支脈이 북진하여
8폭 병풍을 이뤘고 우측으로는 가지산
의 한 맥이 층층으로 貪狼(붓끝처럼
생긴 木形山)을 이루었으니 쳐다보면
연꽃과 같다. 그 가운데로 飛鶴이 구
름 속에 날아들고 있다. 水口砂를 보

면 서쪽에 장군봉(흔들바위), 동쪽에 호거산이 빗장처럼 수호한다. 운문사 터는 바로 이 속에서 북쪽을 향해 피어 있는 한 떨기 부용(암연꽃)과 같다. 대웅전은 억산 줄기인 665高地와 동쪽 가지산 줄기의 사자 모양 봉우리, 그리고 입구의 장군봉을 연결한 삼각형의 중심 지대이다. 天心十道穴인 것이다. 한편 가람 배치는 운문산 흐름과는 반대로 모두 子坐午向이다. 이로 인해 서쪽 억산 줄기의 8폭 병풍산이 백호가 되고 동쪽 호거산(지룡산)은 청룡이 됐다. 자연히 앞에서 흘러 오는 물은 朝來水(조산 쪽에서 명당 앞으로 쏟아져 들어오는 물)가 되어 서쪽으로 흘러 나감이 보이지 않게 된다. 만약 가람이 북향이면 물의 흐름을 빤히 보는 위치가 되고, 운문산은 남으로 火가 되고 북쪽 호거산은 水인데 이렇게 되면 향이 주산을 극하는 水剋火가 되어 흉이다. 이를 피하기 위해 남향을 한 것이다.

또 하나 북향하면 호거산이 지형 그대로 백호가 되어 마치 이빨을 세우고 물듯이 달려드는 모습이라 흉이다. 따라서 이를 피하기 위하여 인위적으로 백호를 청룡으로 돌려 놓는 裨補策으로 남향을 취하게 한 것이다.

억산이 백호가 되는데, 8폭 병풍처럼 산세가 청룡보다 뛰어난데다 그 모습이 분명 여승이 반가부좌를 틀고 앉아 있는 모습이다. 보양국사가 중국에서 돌아올 때 서해 용왕의 아들인 〈이무기〉를 데려와 서쪽 억산 밑에서 살게 했다고 한다. 그곳이 바로 지금의 璃目沼다. 검붉고 칙칙한 沼인 이곳은 억산 줄기 女僧이 반가부좌한 丹田 아랫부분이 된다. 상징적으로 이목은 離目, 즉 눈을 떼라는 뜻이다. 속세를 떠난 여승이 出産과 인연을 끊으라는 보양국사의 교훈이다. 또 장군봉과 호거산은 오빠와 늙은 할아버지이다. 五靈이 숨어 사는 곳이라고도 함(장영훈, 최영주).

가지산과 운문산은 암산(雌山). 운문사 午方에 운문산 정상이 있는데 이는 八卦 중 中女, 운문사 바로 뒷산은 巽方인데 이는 長女. 그래서 운문사는 여자에게 좋다. 1958년 이후 비구니 도량.

清道郡 伊西面

▶古眠里(鼓鳴): 신선이 춤을 추며 장구를 치는 형국(仙人舞袖擊鼓形)이라 하여 고명이란 지명이 붙었음.
▶水也里
택양갓: 행정 북쪽에 있는 산. 濯纓 金

馴孫의 묘가 있음.

淸道郡 淸道邑

▶高樹里: 지형이 行舟形이므로 배에는 돛대가 있어야 한다 하여 높은 나무를 세워서 돛대처럼 만들었으므로 이런 지명이 붙었음.

▶釜也里
 갈밋등: 자래등 남쪽에 있는 등성이. 渴馬飮水形.

靑松郡 府南面

▶甘淵里(개미): 물이 좋다 하여 감연이라 하다가 변하여 개미가 됨.
▶九川里: 마을 앞에 내가 흐르고 지형이 거북처럼 생겼다 하여 龜川이라 하였으나 변하여 九川이 됨.
▶泥峴里(질고개)
 조산몰(별노리, 星遊): 갈미 동남쪽에 있는 마을. 별방우(씨기방우, 촛대방우라 불리는데 별노리 동쪽에 있으며 촛대 또는 호롱처럼 생겼음) 밑이 되며 이 바위가 지닌 음란한 기운을 裨補하기 위한 造山이 있었다 함.

靑松郡 府東面

▶上宜里
 玉女峯: 대전사 동남쪽에 있는 산. 721미터. 玉女散髮形의 명당이 있다 함.
▶下宜里
 조산골: 당등 북쪽에 있는 골짜기. 골짜기에서 불어나오는 陰散한 기운을 비보하기 위한 造山이 있었다고 함.

靑松郡 安德面

▶甘隱里(가문이): 숲이 울창하여 검게 보이므로 붙은 지명.
 부시골(不死谷): 항거리 북쪽에 있는 마을. 不死의 땅이란 地名으로는 우리나라 유일의 예인데 그 이유는 분명치 않음.
 조산배기: 이문잇들 가운데 있는 논. 造山이 있었음.
▶明堂里(명당골): 명당이 있다 하여 붙은 지명.
▶文居里(역마)
 琵琶峯: 오지봉 북쪽에 있는 산. 산세가 琵琶形으로 되었음.
 五指峯: 비파봉 남쪽에 있는 산. 비파봉이 비파의 형국으로 되었는데 이 산은 그 비파를 켜는 다섯손가락(五指形)에 해당한다 함.

▶聖才里

두리봉(臥牛形): 핏골 동남쪽에 있는 둥그렇게 생긴 산. 臥牛形으로 생겼음.

靑松郡 眞寶面

▶釜谷里(가맬): 그릇 가마가 있었으므로 붙은 지명.

새몰(조산몰): 석장골 남쪽에 있는 마을. 마을의 虛缺處를 裨補하기 위하여 인위적으로 만들어 놓은 造山이 있었다고 함.

靑松郡 巴川面

▶官里(구잇골)

소근짓골: 내긴잿골 동쪽에 있는 골짜기. 소근지(소코뚜레)처럼 생겼음.

▶新基里

甘南墓(戶長公墓): 감남골에 있는 퇴계 이황의 六代祖 묘. 金鷄抱卵穴이라 하여 명당으로 손꼽힘. 퇴계의 5대조가 진보현 아전으로 있었을 때 하루는 원님이 감남골의 지세를 살펴보고 돌아와서 명하기를 〈달걀을 가지고 가서 이곳에 파묻고 子時까지 기다려 닭이 우는 소리가 나는지 들어 보고 오라〉 하여 이상한 생각이 들어서 원님을 속이고 곯은 달걀을 묻고 자시가 되어 가 보니 아무 소리도 들리지 않으므로 닭의 소리가 안 들린다고 전하니 원님은 아무 말도 안하고 잠자코 있었다. 그 뒤 원님은 서울로 큰 벼슬을 얻어 떠났는데 아전은 전의 일이 아무래도 궁금하여 밤중에 몰래 새 달걀을 가지고 가서 그곳에 파묻고 기다리니 닭 우는 소리가 들려서 파 보니 병아리가 되어 있었다. 그리하여 명당 자리인 줄 알고 있다가 자기 아버지의 상을 당하여 이곳에 묻으니 시체가 땅 밖으로 튀어나오므로 다시 깊이 파고 묻었는데 또 땅 밖으로 튀어나왔다. 그리하여 서울로 올라가서 그때의 원님을 찾아뵙고 지난날의 자기가 지은 죄의 용서를 빌고 그 까닭을 물으니 그 원님은 자기가 그때 산소 자리를 잘못 본 것이 아님을 깨닫고 말하기를 〈그곳은 큰 벼슬을 지낸 사람만이 묻힐 곳이라〉 하며 헌 관복을 한 벌 내주며 〈시체에 이 관복을 입혀서 장사 지내라〉고 함에 그대로 하였더니 六代만에 퇴계 이황이 태어났다고 함.

靑松郡 縣西面

▶武溪里(무지개, 물지개)

팔판골(八判谷): 누릿밭 남쪽에 있는 골짜기. 판서 여덟이 날 명당이 있다 함.

漆谷郡 架山面

▶架山里

가산바우(가암, 개산암): 가산성의 안성 서쪽에 있는 바위. 깎아지른 듯이 우뚝 서 있는데 위에는 천여 명이 앉을 수 있으며 바위에 구멍이 뚫려 있는데 신라의 중 도선이 지기를 제압하려고 이 구멍 안에 鐵馬와 鐵牛를 묻었다고 하며 관찰사 李命雄이 성을 쌓을 때 없애 버렸다 함.

▶鶴下里

造山백이: 소복이 북쪽에 있는 마을. 마을의 地氣虛缺處를 裨補하기 위하여 사람이 인위적으로 만든 造山이 있었다 함.

漆谷郡 東明面

▶錦岩里

부앵이(織錦): 금암리 서북쪽에 있는 마을. 玉女織錦形이라 함.

▶南元里

달문재: 새남창에서 기성리 법성으로 넘어가는 재. 임진왜란 때 이여송이 이곳의 地氣 때문에 조선에 인물이 날 것을 두려워하여 두 군데나 혈을 끊었다 함.

造山峯: 새남창 서남쪽에 있는 산. 전에 남창동에서 地氣의 虛함을 비보하기 위하여 만든 造山이라 함.

漆谷郡 北三面

▶吳太里

冶隱墓: 오태 서남쪽에 있는 冶隱 吉再의 묘.

漆谷郡 枝川面

▶新里

돛대방우(지밋대방우): 웃갓 동남쪽에 있는 바위. 웃갓마을이 行舟形이라 하는데 이 바위가 그 돛대에 해당한다 함.

漆谷郡 漆谷面

현재 칠곡면은 없어지고 전역이 대구광역시 북구 관할 구역으로 되었음.

▶國優里

紫芝매(자지): 국우리에서 가장 큰 마을. 마을 地勢가 자지 모양이라는 설이 있었음.

▶邑內里

玉女峯: 교동 서쪽에 있는 산. 玉女彈琴形이라 함.

浦項市

경북 영일군 참조.

갈맛: 여남동 동남쪽에 있는 마을. 渴馬飮水形의 명당이 있다 함.

慶尙南道篇

巨濟郡 巨濟面

현재 거제군은 전역이 거제시로 승격되었음.

▶ **法東里**

거무밭등: 고당 서쪽에 있는 등성이. 거미 형국.

▶ **小浪里**(효랑동)

깔마꼬지: 사삼꼬지 동쪽에 있는 곳. 영장(송장)을 파먹는 까마귀 형국으로 되었다 함.

巨濟郡 東部面

▶ **富春里**(불개미)

광대산: 부춘 뒤쪽에 있는 산. 광대가 춤을 추는 형국이라 함.

也字山: 부춘 서쪽에 있는 산. 산이 也字形으로 생겼음.

판삿등: 산태골 북쪽에 있는 등성이. 이곳에 묘를 쓴 뒤 판사가 났다 함.

抱鹿山: 삼거림 뒤쪽에 있는 산. 사슴이 새끼를 품고 있는 형국(貴鹿抱兒形)이라 함.

巨濟郡 屯德面

▶ **巨林里**

피왕성(廢王城, 岐城): 거림 서북쪽 곧 거림리 95번지에 있는 石城. 조선 초기에 고려의 왕족들을 이곳에 귀양 보냈음. 고려 懿宗 24년(1170) 의종이 정중부에 의하여 이곳으로 추방되었다가 후에 경주에서 이의민에게 죽임을 당함. 왕이 피했던 곳이라 하여 피왕성이란 지명이 붙었음.

▶ **芳下里**

호바위: 용마등과 비암등 사이에 있는 바위. 사람이 서 있는 것처럼 생겼음. 그런데 이 바위가 보이면 마을이 해롭다 하여 바위 앞에 나무를 심어서 가렸으며 뒤에 근처에 있는 정씨의 선산에 해롭다 하여 이 바위를 없애려 하였는데 마을 사람들이 禁해서 그만두었다 함.

▶ **山芳里**

오석토(본래 五色土인데 이 지방에서는 오석토라 발음함): 산방 동쪽에 있는 골짜기. 靑, 黃, 赤, 白, 黑 등의 여러 가지 빛깔의 흙이 남. 풍수에서 오색영롱한 토양이 있는 곳은 대단한 吉地로 평가됨.
▶鶴山里(영등진)
도사새미: 새밋등에 있는 우물. 가뭄이 심하던 어느 해에 이곳을 지나던 어떤 도사가 지팡이로 두드리니 물이 솟아났다 함.

巨濟郡 沙等面

▶沙等里
제비날등(燕飛嶝): 성내 동쪽에 있는 등성이. 제비가 날아가는 형국이라 함.
▶烏良里
맨드래(明燈섬): 고개섬 북서쪽에 있는 섬. 언제가는 불이 밝게 비추게 되리라 하였는데 등대를 설치함에 따라 그 말이 맞았다 함.
▶靑谷里
게설이: 서리 서쪽에 있는 산. 게혈(伏蟹穴)이 있다 함.

巨濟郡 新縣邑

▶三巨里
복골: 비합골 동쪽에 있는 마을. 양지 바르고 바람이 없는 좋은 곳이라 함.

巨濟郡 延草面

▶烟沙里(연새)
좆바우: 웃몰 서쪽에 있는 바위. 남자의 생식기처럼 생겼다 함.
▶烏飛里: 지형이 까마귀가 송장여를 보고 날아가는 형국(飛烏啄尸形)이라 하여 붙은 지명.
송장여: 금구 서쪽 바다에 있는 여(여란 물위에서 보이지 않는 물 속에 있는 바위로 暗礁의 순 우리말임). 송장처럼 생겼다 함.

巨濟郡 一運面

▶臥峴里(누우래): 고개가 길게 누워 있는 것처럼 생겼으므로 붙은 지명.
복등골: 냇건니 서쪽에 있는 마을. 복어의 등처럼 생겼다 함.

巨濟郡 長木面

▶松眞浦里(소비포, 소징개): 솔이 울창했던 개이므로 붙은 지명.
▶柳湖里
짝근이(사근여): 상유 동쪽에 있는 바위. 진해시의 亡蛙島가 개구리가 달아나는 형국으로 되었다는데 이곳은 그 개구리를 쫓는 뱀의 형국(長蛇追蛙

形)이라 함.

巨濟郡 長承浦邑

현재 거제시 장승포동.
▶鵝洲里(거로)
　潘政丞墓: 늦골에 있는 潘氏 시조 潘阜의 묘.

居昌郡 加北面

▶朴岩里(박바우)
　애미래이: 앨깨울 동쪽에 있는 골짜기. 朴氏의 묘가 있는데 美人端坐穴이라 함.

居昌郡 居昌邑

▶加旨里(갈지, 가을지): 원래는 거창군 갈지면의 소재지. 1914년 읍외면(월천면)에 편입되었다가 1957년 거창읍에 편입됨.
　冷泉貯水池: 가사리 저수지 서북쪽에 있음. 1932년 준공. 찬물이 용출함.
　秋潭先生墓: 개화 뒤에 있는 묘.
　居昌鄕校: 開花(알래갈마리) 남쪽 향교마(校村)에 있음.
▶金川里(쇠내)
　통시할미미(통시할부지미): 샛터(新村) 서남쪽에 있는 묘(미는 묘의 이 지방 사투리). 옛날에 할아버지와 할머니가 살다가 통시(변소)에서 죽었는데 자식이 없어서 그들이 가지고 있던 많은 재산을 전하지 못하게 되자 동리에서 이를 맡아서 그 전답에서 나오는 소출로 해마다 시월 보름에 그의 제사를 지내 주고 동리의 비용으로도 쓰고 있는데, 지금은 거의 없어지고 논 16마지기만 남았음.
　목싱할부지미: 통시할미미와 나란히 있는 묘. 옛날에 목이 쉬어서 말을 크게 못하던 할아버지가 살았는데 그에게 자식이 없어서 그가 가지고 있던 재산을 동리에서 맡아 관리하고 해마다 그의 제사도 지내 주며 동리 비용으로도 쓰고 있는데, 현재 그 재산이 거의 없어지고 밭 몇 뙈기만 남아 있음.
　홈통골약새미: 샛터 북쪽에 있는 홈통골에 있는 샘. 바위틈에서 물이 쏟아져 나오는데, 속병에 좋다 함.
▶東里
　江陽(개양): 동리 남쪽에 있는 마을. 신라 시대에 이곳에 큰 강이 흐르고 있었다는데 碧海가 桑田이 되어 人家들어서게 되자 동리가 되었다 함.
▶東邊里
　居昌愼氏始祖墓: 龜山에 있음. 거창신씨가 부친상을 당하여 서울 古山子 金正浩에게 묘터를 부탁하러 와 보니 그가 출타중이고 그의 後妻만이 집을 지키고 있었다. 한데 김정호의 후처가 陰心을 품고 신씨를 유혹하여 동침한 뒤 돌아온 남편 김정호를 속여 거창의 3대 명혈인 거북 명당, 벌 명당, 그리고 枯木生花를 알아내어 신씨에게 알려준다. 결국 그 자리는 거창신씨가 썼고 훗날 김정호가 죽은 뒤 그의 후처였던 광주노씨는 거창으로 내려와 거창신씨의 아내가 되었다가 고목생화 자리에 묻혔다는 전설이 있음(張哲秀).

기릇골: 시막골 남쪽에 있는 골짜기. 기러기가 날아가는 형국이라 함.

도롱골: 시똥골(쇠똥 모양) 남쪽에 있는 골짜기. 지형이 돌아앉았다 함.

도폿골: 공산골 남쪽에 있는 골짜기. 도포처럼 생겼다 함.

배암골: 도폿골 남쪽에 있는 골짜기. 뱀 모양.

새재: 독지골 서쪽에 있는 산. 새가 날아가는 형국이라 함.

조무근바위: 부치골에 있는 바위. 조(좀)먹은 것처럼 구멍이 뚫려 있음. 천연 굴처럼 되어 있는 바위 속에 여러 개의 돌부처가 있었는데, 일제 때 없어졌다 함.

조산(造山): 죽마 뒤에 있는 산.

驟雨嶺: 동변 서북쪽에 있는 재. 이 고개에서 기우제를 지내면 비가 온다는 전설이 있음.

▶ **上里**(상동)

彌勒堂(미륵댕이): 원상동 서북쪽에 있는 마을. 신라 말 고려 초에 세운 미륵이 있음.

사당배미: 공숫들 복판에 있는 논. 사당패와 하룻밤 놀고 나서 사당에게 주었다 함.

上洞彌勒(上洞石造觀音立像): 미륵당에 서 있는 돌로 만든 관음보살의 입상. 보물 제378호.

▶ **西邊里**

배암골(巳谷): 감나뭇골 서쪽에 있는 골짜기. 뱀 모양.

▶ **松亭里**(솔떼배기)

德谷(제불, 節婦里): 운정 서북쪽에 있는 마을. 고려 우왕 홍무 경신년에 왜구가 침노하여 열녀 최씨를 능욕하고자 하여 자결하였으므로 나라에서 절부리란 이름을 하사하였다 함.

망실(望德山): 마동 서쪽에 있는 산. 덕유산을 바라보고 있다 함.

巢鶴室(巢谷, 쇠학실): 운정 서북쪽에 있는 마을. 송림 속에 학이 많이 와서 집을 지었다 함.

▶ **陽坪里**(거느들, 가늣들): 66자 되는 큰 바위가 있어 햇빛을 가리어 늘 그늘이 졌으므로 거느들이라 하였는데, 그 바위를 없애 양지가 되었으므로 양평이라 함.

갈매재: 당동 저수지 서남쪽에 있는 고개. 갈매(갈모) 형국.
金龍: 노혜 서남쪽에 있는 마을. 金龍마을의 金은 금귀봉을 말함이고, 용은 금귀봉에서 내려온 산줄기 밑에 동리가 있어서, 용 꼬리 형국을 이룸.
陽坪石造如來立像: 미륵댕이에 있는 석조 석가여래의 입상. 보물 제377호.
오릿태: 갈매지 남쪽에 있는 들. 오리 형국.

▶ 長八里
官逃嶺: 웅곡천 서남쪽에 있는 고개. 임진왜란 때 관리들이 피란했다 함.
기랭이재: 장팔 서쪽에 있는 고개. 기랭이(지렁이)처럼 구불구불함.
웅장골(熊谷, 곰실): 곰실 서쪽에 있는 골짜기. 곰의 발바닥 형국.

▶ 正莊里
가장골: 정장 동쪽에 있는 골짜기. 假埋葬을 했다 함.
말무리정자: 정장에 있는 느티나무 정자. 음력 정월 보름에 당산제를 지냈다 함. 정장 마을의 머리쪽에 있으므로 〈말무리정자〉라 함.
소내실(小內谷, 소래실): 국농소 서남쪽에 있는 마을. 뒷산이 소래(소라) 형국이라 함.

▶ 中里(川外, 내밖에)
가래울숲(楸坪林): 가래울(들 이름)에 있는 숲. 거창읍 水口를 막기 위하여 나무를 많이 심어서 숲을 만들었다 함.

▶ 鶴里(학골, 학동)
딧골샘: 딧골에 있는 샘. 속병에 좋다 함.

居昌郡 高梯面

▶ 鳳山里
구렁: 둥그정이 동쪽에 있는 마을. 九龍爭珠形이라 함.
투구바우: 칼바우와 갓바우 사이에 있는 바위. 투구처럼 생겼다 함. 그리고 근처에는 將軍大坐穴이 있다 함.

居昌郡 南上面

▶ 大山里(한산)
나오실(나부실): 청림 북쪽에 있는 들. 나비혈의 명당(飛蝶形)이 있다 함.

▶ 武村里
梅山(마산): 무촌리 서북쪽에 있는 마을. 梅花落地形의 명당이 있다 함.
성지골(聖旨洞): 인평 동쪽에 있는 마을. 옛날 어느 풍수가 이 마을을 지나가다가 어진 사람이 많이 날 것이라 했다 함.
장군설: 마산 남쪽에 있는 골짜기. 將軍對坐穴이 있다 함. 설은 穴의 이 지방 사투리.

▶松邊里
 자지봉: 송변 남쪽에 있는 산. 산세가 자지 모양이란 설이 있음.
▶月坪里(남흥)
 독새골: 월평 북쪽에 있는 골짜기. 毒蛇形의 巳頭穴이 있다 함.
▶剪尺里(전자불)
 明山洞: 전척 동쪽에 있는 마을. 위치가 枯木生芽形의 명산 밑이 됨.

居昌郡 南下面

▶大也里(대바지): 큰 밭이 있으므로 대바지라 하였음.
 가장골: 대야 북서쪽에 있는 골짜기. 假埋葬을 했었음.
 방아명산: 용동(방아재) 북쪽 뒤에 있는 산. 전주이씨 묘의 穴이 방아 형국이라 함.
 빈대장골: 갓밧모링이 서쪽에 있는 골짜기. 건너편에 절이 있었는데 이곳에 있던 빈대들이 건너가서 절이 폐사되었다 함.
▶屯馬里
 屯馬古墳: 벽화가 있어서 사적 제239호로 지정됨.
▶武陵里: 큰 무덤이 있었으므로 무듬실 또는 무릉이라 하였음.
▶梁項里(살목): 황강의 목진 곳이 되어 어살을 치고 고기를 잡았으므로 붙은 지명이라 함.
 개동산(개봉산): 대곡 서쪽에 있는 산. 개의 형국.
 아잠문골: 구싯티 서쪽에 있는 골짜기. 문둥이가 아이를 잡아먹었다 함.
▶芝山里
 은골(어은골, 隱谷, 紫霞): 박유산 동남쪽에 있는 마을.
 학둣골: 천동 동쪽에 있는 골짜기. 학의 머리 형국(鶴頭形)의 묘가 있다 함.

居昌郡 神院面

감악산: 신원면의 鎭山. 951미터. 남쪽에는 보록산(800m), 소룡산(779m)이, 동쪽에는 월여산(863m), 서쪽에는 갈전산(764m)이 펼쳐져 있음. 상당히 깊숙한 분지를 이룸.

거창 양민 학살 사건: 1951년 2월 11일 제11사단 9연대 3대대 병력이 대현, 중유, 와룡리 주민 6백여 명을 집단 학살한 사실이 있음. 4월 7일 조사 나온 국회진상조사반은 숭더미재에서 빨치산으로 위장한 국군의 공격을 받고 철수하였음. 그 해 말 군법회의에서 연대장, 대대장 등 관련자들은 3년에서 무기징역까지 받았지만 1년 뒤 형집행정지로 모두 풀려남. 과정리 신원초등학교에 집합시켜 다음날 죽였는데 대현리와 학살 장소인 탄량골 사이에는 당시 희생자들의 무덤이 있다. 학살 뒤 3년이 지나 큰 뼈는 남자, 작은 뼈는 여자, 더 작은 뼈는 아이 식으로 분묘 3기 조성. 그러나 아이 묘는 없애 버림. 1995년 특별법 통과로 법적인 伸寃이 마련됨.

▶德山里

造山마: 오례 동남쪽 조산껄이란 들에 있는 마을.

妻子墓: 대바우 북쪽 천자맷골에 있는 묘. 목을 매어 자살한 처녀의 무덤이라 함.

▶陽地里

왕우설: 아랫만청골 남쪽에 있는 골짜기. 臥牛穴이라 함.

居昌郡 熊陽面

▶君岩里(스승바우, 부암)

臥牛穴: 구수 동남쪽에 있는 연안이씨의 묘. 臥牛形이라 함.

▶山圖里

다리비설: 사두혈 남쪽에 있는 연안이씨의 묘. 다리비(다리미) 같다 함.

돌구명산: 어인골 남쪽에 있는 산. 돌구(연자)방아형이라 함.

불미설(불미혈): 불밋골에 있는 연안이씨의 묘. 불무형이라 함.

巳頭穴: 강천 북쪽에 있는 묘. 巳頭穴이라 함.

臥牛穴: 구시골 남쪽에 있는 산. 연안김씨의 묘가 있는데 臥牛穴이라 함.

雲中半月: 금광 서쪽에 있는 산. 최씨의 묘가 있는데 雲中半月形이라 함.

▶新村里

수웃골(宿虎谷): 짝바웃골 동북쪽에 있는 골짜기. 범이 잠자는 형국(臥虎穴)이라 함.

▶汗基里

白鶴洞: 오산 북쪽에 있는 마을. 白鶴上天形이라 함.

居昌郡 渭川面

옛 안의군의 지역으로서 옛 현 터가 있으므로 古縣面이라 하다가 위천의 이름을 따서 위천면이라 함.

▶安義郡: 利安縣과 感陰縣을 합하여 고친 이름임. 이안현은 본래 신라의 馬利縣인데 제35대 경덕왕이 이안으로 고쳐서 天嶺郡(함양)에 붙였고 고려 제8대 현종 9년(1018)에 陜州(합천)에 붙였다가 제34대 공양왕 2년(1390)에 感陰에 옮겨 붙였음.

感應縣은 본래 신라의 南內縣인데 경덕왕이 餘善으로 고쳐서 거창현에 붙였다가 고려 초에 감음으로 고치고 현종 9년(1018)에 합주에 붙였다가 제18대 의종 15년(1161)에 고을 사람 子和 등이 무고하기를 〈鄭敍의 처가 아전 仁梁과 더불어 임금 및 대신을 방자하였다〉해서 자화를 죽이고 현을 강등하여 부곡을 만들었다가 공양왕 2년(1390)에 복구하여 監務를 두고 이안현을 붙였다. 조선 제3대 태종 15년(1415) 鄭希良의 변란으로 인하여 땅을 갈라서 함양과 거창에 편입시켰다가 영조 12년(1736)에 고을 선비 李聖擇이 상소하여 복구되었으며, 같은 43년(1767)에 山陰縣에서 7살 된 아이가 아들을 낳은 괴상한 일로 인하여 山陰을 山淸으로 고치는 동시에, 안음의 陰이 또한 같다 하여 어명으로 安義로 고쳤다. 고종 32년(1895)에 군이 되었다가, 1914년 군면 폐합에 따라 거창, 함양 등으로 분할되어 폐현됨.

▶薑川里(새앙골, 薑洞)

馬項(마항동): 역골 서쪽에 있는 마을. 마을 중앙에 큰 샘이 있었는데, 모양이 구유와 같다 함.

말목고개(말묵재, 말재): 위천교 서북쪽에 있는 고개. 말목 모양.

말바우: 말묵재 뒤에 있는 바위. 말 모양.

면우실(眠洞): 마항 남쪽에 있는 마을. 지세가 소가 잠자는 형국(眠牛形).

▶南山里

가매숫골: 갓골 서쪽에 있는 골짜기. 가마 형국.

다름재: 다름재에 있는 고개. 반달 형국.

여우골(狐洞): 다귀지 서쪽에 있는 마을. 여우 모양.

▶棠山里

곰바우: 곰바대에 있는 곰의 머리처럼 생긴 바위. 1970년 길을 넓힐 때 절반은 깨어졌음.

金士洞(소리): 봇골 남쪽에 있는 골짜기. 金巳穴이 있다 함.

▶大亭里

노루목(黃山, 獐項): 어나리 동북쪽에 있는 마을. 愼氏의 선조가 전라도에서 移居하여 이 마을을 개척하고 황산이라 이름을 지었다 함.

보름고개: 동촌 동쪽에 있는 고개. 영조 때 반정을 꾀하고자 이인좌, 정희량 두 사람이 서울 보름고개에서 만나자고 한 것을 잘못 듣고 이곳에서 15일간이나 기다렸다가 관군에게 패배한 곳이라 함.

▶茅東里

말미: 말밋들에 있는 산. 말 형국.

舞月: 새터 동북쪽에 있는 마을. 지형이 달을 보고 춤추는 형국이라 함.

숨은다리: 모전 남서쪽에 있는 모롱이. 깊은 산골에 있는 모롱이로서 잘 보이지 않으므로 숨어 있는 것 같다 함.

약새미: 원당 북쪽에 있는 약물터. 물이 바위틈에서 솟아나는데 피부병에 좋다 함.

오리밧골: 먹배이 남쪽에 있는 오리 형국의 골짜기.

▶ 上川里(웃내)

迦葉寺터 磨崖三尊佛像: 바위에 새겨진 세 불상. 보물 제530호.

방아등골(용안촌): 노픈골 남쪽에 있는 골짜기. 디딜방아 모양.

생일봉: 지잠 동북쪽에 있는 산. 생일(새의 알) 모양.

유안촌: 방아등골 남쪽에 있는 골짜기. 선비들이 공부했다 함.

▶ 場基里(장터)

옴뽕산(烏舞山): 오뭇들에 있는 작은 산. 飛烏翔舞形이라 함.

居昌郡 主尙面

▶ 渠基里(걸터): 거랑(내) 가에 있으므로 걸터라 함.

長生佛(外長浦): 거기리에 있는 마을. 류씨의 선조 洞仙公 柳成根이 103세까지 살았다 함.

▶ 內吾里(안오산, 內吾山)

난장밧골: 붕우죽골 서북쪽에 있는 골짜기. 연안이씨의 묘가 있는데 平沙落雁形이라 함.

▶ 道坪里(덧들)

기롯골(기린곡): 왕싱이 서쪽에 있는 골짜기. 麒麟形이라 함.

동골: 가는골 동쪽에 있는 골짜기. 묘가 있는데 燈盞穴이라 함.

▶ 連橋里(이슴다리, 독다리)

思道洞(서잿골, 書齋谷): 사구남골 아래에 있는 마을. 150년 전 경주김씨 5대조가 巨儒로서 많은 선비를 길러 냈으므로 道學을 연구하는 골이라 해서 사도동이라 하였음.

固城郡 巨流面

▶ 佳麗里(가리골): 거류산 밑이 되므로 붙은 지명.

깔매등: 가동 남쪽에 있는 등성이. 갈매기처럼 생겼다 함.

연자설(燕子穴): 가려리에 있는 산. 燕巢形이라 함.

▶ 龍山里(갈산): 갈이 많으므로 갈산이라 하였는데 건너의 송산리에 소정이 마을이 있어서 소가 갈을 뜯어먹기 때문에 이 마을이 가난해진다 하여 용산으로 고침.

固城郡 固城邑

▶ 大坪里(한들)

造山: 율촌 동쪽에 있는 들. 地氣虛缺

處를 裨補하기 위한 조산이 있었다 함.
▶德仙里
　조례골(造禮谷): 덕선리에 있는 골짜기. 조리형이라 하며 경주이씨의 묘가 있다 함.
▶牛山里(소슬): 산이 소가 누운 것(臥牛形)처럼 생겼으므로 붙은 지명.
▶月坪里
　자지고개(자짓곡, 자짓고개): 월평리에 있는 고개. 옛날에 남매가 이 고개를 넘다가 비를 만났는데 그 아우가 비에 젖은 누이의 육체를 보고 정욕을 일으켜서 누이에게 덤벼들려고 하다가 자신의 부당한 행동을 뉘우치고 자신의 자지를 잘라 자살하였다 함.
▶栗垈里(밤디, 밤대): 밤처럼 생겼다 하여 붙은 지명.

固城郡 東海面

▶鳳岩里
　兎項峙(토항티, 토끼내재): 도고룡 동남쪽에 있는 고개. 토끼가 뒤쪽을 보고 달리는 형국이라 함.
▶陽村里
　최풍숫골: 양촌리에 있는 골짜기. 崔風水가 살았다 함.

固城郡 三山面

▶豆布里
　나비섬(蝶島): 괴암섬 남쪽에 있는 섬. 나비처럼 생겼음.
▶屛山里: 병풍을 둘러친 모양이라 하여 붙은 지명.

固城郡 永縣面

▶晨盆里
　망고개: 신촌 동쪽에 있는 고개. 玉兎望月形이라 함.

固城郡 下二面

▶德湖里
　강대머리: 밭군재 동남쪽에 있는 산. 광대가 춤추고 있는 것 같음.
　강상몰(망상몰): 새땀 서쪽에 있는 마을. 이 마을에 살던 사람이 자주 망하였다 하여 흔히 망상골이라 하였음.
▶月興里
　괴삿바우: 피죽들에 있는 바위. 고양이 세 마리가 피죽들의 쥐를 잡아먹으러 가는 형국이라 함.
　군봉골(群蜂谷): 다복산 남동쪽에 있는 골짜기. 벌이 꽃당골의 꽃으로 날아가는 형국이라 함.

꽃당골(花堂谷): 천시밭골 동쪽에 있는 골짜기. 참꽃이 많이 핌.
농바우: 월아 북쪽에 있는 농 모양의 바위.
단지골: 큰뺀덕 서쪽에 있는 단지 형국의 골짜기.
똥매: 신흥 앞 들 가운데 있는 산.
장구배미: 타래 동쪽에 있는 장구 모양의 논.

固城郡 下一面

▶松川里(송내, 내촌): 솔섬 안쪽에 있으므로 붙은 지명.
  메뚜기이망: 평촌 서남쪽에 있는 산. 메뚜기의 이망(이마) 모양이라 함.
  紫蘭島(紫卵島): 솔섬 동남쪽에 있는 섬. 봉황이 알을 품고 있는 형국(鳳凰抱卵形)이라 함.
▶梧坊里(머구뱅이, 오뱅이)
  괴방골(槐坊谷): 옥대골 서쪽에 있는 골짜기. 고양이 형국이라 함.
  자지방이: 국시밧골 북쪽에 있는 들. 송천리의 좌이산 밑이 됨. 괴방골의 지형이 고양이 형국으로 되었는데 이곳은 그 고양이가 잡아먹을 쥐가 앉은 형국이라 함.
▶龍台里
  해이탕굼탕이: 챙이바구 남쪽에 있는 산. 바닷가가 되는데 산밑에 해이탕(구덩이를 파고 바닷물을 길어다 넣은 뒤에 불에 달군 돌을 넣어서 물을 데워 그 물에 목욕을 하는 탕)이 있었다 함.
▶鶴林里
  가싱들: 학동 북쪽에 있는 들. 사람의 가슴처럼 생겼다 함.

固城郡 會華面

▶鹿鳴里: 사슴이 우는 형국이라 하여 붙은 지명.
▶堂項里(닭목): 닭의 목처럼 생겼으므로 붙은 지명.
▶背屯里: 배가 멈춘 형국이므로 붙은 지명.

金海郡 駕洛面

현재 김해군은 전역이 김해시로 승격되었음. 가락면은 없어지고 대부분 부산광역시 강서구 지역으로 편입되었음.
▶食滿里(밥만개): 땅이 기름져서 밥이 풍족하므로 붙은 지명.

金海郡 金海邑

현재 김해시내.
▶龜山里

龜旨峯(개라봉): 산 모양이 거북의 머리 같다 하여 붙은 지명.
許后陵: 삼산 북쪽에 있는 가락국 수로왕비 진주 태후 허씨의 능.
▶明法里(陰法): 응달이므로 붙은 지명.
분성배씨 시조묘: 한림등에 있는 분성배씨의 시조 묘.
▶鳳凰里(여의재)
內影池터: 고서문 서쪽에 있는 터. 부원리의 외영지와 함께 林虎山의 살벌한 기운을 죽이기 위하여 만들었다고 함.
林虎山(臨虎山, 流民山, 安民山, 任於山): 김해읍 흥리, 외동리, 봉황리에 걸쳐 있는 산. 127미터. 외동 남쪽에 있음. 전설에 의하면 如意娘子와 定婚한 黃洗將軍을 駕洛國王이 流民公主의 부마로 삼았으므로 여의는 고민 끝에 죽고 또 여의를 그리워하다가 죽은 황세 때문에 세상을 비탄하고 慶運道士를 따라 유민공주가 임어산에 入山修道하니 이 산을 유민산이라 함. 산이 호랑이 머리같이 생겼고 그 벌린 입이 너무 악하게 생겼다고 惡山이라 함. 그 입 되는 곳에 장유화상이 악귀를 없앤다고 절을 지었으므로 백성을 안전하게 한다 하여 安民山이라고 함.
▶府院里
外影池터: 남밖다리 남쪽에 있는 못 터. 임호산 기운을 막기 위하여 판 연못이라 함.
▶西上里(북문안)
首露王陵(納陵): 서상동 302번지에 있는 가락국 시조인 태조, 즉 수로왕이 158세로 돌아가자 조성한 능.
▶外洞里
興府庵: 임호산 동쪽 가운데 있는 절. 임호산이 호랑이 머리같이 생겼고 그 벌린 입이 너무 악하게 생겼다고 그 입 되는 곳에 장유 화상이 금관가야국의 발전을 위하여 악귀를 없앤다고 절을 지었다고 함. 한때 없어졌다가 府使 柳相弼이 중건하였음.
▶豊留里: 가락국 때 놀이터라 하여 붙은 지명.

金海郡 菉山面

녹산면은 현재 없어졌고 이 지역은 부산광역시 강서구 녹산동, 성산동, 신호동 등이 되었음.
▶九郞里
장고개(長谷): 구랑리와 송정리 경계에 있는 고개. 옛날 김해허씨들이 이 고개 부근에 묘를 쓰고 반송장이란 시장을 개설하였다 함.
▶菉山里: 산에 녹두가 잘되므로 붙은 지명.
▶生谷里

獐洛: 생곡리 동쪽에 있는 마을. 渴獐飮水形이라 함.

金海郡 大東面

▶禮安里

노리궁디: 시례와 점골 사이에 있는 등성이. 노루 엉덩이처럼 생겼음.

金海郡 大渚邑

현재 부산광역시 강서구 대저동 일대로 편입되었음.

▶桃島里

당산껄: 상리 중앙에 있는 당나무. 1934년 홍수 때 떠내려와 이곳에 정착된 나무라 하며 매년 당산제를 올림.

金海郡 上東面

▶大甘里

烽發: 암경 북동쪽에 있는 마을. 花尋浮峰形의 묫자리가 있다 함.

玉女峯: 봉발 서쪽에 있는 산. 玉女彈琴形이라 함.

▶梅里

동철골(銅鐵谷, 洞燭): 매리 서쪽에 있는 마을. 임진왜란 때 쇠와 동을 캐면서 이루어졌다 함. 지형이 등에 불을 켠 형국이라 함.

웃매리(상매리): 매리 북쪽에 있는 마을. 梅花落地形이라 함.

金海郡 生林面

▶金谷里(쇠실)

吾西(烏棲): 정촌 남동쪽에 있는 마을. 김해김씨의 시조인 서강공이 서쪽으로부터 처음 살기 시작하였다 하며 지형이 金烏落地形이라 함.

▶羅田里(나밭, 남실)

安琴: 나전 동남쪽 끝에 있는 마을. 산 가운데 있어서 편안하며 지형이 거문고처럼 되었다 함.

▶安養里

마느실(仙谷): 신안 남쪽에 있는 마을. 뒷산이 마늘쪽처럼 생겼다 함. 신선이 사는 골짜기라 함.

金海郡 酒村面

▶內三里(삼내)

자지고개(紫峴, 자연, 자주고개): 자지고개 밑에 있는 마을. 근처 골짜기를 파자 자주색 흙이 나왔으므로 자주고개라 하다가 변하여 자지고개, 한자로 표현하여 자현, 와전되어 자연으로 됨.

金海郡 進禮面

▶ 古慕里(곰실, 고무실)
높은재(高嶺): 고모 동남쪽에 있는 마을. 상우에서 높은재를 넘어서 조그마한 분지에 있으므로 외부에서 전혀 보이지 않음.
▶ 淡安里
깐치정: 깐치정 앞에 있는 정자. 마을 지형이 蛇頭形이라 하여 뱀을 죽인다는 뜻에서 정자를 세우고 깐치정이라 하였다 함. 깐치는 까치의 이 지방 사투리이고 까치는 뱀을 잡아먹는다 하여 붙은 정자 이름임.
▶ 新安里
개곡산: 무송 서남쪽에 있는 산. 마치 개 두 마리가 등을 맞대고 있는 것처럼 생김.
범터골: 개곡산 아래에 있는 골짜기. 옛날에 범이 자주 내려와 개를 해치므로 채봉(범을 잡는 도구)을 놓았던 곳이라 함.

金海郡 進永邑

▶ 荷溪里
매봉재(鷹峰山): 오척 동쪽에 있는 산. 형세가 매가 날개를 펴고 날으려는 형국이라 함.

南海郡 古縣面

▶ 伊於里(영업등, 이유리, 잉어리): 잉어처럼 생겼다 하여 붙은 지명.

南海郡 南面

▶ 仙區里: 신선이 옥퉁수를 부는 형국이라 하여 붙은 지명.
▶ 虹峴里(무지개): 무지개처럼 생겼으므로 붙은 지명.

南海郡 南海邑

▶ 牙山里: 뒷산이 어금니처럼 생겼으므로 붙은 지명.
▶ 平峴里
깨고리비렁: 평현에 있는 바위. 개구리와 뱀이 대치하고 있는 형국이라 함.

南海郡 西面

▶ 煙竹里
水殺: 연죽 서쪽에 있는 들. 물의 피해가 있었다 함.
▶ 勺長里(가랑고지)
渴龍顧地: 예계 북쪽에 있는 산. 옛 名地였다 하는데 목마른 용이 물을 먹는 형(渴龍飲水形)이라 함.

좃바우: 작장에 있는 바위. 높이 약 6미터라 하며 밑에는 물이 난다 함. 좃같이 생겼다 함.

南海郡 雪川面

▶ 金音里(지렁): 지렁이처럼 생겼으므로 지렁(지렁이의 이 지방 사투리), 또는 금음산 밑이 되므로 금음이라고도 함.

돗섬: 옥동 동쪽에 있는 섬. 웃돗섬, 아랫돗섬이 1킬로미터의 거리에 있음. 돼지 형국이라 함.

▶ 南陽里(내망)

깨고리비렁: 남양 앞 논바닥에 있는 개구리 형상의 바위.

사재(뱀재): 용강에 있는 등성이. 개구리형의 큰 바위가 있는데 뱀이 개구리를 쫓는 형국(長蛇追蛙形)이라 함.

▶ 露梁里: 바다가 목으로 되었으므로 붙은 지명.

▶ 德申里

도산다무락: 덕신 서쪽에 있는 더미. 들 가운데 작은 돌을 모아 탑처럼 만들었다 함. 地氣虛缺處를 裨補하기 위한 造塔의 일종.

▶ 文義里(무내)

좃바우: 수원늘에 있는 바위. 남성 생식기와 같은 형상이라 함.

▶ 文巷里(구룡): 산줄기가 구렁이처럼 생겼으므로 붙은 지명.

南海郡 二東面

▶ 茶停里

달비비렁: 다정 서쪽에 있는 버덩. 모양이 머리를 풀어 내려놓은 형국이라 함.

▶ 尙州里

錦山(小金剛): 이동면과 삼동면에 걸쳐 있는 산. 658미터. 금산 38경이 있음. 이 산에서 南極 老人星이 잘 보이므로 이 별을 보면 오래 산다 하여 춘분과 추분 때가 되면 7일 동안 각처에서 사람이 모여듦.

錦山菩提庵: 仙人大坐形이라 함.

弄珠岩(주바우): 금산교 옆에 있는 바위. 바위가 세 개 있는데 좌편은 龍, 우편은 虎 같은데 그 사이에 구슬처럼 서 있어 龍虎가 弄珠하는 모양(龍虎弄珠形)이라 함.

相思岩: 금산에 있는 바위. 조선 제19대 숙종 때 전라도 돌산 사람이 여기에 이사 와서 집 주인 여자에게 상사(홀로 여자에게 陰心을 품는 일)가 났으니 풀어 달라고 청하자 그 여자가 이 바위에서 소원을 들어 주었다 함.

李太祖祈壇: 형리봉 동쪽에 있는 바위. 이태조가 지리산에서 백일을 기도하여도 반응이 없으므로 할 수 없이 금산에 와서 백일 기도를 하니 즉효가 있음에, 등극한 후 보광산을 금산으로 고치고 경상도 지리산을 전라도로 귀양 보냈다 함.
▶新田里(동샛모, 섶밭)
탑등: 통끝 위에 있는 등성이. 절에 해가 있을까 봐 돌로써 탑을 쌓았다 함.
▶龍沼里
개묏등독: 용소 남쪽 바다쪽 개묏등에 있는 등성이. 독을 세 개 묻어 놓고 항상 물이 고여야만 동리에 화재가 안 난다고 믿었다 함.

南海郡 昌善面

▶富潤里(물뫼, 풀미)
개미텅(공알등): 부윤 동쪽에 있는 등성이. 공알(음핵)처럼 생겼다 함.
▶上竹里
미륵밭: 상죽 서쪽에 있는 밭. 당집이 있었다 하며 밭이 아기 안고 있는 형국이라 함. 미륵이 파묻혔다 함.
▶西大里
좆방우: 서대 서쪽에 있는 바위.
▶五用里(五龍): 다섯 용이 구슬을 다투는 형국(五龍弄珠形)이라 하여 붙은 지명.

馬山市

갈미봉(渴馬峰, 갈비봉, 九峯): 가포동 율구미 남쪽에 있는 산. 渴馬飮水形이라 함.
똥골: 귀곡동 귀실 서남쪽에 있는 골짜기. 마산시의 쓰레기를 버리는 곳임. 지명을 따라 결국 쓰레기 처리장이 되었다는 풍문이 있다 함.
力浦: 귀곡동에 있는 산. 돝섬 서쪽 맞은편이 되는데 모양이 말 좆처럼 생겼으므로 말좆머리라고도 함.
말대가리: 산호동 용마산 봉우리 중복에 있는 터. 예로부터 이곳이 명당 자리라 하여 남몰래 묘를 쓰는 사람이 있는데, 누군가 密葬을 하면 아랫동네에 있는 제2몽고정이 탁하게 역류하므로 곧 발각되어 이장하지 않을 수 없었다 함.
玉女峯: 합성동 내성 북쪽에 있는 산. 玉女彈琴形의 명당이 있다 함.
張志淵先生墓: 현동 동쪽에 있는 韋庵 장지연 선생의 묘.
造山: 완암동 동쪽 끝에 있는 산. 전에 서낭당이 있었음.

密陽郡 丹場面

현재 밀양군은 전역이 밀양시로 승격되

없음.
▶ 菊田里
  進舟: 국전리에서 으뜸가는 마을. 지형이 나아가는 배처럼 생겼다(行舟形) 함.
▶ 丹場里
  정질미(競珠山, 慶州山, 등걸매양달): 단장 북쪽에 있는 산. 고립되어 있는 이 산이 구슬과 같고 이를 둘러싼 여섯 개의 큰 봉우리는 용의 머리와 같아 여섯 용이 경주하는 것 같다(六龍競走形) 함.
  지늘끝: 단장 서쪽과 산외면 금곡리 경계에 있는 산. 지형이 쥐가 내려오는 것 같다 함.
▶ 法興里
  法山: 사지 동북쪽에 있는 마을. 산세가 아름답고 역사가 오래며 마을의 규율이 엄하다 함.
  조산배미: 법산 앞에 있는 논. 地氣의 허결을 裨補하기 위하여 돌무더기로 만든 인공의 造山이 있었음.

密陽郡 武安面

▶ 古羅里(괴나리, 고나리)
  사명당선산: 큰갓에 있는 묘.
  사명당집터: 괴나리 동북쪽에 있는 터. 현재는 밭이 되었음.

密陽郡 府北面

▶ 德谷里: 案山은 孫氏墓이며 伏虎形 길지. 일족이 부자가 됨. 그런데 그 서쪽 50미터쯤 薛某氏가 묘를 쓴 다음에는 家運이 쇠퇴했다 함. 이는 설씨 묘가 臥犬形으로 臥虎形을 이기지 못했기 때문이라 함(村山).
▶ 堤大里
  佔畢齋先生墓: 한골에 있는 점필재 金宗直의 묘.

密陽郡 山内面

▶ 佳仁里
  도릉골(도라온골, 回谷): 가좌 동남쪽에 있는 마을. 산 능선이 마을을 향하여 돌아 있음.
  인골(仁洞): 화주촌 서북쪽에 있는 마을. 뒷산이 기린처럼 생겼음.
  제비등: 섶밭 북쪽에 있는 등성이. 제비처럼 생겼음.
▶ 臨皐里
  錦岩: 발양 서쪽에 있는 마을. 근처에 바위가 있는데 마을에 덕이 된다 함.
  등잔골: 발양 동남쪽에 있는 골짜기. 李氏墓가 있는데 掛燈穴이라 함.

密陽郡 上南面

▶ 岐山里(고실)

푹실(雨谷): 기산 동남쪽에 있는 마을. 원래는 작은 골짜기였는데 폭우로 산이 무너져 골이 커지고 마을이 생겼다 함.

▶ 東山里

처자미(처자매): 처자매등에 있는 묘. 낙동강 물이 범람하였을 때 떠내려온 처녀의 시체를 이곳에 묻었는데 그 뒤로부터 마을에 病魔가 떠나지 않던 중 하남면 명례리에 살던 사람의 꿈에 그 처녀의 혼이 나타나 제사를 지내 달라 하므로 마을에서 제사를 지내자 곧 마을이 평안하고 풍년이 들어 그 뒤 해마다 마을에서 제사를 지냄.

密陽郡 上東面

▶ 佳谷里(가실)

낙화봉(낙하데미): 가실 동쪽에 있는 산. 산의 형세가 꽃이 지는 형국(落花得實形)이라 함.

密陽郡 初同面

▶ 儉岩里

離宮臺: 이중골 서쪽에 있는데 신라 제22대 지증왕이 이곳에다 離宮을 지었다 함.

▶ 大谷里(한실)

조개만리(여촌, 예촌, 조개마을): 대곡 동남쪽에 있는 마을. 조개 형국.

泗川郡 昆明面

현재 사천군은 전역이 사천시로 승격되었음.

▶ 鳳溪里(원골)

봉알자리(飛鳳抱卵): 원전 동쪽에 있는 산. 飛鳳抱卵形.

▶ 三亭里

鼠田(鼠亭): 탑동 서쪽에 있는 마을. 뒷산이 늙은 쥐가 전답을 내려다보는 형국(老鼠下田形)이라 함.

조산목고개(조산목티): 탑동 앞 들판에 있는 고개. 옛날 이 고개를 지나는 사람들이 돌을 던져 산과 같이 되어 등을 이루었다 함.

▶ 城方里(본촌)

소다리(牛橋): 정동 서북쪽에 있는 마을. 뒷산이 臥牛形인데 이 마을은 그 다리에 해당한다 함.

▶ 隱士里: 예전 난리 때 선비들이 이곳에서 숨어 살았으므로 붙은 지명.

▶ 楸川里(가라골)

감시등: 오봉동 서쪽에 있는 산. 여자의 음부처럼 생겼는데 밑에서 물이 나

서 저수지를 만들었음.

泗川郡 昆陽面

▶加花里(가불개, 가호)

六層塔: 탑골 서쪽에 있는 육층탑. 그 동쪽에 또 작은 돌로 여성을 상징한 탑이 있음.

▶默谷里(먹실, 묵실)

약새미: 묵실 남쪽에 있는 샘. 옛날에는 약효가 있었는데 그 위에 묘를 쓴 후부터는 효험이 없어졌다 함.

행문음: 묵실과 홍사리 사이에 있는 들. 名地라 하여 도사가 香을 묻었다 함.

▶西鼎里

할미당: 솥골 뒤 골짜기에 있는 서낭당. 이곳에 돌을 던지면 허리가 아프지 않다는 전설에 의하여 행인들이 돌을 많이 던져서 더미를 이루었다 함.

▶城內里(성안)

짐댓거리: 성내리에 있는 마을. 마을이 行舟形이라 하여 짐대(돛대)를 항상 세워 두었다 함.

泗川郡 泗南面

▶界陽里

처녀바우: 총각바우 옆에 있는 바위.

총각바우: 때밭등(용양 서북쪽에 있는 대나무 등성이)에 있는 바위.

▶牛川里(쇠내)

풍상등: 우천 서쪽에 있는 등성이. 慶州崔氏의 옛 묘와 경주이씨의 옛 묘가 병풍을 두른 것처럼 벌여 있음.

▶花田里

玉女洗足설: 화전 서남쪽에 있는 산. 玉女洗足形이라 함. 설이란 穴의 이 지방 사투리.

泗川郡 泗川邑

▶琴谷里(거무실)

팔음골: 금곡 동북쪽에 있는 골짜기. 八龍飮水形이라 함.

▶泗州里

소둠벙거리: 사주 북쪽에 있는 길. 연못 근처에 백정이 살았는데 양반이 되고 싶어 밤에 의관을 하고 거닐다 양반에게 발각되어 참살당했다 함. 그 뒤 소가 자주 이 연못에 빠져 죽으므로 원귀를 위로하기 위해 못을 메워 다섯 봉우리를 만들고 밑에 각각 작은 둠벙 하나씩을 만들었다가 비행장 건설 때 모두 없앴다 함.

▶洙石里

五峯山: 청심 남쪽에 있는 산. 옛날 백정이 고을 원님의 조복을 입고 밤에 들을 거닐다가 관리에게 잡혀 처형되었는데 그 죽은 웅덩이에 소가 자주 빠져 죽으므로 무당의 말에 따라 봉우리 다섯 개를 만들고 봉우리 밑에 웅덩이를 만들어 혼을 달랬다 함. 비행장 건설 때 봉우리 네 개를 없앤 뒤 금요일인 13일에 날던 비행기가 불의의 사고로 손실을 보고서 미 고문관의 명에 따라 남은 봉우리에 크게 제를 지냄.

▶ 中宣里(중촌)

박구더기: 중촌에 있는 탑. 흙으로 덮여 덤(둔덕)이 되었다 함. 주위는 논인데 이 자리만 무궁화가 남아 있으며 섣달 그믐에 제를 지냄.

泗川郡 西浦面

▶ 九浪里

문진개: 질구지 서쪽에 있는 들. 日人이 둑을 막을 때 禍막이로 문둥이를 水葬하였다 함.

▶ 自惠里

九浦(九牛津): 중촌 북쪽에 있는 마을. 소 아홉 마리가 누워 있는 형국(九臥牛形)이라 함.

泗川郡 龍見面

▶ 龜月里

거북등(金龜嶝): 금구 남동쪽에 있는 등성이. 거북처럼 생겼음. 전에 사천 사람으로 고자대감 陸氏가 있었는데 그의 기능이 회복되어 많은 궁녀를 임신시키니 나라에서 괴이히 여겨 전국에 國風水(나라에서 임명한 風水 地官)를 파견하여 조사하던 중 금구에 이르러 지세를 살펴보니 양쪽에 등성이가 있고 그 가운데 등성이의 모양이 남근처럼 생긴 곳에 묘가 있어 파헤치니 묘 속에서 장군이 말을 타고 나오므로 이는 육고자대감이 반역하려는 징조라 하여 육고자대감과 그 일족을 죽였다 함. 산 위에 큰 바위가 내려다 보고 있는데 나라를 범하려는 형상이라 하여 그후 사천 사람에게는 벼슬을 시키지 않았다 함.

똥멧등: 봉곡 남서쪽에 따로 있는 산. 봉황이 똥을 누어 쌓인 형세라 함.

臥牛山: 마월 북쪽에 있는 산. 소가 누워 있는 형국(臥牛形)이라 함.

▶ 德谷里

가메실(釜谷): 신덕 북쪽에 있는 마을. 가마솥을 걸어 놓은 형국이라 함.

▶ 松旨里

六狗山(궁갬이, 궁장): 신송 북쪽에 있는 산. 음양설에 따라 개가 젖 먹는 형국이라고도 하고 또는 활을 감춘 형국이라고도 함.

▶新復里

봉오재: 신복 동쪽에 있는 산. 봉화대가 있었다 하며 산 위에 비렁(낭떠러지)이 있고 그 속에 무덤 하나 쓸 만한 정도의 터가 있는데 가물면 마을 사람들이 그곳에 누군가가 密葬을 했기 때문이라고 여겨 파헤치러 올라간다 함.

▶新村里

바느실: 종포와 화곡 사이의 길가에 있는 마을. 옥녀가 바느질 그릇을 둔 穴이 있다 함.

백곡: 바느실에 있는 산. 이곳에 묘 백 개가 들어설 것이라 함.

▶通洋里

過鼠: 통양 동북쪽에 있는 마을. 老鼠入倉形이라 함.

궤복: 통양 북쪽에 있는 마을. 과서 옆에 있는 마을로 고양이가 쥐를 잡으려고 엎드려 있는 형국이라 함.

쑥골: 통양 남쪽에 있는 골짜기. 옥녀가 신촌 바느실에 바느질고리를 두고 있으므로 男性이 있어야 한다고 쑥골이라 함.

泗川郡 正東面

▶甘谷里(감골)

伏象: 감곡 서쪽에 있는 마을. 뒷산이 코끼리가 엎드린 형국이라 함.

▶古邑里: 사천현이 이곳에 있다가 세종 27년(1445)에 사천읍으로 옮겼으므로 붙은 지명.

浮蜂山: 고읍 동쪽에 있는 산. 벌이 나는 형(浮蜂形)이라 함.

조산: 고읍 동쪽에 있는 작은 산. 헌두디기라는 고목이 있음. 둘레가 5미터이며 잎이 무성할 때에는 1백 평 안팎의 그늘이 지는데 꽃이 만발하면 풍년이 든다 함.

▶大谷里(한실)

꽃밭등: 무등대 건너편에 있는 등성이. 꽃을 바구니에 담아 춤을 출 때의 형상이라 함.

무등대: 자앙골에 있는 산. 무당이 춤추는 형상(巫堂舞袖形)이라 함.

▶豊井里

갯들: 웃풍정 입구에 있는 바위. 마을의 지세가 범의 형국이라 해서 바위를 개 모양으로 만들었는데 곧 개는 범의 먹이가 되므로 마을이 가멸해진다는 뜻에서 마을 입구 좌측에 세웠다 함.

泗川郡 杻洞面

▶舊湖里(구해창)

평당골(목넘): 구호 북쪽에 있는 고개. 사람의 목과 같이 생겼는데 일본인들이 이 고개를 잘라 길을 내었다 함.

함박산: 구호 서쪽에 있는 산. 공동 묘지가 있는데 못자리를 파니 함박꽃이 나왔다 함.

▶ 盤龍里

양산고개: 모체골 서남쪽에 있는 고개. 돌이 절벽을 이루고 있는데 人材가 태어남을 막기 위해 끊었다 함. 옛날에 村鄙에서 인물이 난다는 것은 역적 출현의 신호이므로 조정에서 이런 행위를 많이 했었음.

山淸郡 今西面

▶ 梅村里(매인배, 매배미, 계주촌): 배를 매어 둔 형국이라 하여 붙은 지명.

빼아골(飛鵝谷, 비아골): 매촌 서쪽에 있는 들. 거위가 날아가는 형국으로 되었다 함.

▶ 芳谷里(방실): 방안처럼 생겼으므로 붙은 지명.

伏虎嶝: 유장군밋등 밑에 있는 등성이. 범이 엎디어 있는 형국(伏虎形)이라 함.

▶ 水鐵里(무쇠점)

나오등: 내리골 남쪽에 있는 등성이. 나오(나비) 모양이라 함.

▶ 坪村里(들말)

갈화골(葛花谷): 평촌 서쪽에 있는 골짜기. 칡꽃이 물에 뜨는 葛花浮水形의

穴이 있다 함.

남장골: 큰골 서쪽에 있는 골짜기. 남쪽으로 將軍對坐穴이 있다 함.

짐때배미: 장구배미 남쪽에 있는 논. 평촌이 行舟形이므로 돛대를 세웠다 함.

▶ 向陽里(새양골, 생골)

개봉: 지봉 북쪽에 있는 산. 개 형국이라 함.

개이봉: 새터 앞 서북쪽에 있는 산. 고양이 형국으로 되었다 함. 개이는 고양이의 이 지방 사투리.

등잔봉: 구사 북쪽에 있는 산. 燈盞穴이 있다 함.

사자봉: 개이봉 북쪽에 있는 산. 獅子 같다 함.

설래등: 향양 서북쪽에 있는 등성이. 선녀가 하늘로 올라가는 명당(仙女登天形)이 있다 함.

지봉: 사자봉 북쪽에 있는 산. 쥐 형국이라 함.

▶ 花溪里(벌말, 화촌)

갯고개(狗峴): 화계와 성짓골 사이에 있는 고개. 호랑이가 먹을 개 형국이라 함.

양왕릉(仇衡王陵): 화계 서북쪽에 있는 가락국의 마지막 임금 구형왕의 능.

山淸郡 丹城面

▶南沙里(남새)

남사마을: 그 형국이 半月形이어서 마을 주민들은 반월의 중앙 부분을 건축물로 전부 메우면 마을에 재앙이 온다고 믿기 때문에 아직도 마을 중심부를 공터로 남겨 두고 있다. 이곳 성주이씨 종가인 이상택 씨의 살림집에는 2백 년 이상된 안통시(안채에 기거하는 부녀자와 어린이들이 사용하는 뒷간)가 있다(장보웅).

▶默谷里(묵실): 성철스님의 출생지(1912년 2월 19일).

▶白雲里

나우설: 태소 서쪽에 있는 나우설 골짜기에 있는 진양하씨의 묘. 나우(나비)穴이라 함. 설은 穴의 사투리임.

선연무수(仙人舞袖): 점촌 북쪽에 있는 산. 仙人舞袖穴이 있다 함.

▶沙月里(새다리)

돈방실(東方谷): 잣풀 서쪽에 있는 골짜기. 사방으로 산이 둘러싸여 방처럼 생겼는데 옛날 원당마을에 사는 金用貞이란 사람이 묵은 묘를 파내고 그 부인을 장사 지냈다가 한 달이 못 되어 죽고 그의 아들도 뒤따라 죽어서 손이 끊겼다 함.

똥매산: 배양 남쪽에 있는 산. 들 가운데에 똥처럼 있음.

마근재: 도평에서 입석리로 넘어가는 고개. 옆에 李道淵이란 사람의 아버지 묘가 있는데 청룡날(靑龍 山勢의 등성이)이 끊어져 후손에게 나쁘다는 말을 듣고 인공적으로 축대를 쌓아 묘 앞을 가렸음.

文益漸棉花始培地: 江城君孝子碑 북쪽에 있는 사적지. 고려 공민왕 12년(1363)에 강성군 문익점이 사신으로 원나라에 들어갔다가 귀국할 때 목화씨를 붓통 속에 숨겨 가지고 와서 그의 출생지인 이곳 사월리 106-1번지 밭에 심고 그의 장인 鄭天益에게도 심게 하였는데 그 재배가 성공하여 비로소 전국 각지에 퍼지게 되었음.

발바리산(망해봉, 시리봉): 도평과 잣풀 사이에 있는 산. 250미터. 봉우리가 시루를 엎어 놓은 것 같음.

배미(培養, 培養山里, 調元里, 孝子里): 신기 동북쪽에 있는 마을. 문익점 면화 시배지가 있음. 문익점 선생이 태어난 곳이 됨. 동쪽 둔덕이 뱀이 서려 있는 형국이라 함.

불밋골: 초포 북쪽에 있는 골짜기. 풀무형으로 생겼음.

▶雲里(굼실, 운동)

斷俗寺터: 단속과 탑동 사이에 있는 단속사의 터. 신라 제35대 경덕왕 7년

(749)에 大奈麻 李俊이 벼슬을 버리고 중이 되어 창건하였다고 하나, 信忠이 같은 22년(764)에 임금을 위하여 이 절을 창건하였다고도 함. 본래는 錦溪寺라 하였는데 속인들이 많이 찾아와서 이를 막을 방법을 어느 도사에게 물었더니 그 이름을 단속사로 고치라고 하여 그대로 하였더니 속인들이 끊기고 절도 망하였다 함. 절터에는 숫탑과 암탑으로 불리는 단속사지 東西三層石塔이 있고, 洞口에는 최치원이 廣濟岩門이라 쓴 바위가 있음.

玉女峰: 연골 북쪽에 있는 산. 玉女織錦穴이라 함.

▶倉村里(창말)

신장군맷굼팅이: 방아내굼팅이 남쪽에 있는 골짜기. 신씨의 묘가 있는데 將軍對坐穴이라 함.

山淸郡 山淸邑

▶內水里(물안실)

조산: 내수 남쪽에 있는 산. 이곳에서 해마다 거리제를 지냈는데 옛날 이곳의 地氣가 허하여 裨補를 했다 함.

▶泛鶴里

지미실(金實, 金沙玉尺): 범학 서쪽에 있는 들. 金絲玉尺形의 穴이 있다 함.

▶釜里(가매골, 가매올, 부동)

대아멀리(大蛙沒泥): 아랫가매올 동남쪽에 있는 들. 큰 개구리가 알을 낳는 형국(大蛙沒泥形)의 명당이 있다 함.

▶松景里(솅갱이)

鷄鳴嶝: 매미태 서쪽에 있는 등성이. 수탉이 목청 높여 우는 듯한 모습(鷄鳴)의 穴이 있다 함.

▶玉洞里(옥거리): 옛 산청군의 감옥이 있었으므로 붙은 지명.

구릉고개(구름고개, 雲峴): 동헌 터에서 정갱잇들로 넘어가는 고개. 半月形이라 함.

꽃봉산(花峯山, 花點山, 三峰): 남동쪽과 동남쪽에 있는 세 봉우리의 산. 玉兎望月形이라 함.

조산배기(조산꺼리): 남동마을 서쪽에 있는 숲. 마을의 地氣虛缺處를 비보하기 위하여 인공적으로 조성한 숲으로 서낭당이 있었다 함.

▶池里(못골)

쌜고개(狸峴, 狸項, 쐵고개, 米峴): 지리 동쪽에서 부리로 넘어가는 고개. 전설에 德溪 吳健의 묘가 닭의 혈(鷄鳴穴)이라 하는데 아래쪽은 그 닭의 먹이가 되는 딩기(쌀겨의 사투리)라 하여 딩기실, 고개 너머 쪽을 미드리, 묘 앞이 되는 이 고개를 쌀고개(미현)라 해서 닭의 명당에 격이 들어맞으므로 후손들이 날로 번창하였다. 그런데 탁발 온 중을 구박하고 푸대접하니 어느 道僧이 분개하여 쐛고개(삵고개, 이현)로 고치면 닭이 달아나지 못하게 되어 계속하여 번창하리라 하므로 그 말대로 고친 뒤로는 날로 기울어져 갔는데 그것은 쐛(삵괭이)이 닭을 잡아먹었기 때문이라 함.

호롱동(回龍洞): 지리 남쪽에 있는 마을. 근처에 있는 산세가 용이 돌아가는 형국이라 함.

▶尺旨里(자머리): 산 위에 마을이 있으므로 붙은 지명.

장군설: 자머리 서쪽에 있는 안동권씨의 묘. 將軍大坐形이라 함.

山清郡 三壯面

▶大浦里(한불)

괴부리모팅이: 내원사 남쪽 냇가에 있는 모롱이. 지형이 괴(고양이) 형국으로 생겼다 함. 건너편에 있는 내원사의 터는 쥐 형국으로 되었다 하는데, 속인들이 너무 많이 찾아와서 어느 도승에게 속세인이 못 오게 하는 방법을 물으니 절로 들어오는 모퉁이 길을 크게 넓혀 닦으면 된다 하여 그대로 하였더니 절이 망했다 함.

사지매기: 배끝장등이 서북쪽에 있는 고개. 사자목혈이라 함.

▶油坪里(유들)

유평계곡: 大源寺가 있다. 〈그 사람 삼장 갔다〉 하면 찾지 못할 사람이란 뜻으로 쓰일 정도의 후미진 곳임. 도피처의 압권이 이곳이라 함.

대원사: 지리산의 유일한 비구니 사찰. 主山이 커다란 꽃송이처럼 온화하고 수려한데 酉方(正西쪽)에 있다. 酉方은 八卦 중 少女에 해당되니 비구니 스님들에게 맞는 땅이다.

▶坪村里(들말)

造山: 조산껄에 있는 당. 地氣가 허한 이곳에 돌을 산처럼 쌓아 놓고 제를 지냄.

山清郡 生比良面

▶諸寶里(제부실)

조산배기: 제부 서쪽에 있는 논. 옛날 이곳의 지기가 허하여 裨補策으로 조산을 쌓았는데 지금은 없어지고 논이 되었다 함.

山清郡 生草面

▶上村里(웃말)

독구미: 남산 동남쪽에 있는 골짜기. 송아지가 어미 소를 돌아보는 형국(黃犢顧母形)이라 함.

山淸郡 矢川面

원래 山陰이었으나, 조선 제21대 영조 43년(1767) 7살 된 계집아이가 아들을 난 것은 떳떳치 않다 하여 陰 자를 버리고 淸으로 바꿈. 본래 진주군 지역이었으나, 고종 광무 10년(1906) 산청군에 편입.

▶ 內公里

독바우: 독밧걸쏘(내공리와 외공리 경계) 옆에 있는 큰 바위. 큰 구멍이 뚫려 있는데, 임걸연이라는 사람이 이곳에 살면서 이 바윗덩이를 독(항아리)처럼 만들어 장을 담아 놓았다 함.

돌미륵: 정각사(후평에 있음. 1962년 지음) 앞에 있는 미륵. 높이 2미터쯤 되는 입상으로 도랑 가에 묻혀 있었는데, 1955년 마을 사람들이 이곳으로 옮겨 놓았음.

主山: 板村 서남쪽에 있는 산. 마을의 주산 역할을 해서 붙은 이름이라 함.

▶ 內大里

細石(세석평, 잔돌평전): 大谷(큰골) 서북쪽에 있는 버덩. 지리산 최대의 高原 平坦面.

촛대봉: 세석 동남쪽에 있는 산. 1,398미터. 촛대 모양.

靑鶴洞(학동): 은암골(혹은 은앙골) 남쪽에 있는 마을. 萬古의 隱遁地로 알려진 곳임.

▶ 東堂里

망터(망골): 딱밭골 남쪽에 있는 가매바우굼팅이 골짜기 남쪽에 있는 골짜기. 피란 온 사람이 살면서 망을 보았다 함.

▶ 反川里(번내)

孤雲洞: 배바구 동북쪽에 있는 마을. 최치원이 이곳에 은거하였다 함.

고운동재: 고운동에서 하동군 청암면 묵계리 원불계로 넘어가는 고개. 최치원이 신선이 되어 넘나들었다는 전설이 전해짐.

망바구: 마당바구 동쪽에 있는 바위. 피란 온 사람이 망을 보던 곳이라 함.

묵깃재: 배바우 서남쪽에서 묵계리로 넘어가는 고개.

아릿재(시문동재): 배바우에서 묵계리로 넘어가는 고개.

웃재: 고운동에서 묵계리로 넘어가는 고개(지리산 청학동이 있는 묵계리로 넘어가는 고개가 이렇게 많은 까닭은 예로부터 사람들이 신선이 사는 청학동을 그리워했기 때문임).

▶ 絲里(실골, 시릿골)

고집골(谷竹洞): 양당 동북쪽에 있는 골짜기 아래 있는 마을. 지세가 협소하여 마치 고집불통인 사람처럼 보인다 하여 붙은 지명이라 함.

德山(덕산동): 구장기 서북쪽에 있는

마을. 지리산 밑으로 조선 명종 때의 학자 南冥 曺植이 이곳으로 은거하여 山天齋를 짓고 후진을 교육하였음.

洗心亭: 좌측에는 수양(陽)산, 우측에는 검음(陰)산, 즉 明이다. 남명은 敬을 가장 중시했다. 그것은 浣이다. 따라서 이곳은 浣絲明月形의 명당이라 함(장영훈).

매샷골(梅索谷): 서촌 동북쪽에 있는 골짜기. 梅花落地穴이라 함.

어름뱅이: 안마근담 동쪽에 있는 골짜기. 응달 쪽으로 봄에도 얼음이 녹지 않음.

蓮花洞: 서촌 남쪽에 있는 마을. 蓮花倒水形이라 물 걱정을 하는 일이 많았다 함.

▶新川里(새내, 새냇골)

장군목: 다릿골 동남쪽에서 구미로 넘어가는 고개. 將軍對坐穴이라 함.

행기바우: 행기박골(하신 동쪽에 있는 골짜기)에 있는 바위. 두드리면 행기(밥 그릇) 소리가 난다 함.

▶外公里(바깥굉이, 외굉이)

상붓등: 외공 서북쪽에 있는 등성이. 이 근처에 명당이 있다 하는데, 그 명당을 찾는다 하여 많은 묘를 쓰게 되니, 많은 상부(喪轝)가 온다 함.

▶院里(원동, 원촌): 덕천서원이 있으므로 붙은 지명.

德川書院: 구곡산 동남쪽에 있음. 선조 9년(1576) 명종 때 학자 文貞公 조식을 모셨는데, 광해군 원년(1609)에 사액됨. 고종 때 철폐되었다가 다시 세움.

불썬골: 작은아홉사리 북쪽에 있는 골짜기. 불을 켜 놓고 소원 성취를 빌었다 함.

자빠진골: 작은재 남쪽에 있는 골짜기. 지형이 비스듬하게 되어 있어 자빠진 것 같다 함. 땅멀미를 일으키는 지세에 해당됨.

작은아홉사리: 동신 서쪽에 있는 작은 골짜기. 아홉 사람이 와랑바우(臥龍岩) 밑으로 피란을 했다 함.

▶中山里

法界寺三層石塔: 신라 진흥왕 5년(544) 연기조사가 창건. 천하의 勝地라 하여 이곳 지리산 천왕봉 밑에 세움. 용이 서리고 범이 웅크린 듯한 산세(龍遵虎踞勢)는 좌우로 급박하게 짜여져서 오직 동남간만 트였고 춘분과 추분에는 남극의 老人星을 앉아서 볼 수 있다 하여 많은 사람들이 찾아 드는 곳임. 이 절이 융성하면 일본이 망하고 일본이 일어나면 법계사가 망한다 하여 왜적이 여러 차례 불을 질렀다 함. 지금 건물은 1981년에 중창하였음.

비트러진골: 머그밧골 서북쪽에 있는 골짜기. 지형이 한쪽으로 비틀어져 있

다 함.

順頭流: 중산 북쪽에 있는 마을. 지리산을 頭流山이라고도 하는데 이곳은 두류산 主脈이 순조롭게 흘러 내린 곳이라 함.

자빠진골: 넙덕날 북쪽에 있는 골짜기. 지형이 비스듬하여 자빠진 것 같음.

智異山(방장산, 두류산): 연계 서북쪽에 있는 산. 답사를 다니다 이 지방에서 하는 지리산이란 발음을 들으면 지이산(智異山)으로 들리기도 함.

▶ 川坪里

숫골재: 당산 남쪽에서 사리 뿔당골로 넘어가는 고개. 호랑이가 잠자는 형국(眠虎形)이라 함.

山淸郡 新等面

▶ **可述里**(가숲, 가림): 개울 옆에 숲이 있었으므로 붙은 지명.

개비: 개빗골에 있는 비. 높이 6자, 너비 4자쯤 됨. 옛날에 깐치미에 어여쁘고 젊은 과부가 살았는데 어느 날 새벽에 물을 길러 가던 중 지나가던 중이 그 과부를 보고 탐이 나서 덤벼드니 따라가던 개가 중을 물어 죽여 주인을 구해 내고 개도 죽으니 이를 기념하여 비를 세우고 비에 그 개 모습을 새겨 놓았음.

▶ **丹溪里**

石造如來坐像: 이 지방은 예로부터 수해가 잦으므로 이를 막기 위하여 고려 때 세운 불상이라 함. 단계리 마을 형국이 배설(行舟形)이므로 물이 자주 밀려온다고 하여 석불을 모시게 되었다. 석불이 있고 난 뒤에도 수해가 일어나자 돛대와 삿대가 없는 탓이라는 중론을 모아 가까이 있는 고목에 돛과 삿대를 걸어 놓아 두었더니 그 뒤로는 수해가 없어졌다 함. 뱃머리 사공의 위치에 놓인 불상의 팔이 두 개면 배를 질러서 가 버린다고 하여 한쪽 팔을 떼어 버렸다는 얘기가 전한다(『山淸 鄕土文化遺蹟』).

▶ **慕禮里**(머리)

홍아랫들(魚안들): 사창징이 동쪽에 있는 들. 고기가 알을 깐 것과 흡사하다 함.

▶ **栗峴里**(밤재)

조산밑: 밤남꼭 동쪽에 있는 들. 造山이 있음.

山淸郡 新安面

▶ **文台里**

조산: 진태 남쪽에 있는 밭. 造山이 있었음.

▶ **所耳里**(서구실, 소이곡)

虎頭穴: 벽계 앞에 있는 산. 虎頭穴이라 함.

▶新安里(북동, 역말)

江城君墓: 재공산 동쪽에 있는 우리나라에 최초로 목화씨를 들여온 강성군 문익점의 묘.

▶安峰里(안비)

매방골: 안봉 서쪽에 있는 골짜기. 풍수설에서 근처에 꿩이 엎드려 있는 伏雉穴이 있다 함.

새심바우(洗心岩, 상사바우): 안봉 동남쪽에 있는 바위. 높이 솟아 있는 바위로 相思풀이(男女의 交接行爲)를 했다 함.

▶長竹里(진대밭)

장군덤: 원산 북쪽에 있는 더미. 將軍大座穴이 있다 함.

▶靑峴里(청고개)

조산지기: 청현 서쪽에 있는 들. 造山이 있었다 함.

▶下丁里(소정태)

암쇠골: 황쇠골 동남쪽에 있는 골짜기. 암소 형국으로 되었다 함.

玉女峰: 원지 동쪽에 있는 산. 玉女彈琴形으로 되었다 함.

질매산: 짜른고개 뒤쪽에 있는 산. 길마형으로 되었다 함.

짜른곡(짜른고개, 短峴): 다복동에서 하정으로 넘어가는 고개. 山穴을 잘랐

다 함.

황쇠골: 아릿공고니 동쪽에 있는 골짜기. 황소처럼 생겼다 함.

山清郡 梧釜面

▶大峴里(한재)

매설: 가는골 북쪽에 있는 산. 강굴에 피란했던 姜宗旨의 묘가 있다 하는데 梅花落地形이라 함.

▶陽村里

소쿠리설: 백터재 동남쪽에 있는 골짜기. 소쿠리 같음.

▶一勿里(얼리기)

독우머리: 일물 동북쪽에 있는 산. 지형이 송아지가 어미 소를 돌아보는 형국(黃犢顧母形)이라 함.

山清郡 車黃面

▶上中里

머에배미: 홈빰 동쪽에 있는 논. 멍에처럼 생겼음.

박산(달구실재, 溪鳴山): 아랫말 서남쪽에 있는 산. 박씨의 소유라 함. 닭이 우는 혈(鷄鳴穴)이라 함.

▶新基里(새터)

딩깅설: 갈미바웃골 남쪽에 있는 산. 燈盞穴이 있다 함.

▶陽谷里

못골못: 못골에 있는 못. 원래는 집터였는데 이곳에서 힘센 장군이 나므로 역적을 도모할 것을 두려워하여 조정에서 그를 죽인 다음 이곳에 못을 팠다 함.

三千浦市

현재 사천시로 개칭되었음.

鳳田: 봉남동에서 으뜸가는 마을. 飛峯下田形이라 함.

遊鳥洞골: 사등동 오두산(까마구머리) 아래쪽에 있는 골짜기. 飢鳥啄屍形이라 함.

龜南亭: 선구동 망산 아래쪽에 있는 마을. 아홉 마리의 거북이 엎드려 있는 형국이라 함.

望龜嶝: 선구동 뒤쪽에 있는 산. 거북이 하천으로 내려오는 金龜下川形이라 함.

중방우: 향촌동 구넝바우 앞에 있는 바위. 바위가 바랑을 진 중의 형상처럼 생겼다 함. 가운데 구멍이 나 있는데 심술 궂은 사람이 그 머리를 떼어 버렸더니 가뭄이 심하여 마을 사람들이 시멘트로 머리를 만들어 붙였다 함.

당산: 노룡동 장승들 가운데 있는 조그만 솔숲. 그 속에 남성과 여성을 의미하는 돌을 두 곳에 쌓아 놓고 동제를 지냈다 함.

패랭자바우: 호랑바우 서쪽에 있는 바위. 바위 밑에 묘를 써서 팔형제가 났다 함.

양정기들(五星臺): 신벽동 벽동 주위에 있는 들. 들 가운데 있는 다섯 개의 바위 안쪽에 큰 버드나무 정자가 있었다 함. 梅花落地形이라 함.

渴馬嶝(골매등): 죽림동 임내 동쪽에 있는 산. 渴馬飮水形의 명당이 있다 함.

梁山郡 機張面

현재 부산광역시 기장군 기장읍으로 변경되었음. 邑基는 玉女織錦形인데, 여기서 옥녀는 셋드산(136m)이라 함.

▶東部里

織錦樓터: 동헌 터 앞에 있는 터. 玉女織錦形이라 함.

▶萬化里

계십바우(흔들바우): 만화리에 있는 바위.

까치실: 동서 동북쪽에 있는 골짜기. 까치혈(鵲巢穴)의 명당이 있다 함.

두비실(斗禾, 두하): 동서 서남쪽에 있는 마을. 부근 산이 곡식을 말(斗)에 담아 놓은 것 같다 함.

▶新川里(새내)

배양숫들(배암혈들, 배암설들): 신천 북동쪽에 있는 들. 뱀혈의 명당이 있다 함.

梁山郡 東面

▶ 架山里

狐浦(호포): 선창가(호포) 앞에 있는 개. 伏狐望月形이라 함. 낙동강변에 위치해 있으며 잉어가 많이 잡힘.

梁山郡 勿禁面

▶ 佳村里(가자방)

방아껌배미: 신기 동쪽에 있는 논. 어느해 큰물이 났을 때 방앗공이가 떠내려와 이곳에 묻혔는데 그 뒤로 풍년이 되므로 그 방앗공이가 썩어 없어진 뒤에도 해마다 방앗공이를 만들어 세움.

▶ 魚谷里(어실)

능뻔더기: 능걸에 있는 버덩. 큰 묘가 있는데 신라 진성여왕의 능이라 함.

등잔골: 선듬산 위쪽에 있는 골짜기. 등잔처럼 생겼음.

梁山郡 上北面

▶ 內石里(내리)

황지골: 오전 동남쪽에 있던 마을. 남쪽 산에 있는 월성이씨의 묘가 黃鷄抱卵形이라 함. 6·25 사변 때 폐동됨.

▶ 小石里

자래방우: 장재버들 북쪽에 있는 바위. 자라가 기어가는 것처럼 생겼음. 대석리 모래불에 살던 어느 부자가 손님이 많이 찾아오는 것을 막기 위해서 어느 탁발승의 말을 듣고 이 바위의 목을 잘랐더니 살림이 줄어 망하였는데 그 뒤 영검하다 하여 목을 붙이고 온 마을에서 보호하며 소원을 빌기도 함.

梁山郡 西生面

현재는 울산시 울주구 서생면으로 변경되었음.

▶ 明山里

江月: 연산 남쪽에 있는 마을. 江龜弄月形이라 함.

梁山郡 梁山邑

城隍山: 양산의 鎭山. 흔히 臥牛形으로 알려져 있으나 실은 玉女彈琴形이 분명하다 함(장영훈).

▶ 北亭里: 옥녀의 거문고에 해당함. 「고향의 봄」의 작사자 이원수의 출생지.

梁山郡 熊上邑

▶梅谷里(매일)
將軍大坐穴터: 투구봉 위쪽에 있는 터. 將軍對坐穴이라 함.
▶三湖里
蓮湖洞: 서창 동쪽에 있는 마을. 蓮花浮水形이라 함.
▶龍塘里
于佛山: 당촌 서쪽에 있는 산. 양산의 四名山의 하나로서 매우 영험하다 함.

梁山郡 院洞面

▶花濟里
수말등: 화제 북쪽에 있는 등성이. 어떤 풍수가 명당 자리라 하여 쇠말뚝을 박았다 함.

梁山郡 日光面

현재는 부산광역시 기장군 일광면이 되어 있음.
▶伊川里(일개, 이을포, 이포, 이천)
망할곡: 이천 서북쪽에서 화전리로 가는 고개. 이곳에서 살면 망한다 함.
▶橫溪里
최씨복바우: 쉰냥짜리묘 밑에 있는 바위. 쉰 냥의 봉채만 빋고 죽은 처녀의 무덤 밑에 있는 바위인데 최씨가 기도를 드리고 부자가 되었다 함.

梁山郡 長安面

현재는 부산광역시 기장군 장안읍으로 되었음.
▶古里(고리골, 고리동): 고리처럼 생겼으므로 붙은 지명.

梁山郡 鐵馬面

현재는 부산광역시 기장군 철마면으로 되었음.
▶蓮龜里
구노실: 연구 남서쪽에 있는 마을. 거북 모양의 바위가 있는데 이곳에 각처에서 놀러 오는 사람이 많아 마을에 폐가 많으므로 거북의 머리를 자르면 손이 많이 오지 않는다 해서 머리를 깨뜨렸더니 피가 나왔다 함.

梁山郡 下北面

▶女散髮: 복호등 북쪽에 있는 산. 玉女散髮形.
▶芝山里
靈鷲山(영축산인데 영취산이라 부르기도 함. 기록에는 鷲栖山으로 나옴)通

度寺: 창건 당시 九龍이 살고 있던 큰 연못이었는데 자장율사가 문수보살의 부촉에 의하여 구룡을 항복받아 퇴거시키고 못을 메워 절을 세움. 오성의 형국은 金水山에 飛龍昇天形. 편액인 영축산 통도사는 대원군의 글씨임.
月下宗正스님의 말씀, 〈풍수란 자연스러운 것이다. 바람과 물이 변화하고 흐르듯 자연의 변화와 흐름에 인간이 적응해 가는 것이 풍수의 법도〉, 〈山中明堂은 금강산 유점사이고 野地明堂은 영축산 통도사〉.
통도사 『舍利袈裟事蹟略錄』에 〈나라 남쪽 산기슭에 毒龍이 거처하는 神地가 있는데 거기에 사는 용들의 毒害로 비바람이 심하니 곡식들이 상하고 백성들은 괴롭힘을 당한다〉. 이는 山自分水嶺(물은 산에서 나오지만 물의 흐름은 결코 산줄기를 넘지 못한다는 것)으로 풀린다. 영축산 주변 유역이 6백만 평. 그 물통의 물 꼭지점에 통도사 입지. 사찰은 제방 겸 축대 겸 감시초소 겸 노동력 대비처, 즉 裨補寺刹인 셈이다.
양산천 하류 물금면의 曾山은 헐렁한 양산천 하류의 유일한 水口막이. 증산이 발복하면 들천석(千石이 들어온다는 뜻)이라는 말이 있다. 들천석 건너편 양산군청 바로 옆에 갈산(나가라는 뜻)이 있는데 기분 나쁜 이름의 이 산은 지금 도로 공사로 절반이 허물어짐. 그러나 250여 년 전 양산군수로 부임한 권만은 묏자리 발복을 신봉하는 儒敎風水의 신봉자. 그는 臥牛形에만 집착하여 통도사 일대를 초토화시킴. 초산, 지산, 순지, 신평, 목자동이란 지명이 이를 증명함.
아홉 마리의 독룡들은 자장율사가 서식지를 메워 버렸을 때 나왔는데 그중 세 마리는 三谷洞으로, 다섯 마리는 五龍洞, 나머지 한 마리는 자장에게 제도되어 통도사 대웅전 옆 九龍池라는 조그만 연못에 살게 됨.
통도사 주지 태응스님에 의하면 들머리에 如意珠峯이 있다 함. 물길은 이와 반대로 빠져 나감. 그래서 들머리를 물꼬리로 잡지 않고 물머리(水口)로 잡음. 여의주봉은 결국 수구막이가 됨. 통도사 형국의 명칭은 雙龍弄珠形. 터가 센 자리에 오층석탑을 몇 년 전에 세웠고 日影橋와 月影橋로 물줄기의 흐름을 희롱시킨다는 음양 조화의 작품에서 잘 드러남. 두 다리는 불국사의 석가탑과 다보탑처럼 남성적인 직선과 여성적인 곡선을 보여 줌.
宛而中蓄曰龍之腹이라. 구릉들로 둘러싸인 곳에는 吉氣가 축적되는데 이를 용의 배라 한다는 뜻. 결국 통도사는 용의 배에 해당하는 명당이 됨. 특히 통도사 龍腹之穴은 석가 진신사리가 봉안된 용의 배꼽 자리. 그래서 이곳에는 지금도 잡새와 잡충들이 접근하지 않음. 境內의 성보박물관 통도사 全景圖는 風水에서 쓰는 山水圖 그 자체임(장영훈).

慈藏庵: 回龍顧祖形이란 설이 있음.

蔚山市

청도 운문산으로 내려온 태백산맥이 이곳에서 한 줄기는 경주 금오산(남산)을 만들고 남쪽으로 내려와 울산의 主山인 함월산을 만들었다. 이 산에서 동쪽으로 뻗어 가 홀연히 舞龍山(울산의 鎭山)을 만드니 이 산은 북으로 올라가 경주 토함산이 되고 남으로 뻗어서는 방어진이 되었다. 무룡산맥이 바로 울산의 좌청룡으로 천연의 항구인 울산만을 만들어 주고 있다.

다른 한편 운문산에서 정족산을 거쳐 문수산으로 이어진 맥은 울산의 백호가 되어 태화강 남쪽에서 울산을 감싸고 있다. 울산 정유 공단의 진산은 문수산이다. 백호의 문수산 줄기는 서쪽에서 발원, 동쪽으로 흐르는 태화강을 따라 그 자체가 하나의 완벽한 국면을 이뤄 장생포를 만든다. 울산시와 공단의 전체 형국은 九龍盤聚形(수많은 용이 주안상을 차려 놓고 있는 모습)이고 정유 공단 남쪽의 봉대산이 金魚砂를 이루고 있으니 이는 예로부터 남쪽에 금어사가 있으면 약병이 된다는 말처럼 바로 화학 공장의 입지를 점지하고 있다. 또 소찬의 반찬 그릇(공단의 구릉을 뜻함)마다 저유 탱크가 자리한 것도 우연이라기에는 너무나 지리를 닮았다. 청룡 역시 동해로 입수하기 위해 용들이 모여 회의하는 모습이니 이들이 타고 갈 배를 위해 조선 공장이 들어서는 것도 순리요, 육로 수송을 위한 자동차 공장이 자리한 것도 용의 기세에 어울리는 것이다. 구룡이 모여 있으니 항상 구름과 안개가 끼여 있어야 하는데, 이 또한 공장의 연기가 피할 수 없는 현상이다(최영주).

생방우: 야음동 골대나리 서남쪽에 있는 마을. 앞산에 있는 바위가 살아 있는 것 같다 함.

울산三大穴: 문수산은 뿌리, 영축산(지도에는 영취산)은 줄기, 남산 십이 봉은 가지, 隱月峯(태화교 남쪽 신정 1동 소재)이 꽃인 명당, 즉 隱月穴이다. 이는 南師古의 판단이라 함. 세 군데 중 또 하나는 울산농업학교의 翰林穴이고, 나머지가 王生穴인데 이것만 오리무중임. 문수산은 풍수상 露積峯의 형태이다. 貴보다는 富의 발복을 뜻함. 현재 울산시청과 KBS가 있는 중심가가 이에 해당된다. 왕생이들 경계 지점에 三山이 있다.『여지승람』에는 鰲山이라 기록되어 있음. 즉 金龜沒泥形. 이후락, 김재규 등이 이를 王生이라 오인하였으나 旺生이 맞고 따라서 政治運은 없다(장영훈).

태화교 남쪽에서 함월산과 울산 MBC 방송국이 위치한 동산과 학성공원의 산(신두산)을 보면 함월산이 학의 몸체, 동산은 학의 머리, 학성은 학을 타고 내려온 신인의 머리로, 즉 神人乘鶴下降形이 된다. 天神駕鶴降神頭山이란 표현이 있음.

蔚山郡 江東面

현재 강동면은 울산시 울주구 강동면으로 되어 있음. 그리고 울산군은 전역이 울산시로 승격되었음. 1997년 여름에는 울산이 광역시로 승격될 예정이기 때문에 또 한번 행정 권역의 변동이 예상됨.

▶新峴里

舞龍山(무룡산): 신현리와 울산시 송정동 화봉 경계에 있는 산. 용이 춤을 추며 등천하는 형국(舞龍登天形)이라 함.

▶於勿里

琴川: 어물리에서 으뜸가는 마을. 다섯 손가락 모양의 산(五指形)이 있는데 그 앞산을 거문고관이라 불렀으며 그 산 아래로 냇물이 흐름.

▶亭子里

분두골(粉谷): 남정자 서남쪽에 있는 마을. 건너편에 옥녀봉이 있는데 이곳은 옥녀의 분통에 해당한다 함.

玉女峰: 분두골 남쪽에 있는 산으로 玉女丹粧形이라 함.

蔚山郡 農所面

현재 울산시 울주구 농소읍.

▶常安里: 코끼리의 눈처럼 생겼으므로 象眼이라 하던 것이 변하여 常安이 됨.

지늣골(지녀골): 상안 서쪽에 있는 골짜기. 쥐가 누워 있는 것(臥鼠形)처럼 생겼음.

▶詩禮里(시리): 시루처럼 생겼다 하여 붙은 지명.

▶倉平里(창들)

고북개(狗不顧): 책골 서북쪽에 있는 마을. 범처럼 생긴 범바우가 보이므로 마을 개들이 그쪽을 돌아보지 않는다 함.

▶虎溪里

갈맛골: 수동 남쪽에 있는 골짜기. 渴馬飮水形의 명당이 있음.

범의등(伏虎등): 삼밭골 남쪽에 있는 등성이. 伏虎穴이 있다 함.

蔚山郡 斗東面

현재 울산시 울주구 두동면.
▶ 月坪里(달들)
　燈洞: 월평 서쪽에 있는 마을로 燈盞形임.
▶ 川前里
　빗적바우(팽풍디미): 장칭이 동쪽 냇가에 있는 바위. 남쪽의 연화봉이 玉女散髮形인데 이 바위는 옥녀의 빗에 해당한다 함.

蔚山郡 斗西面

현재 울산시 울주구 두서면.
▶ 仁甫里(잉보, 잉포)
　櫓泊山: 인보 서쪽에 있는 산. 인보의 지형이 行舟形인데 이 산이 그 노에 해당한다 함.
▶ 錢邑里(돈골): 신라 때 돈을 만들었다 하여 붙은 지명.
▶ 次里(찻골, 차동)
　음석방우(陰石岩): 중차리 남쪽 산에 있는 바위. 여자의 생식기처럼 생겼는데 건드리면 마을의 풍기가 문란하다 하여 주위에 나무를 심어 보이지 않게 함.
▶ 活川里(살근내)
　嶀花鶯墓: 열박재 서쪽에 있는 묘. 고려 때의 名妓 전화앵의 무덤.

蔚山郡 凡西面

현재 울산시 울주구 범서면.
▶ 九英里: 굴화현의 병영이 있어서 舊營이라 했으므로 붙은 지명.
▶ 屈火里(구불, 구벌, 굴아벌): 태화강이 굽이 흐르는 벌판이므로 붙은 지명.
▶ 斗山里
　燕洞(燕飛洞): 관문 동남쪽에 있는 마을. 제비가 나는 형국이라 함.
▶ 尺果里(자과): 자처럼 생겼으므로 붙은 지명.

蔚山郡 三南面

현재 울산시 울주구 삼남면.
▶ 象川里: 코끼리처럼 생겼으므로 붙은 지명.
▶ 鵲洞里(까치골, 가지골)
　조산등: 산티 동남쪽에 있는 등성이. 채안골에 좋다 하여 인공으로 쌓은 造山임.
▶ 早日里: 마을 앞 낮은 언덕은 소의 구유이고 마을 중앙 옹덕골 옆에 있는 네 개의 바위는 소의 발굽이며 뒷산마루는 소의 등이다. 따라서 마을 안쪽은 소의 배에 해당함. 그래서 마을이 번성한다는 것이다. 마을이 무사태평을 누리는 것도 배가 소의 몸 가운데 제일 따뜻하기 때문

이라고 함.
▶ 出嵋里
　소대가리등: 가는골 남쪽에 있는 등성이. 소의 대가리처럼 생겼다 함.

蔚山郡 上北面

현재 울산시 울주구 상북면.
▶ 吉川里
　갠달(霽月): 안마을 북쪽에 있는 마을. 동쪽 산이 낮아서 마을이 비 온 뒤 개인 달처럼 잘 보인다 함.
　종자골: 소무등 북쪽에 있는 골짜기. 種子骨처럼 생겼다 함.
▶ 德峴里
　迦智山: 영남 알프스 중 최고봉. 바로 곁에 운문산이 있음.
▶ 登億里(등어리, 화천, 곳내): 등어리처럼 생겼으므로 붙은 지명이라 함.
▶ 山前里(산앞): 고운산 앞이 되므로 붙은 지명.
　부랄방우: 송락골 북쪽 길가에 있는 바위. 불알처럼 생겼음.
▶ 梨川里(배내)
　역적치발등: 왕방산 꼭대기에 있는 등성이. 무덤을 쓰면 역적이 난다 함.

蔚山郡 彦陽面

현재 울산시 울주구 언양면.
▶ 大谷里(한실)
　백달골(白鷄洞): 대곡 동북쪽에 있는 골짜기. 이곳에 명당의 묏자리가 있는데 풍수가 깊이 파지 말고 묻으라 하였으나 깊이 파 보니 물이 나며 흰 닭이 나와 날아갔다 함.
▶ 盤泉里
　헌디골: 살쑤 서남쪽에 있는 골짜기. 작은 바위가 여기저기 솟아 있어서 머리에 헌디(종기)가 난 것 같다 함.
▶ 松臺里(소디)
　威烈公山所: 능골 서북쪽에 있는 고려 고종 때 장군 위열공 金就礪의 묘. 조선 선조 때 위열공의 외손인 일등 호성공신 鄭昆壽가 흙을 높이 쌓아 올리고 표석을 세움.
▶ 於音里(너리미, 나리미): 널처럼 생겼으므로 붙은 지명.
▶ 直洞里(고등골, 직곡): 곧은 골짜기가 되므로 붙은 지명.
　추성못(秋成池): 고등골 서쪽에 있는 못. 옛날에 역적으로 몰려 죽은 秋氏의 집터를 파서 만들었다 함.
▶ 台機里(태기)
　깨박골(개박골): 틀못 동쪽에 있는 골짜기. 개 밥 그릇처럼 생겼다 함.

범골: 장골 서쪽에 있는 골짜기. 虎頭穴이 있다 함.

蔚山郡 溫山面

현재 울산시 울주구 온산면.
▶江陽里
　이눈방우: 개운재 북쪽에 있는 바위. 두 개가 마주 보고 있는데 무엇인가 의논하고 있는 것 같다 함.
▶山岩里
　보둘산(補月山): 달포 동쪽에 있는 산. 부뚜막처럼 생겼다 함.
▶龍岩里
　나부등: 양다래 남쪽에 있는 등성이. 나비 형국.
　吾大(烏大, 오디): 용암리에서 으뜸가는 마을. 群烏渡江形.
▶元山里
　也洞: 산남 서남쪽에 있는 마을. 也字形처럼 생겼다 함.
▶處容里: 처용암이 있다 하여 붙은 지명.

蔚山郡 溫陽面

현재 울산시 울주구 온양면.
▶內光里(안청광)
　매짓골: 내광 동북쪽에 있는 골짜기. 梅花落地形이라 함.

▶望陽里
　등잔골: 사양 서남쪽에 있는 골짜기. 掛燈壁火形이라 함.
▶鉢里(바리, 발방): 바리처럼 생겼으므로 붙은 지명.
　玉蓮亭(聖人亭): 바리 동쪽에 있는 우물. 바위틈에서 새어 나오는데 물맛이 좋음. 옛날에 어느 禪師가 팠다 하는데 어느 날 선사가 서북쪽을 향하여 이 우물물을 뿌리므로 사람들이 이상히 여겨 물으니 〈지금 해인사 장판각에 불이 났다〉 하였는데 과연 해인사 장판각에 불이 났으며 동남쪽으로부터 한줄기 소나기가 쏟아져 그 불을 껐다 함. 선사가 심었다는 늘 푸른 소나무가 우물 가운데서 자랐는데 몇 년 전에 죽었다 함.
▶外光里(밭청광)
　平光: 아릿귀지 서북쪽에 있는 마을. 가장 평안하게 사는 곳이었다 함.

蔚山郡 靑良面

현재 울산시 울주구 청량면.
　문수산 문수사: 문수사 법당 남쪽에 南巖山이 있다. 남암산은 玉女形인데, 오른팔을 길게 뻗어 문수산에 무언가를 전해 주고 있다. 玉女獻花形으로 봄. 문수사는 燕巢形. 롯데그룹 신격

호 회장은 문수사에 기도하여 얻은, 둔기마을 출신이라 함.

宜寧郡 嘉禮面

▶加禮里
동숲: 가례 동남쪽 제방에 있는 숲. 마을의 地氣虛缺處를 裨補하기 위하여 인공적으로 조성한 숲.

▶大川里(한내)
배암등: 대천 서쪽에 있는 산. 개구리를 잡아먹은 뱀같이 울퉁불퉁하다 함.

▶陽城里: 이 마을을 큰길에서 들여다보면 집들이 닭볏 모양으로 들어앉았다. 사람들은 마을 북쪽을 닭의 머리, 서쪽을 닭의 다리, 남쪽은 꼬리라고 생각한다. 또 닭볏 아래쪽(마을 중앙부에 해당하는 논)에 집을 지으면 불길해서 3년을 넘기지 못한다고 믿는다. 이것은 닭의 눈에 해당하는 지점에 있는 샘에서 솟는 물이 중앙부의 논으로 흘러 내리기 때문이다. 경작지인 논을 보호할 필요도 있지만 실제로 언제나 물이 흐르는 곳에 집을 짓는 것은 이롭지 않은 것도 사실이다(김광언).

宜寧郡 洛西面

▶來濟里
造山: 내제 동쪽에 있는 당. 섣달 그믐에 당산제를 지냄.

▶井谷里(우무실)
飛龍上天: 두곡 동쪽에 있는 산. 飛龍登天形이라 함.
蓮花浮水山: 신기 동쪽에 있는 산. 못이 있는데, 산세가 蓮花浮水形이라 함.

宜寧郡 大義面

▶深池里
보지바우(陰石): 고성골 중턱에 있는 바위. 여성의 음부같이 생겼는데 마을 사람이 덮어도 보임.
虎頭穴: 신기 남쪽에 있는 산. 호랑이 머리 모양.

▶泉谷里(새미실)
조산보: 천곡 남쪽에 있는 보. 造山(무제를 지내기 위해 쌓은 돌무더기) 옆을 흘러 감.

宜寧郡 鳳樹面

▶竹田里(돌애비, 석합): 봉산 밑이 되는데, 봉황은 대밭에서 살아야 하는 것이므로 이런 지명을 붙인 것이라 함.

宜寧郡 富林面

▶餘背里(여불): 두꺼비의 등처럼 생겼으

므로 붙은 지명.
▶ 益口里: 어귀가 되므로 붙은 지명.
조선거리: 익구 남쪽에 있는 길.
▶ 立山里(설미): 뒷산이 서 있는 것 같으므로 붙은 지명.
설매: 입산 동쪽에 있는 산. 立字形같이 생겼음.

宜寧郡 龍德面

▶ 新村里(새말, 봉리)
메산이굴: 신촌 남쪽에 있는 굴. 길이 2, 높이 1.5미터가 되며 정월에 촛불을 켜 놓고 공을 드림.

宜寧郡 正谷面

▶ 赤谷里(북실)
간테골: 북실 남쪽에 있는 골짜기. 지형이 머리에 쓰는 관의 혈(冠形穴)이라 함.
▶ 中橋里(중다리, 중월): 宜寧 앞 남강변 鼎岩 남쪽이 LG그룹 창업자 具仁會(1907-1970)의 출생지인 晉陽郡 智水面이고, 그 북쪽이 삼성그룹 창업자 李秉喆(1910-1987)의 출생지인 宜寧郡 正谷面이다. 〈정암의 전설〉에 따르면 〈이곳으로부터 30리 내외에서 國富가 두 명 나올 것이다〉고 했다는 것.

삼성의 창업자 고이병철 씨의 고향: 정곡면 中橋里. 본래 화곡면에 속했는데, 1914년 一正洞面과 병합, 정곡면으로 고쳤다. 동양철학에서는 지명의 변화는 그 지역의 운세가 변하는 징조로 해석한다. 덕유산을 태조산으로 하여 남강 이북의 의령, 진양 쪽 산들은 대개 자굴산(897m)에서 가지를 쳐 나간다. 그런 점에서 자굴산은 小祖山인 셈이다. 자굴산의 정맥이 들어온 곳이 정곡면이고 그 중심지가 면소재지인 중교리이다. 지도상으로도 자굴산과 중교리는 일직선상에 있다.

이병철의 생가가 있는 뒷산은 馬頭山에서부터 힘찬 용맥이 동남진하여 중교리에서 멈춘다. 묘하게도 좌우 양쪽은 협곡이어서 그 모양새가 마치 남근을 닮았다. 마두산의 첫마디 산도 그 이름이 숫골이다. 자굴산의 정맥이 정곡면으로 뻗었고 그 기는 가운데 다리(中橋)를 타고 내려온다는 해석이 가능하다.

대지 주위를 보면 뒷산이 一字形의 土形山으로 되어 있고 앞산 역시 土形山과 金形山이 띠를 두른 듯이 펼쳐져 있다. 內明堂水는 서쪽에서 나와 동쪽으로 흐르고 外明堂水는 북쪽에서 남쪽으로 흘러 간다. 형국은 추수 후 벼를 탈곡해 앞산에 쌓아 놓은 脫

穀藏形이다. 主山의 생김새가 文人을 배출하는 一字形의 土에 속하는 산이고 앞산은 노적가리와 곳간을 구비한 土와 金의 산들이 있어 土生金의 相生 관계를 이뤄 합법하다. 여기에다가 남강으로 들어가는 집 주위와 밖의 물들이 전체 대지를 양쪽에서 감싸고 있어 특히 재물과는 인연이 깊다고 하겠다. 특히 대지의 왼쪽으로는 바위들이 자연스레 울타리가 되고 있어 氣의 漏泄를 강하게 막고 있다.

이병철 씨의 증조부 이재봉(1810-1853)의 묘소: 위치는 역시 마두산 기슭인 柳谷面 馬頭里 안골이다. 자굴산이 동진하여 牛峰山을 만들고 이곳에서 동북진하여 마두산을 이뤘다. 소조산인 마두산에서 동쪽으로 한마디 나아가고 다시 방향을 바꿔 동북쪽으로 옮겨 남향의 土形山을 만들었다. 이것이 곧 入首山으로 젖꼭지처럼 생긴 혈장에 한 옆으로 기울어 혈을 잡으니 얼핏 보기에는 猛虎出林形인 듯하나 자세히 보면 臥牛形이다.

속인이 보기에는 혈장의 생김이 貫頂(구릉이 없이 쭉 뻗은 모습)이라 묘를 쓸 자리가 아니라 하겠지만 혈장 뒤에 돌이 八字形으로 벌려 있고 그 가운데로 맥이 내려오는 중에 좌우에 蟬翼(혈장 주위에 마치 매미 날개처럼 돌이나 구릉이 형성되어 있는 모습. 정혈에는 어김없이 이런 모습을 볼 수 있음)의 모습을 띠고 있으니 혈이 분명하지 않은가. 또 청룡, 백호도 가까이서 받치고 있고 氣의 餘韻을 증거하는 脣氈(혈 앞에 있는 돌이나 바위. 코 밑에 입술이 있는 것과 같음)이 바위로 병풍을 이루고 있으니 혈장이 더욱 완연하다.

물은 丙午得 乾破로 유곡천과 만난다. 案山을 바라보면서 倉庫砂(재물을 뜻하는 산 모습)가 걸려 있고 水口에는 거북과 뱀의 모습을 띤 산들이 之玄으로 벌려 서서 물의 흐름을 더디게 해준다. 이런 형국에서는 발복이 빠르다. 더구나 안산에는 횡재봉이 붙어 있어 알게 모르게 도와주는 사람이 많이 생긴다.

이 묘소는 臥牛形임에도 불구하고 풀을 쌓아 놓은 듯한 積草形의 산이 없고 혈을 뒤에서 밀어 주는 후고산이 조금 낮아 흠이 된다. 명당 앞에 천년을 마르지 않는 물이 있으면 재물도 그와 같이 천년을 쓸 수 있다고 한다 (최영주).

宜寧郡 芝正面

▶ **得所里(火金洞)**: 화금동이라 하였는데

화재가 잦으므로 得水로 고쳤다가 다시 得所가 됨.
▶ 白也里
　造山껄: 다안 서쪽에 있는 들. 造山이 있음.

宜寧郡 七谷面

▶ 陶山里: 이곳에 許氏가 많이 사는데 퇴계 이황의 처가라 함.

昌原郡

창원군은 현재 전역이 창원시로 승격되었음.
창원군은 그 옛날 오랫동안 군소재지였던 義昌으로부터 불상사가 생겨서 이곳으로 옮겼다고 전해지고 있다. 어떤 군수에게 예쁜 딸이 있었는데, 웬일인지 나이 12세에 아기를 갖게 되었다. 조사해 보니 兵營의 남쪽에 자리 잡고 있는 連山의 한 봉우리 꼭대기에 커다란 암석이 있었다. 멀리서 바라보니 마치 들개가 꼬리를 틀고 있는 모습이었다. 군수의 딸이 방에서 보면 그것이 바로 정면에 있었으므로 이 소녀가 아침 저녁으로 怪岩만을 바라보고 있었기 때문에 임신을 한 것이다. 그래서 관아를 창원으로 이전하게 된 것이라 함(村山).

▶ 龜伏里: 거북이 엎드려 있는 것 같으므로 붙은 지명.
　곰섬(熊島): 긴섬 서북쪽에 있는 섬. 곰처럼 생겼음.
　납섬(나비섬, 蝶島): 긴섬 북쪽에 있는 섬. 나비가 나는 형국이라 함.
　도섬(猪島): 구복 서남쪽에 있는 섬. 돼지처럼 생겼음.
　북섬(鼓島): 장구섬 서북쪽에 있는 섬. 북처럼 생겼음.
　쇠섬(小島, 牛島): 아래개 동쪽에 있는 섬. 소가 누워 있는 것 같다 함.
　수리작먼당(龍頭山, 영두산): 도섬 가운데에 있는 산. 용의 머리처럼 생겼음.
　雙乳山: 임새와 구복 사이에 있는 산. 젖무덤처럼 생겼음.
　자래섬(鼈島, 자라섬, 자근섬): 구복 동남쪽에 있는 작은 섬. 자라처럼 생겼음.
　자래알: 자래섬 동북쪽에 있는 바위. 자라의 알처럼 생겼음.
　장구섬(缶島): 장구섬마을 서북쪽에 있는 섬. 장구처럼 생겼음.
　조받개(福盡개): 구복 동쪽에 있는 마을. 마을 사람들이 부유한 생활을 하였으나 차차 망하게 되어 복이 다 나갔다 함.
　징섬(징(金-正)島, 쟁도): 장구섬 북쪽에 있는 섬. 징같이 생겼음.
▶ 藍浦里(남개)

갈마끝: 남포 남쪽에 있는 곳. 渴馬飮水形.

범골: 남포 서남쪽에 있는 골짜기. 호랑이가 누워 있는 형국.

▶ 內浦里(안개)

딱섬(닭섬, 鷄島): 움실 서남쪽에 있는 섬. 닭처럼 생겼음.

미인리: 움실 서쪽에 있는 마을. 바다 건너에 옥녀봉이 있어 미인이 살아야 할 곳이라 함.

▶ 麻田里(삼밭개)

세수골: 마전 동쪽에 있는 골짜기. 선녀들이 세수를 하고 놀던 곳이라 함.

▶ 盤洞里(밤개, 율포)

명금골(面鏡谷): 유점골 남쪽에 있는 골짜기. 옥녀봉 밑이 됨.

散髮山: 옥녀봉 남쪽에 있는 산. 옥녀가 머리를 풀고 있는 형국.

玉女峯: 반동 남쪽에 있는 산. 玉女織錦形의 명당이 있다 함.

把琴山: 양평 동쪽에 있는 산. 거문고를 타는 형국이라 함.

▶ 石谷里(선바구)

해탕바우: 명주 남쪽에 있는 바위. 바위에 사람 크기만한 홈이 있어 모래찜질을 함.

▶ 深里

고래머리: 심리 서남쪽 끝에 있는 산. 고래 머리처럼 생겼음.

義昌郡 內西面

의창군은 없어졌고 그 지역은 모두 창원시로 편입되었음.

▶ 上谷里(읍실)

鶴山(생학상천): 아랫땀 남쪽에 있는 산. 학이 하늘로 날아오르는 형국(飛鶴登天形)이라 함.

義昌郡 東面

현재 창원시 동읍.

▶ 琴山里

金鷄抱卵: 금동과 양교 사이에 있는 산. 金鷄抱卵形이라 함.

▶ 德山里

감시골: 누운바우 밑에 있는 골짜기. 여자의 공알(음핵)처럼 생겼다 함.

누운바우: 덕산 동쪽 정병산 북쪽 기슭에 누워 있는 바위.

義昌郡 北面

현재 창원시 북면.

▶ 東田里

明堂山: 명호 북쪽에 있는 산. 곳곳에 명당이 산재한다고 알려진 곳임.

明堂湖: 명당산 동쪽에 있는 호수. 호수 어딘가에 명당이 있다 함.

조롱산굴: 조롱산(동전 남쪽에 있는 산)에 있는 굴. 깊이가 30-40리나 된다 하는데 굴이 열리면 낙동강 건너 처녀들이 바람이 난다 함.
▸上川里
터내고개(피네고개): 터내에서 내곡리로 넘어가는 고개. 옛날에 장군이 나올 터라 해서 고개를 파헤치니 피가 솟았다는 전설이 있음.
▸外甘里
龍地峯: 천주산 남쪽에 있는 산. 옛날 용이 승천했다 하며 이 산에 묘를 쓰면 가뭄이 든다 하여 旱災가 있으면 주민들이 이곳을 팜.
▸花川里
돌장심이: 화천다리 서쪽에 있는 터. 자연석으로 된 돌기둥이 있음.

義昌郡 熊東面

현재 진해시 소사동, 청안동 등으로 편입되었음.
▸所沙里
개끼들(꼬끼들): 소사 서쪽에 있는 들. 꽃게 형국.
닭매산(鷄山): 소사 북쪽에 있는 산. 닭의 형국.
▸安骨里: 바다가 방안처럼 들어와 있으므로 붙은 지명.

▸晴安里
도미정승묘: 청천 남쪽에 있는 묘.

義昌郡 鎭東面

현재는 마산시 진동면으로 편입되었음.
▸社洞里
조산숲: 사동 남쪽에 있는 숲.
▸蓼場里
水牛섬: 중촌 동남쪽에 있는 섬. 무소처럼 생겼음.
우릉바우: 논밑과 왜꼬지 사이에 바다를 향하여 튀어나와 있는 바위. 수우섬에서 보면 사자가 으르렁거리는 것처럼 보인다 함.

晉州郡 金谷面

현재 진주군은 전역이 진주시로 승격되었음.
▸省山里(솔미)
뱃설: 성산 남쪽에 있는 들. 선돌뱅이가 있는데 지형이 배처럼 생겼다 함.
선돌뱅이: 뱃설에 있는 바위. 바위 둘이 나란히 서 있는데 배의 돛대 같다 함.
▸松谷里(소실)
개멀리: 송곡 동쪽에 있는 골짜기. 사람들이 龍頭穴이라는 명당 자리에 密葬을 해서 개멀리라 함.

晉州郡 琴山面

현재 진주시 금산면.
▶加芳里(갓방, 관방): 갓을 만드는 방이 있었으므로 붙은 지명.
　▶葛田里(치랏)
　　방아골(訪花谷): 새터 북쪽에 있는 골짜기. 산 모양이 나비가 꽃을 찾는 형국(探花逢蝶形)이라 함.
　　조동숲: 조동 서북쪽에 있는 숲. 2백년 전 卞座首가 심었다 함.
　▶龍牙里
　　龍淳(큰몰): 용아리에서 으뜸가는 마을. 渴龍飮水形이라 함.
　　큰몰뒷산: 큰몰 뒤에 있는 산. 飛龍淳池穴이라 함.
　▶長沙里
　　합자골(合濟谷): 삿골 동쪽에 있는 마을. 合字形으로 생겼다 함.

晉州郡 奈洞面

현재 진주시 나동면.
▶內坪里
　무등(송장산): 미륵골 동쪽에 있는 산. 모양이 송장을 닮았다 함.
▶篤山里(지소)
　독구미(犢顧母): 지소 서북쪽에 있는 마을. 송아지가 어미를 돌아보는 형국(黃犢顧母形)이라 함.

晉州郡 大谷面

현재 진주시 대곡면.
▶臥龍里
　꾀꼬리봉: 유곡 뒤쪽에 있는 산. 柳枝鶯巢形의 명당이 있다 함.
▶月牙里
　달걀: 월아 북쪽에 있는 마을. 14호가 거주하고 있는데 지형이 달걀처럼 생겼음.

晉州郡 大坪面

현재 진주시 대평면.
▶內村里
　배암등: 산연 동쪽에 있는 산. 뱀처럼 생겼음.
　시포리바우: 배암등 상봉에 있는 바위. 뱀이 개구리를 잡아먹으러 가다가 죽어 쉬파리가 쉬를 슨 것처럼 되었다 함.
▶大坪里
　달구목: 옥방동 서남쪽에 있는 더미. 닭의 목혈(鷄項穴)이라 함.
　투시골(杜詩洞): 대평 동쪽에 있는 마을. 산이 仙人讀書之形인데 옛 중국 시인 두자미(杜甫)가 여기 와서 신선이 되었다 함.

晉州郡 文山面

현재 진주시 문산읍.
▶ 葛村里(치실)
　누운개굴(臥狗, 갈촌굴, 기내굴): 송정 동북쪽에 있는 진삼선(진주와 삼천포를 잇는 철길)의 기차 굴. 길이 2백 미터. 지형이 개가 누운 모양이라 함.

晉州郡 美川面

현재 진주시 미천면.
▶ 孝子里
　舞洞: 추계동 서북쪽에 있는 마을. 뒷산이 춤추는 사람처럼 생겼다 함.

晉州郡 寺奉面

현재 진주시 사봉면.
▶ 武村里
　多武: 중촌 서남쪽에 있는 마을. 옛날에 武士가 많이 태어났다 함.
　말무덤: 다무 뒤쪽에 있는 큰 무덤. 장군의 말 무덤이라 하는데 이 무덤에 손을 대면 큰 변을 입는다 함.
▶ 鳳谷里
　가오터: 모곡 입구에 있는 산. 가물치처럼 생겼다 함.
　갈마지: 거곡 북쪽에 있는 골짜기. 渴馬飮水形이라 함.
　鳳垈(북지골): 모곡 서쪽에 있는 마을. 지형이 봉황이 알을 품은 것처럼 생겼다 함.
　巳頭골: 모곡 안쪽에 있는 골짜기. 뱀 머리 모양으로 생겼다 함.

晉州郡 水谷面

현재 진주시 수곡면.
▶ 大泉里(한새미)
　雙鷄山: 점촌 남쪽에 있는 산. 金鷄抱卵形이라 함.
　玉女奉: 직금이 남쪽에 있는 산. 직금이 마을을 바라보고 있으며 玉女織錦穴이라 함.
　직금이(織錦村): 점말 서남쪽에 있는 마을. 옥녀봉의 옥녀가 비단을 짜는 형국인데 그 베틀에 해당한다 함.
▶ 元溪里
　架棲里: 도랑 북쪽에 있는 산. 鷄鳴穴이라 함.
▶ 紫梅里
　복지산(伏猪山): 자매 동쪽에 있는 산. 돼지가 엎드린 모양(伏猪形)으로 되었는데 임진왜란 때 金德良將軍의 성터가 있음.
　月桂: 자매 남쪽에 있는 마을. 뒷산이 月中丹桂有志形이라 함.

▶孝子里(쇠우봉, 우이봉)
　달뱅이(月防): 효남동 북쪽에 있는 마을. 뒷산이 雲中半月形이라 함.
　양어골(兩魚谷): 효자동에 있는 골짜기. 고기 두 마리가 내려오는 모양이라 함.
　우무실(井谷): 효자동 동남쪽에 있는 마을. 우물이 많았다 함. 뒷산이 雲中半月形이라 함.
　재안땅몰랑: 효자동 북쪽에 있는 산. 平沙落雁形이라 함.

晉州郡 二班城面

현재 진주시 이반성면.
▶佳山里(가수개)
　거북산(龜峰山): 하촌 뒤쪽에 있는 산. 거북이 기어 가는 형국이라 함.
　깨구리산(깨구리등, 蛙山): 하촌 남쪽에 있는 산. 뱀처럼 뻗어 나온 산줄기 앞에 덩그렇게 개구리처럼 앉아 있음.
　소릇골: 상촌 남쪽에 있는 골짜기. 소리개가 나는 형국이라 함.
　하밭골(龍河洞): 상촌 동남쪽에 있는 마을. 길성리의 벌말에 비하여 꽃밭이 있어야 된다 하여 하밭골이라 함.
▶吉星里(七星): 바위 일곱 개가 북두칠성처럼 생겼으므로 붙은 지명.
　벌말: 돈두동 북쪽에 있는 마을.

▶鉢山里(바리미): 바리때처럼 생겼으므로 붙은 지명.

晉州郡 井村面

현재 진주시 정촌면.
▶官鳳里
　가매천: 백정짓골 맞은편에 있는 마을. 가마솥처럼 생겼음.
　개구리바구: 게미동 위 밭 가운데 있는 개구리 모양의 바위. 동쪽에 있는 뱀등이 개구리 꽁무니를 노리고 있고 개구리는 서쪽 논 가운데 있는 포리(파리)바구를 노리는 형국이라 함.
　뱀등: 개구리바구 동쪽에 있는 등성이. 모양이 개구리바구를 노리는 뱀 형국으로 되었음.
　조산무더미: 내계 서북쪽에 있는 터. 돌이 쌓여 있음.
　포리바구: 개구리바구 서쪽에 있는 바위. 개구리가 잡아먹으려고 노리는 형국이라 함.
▶所谷里(소실): 소가 누워 있는 형국이라 하여 붙은 지명.

晉州郡 智水面

현재 진주시 지수면.
▶金谷里

둥둥골(雷洞): 신당동 동남쪽에 있는 마을. 마을 앞산이 북처럼 생겼다 함.
붓골(筆洞): 금곡리에서 으뜸가는 마을. 뒷산이 붓처럼 생겼다 함.

晉州郡 晉城面

현재 진주시 진성면.
▶ **中村里**
　용기미(龍顧尾): 월정 서쪽에 있는 마을. 용이 꼬리를 돌아보는 혈이라 하며 壯士가 많이 났다 함.

晉州郡 集賢面

현재 진주시 집현면.
▶ **大岩里**
　무상골(舞仙谷): 혈암 남쪽에 있는 마을. 선녀가 춤을 추는 형국(仙女舞袖形)이라 함.

晉州市

진주시 자체는 水中龍의 형세를 띠고 있는데다 大鳳山(현재의 飛鳳山: 진주강씨의 선대인 강구만이 살던 집터. 대봉산의 정맥이 들어오고 집터에는 봉황의 알을 상징하는 바위가 있었다고 한다. 王者의 기운이 서렸다고 해서 알, 즉 바위를 깨 버리고 산 이름마저 비봉산으로 고쳤다)은 東卵과 西卵 두 알을 품고 있으니 大鳳抱卵形이다. 서란은 상봉서동에 있는 속칭 봉알자리이다.

　콧등실: 귀곡동 대촌 뒤에 있는 산. 지형이 伏虎形인데 이곳이 코에 해당된다 함.
　봉알자리: 상봉서동 911-11에 있는 둥성이. 새의 둥우리처럼 생겼음.
　제비바구: 하촌동 북바구 위에 있는 바위. 모양이 뱀 머리 같고 몸통이 제비를 잡아먹은 것처럼 불룩함.

鎭海市

　수박골: 북부동 관정 동북쪽에 있는 골짜기. 선조 때 포르투갈 선교사가 포교하면서 살았다 함.
　梅落고개: 충무로 1가동 단풍골 북쪽에 있는 고개. 마산시 양곡동으로 넘어감. 梅花落地形의 명당이 있다 함.

昌寧郡 桂城面

▶ **桂城里**
　쇠꼬랑댕이(우천, 우미동, 내곡촌): 절산 서남쪽에 있는 마을. 지형이 소 형국(臥牛形)인데 그 꼬리에 해당한다 함.
▶ **廣溪里**(넙개)

조산나무: 일문과 월산의 중간에 있는 느티나무.

昌寧郡 吉谷面

▶吉谷里(치실, 기곡)
　무정타고개(무정태, 무정티곡): 삼거리에서 도천면 예리로 가는 고개. 옛날 두 남매가 이 고개를 넘다가 누이동생에게 情欲을 느낀 오빠가 五倫을 깨닫고 자살을 했다 함.

昌寧郡 南旨邑

▶樹介里
　갈마지: 수개 남쪽에 있는 들. 渴馬飮水形이라 함.

▶阿支里(앞실, 남곡)
　玉女峯: 본아지 서쪽에 있는 산. 206미터. 玉女彈琴形이라 함.

昌寧郡 大池面

▶孝亭里
　개구리덤(추가산, 追蛙山): 새비등 서쪽에 있는 산. 개구리처럼 생겼음.
　누름티(槐洞, 귀동): 새비등 동쪽에 있는 마을. 뒷산이 누블미기(율모기)처럼 생겼음. 중앙에 큰 괴목이 있음.
　새비점(새비등, 새비늠): 안소림 동쪽에 있는 마을. 마을을 통하는 고개가 새우등처럼 생겼다 함. 건너편 산이 뱀 형국이고 앞산은 개구리 형국으로 이 곳이 蛇飛形이라 함.
　소코덤: 안소림 서북쪽에 있는 산. 臥牛形의 명당이 있는데 이곳은 소의 코에 해당됨.

昌寧郡 大合面

▶內于里(내울)
　螺福(우기): 밤굼 서쪽에 있는 마을. 소라 형국.
　자래등: 옥산에서 새뜸으로 가는 고개. 자라 형국.

▶道介里: 뒷산이 복숭아처럼 생겼으므로 붙은 지명.

▶燈旨里
　팔미(八文洞): 신안동 동북쪽에 있는 마을. 옛날에 八文章이 났다 함.

▶茅田里(띠방골, 뛰밭골): 우미실(臥牛形)의 소가 먹는 풀밭이라 하여 붙은 지명.
　牛尾室(우미곡): 띠방골 남서쪽에 있는 마을. 지형이 소가 꼬리를 내젓고 있는 형국.

▶牡丹里(창령모란이): 모란(牡丹)꽃처럼 생겼으므로 붙은 지명. 달성군 구지면 목단리와 구별하여 창령모란이라 함.

새버들미(신유산, 창령버들미): 목단 동쪽에 새로 된 마을. 앞산이 鶯巢穴이라 하여 꾀꼬리는 버들을 찾는다 함. 달성군 구지면 유산리와 구별하여 창령버들미라 함.

▶所也里: 也字形처럼 생겼으므로 붙은 지명.

▶主梅里

마산터: 모래늪 서남쪽에 있는 마을. 뒷산이 말이 달리는 형국(躍馬下田形).

▶兎山里(매미): 마을 앞산이 토끼가 누워서 달을 보는 형국(臥兎望月形)이라 하여 붙은 지명이라 함.

각골(蜈蚣洞): 월계 서북쪽에 있는 마을. 앞산이 지네 형국.

달분재(月嶺): 월계에서 소야리로 가는 고개. 대보름에 달맞이를 한다 함.

昌寧郡 都泉面

▶都泉里

성지골: 도천 동쪽에 있는 골짜기. 옛날에 성지라는 道士가 묘터를 보고 지나가면서 쇠말뚝으로 표를 했다 함.

昌寧郡 釜谷面

▶釜谷里(가마실, 굴말): 도기굴이 있으므로 붙은 지명.

가재골(佳在谷): 못 안 동쪽에 있는 마을. 옛날에 가재라는 유명한 기생이 있었다 함.

솥발바우: 뭇밑들, 나븐들, 아랫골들에 걸쳐 있는 바위. 솥발처럼 세 개가 있음.

▶飛孔里(비봉)

성인골(聖人谷): 비봉 서쪽에 있는 마을. 옛날 뒷산에 道聖(아마도 도선국사를 지칭하는 듯함) 기념탑이 있었다 함.

▶社倉里

伏狗山: 웃사챙이 북서쪽에 있는 산. 개가 엎드려 있는 형국(伏狗形).

伏虎山: 사창에 있는 산. 범이 엎드려 있는 형국(伏虎形).

▶溫井里: 따뜻한 물이 나오는 샘이 있어서 붙은 지명.

昌寧郡 城山面

▶冷泉里(찬샘골)

蓮花峯: 연곡 동쪽에 있는 산. 蓮花浮水形이라 함.

▶蓮塘里: 앞산이 연꽃 모양으로 생겼다 하여 붙은 지명.

▶雲峰里: 앞산의 모양이 구름이 떠오르는 모양(浮雲登天形)이라 하여 붙은 지명.

▶丁寧里: 마을 모양이 丁字形이라 하여 붙은 지명.

쉬이골(취소골): 대터 서쪽에 있는 골

짜기. 퉁소 형국.

昌寧郡 靈山面

영산읍을 가운데 두고 마주한 靈鷲山과 芍藥山의 산세가 두 마리의 소가 겨루고 있는 형상이기 때문에 山煞이 끼어서 이를 풀어 주기 위해 나무쇠싸움을 벌이게 되었다는 것. 또 영산의 옛 동헌 자리가 丑坐이므로 地煞을 풀기 위해 이 놀이를 창안하였다고도 한다(김광언).

▶校里

骨龍: 교동 남쪽에 있는 마을. 용의 뼈(龍骨인데 공룡 뼈의 화석일 것으로 추정됨)가 발굴되었다 함.

영산신씨네가 모여 사는 교리는 솔개터. 마을 뒤에 있는 靈鷲山(682m) 꼭대기의 큰 바위가 솔개의 머리이고 양쪽으로 흘러 내린 능선은 어깻죽지, 그리고 신씨네 종가 터는 솔개 똥구멍에 해당한다 함. 땅을 파면 솔개 몸에 구멍을 파는 것이라 하여 우물을 파지 못하고 1950년대까지는 개울물을 길어 먹었다. 또 이 능선의 나무가 솔개 깃이라 하여 그 깃털을 복스럽게 만들기 위하여 부지런히 나무를 심었음(김광언).

昌寧郡 遊漁面

▶加項里(드목)

十里逆水: 가항 앞을 흐르는 내. 남쪽에서 북쪽으로 십여 리 정도 물이 거꾸로 흐름.

▶釜谷里(가마실): 가매봉 밑에 있으므로 붙은 지명.

벌명당: 가매실 북쪽에 있는 마을. 벌명당이 있었다 함.

▶船所里(배솔)

대추나무고개: 선소리 앞에 있는 작은 고개. 대추나무가 많이 있었다 하며 옛적부터 이 고개를 行喪이 넘으면 동네에 雙初喪이 난다 하여 이 고개는 상여가 지나가지 않는다 함.

▶風槽里(파랑구실): 구시(구유)처럼 생겼으므로 붙은 지명이라 함.

昌寧郡 利房面

▶上里

막날리(망날리, 末津洞, 楊川洞): 점의골 동남쪽에 있는 마을. 부자가 이곳에서 살면 망한다 함. 전에 나루터가 있었는데 제일 끝이었다 함.

▶石里

괭이덤: 문방 서남쪽에 있는 더미. 고양이 형국.

羅紛山: 용배 서쪽에 있는 산. 비단을 깔아 놓은 것 같음.
둑지골산: 문방 동쪽에 있는 산. 뒤주 형국.
屯山洞: 석동 서쪽에 있는 마을. 將軍大座形이라 함.
燈盞山: 문방 북쪽에 있는 산. 등잔처럼 생겼음.
馬首里: 석동 남쪽에 있는 마을. 말머리형.
龍背(上龍): 석동 동남쪽에 있는 마을. 산이 용의 등처럼 생겼음.
월치골(月山): 용배 동북쪽에 있는 마을. 산이 달처럼 생겼음.

▶雁里(안골, 내동): 안 골짜기가 되므로 붙은 지명.
자실개(尺谷洞): 안동 북쪽에 있는 마을. 앞산이 자(尺) 형국.

▶玉泉里(옥샘)
잠어실(潛魚, 富洞): 옥천 동남쪽에 있는 마을. 뒷산이 고기가 노는 형국(遊魚入水形).

▶草谷里(새실, 봉곡동)
所場美(아래땀, 우만): 새실 남쪽에 있는 마을. 산이 소 아홉 마리가 노는 형국으로 매우 아름답다 함.
솥티미: 새실 동쪽에 있는 마을. 이 마을은 주위의 산이 병풍처럼 둘러 있어 마치 가마솥에 들어앉은 것처럼 안온하고 화평한 느낌을 준다. 난리 때도 사람이 다치지 않은 것은 이와 같은 지형의 덕이라 함(김광언).
新基洞(매호동, 새실새터): 소장미 동쪽에 새로 된 마을. 梅花形.

昌寧郡 丈馬面

천태산에 마고할미가 하강하여 놀다 간 곳이라 하여 마고면이라 하다가 장가면과 합쳐서 장마면이 됨.

▶大鳳里
大也洞: 웃동 동남쪽에 있는 마을. 也字形.

▶東亭里
왱이골(臥羊谷): 이곡 동북쪽에 있는 마을. 양이 누운 형국.

▶幽里: 천태산 밑에 있는 그윽한 곳이라 하여 붙은 지명.
半月山: 하유 남쪽에 있는 산. 반달형.
方谷: 상유 동쪽에 있는 마을. 方字形.

▶丈加里
고래실(龜來村): 갓골 서북쪽에 있는 마을. 뒷산이 거북이 오는 형국.

▶草谷里(새실, 봉곡): 뒷산이 봉황이 깃든 형국이라 하여 붙은 지명.

昌寧郡 昌寧邑

▶橋上里

眞興王拓境碑: 교상동 28번지 만옥정 위에 있는 신라 진흥왕의 척경비. 국보 제33호. 말흘리에 있던 것을 1924년 이곳으로 옮겼음.

▶新村里(새말)고리실(環谷洞): 신촌리에서 중심되는 마을. 고리 형국.

▶玉泉里

玉泉寺터: 원통골에 있는 옥천사 터. 고려 말 신돈의 어머니가 이 절에 있었는데 신돈이 죽자 절을 폐하였고 임진왜란 때 소실되었다 함.

▶龍石里

작다리(鵲橋): 뒷벌 서쪽에 있는 마을. 뒷산이 까치형(鵲巢穴)인데 이 마을은 그 다리(足)에 해당한다 함.

조대봉: 이남 동쪽에 있는 산. 조대(좆대)처럼 생김.

▶造山里: 마을의 地氣虛缺處를 裨補하기 위하여 만든 인공의 산이 있다 하여 붙은 지명.

▶直橋里

역마등(장사등): 새말 동쪽에 있는 등성이. 임진왜란 때 왜적이 이 등성이에서 장군과 말이 날 명당이라 하여 가운데를 잘랐다 함.

忠武市

현재 충무시와 통영군은 모두 통영시로 통합되었음.

공지섬(公主島, 拱珠島, 공주섬): 도남동 도미 북동쪽에 있는 섬. 바닷물이 빠지면 걸어갈 수 있는데 神龍이 희롱하는 여의주와 같은 형국(神龍戱珠形)이라 함.

장금수(장군수): 삼쟁이골에서 봉평동 용화사로 가는 중간 산기슭에 있는 샘. 바위틈에서 맑은 물이 솟아남. 옛날 이곳에 있던 龍華寺의 중들이 이 물을 마시고 모두 힘센 장사가 되었는데 정력이 넘치는 중들이 마을 여자들을 괴롭히므로 이 소식을 들은 어느 도사가 산맥을 끊은 뒤로는 이 샘도 효험이 없어지고 절도 망했다 함.

統營郡 光道面

현재 통영군은 충무시와 합하여 전역이 통영시로 승격되었음.

▶黃里

元均墓: 임진왜란 때 원균이 춘원포에서 왜군과 교전중 대패하여 육로로 달아나다가 지금의 황리 돌감나무골에서 왜군에게 잡혀 죽임을 당했는데 왜군이 그 머리는 베어 전리품으로 가져 가고 목 없는 시신만 뒹굴고 있는 것을 주민들이 가엾게 여겨 지금의 황리산 435번지에 묻었다고 하는데 원균의 묘인지는 확실치 않다(『統營郡史』).

統營郡 道山面

▶道善里
道德山: 도선리와 귀덕리 경계에 있는 산. 3백 미터. 이 산 아랫마을에 효자가 많이 났다 하여 일컫게 된 지명.

▶法松里
괴바우: 낭개에 있는 바위로 괴(고양이)와 흡사하다 하여 붙은 이름이며 마을에서 보아 이 괴가 보이면 재앙이 온다 하여 이 바위 주변 나무는 한 그루도 베지 않았다 함.
큰산: 잠개에 있는 산으로 풍수에 조예가 깊던 孔氏가 이곳 지세를 보고 안정의 벽방산은 男子山이고 이 산은 女子山이어서 이 여자산을 큰산이라 일컫고 산밑에 집을 지으면 훗날 후손 중에 큰 인물이 날 것이라 하였다 함.

▶猪山里(재산): 돼지처럼 생겼으므로 붙은 지명.

統營郡 蛇梁面

섬의 형상이 긴 뱀 모양이라는 풍수 설명에 따라 붙은 지명.

統營郡 山陽邑

▶延和里
飛龍嶝: 연명 서북쪽에 있는 버덩. 옛날 어느 분의 묘를 쓰기 위하여 땅을 파는데 그곳에서 용이 날아 올랐다 해서 비룡끝이라 했다. 일설에는 천마가 강을 건너는 형상(天馬渡江形)이라 함.
大藏資島(大長頭島): 연명 서남쪽에 있는 섬. 1백여 년 전 떠돌이 풍수학자가 묘지를 보러 와서 이 섬을 보고는 뱀이 개구리를 잡아먹는 형상(長蛇追蛙形)이라 하여 붙은 지명이다.

▶永運里(삼칭이)
복바우(필암): 남근처럼 생겼다 하여 남근암이라 불러 왔으나 어감이 좋지 않을 뿐더러 이 바위가 주민들에게 복을 준다 하여 복바우라 하게 됨.

▶楮林里
지동바우산(支棟山): 三千鎭官이 이 산에서 기우제를 올렸다는 유명한 산. 이곳에 시체를 매장하면 이 마을에는 큰 복이 오는 한편 타지방에는 극심한 가뭄이 든다는 전설이 있음. 30여 년 전 육지 농민들이 큰 가뭄이 들자 이곳에 와서 묘를 파헤치는 소동을 빚은 적이 있음(『統營郡史』).

統營郡 欲知面

▶老大里

보지바우: 무인도인 광주섬에 있는 바위로 여성의 음부처럼 생겼다 하여 붙은 이름. 이 바위 주변은 풀과 나무가 어우러져 숲을 이루고 있는데 이는 바위 주변이 삭막하면 동네 아낙네들이 바람이 난다는 口傳에 따라 주변 초목들을 손대지 않았기 때문이다. 또 아기를 낳지 못하는 부인이 목욕하고 몸단장을 한 뒤 이곳에 와서 빌면 아기를 낳는다는 얘기도 있다.

▶蓮花里

蓮花島: 욕지도와 더불어 사슴이 많았던 섬으로 유명함.

蓮花峯(실리암, 네바위, 용머리): 212미터. 연화봉에서 연화도를 내려다보면 마치 커다란 용이 물을 뿜으며 하늘로 날아 올라가려는 형상(飛龍登天形). 네 개의 가파른 바위가 연이어 있기 때문에 네바위라고도 함. 임진왜란 때 사명대사를 찾아온 세 여인, 즉 사명당의 애인과 누이와 짝사랑하던 여인, 셋이서 수도를 했던 곳이라 함(『統營郡史』).

統營郡 龍南面

▶東達里

東岩(牛岩): 바른손을 엎어서 편 손가락같이 생긴 마을로서, 풍수지리설에 의하면 엄지손가락은 소의 머리로, 나머지 네 손가락은 四肢로 표현하였는데 지형이 소와 같아 느리고 미련하며 일만 하는 까닭에 저명 인사가 배출되지 않고, 부지런하면 잘산다는 얘기가 있다(『統營郡史』).

▶院坪里(원들)

玉女峰: 씽뱅이 동북쪽에 있는 산. 거제 가좌도와 옥녀봉이 마주 보임. 玉女織錦穴이 있다 함.

統營郡 閑山面

▶頭億里

상사리치: 문어포 북쪽에 있는 산. 상사리(송사리) 모양.

河東郡 古田面

▶泛鵝里

좃바구: 백석 입구에 있는 바위. 좃(남성의 생식기)같이 생겼다 함.

▶新月里: 뒷산 형국이 반달처럼 생겼다 하여 붙은 지명.

▶錢島里: 앞 들 가운데 조그만 산이 있으므로 前島라 하다가 글자가 바뀜.

河東郡 金南面

▶大島里
  깨구리여: 대도 동남쪽에 있는 여. 長島를 뱀에 비유할 때 이 여는 그 아가리에 있는 개구리로 형용하는데 깨구리여가 뱀에게 먹히지 않으려고 배를 침몰시켜 바친다 함.
  長島(진섬): 대도 서남쪽에 있는 긴 섬. 깨구리섬과 더불어 長蛇追蛙形을 이룸.

▶德川里
  개고개: 덕포에서 대송개로 넘어가는 고개. 개가 누워 있는 형국(臥狗形)이라 함.
  개골: 덕포 북쪽에 있는 골짜기. 개 형국이라 함.
  목거리: 덕포 동쪽에 있는 논. 火亂을 막기 위하여 못을 팠다 하는데 지금은 메웠음.
  범헐레바우: 꼬사리등에 있는 바위. 지대가 음험하였으므로 범이 교미했던 곳이라 함.
  魚陰골: 덕포 북쪽에 있는 골짜기. 고기가 숨어 있는 형국.
  접시바우(거북바우): 질매바구 밑에 있는 접시같이 생긴 바위. 풍수설에는 거북과 같다 함.
  좆바우: 덕천 동북쪽 매봉재 옆에 있는 바위. 좆같이 생겼다 함.
  중바우: 문바구 옆에 있는 바위. 중의 머리처럼 생겼음.
  질매바구: 덕포 동북쪽에 있는 바위. 모양이 길마처럼 생겼음.
  칼바우: 덕촌리와 대송리 경계에 있는 바위. 칼처럼 생겼음.

▶松門里
  彌法: 건너몰 서남쪽에 있는 마을. 老僧如佛形의 명당이 있다 함.

河東郡 北川面

▶芳華里: 방아처럼 생겼으므로 붙은 지명.
  수우재(세골재, 黃土재): 방아에서 횡천면 애티리 온동으로 넘어가는 고개. 소가 잠을 자는 형국(眠牛形)이라 함. 황토로 되었음.
  虎頭: 가는끝 남쪽에 있는 산. 호랑이 머리 형국.
  虎尾: 호두 끝 쪽에 있는 산. 호랑이 꼬리 형국.

▶玉井里(빙옥정)
  황지들: 남포 남쪽에 있는 들. 黃鼠之穴이라 함.

▶稷田里
　理明洞: 계산 남쪽에 있는 마을.

河東郡 岳陽面

▶東梅里(독매): 외딴 산이 있으므로 붙은 지명.
　犢山: 목아정 위에 있는 산. 송아지가 누운 혈(臥犢穴)이라 함.

▶登村里
　伏虎: 덕기 동쪽에 있는 골짜기. 호랑이가 엎드린 형국(伏虎形)이라 함.
　蛇頭목: 덕기 동북쪽에 있는 골짜기. 뱀 머리처럼 생겼음.

▶梅鷄里: 조선 시대의 지리학자이며 실학자이자 『택리지』의 저자인 이중환이 靑鶴洞이라 한 곳임. 이상향의 공통점은 입구에 石門이 있어야 한다는 것인데, 이곳에도 입석리가 있다.

▶美店里: 미장이가 쓰는 흙손을 만드는 집이 있었으므로 붙은 지명.
　渴馬亭: 개티 동남쪽에 있는 등성이. 渴馬飮水形이라 함.

▶亭東里
　노리목: 부계 동쪽에 있는 골짜기. 노루가 뛰어가는 형국(躍鹿下田形).

▶亭西里
　꽃매: 상신 서북쪽에 있는 골짜기. 꽃모양으로 묘하게 솟아 있음.

▶平沙里: 瀟湘八景의 하나인데 平沙落雁形의 명당이라 하여 붙은 지명.〈한국 소설이 거둔 문학적 승리의 한 전형〉이라는 평가를 듣는 박경리의 소설『토지』의 무대. 그러나 실제『토지』를 구상하고 쓰는 동안 작가 박경리 씨는 직접 평사리를 답사한 적이 없다고 한다. 다만 토지를 구상하던 중인 1960년대 말 딸의 탱화 자료 수집 여행에 동행, 쌍계사 일대를 둘러보던 중 악양들과 평사리를 접하고 토지의 무대로 삼았다고 함.

河東郡 良甫面

▶甘棠里
　신전(馬田): 감당 남쪽에 있는 마을. 최치원의 山所 때문에 고전면 범아리에서 마전면으로 옮겼다는 설이 있음.
　챙이설: 구정 남서쪽에 있는 골짜기. 키(곡식을 까불어 깨끗이하는 기구. 챙이는 키 또는 체의 이 지방 사투리) 모양의 穴이라 함.

▶桶井里(통새미): 통샘(널로 짜 만든 우물)이 있었으므로 붙은 지명.
　도장골: 신정 남쪽에 있는 골짜기. 배의 짐을 푸는 형이라 하는데, 위편에 바위들이 많고 아래편에는 키(배의 방향타) 모양으로 생긴 바위가 있음.

河東郡 玉宗面

▶ 法大里(벌대, 봉대): 벌집과 같으므로 붙은 지명.

▶ 中台里
　조산: 중태 동북쪽에 있는 산. 마을의 地氣虛缺處를 裨補하기 위하여 인공으로 쌓은 조산.

河東郡 赤良面

▶ 高節里
　용시골: 고절 동쪽에 있는 골짜기. 용이 개구리를 잡아먹는 형국.

▶ 館里
　금갱이(錦江): 관동 동남쪽에 있는 마을. 관리 錦岡山은 鼠象出動形인데 이곳에 묘를 쓰면 三相六判이 나온다고 함. 趙某가 이곳에 묘를 쓰고 대대로 監司를 배출했음(村山).
　돌꽃먼당: 금강 동남쪽에 있는 산. 돌꽃(돌꼇)처럼 생긴 명당이 있다 함.
　세재(소재): 금강 서남쪽에서 하동읍으로 넘어가는 고개. 누이와 동생이 이 고개를 넘다가 욕정이 생겨 덤비는 동생의 남근을 누이가 잘랐다 함.

▶ 牛溪里(우리실, 우이곡): 우리처럼 생겼으므로 붙은 지명.
　물레재(물러재): 기목 동쪽에서 서리로 넘어가는 고개. 풍수설에서 이 고개가 물레혈이라 함.
　조산거리: 원우 앞에 있는 돌무더기로 마을의 지기가 허한 곳을 비보하기 위하여 만든 것인데, 길을 낼 때 위쪽으로 옮기고 지금도 매년 제를 지냄.

河東郡 辰橋面

▶ 月雲里(달운재)
　理明山(이맹산, 이맹재): 북천면 직전리와 월운리 경계에 있는 산. 570미터. 본래 이맹산인데 꼭대기에 용못이 있어서 용의 조화로 慶州에 소경이 많이 생긴다 하여 쇠를 달구어 못에 넣어서 용이 진교면 민다리 아래 깊은 못으로 옮겨 간 후로는 경주에 소경이 나지 않는다 하여 이명산으로 고쳤다 함.
　理明재: 월운에서 북천면 직전리로 넘어가는 고개. 이명산에 있음. 하동의 理盲岾(理明山일 것으로 추정됨)은 군 동쪽 20리에 있다. 일반인들은 이것을 東京(慶州)의 裨補라고 한다. 이 산마루에 오래된 용이 사는 못이 있다. 이 龍池 때문에 경주 사람 가운데 맹인이 많다고 하여 맹인들이 이것을 걱정하여 鐵石을 불에 달구어 그 못에 가라앉혔다. 그랬더니 못 물이 뜨거워져서 용이 昆陽의 辰梯山의 아래 深

淵으로 옮겨 갔다. 그 뒤로는 東京人(경주 사람들)에 맹인이 없어졌다고 한다(『東國輿地勝覽』, 村山).

조래등: 월운 서쪽에 있는 산. 조리처럼 생겼음.

주갯등: 냉정 서쪽에 있는 산. 주걱처럼 생겼음.

▶辰橋里(민다리)

독집: 진교 남쪽 금오산에 있는 집. 철종 때 천주교 신자들이 화를 피하여 이곳에 와 기도했다 함. 샘과 절터가 있는데 큰 바위로 덮어 놓았다 함.

민다리(고룡교, 진교): 진교와 오룡의 경계에 있는 다리. 이명산 꼭대기 못에 있던 용이 이 다리 아래에 옮겨 살았다 함.

河東郡 青岩面

▶默溪里(메끼): 지리산 속이 되어 산과 물이 많으므로 붙은 지명.

陰陽水: 미륵암에 있는 샘물. 바위틈에서 나는데 위에서 나는 물을 陽水, 아래에서 나는 물을 陰水라 함.

천하삼대명당은 지리산 청학동, 속리산 우복동, 가야산 만수동이라 하는 얘기가 전한다. 지리산은 크게 보아 天馬嘶風形이라는 주장이 있음.

▶上梨里(상배몰)

모시고개: 시목 북쪽에서 절터로 넘어가는 고개. 닭에 모이를 주는 형국이라 함.

무군터(陣基, 武軍): 마당재 서쪽에 있는 마을. 지형이 장군이 날 곳이라 함.

▶中梨里(중배몰)

玉女峰: 금남 뒤에 있는 산. 건너편에 중고개가 있어서 중이 옥녀를 탐내니 고개를 돌린 형국이라 함.

중고개: 옥녀봉 북쪽에서 죽동으로 넘어가는 고개.

河東郡 河東邑

▶牧島里

닥산골: 하저구 동남쪽에 있는 골짜기. 닭이 알을 품은 형국(金鷄抱卵形).

▶琵琶里: 비파처럼 생겼다 하여 붙은 지명.

▶邑內里

갈망골: 서교동에 있는 골짜기. 渴馬飲水形이라 함.

▶花心里: 꽃속처럼 생겼다(花心穴) 하여 붙은 지명.

▶興龍里

渴馬亭: 흥룡 북쪽에 있는 골짜기. 渴馬飲水形이라 함.

범바구: 흥룡 남쪽 바위 사이에 있는 터. 三伏虎란 명당 자리(묘지)가 있음.

河東郡 花開面

▶大成里: 큰 道人이 났으므로 붙은 지명.

▶德隱里

신말등: 상덕 남쪽에 있는 등성이. 도사가 지나다 名地라 하여 신을 벗어 두고 말뚝을 박아 놓았다 함.

▶凡旺里

七佛庵: 지리산 토끼봉 아래인데 옛 이름은 雲上院이고 토끼봉 연맥인 靑鶴峯이 主山이다. 가야 김수로왕의 일곱 아들이 수행하여 모두 부처가 되었다는 곳. 칠불사 아래에는 수로왕이 머물렀다는 범왕마을과 허황후가 머물렀다는 대비마을이 있다. 이 절에는 亞字房이라는 선방이 있다. 신라 효공왕 때 구들도사 담공 선사가 만든 것으로 한번 불을 때면 49일간 방구들의 온기가 식지 않았다고 함. 고래가 막히지 않아 한번도 방바닥을 뜯은 적이 없으며 백년에 한 번 아궁이를 막고 물로 청소만 했다고 함. 鶴巢形.

▶龍岡里(용갱이골)

신흥: 칠불사 가는 길과 의신 빗점골 가는 길이 갈리는 곳. 이곳 왕성초등학교는 옛날 神興寺가 있던 곳이다. 최치원이 신선이 되었다는 전설이 가득한 마을임.

▶雲樹里

三神山雙磎寺: 猛虎下山形이라 함. 三神峯은 신선의 얼굴이 되고, 신선의 왼팔은 신촌마을 뒷산(637m), 오른팔은 신흥, 화랑, 용강마을을 수놓듯 펼쳐 놓고 있다. 그래서 仙人舞袖形이 됨(장영훈).

河東郡 橫川面

▶南山里

오매재들(五馬): 월곡 서쪽에 있는 들. 말 다섯 마리가 죽을 먹는 형국.

▶如意里

보지바구: 여의 동북쪽에 있는 바위. 보지처럼 생겼음.

咸安郡 伽倻邑

▶山西里

소바구(丑岩): 산서리 축암동에서 법수로 가는 도로 우측에 있는 산서리 축암 본동을 소바구라 부른다. 口傳에 의하면 문암(산인)에서 소가 뛰쳐나와 방목에서 풀을 뜯어먹고 돈산에서 똥을 누고 소바구에 와서는 물을 먹고 죽었다 하여 소바구라 부름. 이곳은 죽은 소가 누워 있는 형상이기 때문에 동네에 정기가 없어 인물이 배출되지 않는다고 함(『咸安의 地名由來』).

▶ 舌谷里(세실, 쇠실): 동, 서, 남은 산으로 둘러싸였고 북쪽 신음리와 경계 지점인 바구치와 자라등 사이의 협곡만이 트여 있어 마치 사람 입속의 모습과 같다하여 붙은 지명.

월성동 소실(牛谷): 황소가 누워 있는 형상이라 함. 소는 풀과 물이 있어야 하므로 소의 입에 해당하는 洞口에 연못을 파고 나무를 심어 馴止亭이라 했다. 현재 사지정은 완전히 없어짐.

馴止峯: 사지정 바로 앞에 있는 마을의 案山. 사지봉 중턱 아래 작은 바위가 있어 공알바구(陰核岩)라 하여 이 바위 주변은 벌목을 하지 않는다. 이 바위가 외부에 노출되면 마을 부녀자들이 미쳐 나간다는 속설 때문이다(『咸安의 地名由來』).

咸安郡 郡北面

▶ 德垈里

德村: 현재 군북초등학교에서 마을에 이르는 긴 숲이 있었는데 이 숲의 보호로 마을이 잘된다 하여 덕촌이라 함. 마을 가운데는 碑神臺라는 솟대가 세워졌고 그 위에 孝鳥인 까마귀 세 마리를 깎아서 올려 놓았다. 이는 마을이 풍수상 行舟形이기 때문에 돛의

역할을 하게 하기 위함임. 지금은 없어졌음.

붕디미(부루덤): 옛날 명나라 이여송이 칼로 산을 베어 못을 메웠다는 데서 연유한 지명.

▶ 明舘里

平廣: 성종 때 南下한 慶尙都事 李啓耘이 이곳 평광에 卜地를 정하고 洞口에는 수천 그루의 나무를 심어 울창한게 한 뒤 〈伯夷産地에 金龜沒泥하니 與朝鮮으로 吾子孫이 亡〉이라는 秘訣을 전하였다고 한다. 그후 聖知道士가 함안면 파수리 배다치고개에서 멀리 평광마을을 바라보며 크게 치하하고 세 번 절하였다 한다. 산세와 지형이 너무나 아름다워 嶝嶝可藏이요 谷谷可居니, 즉 高官大爵과 忠孝烈士가 끊이지 않을 곳이나 다만 乾局이라 富不可百石이라 예언하였다 한다. 동으로는 백이산 영봉이 웅거하였고 서쪽으로는 乾支山이 水口를 하고 남으로는 五峯山이 병풍처럼 둘렀고 북으로는 養拙숲이 가로누워 三災不入之地라고 전함(『咸安의 地名由來』).

▶ 小浦里(소개)

새남이(鳳南): 군북공설운동장 앞 철길 건너에 있는 마을로 풍수상 마을 뒷산의 형상이 봉황이 알을 품고 있는 것 같다 하여 생긴 이름. 여기에는 상, 중,

하촌이 있었고 양반과 중류층인 상, 중촌 사람들의 횡포가 심하여 어느 날 도승이 지나가다 鳳天洞으로 바꾸면 큰 인물이 날 것이라 하고는 마을 어귀 암벽에다 봉천동이라 새겨 놓고 떠났다. 그러나 봉황이 알을 품지 않고 하늘로 날아올랐으니 알이 부화되지 못하고 썩을 수밖에 없었으며 당연히 마을은 망하고 말았다. 지금 봉천동이라 새긴 돌은 흙을 덮어 메워 두었으며 현재 마을은 옛 중촌을 중심으로 형성되어 있음.

뱀골: 뱀골이란 새남이 마을 자체를 말하는데 뱀이 먹이를 삼키기 직전의 모습이라 한다. 뱀의 먹이는 지금의 안도 뒷산인 공동 묘지로, 두꺼비 형상을 띠고 있다. 두꺼비 등은 본래 울퉁불퉁하게 마련이나 아직 공동 묘지가 완성되지 않아 완전한 두꺼비 형상은 되지 못했다. 그래서 마을이 잘 안 된다는 얘기를 한다.

▶ 院北里

개구리바위(깨글바우, 蛙岩): 원북 안 동네 앞에 있는 산을 案山이라 하는데 안산 중턱 아래에 개구리바위가 있다. 커다란 개구리가 앉아 있는 형상이며 그 옆에는 새끼 개구리바위가 하나 더 있다. 이 바위가 원북동 뒷산 長巳嶝에 있는 함안조씨 묘를 향하여 우러러 보듯 앉았는데 장사등 산 형태가 마치 개구리를 잡아먹을 듯 입을 벌리고 있는 형상이라 뱀설이라 함. 설은 穴의 이 지방 사투리.

▶ 月村里

大山: 서재먼당 서쪽에 있는 조그만 구릉. 그 형상이 방어산에서 보면 금송아지가 금말뚝에 매어져 있는 모습이라고 한다. 조그만 구릉을 대산이라 부르는 것은 방어산 정기가 와룡정에 와서 끊겼다가 다시 이어진 산이라 하여 그렇게 부르는 것인데 명나라 이여송이 정기를 끊었다고 함.

咸安郡 代山面

함안은 동남이 높고 서북이 낮아 물이 남에서 북으로 逆流하므로 풍수상 이를 꺼리어 북쪽 지세의 뜻을 높이고자 산을 대신한다는 뜻의 代山이란 지명을 쓴 것임.

▶ 西村里

덕고개(德嶺): 서촌 뒤편 서쪽에 위치한 고개. 덕고개에 나무를 심으면 마주 보는 의령군 정곡리 적곡에 있는 처녀들이 정신 이상을 일으킨다는 이유로 이 고개에는 나무를 심지 않았다 함.

▶ 平林里

眼山: 평림리 취무동 앞에 있는 산으로 달팽이 모양이다. 1910년 6월 이

산 중심부와 정면으로 마주 보는 곳에 집이 한 채 있었는데 노모와 사형제가 살았다. 그런데 평소에는 정상이던 이 형제들이 비만 내리면 정신 이상이 되어 버리는 괴변이 일어났다. 지관이 보고 〈이 산과 집 사이에는 도랑이 하나 있어 수분이 없으면 못 나오던 달팽이가 비만 오면 수분을 흡수하기 위해 나와서 춤을 추게 되어 그때부터 자식들이 모두 미쳐 버린다는 것이다. 이를 막기 위해서는 나무를 심어 집앞을 가려야 한다고 하였다. 그래서 이때 심었던 나무가 자라 지금은 큰 숲을 이루었다. 그 집은 폐가가 되어 빈 집만이 외로이 서 있다. 지명도 앞 들에 숲이 많아서 평림리이다(『咸安의 地名由來』).

月浦: 평림리 중앙동에 있는 마을. 조선 말기에 문무를 겸비한 배홍승의 묘를 이곳에 쓴 후부터 이 묘만 보면 마을의 처녀와 과부가 미쳐 나가는 등 해괴한 일이 생겨 묘 주위에다 철조망과 나무를 심어 묘지를 가렸다고 함.

吹舞: 갓등 서쪽에 있는 마을. 仙人이 춤을 추고 玉女가 거문고를 타는 형상이라 하여 붙은 지명.

咸安郡 法守面

▶**江洲里**: 마을 앞에 넓은 늪이 있고 남강이 흐르므로 붙은 지명.

漁溪趙旅先生墓: 매바위(강주 서남쪽에 있는 마을) 뒷산에 生六臣의 한 사람인 조여의 무덤이 있다. 이 자리는 조여가 직접 구했다고 하는데 이 자리를 잡으면서 〈세상 강물이 모두 마른 후에야 내 자손이 망한다(界江水盡 吾子孫亡)〉고 했다 함. 수천 마리의 쥐가 여항산에서 산세를 타고 내려와 매바위 앞들에서 곡식을 먹는 형상인데 건너편 의령군 정곡면 괭이산(고양이산) 고양이가 쥐를 잡아먹으려 하나 남강이 가로막혀 건너오지 못하니 자연 명당의 형세가 갖추어진 셈이다. 쥐란 동물의 속성으로 볼 때 이는 함안조씨들의 번성을 의미한다.

▶**沙亭里**

왕재고개: 마을 뒤쪽 문현 쪽으로 넘어가는 고개로 王 자가 들어가게 된 것은 풍수지리설에 의해 골짜기가 깊으면 용이 나고 용은 곧 왕인지라 이름이 왕재고개가 되었다고 한다. 왕재를 중심으로 오른쪽은 삼정승을 뜻하는 삼상골(三相谷)이고 왼쪽은 조정을 뜻하는 조정골(朝廷谷)이라 불렸는데 頭拜는 바로 이 왕재 앞 마을이다.

▶ 輪內里

　幕嶝: 해방 직후까지 龜山洞으로 불리다가 釜洞으로 바뀌었다. 마을 주변 지세가 長鼓嶝과 북실(鼓谷), 북두루미의 모양을 하고 있어 장고와 북이 있으니 가마솥을 걸어 놓고 잔치를 벌여야만이 마을이 부강해진다 하여 가마 釜를 사용해 동쪽 마을을 釜東, 남쪽 마을은 釜南이라 하여 오늘에 이르고 있으며 막등으로 알려져 있는 곳이다.

咸安郡 山仁面

▶ 內仁里

　어연골(魚淵谷): 내인리 안인동 산인 초등학교 앞 도로 좌측 들판에 위치한 양계장이 있는 곳이 어연골이다. 조선 초 함종어씨들이 이곳에 살았는데 그 집 머슴이 밤마다 어머니 묏자리를 잡으러 나가는지라 따라가 보니 새벽만 되면 닭 우는 소리가 들리는 명당이었다. 때마침 어씨 집안에서도 상을 당하게 되자(李氏 부인이라 함) 그 자리에 묘를 쓰게 되었다. 어씨는 물고기를 의미하는지라 묘 앞에 조그만 웅덩이가 있던 것을 확장하여 연못을 만드니 그곳이 지금의 안인 제일소류지이다. 이후 어씨 집안에서는 魚孝瞻 등 많은 인재를 배출하였다.

▶ 松汀里

　鶴山마을: 舞鶴山 정기가 마을에까지 뻗쳐 풍수적으로 인재가 많이 배출될 것이라 하였으나 일제 때 경전선 철길이 마을 중앙을 가로질러 학의 발을 끊어 버렸으므로 그 운이 다하였다고 함.

▶ 入谷里

　숲안(林內): 팔봉정 동남쪽에 있는 마을. 마을을 둘러싸고 있는 주변 형세가 풍수상 마치 활을 쏘는 형상이어서 사전 방패 기능으로 숲을 조성했다고 함(실제로는 입곡리의 깊은 계곡에서 올라오는 찬 기류를 차단하여 농작물의 냉해를 피해 보자는 의도가 풍수로 나타난 것임).

咸安郡 艅航面

▶ 外岩里

　개바구(犬岩): 여항면사무소가 자리 잡은 곳을 행정상 淸岩이라 하나 지금도 대부분의 사람들은 개바구라 한다. 이것은 풍수상 마을 앞산 모양이 높은 곳에서 내려다보면 개 모양일 뿐 아니라, 마을과 마주 보는 산 중턱에는 바윗돌이 줄지어 서 있는데 이것이 개 이빨 모양을 하고 있기 때문이다. 마을 사람들은 개 이빨을 감추면 마을이 발전한다 하여 바위 주변에 자란 나무들을 잘 보호하고 있다.

咸安郡 漆北面

▶檢丹里

통소혈: 함안팔대명당 중의 하나라고 함. 옛날 어느 효자가 호랑이 목에 걸린 가시를 뽑아 주고 부친의 못자리를 얻어 발복했다. 그런데 그 효자가 세도를 부리게 되니 道僧이 그를 막기 위하여 동네 앞에 못을 파도록 조치하였으며 그 결과 집안이 날로 쇠하여져 세도가 없어졌다고 한다. 이 산에는 묘가 질서정연하게 들어서 있는데 이는 통소가 좋은 음을 내려면 구멍 간격을 알맞게 해야 한다는 뜻에서 그리된 것이라 한다.

뒷골고개: 검단리 단계에서 이령리 영서로 넘어가는 조그만 고개. 옛날 이 고갯마루에 느티나무 여덟 그루가 있었는데 이 나무를 창녕군 영산에서 바라보면 마치 총각들이 손짓을 하는 것처럼 보여 처녀와 과부들이 이 나무만 보면 미쳐 버린다고 한다. 지금은 나무가 몇 그루 남지 않아 그런 일은 없다고 한다.

▶二靈里

靈西: 영서동을 말에 비유하여 洞口를 말의 입(馬口), 마을 안길을 말 목구멍(馬咽), 뒷산을 말 어깨(馬肩)라 하였는데 예로부터 말갈기에 해당하는 마을 중앙에 대밭을 일구었다고 한다. 그런데 일제 때 신작로를 만들려고 대나무를 베어 내니까 대나무에서 피가 분수처럼 나왔는데 주민들은 말의 목을 베서 그렇다고 믿었다 함.

어미산(母山): 靈東마을 앞산으로 그 형상이 마치 어미가 치마를 둘러 입고 있는 듯한 모양이라 함. 그래서 자손이 창성함.

咸安郡 漆西面

▶溪內里

周世鵬墓所: 계내리 무계동 뒷산으로 燕飛形의 제비산(燕山)이 있는데 이곳에 조선 명종 때의 대학자 주세붕 선생의 묘가 있다. 그 산 옆쪽으로 보면 뱀의 형상을 한 산이 있어 마치 뱀이 제비를 잡아먹으려는 모양과 같다. 그래서 후손들이 제비산과 뱀등(蛇嶝) 사이에 늪을 만들어 놓았다.

▶大峙里(대티, 한티)

깨구리등: 배암등 북쪽에 있는 등성이. 개구리처럼 생겼음.

배암등: 배암동 북쪽에 있는 등성이. 뱀처럼 생겼음.

▶天界里(淸鷄)

九人峯: 鷄鳴山 정상 봉우리로 이 산의 정기를 타고 장차 아홉 인재가 배출될 것이라 하여 붙은 지명.

▶泰谷里

康泰: 배골(梨谷) 동남쪽에 있는 마을. 이 마을이 풍수상 行舟形이라 하여 마을 어디든지 땅을 파면 물이 솟아 집집마다 우물이 없는 집이 없었으나 우물을 파는 것은 배 바닥에 구멍을 내는 것과 같으므로 좋지 못하다 하여 지금은 거의 메워 버렸다. 마을 앞에는 安谷山이 가로막아 배가 풍랑에 휩쓸릴 우려가 없어 강태라 했다 함.

▶會山里

會文: 칠원면 유원에서 신반으로 가는 첫째 마을. 유원리 뒤쪽 문동재(問童嶺)에서 한 도사가 풍수 지리를 보고 동쪽에는 작대산이 마주 보이고 마을 앞에는 광려천이 유유히 흐르니 앞으로 문인이나 선비들을 많이 배출하겠다 하여 붙은 지명.

咸安郡 漆原面

▶龜城里(칠원읍내)

마구실(호실둠): 구성리 남쪽에 있는 골짜기. 지형이 범이 쪼그리고 앉아 있는 모양(虎踞穴)이라 함.

조리등(조동, 交洞): 구성리 남쪽에 있는 작은 마을. 쌀을 이는 조리처럼 생겼음. 향교가 있었음.

▶柳原里: 이 마을은 동, 서, 남으로 하천이 흐르고 북으로는 산을 등지고 있어 풍수상 배설(舟穴, 行舟形의 이 지방 표현법)이라 하여 무거운 집 짓기를 무척 꺼렸다. 그래서 현재 230여 호나 되는 가구 중에서도 기와집을 찾아보기 힘들다고 한다. 무거운 짐을 실으면 배가 가라앉듯이 기와집같이 짐이 많이 실리는 집을 지으면 집안이 망한다고 생각하기 때문이다. 또 이 마을에 많이 있는 버드나무는 배와 같이 생긴 이 마을을 바람으로부터 보호하는 한편 돛대의 역할도 하는 것으로 알려져 있다.

咸安郡 咸安面

함안읍 뒷산 형세가 飛鳳形이어서 16세기 郡守 鄭寒岡이 읍 자리에 봉황의 알 모양으로 흙을 쌓고 군 동북쪽에 벽오동 천 그루를 심어 대동숲(大桐藪)이라 일렀다. 또 大山里에 봉황의 먹이가 될 대숲을 일구어 봉황이 영원히 떠나지 않도록 함. 함안군청의 뒷산은 飛鳳形. 萬曆年間(1573-1620)에 당시 군수 寒岡 鄭述이 군청 땅에 흙을 돋우어 鳳卵을 만들고 군의 동북방에 벽오동 천 그루를 심어 大桐藪라고 이름지었다. 大山里에는 대나무를 심어 대나무숲을 만들어(지금의 竹嶺) 이 飛鳳으로 하여금 영원히 머물게 하였다(村山).
▶ 함안읍의 風水厭勝 세 가지: 첫째, 邑基의 뒷산이 飛鳳形이기 때문에 그를 抑留하기 위하여 卵丘를 두고 洞藪, 竹藪를 만든 것. 둘째, 읍기를 중심으로 成局上 남쪽에 높은 산이 솟아 있어 북쪽이 水口가 되니 낮아져 南江의 低地가 되어 있다. 이것을 누르기 위하여 남쪽의 高山을 물과 관계 있는 艅航山이라 부르고 북쪽 낮은 곳의 마을에 竹山面, 大山面, 南山面, 代山面 등의 산 이름을 붙여 南北高低의 균형을 유지케 했다. 셋째, 郡邑이 예전에는 南面해 있었으나 남쪽에 있는 여항산이 火山처럼 생겨서 자주 화재를 당하게 되었다. 이 재난을 피하기 위해 郡城의 남향 정문을 東向으로 변경했다(村山).

▶槐山里

범산(虎山): 괴산리 신개동 앞산은 범산이라 하고 아랫마을인 괴항동의 뒷산 계곡은 개골(犬谷)이라 부른다. 범산과 개골 사이에 이수정이란 연못이 있어 신개(새터)의 범이 괴항의 개를 잡아먹지 못하므로 괴항의 개는 살아 있는 개가 되는 셈이다.

▶鳳城里

鳳城: 함안의 중심지. 선조 14년 寒岡 先生이 군수로 부임하여 동헌 터를 보고 이렇게 판단했다.〈봉성이란 봉황의 집이란 뜻이고 동헌 터(함성중학교)는 봉황의 알 자리에 해당된다. 봉황의 집 주위에는 숲이 무성해야 하므로 읍성 남쪽 신교 하천변에는 포고나무, 느티나무를, 밤밭곡(栗峴)에는 밤나무를, 북동쪽인 대산리 일대에는 오동나무와 대나무를 가꾸어 鳳林이라 불렀다. 지명으로는 鄕校山을 筆峯山 鳳양대라 하였고 특히 동헌 뒷산은 봉황이 비상하는 형상이라 하여 飛鳳山이라 하였는데 봉황이 동헌 자리에 깃들어 알을 품다가 날아올라 이수정 연못에서 목욕을 하고 대밭곡(竹嶺谷)에서 쉬다가 다시 봉성으로 돌아와 깃드는 격〉이라 하였다.

▶巴水里: 시내 셋이 巴字形으로 마을을 싸고 흐르므로 붙은 지명.

咸陽郡 馬川面

▶江淸里

將軍大座: (장군대대): 강청 동쪽에 있는 산. 將軍大座形이라 함.

▶九楊里

새낙들(鳥落坪): 등구 서쪽에 있는 들. 飛鳥啄木穴이 있다 함.

▶君子里

배암날: 군자동 동쪽에 있는 모롱이. 뱀이 개구리를 잡아먹으려는 형국(長蛇追蛙形).

왜아펭전: 도마 서남쪽에 있는 산. 臥牛形이라 함.

雲鶴亭: 외마 동쪽에 있는 고적. 바위 위에 造山을 만들었음.

▶ 德田里

渴馬飮水몰랑: 매암 남쪽에 있는 산. 渴馬飮水形이라 함.

▶ 楸城里(성안, 성내)

벽송사: 玉女開花形. 그중에서도 꽃술에 해당. 뒤를 받쳐 주는 대밭은 꽃받침. 벽송사 앞 목장승은 裨補를 위한 조처임. 「변강쇠타령」의 등구마천이 바로 이곳이다. 밤살림(性慾) 때문에 낮살림(生計)이 기울자 팔도에서 가장 살기 좋은 곳이라 찾아 든 곳이 지리산 등구마천. 천왕봉에서 칠선계곡을 보면 또한 玉女開花形. 즉 천왕봉 옥녀의 고쟁이가 칠선계곡임(장영훈).

또 다른 기록.〈푸른 靑鶴이 碧松에 날아와 날개를 접고 實相에서 자기의 참모습으로 돌아가며 華嚴에서 우주 삼라만상과 하나가 되어 七佛에서 부처가 된다.〉지리산에 떠도는 말이다. 원래의 절터는 지금 절의 바로 뒤이다. 鶴巢形의 터. 주산은 학 모양으로 丑艮方(동북쪽)에 솟아 있다. 그러나 申庚方(서쪽)에 벽송사를 찌르듯 달려드는 골짜기가 있으니 이른바 射水이다. 남부군의 후송 병원으로 많은 살상이 있었다.

咸陽郡 栢田面

▶ 大安里

造山: 내곡 동쪽에 마을을 위해서 만든 산.

▶ 兩柏里

애확골(愛鶴谷): 서백 서쪽에 있는 골짜기. 松端鶴舞形의 명당이 있다 함.

▶ 雲山里

개미골: 운산 서쪽에 있는 골짜기. 개미혈이라 함.

복골: 운산 북서쪽에 있는 골짜기. 꿩이 엎드려 있는 형국(伏雉穴)이라 함.

진두문이: 운산 남쪽에 있는 들. 백운산의 장군이 진을 치는 형국이라 함.

▶ 坪亭里

독마니: 평촌 뒤에 있는 너설. 돌너설 위에 만석지기가 살았다 함.

咸陽郡 甁谷面

▶ 光坪里

구못골(求母谷): 마평 서쪽에 있는 골짜기. 목마른 송아지가 어미를 찾는 형국(渴犢顧母形)이라 함.

咸陽郡 西上面

▶ 金塘里
義妓論介墓: 芳池골에 있음. 현재 음력 9월 9일에 제사를 모시고 있음(『咸陽郡誌』).
▶ 上南里
造山(조산말, 靈西洞): 신기 서북쪽에 있는 마을.

咸陽郡 安義面

▶ 貴谷里(귓골)
괭이바우: 귀곡 동쪽에 있는 바위. 고양이처럼 생겼음.
쥐바우: 귀곡 동쪽에 있는 바위. 쥐처럼 생겼는데 곡식을 해치려 해도 앞에 괭이바우가 있어서 못한다 함.
▶ 鳳山里(서원말): 산의 모양이 봉황이 날아 집으로 돌아가는 형국이라 하여 붙은 지명.
▶ 上源里
隱身庵: 6·25 때 소실되고 현재는 터만 남았음. 무학대사가 창건하고 여기서 終身하였다는 얘기가 있음(『咸陽郡誌』).
▶ 黃谷里

선독들: 이문 서쪽에 있는 들. 마을이 있었는데 어린아이가 많이 죽는다 하여 이문으로 옮김.

咸陽郡 柳林面

▶ 菊溪里(굽개, 깃기, 蹄溪): 내가 굽게 흐르므로 굽개라 했음.
李牧隱터: 국계 동쪽에 있는 터. 고려 때 三隱 중 한 분인 목은 이색이 살았다 함.
▶ 西洲里: 경호강 서쪽이므로 붙은 지명.
그음골(晦洞): 마을 뒷산에 金烏啄尸形의 명당이 있다 하여 金谷으로 불리다가 와전되어 그믐골이 됨.
말미산(馬尾山): 서주 서쪽에 있는 산. 渴馬飮水形이라 함.
안산: 서주 북쪽에 있는 산. 黃牛渡江之形이라 함.
▶ 蓀谷里(蘇谷): 소씨가 살다가 손씨가 더 많아져 소곡에서 손곡이 됨.
▶ 玉梅里
숙구실(車衣洞): 옥동 서쪽에 있는 마을. 옛날 소씨가 집단 마을을 이루고 살았는데 그들의 횡포가 너무 심하자 어떤 도사가 앞산에 있는 바위를 깨트려 소씨들을 망하게 했다 함.
▶ 熊坪里(곰바다): 앞에 곰바닷들이 있으므로 붙은 지명.

▶柳坪里: 약 4백 년 전 어떤 풍수사가 이 마을에 柳枝鶯巢穴의 명당이 있다 하여 유평이라 하게 됨.

咸陽郡 池谷面

▶功倍里(곤부)
　도개골(犢臥谷): 공배 남쪽에 있는 골짜기. 송아지가 누워 있는 혈(臥犢穴)이라 함.
　소문산(牛山): 공배 남쪽에 있는 산. 소가 누워 있는 혈(臥牛穴)이라 함.
▶南孝里
　虎藏골: 배락바우 사북쪽에 있는 골짜기. 호랑이혈이라 함.
▶寶山里
　酒谷(수구실): 마을이 술병 모양을 하고 있다 하여 주곡이라 하고 또한 마을 뒷산이 졸고 있는 소의 형상을 닮았다 하여 睡牛室(수구실)이라 하게 되었다 함.
▶坪村里
　보지바우: 좃방우 밑에 있는 바위. 보지처럼 생겼음.
　좃방우: 꽁우설산(상개평동 서쪽에 있는 산) 밑에 있는 바위. 높이 2, 둘레 3.5미터쯤 됨. 좃같이 생겼음.

咸陽郡 咸陽邑

▶校山里
　한남골: 원교 서쪽에 있는 골짜기. 산 183-1번지에 세종대왕의 둘째 아들 漢(寒)南君의 묘소가 있음.
▶九龍里: 九龍爭珠形이므로 붙은 지명.
▶蘭坪里(난들)
　三拜재: 신기 남쪽에 있는 고개. 전에 어떤 도사가 지나가면서 地氣가 너무나 明媚하여 세 번 절했다 함.
▶大德里
　상림: 죽장 남쪽에 있는 숲. 수해를 막기 위하여 최치원이 심었다 함.
▶白川里
　댓가지들: 척지 북쪽에 있는 들. 柳枝鶯巢之地가 있어 地師가 많이 드나들었다 함.
▶三山里
　磊山: 삼휴동 동남쪽에 있는 마을.
▶新泉里
　梅枝谷: 마을 뒤 山穴이 매화나무 가지 끝에 달린 매실과 같은 명당이라 하여 붙은 지명. 매실은 여러 개가 달리므로 집집이 명당이 될 수 있음.
▶竹林里
　조산바우(조산배기): 하수락 동북쪽에 두 곳으로 갈라 돌을 쌓은 서낭당. 동제를 지냈다 함.

▶下里

조산목(下洞堂山): 대평동 동쪽 끝에 있는 조산 터. 수천 짐 되는 돌로 쌓아 20미터 높이의 산을 만들었는데 1920년 수해로 떠내려갔다 함.

咸陽郡 休川面

▶大川里

갈골: 미천동 북쪽에 있는 골짜기. 渴馬飮水形이라 함.

陜川郡 伽倻面

伽倻山: 우리나라 12명산 중 하나이며 산에 물이 많아 종자 한 말을 뿌리면 소출이 백이삼십 두나 나올 후덕한 산으로 알려졌음. 예로부터 衣食이 풍족한 고장으로 소문남(이중환). 살기를 띠지 않는 地德이 두터운 산. 가야산 동북쪽 萬壽洞은 十勝地 중 하나. 『정감록』에서는 가야산이 1천 년 수도라 함. 그래서 임진왜란 때도 戰禍를 입지 않았다. 고운 최치원이 가야산 초입 홍류동에서 말년을 보내다 종적을 감춤. 홍류동 무릉교 옆에는 致遠臺란 바위가 있어 고운의 시가 새겨져 있음. 正見母主라는 산신이 가야산에 머무는데 그녀의 큰아들이 대가야의 시조인 이진아시왕이고 둘째 아들이 금관가야의 시조인 김수로왕이라는 전설이 전해짐.

▶梅花里(맬리)

우무리(井洞, 赤花): 매화동 동남쪽에 있는 마을. 본래 적화였는데 화재가 자주 나서 우무리로 고쳤음.

▶伊川里(시내)

九峴洞(구이터): 이천 서북쪽에 있는 마을. 신라 말엽 도선국사가 아홉 번 찾아와 명당임을 확인하였다 함.

▶緇仁里: 해인사가 있으므로 붙은 지명.

海印寺: 三寶寺利 중 法寶寺利. 신라 애장왕 때(802년) 의상대사의 법손인 順應과 利貞이 창건. 중국 양나라의 僧 寶誌가 죽으면서 고려의 두 스님에게 『踏山記』란 책을 주라고 유언. 순응과 이정이 보지의 묘 앞에서 선정에 든 지 8일 만에 보지가 살아나와 牛頭山(가야산) 명당에 해인사를 세우라고 함. 가야산에서 사냥꾼으로부터 〈물이 고인 데가 있고 거기에 쇠로 만든 기왓장이 있다〉고 전해들음. 해인사 터는 行舟形. 명당 안에 돛대가 있는 大地. 해인사 主山은 卯方에 웅장하게 안산을 압도하며 서 있다. 묘방의 봉우리가 높고 웅장하면 영웅 호걸을 배출한다고 함. 그래서 해인사 스님들은 기질이 강건하기로 유명. 해인사 담장 뒤에는 수마노탑이라 불리는 탑이 있다. 본래는 돛대바위. 日人들이 반일 감정이 강한 해인사를 미워하여 이 바위를 부숨. 그래서 한때 해인사는 어려움을 겪음. 해방 후 수마노탑을 그 자리에 세운 후 장엄한 풍모를 되찾음. 팔만대장경이 보관되어 있는 장경각(일제가 낮추어 명명한 장경각이란 명칭을 1996년 八萬大藏經板殿으로 환원시킴. 국보 제52호)은 비로자나불을 모신 대적광전 위에 있다. 해인사는 여러 번 화재 피해를 입었으나 장경각은 빗겨 감. 이 건물은 자연과의 합일로 자연을 극복하는 우리 전통 건축의 신비를 그대로 보여 주는 대표적인 천년 건축물로 평가됨. 또한 해인사는 밖에서 보면 폐쇄적인 공간이지만 대적광전 앞에서 보면 주변 산세를 안으로 끌어들여 개방적인 공간을 만들고 있으며, 이는 정적인 것을 동적인 것으로 확장하는 탁월한 건축 기법이다.

해인사로 가려면 우선 오르막길을 지나야 한다. 일주문에서 봉황문, 해탈문까지의 조금씩 상승하는 길은 사람에게 긴장감과 탈속의 분위기를 제공한다. 그 긴장감은 해탈문에서 절정에 달하고 구광루 밑을 통과해 대적광전 앞의 넓은 마당에 이르면 상승 공간은 없어지고 평정을 되찾는다. 이러한 역동적인 공간 배치는 해인사 가람 배치의 특징이면서 깨달음의 과정과도 통한다. 해인사 가람 배치의 원리는 육계, 색계, 무색계가 진입 공간, 수도 생활 공간, 예불 및 법보 공간으로 이어지는 중심축에 있다. 배치의 축은 산 아래 홍류동 계곡에서 시작하여 대적광전 대장경판전을 지나 수미 정상탑 뒤 가야산 정상까지 연결된다. 넓고 깊은 가야산 전체가 길이 3백 미터, 폭 150미터인 해인사 가람 속에 들어와 있는 셈이다.

백련암: 성철스님이 머물던 곳. 鶴巢形. 신라 말 관혜스님 설화에는 견훤, 궁예, 왕건, 도선국사가 출연함.

홍제암: 해인사와 개울 하나를 사이에 두고 2백 미터쯤 떨어진 거리. 사명대사가 열반에 든 곳. 홍제암 곁 사명대사비는 1943년 당시 합천 경찰서장이던 竹浦란 자가 깨뜨렸으나 해방 후 수복함.

해인골프장 건설 문제: 1994년 12월 24일 경북 지사가 가야산 국립 공원 내 48만 평 규모의 골프장 사업 계획 승인. 1995년 7월 15일 해인골프장 사업 계획 취소. 1996년 6월 19일 서울 고법이 골프장 사업소측에 승소 판결을 내림. 골프는 30만 평의 넓은 초원을 고작 150명만이 독점하는 토지 소모성 놀이. 농가 호당 평균 경지 면적이 3천 평도 안 되는 우리 실정에서 이는 농민 입장에서 볼 때 놀이가 아니라 죄악이다(대구 환경운동연합 김경희).

▶ 해인사 답사

불교가 우리 땅에 뿌리 내린 지도 어언 일천육백여 년에 이른다. 참으로 불교만큼 우리 땅과 깊은 인연을 맺고 있는 것도 드물다. 한 장소에서 천년이 넘도록 일정한 精神律을 지니는 주체가 있어, 땅과 호흡을 같이 하고 있다는 사실은 지리적 측면으로 보아도 그 무게가 예사롭지 않다. 지표 공간상에 나타나는 광범위한 불교 문화의 자취 중에서, 특히 사찰의 입지는 풍수적으로 중요한 관심사가 된다. 절터를 잡는다는 일이 풍수와 깊은 관련을 맺으면서 이루어져 왔기 때문에 그럴 수밖에 없다. 그 한 예로 해인사를 가 보기로 한다.

해인사는 신라 말 애장왕 3년(802) 順應, 利貞 두 스님이 가야산이라는 신령한 땅에 터를 정한 절로 華嚴十刹 중 하나에 속한다. 불교 전래 이전부터 우리 민족은 땅에 신령한 기운이 깃들어 있다는 靈地觀念을 지니고 있었다. 원래 가야산은 먼 옛적부터 正見母主라는 山神이 머무는 신령스런 산으로 여겨져 왔으며, 신라 때에는 나라에서 제사를 지내는 四鎭 중의 하나이기도 했다.

이것이 중국으로부터 화엄 사상이 전래되면서 산에는 佛菩薩이 머물고 있다는 관념이 기존의 산악 숭배 신앙에 덧입혀지게 된다. 가야산도 문수 보살이 머물고 있는 중국의 淸凉山(五臺山)과 비슷한 모양으로 보아 자리를 선정했다고 기록에 전한다. 최치원의 『해인사선안주원벽기』를 보면, 〈순응이 이곳에 절을 지을 적에 산의 신령스럽고 빼어남은 妙德(문수보살)의 이름과 조화되고, 산의 모양은 청량산의 뛰어난 형세와 비슷하여 다섯 상투를 갈라 짠 데서 머리카락 한 올을 뽑아 내었다〉고 나와 있다. 대체로 화엄계 사찰은 주로 이런 불교의 영지와 관련지어져 건립되는 경우가 많았고 그중 하나인 해인사도 앞서 살펴보았듯이 그런 흔적이 나타나 있다.

그런데 당시는 선종의 수용 시기였다. 신라 말부터 중국에서 들어오기 시작한 선종은 풍수지리설과도 밀접한 관계를 맺고 있다는 것은 학계가 이미 밝힌 바 있다. 해인사의 입지 선정도 바로 이 시기에 이루어졌으며 실제로 해인사의 창건주인 순응은 당나라에 가서 牛頭禪을 익혔다고 한다. 최치원의 앞의 자료에는 순응이 해인사 터를 잡을 때의 심정을 이렇게 적고 있다. 〈이미 하늘과 땅이 신령스러운 기운을 지녔다면 역시 산천의 아름

다음에 의지하여야 하리라. 하룻밤을 자고 가는 새도 나무를 가리는데 나는 사람으로서 어찌 터를 닦지 않으랴.〉 물론 위의 내용만으로는 순응이 과연 풍수적으로 해인사 입지를 정했는지가 확실치는 않다. 다만 터를 신중히 고르려는 생각은 잘 나타나 있다고 본다. 그러나 설사 순응이 아직 풍수 지식을 접하지는 못했다 하더라도 禪을 수행하는 과정에서 자연스럽게 땅의 기운을 감지했을 가능성은 크다고 본다.

어찌되었거나 해인사 입지가 풍수적으로 해석되기 시작한 것은 후대에 와서의 일이다. 『가야산 해인사 고적』이라는 후대의 자료에는 순응의 해인사 창건을 풍수적으로 윤색하여 다시금 꾸미고 있으니 그 내용은 다음과 같다. 〈사람의 잘되고 못됨은 장소에 이끌리는 것이고, 땅의 성하고 쇠함은 시절에 관계되는 것이다. 옛날 양나라 때 寶誌公스님이 임종할 때에 『踏山記』를 제자들에게 주면서 유언하기를, 내가 죽은 뒤에 고려(신라?)의 두 스님이 와서 법을 구할 것이니 그분들에게 이 『답산기』를 주라고 하였다. 그 뒤에 과연 신라의 순응, 이정 두 스님이 중국에 가서 법을 구하였는데, 보지공의 제자가 『답산기』를 내어 주면서 공이 입적할 적에 하던 말을 전하였다. 두 스님이 그 말을 듣고 공의 묘소에 찾아가 법을 청하였다. 어느 날 墓門이 저절로 열리면서 말하기를, 너의 나라 우두산(가야산의 다른 이름) 서쪽에 불법이 크게 일어날 곳이 있으니 너희들은 본국에 돌아가 특별히 裨補大伽藍 海印寺를 세우라고 하였다)고 적고 있으니, 고려 시대를 거치면서 해인사의 입지적 의미는 裨補 사찰로서 중시되었다는 것을 알 수 있겠다.

그리고 차츰 풍수가 이론적으로 발전해 나가면서 해인사 입지의 풍수적 견해도 보다 구체화되었다. 그중 가장 대표적인 것이 소위 行舟形이라는 해석이다.

해인사가 안겨 있는 가야산(1,430m)의 맥은 대덕산으로부터 온다. 대덕산에서 한 갈래는 덕유산으로 이어져 지리산에 이르는 백두대간이고, 또 한 갈래는 牛頭峙에서 修道山으로 이어져 가야산에 이르러 해인사의 명당을 맺었으니, 나무로 비유컨대 백두의 뿌리에서 받은 생명수가 백두대간의 줄기를 타고 남하하다가 대덕산 줄기에 뭉쳐 地德을 함양한 후 그 한 가지가 동으로 뻗쳐 해가 비치는 瑞氣를 머금고 활짝 꽃을 피운 형세라고 할 수 있다.

가야산은 先人들의 수없는 찬탄을 받아왔다. 최치원은 가야산이 밝고 시원하면서도 수려한 곳이라고 하였고, 이중환은 『택리지』에서 〈경상도는 石火星이 없다. 오직 합천 가야산은 끝이 뾰쪽한 바위들이 나란히 늘어서서 불꽃이 공중에 솟은 듯하고 대단히 높고 또한 수려하〉고 다분히 풍수적인 견해를 보였다. 필자의 가야산에 대한 느낌 역시 한마디로 짜랑짜랑하였으니 마치 금강석이 광채를 뿜는 듯하였다.

가야산은 풍수의 五星論으로 볼 때 火星에 속한다. 화성의 산 형세는 마치 불꽃과 같다. 화성의 기운은 밝고 명랑하여 수도하고 학문을 이루기에 적당한 곳으로 본다(물론 정통의 풍수에서는 陽宅이건 陰宅이건 火星의 산을 主山으로 삼지는 않는다). 실제로도 가야산 해인사는 三寶寺刹 가운데 法寶寺刹로 팔만대장경을 소장하고 있으니 이 어찌 우연이라고만 할 것인가. 땅의 인연에도 그 마땅함을 얻었다고 할 것이다.

해인사 입지의 풍수적 특징 중의 하나가 대적광전의 坐向 문제이다. 해인사의 朝山인 南山第一峰(321m)은 화기가 충천한 火山인데 해인사의 대웅전인 대적광전과 정면으로 마주하고 있으므로 불이 많이 난다고 본다. 실제로 1695년에서 1871년까지 일곱 차례나 화재를 겪기도 했다. 1817년에 여섯번째의 화재를 겪은 이후로는 대적광전의 좌향을 잡을 때 남산제일봉을 정면으로 삼지 않고 약간 서쪽으로 우향하여 정초하였다고 한다. 즉 풍수로 해석할 때, 南向이면 修道人은 많으나 화재가 빈발하게 되고, 지금같이 좌향을 잡으면 道人의 배출은 적으나 화재가 준다고 하여 할 수 없이 화재를 줄이는 방향으로 결정하였다고 하니, 불 때문에 얼마나 고심했는지 잘 알 수 있다.

해인사를 형국론으로 말하자면 行舟形이 됨은 앞서 지적한 바와 같다. 산 높은 곳에서 해인사 터를 보면 마치 배가 해인천으로 출항하려는 형세와 같다. 해인사측에서는 이를 비유컨대 석존이 큰 교화의 그물을 펴서 人天의 고기들을 건진다고 하시니 이 산중의 모양새는 마치 거대한 方舟와 같다고 불교적으로 해석하고 있다. 풍수에서 행주형은 주로 마을이나 도읍 터에 많이 비유되는 것으로 이것은 배가 사람과 만물을 가득 싣고 장차 출발하려는 것과 같이 이 형국의 땅에는 사람과 재화를 풍부하게 모이게 하여 번창하게 하는 소응이 있다고 본다. 행주형의 땅에는 키, 돛대, 닻 등을 구비하면 크게 길하다고 하고 그중 하나만 있어도 귀하게 여긴다. 그리고 땅에 우물을 파는 것은 배의 바닥에 구멍을 뚫는 것과 같아 금기시한다. 이렇듯 행주형으로 해인사를 적용시켜 볼 때 가야산은 船體에 해당하고 해인사는 船室로, 中峯의 磨崖石佛은 船長이 서 있는 것으로 볼 수 있으며, 남산의 험한 바위들은 삿대, 장경각 뒤쪽의 바위(일명 돛대바위로 불렸음)는 돛대에 해당된다.

그런데 배는 요동하면 곤란하다. 그래서 배의 무게 중심에 해당되는 곳에 삼층석탑(대적광전 앞마당)을 세워 중심을 잡았다. 또 산의 등허리에 나무를 심어 배를 붙잡아 매었으니 그것이 千年古木의 學士臺 전나무요, 또 일주문과 봉황문 사이에 큰 느티나무를 심어 땅에 뿌리를 박아 놓았으니 그것이 開山 당시에 심은 느티나무였다. 그런데 그런 중에서도 가장 중요한 역할은 돛대바위가 맡은 것이 아닐까 생각된다. 원래 화기가 勝한 땅의 기운은 발산되어 자칫 산란되기 쉬운 법이다. 그러한 곳에는 기운을 지긋이 눌러 안정시켜 줌이 필요하다. 그래서인지 대자연은 절묘하게도 해인사 명당이 시작되는 맥의 목줄기에 바위를 세워 땅 기운을 안정시켜 놓았던 것이다.

그러나 통탄할 일은 왜정 때인 1926년 대적광전 앞의 축대 공사를 하면서 돛대바위를 그 공사용 석재로 깨트려 사용했다는 사실이다. 〈가야산 해인사 수미정상 사리탑〉연기문을 보면 돛대바위가 당시에 무참히 파괴되어 밑 뿌리만 남아 버려져 있었다고 적혀 있다. 바위가 깨어지고 난 뒤 어찌된 영문인지 해인사는 여러 가지로 불안하였다고 한다. 이후 60년이 지난 1986년에야 뜻 있는 스님들이 힘을 모아서 그 자리에 돛대바위를 대신할 탑 (장경각 뒤편의 〈가야산 해인사 수미정상 사리탑〉)을 세우니, 그 뒤로 다시 본래의 안정이 되찾아지더라는 것이다. 참으로 다행스런 일이다.

요즈음의 해인사는 주위 암자를 포함해서 불사가 한창이다. 근래에 들어와서 어찌된 까닭인지 전국적으로 사찰 불사의 붐이 일고 있다. 그런데 몇몇은 땅이 품을 수 있는 한계를 넘어 선 확장 공사로 땅의 血脈에 상처를 주는 경우도 눈에 띠어 이를 바라보는 풍수학인의 마음을 심히 편치 못하게 한다. 우리나라 조계 본산의 스님들에게 면면이 이어져 온 풍수의 道脈도 이제 퇴색하고 있다는 말인지. 부디 천년을 가꾸어 온 도량이 잘 보전되어 땅과 사람이 조화롭게 살아가는 살아 있는 도량이 되기를 바라는 마음 간절하다.

陜川郡 佳會面

▶ 屯內里

斗萬洞: 덕만 서북쪽에 있는 마을. 杜四天(명나라 사람으로 임진왜란 때 우리나라에 귀화한 조선 중기의 風水高手인 杜思聰의 誤記일 것임)이라는 중국 사람이 자리를 잡았다 함.

쇠좆바우: 버무기 동쪽에 있는 바위. 소의 좆처럼 생겼음.

▶將臺里
조산골: 점텃골 북쪽에 있는 골짜기. 造山이 있었음.

陜川郡 大竝面

▶大枝里(가지내, 한가지, 한갖): 냇물이 가지처럼 되어 있으므로 붙은 지명.

▶城里(성골)
우석골: 박실등 서쪽에 있는 골짜기. 牛笑穴이 있다 함.

▶陽里(양지몰, 높은정, 고정)
부엉두둑: 송정 서쪽에 있는 버덩. 飛鳳歸巢形이라 함.

陜川郡 大陽面

▶道里(독골)
구시골(槽洞): 도동 동북쪽에 있는 마을. 소가 구유에 엎드린 형국.
달구발등: 까치밭골 동쪽에 있는 등성이. 닭의 발(鷄足形)처럼 생겼음. 닭발은 모이를 찾으려고 언제나 땅을 헤집고 있으므로 부지런함을 상징하며 따라서 鷄足形의 명당은 富를 보장받는 터로 취급받는다.

▶鵝川里(아촌)
造山: 조산껕에 있는 돌무더기. 地氣虛缺處를 裨補하기 위한 조산 개념임.

▶安金里(안짐): 골짜기 안 굼(구렁)이 되므로 붙은 지명.
화성바우: 정강골에 있는 바위. 마을에서 이 바위가 보이면 불이 난다 하여 나무를 심어 바위가 보이지 않도록 하였음.

▶咸池里: 함지박처럼 생겼다 하여 붙은 지명.

陜川郡 德谷面

▶竝背里(갈비실): 갈비처럼 생겼으므로 붙은 지명.
조산모대기: 산시잇들 복판에 있는 논. 造山이 있었음.

陜川郡 妙山面

▶沙里(새골, 봉곡, 사야촌): 새처럼 생겼다 하여 붙은 지명.

▶安城里
무지갯골: 안성 서북쪽에 있는 골짜기. 무지개 형국.
伏虎앞대기: 남새밭골 남쪽에 있는 골짜기. 그 일대가 범이 숨어 있는 형국(伏虎形).

陜川郡 鳳山面

▶界山里

똥두말리: 인덕산 동남쪽에 있는 산. 똥두(궁둥이)처럼 생겼음.

▶勸彬里: 오도산 남쪽이 되므로 우리의 도가 빛나라는 뜻으로 이런 지명이 생겼다 함.

깩꾹재: 양지 서쪽에 있는 고개. 穴을 끊겼다 함.

▶蘆谷里(가리터)

鷄鳴山: 노곡 남쪽에 있는 산. 닭이 우는 형국이라 함.

달구산(朝陽洞): 계명산 밑에 있는 마을이기에 가장 먼저 새벽이 온다는 뜻으로 붙은 지명.

바르봉(쌀개이봉, 伏狸峯): 소목 남쪽에 있는 산. 건너편 계명산이 닭이 우는 형국이므로 이 산은 살쾡이가 엎드려 노리는 형국이라 함.

시녀방우: 평풍덤 밑에 있는 바위. 두 시녀가 세 정승과 여덟 판서를 모시고 시립해 있는 형상이라 함.

팽풍덤: 군마 서북쪽에 있는 더미. 병풍을 둘러친 모양으로 되었음.

▶鳳溪里(걸안)

조산재: 봉계동 서쪽에 있는 고개. 造山이 있음.

陜川郡 三嘉面

▶東里(유린)

북산: 인평 뒤에 있는 산. 나무를 베거나 낙엽을 긁으면 화재가 난다 함.

▶外吐里(바끝토실)

토동: 조선 중기 최대의 유학자 중 한 분인 남명 조식의 탄생지. 玉兎望月形.

▶鶴里(머정들)

지그미(錦川): 학리에서 으뜸가는 마을. 玉女織錦形의 명당이 있다 함.

陜川郡 雙栢面

▶下新里

조산꺼리: 하신 서쪽에 있는 들. 造山이 있음.

陜川郡 雙冊面

▶多羅里(다라실, 월곡): 달처럼 생겼으므로 붙은 지명.

▶眞正里

국성골(國城洞): 진정리 남쪽에 있는 마을. 가야국 때 이곳이 삼면이 산으로 싸이고 일면만이 황강으로 트여 있어서 적을 막기 좋다 하여 이곳을 도읍으로 정하려 했다 함.

陝川郡 冶爐面

▶羅帶里: 비단 띠처럼 생겼으므로 붙은 지명.
▶梅村里: 매화가 핀 형국이라 하여 붙은 지명.

陝川郡 龍洲面

▶孔岩里
　造山: 공암 남쪽에 있는 작은 산.
　조산껄: 보의개울 남쪽에 있는 골짜기. 造山이 있었음.
▶魯里(노리실, 노동): 노루처럼 생겼으므로 붙은 지명.
▶方谷里(방실): 방처럼 생겼으므로 붙은 지명.
▶巽木里: 손목처럼 생겼으므로 붙은 지명.
▶月坪里(다람바웃들)
　望月山: 절골 복판에 있는 산. 玉兎望月形이라 함.

陝川郡 栗谷面

▶樂民里(냉민)
　나불고개: 대앳터에서 매실로 가는 고개. 나비가 춤추는 것 같은 형상(舞蝶形)이라 함.
▶文林里(민갓)
　개빌(犬遷): 담띠 동쪽에 있는 벼랑. 밑에 황강이 흘러서 깊은 소가 되었는데 합천읍내의 개와 초계군의 개가 서로 통해 다녀서 길이 되었다 함.

陝川郡 靑德面

▶豆谷里(파실)
　돛재: 송림에 있는 고개. 배의 돛대 모양.
　무지개담(新豆谷): 안파실 서쪽에 있는 마을. 무지개 형국.

陝川郡 草溪面

▶官坪里(귓들, 구평): 거북처럼 생겼으므로 붙은 지명.
▶上臺里(무릉, 부릉)
　조산껄: 선박굼티이 동쪽에 있는 들. 造山이 있음.

최창조

서울대학교 지리학과와 동 대학원을 졸업하고, 경북대학교 및 전북대학교 강사를 거쳐 국토개발연구원 주임 연구원으로 근무했다. 청주사범대학 지리학과 교수, 전북대학교 지리학과 교수를 지냈으며 서울대학교 지리학과 교수를 역임했다. 저서로 『최창조의 새로운 풍수 이론』, 『한국의 풍수지리』, 『좋은 땅은 어디를 말함인가』, 『땅의 눈물, 땅의 희망』, 『닭이 봉황 되다』, 『풍수잡설』, 공저로 『풍수, 그 삶의 지리 생명의 지리』, 역서로 『청오경』, 『금낭경』, 『서양인이 본 생활풍수』 등이 있다.

한국의 자생 풍수

II

1판 1쇄 펴냄 • 1997년 6월 10일
1판 6쇄 펴냄 • 2022년 6월 15일

지은이 • 최창조
발행인 • 박근섭, 박상준
펴낸곳 • (주)민음사

출판등록 • 1966. 5. 19. 제16-490호
서울특별시 강남구 도산대로1길 62(신사동)
강남출판문화센터 5층(우편번호 06027)
대표전화 02-515-2000 • 팩시밀리 02-515-2007
www.minumsa.com

ⓒ 최창조, 1997. Printed in Seoul, Korea
ISBN 978-89-374-2365-9 04980
978-89-374-2363-5 (전2권)

* 잘못 만들어진 책은 구입처에서 교환해 드립니다.